초·중·고등학생의

# 구어 어휘 조사

장경희·이삼형·이필영·김명희·김태경·김정선·전은진

지식과교양

어휘는 언어의 모든 면과 밀접한 관련을 맺고 있어 언어 현상을 말할 때 늘 빠지지 않고 거론된다. 한 단어를 안다는 것은 그 단어를 인식하고 표현할 수 있도록 그 형태를 아는 것과 그 단어를 이해하고 적절히 활용할 수 있도록 그 의미를 아는 것 외에도 특정한 사회집단이나 맥락과 관련하여 어떤 사회적 맥락에서 쓰일 수 있는가를 아는 것까지 포함한다.

어휘 발달은 이러한 일련의 정보가 머릿속 사전에 추가되는 과정으로 볼 수 있다. 어휘 발달은 유아기에 완성되는 것이 아니고 학령기를 지나 성인기가 되어서도 지속된다고 알려져 있다. 특히, 학령기에는 어휘 항목 간의 관련성에 대한 인지 능력이 높아지고 상위어 표현이 점진적으로 추상화한다. 그러므로 학령기 아동과 청소년의 어휘 사용 양상에 관한 관찰은 언어 발달뿐 아니라 인간의 인지 발달 과정의 일면을 볼 수 있게 해 준다. 또한, 각 학교급별 사용 어휘에 대한 정보들은 국어 교육 내용 연구, 어휘력 평가 도구 개발, 언어 습득 연구 분야에 기초 자료가 될 수 있다.

지금까지 어휘 조사는 자료 수집의 어려움 때문에 대체로 문어 자료에 치우쳐 있거나 소규모 자료에 의존한 경우가 많았다. 초등학교 1학년부터 고등학교 3학년에 이르는 478명 학생들의 대화 녹음 자료를 기반으로 한 이 책이 나오게 됨으로써 국어학, 언어학, 교육학, 발달심리학 등 여러 학문 분야에 유용한 정보를 제공하게 될 것이다.

이 책의 내용은 2008년 한양대학교 HYU연구특성화사업의 지원을 받아 이루어진 "코퍼스 기반의 언어 능력 평가 연구" 가운데 초·중·고등학생의 어휘 사용에 관한 내용만을 간추린 것이다. 학령기 아동과 청소년의 어휘 사용 양상을 관찰하기 위하여 이 연구에서는 초·중·고등학생의 구어(口語) 말뭉치(corpus)를 대상으로 어휘 형태 목록과 빈도, 사용 화자 수, 품사, 의미 부류 등을 분석하였다. 이 책에서 조사된 어휘 형태 수는 총 9,047개이며, 전체 어휘의 총 출현 횟수는 198,143회이다.

이 책은 모두 4장으로 구성되어 있다. 제1장에서는 어휘 조사의 목적과 분석 대상 자료,

분석 방법과 절차를 소개한다. 제2장에서는 현재까지의 어휘 연구의 동향을 계량적 연구와 어휘 의미 분류에 대한 이론 연구로 나누어 기술한다. 제3장과 제4장에서는 초·중·고등학생의 구어에 나타난 사용 어휘 목록과 빈도 조사 결과를 제시하고, 그 형태와 의미 체계에 따른 사용 어휘의 분포를 관찰함으로써 학교급별 어휘 사용 특징을 알아본다. 마지막으로 부록에 전체 어휘 목록을 가나다순으로 제시한다.

이 책이 나오기까지 방대한 분량의 자료 처리 과정에서 노고와 정성을 아끼지 않은 국어교육과 대학원 과정의 안정호, 문선희, 김시정, 권대호 등 모든 팀원들의 노력에 고마움을 전한다. 이 책의 출판을 맡아주신 도서출판 〈지식과교양〉의 윤석원 대표님과 꼼꼼한 편집으로 보기 좋은 책을 만들어주신 편집 실무진께도 감사드린다.

2012. 8. 20.

장경희·이삼형·이필영·김명희·김태경·김정선·전은진

# 목차

# 4. 초·중·고등학생의 어휘 사용 분포 II: 의미 관점

# 표 목차

# 그림 목차

# 1

# 어휘 조사의 개요

조사 목적 / 대상 언어 자료 / 분석 방법

초·중·고등학생의 구어 어휘 조사

# 1.1 조사 목적

이 연구는 한국 초·중·고등학생들이 실제 사용하고 있는 구어 어휘를 형태적·의미적 측면에서 심층적으로 살펴보는 것을 목적으로 한다. 현재 언어 연구는 성인 언어에 치중되어 있는데, 초·중·고등학생이라는 특정 집단의 언어를 대상으로 하는 이 연구는 이러한 관점에서 언어학적 의의가 크다. 또한 국어 교육 영역에도 기여할 것으로 예상된다. 어휘 사용에 대한 관찰을 통하여 우리는 그 사용자의 인지 특성이나 그들이 속한 집단의 문화적 특성 등을 가늠할 수 있다. 학생들의 어휘 사용에 관한 정보는 국어 교육 내용 연구, 어휘력 평가 도구 개발, 언어 습득 연구 분야에도 중요한 자료로 활용될 수 있을 것이다.[1]

이러한 연구 목적을 효과적으로 달성하기 위하여 본 조사에서는 구어 대화에 사용된 어휘를 수집하였고, 사용 빈도, 사용 화자 수, 학교급 간 추이를 단어의 형태와 의미 등 여러 관점에서 분석하였다. 본 조사에서 구어를 대상으로 삼은 것은 문어를 중심으로 하는 기존 연구와 차별화된 점이며, 한국 청소년들의 어휘의 실제 양상에 보다 근접할 수 있는 접근이다. 어휘 사용 양상이 단순한 빈도 이외에 여러 측면에서 분석된 것도 한국 초·중·고등학생의 어휘에 대한 충분한 관찰과 심층적인 이해를 위한 것이다.

기존의 어휘 연구는 어휘력 평가·신장(이문규 1998, 이종철 2000), 어휘 교육 내용(손영애 2000), 어휘 지도 방법(이영숙 1997, 민현식 2001) 등에 초점을 두고 있으며 주로 이론적 관점에서 접근되었다. 초·중·고등학생의 교육용 어휘 목록 작성을 위한 연구는 1970년대 초반부터 국어 교육 분야에서 비롯되었다(이응백 1972·1978, 이응백·이인섭·김승열 1982, 이충우 1994, 김광해 2003). 이들 어휘 조사 연구에서는 대부분 문어를 대상으로 하였고 구어 조사는 아직 이루어지지 못하였다.

음성을 통하여 실현되고 전달되는 구어는 문어와는 구성과 전달, 소통 방식, 기능 등에 차이가 있다. 구어에 관한 최근 연구에 의하면 구어는 어휘 유형, 조사·어미 형태, 문장 구조와 길이 등에서 문어와 차이가 있는 것으로 파악되고 있으며 이러한 특징들은 실제 언어생활에 대한 관찰을 통해서도 확인될 수 있다.[2] 말하기를 포함하는 언어활동을 대상으로 하는 국어

---

[1] 아동기 이후의 어휘 발달은 학령 전보다 더 빠른 속도로 지속적으로 이루어지며, 어휘 크기의 확장도 초등 시절에 급격히 이루어진다(Anglin 1993).

교과서에 구어와 문어가 어떻게 반영되어야 할 것인가는 반드시 숙고되어야 할 문제이다. 그리고 이러한 결정 이전에 구어를 대상으로 하는 학생들의 언어에 대한 연구가 선행되어야 한다. 학생들의 실제 언어생활을 반영하고 학습자 수준에 적절한 언어, 어휘를 찾아내기 위해서도 학생들의 구어 연구가 중요하다고 본다.

이 책에서는 초·중·고등학생의 구어 말뭉치(코퍼스, corpus)[3]를 대상으로 어휘를 조사하였다. 어휘의 사용 빈도와 그 분포를 먼저 살펴본 다음, 단어의 형태와 의미 유형에 따른 분석 결과를 제시하였다. 사용 빈도 관찰에서는 단순 빈도 통계와 동시에 어휘별 사용자 분포(수)에 대한 분석 결과를 함께 제시한다. 어휘 빈도는 대화 상황의 주제, 장르, 분량 등에 영향을 받기 때문에 사용자 수의 관점에서 분포를 따로 살필 필요가 있다. 이러한 어휘 형태별 빈도 이외에 단어의 형태 유형과 의미 유형에 따른 사용 빈도를 살펴보았다. 이어서 학교급 간에 어떠한 차이를 보이는지 알아보기 위하여, 학교급 간 어휘 사용 추이를 분석하였다. 이러한 다차원적인 분석을 통하여 우리는 한국의 초·중·고등학생들의 어휘 발달과 어휘 사용의 변화 양상, 집단별 어휘 특징 등을 관찰할 수 있으며 한국 청소년들의 어휘에 대한 보다 심화된 이해에 이를 수 있게 될 것이다.

---

**2** 또 다른 구어의 특징으로는 무계획적이고 비문법적이며 자동적인 특성(Hughes 2003: 134-5 지현숙 2007 재인용)을 가진다는 점을 들 수 있다. 맥락에 따른 언어 변이나 언어의 구조 변화, 음운·어휘 등의 변이 및 분포를 알 수 있는.것은 문어보다 구어를 통해서이다(Milroy 1991).

**3** 이 책에서 분석 대상으로 삼은 구어 말뭉치는 화자의 연령과 성별에 따라 일정하게 구성된 자료로, 연령별·성별 균형성을 확보하고 있다.

# 1.2 대상 언어 자료

## 1.2.1 대상 언어 자료의 특징

이 연구는 기구축 자료인 초·중·고등학생의 구어 말뭉치(코퍼스, corpus)[4]를 대상으로 수행되었다. 이 말뭉치는 한양대학교 한국교육문제연구소의 〈연령별 구어 말뭉치〉로, 음성 언어 수집의 절차, 조사 학생 분포, 자료 구축 방법 등의 면에서 학생들의 언어 사용의 실제 모습을 관찰할 수 있는 자료로 판단되며, 이 연구에서는 말뭉치 가운데 일부를 분석하였다.

분석 대상 자료의 화자 수는 총 478명(남학생 230명, 여학생 248명)이며, 학년별 남녀 각 20명 정도이다. 조사 지역은 서울·경기 지역이며, 초등학교는 8개 학교, 중학교와 고등학교는 각각 2개 학교에서 녹음 조사가 이루어졌다. 고등학교의 경우, 인문계와 실업계의 구분을 고려하여 각각 1개교를 선정하여 조사하였다. 녹음 방법도 실제 언어 현실을 최대한 있는 그대로 관찰할 수 있도록 기획되었다. 녹음은 학교 교실 등 빈 공간에서 조사 대상자 두 명 또는 세 명이 짝지어 자유롭게 일상적인 대화를 나누도록 하였고, 조사 분량은 각 대화 세트별로 1회에 1시간 동안 연속으로 녹음하는 것을 원칙으로 하였다.

녹음 조사 후 음성 자료를 문자로 전사하여 텍스트 파일을 구성하였다.[5] 전사는 모두 3회에 걸쳐 수정·보완되었고 기계가독형 코퍼스로 전환되었다.[6] 전사 자료에는 발화자의 실제 발음이나 특이한 말투가 그대로 반영되어 있으며, 해당 표기 뒤에 표준어 표기가 추가되어 있어

---

**4** 〈연령별 구어 말뭉치〉(한양대학교 한국교육문제연구소)는 만 1세 미만의 영아부터 성인까지의 음성 자료와 전사 자료, 주석 자료를 구축한 것이다. 녹음 자료는 1파일당 2,000어절씩 한글 파일로 전사하였다. 2명의 화자가 대화한 경우, 2,000어절 안에는 화자별로 각각 150~200개 정도의 문장 단위의 발화가 포함되어 있다. 주석 자료는 형태 주석 자료와 의미 주석 자료로 구성되었다.

**5** 자연 발화 수집 자료의 특성 상 한 어절 내에 청취가 어려운 음절이 포함되어 있는 경우도 있으며, 잘 안들리는 음절은 '((-))'로 표시하였다.

**6** 1차 전사 자료는 대화 내용을 그대로 문자화한 것으로 어휘, 문장 등에 관한 계량적 언어 연구에 가장 기초적인 자료가 된다. 2차 전사는 1차 전사 결과물의 수정 보완 및 기초 정보 부착 작업으로 이루어진다. 2차 전사는 자료의 활용도를 높이기 위해 1차 전사 결과물에 발화자 정보, 녹음 시간, 날짜, 전사 시간 등에 대한 정보를 표시한 헤더를 부착하였으며, 표준어 표기, 말겹침이나 군말, 비언어적 음성, 휴지 등 발화 상황을 이해하는 데 도움이 되는 정보, 발화자의 특이한 어조 등의 정보를 표시하였다. 3차 전사는 2차 전사 결과물에 대한 수정 보완 및 상세 정보 태그를 부착하였다. 상세 정보는 연구를 위한 세부 정보를 표시하고, 자료의 익명성을 보장하기 위해 마크업을 실시하였다.

녹음 대상자의 현실적인 어휘 사용 특징을 관찰할 수 있도록 하였다.


## 1.2.2 대상 언어 자료의 구성

이 책의 분석 대상 자료는 음성 자료와 전사 자료로 구성되어 있으며, 음성 자료의 일부를 선정하여 전사하고 분석에 필요한 주석 등의 가공을 통하여 대상 언어 자료를 구축하였다. 이 책의 직접적 분석 대상이 되는 언어 자료에 포함된 화자 수는 모두 478명이며, 학년과 성별에 따라 다음과 같이 구성되어 있다.

〈표 1.1〉 분석 대상자의 학년별·성별 분포

| 단계 | | 성별 | | 합계 |
|---|---|---|---|---|
| | | 남 | 여 | |
| 초등학생 | 1학년 | 20 | 20 | 40 |
| | 2학년 | 20 | 20 | 40 |
| | 3학년 | 20 | 20 | 40 |
| | 4학년 | 20 | 20 | 40 |
| | 5학년 | 20 | 20 | 40 |
| | 6학년 | 20 | 20 | 40 |
| 중학생 | 1학년 | 17 | 23 | 40 |
| | 2학년 | 19 | 21 | 40 |
| | 3학년 | 20 | 18 | 38 |
| 고등학생 | 1학년 | 18 | 22 | 40 |
| | 2학년 | 17 | 23 | 40 |
| | 3학년 | 19 | 21 | 40 |
| 전체 | | 230 | 248 | 478 |

478명의 화자 가운데 남학생은 230명, 여학생은 248명으로 구성하여 특정 성별에 치우친 분석이 되지 않도록 하였다. 학년별로는 남녀 각 20명씩, 전체 40명의 화자가 포함된다. 분석 대상 발화의 수는 화자별로 약 50 발화로 제한하였다.

# 1.3 분석 방법

초·중·고등학생의 어휘 특징을 살펴보기 위하여 자료에 형태 정보 주석과 의미 정보 주석을 부착하였다. 이 주석(tag)을 토대로, 전체 빈도와 사용 화자 수 분포, 어휘 유형별 사용 분포, 어휘 사용의 학교급 간 추이를 분석하였다.

## 1.3.1 자료 주석

### 1.3.1.1 형태 정보 주석

품사 정보를 비롯한 형태 정보 분석을 위해 이 책에서는 21세기 세종계획[7]에서 마련한 기준에 따라 주석을 부착하고[8], 추가적으로 동음이의어와 이형태에 대한 처리 과정을 거쳤다.

〈표 1.2〉 형태 분류 체계와 약호(21세기 세종계획)

| 품 사 | 약 호 | 품 사 | 약 호 |
|---|---|---|---|
| 일반명사 | NNG | 보격조사 | JKC |
| 고유명사 | NNP | 관형격조사 | JKG |
| 의존명사 | NNB | 목적격조사 | JKO |
| 대명사 | NP | 부사격조사 | JKB |
| 수사 | NR | 호격조사 | JKV |
| 동사 | VV | 인용격조사 | JKQ |
| 형용사 | VA | 보조사 | JX |
| 보조용언 | VX | 접속조사 | JC |
| 긍정지정사 | VCP | 선어말어미 | EP |

---

**7** '21세기 세종계획'은 문화관광부(국립국어원) 주최로 1998년부터 2007년까지 언어 정보 문화의 기본 바탕과 자원을 확충하기 위한 〈국어 정보화 중장기 발전 계획〉의 일환으로 수행되었다. 주요 사업으로는 국어 정보 기반 구축 사업(국어기초자료구축, 국어특수자료구축, 전자사전, 한민족 언어 정보화, 전문용어 정비), 국어정보화 여건 조성(국어 정보화 인력 양성, 문자 코드 표준화 연구, 글꼴 개발 보급 지원, 결과물 보급 관리)이 있다.

**8** 이 책의 형태 정보 주석 작업에서는 21세기 세종계획 형태 분류 체계 가운데 의존형태를 제외하였다. 일반적으로 의존형태에는 의존명사, 의존용언, 일반적인 용언 어간도 포함되는 것으로 혼란을 일으킬 수 있고, 이 책에서 복합어, 파생어는 통합된 어휘 형태로 제시되므로 어근과 접사 목록을 따로 설정하는 것이 불필요하다고 판단되었기 때문이다.

| 품 사 | 약 호 | 품 사 | 약 호 |
|---|---|---|---|
| 부정지정사 | VCN | 종결어미 | EF |
| 관형사 | MM | 연결어미 | EC |
| 일반부사 | MAG | 명사형전성어미 | ETN |
| 접속부사 | MAJ | 관형형전성어미 | ETM |
| 주격조사 | JKS | | |

　　형태 정보 주석 작업은 형태 자동 분석 프로그램인 〈글잡이 II〉를 이용하였다. 그런데 〈글잡이 II〉는 한 형태소에 속하는 여러 이형태를 모두 별개의 형태로 분석하므로, 형태소별 빈도 계산을 위해서는 별도의 이형태 처리 과정이 요구된다.

　　여기서는 이러한 이형태 처리를 위하여 자동적으로 교체되는 이형태 목록과 구어에 자주 나타나는 수의적 이형태 목록을 따로 마련하였다. 우선, 음운적 조건에 따라 필연적이고 자동적으로 결정되는 음운론적 이형태와 특정한 형태 조건에 따르는 형태론적 이형태에 해당되는 형태 목록을 작성하고, 이들 이형태를 기본 형태로 일괄 변환하였다. 일괄 변환 작업의 대상이 된 이형태 목록은 다음과 같다.

<표 1.3> 자동적 이형태 목록 예시

| 품사 | 기본 형태 | 이형태 |
|---|---|---|
| 접속 조사(JC) | 과12 | 와04 |
| | 고23 | 이고05 |
| | 나10 | 이나02 |
| 부사격 조사(JKB) | 로07 | 으로01 |
| 주격 조사(JKS) | 가11 | ㅣ05, 이27 |
| 목적격 조사(JKO) | 를 | 을02 |
| 호격 조사(JKV) | 아09 | 야12 |
| | 여24 | 이여03 |
| 보조사(JX) | 는01 | 은05 |
| | ㄴ들01 | 인들 |
| 연결 어미(EC) | -려도 | -으려도 |
| | -다니까02 | -라니까03 |
| 종결 어미(EF) | -어11 | -ㅏ03, -ㅓ03, -ㅕ03, -아16, -여32 |
| | -니09 | -으니03 |
| | -ㄹ걸 | -을걸 |
| | -마11 | -으마01 |
| 선어말어미(EP) | -었- | -ㅏㅆ-, -ㅓㅆ-, -ㅕㅆ-, -았-, -였- |

일정한 음운론적·형태론적 환경에서 교체되는 이형태와 달리 동일한 환경에서 조건 없이 서로 교체될 수 있는 수의적 이형태들은 구어 자료의 특성상 그 형태가 매우 다양하고 광범위하게 나타난다. 축약 현상에 의한 이형태(그런데/근데, 때문에/땜에), 교체 현상에 의한 이형태(별로/별루, 정말/증말), 탈락 현상에 의한 이형태(둘째/두째, -을까/으까), 첨가 현상에 의한 이형태(-려다가/ㄹ려다가, 보다/보담) 등이 이에 해당된다. 수의적 이형태는 구어의 특징을 보여주므로, 분석 시 그 형태를 그대로 살리고, 해당 이형태 뒤에 기본 형태를 제시하였다. 이 책에서 수의적 이형태로 처리된 사례와 그 기본 형태 목록을 보이면 다음과 같다.

〈표 1.4〉 수의적 이형태 목록 예시

| 품사 | 기본형태 | 이형태 |
|---|---|---|
| 부사격 조사(JKB) | 에다가 | 에다, 따가 |
| | 에서 | 서 |
| | 대로 | 대루 |
| | 보고 | 보구 |
| | 하고 | 하구 |
| | 로 | 루 |
| 보조사(JX) | 도 | 두 |
| | 든지 | 든 |
| | 라도 | 라두, 이라두 |
| | 밖에 | 에, 빼께 |
| | 부터 | 부텀 |
| 접속 조사(JC) | 하고 | 하구 |
| | 이고 | 이구 |
| 지정사(VCP, VCN) | 아니 | 아이 |
| 종결 어미(EF) | -고 | -구 |
| | -군 | -구먼, -구만 |
| | -냐고 | -느냐구, -으냐구 |
| | -다고 | -는다구, -다구, -라구1 |
| | -다며 | -ㄴ다매, -다매, -는다매, -ㄴ대메, -는대메, -대메, -대며, -래며 |
| | -더니 | -드니 |
| | -더라고 | -더라구, -드라고, -드라구 |
| | -던가 | -든가 |
| | -던데 | -든데 |
| | -던지 | -든지 |
| | -라고 | -라구 |
| | -려나 | -을래나, -으래나 |

| 품사 | 기본형태 | 이형태 |
|---|---|---|
| 연결 어미(EC) | -거나 | -건 |
| | -고 | -구 |
| | -고는 | -곤, -구는 |
| | -고도 | -고두 |
| | -고서 | -구서 |
| | -ㄴ대더니 | -ㄴ다더니, -는다더니 |
| | -냐면서 | -냐며, -느냐며, -으냐며 |
| | -다가 | -다 |
| | -다고 | -다구, -는다구, -ㄴ다구 |
| | -다면서 | -다며, -대매, -는다며, -ㄴ다며, -는다매, -ㄴ다매 |
| | -대도 | -대두, -ㄴ대두, -는대두 |

마지막으로, 동음이의어에 대한 의미 구분은 표준국어대사전을 토대로 하였다.[9] 동음이의어의 의미 구분 작업에는 국립국어원에서 개발한 Wordanal(2.0) 프로그램을 이용하였다.[10]

## 1.3.1.2 의미 정보 주석

초·중·고등학생들의 어휘 특징을 의미 관점에서 살펴보기 위하여 형태 정보가 부착된 자료에 다시 의미 정보 주석을 부착하였다. 의미 정보 주석을 위하여 먼저 의미 분류 원칙을 설정하였다. 초·중·고등학생의 어휘 특징을 충분히 설명하기 위해서는 그들 어휘의 의미를 다차원적으로 분석할 필요가 있다고 보아 이 책에서는 두 가지 의미 분류 기준을 정하고, 이에 따라 어휘를 분류하였다. 하나는 존재론적 분류이고, 다른 하나는 주제적 분류이다.

존재론적 분류는 어휘가 세계를 표현하는 것이란 점으로 특성화되는데, 이는 단어의 의미를 수용하고 활용하는 인간의 인지 체계를 포착할 수 있는 분류 기준이 된다(최경봉 2005: 132). 기존의 존재론적 의미 분류를 토대로 하되 이 연구의 분석 결과에 대한 활용도를 고려하여 우리는 존재론적 분류 기준을 다음과 같이 마련하였다.

---

**9** 동음이의어에 해당되는 각 어휘에 표준국어대사전 표제어에 제시된 어깨번호를 부여하였다.

**10** Wordanal(2.0) 프로그램은 지능형 형태소 분석기를 이용하여 형태소 분석을 한 자료를 어휘 빈도 조사를 위해 수정할 수 있는 기능을 제공하는 프로그램으로, 분석 결과의 자동 수정, 동음어 반자동 수정, 수작업, 통계 처리, 동음어 사전 처리, 미등재어 사전 처리 등의 기능을 제공한다.

가. 존재론적 분류

    (1) 사물: 인간, 동물, 식물, 무생물, 추상물

    (2) 동태: 동작(행위), 인지, 지각

    (3) 정태: 성상, 감각, 가치·정서·심리, 정도

    (4) 공간: 위치, 지역(지명), 우주·추상 공간, 시설

    (5) 시간: 시점, 기간, 시간적 순서, 속도, 빈도, 시간 단위

    (6) 수: 수량, 순서, 수 단위

    (7) 관계: 지시사, 접속부사, 문장부사

위에 보인 '공간, 시간, 수'는 Nida(1975), 최경봉(2001) 등의 연구에서 '실재, 실체, 상태, 관계 명사'의 하위 분류로 제시된 것들이다. 사물의 존재를 드러내는 데에 있어 시간과 공간은 그 일차적인 배경 요소가 되므로 여기서는 하위 분류하기보다는 1차 분류 기준으로 내세우는 방식을 택하였다. 그리고 구성 요소를 직접 가리키는 '사물, 동태, 정태, 공간, 시간, 수' 외에 구성 요소들 간의 관계를 가리키는 '관계' 유형을 따로 설정하였다. 여기서 말하는 '관계'는 지시물과 지시 대상과의 관계, 문장과 문장과의 관계 등을 말한다.

위에 제시한 의미 분류의 각 하위 유형에 속하는 구체적인 어휘 사례를 보이면 다음과 같다.

(1) 사물

    ① 인간: 나, 너, 아버지, 동생, 언니, 삼촌, 친구, 여자, 남자, 선생님, 개그맨, 회장, 쫄병, 위원회, 탁구부, 머리, 눈, 눈병, 새끼, 짭새 등

    ② 동물: 강아지, 토끼, 코끼리, 타조, 두더지, 무당벌레, 꽃게, 발, 목, 턱, 다리뼈, 등, 혓바닥 등

    ③ 식물: 꽃, 과일, 나무, 딸기, 도토리, 레몬, 미역, 단감, 가지, 마디, 뿌리, 암술, 수술, 열매, 꽃잎 등

    ④ 무생물: 자, 가위, 칼, 버스, 전철, 자판기, 라디오, 봉투, 칠판, 한복, 와이셔츠, 피아노, 만두, 주스, 금, 은, 비, 천둥 등

    ⑤ 추상물: 결혼, 수학, 철학, 소설, 미술, 연극, 행복, 생각, 태도, 마음, 말, 얘기, 영어, 예배, 미사 등

(2) 동태

    ① 동작(행위): 가다, 오다, 말하다, 얘기하다, 대화, 이야기하다, 좋아하다, 짜증나다,

삐치다 등

② 인지: 생각하다, 판단하다, 예측하다, 추측하다 등

③ 지각: 관찰하다, 구경하다, 듣다, 찾아보다 등

(3) 정태

① 성상: 있다, 없다, 뚱뚱하다, 꼬부랑, 동그랗다, 비슷하다, 크다, 작다 등

② 감각: 맛있다, 맛없다, 달다, 맛, 시끄럽다, 색깔, 색, 초록색, 빨갛다, 파랗다, 하얀
색, 노랗다, 아프다, 춥다, 배고프다, 따뜻하다, 썰렁하다, 덥다, 간지럽다, 냄새, 냄
새나다 등

③ 가치·정서·심리: 고급스럽다, 우수하다, 훌륭하다, 가난하다, 슬프다, 불행하다 등

④ 정도: 잘, 제일, 엄청, 더 등

(4) 공간

① 위치: 공간, 구석, 가운데, 사이

② 지역(지명): 국내, 농촌, 동양, 아시아, 한강

③ 우주·추상 공간: 지옥, 달, 천당 등

④ 시설: 구청, 우체국, 학교, 학원, 병원 등

(5) 시간

① 시점: 때, 무렵, 가을, 계절, 시월, 내년, 금방 등

② 기간: 계속, 그동안, 순간 등

③ 시간적 순서: 나중, 첫, 결국, 다시 등

④ 속도: 갑자기, 빨리, 급히 등

⑤ 빈도: 가끔, 항상, 자주 등

⑥ 시간 단위: 초, 분, 일, 월 등

(6) 수

① 수량: 하나, 다섯, 한둘 등

② 순서: 첫째, 다음 등

③ 수 단위: 개, 명, 척 등

(7) 관계

    ① 지시사: 이것, 그거, 거기, 그렇다 등

    ② 접속부사: 그러나, 그러니까, 하지만 등

    ③ 문장부사: 결국, 한편 등

이상의 존재론적 분류는 자연물에 관한 어휘를 분류하는 데에는 매우 유용하지만, 문명 발달에 이은 인간 생활에 관한 어휘를 분류하는 데에는 한계가 있다. 가령, '딸기'는 존재론적으로 분류하면 '식물'(수확 전)에 속하는 동시에 '무생물'(음식의 재료)에도 속할 수 있다. 따라서 이들의 연속선상에 존재하는 어휘 분류를 위해 존재론적 분류 방법을 보완할 수 있는 다른 기준이 필요하다.

이 책에서는 초·중·고등학생 집단에서 사용되는 어휘 부류를 통해 그들의 사회문화적 특성을 유추해 낼 수 있도록 주제적 분류 체계를 다음과 같이 설정하였다. 앞서 보인 존재론적 분류가 사용자의 인지 체계를 반영한다면, 주제적 분류는 사용자의 경험적, 사회적, 문화적 특징을 반영한다.

    나. 주제적 관점의 의미 분류

| | |
|---|---|
| ① 인간과 인간관계 | ② 가족과 친인척 |
| ③ 직업과 직장 | ④ 신체·생리작용·병·치료·성 |
| ⑤ 감각과 감각기관 | ⑥ 생각·감정·성격·태도 |
| ⑦ 의생활 | ⑧ 주생활 |
| ⑨ 식생활 | ⑩ 교육·학습·학교생활·학문 |
| ⑪ 예술·취미·놀이·게임·운동 | ⑫ 정치·사회·경제·교통·국방 |
| ⑬ 자연현상 | ⑭ 정보·통신 |
| ⑮ 언어 | ⑯ 종교·믿음 |

위의 주제적 분류에 속하는 구체적인 어휘 예를 보이면 다음과 같다.

    ① 인간과 인간관계: 사람, 인간, 여자, 남자, 사회, 반, 우리, 내, 만나다, 사귀다, 싸우다, 결혼하다 등

    ② 가족과 친인척: 엄마, 아빠, 형, 가족, 친척 등

    ③ 직업과 직장: 교사, 가수, 경찰, 학교, 회사, 사무실, 취직하다, 이직하다 등

④ 신체·생리작용·병·치료·성: 머리, 눈, 축농증, 수술, 처방전, 동성, 이성, 남성, 졸리다, 꾸다 등

⑤ 감각과 감각기관: 보다, 듣다, 귀 등

⑥ 생각·감정·성격·태도: 생각하다, 가엾다, 성실하다, 무시하다, 고집부리다 등

⑦ 의생활: 다리다, 단정하다, 단추, 머리핀, 한복, 치마, 바지, 말리다 등

⑧ 주생활: 가게, 가전제품, 건설, 건축가, 걸레, 공구, 짓다 등

⑨ 식생활: 계란, 국수, 끓다, 가열하다, 볶다 등

⑩ 교육·학습·학교생활·학문: 선생님, 교사, 제자, 학교, 학원, 복학, 교무실, 캠퍼스, 도서관, 문방구, 학년, 반, 책상, 초등학교, 과학고, 수학, 과학, 모르다, 공부하다, 풀다, 배우다 등

⑪ 예술·취미·놀이·게임·운동: 노래, 그림, 만화, 뜨개질, 농구, 쿵쿵따, 끝말잇기, 엠피쓰리, 자전거, 바이올린, 스케이트장, 수영장, 그리다, 춤추다, 축구하다, 치다 등

⑫ 정치·사회·경제·교통·국방: 검찰청, 고소득층, 공공질서, 규제, 결재, 구입 등

⑬ 자연현상: 비, 바람, 봄, 여름, 토끼, 소, 개미, 나무, 금, 돌 등

⑭ 정보·통신: 컴퓨터, 핸드폰, 인터넷, 신문, 메일, 라디오, 알리다, 켜다, 걸다 등

⑮ 언어: 대화, 문자, 수다, 쪽지, 상담, 거짓말, 구라, 괴담, 말하다, 얘기하다, 부르다, 욕하다, 답변하다, 맞장구하다, 대답하다 등

⑯ 종교·믿음: 기독교, 불교, 십자가, 찬송가, 목탁, 지옥, 절하다, 예배 등


## 1.3.2 자료 분석

초·중·고등학생들의 어휘 사용 현황을 개관하기 위하여 고빈도 단어가 무엇인지에 대한 조사·분석이 이루어졌다. 학생들의 어휘 사용 특징이 파악될 수 있도록 단순 사용 빈도 외에도 사용 화자 수, 형태·의미의 하위 유형 등 여러 차원에서 분석을 수행하였다. 특히 고빈도 어휘를 중심으로 학교급별로 그 사용 추이를 분석하여 학교급에 따른 변화 양상을 구체적으로 살펴보았다.

### 1.3.2.1 전체 빈도와 사용 화자 수 조사

자료 분석의 첫 단계로 초·중·고등학생들이 자주 사용하는 단어들을 조사하였다. 전체 어휘를 대상으로 전체 학생들의 사용 빈도에 따른 순위를 산출하고, 경우에 따라 일정한 순위까지 한정하여 결과를 제시하였다.

단순한 빈도 조사를 통해서 학생들의 어휘 사용 현황을 개관해 볼 수는 있지만, 어휘 특징을 파악하는 데에는 많은 한계점을 지닌다. 이를 보완하기 위해 다각도의 분석이 이루어졌는데, 그 가운데 하나는 특정 형태를 얼마나 많은 수의 화자가 사용하고 있는가에 관한 것이다. 사용 화자 수를 기준으로 하는 빈도 분석은 학생들의 어휘 특징 파악에 상당히 중요한 단서를 제공한다고 본다.

### 1.3.2.2 어휘 유형별 사용 분포 분석

초·중·고등학생들의 어휘 사용 양상을 좀 더 깊이 있게 이해하기 위하여 단어의 형태와 의미에 근거한 어휘 유형별로 사용 양상을 조사하였다. 단어의 형태와 의미의 관점에서 고빈도어를 추출하여 학교급별 어휘 특징을 분석하였다.

형태 관점에서는 학생들의 어휘를 실질 형태와 문법 형태로 구분하여 조사하였다. 각각의 영역에서 상위 범주에 대해서는 전체 빈도와 사용 화자 수에 따른 사용 분포를 분석하였고, 하위 범주에 대해서는 전체 빈도를 조사하였다. 체언의 경우를 예로 들면, 체언에 속하는 단어들을 대상으로 전체 사용 빈도와 사용 화자 수 관점에서 고빈도 어휘를 추출하여 학교급별 어휘 특징을 파악하고, 다음 단계로 체언의 하위 범주인 일반명사, 의존명사, 대명사, 수사를 대상으로 전체 사용 빈도를 분석하였다.

의미 관점에서는 존재론적 분류와 주제적 분류에 따른 단어의 유형별로 사용 양상을 분석하였다. 먼저 두 기준에 따라 설정된 하위 유형별로 단어들을 추출하고 이들 단어들의 빈도를 조사한 다음, 고빈도 단어들을 중심으로 학교급별 어휘의 특징을 분석하였다.

### 1.3.2.3 어휘 사용의 학교급 간 추이 분석

앞의 방법들은 학생들의 어휘 사용 양상을 그 출현 빈도에 기반하여 분석하는 방식이며, 학교급별 특징 분석에 치중되어 있다. 학교급별 고빈도어 제시만으로는 학교급 간에 어떤 차이점과 유사점이 있는가는 설명되지 않는다. 특정 단어가 얼마나 오랜 기간 고빈도어로 지속되는지, 초등학생부터 고등학생까지 자주 쓰는 단어들에는 어떤 것이 있으며, 각 학교급에서만 사용되는 단어들은 어떤 것들인지가 명시적으로 드러나지 않는다.

초·중·고등학생들의 어휘 특징을 살펴보는 데에는 학교급 간 추이 양상도 중요하다. 이 연구에서는 특정 단어가 학교급의 변화에 따라 얼마나 지속적으로 고빈도어로 사용되는가를 분석하였다. 이를 통해 기초 어휘를 추출할 수 있는 근거가 마련될 수 있다고 본다. 이와 함께 특정 학교급에서만 사용하는 어휘들도 분석하여 학교급별로 새로이 출현하는 어휘들이 무엇인지 파악하고, 그 특징을 분석하였다. 학교급 간 사용 추이는 단어의 형태 관점과 의미 관점으로 나누어 살펴본다.

# 2
# 어휘 연구의 동향

계량적 연구 / 어휘의 의미 분류 연구

# 초·중·고등학생의 구어 어휘 조사

# 2.1 계량적 연구

국어의 어휘에 대한 계량적 연구는 1950년대부터 학교 교육에서의 교육용 어휘 선정을 위한 목적에서 출발하여 사전 편찬, 외국인을 위한 한국어 교육용 어휘 선정으로 확대되며 꾸준히 지속되고 있다. 근래에는 대규모 말뭉치가 구축되면서 종전의 교과서나 교재를 주 대상으로 했던 제한적 범위의 조사 연구에서 다양한 유형의 자료를 대상으로 한 연구들이 이루어지고 있다. 〈표 2.1〉은 지금까지 이루어진 계량적 어휘 연구의 주요 논저들을 연도순으로 정리한 것이다.

〈표 2.1〉 계량적 어휘 연구 논저 목록(연도순)

| 번호 | 저자(연도) | 논문 제목 | 목적 |
|---|---|---|---|
| 1 | 문교부(1956) | 우리말 말수 사용의 잦기 조사 | 국어 어휘 사용 실태 조사 |
| 2 | 이응백(1972) | 국민학교 학습용 기본 어휘 | 국민학교 학습용 어휘 선정 |
| 3 | 이응백(1978) | 국민학교 입문기 학습용 기본 어휘 연구 | 국민학교 입문기 학습용 기본 어휘 선정 |
| 4 | 이연섭·권경안·정인실(1980) | 한국 아동의 어휘발달연구(1) | 어휘 발달 관점에서의 사용 어휘 목록 추출 |
| 5 | 이응백·이인섭·김승열(1982) | 국민학교 아동의 어휘력 조사 연구 | 국민학교 저중고학년별 표준어휘 목록 작성 |
| 6 | 이인섭(1986) | 한국 아동의 어휘 발달 | 어휘 발달 관점에서의 사용 어휘 목록 추출 |
| 7 | 임지룡(1991) | 국어의 기초 어휘에 대한 연구 | 기초 어휘 선정 |
| 8 | 이충우(1994) | 한국어 어휘 교육을 위한 대표 어휘 선정 | 국어 교육용 대표 어휘 선정 |
| 9 | 서상규(1998) | 말뭉치 분석에 기반을 둔 낱말 빈도의 조사와 그 응용 | 낱말 빈도 조사 결과 소개 |
| 10 | 국립국어원(2002) | 현대 국어 사용 빈도 조사1 | 한국어 교육용 어휘 선정 |
| 11 | 임칠성(2002) | 초급 한국어 교육용 어휘 선정 연구 | 한국어 교육용 어휘 선정 |
| 12 | 김광해(2003) | 등급별 국어교육용 어휘 | (한)국어교육용 어휘 선정 |
| 13 | 국립국어원(2005) | 현대 국어 사용 빈도 조사2 | 국어 교육용 어휘 선정 |
| 14 | 배주채(2010) | 한국어 기초 어휘집 | 한국어 교육용 어휘 선정 |
| 15 | 장경희 외(2004) | 한국인의 의사소통 능력 발달 단계 연구 | 어휘 발달 관점에서 사용 어휘 목록 추출 |

계량적 어휘 연구는 조사 목적에 따라 크게 범용적 기초 조사 연구, 교육용 어휘 선정 연구, 어휘 발달 연구로 구분해 수 있다. 각 영역별로 전반적인 연구 동향을 살펴보기로 한다.

## 2.1.1 범용적 기초 조사 연구

국어 어휘에 대한 기초 조사는 문교부(1956)를 시초로 한다.[1] 문교부(1956)에서는 "우리말 말수(어휘)가 사용되는 잦기(빈도)의 실태를 조사하여, 과학적인 국어의 기본 형태를 파악하고, 우리말의 합리적인 사용을 꾀하며, 국어의 정상적인 발달 및 정화 운동을 목표하는 교과서 편집이나 계몽을 활용하고, 나아가서는 국어학 연구의 참고 자료로 제공하려 함"이라고 조사 목적을 밝히고 있다. 조사 대상 자료는 '초·중·고·교과서, 시, 소설, 신문, 국회 속기록, 소책자, 방송 대본, 잡지 및 기술 서적' 등 총 93개의 표본을 대상으로 하여 56,485개의 낱말을 표집하였으며, 총빈도는 2,218,727회로 나타났다. 그러나 문교부(1956)의 조사는 조사 대상 자료가 교과서에 편중되어 있어 일반적인 우리말의 어휘 구조를 왜곡되게 반영하고 있을 가능성이 있다는 문제가 지적되었다(정찬섭 외 1990).[2]

이후 기초 조사 성격의 연구에는 임지룡(1991)과 서상규(1998) 등이 있다. 임지룡(1991)에서는 기초 어휘란 '특정언어 가운데 그 중추적 부분으로서 구조적으로 존재하는 어의 부분 집단이며, 언어생활에서 빈도수가 높고, 분포(사용 범위)가 넓으며, 파생이나 합성 등 이차조어의 근간이 되는 최소한의 필수어'라고 정의하였다. 그리고 기존 어휘 목록을 대상으로 하여 고빈도 형태를 추출한 후 의미 분야별로 분류하여 기초 어휘를 선정하였다. 즉 출현 빈도와 의미, 두 기준을 절충하여 내용어 1,500개의 기초 어휘를 선정하였다. 특히, 어휘 목록을 가나다순이나 빈도순이 아닌 의미 분야를 기준으로 제시한 점은 시소러스의 배치 방식이나 머릿속 사전의 구조를 상정하는 데 적용될 수 있어 어휘 연구에 시사하는 바가 크다.

서상규(1998)는 대규모 말뭉치의 낱말 빈도 조사 결과를 소개하며 거대 규모의 빈도 통계를 관찰함으로써 소규모의 조사에서 밝혀진 빈도적 특성이 나타나는지 검증하고 있다. 총 4,200만 어절의 대규모 말뭉치를 토대로 빈도 구간에 따른 낱말 수와 빈도 구간별 씨갈래의 분포상

---

[1] 해방 이전의 어휘 조사로 제40회 한글 반포 기념일인 1936년 10월 28일 조선어학회에서 펴낸 〈조선어 표준말 모음〉이 있다. 이 책의 어휘 수는 표준어 6,231개, 약어(略語) 134개, 비표준어 3,082개, 한자어 100개 등 총 9,547개이다.

[2] 정찬섭 외(1990)에서는 말뭉치 구축에서 가장 중요한 것은 대표성이라고 주장하고, 문교부(1956)의 조사 표본이 초·중등 교과서 50%, 문학, 예술류 30%, 신문, 잡지, 방송 원고, 국회의사록 20%로 구성되어 표집 구성 비율에 문제가 있다는 점을 지적하였다.

의 특징, 고빈도 500개 낱말 등을 제시하였다. 이 연구는 특히 지금까지의 연구 가운데 가장 규모가 큰 말뭉치를 대상으로 한 계량 연구라는 점에서 의미가 있다.


## 2.1.2 교육용 어휘 선정 연구

교육용 어휘 선정 연구는 교육 대상자가 모국어 화자인지 외국어 화자인지에 따라 국어교육과 한국어 교육으로 나누어 진행되었다.

### 가. 국어교육

국어교육용 어휘 조사는 1970년대 이응백(1972, 1978), 이응백·이인섭·김승열(1982) 등을 중심으로 시작되었다. 이응백(1972)에서는 초등학교 학습용 기본 어휘 선정을 위해 성인 작품, 어린이 신문 잡지, 교과서를 대상으로 한 이해 어휘와 어린이 일상 회화, 작품을 대상으로 한 사용 어휘를 조사하여 연어휘 251,485개(고유명사, 조사 제외)와 개별어휘 17,104개에서 빈도수 10 이상인 2,713개의 '국민학교 학습용 기본 어휘표'를 작성하였다. 이어 이응백(1978)에서는 3차 교육과정에 따른 초등학교 1학년 교과서와 1학년·입학 전 어린이의 음성언어를 통하여 연어휘(延語彙) 15,130개, 개별어휘 2,280개 가운데 '국민학교 입문기 학습용 기본어휘' 1480개를 선정한 바 있다.[3] 이응백·이인섭·김승열(1982)에서는 국민학교 저·중·고학년별 표준 어휘 목록의 작성을 위해 이응백(1972)의 결과와 성인 작품, 어린이 신문, 교과서, 어린이 일상 회화, 어린이 작품, 초등학교 1,2,3학년 1학기 전 교과 어휘에서 총 15,005개의 어휘를 판정하였다. 이 연구에서는 연구자의 직관에만 의존하는 것이 아니라 후보 목록을 작성한 후, 현직 교사가 어휘를 수준별로 분류하여 배정함으로써 객관성을 확보하려고 노력하였다. 그러나 이 역시 대상 표본에서 교과서가 차지하는 비중이 지나치게 높다는 문제를 지니고 있다.

이충우(1994)에서는 교육용 어휘를 구성하는 대표 어근, 대표 접사, 대표 한자어 형성소를 선정하였다. 선정 기준은 사용 빈도가 높은 어휘, 사용 범위가 넓은 어휘, 교육에 기초적인 어휘, 조어력이 높은 어휘, 학습자의 발달 단계에 맞는 어휘, 적용성이 큰 어휘, 시대가 요구하는 어휘 등을 삼았으며, 조어법을 강조한 목록 선정이 두드러졌다.

2000년대에 들어 개인 연구 혹은 사전 편찬을 위한 자료 구축이 어느 정도 축적되어, 이를 활용한 어휘 선정 작업이 활발히 진행되었다. 김광해(2003)에서는 이미 이루어진 선행 연구에

---

**3** 연어휘(延語彙)는 어휘를 계량할 경우 계량 대상이 되는 언어 집단 내에 사용된 모든 어휘를 가리키는 말로서, 대체로 대상 언어 집단의 크기를 가리킨다.

서 제출된 어휘 목록을 하나의 DB를 구성한 뒤 그 목록에 대한 선행 연구들의 지지도를 비교하는 방법을 통해 어휘의 등급을 정하는 메타 계량 방법을 이용하였다. 그 결과 총 237,990 어휘를 교육적 중요도에 따라 7등급으로 구분한 목록을 제시함으로써 국어교육, 교과서 편찬, 학습용 사전 편찬 등에 응용될 수 있는 기초 자료를 제공하였다.[4]

국립국어원(2005)에서도 국어교육용 어휘 선정 연구를 실시하였다. 이 연구는 국립국어원이 2002년에 실시한 어휘 사용 실태 조사 결과와 기존 연구 성과에 대한 검토, 전문가 자문 등을 토대로 총 300만 어절의 문헌 자료에 대한 사용 빈도를 자모, 음절, 일반어휘, 조사, 어미, 어절 구성, 구, 어휘 범주, 활용형, 규범 오류형 등에 따라 다양하게 제시하고 있다. 특히 조사 자료가 어느 문헌에 편중되지 않도록 문헌의 시기, 문헌 표본의 분량에도 엄격한 기준을 두고 조사하였다.[5]

### 나. 한국어 교육

외국인을 위한 한국어 교육용 어휘 선정은 국립국어원(2002)를 기초 연구로 하여 후속 연구들이 많이 이루어졌다. 국립국어원(2002)은 한국어 학습용 어휘 선정을 위해 1990년대 생산된 한국어 교재, 교과서, 교양서, 문학, 신문, 잡지, 대본, 구어, 기타 자료 등을 대상으로 현대국어 사용 실태 조사를 실시하였다. 총 1,531,966어절 자료를 토대로 단어[6], 고유명사, 조사, 어미 형태의 빈도와 품사 정보 등을 제시하였다. 국립국어원(2005)도 국립국어원(2002)과 마찬가지로 교육용 어휘 선정을 위한 기초 조사의 성격을 지니고 있다. 이들 연구에서는 구어를 분석 대상 자료에 포함시킨 점이 주목할 만하다. 그러나 구어의 비중은 전체의 3.2%(48,337어절)에 그치고 있어, 구어의 특성이 충분히 반영되었다고 보기는 어렵다.

어휘 선정에서 출현 빈도만을 그 기준으로 삼는 것은 문제가 있다. 어휘 출현 빈도는 그 텍스트의 영향을 크게 받으므로 출현 빈도에 전적으로 의지한다면 실제 언어생활에서 중요한 기초 어휘들이 누락될 가능성이 있다. 임칠성(2002)에서는 이러한 계량적 방법이 지닌 한계점을 보완하고자 대조어, 생활어, 학습어 등의 어휘 체계를 고려하여 총 1,038개의 어휘 목록을 선정한 바 있다.

---

**4** 김광해(2003)에서는 국어교육용 등급과 한국어 교육용 등급을 별도로 처리하였으며, 책에서는 지면의 제약 등으로 1-4등급의 어휘만을 보이고 있다.

**5** 조사 대상 문헌은 1990년 이후에 출판된 문헌을 대상으로 하였으며, 표본으로 선정된 문헌의 앞부분부터 약 5000어절씩 끊어 627개의 표본, 300만 어절 문헌 자료를 구성하였다.

**6** 단어에는 일반명사, 의존명사, 대명사, 수사, 동사, 형용사, 보조용언, 부정지정사, 관형사, 일반부사, 접속부사, 감탄사가 포함된다. 그런데 부정지정사 '아니다'는 단어이고, 긍정지정사 '이다'는 조사로 처리하고 있어 논란의 여지가 있다.

배주채(2010)에서는 기초어휘 2,700개의 목록 제공과 함께 중요도, 변이형, 표기, 발음, 품사, 어종, 의미 등 다양한 관점에서 분류한 단어 목록들을 함께 제시하고 있다. 외국인을 위한 한국어 교육, 내국인을 위한 국어 교육, 한국어 연구 분야에서의 활용 가능성을 열어두고 있지만, 2,700 단어가 한국어 능력 1급부터 4급에 해당된다는 설명과 영어, 중국어, 일본어 3개 국어로 번역하여 목록을 제시한 점 등은 한국어 교육에 중점을 둔 듯하다.

## 2.1.3 어휘 발달 연구

어휘 발달 연구는 대부분 구체적인 어휘 자료를 대상으로 한다. 지금까지의 연구는 대체로 자료 조사가 특정 시기에 한정되거나 조사 대상자가 소수에 그친 경우가 많았다. 이연섭·권경안·정인실(1980)은 한국 아동의 어휘 발달 연구에서 3;3~5;6세 아동 26명의 발화를 1개월 동안 녹음하여[7] 고유명사를 제외한 연어휘 12,213개, 개별어휘 1,553개의 목록을 작성하였다. 비록 대규모 자료를 대상으로 하지는 않았지만 실제 아동의 발화를 대상으로 한 어휘 목록이라는 점에서 큰 의미가 있다.[8] 이인섭(1986)은 '유아의 어휘 발달의 전체를 한눈에 꿰뚫어 보기 위해서는 어휘의 양적 발달을 고찰하여야 한다'는 전제 아래 유아의 언어 발달을 초기, 중기, 후기로 구분하여 직접 조사한 자료와 이전 논의를 토대로 의미 기능, 품사별 빈도, 어휘의 양적 증가 등에 대해 분석하였다.[9]

그러나 이상의 연구들은 주로 연구자 개인에 의해 자료 수집이 이루어졌기 때문에 특정 연령에 치중하였거나, 자료 수집 방법 등에 차이가 있어 개별 연구 결과를 통합하여 분석하는 것은 논란의 여지가 있다. 2000년대에 들어서면서 이러한 자료 수집의 한계를 극복한 연구들이 나오기 시작하였다. 장경희 외(2004)에서는 영아부터 성인에 이르기까지 연령별로 대규모 구어 말뭉치를 구축하여 이를 토대로 한 어휘 발달 연구 성과들이 보고되고 있다.[10]

---

**7** 녹음도 주당 4~5회 실시하였다.

**8** 그 밖에 남북한 중학교 1학년 국어 교과서의 어휘 분포를 분석한 이성연(2007)도 있다. 이 연구에서는 남북한 중학교 1학년 국어 교과서를 품사별, 어종별 분포를 살펴보고, 품사별 고빈도어 목록을 제시하여 특징을 살펴보고 있다.

**9** 유아기의 어휘 발달은 어휘 검사용 도구를 가지고 연구되는 경우가 많다. 장유경(2004), 이지연·장유경(2005)에서는 MacArthur Communicative Development Inventory(Fenson, Dale, Reznick, Thal, Bates, Hartung, Pethick & Reilly 1991)로 각각 18개월~36개월, 8개월-18개월 아동의 어휘 발달을 연구한 바 있다.

**10** 장경희 외(2004)에서 구축한 말뭉치를 활용한 연구로는 초등학생의 어휘 빈도와 분포도를 조사한 이필영·김정선(2008), 중고등학생의 어휘 사용을 연구한 최용석·전은진(2009)가 있다. 이들 연구에서는 구체적인 어휘별 빈도와 함께 목록을 제시하고 있다.

지금까지 구어 어휘는 자료 수집의 어려움, 연구의 부족 등으로 인해 그 필요성이 지대함에도 불구하고 많은 연구가 이루어지지는 못하였다. 구어가 포함되더라도 준구어 자료의 비중이 높거나 소규모 자료를 대상으로 한 것이 대부분이어서 균형성을 갖춘 대규모 구어 자료를 토대로 한 어휘 조사가 이루어질 필요가 있다. 또한, 유아에 치중되어 이루어진 어휘 발달 연구가 초등학생 이상 연령대로 확대하는 것도 필요하다.

# 2.2 어휘의 의미 분류 연구

의미 분류는 관점에 따라 여러 가지로 접근할 수 있는데, 크게는 사전이나 어휘집 등에서 제시하는 의미 분류와 이론적인 면에 초점을 둔 어휘 의미 분류 연구로 구분해 볼 수 있다. 특히 근래에는 전자사전 및 한국어의 개념 기반 어휘망 구축을 위해 의미 분류에 대한 활발한 연구가 진행되고 있다. 본 장에서는 기존의 의미 분류 체계에 대한 국내외 성과를 이러한 두 가지 접근 방식으로 나누어 살펴보기로 한다.

<표 2.2> 어휘의 의미 분류 연구 논저 목록(연도순)

| 번호 | 저자(연도) | 논저 제목 | 목적 |
| --- | --- | --- | --- |
| 1 | Roger(1852) | Thesaurus of English Words and Phrases | 어휘 분류 |
| 2 | Nida, E.(1975) | Componential Analysis of Meaning | 보편적 의미 영역 제시 |
| 3 | Lyons, J.(1977) | Semantics 1,2 | 세계에 존재하는 것들에 대한 분류 |
| 4 | 남영신(1987) | 우리말 분류 사전 | 어휘소 분류 사전 |
| 5 | 박용수(1989) | 우리말 갈래 사전 | 어휘소 분류 사전 |
| 6 | 임지룡(1991) | 국어의 기초 어휘에 대한 연구 | 기초 어휘 선정 |
| 7 | 임홍빈(1993) | 국어 어휘의 분류 목록에 대한 연구 | 국어 사전 편찬 및 집필을 위한 분류 목록 작성 |
| 8 | Gross, G.(1995) | Les Classes d'objets | 어휘의 전산 처리와 자동 번역 |
| 9 | 신현숙(2000) | (의미로 분류한) 현대 한국어 학습사전 | 한국어 교육용 어휘 사전 |
| 10 | 최경봉(2001) | 지식기반 구축을 위한 어휘의 의미 분류 | 어휘 의미 분류의 기준 제시 |
| 11 | 배주채(2010) | 한국어 기초 어휘집 | 한국어 교육용 어휘 선정 |

## 2.2.1 사전 및 어휘집에서의 의미 분류

사전 및 어휘집을 위한 의미 분류 체계는 비교적 역사가 길다. 의미 분류에 대한 고전적인 논저인 Roget(1852)를 중심으로 학습 사전이나 전자사전 등의 사전류, 분류 어휘집과 기초 어휘집 등이 거론되고 있지만, 사실상 우리나라는 Roget보다 훨씬 오래된 분류 어휘집의 전통을 가지고 있다. '조선관역어'에서 '우리말 갈래 사전'에 이르기까지 23종의 국어 분류 어휘집이 존재한다.

국어 분류 어휘집에서 위계 조직이 명시된 것은 8종인데, '조선관역어'에는 門, '청관물명고'에는 類, '통학경편'에는 部와 類의 혼합, '재물보'는 譜>0, '물명고'에는 類>0, '자류주석'에는 部>類, '정몽류어'에는 節>類, '물보'에는 篇>部>0로 나타난다. 이를 종합해 볼 때, 위계 조직의 서열은 篇>部>類/門>項目으로 되는데, 類/門>項目의 2서열로 된 것은 '조선관역어, 훈몽자회, 신증유합, 역어유해, 왜어유해, 동문유해, 몽어유해, 방언집석, 통학경편, 조선어방언연구, 현대조선어기초어휘집, 한국방언연구, 한국방언사전, 방언사전'이며, 篇>部>類>項目의 4서열로 된 것은 '물보'이다. 따라서 국어 분류 어휘집의 유별 분류는 '통학경편'이 14類로 가장 단순하며 '방언집석'이 87類로 가장 다양하다. 또한 위계 조직은 4서열로 된 '물보'가 가장 정밀하다.

국어의 어휘 분류집은 훈몽자회, 자유자회, 정몽유어 등의 자회류, 조선관역어, 역어유해, 왜어유해 등의 유해류처럼 아동의 어휘 교육과 역관 양성을 위한 전통적인 어휘집부터 시작되었고(임지룡 1989, 김광해 1993), 남영신(1987)으로 그 맥이 계승되었다(김광해 1993).

남영신(1987), 박용수(1989)의 분류 사전과 신현숙(2000)의 한국어 학습자 사전에서도 의미를 기준으로 어휘를 제시하고 있다. 이때 의미 분류는 앞서 살펴본 어휘 분류와 유사하게 인간을 둘러싼 삼라만상을 대상으로 하고 있으며, 주로 직관에 의존해서 분류가 이루어진 것으로 파악된다.[11]

(1) 남영신(1987), 〈우리말 분류 사전〉

① 건축, 토목, 생산, 공작, 도구 ② 가정에서 쓰이는 여러 가지 물건 ③ 바느질에 관계되는 것 ④ 음식, 반찬, 여러 가지 식료품, 요리 ⑤ 농업, 농사, 농기구, 농산물 ⑥ 민속놀이, 풍속, 신앙, 미신 ⑦ 운동 및 운동 기구, 낚시, 사냥 ⑧ 문학, 예술, 여러 가지 학문 ⑨ 경제, 직업, 생활, 광산, 광업 ⑩ 배, 가마, 마소, 기타 교통수단 ⑪ 사람의 부류, 여자, 아이, 가족 ⑫ 여러 가지 무생물, 물건, 물품 ⑬ 길, 내, 바다, 산, 장소, 방향 ⑭ 동식물 및 사람의 구조와 생리 ⑮ 심리적인 여러 가지 작용, 행위, 일 ⑯ 수와 양, 순서, 상황, 모습, 추상성을 가진 낱말 ⑰ 날씨 시간에 관한 여러 낱말 ⑱ 여러 가지 동물, 식물의 이름

---

11 남영신(1987)은 총 21,272항목을 대분류 18개, 소분류 163개로 구분하였고, 박용수(1989)는 총 33,721항목을 33부문으로 구분하였다. 신현숙(2000)의 한국어 학습 사전은 한국어 사용자가 일상생활에서 쓰고 있는 14,000여 단어를 42개의 의미 범주로 묶어 어휘를 제시하고 있다.

(2) 박용수(1989), 〈우리말 갈래 사전〉

① 사람의 몸 ② 사람의 행위 ③ 사람의 마음 ④ 사람의 별칭 ⑤ 일상생활 ⑥ 겨레붙이 ⑦ 婚俗 ⑧ 소아 ⑨ 신 ⑩ 민속 ⑪ 잡기·오락 ⑫ 古制 ⑬ 의생활 ⑭ 식생활 ⑮ 주생활 ⑯ 농업 ⑰ 어업·해운 ⑱ 광공업 ⑲ 상업 ⑳ 생활도구 ㉑ 사물 ㉒ 數 ㉓ 불 ㉔ 천문 ㉕ 지리 ㉖ 일기 ㉗ 도로 ㉘ 동물 ㉙ 식물 ㉚ 어찌씨 ㉛ 의태어 ㉜ 의성어 ㉝ 격언

(3) 신현숙(2000), 〈(의미로 분류한) 현대 한국어 학습사전〉

① 인간과 인간관계 ② 가족과 친인척 ③ 성과 결혼 ④ 신체와 생리작용 ⑤ 병과 치료 ⑥ 삶과 죽음 ⑦ 감각과 감각기관 ⑧ 생각과 감정 ⑨ 성격과 태도 ⑩ 의생활 ⑪ 식생활 ⑫ 주생활 ⑬ 말과 글 ⑭ 언론과 출판 ⑮ 정보와 통신 ⑯ 교육 ⑰ 과학과 학문 ⑱ 종교와 믿음 ⑲ 문명과 문화 ⑳ 예술, 취미 ㉑ 놀이와 게임 ㉒ 운동 ㉓ 나라 이름 ㉔ 국가와 정치 ㉕ 법과 질서 ㉖ 국방 ㉗ 사회와 사회활동 ㉘ 경제와 경제활동 ㉙ 직업과 직장 ㉚ 산업 ㉛ 연료와 에너지 ㉜ 도로와 교통 ㉝ 자연현상 ㉞ 동물 ㉟ 식물 ㊱ 모양 ㊲ 빛과 색채 ㊳ 수와 수량 ㊴ 시간 ㊵ 공간과 우주 ㊶ 상태와 정도 ㊷ 동작

남영신(1987)과 박용수(1989)는 한국 전통 사회의 특성이 많이 반영되어 있고, 특히 고유어만을 대상으로 분류 작업을 실시하여 고유어 사용을 위한 기초 자료의 성격이 강하다.[12] '농업, 농사, 농기구, 농산물, 가마, 마소' 등의 분류 기준이 이를 반영한다. 신현숙(2000)은 한국어 학습자를 대상으로 하기 때문에 현재의 일상생활과 관련된 분류에 중점을 두고 있다. 이러한 의미 기준의 특징들은 사전의 집필 목적에 부합하는 것이라 생각된다.

임지룡(1991), 배주채(2010)에서는 국어의 기초 어휘를 선정하고 이를 의미 기준에 따라 분류하였다. 임지룡(1991)에서는 1500항목을 선정한 후, 9개의 의미 분야로 대분류하고, 이를 다시 35개의 의미 분야로 소분류하였다. 그리고 배주채(2010)에서는 한국어 기초 어휘에 대한 발음, 표기, 품사, 어종, 조어 구조, 의미 등의 정보를 제공하고, 의미는 15개로 분류하였다.

(4) 임지룡(1991)의 기초 어휘 체계

    Ⅰ. 사람에 관한 어휘: ① 인체(a.기관  b.생리·질병) ② 정신

                ③ 부류(a.사람일반  b.친척  c.직업) ④ 기타

---

**12** 두 사전은 국어의 고유어만을 대상으로 분류 작업을 한 것으로 국어에서 큰 비중을 차지하는 한자어를 제외한 점이 문제로 지적되고 있다(김광해 1993).

Ⅱ. 의식주에 관한 어휘: ① 의생활 ② 식생활 ③ 주생활 ④ 생필품

Ⅲ. 사회생활에 관한 어휘: ① 사회조직 ② 제도·관습

③ 교통·통신(a.교통  b.통신) ④ 공공시설

⑤ 경제 분야(a.경제일반  b.농업  c.어업

d.상업  e.공업)

Ⅳ. 교육 및 예체능에 관한 어휘: ① 교육일반 ② 언어 ③ 문학 ④ 체육·오락 ⑤ 음악

⑥ 미술

Ⅴ. 자연계에 관한 어휘: ① 천체 ② 지리·지형 ③ 자연현상 ④ 동물 ⑤ 식물 ⑥ 광물

Ⅵ. 감각 및 인식에 관한 어휘: ① 일반 부류 ② 공간 ③ 시간

④ 수량(a.수량  b.수량단위) ⑤ 추상

Ⅶ. 동작에 관한 어휘

Ⅷ. 상태에 관한 어휘

Ⅸ. 기타: ① 대명사 ② 의존명사 ③ 부사 ④ 보조동사·형용사 ⑤ 관형사


(5) 배주채(2010)의 어휘 의미 분류 체계

① 사람　② 음식　③ 복장　④ 물건　⑤ 사회　⑥ 정보　⑦ 담화　⑧공간

⑨ 시간　⑩ 생물　⑪ 자연　⑫ 동작　⑬ 성질　⑭ 수량　⑮ 추상


임지룡(1991)과 배주채(2010)의 체계는 앞서 본 분류 사전과 마찬가지로 주제 관점의 체계로 볼 수 있다.

사전, 어휘집 등에서 분류 기준에 대한 설명이 부족한 점에 대한 해결로 임홍빈(1993)을 참고할 만하다. 임홍빈(1993)은 사전 편찬 및 집필의 선행 작업에 해당하는 어휘 분류 목록 작성을 목적으로 하고 있다.[13] 임홍빈(1993)에서는 계통적 분류를 중심으로 유형 분류를 채택하였

---

13 그 밖에 방언 조사를 위한 어휘 분류도 있다. 정신문화연구원(1980)의 '한국방언조사질문지'는 총 1,470항목을 대분류 13개, 소분류 70개로 구분한 바 있다.
- 농사: 경작, 타작, 도정, 곡물, 채소 / • 음식: 부식, 주식, 별식, 그릇, 부엌
- 가옥: 가구, 방, 건물, 마당, 우물 / • 의복: 세탁, 복식
- 인체: 머리, 얼굴, 눈, 코, 귀, 세수, 상체, 하체, 피부병, 발병, 생리 / • 육아: 발달, 재롱, 놀이
- 인륜: 가족, 결혼, 친척 / • 경제: 마을, 대장간, 단위, 수
- 동물: 물고기, 벌레, 가축, 산짐승, 날짐승 / • 식물: 꽃, 나물, 열매, 과실, 야생수
- 자연: 산, 돌, 하루, 時候, 방향
- 상태: 길이·두께, 넓이·높이, 수량·무게, 색채·농도·깊이, 감각·정서, 맛, 성품·인상
- 동작: 요리, 수혜, 갈무리, 사육, 놀이, 이동, 감각, 교육, 인체

고,[14] 다음과 같은 어휘 분류 원칙과 기준을 제시하였다.

> (6) 임홍빈(1993)의 어휘 분류의 원칙과 기준
> 가. 어휘 항목의 소진성 조건
> 나. 집필자의 동일성 조건
> 다. 전형성에 의한 소거법
> 라. 일회성의 원칙
> 마. 인간 중심주의

> (7) 임홍빈(1993)의 어휘 분류 항목
> ① 실체: 실체, 물질, 생성, 위치, 형상, 성상, 수량, 관계, 작용, 물체 운동
> ② 인간: 인간, 인생, 일상, 인체, 능력, 형자(形姿), 태세, 정의, 사고, 몸동작
> ③ 자연: 지구, 하늘, 기상, 시공, 에너지, 생물, 동물, 식물, 식물류, 지리
> ④ 가정: 가정, 인칭, 친족, 집, 세간, 옷, 음식, 살림, 경조사, 생활상
> ⑤ 사회: 사회, 인물, 건물, 단체, 교육, 생산, 물건, 치료, 통치, 군사
> ⑥ 사회생활: 언어, 활동, 수단, 사업, 장사, 행사, 사귐, 놀이, 여행, 경기
> ⑦ 정신생활: 문화, 학술, 논저, 글, 실험, 문학, 미술, 음악, 예능, 신앙

(7)은 (6)의 원칙에 따른 어휘 분류 양상을 보인 것이다. 계통적 분류는 대상을 중심으로 하는 분류로 '실체, 인간, 자연, 가정, 사회'를 대분류로 설정하고, '사회생활'과 '정신생활'의 분류항을 더 설정하였다. '인간'은 활동의 주체이며, '자연, 가정, 사회'는 그 배경이나 환경이 되고, '사회활동과 정신활동'은 그 활동의 양상을 포괄하는 부류이다. 대분류 전체는 '주체-환경-활동'의 구조로 되어 있으며, 그 전체에 논리적으로 공통되는 요소인 '실체'가 있는 구조이다.

그러나 임홍빈(1993)에서 기준으로 삼고 있는 원칙에는 어휘에 대한 언중의 직관과 어긋나는 부분도 있다. 예를 들어, 전형성, 일회성 원칙에 따라 '연필'은 가정의 세간으로 분류되고, '골프'도 운동이 아닌 여가로만 분류되어야 한다. 이러한 분류에 대해 임홍빈(1993)에서도 "보는 시각이나 관점에 따라 어떤 항목의 상위 분류에 대한 귀속 여부가 달라질 수 있는 여지가 있다."고 언급하고 있다. 임홍빈(1993)은 사전 집필의 편의를 위해서 어쩔 수 없다는 입장을

---

**14** 계통적 분류는 연관적 관계를 중심으로 하는 분류 체계이고, 유형적 분류는 계통에 관계없이 동일한 유형을 나타내는 개념을 중심으로 하는 분류 체계이다. '망치, 칼, 써레, 선반'은 계통적 분류에 의하면 '도구'라는 같은 분류항을 갖게 되지만, 유형적 분류에 따르면 '망치, 칼', '써레', '선반'으로 나뉜다.

보이고 있지만, 이러한 분류는 여러 논의를 통해 문제로 지적되고 있다.[15]

서양의 경우 17세기경부터 많은 철학자와 언어학자들이 개념이나 낱말의 분류를 시도해 왔다. 그 가운데서 가장 주목할 만한 업적은 Roget(1852)의 Thesaurus이다. 로제는 사람의 머릿속에 떠오르는 우주만상에 관한 생각이나 개념들을 표현하는 어휘의 총목록을 분류할 수 있다면 그것은 거꾸로 사람들의 지식의 부족함, 정확하게 말하면 어휘의 부족함을 보완해 줄 수 있을 것이라 생각하였다. Roget(1852)는 의미 유형을 6가지 주된 분야로 나누고 각 분야를 다시 하위 분야로 세분화하였다.

(8) Roget(1852)의 체계

추상적 관계(abstract relations) / 공간(space) / 사실(matter) /

이성(intellect) / 의지(volition) / 감정(affections)

Roget(1852)의 분류는 이후 많은 학자들에 의해 증보·수정되었으며, 이러한 유형의 어휘집은 서구에서 자국인은 물론 외국인을 위한 어휘 교육을 위해서도 중요한 구실을 하고 있다. 그러나 인류 체계와 관련된 생각들을 1,000가지나 되는 항복으로 분류하여 망라하였기 때문에 실제 사용자들이 자기가 생각하는 내용이 어떤 분류 항목에 속하는지를 모를 수가 있어서 마땅한 단어 하나를 발견하기 위하여 미궁을 헤매는 듯한 경험을 해야만 하는 불편을 지니고 있다(김광해 1993: 130-132).


## 2.2.2 존재론적 관점의 의미 분류

지금까지 살펴본 분류 체계는 사전과 교육 등 실용적인 목적을 일차적으로 내세웠다면, Nida(1975), Lyons(1977), 최경봉(1998, 2001) 등은 존재론적 관점의 의미 분류를, Gross(1995) 등은 대상 부류 관점의 의미 분류를 시도한 연구들이다.[16] Nida(1975), Lyons(1977), 최경봉(2001)은 대상이 '세계'에서 어떤 위치를 차지하고 있는가에 따라 단어를 분류하는 존재론적 관점을 취하고 있다.

---

**15** 이동혁(2007)에서는 임홍빈(1993), CoreNet, 세종전자사전을 중심으로 의미 범주 체계에 대해 논의하고 있다.

**16** 어휘의 의미 분류 체계는 분류의 목적에 따라 다양하게 나눌 수 있다(임홍빈 1993: 8-9). 어휘 조사 및 기술을 위한 목적, 작문 및 표현적 요구에 의한 어휘 검색 목적, 언어 교육을 위한 목적, 정보 검색을 위한 목적, 기계 번역을 위한 사전 편찬을 위한 목적 등이 대표적이다.

(9) Nida(1975)의 분류

    가. 실재: 무생물(자연적, 제작·제조된 실재),

            생물(동물·조류·곤충, 인간, 초자연적 능력·존재)

    나. 사건: 물리적, 생리학상, 감각적, 감정적, 지적, 전달, 교제, 통제, 움직임, 충격,

            이동, 일련의 움직임이나 행위를 포함하는 복잡한 활동

    다. 추상개념: 시간, 거리, 부피, 속도, 온도, 색깔, 수, 지위, 종교적 특성, 매력, 나이,

            진실-거짓, 선-악, 능력, 건강상태

    라. 관계: 공간적, 시간적, 지시적, 논리적


(10) 최경봉(2001)의 분류

    가. 실체: 인간, 사물(공간, 개체, 부분체)

    나. 상태: 현상성, 심리성, 차원성, 양식성

    다. 사건: 기동, 과정, 결과, 완성

    라. 관계: 차원, 단위


Nida(1975)는 모든 언어에 보편적이라고 판단한 의미 영역을 (9)와 같이 제시하고, 이들이 명사, 동사, 형용사 등과 관련된다고 하였다. 최경봉(2001)은 Nida(1975)와 Lyons (1977)의 어휘 체계의 최상위 설정에 관한 관점을 반영하여 의미 분류를 제시하고 있는데, '대명사와 분류사 체계, 외연과 내포, 속성 구조, 속성과 시간성'을 분류 기준으로 삼아 분류 체계를 세웠다. 이러한 존재론적 의미 분류는 언어 중립적인 분류라는 점에서 개별 언어의 특성보다는 보편적인 인식 구조와 논리 구조에 의존한 분류이다(최경봉 1998).[17]


## 2.2.3 대상 부류 관점의 의미 분류

대상 부류(Object classes)는 G. Gross(1995)가 제안하는 언어의 전산 처리와 자동번역을 위한 언어 기술의 한 방법이다(이성헌 2001). Gross(1995)에서는 '신의미자질'과 '대상 부류'라는

---

**17** 신효필(2004: 514)에서는 "최경봉(2001)에서는 명사류의 의미 영역은 동사, 형용사, 명사와 같은 주요 품사들과 의미적으로 관련되어 전체 어휘의 의미 특성을 포괄할 수 있다고 주장한다. 그러나 일련의 이러한 주장은 개념 구조가 실제 어휘가 가져야 할 차이점을 모호하게 만들어 최경봉(2001)에서 주장하는 지식 기반으로서의 작업이 무엇인지 혼란스럽게 하고 명사 분류가 곧 어휘 분류라는 인식을 낳게 하였다."고 지적한 바 있다.

두 층위의 의미 분석 단위를 기반으로 하는데 각 층위의 단위들은 기존의 의미 부류와 달리 어휘 요소들 간의 결합 특성이라고 하는 통사적 요소에 의해 정의된다. '신의미자질'은 (11)과 같이 설정할 수 있고, 이들은 대상 부류를 특징짓는 술어에 의해 하위 범주화할 수 있다.

(11) 신의미자질

　　가. 논항 의미자질: [인물], [동물], [식물], [무생물 구체], [장소], [시간]

　　나. 술어 의미자질: [술어인물], [상태], [행위], [사건]


(12) 대상 부류의 예: [무생물 구체]

　　〈교통수단〉: 자동차, 택시, 버스, 지하철, 전철, 비행기, 배…

　　〈도로〉: 올림픽대로, 강변도로, 남부순환도로, 고속도로, 국도 …

　　〈현악기〉: 하프, 가야금, 거문고 …

　　〈음식〉: 밥, 반찬, 고기, 생선, 과일, 채소 …

　　〈술〉: 술, 맥주, 소주, 과일주, 막걸리 …

　　 etc.　　　　　　　　　　　　　　　　　- 이성헌(2001: 191) 재인용


　대상 부류의 체계는 특징적인 술어들에 의해 형식적으로 구축되기 때문에 의미적 직관에 의한 의미 수형도와는 전혀 다르고(박동호 1998), 존재론적 또는 인식론적 명사 분류와는 달리 (적정) 술어 관점에서 논항으로 무리화될 수 있는 부류를 규정한다는 점에서 특징이 있다(신효필 2004: 519). 대상 부류 이론은 다의어 기술의 엄밀성과 형식성을 보장함으로써 문장의 정확한 인식과 산출을 극대화하는 언어 기술 방법론으로 언어의 전산 처리에 효과적으로 활용될 수 있는 언어 정보를 제공하는 방법론이라 할 수 있다(이성헌 2001). 그러나 대상 부류 설정은 기존의 단어 하나하나의 정밀한 의미 기술에 바탕을 두기 때문에 전체 어휘를 대상 부류화하는 작업은 개별 단어들에서 전체 체계를 구성하는 상향식으로 이루어지는 것처럼 보인다. 이 경우 형성된 부류들이 종합적으로 계층을 이루면서 구조화될 수 있는지 의문이다(신효필 2004: 519).[18]

---

[18] 또 다른 문제는 적정 술어 관점에서 의미를 부류화하기 때문에 부류화되는 단어들이 균질적인 의미 부류를 보이지 않을 수 있다. 다의어 의미 분할을 위한 것이 주목적이기 때문에 어휘의 다의어 수만큼 의미 부류가 생길 수 있으며 이렇게 형성된 의미 부류가 이 어휘 외에 다른 단어의 의미 부류로 그대로 쓰일 수 있는지는 의문으로 남는다는 것이다(신효필 2004: 519).

## 2.2.4 주제적 관점의 의미 분류

기초 어휘의 의미는 여러 가지 기준으로 분류될 수 있다. 가령, '자동차, 말, 비행기, 배' 등은 '타다'라는 서술어와 호응할 수 있다는 점에서 '운송 수단'이라는 어휘 부류로 묶을 수 있다. '자동차'와 '말'은 구체물이면서 운송 수단이라는 공통점을 가지고 있지만, 또 다른 차원에서 보면, 유정물과 무정물이라는 차이점도 발견된다. '구체물, 무정물, 유정물' 등은 사물의 존재론적 특성을 나타내는 자질이지만, '운송 수단'은 전혀 다른 층위의 특성에 의한 의미 유형을 가리킨다. 이러한 의미 유형화 관점들은 선행 의미 분류에서 이미 참조되고 있다.

지금까지의 분류들을 개관해 보면, 이론적 관점, 사전 편찬, 기초 어휘 선정 등 그 기준이 의미 분류의 목적에 따라 설정되고 있음을 알 수 있다. 그리고 이들의 분류 기준은 세계의 대상이나 언어의 통사, 의미적 특징 등과 관련되어 있다.

그러나 앞선 연구에서는 자료의 성격이 실제 사용된 어휘가 아닌 기존 연구 성과나 사전, 기초 어휘 목록 등에서의 어휘들이고, 고유어만을 대상으로 하거나 외국인을 위한 학습 등 매우 제한적인 영역으로 한정되어 있어, 이 책에서 다루고자 하는 초·중·고등학생의 사용 어휘를 분석하기 위해서는 새로운 기준 설정이 필요하다.

이 책에서는 전통적으로 사용되어 온 존재론적 관점의 분류와 함께 주제적 관점에서 의미 분류를 시도하였다. 단어의 선정과 사용은 담화 상황, 담화 상대, 분위기 등 담화 요인에 영향을 받는다. 특히 단어 사용의 빈도 등은 담화 주제와 밀접한 관련을 지닌다. 주제적 관점의 분류는 언어 발달 과정에 있는 초·중·고등학생 집단의 어휘 사용상의 특징을 관찰할 수 있으며, 학생들의 인지, 생활, 문화 등을 가늠할 수 있는 단서를 제공해 줄 수 있다고 본다.

# 3

## 초·중·고등학생의 어휘 사용 분포 I
## : 형태 관점

전체 어휘 분포 / 형태 유형별 어휘 사용 분포 / 형태 유형별 어휘 사용의 학교급 간 추이

초·중·고등학생의 구어 어휘 조사

이 장에서는 초·중·고등학생의 구어에 나타난 어휘 사용 분포를 형태 관점에서 살펴보기로 한다. 형태 관점에서는 자료 전체에서 산출된 고빈도 어휘와 품사별 고빈도 어휘를 살핀다. 먼저, 자료 전체의 고빈도 어휘를 사용 빈도와 사용 화자 수에 따라 제시하고, 이어서 품사별 고빈도 어휘를 실질 형태 분포와 문법 형태 분포로 구분하여 제시한다. 실질 형태 분포는 체언, 용언, 수식언으로, 문법 형태 분포는 조사, 어미로 구분하여 다룬다. 마지막으로 고빈도 형태를 중심으로 학교급 간 사용 분포의 변화 추이를 살펴보기로 한다.

어휘 형태에 관한 고찰은 빈도 수와 관련하여 이루어진다. 전체 어휘 분포는 사용 빈도순 200개까지로 한정한다. 형태 유형별 분포는 사용 형태가 많은 경우 학교급별 50개까지 제시한다. 형태 수가 적어 학교급별 50개가 되지 않을 경우에는 사용 형태를 모두 제시한다.

# 3.1 전체 어휘 분포

## 3.1.1 사용 빈도

이 책에서 조사된 어휘의 형태 수는 총 9,047개였으며, 사용 빈도는 198,143회로 나타났다. 대상 자료 전체를 분석하여 구간별 형태 수와 사용 빈도를 제시해 보면 다음과 같다.

〈표 3.1〉 사용 빈도 구간별 형태 수와 사용 빈도

| 사용 빈도 구간 | 형태 | | | | 사용 빈도 | | |
|---|---|---|---|---|---|---|---|
| | 형태 수 | 누적 형태 수 | 비율 | 누적 비율 | 빈도 합계 | 비율 | 누적 비율 |
| 5001-10000 | 3 | 3 | 0.03% | 0.03% | 21,288 | 10.74% | 10.74% |
| 1001-5000 | 34 | 37 | 0.38% | 0.41% | 63,375 | 31.98% | 42.73% |
| 101-1000 | 240 | 277 | 2.65% | 3.06% | 66,910 | 33.77% | 76.50% |
| 11-100 | 940 | 1,217 | 10.39% | 13.45% | 27,870 | 14.07% | 90.56% |
| 1-10 | 7,830 | 9,047 | 86.55% | 100.00% | 18,700 | 9.44% | 100.00% |
| 합계 | 9,047 | | 100.00% | | 198,143 | 100.00% | |

〈표 3.1〉을 보면 사용 빈도 101회 이상인 형태가 277개이고, 이들이 전체 사용 빈도의 76.50%을 차지하고 있다. 반면에 사용 빈도 1-10회인 형태는 7,830개이고, 이들의 사용 빈도는 10% 미만인 것으로 나타났다. 즉, 일상생활에서 주로 사용하는 어휘 형태는 극히 소수인 것을 확인할 수 있다.[1]

구체적인 어휘 사용 양상을 살펴보기 위해 고빈도순으로 200개까지 형태의 사용 빈도와 비율을 정리하여 제시하면 〈표 3.2〉와 같다.

〈표 3.2〉 사용 빈도에 따른 형태 목록(고빈도 형태 200개)[2]

| 순위 | 형태 | 품사 | 사용 빈도(비율) | 순위 | 형태 | 품사 | 사용 빈도(비율) |
|---|---|---|---|---|---|---|---|
| 1 | -어11 | EF | 9033 (4.6%) | 101 | 잘02 | MAG | 317 (0.2%) |
| 2 | 가11 | JKS | 6483 (3.3%) | 102 | 많이 | MAG | 314 (0.2%) |
| 3 | -었- | EP | 5772 (2.9%) | 103 | 분08 | NNB | 311 (0.2%) |
| 4 | 하01 | VV | 3601 (1.8%) | 104 | ㄹ02 | JKO | 306 (0.2%) |
| 5 | 는01 | JX | 3381 (1.7%) | 105 | -대22 | EF | 304 (0.2%) |
| 6 | -어06 | EC | 3320 (1.7%) | 106 | 얘기 | NNG | 304 (0.2%) |
| 7 | 거01 | NNB | 3127 (1.6%) | 107 | -자28 | EF | 302 (0.2%) |
| 8 | 나03 | NP | 3018 (1.5%) | 108 | -ㄹ까 | EF | 300 (0.2%) |
| 9 | -고24 | EC | 2922 (1.5%) | 109 | 랑05 | JC | 298 (0.2%) |
| 10 | 에04 | JKB | 2490 (1.3%) | 110 | 딱03 | MAG | 298 (0.2%) |
| 11 | -는03 | ETM | 2146 (1.1%) | 111 | 어떻게 | MAG | 298 (0.2%) |
| 12 | -야13 | EF | 2097 (1.1%) | 112 | 것01 | NNB | 297 (0.1%) |
| 13 | -ㄴ05 | ETM | 2012 (1.0%) | 113 | 그럼01 | MAJ | 296 (0.1%) |
| 14 | 있01 | VA | 1973 (1.0%) | 114 | 무슨 | MM | 294 (0.1%) |
| 15 | 도15 | JX | 1840 (0.9%) | 115 | 싶 | VX | 294 (0.1%) |
| 16 | 이03 | VCP | 1788 (0.9%) | 116 | -네07 | EF | 292 (0.1%) |
| 17 | 안02 | MAG | 1768 (0.9%) | 117 | 그때 | NNG | 291 (0.1%) |
| 18 | -잖아 | EF | 1743 (0.9%) | 118 | 학년 | NNG | 291 (0.1%) |
| 19 | 뭐 | NP | 1710 (0.9%) | 119 | 누구 | NP | 291 (0.1%) |
| 20 | -지25 | EF | 1691 (0.9%) | 120 | 어디01 | NP | 287 (0.1%) |
| 21 | 근데01 | MAJ | 1614 (0.8%) | 121 | 싫01 | VA | 282 (0.1%) |
| 22 | -ㄹ03 | ETM | 1567 (0.8%) | 122 | 재밌 | VA | 281 (0.1%) |
| 23 | -다07 | EF | 1555 (0.8%) | 123 | 친구02 | NNG | 277 (0.1%) |
| 24 | 너01 | NP | 1534 (0.8%) | 124 | 사 | VV | 277 (0.1%) |
| 25 | 를 | JKO | 1529 (0.8%) | 125 | -ㄴ데02 | EF | 274 (0.1%) |
| 26 | 되01 | VV | 1478 (0.7%) | 126 | -ㄴ가01 | EF | 270 (0.1%) |
| 27 | -는데01 | EC | 1416 (0.7%) | 127 | 수02 | NNB | 262 (0.1%) |
| 28 | 막02 | MAG | 1352 (0.7%) | 128 | -애16 | EF | 258 (0.1%) |

---

**1** 서상규(1998)에서도 빈도 100 이상인 낱말은 전체 낱말 수의 3.8%에 지나지 않지만 이들의 사용 빈도 비율은 95.7%에 이르고 있어 본 조사와 유사한 결과를 보였다.

**2** 동음이의어의 경우는 어휘 형태 뒤에 어깨번호를 붙여 구분하였다. 동음이의어의 의미 구분과 번호 체계는 국립국어원의 〈표준국어대사전〉의 기술 내용에 따랐다.

| 순위 | 형태 | 품사 | 사용 빈도(비율) | 순위 | 형태 | 품사 | 사용 빈도(비율) |
|---|---|---|---|---|---|---|---|
| 29 | -면09 | EC | 1347 (0.7%) | 129 | 지금03 | MAG | 257 (0.1%) |
| 30 | 가01 | VV | 1299 (0.7%) | 130 | 주01 | VV | 255 (0.1%) |
| 31 | 그01 | MM | 1294 (0.7%) | 131 | 되게 | MAG | 253 (0.1%) |
| 32 | ㄴ02 | JX | 1276 (0.6%) | 132 | 그리고 | MAJ | 253 (0.1%) |
| 33 | 우리03 | NP | 1168 (0.6%) | 133 | 번04 | NNB | 252 (0.1%) |
| 34 | 그거 | NP | 1122 (0.6%) | 134 | -라09 | EF | 251 (0.1%) |
| 35 | -냐 | EF | 1099 (0.6%) | 135 | 이09 | NR | 251 (0.1%) |
| 36 | 내04 | NP | 1057 (0.5%) | 136 | 까지03 | JX | 250 (0.1%) |
| 37 | 진짜 | MAG | 1041 (0.5%) | 137 | 이제01 | MAG | 250 (0.1%) |
| 38 | 없01 | VA | 954 (0.5%) | 138 | 원01 | NNB | 246 (0.1%) |
| 39 | 보01 | VV | 911 (0.5%) | 139 | 학교 | NNG | 243 (0.1%) |
| 40 | -어서03 | EC | 866 (0.4%) | 140 | 더01 | MAG | 241 (0.1%) |
| 41 | 걔 | NP | 823 (0.4%) | 141 | 다음01 | NNG | 241 (0.1%) |
| 42 | 보01 | VX | 804 (0.4%) | 142 | 학원02 | NNG | 240 (0.1%) |
| 43 | 그러 | VV | 784 (0.4%) | 143 | -는데02 | EF | 238 (0.1%) |
| 44 | 니05 | NP | 776 (0.4%) | 144 | 또 | MAG | 238 (0.1%) |
| 45 | 그렇 | VA | 760 (0.4%) | 145 | 모(뭐) | NP | 233 (0.1%) |
| 46 | 왜02 | MAG | 756 (0.4%) | 146 | 많 | VA | 233 (0.1%) |
| 47 | 때01 | NNG | 738 (0.4%) | 147 | 시10 | NNB | 231 (0.1%) |
| 48 | 에서02 | JKB | 734 (0.4%) | 148 | 일05 | MM | 228 (0.1%) |
| 49 | 로07 | JKB | 726 (0.4%) | 149 | 갖01 | VX | 226 (0.1%) |
| 50 | 알 | VV | 725 (0.4%) | 150 | 돈01 | NNG | 225 (0.1%) |
| 51 | 이거01 | NP | 722 (0.4%) | 151 | 두10 | JX | 224 (0.1%) |
| 52 | 좋01 | VA | 714 (0.4%) | 152 | 놀01 | VV | 224 (0.1%) |
| 53 | 다03 | MAG | 704 (0.4%) | 153 | 얘기하 | VV | 223 (0.1%) |
| 54 | 애02 | NNG | 696 (0.4%) | 154 | 니 | VV | 219 (0.1%) |
| 55 | 같 | VA | 671 (0.3%) | 155 | 잘02하 | VV | 219 (0.1%) |
| 56 | -구(고24) | EC | 668 (0.3%) | 156 | -나12 | EF | 218 (0.1%) |
| 57 | 아니 | VCN | 646 (0.3%) | 157 | 내14 | MM | 218 (0.1%) |
| 58 | -겠- | EP | 618 (0.3%) | 158 | 말03 | VX | 218 (0.1%) |
| 59 | -지24 | EC | 612 (0.3%) | 159 | -니10 | EF | 213 (0.1%) |
| 60 | 모르 | VV | 597 (0.3%) | 160 | 서16 | JKB | 210 (0.1%) |
| 61 | 가지 | VX | 596 (0.3%) | 161 | 아빠 | NNG | 210 (0.1%) |
| 62 | 있01 | VX | 589 (0.3%) | 162 | 그러니까 | MAJ | 206 (0.1%) |
| 63 | 이렇게 | MAG | 566 (0.3%) | 163 | 십 | MM | 206 (0.1%) |
| 64 | 한01 | MM | 559 (0.3%) | 164 | 삼06 | NR | 206 (0.1%) |
| 65 | 주01 | VX | 546 (0.3%) | 165 | 지04 | VX | 206 (0.1%) |
| 66 | 그냥 | MAG | 529 (0.3%) | 166 | -면서 | EC | 202 (0.1%) |
| 67 | -니까 | EC | 517 (0.3%) | 167 | 그러면 | MAJ | 202 (0.1%) |
| 68 | -게10 | EC | 508 (0.3%) | 168 | 두01 | MM | 194 (0.1%) |
| 69 | 맞01 | VV | 502 (0.3%) | 169 | 오04 | NR | 194 (0.1%) |
| 70 | 십 | NR | 489 (0.2%) | 170 | -다가03 | EC | 193 (0.1%) |
| 71 | 만14 | JX | 485 (0.2%) | 171 | 이러 | VV | 189 (0.1%) |
| 72 | 오01 | VV | 484 (0.2%) | 172 | 나01 | VV | 188 (0.1%) |
| 73 | 랑05 | JKB | 477 (0.2%) | 173 | 또 | MAJ | 186 (0.1%) |

| 순위 | 형태 | 품사 | 사용 빈도(비율) | 순위 | 형태 | 품사 | 사용 빈도(비율) |
|---|---|---|---|---|---|---|---|
| 74 | 좀02 | MAG | 451 (0.2%) | 174 | 여자02 | NNG | 186 (0.1%) |
| 75 | -어야02 | EC | 442 (0.2%) | 175 | 크01 | VA | 184 (0.1%) |
| 76 | -ㄴ데01 | EC | 438 (0.2%) | 176 | 제일04 | MAG | 182 (0.1%) |
| 77 | 말01 | NNG | 436 (0.2%) | 177 | 게임 | NNG | 182 (0.1%) |
| 78 | 고22 | JKQ | 433 (0.2%) | 178 | 하나 | NR | 181 (0.1%) |
| 79 | -기36 | ETN | 420 (0.2%) | 179 | -어도02 | EC | 178 (0.1%) |
| 80 | 한테 | JKB | 414 (0.2%) | 180 | 맨날(만날) | MAG | 176 (0.1%) |
| 81 | 좋아하 | VV | 413 (0.2%) | 181 | 개10 | NNB | 175 (0.1%) |
| 82 | 그래서 | MAJ | 410 (0.2%) | 182 | 밖에 | JX | 174 (0.1%) |
| 83 | 그런01 | MM | 409 (0.2%) | 183 | -라08 | EF | 173 (0.1%) |
| 84 | 먹02 | VV | 406 (0.2%) | 184 | 그렇게 | MAG | 172 (0.1%) |
| 85 | 엄마 | NNG | 404 (0.2%) | 185 | -었었- | EP | 171 (0.1%) |
| 86 | 말01하 | VV | 401 (0.2%) | 186 | 어떤 | MM | 171 (0.1%) |
| 87 | -ㄴ다01 | EF | 400 (0.2%) | 187 | 줄04 | NNB | 170 (0.1%) |
| 88 | 나오 | VV | 398 (0.2%) | 188 | 남자02 | NNG | 169 (0.1%) |
| 89 | 선생님 | NNG | 395 (0.2%) | 189 | 언니 | NNG | 168 (0.1%) |
| 90 | -거든03 | EF | 388 (0.2%) | 190 | 쫌(좀02) | MAG | 166 (0.1%) |
| 91 | 너무01 | MAG | 380 (0.2%) | 191 | 이09 | MM | 164 (0.1%) |
| 92 | 거기01 | NP | 370 (0.2%) | 192 | 짜증나 | VV | 164 (0.1%) |
| 93 | 몇 | MM | 363 (0.2%) | 193 | 명03 | NNB | 163 (0.1%) |
| 94 | 여기01 | NP | 343 (0.2%) | 194 | 별로01 | MAG | 162 (0.1%) |
| 95 | 사람 | NNG | 338 (0.2%) | 195 | 쓰01 | VV | 162 (0.1%) |
| 96 | 집01 | NNG | 334 (0.2%) | 196 | 딱02 | MAG | 160 (0.1%) |
| 97 | 하01 | VX | 334 (0.2%) | 197 | 빨리 | MAG | 159 (0.1%) |
| 98 | 반10 | NNG | 332 (0.2%) | 198 | 중04 | NNB | 159 (0.1%) |
| 99 | 않 | VX | 330 (0.2%) | 199 | 듣01 | VV | 159 (0.1%) |
| 100 | 못04 | MAG | 319 (0.2%) | 200 | 어제01 | MAG | 157 (0.1%) |

　　200위까지의 고빈도어를 살펴보면, 부사 27개, 동사 24개, 일반명사 21개, 종결어미 20개, 연결어미 14개, 대명사 14개, 관형사 11개, 의존명사 11개, 보조동사 10개의 순으로 나타났다. 가장 높은 빈도로 출현한 형태는 종결어미 '-어11'였으며, 그 다음이 주격조사 '가11', 과거시제 선어말어미 '-었-'으로 모두 문법적 기능을 지닌 형태들이다. 고빈도 형태들 가운데에는 종결어미 '-어11(1위), -야13(12위), -잖아(18위), -지25(20위)', 연결어미 '-어06(6위), -고24(9위)', 관형형전성어미 '-는03(11위), -ㄴ05(13위)', 선어말어미 '-었-(3위)', 주격조사 '가11(2위)', 부사격조사 '에04(10위)', 보조사 '는01(5위), 도15(15위)'처럼 문법적 기능을 지닌 형태가 다수 포함되어 있다. 어휘적 의미를 지닌 경우도 동사 '하다01(4위)', 형용사 '있다01(14위)', 대명사 '나03(8위), 뭐(19위)', 의존명사 '거01(7위)', 부정부사 '안02(17위)' 등과 같이 문법적 성격이 강한 형태들이 다수 포함되어 있다.

## 3.1.2 사용 화자 수

사용 화자 수에 따른 순위는 단순 사용 빈도순이 아닌, 전체 대상자 가운데 해당 단어를 사용한 화자가 몇 명인지를 기준으로 하는 순위이다. 사용 화자 수가 많다는 것은 그 단어를 사용하는 사람들이 많다는 것이며, 이를 통해 그 연령대에서 보다 빈번히 사용되는 기본 어휘를 파악해 볼 수 있다. 단순 사용 빈도는 대화의 주제나 환경 등에 영향을 받을 수 있으므로, 이 책에서는 앞에서 다룬 단순 사용 빈도와 더불어 사용 화자 수에 따른 빈도도 함께 제시한다. 먼저, 사용 화자 수 구간별 어휘 형태 수와 사용 비율을 제시하면 다음과 같다.

〈표 3.3〉 사용 화자 수 구간별 형태 수와 비율

| 사용 화자 수 구간 | 형태 수 | 누적 형태 수 | 비율 | 누적 비율 |
|---|---|---|---|---|
| 401-500 | 24 | 24 | 0.27% | 0.27% |
| 301-400 | 24 | 48 | 0.27% | 0.53% |
| 201-300 | 35 | 83 | 0.39% | 0.92% |
| 101-200 | 109 | 192 | 1.20% | 2.12% |
| 11-100 | 765 | 957 | 8.46% | 10.58% |
| 1-10 | 8,090 | 9,047 | 89.42% | 100.00% |
| 합계 | 9,047 | 18,094 | 100.00% | |

〈표 3.3〉에서 보면 전체 조사 대상자 478명의 절반 수준인 화자 수 201-300 이상이 사용한 형태 수는 83개로 전체 사용 형태 가운데 1% 미만에 지나지 않고, 101명 이상이 사용한 형태도 192개로 약 2%에 불과하다. 즉, 모든 화자가 공통으로 사용하는 형태 수는 전체 형태 중 일부에 한정되어 있다고 하겠다.

형태를 사용 화자 수가 많은 순으로 200개까지 정렬하여 보이면 다음과 같다.

〈표 3.4〉 사용 화자 수 비율에 따른 형태 목록(다수 화자순 200개)

| 순위 | 형태 | 품사 | 화자 수(비율) | 순위 | 형태 | 품사 | 화자 수(비율) |
|---|---|---|---|---|---|---|---|
| 1 | -었- | EP | 478 (100.0%) | 101 | 거기01 | NP | 178 (37.2%) |
| 2 | -어11 | EF | 477 (99.8%) | 102 | -자28 | EF | 177 (37.0%) |
| 3 | 가11 | JKS | 475 (99.4%) | 103 | 그럼01 | MAJ | 175 (36.6%) |
| 4 | 하01 | VV | 470 (98.3%) | 104 | 여기01 | NP | 175 (36.6%) |
| 5 | -어06 | EC | 468 (97.9%) | 105 | 그래서 | MAJ | 173 (36.2%) |
| 6 | 거01 | NNB | 464 (97.1%) | 106 | 그때 | NNG | 171 (35.8%) |
| 7 | 나03 | NP | 461 (96.4%) | 107 | 사람 | NNG | 170 (35.6%) |

| 순위 | 형태 | 품사 | 화자 수(비율) | 순위 | 형태 | 품사 | 화자 수(비율) |
|---|---|---|---|---|---|---|---|
| 8 | 는01 | JX | 459 (96.0%) | 108 | -ㄴ가01 | EF | 168 (35.1%) |
| 9 | -고24 | EC | 455 (95.2%) | 109 | 수02 | NNB | 167 (34.9%) |
| 10 | -야13 | EF | 455 (95.2%) | 110 | 싶 | VX | 166 (34.7%) |
| 11 | 에04 | JKB | 449 (93.9%) | 111 | -라09 | EF | 164 (34.3%) |
| 12 | -는03 | ETM | 446 (93.3%) | 112 | -애16 | EF | 164 (34.3%) |
| 13 | 안02 | MAG | 445 (93.1%) | 113 | 것01 | NNB | 163 (34.1%) |
| 14 | 이03 | VCP | 444 (92.9%) | 114 | 까지03 | JX | 163 (34.1%) |
| 15 | -ㄴ05 | ETM | 441 (92.3%) | 115 | -ㄴ데02 | EF | 161 (33.7%) |
| 16 | -지25 | EF | 440 (92.1%) | 116 | 엄마 | NNG | 160 (33.5%) |
| 17 | 도15 | JX | 438 (91.6%) | 117 | 누구 | NP | 159 (33.3%) |
| 18 | 있01 | VA | 433 (90.6%) | 118 | 좋아하 | VV | 159 (33.3%) |
| 19 | -ㄹ03 | ETM | 427 (89.3%) | 119 | 더01 | MAG | 158 (33.1%) |
| 20 | -잖아 | EF | 426 (89.1%) | 120 | -대22 | EF | 157 (32.8%) |
| 21 | 뭐 | NP | 421 (88.1%) | 121 | 싫01 | VA | 156 (32.6%) |
| 22 | 되01 | VV | 415 (86.8%) | 122 | 얘기 | NNG | 156 (32.6%) |
| 23 | -다07 | EF | 414 (86.6%) | 123 | -나12 | EF | 155 (32.4%) |
| 24 | ㄴ02 | JX | 410 (85.8%) | 124 | 또 | MAG | 154 (32.2%) |
| 25 | 너01 | NP | 400 (83.7%) | 125 | 번04 | NNB | 152 (31.8%) |
| 26 | -면09 | EC | 394 (82.4%) | 126 | 선생님 | NNG | 151 (31.6%) |
| 27 | -는데01 | EC | 390 (81.6%) | 127 | 재밌 | VA | 150 (31.4%) |
| 28 | 근데01 | MAJ | 378 (79.1%) | 128 | 잘02하 | VV | 147 (30.8%) |
| 29 | 를 | JKO | 378 (79.1%) | 129 | 말03 | VX | 146 (30.5%) |
| 30 | 가01 | VV | 363 (75.9%) | 130 | 많 | VA | 142 (29.7%) |
| 31 | 없01 | VA | 359 (75.1%) | 131 | 지금03 | MAG | 142 (29.7%) |
| 32 | 그01 | MM | 358 (74.9%) | 132 | 반10 | NNG | 140 (29.3%) |
| 33 | -냐 | EF | 353 (73.8%) | 133 | 내14 | MM | 139 (29.1%) |
| 34 | 그거 | NP | 348 (72.8%) | 134 | 되게 | MAG | 139 (29.1%) |
| 35 | 내04 | NP | 341 (71.3%) | 135 | 친구02 | NNG | 139 (29.1%) |
| 36 | 보01 | VX | 340 (71.1%) | 136 | 분08 | NNB | 138 (28.9%) |
| 37 | 우리03 | NP | 334 (69.9%) | 137 | 지04 | VX | 138 (28.9%) |
| 38 | -어서03 | EC | 332 (69.5%) | 138 | 학교 | NNG | 138 (28.9%) |
| 39 | 왜02 | MAG | 332 (69.5%) | 139 | 그리고 | MAJ | 135 (28.2%) |
| 40 | 보01 | VV | 326 (68.2%) | 140 | 서16 | JKB | 135 (28.2%) |
| 41 | 진짜 | MAG | 319 (66.7%) | 141 | 이제01 | MAG | 135 (28.2%) |
| 42 | 알 | VV | 316 (66.1%) | 142 | 두01 | MM | 133 (27.8%) |
| 43 | 에서02 | JKB | 315 (65.9%) | 143 | -어도02 | EC | 131 (27.4%) |
| 44 | 아니 | VCN | 314 (65.7%) | 144 | -는데02 | EF | 130 (27.2%) |
| 45 | 로07 | JKB | 308 (64.4%) | 145 | 십 | MM | 130 (27.2%) |
| 46 | 다03 | MAG | 306 (64.0%) | 146 | 주01 | VV | 130 (27.2%) |
| 47 | -겠- | EP | 302 (63.2%) | 147 | 나01 | VV | 128 (26.8%) |

| 순위 | 형태 | 품사 | 화자 수(비율) | 순위 | 형태 | 품사 | 화자 수(비율) |
|---|---|---|---|---|---|---|---|
| 48 | -지24 | EC | 302 (63.2%) | 148 | 두10 | JX | 126 (26.4%) |
| 49 | 그러 | VV | 294 (61.5%) | 149 | 딱03 | MAG | 126 (26.4%) |
| 50 | 모르 | VV | 292 (61.1%) | 150 | 랑05 | JC | 126 (26.4%) |
| 51 | 좋01 | VA | 292 (61.1%) | 151 | 얘기하 | VV | 126 (26.4%) |
| 52 | 있01 | VX | 290 (60.7%) | 152 | 일05 | MM | 126 (26.4%) |
| 53 | 같 | VA | 287 (60.0%) | 153 | 이09 | NR | 125 (26.2%) |
| 54 | 때01 | NNG | 286 (59.8%) | 154 | 줄04 | NNB | 125 (26.2%) |
| 55 | 애02 | NNG | 279 (58.4%) | 155 | 다음01 | NNG | 124 (25.9%) |
| 56 | 막02 | MAG | 273 (57.1%) | 156 | -다가03 | EC | 122 (25.5%) |
| 57 | 그렇 | VA | 272 (56.9%) | 157 | 그러면 | MAJ | 120 (25.1%) |
| 58 | 한01 | MM | 270 (56.5%) | 158 | 놀01 | VV | 119 (24.9%) |
| 59 | 이거01 | NP | 264 (55.2%) | 159 | 또 | MAJ | 119 (24.9%) |
| 60 | 니05 | NP | 261 (54.6%) | 160 | 하나 | NR | 119 (24.9%) |
| 61 | 걔 | NP | 258 (54.0%) | 161 | 다니 | VV | 118 (24.7%) |
| 62 | 주01 | VX | 258 (54.0%) | 162 | 나10 | JX | 117 (24.5%) |
| 63 | 그냥 | MAG | 255 (53.3%) | 163 | 사 | VV | 117 (24.5%) |
| 64 | -게10 | EC | 250 (52.3%) | 164 | 밖에 | JX | 116 (24.3%) |
| 65 | 만14 | JX | 250 (52.3%) | 165 | 여자02 | NNG | 116 (24.3%) |
| 66 | -니까 | EC | 245 (51.3%) | 166 | 그러니까 | MAJ | 115 (24.1%) |
| 67 | -어야02 | EC | 244 (51.0%) | 167 | 삼06 | NR | 115 (24.1%) |
| 68 | -ㄴ데01 | EC | 241 (50.4%) | 168 | 학년 | NNG | 115 (24.1%) |
| 69 | 오01 | VV | 239 (50.0%) | 169 | 그렇게 | MAG | 114 (23.8%) |
| 70 | 랑05 | JKB | 231 (48.3%) | 170 | 돈01 | NNG | 114 (23.8%) |
| 71 | -ㄴ다01 | EF | 230 (48.1%) | 171 | 별로01 | MAG | 114 (23.8%) |
| 72 | -기36 | ETN | 229 (47.9%) | 172 | 학원02 | NNG | 114 (23.8%) |
| 73 | 맞01 | VV | 226 (47.3%) | 173 | -라08 | EF | 113 (23.6%) |
| 74 | 말01 | NNG | 224 (46.9%) | 174 | 시10 | NNB | 113 (23.6%) |
| 75 | 좀02 | MAG | 224 (46.9%) | 175 | -어야지02 | EF | 112 (23.4%) |
| 76 | 말01하 | VV | 219 (45.8%) | 176 | -면서 | EC | 111 (23.2%) |
| 77 | 고22 | JKQ | 211 (44.1%) | 177 | -다08 | EC | 110 (23.0%) |
| 78 | 그런01 | MM | 211 (44.1%) | 178 | 남자02 | NNG | 109 (22.8%) |
| 79 | 이렇게 | MAG | 211 (44.1%) | 179 | 맨날(만날) | MAG | 109 (22.8%) |
| 80 | 가지 | VX | 205 (42.9%) | 180 | 보다04 | JKB | 109 (22.8%) |
| 81 | 하01 | VX | 204 (42.7%) | 181 | 이러 | VV | 109 (22.8%) |
| 82 | -구(고24) | EC | 203 (42.5%) | 182 | 들01 | VV | 108 (22.6%) |
| 83 | 나오 | VV | 203 (42.5%) | 183 | 부터 | JX | 108 (22.6%) |
| 84 | 한테 | JKB | 199 (41.6%) | 184 | 이05 | MM | 108 (22.6%) |
| 85 | 너무01 | MAG | 198 (41.4%) | 185 | 가01 | VX | 107 (22.4%) |
| 86 | 못04 | MAG | 197 (41.2%) | 186 | 빨리 | MAG | 107 (22.4%) |
| 87 | 않 | VX | 197 (41.2%) | 187 | -었었- | EP | 107 (22.4%) |

| 순위 | 형태 | 품사 | 화자 수(비율) | 순위 | 형태 | 품사 | 화자 수(비율) |
|---|---|---|---|---|---|---|---|
| 88 | 잘02 | MAG | 197 (41.2%) | 188 | 같이 | MAG | 102 (21.3%) |
| 89 | 많이 | MAG | 195 (40.8%) | 189 | -더라 | EF | 102 (21.3%) |
| 90 | 몇 | MM | 190 (39.7%) | 190 | 원래01 | NNG | 102 (21.3%) |
| 91 | -ㄹ까 | EF | 189 (39.5%) | 191 | 오04 | NR | 101 (21.1%) |
| 92 | ㄹ02 | JKO | 186 (38.9%) | 192 | 이런01 | MM | 101 (21.1%) |
| 93 | 십 | NR | 186 (38.9%) | 193 | 크01 | VA | 100 (20.9%) |
| 94 | 먹02 | VV | 182 (38.1%) | 194 | -다고03 | EF | 99 (20.7%) |
| 95 | 어디01 | NP | 181 (37.9%) | 195 | 명03 | NNB | 99 (20.7%) |
| 96 | -네07 | EF | 180 (37.7%) | 196 | 받01 | VV | 99 (20.7%) |
| 97 | 어떻게 | MAG | 180 (37.7%) | 197 | 어떤 | MM | 99 (20.7%) |
| 98 | 집01 | NNG | 180 (37.7%) | 198 | 죽01 | VV | 99 (20.7%) |
| 99 | -거든03 | EF | 179 (37.4%) | 199 | 게임 | NNG | 97 (20.3%) |
| 100 | 무슨 | MM | 179 (37.4%) | 200 | 이09 | MM | 97 (20.3%) |

사용 화자 수를 기준으로 200위까지를 살펴보면, 부사와 동사가 24개로 가장 많고, 종결어미 22개, 일반명사 20개, 연결어미 15개, 대명사 13개, 관형사 13개 순으로 나타난다. 부사, 동사, 형용사, 명사 등은 형태 수는 많지만, 고빈도 순위에서는 과거시제 선어말어미 '-었(1위)', 종결어미 '-어11(2위)', 주격조사 '가11(3위)', 연결어미 '-어06(5위), -고24(9위)', 관형형 전성어미 '-는03(12위)', 긍정지정사 '이다03(14위)' 등 문법적 형태들의 비중이 크다. 실질적인 의미를 지닌 형태에 한정하는 경우, 사용 화자 수가 가장 많은 형태는 부정부사 '안02(13위)'이고, 그 다음으로 접속부사 '근데01(28위)'이다.

조사 대상자 집단의 50% 이상이 사용한 고빈도 형태는 총 69개이고, 이들을 품사별로 살펴보면 연결어미 10개(-어06, -고24, -면09, -는데01, -어서03, -지24, -게10, -니까, -어야02, -ㄴ데01), 대명사 9개(나03, 뭐, 너01, 그거, 내04, 우리03, 이거01, 니05, 개), 동사 8개(하다01, 되다01, 가다01, 보다01, 알다, 그러다, 모르다, 오다01), 종결어미 6개(-어11, -야13, -지25, -잖아, -다07, 냐), 부사 7개(안02, 왜02, 진짜, 다03, 막02, 그냥, 근데01), 형용사 5개(있다01, 없다01, 좋다01, 같다, 그렇다), 보조사 4개(는01, 도15, ㄴ02, 만14) 등으로 문법적 형태의 분포가 큰 것으로 나타난다.

앞에서 살펴본 형태 사용 빈도와 사용 화자 수를 비교해 보면, 전체적으로 종결어미 '-어11', 주격조사 '가11', 선어말어미 '-었-', 동사 '하다01', 연결어미 '-어06', 의존명사 '거01', 대명사 '나03' 등이 사용 빈도도 높고 사용 화자 수도 많은 것으로 파악된다. 기존 문헌에서 제시된 문어적인 어휘 형태와는 다른 '거, -지25, -잖아, 근데01, 막02, 진짜, 개, 랑05, -구(고24)' 등의 구어적 표현들이 높은 빈도로 활발히 사용되는 모습도 관찰된다.

## 3.2 형태 유형별 어휘 사용 분포

### 3.2.1 실질 형태 분포

단어의 형태 특징에 따라 어휘를 유형화하고 각 형태 유형별로 초·중·고등학생들의 어휘 사용 분포를 살펴보기로 한다. 단어 형태의 유형은 '체언, 용언, 수식언'의 실질 형태와 '조사, 어미'의 문법 형태로 대별하였다. 실질 형태는 다시 품사별로 구분하여 분석하였다. 먼저 실질 형태의 유형별 형태 수와 사용 빈도를 보이면 다음과 같다.

〈표 3.5〉 실질 형태의 유형별 형태 수와 사용 빈도

| 유형 | 형태 수(비율) | 사용 빈도(비율) |
| --- | --- | --- |
| 체언 | 6,054 (70.8%) | 55,310 (45.0%) |
| 용언 | 1,845 (21.6%) | 41,763 (34.0%) |
| 수식언 | 650 (7.6%) | 25,863 (21.0%) |
| 총합계 | 8,549 (100.0%) | 122,936 (100.0%) |

전체 어휘 가운데 실질 형태 수는 총 8,549개이고, 사용 빈도는 122,936회이다. 전체 어휘 가운데 체언의 형태 수가 70.8%, 그 다음이 용언(21.6%), 수식언(7.6%) 순으로 나타난다. 형태 수에 있어서는 체언이 월등히 높은 수치를 나타내고 있어, 다른 품사에 비해 다양한 단어들이 쓰이고 있음을 알 수 있다. 사용 빈도에서는 체언과 용언이 각각 45%와 34%로 11%의 차이를 보이고, 수식언은 21%의 비율을 차지하여, 각 품사에 속하는 어휘들이 비교적 고루 분포함을 알 수 있다.

사용된 형태 수와 사용 빈도를 대비해 보면, 형태 수에서는 품사별 격차가 크게 나타나고 있는 반면에 사용 빈도에서는 그 격차가 크지 않음을 알 수 있다. 체언은 형태 수가 70.8%로 다른 품사 유형에 비해 월등히 높은 비율을 나타내고 있지만, 사용 빈도에서는 현저히 떨어진 45%의 비율을 보이고 있어 형태 수와 사용 빈도 사이의 격차가 큰 것을 볼 수 있다. 용언은 21.6%의 형태 수 비율을 보였는데, 사용 빈도에서는 34%의 비율을 차지하여 형태 수와 사용 빈도의 차이가 체언만큼 크지 않다. 마지막으로 수식언은 형태 수에서는 7.6%로 낮은 비율을

나타냈지만, 사용 빈도에서는 21%로 높은 비율을 보이고 있어, 형태 수는 다양하지 않지만 그 쓰임이 활발함을 알 수 있다.

### 3.2.1.1 체언

체언은 명사, 대명사, 수사로 하위 구분하고, 명사는 다시 일반명사, 고유명사, 의존명사로 세분하여 사용 분포를 분석하였다. 체언의 하위 유형별 형태 수와 사용 빈도를 보이면 다음과 같다.

<표 3.6> 체언의 하위 유형별 형태 수와 사용 빈도

| 유형 | | 형태 수(비율) | 사용 빈도(비율) |
|---|---|---|---|
| 명사 | 일반명사(NNG) | 3,706 (61.2%) | 25,862 (46.8%) |
| | 고유명사(NNP) | 2,075 (34.3%) | 4,917 (8.9%) |
| | 의존명사(NNB) | 129 (2.1%) | 7,106 (12.8%) |
| 대명사(NP) | | 95 (1.6%) | 14,958 (27.0%) |
| 수사(NR) | | 49 (0.8%) | 2,467 (4.5%) |
| 합계 | | 6,054 (100.0%) | 55,310 (100.0%) |

체언은 총 6,054개의 형태가 55,310회 출현하고 있다. 체언 가운데 명사는 일반명사가 3,706개로 61.2%의 매우 높은 비율을 보이고, 고유명사가 2,075개로 34.3%, 의존명사가 129개로 2.1%에 이른다. 체언은 일반명사, 고유명사, 의존명사, 즉 명사가 97%에 이르는 분포를 보인다. 대명사는 95개로 1.6%를, 수사는 49개로 0.8%의 비율을 나타낸다.

체언의 사용 빈도를 정리해 보면, 명사가 37,885회로 68.5%에 이르는 가장 높은 비율을 차지한다. 구체적으로는 일반명사가 25,862회로 46.8%, 고유명사가 4,917회로 8.9%, 의존명사는 7,106회로 12.8%의 비율을 보인다. 다음으로 대명사가 14,958회로 27.0%, 수사가 2,467회로 4.5%에 이른다. 따라서 체언의 경우 일반명사 사용이 가장 많고, 그 다음이 대명사, 의존명사 순으로 나타난다.[3]

어휘의 형태 수와 사용 빈도를 대비해 보면, 일반명사의 경우는 형태 수와 사용 빈도에서 모두 높은 비율을 보인다. 대명사의 경우는 그 형태 수가 적으므로 대명사 형태가 차지하는

---

[3] 문어를 중심으로 분석된 국립국어원(2002)의 현대 국어 사용 빈도 조사에서는 고유명사가 빠져 있어서 이 연구의 자료와 비교하기가 어렵지만, 전체적으로 보면 문어 자료에서는 일반명사의 사용 비율이 월등히 높고, 대명사의 사용 비율이 현저히 낮다.

비율은 1%대로 낮게 나타나지만, 사용 빈도는 27.0%로 높은 비율을 보인다. 이는 구어에서 대명사 사용이 빈번함을 말해 준다. 반대로, 고유명사의 경우는 형태 수는 전체 비율의 34.3%를 점유하고 있는데도, 사용 빈도는 8.9%에 그친다.

다음은 학교급별로 체언의 사용 양상을 살펴보기로 한다. 형태 수와 사용 빈도를 학교급별로 제시하면 다음과 같다.

<표 3.7> 체언의 학교급별 형태 수

| 유형 | | 초등학교 저학년 | 초등학교 고학년 | 중학생 | 고등학생 |
|---|---|---|---|---|---|
| | | 형태 수(비율) | 형태 수(비율) | 형태 수(비율) | 형태 수(비율) |
| 명사 | 일반명사(NNG) | 1,291 (64.5%) | 1,660 (63.8%) | 1,670 (67.7%) | 1,274 (70.0%) |
| | 고유명사(NNP) | 541 (27.0%) | 753 (29.0%) | 618 (25.1%) | 390 (21.4%) |
| | 의존명사(NNB) | 73 (3.6%) | 85 (3.3%) | 81 (3.3%) | 73 (4.0%) |
| 대명사(NP) | | 66 (3.3%) | 68 (2.6%) | 62 (2.5%) | 56 (3.1%) |
| 수사(NR) | | 30 (1.5%) | 35 (1.3%) | 36 (1.5%) | 28 (1.5%) |
| 합계 | | 2,001 (100.0%) | 2,601 (100.0%) | 2,467 (100.0%) | 1,821 (100.0%) |

학교급별 자료에서도 모든 학교급에서 일반명사가 가장 높은 비율을 차지하고, 그 다음으로 고유명사, 의존명사, 대명사, 수사의 순으로 높은 비율을 보인다. 체언의 경우, 초등학생에 비해 중·고등학생에게서 고유명사의 비율이 약간 감소하는 경향을 보이기는 하지만 학교급별 차이는 크지 않다.

<표 3.8> 체언의 학교급별 사용 빈도

| 유형 | | 초등학교 저학년 | 초등학교 고학년 | 중학생 | 고등학생 |
|---|---|---|---|---|---|
| | | 사용 빈도(비율) | 사용 빈도(비율) | 사용 빈도(비율) | 사용 빈도(비율) |
| 명사 | 일반명사(NNG) | 5,294 (46.2%) | 7,869 (46.1%) | 7,747 (47.4%) | 4,952 (47.4%) |
| | 고유명사(NNP) | 1,121 (9.8%) | 1,704 (10.0%) | 1,365 (8.4%) | 727 (7.0%) |
| | 의존명사(NNB) | 1,310 (11.4%) | 2,072 (12.1%) | 2,152 (13.2%) | 1,572 (15.1%) |

| 체언 구분 | 형태 수(백분율) | 사용 빈도(백분율) |
|---|---|---|
| 일반명사 | 39,856 (98.34%) | 664,450 (81.05%) |
| 의존명사 | 384 (0.95%) | 101,455 (12.37%) |
| 대명사 | 128 (0.32%) | 51,112 (6.23%) |
| 수사 | 159 (0.39%) | 2,822 (0.34%) |
| 합계 | 40,527 (100.00%) | 819,839 (100.00%) |

<체언의 형태 수와 사용 빈도> (국립국어원: 2002)

| 유형 | 초등학교 저학년 | 초등학교 고학년 | 중학생 | 고등학생 |
|---|---|---|---|---|
| | 사용 빈도(비율) | 사용 빈도(비율) | 사용 빈도(비율) | 사용 빈도(비율) |
| 대명사(NP) | 3,348 (29.2%) | 4,615 (27.0%) | 4,311 (26.4%) | 2,684 (25.7%) |
| 수사(NR) | 393 (3.4%) | 801 (4.7%) | 767 (4.7%) | 506 (4.8%) |
| 합계 | 11,466 (100.0%) | 17,061 (100.0%) | 16,342 (100.0%) | 10,441 (100.0%) |

사용 빈도를 살펴보면, 일반명사에서는 초등학생보다 중고등학생이 1% 높은 비율을 보인다. 그리고 의존명사는 학교급이 높아질수록 1%씩 증가 양상을 보인다. 반대로 대명사의 경우는 학교급이 높아질수록 1%씩 감소하는 추세이다. 수사의 경우는 초등학교 저학년에서는 3%로 낮은 수치를 보인 반면에, 초등학교 고학년부터 고등학생까지는 4% 이상을 유지하고 있다.

다음으로 체언의 형태별로 사용 빈도, 사용 화자 수, 하위 유형별 특징 등을 살펴보기로 한다.

## 가. 체언의 사용 빈도

체언을 그 사용 빈도에 따라 학교급별로 제시하면 다음과 같다.

〈표 3.9〉 고빈도순 체언 형태 목록(고빈도 형태 50개)

| 순위 | 초등학교 저학년 | | | 초등학교 고학년 | | | 중학생 | | | 고등학생 | | |
|---|---|---|---|---|---|---|---|---|---|---|---|---|
| | 형태 | 품사 | 빈도(비율) | 형태 | 품사 | 빈도(비율) | 형태 | 품사 | 빈도(비율) | 형태 | 품사 | 빈도(비율) |
| 1 | 나03 | NP | 763 (7.4%) | 거01 | NNB | 951 (6.2%) | 거01 | NNB | 917 (6.1%) | 거01 | NNB | 738 (7.6%) |
| 2 | 거01 | NNB | 521 (5.0%) | 나03 | NP | 916 (6.0%) | 나03 | NP | 797 (5.3%) | 나03 | NP | 542 (5.6%) |
| 3 | 너01 | NP | 517 (5.0%) | 뭐 | NP | 542 (3.5%) | 뭐 | NP | 575 (3.8%) | 뭐 | NP | 280 (2.9%) |
| 4 | 뭐 | NP | 313 (3.0%) | 그거 | NP | 431 (2.8%) | 너01 | NP | 374 (2.5%) | 너01 | NP | 248 (2.6%) |
| 5 | 우리03 | NP | 256 (2.5%) | 너01 | NP | 395 (2.6%) | 우리03 | NP | 371 (2.5%) | 내04 | NP | 217 (2.2%) |
| 6 | 니05 | NP | 214 (2.1%) | 우리03 | NP | 353 (2.3%) | 그거 | NP | 325 (2.2%) | 우리03 | NP | 188 (1.9%) |
| 7 | 내04 | NP | 195 (1.9%) | 내04 | NP | 351 (2.3%) | 내04 | NP | 294 (2.0%) | 애02 | NNG | 183 (1.9%) |
| 8 | 그거 | NP | 184 (1.8%) | 때01 | NNG | 267 (1.7%) | 걔 | NP | 274 (1.8%) | 그거 | NP | 182 (1.9%) |
| 9 | 때01 | NNG | 159 (1.5%) | 걔 | NP | 255 (1.7%) | 이거01 | NP | 242 (1.6%) | 걔 | NP | 181 (1.9%) |
| 10 | 이거01 | NP | 151 (1.5%) | 니05 | NP | 231 (1.5%) | 애02 | NNG | 203 (1.4%) | 이거01 | NP | 154 (1.6%) |
| 11 | 걔 | NP | 113 (1.1%) | 애02 | NNG | 225 (1.5%) | 니05 | NP | 191 (1.3%) | 니05 | NP | 140 (1.4%) |
| 12 | 엄마 | NNG | 110 (1.1%) | 선생님 | NNG | 204 (1.3%) | 말01 | NNG | 190 (1.3%) | 때01 | NNG | 133 (1.4%) |
| 13 | 다음01 | NNG | 86 (0.8%) | 이거01 | NP | 175 (1.1%) | 때01 | NNG | 179 (1.2%) | 말01 | NNG | 102 (1.1%) |
| 14 | 애02 | NNG | 85 (0.8%) | 십 | NR | 161 (1.0%) | 십 | NR | 170 (1.1%) | 십 | NR | 94 (1.0%) |
| 15 | 선생님 | NNG | 84 (0.8%) | 거기01 | NP | 147 (1.0%) | 분08 | NNB | 154 (1.0%) | 친구02 | NNG | 88 (0.9%) |
| 16 | 거기01 | NP | 75 (0.7%) | 여기01 | NP | 140 (0.9%) | 학원02 | NNG | 129 (0.9%) | 분08 | NNB | 81 (0.8%) |
| 17 | 사람 | NNG | 75 (0.7%) | 엄마 | NNG | 122 (0.8%) | 사람 | NNG | 122 (0.8%) | 집01 | NNG | 78 (0.8%) |

| 순위 | 초등학교 저학년 | | | 초등학교 고학년 | | | 중학생 | | | 고등학생 | | |
|---|---|---|---|---|---|---|---|---|---|---|---|---|
| | 형태 | 품사 | 빈도(비율) | 형태 | 품사 | 빈도(비율) | 형태 | 품사 | 빈도(비율) | 형태 | 품사 | 빈도(비율) |
| 18 | 아빠 | NNG | 72 (0.7%) | 학년 | NNG | 122 (0.8%) | 엄마 | NNG | 121 (0.8%) | 것01 | NNB | 71 (0.7%) |
| 19 | 집01 | NNG | 72 (0.7%) | 원01 | NNB | 121 (0.8%) | 반10 | NNG | 118 (0.8%) | 반10 | NNG | 71 (0.7%) |
| 20 | 여기01 | NP | 71 (0.7%) | 얘기 | NNG | 109 (0.7%) | 것01 | NNB | 106 (0.7%) | 어디01 | NP | 69 (0.7%) |
| 21 | 개10 | NNB | 67 (0.6%) | 다음01 | NNG | 104 (0.7%) | 누구 | NP | 100 (0.7%) | 원01 | NNB | 69 (0.7%) |
| 22 | 십 | NR | 64 (0.6%) | 그때 | NNG | 102 (0.7%) | 거기01 | NP | 93 (0.6%) | 이09 | NR | 69 (0.7%) |
| 23 | 중04 | NNB | 64 (0.6%) | 반10 | NNG | 99 (0.6%) | 친구02 | NNG | 93 (0.6%) | 모(뭐) | NP | 67 (0.7%) |
| 24 | 누구 | NP | 61 (0.6%) | 집01 | NNG | 96 (0.6%) | 그때 | NNG | 91 (0.6%) | 여기01 | NP | 67 (0.7%) |
| 25 | 번04 | NNB | 61 (0.6%) | 것01 | NNB | 94 (0.6%) | 어디01 | NP | 89 (0.6%) | 학교 | NNG | 66 (0.7%) |
| 26 | 그때 | NNG | 58 (0.6%) | 말01 | NNG | 94 (0.6%) | 집01 | NNG | 88 (0.6%) | 남자02 | NNG | 64 (0.6%) |
| 27 | 동생01 | NNG | 58 (0.6%) | 사람 | NNG | 87 (0.6%) | 얘기 | NNG | 86 (0.6%) | 얘기 | NNG | 62 (0.6%) |
| 28 | 어디01 | NP | 58 (0.6%) | 수02 | NNB | 86 (0.6%) | 쟤 | NP | 80 (0.5%) | 돈01 | NNG | 61 (0.6%) |
| 29 | 수02 | NNB | 55 (0.5%) | 이09 | NR | 82 (0.5%) | 수02 | NNB | 79 (0.5%) | 거기01 | NP | 55 (0.6%) |
| 30 | 게임 | NNG | 50 (0.5%) | 누구 | NP | 81 (0.5%) | 시10 | NNB | 79 (0.5%) | 사람 | NNG | 54 (0.6%) |
| 31 | 말01 | NNG | 50 (0.5%) | 언니 | NNG | 79 (0.5%) | 학년 | NNG | 74 (0.5%) | 시10 | NNB | 52 (0.5%) |
| 32 | 적03 | NNB | 50 (0.5%) | 돈01 | NNG | 78 (0.5%) | 삼06 | NR | 72 (0.5%) | 번04 | NNB | 51 (0.5%) |
| 33 | 학교 | NNG | 48 (0.5%) | 번04 | NNB | 78 (0.5%) | 학교 | NNG | 71 (0.5%) | 엄마 | NNG | 51 (0.5%) |
| 34 | 얘기 | NNG | 47 (0.5%) | 오04 | NR | 76 (0.5%) | 선생님 | NNG | 69 (0.5%) | 학년 | NNG | 50 (0.5%) |
| 35 | 모(뭐) | NP | 45 (0.4%) | 모(뭐) | NP | 73 (0.5%) | 돈01 | NNG | 67 (0.4%) | 누구 | NP | 49 (0.5%) |
| 36 | 하나 | NR | 45 (0.4%) | 어디01 | NP | 71 (0.5%) | 아빠 | NNG | 66 (0.4%) | 원래01 | NNG | 49 (0.5%) |
| 37 | 학년 | NNG | 45 (0.4%) | 삼06 | NR | 70 (0.5%) | 여기01 | NP | 65 (0.4%) | 여자02 | NNG | 48 (0.5%) |
| 38 | 명03 | NNB | 44 (0.4%) | 아빠 | NNG | 66 (0.4%) | 구01 | NR | 64 (0.4%) | 오04 | NR | 43 (0.4%) |
| 39 | 반10 | NNG | 44 (0.4%) | 학원02 | NNG | 65 (0.4%) | 하나 | NR | 63 (0.4%) | 데01 | NNB | 42 (0.4%) |
| 40 | 이09 | NR | 44 (0.4%) | 시10 | NNB | 59 (0.4%) | 게임 | NNG | 62 (0.4%) | 수02 | NNB | 40 (0.4%) |
| 41 | 친구02 | NNG | 43 (0.4%) | 학교 | NNG | 58 (0.4%) | 공부01 | NNG | 62 (0.4%) | 그때 | NNG | 40 (0.4%) |
| 42 | 시10 | NNB | 41 (0.4%) | 개10 | NNB | 57 (0.4%) | 번04 | NNB | 62 (0.4%) | 일07 | NNB | 40 (0.4%) |
| 43 | 줄04 | NNB | 40 (0.4%) | 친구02 | NNG | 53 (0.3%) | 점10 | NNB | 62 (0.4%) | 백05 | NR | 39 (0.4%) |
| 44 | 누02 | NP | 39 (0.4%) | 여자02 | NNG | 52 (0.3%) | 시간04 | NNG | 57 (0.4%) | 처음 | NNG | 39 (0.4%) |
| 45 | 얘03 | NP | 38 (0.4%) | 처음 | NNG | 52 (0.3%)) | 이09 | NR | 56 (0.4%) | 선생님 | NNG | 38 (0.4%) |
| 46 | 수학05 | NNG | 37 (0.4%) | 구01 | NR | 51 (0.3%) | 요즘 | NNG | 54 (0.4%) | 줄04 | NNB | 38 (0.4%) |
| 47 | 책01 | NNG | 34 (0.3%) | 옛날 | NNG | 51 (0.3%) | 여자02 | NNG | 53 (0.4%) | 명03 | NNB | 36 (0.4%) |
| 48 | 여자02 | NNG | 33 (0.3%) | 분08 | NNB | 50 (0.3%) | 오04 | NR | 51 (0.3%) | 삼06 | NR | 36 (0.4%) |
| 49 | 점10 | NNB | 33 (0.3%) | 줄04 | NNB | 50 (0.3%) | 언니 | NNG | 50 (0.3%) | 하나 | NR | 30 (0.3%) |
| 50 | 백05 | NR | 32 (0.3%) | 남자02 | NNG | 48 (0.3%) | 모(뭐) | NP | 48 (0.3%) | 녹음03 | NNG | 29 (0.3%) |
| 합계 | | | 5544 (53.6%) | | | 8380 (54.6%) | | | 7958 (53.1%) | | | 5316 (54.7%) |

체언의 고빈도 형태들에 나타난 특징은 대명사가 고빈도의 최상위 층을 차지하고 있다는 점이다. 고빈도순 10개 어휘 가운데 초등학교 저학년 단계에서는 대명사 '나03, 너01, 뭐, 우리03, 니05, 내04, 그거, 이거01', 의존명사 '거01', 명사 '때01'가 자주 사용되는데, 이런 현상은 초등학교 고학년, 중학생, 고등학생에게도 비슷하다. 그러나 초등학교 저학년의 경우 사용

빈도가 가장 높은 어휘 형태가 대명사 '나03'로, 다른 학교급의 '거01'와 차이를 보인다.

체언의 사용 빈도는 학생들의 관심 주제와 상당한 관련성을 지니고 있다. 초등학교 저학년의 경우에는 '나03, 너01, 우리03' 등의 인칭 대명사가 다른 학교급에 비해 약간씩 높은 사용 빈도를 보이고, '아빠(18위)', '동생01(27위)' 등의 가족 구성원에 대한 어휘가 다른 학교급에 비해 높다. 반면에 '친구02'는 초등학생은 40순위 이후에 나타나고, 중학생은 23위, 고등학생은 15위로 학교급이 높아질수록 사용 빈도가 증가하는 것을 볼 때, 조사 대상자들의 관심이 학교급에 따라 달라지는 것을 알 수 있다.

초등학교 저학년부터 고등학생까지 사용한 어휘 중에, 고빈도 형태 50개가 전체 사용의 50%에 달하고 있다. 이를 통해 체언 가운데 고빈도 형태 50개가 일상 대화에서 활발히 사용되고 있음을 확인할 수 있다.

### 나. 사용 화자 수 비율에 따른 체언 형태 목록

사용 화자 수에 따른 빈도 순위는 단순 사용 빈도순이 아닌, 전체 대상자 가운데 해당 단어를 사용한 화자가 몇 명인지를 기준으로 하는 순위이다. 단순 사용 빈도는 대화의 주제나 환경 등에 영향을 받을 수도 있으므로, 이 책에서는 앞에서 다룬 단순 사용 빈도와 더불어 사용 화자 수에 따른 빈도를 함께 살펴보기로 한다. 체언의 고빈도 형태 목록을 사용 화자 수를 기준으로 학교급별로 50개씩 제시해 보면 다음 표와 같다.

〈표 3.10〉 사용 화자 수 비율에 따른 체언 형태 목록(다수 화자순 50개)

| 순위 | 초등학교 저학년 | | | 초등학교 고학년 | | | 중학생 | | | 고등학생 | | |
|---|---|---|---|---|---|---|---|---|---|---|---|---|
| | 형태 | 품사 | 화자 수(비율) | 형태 | 품사 | 화자 수(비율) | 형태 | 품사 | 화자 수(비율) | 형태 | 품사 | 화자 수(비율) |
| 1 | 나03 | NP | 117 (97.5%) | 거01 | NNB | 119 (99.2%) | 거01 | NNB | 117 (99.2%) | 거01 | NNB | 118 (98.3%) |
| 2 | 거01 | NNB | 110 (91.7%) | 나03 | NP | 119 (99.2%) | 나03 | NP | 116 (98.3%) | 나03 | NP | 109 (90.8%) |
| 3 | 너01 | NP | 107 (89.2%) | 뭐 | NP | 113 (94.2%) | 뭐 | NP | 113 (95.8%) | 뭐 | NP | 96 (80.0%) |
| 4 | 뭐 | NP | 99 (82.5%) | 그거 | NP | 106 (88.3%) | 너01 | NP | 97 (82.2%) | 너01 | NP | 93 (77.5%) |
| 5 | 우리03 | NP | 82 (68.3%) | 너01 | NP | 103 (85.8%) | 그거 | NP | 94 (79.7%) | 내04 | NP | 80 (66.7%) |
| 6 | 내04 | NP | 76 (63.3%) | 내04 | NP | 98 (81.7%) | 우리03 | NP | 92 (78.0%) | 우리03 | NP | 76 (63.3%) |
| 7 | 그거 | NP | 74 (61.7%) | 때01 | NNG | 84 (70.0%) | 내04 | NP | 87 (73.7%) | 그거 | NP | 74 (61.7%) |
| 8 | 때01 | NNG | 67 (55.8%) | 우리03 | NP | 84 (70.0%) | 애02 | NNG | 76 (64.4%) | 애02 | NNG | 73 (60.8%) |
| 9 | 이거01 | NP | 58 (48.3%) | 애02 | NNG | 79 (65.8%) | 말01 | NNG | 75 (63.6%) | 이거01 | NP | 70 (58.3%) |
| 10 | 니05 | NP | 56 (46.7%) | 걔 | NP | 78 (65.0%) | 걔 | NP | 72 (61.0%) | 걔 | NP | 63 (52.5%) |
| 11 | 애02 | NNG | 51 (42.5%) | 니05 | NP | 72 (60.0%) | 때01 | NNG | 72 (61.0%) | 니05 | NP | 63 (52.5%) |
| 12 | 집01 | NNG | 46 (38.3%) | 거기01 | NP | 66 (55.0%) | 이거01 | NP | 71 (60.2%) | 때01 | NNG | 63 (52.5%) |
| 13 | 걔 | NP | 45 (37.5%) | 이거01 | NP | 65 (54.2%) | 니05 | NP | 70 (59.3%) | 말01 | NNG | 60 (50.0%) |
| 14 | 엄마 | NNG | 44 (36.7%) | 여기01 | NP | 60 (50.0%) | 분08 | NNB | 66 (55.9%) | 친구02 | NNG | 47 (39.2%) |
| 15 | 다음01 | NNG | 43 (35.8%) | 말01 | NNG | 56 (46.7%) | 십 | NR | 64 (54.2%) | 어디01 | NP | 45 (37.5%) |
| 16 | 선생님 | NNG | 43 (35.8% | 그때 | NNG | 53 (44.2%) | 학원02 | NNG | 57 (48.3%) | 집01 | NNG | 44 (36.7%) |

| 순위 | 초등학교 저학년 | | | 초등학교 고학년 | | | 중학생 | | | 고등학생 | | |
|---|---|---|---|---|---|---|---|---|---|---|---|---|
| | 형태 | 품사 | 화자 수(비율) | 형태 | 품사 | 화자 수(비율) | 형태 | 품사 | 화자 수(비율) | 형태 | 품사 | 화자 수(비율) |
| 17 | 그때 | NNG | 40 (33.3%) | 십 | NR | 51 (42.5%) | 사람 | NNG | 54 (45.8%) | 것01 | NNB | 43 (35.8%) |
| 18 | 사람 | NNG | 39 (32.5%) | 수02 | NNB | 50 (41.7%) | 것01 | NNB | 53 (44.9%) | 남자02 | NNG | 43 (35.8%) |
| 19 | 아빠 | NNG | 39 (32.5%) | 얘기 | NNG | 50 (41.7%) | 어디01 | NP | 53 (44.9%) | 얘기 | NNG | 42 (35.0%) |
| 20 | 여기01 | NP | 39 (32.5%) | 번04 | NNB | 48 (40.0%) | 수02 | NNB | 51 (43.2%) | 십 | NR | 41 (34.2%) |
| 21 | 거기01 | NP | 37 (30.8%) | 선생님 | NNG | 48 (40.0%) | 반10 | NNG | 48 (40.7%) | 학교 | NNG | 40 (33.3%) |
| 22 | 누구 | NP | 35 (29.2%) | 어디01 | NP | 48 (40.0%) | 집01 | NNG | 48 (40.7%) | 여기01 | NP | 38 (31.7%) |
| 23 | 번04 | NNB | 35 (29.2%) | 엄마 | NNG | 48 (40.0%) | 엄마 | NNG | 47 (39.8%) | 분08 | NNB | 35 (29.2%) |
| 24 | 수02 | NNB | 35 (29.2%) | 것01 | NNB | 46 (38.3%) | 그때 | NNG | 46 (39.0%) | 이09 | NR | 35 (29.2%) |
| 25 | 어디01 | NP | 35 (29.2%) | 누구 | NP | 46 (38.3%) | 누구 | NP | 46 (39.0%) | 거기01 | NP | 34 (28.3%) |
| 26 | 말01 | NNG | 33 (27.5%) | 다음01 | NNG | 45 (37.5%) | 거기01 | NP | 41 (34.7%) | 돈01 | NNG | 34 (28.3%) |
| 27 | 개10 | NNB | 32 (26.7%) | 사람 | NNG | 43 (35.8%) | 친구02 | NNG | 41 (34.7%) | 사람 | NNG | 34 (28.3%) |
| 28 | 줄04 | NNB | 31 (25.8%) | 집01 | NNG | 42 (35.0%) | 번04 | NNB | 40 (33.9%) | 그때 | NNG | 32 (26.7%) |
| 29 | 십 | NR | 30 (25.0%) | 반10 | NNG | 41 (34.2%) | 학교 | NNG | 39 (33.1%) | 누구 | NP | 32 (26.7%) |
| 30 | 중04 | NNB | 30 (25.0%) | 삼06 | NR | 37 (30.8%) | 얘기 | NNG | 38 (32.2%) | 모(뭐) | NP | 31 (25.8%) |
| 31 | 게임 | NNG | 28 (23.3%) | 이09 | NR | 37 (30.8%) | 여기01 | NP | 38 (32.2%) | 수02 | NNB | 31 (25.8%) |
| 32 | 동생01 | NNG | 27 (22.5%) | 돈01 | NNG | 36 (30.0%) | 삼06 | NR | 36 (30.5%) | 여자02 | NNG | 31 (25.8%) |
| 33 | 친구02 | NNG | 27 (22.5%) | 오04 | NR | 33 (27.5%) | 시간04 | NNG | 36 (30.5%) | 줄04 | NNB | 31 (25.8%) |
| 34 | 학교 | NNG | 27 (22.5%) | 원01 | NNB | 33 (27.5%) | 하나 | NR | 36 (30.5%) | 원01 | NNB | 30 (25.0%) |
| 35 | 얘기 | NNG | 26 (21.7%) | 줄04 | NNB | 33 (27.5%) | 시10 | NNB | 35 (29.7%) | 원래01 | NNG | 30 (25.0%) |
| 36 | 하나 | NR | 26 (21.7%) | 하나 | NR | 33 (27.5%) | 선생님 | NNG | 34 (28.8%) | 번04 | NNB | 29 (24.2%) |
| 37 | 누02 | NP | 25 (20.8%) | 개10 | NNB | 32 (26.7%) | 여자02 | NNG | 34 (28.8%) | 학년 | NNG | 29 (24.2%) |
| 38 | 명03 | NNB | 25 (20.8%) | 학교 | NNG | 32 (26.7%) | 쟤 | NP | 34 (28.8%) | 반10 | NNG | 28 (23.3%) |
| 39 | 저기01 | NP | 25 (20.8%) | 학원02 | NNG | 31 (25.8%) | 점10 | NNB | 33 (28.0%) | 처음 | NNG | 28 (23.3%) |
| 40 | 학년 | NNG | 25 (20.8%) | 처음 | NNG | 30 (25.0%) | 공부01 | NNG | 32 (27.1%) | 시10 | NNB | 27 (22.5%) |
| 41 | 모(뭐) | NP | 24 (20.0%) | 학년 | NNG | 30 (25.0%) | 돈01 | NNG | 32 (27.1%) | 명03 | NNB | 26 (21.7%) |
| 42 | 여자02 | NNG | 24 (20.0%) | 시10 | NNB | 29 (24.2%) | 이09 | NR | 32 (27.1%) | 선생님 | NNG | 26 (21.7%) |
| 43 | 반10 | NNG | 23 (19.2%) | 시간04 | NNG | 29 (24.2%) | 구01 | NR | 31 (26.3%) | 데01 | NNB | 25 (20.8%) |
| 44 | 시10 | NNB | 22 (18.3%) | 아빠 | NNG | 29 (24.2%) | 데01 | NNB | 31 (26.3%) | 오04 | NR | 25 (20.8%) |
| 45 | 책01 | NNG | 22 (18.3%) | 원래01 | NNG | 29 (24.2%) | 원래01 | NNG | 31 (26.3%) | 하나 | NR | 24 (20.0%) |
| 46 | 것01 | NNB | 21 (17.5%) | 여자02 | NNG | 27 (22.5%) | 학년 | NNG | 31 (26.3%) | 삼06 | NR | 23 (19.2%) |
| 47 | 이09 | NR | 21 (17.5%) | 전08 | NNG | 27 (22.5%) | 게임 | NNG | 30 (25.4%) | 녹음03 | NNG | 21 (17.5%) |
| 48 | 적03 | NNB | 20 (16.7%) | 컴퓨터 | NNG | 27 (22.5%)) | 줄04 | NNB | 30 (25.4%) | 동안01 | NNG | 21 (17.5%) |
| 49 | 삼06 | NR | 19 (15.8%) | 남자02 | NNG | 26 (21.7%) | 성적04 | NNG | 29 (24.6%) | 사11 | NR | 21 (17.5%) |
| 50 | 할머니 | NNG | 19 (15.8%) | 옛날 | NNG | 26 (21.7%) | 요즘 | NNG | 29 (24.6%) | 엄마 | NNG | 21 (17.5%) |

사용 화자 수에 따른 체언 사용을 보면, 단순 사용 빈도에서와 마찬가지로 모든 학교급에서 '나03, 너01, 내04, 우리03' 등 인칭 대명사가 고빈도 10순위 이내의 높은 순위를 보인다. 이들 인칭 대명사 가운데에는 '나03'가 가장 많은 사용 화자 수를 보이고, 그 다음이 '너01, 우리03' 순이다. 학교급별로 보면, 초등학교 저학년은 대명사 '나03'의 사용 화자 수가 가장 많고, 다른 학교급에서는 의존명사 '거01'의 사용 화자 수가 가장 많다. 초등학교 고학년과 중학생은 '나03'와 '거01'의 차이가 크지 않은 반면에, 고등학생은 의존명사 '거01'가 '나03'보다 7%가량 높다.

사용 화자 수에 따른 결과에서도 의존명사 '거01', 대명사 '뭐, 그거, 이거01, 니05' 등 구어적 표현들이 초등학교 저학년부터 고등학생에 이르기까지 모두 높은 순위를 차지하고 있다. 반면에, 이들의 문어적 표현인 '무엇, 그것, 이것' 등은 고빈도 어휘 50개 안에 들지 않는다.

사용 화자가 50% 이상인 체언 형태의 수를 학교급별로 정리해 보면, 초등학교 저학년은 8개, 초등학교 고학년은 14개, 중학생은 15개, 고등학생은 13개로 초등학교 고학년 이후 일정한 수준이 유지됨을 알 수 있다.

### 다. 체언의 하위 유형별 사용 빈도

다음은 체언을 일반명사, 의존명사, 대명사, 수사로 구분하여 하위 유형별 사용 빈도를 살펴보기로 한다.[4]

### ① 일반명사의 사용 빈도

일반명사의 학교급별 고빈도 형태는 다음과 같다.

〈표 3.11〉 고빈도순 일반명사 형태 목록 (고빈도 형태 50개)

| 순위 | 초등학교 저학년 형태 | 빈도(비율) | 초등학교 고학년 형태 | 빈도(비율) | 중학생 형태 | 빈도(비율) | 고등학생 형태 | 빈도(비율) |
|---|---|---|---|---|---|---|---|---|
| 1 | 때01 | 159 (3.0%) | 때01 | 267 (3.4%) | 애02 | 203 (2.6%) | 애02 | 183 (3.7%) |
| 2 | 엄마 | 110 (2.1%) | 애02 | 225 (2.9%) | 말01 | 190 (2.5%) | 때01 | 133 (2.7%) |
| 3 | 다음01 | 86 (1.6%) | 선생님 | 204 (2.6%) | 때01 | 179 (2.3%) | 말01 | 102 (2.1%) |
| 4 | 애02 | 85 (1.6%) | 엄마 | 122 (1.6%) | 학원02 | 129 (1.7%) | 친구02 | 88 (1.8%) |
| 5 | 선생님 | 84 (1.6%) | 학년 | 122 (1.6%) | 사람 | 122 (1.6%) | 집01 | 78 (1.6%) |
| 6 | 사람 | 75 (1.4%) | 얘기 | 109 (1.4%) | 엄마 | 121 (1.6%) | 반10 | 71 (1.4%) |
| 7 | 아빠 | 72 (1.4%) | 다음01 | 104 (1.3%) | 반10 | 118 (1.5%) | 학교 | 66 (1.3%) |
| 8 | 집01 | 72 (1.4%) | 그때 | 102 (1.3%) | 친구02 | 93 (1.2%) | 남자02 | 64 (1.3%) |
| 9 | 그때 | 58 (1.1%) | 반10 | 99 (1.3%) | 그때 | 91 (1.2%) | 얘기 | 62 (1.3%) |
| 10 | 동생01 | 58 (1.1%) | 집01 | 96 (1.2%) | 집01 | 88 (1.1%) | 돈01 | 61 (1.2%) |
| 11 | 게임 | 50 (0.9%) | 말01 | 94 (1.2%) | 얘기 | 86 (1.1%) | 사람 | 54 (1.1%) |
| 12 | 말01 | 50 (0.9%) | 사람 | 87 (1.1%) | 학년 | 74 (1.0%) | 엄마 | 51 (1.0%) |
| 13 | 학교 | 48 (0.9%) | 언니 | 79 (1.0%) | 학교 | 71 (0.9%) | 학년 | 50 (1.0%) |
| 14 | 얘기 | 47 (0.9%) | 돈01 | 78 (1.0%) | 선생님 | 69 (0.9%) | 원래01 | 49 (1.0%) |
| 15 | 학년 | 45 (0.8%) | 아빠 | 66 (0.8%) | 돈01 | 67 (0.9%) | 여자02 | 48 (1.0%) |
| 16 | 반10 | 44 (0.8%) | 학원02 | 65 (0.8%) | 아빠 | 66 (0.9%) | 그때 | 40 (0.8%) |
| 17 | 친구02 | 43 (0.8%) | 학교 | 58 (0.7%) | 게임 | 62 (0.8%) | 처음 | 39 (0.8%) |
| 18 | 수학05 | 37 (0.7%) | 친구02 | 53 (0.7%) | 공부01 | 62 (0.8%) | 선생님 | 38 (0.8%) |
| 19 | 책01 | 34 (0.6%) | 여자02 | 52 (0.7%) | 시간04 | 57 (0.7%) | 녹음03 | 29 (0.6%) |
| 20 | 여자02 | 33 (0.6%) | 처음 | 52 (0.7%) | 요즘 | 54 (0.7%) | 노래01 | 26 (0.5%) |
| 21 | 그림01 | 31 (0.6%) | 옛날 | 51 (0.6%) | 여자02 | 53 (0.7%) | 생각01 | 25 (0.5%) |

---

[4] 어휘 목록은 고유명사를 제외하고 제시하였다.

| 순위 | 초등학교 저학년 | | 초등학교 고학년 | | 중학생 | | 고등학생 | |
|---|---|---|---|---|---|---|---|---|
| | 형태 | 빈도(비율) | 형태 | 빈도(비율) | 형태 | 빈도(비율) | 형태 | 빈도(비율) |
| 22 | 언니 | 31 (0.6%) | 남자02 | 48 (0.6%) | 언니 | 50 (0.6%) | 일01 | 25 (0.5%) |
| 23 | 오빠 | 31 (0.6%) | 게임 | 46 (0.6%) | 원래01 | 45 (0.6%) | 게임 | 24 (0.5%) |
| 24 | 누나01 | 30 (0.6%) | 시간04 | 46 (0.6%) | 오늘 | 44 (0.6%) | 시험03 | 24 (0.5%) |
| 25 | 할머니 | 29 (0.5%) | 컴퓨터 | 44 (0.6%) | 영어02 | 43 (0.6%) | 혼자01 | 24 (0.5%) |
| 26 | 이야기 | 28 (0.5%) | 원래01 | 44 (0.6%) | 시험03 | 41 (0.5%) | 아침 | 24 (0.5%) |
| 27 | 일01 | 28 (0.5%) | 공부01 | 40 (0.5%) | 성적04 | 41 (0.5%) | 전화07 | 24 (0.5%) |
| 28 | 제일04 | 28 (0.5%) | 수학05 | 39 (0.5%) | 컴퓨터 | 40 (0.5%) | 성격02 | 24 (0.5%) |
| 29 | 옛날 | 27 (0.5%) | 요즘 | 38 (0.5%) | 생각01 | 40 (0.5%) | 동안01 | 23 (0.5%) |
| 30 | 오늘 | 27 (0.5%) | 전08 | 37 (0.5%) | 정도11 | 36 (0.5%) | 문자02 | 23 (0.5%) |
| 31 | 물01 | 26 (0.5%) | 시험03 | 35 (0.4%) | 진짜 | 35 (0.5%) | 학원02 | 22 (0.4%) |
| 32 | 강아지 | 25 (0.5%) | 진짜 | 34 (0.4%) | 남자02 | 33 (0.4%) | 시간04 | 22 (0.4%) |
| 33 | 남자02 | 24 (0.5%) | 머리01 | 33 (0.4%) | 수학05 | 33 (0.4%) | 이름 | 22 (0.4%) |
| 34 | 학원02 | 24 (0.5%) | 오늘 | 32 (0.4%) | 이름 | 32 (0.4%) | 동생01 | 22 (0.4%) |
| 35 | 축구04 | 23 (0.4%) | 영어02 | 32 (0.4%) | 전08 | 31 (0.4%) | 밥01 | 22 (0.4%) |
| 36 | 영어02 | 22 (0.4%) | 이름 | 32 (0.4%) | 다음01 | 30 (0.4%) | 공부01 | 22 (0.4%) |
| 37 | 컴퓨터 | 22 (0.4%) | 뒤01 | 32 (0.4%) | 처음 | 30 (0.4%) | 다음01 | 21 (0.4%) |
| 38 | 한번 | 22 (0.4%) | 나중01 | 31 (0.4%) | 소리01 | 30 (0.4%) | 오빠 | 20 (0.4%) |
| 39 | 귀신01 | 21 (0.4%) | 옆 | 30 (0.4%) | 어제01 | 29 (0.4%) | 키01 | 20 (0.4%) |
| 40 | 문04 | 21 (0.4%) | 오빠 | 29 (0.4%) | 주제04 | 29 (0.4%) | 컴퓨터 | 19 (0.4%) |
| 41 | 소리01 | 21 (0.4%) | 노래01 | 27 (0.3%) | 핸드폰 | 27 (0.3%) | 대학01 | 19 (0.4%) |
| 42 | 피아노01 | 21 (0.4%) | 지금03 | 27 (0.3%) | 가수11 | 27 (0.3%) | 내일 | 19 (0.4%) |
| 43 | 공부01 | 20 (0.4%) | 동생01 | 26 (0.3%) | 대화06 | 27 (0.3%) | 오늘 | 18 (0.4%) |
| 44 | 할아버지 | 20 (0.4%) | 피아노01 | 26 (0.3%) | 일01 | 26 (0.3%) | 안01 | 17 (0.3%) |
| 45 | 날01 | 19 (0.4%) | 생일02 | 26 (0.3%) | 욕02 | 26 (0.3%) | 눈01 | 17 (0.3%) |
| 46 | 돈01 | 19 (0.4%) | 중간고사 | 26 (0.3%) | 운동02 | 26 (0.3%) | 영화01 | 17 (0.3%) |
| 47 | 진짜 | 19 (0.4%) | 혼자01 | 25 (0.3%) | 동생01 | 24 (0.3%) | 누나01 | 17 (0.3%) |
| 48 | 시간04 | 18 (0.3%) | 생각01 | 25 (0.3%) | 오빠 | 23 (0.3%) | 날01 | 17 (0.3%) |
| 49 | 아이템 | 17 (0.3%) | 사회07 | 25 (0.3%) | 동안01 | 22 (0.3%) | 진짜 | 16 (0.3%) |
| 50 | 애기01 | 17 (0.3%) | 물01 | 24 (0.3%) | 새끼02 | 22 (0.3%) | 버스02 | 16 (0.3%) |

　　초등학교 저학년은 시간을 가리키는 '때01'와 '엄마'가 빈번히 사용되고, '애02, 선생님, 사람, 아빠, 동생01' 등 인물 관련 어휘가 높은 순위를 보인다. 초등학교 고학년은 '때01, 애02, 선생님, 엄마, 학년, 애기, 다음01, 그때' 등의 순으로 높은 사용 비율을 보인다. 내용면으로 보면, 시간 관련 어휘나 학교생활과 관련된 어휘들이 대부분이다. 중학생은 '애02, 말01, 때01, 학원02, 사람, 엄마, 반10' 등의 순으로 사용 비율이 높게 나타나는데, '공부01, 시험03, 성적04' 등 학업에 관련된 어휘들이 초등학생에 비해 보다 구체화되는 양상을 보인다. 고등학생은 '애02, 때01, 말01, 친구02, 집01, 반10, 학교, 남자02' 등의 순으로 사용이 많았다. 다른 학교급에서는 사용 빈도가 19위 이하였던 '남자02, 여자02' 등의 형태가 고등학생 자료에서는 8위, 15위로 사용 빈도가 높은데, 이 시기에 이성에 대한 관심이 높아지는 것이 반영된 결과로 보인다. 그 밖에 '전화07, 문자02' 등 통신 매체를 통한 의사소통 관련 어휘가 고빈도 형태에 포

함된 것도 한 특징이다.

## ② 의존명사의 사용 빈도

의존명사의 학교급별 고빈도 형태는 다음과 같다.

〈표 3.12〉 고빈도순 의존명사 형태 목록(고빈도 형태 50개)

| 순위 | 초등학교 저학년 | | 초등학교 고학년 | | 중학생 | | 고등학생 | |
|---|---|---|---|---|---|---|---|---|
| | 형태 | 빈도(비율) | 형태 | 빈도(비율) | 형태 | 빈도(비율) | 형태 | 빈도(비율) |
| 1 | 거01 | 521(39.8%) | 거01 | 951(45.9%) | 거01 | 917(42.6%) | 거01 | 738(46.9%) |
| 2 | 개10 | 67(5.1%) | 원01 | 121(5.8%) | 분08 | 154(7.2%) | 분08 | 81(5.2%) |
| 3 | 중04 | 64(4.9%) | 것01 | 94(4.5%) | 것01 | 106(4.9%) | 것01 | 71(4.5%) |
| 4 | 번04 | 61(4.7%) | 수02 | 86(4.2%) | 수02 | 79(3.7%) | 원01 | 69(4.4%) |
| 5 | 수02 | 55(4.2%) | 번04 | 78(3.8%) | 시10 | 79(3.7%) | 시10 | 52(3.3%) |
| 6 | 적03 | 50(3.8%) | 시10 | 59(2.8%) | 번04 | 62(2.9%) | 번04 | 51(3.2%) |
| 7 | 명03 | 44(3.4%) | 개10 | 57(2.8%) | 점10 | 62(2.9%) | 수02 | 42(2.7%) |
| 8 | 시10 | 41(3.1%) | 줄04 | 50(2.4%) | 중04 | 48(2.2%) | 데01 | 42(2.7%) |
| 9 | 줄04 | 40(3.1%) | 분08 | 50(2.4%) | 데01 | 44(2.0%) | 일07 | 40(2.5%) |
| 10 | 점10 | 33(2.5%) | 명03 | 41(2.0%) | 줄04 | 42(2.0%) | 줄04 | 38(2.4%) |
| 11 | 것01 | 26(2.0%) | 중04 | 32(1.5%) | 명03 | 42(2.0%) | 명03 | 36(2.3%) |
| 12 | 분08 | 26(2.0%) | 일07 | 32(1.5%) | 개10 | 40(1.9%) | 꺼(거01) | 27(1.7%) |
| 13 | 살04 | 26(2.0%) | 데01 | 31(1.5%) | 원01 | 31(1.4%) | 년02 | 26(1.7%) |
| 14 | 꺼(거01) | 25(1.9%) | 등04 | 22(1.1%) | 일07 | 30(1.4%) | 시간04 | 20(1.3%) |
| 15 | 원01 | 25(1.9%) | 꺼(거01) | 21(1.0%) | 년02 | 28(1.3%) | 때문 | 17(1.1%) |
| 16 | 시간04 | 18(1.4%) | 교시03 | 20(1.0%) | 때문 | 25(1.2%) | 중04 | 15(1.0%) |
| 17 | 데01 | 12(0.9%) | 점10 | 19(0.9%) | 꺼(거01) | 24(1.1%) | 쪽05 | 13(0.8%) |
| 18 | 대15 | 11(0.8%) | 살04 | 16(0.8%) | 적03 | 21(1.0%) | 살04 | 13(0.8%) |
| 19 | 마리01 | 11(0.8%) | 때문 | 16(0.8%) | 놈01 | 20(0.9%) | 교시03 | 12(0.8%) |
| 20 | 장21 | 9(0.7%) | 적03 | 15(0.7%) | 달05 | 18(0.8%) | 개10 | 11(0.7%) |
| 21 | 년02 | 8(0.6%) | 장21 | 14(0.7%) | 위05 | 16(0.7%) | 적03 | 8(0.5%) |
| 22 | 땜03 | 7(0.5%) | 놈01 | 14(0.7%) | 터02 | 15(0.7%) | 초07 | 8(0.5%) |
| 23 | 키로 | 7(0.5%) | 시간04 | 13(0.6%) | 쪽05 | 15(0.7%) | 지02 | 8(0.5%) |
| 24 | 세13 | 6(0.5%) | 권01 | 13(0.6%) | 등04 | 14(0.7%) | 척01 | 8(0.5%) |
| 25 | 일07 | 6(0.5%) | 년02 | 12(0.6%) | 살04 | 12(0.6%) | 터02 | 7(0.4%) |
| 26 | 킬로그램 | 6(0.5%) | 터02 | 11(0.5%) | 초07 | 12(0.6%) | 동15 | 7(0.4%) |
| 27 | 탄06 | 6(0.5%) | 초07 | 10(0.5%) | 지02 | 11(0.5%) | 달05 | 6(0.4%) |
| 28 | 터02 | 6(0.5%) | 편09 | 10(0.5%) | 척01 | 11(0.5%) | 편04 | 6(0.4%) |
| 29 | 대11 | 5(0.4%) | 마리01 | 8(0.4%) | 키로 | 10(0.5%) | 놈01 | 5(0.3%) |
| 30 | 때문 | 5(0.4%) | 탄06 | 8(0.4%) | 권01 | 9(0.4%) | 식04 | 5(0.3%) |
| 31 | 가지04 | 4(0.3%) | 달05 | 8(0.4%) | 평02 | 9(0.4%) | 냥 | 5(0.3%) |
| 32 | 교시03 | 4(0.3%) | 통12 | 8(0.4%) | 시간04 | 8(0.4%) | 점10 | 4(0.3%) |
| 33 | 군데 | 4(0.3%) | 대15 | 7(0.3%) | 땜03 | 8(0.4%) | 등04 | 4(0.3%) |
| 34 | 알01 | 4(0.3%) | 대11 | 7(0.3%) | 주26 | 8(0.4%) | 땜03 | 4(0.3%) |
| 35 | 지02 | 4(0.3%) | 지02 | 7(0.3%) | 날01 | 7(0.3%) | 대11 | 4(0.3%) |
| 36 | 쪽05 | 4(0.3%) | 척01 | 7(0.3%) | 교시03 | 6(0.3%) | 간10 | 4(0.3%) |
| 37 | 척01 | 4(0.3%) | 땜03 | 5(0.2%) | 회08 | 6(0.3%) | 뻔01 | 4(0.3%) |
| 38 | 권01 | 3(0.2%) | 쪽05 | 5(0.2%) | 식04 | 6(0.3%) | 초03 | 4(0.3%) |

| 순위 | 초등학교 저학년 | | 초등학교 고학년 | | 중학생 | | 고등학생 | |
|---|---|---|---|---|---|---|---|---|
| | 형태 | 빈도(비율) | 형태 | 빈도(비율) | 형태 | 빈도(비율) | 형태 | 빈도(비율) |
| 39 | 급04 | 3(0.2%) | 방11 | 5(0.2%) | 동15 | 6(0.3%) | 키로 | 3(0.2%) |
| 40 | 놈01 | 3(0.2%) | 집03 | 5(0.2%) | 프로01 | 6(0.3%) | 개월 | 3(0.2%) |
| 41 | 월02 | 3(0.2%) | 대01 | 4(0.2%) | 대로01 | 5(0.2%) | 뿐01 | 3(0.2%) |
| 42 | 동15 | 2(0.2%) | 바퀴01 | 4(0.2%) | 개월 | 4(0.2%) | 급04 | 3(0.2%) |
| 43 | 리06 | 2(0.2%) | 대로01 | 4(0.2%) | 월02 | 4(0.2%) | 등05 | 3(0.2%) |
| 44 | 만01 | 2(0.2%) | 회08 | 4(0.2%) | 조15 | 4(0.2%) | 알01 | 3(0.2%) |
| 45 | 방11 | 2(0.2%) | 가지04 | 3(0.1%) | 차03 | 4(0.2%) | 위05 | 2(0.1%) |
| 46 | 번째 | 2(0.2%) | 개월 | 3(0.1%) | 킬로 | 4(0.2%) | 주26 | 2(0.1%) |
| 47 | 뺀01 | 2(0.2%) | 냥 | 3(0.1%) | 바03 | 4(0.2%) | 날01 | 2(0.1%) |
| 48 | 주(줄04) | 2(0.2%) | 님01 | 3(0.1%) | 가지04 | 3(0.1%) | 차03 | 2(0.1%) |
| 49 | 킬로 | 2(0.2%) | 등05 | 3(0.1%) | 편04 | 3(0.1%) | 바03 | 2(0.1%) |
| 50 | 편04 | 2(0.2%) | 만큼 | 3(0.1%) | 뿐01 | 3(0.1%) | 가지04 | 2(0.1%) |

　의존명사는 '것01'의 구어형인 '거01'와 표준형인 '것01'이 모두 높은 빈도를 보인다. 특히, '거01'는 전체 학교급에서 다른 형태와 큰 격차를 보이며 월등히 높은 빈도를 나타낸다. 초등학교 저학년은 '거01' 다음으로 '개10, 중04, 번04, 수02, 적03' 등의 순으로 나타난다. 초등학교 고학년은 '거01, 원01, 것01, 수02, 번04, 시10, 개10' 등의 순으로 나타나며, 초등학교 저학년보다 '원01, 것01'의 사용이 상대적으로 높다. 중학생은 '거01, 분08, 것01, 수02, 시10, 번04, 점10, 중04, 데01, 줄04, 명03, 개10'의 순으로 나타나며, 특히 '분08'의 사용이 월등히 증가한 양상을 볼 수 있다. 고등학생은 '거01, 분08, 것01, 원01, 시10, 번04, 수02, 데01' 순으로 나타나 중학생과 비슷한 양상을 보인다.


## ③ 대명사의 사용 빈도

　대명사의 학교급별 고빈도 형태는 다음과 같다.

〈표 3.13〉 고빈도순 대명사 형태 목록(고빈도 형태 50개)

| 순위 | 초등학교 저학년 | | 초등학교 고학년 | | 중학생 | | 고등학생 | |
|---|---|---|---|---|---|---|---|---|
| | 형태 | 빈도(비율) | 형태 | 빈도(비율) | 형태 | 빈도(비율) | 형태 | 빈도(비율) |
| 1 | 나03 | 763(22.8%) | 나03 | 916(19.8%) | 나03 | 797(18.5%) | 나03 | 542(20.2%) |
| 2 | 너01 | 517(15.4%) | 뭐 | 542(11.7%) | 뭐 | 575(13.3%) | 뭐 | 280(10.4%) |
| 3 | 뭐 | 313(9.3%) | 그거 | 431(9.3%) | 너01 | 374(8.7%) | 너01 | 248(9.2%) |
| 4 | 우리03 | 256(7.6%) | 너01 | 395(8.6%) | 우리03 | 371(8.6%) | 내04 | 217(8.1%) |
| 5 | 니05 | 214(6.4%) | 우리03 | 353(7.6%) | 그거 | 325(7.5%) | 우리03 | 188(7.0%) |
| 6 | 내04 | 195(5.8%) | 내04 | 351(7.6%) | 내04 | 294(6.8%) | 그거 | 182(6.8%) |
| 7 | 그거 | 184(5.5%) | 걔 | 255(5.5%) | 걔 | 274(6.4%) | 걔 | 181(6.7%) |
| 8 | 이거01 | 151(4.5%) | 니05 | 231(5.0%) | 이거01 | 242(5.6%) | 이거01 | 154(5.7%) |
| 9 | 걔 | 113(3.4%) | 이거01 | 175(3.8%) | 니05 | 191(4.4%) | 니05 | 140(5.2%) |
| 10 | 거기01 | 75(2.2%) | 거기01 | 147(3.2%) | 누구 | 100(2.3%) | 어디01 | 69(2.6%) |
| 11 | 여기01 | 71(2.1%) | 여기01 | 140(3.0%) | 거기01 | 93(2.2%) | 여기01 | 67(2.5%) |

| 순위 | 초등학교 저학년 | | 초등학교 고학년 | | 중학생 | | 고등학생 | |
|---|---|---|---|---|---|---|---|---|
| | 형태 | 빈도(비율) | 형태 | 빈도(비율) | 형태 | 빈도(비율) | 형태 | 빈도(비율) |
| 12 | 누구 | 61(1.8%) | 누구 | 81(1.8%) | 어디01 | 89(2.1%) | 모(뭐) | 67(2.5%) |
| 13 | 어디01 | 58(1.7%) | 모(뭐) | 73(1.6%) | 쟤 | 80(1.9%) | 거기01 | 55(2.0%) |
| 14 | 모(뭐) | 45(1.3%) | 어디01 | 71(1.5%) | 여기01 | 65(1.5%) | 누구 | 49(1.8%) |
| 15 | 누02 | 39(1.2%) | 거01 | 46(1.0%) | 모(뭐) | 48(1.1%) | 쟤 | 28(1.0%) |
| 16 | 얘03 | 38(1.1%) | 자기04 | 41(0.9%) | 이번01 | 37(0.9%) | 얘03 | 19(0.7%) |
| 17 | 저기01 | 29(0.9%) | 저거01 | 27(0.6%) | 누02 | 33(0.8%) | 얼마 | 19(0.7%) |
| 18 | 머(뭐) | 25(0.7%) | 그01 | 27(0.6%) | 저번02 | 29(0.7%) | 누02 | 18(0.7%) |
| 19 | 저거01 | 25(0.7%) | 누02 | 26(0.6%) | 자기04 | 25(0.6%) | 지(자기04) | 15(0.6%) |
| 20 | 이번01 | 15(0.4%) | 얘03 | 24(0.5%) | 지05 | 24(0.6%) | 자기04 | 13(0.5%) |
| 21 | 자기04 | 13(0.4%) | 저번02 | 24(0.5%) | 얘03 | 22(0.5%) | 저번02 | 12(0.4%) |
| 22 | 쟤 | 13(0.4%) | 이번01 | 21(0.5%) | 그것 | 21(0.5%) | 이번01 | 10(0.4%) |
| 23 | 거01 | 12(0.4%) | 저기01 | 19(0.4%) | 그01 | 20(0.5%) | 저기01 | 10(0.4%) |
| 24 | 너희 | 12(0.4%) | 웬일 | 16(0.3%) | 저기01 | 20(0.5%) | 저거01 | 9(0.3%) |
| 25 | 저03 | 11(0.3%) | 그것 | 15(0.3%) | 지(자기04) | 20(0.5%) | 그것 | 7(0.3%) |
| 26 | 그것 | 7(0.2%) | 얼마 | 14(0.3%) | 얼마 | 18(0.4%) | 지05 | 6(0.2%) |
| 27 | 아무01 | 7(0.2%) | 지(자기04) | 14(0.3%) | 저거01 | 14(0.3%) | 아무01 | 6(0.2%) |
| 28 | 이05 | 6(0.2%) | 요번 | 13(0.3%) | 언제01 | 8(0.2%) | 거01 | 6(0.2%) |
| 29 | 아무것 | 5(0.1%) | 지05 | 13(0.3%) | 아무01 | 8(0.2%) | 그01 | 5(0.2%) |
| 30 | 이쪽02 | 5(0.1%) | 쟤 | 12(0.3%) | 거01 | 7(0.2%) | 이것 | 5(0.2%) |
| 31 | 그01 | 4(0.1%) | 언제01 | 11(0.2%) | 모15 | 7(0.2%) | 머(뭐) | 5(0.2%) |
| 32 | 언제01 | 4(0.1%) | 요거01 | 8(0.2%) | 요번 | 6(0.1%) | 여06 | 5(0.2%) |
| 33 | 요기01 | 4(0.1%) | 이것 | 8(0.2%) | 아무거(아무것) | 6(0.1%) | 언제01 | 4(0.1%) |
| 34 | 저희01 | 4(0.1%) | 저03 | 6(0.1%) | 이것 | 5(0.1%) | 요번 | 4(0.1%) |
| 35 | 쩌거(저거01) | 4(0.1%) | 머(뭐) | 5(0.1%) | 머(뭐) | 5(0.1%) | 거02 | 4(0.1%) |
| 36 | 그기(거기01) | 3(0.1%) | 요기01 | 5(0.1%) | 저쪽 | 5(0.1%) | 너희 | 4(0.1%) |
| 37 | 얼마 | 3(0.1%) | 쩌거(저거01) | 4(0.1%) | 저04 | 4(0.1%) | 저쪽 | 3(0.1%) |
| 38 | 요거01 | 3(0.1%) | 아무01 | 3(0.1%) | 쩌번(저번02) | 4(0.1%) | 이05 | 3(0.1%) |
| 39 | 요번 | 3(0.1%) | 무엇 | 3(0.1%) | 저03 | 3(0.1%) | 쩌기(저기01) | 3(0.1%) |
| 40 | 저쪽 | 3(0.1%) | 거 | 3(0.1%) | 요기01 | 3(0.1%) | 아무거(아무것) | 2(0.1%) |
| 41 | 지05 | 3(0.1%) | 거02 | 3(0.1%) | 무엇 | 3(0.1%) | 아무것 | 2(0.1%) |
| 42 | 무엇 | 2(0.1%) | 아무거(아무것) | 3(0.1%) | 아무것 | 3(0.1%) | 웬일 | 2(0.1%) |
| 43 | 아무데 | 2(0.1%) | 어느거 | 3(0.1%) | 누구누구 | 3(0.1%) | 그쪽 | 2(0.1%) |
| 44 | 오데(어디01) | 2(0.1%) | 저것 | 3(0.1%) | 이05 | 3(0.1%) | 요05 | 2(0.1%) |
| 45 | 요쪽 | 2(0.1%) | 너희 | 2(0.0%) | 웬일 | 2(0.0%) | 모15 | 1(0.0%) |
| 46 | 이것 | 2(0.1%) | 이쪽02 | 2(0.0%) | 거02 | 2(0.0%) | 쩌번(저번02) | 1(0.0%) |
| 47 | 저번02 | 2(0.1%) | 그쪽 | 2(0.0%) | 너희 | 2(0.0%) | 저03 | 1(0.0%) |
| 48 | 쩌기(저기01) | 2(0.1%) | 네01 | 2(0.0%) | 이쪽02 | 2(0.0%) | 요기01 | 1(0.0%) |
| 49 | 거 | 1(0.0%) | 여06 | 2(0.0%) | 그쪽 | 2(0.0%) | 당신02 | 1(0.0%) |
| 50 | 거02 | 1(0.0%) | 요05 | 2(0.0%) | 여06 | 2(0.0%) | 저것 | 1(0.0%) |

　　초등학교 저학년은 '나03, 너01, 뭐, 우리03, 니05, 내04, 그거' 등의 순이고, 초등학교 고학년은 '나03, 뭐, 그거, 너01, 우리03, 내04, 걔, 니05, 이거01, 거기01' 등의 순으로 사용된다. 중학생은 '나03, 뭐, 너01, 우리03, 그거, 내04, 걔, 이거01, 니05, 누구' 등의 순이고, 고등학생은 '나03, 뭐, 너01, 내04, 우리03, 그거, 걔, 이거01, 니05, 어디01' 등의 순으로 나타난다. 대

명사는 인칭 대명사 '나03, 너,01 내04, 우리03, 니05, 걔, 누구' 등이 고빈도 형태에 포함되고 있는데, 특히 '나03'가 사용 화자 수 분포가 넓고, 사용 빈도에서도 월등히 높다. 사물 대명사는 '그거, 이거01' 등 구어형의 순위가 높게 나타나는데, 특히 말하는 이에게 가까운 대상을 가리키는 '이거'보다 듣는 이에게 가까운 대상을 가리키는 '그거'의 사용 빈도가 더 높다.

④ 수사의 사용 빈도

수사의 학교급별 고빈도 형태는 다음과 같다.

<표 3.14> 고빈도순 수사 형태 목록

| 순위 | 초등학교 저학년 | | 초등학교 고학년 | | 중학생 | | 고등학생 | |
|---|---|---|---|---|---|---|---|---|
| | 형태 | 빈도(비율) | 형태 | 빈도(비율) | 형태 | 빈도(비율) | 형태 | 빈도(비율) |
| 1 | 십 | 64(16.3%) | 십 | 161(20.1%) | 십 | 170(22.2%) | 십 | 94(18.6%) |
| 2 | 하나 | 45(11.5%) | 이09 | 82(10.2%) | 삼06 | 72(9.4%) | 이09 | 69(13.6%) |
| 3 | 이09 | 44(11.2%) | 오04 | 76(9.5%) | 구01 | 64(8.3%) | 오04 | 43(8.5%) |
| 4 | 백05 | 32(8.1%) | 삼06 | 70(8.7%) | 하나 | 63(8.2%) | 백05 | 39(7.7%) |
| 5 | 삼06 | 28(7.1%) | 구01 | 51(6.4%) | 이09 | 56(7.3%) | 삼06 | 36(7.1%) |
| 6 | 오04 | 24(6.1%) | 일05 | 45(5.6%) | 오04 | 51(6.6%) | 하나 | 30(5.9%) |
| 7 | 구01 | 21(5.3%) | 하나 | 43(5.4%) | 사11 | 44(5.7%) | 사11 | 28(5.5%) |
| 8 | 둘01 | 16(4.1%) | 사11 | 36(4.5%) | 백05 | 41(5.3%) | 둘01 | 19(3.8%) |
| 9 | 일05 | 16(4.1%) | 백05 | 34(4.2%) | 팔03 | 27(3.5%) | 팔03 | 18(3.6%) |
| 10 | 사11 | 14(3.6%) | 열03 | 26(3.2%) | 열03 | 25(3.3%) | 육02 | 18(3.6%) |
| 11 | 천03 | 12(3.1%) | 칠01 | 23(2.9%) | 둘01 | 25(3.3%) | 일05 | 17(3.4%) |
| 12 | 열03 | 10(2.5%) | 육02 | 23(2.9%) | 일05 | 22(2.9%) | 칠01 | 17(3.4%) |
| 13 | 팔03 | 10(2.5%) | 둘01 | 18(2.2%) | 칠01 | 21(2.7%) | 열03 | 16(3.2%) |
| 14 | 만06 | 8(2.0%) | 팔03 | 18(2.2%) | 육02 | 18(2.3%) | 천03 | 15(3.0%) |
| 15 | 칠01 | 8(2.0%) | 몇 | 18(2.2%) | 몇 | 12(1.6%) | 만06 | 11(2.2%) |
| 16 | 몇 | 7(1.8%) | 천03 | 16(2.0%) | 억04 | 12(1.6%) | 구01 | 9(1.8%) |
| 17 | 육02 | 6(1.5%) | 둘째 | 9(1.1%) | 천03 | 6(0.8%) | 셋 | 8(1.6%) |
| 18 | 여섯 | 5(1.3%) | 만06 | 6(0.7%) | 투02 | 5(0.7%) | 몇 | 3(0.6%) |
| 19 | 서른 | 4(1.0%) | 다섯 | 5(0.6%) | 둘째 | 4(0.5%) | 억04 | 2(0.4%) |
| 20 | 다섯 | 3(0.8%) | 셋 | 5(0.6%) | 만06 | 3(0.4%) | 일곱 | 2(0.4%) |
| 21 | 억04 | 3(0.8%) | 투02 | 5(0.6%) | 쓰리05 | 3(0.4%) | 다섯 | 2(0.4%) |
| 22 | 셋 | 2(0.5%) | 공12 | 5(0.6%) | 스물 | 3(0.4%) | 넷01 | 2(0.4%) |
| 23 | 원20 | 2(0.5%) | 억04 | 4(0.5%) | 첫째 | 2(0.3%) | 두01 | 2(0.4%) |
| 24 | 텐03 | 2(0.5%) | 첫째 | 4(0.5%) | 여섯 | 2(0.3%) | 아홉 | 2(0.4%) |
| 25 | 파이브 | 2(0.5%) | 여섯 | 3(0.4%) | 원20 | 2(0.3%) | 투02 | 1(0.2%) |
| 26 | 두(둘01) | 1(0.3%) | 원20 | 2(0.2%) | 사십 | 2(0.3%) | 스물 | 1(0.2%) |
| 27 | 쓰리05 | 1(0.3%) | 쓰리05 | 2(0.2%) | 세븐01 | 2(0.3%) | 원20 | 1(0.2%) |
| 28 | 여덟 | 1(0.3%) | 네02 | 2(0.2%) | 씩스 | 2(0.3%) | 십억04 | 1(0.2%) |
| 29 | 투02 | 1(0.3%) | 육십 | 2(0.2%) | 셋 | 1(0.1%) | | |
| 30 | 포20 | 1(0.3%) | 한01 | 2(0.2%) | 여덟 | 1(0.1%) | | |
| 31 | | | 여덟 | 1(0.1%) | 일곱 | 1(0.1%) | | |
| 32 | | | 포20 | 1(0.1%) | 서른 | 1(0.1%) | | |
| 33 | | | 넷01 | 1(0.1%) | 구십01 | 1(0.1%) | | |

| 순위 | 초등학교 저학년 | | 초등학교 고학년 | | 중학생 | | 고등학생 | |
|---|---|---|---|---|---|---|---|---|
| | 형태 | 빈도(비율) | 형태 | 빈도(비율) | 형태 | 빈도(비율) | 형태 | 빈도(비율) |
| 34 | | | 사십 | 1(0.1%) | 마흔 | 1(0.1%) | | |
| 35 | | | 일곱 | 1(0.1%) | 삽(삼06) | 1(0.1%) | | |
| 36 | | | | | 심(십) | 1(0.1%) | | |

수사는 학교급이 높아질수록 형태 수가 증가하다가 고등학생은 감소하는 양상을 보인다. 초등학교 저학년은 '십, 하나, 이09'의 순으로 특히 한자어계 수사가 높은 빈도수를 보인다. 초등학교 고학년은 '십, 이09, 오04, 삼06, 구01, 일05, 사11, 백05' 등과 같이 대부분이 한자어이며, 고유어는 '하나, 둘01, 둘째, 첫째' 등이 자주 쓰임을 알 수 있다. 중학생은 '마흔'이라는 고유어계 수사가 나온 것이 특징적이다. 고등학생이 되면 한자어계 수사 외에 고유어계 수사의 사용도 증가하는 추세를 보인다. 수사는 모든 학교급에서 '십'이 가장 높은 빈도를 보이고 있다. 이는 일상생활 방식과 인간 의식을 반영하는 것으로 생각된다.

초·중·고등학생의 체언 사용을 종합해 보면, 전체 사용 빈도에서는 '나03, 거01, 너01, 뭐, 우리03, 내04, 그거, 때01, 이거01' 등이 고빈도 형태이며 사용 화자 수도 많은 것으로 파악되었다. 하위 유형별로 나누어서 보면, 일반명사의 경우 '엄마, 선생님, 아빠, 친구, 동생, 오빠'와 같은 인간 관련 어휘 사용이 높은 빈도를 보인다. 초등학생은 '엄마, 선생님'의 빈도가 높고, 중고등학생으로 갈수록 친구의 사용 빈도가 높아진다. 이는 학교급이 올라갈수록 또래 집단에 대한 관심이 증대되는 것을 반영해 주는 것으로 보인다. 그 밖에 '때01, 그때, 다음01'과 같은 시간 표현도 고빈도 형태로 나타나고 있다. 의존명사는 '것'의 구어형인 '거01'가 모든 학교급에서 가장 높은 사용 비율을 보이고 있다. '거01'는 모든 대화 상황에서 일상적으로 사용되는 형태의 하나라 하겠다. 대명사는 인칭 대명사 '나03, 너,01 내04, 우리03, 니05, 걔, 누구' 등이 고빈도 형태에 포함되고 있는데, 특히 '나03'가 사용 화자 수 분포가 넓고, 사용 빈도도 월등히 높다. 사물 대명사는 '그거, 이거01' 등 구어형의 순위가 높게 나타났는데, 특히 말하는 이에게 가까운 대상을 지시하는 '이거'보다 듣는 이에게 가까운 대상을 지시하는 '그거'의 사용 빈도가 더 높다. 수사는 모든 학교급에서 '십'이 가장 높은 빈도를 보이고 있다.

## 3.2.1.2 용언

용언은 동사, 형용사, 보조용언, 지정사로 구분하여 사용 양상을 분석하였다. 용언 사용을 개관해 보면, 하위 유형별 형태들의 수와 사용 빈도는 다음과 같다.

**〈표 3.15〉 용언의 하위 유형별 형태 수와 사용 빈도**

| 유형 | | 형태 수(비율) | 사용 빈도(비율) |
|---|---|---|---|
| 동사(VV) | | 1,381 (74.8%) | 24,897 (59.6%) |
| 형용사(VA) | | 418 (22.7%) | 9,596 (23.0%) |
| 보조용언(VX) | | 42 (2.3%) | 4,834 (11.6%) |
| 지정사(VC) | 긍정지정사(VCP) | 1 (0.0%) | 1,788 (4.3%) |
| | 부정지정사(VCN) | 3 (0.2%) | 648 (1.5%) |
| 합계 | | 1,845 (100.0%) | 41,763 (100.0%) |

초·중·고등학생의 언어 자료를 분석한 결과, 용언에 속하는 형태는 총 1,845개가 41,763회 출현하였다. 용언에 속하는 형태 중에 동사가 1,381개로 74.8%에 이른다. 그 다음으로 형용사가 22.7%(418개), 보조용언이 2.3%(42개)로 나타난다. 지정사는 4개의 형태가 관찰된다.

용언에 속하는 단어 형태들의 사용 빈도는, 동사가 24,897회로 59.6%의 높은 사용률을 보이고 있고, 그 다음으로 형용사가 9,596회로 23.0%의 사용률을 보인다. 보조용언은 4,834회로 11.6%의 비율을 보이고 있으며, 지정사 중에 긍정지정사는 1,788회(4.3%), 부정지정사는 648회(1.5%)로 긍정지정사가 더 빈번히 사용되고 있다.

형태 수와 사용 빈도를 대비해 보면, 동사는 형태 수와 사용 빈도 모두 높은 비율을 보인다. 이는 대화에서 행위 관련 표현을 많이 사용하고 있음을 말해 준다. 보조용언의 경우 형태 수는 42개로 2.3%를 차지하고 있지만, 사용 빈도는 4,834회로 11.6%를 보여 실제 사용량이 많음을 알 수 있다.

다음으로 용언의 형태 수와 사용 빈도를 학교급별로 분석하여 보기로 한다.

**〈표 3.16〉 용언의 학교급별 형태 수**

| 유형 | | 초등학교 저학년 | 초등학교 고학년 | 중학생 | 고등학생 |
|---|---|---|---|---|---|
| | | 형태 수(비율) | 형태 수(비율) | 형태 수(비율) | 형태 수(비율) |
| 동사(VV) | | 568 (73.3%) | 767 (76.5%) | 722 (72.6%) | 558 (70.5%) |
| 형용사(VA) | | 171 (22.1%) | 204 (20.3%) | 239 (24.0%) | 202 (25.5%) |
| 보조용언(VX) | | 33 (4.3%) | 30 (3.0%) | 31 (3.1%) | 29 (3.7%) |
| 지정사(VC) | 긍정지정사(VCN) | 2 (0.3%) | 1 (0.1%) | 2 (0.2%) | 1 (0.1%) |
| | 부정지정사(VCP) | 1 (0.1%) | 1 (0.1%) | 1 (0.1%) | 1 (0.1%) |
| 합계 | | 775 (100.0%) | 1,003 (100.0%) | 995 (100.0%) | 791 (100.0%) |

용언을 학교급별로 그 사용 양상을 보면 형태 수에서는 동사가 70% 이상으로 다른 유형보다 월등히 높은 분포를 보인다. 초등학교 저학년 때에는 형태 수가 많지 않다가, 초등학교 고학년과 중학생 때 동사의 수가 급격히 증가하는 양상을 보인다. 형용사의 형태 수도 비슷한 추세를 보이고 있다.

**〈표 3.17〉 용언의 학교급별 사용 빈도**

| 유형 | | 초등학교 저학년 | 초등학교 고학년 | 중학생 | 고등학생 |
|---|---|---|---|---|---|
| | | 사용 빈도(비율) | 사용 빈도(비율) | 사용 빈도(비율) | 사용 빈도(비율) |
| 동사(VV) | | 4,464 (57.8%) | 7,724 (59.3%) | 7,500 (60.3%) | 5,209 (60.7%) |
| 형용사(VA) | | 1,917 (24.8%) | 2,931 (22.5%) | 2,816 (22.6%) | 1,932 (22.5%) |
| 보조용언(VX) | | 922 (11.9%) | 1,704 (13.1%) | 1,297 (10.4%) | 911 (10.6%) |
| 지정사 (VC) | 긍정지정사(VCN) | 102 (1.3%) | 150 (1.2%) | 230 (1.8%) | 166 (1.9%) |
| | 부정지정사(VCP) | 321 (4.2%) | 513 (3.9%) | 596 (4.8%) | 358 (4.2%) |
| 합계 | | 7,726 (100.0%) | 13,022 (100.0%) | 12,439 (100.0%) | 8,576 (100.0%) |

〈표 3.17〉에서는 사용 빈도를 살펴보았는데, 동사의 경우 초등학교 저학년이 57.8%, 초등학교 고학년이 59.3%, 중학생이 60.3%, 고등학생이 60.7%로 나타나 고학년으로 갈수록 동사를 더 자주 사용하고 있다. 그러나 형용사의 경우는 고학년으로 갈수록 사용 비율이 줄어들고 있다. 보조용언과 지정사는 형태 수가 5% 미만으로 적은 수치를 보이지만, 상대적으로 사용 빈도는 더 높은 비율을 보인다.

용언의 사용 양상을 개별 단어의 사용 빈도를 통하여 살펴보기로 한다. 전체 용언 사용의 고빈도 형태, 사용 화자 수 관점의 고빈도 형태, 하위 유형별 고빈도 형태 등을 살펴보고, 용언 사용에 나타난 특징을 알아보기로 한다.

## 가. 용언의 사용 빈도

용언의 학교급별 고빈도 형태를 50순위까지 보이면 다음과 같다.

**〈표 3.18〉 고빈도순 용언 형태 목록(고빈도 형태 50개)**

| 순위 | 초등학교 저학년 | | | 초등학교 고학년 | | | 중학생 | | | 고등학생 | | |
|---|---|---|---|---|---|---|---|---|---|---|---|---|
| | 형태 | 품사 | 빈도(비율) | 형태 | 품사 | 빈도(비율) | 형태 | 품사 | 빈도(비율) | 형태 | 품사 | 빈도(비율) |
| 1 | 하01 | VV | 593 (7.7%) | 하01 | VV | 1180 (9.1%) | 하01 | VV | 1110 (8.9%) | 하01 | VV | 718 (8.4%) |
| 2 | 있01 | VA | 538 (7.0%) | 있01 | VA | 682 (5.2%) | 이03 | VCP | 596 (4.8%) | 되01 | VV | 365 (4.3%) |
| 3 | 이03 | VCP | 321 (4.2%) | 이03 | VCP | 513 (3.9%) | 되01 | VV | 461 (3.7%) | 이03 | VCP | 358 (4.2%) |
| 4 | 보01 | VX | 215 (2.8%) | 되01 | VV | 443 (3.4%) | 있01 | VA | 455 (3.7%) | 가01 | VV | 306 (3.6%) |

| 순위 | 초등학교 저학년 | | | 초등학교 고학년 | | | 중학생 | | | 고등학생 | | |
|---|---|---|---|---|---|---|---|---|---|---|---|---|
| | 형태 | 품사 | 빈도(비율) | 형태 | 품사 | 빈도(비율) | 형태 | 품사 | 빈도(비율) | 형태 | 품사 | 빈도(비율) |
| 5 | 가01 | VV | 209 (2.7%) | 가01 | VV | 407 (3.1%) | 가01 | VV | 377 (3.0%) | 있01 | VA | 298 (3.5%) |
| 6 | 되01 | VV | 209 (2.7%) | 가지 | VX | 303 (2.3%) | 없01 | VA | 336 (2.7%) | 없01 | VA | 238 (2.8%) |
| 7 | 좋01 | VA | 192 (2.5%) | 그렇 | VA | 302 (2.3%) | 보01 | VV | 305 (2.5%) | 보01 | VV | 190 (2.2%) |
| 8 | 알 | VV | 174 (2.3%) | 그러 | VV | 291 (2.2%) | 같 | VA | 243 (2.0%) | 아니 | VCN | 166 (1.9%) |
| 9 | 보01 | VV | 151 (2.0%) | 보01 | VV | 265 (2.0%) | 그렇 | VA | 237 (1.9%) | 같 | VA | 165 (1.9%) |
| 10 | 없01 | VA | 142 (1.8%) | 보01 | VX | 242 (1.9%) | 그러 | VV | 232 (1.9%) | 그러 | VV | 153 (1.8%) |
| 11 | 좋아하 | VV | 127 (1.6%) | 없01 | VA | 238 (1.8%) | 아니 | VCN | 229 (1.8%) | 보01 | VX | 147 (1.7%) |
| 12 | 있01 | VV | 116 (1.5%) | 알 | VV | 228 (1.8%) | 보01 | VX | 200 (1.6%) | 좋01 | VA | 146 (1.7%) |
| 13 | 주01 | VX | 113 (1.5%) | 있01 | VX | 213 (1.6%) | 좋01 | VA | 191 (1.5%) | 먹02 | VV | 142 (1.7%) |
| 14 | 모르 | VV | 109 (1.4%) | 같 | VA | 189 (1.5%) | 모르 | VV | 183 (1.5%) | 모르 | VV | 142 (1.7%) |
| 15 | 그러 | VV | 108 (1.4%) | 주01 | VX | 188 (1.4%) | 알 | VV | 181 (1.5%) | 알 | VV | 142 (1.7%) |
| 16 | 가지 | VX | 104 (1.3%) | 좋01 | VA | 185 (1.4%) | 맞01 | VV | 180 (1.4%) | 오01 | VV | 132 (1.5%) |
| 17 | 그렇 | VA | 104 (1.3%) | 맞01 | VV | 180 (1.4%) | 있01 | VX | 158 (1.3%) | 그렇 | VA | 117 (1.4%) |
| 18 | 아니 | VCN | 101 (1.3%) | 모르 | VV | 163 (1.3%) | 좋아하 | VV | 152 (1.2%) | 주01 | VX | 114 (1.3%) |
| 19 | 먹02 | VV | 88 (1.1%) | 오01 | VV | 161 (1.2%) | 나오 | VV | 148 (1.2%) | 있01 | VX | 102 (1.2%) |
| 20 | 말01하 | VV | 85 (1.1%) | 아니 | VCN | 150 (1.2%) | 말01하 | VV | 137 (1.1%) | 나오 | VV | 79 (0.9%) |
| 21 | 재밌 | VA | 79 (1.0%) | 재밌 | VA | 119 (0.9%) | 주01 | VX | 131 (1.1%) | 않 | VX | 79 (0.9%) |
| 22 | 같 | VA | 74 (1.0%) | 하01 | VX | 114 (0.9%) | 가지 | VX | 119 (1.0%) | 말01하 | VV | 73 (0.9%) |
| 23 | 맞01 | VV | 74 (1.0%) | 나오 | VV | 111 (0.9%) | 않 | VX | 118 (0.9%) | 사 | VV | 71 (0.8%) |
| 24 | 오01 | VV | 73 (0.9%) | 말01하 | VV | 106 (0.8%) | 오01 | VV | 118 (0.9%) | 가지 | VX | 70 (0.8%) |
| 25 | 그리02 | VV | 64 (0.8%) | 사 | VV | 105 (0.8%) | 싶 | VX | 108 (0.9%) | 맞01 | VV | 68 (0.8%) |
| 26 | 무섭 | VA | 62 (0.8%) | 싫01 | VA | 94 (0.7%) | 하01 | VX | 106 (0.9%) | 놀01 | VV | 67 (0.8%) |
| 27 | 얘기하 | VV | 61 (0.8%) | 않 | VX | 91 (0.7%) | 다니 | VV | 101 (0.8%) | 하01 | VX | 62 (0.7%) |
| 28 | 나오 | VV | 60 (0.8%) | 지04 | VX | 91 (0.7%) | 먹02 | VV | 100 (0.8%) | 많 | VA | 60 (0.7%) |
| 29 | 놀01 | VV | 57 (0.7%) | 주01 | VV | 88 (0.7%) | 많 | VA | 90 (0.7%) | 싶 | VX | 58 (0.7%) |
| 30 | 싶 | VX | 56 (0.7%) | 갖01 | VX | 86 (0.7%) | 싫01 | VA | 84 (0.7%) | 얘기하 | VV | 58 (0.7%) |
| 31 | 주01 | VX | 53 (0.7%) | 좋아하 | VV | 79 (0.6%) | 크01 | VA | 78 (0.6%) | 좋아하 | VV | 55 (0.6%) |
| 32 | 나01 | VV | 52 (0.7%) | 먹02 | VV | 76 (0.6%) | 사 | VV | 77 (0.6%) | 싫01 | VA | 53 (0.6%) |
| 33 | 하01 | VX | 52 (0.7%) | 싶 | VX | 72 (0.6%) | 갖01 | VX | 76 (0.6%) | 사귀 | VV | 52 (0.6%) |
| 34 | 싫01 | VA | 51 (0.7%) | 무섭 | VA | 68 (0.5%) | 잘02하 | VV | 76 (0.6%) | 주01 | VV | 51 (0.6%) |
| 35 | 말03 | VX | 48 (0.6%) | 말03 | VX | 65 (0.5%) | 주01 | VV | 63 (0.5%) | 쓰01 | VV | 50 (0.6%) |
| 36 | 나가 | VV | 42 (0.5%) | 놀01 | VV | 63 (0.5%) | 쓰01 | VV | 60 (0.5%) | 쓰03 | VV | 50 (0.6%) |
| 37 | 않 | VX | 42 (0.5%) | 이러 | VV | 63 (0.5%) | 들01 | VV | 59 (0.5%) | 짜증나 | VV | 50 (0.6%) |
| 38 | 잘02하 | VV | 42 (0.5%) | 죽01 | VV | 58 (0.4%) | 들어가01 | VV | 59 (0.5%) | 들01 | VV | 48 (0.6%) |
| 39 | 죽01 | VV | 42 (0.5%) | 가01 | VV | 57 (0.4%) | 말03 | VX | 59 (0.5%) | 말03 | VX | 46 (0.5%) |
| 40 | 크01 | VA | 42 (0.5%) | 내02 | VV | 57 (0.4%) | 이러 | VV | 56 (0.5%) | 받01 | VV | 46 (0.5%) |
| 41 | 지04 | VX | 41 (0.5%) | 잘02하 | VV | 57 (0.4%) | 나01 | VV | 54 (0.4%) | 이러 | VV | 45 (0.5%) |
| 42 | 많 | VA | 33 (0.4%) | 얘기하 | VV | 55 (0.4%) | 짜증나 | VV | 51 (0.4%) | 가01 | VX | 44 (0.5%) |
| 43 | 살01 | VV | 31 (0.4%) | 가지 | VV | 54 (0.4%) | 생각01하 | VV | 50 (0.4%) | 잘02하 | VV | 43 (0.5%) |
| 44 | 다니 | VV | 30 (0.4%) | 많 | VA | 50 (0.4%) | 대하02 | VV | 49 (0.4%) | 만나 | VV | 43 (0.5%) |
| 45 | 들어가01 | VV | 30 (0.4%) | 만들 | VV | 49 (0.4%) | 얘기하 | VV | 49 (0.4%) | 자01 | VV | 42 (0.5%) |
| 46 | 갖01 | VX | 29 (0.4%) | 다니 | VV | 48 (0.4%) | 재밌 | VA | 48 (0.4%) | 다니 | VV | 40 (0.5%) |
| 47 | 이상12하 | VA | 29 (0.4%) | 짜증나 | VV | 48 (0.4%) | 생기 | VV | 46 (0.4%) | 갖01 | VX | 37 (0.4%) |
| 48 | 만들 | VV | 28 (0.4%) | 나01 | VV | 47 (0.4%) | 쓰03 | VV | 45 (0.4%) | 나가 | VV | 36 (0.4%) |
| 49 | 갖01 | VX | 27 (0.3%) | 놓01 | VX | 45 (0.3%) | 싫어하 | VV | 44 (0.4%) | 나01 | VV | 35 (0.4%) |
| 50 | 말03 | VV | 27 (0.3%) | 웃기 | VV | 45 (0.3%) | 지04 | VX | 43 (0.3%) | 오01 | VX | 35 (0.4%) |
| 합계 | | | 5230 (67.7%) | | | 8684 (66.7%) | | | 8328 (67.0%) | | | 5788 (67.5%) |

용언의 어휘 사용상의 특징을 살펴보면, 위 표에서 보듯이 초등학교 저학년부터 고등학생까지 동사 '하다01'가 가장 높은 빈도를 보이고 있고, 초등학교 저학년을 제외하고는 다음 순위의 형태와도 4% 정도의 차이를 보인다. 초등학교 저학년은 제1순위 '하다01(7.7%)'가, 그 다음 순위인 '있다01(7.0%)'와 동일한 수준이다. 이러한 점은 초등학교 고학년, 중학생, 고등학생의 분포와 차이가 나는 점이다.

용언의 고빈도 어휘 50개 가운데에는 '가다01, 오다01, 먹다02, 보다01, 듣다01'와 같이 신체 기관을 이용한 동작 동사가 많이 분포해 있다. '가다01'는 '오다01'보다 모든 학교급에서 사용 빈도가 높고, '듣다01'는 중학생 이후에 50위 안에 포함된다. 감정을 표현하는 용언들도 50위 안에 다수 포함되어 있는데, '좋다01, 좋아하다, 싫다01, 싫어하다, 재밌다, 무섭다, 짜증나다' 등이 관찰된다. 이 가운데 '무섭다'는 초등학생 자료에서만 나타나고, '짜증나다'는 초등학교 고학년 이후에 쓰인다. 인지 동사인 '알다, 모르다'는 모든 학교급에서 나타나고, '생각하다'는 중학생 자료에서만 50위 안에서 관찰된다.

위 표를 보면, 용언은 고빈도 형태 50개의 총 빈도수가 전체 용언 사용 빈도의 60% 이상을 차지하고 있다. 이러한 사실로부터 우리는 특정 단어들이 고빈도로 활발히 사용되고 있음을 알 수 있다.

## 나. 사용 화자 수 비율에 따른 용언 형태 목록

다음은 용언 어휘들을 사용 화자 수가 많은 순으로 50개까지 제시한 것이다.

〈표 3.19〉 사용 화자 수 비율에 따른 용언 형태 목록(다수 화자순 50개)

| 순위 | 초등학교 저학년 | | | 초등학교 고학년 | | | 중학생 | | | 고등학생 | | |
|---|---|---|---|---|---|---|---|---|---|---|---|---|
| | 형태 | 품사 | 화자 수(비율) | 형태 | 품사 | 화자 수(비율) | 형태 | 품사 | 화자 수(비율) | 형태 | 품사 | 화자 수(비율) |
| 1 | 하01 | VV | 116 (96.7%) | 하01 | VV | 120 (100.0%) | 하01 | VV | 118 (100.0%) | 하01 | VV | 116 (96.7%) |
| 2 | 있01 | VA | 108 (90.0%) | 있01 | VA | 114 (95.0%) | 이03 | VCP | 114 (96.6%) | 이03 | VCP | 112 (93.3%) |
| 3 | 이03 | VCP | 105 (87.5%) | 이03 | VCP | 113 (94.2%) | 되01 | VV | 113 (95.8%) | 되01 | VV | 104 (86.7%) |
| 4 | 되01 | VV | 92 (76.7%) | 되01 | VV | 106 (88.3%) | 있01 | VA | 110 (93.2%) | 있01 | VA | 101 (84.2%) |
| 5 | 보01 | VX | 84 (70.0%) | 가01 | VV | 95 (79.2%) | 없01 | VA | 106 (89.8%) | 가01 | VV | 93 (77.5%) |
| 6 | 알 | VV | 80 (66.7%) | 보01 | VX | 92 (76.7%) | 가01 | VV | 98 (83.1%) | 없01 | VA | 91 (75.8%) |
| 7 | 가01 | VV | 77 (64.2%) | 알 | VV | 92 (76.7%) | 보01 | VV | 95 (80.5%) | 아니 | VCN | 81 (67.5%) |
| 8 | 보01 | VV | 70 (58.3%) | 없01 | VA | 92 (76.7%) | 같 | VA | 91 (77.1%) | 모르 | VV | 77 (64.2%) |
| 9 | 없01 | VA | 70 (58.3%) | 보01 | VV | 89 (74.2%) | 보01 | VX | 91 (77.1%) | 같 | VA | 74 (61.7%) |
| 10 | 좋01 | VA | 70 (58.3%) | 있01 | VX | 88 (73.3%) | 아니 | VCN | 88 (74.6%) | 그러 | VV | 73 (60.8%) |
| 11 | 주01 | VX | 66 (55.0%) | 그러 | VV | 87 (72.5%) | 좋01 | VA | 81 (68.6%) | 보01 | VX | 73 (60.8%) |
| 12 | 있01 | VX | 64 (53.3%) | 아니 | VCN | 82 (68.3%) | 그렇 | VA | 80 (67.8%) | 보01 | VV | 72 (60.0%) |
| 13 | 모르 | VV | 63 (52.5%) | 같 | VA | 77 (64.2%) | 모르 | VV | 78 (66.1%) | 알 | VV | 71 (59.2%) |
| 14 | 아니 | VCN | 63 (52.5%) | 그렇 | VA | 75 (62.5%) | 그러 | VV | 77 (65.3%) | 좋01 | VA | 69 (57.5%) |
| 15 | 그러 | VV | 57 (47.5%) | 모르 | VV | 74 (61.7%) | 있01 | VX | 76 (64.4%) | 오01 | VV | 67 (55.8%) |

| 순위 | 초등학교 저학년 | | | 초등학교 고학년 | | | 중학생 | | | 고등학생 | | |
|---|---|---|---|---|---|---|---|---|---|---|---|---|
| | 형태 | 품사 | 화자 수(비율) | 형태 | 품사 | 화자 수(비율) | 형태 | 품사 | 화자 수(비율) | 형태 | 품사 | 화자 수(비율) |
| 16 | 그렇 | VA | 51 (42.5%) | 맞01 | VV | 73 (60.8%) | 알 | VV | 73 (61.9%) | 그렇 | VA | 66 (55.0%) |
| 17 | 말01하 | VV | 51 (42.5%) | 오01 | VV | 73 (60.8%) | 맞01 | VV | 72 (61.0%) | 주01 | VX | 65 (54.2%) |
| 18 | 먹02 | VV | 49 (40.8%) | 좋01 | VA | 72 (60.0%) | 말01하 | VV | 70 (59.3%) | 있01 | VX | 62 (51.7%) |
| 19 | 좋아하 | VV | 47 (39.2%) | 가지 | VX | 70 (58.3%) | 나오 | VV | 66 (55.9%) | 먹02 | VV | 56 (46.7%) |
| 20 | 같 | VA | 45 (37.5%) | 주01 | VX | 67 (55.8%) | 않 | VX | 64 (54.2%) | 않 | VX | 51 (42.5%) |
| 21 | 오01 | VV | 45 (37.5%) | 나오 | VV | 55 (45.8%) | 하01 | VX | 63 (53.4%) | 하01 | VX | 48 (40.0%) |
| 22 | 재밌 | VA | 44 (36.7%) | 지04 | VX | 54 (45.0%) | 주01 | VV | 60 (50.8%) | 말01하 | VV | 46 (38.3%) |
| 23 | 가지 | VX | 41 (34.2%) | 하01 | VX | 54 (45.0%) | 싶 | VX | 56 (47.5%) | 나오 | VV | 45 (37.5%) |
| 24 | 맞01 | VV | 41 (34.2%) | 말01하 | VV | 52 (43.3%) | 오01 | VV | 54 (45.8%) | 많 | VA | 44 (36.7%) |
| 25 | 하01 | VX | 39 (32.5%) | 않 | VX | 51 (42.5%) | 가지 | VX | 52 (44.1%) | 가지 | VX | 42 (35.0%) |
| 26 | 나오 | VV | 37 (30.8%) | 재밌 | VA | 51 (42.5%) | 좋아하 | VV | 50 (42.4%) | 맞01 | VV | 40 (33.3%) |
| 27 | 말03 | VX | 35 (29.2%) | 잘02하 | VV | 42 (35.0%) | 다니 | VV | 48 (40.7%) | 잘02하 | VV | 39 (32.5%) |
| 28 | 싫01 | VA | 35 (29.2%) | 주01 | VV | 42 (35.0%) | 많 | VA | 47 (39.8%) | 싶 | VX | 38 (31.7%) |
| 29 | 나01 | VV | 33 (27.5%) | 좋아하 | VV | 41 (34.2%) | 싫01 | VA | 44 (37.3%) | 싫01 | VA | 37 (30.8%) |
| 30 | 애기하 | VV | 33 (27.5%) | 말03 | VX | 40 (33.3%) | 잘02하 | VV | 43 (36.4%) | 놀01 | VV | 35 (29.2%) |
| 31 | 주01 | VV | 33 (27.5%) | 싫01 | VA | 40 (33.3%) | 말03 | VX | 38 (32.2%) | 듣01 | VV | 34 (28.3%) |
| 32 | 싶 | VX | 32 (26.7%) | 싶 | VX | 40 (33.3%) | 먹02 | VV | 38 (32.2%) | 말03 | VX | 33 (27.5%) |
| 33 | 않 | VX | 31 (25.8%) | 먹02 | VV | 39 (32.5%) | 크01 | VA | 38 (32.2%) | 받01 | VV | 33 (27.5%) |
| 34 | 나가 | VV | 29 (24.2%) | 이러 | VV | 39 (32.5%) | 듣01 | VV | 35 (29.7%) | 가01 | VX | 32 (26.7%) |
| 35 | 무섭 | VA | 29 (24.2%) | 가01 | VX | 36 (30.0%) | 사 | VV | 33 (28.0%) | 사 | VV | 32 (26.7%) |
| 36 | 크01 | VA | 29 (24.2%) | 나01 | VV | 35 (29.2%) | 지04 | VX | 33 (28.0%) | 애기하 | VV | 32 (26.7%) |
| 37 | 지04 | VX | 27 (22.5%) | 많 | VA | 35 (29.2%) | 나01 | VV | 32 (27.1%) | 쓰03 | VV | 31 (25.8%) |
| 38 | 죽01 | VV | 26 (21.7%) | 사 | VV | 35 (29.2%) | 들어가01 | VV | 31 (26.3%) | 나01 | VV | 28 (23.3%) |
| 39 | 놀01 | VV | 25 (20.8%) | 애기하 | VV | 34 (28.3%) | 생각01하 | VV | 31 (26.3%) | 끝나 | VV | 27 (22.5%) |
| 40 | 잘02하 | VV | 23 (19.2%) | 죽01 | VV | 33 (27.5%) | 재밌 | VA | 31 (26.3%) | 오01 | VX | 27 (22.5%) |
| 41 | 만들 | VV | 21 (17.5%) | 갖01 | VX | 32 (26.7%) | 짜증나 | VV | 31 (26.3%) | 주01 | VV | 26 (21.7%) |
| 42 | 살01 | VV | 21 (17.5%) | 놀01 | VV | 32 (26.7%) | 미치01 | VV | 30 (25.4%) | 짜증나 | VV | 26 (21.7%) |
| 43 | 다니 | VV | 20 (16.7%) | 놓01 | VX | 32 (26.7%) | 갖01 | VX | 29 (24.6%) | 괜찮 | VA | 24 (20.0%) |
| 44 | 갖01 | VV | 19 (15.8%) | 무섭 | VA | 31 (25.8%) | 주01 | VV | 29 (24.6%) | 다니 | VV | 24 (20.0%) |
| 45 | 만지 | VV | 19 (15.8%) | 받01 | VV | 30 (25.0%) | 끝나 | VV | 28 (23.7%) | 이러 | VV | 24 (20.0%) |
| 46 | 말03 | VV | 19 (15.8%) | 들01 | VV | 29 (24.2%) | 생기 | VV | 28 (23.7%) | 자01 | VV | 24 (20.0%) |
| 47 | 오01 | VX | 19 (15.8%) | 내02 | VV | 27 (22.5%) | 이러 | VV | 28 (23.7%) | 재밌 | VA | 24 (20.0%) |
| 48 | 이상12하 | VA | 19 (15.8%) | 못04하 | VA | 27 (22.5%) | 가01 | VX | 27 (22.9%) | 지04 | VX | 23 (19.2%) |
| 49 | 이러 | VV | 18 (15.0%) | 짜증나 | VV | 27 (22.5%) | 괜찮 | VA | 27 (22.9%) | 갖01 | VX | 22 (18.3%) |
| 50 | 그리02 | VV | 17 (14.2%) | 다니 | VV | 26 (21.7%) | 놀01 | VV | 27 (22.9%) | 쓰01 | VV | 22 (18.3%) |

위의 표를 보면, 초등학교 저학년부터 고등학생까지 '하다01'의 사용 화자 수가 가장 많다. 그 다음으로 초등학생의 경우는 '있다01'가, 중학생과 고등학생의 경우는 '이다03'가 많이 사용된다. 사용 화자 수 비율 10위까지를 관찰해 보면 '되다01, 가다01, 없다01'가 전체 학교급에서 쓰이고, 초등학교 저학년은 '좋다01'가, 중학생과 고등학생은 '아니다'가 보인다.

사용 화자 수가 많은 50개 어휘에 나타난 특징은 고빈도 사용 순위에 따른 분석 결과와 유사하다. 다만, '듣다01'가 초등학교 고학년 때부터 쓰이고, '끝나다', '미치다01'는 고빈도 순위

50개의 어휘 안에는 들지 않았지만 사용 화자 수에 따른 어휘 목록에는 포함된다. 이러한 결과는 이들 형태들이 빈도는 높지 않지만 여러 화자가 사용하고 있음을 말해 준다.

학교급별 전체 대상자 가운데 50% 이상의 화자가 사용한 용언의 형태 수는 초등학교 저학년은 14개, 초등학교 고학년은 20개, 중학생은 22개, 고등학생은 18개이다. 이를 통해 초등학교 저학년은 다른 학교급과 어휘 사용 화자 수 면에서 차이가 나는 것을 알 수 있다. 또한, 학교급이 높아질수록 어휘 사용이 증가하다가 고등학생이 되면 전체적으로 감소하는 경향을 볼 수 있다.

### 다. 용언의 하위 유형별 사용 빈도

다음은 용언을 동사, 형용사, 보조용언으로 구분하여 하위 유형별 사용 빈도를 살펴보기로 한다.

### ① 동사의 사용 빈도

동사의 학교급별 고빈도 형태는 다음과 같다.

〈표 3.20〉 고빈도순 동사 형태 목록(고빈도 형태 50개)

| 순위 | 초등학교 저학년 | | 초등학교 고학년 | | 중학생 | | 고등학생 | |
|---|---|---|---|---|---|---|---|---|
| | 형태 | 빈도(비율) | 형태 | 빈도(비율) | 형태 | 빈도(비율) | 형태 | 빈도(비율) |
| 1 | 하다01 | 593 (13.3%) | 하다01 | 1180 (15.3%) | 하다01 | 1110 (14.8%) | 하다01 | 718 (13.8%) |
| 2 | 가다01 | 209 (4.7%) | 되다01 | 443 (5.7%) | 되다01 | 461 (6.1%) | 되다01 | 365 (7.0%) |
| 3 | 되다01 | 209 (4.7%) | 가다01 | 407 (5.3%) | 가다01 | 377 (5.0%) | 가다01 | 306 (5.9%) |
| 4 | 알다 | 174 (3.9%) | 그러다 | 291 (3.8%) | 보다01 | 305 (4.1%) | 보다01 | 190 (3.7%) |
| 5 | 보다01 | 151 (3.4%) | 보다01 | 265 (3.4%) | 그러다 | 232 (3.1%) | 그러다 | 153 (2.9%) |
| 6 | 좋아하다 | 127 (2.8%) | 알다 | 228 (3.0%) | 모르다 | 183 (2.4%) | 먹다02 | 142 (2.7%) |
| 7 | 모르다 | 109 (2.4%) | 맞다01 | 180 (2.3%) | 알다 | 181 (2.4%) | 모르다 | 142 (2.7%) |
| 8 | 그러다 | 108 (2.4%) | 모르다 | 163 (2.1%) | 맞다01 | 180 (2.4%) | 알다 | 142 (2.7%) |
| 9 | 먹다02 | 88 (2.0%) | 오다01 | 161 (2.1%) | 좋아하다 | 152 (2.0%) | 오다01 | 132 (2.5%) |
| 10 | 말01하다 | 85 (1.9%) | 나오다 | 111 (1.4%) | 나오다 | 148 (2.0%) | 나오다 | 79 (1.5%) |
| 11 | 맞다01 | 74 (1.7%) | 말01하다 | 106 (1.4%) | 말01하다 | 137 (1.8%) | 말01하다 | 73 (1.4%) |
| 12 | 오다01 | 73 (1.6%) | 사다 | 105 (1.4%) | 오다01 | 118 (1.6%) | 사다 | 71 (1.4%) |
| 13 | 그리다02 | 64 (1.4%) | 주다01 | 88 (1.1%) | 다니다 | 101 (1.3%) | 맞다01 | 68 (1.3%) |
| 14 | 얘기하다 | 61 (1.4%) | 좋아하다 | 79 (1.0%) | 먹다02 | 100 (1.3%) | 놀다01 | 67 (1.3%) |
| 15 | 나오다 | 60 (1.3%) | 먹다02 | 76 (1.0%) | 사다 | 77 (1.0%) | 얘기하다 | 58 (1.1%) |
| 16 | 놀다01 | 57 (1.3%) | 놀다01 | 63 (0.8%) | 잘02하다 | 76 (1.0%) | 좋아하다 | 55 (1.1%) |
| 17 | 주다01 | 53 (1.2%) | 이러다 | 63 (0.8%) | 주다01 | 63 (0.8%) | 사귀다 | 52 (1.0%) |
| 18 | 나다01 | 52 (1.2%) | 죽다01 | 58 (0.8%) | 쓰다01 | 60 (0.8%) | 주다01 | 51 (1.0%) |
| 19 | 나가다 | 42 (0.9%) | 내다02 | 57 (0.7%) | 듣다01 | 59 (0.8%) | 쓰다01 | 50 (1.0%) |
| 20 | 잘02하다 | 42 (0.9%) | 잘02하다 | 57 (0.7%) | 들어가다01 | 59 (0.8%) | 쓰다03 | 50 (1.0%) |
| 21 | 죽다01 | 42 (0.9%) | 얘기하다 | 55 (0.7%) | 이러다 | 56 (0.7%) | 짜증나다 | 50 (1.0%) |

| 순위 | 초등학교 저학년 | | 초등학교 고학년 | | 중학생 | | 고등학생 | |
|---|---|---|---|---|---|---|---|---|
| | 형태 | 빈도(비율) | 형태 | 빈도(비율) | 형태 | 빈도(비율) | 형태 | 빈도(비율) |
| 22 | 살다01 | 31 (0.7%) | 가지다 | 54 (0.7%) | 나다01 | 54 (0.7%) | 들다01 | 48 (0.9%) |
| 23 | 다니다 | 30 (0.7%) | 만들다 | 49 (0.6%) | 짜증나다 | 51 (0.7%) | 받다01 | 46 (0.9%) |
| 24 | 들어가다01 | 30 (0.7%) | 다니다 | 48 (0.6%) | 생각01하다 | 50 (0.7%) | 이러다 | 45 (0.9%) |
| 25 | 갖다01 | 29 (0.6%) | 짜증나다 | 48 (0.6%) | 대하다02 | 49 (0.7%) | 잘02하다 | 44 (0.8%) |
| 26 | 만들다 | 28 (0.6%) | 나다01 | 47 (0.6%) | 얘기하다 | 49 (0.7%) | 만나다 | 43 (0.8%) |
| 27 | 말다03 | 27 (0.6%) | 웃다 | 45 (0.6%) | 생기다 | 46 (0.6%) | 자다01 | 42 (0.8%) |
| 28 | 이러다 | 25 (0.6%) | 들다01 | 41 (0.5%) | 쓰다03 | 45 (0.6%) | 다니다 | 40 (0.8%) |
| 29 | 사다 | 24 (0.5%) | 읽다 | 41 (0.5%) | 싫어하다 | 44 (0.6%) | 나가다 | 36 (0.7%) |
| 30 | 이기다01 | 23 (0.5%) | 받다01 | 39 (0.5%) | 끝나다 | 38 (0.5%) | 나다01 | 35 (0.7%) |
| 31 | 키우다 | 23 (0.5%) | 들어가다01 | 37 (0.5%) | 미치다01 | 38 (0.5%) | 끝나다 | 33 (0.6%) |
| 32 | 타다02 | 23 (0.5%) | 타다02 | 37 (0.5%) | 놀다01 | 37 (0.5%) | 보내다 | 26 (0.5%) |
| 33 | 만지다 | 21 (0.5%) | 때리다01 | 35 (0.5%) | 못04하다 | 34 (0.5%) | 웃다 | 26 (0.5%) |
| 34 | 잡다01 | 21 (0.5%) | 쓰다03 | 33 (0.4%) | 받다01 | 33 (0.4%) | 타다02 | 25 (0.5%) |
| 35 | 쓰다01 | 20 (0.4%) | 잡다01 | 33 (0.4%) | 웃기다 | 33 (0.4%) | 붙다 | 24 (0.5%) |
| 36 | 웃다 | 20 (0.4%) | 갖다01 | 32 (0.4%) | 빌리다 | 32 (0.4%) | 생기다 | 24 (0.5%) |
| 37 | 어떡하다 | 19 (0.4%) | 맞다03 | 32 (0.4%) | 사귀다 | 32 (0.4%) | 미치다01 | 23 (0.4%) |
| 38 | 받다01 | 18 (0.4%) | 쓰다01 | 32 (0.4%) | 어떡하다 | 32 (0.4%) | 내다02 | 21 (0.4%) |
| 39 | 생기다 | 18 (0.4%) | 걸리다01 | 31 (0.4%) | 죽다01 | 32 (0.4%) | 보이다01 | 21 (0.4%) |
| 40 | 치다02 | 18 (0.4%) | 만나다 | 30 (0.4%) | 들리다03 | 31 (0.4%) | 바꾸다 | 20 (0.4%) |
| 41 | 내다02 | 17 (0.4%) | 미치다01 | 30 (0.4%) | 살다01 | 31 (0.4%) | 들다01 | 19 (0.4%) |
| 42 | 싸우다 | 17 (0.4%) | 남다 | 29 (0.4%) | 갖다01 | 30 (0.4%) | 만들다 | 19 (0.4%) |
| 43 | 쓰다03 | 17 (0.4%) | 살다01 | 29 (0.4%) | 넘다01 | 28 (0.4%) | 어떡하다 | 19 (0.4%) |
| 44 | 올라가다 | 17 (0.4%) | 치다02 | 29 (0.4%) | 들다01 | 28 (0.4%) | 풀다 | 19 (0.4%) |
| 45 | 자다01 | 17 (0.4%) | 울다01 | 28 (0.4%) | 맞다03 | 28 (0.4%) | 못04하다 | 18 (0.3%) |
| 46 | 놓다01 | 16 (0.4%) | 자다01 | 28 (0.4%) | 남다01 | 27 (0.4%) | 생각01하다 | 18 (0.3%) |
| 47 | 생각01하다 | 16 (0.4%) | 끝나다 | 27 (0.3%) | 보내다 | 27 (0.4%) | 입다01 | 18 (0.3%) |
| 48 | 지다03 | 16 (0.4%) | 들다01 | 27 (0.3%) | 떨어지다 | 26 (0.3%) | 갖다01 | 17 (0.3%) |
| 49 | 때리다01 | 15 (0.3%) | 키우다 | 27 (0.3%) | 울다01 | 26 (0.3%) | 싫어하다 | 17 (0.3%) |
| 50 | 만나다 | 15 (0.3%) | 생기다 | 26 (0.3%) | 나가다 | 25 (0.3%) | 싸우다 | 17 (0.3%) |

　　동사는 전체 학교급에서 '하다01'의 쓰임이 현저히 높게 나타난다. 초등학교 저학년에서는 '하다01, 가다01, 되다01, 알다, 보다01, 좋아하다, 모르다, 그러다, 먹다02, 말01하다, 맞다01' 등의 순으로 사용 빈도가 높다. 초등학교 고학년에서는 '하다01, 되다01, 가다01, 그러다, 보다01, 알다, 맞다01, 모르다, 오다01, 나오다' 등의 순으로 사용 빈도가 높고, '짜증나다'라는 부정적인 표현이 관찰된다. 중학생은 '하다01, 되다01, 가다01, 보다01, 그러다, 모르다, 알다, 맞다01, 좋아하다, 나오다' 등이 고빈도로 쓰인다. 고등학생은 중학생과 동일하게 '하다01' 다음으로 '되다01'가 높은 사용 빈도를 보이고, 그 다음으로 '가다01, 보다01, 그러다, 먹다02, 모르다, 알다, 오다01' 순으로 사용이 잦다. '쓰다'의 경우 '붓, 펜, 연필과 같이 선을 그을 수 있는 도구로 종이 따위로 획을 그어서 일정한 글자의 모양이 이루어지게 하다'라는 의미의 '쓰다01'

과 '어떤 일을 하는 데에 재료나 도구, 수단을 이용하다'라는 의미의 '쓰다03'이 전 학년에서 모두 관찰된다. 동사 중에는 '가다01, 오다01, 나오다, 먹다01, 주다01, 받다01, 듣다01'와 같이 신체 기관을 이용한 동작 동사들이 많이 쓰이며, '알다, 모르다'의 인지 동사도 비교적 높은 빈도로 사용되고 있다.

### ② 형용사의 사용 빈도

형용사의 학교급별 고빈도 형태는 다음과 같다.

〈표 3.21〉 고빈도순 형용사 형태 목록(고빈도 형태 50개)

| 순위 | 초등학교 저학년 | | 초등학교 고학년 | | 중학생 | | 고등학생 | |
|---|---|---|---|---|---|---|---|---|
| | 형태 | 빈도(비율) | 형태 | 빈도(비율) | 형태 | 빈도(비율) | 형태 | 빈도(비율) |
| 1 | 있다01 | 538 (28.1%) | 있다01 | 682 (23.3%) | 있다01 | 455 (16.2%) | 있다01 | 298 (15.4%) |
| 2 | 좋다01 | 192 (10.0%) | 그렇다 | 302 (10.3%) | 없다01 | 336 (11.9%) | 없다01 | 238 (12.3%) |
| 3 | 없다01 | 142 (7.4%) | 없다01 | 238 (8.1%) | 같다 | 243 (8.6%) | 같다 | 165 (8.5%) |
| 4 | 그렇다 | 104 (5.4%) | 같다 | 189 (6.4%) | 그렇다 | 237 (8.4%) | 좋다01 | 146 (7.5%) |
| 5 | 재밌다 | 79 (4.1%) | 좋다01 | 185 (6.3%) | 좋다01 | 191 (6.8%) | 그렇다 | 117 (6.0%) |
| 6 | 같다 | 74 (3.9%) | 재밌다 | 119 (4.1%) | 많다 | 90 (3.2%) | 많다 | 60 (3.1%) |
| 7 | 무섭다 | 62 (3.2%) | 싫다01 | 94 (3.2%) | 싫다01 | 84 (3.0%) | 싫다01 | 53 (2.7%) |
| 8 | 싫다01 | 51 (2.7%) | 무섭다 | 68 (2.3%) | 크다01 | 78 (2.8%) | 재밌다 | 35 (1.8%) |
| 9 | 크다01 | 42 (2.2%) | 많다 | 50 (1.7%) | 재밌다 | 48 (1.7%) | 괜찮다 | 32 (1.7%) |
| 10 | 많다 | 33 (1.7%) | 재미있다 | 43 (1.5%) | 이상12하다 | 40 (1.4%) | 크다01 | 32 (1.7%) |
| 11 | 이상12하다 | 29 (1.5%) | 이상12하다 | 42 (1.4%) | 괜찮다 | 37 (1.3%) | 맛있다 | 28 (1.4%) |
| 12 | 똑같다 | 20 (1.0%) | 아프다 | 40 (1.4%) | 힘들다 | 31 (1.1%) | 이상12하다 | 26 (1.3%) |
| 13 | 어렵다 | 19 (1.0%) | 못04하다 | 38 (1.3%) | 이쁘다 | 28 (1.0%) | 힘들다 | 23 (1.2%) |
| 14 | 귀엽다 | 18 (0.9%) | 어떻다 | 33 (1.1%) | 시끄럽다 | 26 (0.9%) | 아프다 | 22 (1.1%) |
| 15 | 못04하다 | 17 (0.9%) | 크다01 | 32 (1.1%) | 어떻다 | 26 (0.9%) | 이렇다 | 22 (1.1%) |
| 16 | 아프다 | 16 (0.8%) | 재미없다 | 28 (1.0%) | 멋있다 | 24 (0.9%) | 춥다 | 20 (1.0%) |
| 17 | 맛있다 | 15 (0.8%) | 어렵다 | 25 (0.9%) | 어렵다 | 24 (0.9%) | 늦다 | 15 (0.8%) |
| 18 | 재미있다 | 15 (0.8%) | 이렇다 | 25 (0.9%) | 맛있다 | 23 (0.8%) | 어떻다 | 15 (0.8%) |
| 19 | 괜찮다 | 13 (0.7%) | 괜찮다 | 23 (0.8%) | 이렇다 | 22 (0.8%) | 귀찮다 | 14 (0.7%) |
| 20 | 어떻다 | 13 (0.7%) | 춥다 | 23 (0.8%) | 작다01 | 22 (0.8%) | 멀다02 | 14 (0.7%) |
| 21 | 이렇다 | 13 (0.7%) | 똑같다 | 22 (0.8%) | 아프다 | 20 (0.7%) | 이쁘다 | 14 (0.7%) |
| 22 | 쎄(세03)다 | 12 (0.6%) | 친하다 | 22 (0.8%) | 재미없다 | 20 (0.7%) | 배고프다 | 13 (0.7%) |
| 23 | 친하다 | 12 (0.6%) | 힘들다 | 21 (0.7%) | 친하다 | 20 (0.7%) | 친하다 | 13 (0.7%) |
| 24 | 재미없다 | 11 (0.6%) | 나쁘다01 | 19 (0.6%) | 똑같다 | 19 (0.7%) | 무섭다 | 12 (0.6%) |
| 25 | 멋있다 | 10 (0.5%) | 착하다 | 19 (0.6%) | 재미있다 | 17 (0.6%) | 낫다02 | 11 (0.6%) |
| 26 | 심심01하다 | 10 (0.5%) | 심심01하다 | 18 (0.6%) | 낫다02 | 16 (0.6%) | 심심01하다 | 11 (0.6%) |
| 27 | 어리다03 | 10 (0.5%) | 낫다02 | 17 (0.6%) | 늦다 | 16 (0.6%) | -ㅣ 쓰다 | 11 (0.6%) |
| 28 | 낫다02 | 9 (0.5%) | 맛있다 | 15 (0.5%) | 비슷02하다 | 16 (0.6%) | 귀엽다 | 10 (0.5%) |
| 29 | 쉽다 | 9 (0.5%) | 불쌍하다 | 14 (0.5%) | 귀엽다 | 15 (0.5%) | 똑같다 | 10 (0.5%) |
| 30 | 예쁘다 | 9 (0.5%) | 다르다01 | 13 (0.4%) | 나쁘다01 | 15 (0.5%) | 멋있다 | 10 (0.5%) |
| 31 | 이쁘다 | 9 (0.5%) | 당연03하다 | 13 (0.4%) | 착하다 | 15 (0.5%) | 비싸다 | 10 (0.5%) |
| 32 | 작다01 | 8 (0.4%) | 멋있다 | 12 (0.4%) | 다르다01 | 14 (0.5%) | 시끄럽다 | 10 (0.5%) |

| 순위 | 초등학교 저학년 | | 초등학교 고학년 | | 중학생 | | 고등학생 | |
|---|---|---|---|---|---|---|---|---|
| | 형태 | 빈도(비율) | 형태 | 빈도(비율) | 형태 | 빈도(비율) | 형태 | 빈도(비율) |
| 33 | 착하다 | 8 (0.4%) | 이쁘다 | 12 (0.4%) | 불쌍하다 | 14 (0.5%) | 착하다 | 10 (0.5%) |
| 34 | 세다03 | 7 (0.4%) | 미안01하다 | 10 (0.3%) | 황당하다 | 14 (0.5%) | 가깝다 | 9 (0.5%) |
| 35 | 약하다01 | 7 (0.4%) | 비싸다 | 10 (0.3%) | 어리다03 | 13 (0.5%) | 나쁘다01 | 9 (0.5%) |
| 36 | 짝(작01)다 | 7 (0.4%) | 빠르다 | 10 (0.3%) | 비싸다 | 12 (0.4%) | 미안01하다 | 9 (0.5%) |
| 37 | 궁금01하다 | 6 (0.3%) | 귀엽다 | 9 (0.3%) | 심하다 | 12 (0.4%) | 어렵다 | 8 (0.4%) |
| 38 | -ㄹ 쓰다 | 6 (0.3%) | 길다02 | 9 (0.3%) | 멀다02 | 11 (0.4%) | 어리다03 | 8 (0.4%) |
| 39 | 높다 | 5 (0.3%) | 높다 | 9 (0.3%) | 미안01하다 | 11 (0.4%) | 편하다 | 8 (0.4%) |
| 40 | 당연03하다 | 5 (0.3%) | 신기14하다 | 9 (0.3%) | 배고프다 | 11 (0.4%) | 다르다01 | 7 (0.4%) |
| 41 | 배고프다 | 5 (0.3%) | 작다01 | 9 (0.3%) | 어색02하다 | 11 (0.4%) | 당연03하다 | 7 (0.4%) |
| 42 | 불쌍하다 | 5 (0.3%) | 늦다 | 8 (0.3%) | 넓다 | 10 (0.4%) | 상관없다 | 7 (0.4%) |
| 43 | 솔직하다 | 5 (0.3%) | 쎄(세03)다 | 8 (0.3%) | 당연03하다 | 10 (0.4%) | 쉽다 | 7 (0.4%) |
| 44 | 신기14하다 | 5 (0.3%) | 어리다03 | 8 (0.3%) | -ㄹ 쓰다 | 10 (0.4%) | 어색02하다 | 7 (0.4%) |
| 45 | 중요02하다 | 5 (0.3%) | 슬프다 | 7 (0.2%) | 높다 | 9 (0.3%) | 예쁘다 | 7 (0.4%) |
| 46 | 춥다 | 5 (0.3%) | 아깝다 | 7 (0.2%) | 세다03 | 9 (0.3%) | 궁금01하다 | 6 (0.3%) |
| 47 | 가난01하다 | 4 (0.2%) | 예쁘다 | 7 (0.2%) | 어이없다 | 9 (0.3%) | 비슷02하다 | 6 (0.3%) |
| 48 | 나쁘다01 | 4 (0.2%) | -ㄹ 쓰다 | 7 (0.2%) | 아깝다 | 8 (0.3%) | 어이없다 | 6 (0.3%) |
| 49 | 늦다 | 4 (0.2%) | 귀찮다 | 6 (0.2%) | 맛없다 | 7 (0.2%) | 작다01 | 6 (0.3%) |
| 50 | 똑똑02하다 | 4 (0.2%) | 꾸리(구리)다 | 6 (0.2%) | 무섭다 | 7 (0.2%) | 지겹다 | 6 (0.3%) |

　　형용사는 전체 학교급에서 존재를 나타내는 '있다01'가 가장 높은 사용 빈도를 보인다. 초등학교 저학년은 '있다01'가 28% 이상의 사용 비율로 가장 높고 그 다음은 '좋다01, 없다01, 그렇다, 재밌다, 같다, 무섭다, 싫다01, 크다01, 많다, 이상12하다' 순으로 관찰된다. 특히 '좋다, 재밌다, 무섭다, 싫다' 등 심리 상태를 나타내는 표현들이 다양하게 사용되는 것을 볼 수 있다. 초등학교 고학년은 '있다01, 그렇다, 없다01, 같다, 좋다01, 재밌다, 싫다01, 무섭다, 많다' 순으로 빈도가 높다. 중학생은 '있다01, 없다01, 같다, 그렇다, 좋다01, 많다, 싫다01, 크다01, 재밌다' 순으로 나타나며, 초등학생에 비해 '같다'의 사용 빈도가 높은 편이다. 고등학생은 '있다01, 없다01, 같다, 좋다01, 그렇다, 많다, 싫다01, 재밌다, 괜찮다, 크다01' 순으로 나타난다. 형용사는 '있다01, 없다01'의 존재 표현이 가장 많이 쓰이고, '좋다01, 재밌다, 무섭다, 싫다01' 등의 정서나 심리를 나타내는 표현도 높은 빈도로 사용되고 있다. 고학년으로 갈수록 '싫다01, 어렵다, 힘들다, 재미없다, 귀찮다, 나쁘다01, 시끄럽다, 이상12하다' 등의 부정적인 표현이 증가하는 양상을 볼 수 있다.

### ③ 보조용언의 사용 빈도

　　보조용언의 학교급별 고빈도 형태는 다음과 같다.

<표 3.22> 고빈도순 보조용언 형태 목록

| 순위 | 초등학교 저학년 | | 초등학교 고학년 | | 중학생 | | 고등학생 | |
|---|---|---|---|---|---|---|---|---|
| | 형태 | 빈도(비율) | 형태 | 빈도(비율) | 형태 | 빈도(비율) | 형태 | 빈도(비율) |
| 1 | 보다01 | 215 (23.3%) | 가지다 | 303 (17.8%) | 보다01 | 200 (15.4%) | 보다01 | 147 (16.1%) |
| 2 | 있다01 | 116 (12.6%) | 보다01 | 242 (14.2%) | 있다01 | 158 (12.2%) | 주다01 | 114 (12.5%) |
| 3 | 주다01 | 113 (12.3%) | 있다01 | 213 (12.5%) | 주다01 | 131 (10.1%) | 있다01 | 102 (11.2%) |
| 4 | 가지다 | 104 (11.3%) | 주다01 | 188 (11.0%) | 가지다 | 119 (9.2%) | 않다 | 79 (8.7%) |
| 5 | 싶다 | 56 (6.1%) | 하다01 | 114 (6.7%) | 않다 | 118 (9.1%) | 가지다 | 70 (7.7%) |
| 6 | 하다01 | 52 (5.6%) | 않다 | 91 (5.3%) | 싶다 | 108 (8.3%) | 하다01 | 62 (6.8%) |
| 7 | 말다03 | 48 (5.2%) | 지다04 | 91 (5.3%) | 하다01 | 106 (8.2%) | 싶다 | 58 (6.4%) |
| 8 | 않다 | 42 (4.6%) | 갖다01 | 86 (5.0%) | 갖다01 | 76 (5.9%) | 말다03 | 46 (5.0%) |
| 9 | 지다04 | 41 (4.5%) | 싶다 | 72 (4.2%) | 말다03 | 59 (4.5%) | 가다01 | 44 (4.8%) |
| 10 | 갖다01 | 27 (2.9%) | 말다03 | 65 (3.8%) | 지다04 | 44 (3.4%) | 갖다01 | 37 (4.1%) |
| 11 | 오다01 | 27 (2.9%) | 가다01 | 57 (3.3%) | 놓다01 | 37 (2.9%) | 오다01 | 35 (3.8%) |
| 12 | 버리다01 | 19 (2.1%) | 놓다01 | 45 (2.6%) | 가다01 | 34 (2.6%) | 지다04 | 30 (3.3%) |
| 13 | 놓다01 | 18 (2.0%) | 버리다01 | 31 (1.8%) | 오다01 | 25 (1.9%) | 놓다01 | 26 (2.9%) |
| 14 | 가다01 | 12 (1.3%) | 오다01 | 31 (1.8%) | 버리다01 | 23 (1.8%) | 버리다01 | 12 (1.3%) |
| 15 | 달다05 | 4 (0.4%) | 달다05 | 17 (1.0%) | 달다05 | 10 (0.8%) | 달다05 | 10 (1.1%) |
| 16 | 마(말03)다 | 3 (0.3%) | 나다01 | 11 (0.6%) | 나다01 | 8 (0.6%) | 내다02 | 6 (0.7%) |
| 17 | 뻔01하다 | 3 (0.3%) | 먹다02 | 9 (0.5%) | 대다01 | 8 (0.6%) | 나다01 | 5 (0.5%) |
| 18 | 가주(가지)다 | 2 (0.2%) | 내다02 | 8 (0.5%) | 가주(가지)다 | 6 (0.5%) | 대다01 | 3 (0.3%) |
| 19 | 계시다 | 2 (0.2%) | 마(말03)다 | 6 (0.4%) | 드리다01 | 4 (0.3%) | 마(말03)다 | 3 (0.3%) |
| 20 | 나가다 | 2 (0.2%) | 못하다 | 5 (0.3%) | 만02하다 | 4 (0.3%) | 먹다02 | 3 (0.3%) |
| 21 | 나다01 | 2 (0.2%) | 가주(가지)다 | 4 (0.2%) | 마(말03)다 | 3 (0.2%) | 못하다 | 3 (0.3%) |
| 22 | 두다01 | 2 (0.2%) | 나가다 | 3 (0.2%) | 못하다 | 3 (0.2%) | 뻔01하다 | 3 (0.3%) |
| 23 | 먹다02 | 2 (0.2%) | 죽다01 | 3 (0.2%) | 나가다 | 2 (0.2%) | 가주(가지)다 | 2 (0.2%) |
| 24 | 나(놓01)다 | 1 (0.1%) | 드리다01 | 2 (0.1%) | 두다01 | 2 (0.2%) | 나가다 | 2 (0.2%) |
| 25 | 내다02 | 1 (0.1%) | 들다01 | 2 (0.1%) | 부(보01)다 | 2 (0.2%) | 만02하다 | 2 (0.2%) |
| 26 | 대(되01)다 | 1 (0.1%) | 뻔01하다 | 2 (0.1%) | 뻔01하다 | 2 (0.2%) | 부(보01)다 | 2 (0.2%) |
| 27 | 만02하다 | 1 (0.1%) | 만02하다 | 1 (0.1%) | 치다14 | 2 (0.2%) | 죽다01 | 2 (0.2%) |
| 28 | 못하다 | 1 (0.1%) | 부(보01)다 | 1 (0.1%) | 내다02 | 1 (0.1%) | 치다14 | 2 (0.2%) |
| 29 | 바(보01)다 | 1 (0.1%) | 치다14 | 1 (0.1%) | 먹다02 | 1 (0.1%) | 바(보01)다 | 1 (0.1%) |
| 30 | 부(보01)다 | 1 (0.1%) | | | 척01하다 | 1 (0.1%) | | |
| 31 | 뿌(버리01)다 | 1 (0.1%) | | | | | | |
| 32 | 척01하다 | 1 (0.1%) | | | | | | |

초등학교 저학년은 '보다01, 있다01, 주다01, 가지다, 싶다, 하다01, 말다03, 않다, 지다04, 갖다01, 오다01' 순으로 사용 빈도가 높고, 특히 보조용언 '보다01'의 사용이 월등히 높다. 초등학교 고학년은 '가지다, 보다01, 있다01, 주다01, 하다01, 않다, 지다04, 갖다01, 싶다, 말다03' 순으로 높은 사용 빈도를 보이고, 저학년과는 달리 '가지다'의 사용이 가장 높다. 중학생은 '보다01, 있다01, 주다01, 가지다, 않다, 싶다, 하다01' 순으로 높은 사용 빈도를 보인다. 고등학생은 '보다01, 주다01, 있다01, 않다, 가지다, 하다01, 싶다, 말다03, 가다01' 순으로 다른 학교급과 비슷하지만, 형태 수는 다른 학교급보다 줄어든 경향을 보인다.[5]

초·중·고등학생의 용언 사용 양상을 살펴본 결과, '하다01, 있다01, 이다03, 보다01, 가다 01, 되다01' 등이 높은 사용 빈도로 쓰이고 있고, 사용 화자 수도 많은 것으로 조사되었다. 특히 '하다01'는 사용 빈도와 사용 화자 수에서 다른 동사들과 현저한 차이를 보이며 활발히 사용되고 있는 현상을 관찰할 수 있었다. 동사 중에는 '가다01, 오다01, 나오다, 먹다01, 주다01, 받다01, 듣다01'와 같이 신체 기관을 이용한 동작 동사들이 많았고, '알다, 모르다'의 인지 동사도 비교적 높은 빈도로 사용되었다.

형용사는 '있다01, 없다01, 좋다01, 그렇다, 같다, 싫다01' 등이 높은 사용 빈도를 보였다. '있다01, 없다01'의 존재 표현이 가장 많았고, '좋다01, 재밌다, 무섭다, 싫다01' 등의 정서나 심리를 나타내는 표현도 높은 빈도로 사용되었다. 고학년으로 갈수록 '싫다01, 어렵다, 힘들다, 재미없다, 귀찮다, 나쁘다01, 시끄럽다, 이상12하다' 등의 부정적인 표현이 증가하는 양상을 볼 수 있었다.

보조용언은 시도를 나타내는 '보다01', 진행이나 지속을 나타내는 '있다01', 봉사를 나타내는 '주다01', 보유나 지님을 나타내는 '가지다' 등이 전체적으로 높은 사용 양상을 보였다. 이 가운데 '보다01'가 가장 활발히 사용되고 있었다.

### 3.2.1.3 수식언

수식언은 관형사와 부사로 구분하고, 부사는 다시 일반부사와 접속부사로 세분하여 사용 분포를 분석하였다. 수식언에 속하는 형태들의 수와 사용 빈도를 보이면 다음과 같다.

〈표 3.23〉 수식언의 하위 유형별 형태 수와 사용 빈도

| 유형 | | 형태 수(비율) | 사용 빈도(비율) |
|---|---|---|---|
| 관형사(MM) | | 103 (15.9%) | 6,197 (24.0%) |
| 부사(MA) | 일반부사(MAG) | 500 (76.9%) | 15,825 (61.2%) |
| | 접속부사(MAJ) | 47 (7.2%) | 3,841 (14.8%) |
| 합계 | | 650 (100.0%) | 25,863 (100.0%) |

수식언은 총 650개의 형태가 25,863회 출현하였다. 수식언 가운데 일반부사가 500개로 76.9%의 높은 비율을 보이고, 관형사가 103개로 15.9%를 점유하고 있으며, 마지막으로 접속부사가 47개로 7.2%의 비율을 보이고 있다. 수식언에서는 부사가 일반부사와 접속부사를 합

---

5 그 외에 지정사의 사용 빈도를 보면, 모든 학교급에서 긍정지정사 '이다03'가 부정지정사 '아니다'보다 높은 빈도로 쓰이고 있다. 중학생의 경우, 부정지정사의 이형태도 1건 나타난다.

하여 84.1%에 이르는 높은 분포를 보인다.

　수식언의 사용 빈도는 형태 수와 유사한 분포를 보인다. 총 사용 빈도는 25,863회인데, 부사 가운데 일반부사가 61.2%(15,825회)로 높은 비율을 보인다. 다음으로 관형사가 24.0%(6,197회)로 나타나고, 접속부사가 14.8%(3,841회)로 가장 적은 비율을 보인다.

　다음으로 수식언의 형태 수와 사용 빈도를 학교급별로 정리하면 다음과 같다.

〈표 3.24〉 수식언의 학교급별 형태 수

| 유형 | | 초등학교 저학년 | 초등학교 고학년 | 중학생 | 고등학생 |
|---|---|---|---|---|---|
| | | 형태 수(비율) | 형태 수(비율) | 형태 수(비율) | 형태 수(비율) |
| 관형사(MM) | | 71 (21.7%) | 66 (17.5%) | 62 (17.0%) | 61 (18.9%) |
| 부사 (MA) | 일반부사(MAG) | 229 (70.0%) | 280 (74.1%) | 270 (74.2%) | 231 (71.7%) |
| | 접속부사(MAJ) | 27 (8.3%) | 32 (8.5%) | 32 (8.8%) | 30 (9.3%) |
| 합계 | | 327 (100.0%) | 378 (100.0%) | 364 (100.0%) | 322 (100.0%) |

　수식언의 학교급별 형태 수를 살펴보면, 관형사가 초등학교 저학년 71개, 초등학교 고학년 66개, 중학생 62개, 고등학생 61개로 점차 감소 추세를 보인다. 일반부사는 전체 학교급에서 70% 이상의 높은 비율을 보이고 있으며, 접속부사의 형태 수는 학년별로 비슷한 양상을 보이지는 않지만 비율 면에서 초등학교 저학년이 8.3%, 초등학교 고학년이 8.5%, 중학생이 8.8%, 고등학생이 9.3%로 점차 증가하는 양상을 보인다.

〈표 3.25〉 수식언의 학교급별 사용 빈도

| 유형 | | 초등학교 저학년 | 초등학교 고학년 | 중학생 | 고등학생 |
|---|---|---|---|---|---|
| | | 사용 빈도(비율) | 사용 빈도(비율) | 사용 빈도(비율) | 사용 빈도(비율) |
| 관형사(MM) | | 1,165 (25.8%) | 2,050 (25.4%) | 1,843 (22.8%) | 1,139 (21.9%) |
| 부사 (MA) | 일반부사(MAG) | 2,508 (55.6%) | 4,682 (57.9%) | 5,126 (63.5%) | 3,509 (67.5%) |
| | 접속부사(MAJ) | 835 (18.5%) | 1,353 (16.7%) | 1,101 (13.6%) | 552 (10.6%) |
| 합계 | | 4,508 (100.0%) | 8,085 (100.0%) | 8,070 (100.0%) | 5,200 (100.0%) |

　학교급별 사용 빈도를 살펴보면, 관형사의 경우 초등학교 저학년이 25.8%, 초등학교 고학년이 25.4%, 중학생이 22.8%, 고등학생이 21.9%로 학교급이 높아질수록 사용 비율이 점차 감소하고 있다. 접속부사의 경우도 초등학교 저학년이 18.5%, 초등학교 고학년이 16.7%, 중학생이 13.6%, 고등학생이 10.6%로 학교급이 높아질수록 점차 감소하는 추세를 보인다. 반면에 일반부사는 55.6%, 57.9%, 63.5%, 67.5%로 점차 증가 추세를 보이고 있어, 수식언 가운

데 일반부사만 학교급이 높아질수록 쓰임이 증가함을 알 수 있다.

다음으로 수식언의 어휘 목록을 사용 빈도, 사용 화자 수, 하위 유형에 따라 살펴보기로 한다.

## 가. 수식언의 사용 빈도

고빈도 수식언의 형태를 학교급별로 제시해 보면 다음과 같다.

<표 3.26> 고빈도순 수식언 형태 목록(고빈도 형태 50개)

| 순위 | 초등학교 저학년 | | | 초등학교 고학년 | | | 중학생 | | | 고등학생 | | |
|---|---|---|---|---|---|---|---|---|---|---|---|---|
| | 형태 | 품사 | 빈도(비율) | 형태 | 품사 | 빈도(비율) | 형태 | 품사 | 빈도(비율) | 형태 | 품사 | 빈도(비율) |
| 1 | 근데01 | MAJ | 359 (8.0%) | 근데01 | MAJ | 633 (7.8%) | 안02 | MAG | 552 (6.8%) | 안02 | MAG | 453 (8.7%) |
| 2 | 안02 | MAG | 261 (5.8%) | 그01 | MM | 564 (7.0%) | 막02 | MAG | 501 (6.2%) | 진짜 | MAG | 299 (5.8%) |
| 3 | 그01 | MM | 247 (5.5%) | 안02 | MAG | 502 (6.2%) | 근데01 | MAJ | 415 (5.1%) | 막02 | MAG | 254 (4.9%) |
| 4 | 막02 | MAG | 174 (3.9%) | 막02 | MAG | 423 (5.2%) | 진짜 | MAG | 396 (4.9%) | 근데01 | MAJ | 207 (4.0%) |
| 5 | 왜02 | MAG | 159 (3.5%) | 이렇게 | MAG | 267 (3.3%) | 그01 | MM | 316 (3.9%) | 왜02 | MAG | 197 (3.8%) |
| 6 | 다03 | MAG | 128 (2.8%) | 진짜 | MAG | 266 (3.3%) | 다03 | MAG | 250 (3.1%) | 그01 | MM | 167 (3.2%) |
| 7 | 이렇게 | MAG | 109 (2.4%) | 다03 | MAG | 191 (2.4%) | 왜02 | MAG | 225 (2.8%) | 다03 | MAG | 135 (2.6%) |
| 8 | 한01 | MM | 109 (2.4%) | 한01 | MM | 178 (2.2%) | 그냥 | MAG | 183 (2.3%) | 그냥 | MAG | 125 (2.4%) |
| 9 | 몇 | MM | 98 (2.2%) | 왜02 | MAG | 175 (2.2%) | 좀02 | MAG | 175 (2.2%) | 그런01 | MM | 121 (2.3%) |
| 10 | 그럼01 | MAJ | 88 (2.0%) | 그냥 | MAG | 148 (1.8%) | 한01 | MM | 162 (2.0%) | 좀02 | MAG | 117 (2.3%) |
| 11 | 진짜 | MAG | 80 (1.8%) | 그래서 | MAJ | 144 (1.8%) | 너무01 | MAG | 152 (1.9%) | 한01 | MM | 110 (2.1%) |
| 12 | 제일04 | MAG | 76 (1.7%) | 딱03 | MAG | 140 (1.7%) | 그런01 | MM | 136 (1.7%) | 많이 | MAG | 88 (1.7%) |
| 13 | 그래서 | MAJ | 75 (1.7%) | 그런01 | MM | 126 (1.6%) | 이렇게 | MAG | 118 (1.5%) | 잘02 | MAG | 86 (1.7%) |
| 14 | 그냥 | MAG | 73 (1.6%) | 좀02 | MAG | 118 (1.5%) | 그래서 | MAJ | 117 (1.4%) | 지금03 | MAG | 77 (1.5%) |
| 15 | 어떤 | MM | 70 (1.6%) | 어떻게 | MAG | 103 (1.3%) | 몇 | MM | 113 (1.4%) | 못04 | MAG | 75 (1.4%) |
| 16 | 무슨 | MM | 69 (1.5%) | 너무01 | MAG | 100 (1.2%) | 그러니까 | MAJ | 112 (1.4%) | 그래서 | MAJ | 74 (1.4%) |
| 17 | 두01 | MM | 67 (1.5%) | 못04 | MAG | 98 (1.2%) | 무슨 | MM | 107 (1.3%) | 너무01 | MAG | 73 (1.4%) |
| 18 | 그리고 | MAJ | 66 (1.5%) | 그리고 | MAJ | 97 (1.2%) | 되게 | MAG | 100 (1.2%) | 이렇게 | MAG | 72 (1.4%) |
| 19 | 또 | MAG | 62 (1.4%) | 그럼01 | MAJ | 90 (1.1%) | 못04 | MAG | 97 (1.2%) | 되게 | MAG | 68 (1.3%) |
| 20 | 잘02 | MAG | 60 (1.3%) | 많이 | MAG | 87 (1.1%) | 십 | MM | 96 (1.2%) | 몇 | MM | 65 (1.3%) |
| 21 | 또 | MAJ | 57 (1.3%) | 몇 | MM | 87 (1.1%) | 많이 | MAG | 95 (1.2%) | 어제01 | MAG | 60 (1.2%) |
| 22 | 이제01 | MAG | 56 (1.2%) | 내14 | MM | 81 (1.0%) | 잘02 | MAG | 95 (1.2%) | 어떻게 | MAG | 57 (1.1%) |
| 23 | 그러면 | MAJ | 55 (1.2%) | 무슨 | MM | 81 (1.0%) | 어떻게 | MAG | 88 (1.1%) | 그럼01 | MAJ | 53 (1.0%) |
| 24 | 너무01 | MAG | 55 (1.2%) | 또 | MAG | 78 (1.0%) | 일05 | MM | 88 (1.1%) | 일05 | MM | 50 (1.0%) |
| 25 | 딱03 | MAG | 54 (1.2%) | 딱02 | MAG | 77 (1.0%) | 더01 | MAG | 81 (1.0%) | 쫌(좀02) | MAG | 48 (0.9%) |
| 26 | 어떻게 | MAG | 50 (1.1%) | 잘02 | MAG | 76 (0.9%) | 이제01 | MAG | 81 (1.0%) | 존나 | MAG | 47 (0.9%) |
| 27 | 못04 | MAG | 49 (1.1%) | 더01 | MAG | 72 (0.9%) | 지금03 | MAG | 75 (0.9%) | 더01 | MAG | 45 (0.9%) |
| 28 | 많이 | MAG | 44 (1.0%) | 이제01 | MAG | 71 (0.9%) | 별로01 | MAG | 71 (0.9%) | 또 | MAG | 43 (0.8%) |
| 29 | 내14 | MM | 43 (1.0%) | 어떤 | MM | 67 (0.8%) | 그리고 | MAJ | 69 (0.9%) | 이런01 | MM | 43 (0.8%) |
| 30 | 더01 | MAG | 43 (1.0%) | 계속04 | MAG | 65 (0.8%) | 딱03 | MAG | 67 (0.8%) | 이제01 | MAG | 42 (0.8%) |
| 31 | 좀02 | MAG | 41 (0.9%) | 지금03 | MAG | 64 (0.8%) | 이09 | MM | 67 (0.8%) | 맨날 | MAG | 41 (0.8%) |
| 32 | 지금03 | MAG | 41 (0.9%) | 또 | MAJ | 61 (0.8%) | 그럼01 | MAJ | 65 (0.8%) | 십 | MM | 41 (0.8%) |
| 33 | 그런데 | MAJ | 34 (0.8%) | 그러면 | MAJ | 59 (0.7%) | 맨날 | MAG | 62 (0.8%) | 만06 | MM | 40 (0.8%) |
| 34 | 일05 | MM | 32 (0.7%) | 되게 | MAG | 59 (0.7%) | 쫌(좀02) | MAG | 62 (0.8%) | 그렇게 | MAG | 39 (0.8%) |
| 35 | 아주01 | MAG | 30 (0.7%) | 갑자기 | MAG | 58 (0.7%) | 그렇게 | MAG | 60 (0.7%) | 같이 | MAG | 37 (0.7%) |
| 36 | 같이 | MAG | 28 (0.6%) | 일05 | MM | 58 (0.7%) | 내14 | MM | 59 (0.7%) | 딱03 | MAG | 37 (0.7%) |

| 순위 | 초등학교 저학년 | | | 초등학교 고학년 | | | 중학생 | | | 고등학생 | | |
|---|---|---|---|---|---|---|---|---|---|---|---|---|
| | 형태 | 품사 | 빈도(비율) | 형태 | 품사 | 빈도(비율) | 형태 | 품사 | 빈도(비율) | 형태 | 품사 | 빈도(비율) |
| 37 | 딱02 | MAG | 28 (0.6%) | 제일04 | MAG | 58 (0.7%) | 오늘 | MAG | 56 (0.7%) | 무슨 | MM | 37 (0.7%) |
| 38 | 맨날 | MAG | 28 (0.6%) | 그렇게 | MAG | 55 (0.7%) | 또 | MAG | 55 (0.7%) | 내14 | MM | 35 (0.7%) |
| 39 | 빨리 | MAG | 27 (0.6%) | 빨리 | MAG | 54 (0.7%) | 그러면 | MAJ | 54 (0.7%) | 그러면 | MAJ | 34 (0.7%) |
| 40 | 그런01 | MM | 26 (0.6%) | 두01 | MM | 53 (0.7%) | 이05 | MM | 53 (0.7%) | 별로01 | MAG | 34 (0.7%) |
| 41 | 다시01 | MAG | 26 (0.6%) | 삼06 | MM | 50 (0.6%) | 그니까 | MAJ | 51 (0.6%) | 이05 | MM | 34 (0.7%) |
| 42 | 되게 | MAG | 26 (0.6%) | 십 | MM | 50 (0.6% | 솔직히 | MAG | 48 (0.6%) | 두01 | MM | 33 (0.6%) |
| 43 | 엄청 | MAG | 26 (0.6%) | 그러니까 | MAJ | 47 (0.6%) | 존나 | MAG | 48 (0.6%) | 이09 | MM | 33 (0.6%) |
| 44 | 먼저 | MAG | 25 (0.6%) | 그런데 | MAJ | 47 (0.6%) | 같이 | MAG | 46 (0.6%) | 빨리 | MAG | 32 (0.6%) |
| 45 | 세01 | MM | 25 (0.6%) | 만06 | MM | 47 (0.6%) | 빨리 | MAG | 46 (0.6%) | 솔직히 | MAG | 32 (0.6%) |
| 46 | 이런01 | MM | 25 (0.6%) | 이09 | MM | 46 (0.6%) | 오04 | MM | 45 (0.6%) | 오늘 | MAG | 30 (0.6%) |
| 47 | 갑자기 | MAG | 24 (0.5%) | 같이 | MAG | 45 (0.6%) | 사11 | MM | 44 (0.5%) | 그러니까 | MAJ | 28 (0.5%) |
| 48 | 젤 | MAG | 23 (0.5%) | 맨날(만날) | MAG | 45 (0.6%) | 삼06 | MM | 44 (0.5%) | 삼06 | MM | 27 (0.5%) |
| 49 | 쫌(좀02) | MAG | 23 (0.5%) | 별로01 | MAG | 45 (0.6%) | 언제01 | MAG | 44 (0.5%) | 그래도 | MAJ | 25 (0.5%) |
| 50 | 어느01 | MM | 21 (0.5%) | 어제01 | MAG | 43 (0.5%) | 계속04 | MAG | 43 (0.5%) | 딱02 | MAG | 25 (0.5%) |
| 합계 | | | 3495 (77.5%) | | | 6249 (77.3%) | | | 6185 (76.6%) | | | 4025 (77.4%) |

　위 표를 중심으로 고빈도 수식언을 살펴보면, 초등학생은 '근데01'의 사용 빈도가 가장 높고, 중학생과 고등학생은 부정부사 '안02'이 가장 높은 빈도를 보인다. 사용 빈도가 높은 50개의 형태들을 구체적으로 살펴보면, 접속부사 '그래서'는 모든 학교급에서 사용되고, '그러니까'는 초등학교 고학년부터 출현하고 있다. 정도부사는 '너무01, 진짜, 되게'가 모든 학교급에서 활발히 사용되고, 중학생 단계까지는 사용이 점차 증가하는 양상을 보인다. '아주01'는 초등학교 저학년 자료에서 나타나고 있으며, 비속한 어감이 있는 '존나'는 중학생 이상의 자료에서 관찰된다. '솔직히'도 중고등학생에게서 자주 사용된다.

　수식언의 고빈도 형태 50개가 전체 형태 사용의 76% 이상을 담당하고 있는 것으로 보아, 수식언 가운데 일부 형태들이 반복적으로 자주 쓰이고 있음을 알 수 있다.

## 나. 사용 화자 수 비율에 따른 수식언 형태 목록

사용 화자 수 관점에서 수식언의 형태 목록을 제시하면 다음과 같다.

〈표 3.27〉 사용 화자 수 비율에 따른 수식언 형태 목록(다수 화자순 50개)

| 순위 | 초등학교 저학년 | | | 초등학교 고학년 | | | 중학생 | | | 고등학생 | | |
|---|---|---|---|---|---|---|---|---|---|---|---|---|
| | 형태 | 품사 | 화자 수(비율) | 형태 | 품사 | 화자 수(비율) | 형태 | 품사 | 화자 수(비율) | 형태 | 품사 | 화자 수(비율) |
| 1 | 안02 | MAG | 107 (89.2%) | 안02 | MAG | 110 (91.7%) | 안02 | MAG | 112 (94.9%) | 안02 | MAG | 116 (96.7%) |
| 2 | 근데01 | MAJ | 91 (75.8%) | 근데01 | MAJ | 105 (87.5%) | 근데01 | MAJ | 101 (85.6%) | 진짜 | MAG | 92 (76.7%) |
| 3 | 그01 | MM | 84 (70.0%) | 그01 | MM | 103 (85.8%) | 진짜 | MAG | 98 (83.1%) | 왜02 | MAG | 86 (71.7%) |
| 4 | 왜02 | MAG | 75 (62.5%) | 진짜 | MAG | 85 (70.8%) | 그01 | MM | 97 (82.2%) | 근데01 | MAJ | 81 (67.5%) |
| 5 | 다03 | MAG | 64 (53.3%) | 다03 | MAG | 84 (70.0%) | 다03 | MAG | 88 (74.6%) | 그01 | MM | 74 (61.7%) |

| 순위 | 초등학교 저학년 | | | 초등학교 고학년 | | | 중학생 | | | 고등학생 | | |
|---|---|---|---|---|---|---|---|---|---|---|---|---|
| | 형태 | 품사 | 화자 수(비율) | 형태 | 품사 | 화자 수(비율) | 형태 | 품사 | 화자 수(비율) | 형태 | 품사 | 화자 수(비율) |
| 6 | 한01 | MM | 58 (48.3%) | 막02 | MAG | 84 (70.0%) | 왜02 | MAG | 87 (73.7%) | 막02 | MAG | 71 (59.2%) |
| 7 | 막02 | MAG | 53 (44.2%) | 왜02 | MAG | 84 (70.0%) | 그냥 | MAG | 77 (65.3%) | 다03 | MAG | 70 (58.3%) |
| 8 | 몇 | MM | 50 (41.7%) | 한01 | MM | 79 (65.8%) | 좀02 | MAG | 77 (65.3%) | 그냥 | MAG | 69 (57.5%) |
| 9 | 이렇게 | MAG | 46 (38.3%) | 이렇게 | MAG | 75 (62.5%) | 그런01 | MM | 71 (60.2%) | 한01 | MM | 62 (51.7%) |
| 10 | 그냥 | MAG | 45 (37.5%) | 그냥 | MAG | 64 (53.3%) | 한01 | MM | 71 (60.2%) | 그런01 | MM | 61 (50.8%) |
| 11 | 그럼01 | MAJ | 45 (37.5%) | 좀02 | MAG | 59 (49.2%) | 너무01 | MAG | 65 (55.1%) | 좀02 | MAG | 60 (50.0%) |
| 12 | 진짜 | MAG | 44 (36.7%) | 그런01 | MM | 58 (48.3%) | 막02 | MAG | 65 (55.1%) | 잘02 | MAG | 58 (48.3%) |
| 13 | 무슨 | MM | 43 (35.8%) | 어떻게 | MAG | 58 (48.3%) | 몇 | MM | 58 (49.2%) | 못04 | MAG | 52 (43.3%) |
| 14 | 그래서 | MAJ | 42 (35.0%) | 많이 | MAG | 56 (46.7%) | 못04 | MAG | 58 (49.2%) | 많이 | MAG | 50 (41.7%) |
| 15 | 또 | MAG | 42 (35.0%) | 그럼01 | MAJ | 54 (45.0%) | 무슨 | MM | 58 (49.2%) | 너무01 | MAG | 47 (39.2%) |
| 16 | 어떤 | MM | 41 (34.2%) | 그래서 | MAJ | 52 (43.3%) | 십 | MM | 58 (49.2%) | 지금03 | MAG | 40 (33.3%) |
| 17 | 두01 | MM | 40 (33.3%) | 못04 | MAG | 52 (43.3%) | 많이 | MAG | 55 (46.6%) | 이렇게 | MAG | 39 (32.5%) |
| 18 | 잘02 | MAG | 40 (33.3%) | 그리고 | MAJ | 51 (42.5%) | 잘02 | MAG | 53 (44.9%) | 몇 | MM | 38 (31.7%) |
| 19 | 그리고 | MAJ | 37 (30.8%) | 무슨 | MM | 51 (42.5%) | 이렇게 | MAG | 51 (43.2%) | 되게 | MAG | 36 (30.0%) |
| 20 | 너무01 | MAG | 36 (30.0%) | 너무01 | MAG | 50 (41.7%) | 되게 | MAG | 50 (42.4%) | 어떻게 | MAG | 36 (30.0%) |
| 21 | 어떻게 | MAG | 36 (30.0%) | 또 | MAG | 48 (40.0%) | 어떻게 | MAG | 50 (42.4%) | 그래서 | MAJ | 35 (29.2%) |
| 22 | 못04 | MAG | 35 (29.2%) | 더01 | MAG | 47 (39.2%) | 그러니까 | MAJ | 47 (39.8%) | 더01 | MAG | 35 (29.2%) |
| 23 | 또 | MAJ | 34 (28.3%) | 딱03 | MAG | 46 (38.3%) | 별로01 | MAG | 46 (39.0%) | 그럼01 | MAJ | 32 (26.7%) |
| 24 | 많이 | MAG | 34 (28.3%) | 잘02 | MAG | 46 (38.3%) | 이제01 | MAG | 46 (39.0%) | 어제01 | MAG | 32 (26.7%) |
| 25 | 더01 | MAG | 32 (26.7%) | 내14 | MM | 44 (36.7%) | 그래서 | MAJ | 44 (37.3%) | 일05 | MM | 31 (25.8%) |
| 26 | 제일04 | MAG | 31 (25.8%) | 몇 | MM | 44 (36.7%) | 그럼01 | MAJ | 44 (37.3%) | 별로01 | MAG | 29 (24.2%) |
| 27 | 그러면 | MAJ | 30 (25.0%) | 두01 | MM | 41 (34.2%) | 더01 | MAG | 44 (37.3%) | 이제01 | MAG | 29 (24.2%) |
| 28 | 내14 | MM | 29 (24.2%) | 갑자기 | MAG | 38 (31.7%) | 일05 | MM | 44 (37.3%) | 쫌(좀02) | MAG | 28 (23.3%) |
| 29 | 딱03 | MAG | 29 (24.2%) | 계속04 | MAG | 35 (29.2%) | 내14 | MM | 41 (34.7%) | 그렇게 | MAG | 27 (22.5%) |
| 30 | 좀02 | MAG | 28 (23.3%) | 되게 | MAG | 35 (29.2%) | 지금03 | MAG | 40 (33.9%) | 무슨 | MM | 27 (22.5%) |
| 31 | 지금03 | MAG | 28 (23.3%) | 빨리 | MAG | 35 (29.2%) | 그렇게 | MAG | 39 (33.1%) | 이런01 | MM | 27 (22.5%) |
| 32 | 이제01 | MAG | 27 (22.5%) | 또 | MAJ | 34 (28.3%) | 그러면 | MAJ | 38 (32.2%) | 같이 | MAG | 26 (21.7%) |
| 33 | 그런데 | MAJ | 24 (20.0%) | 지금03 | MAG | 34 (28.3%) | 또 | MAG | 38 (32.2%) | 두01 | MM | 26 (21.7%) |
| 34 | 그런01 | MM | 21 (17.5%) | 그러니까 | MAJ | 33 (27.5%) | 이05 | MM | 36 (30.5%) | 또 | MAG | 26 (21.7%) |
| 35 | 먼저 | MAG | 21 (17.5%) | 이제01 | MAG | 33 (27.5%) | 맨날 | MAG | 35 (29.7%) | 오늘 | MAG | 26 (21.7%) |
| 36 | 이런01 | MM | 21 (17.5%) | 그러면 | MAJ | 32 (26.7%) | 삼06 | MM | 34 (28.8%) | 이05 | MM | 26 (21.7%) |
| 37 | 일05 | MM | 20 (16.7%) | 그렇게 | MAG | 32 (26.7%) | 빨리 | MAG | 33 (28.0%) | 내14 | MM | 25 (20.8%) |
| 38 | 같이 | MAG | 19 (15.8%) | 십 | MM | 32 (26.7%) | 오04 | MM | 33 (28.0%) | 맨날 | MAG | 25 (20.8%) |
| 39 | 맨날 | MAG | 19 (15.8%) | 어떤 | MM | 32 (26.7%) | 같이 | MAG | 32 (27.1%) | 십 | MM | 25 (20.8%) |
| 40 | 되게 | MAG | 18 (15.0%) | 이05 | MM | 32 (26.7%) | 이09 | MM | 32 (27.1%) | 그러니까 | MAJ | 24 (20.0%) |
| 41 | 아주01 | MAG | 18 (15.0%) | 이09 | MM | 31 (25.8%) | 언제01 | MAG | 30 (25.4%) | 딱03 | MAG | 24 (20.0%) |
| 42 | 갑자기 | MAG | 17 (14.2%) | 일05 | MM | 31 (25.8%) | 그니까 | MAJ | 29 (24.6%) | 존나 | MAG | 24 (20.0%) |
| 43 | 다시01 | MAG | 17 (14.2%) | 맨날 | MAG | 30 (25.0%) | 그리고 | MAJ | 29 (24.6%) | 빨리 | MAG | 23 (19.2%) |
| 44 | 세01 | MM | 17 (14.2%) | 삼06 | MM | 29 (24.2%) | 또 | MAJ | 29 (24.6%) | 또 | MAJ | 22 (18.3%) |
| 45 | 쫌(좀02) | MAG | 17 (14.2%) | 제일04 | MAG | 29 (24.2%) | 솔직히 | MAG | 29 (24.6%) | 이09 | MM | 21 (17.5%) |
| 46 | 그렇게 | MAG | 16 (13.3%) | 그런데 | MAJ | 28 (23.3%) | 쫌(좀02) | MAG | 29 (24.6%) | 그러면 | MAJ | 20 (16.7%) |
| 47 | 빨리 | MAG | 16 (13.3%) | 오늘 | MAG | 28 (23.3%) | 세01 | MM | 28 (23.7%) | 그래도 | MAJ | 18 (15.0%) |
| 48 | 언제01 | MAG | 16 (13.3%) | 별로01 | MAG | 27 (22.5%) | 이런01 | MM | 28 (23.7%) | 그리고 | MAJ | 18 (15.0%) |
| 49 | 엄청 | MAG | 16 (13.3%) | 같이 | MAG | 25 (20.8%) | 딱03 | MAG | 27 (22.9%) | 삼06 | MM | 18 (15.0%) |
| 50 | 네02 | MM | 15 (12.5%) | 거의01 | MAG | 25 (20.8%) | 두01 | MM | 26 (22.0%) | 만06 | MM | 17 (14.2%) |

  부사와 관형사로 구성된 수식언 범주에서 가장 많은 사용 화자 수를 보인 형태는 부정부사 '안02'이다. '안02'은 초등학교 저학년부터 고등학생까지 모든 학교급에서 사용 빈도가 가장 높다. 수식언의 고빈도 형태 10개를 들어보면, '근데01, 그01, 왜02, 한01, 그냥, 다03' 등이다. 수식언의 특징적인 점은 '근데01, 진짜, 딱03, 되게, 좀02, 맨날, 엄청, 그니까, 존나' 등 구어적인 표현이 다수 포함되어 있고 사용 빈도도 높다는 점이다. 사용 화자 수에 따른 분석 결과도 단순 사용 빈도와 큰 차이를 보이지 않는다.

  수식언 고빈도 형태 50개에서 보면, 모든 학교급에서 부사가 관형사보다 더 활발히 사용되고 있다. 관형사는 '이05, 그01, 그런01, 이런01'의 지시 관형사, '몇, 무슨, 어떤'의 의문 관형사, '일05, 이09, 삼06, 세01, 한01, 두01'의 수 관형사 등이 다양하게 쓰인다. 특이할 만한 점은 수식언 고빈도 50개 안에 성상 관형사가 포함되지 않는다는 점이다.

### 다. 수식언의 하위 유형별 사용 빈도

  다음은 수식언을 하위 유형인 관형사, 일반부사, 접속부사로 구분하여, 학교급별 사용 분포를 살펴보기로 한다.

### ① 관형사의 사용 빈도

  관형사의 학교급별 고빈도 형태는 다음과 같다.

<표 3.28> 고빈도순 관형사 형태 목록(고빈도 형태 50개)

| 순위 | 초등학교 저학년 | | 초등학교 고학년 | | 중학생 | | 고등학생 | |
|---|---|---|---|---|---|---|---|---|
| | 형태 | 빈도(비율) | 형태 | 빈도(비율) | 형태 | 빈도(비율) | 형태 | 빈도(비율) |
| 1 | 그01 | 247 (21.2%) | 그01 | 564 (27.5%) | 그01 | 316 (17.1%) | 그01 | 167 (14.7%) |
| 2 | 한01 | 109 (9.4%) | 한01 | 178 (8.7%) | 한01 | 162 (8.8%) | 그런01 | 121 (10.6%) |
| 3 | 몇 | 98 (8.4%) | 그런01 | 126 (6.1%) | 그런01 | 136 (7.4%) | 한01 | 110 (9.7%) |
| 4 | 어떤 | 70 (6.0%) | 몇 | 87 (4.2%) | 몇 | 113 (6.1%) | 몇 | 65 (5.7%) |
| 5 | 무슨 | 69 (5.9%) | 내14 | 81 (4.0%) | 무슨 | 107 (5.8%) | 일05 | 50 (4.4%) |
| 6 | 두01 | 67 (5.8%) | 무슨 | 81 (4.0%) | 십 | 96 (5.2%) | 이런01 | 43 (3.8%) |
| 7 | 내14 | 43 (3.7%) | 어떤 | 67 (3.3%) | 일05 | 88 (4.8%) | 십 | 41 (3.6%) |
| 8 | 일05 | 32 (2.7%) | 일05 | 58 (2.8%) | 이09 | 67 (3.6%) | 만06 | 40 (3.5%) |
| 9 | 그런01 | 26 (2.2%) | 두01 | 53 (2.6%) | 내14 | 59 (3.2%) | 무슨 | 37 (3.2%) |
| 10 | 세01 | 25 (2.1%) | 삼06 | 50 (2.4%) | 이05 | 53 (2.9%) | 내14 | 35 (3.1%) |
| 11 | 이런01 | 25 (2.1%) | 십 | 50 (2.4%) | 오04 | 45 (2.4%) | 이05 | 34 (3.0%) |
| 12 | 어느01 | 21 (1.8%) | 만06 | 47 (2.3%) | 사11 | 44 (2.4%) | 두01 | 33 (2.9%) |
| 13 | 이05 | 20 (1.7%) | 이09 | 46 (2.2%) | 삼06 | 44 (2.4%) | 이09 | 33 (2.9%) |
| 14 | 네02 | 19 (1.6%) | 사11 | 42 (2.0%) | 두01 | 41 (2.2%) | 삼06 | 27 (2.4%) |
| 15 | 십 | 19 (1.6%) | 이05 | 42 (2.0%) | 이런01 | 39 (2.1%) | 육02 | 20 (1.8%) |
| 16 | 다른 | 18 (1.5%) | 이런01 | 42 (2.0%) | 세01 | 34 (1.8%) | 딴03 | 19 (1.7%) |

| 순위 | 초등학교 저학년 | | 초등학교 고학년 | | 중학생 | | 고등학생 | |
|---|---|---|---|---|---|---|---|---|
| | 형태 | 빈도(비율) | 형태 | 빈도(비율) | 형태 | 빈도(비율) | 형태 | 빈도(비율) |
| 17 | 이09 | 18 (1.5%) | 백05 | 39 (1.9%) | 육02 | 30 (1.6%) | 백05 | 19 (1.7%) |
| 18 | 오04 | 17 (1.5%) | 다른 | 37 (1.8%) | 백05 | 28 (1.5%) | 천03 | 19 (1.7%) |
| 19 | 사11 | 16 (1.4%) | 오04 | 34 (1.7%) | 어떤 | 26 (1.4%) | 오04 | 17 (1.5%) |
| 20 | 다섯 | 14 (1.2%) | 세01 | 31 (1.5%) | 저04 | 26 (1.4%) | 뭔 | 16 (1.4%) |
| 21 | 따른(다른) | 14 (1.2%) | 천03 | 29 (1.4%) | 네02 | 25 (1.4%) | 사11 | 15 (1.3%) |
| 22 | 저04 | 14 (1.2%) | 육02 | 23 (1.1%) | 다른 | 19 (1.0%) | 세01 | 15 (1.3%) |
| 23 | 백05 | 12 (1.0%) | 맨01 | 21 (1.0%) | 칠01 | 19 (1.0%) | 다른 | 13 (1.1%) |
| 24 | 만06 | 9 (0.8%) | 네02 | 20 (1.0%) | 만06 | 18 (1.0%) | 따른(다른) | 13 (1.1%) |
| 25 | 삼06 | 9 (0.8%) | 저04 | 18 (0.9%) | 여섯 | 18 (1.0%) | 네02 | 11 (1.0%) |
| 26 | 열03 | 9 (0.8%) | 다섯 | 16 (0.8%) | 팔03 | 18 (1.0%) | 아무01 | 10 (0.9%) |
| 27 | 아홉 | 8 (0.7%) | 어느01 | 16 (0.8%) | 다섯 | 17 (0.9%) | 저04 | 10 (0.9%) |
| 28 | 육02 | 8 (0.7%) | 따른(다른) | 13 (0.6%) | 딴03 | 17 (0.9%) | 칠01 | 10 (0.9%) |
| 29 | 팔03 | 8 (0.7%) | 여섯 | 13 (0.6%) | 천03 | 14 (0.8%) | 열03 | 9 (0.8%) |
| 30 | 맨01 | 7 (0.6%) | 팔03 | 13 (0.6%) | 어느01 | 13 (0.7%) | 맨01 | 8 (0.7%) |
| 31 | 아무01 | 7 (0.6%) | 열03 | 12 (0.6%) | 뭔 | 12 (0.7%) | 어떤 | 8 (0.7%) |
| 32 | 칠01 | 7 (0.6%) | 딴03 | 11 (0.5%) | 맨01 | 10 (0.5%) | 아홉 | 6 (0.5%) |
| 33 | 구01 | 6 (0.5%) | 여덟 | 10 (0.5%) | 따른(다른) | 9 (0.5%) | 어느01 | 6 (0.5%) |
| 34 | 여섯 | 6 (0.5%) | 구01 | 9 (0.4%) | 모든 | 8 (0.4%) | 별02 | 5 (0.4%) |
| 35 | 천03 | 6 (0.5%) | 여러 | 8 (0.4%) | 열03 | 6 (0.3%) | 사십 | 5 (0.4%) |
| 36 | 딴03 | 5 (0.4%) | 일곱 | 7 (0.3%) | 그딴 | 5 (0.3%) | 여덟 | 4 (0.4%) |
| 37 | 일곱 | 5 (0.4%) | 아무01 | 6 (0.3%) | 아무01 | 5 (0.3%) | 저런01 | 4 (0.4%) |
| 38 | (몇) | 4 (0.3%) | 요03 | 6 (0.3%) | 첫 | 5 (0.3%) | 다섯 | 3 (0.3%) |
| 39 | 여덟 | 4 (0.3%) | 칠01 | 6 (0.3%) | 사십 | 4 (0.2%) | 여러 | 3 (0.3%) |
| 40 | 전07 | 4 (0.3%) | 뭔 | 5 (0.2%) | 석01 | 4 (0.2%) | 여섯 | 3 (0.3%) |
| 41 | 새06 | 3 (0.3%) | 어쩔(어떤) | 4 (0.2%) | 여러 | 4 (0.2%) | 일곱 | 3 (0.3%) |
| 42 | 어뜬(어떤) | 3 (0.3%) | 그딴 | 2 (0.1%) | 일곱 | 4 (0.2%) | 팔03 | 3 (0.3%) |
| 43 | 그딴 | 2 (0.2%) | 류(육02) | 2 (0.1%) | 저런01 | 4 (0.2%) | 구01 | 2 (0.2%) |
| 44 | 모든 | 2 (0.2%) | 서너 | 2 (0.1%) | 구01 | 3 (0.2%) | 딴(다른) | 2 (0.2%) |
| 45 | 뭔 | 2 (0.2%) | 아홉 | 2 (0.1%) | 새06 | 3 (0.2%) | 새06 | 2 (0.2%) |
| 46 | 저런01 | 2 (0.2%) | 네10 | 1 (0.0%) | 옛01 | 3 (0.2%) | 서른 | 2 (0.2%) |
| 47 | 쩌(저04) | 2 (0.2%) | 두세 | 1 (0.0%) | 그른(그런01) | 2 (0.1%) | 십만 | 2 (0.2%) |
| 48 | 거(그01) | 1 (0.1%) | 둘01 | 1 (0.0%) | 마이 | 2 (0.1%) | 웬01 | 2 (0.2%) |
| 49 | 고03 | 1 (0.1%) | 따르(다른) | 1 (0.0%) | 별02 | 2 (0.1%) | 첫 | 2 (0.2%) |
| 50 | 근(그런01) | 1 (0.1%) | 딴(다른) | 1 (0.0%) | 여덟 | 2 (0.1%) | 궁(그런01) | 1 (0.1%) |

관형사는 전체 학교급에서 '그01'의 사용이 월등히 높지만, 학교급이 높아질수록 사용 비율은 줄어드는 경향을 보인다. 초등학교 저학년은 '그01, 한01, 몇, 어떤, 무슨, 두01, 내14, 일05, 그런01' 순으로 사용 빈도가 높고, 초등학교 고학년은 '그01, 한01, 그런01, 몇, 내14, 무슨, 어떤, 일05, 두01' 순으로 사용 빈도가 높아 저학년보다 '그런01'의 사용이 높다. 중학생은 '그01, 한01, 그런01, 몇, 무슨, 십, 일05, 이09' 순으로 지시 관형사와 수 관형사의 쓰임이 높은 편이다. 고등학생은 '그01, 그런01, 한01, 몇, 일05, 이런01, 십, 만06' 순으로 나타나며, 특히 수 관

형사가 고빈도 형태에 다수 포함되어 있다. 전체적으로 지시 관형사 '그01, 그런01' 등과 의문 관형사 '몇, 무슨, 어떤, 어느01' 등이 높은 사용을 보인다. 또한 담화 표지나 군말로 사용되는 '그01, 한01, 어떤, 무슨' 등이 고빈도로 출현하고 있다.

② 일반부사의 사용 빈도

일반부사의 학교급별 고빈도 형태는 다음과 같다.

〈표 3.29〉 고빈도순 일반부사 형태 목록(고빈도 형태 50개)

| 순위 | 초등학교 저학년 | | 초등학교 고학년 | | 중학생 | | 고등학생 | |
|---|---|---|---|---|---|---|---|---|
| | 형태 | 빈도(비율) | 형태 | 빈도(비율) | 형태 | 빈도(비율) | 형태 | 빈도(비율) |
| 1 | 안02 | 261 (10.4%) | 안02 | 502 (10.7%) | 안02 | 552 (10.8%) | 안02 | 453 (12.9%) |
| 2 | 막02 | 174 (6.9%) | 막02 | 423 (9.0%) | 막02 | 501 (9.8%) | 진짜 | 299 (8.5%) |
| 3 | 왜02 | 159 (6.3%) | 이렇게 | 267 (5.7%) | 진짜 | 396 (7.7%) | 막02 | 254 (7.2%) |
| 4 | 다03 | 128 (5.1%) | 진짜 | 266 (5.7%) | 다03 | 250 (4.9%) | 왜02 | 197 (5.6%) |
| 5 | 이렇게 | 109 (4.3%) | 다03 | 191 (4.1%) | 왜02 | 225 (4.4%) | 다03 | 135 (3.8%) |
| 6 | 진짜 | 80 (3.2%) | 왜02 | 175 (3.7%) | 그냥 | 183 (3.6%) | 그냥 | 125 (3.6%) |
| 7 | 제일04 | 76 (3.0%) | 그냥 | 148 (3.2%) | 좀02 | 175 (3.4%) | 좀02 | 117 (3.3%) |
| 8 | 그냥 | 73 (2.9%) | 떡03 | 140 (3.0%) | 너무01 | 152 (3.0%) | 많이 | 88 (2.5%) |
| 9 | 또 | 62 (2.5%) | 좀02 | 118 (2.5%) | 이렇게 | 118 (2.3%) | 잘02 | 86 (2.5%) |
| 10 | 잘02 | 60 (2.4%) | 어떻게 | 103 (2.2%) | 되게 | 100 (2.0%) | 지금03 | 77 (2.2%) |
| 11 | 이제01 | 56 (2.2%) | 너무01 | 100 (2.1%) | 못04 | 97 (1.9%) | 못04 | 75 (2.1%) |
| 12 | 너무01 | 55 (2.2%) | 못04 | 98 (2.1%) | 많이 | 95 (1.9%) | 너무01 | 73 (2.1%) |
| 13 | 떡03 | 54 (2.2%) | 많이 | 87 (1.9%) | 잘02 | 95 (1.9%) | 이렇게 | 72 (2.1%) |
| 14 | 어떻게 | 50 (2.0%) | 또 | 78 (1.7%) | 어떻게 | 88 (1.7%) | 되게 | 68 (1.9%) |
| 15 | 못04 | 49 (2.0%) | 딱02 | 77 (1.6%) | 더01 | 81 (1.6%) | 어제01 | 60 (1.7%) |
| 16 | 많이 | 44 (1.8%) | 잘02 | 76 (1.6%) | 이제01 | 81 (1.6%) | 어떻게 | 57 (1.6%) |
| 17 | 더01 | 43 (1.7%) | 더01 | 72 (1.5%) | 지금03 | 75 (1.5%) | 쫌(좀02) | 48 (1.4%) |
| 18 | 좀02 | 41 (1.6%) | 이제01 | 71 (1.5%) | 별로01 | 71 (1.4%) | 존나 | 47 (1.3%) |
| 19 | 지금03 | 41 (1.6%) | 계속04 | 65 (1.4%) | 딱03 | 67 (1.3%) | 더01 | 45 (1.3%) |
| 20 | 아주01 | 30 (1.2%) | 지금03 | 64 (1.4%) | 맨날(만날) | 62 (1.2%) | 또 | 43 (1.2%) |
| 21 | 같이 | 28 (1.1%) | 되게 | 59 (1.3%) | 쫌(좀02) | 62 (1.2%) | 이제01 | 42 (1.2%) |
| 22 | 딱02 | 28 (1.1%) | 갑자기 | 58 (1.2%) | 그렇게 | 60 (1.2%) | 맨날(만날) | 41 (1.2%) |
| 23 | 맨날(만날) | 28 (1.1%) | 제일04 | 58 (1.2%) | 오늘 | 56 (1.1%) | 그렇게 | 39 (1.1%) |
| 24 | 빨리 | 27 (1.1%) | 그렇게 | 55 (1.2%) | 또 | 55 (1.1%) | 같이 | 37 (1.1%) |
| 25 | 다시01 | 26 (1.0%) | 빨리 | 54 (1.2%) | 솔직히 | 48 (0.9%) | 딱03 | 37 (1.1%) |
| 26 | 되게 | 26 (1.0%) | 같이 | 45 (1.0%) | 존나 | 48 (0.9%) | 별로01 | 34 (1.0%) |
| 27 | 엄청 | 26 (1.0%) | 맨날(만날) | 45 (1.0%) | 같이 | 46 (0.9%) | 빨리 | 32 (0.9%) |
| 28 | 먼저 | 25 (1.0%) | 별로01 | 45 (1.0%) | 빨리 | 46 (0.9%) | 솔직히 | 32 (0.9%) |
| 29 | 갑자기 | 24 (1.0%) | 어제01 | 43 (0.9%) | 언제01 | 44 (0.9%) | 오늘 | 30 (0.9%) |
| 30 | 젤 | 23 (0.9%) | 다시01 | 41 (0.9%) | 계속04 | 43 (0.8%) | 딱02 | 25 (0.7%) |
| 31 | 쫌(좀02) | 23 (0.9%) | 오늘 | 35 (0.7%) | 어제01 | 43 (0.8%) | 이케 | 25 (0.7%) |
| 32 | 언제01 | 21 (0.8%) | 쫌(좀02) | 33 (0.7%) | 아직01 | 37 (0.7%) | 아직01 | 18 (0.5%) |
| 33 | 이케 | 21 (0.8%) | 거의 | 31 (0.7%) | 정말01 | 37 (0.7%) | 언제01 | 18 (0.5%) |

| 순위 | 초등학교 저학년 | | 초등학교 고학년 | | 중학생 | | 고등학생 | |
|---|---|---|---|---|---|---|---|---|
| | 형태 | 빈도(비율) | 형태 | 빈도(비율) | 형태 | 빈도(비율) | 형태 | 빈도(비율) |
| 34 | 그렇게 | 18 (0.7%) | 먼저 | 31 (0.7%) | 제일04 | 36 (0.7%) | 인제01 | 17 (0.5%) |
| 35 | 아직01 | 18 (0.7%) | 엄청 | 24 (0.5%) | 다시01 | 34 (0.7%) | 거의01 | 16 (0.5%) |
| 36 | 계속04 | 17 (0.7%) | 정말01 | 24 (0.5%) | 요즘 | 31 (0.6%) | 얼마나 | 16 (0.5%) |
| 37 | 짱02 | 16 (0.6%) | 언제01 | 23 (0.5%) | 딱02 | 30 (0.6%) | 요즘 | 16 (0.5%) |
| 38 | 아까 | 13 (0.5%) | 아까 | 21 (0.4%) | 갑자기 | 22 (0.4%) | 계속04 | 14 (0.4%) |
| 39 | 요즘 | 13 (0.5%) | 아직01 | 21 (0.4%) | 바로02 | 22 (0.4%) | 아까 | 14 (0.4%) |
| 40 | 별로01 | 12 (0.5%) | 존나 | 20 (0.4%) | 엄청 | 22 (0.4%) | 꼭03 | 12 (0.3%) |
| 41 | 어제01 | 11 (0.4%) | 디게(되게) | 19 (0.4%) | 열심히 | 22 (0.4%) | 정말01 | 12 (0.3%) |
| 42 | 탁01 | 11 (0.4%) | 아주01 | 18 (0.4%) | 거의01 | 21 (0.4%) | 제일04 | 12 (0.3%) |
| 43 | 쪼금 | 10 (0.4%) | 얼마나 | 18 (0.4%) | 얼마나 | 21 (0.4%) | 다시01 | 11 (0.3%) |
| 44 | 오늘 | 9 (0.4%) | 요즘 | 18 (0.4%) | 짱02 | 20 (0.4%) | 열심히 | 11 (0.3%) |
| 45 | 거의01 | 8 (0.3%) | 인제01 | 18 (0.4%) | 꼭03 | 17 (0.3%) | 일단01 | 11 (0.3%) |
| 46 | 당연히01 | 8 (0.3%) | 하여튼 | 18 (0.4%) | 먼저 | 16 (0.3%) | 잠깐 | 11 (0.3%) |
| 47 | 디게(되게) | 8 (0.3%) | 졸라02 | 14 (0.3%) | 아까 | 16 (0.3%) | 좆나 | 11 (0.3%) |
| 48 | 벌써 | 8 (0.3%) | 서로01 | 12 (0.3%) | 약간 | 16 (0.3%) | 갑자기 | 10 (0.3%) |
| 49 | 인제01 | 8 (0.3%) | 자꾸01 | 12 (0.3%) | 조용히 | 16 (0.3%) | 바로02 | 10 (0.3%) |
| 50 | 정말01 | 8 (0.3%) | 별루(별로01) | 11 (0.2%) | 졸라02 | 15 (0.3%) | 조용히 | 10 (0.3%) |

일반부사는 전체 학교급에서 부정부사 '안02'의 쓰임이 가장 높다. 초등학교 저학년은 '안02, 막02, 왜02, 다03, 이렇게, 진짜, 제일04, 그냥, 또, 잘02'의 순으로 높은 빈도를 보인다. 초등학교 고학년은 '안02, 막02, 이렇게, 진짜, 다03, 왜02, 그냥, 딱03, 좀02, 어떻게' 순으로 나타나며, 저학년보다 '이렇게, 어떻게, 그렇게'의 쓰임이 많다. 중학생은 '안02, 막02, 진짜, 다03, 왜02, 그냥, 좀02, 너무01, 이렇게' 순으로 높은 빈도를 나타내고 있는데, '진짜, 너무01, 되게' 등의 구어적 정도 부사의 사용이 높고, 시간 부사 '이제01, 지금03, 맨날(만날), 오늘, 언제01' 등 점차 다양화되고 있다. '존나, 졸라02'와 같은 비속어의 쓰임도 높아 다른 학교급과 다른 양상을 띤다. 고등학생은 '안02, 진짜, 막02, 왜02, 다03, 그냥, 좀02, 많이, 잘02'이 높은 빈도를 보인다. 전체적으로 '다03, 너무, 좀02, 많이, 더01' 등의 정도 부사와 '이제, 계속04, 어제01' 등의 시간 부사가 다수 출현하고 있다. 부사 가운데 '막, 되게'와 같은 구어적 표현도 고빈도 형태 50개 안에서 다수 관찰된다.

③ 접속부사의 사용 빈도

접속부사의 학교급별 고빈도 형태는 다음과 같다.

〈표 3.30〉 고빈도순 접속부사 형태 목록

| 순위 | 초등학교 저학년 | | 초등학교 고학년 | | 중학생 | | 고등학생 | |
|---|---|---|---|---|---|---|---|---|
| | 형태 | 빈도(비율) | 형태 | 빈도(비율) | 형태 | 빈도(비율) | 형태 | 빈도(비율) |
| 1 | 근데01 | 359 (43.0%) | 근데01 | 633 (46.8%) | 근데01 | 415 (37.7%) | 근데01 | 207 (37.5%) |
| 2 | 그럼01 | 88 (10.5%) | 그래서 | 144 (10.6%) | 그래서 | 117 (10.6%) | 그래서 | 74 (13.4%) |
| 3 | 그래서 | 75 (9.0%) | 그리고 | 97 (7.2%) | 그러니까 | 112 (10.2%) | 그럼01 | 53 (9.6%) |
| 4 | 그리고 | 66 (7.9%) | 그럼01 | 90 (6.7%) | 그리고 | 69 (6.3%) | 그러면 | 34 (6.2%) |
| 5 | 또 | 57 (6.8%) | 또 | 61 (4.5%) | 그럼01 | 65 (5.9%) | 그러니까 | 28 (5.1%) |
| 6 | 그러면 | 55 (6.6%) | 그러면 | 59 (4.4%) | 그러면 | 54 (4.9%) | 그래도 | 25 (4.5%) |
| 7 | 그런데 | 34 (4.1%) | 그러니까 | 47 (3.5%) | 그니까(그러니까) | 51 (4.6%) | 또 | 25 (4.5%) |
| 8 | 그러니까 | 19 (2.3%) | 그런데 | 47 (3.5%) | 또 | 43 (3.9%) | 그니까(그러니까) | 23 (4.2%) |
| 9 | 그리구(그리고) | 19 (2.3%) | 그니까(그러니까) | 35 (2.6%) | 근까(그러니까) | 30 (2.7%) | 그리고 | 21 (3.8%) |
| 10 | 그래도 | 16 (1.9%) | 그리구(그리고) | 27 (2.0%) | 그래도 | 28 (2.5%) | 그런데 | 10 (1.8%) |
| 11 | 금(그럼01) | 10 (1.2%) | 그래도 | 21 (1.6%) | 그런데 | 24 (2.2%) | 금(그럼01) | 8 (1.4%) |
| 12 | 그니까(그러니까) | 6 (0.7%) | 그래두(그래도) | 13 (1.0%) | 그리구(그리고) | 14 (1.3%) | 아무튼 | 8 (1.4%) |
| 13 | 그러믄(그러면) | 6 (0.7%) | 왜냐면 | 12 (0.9%) | 아무튼 | 11 (1.0%) | 그까(그러니까) | 7 (1.3%) |
| 14 | 왜냐면 | 4 (0.5%) | 그러다가 | 9 (0.7%) | 그까(그러니까) | 8 (0.7%) | 그러면서 | 4 (0.7%) |
| 15 | 왜냐하면 | 4 (0.5%) | 근까(그러니까) | 9 (0.7%) | 그래두(그래도) | 8 (0.7%) | 근까(그러니까) | 4 (0.7%) |
| 16 | 그면(그러면) | 3 (0.4%) | 그러면서 | 8 (0.6%) | 그러면서 | 8 (0.7%) | 긍까(그러니까) | 4 (0.7%) |
| 17 | 그러면서 | 2 (0.2%) | 그면(그러면) | 7 (0.5%) | 금(그럼01) | 8 (0.7%) | 그래03 | 2 (0.4%) |
| 18 | 근까(그러니까) | 2 (0.2%) | 금(그럼01) | 7 (0.5%) | 그렇지만 | 4 (0.4%) | 그리구(그리고) | 2 (0.4%) |
| 19 | 하지만 | 2 (0.2%) | 그까(그러니까) | 4 (0.3%) | 그면(그러면) | 4 (0.4%) | 글면(그러면) | 2 (0.4%) |
| 20 | 그러고(그리고) | 1 (0.1%) | 그믄(그러면) | 4 (0.3%) | 긍까(그러니까) | 4 (0.4%) | 그나저나 | 1 (0.2%) |
| 21 | 그러구(그리고) | 1 (0.1%) | 아무튼 | 3 (0.2%) | 왜냐하면 | 4 (0.4%) | 그래두(그래도) | 1 (0.2%) |
| 22 | 그러니 | 1 (0.1%) | 그르니까(그러니까) | 2 (0.1%) | 그러다 | 3 (0.3%) | 그러구(그리고) | 1 (0.2%) |
| 23 | 그러다가 | 1 (0.1%) | 그른데(그런데) | 2 (0.1%) | 그르니까(그러니까) | 3 (0.3%) | 그러믄(그러면) | 1 (0.2%) |
| 24 | 그르니까(그러니까) | 1 (0.1%) | 그믄(그러면) | 2 (0.1%) | 왜냐면 | 3 (0.3%) | 그르니까(그러니까) | 1 (0.2%) |
| 25 | 그치만(그렇지만) | 1 (0.1%) | 어쩌면 | 2 (0.1%) | 하지만 | 3 (0.3%) | 그면(그러면) | 1 (0.2%) |
| 26 | 어쩌면 | 1 (0.1%) | 왜냐하면 | 2 (0.1%) | 그나저나 | 2 (0.2%) | 그문(그러면) | 1 (0.2%) |
| 27 | 어쩜 | 1 (0.1%) | 그나저나 | 1 (0.1%) | 그러다가 | 1 (0.1%) | 그이까(그러니까) | 1 (0.2%) |
| 28 | | | 그러고(그리고) | 1 (0.1%) | 그문(그러면) | 1 (0.1%) | 까(그러니까) | 1 (0.2%) |
| 29 | | | 근다(근데01) | 1 (0.1%) | 그믄(그러면) | 1 (0.1%) | 면(그러면) | 1 (0.2%) |
| 30 | | | 글고(그리고) | 1 (0.1%) | 그치만(그렇지만) | 1 (0.1%) | | |
| 31 | | | 긍까(그러니까) | 1 (0.1%) | 글면서(그러면서) | 1 (0.1%) | | |
| 32 | | | 하지만 | 1 (0.1%) | 어쩌면 | 1 (0.1%) | | |

　접속부사는 전체 학교급에서 '근데01'의 사용 비율이 월등히 높다. 초등학교는 '근데01, 그럼01, 그래서, 그리고, 또, 그러면, 그런데, 그러니까, 그리구(그리고), 그래도' 순으로 자주 사용되고, 초등학교 고학년은 '근데01, 그래서, 그리고, 그럼01, 또, 그러면, 그러니까, 그런데, 그니까(그러니까), 그리구(그리고), 그래도' 순으로 나타나 저학년과 비슷한 양상을 띤다. 중학생은 '근데01, 그래서, 그러니까, 그리고, 그럼01, 그러면, 그니까(그러니까), 또, 근까(그러니까), 그래도, 그런데, 그리구(그리고)' 순으로 사용되고, 마지막으로 고등학생은 '근데01, 그래서, 그럼01, 그러면, 그러니까, 그래도, 또, 그니까(그러니까), 그리고, 그런데, 금(그럼01),

아무튼'의 순으로 사용 빈도가 높다. 접속부사는 전반적으로 '근데01, 그럼01'과 같이 담화 표지로 쓰이는 표현을 비롯하여 구어적 변이형들이 다양하게 나타나는 경향을 보인다.

초·중·고등학생의 수식언 사용 양상을 살펴본 결과, '근데01, 막02, 진짜, 그냥, 딱03, 그럼01, 쫌(좀02), 맨날' 등의 구어적 표현이 사용 빈도도 높고, 사용 화자 수도 많은 것으로 조사되었다. 관형사는 지시 관형사 '그01'의 사용이 가장 높아 '이, 그, 저' 중에 듣는 이에게 가까운 대상을 지시하는 '그'의 쓰임이 활발함을 알 수 있었다. 그 밖에 '그01, 그런01, 내13, 이런01, 저04, 저런01'의 지시 관형사도 빈번히 쓰였다. 수 관형사 '한01, 몇, 십' 등도 다수 출현하며 높은 빈도를 차지하였다.

일반부사는 부정부사 '안02'이 사용 빈도가 가장 높았으며, 그 다음으로 '막02, 진짜'와 같은 형태가 높게 나타났다. 일반부사 목록에는 '다03, 너무01, 많이, 좀02, 더01, 되게' 등의 정도부사와 '이제01, 계속04, 어제01, 오늘' 등의 시간 부사가 다수 출현하였다.

접속부사는 '근데01'가 월등히 높은 빈도를 보였고, '근데01, 그럼01'처럼 담화 표지로 사용되는 형태들의 쓰임이 빈번하였다. 접속부사는 특히 모든 학교급에서 '근데, 그리구, 그니까, 왜냐면, 금, 그리구, 그치만, 어쩜' 등과 같은 구어적 변이 형태들이 다양하게 사용되는 모습을 볼 수 있었다.


## 3.2.2 문법 형태 분포

문법 형태 분포는 조사와 어미로 구분하여 그 형태 수와 사용 빈도를 중심으로 살펴보기로 한다.

<표 3.31> 문법 형태의 유형별 형태 수와 사용 빈도

| 유형 | 형태 수(비율) | 사용 빈도(비율) |
|---|---|---|
| 조사 | 89 (17.4%) | 23,639 (31.4%) |
| 어미 | 422 (82.6%) | 51,570 (68.6%) |
| 총합계 | 511 (100.0%) | 75,209 (100.0%) |

전체 어휘 가운데 문법 형태의 수는 총 511개이고, 사용 빈도는 75,209회였다. 조사의 형태 수는 89개로 문법 형태 수의 17.4%에 이른다. 어미의 형태 수는 422개로 82.6%라는 높은 비율을 차지하고 있으며, 이를 통해 매우 다양한 어미 형태가 쓰이고 있음을 알 수 있다. 사용 빈

도에서는 조사가 31.4%, 어미가 68.6%의 비율을 보여 어미의 사용이 더 많음을 알 수 있다.

　형태 수와 사용 빈도를 대비해 보면, 형태 수에서 보였던 조사와 어미의 격차가 사용 빈도에서는 다소 감소하는 모습을 볼 수 있다. 조사의 형태 수는 17.4%였지만 사용 빈도는 31.4%로 증가하였고, 어미의 형태 수는 82.6%였지만 사용 빈도에서는 68.6%로 감소하였다.

### 3.2.2.1 조사

　조사는 격조사, 보조사, 접속조사로 구분하고, 격조사는 다시 주격조사, 보격조사, 관형격조사, 목적격조사, 부사격조사, 호격조사, 인용격조사로 구분하여 분석하였다. 조사의 하위 유형별 형태 수와 사용 빈도를 정리하면 다음과 같다.

〈표 3.32〉 조사의 하위 유형별 형태 수와 사용 빈도

| 유형 | | 형태 수(비율) | 사용 빈도(비율) |
|---|---|---|---|
| 격조사(JK) | 주격조사(JKS) | 3 (3.4%) | 6,513 (27.6%) |
| | 보격조사(JKC) | 1 (1.1%) | 64 (0.3%) |
| | 관형격조사(JKG) | 2 (2.2%) | 140 (0.6%) |
| | 목적격조사(JKO) | 2 (2.2%) | 1,835 (7.8%) |
| | 부사격조사(JKB) | 30 (33.7%) | 5,692 (24.1%) |
| | 호격조사(JKV) | 1 (1.1%) | 126 (0.5%) |
| | 인용격조사(JKQ) | 6 (6.7%) | 532 (2.3%) |
| 보조사(JX) | | 38 (42.7%) | 8,230 (34.8%) |
| 접속조사(JC) | | 6 (6.7%) | 507 (2.1%) |
| 합계 | | 89 (100.0%) | 23,639 (100.0%) |

　조사는 총 89개의 형태가 23,639회 출현하고 있다. 조사 중에서 보조사가 38개(42.7%)로 가장 많은 형태 수를 보이고, 그 다음으로 부사격조사가 30개(33.7%)로 격조사 중에서는 가장 높은 비율을 보인다. 그 밖에 다른 형태들은 6개 이하의 수치로 나타나고 있다.

　조사의 사용 빈도를 살펴보면, 보조사가 8,230회(34.8%)로 가장 활발히 사용되고 있다. 다음으로 주격조사가 6,513회(27.6%)로 격조사 중에서는 가장 많이 사용되고 있으며, 부사격조사도 5,692회(24.1%)로 높은 출현 양상을 보인다. 그리고 목적격조사도 1,835회(7.8%)로 전체 빈도의 10% 가까이에 이른다.

　형태 수와 사용 빈도를 대비해 보면, 형태 수에서는 높은 비율을 보인 보조사와 부사격조사가 사용 빈도에서도 높게 나타난다. 주격조사와 목적격조사는 형태 수는 세 개 이하로 각각

3.4%, 2.2%를 차지하지만, 사용 빈도는 27.6%, 7.8%의 비율을 보여 활발하게 사용됨을 볼 수 있다.

다음은 학교급별로 조사의 분포 양상을 살펴보기로 한다. 조사 유형별 형태 수와 사용 빈도를 학교급을 구분하여 제시하면 다음과 같다.

〈표 3.33〉 조사의 학교급별 형태 수

| 유형 | | 초등학교 저학년 | 초등학교 고학년 | 중학생 | 고등학생 |
|---|---|---|---|---|---|
| | | 형태 수(비율) | 형태 수(비율) | 형태 수(비율) | 형태 수(비율) |
| 격조사<br>(JK) | 주격조사(JKS) | 2 (3.0%) | 3 (4.3%) | 3 (4.8%) | 2 (3.2%) |
| | 보격조사(JKC) | 1 (1.5%) | 1 (1.4%) | 1 (1.6%) | 1 (1.6%) |
| | 관형격조사(JKG) | 2 (3.0%) | 2 (2.9%) | 1 (1.6%) | 2 (3.2%) |
| | 목적격조사(JKO) | 2 (3.0%) | 2 (2.9%) | 2 (3.2%) | 2 (3.2%) |
| | 부사격조사(JKB) | 24 (36.4%) | 25 (35.7%) | 23 (37.1%) | 21 (33.9%) |
| | 호격조사(JKV) | 1 (1.5%) | 1 (1.4%) | 1 (1.6%) | 1 (1.6%) |
| | 인용격조사(JKQ) | 4 (6.1%) | 5 (7.1%) | 5 (8.1%) | 4 (6.5%) |
| 보조사(JX) | | 25 (37.9%) | 25 (35.7%) | 22 (35.5%) | 24 (38.7%) |
| 접속조사(JC) | | 5 (7.6%) | 6 (8.6%) | 4 (6.5%) | 5 (8.1%) |
| 합계 | | 66 (100.0%) | 70 (100.0%) | 62 (100.0%) | 62 (100.0%) |

학교급별 자료를 유형별로 살펴보면, 초등학교 저학년과 고등학생은 보조사의 형태 수가 가장 많고, 초등학교 고학년은 보조사와 부사격조사의 형태 수가 동일하며, 중학생은 부사격조사가 보조사보다 더 많은 것으로 관찰된다. 보조사는 초등학교에서의 형태 수가 25개로 가장 많았으며, 그 밖의 학교급에서는 더 적은 수치를 보인다. 접속조사는 학교급에 따른 특징이 나타나지 않는다.

다음으로 조사의 사용 빈도를 살펴보기로 한다.

〈표 3.34〉 조사의 학교급별 사용 빈도

| 유형 | | 초등학교 저학년 | 초등학교 고학년 | 중학생 | 고등학생 |
|---|---|---|---|---|---|
| | | 사용 빈도(비율) | 사용 빈도(비율) | 사용 빈도(비율) | 사용 빈도(비율) |
| 격조사<br>(JK) | 주격조사(JKS) | 1,289 (26.6%) | 2,122 (28.2%) | 1,909 (27.5%) | 1,193 (27.6%) |
| | 보격조사(JKC) | 19 (0.4%) | 20 (0.3%) | 13 (0.2%) | 12 (0.3%) |
| | 관형격조사(JKG) | 17 (0.4%) | 44 (0.6%) | 59 (0.9%) | 20 (0.5%) |
| | 목적격조사(JKO) | 312 (6.4%) | 618 (8.2%) | 599 (8.6%) | 306 (7.1%) |

| 유형 | | 초등학교 저학년 | 초등학교 고학년 | 중학생 | 고등학생 |
|---|---|---|---|---|---|
| | | 사용 빈도(비율) | 사용 빈도(비율) | 사용 빈도(비율) | 사용 빈도(비율) |
| 격조사 (JK) | 부사격조사(JKB) | 1,125 (23.2%) | 1,895 (25.2%) | 1,632 (23.5%) | 1,040 (24.1%) |
| | 호격조사(JKV) | 42 (0.9%) | 34 (0.5%) | 23 (0.3%) | 27 (0.6%) |
| | 인용격조사(JKQ) | 70 (1.4%) | 181 (2.4%) | 188 (2.7%) | 93 (2.2%) |
| 보조사(JX) | | 1,847 (38.1%) | 2,415 (32.1%) | 2,393 (34.5%) | 1,575 (36.5%) |
| 접속조사(JC) | | 133 (2.7%) | 200 (2.7%) | 120 (1.7%) | 54 (1.3%) |
| 합계 | | 4,854 (100.0%) | 7,529 (100.0%) | 6,936 (100.0%) | 4,320 (100.0%) |

위에 제시된 바와 같이, 모든 학교급에서 보조사의 사용 비율이 가장 높다. 주격조사는, 앞의 형태 수 분포에서와는 달리 사용 빈도수에서는 둘째로 높은 순위를 보인다. 격조사에 한정해 보면, 사용 빈도 순위는 주격조사가 첫째이고, 다음으로 부사격조사, 목적격조사의 순으로 나타나며, 이러한 양상은 모든 학교급에서 동일하다. 보격조사, 관형격조사, 호격조사는 사용 빈도가 그리 높지 않다. 접속조사는 학교급이 높아질수록 사용 비율이 점차 감소하는 경향을 보인다.

다음으로 조사의 개별 형태별로 전체 사용 빈도, 사용 화자 수, 하위 유형별 특징을 살펴보기로 한다.

## 가. 조사의 사용 빈도

조사 형태들을 사용 빈도에 따라 학교급별로 제시하면 다음과 같다.

〈표 3.35〉 고빈도순 조사 형태 목록(고빈도 형태 50개)

| 순위 | 초등학교 저학년 | | | 초등학교 고학년 | | | 중학생 | | | 고등학생 | | |
|---|---|---|---|---|---|---|---|---|---|---|---|---|
| | 형태 | 품사 | 빈도(비율) | 형태 | 품사 | 빈도(비율) | 형태 | 품사 | 빈도(비율) | 형태 | 품사 | 빈도(비율) |
| 1 | 가11 | JKS | 1287 (26.5%) | 가11 | JKS | 2108 (28.0%) | 가11 | JKS | 1897 (27.4%) | 가11 | JKS | 1191 (27.6%) |
| 2 | 는01 | JX | 844 (17.4%) | 는01 | JX | 1016 (13.5%) | 는01 | JX | 949 (13.7%) | 는01 | JX | 572 (13.2%) |
| 3 | 에04 | JKB | 436 (9.0%) | 에04 | JKB | 854 (11.3%) | 에04 | JKB | 781 (11.3%) | 도15 | JX | 438 (10.1%) |
| 4 | ㄴ02 | JX | 344 (7.1%) | 를 | JKO | 533 (7.1%) | 도15 | JX | 586 (8.4%) | 에04 | JKB | 419 (9.7%) |
| 5 | 도15 | JX | 303 (6.2%) | 도15 | JX | 513 (6.8%) | 를 | JKO | 490 (7.1%) | 를 | JKO | 233 (5.4%) |
| 6 | 를 | JKO | 273 (5.6%) | ㄴ02 | JX | 334 (4.4%) | ㄴ02 | JX | 368 (5.3%) | ㄴ02 | JX | 230 (5.3%) |
| 7 | 에서02 | JKB | 206 (4.2%) | 로07 | JKB | 236 (3.1%) | 에서02 | JKB | 203 (2.9%) | 로07 | JKB | 143 (3.3%) |
| 8 | 로07 | JKB | 150 (3.1%) | 에서02 | JKB | 224 (3.0%) | 로07 | JKB | 197 (2.8%) | 랑05 | JKB | 128 (3.0%) |
| 9 | 랑05 | JKB | 98 (2.0%) | 만14 | JX | 145 (1.9%) | 고22 | JKQ | 160 (2.3%) | 만14 | JX | 122 (2.8%) |
| 10 | 만14 | JX | 80 (1.6%) | 한테 | JKB | 139 (1.8%) | 만14 | JX | 138 (2.0%) | 에서02 | JKB | 101 (2.3%) |
| 11 | 두10 | JX | 74 (1.5%) | 고22 | JKQ | 138 (1.8%) | 랑05 | JKB | 117 (1.7%) | 한테 | JKB | 96 (2.2%) |
| 12 | 한테 | JKB | 64 (1.3%) | 랑05 | JKB | 134 (1.8%) | 한테 | JKB | 115 (1.7%) | 고22 | JKQ | 83 (1.9%) |
| 13 | 랑05 | JC | 63 (1.3%) | 랑05 | JC | 129 (1.7%) | ㄹ02 | JKO | 109 (1.6%) | ㄹ02 | JKO | 73 (1.7%) |
| 14 | 하고05 | JC | 53 (1.1%) | 두10 | JX | 97 (1.3%) | 까지03 | JX | 75 (1.1% | 까지03 | JX | 48 (1.1%) |

| 순위 | 초등학교 저학년 | | | 초등학교 고학년 | | | 중학생 | | | 고등학생 | | |
|---|---|---|---|---|---|---|---|---|---|---|---|---|
| | 형태 | 품사 | 빈도(비율) | 형태 | 품사 | 빈도(비율) | 형태 | 품사 | 빈도(비율) | 형태 | 품사 | 빈도(비율) |
| 15 | 고22 | JKQ | 52 (1.1%) | 서16 | JKB | 87 (1.2%) | 랑05 | JC | 66 (1.0%) | 서16 | JKB | 45 (1.0%) |
| 16 | 아09 | JKV | 42 (0.9%) | 까지03 | JX | 86 (1.1%) | 의10 | JKG | 59 (0.9%) | 랑05 | JC | 40 (0.9%) |
| 17 | 까지03 | JX | 41 (0.8%) | ㄹ02 | JKO | 85 (1.1%) | 부터 | JX | 56 (0.8%) | 밖에 | JX | 34 (0.8%) |
| 18 | ㄹ02 | JKO | 39 (0.8%) | 밖에 | JX | 59 (0.8%) | 나10 | JX | 53 (0.8%) | 부터 | JX | 33 (0.8%) |
| 19 | 서16 | JKB | 36 (0.7%) | 하고05 | JC | 57 (0.8%) | 밖에 | JX | 47 (0.7%) | 보다04 | JKB | 29 (0.7%) |
| 20 | 하고05 | JKB | 34 (0.7%) | 하고05 | JKB | 52 (0.7%) | 보다04 | JKB | 46 (0.7%) | 아09 | JKV | 27 (0.6%) |
| 21 | 밖에 | JX | 34 (0.7%) | 보다04 | JKB | 48 (0.6%) | 두10 | JX | 43 (0.6%) | 나10 | JX | 27 (0.6%) |
| 22 | 나10 | JX | 31 (0.6%) | 의10 | JKG | 43 (0.6%) | 서16 | JKB | 42 (0.6%) | 요17 | JX | 24 (0.6%) |
| 23 | 부터 | JX | 30 (0.6%) | 나10 | JX | 42 (0.6%) | 하고05 | JC | 36 (0.5%) | 하고05 | JKB | 21 (0.5%) |
| 24 | 요17 | JX | 29 (0.6%) | 아09 | JKV | 34 (0.5%) | 하고05 | JKB | 25 (0.4%) | 의10 | JKG | 18 (0.4%) |
| 25 | 보다04 | JKB | 27 (0.6%) | 부터 | JX | 31 (0.4%) | 아09 | JKV | 23 (0.3%) | ㄹ로(로07) | JKB | 12 (0.3%) |
| 26 | 가11 | JKC | 19 (0.4%) | 요17 | JX | 26 (0.3%) | 에다가 | JKB | 18 (0.3%) | 가11 | JKC | 12 (0.3%) |
| 27 | 처럼 | JKB | 17 (0.4%) | 처럼 | JKB | 24 (0.3%) | ㄹ로(로07) | JKB | 16 (0.2%) | 대로10 | JKB | 10 (0.2%) |
| 28 | 의10 | JKG | 16 (0.3%) | 구(고22) | JKQ | 23 (0.3%) | 마다04 | JX | 16 (0.2%) | 처럼 | JKB | 10 (0.2%) |
| 29 | 하구(하고05) | JKB | 10 (0.2%) | 가11 | JKC | 20 (0.3%) | 요17 | JX | 16 (0.2%) | 두10 | JX | 10 (0.2%) |
| 30 | 라06 | JKQ | 9 (0.2%) | 에다05 | JKB | 17 (0.2%) | 나10 | JC | 14 (0.2%) | 에다05 | JKB | 7 (0.2%) |
| 31 | 에다05 | JKB | 8 (0.2%) | 마다04 | JX | 17 (0.2%) | 보고01 | JKB | 14 (0.2%) | 라06 | JKQ | 7 (0.2%) |
| 32 | 다06 | JX | 8 (0.2%) | 루(로07) | JKB | 16 (0.2%) | 처럼 | JKB | 14 (0.2%) | 야11 | JX | 7 (0.2%) |
| 33 | 나10 | JC | 7 (0.1%) | ㄹ로(로07) | JKB | 13 (0.2%) | 가11 | JKC | 13 (0.2%) | 나10 | JC | 6 (0.1%) |
| 34 | 루(로07) | JKB | 7 (0.1%) | 께서 | JKS | 11 (0.1%) | 야11 | JX | 12 (0.2%) | 하고05 | JC | 6 (0.1%) |
| 35 | 에다가 | JKB | 7 (0.1%) | 라06 | JKQ | 10 (0.1%) | 서17 | JKS | 11 (0.2%) | 가11 | JX | 6 (0.1%) |
| 36 | 마다04 | JX | 7 (0.1%) | 나10 | JC | 9 (0.1%) | 라06 | JKQ | 10 (0.1%) | 에다가 | JKB | 5 (0.1%) |
| 37 | 과12 | JC | 6 (0.1%) | 하구(하고05) | JKB | 9 (0.1%) | 라고01 | JKQ | 10 (0.1%) | 다가02 | JX | 4 (0.1%) |
| 38 | 구(고22) | JKQ | 6 (0.1%) | 라고01 | JKQ | 8 (0.1%) | 대로10 | JKB | 9 (0.1%) | 만큼 | JX | 4 (0.1%) |
| 39 | 대로10 | JKB | 5 (0.1%) | 다06 | JX | 8 (0.1%) | 가11 | JX | 8 (0.1%) | 같이 | JKB | 3 (0.1%) |
| 40 | ㄹ로(로07) | JKB | 5 (0.1%) | 라도01 | JX | 8 (0.1%) | 라도01 | JX | 8 (0.1%) | 보고01 | JKB | 3 (0.1%) |
| 41 | 하구(하고05) | JC | 4 (0.1%) | 에다가 | JKB | 7 (0.1%) | 과12 | JKB | 7 (0.1%) | 다06 | JX | 3 (0.1%) |
| 42 | 다가02 | JX | 4 (0.1%) | 가11 | JX | 7 (0.1%) | 구(고22) | JKQ | 7 (0.1%) | 란04 | JX | 3 (0.1%) |
| 43 | 과12 | JKB | 3 (0.1%) | 다가02 | JX | 7 (0.1%) | 에게 | JKB | 6 (0.1%) | 마다04 | JX | 3 (0.1%) |
| 44 | 에게 | JKB | 3 (0.1%) | 대로10 | JKB | 6 (0.1%) | ㄹ루(로07) | JKB | 5 (0.1%) | 과12 | JKB | 2 (0.0%) |
| 45 | 라고01 | JKQ | 3 (0.1%) | 같이 | JKB | 6 (0.1%) | 과12 | JC | 4 (0.1%) | 하구(하고05) | JKB | 2 (0.0%) |
| 46 | 만큼 | JX | 3 (0.1%) | 보고01 | JKB | 5 (0.1%) | 같이 | JKB | 4 (0.1%) | 에(의10) | JKG | 2 (0.0%) |
| 47 | 유20 | JX | 3 (0.1%) | 야11 | JX | 5 (0.1%) | 루(로07) | JKB | 4 (0.1%) | 라고01 | JKQ | 2 (0.0%) |
| 48 | 같이 | JKB | 2 (0.0%) | 에게 | JKB | 4 (0.1%) | 다06 | JX | 4 (0.1%) | 서17 | JKS | 2 (0.0%) |
| 49 | 으루(으로01) | JKB | 2 (0.0%) | 과12 | JC | 3 (0.0%) | 만큼 | JX | 4 (0.1%) | 과12 | JC | 1 (0.0%) |
| 50 | 서17 | JKS | 2 (0.0%) | 과12 | JKB | 3 (0.0%) | 에다05 | JKB | 3 (0.0%) | 하구(하고05) | JC | 1 (0.0%) |
| 합계 | | | 4836 (99.4%) | | | 7495 (99.4%) | | | 6918 (100.0%) | | | 4308 (99.4%) |

　고빈도 50개에 포함된 형태들을 살펴보면, 모든 학교급에서 주격조사 '가11'가 가장 높은 사용 빈도를 보인다. 둘째로 사용 빈도가 높은 보조사 '는01'과도 상당히 큰 차이가 있다. 그 외에 보조사 '도15, 만14, ㄴ02', 부사격조사 '에04, 에서02, 로07', 목적격조사 '를' 등도 비교적 높은 사용 빈도를 보인다. 조사의 고빈도 50개 형태 안에는 '랑05, 두10, 하고05, 한테, 루(로07), 구(고22)'와 같이 구어에서 사용되는 형태들이 다수 관찰된다.

고빈도 50개에 포함된 형태들은 조사의 전체 사용 빈도의 99%에 해당한다. 즉, 위에 보인 50개의 형태들이 초등학생부터 고등학생까지 전 학교급에서 사용되는 조사의 거의 전부라 할 수 있다.

## 나. 사용 화자 수 비율에 따른 조사 형태 목록

조사를 사용 화자 수에 따라 학교급별로 제시하면 다음과 같다.

〈표 3.36〉 사용 화자 수 비율에 따른 조사 형태 목록(다수 화자순 50개)

| 순위 | 초등학교 저학년 | | | 초등학교 고학년 | | | 중학생 | | | 고등학생 | | |
|---|---|---|---|---|---|---|---|---|---|---|---|---|
| | 형태 | 품사 | 화자 수(비율) | 형태 | 품사 | 화자 수(비율) | 형태 | 품사 | 화자 수(비율) | 형태 | 품사 | 화자 수(비율) |
| 1 | 가11 | JKS | 120 (100.0%) | 가11 | JKS | 119 (99.2%) | 가11 | JKS | 118 (100.0%) | 가11 | JKS | 118 (98.3%) |
| 2 | 는01 | JX | 118 (98.3%) | 에04 | JKB | 118 (98.3%) | 는01 | JX | 117 (99.2%) | 도15 | JX | 110 (91.7%) |
| 3 | 에04 | JKB | 111 (92.5%) | 는01 | JX | 116 (96.7%) | 에04 | JKB | 114 (96.6%) | 는01 | JX | 108 (90.0%) |
| 4 | ㄴ02 | JX | 111 (92.5%) | 도15 | JX | 112 (93.3%) | 도15 | JX | 113 (95.8%) | 에04 | JKB | 106 (88.3%) |
| 5 | 도15 | JX | 103 (85.8%) | ㄴ02 | JX | 105 (87.5%) | ㄴ02 | JX | 108 (91.5%) | 를 | JKO | 92 (76.7%) |
| 6 | 를 | JKO | 88 (73.3%) | 를 | JKO | 96 (80.0%) | 를 | JKO | 102 (86.4%) | ㄴ02 | JX | 86 (71.7%) |
| 7 | 에서02 | JKB | 86 (71.7%) | 로07 | JKB | 90 (75.0%) | 로07 | JKB | 80 (67.8%) | 로07 | JKB | 69 (57.5%) |
| 8 | 로07 | JKB | 69 (57.5%) | 에서02 | JKB | 86 (71.7%) | 에서02 | JKB | 80 (67.8%) | 에서02 | JKB | 63 (52.5%) |
| 9 | 랑05 | JKB | 51 (42.5%) | 만14 | JX | 70 (58.3%) | 만14 | JX | 68 (57.6%) | 랑05 | JKB | 61 (50.8%) |
| 10 | 만14 | JX | 51 (42.5%) | 랑05 | JKB | 63 (52.5%) | 고22 | JKQ | 67 (56.8%) | 만14 | JX | 61 (50.8%) |
| 11 | 한테 | JKB | 41 (34.2%) | 한테 | JKB | 61 (50.8%) | 랑05 | JKB | 56 (47.5%) | 고22 | JKQ | 48 (40.0%) |
| 12 | 두10 | JX | 39 (32.5%) | 고22 | JKQ | 61 (50.8%) | ㄹ로 | JKO | 56 (47.5%) | 한테 | JKB | 47 (39.2%) |
| 13 | 고22 | JKQ | 35 (29.2%) | 까지03 | JX | 55 (45.8%) | 한테 | JKB | 50 (42.4%) | ㄹ02 | JKO | 42 (35.0%) |
| 14 | ㄹ02 | JKO | 34 (28.3%) | ㄹ02 | JKO | 54 (45.0%) | 까지03 | JX | 48 (40.7%) | 서16 | JKB | 35 (29.2%) |
| 15 | 랑05 | JC | 27 (22.5%) | 랑05 | JC | 48 (40.0%) | 나10 | JX | 42 (35.6%) | 까지03 | JX | 34 (28.3%) |
| 16 | 까지03 | JX | 26 (21.7%) | 두10 | JX | 47 (39.2%) | 부터 | JX | 40 (33.9%) | 부터 | JX | 24 (20.0%) |
| 17 | 서16 | JKB | 25 (20.8%) | 서16 | JKB | 41 (34.2%) | 서16 | JKB | 34 (28.8%) | 밖에 | JX | 23 (19.2%) |
| 18 | 밖에 | JX | 25 (20.8%) | 밖에 | JX | 34 (28.3%) | 밖에 | JX | 34 (28.8%) | 보다04 | JKB | 21 (17.5%) |
| 19 | 나10 | JX | 24 (20.0%) | 보다04 | JKB | 32 (26.7%) | 보다04 | JKB | 33 (28.0%) | 나10 | JX | 21 (17.5%) |
| 20 | 보다04 | JKB | 23 (19.2%) | 하고05 | JKB | 32 (26.7%) | 의10 | JKG | 33 (28.0%) | 랑05 | JC | 20 (16.7%) |
| 21 | 아09 | JKV | 23 (19.2%) | 나10 | JX | 30 (25.0%) | 두10 | JX | 32 (27.1%) | 하고05 | JKB | 18 (15.0%) |
| 22 | 하고05 | JC | 21 (17.5%) | 의10 | JKG | 29 (24.2%) | 랑05 | JC | 31 (26.3%) | 아09 | JKV | 18 (15.0%) |
| 23 | 부터 | JX | 21 (17.5%) | 하고05 | JC | 25 (20.8%) | 하고05 | JKB | 17 (14.4%) | 의10 | JKG | 17 (14.2%) |
| 24 | 하고05 | JKB | 14 (11.7%) | 부터 | JX | 23 (19.2%) | 아09 | JKV | 17 (14.4%) | 요17 | JX | 15 (12.5%) |
| 25 | 가11 | JKC | 14 (11.7%) | 아09 | JKV | 22 (18.3%) | 하고05 | JC | 16 (13.6%) | 대로10 | JKB | 10 (8.3%) |
| 26 | 의10 | JKG | 14 (11.7%) | 처럼 | JKB | 20 (16.7%) | ㄹ로(로07) | JKB | 15 (12.7%) | 가11 | JKC | 10 (8.3%) |
| 27 | 요17 | JX | 14 (11.7%) | 요17 | JX | 16 (13.3%) | 요17 | JX | 15 (12.7%) | 처럼 | JKB | 9 (7.5%) |
| 28 | 처럼 | JKB | 13 (10.8%) | 루(로07) | JKB | 14 (11.7%) | 에다가 | JKB | 13 (11.0%) | ㄹ로(로07) | JKB | 8 (6.7%) |
| 29 | 라06 | JKQ | 9 (7.5%) | 에다05 | JKB | 14 (11.7%) | 마다04 | JX | 12 (10.2%) | 두10 | JX | 8 (6.7%) |
| 30 | 나10 | JC | 7 (5.8%) | 가11 | JKC | 13 (10.8%) | 나10 | JC | 11 (9.3%) | 에다05 | JKB | 7 (5.8%) |
| 31 | 에다05 | JKB | 7 (5.8%) | 구(고22) | JKQ | 13 (10.8%) | 보고01 | JKB | 11 (9.3%) | 라06 | JKQ | 6 (5.0%) |
| 32 | 에다가 | JKB | 7 (5.8%) | 마다04 | JX | 12 (10.0%) | 처럼 | JKB | 11 (9.3%) | 나10 | JC | 5 (4.2%) |
| 33 | 루(로07) | JKB | 6 (5.0%) | ㄹ로(로07) | JKB | 10 (8.3%) | 야11 | JX | 9 (7.6%) | 야11 | JX | 5 (4.2%) |
| 34 | 구(고22) | JKQ | 6 (5.0%) | 라고01 | JKQ | 8 (6.7%) | 가11 | JKC | 8 (6.8%) | 하고05 | JC | 4 (3.3%) |

| 순위 | 초등학교 저학년 | | | 초등학교 고학년 | | | 중학생 | | | 고등학생 | | |
|---|---|---|---|---|---|---|---|---|---|---|---|---|
| | 형태 | 품사 | 화자 수(비율) | 형태 | 품사 | 화자 수(비율) | 형태 | 품사 | 화자 수(비율) | 형태 | 품사 | 화자 수(비율) |
| 35 | 과12 | JC | 5 (4.2%) | 다06 | JX | 8 (6.7%) | 라06 | JKQ | 8 (6.8%) | 가11 | JX | 4 (3.3%) |
| 36 | 하구(하고05) | JKB | 5 (4.2%) | 라도01 | JX | 8 (6.7%) | 대로10 | JKB | 7 (5.9%) | 다가02 | JX | 4 (3.3%) |
| 37 | 다06 | JX | 5 (4.2%) | 나10 | JC | 7 (5.8%) | 과12 | JKB | 6 (5.1%) | 같이 | JKB | 3 (2.5%) |
| 38 | 대로10 | JKB | 4 (3.3%) | 가11 | JX | 7 (5.8%) | 구(고22) | JKQ | 6 (5.1%) | 보고01 | JKB | 3 (2.5%) |
| 39 | ㄹ로(로07) | JKB | 4 (3.3%) | 에다가 | JKB | 6 (5.0%) | 라고01 | JKQ | 6 (5.1%) | 에다가 | JKB | 3 (2.5%) |
| 40 | 마다04 | JX | 4 (3.3%) | 하구(하고05) | JKB | 6 (5.0%) | 서17 | JKS | 6 (5.1%) | 다06 | JX | 3 (2.5%) |
| 41 | 하구(하고05) | JC | 3 (2.5%) | 라06 | JKQ | 6 (5.0%) | 가11 | JX | 6 (5.1%) | 란04 | JX | 3 (2.5%) |
| 42 | 과12 | JKB | 3 (2.5%) | 다가02 | JX | 6 (5.0%) | 라도01 | JX | 6 (5.1%) | 마다04 | JX | 3 (2.5%) |
| 43 | 에게 | JKB | 3 (2.5%) | 대로10 | JKB | 5 (4.2%) | 에게 | JKB | 5 (4.2%) | 만큼 | JX | 3 (2.5%) |
| 44 | 다가02 | JX | 3 (2.5%) | 보고01 | JKB | 5 (4.2%) | 과12 | JC | 4 (3.4%) | 과12 | JKB | 2 (1.7%) |
| 45 | 같이 | JKB | 2 (1.7%) | 야11 | JX | 5 (4.2%) | 같이 | JKB | 4 (3.4%) | 하구(하고05) | JKB | 2 (1.7%) |
| 46 | 으루(으로01) | JKB | 2 (1.7%) | 같이 | JKB | 4 (3.3%) | 루(로07) | JKB | 4 (3.4%) | 에(의10) | JKG | 2 (1.7%) |
| 47 | 라고01 | JKQ | 2 (1.7%) | 에게 | JKB | 4 (3.3%) | 다06 | JX | 4 (3.4%) | 라고01 | JKQ | 2 (1.7%) |
| 48 | 서17 | JKS | 2 (1.7%) | 과12 | JC | 3 (2.5%) | 만큼 | JX | 4 (3.4%) | 서17 | JKS | 2 (1.7%) |
| 49 | 뿐02 | JX | 2 (1.7%) | 으루(으로01) | JKB | 3 (2.5%) | ㄹ루(로07) | JKB | 3 (2.5%) | 과12 | JC | 1 (0.8%) |
| 50 | 여(요17) | JX | 2 (1.7%) | 서17 | JKS | 3 (2.5%) | 에다05 | JKB | 3 (2.5%) | 하구(하고05) | JC | 1 (0.8%) |

위 표에서 볼 수 있듯이, 조사 가운데 주격조사 '가11'를 모든 학교급에서 가장 많은 화자들이 사용하고 있다. 빈도순으로 상위권에 드는 형태들 중에 '랑05, 두10, 하고05, 한테, 구(고22), 루(로07)' 등의 구어 형태들이 다수 포함되어 있는 것도 단순 사용 빈도 분석 결과와 동일한 경향이다.

격조사의 분포를 구체적으로 살펴보면, 주격조사 '가11'는 거의 모든 조사 대상자가 사용하는 것으로 파악되고, 부사격조사는 '에04'가 가장 많은 사용 화자 수를 보인다. 목적격조사는 '를' 형태와 축약형 'ㄹ02' 형태가 모두 높은 순위를 차지하고 있다. 인용격조사 '고22'는 초등학교 고학년과 중학생 50% 이상의 화자가 사용하고 있다. 관형격조사는 초등학교 저학년과 고등학생은 11~14% 정도의 화자만 사용하는 것으로 나타나고, 초등학교 고학년과 중학생은 24~28% 정도의 화자가 사용하고 있어 주격조사, 목적격조사, 인용격조사에 비해 사용 화자 수가 많지 않은 것을 알 수 있다.

### 다. 조사의 하위 유형별 사용 빈도
조사는 격조사, 보조사, 접속조사로 구분하여, 학교급별 사용 분포를 살펴보기로 한다.

### ① 격조사의 사용 빈도
격조사의 학교급별 고빈도 형태는 다음과 같다.

<표 3.37> 고빈도순 격조사 형태 목록

| 순위 | 초등학교 저학년 | | 초등학교 고학년 | | 중학생 | | 고등학생 | |
|---|---|---|---|---|---|---|---|---|
| | 형태 | 빈도(비율) | 형태 | 빈도(비율) | 형태 | 빈도(비율) | 형태 | 빈도(비율) |
| 1 | 가11 | 1287 (44.8%) | 가11 | 2108 (42.9%) | 가11 | 1897 (42.9%) | 가11 | 1191 (44.3%) |
| 2 | 에04 | 436 (15.2%) | 에04 | 854 (17.4%) | 에04 | 781 (17.7%) | 에04 | 419 (15.6%) |
| 3 | 를 | 273 (9.5%) | 를 | 533 (10.8%) | 를 | 490 (11.1%) | 를 | 233 (8.7%) |
| 4 | 에서02 | 206 (7.2%) | 로07 | 236 (4.8%) | 에서02 | 203 (4.6%) | 로07 | 143 (5.3%) |
| 5 | 로07 | 150 (5.2%) | 에서02 | 224 (4.6%) | 로07 | 197 (4.5%) | 랑05 | 128 (4.8%) |
| 6 | 랑05 | 98 (3.4%) | 한테 | 139 (2.8%) | 고22 | 160 (3.6%) | 에서02 | 101 (3.8%) |
| 7 | 한테 | 64 (2.2%) | 고22 | 138 (2.8%) | 랑05 | 117 (2.6%) | 한테 | 96 (3.6%) |
| 8 | 고22 | 52 (1.8%) | 랑05 | 134 (2.7%) | 한테 | 115 (2.6%) | 고22 | 83 (3.1%) |
| 9 | 아09 | 42 (1.5%) | 서16 | 87 (1.8%) | ㄹ02 | 109 (2.5%) | ㄹ02 | 73 (2.7%) |
| 10 | ㄹ02 | 39 (1.4%) | ㄹ02 | 85 (1.7%) | 의10 | 59 (1.3%) | 서16 | 45 (1.7%) |
| 11 | 서16 | 36 (1.3%) | 하고05 | 52 (1.1%) | 보다04 | 46 (1.0%) | 보다04 | 29 (1.1%) |
| 12 | 하고05 | 34 (1.2%) | 보다04 | 48 (1.0%) | 서16 | 42 (0.9%) | 아09 | 27 (1.0%) |
| 13 | 보다04 | 27 (0.9%) | 의10 | 43 (0.9%) | 하고05 | 25 (0.6%) | 하고05 | 21 (0.8%) |
| 14 | 가11 | 19 (0.7%) | 아09 | 34 (0.7%) | 아09 | 23 (0.5%) | 의10 | 18 (0.7%) |
| 15 | 처럼 | 17 (0.6%) | 처럼 | 24 (0.5%) | 에다가 | 18 (0.4%) | ㄹ로(로07) | 12 (0.4%) |
| 16 | 의10 | 16 (0.6%) | 구(고22) | 23 (0.5%) | ㄹ로(로07) | 16 (0.4%) | 가11 | 12 (0.4%) |
| 17 | 하구(하고05) | 10 (0.3%) | 가11 | 20 (0.4%) | 보고01 | 14 (0.3%) | 대로10 | 10 (0.4%) |
| 18 | 리06 | 9 (0.3%) | 에디05 | 17 (0.3%) | 처럼 | 14 (0.3%) | 처럼 | 10 (0.4%) |
| 19 | 에다05 | 8 (0.3%) | 루(로07) | 16 (0.3%) | 가11 | 13 (0.3%) | 에다05 | 7 (0.3%) |
| 20 | 루(로07) | 7 (0.2%) | ㄹ로(로07) | 13 (0.3%) | 서17 | 11 (0.2%) | 라06 | 7 (0.3%) |
| 21 | 에다가 | 7 (0.2%) | 께서 | 11 (0.2%) | 라06 | 10 (0.2%) | 에다가 | 5 (0.2%) |
| 22 | 구(고22) | 6 (0.2%) | 라06 | 10 (0.2%) | 라고01 | 10 (0.2%) | 같이 | 3 (0.1%) |
| 23 | 대로10 | 5 (0.2%) | 하구(하고05) | 9 (0.2%) | 대로10 | 9 (0.2%) | 보고01 | 3 (0.1%) |
| 24 | ㄹ로(로07) | 5 (0.2%) | 라고01 | 8 (0.2%) | 과12 | 7 (0.2%) | 과12 | 2 (0.1%) |
| 25 | 과12 | 3 (0.1%) | 에다가 | 7 (0.1%) | 구(고22) | 7 (0.2%) | 하구(하고05) | 2 (0.1%) |
| 26 | 에게 | 3 (0.1%) | 대로10 | 6 (0.1%) | 에게 | 6 (0.1%) | 에(의10) | 2 (0.1%) |
| 27 | 라고01 | 3 (0.1%) | 같이 | 5 (0.1%) | ㄹ루(로07) | 5 (0.1%) | 라고01 | 2 (0.1%) |
| 28 | 같이 | 2 (0.1%) | 보고01 | 5 (0.1%) | 같이 | 4 (0.1%) | 서17 | 2 (0.1%) |
| 29 | 으루(으로01) | 2 (0.1%) | 에게 | 4 (0.1%) | 루(로07) | 4 (0.1%) | 로서 | 1 (0.0%) |
| 30 | 서17 | 2 (0.1%) | 과12 | 3 (0.1%) | 에다05 | 3 (0.1%) | 루(로07) | 1 (0.0%) |
| 31 | 께02 | 1 (0.0%) | 께02 | 3 (0.1%) | 로써 | 2 (0.0%) | 으루(으로01) | 1 (0.0%) |
| 32 | 대루(대로10) | 1 (0.0%) | 보러(보고01) | 3 (0.1%) | 으루(으로01) | 2 (0.0%) | 이서14 | 1 (0.0%) |
| 33 | ㄹ루(으로01) | 1 (0.0%) | 으루(으로01) | 3 (0.1%) | 께02 | 1 (0.0%) | 구(고22) | 1 (0.0%) |
| 34 | 보고01 | 1 (0.0%) | 서17 | 3 (0.1%) | 보구(보고01) | 1 (0.0%) | | |
| 35 | 에서부터 | 1 (0.0%) | 이라구(이라고01) | 2 (0.0%) | 라구(라고01) | 1 (0.0%) | | |
| 36 | 에(의10) | 1 (0.0%) | 대루(대로10) | 1 (0.0%) | 께서 | 1 (0.0%) | | |
| 37 | | | ㄹ루(로07) | 1 (0.0%) | | | | |
| 38 | | | 로서 | 1 (0.0%) | | | | |
| 39 | | | 에(의10) | 1 (0.0%) | | | | |

격조사는 모든 학교급에서 주격조사 '가11'의 쓰임이 가장 높다.[6] 초등학교 저학년의 격조
사 사용을 살펴보면, '가11, 에04, 를, 에서02, 로07, 랑05, 한테, 고22, 아09, ㄹ02, 서16, 하고

05, 보다04' 순으로 빈도가 높다. 초등학교 고학년도 저학년과 비슷한 양상을 보이지만, 형태는 점차 증가하는 양상을 보인다. 저학년과 비교해 볼 때, 주격조사는 '께서'가, 인용격조사는 '이라구'가 추가되고 있다. 중학생 자료를 살펴보면, '가11, 에04, 를, 에서02, 로07, 고22, 랑05, 한테, ㄹ02, 의10, 보다04, 서16' 순으로 사용 비율을 보이고, 고등학생은 '가11, 에04, 를, 로07, 랑05, 에서02, 한테, 고22, ㄹ02, 서16' 순으로 나타나며 형태 수는 다른 학교급보다 적게 관찰된다. 격조사를 세분화하여 살펴본 결과, 주격조사는 '가11', 보격조사는 '가11', 관형격조사는 '의10', 목적격조사는 '를', 부사격조사는 '에04', 호격조사는 '아09', 인용격조사는 '고22'가 각 유형 중에서 높은 사용 빈도를 보인다.

## ② 보조사의 사용 빈도

보조사의 학교급별 고빈도 형태는 다음과 같다.

〈표 3.38〉 고빈도순 보조사 형태 목록

| 순위 | 초등학교 저학년 | | 초등학교 고학년 | | 중학생 | | 고등학생 | |
|---|---|---|---|---|---|---|---|---|
| | 형태 | 빈도(비율) | 형태 | 빈도(비율) | 형태 | 빈도(비율) | 형태 | 빈도(비율) |
| 1 | 는01 | 844 (45.7%) | 는01 | 1016 (42.1%) | 는01 | 949 (39.7%) | 는01 | 572 (36.3%) |
| 2 | ㄴ02 | 344 (18.6%) | 도15 | 513 (21.2%) | 도15 | 586 (24.5%) | 도15 | 438 (27.8%) |
| 3 | 도15 | 303 (16.4%) | ㄴ02 | 334 (13.8%) | ㄴ02 | 368 (15.4%) | ㄴ02 | 230 (14.6%) |
| 4 | 만14 | 80 (4.3%) | 만14 | 145 (6.0%) | 만14 | 138 (5.8%) | 만14 | 122 (7.7%) |
| 5 | 두10 | 74 (4.0%) | 두10 | 97 (4.0%) | 까지03 | 75 (3.1%) | 까지03 | 48 (3.0%) |
| 6 | 까지03 | 41 (2.2%) | 까지03 | 86 (3.6%) | 부터 | 56 (2.3%) | 밖에 | 34 (2.2%) |
| 7 | 밖에 | 34 (1.8%) | 밖에 | 59 (2.4%) | 나10 | 53 (2.2%) | 부터 | 33 (2.1%) |
| 8 | 나10 | 31 (1.7%) | 나10 | 42 (1.7%) | 밖에 | 47 (2.0%) | 나10 | 27 (1.7%) |
| 9 | 부터 | 30 (1.6%) | 부터 | 31 (1.3%) | 두10 | 43 (1.8%) | 요17 | 24 (1.5%) |
| 10 | 요17 | 29 (1.6%) | 요17 | 26 (1.1%) | 마다04 | 16 (0.7%) | 두10 | 10 (0.6%) |
| 11 | 다06 | 8 (0.4%) | 마다04 | 17 (0.7%) | 요17 | 16 (0.7%) | 야11 | 7 (0.4%) |
| 12 | 마다04 | 7 (0.4%) | 다06 | 8 (0.3%) | 야11 | 12 (0.5%) | 가11 | 6 (0.4%) |
| 13 | 다가02 | 4 (0.2%) | 라도01 | 8 (0.3%) | 가11 | 8 (0.3%) | 다가02 | 4 (0.3%) |
| 14 | 만큼 | 3 (0.2%) | 가11 | 7 (0.3%) | 라도01 | 8 (0.3%) | 만큼 | 4 (0.3%) |
| 15 | 유20 | 3 (0.2%) | 다가02 | 7 (0.3%) | 다06 | 4 (0.2%) | 다06 | 3 (0.2%) |
| 16 | 뿐02 | 2 (0.1%) | 야11 | 5 (0.2%) | 만큼 | 4 (0.2%) | 란04 | 3 (0.2%) |
| 17 | 여(요17) | 2 (0.1%) | 따가(다가02) | 2 (0.1%) | 거나02 | 3 (0.1%) | 마다04 | 3 (0.2%) |
| 18 | 가11 | 1 (0.1%) | 따라 | 2 (0.1%) | 다가02 | 3 (0.1%) | 들05 | 1 (0.1%) |
| 19 | 는 | 1 (0.1%) | 라두(라도01) | 2 (0.1%) | 두(도15) | 1 (0.0%) | 따(다06) | 1 (0.1%) |
| 20 | 두(도15) | 1 (0.1%) | 란04 | 2 (0.1%) | 란04 | 1 (0.0%) | 라도01 | 1 (0.1%) |
| 21 | 따(에다05) | 1 (0.1%) | 만큼 | 2 (0.1%) | 뿐02 | 1 (0.0%) | 라두(라도01) | 1 (0.1%) |
| 22 | 따가(다가02) | 1 (0.1%) | 고(도15) | 1 (0.0%) | 여(요17) | 1 (0.0%) | 라든지 | 1 (0.1%) |
| 23 | 롱05 | 1 (0.1%) | 또(도15) | 1 (0.0%) | | | 이라두(이라도) | 1 (0.1%) |
| 24 | 야11 | 1 (0.1%) | 유20 | 1 (0.0%) | | | 치고 | 1 (0.1%) |

**6** 1순위를 보인 '가11'은 주격조사를 나타내고, 더 낮은 순위를 보이는 '가11'은 보격조사를 나타낸다.

| 순위 | 초등학교 저학년 | | 초등학교 고학년 | | 중학생 | | 고등학생 | |
|---|---|---|---|---|---|---|---|---|
| | 형태 | 빈도(비율) | 형태 | 빈도(비율) | 형태 | 빈도(비율) | 형태 | 빈도(비율) |
| 25 | 으(은05) | 1 (0.1%) | 이라고01 | 1 (0.0%) | | | | |
| 26 | 루(마다04) | 1 (0.1%) | | | | | | |
| 27 | 야11 | 1 (0.1%) | | | | | | |
| 28 | 으(은05) | 1 (0.1%) | | | | | | |

보조사는 전체 학교급에서 '는01, ㄴ02, 도15, 만14'의 사용 비율이 높게 나타나고 있다. 초등학교 저학년은 '는01'이 가장 활발히 사용되고 있으며, 그 밖에 'ㄴ02, 도15, 만14, 두10, 까지03, 밖에, 나10, 부터, 요17, 다06, 마다04, 다가02, 만큼' 등이 관찰된다. 초등학교 고학년은 초등학교 저학년에서 보이지 않던 '라도01, 라두(라도01), 란04'이 새롭게 등장하고 있다. 중학생은 '는01, 도15, ㄴ02, 만14, 까지03, 부터, 나10, 밖에, 두10' 순으로 사용이 많고, '거나02'가 새롭게 등장하고 있다. 고등학생은 '는01, 도15, ㄴ02, 만14, 까지03, 밖에, 부터, 나10, 요17' 순이며, 전체적으로 모든 학교급과 비슷한 양상을 보인다. 형태 수는 초등학교 저학년이 가장 많고, 중학생이 가장 적다.

③ 섭속소사의 사용 빈도

접속조사의 학교급별 고빈도 형태는 다음과 같다.

<표 3.39> 고빈도순 접속조사 형태 목록

| 순위 | 초등학교 저학년 | | 초등학교 고학년 | | 중학생 | | 고등학생 | |
|---|---|---|---|---|---|---|---|---|
| | 형태 | 빈도(비율) | 형태 | 빈도(비율) | 형태 | 빈도(비율) | 형태 | 빈도(비율) |
| 1 | 랑05 | 63 (47.4%) | 랑05 | 129 (64.5%) | 랑05 | 66 (55.0%) | 랑05 | 40 (74.1%) |
| 2 | 하고05 | 53 (39.8%) | 하고05 | 57 (28.5%) | 하고05 | 36 (30.0%) | 나10 | 6 (11.1%) |
| 3 | 나10 | 7 (5.3%) | 나10 | 9 (4.5%) | 나10 | 14 (11.7%) | 하고05 | 6 (11.1%) |
| 4 | 과12 | 6 (4.5%) | 과12 | 3 (1.5%) | 과12 | 4 (3.3%) | 과12 | 1 (1.9%) |
| 5 | 하구(하고05) | 4 (3.0%) | 이라든지 | 1 (0.5%) | | | 하구(하고05) | 1 (1.9%) |
| 6 | | | 하구(하고05) | 1 (0.5%) | | | | |

초등학교 저학년은 '랑05, 하고05, 나10, 과12, 하구(하고05)' 5개가 등장하고 있다. 초등학교 고학년은 저학년에 출현한 형태에 '이라든지'가 추가로 관찰된다. 중학생도 초등학생과 동일하게 '랑05, 하고05, 나10, 과12'의 순으로 사용 비율을 보이고, 초등학생에 비해 형태 수는 늘어나지 않았다. 고등학생은 '나10(11.1%)'와 '하고05(11.1%)'가 비슷한 사용 비율을 보여, '하고05'의 사용 비율이 '나10'보다 월등히 높은 다른 학교급과 차이를 보인다.

초·중·고등학생의 조사 사용 양상을 살펴본 결과, 주격조사 '가11', 보조사 '는01, 도15', 목적격조사 '를', 부사격조사 '에04'의 사용이 잦은 것으로 나타났다. 조사 중에 주격조사 '가11'는 사용 빈도와 사용 화자 수가 다른 형태에 비해 현저히 높았고, 부사격조사 '에04'도 사용 빈도가 월등히 높게 나타났다. 조사의 특징으로는 '랑05, 한테, 하고05, 구(고22), 루(로07), 두10' 등과 같이 구어적 표현들이 다수 출현하고 있다는 점이다.


### 3.2.2.2 어미

어미는 선어말어미, 종결어미, 연결어미, 전성어미로 구분하여 제시하기로 한다. 각 하위 유형별 형태 수와 사용 빈도를 보이면 다음 표와 같다.

〈표 3.40〉 어미의 유형별 형태 수와 사용 빈도

| 유형 | 형태 수(비율) | 사용 빈도(비율) |
|---|---|---|
| 선어말어미(EP) | 4 (0.9%) | 6,693 (13.0%) |
| 종결어미(EF) | 205 (48.6%) | 23,217 (45.0%) |
| 연결어미(EC) | 185 (43.8%) | 15,195 (29.5%) |
| 명사형전성어미(ETN) | 3 (0.7%) | 439 (0.9%) |
| 관형형전성어미(ETM) | 25 (5.9%) | 6,026 (11.7%) |
| 합계 | 422 (100.0%) | 51,570 (100.0%) |

어미는 총 422개의 형태가 51,570회 출현하였다. 어미의 형태 수를 보면, 종결어미가 205개로 48.6%를 차지하여 가장 큰 사용 분포를 보이고 있고, 연결어미도 185개로 43.8%의 높은 비율을 보인다. 그 밖에 관형형전성어미(25개, 5.9%), 선어말어미(4개, 0.9%), 명사형전성어미(3개, 0.7%)는 그 형태 수가 10% 미만을 차지하고 있다.

어미의 사용 빈도를 살펴보면, 종결어미가 23,217회(45.0%)로 가장 높은 사용 빈도를 보이고, 연결어미도 15,195회(29.5%)로 높은 빈도를 보인다. 선어말어미는 6,693회(13.0%)이고, 관형형전성어미는 6,026회(11.7%)로 사용 비율이 10%가 넘어 형태 수의 비율과 차이를 보인다. 명사형전성어미는 439회 출현하여 전체 비율의 0.9%로 사용률이 가장 낮다.

다음은 어미 유형별 형태 수와 사용 빈도를 학교급별로 살펴보기로 한다.

<표 3.41> 어미의 학교급별 형태 수

| 유형 | 초등학교 저학년 | 초등학교 고학년 | 중학생 | 고등학생 |
|---|---|---|---|---|
| | 형태 수(비율) | 형태 수(비율) | 형태 수(비율) | 형태 수(비율) |
| 선어말어미(EP) | 4 (2.0%) | 4 (1.6%) | 4 (1.6%) | 4 (1.8%) |
| 종결어미(EF) | 102 (50.2%) | 113 (44.5%) | 124 (48.8%) | 121 (53.1%) |
| 연결어미(EC) | 83 (40.9%) | 117 (46.1%) | 108 (42.5%) | 91 (39.9%) |
| 명사형전성어미(ETN) | 1 (0.5%) | 3 (1.2%) | 2 (0.8%) | 2 (0.9%) |
| 관형형전성어미(ETM) | 13 (6.4%) | 17 (6.7%) | 16 (6.3%) | 10 (4.4%) |
| 합계 | 203 (100.0%) | 254 (100.0%) | 254 (100.0%) | 228 (100.0%) |

먼저 학교급에 따라 어미의 유형별 형태 수를 살펴보면, 초등학교 저학년, 중학생, 고등학생은 종결어미, 연결어미의 순으로 사용 비율이 높게 나타나지만, 초등학교 고학년에서는 연결어미, 종결어미의 순으로 사용 비율이 높다. 그리고 관형형전성어미의 사용 비율이 초·중·고 학교급이 높아질수록 점차 감소하는 양상을 보인다.

<표 3.42> 어미의 학교급별 사용 빈도

| 유형 | 초등학교 저학년 | 초등학교 고학년 | 중학생 | 고등학생 |
|---|---|---|---|---|
| | 사용 빈도(비율) | 사용 빈도(비율) | 사용 빈도(비율) | 사용 빈도(비율) |
| 선어말어미(EP) | 1,314 (13.6%) | 2,295 (14.1%) | 1,829 (12.0%) | 1,255 (12.0%) |
| 종결어미(EF) | 4,678 (48.5%) | 6,929 (42.7%) | 6,787 (44.6%) | 4,823 (46.1%) |
| 연결어미(EC) | 2,503 (25.9%) | 5,150 (31.7%) | 4,492 (29.5%) | 3,050 (29.1%) |
| 명사형전성어미(ETN) | 79 (0.8%) | 108 (0.7%) | 152 (1.0%) | 101 (1.0%) |
| 관형형전성어미(ETM) | 1,079 (11.2%) | 1,764 (10.9%) | 1,944 (12.8%) | 1,239 (11.8%) |
| 합계 | 9,653 (100.0%) | 16,246 (100.0%) | 15,204 (100.0%) | 10,468 (100.0%) |

학교급별로 어미 사용 빈도를 살펴보면 모든 학교급에서 종결어미가 40% 이상을 차지하며 가장 높은 사용 비율을 보이고, 그 다음이 연결어미 순이다. 선어말어미는 12~14% 정도의 비율을 보이고 있으며, 중고등학생은 초등학생보다 다소 낮은 비율을 나타낸다. 관형형전성어미는 모든 학교급에서 11% 내외의 수준을 유지하고 있고, 명사형전성어미는 1% 이하의 낮은 비율을 보인다.

다음으로 어미의 형태에 따른 전체 사용 빈도, 사용 화자 수, 하위 유형별 특징을 살펴보기로 한다.

## 가. 어미의 사용 빈도

어미 사용의 특징을 파악하기 위하여 어미들의 사용 빈도를 살펴보기로 한다. 고빈도순으로 50개까지의 형태를 제시하면 다음과 같다.

〈표 3.43〉 고빈도순 어미  형태 목록(고빈도 형태 50개)

| 순위 | 초등학교 저학년 | | | 초등학교 고학년 | | | 중학생 | | | 고등학생 | | |
|---|---|---|---|---|---|---|---|---|---|---|---|---|
| | 형태 | 품사 | 빈도(비율) | 형태 | 품사 | 빈도(비율) | 형태 | 품사 | 빈도(비율) | 형태 | 품사 | 빈도(비율) |
| 1 | -어11 | EF | 1868 (19.4%) | -어11 | EF | 2642 (16.3%) | -어11 | EF | 2693 (17.7%) | -어11 | EF | 1830 (17.5%) |
| 2 | -었- | EP | 1160 (12.0%) | -었- | EP | 2029 (12.5%) | -었- | EP | 1523 (10.0%) | -었- | EP | 1060 (10.1%) |
| 3 | -어06 | EC | 682 (7.1%) | -어06 | EC | 1207 (7.4%) | -고24 | EC | 873 (5.7%) | -어06 | EC | 598 (5.7%) |
| 4 | -고24 | EC | 443 (4.6%) | -고24 | EC | 1011 (6.2%) | -어06 | EC | 833 (5.5%) | -고24 | EC | 595 (5.7%) |
| 5 | -야13 | EF | 440 (4.6%) | -는03 | ETM | 604 (3.7%) | -는03 | ETM | 678 (4.5%) | -는03 | ETM | 495 (4.7%) |
| 6 | -ㄴ05 | ETM | 389 (4.0%) | -ㄴ05 | ETM | 590 (3.6%) | -ㄴ05 | ETM | 662 (4.4%) | -야13 | EF | 462 (4.4%) |
| 7 | -잖아 | EF | 375 (3.9%) | -잖아 | EF | 585 (3.6%) | -야13 | EF | 632 (4.2%) | -지25 | EF | 384 (3.7%) |
| 8 | -는03 | ETM | 369 (3.8%) | -야13 | EF | 563 (3.5%) | -ㄹ03 | ETM | 491 (3.2%) | -ㄴ05 | ETM | 371 (3.5%) |
| 9 | -다07 | EF | 299 (3.1%) | -지25 | EF | 563 (3.5%) | -지25 | EF | 458 (3.0%) | -잖아 | EF | 356 (3.4%) |
| 10 | -지25 | EF | 286 (3.0%) | -다07 | EF | 543 (3.3%) | -는데01 | EC | 438 (2.9%) | -면09 | EC | 325 (3.1%) |
| 11 | -ㄹ03 | ETM | 273 (2.8%) | -는데01 | EC | 487 (3.0%) | -다07 | EF | 427 (2.8%) | -ㄹ03 | ETM | 323 (3.1%) |
| 12 | -냐 | EF | 222 (2.3%) | -ㄹ03 | ETM | 480 (3.0%) | -잖아 | EF | 427 (2.8%) | -다07 | EF | 286 (2.7%) |
| 13 | -는데01 | EC | 208 (2.2%) | -면09 | EC | 434 (2.7%) | -면09 | EC | 401 (2.6%) | -는데01 | EC | 283 (2.7%) |
| 14 | -면09 | EC | 187 (1.9%) | -냐 | EF | 324 (2.0%) | -냐 | EF | 345 (2.3%) | -냐 | EF | 208 (2.0%) |
| 15 | -구(고24) | EC | 155 (1.6%) | -구(고24) | EC | 319 (2.0%) | -어서03 | EC | 289 (1.9%) | -어서03 | EC | 187 (1.8%) |
| 16 | -어서03 | EC | 151 (1.6%) | -어서03 | EC | 239 (1.5%) | -겠- | EP | 239 (1.6%) | -겠- | EP | 139 (1.3%) |
| 17 | -니10 | EF | 108 (1.1%) | -니까 | EC | 210 (1.3%) | -지24 | EC | 196 (1.3%) | -지24 | EC | 137 (1.3%) |
| 18 | -지24 | EC | 101 (1.0%) | -지24 | EC | 178 (1.1%) | -게10 | EC | 177 (1.2%) | -어야02 | EC | 116 (1.1%) |
| 19 | -자28 | EF | 93 (1.0%) | -게10 | EC | 156 (1.0%) | -니까 | EC | 161 (1.1%) | -ㄴ데01 | EC | 111 (1.1%) |
| 20 | -거든03 | EF | 88 (0.9%) | -겠- | EP | 155 (1.0%) | -ㄴ데01 | EC | 157 (1.0%) | -게10 | EC | 109 (1.0%) |
| 21 | -겠- | EP | 85 (0.9%) | -거든03 | EF | 150 (0.9%) | -어야02 | EC | 149 (1.0%) | -기36 | ETN | 99 (0.9%) |
| 22 | -ㄴ다01 | EF | 81 (0.8%) | -ㄴ다01 | EF | 137 (0.8%) | -기36 | ETN | 140 (0.9%) | -네07 | EF | 98 (0.9%) |
| 23 | -ㄹ까 | EF | 80 (0.8%) | -어야02 | EC | 123 (0.8%) | -구(고24) | EC | 136 (0.9%) | -니까 | EC | 78 (0.7%) |
| 24 | -기36 | ETN | 79 (0.8%) | -기36 | ETN | 102 (0.6%) | -ㄴ다01 | EF | 120 (0.8%) | -ㄴ가01 | EF | 70 (0.7%) |
| 25 | -ㄴ데01 | EC | 70 (0.7%) | -ㄴ데01 | EC | 100 (0.6%) | -대22 | EF | 117 (0.8%) | -ㄴ데02 | EF | 67 (0.6%) |
| 26 | -니까 | EC | 68 (0.7%) | -라09 | EF | 97 (0.6%) | -네07 | EF | 100 (0.7%) | -나12 | EF | 64 (0.6%) |
| 27 | -게10 | EC | 66 (0.7%) | -대22 | EF | 89 (0.5%) | -거든03 | EF | 94 (0.6%) | -ㄴ다01 | EF | 62 (0.6%) |
| 28 | -라09 | EF | 55 (0.6%) | -ㄹ까 | EF | 86 (0.5%) | -애16 | EF | 94 (0.6%) | -애16 | EF | 62 (0.6%) |
| 29 | -어야02 | EC | 54 (0.6%) | -ㄴ가01 | EF | 85 (0.5%) | -ㄴ가01 | EF | 86 (0.6%) | -어야지02 | EF | 60 (0.6%) |
| 30 | -는데02 | EF | 52 (0.5%) | -다가03 | EC | 83 (0.5%) | -ㄹ까 | EF | 86 (0.6%) | -구(고24) | EC | 58 (0.6%) |
| 31 | -ㄴ데02 | EF | 50 (0.5%) | -ㄴ데02 | EF | 77 (0.5%) | -자28 | EF | 81 (0.5%) | -거든03 | EF | 56 (0.5%) |
| 32 | -시23- | EP | 50 (0.5%) | -는데02 | EF | 77 (0.5%) | -ㄴ데02 | EF | 80 (0.5%) | -자28 | EF | 54 (0.5%) |
| 33 | -대22 | EF | 49 (0.5%) | -자28 | EF | 74 (0.5%) | -면서 | EC | 72 (0.5%) | -다고03 | EF | 49 (0.5%) |
| 34 | -네07 | EF | 48 (0.5%) | -었었- | EP | 70 (0.4%) | -라08 | EF | 69 (0.5%) | -대22 | EF | 49 (0.5%) |
| 35 | -ㄹ게 | EF | 44 (0.5%) | -면서 | EC | 68 (0.4%) | -어도02 | EC | 67 (0.4%) | -ㄹ까 | EF | 48 (0.5%) |
| 36 | -애16 | EF | 34 (0.4%) | -애16 | EF | 68 (0.4%) | -는데02 | EF | 66 (0.4%) | -는데02 | EF | 43 (0.4%) |
| 37 | -다08 | EC | 33 (0.3%) | -나12 | EF | 64 (0.4%) | -나12 | EF | 62 (0.4%) | -어도02 | EC | 41 (0.4%) |

| 순위 | 초등학교 저학년 | | | 초등학교 고학년 | | | 중학생 | | | 고등학생 | | |
|---|---|---|---|---|---|---|---|---|---|---|---|---|
| | 형태 | 품사 | 빈도(비율) | 형태 | 품사 | 빈도(비율) | 형태 | 품사 | 빈도(비율) | 형태 | 품사 | 빈도(비율) |
| 38 | -다가03 | EC | 30 (0.3%) | -라08 | EF | 58 (0.4%) | -라09 | EF | 60 (0.4%) | -다가03 | EC | 39 (0.4%) |
| 39 | -ㄴ가01 | EF | 29 (0.3%) | -ㄹ게 | EF | 55 (0.3%) | -어야지02 | EF | 49 (0.3%) | -라09 | EF | 39 (0.4%) |
| 40 | -나12 | EF | 28 (0.3%) | -어도02 | EC | 53 (0.3%) | -다08 | EC | 45 (0.3%) | -었었- | EP | 39 (0.4%) |
| 41 | -ㄴ지01 | EC | 26 (0.3%) | -다08 | EC | 49 (0.3%) | -다고03 | EF | 45 (0.3%) | -고25 | EF | 37 (0.4%) |
| 42 | -면서 | EC | 26 (0.3%) | -더라 | EF | 47 (0.3%) | -다고02 | EC | 44 (0.3%) | -면서 | EC | 36 (0.3%) |
| 43 | -더라 | EF | 24 (0.2%) | -네07 | EF | 46 (0.3%) | -구나03 | EF | 44 (0.3%) | -더라 | EF | 31 (0.3%) |
| 44 | -ㄴ대03 | EF | 22 (0.2%) | -니10 | EF | 44 (0.3%) | -니10 | EF | 43 (0.3%) | -라08 | EF | 31 (0.3%) |
| 45 | -ㄹ래 | EF | 22 (0.2%) | -더니01 | EC | 43 (0.3%) | -었었- | EP | 43 (0.3%) | -다08 | EC | 28 (0.3%) |
| 46 | -는지01 | EC | 21 (0.2%) | -시23- | EP | 41 (0.3%) | -ㄴ대03 | EF | 42 (0.3%) | -러01 | EC | 25 (0.2%) |
| 47 | -어야지02 | EF | 21 (0.2%) | -는지01 | EC | 35 (0.2%) | -다가03 | EC | 41 (0.3%) | -ㄴ대03 | EF | 25 (0.2%) |
| 48 | -고25 | EF | 19 (0.2%) | -고25 | EF | 31 (0.2%) | -더니01 | EC | 39 (0.3%) | -던데01 | EC | 21 (0.2%) |
| 49 | -었었- | EP | 19 (0.2%) | -ㄴ대03 | EF | 30 (0.2%) | -더라 | EF | 36 (0.2%) | -던02 | ETM | 21 (0.2%) |
| 50 | -던02 | ETM | 19 (0.2%) | -ㄹ래 | EF | 30 (0.2%) | -다는 | ETM | 36 (0.2%) | -ㄴ지01 | EC | 18 (0.2%) |
| 합계 | | | 9201 (95.3%) | | | 15431 (95.0%) | | | 14286 (94.0%) | | | 9823 (93.8%) |

　어미 전체를 사용 빈도의 관점에서 보면, 초등학교 저학년부터 고등학생까지 종결어미 '-어11'의 빈도가 가장 높다. 그 다음 순위인 과거 시제 선어말어미 '-었-'과도 많은 차이가 있다. 상위의 순위에 드는 어미로는 연결어미는 '-어06, -고24'가 있고, 관형형전성어미는 초등학교 저학년을 제외하고는 '-는03'의 사용이 '-ㄴ05'에 비해 높다.

　50개의 고빈도 형태의 사용 빈도는 전체 어미 사용 빈도의 95%에 달한다. 이 결과를 앞의 조사 사용과 비교해 보면 조금 낮은 수치인데, 이는 어미 형태가 수적으로 다양하고 이형태 수도 많은 데에 기인한다고 본다.

## 나. 사용 화자 수 비율에 따른 어미 목록

어미를 사용 화자 수가 많은 순으로 50개까지 보이면 다음과 같다.

〈표 3.44〉 사용 화자 수 비율에 따른 어미 형태 목록(다수 화자순 50개)

| 순위 | 초등학교 저학년 | | | 초등학교 고학년 | | | 중학생 | | | 고등학생 | | |
|---|---|---|---|---|---|---|---|---|---|---|---|---|
| | 형태 | 품사 | 화자 수(비율) | 형태 | 품사 | 화자 수(비율) | 형태 | 품사 | 화자 수(비율) | 형태 | 품사 | 화자 수(비율) |
| 1 | -어11 | EF | 120 (100.0%) | -고24 | EC | 120 (100.0%) | -어11 | EF | 118 (100.0%) | -었- | EP | 120 (100.0%) |
| 2 | -었- | EP | 120 (100.0%) | -어11 | EF | 120 (100.0%) | -었- | EP | 118 (100.0%) | -어11 | EF | 119 (99.2%) |
| 3 | -어06 | EC | 119 (99.2%) | -었- | EP | 120 (100.0%) | -야13 | EF | 117 (99.2%) | -고24 | EC | 116 (96.7%) |
| 4 | -야13 | EF | 110 (91.7%) | -어06 | EC | 119 (99.2%) | -ㄴ05 | ETM | 116 (98.3%) | -어06 | EC | 115 (95.8%) |
| 5 | -는03 | ETM | 110 (91.7%) | -지25 | EF | 117 (97.5%) | -어06 | EC | 115 (97.5%) | -야13 | EF | 114 (95.0%) |
| 6 | -고24 | EC | 105 (87.5%) | -야13 | EF | 114 (95.0%) | -지25 | EF | 115 (97.5%) | -는03 | ETM | 111 (92.5%) |
| 7 | -ㄴ05 | ETM | 104 (86.7%) | -다07 | EF | 113 (94.2%) | -고24 | EC | 114 (96.6%) | -지25 | EF | 110 (91.7%) |
| 8 | -잖아 | EF | 103 (85.8%) | -ㄴ05 | ETM | 113 (94.2%) | -ㄹ03 | ETM | 113 (95.8%) | -ㄴ05 | ETM | 108 (90.0%) |

| 순위 | 초등학교 저학년 | | | 초등학교 고학년 | | | 중학생 | | | 고등학생 | | |
|---|---|---|---|---|---|---|---|---|---|---|---|---|
| | 형태 | 품사 | 화자 수(비율) | 형태 | 품사 | 화자 수(비율) | 형태 | 품사 | 화자 수(비율) | 형태 | 품사 | 화자 수(비율) |
| 9 | -지25 | EF | 98 (81.7%) | -는03 | ETM | 113 (94.2%) | -는03 | ETM | 112 (94.9%) | -잖아 | EF | 107 (89.2%) |
| 10 | -ㄹ03 | ETM | 96 (80.0%) | -ㄹ03 | ETM | 113 (94.2%) | -면09 | EC | 108 (91.5%) | -ㄹ03 | ETM | 105 (87.5%) |
| 11 | -다07 | EF | 92 (76.7%) | -잖아 | EF | 110 (91.7%) | -는데01 | EC | 107 (90.7%) | -다07 | EF | 102 (85.0%) |
| 12 | -는데01 | EC | 85 (70.8%) | -면09 | EC | 106 (88.3%) | -다07 | EF | 107 (90.7%) | -면09 | EC | 99 (82.5%) |
| 13 | -면09 | EC | 81 (67.5%) | -는데01 | EC | 102 (85.0%) | -잖아 | EF | 106 (89.8%) | -는데01 | EC | 96 (80.0%) |
| 14 | -어서03 | EC | 71 (59.2%) | -냐 | EF | 100 (83.3%) | -냐 | EF | 99 (83.9%) | -어서03 | EC | 85 (70.8%) |
| 15 | -냐 | EF | 70 (58.3%) | -어서03 | EC | 87 (72.5%) | -겠- | EP | 94 (79.7%) | -냐 | EF | 84 (70.0%) |
| 16 | -지24 | EC | 63 (52.5%) | -지24 | EC | 79 (65.8%) | -어서03 | EC | 89 (75.4%) | -겠- | EP | 77 (64.2%) |
| 17 | -겠- | EP | 56 (46.7%) | -니까 | EF | 77 (64.2%) | -지24 | EC | 85 (72.0%) | -지24 | EC | 75 (62.5%) |
| 18 | -구(고24) | EC | 53 (44.2%) | -구(고24) | EC | 76 (63.3%) | -ㄴ데01 | EC | 74 (62.7%) | -어야02 | EC | 68 (56.7%) |
| 19 | -ㄴ다01 | EF | 53 (44.2%) | -겠- | EP | 75 (62.5%) | -니까 | EF | 73 (61.9%) | -게10 | EC | 66 (55.0%) |
| 20 | -자28 | EF | 52 (43.3%) | -ㄴ다01 | EF | 72 (60.0%) | -게10 | EC | 72 (61.0%) | -ㄴ데01 | EC | 60 (50.0%) |
| 21 | -기36 | ETN | 48 (40.0%) | -게10 | EC | 69 (57.5%) | -어야02 | EC | 71 (60.2%) | -기36 | ETN | 57 (47.5%) |
| 22 | -ㄹ까 | EF | 47 (39.2%) | -어야02 | EC | 67 (55.8%) | -기36 | ETN | 66 (55.9%) | -네07 | EF | 56 (46.7%) |
| 23 | -니까 | EC | 46 (38.3%) | -ㄴ데01 | EC | 62 (51.7%) | -ㄴ다01 | EF | 60 (50.8%) | -니까 | EC | 49 (40.8%) |
| 24 | -ㄴ데01 | EC | 45 (37.5%) | -기36 | ETN | 58 (48.3%) | -네07 | EF | 54 (45.8%) | -나12 | EF | 47 (39.2%) |
| 25 | -게10 | EC | 43 (35.8%) | -거든03 | EF | 54 (45.0%) | -애16 | EF | 53 (44.9%) | -ㄴ가01 | EF | 45 (37.5%) |
| 26 | -라09 | EF | 42 (35.0%) | -ㄹ까 | EF | 54 (45.0%) | -대22 | EF | 51 (43.2%) | -ㄴ다01 | EF | 45 (37.5%) |
| 27 | -거든03 | EF | 40 (33.3%) | -라09 | EF | 51 (42.5%) | -ㄴ가01 | EF | 50 (42.4%) | -ㄴ데02 | EF | 42 (35.0%) |
| 28 | -어야02 | EC | 38 (31.7%) | -ㄴ가01 | ETM | 50 (41.7%) | -ㄹ까 | EF | 48 (40.7%) | -거든03 | EF | 41 (34.2%) |
| 29 | -네07 | EF | 37 (30.8%) | -애16 | EF | 46 (38.3%) | -자28 | EF | 45 (38.1%) | -애16 | EF | 41 (34.2%) |
| 30 | -ㄴ데02 | EF | 33 (27.5%) | -대22 | EF | 45 (37.5%) | -구(고24) | EC | 44 (37.3%) | -자28 | EF | 41 (34.2%) |
| 31 | -는데02 | EF | 33 (27.5%) | -는데02 | EF | 44 (36.7%) | -거든03 | EF | 44 (37.3%) | -ㄹ까 | EF | 40 (33.3%) |
| 32 | -ㄹ게 | EF | 32 (26.7%) | -ㄴ데02 | EF | 43 (35.8%) | -ㄴ데02 | EF | 43 (36.4%) | -어야지02 | EF | 40 (33.3%) |
| 33 | -대22 | EF | 30 (25.0%) | -다가03 | EC | 41 (34.2%) | -나12 | EF | 43 (36.4%) | -어도02 | EC | 35 (29.2%) |
| 34 | -니10 | EF | 26 (21.7%) | -나12 | EF | 41 (34.2%) | -어도02 | EC | 41 (34.7%) | -다고03 | EF | 32 (26.7%) |
| 35 | -다08 | EC | 25 (20.8%) | -었었- | EP | 41 (34.2%) | -라08 | EF | 41 (34.7%) | -대22 | EF | 31 (25.8%) |
| 36 | -나12 | EF | 24 (20.0%) | -어도02 | EC | 39 (32.5%) | -라09 | EF | 41 (34.7%) | -구(고24) | EC | 30 (25.0%) |
| 37 | -애16 | EF | 24 (20.0%) | -라08 | EF | 39 (32.5%) | -면서 | EC | 34 (28.8%) | -다가03 | EC | 30 (25.0%) |
| 38 | -면서 | EC | 23 (19.2%) | -자28 | EF | 39 (32.5%) | -다고02 | EF | 33 (28.0%) | -라09 | EF | 30 (25.0%) |
| 39 | -ㄴ가01 | EF | 23 (19.2%) | -다08 | EC | 34 (28.3%) | -구나03 | EF | 33 (28.0%) | -었었- | EP | 30 (25.0%) |
| 40 | -다가03 | EC | 22 (18.3%) | -네07 | EF | 33 (27.5%) | -어야지02 | EF | 33 (28.0%) | -고25 | EF | 27 (22.5%) |
| 41 | -더라 | EF | 18 (15.0%) | -더라 | EF | 33 (27.5%) | -는데02 | EF | 31 (26.3%) | -더라 | EF | 24 (20.0%) |
| 42 | -어야지02 | EF | 18 (15.0%) | -면서 | EC | 32 (26.7%) | -다고03 | EF | 31 (26.3%) | -라08 | EF | 24 (20.0%) |
| 43 | -시23- | EP | 18 (15.0%) | -시23- | EP | 29 (24.2%) | -다08 | EC | 30 (25.4%) | -면서 | EC | 22 (18.3%) |
| 44 | -ㄴ지01 | EC | 17 (14.2%) | -는지01 | EC | 27 (22.5%) | -다가03 | EC | 29 (24.6%) | -는데02 | EF | 22 (18.3%) |
| 45 | -ㄹ래 | EF | 17 (14.2%) | -니10 | EF | 26 (21.7%) | -더라 | EF | 27 (22.9%) | -다08 | EC | 21 (17.5%) |
| 46 | -는지01 | EF | 16 (13.3%) | -ㄹ게 | EF | 25 (20.8%) | -ㄴ대03 | EF | 26 (22.0%) | -던02 | ETM | 19 (15.8%) |
| 47 | -어도02 | EC | 16 (13.3%) | -ㄴ대03 | EF | 24 (20.0%) | -다는 | ETM | 24 (20.3%) | -던데01 | EF | 18 (15.0%) |
| 48 | -ㄴ대03 | EF | 16 (13.3%) | -다고03 | EF | 24 (20.0%) | -냐고01 | EF | 22 (18.6%) | -ㄴ대03 | EF | 17 (14.2%) |
| 49 | -고25 | EF | 15 (12.5%) | -ㄹ래 | EF | 24 (20.0%) | -니10 | EF | 22 (18.6%) | -러01 | EC | 16 (13.3%) |
| 50 | -러01 | EC | 14 (11.7%) | -더니01 | EC | 23 (19.2%) | -었었- | EP | 22 (18.6%) | -ㄴ지01 | EC | 15 (12.5%) |

  사용 화자 수 비율에 따른 어미 목록을 살펴보면, 초등학교 저학년은 종결어미 '-어11'가 모든 화자에게서 나타나고, 초등학교 고학년은 '-고24, -어11, -었-', 중학생은 '-어11, -었-', 고등학생은 '-었-'이 학교급별 조사 대상자 전체에서 관찰된다. 고빈도 10개 안에 포함된 형태들을 살펴보면 연결어미 '-어06, -고24', 관형형전성어미 '-는03, -ㄴ05, -ㄹ03', 종결어미 '-지25, -야13' 등이 나타난다. 특히 종결어미에서는 '-어11, -잖아, -야13, -지25, -니10, -거든03, -는데01, -더라'와 같이 구어적인 표현들이 고빈도 50개 형태 안에 다수 포함되어 있다.

### 다. 하위 유형별 어미의 사용 빈도

다음은 어미의 사용 양상을 하위 유형별로 구분하여 살펴보기로 한다.

### ① 선어말어미의 사용 빈도

선어말어미의 학교급별 고빈도 형태는 다음과 같다.

〈표 3.45〉 고빈도순 선어말어미 형태 목록

| 순위 | 초등학교 저학년 | | 초등학교 고학년 | | 중학생 | | 고등학생 | |
| --- | --- | --- | --- | --- | --- | --- | --- | --- |
| | 형태 | 빈도(비율) | 형태 | 빈도(비율) | 형태 | 빈도(비율) | 형태 | 빈도(비율) |
| 1 | -었- | 1160 (88.3%) | -었- | 2029 (88.4%) | -었- | 1523 (83.3%) | -었- | 1060 (84.5%) |
| 2 | -겠- | 85 (6.5%) | -겠- | 155 (6.8%) | -겠- | 239 (13.1%) | -겠- | 139 (11.1%) |
| 3 | -시23- | 50 (3.8%) | -었었- | 70 (3.1%) | -었었- | 43 (2.4%) | -었었- | 39 (3.1%) |
| 4 | -었었- | 19 (1.4%) | -시23- | 41 (1.8%) | -시23- | 24 (1.3%) | -시23- | 17 (1.4%) |

  선어말어미는 모든 학교급에서 '-었-'의 사용 비율이 80% 이상으로 월등히 높게 나타난다. 선어말어미는 모든 학교급에서 '-었-, -겠-, -시23-, -었었-' 네 형태가 동일하게 나타나며, 초등학교 저학년을 제외한 모든 학교급에서 '-었-, -겠-, -었었-, -시23-' 순으로 높은 빈도를 보인다.

### ② 종결어미의 사용 빈도

종결어미의 학교급별 고빈도 형태는 다음과 같다.

〈표 3.46〉 고빈도순 종결어미 형태 목록(고빈도 형태 50개)

| 순위 | 초등학교 저학년 | | 초등학교 고학년 | | 중학생 | | 고등학생 | |
| --- | --- | --- | --- | --- | --- | --- | --- | --- |
| | 형태 | 빈도(비율) | 형태 | 빈도(비율) | 형태 | 빈도(비율) | 형태 | 빈도(비율) |
| 1 | -어11 | 1868 (39.9%) | -어11 | 2642 (38.1%) | -어11 | 2693 (39.7%) | -어11 | 1830 (37.9%) |
| 2 | -야13 | 440 (9.4%) | -잖아 | 585 (8.4%) | -야13 | 632 (9.3%) | -야13 | 462 (9.6%) |
| 3 | -잖아 | 375 (8.0%) | -야13 | 563 (8.1%) | -지25 | 458 (6.7%) | -지25 | 384 (8.0%) |
| 4 | -다07 | 299 (6.4%) | -지25 | 563 (8.1%) | -다07 | 427 (6.3%) | -잖아 | 356 (7.4%) |

| 순위 | 초등학교 저학년 | | 초등학교 고학년 | | 중학생 | | 고등학생 | |
|---|---|---|---|---|---|---|---|---|
| | 형태 | 빈도(비율) | 형태 | 빈도(비율) | 형태 | 빈도(비율) | 형태 | 빈도(비율) |
| 5 | -지25 | 286 (6.1%) | -다07 | 543 (7.8%) | -잖아 | 427 (6.3%) | -다07 | 286 (5.9%) |
| 6 | -냐 | 222 (4.7%) | -냐 | 324 (4.7%) | -냐 | 345 (5.1%) | -냐 | 208 (4.3%) |
| 7 | -니10 | 108 (2.3%) | -거든03 | 150 (2.2%) | -ㄴ다01 | 120 (1.8%) | -네07 | 98 (2.0%) |
| 8 | -자28 | 93 (2.0%) | -ㄴ다01 | 137 (2.0%) | -대22 | 117 (1.7%) | -ㄴ가01 | 70 (1.5%) |
| 9 | -거든03 | 88 (1.9%) | -라09 | 97 (1.4%) | -네07 | 100 (1.5%) | -ㄴ데02 | 67 (1.4%) |
| 10 | -ㄴ다01 | 81 (1.7%) | -대22 | 89 (1.3%) | -거든03 | 94 (1.4%) | -나12 | 64 (1.3%) |
| 11 | -ㄹ까 | 80 (1.7%) | -ㄹ까 | 86 (1.2%) | -애16 | 94 (1.4%) | -ㄴ다01 | 62 (1.3%) |
| 12 | -라09 | 55 (1.2%) | -ㄴ가01 | 85 (1.2%) | -ㄴ가01 | 86 (1.3%) | -애16 | 62 (1.3%) |
| 13 | -는데02 | 52 (1.1%) | -ㄴ데02 | 77 (1.1%) | -ㄹ까 | 86 (1.3%) | -어야지02 | 60 (1.2%) |
| 14 | -ㄴ데02 | 50 (1.1%) | -는데02 | 77 (1.1%) | -자28 | 81 (1.2%) | -거든03 | 56 (1.2%) |
| 15 | -대22 | 49 (1.0%) | -자28 | 74 (1.1%) | -ㄴ데02 | 80 (1.2%) | -자28 | 54 (1.1%) |
| 16 | -네07 | 48 (1.0%) | -애16 | 68 (1.0%) | -라08 | 69 (1.0%) | -다고03 | 49 (1.0%) |
| 17 | -ㄹ게 | 44 (0.9%) | -나12 | 64 (0.9%) | -는데02 | 66 (1.0%) | -대22 | 49 (1.0%) |
| 18 | -애16 | 34 (0.7%) | -라08 | 58 (0.8%) | -나12 | 62 (0.9%) | -ㄹ까 | 48 (1.0%) |
| 19 | -ㄴ가01 | 29 (0.6%) | -ㄹ게 | 55 (0.8%) | -라09 | 60 (0.9%) | -는데02 | 43 (0.9%) |
| 20 | -나12 | 28 (0.6%) | -더라 | 47 (0.7%) | -어야지02 | 49 (0.7%) | -라09 | 39 (0.8%) |
| 21 | -더라 | 24 (0.5%) | -네07 | 46 (0.7%) | -다고03 | 45 (0.7%) | -고25 | 37 (0.8%) |
| 22 | -ㄴ대03 | 22 (0.5%) | -니10 | 44 (0.6%) | -구나03 | 44 (0.6%) | -더라 | 31 (0.6%) |
| 23 | -ㄹ래 | 22 (0.5%) | -고25 | 31 (0.4%) | -니10 | 43 (0.6%) | -라08 | 31 (0.6%) |
| 24 | -어야지02 | 21 (0.4%) | -ㄴ대03 | 30 (0.4%) | -ㄴ대03 | 42 (0.6%) | -ㄴ대03 | 25 (0.5%) |
| 25 | -고25 | 19 (0.4%) | -ㄹ래 | 30 (0.4%) | -더라 | 36 (0.5%) | -니10 | 18 (0.4%) |
| 26 | -다고03 | 16 (0.3%) | -다고03 | 29 (0.4%) | -고25 | 31 (0.5%) | -ㄴ다고02 | 17 (0.4%) |
| 27 | -게11 | 15 (0.3%) | -어야지02 | 24 (0.3%) | -냐고01 | 27 (0.4%) | -ㄹ걸 | 17 (0.4%) |
| 28 | -라08 | 15 (0.3%) | -구(고25) | 21 (0.3%) | -던데02 | 23 (0.3%) | -ㄹ래 | 17 (0.4%) |
| 29 | -ㄹ걸 | 12 (0.3%) | -구나03 | 20 (0.3%) | -ㄹ래 | 23 (0.3%) | -냐고01 | 16 (0.3%) |
| 30 | -ㅂ니다 | 12 (0.3%) | -래04 | 15 (0.2%) | -ㄹ걸 | 22 (0.3%) | -구나03 | 13 (0.3%) |
| 31 | -냐고01 | 11 (0.2%) | -냐고01 | 13 (0.2%) | -ㄹ게 | 22 (0.3%) | -래04 | 13 (0.3%) |
| 32 | -구(고25) | 10 (0.2%) | -잖어(잖아) | 12 (0.2%) | -다니까01 | 21 (0.3%) | -ㅂ니다 | 13 (0.3%) |
| 33 | -까(ㄹ까) | 10 (0.2%) | -던데02 | 11 (0.2%) | -ㄴ다고02 | 20 (0.3%) | -다니까01 | 12 (0.2%) |
| 34 | -구나03 | 9 (0.2%) | -게11 | 10 (0.1%) | -래04 | 15 (0.2%) | -ㄹ게 | 12 (0.2%) |
| 35 | -드라(더라) | 7 (0.1%) | -냐구(냐고01) | 10 (0.1%) | -군09 | 10 (0.1%) | -대16 | 11 (0.2%) |
| 36 | -께04 | 6 (0.1%) | -다니까01 | 10 (0.1%) | -게11 | 9 (0.1%) | -던데02 | 11 (0.2%) |
| 37 | -냐구(냐고01) | 6 (0.1%) | -ㄹ걸 | 10 (0.1%) | -구(고25) | 9 (0.1%) | -게11 | 9 (0.2%) |
| 38 | -네요 | 6 (0.1%) | -군09 | 8 (0.1%) | -ㄴ다니까01 | 9 (0.1%) | -ㄴ다니까01 | 9 (0.2%) |
| 39 | -대16 | 5 (0.1%) | -ㄴ대01 | 7 (0.1%) | -까(ㄹ까) | 7 (0.1%) | -ㄴ대매(ㄴ다며01) | 7 (0.1%) |
| 40 | -던데02 | 5 (0.1%) | -는지02 | 7 (0.1%) | -다구(다고03) | 7 (0.1%) | -니까 | 7 (0.1%) |
| 41 | -으냐 | 4 (0.1%) | -다구(다고03) | 7 (0.1%) | -자고10 | 7 (0.1%) | -네요 | 7 (0.1%) |
| 42 | -걸(ㄹ걸) | 3 (0.1%) | -ㅂ니다 | 7 (0.1%) | -대매(다며01) | 6 (0.1%) | -ㄴ대01 | 5 (0.1%) |
| 43 | -께(ㄹ게) | 3 (0.1%) | -네요 | 7 (0.1%) | -ㅂ니다 | 6 (0.1%) | -대매(다며01) | 5 (0.1%) |
| 44 | -ㄴ다고02 | 3 (0.1%) | -ㄴ다니까01 | 6 (0.1%) | -죠01 | 6 (0.1%) | -드라(더라) | 5 (0.1%) |
| 45 | -다며01 | 3 (0.1%) | -니까 | 6 (0.1%) | -냐구(냐고01) | 5 (0.1%) | -디05 | 5 (0.1%) |
| 46 | -단다01 | 3 (0.1%) | -드라(더라) | 6 (0.1%) | -다며01 | 5 (0.1%) | -구(고25) | 4 (0.1%) |
| 47 | -더라구(더라고) | 3 (0.1%) | -께04 | 5 (0.1%) | -드라(더라) | 5 (0.1%) | -까(ㄹ까) | 4 (0.1%) |
| 48 | -떠(어11) | 3 (0.1%) | -ㄴ다고02 | 5 (0.1%) | -라니까02 | 5 (0.1%) | -ㄴ다매(ㄴ다며01) | 4 (0.1%) |
| 49 | -라니까02 | 3 (0.1%) | -대16 | 5 (0.1%) | -으라01 | 5 (0.1%) | -구만02 | 3 (0.1%) |
| 50 | -래04 | 3 (0.1%) | -ㄹ지02 | 5 (0.1%) | -네요 | 5 (0.1%) | -군09 | 3 (0.1%) |

　　종결어미는 모든 학교급에서 '-어11'의 쓰임이 현저히 높게 나타나고 있다. 초등학교 저학년은 '-어11, -야13, -잖아, -다07, -지25, -냐, -니10, -자28, -거든03' 순으로 높은 사용 빈도를 보인다. 초등학교 고학년은 '-어11, -잖아, -야13, -지25, -다07, -냐, -거든03, -ㄴ다01, -라09, -대22, -ㄹ까' 순으로, 저학년과 비슷한 양상을 보인다. 중학생은 '-어11, -야13, -지25, -다07, 잖아, -냐, -ㄴ다01, -대22, -네07, -거든03, -애16' 순으로 나타나고, 고등학생은 '-어11, -야13, -지25, -잖아, -다07, -냐, -네07, -ㄴ가01, -ㄴ데02, -나12, -ㄴ다01, -애16' 순으로 나타난다. 특이할 만한 것은 '-야13, -잖아, -지25' 등의 쓰임이 많아 문어와 다른 양상을 보인다는 점이다. 이 밖에도 '-거든03, -ㄴ데02, -애16, -더라, -ㄹ래' 등 다양한 구어형 종결 표현이 나타나고 있다.

③ 연결어미의 사용 빈도

　　연결어미의 학교급별 고빈도 형태는 다음과 같다.

〈표 3.47〉 고빈도순 연결어미 형태 목록(고빈도 형태 50개)

| 순위 | 초등학교 저학년 | | 초등학교 고학년 | | 중학생 | | 고등학생 | |
|---|---|---|---|---|---|---|---|---|
| | 형태 | 빈도(비율) | 형태 | 빈도(비율) | 형태 | 빈도(비율) | 형태 | 빈도(비율) |
| 1 | -어06 | 682 (27.2%) | -어06 | 1207 (23.4%) | -고24 | 873 (19.4%) | -어06 | 598 (19.6%) |
| 2 | -고24 | 443 (17.7%) | -고24 | 1011 (19.6%) | -어06 | 833 (18.5%) | -고24 | 595 (19.5%) |
| 3 | -는데01 | 208 (8.3%) | -는데01 | 487 (9.5%) | -는데01 | 438 (9.8%) | -면09 | 325 (10.7%) |
| 4 | -면09 | 187 (7.5%) | -면09 | 434 (8.4%) | -면09 | 401 (8.9%) | -는데01 | 283 (9.3%) |
| 5 | -구(고24) | 155 (6.2%) | -구(고24) | 319 (6.2%) | -어서03 | 289 (6.4%) | -어서03 | 187 (6.1%) |
| 6 | -어서03 | 151 (6.0%) | -어서03 | 239 (4.6%) | -지24 | 196 (4.4%) | -지24 | 137 (4.5%) |
| 7 | -지24 | 101 (4.0%) | -니까 | 210 (4.1%) | -게10 | 177 (3.9%) | -어야02 | 116 (3.8%) |
| 8 | -ㄴ데01 | 70 (2.8%) | -지24 | 178 (3.5%) | -니까 | 161 (3.6%) | -ㄴ데01 | 111 (3.6%) |
| 9 | -니까 | 68 (2.7%) | -게10 | 156 (3.0%) | -ㄴ데01 | 157 (3.5%) | -게10 | 109 (3.6%) |
| 10 | -게10 | 66 (2.6%) | -어야02 | 123 (2.4%) | -어야02 | 149 (3.3%) | -니까 | 78 (2.6%) |
| 11 | -어야02 | 54 (2.2%) | -ㄴ데01 | 100 (1.9%) | -구(고24) | 136 (3.0%) | -구(고24) | 58 (1.9%) |
| 12 | -다08 | 33 (1.3%) | -다가03 | 83 (1.6%) | -면서 | 72 (1.6%) | -어도02 | 41 (1.3%) |
| 13 | -다가03 | 30 (1.2%) | -면서 | 68 (1.3%) | -어도02 | 67 (1.5%) | -다가03 | 39 (1.3%) |
| 14 | -ㄴ지01 | 26 (1.0%) | -어도02 | 53 (1.0%) | -다08 | 45 (1.0%) | -면서 | 36 (1.2%) |
| 15 | -면서 | 26 (1.0%) | -다08 | 49 (1.0%) | -다고02 | 44 (1.0%) | -다08 | 28 (0.9%) |
| 16 | -는지01 | 21 (0.8%) | -더니01 | 43 (0.8%) | -다가03 | 41 (0.9%) | -러01 | 25 (0.8%) |
| 17 | -어도02 | 17 (0.7%) | -는지01 | 35 (0.7%) | -더니01 | 39 (0.9%) | -던데01 | 21 (0.7%) |
| 18 | -라12 | 14 (0.6%) | -러01 | 27 (0.5%) | -지만05 | 26 (0.6%) | -ㄴ지01 | 18 (0.6%) |
| 19 | -러01 | 14 (0.6%) | -ㄴ지01 | 23 (0.4%) | -ㄴ지01 | 25 (0.6%) | -다고02 | 18 (0.6%) |
| 20 | -더니01 | 9 (0.4%) | -려고02 | 21 (0.4%) | -ㄹ려고(려고02) | 24 (0.5%) | -더니01 | 16 (0.5%) |
| 21 | -려고02 | 8 (0.3%) | -다고02 | 20 (0.4%) | -ㄴ다고01 | 22 (0.5%) | -ㄴ다고01 | 15 (0.5%) |
| 22 | -다고02 | 7 (0.3%) | -ㄴ다고01 | 18 (0.3%) | -라12 | 22 (0.5%) | -ㄹ려고(려고02) | 15 (0.5%) |
| 23 | -냐면 | 6 (0.2%) | -ㄹ려고(려고02) | 14 (0.3%) | -는지01 | 20 (0.4%) | -ㄹ려고(려고02) | 12 (0.4%) |
| 24 | -지만05 | 6 (0.2%) | -지만05 | 14 (0.3%) | -러01 | 18 (0.4%) | -지만05 | 12 (0.4%) |
| 25 | -다면02 | 5 (0.2%) | -ㄹ려고(려고02) | 13 (0.3%) | -던데01 | 15 (0.3%) | -는지01 | 11 (0.4%) |
| 26 | -나11 | 4 (0.2%) | -라12 | 12 (0.2%) | -거나03 | 12 (0.3%) | -라12 | 11 (0.4%) |

| 순위 | 초등학교 저학년 | | 초등학교 고학년 | | 중학생 | | 고등학생 | |
|---|---|---|---|---|---|---|---|---|
| | 형태 | 빈도(비율) | 형태 | 빈도(비율) | 형태 | 빈도(비율) | 형태 | 빈도(비율) |
| 27 | -ㄹ라고(려고02) | 4 (0.2%) | -냐면 | 11 (0.2%) | -냐면 | 12 (0.3%) | -ㄹ지01 | 9 (0.3%) |
| 28 | -라07 | 4 (0.2%) | -고서03 | 7 (0.1%) | -ㄹ지01 | 11 (0.2%) | -어야지01 | 9 (0.3%) |
| 29 | -ㄴ다고01 | 3 (0.1%) | -라서02 | 7 (0.1%) | -자26 | 9 (0.2%) | -고서03 | 8 (0.3%) |
| 30 | -ㄴ다면01 | 3 (0.1%) | -길래02 | 6 (0.1%) | -고서03 | 7 (0.2%) | -길래02 | 7 (0.2%) |
| 31 | -ㄹ라(려고02) | 3 (0.1%) | -던데01 | 6 (0.1%) | -려고02 | 7 (0.2%) | -냐면 | 5 (0.2%) |
| 32 | -ㄹ려고(려고02) | 3 (0.1%) | -ㄹ라03 | 6 (0.1%) | -어야지01 | 7 (0.2%) | -라서02 | 5 (0.2%) |
| 33 | -려면 | 3 (0.1%) | -거든02 | 5 (0.1%) | -ㄹ려면(려면) | 6 (0.1%) | -려고02 | 5 (0.2%) |
| 34 | -어야지01 | 3 (0.1%) | -던가(든가02) | 5 (0.1%) | -ㄹ라(려고02) | 5 (0.1%) | -다면02 | 4 (0.1%) |
| 35 | -음12 | 3 (0.1%) | -어야지01 | 5 (0.1%) | -꼬(고24) | 4 (0.1%) | -ㄹ려면(려면) | 4 (0.1%) |
| 36 | -구서(고서03) | 2 (0.1%) | -니07 | 4 (0.1%) | -냐니까 | 4 (0.1%) | -라07 | 4 (0.1%) |
| 37 | -니08 | 2 (0.1%) | -다면02 | 4 (0.1%) | -ㄹ려(려고02) | 4 (0.1%) | -도록05 | 3 (0.1%) |
| 38 | -다구(다고02) | 2 (0.1%) | -ㄹ려구(려고02) | 4 (0.1%) | -ㄹ려구(려고02) | 4 (0.1%) | -든가02 | 3 (0.1%) |
| 39 | -대서08 | 2 (0.1%) | -을려고 | 4 (0.1%) | -ㄴ다면01 | 3 (0.1%) | -애서(아서03) | 3 (0.1%) |
| 40 | -더라도 | 2 (0.1%) | -ㅓ두(ㅓ도) | 4 (0.1%) | -느라 | 3 (0.1%) | -어다 | 3 (0.1%) |
| 41 | -던데01 | 2 (0.1%) | -거나03 | 3 (0.1%) | -다면02 | 3 (0.1%) | -꼬(고24) | 2 (0.1%) |
| 42 | -든가02 | 2 (0.1%) | -ㄴ다구(ㄴ다고01) | 3 (0.1%) | -던지(든지02) | 3 (0.1%) | -다면서02 | 2 (0.1%) |
| 43 | -든지02 | 2 (0.1%) | -ㄴ다면01 | 3 (0.1%) | -든지02 | 3 (0.1%) | -던지(든지02) | 2 (0.1%) |
| 44 | -ㄹ려구(려고02) | 2 (0.1%) | -니깐 | 3 (0.1%) | -ㄹ라고(려고02) | 3 (0.1%) | -ㄹ라(ㄹ려고) | 2 (0.1%) |
| 45 | -ㄹ지01 | 2 (0.1%) | -다는데 | 3 (0.1%) | -라니까04 | 3 (0.1%) | -ㄹ라면(려면) | 2 (0.1%) |
| 46 | -라서02 | 2 (0.1%) | -도록05 | 3 (0.1%) | -라서02 | 3 (0.1%) | -ㄹ려(려고02) | 2 (0.1%) |
| 47 | -ㅁ04 | 2 (0.1%) | -든02 | 3 (0.1%) | -ㅁ04 | 3 (0.1%) | -ㄹ수록 | 2 (0.1%) |
| 48 | -을려고 | 2 (0.1%) | -ㄹ지01 | 3 (0.1%) | -믄(면09) | 3 (0.1%) | -려니까 | 2 (0.1%) |
| 49 | -자26 | 2 (0.1%) | -려면 | 3 (0.1%) | -지마는 | 3 (0.1%) | -야14 | 2 (0.1%) |
| 50 | -자마자 | 2 (0.1%) | -음12 | 3 (0.1%) | -거든02 | 2 (0.0%) | -을라03 | 2 (0.1%) |

초등학교 저학년은 '-어06, -고24, -는데01, -면09, -구(고24), -어서03, -지24, -ㄴ데01, -니까, -게10', 초등학교 고학년은 '-어06, -고24, -는데01, -면09, -구(고24), -어서03, -니까, -지24, -게10, -어야02' 순으로 높은 빈도를 보여 초등학생과 비슷한 양상을 띠고 있다. 중학생은 '-고24, -어06, -는데01, -면09, -어서03, -지24, -게10, -니까, -ㄴ데01, -어야02, -구(고24), -면서' 순으로 높은 빈도를 보이며, 특히 '-고24'의 사용이 가장 높아 다른 학교급과 차이를 보인다. 고등학생은 '-어06, -고24, -면09, -는데01, -어서03, -지24, -어야02, -ㄴ데01, -게10' 순으로 높은 빈도를 보인다. 전체적으로 '-어06, -고24'의 쓰임이 가장 활발한 것으로 나타나고 있다.

④ 전성어미의 사용 빈도

전성어미의 학교급별 고빈도 형태는 다음과 같다.

〈표 3.48〉 고빈도순 전성어미 형태 목록

| 순위 | 초등학교 저학년 | | 초등학교 고학년 | | 중학생 | | 고등학생 | |
|---|---|---|---|---|---|---|---|---|
| | 형태 | 빈도(비율) | 형태 | 빈도(비율) | 형태 | 빈도(비율) | 형태 | 빈도(비율) |
| 1 | -ㄴ05 | 389 (33.6%) | -는03 | 604 (32.3%) | -는03 | 678 (32.3%) | -는03 | 495 (36.9%) |
| 2 | -는03 | 369 (31.9%) | -ㄴ05 | 590 (31.5%) | -ㄴ05 | 662 (31.6%) | -ㄴ05 | 371 (27.7%) |
| 3 | -ㄹ03 | 273 (23.6%) | -ㄹ03 | 480 (25.6%) | -ㄹ03 | 491 (23.4%) | -ㄹ03 | 323 (24.1%) |
| 4 | -기36 | 79 (6.8%) | -기36 | 102 (5.4%) | -기36 | 140 (6.7%) | -기36 | 99 (7.4%) |
| 5 | -던02 | 19 (1.6%) | -던02 | 30 (1.6%) | -다는 | 36 (1.7%) | -던02 | 21 (1.6%) |
| 6 | -다는 | 13 (1.1%) | -다는 | 23 (1.2%) | -던02 | 20 (1.0%) | -다는 | 11 (0.8%) |
| 7 | -라는02 | 4 (0.3%) | -ㄴ다는 | 9 (0.5%) | -단21 | 16 (0.8%) | -단21 | 6 (0.4%) |
| 8 | -ㄴ다는 | 3 (0.3%) | -단21 | 7 (0.4%) | -ㄴ다는 | 13 (0.6%) | -라는02 | 6 (0.4%) |
| 9 | -단21 | 3 (0.3%) | -라는02 | 7 (0.4%) | -ㅁ03 | 12 (0.6%) | -ㄴ다는 | 3 (0.2%) |
| 10 | -래는01 | 2 (0.2%) | -ㅁ03 | 5 (0.3%) | -라는02 | 9 (0.4%) | -ㄴ단01 | 2 (0.1%) |
| 11 | -ㄴ단01 | 1 (0.1%) | -래는01 | 3 (0.2%) | -ㄴ단01 | 5 (0.2%) | -ㅁ03 | 2 (0.1%) |
| 12 | -느는(는03) | 1 (0.1%) | -ㄴ단01 | 2 (0.1%) | -ㄹ려는(려는) | 5 (0.2%) | -란08 | 1 (0.1%) |
| 13 | -으는(는03) | 1 (0.1%) | -란08 | 2 (0.1%) | -냔 | 3 (0.1%) | | |
| 14 | -인(은06) | 1 (0.1%) | -으는(는03) | 2 (0.1%) | -른(-ㄴ05) | 2 (0.1%) | | |
| 15 | | | -ㄴ대는(ㄴ다는) | 1 (0.1%) | -단23 | 1 (0.0%) | | |
| 16 | | | -냐는 | 1 (0.1%) | -대는(다는) | 1 (0.0%) | | |
| 17 | | | -ㄹ라는(려는) | 1 (0.1%) | -란08 | 1 (0.0%) | | |
| 18 | | | -여라는(라는02) | 1 (0.1%) | -여는(는03) | 1 (0.0%) | | |
| 19 | | | -운(ㄴ05) | 1 (0.1%) | | | | |
| 20 | | | -키(기38) | 1 (0.1%) | | | | |

초등학교 저학년은 '-ㄴ05, -는03, -ㄹ03, -기36, -던02, -다는' 순으로 사용 빈도를 보인다. 명사형전성어미 '-기36'가 등장하고, 관형형전성어미는 '-ㄴ05, -는03, -ㄹ03, -던02, -다는, -라는02, -ㄴ다는, -단21, -래는01' 등이 다양하게 사용되고 있다. 초등학교 고학년은 '-는03, -ㄴ05, -ㄹ03, -기36, -던02, -다는' 순으로 높은 사용 빈도를 보인다. 명사형전성어미는 '-기36, -ㅁ03, -키(기38)'가 출현하는데, 초등학교 저학년에서 보이지 않던 '-ㅁ03'이 새롭게 추가되고 있다. 관형형전성어미는 '-란08, -ㄴ대는(ㄴ다는), -냐는, -ㄹ라는(려는), -여라는(라는02), -운(ㅡㄴ05)'이 새롭게 등장하고 있다. 중학생은 '-는03, -ㄴ05, -ㄹ03, -기36, -다는, -던02, -단21' 순으로 높은 사용 빈도를 보인다. 명사형전성어미는 '-기36, -ㅁ03'이 사용되고, 관형형전성어미는 '-단23, 여는(는03)' 등이 새롭게 등장하고 있다. 고등학생은 '-는03, -ㄴ05, -ㄹ03, -기36, -던02, -다는' 순으로 사용 빈도를 보인다. 명사형전성어미는 '-기36, -ㅁ03'이 관찰되고, 관형형전성어미는 '-는03, -ㄴ05, -ㄹ03, -던02, -다는, -단21, -라는02' 등이 사용되는데 '-라는02' 외에 '-란08'도 등장하고 있다.

어미의 사용 양상을 종합하여 보기로 한다. 빈도의 관점에서 보면, 종결어미 '-어11', 과거 시제 선어말어미 '-었-', 연결어미 '-어06, -고24', 관형형전성어미 '-는03, -ㄴ05' 등이 사용 빈도도 높고 사용 화자 수도 많은 것으로 조사되었다. 종결어미 '-야13, -지25' 등은 사용 화자 수 비율에서 상대적으로 높은 빈도를 보였다.

어미 유형별 조사에서는 선어말어미의 경우 과거 시제 '-었-'이 가장 높은 빈도를 보였다. '-었었-'도 '-겠-' 다음으로 높은 빈도를 나타내 전체적으로 과거형의 사용이 많음을 알 수 있다. 종결어미는 '-어11'의 사용이 월등히 높았고, '-야13, -잖아, -지25' 등도 쓰임이 많아 문어와 다른 양상을 보였다. 그 밖에도 '-거든03, -ㄴ데02, -애16, -더라, -ㄹ래' 등 다양한 구어형 종결 표현이 나타났다. 연결어미는 '-어06, -고24'의 사용 빈도가 높았다. 전성어미 중에서는 명사형전성어미 '-기36'의 사용이 가장 활발하였고, 관형형전성어미는 초등학교 저학년에서만 '-ㄴ05'이 '-는03'보다 높게 나타났고, 다른 학교급에서는 '-는03'이 가장 활발히 사용되고 있는 모습을 보였다.

초·중·고등학생의 어휘 사용 양상을 종합해 보면, 형태 수와 빈도를 대비한 결과 초·중·고등학생들이 사용한 어휘의 형태 수는 품사별 격차가 큰 것으로 나타났지만 사용 빈도에서는 격차가 그리 크지 않았다. 체언은 형태 수가 전체 비율의 70%가량으로 다른 품사 유형에 비해 월등히 높은 비율을 차지하였지만 사용 빈도에서는 용언, 수식언에 비해 현저하다고 할 수 없었다. 이는 체언의 경우 형태 수는 다양하지만, 그 쓰임이 많지 않음을 말해 준다. 수식언과 조사는 형태 수에서는 10% 내외의 낮은 비율을 나타냈지만, 사용 빈도에서는 20% 이상의 비율을 보여 형태 수에 비해 높은 편이었다. 즉 형태 수는 다양하지 않지만 그 쓰임이 활발한 것을 알 수 있다 .

다음으로 사용 빈도와 사용 화자 수를 비교해 보면, 사용 빈도가 높은 어휘들이 사용 화자 수도 많은 것으로 나타났다. 종결어미 '-어11', 주격조사 '가11', 선어말어미 '-었-', 동사 '하다01', 연결어미 '-어06' 의존명사 '거01', 대명사 '나03' 등은 높은 사용 빈도와 많은 사용 화자 수를 보인 어휘들이다.

품사별 어휘 사용의 특징을 종합해 보면, 실질 형태에 속하는 체언은 '엄마, 선생님, 아빠, 친구, 동생, 오빠'와 같은 인간 관련 어휘가 많았고, '때01, 그때, 다음01'과 같은 시간 표현도 다수 사용되었다. 용언은 동사 '하다01'의 사용이 가장 많았고, 형용사는 '있다01, 없다01'의 존재 표현이 가장 높은 빈도를 보였다. 수식언은 '근데01, 막02, 진짜, 그냥, 딱03, 그럼01, 쫌(좀02), 맨날' 등의 여러 가지 구어적 표현이 쓰이고 있었다. 문법 형태에서는 조사의 경우 주격조사 '가11', 보조사 '는01, 도15', 목적격조사 '를', 부사격조사 '에04'의 사용이 높게 나타났다. 어미는 종결어미 '-어11', 과거형 선어말어미 '-었-', 연결어미 '-어06, -고24', 관형형전성어미 '-는03, -ㄴ05' 등이 사용이 활발한 것으로 조사되었다.

형태 관점에서 드러난 특징적인 점으로는 실질 형태와 문법 형태 모두 구어적 특성을 보여 주는 형태들이 다수 출현하였다는 사실이다. '거01, 니05, 걔, 막02, 진짜, 그냥, 딱03, 그럼01, 쫌(좀02), 근데, 그리구, 그니까, 왜냐면, 금, 그리구, 그치만, 어쩜, 랑05, 한테, 하고05, 구(고22), 루(로07), 두10, -거든03, -ㄴ데02, -애16, -더라, -ㄴ가, -ㄹ래' 등이 그 예이다.

# 3.3 형태 유형별 어휘 사용의 학교급 간 추이

여기서는 각 품사별로 어떤 형태가 어느 시기에 나타나서 얼마간 지속적으로 사용되는지, 학교급에 따라 사용되는 어휘 목록이 어떤 차이를 보이는지를 살펴볼 것이다. 이를 위해서 여러 학교급에서 공통적으로 나타나는 형태와 특정 학교급에 제한적으로 나타나는 형태 목록을 제시하고 그 분포와 형태상의 특징을 알아보기로 한다.

초등학교 저학년 단계부터 고등학생 단계까지 그 사용이 지속되는 형태들은 대부분 기초 어휘나 일상용어일 가능성이 높다. 그리고 특정 학교급에서 제한적으로 쓰이는 형태들은 학교급별 학생들의 인지적·문화적 특성을 드러내줄 것으로 보인다. 따라서 우리는 이러한 학교급별 어휘 사용 추이를 관찰함으로써 기본 어휘 선정이나 난이도에 따른 어휘 등급 설정에 하나의 근거를 마련할 수 있을 것이다.

## 3.3.1 실질 형태의 학교급 간 추이

### 3.3.1.1 체언

① 일반명사

일반명사 형태 목록에서 각 학교급별로 고빈도 사용 어휘 50개씩을 추출하여 종합한 결과, 91개의 서로 다른 형태가 분석되었다. 각 형태를 출현 구간별로 보이면 〈표 3.49〉와 같다. 아래의 표에서는 여러 학교급에서 공통으로 나타나는 것들을 '지속'의 유형으로, 특정 학교급에만 나타나는 형태들을 '한정'의 유형으로 나타내었다.(이하 동일함.)

〈표 3.49〉 학교급 구간별 고빈도 일반명사 형태 목록과 수(91개)

| 유형 | 초저 | 초고 | 중 | 고 | 형태 | 형태 수 (비율) |
|---|---|---|---|---|---|---|
| 지속 | ■ | ■ | ■ | ■ | 게임, 공부01, 그때, 날01, 남자02, 누나01, 다음01, 돈01, 동생01, 때01, 말01, 반10, 사람, 선생님, 시간04, 애02, 얘기, 엄마, 여자02, 오늘, 오빠, 일01, 진짜, 집01, 친구02, 컴퓨터, 학교, 학년, 학원02 | 29 (31.9%) |
|  | ■ | ■ | ■ |  | 수학05, 아빠, 언니, 영어02, 소리01 | 4 (4.4%) |
|  | ■ | ■ |  |  | 물01, 옛날, 피아노01 | 3 (3.3%) |
|  |  | ■ | ■ | ■ | 생각01, 시험03, 원래01, 이름, 처음, 노래01, 혼자01 | 2 (2.2%) |
|  |  | ■ | ■ |  | 요즘, 전08 | 2 (2.2%) |
|  |  |  | ■ | ■ | 동안01 | 1 (1.1%) |
| 한정 | ■ |  |  |  | 강아지, 귀신01, 그림01, 문04, 아이템, 애기01, 이야기, 제일04, 책01, 축구04, 한번, 할머니, 할아버지 | 13 (14.3%) |
|  |  | ■ |  |  | 나중01, 뒤01, 머리01, 사회07, 생일02, 옆, 중간고사, 지금03 | 8 (8.8%) |
|  |  |  | ■ |  | 가수11, 대화06, 새끼02, 성적04, 어제01, 욕02, 운동02, 정도11, 주제04, 핸드폰 | 10 (11.0%) |
|  |  |  |  | ■ | 내일, 녹음03, 눈01, 대학01, 문자02, 밥01, 버스02, 성격02, 아침, 안01, 영화01, 전화07, 키01 | 13 (14.3%) |

〈비율 = 구간별 고빈도 형태 수 / 초·중·고 고빈도 총 형태 수 * 100〉

　　초등학교 저학년에서 사용된 형태들이 중고등학교에 어느 정도 지속적으로 고빈도 사용을 유지하는가는 매우 관심이 가는 문제이다. 위 표를 보면, 초등학교 저학년에서 고빈도로 나타난 50개 어휘 가운데 '게임, 공부01, 그때, 날01, 남자02, 누나01, 다음01, 돈01, 동생01, 때01, 말01, 반10, 사람, 선생님, 시간04, 애02, 얘기, 엄마, 여자02, 오늘, 오빠, 일01, 진짜, 집01, 친구02, 컴퓨터, 학교, 학년, 학원02' 등 29개 어휘는 고등학생 단계에서도 고빈도 형태 50개에 포함된다. 학교급 간 지속성을 지닌 29개의 어휘들은 초등학교 저학년 고빈도 일반명사 가운데 58%에 해당한다. 이들 명사가 중고등학생들에게서도 고빈도로 사용되고 있는 것이다. 또한 이들 29개의 고빈도 형태들은 전 학교급에서 나타난 고빈도 일반명사(총91개)에서 차지하는 비중도 32%로 상당히 높다. 이들 29개의 고빈도 형태는 학생들의 일상 언어생활에서 자주 등장하는 기본 어휘에 해당한다. 이들은 친숙한 사람, 사물에 관한 것이 대부분이고, 그 밖에 학업, 시간, 여가 활동 등에 관한 것들이다. 고빈도 일반명사 목록에 '아빠'가 빠져 있는 것은 흥미롭다.

 특정 학교급에서만 고빈도로 관찰되는 형태들은 44개로 형태 전체 91개 가운데 절반가량을 차지하고 있다. 학교급별로 살펴보면, 초등학교 저학년에서는 '할머니, 할아버지'와 같은 가족 관계의 호칭어나 '귀신01'과 같은 상상 속의 인물에 대한 일반명사가 고빈도로 등장하고, 초등학교 고학년에서는 '생일02, 중간고사'와 같은 일상생활과 관련한 일반명사가 고빈도로 나타난다. 중학생 자료에서 한정적으로 나타난 고빈도 일반명사는 '가수11, 대화06, 성적04, 운동02, 핸드폰' 등으로 중학생들의 취미나 관심을 드러내준다. '새끼02' 등 비속어가 고빈도 형태 목록에 포함된 것도 다른 학교급과 구별되는 중학생 어휘 목록의 특징이다. 고등학생 자료에서는 '대학01, 문자02, 밥01, 버스02, 성격02, 아침, 안01, 영화01, 전화07, 키01' 등이 고빈도 형태로 새롭게 등장하였다.

## ② 의존명사

 의존명사는 각 학교급별로 고빈도 사용 어휘 50개씩을 추출한 결과, 77개의 서로 다른 형태가 분석되었다. 이들의 학교급별 사용 양상을 살펴보면 다음과 같다.

〈표 3.50〉 학교급 구간별 의존명사 형태 목록과 수(77개)

| 유형 | 사용 학교급 | | | | 형태 | 형태 수 (비율) |
|---|---|---|---|---|---|---|
| | 초저 | 초고 | 중 | 고 | | |
| 지속 | ■ | ■ | ■ | ■ | 가지04, 개10, 거01, 것01, 교시03, 꺼(거01), 년02, 놈01, 데01, 때문, 땜03, 명03, 번04, 분08, 살04, 수02, 시10, 시간04, 원01, 일07, 적03, 점10, 줄04, 중04, 지02, 쪽05, 척01, 터02, 대11, 동15, 키로, 편04, 급04, 뻔01, 알01 | 35 (45.5%) |
| | ■ | ■ | ■ | | 권01, 월02, 킬로 | 3 (3.9%) |
| | ■ | ■ | | | 대15, 마리01, 방11, 장21, 탄06 | 5 (6.5%) |
| | | ■ | ■ | ■ | 개월, 달05, 등04, 초07, 냥, 등05 | 6 (7.8%) |
| | | ■ | ■ | | 대로01, 회08 | 2 (2.6%) |
| | | | ■ | ■ | 날01, 바03, 뿐01, 식04, 위05, 주26, 차03 | 7 (9.1%) |
| 한정 | ■ | | | | 군데, 리06, 만01, 번째, 세13, 주(줄04), 킬로그램 | 7 (9.1%) |
| | | ■ | | | 님01, 대01, 만큼, 바퀴01, 집03, 통12, 편09 | 7 (9.1%) |
| | | | ■ | | 조15, 평02, 프로01 | 3 (3.9%) |
| | | | | ■ | 간10, 초03 | 2 (2.6%) |

〈비율 = 구간별 고빈도 형태 수 / 초·중·고 고빈도 총 형태 수 * 100〉

위 표를 보면, 먼저 초등학교 저학년 단계에서 고빈도로 사용되는 의존명사 50개 형태 중 고등학교 단계까지 꾸준히 사용되는 형태는 70%에 해당하는 35개이다. 이들 35개의 의존명사 형태들은 초·중·고등학생이 사용한 의존명사 전체 수인 77개를 기준으로 보아도 46%에 달하는 매우 높은 비율이다.

지속적인 고빈도 사용 경향을 지니는 형태들을 보면, 초등학교 저학년부터 고등학생까지 모든 학교급에서 사용된 형태에는 '가지04, 개10, 거01, 것01, 교시03, 꺼(거01), 년02, 놈01, 데01, 때문, 땜03, 명03, 번04, 분08, 살04, 수02, 시10, 시간04, 원01, 일07, 적03, 점10, 줄04, 중04, 지02, 쪽05, 척01, 터02, 대11, 동15, 키로, 편04, 급04, 뻔01, 알01' 등이 있다. 중학생 단계에 새롭게 등장하는 의존명사에는 '날01, 바03, 뿐01, 식04, 위05, 주26, 차03' 등이 있는데, 이들 중 '바03, 뿐01'은 문어에서 주로 사용되는 형태들로서 구어에서는 보기 어려운 형태들이다.

특정 학교급에서만 고빈도로 관찰되는 의존명사는 일반명사와 비교할 때 그 수가 많지 않다. '군데, 리06, 만01, 번째, 세13, 주(줄04), 킬로그램'은 초등학교 저학년에서, '님01, 대01, 만큼, 바퀴01, 집03, 통12, 편09'은 초등학교 고학년에서 한정적으로 나타났다. 중학생과 고등학생 단계에 한정적으로 사용된 의존명사 목록에서는 '조15, 평02, 프로01, 간10, 초03'와 같은 단위 명사나 한자어를 볼 수 있다.

### ③ 대명사

대명사의 경우, 각 학교급별로 고빈도 사용 어휘 50개씩을 추출하여 종합한 결과, 64개의 서로 다른 형태가 분석되었다. 학교급별 사용 양상을 살펴보면 다음과 같다.

<표 3.51> 학교급 구간별 대명사 형태 목록과 수(64개)

| 유형 | 사용 학교급 | | | | 형태 | 형태 수 (비율) |
|---|---|---|---|---|---|---|
| | 초저 | 초고 | 중 | 고 | | |
| 지속 | ■ | ■ | ■ | ■ | 개, 거01, 거02, 거기01, 그01, 그거, 그것, 나03, 내04, 너01, 너희, 누02, 누구, 니05, 머(뭐), 모(뭐), 뭐, 아무01, 애03, 어디01, 언제01, 얼마, 여기01, 요기01, 요번, 우리03, 이거01, 이것, 이번01, 자기04, 쟤, 저03, 저거01, 저기01, 저번02, 지05, 아무것, 이05, 저쪽, 쩌기(저기01) | 40 (62.5%) |
| | ■ | ■ | ■ | | 무엇, 이쪽02 | 2 (3.1%) |
| | ■ | ■ | | | 거, 요거01, 쩌거(저거01) | 3 (4.7%) |

| 유형 | 사용 학교급 | | | | 형태 | 형태 수 (비율) |
| --- | --- | --- | --- | --- | --- | --- |
| | 초저 | 초고 | 중 | 고 | | |
| 한정 | | ▨ | ▨ | ▨ | 그쪽, 아무거(아무것), 여06, 웬일, 지(자기04), 요05, 저것 | 7 (10.9%) |
| | | ▨ | ▨ | | 없음 | 0 (0.0%) |
| | | | ▨ | ▨ | 모15, 쩌번(저번02) | 2 (3.1%) |
| | ▨ | ▨ | | | 그기(거기01), 아무데, 오데(어디01), 요쪽, 저희01 | 5 (7.8%) |
| | | ▨ | | | 네01, 어느거 | 2 (3.1%) |
| | | | ▨ | | 누구누구, 저04 | 2 (3.1%) |
| | | | | ▨ | 당신02 | 1 (1.6%) |

〈비율 = 구간별 고빈도 형태 수/ 초·중·고 고빈도 총 형태 수 * 100〉

대명사의 지속적인 고빈도 사용 경향을 위 표를 통해 정리해 보면, 총 64개의 출현 형태 가운데 '걔, 거01, 거02, 거기01, 그01, 그거, 그것, 나03, 내04, 너01, 너희, 누02, 누구, 니05, 머(뭐), 모(뭐), 뭐, 아무01, 얘03, 어디01, 언제01, 얼마, 여기01, 요기01, 요번, 우리03, 이거01, 이것, 이번01, 자기04, 쟤, 저03, 저거01, 저기01, 저번02, 지05, 아무것, 이05, 저쪽, 쩌기(저기01)' 등 40개 형태가 초등학교 저학년부터 고등학생까지 공통적으로 사용되고 있음을 알 수 있다. 즉, 초·중·고등학교 전 과정에서 출현한 대명사의 60%가 넘는 형태가 전 학교급에 걸쳐 사용되고 있는 것이며, 초등학생을 기준으로 하면 초등학생 때 사용한 대명사의 80%가 고등학생 때까지 지속적으로 사용되고 있는 것이다. 이는 대명사의 경우 대부분 초등학교 저학년 시기 이전에 습득되고 이후에 새롭게 사용되는 형태의 수는 비교적 적다는 것을 말해준다. 출현 형태들의 특성을 살펴보면 '이, 그, 저'를 기본으로 하는 지시어가 '것(사물), 곳(장소), 번(빈도), 쪽(방향)' 등의 형태소와 결합된 경우가 많다.

초등학교 저학년에서만 나타나고 이후에는 사용되지 않은 대명사는 '그기(거기01), 오데(어디01), 요쪽'과 같이 발음에 변화를 주어 발화한 형태가 주를 이루고 있고, 고등학생 단계에서 단독으로 쓰인 형태에는 '당신02'이 있다.

④ 수사

수사는 출현한 형태가 각 학교급별로 50개 어휘 이내였기 때문에 전체 출현 형태를 대상으로 그 사용 양상을 살펴보기로 한다.

<표 3.52> 학교급 구간별 수사 형태 목록과 수(49개)

| 유형 | 사용 학교급 | | | | 형태 | 형태 수 (비율) |
|---|---|---|---|---|---|---|
| | 초저 | 초고 | 중 | 고 | | |
| 지속 | | | | | 구01, 다섯, 둘01, 만06, 몇, 백05, 사11, 삼06, 셋, 십, 억04, 열03, 오04, 원20, 육02, 이09, 일05, 천03, 칠01, 투02, 팔03, 하나 | 22 (44.9%) |
| | | | | | 쓰리05, 여덟, 여섯, 서른 | 4 (8.2%) |
| | | | | | 포20 | 1 (2.0%) |
| | | | | | 일곱, 넷01 | 2 (4.1%) |
| | | | | | 둘째, 사십, 첫째 | 3 (6.1%) |
| | | | | | 스물 | 1 (2.0%) |
| 한정 | | | | | 두(둘01), 텐03, 파이브 | 3 (6.1%) |
| | | | | | 공12, 네02, 육십, 한01 | 4 (8.2%) |
| | | | | | 구십01, 마흔 삽(삼06), 세븐01, 심(십), 씩스 | 6 (12.2%) |
| | | | | | 두01, 십억04, 아홉 | 3 (6.1%) |

<비율 = 구간별 고빈도 형태 수 / 초·중·고 고빈도 총 형태 수 * 100>

초등학교 저학년에서부터 고등학생에 이르기까지 지속적으로 출현하는 수사 형태는 '구01, 다섯, 둘01, 만06, 몇, 백05, 사11, 삼06, 셋, 십, 억04, 열03, 오04, 원20, 육02, 이09, 일05, 천03, 칠01, 투02, 팔03, 하나' 등 22개이며, 전체 출현 형태의 약 45%를 차지한다. 모든 학교급에서 사용된 형태를 살펴보면, 한자어 어휘(구01, 만06, 백05, 사11, 삼06, 십, 억04, 오04, 육02, 이09, 일05, 천03, 칠01, 팔03)와 순우리말 어휘(다섯, 둘01, 하나, 셋, 열03), 외래어 어휘(투02)가 혼재하는 것을 볼 수 있다. 전체 출현 형태를 보면, 양수사가 압도적으로 많으며 서수사 형태는 초등학교 고학년 자료와 중학생 자료에서 나타난 '첫째, 둘째'가 전부이다. 즉, 구어에서 양수사가 서수사에 비해 훨씬 많이 사용되고, 서수사는 극히 드물게 사용됨을 알 수 있다. '십억04'과 같이 비교적 큰 단위를 가리키는 수사는 고등학생 자료에서만 관찰되었다.


## 3.3.1.2 용언

① 동사

각 학교급별로 50개의 고빈도 동사 어휘를 추출하여 종합한 결과 총 75개의 서로 다른 형태가 나타났다. 각 형태를 출현 구간별로 정리하면 다음과 같다.

<표 3.53> 학교급 구간별 고빈도 동사 형태 목록과 수(75개)

| 유형 | 사용 학교급 | | | | 형태 | 형태 수 (비율) |
|---|---|---|---|---|---|---|
| | 초저 | 초고 | 중 | 고 | | |
| 지속 | ▨ | ▨ | ▨ | ▨ | 가다01, 갖다01, 그러다, 나다01, 나오다, 놀다01, 다니다, 되다01, 말01하다, 맞다01, 먹다02, 모르다, 받다01, 보다01, 사다, 생기다, 쓰다01, 쓰다03, 알다, 얘기하다, 오다01, 웃기다, 이러다, 잘02하다, 좋아하다, 주다01, 하다01, 내다02, 만나다, 만들다, 자다01, 타다02, 나가다, 생각01하다, 어떡하다, 싸우다 | 36 (48.0%) |
| | ▨ | ▨ | ▨ | | 들어가다01, 살다01, 죽다01 | 3 (4.0%) |
| | ▨ | ▨ | | | 때리다01, 잡다01, 치다02, 키우다 | 4 (5.3%) |
| | ▨ | | ▨ | ▨ | 끝나다, 듣다01, 들다01, 미치다01, 짜증나다 | 5 (6.7%) |
| | | | ▨ | ▨ | 남다01, 맞다03, 울다01 | 3 (4.0%) |
| | | | ▨ | | 못04하다, 보내다, 사귀다, 싫어하다 | 4 (5.3%) |
| 한정 | ▨ | | | | 그리다02, 놓다01, 만지다, 말다03, 올라가다, 이기다01, 지다03 | 7 (9.3%) |
| | | ▨ | | | 가지다, 걸리다01, 읽다 | 3 (4.0%) |
| | | | ▨ | | 넘다01, 대하다02, 들리다03, 떨어지다, 빌리다 | 5 (6.7%) |
| | | | | ▨ | 바꾸다, 보이다01, 붙다, 입다01, 풀다 | 5 (6.7%) |

<비율 = 구간별 고빈도 형태 수 / 초·중·고 고빈도 총 형태 수 * 100>

고빈도 형태 가운데 학교급 간의 지속적인 고빈도 사용을 보이는 형태들을 먼저 살펴보면, '가다01, 갖다01, 그러다, 나다01, 나오다, 놀다01, 다니다, 되다01, 말01하다, 맞다01, 먹다02, 모르다, 받다01, 보다01, 사다, 생기다, 쓰다01, 쓰다03, 알다, 얘기하다, 오다01, 웃기다, 이러다, 잘02하다, 좋아하다, 주다01, 하다01, 내다02, 만나다, 만들다, 자다01, 타다02, 나가다, 생각01하다, 어떡하다, 싸우다' 등이 있다(36개). 이는 초·중·고등학생들의 고빈도 동사 75개 중 48%를 차지하며, 초등학교 저학년 자료에서 고빈도로 나타난 50개 어휘 가운데 72%에 달하는 높은 비율이다. 이들 어휘를 내용 면에서 살펴보면, '가다01, 오다01, 나오다, 나가다, 다니다'와 같은 이동 동사, '알다, 모르다, 생각하다'와 같은 인지 동사, '그러다, 이러다'와 같은 지시 동사, '먹다, 자다, 말하다'와 같은 일상생활의 기본을 이루는 동작과 관련된 동사들이 주를 이루고 있다. 초등학생 단계에서는 자주 쓰이지 않다가 중학생 단계에서 고빈도로 사용되기 시작하는 어휘로는 '못04하다, 보내다, 사귀다, 싫어하다, 넘다01, 대하다02, 들리다03, 떨어지다, 빌리다' 등이 있고, 이 가운데 '못04하다, 보내다, 사귀다, 싫어하다'는 고등학생

단계에서도 고빈도로 사용되고 있다.

특정 학교급에서만 고빈도로 나타나는 어휘에는 초등학교 저학년의 경우 '그리다02, 놓다01, 만지다, 말다03, 올라가다, 이기다01, 지다03', 초등학교 고학년의 경우 '가지다, 걸리다01, 읽다', 중학생은 '넘다01, 대하다02, 들리다03, 떨어지다, 빌리다', 고등학생은 '바꾸다, 보이다01, 붙다, 입다01, 풀다' 등이 있다.

### ② 형용사

각 학교급별로 50개의 고빈도 형용사 형태를 추출하여 종합한 결과 총 72개의 고빈도 형태가 분석되었다. 학교급별로 그 출현 양상을 보이면 다음과 같다.

〈표 3.54〉 학교급 구간별 고빈도 형용사 형태 목록과 수(72개)

| 유형 | 사용 학교급 | | | | 형태 | 형태 수 (비율) |
|---|---|---|---|---|---|---|
| | 초저 | 초고 | 중 | 고 | | |
| 지속 | ▨ | ▨ | ▨ | ▨ | 같다, 괜찮다, 궁금01하다, 귀엽다, 그렇다, 나쁘다01, 낫다02, 늦다, 당연03히다, 똑같다, 많다, 맛있다, 멋있다, 무섭다, 배고프다, 쉽다, 싫다01, 심심01하다, 아프다, 어떻다, 어렵다, 어리다03, 없다01, 예쁘다, 이렇다, 이쁘다, 이상12하다, 있다01, 작다01, 재밌다, 좋다01, 착하다, 춥다, 친하다, 크다01 | 35 (49.3%) |
| | ▨ | | ▨ | | 높다, 불쌍하다, 세다, 재미없다, 재미있다 | 5 (6.8%) |
| | ▨ | | | | 못04하다, 신기14하다, 쎄(세03)다 | 3 (4.1%) |
| | | ▨ | | | 다르다01, 미안01하다, 비싸다, 힘들다, 귀찮다 | 5 (6.8%) |
| | | | | | 아깝다 | 1 (1.4%) |
| | | | ▨ | | 멀다02, 비슷02하다, 시끄럽다, 어색02하다, 어이없다 | 5 (6.8%) |
| 한정 | ▨ | | | | 가난01하다, 똑똑02하다, 솔직하다, 약하다01, 중요02하다, 짝(작01)다 | 6 (8.2%) |
| | | ▨ | | | 길다02, 꾸리(구리)다, 빠르다, 슬프다 | 4 (5.5%) |
| | | | ▨ | | 넓다, 맛없다, 심하다, 황당하다 | 4 (5.5%) |
| | | | | ▨ | 가깝다, 상관없다, 지겹다, 편하다 | 4 (5.5%) |

〈비율 = 구간별 고빈도 형태 수 / 초·중·고 고빈도 총 형태 수 * 100〉

위 표를 보면, 초등학교 저학년에서부터 고등학생에 이르기까지 지속적으로 출현하는 어휘의 형태는 '같다, 괜찮다, 궁금01하다, 귀엽다, 그렇다, 나쁘다01, 낫다02, 늦다, 당연03하다, 똑같다, 많다, 맛있다, 멋있다, 무섭다, 배고프다, 쉽다, 싫다01, 심심01하다, 아프다, 어떻다,

어렵다, 어리다03, 없다01, 예쁘다, 이렇다, 이쁘다, 이상12하다, 있다01, 작다01, 재밌다, 좋다01, 착하다, 춥다, 친하다, 크다01' 등 35개 형태이다. 초등학교 저학년에서 관찰된 고빈도 형용사 50개 가운데 72%가 고등학교에서도 자주 쓰이는 셈이다. 이들 어휘가 전체 출현 형태 (72개)에서 차지하는 비중은 49.3%에 이르러, 동사의 경우와 큰 차이가 없음을 알 수 있다.

특정 학교급에서만 고빈도로 관찰되는 형용사를 살펴보면 초등학교 저학년의 경우 '가난01 하다, 똑똑02하다, 솔직하다, 약하다01, 중요02하다, 짝(작01)다', 초등학교 고학년의 경우 '길다02, 꾸리(구리)다, 빠르다, 슬프다' 등으로 나타났다. 중학생 자료에서는 '넓다, 맛없다, 심하다, 황당하다', 고등학생 자료에서는 '가깝다, 상관없다, 지겹다, 편하다'가 높은 빈도로 쓰인다. 초등학생과 중고등학생이 자주 사용한 형용사를 그 내용면에서 보면, 초등학생들은 '세다, 약하다, 작다, 길다'와 같이 사물의 성상을 직접 나타내는 어휘를 자주 사용하는 데 반해 중고등학생들은 '황당하다, 어색하다, 어이없다' 와 같이 내면적 태도를 나타내는 어휘를 자주 사용하고 있다.

### ③ 보조용언

보조용언은 초등학교 저학년에서 고등학생에 이르기까지 각각의 학교급별로 나타난 출현 형태가 50개 미만이고, 총 형태 수는 37개이다. 그리고 모든 학교급에서 동일한 형태가 사용되고 있다. 목록을 보이면 다음과 같다.

<표 3.55> 학교급 구간별 보조용언 형태 목록과 수(37개)

| 유형 | 사용 학교급 | | | | 형태 | 형태 수 (비율) |
| | 초저 | 초고 | 중 | 고 | | |
|---|---|---|---|---|---|---|
| 지속 | ∕ | ∕ | ∕ | ∕ | 가다01, 가주(가지)다, 가지다, 갖다01, 계시다, 나(놓01)다,[7] 나가다, 나다01, 내다02, 놓다01, 달다05, 대(되01)다, 대다01, 두다01, 드리다01, 들다01, 마(말03)다, 만02하다, 말다03, 먹다02, 못하다, 바(보01)다, 버리다01, 보다01, 부(보01)다, 삔01하다, 뿌(버리01)다, 싶다, 않다, 오다01, 있다01, 주다01, 죽다01, 지다04, 척01하다, 치다14, 하다01 | 37 (100%) |
| | ∕ | ∕ | ∕ | | 없음 | 0 (0.0%) |
| | ∕ | ∕ | | | 없음 | 0 (0.0%) |
| | | ∕ | ∕ | | 없음 | 0 (0.0%) |
| | | ∕ | | | 없음 | 0 (0.0%) |
| | | | ∕ | ∕ | 없음 | 0 (0.0%) |

| 유형 | 사용 학교급 | | | | 형태 | 형태 수 (비율) |
|---|---|---|---|---|---|---|
| | 초저 | 초고 | 중 | 고 | | |
| 한정 | //// | | | | 없음 | 0 (0.0%) |
| | | //// | | | 없음 | 0 (0.0%) |
| | | | //// | | 없음 | 0 (0.0%) |
| | | | | //// | 없음 | 0 (0.0%) |

〈비율 = 구간별 고빈도 형태 수 / 초·중·고 고빈도 총 형태 수 * 100〉

위 표를 보면, 초등학교 저학년에 나타난 보조용언 형태가 모두(100%) 고등학생에 이르기까지 지속적으로 사용됨을 알 수 있다. 이는 일상적인 구어에 쓰이는 보조용언 형태가 위에 보인 어휘들로 한정되어 있다는 것을 보여준다. 즉, 초등학교 저학년 때 이미 일상 언어생활에 필요한 모든 보조용언 형태가 습득되는 것을 알 수 있다. 그리고 그 보조용언 형태들은 중고등학생 단계에서도 모두 사용되고 있는 것이다.

### 3.3.1.3 수식언

① 관형사

학교급별로 고빈도 50위 안에 드는 관형사를 분석한 결과, 총 71개의 형태가 나타났다. 각 학교급 구간에 따른 고빈도 형태의 목록은 다음과 같다.

〈표 3.56〉 학교급 구간별 고빈도 관형사 형태 목록과 수(71개)

| 유형 | 사용 학교급 | | | | 형태 | 형태 수 (비율) |
|---|---|---|---|---|---|---|
| | 초저 | 초고 | 중 | 고 | | |
| 지속 | //// | //// | //// | //// | 구01, 그01, 그런01, 내14, 네02, 다른, 다섯, 두01, 따른(다른), 딴03, 만06, 맨01, 몇, 무슨, 뭔, 백05, 사11, 삼06, 세01, 십, 아무01, 어느01, 어떤, 여덟, 여섯, 열03, 오04, 육02, 이05, 이09, 이런01, 일05, 일곱, 저04, 천03, 칠01, 팔03, 한01, 새06, 저런01, 아홉 | 41 (57.7%) |
| | | | | | 그딴, 모든 | 2 (2.8%) |

---

7 이 형태는 '놔(놓아)'를 '나'로 발음한 것이다.

| 유형 | 사용 학교급 | | | | 형태 | 형태 수 (비율) |
|---|---|---|---|---|---|---|
| | 초저 | 초고 | 중 | 고 | | |
| 지속 | ✓ | ✓ | | | 없음 | 0 (0.0%) |
| | | ✓ | ✓ | ✓ | 여러, 딴(다른) | 2 (2.8%) |
| | | ✓ | | | 없음 | 0 (0.0%) |
| | | | ✓ | ✓ | 별02, 사십, 첫 | 3 (4.2%) |
| 한정 | ✓ | | | | 거(그01), 고03, 근(그런01), 몇(몇), 어뜬(어떤), 전07, 쩌(저04) | 7 (9.9%) |
| | | ✓ | | | 네10, 두세, 둘01, 따르(다른), 류(육02), 서너, 어쩔(어떤), 요03 | 8 (11.3%) |
| | | | ✓ | | 그른(그런01), 마이, 석01, 옛01 | 4 (5.6%) |
| | | | | ✓ | 궁(그런01), 서른, 십만, 웬01 | 4 (5.6%) |

〈비율 = 구간별 고빈도 형태 수 / 초·중·고 고빈도 총 형태 수 * 100〉

　　초등학교 저학년에서 관찰된 관형사의 형태는 50개 가운데 82%에 해당하는 41개 형태가 고등학생까지 지속적으로 고빈도로 쓰이고 있다. 이에 해당되는 형태는 '구01, 그01, 그런01, 내14, 네02, 다른, 다섯, 두01, 따른(다른), 딴03, 만06, 맨01, 몇, 무슨, 뭔, 백05, 사11, 삼06, 세01, 십, 아무01, 어느01, 어떤, 여덟, 여섯, 열03, 오04, 육02, 이05, 이09, 이런01, 일05, 일곱, 저04, 천03, 칠01, 팔03, 한01, 새06, 저런01, 아홉' 등 주로 수 관형사와 지시 관형사들이다.

　　특정 학교급에서 나타나는 형태는 초등학교 저학년의 경우 '거(그01), 고03, 근(그런01), (몇), 어뜬(어떤), 전07, 쩌(저04)' 등이 있고, 초등학교 고학년에서는 '네10, 두세, 둘01, 따르(다른), 류(육02), 서너, 어쩔(어떤), 요03' 등이 있다. 중학생 자료에서는 '그른(그런01), 마이, 석01, 옛01', 고등학생 자료에서는 '궁(그런01), 서른, 십만, 웬01' 등의 형태가 출현하였다.

## ② 일반부사

　　일반부사의 출현 형태 가운데 학교급별로 고빈도 사용 어휘 50개 목록을 추출한 결과, 총 66개의 일반부사 형태가 나타났다. 각 출현 형태의 사용 학교급별 목록은 다음과 같다.

<표 3.57> 학교급 구간별 고빈도 일반부사 형태 목록과 수(66개)

| 유형 | 사용 학교급 | | | | 형태 | 형태 수 (비율) |
|---|---|---|---|---|---|---|
| | 초저 | 초고 | 중 | 고 | | |
| 지속 | ■ | ■ | ■ | ■ | 갑자기, 같이, 거의01, 계속04, 그냥, 그렇게, 너무01, 다03, 다시01, 더01, 되게, 딱02, 딱03, 또, 막02, 많이, 맨날(만날), 못04, 별로01, 빨리, 아까, 아직01, 안02, 어떻게, 어제01, 언제01, 오늘, 왜02, 요즘, 이렇게, 이제01, 잘02, 정말01, 제일04, 좀02, 지금03, 진짜, 쫌(좀02), 인제01, 이케 | 40 (60.6%) |
| | ■ | ■ | ■ | | 먼저, 엄청, 짱02 | 3 (4.5%) |
| | ■ | ■ | | | 디게(되게), 아주01 | 2 (3.0%) |
| | | ■ | ■ | ■ | 얼마나, 존나 | 2 (3.0%) |
| | | ■ | ■ | | 졸라02 | 1 (1.5%) |
| | | | ■ | ■ | 꼭03, 바로02, 솔직히, 열심히, 조용히 | 5 (7.6%) |
| 한정 | ■ | | | | 당연히01, 벌써, 젤, 쪼금, 탁01 | 5 (7.6%) |
| | | ■ | | | 별루(별로01), 서로01, 자꾸01, 하여튼 | 4 (6.1%) |
| | | | ■ | | 약간 | 1 (1.5%) |
| | | | | ■ | 일단01, 잠깐 | 2 (4.5%) |

<비율 = 구간별 고빈도 형태 수 / 초·중·고 고빈도 총 형태 수 * 100>

위 표를 보면, 초등학교 저학년에서 고등학생까지 지속적으로 출현하는 어휘가 '갑자기, 같이, 거의01, 계속04, 그냥, 그렇게, 너무01, 다03, 다시01, 더01, 되게, 딱02, 딱03, 또, 막02, 많이, 맨날(만날), 못04, 별로01, 빨리, 아까, 아직01, 안02, 어떻게, 어제01, 언제01, 오늘, 왜02, 요즘, 이렇게, 이제01, 잘02, 정말01, 제일04, 좀02, 지금03, 진짜, 쫌(좀02), 인제01, 이케' 등의 40개 어휘로 전체 출현 형태의 60.6%를 차지하였다. 초등학교 고학년부터는 '존나, 졸라02' 등 비속어가 일반부사 기능으로 자주 쓰이기 시작한다는 것도 표를 통해 관찰할 수 있다.

각 학교급별로 한정되어 출현하는 형태는 각각 5개 이하로 나타나 10% 미만의 적은 비중을 차지하고 있다. '탁01'과 같이 소리나 모양을 가리키는 부사는 초등학교 저학년에서만 고빈도로 쓰이고 이후 학교급에서는 잘 쓰이지 않는다.

③ 접속부사

접속부사는 각 학교급별 출현 형태가 50개 미만으로 서로 다른 형태 수가 모두 46개로 나타났다. 학교급별 사용 양상을 분석하여 보이면 다음과 같다.

〈표 3.58〉 학교급 구간별 접속부사 형태 목록과 수(46개)

| 유형 | 사용 학교급 | | | | 형태 | 형태 수 (비율) |
|---|---|---|---|---|---|---|
| | 초저 | 초고 | 중 | 고 | | |
| 지속 | ▨ | ▨ | ▨ | ▨ | 그니까(그러니까), 그래도, 그래서, 그러니까, 그러면, 그러면서, 그런데, 그럼01, 그르니까(그러니까), 그리고, 그리구(그리고), 그면(그러면), 근까(그러니까), 근데01, 금(그럼01), 또, 그러구(그리고), 그러믄(그러면) | 18 (39.1%) |
| | ▨ | ▨ | ▨ | | 그러다가, 어쩌면, 왜냐면, 왜냐하면, 하지만, 그러고(그리고), 그치만(그렇지만) | 7 (15.2%) |
| | ▨ | ▨ | | | 없음 | 0 (0.0%) |
| | | ▨ | ▨ | ▨ | 그까(그러니까), 그나저나, 그래두(그래도), 궁까(그러니까), 아무튼 | 5 (10.9%) |
| | | ▨ | ▨ | | 그믄(그러면) | 1 (2.2%) |
| | | | ▨ | ▨ | 그문(그러면) | 1 (2.2%) |
| 한정 | ▨ | | | | 그러니, 어쩜 | 2 (4.3%) |
| | | ▨ | | | 그른데(그런데), 그면(그러면), 근다(근데01), 글고(그리고) | 4 (8.7%) |
| | | | ▨ | | 그러다, 그렇지만, 글면서(그러면서) | 3 (6.5%) |
| | | | | ▨ | 그래03, 그이까(그러니까), 근대(근데01), 글면(그러면), 까(그러니까), 면(그러면) | 6 (10.9%) |

〈비율 = 구간별 고빈도 형태 수 / 초 · 중 · 고 고빈도 총 형태 수 * 100〉

위 표를 보면, 먼저 초등학교 저학년에서 고등학교까지 지속적인 사용을 보인 형태는 '그니까(그러니까), 그래도, 그래서, 그러니까, 그러면, 그러면서, 그런데, 그럼01, 그르니까(그러니까), 그리고, 그리구(그리고), 그면(그러면), 근까(그러니까), 근데01, 금(그럼01), 또, 그러구(그리고), 그러믄(그러면)' 등 18개로 총 출현 형태 47개의 39.1%를 차지하고 있다. 초등학교에서 사용한 접속부사는 그 수가 많지 않으며, 대부분의 형태가 초등학교부터 고등학교까지 두루 사용되었다. 그러나 '그러니까, 그리고, 그러면, 근데01'의 다양한 구어 이형태가 학교급에 따라 다르게 쓰이고 있음을 볼 수 있다. '그러니까'를 '그르니까'로 '그러면'을 '그르면'으로 동일 모음을 반복 사용한 형태나 '그리고'를 '그리구'로, '그러면'을 '그문'으로 말음절 모음을 'ㅜ'로 대체하여 발음한 예는 학교급에 상관없이 자주 관찰되며, 특히 고등학생 단계에서는 '그이까(그러니까), 근대(근데01), 글면(그러면), 까(그러니까), 면(그러면)' 등 접속부사 형태에서 일부 음절이나 음운을 탈락시킨 형태가 많이 쓰이고 있다.

## 3.3.2 문법 형태의 학교급 간 추이

### 3.3.2.1 조사

① 격조사

격조사는 각 학교급별로 50개 형태 이내로 출현하였으므로 전체 출현 형태를 대상으로 그 사용 양상을 살펴보기로 한다. 격조사의 총 출현 형태 수는 42개로 학교급 구간별 사용 양상은 다음과 같다.

〈표 3.59〉 학교급 구간별 격조사 형태 목록과 수(42개)

| 유형 | 사용 학교급 | | | | 형태 | 형태 수 (비율) |
| --- | --- | --- | --- | --- | --- | --- |
| | 초저 | 초고 | 중 | 고 | | |
| 지속 | ▨ | ▨ | ▨ | ▨ | 가11, 같이, 고22, 과12, 구(고22), 대로10, ㄹ02, ㄹ로(로07), 라06, 라고01, 랑05, 로07, 루(로07), 를, 보고01, 보다04, 서16, 서17, 아09, 에04, 에다05, 에다가, 에서02, 으루(으로01), 의10, 처럼, 하고05, 한테, 에(의10), 하구(하고05) | 30 (71.4%) |
| | ▨ | ▨ | ▨ | | 께02, 에게 | 2 (4.8%) |
| | ▨ | ▨ | | | 대루(대로10) | 1 (2.4%) |
| | | | | ▨ | 로서 | 1 (2.4%) |
| | | | ▨ | ▨ | 께서, ㄹ루(로07) | 2 (4.8%) |
| | ▨ | | ▨ | ▨ | 없음 | 0 (0.0%) |
| 한정 | ▨ | | | | ㄹ루(으로01), 에서부터 | 2 (4.8%) |
| | | ▨ | | | 보러(보고01), 이라구(이라고01) | 2 (4.8%) |
| | | | ▨ | | 라구(라고01), 로써, 보구(보고01) | 2 (4.8%) |
| | | | | ▨ | 없음 | 0 (0.0%) |

〈비율 = 구간별 고빈도 형태 수 / 초·중·고 고빈도 총 형태 수 * 100〉

격조사는 대부분의 형태가 초등학교 저학년에서부터 사용되고 있다. 초등학교 저학년 자료에서 관찰된 격조사 형태 30개의 형태가 중학생과 고등학생 자료에서도 공통적으로 사용되고 있다. 초등학교 고빈도 격조사의 60%가 지속적으로 쓰이는 것이며, 초·중·고등학생 전체의 고빈도 격조사 42개 가운데 71%에 해당한다. 초등학교 저학년 단계에서는 사용되지 않다가 초등학교 고학년 단계에 새로 추가되는 격조사 형태에는 존대 주격조사 '께서'와 '보고01'

의 이형태 '보러', '이라고01'의 이형태 '이라구' 등이 있다. 이 가운데 '께서'는 중학생 단계에서도 사용된 것으로 나타났다.

특정 학교급에서만 나타나는 격조사 형태는 대부분이 구어적 이형태들이다. 초등학교 저학년에서는 'ㄹ루(으로01)', 초등학교 고학년에서는 '보러(보고01), 이라구(이라고01)' 중학생 단계에서는 '라구(라고01), 보구(보고01)' 등의 구어적 이형태가 사용되었다. 구어적 이형태 외에 특정 학교급에서만 관찰된 형태로는 도구격조사 '로써'가 있고 중학생 자료에서만 관찰된다.

## ② 보조사

보조사는 각 학교급별 출현 형태가 50개 미만으로 총 개수가 37개로 나타나 이를 대상으로 분석하였다. 학교급에 따라 사용 형태 목록과 수를 보이면 다음과 같다.

〈표 3.60〉 학교급 구간별 보조사 형태 목록과 수(37개)

| 유형 | 사용 학교급 | | | | 형태 | 형태 수 (비율) |
|---|---|---|---|---|---|---|
| | 초저 | 초고 | 중 | 고 | | |
| 지속 | ■ | ■ | ■ | ■ | 가11, 까지03, ㄴ02, 나10, 는01, 다06, 다가02, 도15, 두10, 마다04, 만14, 만큼, 밖에, 부터, 야11, 요17 | 16 (43.2%) |
| | ■ | ■ | ■ | | 두(도15), 뿐02, 여(요17) | 3 (8.1%) |
| | ■ | ■ | | | 따가(다가02), 유20 | 2 (5.4%) |
| | | ■ | ■ | ■ | 라도01, 란04, 라두(라도01) | 3 (8.1%) |
| | | ■ | | | 없음 | 0 (0.0%) |
| | | | ■ | ■ | 없음 | 0 (0.0%) |
| 한정 | ■ | | | | 따(에다05), 룽05, 으(은05) | 3 (8.1%) |
| | | ■ | | | 고(도15), 따라, 또(도15), 이라고01 | 4 (10.8%) |
| | | | ■ | | 거나02 | 1 (2.7%) |
| | | | | ■ | 들05, 따(다06), 라든지, 이라두(이라도), 치고 | 5 (13.5%) |

〈비율 = 구간별 고빈도 형태 수 / 초·중·고 고빈도 총 형태 수 * 100〉

초등학교 저학년에서 나타난 보조사는 24개 형태인데 이 가운데 '가11, 까지03, ㄴ02, 나10, 는01, 다06, 다가02, 도15, 두10, 마다04, 만14, 만큼, 밖에, 부터, 야11, 요17' 등 16개 형태가 고등학생 단계까지 지속적으로 관찰된다. 이는 초등학교 저학년에 사용하는 보조사 전체 가운데 67%에 해당하는 것이다. 그리고 이들은 전체 학교급에 걸쳐 사용된 보조사 형태 총 37 개의 43%를 차지한다.

초등학교 저학년에서만 제한적으로 관찰된 보조사 형태는 주로 구어적 이형태들(따(에다 05), 롱05, 으(은05))이고, 초등학교 고학년에서는 '고(도15), 따라, 또(도15), 이라고01' 등이 단독으로 나타났다. 중학생 자료에서만 관찰된 보조사 형태는 '거나02'가 있다. '들05, 따(다 06), 라든지, 이라두(이라도), 치고' 등이 다른 학교급에서는 쓰이지 않았고 고등학생 자료에 서 유일하게 나타났다.

③ 접속조사

접속조사는 극소수의 형태만이 나타났다. 총 출현 형태 수는 6개이다. 그 목록과 학교급별 사용 양상을 보이면 다음과 같다.

<표 3.61> 학교급 구간별 접속조사 형태 목록과 수(6개)

| 유형 | 사용 학교급 | | | | 형태 | 형태 수 (비율) |
|---|---|---|---|---|---|---|
| | 초저 | 초고 | 중 | 고 | | |
| 지속 | | | | | 과12, 나10, 랑05, 하고05, 하구(하고05) | 5 (83.3%) |
| | | | | | 없음 | 0 (0.0%) |
| | | | | | 없음 | 0 (0.0%) |
| | | | | | 없음 | 0 (0.0%) |
| | | | | | 없음 | 0 (0.0%) |
| | | | | | 없음 | 0 (0.0%) |
| 한정 | | | | | 없음 | 0 (0.0%) |
| | | | | | 이라든지 | 1 (16.7%) |
| | | | | | 없음 | 0 (0.0%) |
| | | | | | 없음 | 0 (0.0%) |

<비율 = 구간별 고빈도 형태 수 / 초·중·고 고빈도 총 형태 수 * 100>

위 표에 보인 것처럼 접속조사의 총 출현 형태 6개 중 5개 어휘는 초등학교 저학년에서 고 등학생까지 모두 사용하였다. '과12, 나10, 랑05, 하고05, 하구(하고05)' 등이 이에 속한다. 초 등학교 고학년에 한정적으로 출현한 어휘로는 '이라든지'가 있다.

## 3.3.2.2 어미

### ① 연결어미

학교급별 고빈도 50위 안에 드는 연결어미 형태를 종합한 결과 총 81개가 분석되었다. 학교급 구간별로 고빈도로 사용된 연결어미 형태와 수를 보이면 다음과 같다.

〈표 3.62〉 학교급 구간별 고빈도 연결어미 형태 목록과 수(81개)

| 유형 | 사용 학교급 | | | | 형태 | 형태 수 (비율) |
| --- | --- | --- | --- | --- | --- | --- |
| | 초저 | 초고 | 중 | 고 | | |
| 지속 | ✓ | ✓ | ✓ | ✓ | -게10, -고24, -구(고24), -ㄴ다고01, -ㄴ데01, -ㄴ지01, -냐면, -는데01, -는지01, -니까, -다08, -다가03, -다고02, -다면02, -더니01, -던데01, -ㄹ라고(려고02), -ㄹ려고(려고02), -ㄹ지01, -라12, -라서02, -러01, -려고02, -면09, -면서, -어06, -어도02, -어서03, -어야02, -어야지01, -지24, -지만05, -든가02, -라07 | 34 (42.0%) |
| | ✓ | ✓ | ✓ | | -ㄴ다면01, -ㄹ려구(려고02), -든지02, -ㄹ라(려고02), -ㅁ04, -자26 | 6 (7.4%) |
| | ✓ | ✓ | | | -려면, -을려고, -음12 | 3 (3.7%) |
| | | ✓ | ✓ | | -고서03, -길래02, -도록05 | 3 (3.7%) |
| | | ✓ | | | -거나03, -거든02 | 2 (2.5%) |
| | | | ✓ | ✓ | -꼬(고24), -던지(든지02), -ㄹ려(려고02), -ㄹ려면(려면) | 4 (4.9%) |
| 한정 | ✓ | | | | -구서(고서03), -나11, -니08, -다구(다고02), -대서08, -더라도, -자마자 | 7 (8.6%) |
| | | ✓ | | | -ㄴ다구(ㄴ다고01), -니07, -니깐, -다는데, -던가(든가02), -든02, -ㄹ라03, -여두(여도) | 8 (9.9%) |
| | | | ✓ | | -냐니까, -느라, -라니까04, -믄(면09), -지마는 | 5 (6.2%) |
| | | | | ✓ | -다면서02, -ㄹ라(ㄹ려고), -ㄹ라면(려면), -ㄹ수록, -려니까, -애서(아서03), -야14, -어다, -을라03 | 9 (11.1%) |

〈비율 = 구간별 고빈도 형태 수 / 초·중·고 고빈도 총 형태 수 * 100〉

위 표를 보면, 초등학교 저학년에서 고빈도로 나타난 50개의 연결어미 가운데 '-게10, -고24, -구(고24), -ㄴ다고01, -ㄴ데01, -ㄴ지01, -냐면, -는데01, -는지01, -니까, -다08, -다가03, -다고02, -다면02, -더니01, -던데01, -ㄹ라고(려고02), -ㄹ려고(려고02), -ㄹ지01, -라12, -라서02, -러01, -려고02, -면09, -면서, -어06, -어도02, -어서03, -어야02, -어야지01, -지24, -지만05, -든가02, -라07' 등 34개 형태가 고등학생 단계에서도 고빈도 연결어미 50개에 포함된다. 즉, 초등학교 저학년에 사용된 고빈도 연결어미 가운데 약 64%를 중고등학생들도 자주 사용하고 있는 것이다. 또한 이 연결어미들은 전 학교급에서 나타난 고빈도 연결어미(총81개)의 42%를 차지한다. 이들 34개의 고빈도 연결어미에는 대등적 연결어미('-고, -지만, -든가, -든지' 등)와 종속적 연결어미('-니까, -어서, -려고, -느라고' 등)가 모두 포함된다.

특정 학교급에서만 고빈도로 관찰되는 형태들은 29개로 출현 형태 전체(81개)의 약 30%가량을 차지한다. 학교급별로 살펴보면, 초등학교 저학년에서는 '-구서(고서03), -나11, -니08, -다구(다고02), -대서08, -더라도, -자마자', 초등학교 고학년에서는 '-ㄴ다구(ㄴ다고01), -니07, -니깐, -다는데, -던가(든가02), -든02, -ㄹ라03, -여두(여도)'가 자주 사용된 것으로 나타났다. 다른 학교급에서와 달리 중학생 자료에서만 고빈도로 나타난 연결어미는 '-냐니까, -느라, -라니까04, -믄(면09), -지마는' 등이 있고, 고등학생 자료에서는 '-다면서02, -ㄹ라(ㄹ려고), -ㄹ라면(려면), -ㄹ수록, -려니까, -애서(아서03), -야14, -어다, -을라03' 등이 고빈도 연결어미로 사용되었다.

## ② 종결어미

학교급별로 고빈도 50위 안에 드는 종결어미 형태를 종합하면 총 67개이다. 학교급 구간별로 고빈도로 사용된 종결어미 형태와 수를 보이면 다음과 같다.

<표 3.63> 학교급 구간별 고빈도 종결어미 형태 목록과 수(67개)

| 유형 | 사용 학교급 | | | | 형태 | 형태 수 (비율) |
| --- | --- | --- | --- | --- | --- | --- |
| | 초저 | 초고 | 중 | 고 | | |
| 지속 | ■ | ■ | ■ | ■ | -거든03, -게11, -고25, -구(고25), -구나03, -ㄴ가01, -ㄴ다01, -ㄴ다고02, -ㄴ대03, -ㄴ데02, -나12, -냐, -냐고01, -네07, -는데02, -니10, -다07, -다고03, -대22, -더라, -던데02, -드라(더라), -ㄹ걸, -ㄹ게, -ㄹ까, -ㄹ래, -라08, -라09, -래04, -ㅂ니다, -애16, -야13, -어11, -어야지02, -자28, -잖아, -지25, -네요, -대16, -까(ㄹ까) | 40 (59.7%) |
| | ■ | ■ | | | -냐구(냐고01), -다며01, -라니까02 | 3 (4.5%) |
| | | ■ | | | -께04 | 1 (1.5%) |
| | | ■ | ■ | ■ | -군09, -ㄴ다니까01, -다니까01, -ㄴ대01, -니까 | 5 (7.5%) |

| 유형 | 사용 학교급 | | | | 형태 | 형태 수 (비율) |
| --- | --- | --- | --- | --- | --- | --- |
| | 초저 | 초고 | 중 | 고 | | |
| 한정 | | | | | -다구(다고03) | 1  (1.5%) |
| | | | | | -대매(다며01) | 1  (1.5%) |
| | | | | | -껄(ㄹ걸), -께(ㄹ게), -단다01, -더라구(더라고), -떠(어11), -으냐 | 6  (9.0%) |
| | | | | | -는지02, -ㄹ지02, -잖어(잖아) | 3  (4.5%) |
| | | | | | -으라01, -자고10, -죠01 | 3  (4.5%) |
| | | | | | -구만02, -ㄴ다매(ㄴ다며01), -ㄴ대매(ㄴ다며01), -다05 | 4  (6.0%) |

〈비율 = 구간별 고빈도 형태 수 / 초·중·고 고빈도 총 형태 수 * 100〉

위 표를 보면, 초등학교 저학년에서 고등학생까지 모든 학교급에서 지속적으로 출현하는 종결어미의 형태는 '-거든03, -게11, -고25, -구(고25), -구나03, -ㄴ가01, -ㄴ다01, -ㄴ다고02, -ㄴ대03, -ㄴ데02, -나12, -냐, -냐고01, -네07, -는데02, -니10, -다07, -다고03, -대22, -더라, -던데02, -드라(더라), -ㄹ걸, -ㄹ게, -ㄹ까, -ㄹ래, -라08, -라09, -래04, -ㅂ니다, -애16, -야13, -어11, -어야지02, -자28, -잖아, -지25, -ㅔ요, -대16, -까(ㄹ까)'로, 대부분 '해체'의 종결어미이다.[8] 격식체의 종결어미는 찾을 수 없었고, 중학생 단계에서는 특이하게 높임법 종결어미 '-죠01'이 나타났다.

③ 선어말어미

선어말어미는 전체 자료에서 분석된 형태 수가 총 4개이다. 총 출현 형태를 대상으로 학교급별로 사용 양상을 보이면 다음과 같다.

〈표 3.64〉 학교급 구간별 선어말어미 형태 목록과 수(4개)

| 유형 | 사용 학교급 | | | | 형태 | 형태 수 (비율) |
| --- | --- | --- | --- | --- | --- | --- |
| | 초저 | 초고 | 중 | 고 | | |
| 지속 | | | | | -겠-, -시23-, -었-, -었었- | 4 (100%) |
| | | | | | 없음 | 0 (0.0%) |

---

8 이는 또래 간 대화라는 자료 특성에 기인하는 것으로 보인다.

| 유형 | 사용 학교급 | | | | 형태 | 형태 수 (비율) |
|---|---|---|---|---|---|---|
| | 초저 | 초고 | 중 | 고 | | |
| 지속 | ▨ | ▨ | | | 없음 | 0 (0.0%) |
| | | ▨ | ▨ | ▨ | 없음 | 0 (0.0%) |
| | | ▨ | ▨ | | 없음 | 0 (0.0%) |
| | | | ▨ | ▨ | 없음 | 0 (0.0%) |
| 한정 | ▨ | | | | 없음 | 0 (0.0%) |
| | | ▨ | | | 없음 | 0 (0.0%) |
| | | | ▨ | | 없음 | 0 (0.0%) |
| | | | | ▨ | 없음 | 0 (0.0%) |

〈비율 = 구간별 고빈도 형태 수 / 초·중·고 고빈도 총 형태 수 * 100〉

선어말어미는 소수의 형태가 학교급의 구분 없이 사용된다. '-겠-, -시23-, -었-, -었었-' 의 4개 형태가 초등학교 저학년부터 사용되기 시작하여 다른 학교급에서도 지속적으로 출현하고 있다. 이후 추가되는 형태는 관찰되지 않는다. 이를 통해 선어말어미는 이른 시기에 습득이 완성되며, 구어적 변이형도 존재하지 않는다는 것을 알 수 있다.

④ 전성어미

전성어미는 학교급별 출현 형태들이 50개 미만이며, 종합하면 총 28개의 형태가 나타났다. 학교급별 사용 형태 목록은 다음과 같다.

〈표 3.65〉 학교급 구간별 전성어미 형태 목록과 수(28개)

| 유형 | 사용 학교급 | | | | 형태 | 형태 수 (비율) |
|---|---|---|---|---|---|---|
| | 초저 | 초고 | 중 | 고 | | |
| 지속 | ▨ | ▨ | ▨ | ▨ | -기36, -ㄴ다는, -ㄴ단01, -는03, -다는, -단21, -던02, -ㄹ03, -라는02, -ㄴ05 | 10 (35.7%) |
| | ▨ | ▨ | ▨ | | 없음 | 0 (0.0%) |
| | ▨ | ▨ | | | -래는01, -으는(는03) | 2 (7.1%) |
| | | ▨ | ▨ | ▨ | -란08, -ㅁ02 | 2 (7.1%) |
| | | ▨ | ▨ | | 없음 | 0 (0.0%) |
| | | | ▨ | ▨ | 없음 | 0 (0.0%) |

| 유형 | 사용 학교급 | | | | 형태 | 형태 수 (비율) |
|---|---|---|---|---|---|---|
| | 초저 | 초고 | 중 | 고 | | |
| 한정 | /// | | | | -느는(는03), -인(ㄴ05) | 2 (7.1%) |
| | | /// | | | -ㄴ대는(ㄴ다는), -냐는, -ㄹ라는(려는), -운(은), -키(기38), -여라는(라는02) | 6 (21.4%) |
| | | | /// | | -냔, -단23, -대는(다는), -ㄹ려는(려는), -른(ㄴ05), -여는(는03) | 6 (21.4%) |
| | | | | /// | 없음 | 0 (0.0%) |

〈비율 = 구간별 고빈도 형태 수 / 초·중·고 고빈도 총 형태 수 * 100〉

초등학교 저학년에서 사용된 14개 전성어미 형태 가운데 '-기36, -ㄴ다는, -ㄴ단01, -는03, -다는, -단21, -던02, -ㄹ03, -라는02, -ㄴ05' 등 10개 형태는 고등학생 단계에까지 꾸준히 사용되고 있었다. 위 표를 보면, 특히 관형형전성어미 '-는03, -ㄴ05'의 다양한 이형태들이 학교급을 가리지 않고 활발히 쓰이고 있음을 확인할 수 있다. 이와 달리, 명사형전성어미 '-ㅁ02'이 초등학교 고학년에서 고등학생까지 나타난 것을 볼 때, 명사형전성어미의 사용이 활발해지는 것은 관형형전성어미 사용보다 뒤이며, 그 시기는 초등학교 고학년임을 알 수 있다.

### 3.3.3 종합

지금까지 살펴본 문법 범주별 형태의 학교급 간 사용 양상을 종합적으로 고찰하기 위하여, 초등학교 저학년에서 (고빈도로) 출현한 형태 가운데 고등학교까지의 이후 단계에서 지속적으로 나타난 형태가 차지하는 비율을 그래프로 나타내었다.

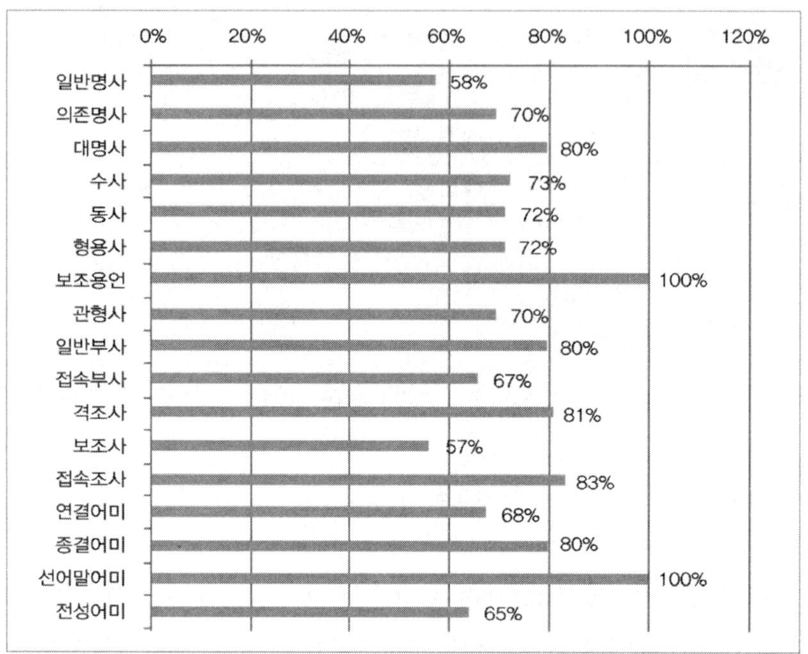


**[그림 1] 초등학교 저학년 사용 형태의 지속 출현 비율**

위 그림에서 보이듯이, 보조용언, 선어말어미는 초등학교 저학년에서 사용된 형태들을 고등학생까지 동일하게 사용하였고, 추가되는 형태 목록은 없다. 대명사, 일반부사, 격조사, 접속조사, 종결어미 등도 초등학교 저학년의 고빈도 어휘 형태가 80% 이상 고등학교까지 고빈도로 나타나는 범주에 속한다. 반면, 일반명사, 보조사 등은 초등학교 저학년에서 주로 사용하는 형태 가운데 고등학생 단계까지 고빈도를 유지하는 비율이 60% 미만으로 낮게 나타났다.

즉, 보조용언이나 선어말어미, 대명사, 일반부사, 격조사, 접속조사, 종결어미 등의 범주에 속하는 형태들은 비교적 이른 시기에 일상생활에서 자주 사용되는 용어 목록이 정해지며, 이들 형태가 고등학생에 이르기까지 반복적으로 사용된다는 것을 알 수 있다. 이와 다르게 일반명사, 보조사 등은 대화 맥락과 학교급에 따라 고빈도 사용 어휘가 달라지고 구어적 이형태도 다양하게 쓰이고 있음을 알 수 있다.

# 4.

# 초·중·고등학생의 어휘 사용 분포 II
## : 의미 관점

의미 유형별 어휘 사용 분포 / 의미 유형별 어휘 사용의 학교급 간 추이

초·중·고등학생의 구어 어휘 조사

이 장에서는 초·중·고등학생의 구어에 나타난 어휘의 사용 분포를 의미 관점에서 살펴보기로 한다. 의미 관점에서는 각 어휘를 존재론적 관점과 주제적 관점으로 분류하여 학교급별로 사용 어휘 목록을 제시한다. 이를 통해 초·중·고등학생들이 어떤 의미의 어휘를 주로 사용하는지, 학교급별로 사용 어휘 목록에 어떤 차이가 나타나는지를 살펴볼 것이다. 아울러, 의미 유형별 고빈도 형태를 중심으로 학교급별 변화 추이를 살펴본다.

사용 형태는 빈도수를 중심으로 제시한다.[1] 의미 유형별 하위 부류의 사용 형태가 많은 경우는 학교급별 100순위까지 제시하고, 사용 형태가 100개 미만인 경우에는 50위까지만 제시한다. 형태 수가 학교급별 50개 미만인 경우에는 사용 형태 모두를 제시한다.

# 4.1 의미 유형별 어휘 사용 분포

## 4.1.1 존재론적 분류에 따른 어휘 유형별 사용 분포

먼저 세상을 인식하는 양상에 초점을 둔 존재론적 관점에서 어휘를 분류해 보기로 한다. 존재론적 분류는 '사물, 동태, 정태, 공간, 시간, 수, 관계'와 관련되는 어휘들과 각각의 하위 부류로 어휘 의미를 체계화할 수 있다. '사물'은 '인간, 동물, 식물, 무생물, 추상물'로, '동태'는 '동작(행위), 인지, 지각'으로, '정태'는 '성상, 감각, 가치·정서·심리, 정도'로, '공간'은 '위치, 지역(지명), 우주·추상 공간, 시설'로, '시간'은 '시점, 기간, 시간적 순서, 속도, 빈도, 시간 단위'로, '수'는 '수량, 순서, 수 단위'로, 관계는 '지시사, 접속부사, 문장부사'의 부류로 나뉜다. 각 유형에 따른 학교급별 고빈도 어휘들을 살펴보고, 이러한 국면에서 드러나는 각 의미 유형별 특징을 살피기로 한다.

---

**1** 의미 관점의 사용 분포에 대한 결과에서는 형태 목록과 사용 빈도만을 제시한다. 의미의 유형 분류가 세분화되고, 사용 빈도가 높지 않은 유형들이 다수 있어 사용 화자 수와 비율이 큰 의미를 보이지 않았기 때문이다.

### 4.1.1.1 사물

사물 관련 어휘들은 '인간, 동물, 식물, 무생물, 추상물'로 나누어 볼 수 있다. 이 유형의 하위 부류를 중심으로 어휘의 고빈도 형태 목록과 사용상의 특징을 살펴보기로 한다.

### (1) 인간

인간 관련 어휘들은 총 716개의 목록이 조사되었고, 출현 횟수는 17,088회였다. 학교급별로 100개의 고빈도 형태 목록과 각각의 사용 빈도 및 비율을 표로 보이면 다음과 같다.

〈표 4.1〉 인간 관련 어휘의 고빈도 형태 목록(고빈도 형태 100개)

| 순위 | 초등학교 저학년 | | 초등학교 고학년 | | 중학생 | | 고등학생 | |
|---|---|---|---|---|---|---|---|---|
| | 형태/품사 | 빈도(비율) | 형태/품사 | 빈도(비율) | 형태/품사 | 빈도(비율) | 형태/품사 | 빈도(비율) |
| 1 | 나03/NP | 763 (19.6%) | 나03/NP | 916 (17.7%) | 나03/NP | 797 (16.5%) | 나03/NP | 542 (17.1%) |
| 2 | 너01/NP | 517 (13.3%) | 너01/NP | 395 (7.6%) | 너01/NP | 374 (7.7%) | 너01/NP | 248 (7.8%) |
| 3 | 우리03/NP | 256 (6.6%) | 우리03/NP | 353 (6.8%) | 우리03/NP | 371 (7.7%) | 내04/NP | 217 (6.8%) |
| 4 | 니05/NP | 214 (5.5%) | 내04/NP | 351 (6.8%) | 내04/NP | 294 (6.1%) | 우리03/NP | 188 (5.9%) |
| 5 | 내04/NP | 195 (5.0%) | 걔/NP | 255 (4.9%) | 걔/NP | 274 (5.7%) | 애02/NNG | 183 (5.8%) |
| 6 | 걔/NP | 113 (2.9%) | 니05/NP | 231 (4.5%) | 애02/NNG | 203 (4.2%) | 걔/NP | 181 (5.7%) |
| 7 | 엄마/NNG | 110 (2.8%) | 애02/NNG | 225 (4.3%) | 니05/NP | 191 (4.0%) | 니05/NP | 140 (4.4%) |
| 8 | 이30/XSN | 89 (2.3%) | 선생님/NNG | 204 (3.9%) | 네08/XSN | 135 (2.8%) | 이30/XSN | 130 (4.1%) |
| 9 | 애02/NNG | 85 (2.2%) | 엄마/NNG | 122 (2.4%) | 사람/NNG | 122 (2.5%) | 네08/XSN | 96 (3.0%) |
| 10 | 선생님/NNG | 84 (2.2%) | 이30/XSN | 116 (2.2%) | 엄마/NNG | 121 (2.5%) | 친구02/NNG | 88 (2.8%) |
| 11 | 네08/XSN | 76 (2.0%) | 네08/XSN | 109 (2.1%) | 반10/NNG | 118 (2.4%) | 반10/NNG | 71 (2.2%) |
| 12 | 사람/NNG | 75 (1.9%) | 반10/NNG | 99 (1.9%) | 이30/XSN | 114 (2.4%) | 남자02/NNG | 64 (2.0%) |
| 13 | 아빠/NNG | 72 (1.9%) | 사람/NNG | 87 (1.7%) | 누구/NP | 100 (2.1%) | 사람/NNG | 54 (1.7%) |
| 14 | 누구/NP | 61 (1.6%) | 내14/MM | 81 (1.6%) | 친구02/NNG | 93 (1.9%) | 엄마/NNG | 51 (1.6%) |
| 15 | 동생01/NNG | 58 (1.5%) | 누구/NP | 81 (1.6%) | 쟤/NP | 80 (1.7%) | 누구/NP | 49 (1.5%) |
| 16 | 반10/NNG | 44 (1.1%) | 언니/NNG | 79 (1.5%) | 선생님/NNG | 69 (1.4%) | 여자02/NNG | 48 (1.5%) |
| 17 | 내14/MM | 43 (1.1%) | 아빠/NNG | 66 (1.3%) | 아빠/NNG | 66 (1.4%) | 선생님/NNG | 38 (1.2%) |
| 18 | 친구02/NNG | 43 (1.1%) | 친구02/NNG | 53 (1.0%) | 내14/MM | 59 (1.2%) | 내14/MM | 35 (1.1%) |
| 19 | 누02/NP | 39 (1.0%) | 여자02/NNG | 52 (1.0%) | 여자02/NNG | 53 (1.1%) | 쟤/NP | 28 (0.9%) |
| 20 | 애03/NP | 38 (1.0%) | 남자02/NNG | 48 (0.9%) | 언니/NNG | 50 (1.0%) | 성격02/NNG | 24 (0.8%) |
| 21 | 여자02/NNG | 33 (0.8%) | 자기04/NP | 41 (0.8%) | 남자02/NNG | 33 (0.7%) | 혼자01/NNG | 24 (0.8%) |
| 22 | 언니/NNG | 31 (0.8%) | 머리01/NNG | 33 (0.6%) | 누02/NP | 33 (0.7%) | 동생01/NNG | 22 (0.7%) |
| 23 | 오빠/NNG | 31 (0.8%) | 오빠/NNG | 29 (0.6%) | 가수11/NNG | 27 (0.6%) | 오빠/NNG | 20 (0.6%) |
| 24 | 누나01/NNG | 30 (0.8%) | 그01/NP | 27 (0.5%) | 자기04/NP | 25 (0.5%) | 애03/NP | 19 (0.6%) |
| 25 | 할머니/NNG | 29 (0.7%) | 누02/NP | 26 (0.5%) | 동생01/NNG | 24 (0.5%) | 누02/NP | 18 (0.6%) |
| 26 | 남자02/NNG | 24 (0.6%) | 동생01/NNG | 26 (0.5%) | 지05/NP | 24 (0.5%) | 누나01/NNG | 17 (0.5%) |
| 27 | 귀신01/NNG | 21 (0.5%) | 사회07/NNG | 25 (0.5%) | 오빠/NNG | 23 (0.5%) | 눈01/NNG | 17 (0.5%) |
| 28 | 할아버지/NNG | 20 (0.5%) | 혼자01/NNG | 25 (0.5%) | 애03/NP | 22 (0.5%) | 끼리/XSN | 15 (0.5%) |
| 29 | 애기01/NNG | 17 (0.4%) | 귀신01/NNG | 24 (0.5%) | 연예인/NNG | 22 (0.5%) | 지(자기04)/NP | 15 (0.5%) |

| 순위 | 초등학교 저학년 | | 초등학교 고학년 | | 중학생 | | 고등학생 | |
|---|---|---|---|---|---|---|---|---|
| | 형태/품사 | 빈도(비율) | 형태/품사 | 빈도(비율) | 형태/품사 | 빈도(비율) | 형태/품사 | 빈도(비율) |
| 30 | 가족01/NNG | 15 (0.4%) | 애03/NP | 24 (0.5%) | 그01/NP | 20 (0.4%) | 담임/NNG | 13 (0.4%) |
| 31 | 얼굴01/NNG | 15 (0.4%) | 눈01/NNG | 23 (0.4%) | 놈01/NNB | 20 (0.4%) | 선배/NNG | 13 (0.4%) |
| 32 | 고모01/NNG | 13 (0.3%) | 형01/NNG | 23 (0.4%) | 머리01/NNG | 20 (0.4%) | 자기04/NP | 13 (0.4%) |
| 33 | 머리01/NNG | 13 (0.3%) | 누나01/NNG | 22 (0.4%) | 지(자기04)/NP | 20 (0.4%) | 형01/NNG | 11 (0.3%) |
| 34 | 아저씨/NNG | 13 (0.3%) | 다리01/NNG | 21 (0.4%)) | 눈01/NNG | 18 (0.4%) | 가수11/NNG | 10 (0.3%) |
| 35 | 자기04/NP | 13 (0.3%) | 손01/NNG | 18 (0.3%) | 얼굴01/NNG | 17 (0.4%) | 목소리/NNG | 10 (0.3%) |
| 36 | 쟤/NP | 13 (0.3%) | 아저씨/NNG | 18 (0.3%) | 혼자01/NNG | 17 (0.4%) | 얼굴01/NNG | 10 (0.3%) |
| 37 | 혼자01/NNG | 13 (0.3%) | 발01/NNG | 17 (0.3%) | 형01/NNG | 16 (0.3%) | 써클(서클)/NNG | 9 (0.3%) |
| 38 | 너희/NP | 12 (0.3%) | 바보/NNG | 15 (0.3%) | 누나01/NNG | 15 (0.3%) | 의사12/NNG | 9 (0.3%) |
| 39 | 다리01/NNG | 12 (0.3%) | 놈01/NNB | 14 (0.3%) | 목소리/NNG | 15 (0.3%) | 후배06/NNG | 9 (0.3%) |
| 40 | 손01/NNG | 12 (0.3%) | 아버지/NNG | 14 (0.3%) | 담임/NNG | 14 (0.3%) | 머리01/NNG | 8 (0.3%) |
| 41 | 목01/NNG | 11 (0.3%) | 지(자기04)/NP | 14 (0.3%) | 가족01/NNG | 13 (0.3%) | 언니/NNG | 8 (0.3%) |
| 42 | 저03/NP | 11 (0.3%) | 차06/NNG | 14 (0.3%) | 끼리/XSN | 13 (0.3%) | 연상02/NNG | 8 (0.3%) |
| 43 | 짱02/NNG | 11 (0.3%) | 지05/NP | 13 (0.3%) | 사회07/NNG | 12 (0.2%) | 컨설턴트/NNG | 8 (0.3%) |
| 44 | 형01/NNG | 11 (0.3%) | 서로01/MAG | 12 (0.2%) | 아줌마/NNG | 11 (0.2%) | 배01/NNG | 7 (0.2%) |
| 45 | 의사12/NNG | 10 (0.3%) | 쟤/NP | 12 (0.2%) | 애자(장애자)/NNG | 10 (0.2%) | 폐인01/NNG | 7 (0.2%) |
| 46 | 발01/NNG | 8 (0.2%) | 얼굴01/NNG | 11 (0.2%) | 코01/NNG | 10 (0.2%) | 목01/NNG | 6 (0.2%) |
| 47 | 귀01/NNG | 7 (0.2%) | 아줌마/NNG | 10 (0.2%) | 다리01/NNG | 9 (0.2%) | 서로01/MAG | 6 (0.2%) |
| 48 | 바보/NNG | 7 (0.2%) | 애기01/NNG | 10 (0.2%) | 마디01/NNG | 8 (0.2%) | 아빠/NNG | 6 (0.2%) |
| 49 | 반장08/NNG | 7 (0.2%) | 경찰04/NNG | 8 (0.2%) | 목01/NNG | 8 (0.2%) | 아줌마/NNG | 6 (0.2%) |
| 50 | 별명01/NNG | 7 (0.2%) | 노인01/NNG | 8 (0.2%) | 배01/NNG | 8 (0.2%) | 좆/NNG | 6 (0.2%) |
| 51 | 삼촌/NNG | 7 (0.2%) | 목소리/NNG | 8 (0.2%) | 선수05/NNG | 8 (0.2%) | 지05/NP | 6 (0.2%) |
| 52 | 쌍둥이/NNG | 7 (0.2%) | 몸01/NNG | 8 (0.2%) | 손01/NNG | 8 (0.2%) | 회계사01/NNG | 6 (0.2%) |
| 53 | 가수11/NNG | 6 (0.2%) | 부대08/NNG | 8 (0.2%) | 손가락/NNG | 8 (0.2%) | 그01/NP | 5 (0.2%) |
| 54 | 삼춘01/NNG | 6 (0.2%) | 수련회/NNG | 8 (0.2%) | 의사12/NNG | 8 (0.2%) | 그룹01/NNG | 5 (0.2%) |
| 55 | 선수05/NNG | 6 (0.2%) | 어른01/NNG | 8 (0.2%) | 인간01/NNG | 8 (0.2%) | 놈01/NNB | 5 (0.2%) |
| 56 | 위인01/NNG | 6 (0.2%) | 팔01/NNG | 8 (0.2%) | 조15/NNG | 8 (0.2%) | 바보/NNG | 5 (0.2%) |
| 57 | 이05/NP | 6 (0.2%) | 남01/NNG | 7 (0.1%) | 친척/NNG | 8 (0.2%) | 살01/NNG | 5 (0.2%) |
| 58 | 이모02/NNG | 6 (0.2%) | 부15/NNG | 7 (0.1%) | 병신03/NNG | 7 (0.1%) | 자식01/NNG | 5 (0.2%) |
| 59 | 팔01/NNG | 6 (0.2%) | 사촌/NNG | 7 (0.1%) | 영재03/NNG | 7 (0.1%) | 짝01/NNG | 5 (0.2%) |
| 60 | 피02/NNG | 6 (0.2%) | 아들/NNG | 7 (0.1%) | 장애인/NNG | 7 (0.1%) | 가족01/NNG | 4 (0.1%) |
| 61 | 회장07/NNG | 6 (0.2%) | 연예인/NNG | 7 (0.1%) | 짱02/NNG | 7 (0.1%) | 갑(동갑01)/NNG | 4 (0.1%) |
| 62 | 거인01/NNG | 5 (0.1%) | 자매03/NNG | 7 (0.1%) | 팀01/NNG | 7 (0.1%) | 그지(거지01)/NNG | 4 (0.1%) |
| 63 | 골키퍼/NNG | 5 (0.1%) | 마법사/NNG | 6 (0.1%) | 남01/NNG | 6 (0.1%) | 근육/NNG | 4 (0.1%) |
| 64 | 부15/NNG | 5 (0.1%) | 아이01/NNG | 6 (0.1%) | 따02/NNG | 6 (0.1%) | 남01/NNG | 4 (0.1%) |
| 65 | 사촌/NNG | 5 (0.1%) | 왕04/NNG | 6 (0.1%) | 멀대/NNG | 6 (0.1%) | 남동생/NNG | 4 (0.1%) |
| 66 | 사회07/NNG | 5 (0.1%) | 저03/NP | 6 (0.1%) | 박사/NNG | 6 (0.1%) | 남녀/NNG | 4 (0.1%) |
| 67 | 아기01/NNG | 5 (0.1%) | 전사20/NNG | 6 (0.1%) | 부모님/NNG | 6 (0.1%) | 너희/NP | 4 (0.1%) |
| 68 | 코01/NNG | 5 (0.1%) | 주술사/NNG | 6 (0.1%) | 뼈/NNG | 6 (0.1%) | 다리01/NNG | 4 (0.1%) |
| 69 | 타자02/NNG | 5 (0.1%) | 주인01/NNG | 6 (0.1%) | 아이01/NNG | 6 (0.1%) | 발01/NNG | 4 (0.1%) |
| 70 | 팀01/NNG | 5 (0.1%) | 주인공/NNG | 6 (0.1%) | 차06/NNG | 6 (0.1%) | 변성기02/NNG | 4 (0.1%) |
| 71 | 간호사/NNG | 4 (0.1%) | 짭새/NNG | 6 (0.1%) | 학생/NNG | 6 (0.1%) | 신경04/NNG | 4 (0.1%) |
| 72 | 군사01/NNG | 4 (0.1%) | 타자02/NNG | 6 (0.1%) | 할머니/NNG | 6 (0.1%) | 아이01/NNG | 4 (0.1%) |
| 73 | 그01/NP | 4 (0.1%) | 팀01/NNG | 6 (0.1%) | 경찰04/NNG | 5 (0.1%) | 연하01/NNG | 4 (0.1%) |

| 순위 | 초등학교 저학년 | | 초등학교 고학년 | | 중학생 | | 고등학생 | |
|---|---|---|---|---|---|---|---|---|
| | 형태/품사 | 빈도(비율) | 형태/품사 | 빈도(비율) | 형태/품사 | 빈도(비율) | 형태/품사 | 빈도(비율) |
| 74 | 눈01/NNG | 4 (0.1%) | 귀01/NNG | 5 (0.1%) | 대두06/NNG | 5 (0.1%) | 이모02/NNG | 4 (0.1%) |
| 75 | 목숨/NNG | 4 (0.1%) | 배01/NNG | 5 (0.1%) | 사범03/NNG | 5 (0.1%) | 차06/NNG | 4 (0.1%) |
| 76 | 씨07/NNG | 4 (0.1%) | 살01/NNG | 5 (0.1%) | 수련회/NNG | 5 (0.1%) | 팀01/NNG | 4 (0.1%) |
| 77 | 외할아버지/NNG | 4 (0.1%) | 영웅01/NNG | 5 (0.1%) | 여드름/NNG | 5 (0.1%) | 피02/NNG | 4 (0.1%) |
| 78 | 인간01/NNG | 4 (0.1%) | 의사12/NNG | 5 (0.1%) | 턱01/NNG | 5 (0.1%) | 개새끼/NNG | 3 (0.1%) |
| 79 | 저희01/NP | 4 (0.1%) | 인간01/NNG | 5 (0.1%) | 피부02/NNG | 5 (0.1%) | 개인02/NNG | 3 (0.1%) |
| 80 | 초보01/NNG | 4 (0.1%) | 조15/NNG | 5 (0.1%) | 공무원/NNG | 4 (0.1%) | 무리01/NNG | 3 (0.1%) |
| 81 | 친척/NNG | 4 (0.1%) | 짝01/NNG | 5 (0.1%) | 눈물01/NNG | 4 (0.1%) | 병신03/NNG | 3 (0.1%) |
| 82 | 남01/NNG | 3 (0.1%) | 친척/NNG | 5 (0.1%) | 바보/NNG | 4 (0.1%) | 상처02/NNG | 3 (0.1%) |
| 83 | 놈01/NNB | 3 (0.1%) | 코01/NNG | 5 (0.1%) | 발01/NNG | 4 (0.1%) | 서기05/NNG | 3 (0.1%) |
| 84 | 몸무게/NNG | 3 (0.1%) | 할머니/NNG | 5 (0.1%) | 부자08/NNG | 4 (0.1%) | 선생01/NNG | 3 (0.1%) |
| 85 | 방구02/NNG | 3 (0.1%) | 형아02/NNG | 5 (0.1%) | 성격02/NNG | 4 (0.1%) | 애기01/NNG | 3 (0.1%) |
| 86 | 살01/NNG | 3 (0.1%) | 회원/NNG | 5 (0.1%) | 시아버지/NNG | 4 (0.1%) | 어른01/NNG | 3 (0.1%) |
| 87 | 손바닥/NNG | 3 (0.1%) | 거서관/NNG | 4 (0.1%) | 영화배우/NNG | 4 (0.1%) | 이05/NP | 3 (0.1%) |
| 88 | 수재민/NNG | 3 (0.1%) | 검사03/NNG | 4 (0.1%) | 입/NNG | 4 (0.1%) | 첫인상/NNG | 3 (0.1%) |
| 89 | 아들/NNG | 3 (0.1%) | 고등학생/NNG | 4 (0.1%) | 자신01/NNG | 4 (0.1%) | 커플/NNG | 3 (0.1%) |
| 90 | 아줌마/NNG | 3 (0.1%) | 고모01/NNG | 4 (0.1%) | 장수09/NNG | 4 (0.1%) | 표정03/NNG | 3 (0.1%) |
| 91 | 오줌/NNG | 3 (0.1%) | 끼리/XSN | 4 (0.1%) | 지존02/NNG | 4 (0.1%) | 검색사/NNG | 2 (0.1%) |
| 92 | 유치부/NNG | 3 (0.1%) | 눈썹/NNG | 4 (0.1%) | 탤런트/NNG | 4 (0.1%) | 고삼02/NNG | 2 (0.1%) |
| 93 | 입/NNG | 3 (0.1%) | 대머리01/NNG | 4 (0.1%) | 투수01/NNG | 4 (0.1%) | 교수님/NNG | 2 (0.1%) |
| 94 | 조15/NNG | 3 (0.1%) | 대학생/NNG | 4 (0.1%) | 형제01/NNG | 4 (0.1%) | 기인02/NNG | 2 (0.1%) |
| 95 | 종아리/NNG | 3 (0.1%) | 바람둥이/NNG | 4 (0.1%) | 개그맨/NNG | 3 (0.1%) | 님(임01)/NNG | 2 (0.1%) |
| 96 | 주부03/NNG | 3 (0.1%) | 부모님/NNG | 4 (0.1%) | 거상03/NNG | 3 (0.1%) | 단합회/NNG | 2 (0.1%) |
| 97 | 지05/NP | 3 (0.1%) | 선배/NNG | 4 (0.1%) | 남02/NNG | 3 (0.1%) | 딸01/NNG | 2 (0.1%) |
| 98 | 집사님/NNG | 3 (0.1%) | 선비01/NNG | 4 (0.1%) | 녀01/NNG | 3 (0.1%) | 또라이/NNG | 2 (0.1%) |
| 99 | 짝꿍/NNG | 3 (0.1%) | 씨09/XSN | 4 (0.1%) | 녀석/NNB | 3 (0.1%) | 몸무게/NNG | 2 (0.1%) |
| 100 | 처녀/NNG | 3 (0.1%) | 욕심쟁이/NNG | 4 (0.1%) | 누구누구/NP | 3 (0.1%) | 물배01/NNG | 2 (0.1%) |

　　인간 관련 어휘에 속한 형태 중에서는 초·중·고등학생 모두 인칭 대명사 '나03, 너01, 우리03'를 가장 많이 사용하고 있다. 특히, '나03'의 빈도가 다른 인칭 대명사에 비해 월등히 높고, 초등학교 저학년에서 특히 높게 나타난다. 인칭 대명사 외에 초등학교 저학년에서는 '엄마', 초등학교 고학년에서는 '선생님', 중학교에서는 '사람, 엄마', 고등학교에서는 '친구02'가 높은 사용 빈도를 보인다. 이와 같은 고빈도 어휘 목록의 학교급별 차이를 통해, 학년이 올라감에 따라 학생들의 관심이 가족 관계에서 사회적 관계로 옮겨간다는 점을 확인할 수 있다.

　　초등학생 자료에서는 가족 관계 어휘가 사회적 관계에 비해 다양하다는 것을 관찰할 수 있다. 좀 더 구체적으로 학교급별 변화 양상을 살펴보기 위해, 가족 관계 어휘와 사회적 관계 어휘 목록을 학교급별로 제시해 보면 다음과 같다.

〈표 4.2〉 학교급별 가족 관계 어휘와 사회적 관계 어휘의 형태 목록

| 학교급 | 가족 관계 | | 사회적 관계 | |
|---|---|---|---|---|
| | 형태 | 형태 수 | 형태 | 형태 수 |
| 초등학교 저학년 | 가족01, 고모01, 누나01, 동생01, 사촌, 삼촌01, 아들, 아빠, 아저씨, 아줌마, 언니, 엄마, 오빠, 외할아버지, 이모02, 친척, 할머니, 할아버지, 형01, 형아02 | 20 | 군사01, 반10, 반장08, 부15, 선생님, 짱02, 친구02, 팀01, 회장07 | 9 |
| 초등학교 고학년 | 고모01, 누나01, 동생01, 부모님, 사촌, 아들, 아버지, 아빠, 아저씨, 아줌마, 언니, 엄마, 오빠, 자매03, 자식01, 친척, 할머니, 할아버지, 형01, 형아02 | 20 | 반10, 부15, 선배, 선생님, 수련회, 친구02, 팀01, 회원, 회장07 | 9 |
| 중학생 | 가족01, 누나01, 동생01, 부모님, 사촌, 시아버지, 아빠, 아저씨, 아줌마, 언니, 엄마, 오빠, 친척, 할머니, 형01, 형제01 | 16 | 담임, 반10, 선생님, 수련회, 짱02, 친구02, 투수01, 팀01, 회장07 | 9 |
| 고등학생 | 가족01, 남동생, 누나01, 동생01, 아빠, 아줌마, 언니, 엄마, 오빠, 이모02, 자식01, 형01 | 12 | 그룹01, 가수11, 담임, 반10, 선배, 선생01, 선생님, 연예인, 의사12, 친구02, 컨설턴트, 팀01, 회계사01, 회장07, 후배06 | 15 |

먼저 눈에 띄는 특징을 살펴보면, 초등학교 단계에서는 가족 관계 어휘가 중고등학교에 비해 다양하게 출현한다는 점이다. 중고등학생이 12~16개의 가족 관계 어휘를 사용한 것에 비해, 초등학생은 20개의 어휘를 사용하였고, 사용된 어휘들이 '고모, 사촌, 삼촌, 할머니, 할아버지, 외할아버지, 이모, 친척' 등 대가족 중심의 어휘들이다. 반면에 고등학교 단계에 출현한 어휘는 '엄마, 아빠, 남동생, 누나, 동생, 언니' 등 직계 가족 중심의 어휘들이고, '할머니, 할아버지, 사촌' 등의 어휘는 보이지 않는다. 이러한 점으로 볼 때, 초등학교 단계에서는 인간관계 설정을 위해 다양한 가족 관계 어휘를 사용하다가, 학교급이 올라갈수록 실제 생활과 관련된 가족 관계 어휘만을 사용하는 것으로 추정해 볼 수 있겠다.

〈표 4.2〉를 통해 파악할 수 있는 또 다른 특징으로는, 고등학교 단계에서 사회적 관계에 대한 어휘가 크게 증가한다는 사실을 들 수 있다. 사회적 관계에 대한 어휘는 초등학생과 중학생 단계에서 모두 9개이지만, 고등학교 단계에서는 15개로 크게 증가하였으며, '연예인, 의사12, 컨설턴트, 회계사01'와 같이 직업명이 다수 포함되어 있다. 이는 초등학교 단계에서는 '반장, 선생님, 친구, 회장, 수련회' 등 주로 학교 내에서의 사회적 관계를 나타내는 어휘들이 대다수인 점과 대조되는 현상으로, 학교급에 따른 사회적 관계의 변화를 볼 수 있다.

다음은 고빈도 100개 형태의 사용 빈도를 통해, 가족 관계 어휘와 사회적 관계 어휘의 학교급별 변화 양상을 살펴보기로 한다.

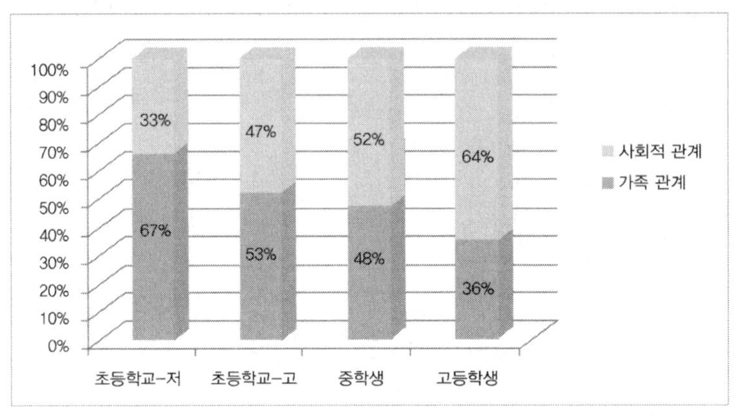


**[그림 2] 학교급에 따른 가족 관계 어휘와 사회적 관계 어휘의 출현 비율**

위 그림을 보면, 초등학교 저학년 단계에서는 가족 관계 어휘가 67%, 사회적 관계 어휘가 33%를 차지하고 있다. 학교급이 올라갈수록 가족 관계 어휘의 사용 빈도는 감소하고, 사회적 관계 어휘의 사용 빈도는 증가하는 양상을 보인다. 고등학교 단계에서는 가족 관계 어휘가 36%, 사회적 관계 어휘가 64%를 차지하고 있어, 초등학교 저학년 단계와는 정반대 양상을 보인다. 어휘 목록에서 관찰되었던 초등학교 단계와 고등학교 단계의 특징이 사용 빈도에서도 동일하게 나타났다.

인간 관련 어휘를 다른 관점에서 보면, 개체를 가리키는 어휘와 인간을 구성하는 부분을 나타내는 어휘로 구분해 볼 수 있다. 자료에 나타난 이 어휘들의 학교급별 사용 양상을 보이면 다음과 같다.

**〈표 4.3〉 학교급별 인간 개체 어휘와 부분 관련 어휘의 형태 목록**

| 학교급 | 개체 | | 부분 | |
|---|---|---|---|---|
| | 형태 | 형태 수 | 형태 | 형태 수 |
| 초등학교 저학년 | 가수11, 간호사, 개, 거인01, 고모01, 골키퍼, 군사01, 귀신01, 그01, 나03, 남01, 남자02, 내04, 내14, 너01, 너희, 놈01, 누나01, 니05, 동생01, 바보, 반장08, 사람, 사촌, 삼촌, 삼촌01, 선생님, 선수05, 수재민, 아기01, 아들, 아빠, 아저씨, 아줌마, 애02, 애기01, 애03. 언니, 엄마, 여자02, 오빠, 외할아버지, 우리. 위인01, 의사12, 이05, 이30, 이모02, 인간01, 자기04, 쟤, 저03, 저희01, 지05, 짱02, 친구02, 타자02, 할머니, 할아버지, 형01, 형아02, 혼자01, 회장07 | 63 | 귀01, 눈01, 다리01, 머리01, 목01, 몸무게, 발01, 살01, 손01, 손바닥, 얼굴01, 입, 코01, 팔01, 피02 | 15 |

| 학교급 | 개체 | | 부분 | |
| --- | --- | --- | --- | --- |
| | 형태 | 형태 수 | 형태 | 형태 수 |
| 초등학교 고학년 | 개, 검사03, 경찰04, 고모01, 귀신01, 그01, 나03, 남01, 남자02, 내04, 내14, 너01, 노인01, 놈01, 누나01, 니05, 대학생, 동생01, 마법사, 바람둥이, 바보, 부모님, 사람, 사촌, 선배, 선생님, 아들, 아버지, 아빠, 아이01, 아저씨, 아줌마, 애02, 애기01, 애03, 어른01, 언니, 엄마, 여자02, 연예인, 영웅01, 오빠, 왕04, 우리03, 의사12, 이30, 인간01, 자기04, 자매03, 자식01, 재, 저03, 전사20, 주술사, 주인01, 주인공, 지(자기04), 지05, 친구02, 타자02, 할머니, 할아버지, 형01, 형아02, 혼자01, 회원, 회장07 | 67 | 귀01, 눈01, 눈썹, 다리01, 대머리01, 머리01, 목소리, 몸01, 발01, 배01, 살01, 손01, 얼굴01, 코01, 팔01, 허리01 | 16 |
| 중학생 | 가수11, 개, 경찰04, 공무원, 그01, 나03, 남01, 남자02, 내04, 내14, 너01, 놈01, 누나01, 니05, 담임, 동생01, 따02, 바보, 박사01, 병신03, 부모님, 사람, 사범03, 사촌, 선생님, 선수05, 시아버지, 아, 아이01, 아저씨, 아줌마, 애02, 애03, 언니, 엄마, 여자02, 연예인, 재03, 영화배우, 오빠, 우리03, 의사12, 이30, 인간01, 자기04, 자신01, 장수09, 애인, 재, 저03, 지(자기04), 지05, 짱02, 친구02, 탤런트, 투수01, 학생, 할머니, 형01, 혼자01, 회장07 | 61 | 눈01, 다리01, 대두06, 마디01, 머리01, 목01, 목소리, 몸01, 발01, 배01, 뼈, 살01, 성격02, 손01, 손가락, 얼굴01, 입, 코01, 턱01, 피부02 | 20 |
| 고등학생 | 가수11, 개인02, 개, 그01, 나03, 남01, 남동생, 남자02, 내04, 내14, 너01, 너희, 놈01, 누나01, 니05, 담임, 동생01, 바보, 병신03, 사람, 서기05, 선배, 선생01, 선생님, 아빠, 아이01, 아줌마, 애02, 애기01, 애03, 어른01, 언니, 엄마, 여자02, 연예인, 연하01, 오빠, 우리03, 의사12, 이05, 이30, 이모02, 인간01, 자기04, 자식01, 재, 지(자기04), 지05, 친구02, 컨설턴트, 폐인01, 형01, 혼자01, 회계사01, 회장07, 후배06 | 56 | 근육, 눈01, 다리01, 머리01, 목01, 목소리, 몸무게, 발01, 배01, 살01, 성격02, 손01, 신경04, 얼굴01, 입, 좆, 코01, 표정03, 피02 | 19 |

　인간 개체를 가리키는 어휘는 초등학교, 중학교 단계에서는 60개 이상의 목록이 출현하였고, 고등학교 단계에서는 56개로 감소하였다. 개체를 가리키는 어휘로는 인칭 대명사, 직업명, 친족어, 비속어 등 다양한 어휘들이 출현하고 있다. 인간을 구성하는 부분을 가리키는 어휘 목록은 초등학교에 비해 중고등학교에서 약간 증가하는 경향을 보인다. 특히, 중고등학교 단계에서는 '성격02, 표정03' 등과 같이 태도나 심리적인 영역을 가리키는 어휘도 등장하여 초등학교 단계와 구분된다.

## (2) 동물

동물에 속하는 어휘는 총 161개의 형태가 출현하였고, 980회의 출현 빈도를 나타냈다. 동물 유형에 속하는 어휘 형태를 학교급별 고빈도순으로 50개까지 보이면 다음과 같다.

〈표 4.4〉 동물 관련 어휘의 고빈도 형태 목록(고빈도 형태 50개)

| 순위 | 초등학교 저학년 | | 초등학교 고학년 | | 중학생 | | 고등학생 | |
|---|---|---|---|---|---|---|---|---|
| | 형태/품사 | 빈도(비율) | 형태/품사 | 빈도(비율) | 형태/품사 | 빈도(비율) | 형태/품사 | 빈도(비율) |
| 1 | 강아지/NNG | 25 (8.0%) | 머리01/NNG | 33 (10.7%) | 새끼02/NNG | 22 (9.2%) | 눈01/NNG | 17 (14.2%) |
| 2 | 머리01/NNG | 13 (4.2%) | 눈01/NNG | 23 (7.4%) | 머리01/NNG | 20 (8.4%) | 새끼02/NNG | 14 (11.7%) |
| 3 | 개미03/NNG | 12 (3.8%) | 다리01/NNG | 21 (6.8%) | 눈01/NNG | 18 (7.6%) | 머리01/NNG | 8 (6.7%) |
| 4 | 다리01/NNG | 12 (3.8%) | 발01/NNG | 17 (5.5%) | 모기01/NNG | 15 (6.3%) | 배01/NNG | 7 (5.8%) |
| 5 | 토끼/NNG | 12 (3.8%) | 코끼리/NNG | 12 (3.9%) | 강아지/NNG | 14 (5.9%) | 목01/NNG | 6 (5.0%) |
| 6 | 고양이/NNG | 11 (3.5%) | 새끼02/NNG | 9 (2.9%) | 다리01/NNG | 9 (3.8%) | 살01/NNG | 5 (4.2%) |
| 7 | 목01/NNG | 11 (3.5%) | 해파리/NNG | 9 (2.9%) | 마디01/NNG | 8 (3.4%) | 근육/NNG | 4 (3.3%) |
| 8 | 돼지/NNG | 10 (3.2%) | 닭/NNG | 8 (2.6%) | 목01/NNG | 8 (3.4%) | 다리01/NNG | 4 (3.3%) |
| 9 | 동물/NNG | 8 (2.6%) | 몸01/NNG | 8 (2.6%) | 배01/NNG | 8 (3.4%) | 발01/NNG | 4 (3.3%) |
| 10 | 발01/NNG | 8 (2.6%) | 벌레01/NNG | 8 (2.6%) | 기린02/NNG | 6 (2.5%) | 신경04/NNG | 4 (3.3%) |
| 11 | 참새01/NNG | 8 (2.6%) | 바퀴벌레/NNG | 7 (2.3%) | 대가리01/NNG | 6 (2.5%) | 피02/NNG | 4 (3.3%) |
| 12 | 곰03/NNG | 7 (2.2%) | 조개01/NNG | 6 (1.9%) | 뼈/NNG | 6 (2.5%) | 모기01/NNG | 3 (2.5%) |
| 13 | 거미02/NNG | 6 (1.9%) | 토끼/NNG | 6 (1.9%) | 쥐02/NNG | 5 (2.1%) | 무리01/NNG | 3 (2.5%) |
| 14 | 피02/NNG | 6 (1.9%) | 강아지/NNG | 5 (1.6%) | 턱01/NNG | 5 (2.1%) | 상처02/NNG | 3 (2.5%) |
| 15 | 개03/NNG | 5 (1.6%) | 배01/NNG | 5 (1.6%) | 피부02/NNG | 5 (2.1%) | 암컷/NNG | 3 (2.5%) |
| 16 | 구더기01/NNG | 5 (1.6%) | 병아리/NNG | 5 (1.6%) | 눈물01/NNG | 4 (1.7%) | 벌레01/NNG | 2 (1.7%) |
| 17 | 벌03/NNG | 5 (1.6%) | 살01/NNG | 5 (1.6%) | 동물/NNG | 4 (1.7%) | 수컷/NNG | 2 (1.7%) |
| 18 | 이빨/NNG | 5 (1.6%) | 참치01/NNG | 5 (1.6%) | 발01/NNG | 4 (1.7%) | 숨01/NNG | 2 (1.7%) |
| 19 | 눈01/NNG | 4 (1.3%) | 새03/NNG | 4 (1.3%) | 돼지/NNG | 3 (1.3%) | 허리01/NNG | 2 (1.7%) |
| 20 | 늑대/NNG | 4 (1.3%) | 생쥐/NNG | 4 (1.3%) | 몸01/NNG | 3 (1.3%) | 가슴01/NNG | 1 (0.8%) |
| 21 | 닭/NNG | 4 (1.3%) | 소03/NNG | 4 (1.3%) | 볼01/NNG | 3 (1.3%) | 가죽01/NNG | 1 (0.8%) |
| 22 | 똥개/NNG | 4 (1.3%) | 잡종/NNG | 4 (1.3%) | 살01/NNG | 3 (1.3%) | 간08/NNG | 1 (0.8%) |
| 23 | 목숨/NNG | 4 (1.3%) | 쥐02/NNG | 4 (1.3%) | 신경04/NNG | 3 (1.3%) | 갈비01/NNG | 1 (0.8%) |
| 24 | 병아리/NNG | 4 (1.3%) | 허리01/NNG | 4 (1.3%) | 엉덩이/NNG | 3 (1.3%) | 닭/NNG | 1 (0.8%) |
| 25 | 삐약이/NNG | 4 (1.3%) | 눈깔/NNG | 3 (1.0%) | 개03/NNG | 2 (0.8%) | 대장균/NNG | 1 (0.8%) |
| 26 | 새끼02/NNG | 4 (1.3%) | 눈물01/NNG | 3 (1.0%) | 곰03/NNG | 2 (0.8%) | 돼지/NNG | 1 (0.8%) |
| 27 | 생쥐/NNG | 4 (1.3%) | 동물/NNG | 3 (1.0%) | 근육/NNG | 2 (0.8%) | 땀01/NNG | 1 (0.8%) |
| 28 | 알01/NNG | 4 (1.3%) | 돼지/NNG | 3 (1.0%) | 내장06/NNG | 2 (0.8%) | 마디01/NNG | 1 (0.8%) |
| 29 | 진돗개/NNG | 4 (1.3%) | 말05/NNG | 3 (1.0%) | 똥개/NNG | 2 (0.8%) | 말05/NNG | 1 (0.8%) |
| 30 | 펭귄/NNG | 4 (1.3%) | 목01/NNG | 3 (1.0%) | 목숨/NNG | 2 (0.8%) | 목숨/NNG | 1 (0.8%) |
| 31 | 호랑이/NNG | 4 (1.3%) | 상아01/NNG | 3 (1.0%) | 비둘기/NNG | 2 (0.8%) | 목젖/NNG | 1 (0.8%) |
| 32 | 라이거/NNG | 3 (1.0%) | 알01/NNG | 3 (1.0%) | 사자11/NNG | 2 (0.8%) | 뼈/NNG | 1 (0.8%) |
| 33 | 뱀/NNG | 3 (1.0%) | 엉덩이/NNG | 3 (1.0%) | 오징어/NNG | 2 (0.8%) | 생쥐/NNG | 1 (0.8%) |
| 34 | 살01/NNG | 3 (1.0%) | 타조02/NNG | 3 (1.0%) | 원숭이/NNG | 2 (0.8%) | 쓸개/NNG | 1 (0.8%) |
| 35 | 새03/NNG | 3 (1.0%) | 피02/NNG | 3 (1.0%) | 지렁이/NNG | 2 (0.8%) | 엉덩이/NNG | 1 (0.8%) |
| 36 | 애완02/NNG | 3 (1.0%) | 개구리/NNG | 2 (0.6%) | 코끼리/NNG | 2 (0.8%) | 영계01/NNG | 1 (0.8%) |
| 37 | 오줌/NNG | 3 (1.0%) | 개미03/NNG | 2 (0.6%) | 펭귄/NNG | 2 (0.8%) | 이빨/NNG | 1 (0.8%) |
| 38 | 햄스터/NNG | 3 (1.0%) | 갯지렁이/NNG | 2 (0.6%) | 호랑이/NNG | 2 (0.8%) | 참치01/NNG | 1 (0.8%) |
| 39 | 황구03/NNG | 3 (1.0%) | 게01/NNG | 2 (0.6%) | 간08/NNG | 1 (0.4%) | 피부02/NNG | 1 (0.8%) |

| 순위 | 초등학교 저학년 | | 초등학교 고학년 | | 중학생 | | 고등학생 | |
|---|---|---|---|---|---|---|---|---|
| | 형태/품사 | 빈도(비율) | 형태/품사 | 빈도(비율) | 형태/품사 | 빈도(비율) | 형태/품사 | 빈도(비율) |
| 40 | 가슴01/NNG | 2 (0.6%) | 꽁지/NNG | 2 (0.6%) | 갈비01/NNG | 1 (0.4%) | 하마05/NNG | 1 (0.8%) |
| 41 | 개구리/NNG | 2 (0.6%) | 꽃게/NNG | 2 (0.6%) | 공룡/NNG | 1 (0.4%) | 햄스터/NNG | 1 (0.8%) |
| 42 | 곰돌이/NNG | 2 (0.6%) | 눈알/NNG | 2 (0.6%) | 깃털/NNG | 1 (0.4%) | 혀01/NNG | 1 (0.8%) |
| 43 | 다리뼈/NNG | 2 (0.6%) | 다람쥐/NNG | 2 (0.6%) | 꼬리01/NNG | 1 (0.4%) | | |
| 44 | 독수리/NNG | 2 (0.6%) | 등01/NNG | 2 (0.6%) | 꽃뱀/NNG | 1 (0.4%) | | |
| 45 | 말05/NNG | 2 (0.6%) | 땀/NNG | 2 (0.6%) | 꿀돼지/NNG | 1 (0.4%) | | |
| 46 | 메뚜기02/NNG | 2 (0.6%) | 목숨/NNG | 2 (0.6%) | 눈깔/NNG | 1 (0.4%) | | |
| 47 | 멧돼지/NNG | 2 (0.6%) | 미라01/NNG | 2 (0.6%) | 독수리/NNG | 1 (0.4%) | | |
| 48 | 발바닥/NNG | 2 (0.6%) | 지렁이/NNG | 2 (0.6%) | 두더지01/NNG | 1 (0.4%) | | |
| 49 | 뼈/NNG | 2 (0.6%) | 킹크랩/NNG | 2 (0.6%) | 메뚜기02/NNG | 1 (0.4%) | | |
| 50 | 시력01/NNG | 2 (0.6%) | 가슴01/NNG | 1 (0.3%) | 발가락/NNG | 1 (0.4%) | | |

　초등학교 저학년에서는 동물 관련 어휘가 '강아지, 머리01, 개미03, 다리01, 토끼'의 순으로 나타났고, 초등학교 고학년에서는 '머리01, 눈01, 다리01, 발01, 코끼리'의 순으로 나타났다. 중학생은 '새끼02, 머리01, 눈01, 모기01, 강아지'의 순으로, 고등학생은 '눈01, 새끼02, 머리01, 배01, 목01'의 순으로 나타나, 학교급에 따른 일정한 특징은 발견되지 않는다.

　다음으로, 동물 관련 어휘에 속하는 형태들을 동물 개체를 가리키는 어휘와 부분을 가리키는 어휘로 구분하여 형태 목록을 살펴보기로 한다. 학교급별로 사용한 형태와 형태 수를 제시하면 다음과 같다.

〈표 4.5〉 학교급별 동물 개체 관련 어휘와 부분 관련 어휘의 형태 목록

| 학교급 | 개체 | | 부분 | |
|---|---|---|---|---|
| | 형태 | 형태 수 | 형태 | 형태 수 |
| 초등학교 저학년 | 강아지, 개03, 개구리, 개미03, 거미02, 고양이, 곰03, 곰돌이, 구더기01, 늑대, 닭, 독수리, 동물, 돼지, 똥개, 라이거, 말05, 메뚜기02, 멧돼지, 뱀, 벌03, 병아리, 뼈약이, 새03, 새끼02, 생쥐, 오이(오리03), 진돗개, 참새01, 코끼리, 토끼, 펭귄, 햄스터, 호랑이, 황구03 | 36 | 가슴01, 눈01, 다리01, 다리뼈, 머리01, 목01, 목숨, 발01, 발바닥, 뼈, 살01, 알01, 오줌, 이빨, 피02 | 15 |
| 초등학교 고학년 | 강아지, 개구리, 개미03, 갯지렁이, 게01, 꽃게, 다람쥐, 닭, 동물, 돼지, 말05, 바퀴벌레, 벌레01, 병아리, 새03, 새끼02, 생쥐, 소03, 조개01, 쥐02, 지렁이, 참치01, 코끼리, 킹크랩, 타조02, 토끼, 해파리 | 27 | 가슴01, 꽁지, 눈01, 눈깔, 눈물01, 눈알, 다리01, 등01, 머리01, 목01, 목숨, 몸01, 발01, 배01, 살01, 상아01, 알01, 엉덩이, 피02, 허리01 | 20 |

| 학교급 | 개체 | | 부분 | |
| --- | --- | --- | --- | --- |
| | 형태 | 형태 수 | 형태 | 형태 수 |
| 중학생 | 강아지, 개03, 곰03, 기린02, 독수리, 동물, 돼지, 똥개, 메뚜기02, 모기01, 비둘기, 사자11, 새끼02, 오징어, 원숭이, 쥐02, 지렁이, 코끼리, 펭귄, 호랑이 | 20 | 간08, 갈비01, 근육, 내장06, 눈01, 눈깔, 눈물01, 다리01, 대가리01, 마디01, 머리01, 목01, 목숨, 몸01, 발01, 배01, 볼01, 뼈, 살01, 신경04, 엉덩이, 턱01, 피부02 | 23 |
| 고등학생 | 닭, 대장균, 돼지, 말05, 모기01, 벌레01, 새끼02, 생쥐, 수컷, 암컷, 영계01, 참치01, 하마05, 햄스터 | 14 | 가슴01, 가죽01, 간08, 갈비01, 근육, 눈01, 다리01, 마디01, 머리01, 목01, 목숨, 목젖, 발01, 배01, 뼈, 살01, 숨01, 신경04, 쓸개, 엉덩이, 이빨, 피02, 피부02, 허리01, 혀01 | 25 |

위 표를 보면, 동물 개체를 가리키는 어휘는 초등학교 저학년이 36개로 가장 많고, 학교급이 올라갈수록 감소하는 경향을 보인다. 이는 초등학교 단계에서 주변 동물에 대한 관심과 접근이 활발한 데서 연유한 것으로 생각된다. 구체적인 목록을 보면, 저학년에서는 '강아지, 고양이, 돼지, 호랑이' 등 포유류가 절반을 차지하고, '참새01, 닭, 병아리' 등의 조류, '개미03, 거미02, 벌03' 등 곤충류, '개구리, 뱀' 등의 양서류와 파충류에 속하는 어휘들이 등장하고 있다. 고학년에서는 포유류의 비율이 줄어들고, 초등학교 단계에서 보인 어휘 유형에 '참치01, 조개01, 꽃게, 해파리' 등 바다에서 사는 동물을 가리키는 어휘가 추가로 나타난다. 부분을 가리키는 어휘 수는 학교급이 올라갈수록 증가하는 추세를 보인다. 부분을 가리키는 어휘는 개체를 분석적으로 파악하는 능력을 필요로 하는데, 이러한 능력이 학교급이 높아짐에 따라 발달하고 있음을 보여준다.

동물 관련 어휘 중 개체를 나타내는 형태는 생활과 관련지어 가축과 비가축으로 구분하여 볼 수 있다. 학교급별 가축 어휘와 비가축 어휘는 다음과 같다.

<표 4.6> 학교급별 가축 어휘와 비가축 어휘의 형태 목록

| 학교급 | 가축 | | 비가축 | |
| --- | --- | --- | --- | --- |
| | 형태 | 형태 수 | 형태 | 형태 수 |
| 초등학교 저학년 | 강아지, 개03, 고양이, 닭, 돼지, 똥개, 병아리, 삐약이, 오이(오리03), 진돗개, 토끼, 황구03 | 12 | 개구리, 개미03, 거미02, 곰03, 곰돌이, 구더기01, 늑대, 독수리, 동물, 라이거, 말05, 메뚜기02, 멧돼지, 뱀, 벌03, 새03, 새끼02, 생쥐, 참새01, 코끼리, 펭귄, 햄스터, 호랑이, 황구03 | 24 |

| 학교급 | 가축 | | 비가축 | |
|---|---|---|---|---|
| | 형태 | 형태 수 | 형태 | 형태 수 |
| 초등학교 고학년 | 강아지, 닭, 돼지, 병아리, 소03, 토끼 | 6 | 개구리, 개미03, 갯지렁이, 게01, 꽃게, 다람쥐, 동물, 말05, 바퀴벌레, 벌레01, 새03, 새끼02, 생쥐, 조개01, 쥐02, 지렁이, 참치01, 코끼리, 킹크랩, 타조02, 해파리 | 21 |
| 중학생 | 강아지, 개03, 돼지, 똥개 | 4 | 곰03, 기린02, 독수리, 동물, 메뚜기02, 모기01, 비둘기, 사자11, 새끼02, 오징어, 원숭이, 쥐02, 지렁이, 코끼리, 펭귄, 호랑이 | 16 |
| 고등학생 | 닭, 돼지, 영계01 | 3 | 대장균, 말05, 모기01, 벌레01, 새끼02, 생쥐, 수컷, 암컷, 참치01, 하마05, 햄스터 | 11 |

초등학교 저학년 단계에서는 가축 관련 어휘가 비가축 어휘의 절반 정도에 해당하고, 고학년에서는 1/3, 중학교에서는 1/4가량을 차지하여, 초등학교 저학년의 가축 출현 비율이 가장 높은 것으로 나타났다. 즉 학교급이 낮을수록 주변에서 관찰이 가능하고 생활에서 흔히 볼 수 있는 가축에 대한 어휘 사용이 많은 것을 알 수 있다.

### (3) 식물

식물 관련 어휘는 사물에 관한 어휘 중에서 가장 적은 수의 목록이 추출되었다. 이 책의 분석 대상 자료에서는 총 59개 형태가 165회 출현하였다.

〈표 4.7〉 식물 관련 어휘의 형태 목록

| 순위 | 초등학교 저학년 | | 초등학교 고학년 | | 중학생 | | 고등학생 | |
|---|---|---|---|---|---|---|---|---|
| | 형태/품사 | 빈도(비율) | 형태/품사 | 빈도(비율) | 형태/품사 | 빈도(비율) | 형태/품사 | 빈도(비율) |
| 1 | 나무01/NNG | 10 (15.2%) | 호박01/NNG | 6 (8.7%) | 꽃01/NNG | 5 (16.7%) | 콩01/NNG | 8 (33.3%) |
| 2 | 과일01/NNG | 8 (12.1%) | 김03/NNG | 5 (7.2%) | 뽕나무/NNG | 3 (10.0%) | 수박01/NNG | 4 (16.7%) |
| 3 | 꽃01/NNG | 7 (10.6%) | 벚꽃/NNG | 5 (7.2%) | 딸기/NNG | 2 (6.7%) | 딸기/NNG | 3 (12.5%) |
| 4 | 감01/NNG | 5 (7.6%) | 당근02/NNG | 4 (5.8%) | 레몬/NNG | 2 (6.7%) | 과일01/NNG | 2 (8.3%) |
| 5 | 인삼/NNG | 4 (6.1%) | 백합03/NNG | 4 (5.8%) | 장미꽃/NNG | 2 (6.7%) | 버섯02/NNG | 2 (8.3%) |
| 6 | 당근02/NNG | 3 (4.5%) | 버섯02/NNG | 4 (5.8%) | 참외01/NNG | 2 (6.7%) | 키위02/NNG | 2 (8.3%) |
| 7 | 복숭아/NNG | 3 (4.5%) | 꽃다발/NNG | 3 (4.3%) | 감01/NNG | 1 (3.3%) | 땅콩/NNG | 1 (4.2%) |
| 8 | 수박01/NNG | 3 (4.5%) | 끈끈이주걱/NNG | 3 (4.3%) | 고구마/NNG | 1 (3.3%) | 야채/NNG | 1 (4.2%) |
| 9 | 참외01/NNG | 3 (4.5%) | 무02/NNG | 3 (4.3%) | 고추01/NNG | 1 (3.3%) | 풀02/NNG | 1 (4.2%) |
| 10 | 딸기/NNG | 2 (3.0%) | 수술01/NNG | 3 (4.3%) | 과일01/NNG | 1 (3.3%) | | |
| 11 | 목련01/NNG | 2 (3.0%) | 식물02/NNG | 3 (4.3%) | 꽃다발/NNG | 1 (3.3%) | | |

| 순위 | 초등학교 저학년 | | 초등학교 고학년 | | 중학생 | | 고등학생 | |
|---|---|---|---|---|---|---|---|---|
| | 형태/품사 | 빈도(비율) | 형태/품사 | 빈도(비율) | 형태/품사 | 빈도(비율) | 형태/품사 | 빈도(비율) |
| 12 | 튤립/NNG | 2 (3.0%) | 귤/NNG | 2 (2.9%) | 단풍01/NNG | 1 (3.3%) | | |
| 13 | 민들레/NNG | 2 (3.0%) | 도토리/NNG | 2 (2.9%) | 무02/NNG | 1 (3.3%) | | |
| 14 | 가시나무/NNG | 1 (1.5%) | 미역02/NNG | 2 (2.9%) | 밤02/NNG | 1 (3.3%) | | |
| 15 | 가지01/NNB | 1 (1.5%) | 알타리/NNG | 2 (2.9%) | 배03/NNG | 1 (3.3%) | | |
| 16 | 단감01/NNG | 1 (1.5%) | 오이01/NNG | 2 (2.9%) | 배추01/NNG | 1 (3.3%) | | |
| 17 | 바나나/NNG | 1 (1.5%) | 장미05/NNG | 2 (2.9%) | 산딸기/NNG | 1 (3.3%) | | |
| 18 | 버섯02/NNG | 1 (1.5%) | 네잎클로버/NNG | 2 (2.9%) | 장미05/NNG | 1 (3.3%) | | |
| 19 | 스트로베리/NNG | 1 (1.5%) | 감자01/NNG | 1 (1.4%) | 줄기01/NNG | 1 (3.3%) | | |
| 20 | 식물02/NNG | 1 (1.5%) | 과일01/NNG | 1 (1.4%) | 포도06/NNG | 1 (3.3%) | | |
| 21 | 은행03/NNG | 1 (1.5%) | 꽃01/NNG | 1 (1.4%) | | | | |
| 22 | 은행나무/NNG | 1 (1.5%) | 나무01/NNG | 1 (1.4%) | | | | |
| 23 | 잎01/NNG | 1 (1.5%) | 딸기/NNG | 1 (1.4%) | | | | |
| 24 | 장미05/NNG | 1 (1.5%) | 상추01/NNG | 1 (1.4%) | | | | |
| 25 | 포도06/NNG | 1 (1.5%) | 싹01/NNG | 1 (1.4%) | | | | |
| 26 | | | 잎01/NNG | 1 (1.4%) | | | | |
| 27 | | | 토마토/NNG | 1 (1.4%) | | | | |
| 28 | | | 풀02/NNG | 1 (1.4%) | | | | |

식물 관련 어휘의 학교급별 고빈도 어휘 순위를 보면, 고등학생의 사용 빈도가 특히 낮다. 학교급별 고빈도 어휘도 초등학교 저학년은 '나무01', 초등학교 고학년은 '호박01', 중학생은 '꽃01', 고등학생은 '콩01'으로 모두 상이하게 나타난다.

식물 관련 어휘도 개체를 가리키는 어휘와 부분을 가리키는 어휘로 구분하여 그 출현 양상을 살펴보기로 한다.

〈표 4.8〉 학교급별 식물 개체 관련 어휘와 부분 관련 어휘의 형태 목록

| 학교급 | 개체 | | 부분 | |
|---|---|---|---|---|
| | 형태 | 형태 수 | 형태 | 형태 수 |
| 초등학교 저학년 | 가시나무, 감01, 과일01, 꽃01, 나무01, 단감01, 당근02, 딸기, 목련01, 민들레, 바나나, 복숭아, 수박01, 인삼, 참외01, 튤립 | 16 | 가지01 | 1 |
| 초등학교 고학년 | 감자01, 과일01, 귤, 김03, 꽃01, 꽃다발, 나무01, 끈끈이주걱, 네잎클로버, 당근02, 도토리, 딸기, 무02, 미역02, 백합03, 버섯02, 벚꽃, 상추01, 식물02, 싹01, 알타리, 오이01, 장미05, 토마토, 풀02, 호박01 | 26 | 수술01, 잎01 | 2 |
| 중학생 | 감01, 고구마, 고추01, 과일01, 꽃01, 꽃다발, 단풍01, 딸기, 레몬, 무02, 밤02, 배03, 배추01, 뽕나무, 산딸기, 장미05, 장미꽃, 참외01 | 18 | 줄기01 | 1 |
| 고등학생 | 과일01, 딸기, 땅콩, 버섯02, 수박01, 야채, 콩01, 키위02, 풀02 | 9 | - | - |

개체를 가리키는 어휘는 초등학교 저학년은 16개, 초등학교 고학년은 26개, 중학생은 18개이고, 고등학생은 9개로 가장 적다. 구체적인 목록을 살펴보면, 초등학교 저학년은 '과일01, 나무01, 꽃01'과 같은 총칭에 해당하는 어휘와 '단감01, 딸기, 바나나, 복숭아, 수박01, 참외01' 등 과일이 대부분을 차지하고 있다. 초등학교 고학년과 중학생 단계에서는 '귤, 감01, 딸기, 레몬, 배03, 참외01, 포도06'와 같은 과일류, '당근02, 도토리, 무02, 버섯02, 알타리, 오이01, 호박01, 고구마, 고추01, 배추01'와 같은 채소나 열매류, '백합03, 벚꽃, 장미05, 장미꽃'과 같은 화초류 등 다양한 하위 부류 어휘가 사용되고, 초등학교 고학년과 중학생 단계에서는 식물 관련 어휘들의 유형이 다양하게 나타나고 있음을 알 수 있다.

## (4) 무생물

무생물 관련 어휘는 분석 자료에서 총 627개의 형태가 8,579회 출현하였다. 무생물 관련 어휘는 사물 관련 어휘 가운데 인간 다음으로 사용 빈도가 높은 어휘 부류로, 이를 고빈도순으로 100개씩 제시해 보면 다음과 같다.

〈표 4.9〉 무생물 관련 어휘의 고빈도 형태 목록(고빈도 형태 100개)

| 순위 | 초등학교 저학년 | | 초등학교 고학년 | | 중학생 | | 고등학생 | |
|---|---|---|---|---|---|---|---|---|
| | 형태/품사 | 빈도(비율) | 형태/품사 | 빈도(비율) | 형태/품사 | 빈도(비율) | 형태/품사 | 빈도(비율) |
| 1 | 거01/NNB | 521 (28.4%) | 거01/NNB | 951 (35.5%) | 거01/NNB | 917 (38.3%) | 거01/NNB | 738 (44.4%) |
| 2 | 뭐/NP | 313 (17.1% | 뭐/NP | 542 (20.2%) | 뭐/NP | 575 (24.0%) | 뭐/NP | 280 (16.8%) |
| 3 | 이거01/NP | 151 (8.2% | 이거01/NP | 175 (6.5%) | 이거01/NP | 242 (10.1%) | 이거01/NP | 154 (9.3%) |
| 4 | 책01/NNG | 34 (1.9% | 돈01/NNG | 78 (2.9%) | 돈01/NNG | 67 (2.8%) | 돈01/NNG | 61 (3.7%) |
| 5 | 물01/NNG | 26 (1.4% | 거01/NP | 46 (1.7%) | 컴퓨터/NNG | 40 (1.7%) | 전화07/NNG | 24 (1.4%) |
| 6 | 저거01/NP | 25 (1.4% | 컴퓨터/NNG | 44 (1.6%) | 핸드폰/NNG | 27 (1.1%) | 컴퓨터/NNG | 19 (1.1%) |
| 7 | 컴퓨터/NNG | 22 (1.2% | 저거01/NP | 27 (1.0%) | 옷01/NNG | 15 (0.6%) | 버스02/NNG | 16 (1.0%) |
| 8 | 문04/NNG | 21 (1.1% | 피아노01/NNG | 26 (1.0%) | 전화07/NNG | 15 (0.6%) | 핸드폰/NNG | 15 (0.9% |
| 9 | 피아노01/NNG | 21 (1.1% | 공01/NNG | 24 (0.9%) | 저거01/NP | 14 (0.6%) | 옷01/NNG | 14 (0.8%) |
| 10 | 돈01/NNG | 19 (1.0% | 물01/NNG | 24 (0.9%) | 램05/NNG | 13 (0.5%) | 사진07/NNG | 13 (0.8%) |
| 11 | 만화책/NNG | 14 (0.8% | 책01/NNG | 19 (0.7%) | 씨디/NNG | 11 (0.5%) | 책01/NNG | 10 (0.6% |
| 12 | 줄01/NNG | 13 (0.7% | 만화책/NNG | 13 (0.5%) | 만화책/NNG | 10 (0.4%) | 라디오/NNG | 9 (0.5%) |
| 13 | 폭탄/NNG | 13 (0.7% | 비행기/NNG | 13 (0.5%) | 쪽지/NNG | 9 (0.4%) | 저거01/NP | 9 (0.5%) |
| 14 | 거01/NP | 12 (0.7% | 옷01/NNG | 12 (0.4%) | 티비/NNG | 9 (0.4%) | 펜01/NNG | 9 (0.5% |
| 15 | 텔레비전/NNG | 12 (0.7% | 티비/NNG | 12 (0.4%) | 줄넘기/NNG | 8 (0.3%) | 물01/NNG | 8 (0.5%) |
| 16 | 금06/NNG | 10 (0.5% | 녹음기/NNG | 11 (0.4%) | 화면05/NNG | 8 (0.3%) | 녹음기/NNG | 7 (0.4%) |
| 17 | 사진07/NNG | 10 (0.5% | 불01/NNG | 11 (0.4%) | 거01/NP | 7 (0.3%) | 마이크/NNG | 7 (0.4% |
| 18 | 인형01/NNG | 10 (0.5% | 비디오/NNG | 11 (0.4%) | 물01/NNG | 7 (0.3%) | 선물03/NNG | 7 (0.4%) |
| 19 | 캠03/NNG | 10 (0.5% | 무기05/NNG | 10 (0.4%) | 신문10/NNG | 7 (0.3%) | 안경03/NNG | 7 (0.4%) |
| 20 | 탬버린/NNG | 10 (0.5% | 금06/NNG | 9 (0.3%) | 엠피쓰리/NNG | 7 (0.3%) | 거01/NP | 6 (0.4%) |
| 21 | 띠01/NNG | 9 (0.5% | 선물03/NNG | 9 (0.3%) | 책01/NNG | 7 (0.3%) | 렌즈/NNG | 6 (0.4%) |
| 22 | 바이올린/NNG | 9 (0.5% | 줄01/NNG | 9 (0.3%) | 녹음기/NNG | 6 (0.3%) | 리본/NNG | 5 (0.3%) |

| 순위 | 초등학교 저학년 | | 초등학교 고학년 | | 중학생 | | 고등학생 | |
|---|---|---|---|---|---|---|---|---|
| | 형태/품사 | 빈도(비율) | 형태/품사 | 빈도(비율) | 형태/품사 | 빈도(비율) | 형태/품사 | 빈도(비율) |
| 23 | 연필/NNG | 9 (0.5%) | 촛불/NNG | 9 (0.3%) | 마이크/NNG | 6 (0.3%) | 실01/NNG | 5 (0.3%) |
| 24 | 옷01/NNG | 9 (0.5%) | 문04/NNG | 8 (0.3%) | 버스02/NNG | 6 (0.3%) | 이것/NP | 5 (0.3%) |
| 25 | 물건/NNG | 8 (0.4%) | 요거01/NP | 8 (0.3%) | 볼펜02/NNG | 6 (0.3%) | 차트/NNG | 5 (0.3%) |
| 26 | 비행기/NNG | 8 (0.4%) | 이것/NP | 8 (0.3%) | 줄01/NNG | 6 (0.3%) | 청바지/NNG | 5 (0.3%) |
| 27 | 전화07/NNG | 8 (0.4%) | 책상01/NNG | 8 (0.3%) | 공01/NNG | 5 (0.2%) | 거02/NP | 4 (0.2%) |
| 28 | 해골/NNG | 8 (0.4%) | 칼01/NNG | 8 (0.3%) | 교복01/NNG | 5 (0.2%) | 바지01/NNG | 4 (0.2%) |
| 29 | 돌02/NNG | 7 (0.4%) | 돌02/NNG | 7 (0.3%) | 문04/NNG | 5 (0.2%) | 케이스01/NNG | 4 (0.2%) |
| 30 | 불01/NNG | 7 (0.4%) | 라디오/NNG | 7 (0.3%) | 빠따/NNG | 5 (0.2%) | 티비/NNG | 4 (0.2%) |
| 31 | 씨디(시디01)/NNG | 7 (0.4%) | 신발/NNG | 7 (0.3%) | 사진07/NNG | 5 (0.2%) | 구두01/NNG | 3 (0.2%) |
| 32 | 팽이01/NNG | 7 (0.4%) | 씨디(시디01)/NNG | 7 (0.3%) | 시계01/NNG | 5 (0.2%) | 기계07/NNG | 3 (0.2%) |
| 33 | 녹음기/NNG | 6 (0.3%) | 인형01/NNG | 7 (0.3%) | 이것/NP | 5 (0.2%) | 다리미/NNG | 3 (0.2%) |
| 34 | 신문10/NNG | 6 (0.3%) | 줄넘기/NNG | 7 (0.3%) | 자전거/NNG | 5 (0.2%) | 면바지/NNG | 3 (0.2%) |
| 35 | 은04/NNG | 6 (0.3%) | 지우개/NNG | 7 (0.3%) | 종이01/NNG | 5 (0.2%) | 벨소리/NNG | 3 (0.2%) |
| 36 | 장갑01/NNG | 6 (0.3%) | 핸드폰/NNG | 7 (0.3%v) | 폭죽/NNG | 5 (0.2%) | 비01/NNG | 3 (0.2%) |
| 37 | 지구본/NNG | 6 (0.3%) | 마이크/NNG | 6 (0.2%) | 꼬리표/NNG | 4 (0.2%) | 선풍기/NNG | 3 (0.2%) |
| 38 | 창문/NNG | 6 (0.3%) | 모자08/NNG | 6 (0.2%) | 냉장고/NNG | 4 (0.2%) | 소화기03/NNG | 3 (0.2%) |
| 39 | 총03/NNG | 6 (0.3%) | 의자03/NNG | 6 (0.2%) | 안경03/NNG | 4 (0.2%) | 용품01/NNG | 3 (0.2%) |
| 40 | 칼01/NNG | 6 (0.3%) | 전화07/NNG | 6 (0.2%) | 연필/NNG | 4 (0.2%) | 이것저것/NNG | 3 (0.2%) |
| 41 | 텔레비/NNG | 6 (0.3%) | 총03/NNG | 6 (0.2%) | 정장04/NNG | 4 (0.2%) | 치마01/NNG | 3 (0.2%) |
| 42 | 허수아비/NNG | 6 (0.3%) | 렌즈/NNG | 5 (0.2%) | 창문/NNG | 4 (0.2%) | 카드/NNG | 3 (0.2%) |
| 43 | 가위01/NNG | 5 (0.3%) | 목검/NNG | 5 (0.2%) | 프린터/NNG | 4 (0.2%) | 컴퍼스/NNG | 3 (0.2%) |
| 44 | 공01/NNG | 5 (0.3%) | 바이올린/NNG | 5 (0.2%) | 프린트/NNG | 4 (0.2%) | 피시03/NNG | 3 (0.2%) |
| 45 | 무기05/NNG | 5 (0.3%) | 비01/NNG | 5 (0.2%) | 합본02/NNG | 4 (0.2%) | 가방01/NNG | 2 (0.1%) |
| 46 | 선풍기/NNG | 5 (0.3%) | 안경03/NNG | 5 (0.2%) | 가방01/NNG | 3 (0.1%) | 교과서/NNG | 2 (0.1%) |
| 47 | 침대02/NNG | 5 (0.3%) | 자14/NNG | 5 (0.2%) | 간판02/NNG | 3 (0.1%) | 기름01/NNG | 2 (0.1%) |
| 48 | 검03/NNG | 4 (0.2%) | 자판기/NNG | 5 (0.2%) | 골프채/NNG | 3 (0.1%) | 내용02물/NNG | 2 (0.1%) |
| 49 | 그물01/NNG | 4 (0.2%) | 장기13/NNG | 5 (0.2%) | 동복01/NNG | 3 (0.1%) | 돌02/NNG | 2 (0.1%) |
| 50 | 금메달/NNG | 4 (0.2%) | 창문/NNG | 5 (0.2%) | 로봇/NNG | 3 (0.1%) | 드레스/NNG | 2 (0.1%) |
| 51 | 도끼01/NNG | 4 (0.2%) | 축구화/NNG | 5 (0.2%) | 목도리/NNG | 3 (0.1%) | 만화책/NNG | 2 (0.1%) |
| 52 | 맵/NNG | 4 (0.2%) | 피씨(피시03)/NNG | 5 (0.2%) | 무테/NNG | 3 (0.1%) | 메모리/NNG | 2 (0.1%) |
| 53 | 못01/NNG | 4 (0.2%) | 허수아비/NNG | 5 (0.2%) | 미니02/NNG | 3 (0.1%) | 몽둥이/NNG | 2 (0.1%) |
| 54 | 선물03/NNG | 4 (0.2%) | 눈04/NNG | 4 (0.1%) | 성적표/NNG | 3 (0.1%) | 문04/NNG | 2 (0.1%) |
| 55 | 시계01/NNG | 4 (0.2%) | 도장17/NNG | 4 (0.1%) | 신제품/NNG | 3 (0.1%) | 문서/NNG | 2 (0.1%) |
| 56 | 용돈/NNG | 4 (0.2%) | 때02/NNG | 4 (0.1%) | 신발/NNG | 3 (0.1%) | 반지02/NNG | 2 (0.1%) |
| 57 | 자동차/NNG | 4 (0.2%) | 로보트/NNG | 4 (0.1%) | 요금01/NNG | 3 (0.1%) | 반팔/NNG | 2 (0.1%) |
| 58 | 잡지/NNG | 4 (0.2%) | 로봇/NNG | 4 (0.1%) | 용지03/NNG | 3 (0.1%) | 밧데리/NNG | 2 (0.1%) |
| 59 | 장롱/NNG | 4 (0.2%) | 마우스02/NNG | 4 (0.1%) | 장갑01/NNG | 3 (0.1%) | 비디오/NNG | 2 (0.1%) |
| 60 | 찌거(저거01)/NP | 4 (0.2%) | 바늘/NNG | 4 (0.1%) | 페이지/NNG | 3 (0.1%) | 수험표/NNG | 2 (0.1%) |
| 61 | 핸드폰/NNG | 4 (0.2%) | 사복04/NNG | 4 (0.1%) | 피아노01/NNG | 3 (0.1%) | 식권/NNG | 2 (0.1%) |
| 62 | 고리01/NNG | 3 (0.2%) | 사진07/NNG | 4 (0.1%) | 핵/NNG | 3 (0.1%) | 신발/NNG | 2 (0.1%) |
| 63 | 고무줄/NNG | 3 (0.2%) | 신문10/NNG | 4 (0.1%) | 거02/NP | 2 (0.1%) | 악기05/NNG | 2 (0.1%) |
| 64 | 껍데기/NNG | 3 (0.2%) | 양탄자/NNG | 4 (0.1%) | 거울01/NNG | 2 (0.1%) | 에어/NNG | 2 (0.1%) |
| 65 | 눈04/NNG | 3 (0.2%) | 이젤/NNG | 4 (0.1%) | 공책01/NNG | 2 (0.1%) | 엘리베이터/NNG | 2 (0.1%) |
| 66 | 마이크/NNG | 3 (0.2%) | 제기01/NNG | 4 (0.1%v) | 기름기/NNG | 2 (0.1%) | 용돈/NNG | 2 (0.1%) |
| 67 | 목걸이01/NNG | 3 (0.2%) | 진흙/NNG | 4 (0.1%) | 기타02/NNG | 2 (0.1%) | 워드03/NNG | 2 (0.1%) |

| 순위 | 초등학교 저학년 | | 초등학교 고학년 | | 중학생 | | 고등학생 | |
|---|---|---|---|---|---|---|---|---|
| | 형태/품사 | 빈도(비율) | 형태/품사 | 빈도(비율) | 형태/품사 | 빈도(비율) | 형태/품사 | 빈도(비율) |
| 68 | 반지02/NNG | 3 (0.2%) | 쩌거(저거01)/NP | 4 (0.1%) | 남방01/NNG | 2 (0.1%) | 잠옷/NNG | 2 (0.1%) |
| 69 | 백구02/NNG | 3 (0.2%) | 카메라/NNG | 4 (0.1%) | 담배/NNG | 2 (0.1%) | 정장04/NNG | 2 (0.1%) |
| 70 | 봉지06/NNG | 3 (0.2%) | 컬링/NNG | 4 (0.1%) | 동전05/NNG | 2 (0.1%) | 종이01/NNG | 2 (0.1%) |
| 71 | 스케치북01/NNG | 3 (0.2%) | 컵/NNG | 4 (0.1%) | 라이터/NNG | 2 (0.1%) | 커버/NNG | 2 (0.1%) |
| 72 | 스티커/NNG | 3 (0.2%) | 테레비/NNG | 4 (0.1%) | 레이스01/NNG | 2 (0.1%) | 컬러링/NNG | 2 (0.1%) |
| 73 | 신문지/NNG | 3 (0.2%) | 파일03/NNG | 4 (0.1%) | 롤러블레이드/NNG | 2 (0.1%) | 팩03/NNG | 2 (0.1%) |
| 74 | 쌍절봉/NNG | 3 (0.2%) | 가스탄/NNG | 3 (0.1%) | 매직03/NNG | 2 (0.1%) | 풍선02/NNG | 2 (0.1%) |
| 75 | 요거01/NP | 3 (0.2%) | 갑옷/NNG | 3 (0.1%) | 문제06집/NNG | 2 (0.1%) | 향기01/NNG | 2 (0.1%) |
| 76 | 의자03/NNG | 3 (0.2%) | 거/NP | 3 (0.1%) | 바지01/NNG | 2 (0.1%) | 감자탕/NNG | 1 (0.1%) |
| 77 | 이03/NNG | 3 (0.2%) | 거02/NP | 3 (0.1%) | 보청기/NNG | 2 (0.1%) | 강물/NNG | 1 (0.1%) |
| 78 | 자전거/NNG | 3 (0.2%) | 골대/NNG | 3 (0.1%) | 본전04/NNG | 2 (0.1%) | 공문서/NNG | 1 (0.1%) |
| 79 | 잠바/NNG | 3 (0.2%) | 교과서/NNG | 3 (0.1%) | 봉투02/NNG | 2 (0.1%) | 공책01/NNG | 1 (0.1%) |
| 80 | 장농/NNG | 3 (0.2%) | 동18/NNG | 3 (0.1%) | 불01/NNG | 2 (0.1%) | 구들장/NNG | 1 (0.1%) |
| 81 | 지도03/NNG | 3 (0.2%) | 딱지01/NNG | 3 (0.1%) | 비01/NNG | 2 (0.1%) | 구리/VA | 1 (0.1%) |
| 82 | 철갑/NNG | 3 (0.2%) | 마패/NNG | 3 (0.1%) | 비누/NNG | 2 (0.1%) | 금니01/NNG | 1 (0.1%) |
| 83 | 칠판/NNG | 3 (0.2%) | 목걸이01/NNG | 3 (0.1%) | 비디오/NNG | 2 (0.1%) | 김01/NNG | 1 (0.1%) |
| 84 | 카드/NNG | 3 (0.2%) | 문제06집/NNG | 3 (0.1%) | 뺑뺑이01/NNG | 2 (0.1%) | 꼴대(골대)/NNG | 1 (0.1%) |
| 85 | 커튼/NNG | 3 (0.2%) | 민중/NNG | 3 (0.1%) | 상자10/NNG | 2 (0.1%) | 남방01/NNG | 1 (0.1%) |
| 86 | 통장02/NNG | 3 (0.2%) | 별거01/NNG | 3 (0.1%) | 샤프02/NNG | 2 (0.1%) | 농약/NNG | 1 (0.1%) |
| 87 | 한복/NNG | 3 (0.2%) | 보호막/NNG | 3 (0.1%) | 셋트/NNG | 2 (0.1%) | 눈04/NNG | 1 (0.1%) |
| 88 | 강철/NNG | 2 (0.1%) | 시계01/NNG | 3 (0.1%) | 시골집/NNG | 2 (0.1%) | 담배꽁초/NNG | 1 (0.1%) |
| 89 | 금상05/NNG | 2 (0.1%) | 시디01/NNG | 3 (0.1%) | 십자수/NNG | 2 (0.1%) | 도시락/NNG | 1 (0.1%) |
| 90 | 난로01/NNG | 2 (0.1%) | 십자수/NNG | 3 (0.1%) | 알람/NNG | 2 (0.1%) | 도청기/NNG | 1 (0.1%) |
| 91 | 동18/NNG | 2 (0.1%) | 용암02/NNG | 3 (0.1%) | 액정02/NNG | 2 (0.1%) | 디카/NNG | 1 (0.1%) |
| 92 | 동메달/NNG | 2 (0.1%) | 자전거/NNG | 3 (0.1%) | 앨범/NNG | 2 (0.1%) | 런닝머신/NNG | 1 (0.1%) |
| 93 | 드릴/NNG | 2 (0.1%) | 잠바/NNG | 3 (0.1%) | 엠디/NNG | 2 (0.1%) | 리모콘/NNG | 1 (0.1%) |
| 94 | 딱지04/NNG | 2 (0.1%) | 저것/NP | 3 (0.1%) | 엠피(엠피쓰리)/NNG | 2 (0.1%) | 마우스02/NNG | 1 (0.1%) |
| 95 | 로켓02/NNG | 2 (0.1%) | 종이01/NNG | 3 (0.1%) | 외제05/NNG | 2 (0.1%) | 매01/NNG | 1 (0.1%) |
| 96 | 리본/NNG | 2 (0.1%) | 주전자/NNG | 3 (0.1%) | 용돈/NNG | 2 (0.1%) | 먼지01/NNG | 1 (0.1%) |
| 97 | 립스틱/NNG | 2 (0.1%) | 첫눈02/NNG | 3 (0.1%) | 원서05/NNG | 2 (0.1%) | 명함/NNG | 1 (0.1%) |
| 98 | 멜로디언/NNG | 2 (0.1%) | 텔레비/NNG | 3 (0.1%) | 전화기/NNG | 2 (0.1%) | 반바지/NNG | 1 (0.1%) |
| 99 | 모자08/NNG | 2 (0.1%) | 토막01/NNG | 3 (0.1%) | 책상01/NNG | 2 (0.1%) | 방석02/NNG | 1 (0.1%) |
| 100 | 물감02/NNG | 2 (0.1%) | 튜브/NNG | 3 (0.1%) | 총03/NNG | 2 (0.1%) | 벤치/NNG | 1 (0.1%) |

　무생물 관련 어휘에서 고빈도 출현을 보인 어휘는 의존명사 '거01', 의문사 '뭐', 대명사 '이거 01'로, 이들 세 어휘의 출현 빈도가 무생물 관련 어휘의 50% 정도를 차지하고 있다. 즉, 다양한 수식어와 결합할 수 있는 의존명사 '거01'을 이용한 표현이 많고,  사물 자체를 직접적으로 언급하기보다는 지시사를 통해 나타내는 경우가 많다는 것을 알 수 있다. 그리고 '뭐'의 경우, 의문사로서의 쓰임보다 대화에서의 담화 표지로 기능하는 경우가 많았다. 구체적인 사물을 가리키는 어휘로는 초등학교 저학년에서는 '책01, 물01, 컴퓨터, 문04, 피아노01', 초등학교 고학년에서는 '돈01, 컴퓨터, 피아노01, 공01, 물01', 중학생 자료에서는 '돈01, 컴퓨터, 핸드폰, 옷01',

고등학생 자료에서는 '돈01, 전화, 컴퓨터, 버스02, 핸드폰'의 순으로 사용 빈도가 높다. '돈01, 컴퓨터, 피아노01, 핸드폰' 등은 모든 학교급에서 비교적 빈번하게 사용되고 있다.

위의 목록 가운데 흥미로운 사용 변화 양상을 보이는 어휘는 '핸드폰'과 '책01'이다. '핸드폰'은 중고등학생이 초등학생보다 활발하게 사용하였으며, '책01'은 초등학교 저학년이 다른 학교급에 비해 활발하게 사용하였다. '핸드폰'은 중학생과 고등학생 단계에서 각각 27회(1.1%), 15회(0.9%) 사용되었는데, 초등학교 저학년에서는 4회(0.2%), 초등학교 고학년에서는 7회(0.3%)로 사용 빈도가 높지 않다. '책01'은 초등학교 저학년에서는 34회(1.9%) 사용되었고, 초등학교 고학년에서는 19회(0.7%), 중학생에서는 7회(0.3%), 고등학생에서는 10회(0.6%) 관찰된다.

위에 관찰된 현상들을 보다 구체적으로 살펴보기 위해 무생물과 관련된 어휘들을 의식주 등 기본 생활 관련 어휘, 학교생활 관련 어휘, 취미 등 사회생활 관련 어휘로 구분하여 제시해 보기로 한다.

〈표 4.10〉 무생물 관련 어휘의 생활 유형별 형태 목록

| 학교급 | 기본 생활 | | 학교생활 | | 사회생활 | |
|---|---|---|---|---|---|---|
| | 형태 | 형태 수 | 형태 | 형태 수 | 형태 | 형태 수 |
| 초등학교 저학년 | 가위01, 고무줄, 난로01, 녹음기, 립스틱, 모자08, 목걸이01, 못01, 문04, 바지01, 반지02, 사진07, 선풍기, 시계01, 안경03, 앨범, 옷01, 잠바, 장갑01, 장롱(장농), 창문, 침대02, 카메라, 칼01, 캠03, 커튼, 텔레비전(텔레비), 통장02, 한복 | 29 | 물감02, 스케치북01, 스티커, 연필, 의자03, 지구본, 지도03, 책01, 칠판, 컴퓨터 | 10 | 검03, 공01, 그물01, 금메달, 금상05, 도끼01, 돈01, 마이크, 만화책, 맵, 멜로디언, 무기05, 바이올린, 버스02, 비행기, 선물03, 신문10, 신문지, 쌍절봉, 씨디(시디01), 용돈, 인형01, 자동차, 자전거, 잡지, 전화07, 총03, 카드, 탬버린, 팽이01, 피아노01, 폭탄, 핸드폰 | 33 |
| 초등학교 고학년 | 갑옷, 녹음기, 라디오, 렌즈, 모자08, 목걸이01, 문04, 바늘, 오디오, 사복04, 사진07, 시계01, 신발, 안경03, 양탄자, 옷01, 잠바, 주전자, 창문, 촛불, 카메라, 칼01, 컵, 텔레비(티비), 화면05 | 25 | 교과서, 마우스02, 문제집, 의자03, 이젤, 종이01, 지우개, 책01, 책상01, 컴퓨터, 파일03 | 11 | 골대, 공01, 돈01, 딱지01, 로보트(로봇), 마이크, 만화책, 목검, 무기05, 민중, 바이올린, 비행기, 선물03, 시디01, 신문10, 십자수, 씨디(시디01), 인형01, 자전거, 자판기, 장기13, 전화07, 제기01, 줄넘기, | 30 |

| 학교급 | 기본 생활 | | 학교생활 | | 사회생활 | |
|---|---|---|---|---|---|---|
| | 형태 | 형태 수 | 형태 | 형태 수 | 형태 | 형태 수 |
| | | | | | 축구화, 총03, 튜브, 피씨(피시03), 피아노01, 핸드폰 | |
| 중학생 | 거울01, 남방01, 냉장고, 녹음기, 동복01, 라이터, 레이스01, 목도리, 무테, 문04, 바지01, 보청기, 비누, 비디오, 시계01, 신발, 안경03, 알람, 앨범, 옷01, 장갑01, 정장04, 창문, 텔레비전(티브이, 티비), 화면05 | 25 | 가방01, 공책01, 교복01, 문제집, 볼펜02, 봉투02, 샤프02, 성적표, 연필, 종이01, 책01, 책상01, 컴퓨터, 페이지, 프린터, 프린트 | 16 | 골프채, 공01, 기타02, 담배, 돈01, 동전05, 램05, 로보트(로봇), 롤러블레이드, 마이크, 만화책, 버스02, 빠따(방망이01), 사진07, 신문10, 십자수, 씨디(시디01), 엠디, 엠피(엠피쓰리), 요금01, 용돈, 자전거, 전화07, 전화기, 줄넘기, 총03, 퍼즐, 피아노01, 핸드폰 | 30 |
| 고등학생 | 구두01, 구들장, 남방01, 녹음기, 다리미, 드레스, 라디오, 렌즈, 리모콘, 면바지, 문04, 바지01, 반바지, 반지02, 반팔, 밧데리, 방석, 비디오, 사진07, 선풍기, 시계01, 신발, 실01, 안경03, 옷01, 잠옷, 정장04, 청바지, 치마01, 카메라, 칼01, 캠03, 케이스01, 티비(티브이), 화면05 | 35 | 가방01, 교과서, 마우스02, 메모리, 문서, 성적표, 수험표, 식권, 워드03, 의자03, 종이01, 차트, 책01, 컴퍼스, 컴퓨터, 페이지, 펜01, 피시03 | 18 | 기계07, 도청기, 돈01, 런닝머신, 마이크, 만화책, 명함, 버스02, 벤치, 벨소리, 선물03, 소화기03, 시디01(씨디), 신문10, 악기05, 엘리베이터, 엠피쓰리(엠피), 용돈, 전화07, 카드, 컬러링, 풍선02, 핸드폰 | 23 |

위 표를 보면, 의식주 등 기본 생활과 관련된 어휘는 25~35개의 형태가 나타났으며, 학교급에 따른 일정한 경향성은 보이지 않았다. 초등학교 저학년과 고등학생 자료에서 각각 29개와 35개의 비교적 다양한 어휘가 사용되고 있다. 그 내용을 보면, 고등학교 단계에서는 '청바지, 면바지, 정장' 등과 같이 의미가 보다 세분된 어휘들을 많이 사용하였다. 학교생활과 관련한 어휘는 학교급이 올라갈수록 증가하는 추세를 보였는데, '메모리, 수험표, 식권, 워드03' 등은 고등학생 자료에서만 나타났다. 취미, 소통 수단 등이 포함된 사회생활과 관련한 어휘는 초등학교 단계에서 가장 많이 나타났는데, 사용된 어휘의 특징을 보면, '공01, 쌍절봉, 자전거, 팽이01, 만화책, 바이올린, 탬버린, 피아노01' 등 놀이나 악기에 관한 어휘가 다수를 차지한다.

반면에 고등학교 자료에서는 '런닝머신, 엠피쓰리, 컬러링' 등 운동이나 전자제품 사용과 관련된 어휘 형태들이 보였다.

### (5) 추상물

추상물 관련 어휘는 총 933개의 형태가 7,207회 출현하였다. 학교급별 사용 형태를 고빈도 순으로 100개까지 보이면 다음과 같다.

<표 4.11> 추상물 관련 어휘의 고빈도 형태 목록(고빈도 형태 100개)

| 순위 | 초등학교 저학년 | | 초등학교 고학년 | | 중학생 | | 고등학생 | |
|---|---|---|---|---|---|---|---|---|
| | 형태/품사 | 빈도(비율) | 형태/품사 | 빈도(비율) | 형태/품사 | 빈도(비율) | 형태/품사 | 빈도(비율) |
| 1 | 게임/NNG | 50 (4.3%) | 얘기/NNG | 109 (5.5%) | 말01/NNG | 190 (7.2%) | 말01/NNG | 102 (7.1%) |
| 2 | 말01/NNG | 50 (4.3%) | 어떻게/MAG | 103 (5.2%) | 것01/NNB | 106 (4.0%) | 것01/NNB | 71 (4.9%) |
| 3 | 어떻게/MAG | 50 (4.3%) | 것01/NNB | 94 (4.8%) | 어떻게/MAG | 88 (3.3%) | 얘기/NNG | 62 (4.3%) |
| 4 | 얘기/NNG | 47 (4.1%) | 말01/NNG | 94 (4.8%) | 얘기/NNG | 86 (3.3%) | 어떻게/MAG | 57 (3.9%) |
| 5 | 줄04/NNB | 40 (3.5%) | 줄04/NNB | 50 (2.5%) | 게임/NNG | 62 (2.4%) | 줄04/NNB | 38 (2.6%) |
| 6 | 수학05/NNG | 37 (3.2%) | 게임/NNG | 46 (2.3%) | 점10/NNB | 62 (2.4%) | 녹음03/NNG | 29 (2.0%) |
| 7 | 점10/NNB | 33 (2.9%) | 수학05/NNG | 39 (2.0%) | 영어02/NNG | 43 (1.6%) | 노래01/NNG | 26 (1.8%) |
| 8 | 그림01/NNG | 31 (2.7%) | 시험03/NNG | 35 (1.8%) | 줄04/NNB | 42 (1.6%) | 생각01/NNG | 25 (1.7%) |
| 9 | 이야기/NNG | 28 (2.4%) | 영어02/NNG | 32 (1.6%) | 성적04/NNG | 41 (1.6%) | 일01/NNG | 25 (1.7%) |
| 10 | 일01/NNG | 28 (2.4%) | 이름/NNG | 32 (1.6%) | 시험03/NNG | 41 (1.6%) | 게임/NNG | 24 (1.7%) |
| 11 | 것01/NNB | 26 (2.2%) | 노래01/NNG | 27 (1.4%) | 생각01/NNG | 40 (1.5%) | 시험03/NNG | 24 (1.7%) |
| 12 | 머(뭐)/NP | 25 (2.2%) | 중간고사/NNG | 26 (1.3%) | 정도11/NNG | 36 (1.4%) | 문자02/NNG | 23 (1.6%) |
| 13 | 영어02/NNG | 22 (1.9%) | 사회07/NNG | 25 (1.3%) | 수학05/NNG | 33 (1.3%) | 이름/NNG | 22 (1.5%) |
| 14 | 어느01/MM | 21 (1.8%) | 생각01/NNG | 25 (1.3%) | 이름/NNG | 32 (1.2%) | 키01/NNG | 20 (1.4%) |
| 15 | 아이템/NNG | 17 (1.5%) | 정도11/NNG | 22 (1.1%) | 주제04/NNG | 29 (1.1%) | 대학01/NNG | 19 (1.3%) |
| 16 | 만화10/NNG | 16 (1.4%) | 수다01/NNG | 21 (1.1%) | 대화06/NNG | 27 (1.0%) | 영화01/NNG | 17 (1.2%) |
| 17 | 이름/NNG | 16 (1.4%) | 레벨01/NNG | 19 (1.0%) | 욕02/NNG | 26 (1.0%) | 초등학교/NNG | 14 (1.0%) |
| 18 | 상25/NNG | 14 (1.2%) | 일01/NNG | 19 (1.0%) | 운동02/NNG | 26 (1.0%) | 대화06/NNG | 13 (0.9%) |
| 19 | 노래01/NNG | 12 (1.0%) | 점10/NNB | 19 (1.0%) | 일01/NNG | 26 (1.0%) | 중학교/NNG | 13 (0.9%) |
| 20 | 레벨01/NNG | 12 (1.0%) | 재수03/NNG | 18 (0.9%) | 초등학교/NNG | 21 (0.8%) | 축제01/NNG | 13 (0.9%) |
| 21 | 미술/NNG | 12 (1.0%) | 렙02/NNG | 16 (0.8%) | 대학01/NNG | 20 (0.8%) | 문제06/NNG | 12 (0.8%) |
| 22 | 과목02/NNG | 11 (1.0%) | 마음01/NNG | 16 (0.8%) | 싸가지/NNG | 20 (0.8%) | 영어02/NNG | 12 (0.8%) |
| 23 | 정도11/NNG | 11 (1.0%) | 어느01/MM | 16 (0.8%) | 과학/NNG | 19 (0.7%) | 잠01/NNG | 12 (0.8%) |
| 24 | 키01/NNG | 11 (1.0%) | 그림01/NNG | 15 (0.8%) | 노래01/NNG | 19 (0.7%) | 고등학교/NNG | 11 (0.8%) |
| 25 | 놀이01/NNG | 10 (0.9%) | 마법/NNG | 15 (0.8%) | 고등학교/NNG | 18 (0.7%) | 자리01/NNG | 11 (0.8%) |
| 26 | 악마02/NNG | 10 (0.9%) | 문제06/NNG | 15 (0.8%) | 녹음03/NNG | 18 (0.7%) | 정도11/NNG | 11 (0.8%) |
| 27 | 꿈01/NNG | 9 (0.8%) | 인터넷/NNG | 15 (0.8%) | 영화01/NNG | 18 (0.7%) | 수학05/NNG | 10 (0.7%) |
| 28 | 장난/NNG | 9 (0.8%) | 만화10/NNG | 14 (0.7%) | 키01/NNG | 17 (0.6%) | 아무01/MM | 10 (0.7%) |
| 29 | 캐릭터/NNG | 9 (0.8%) | 아이디/NNG | 14 (0.7%) | 국어01/NNG | 16 (0.6%) | 장난/NNG | 10 (0.7%) |
| 30 | 마음01/NNG | 8 (0.7%) | 이야기/NNG | 14 (0.7%) | 대학교/NNG | 16 (0.6%) | 수능/NNG | 9 (0.6%) |
| 31 | 사실04/NNG | 8 (0.7%) | 장난/NNG | 14 (0.7%) | 드라마/NNG | 16 (0.6%) | 싸가지/NNG | 9 (0.6%) |
| 32 | 생각01/NNG | 8 (0.7%) | 숙제03/NNG | 13 (0.7%) | 만화10/NNG | 16 (0.6%) | 에이03형/NNG | 9 (0.6%) |
| 33 | 엑스03/NNG | 8 (0.7%) | 국어01/NNG | 12 (0.6%) | 문제06/NNG | 16 (0.6%) | 인터넷/NNG | 9 (0.6%) |

| 순위 | 초등학교 저학년 | | 초등학교 고학년 | | 중학생 | | 고등학생 | |
|---|---|---|---|---|---|---|---|---|
| | 형태/품사 | 빈도(비율) | 형태/품사 | 빈도(비율) | 형태/품사 | 빈도(비율) | 형태/품사 | 빈도(비율) |
| 34 | 제목02/NNG | 8 (0.7%) | 맘01/NNG | 12 (0.6%) | 스포츠/NNG | 16 (0.6%) | 체육/NNG | 9 (0.6%) |
| 35 | 차례01/NNG | 8 (0.7%) | 아이템/NNG | 12 (0.6%) | 인터넷/NNG | 16 (0.6%) | 수업04/NNG | 8 (0.6%) |
| 36 | 과학/NNG | 7 (0.6%) | 에프05/NNG | 11 (0.6%) | 내용02/NNG | 15 (0.6%) | 아르바이트/NNG | 8 (0.6%) |
| 37 | 대회02/NNG | 7 (0.6%) | 힘01/NNG | 11 (0.6%) | 단어/NNG | 15 (0.6%) | 욕02/NNG | 8 (0.6%) |
| 38 | 아무01/MM | 7 (0.6%) | 메일/NNG | 10 (0.5%) | 이과05/NNG | 15 (0.6%) | 전문대/NNG | 8 (0.6%) |
| 39 | 아무01/NP | 7 (0.6%) | 엑스03/NNG | 10 (0.5%) | 과목02/NNG | 14 (0.5%) | 점심/NNG | 8 (0.6%) |
| 40 | 기술01/NNG | 6 (0.5%) | 점수06/NNG | 10 (0.5%) | 수업04/NNG | 14 (0.5%) | 필요/NNG | 8 (0.6%) |
| 41 | 받아쓰기/NNG | 6 (0.5%) | 비밀/NNG | 9 (0.5%) | 재수03/NNG | 14 (0.5%) | 마음01/NNG | 7 (0.5%) |
| 42 | 수다01/NNG | 6 (0.5%) | 사실04/NNG | 9 (0.5%) | 어느01/MM | 13 (0.5%) | 만화10/NNG | 7 (0.5%) |
| 43 | 신문10/NNG | 6 (0.5%) | 음악01/NNG | 9 (0.5%) | 장애02/NNG | 13 (0.5%) | 미대03/NNG | 7 (0.5%) |
| 44 | 영화01/NNG | 6 (0.5%) | 재미01/NNG | 9 (0.5%) | 점10/NNG | 13 (0.5%) | 비밀/NNG | 7 (0.5%) |
| 45 | 퀴즈/NNG | 6 (0.5%) | 꿈01/NNG | 8 (0.4%) | 중학교/NNG | 13 (0.5%) | 음악01/NNG | 7 (0.5%) |
| 46 | 파티/NNG | 6 (0.5%) | 뉴스/NNG | 8 (0.4%) | 체육/NNG | 13 (0.5%) | 한식04/NNG | 7 (0.5%) |
| 47 | 국어01/NNG | 5 (0.4%) | 에너지/NNG | 8 (0.4%) | 미술/NNG | 12 (0.5%) | 능력02/NNG | 6 (0.4%) |
| 48 | 금02/NNG | 5 (0.4%) | 요거01/NP | 8 (0.4%) | 사회07/NNG | 12 (0.5%) | 소설03/NNG | 6 (0.4%) |
| 49 | 메일/NNG | 5 (0.4%) | 욕02/NNG | 8 (0.4%) | 수능/NNG | 12 (0.5%) | 아무01/NP | 6 (0.4%) |
| 50 | 부15/NNG | 5 (0.4%) | 퀴즈/NNG | 8 (0.4%) | 직업/NNG | 12 (0.5%) | 어느01/MM | 6 (0.4%) |
| 51 | 비밀/NNG | 5 (0.4%) | 필살기/NNG | 8 (0.4%) | 내신01/NNG | 11 (0.4%) | 에이04/NNG | 6 (0.4%) |
| 52 | 사회07/NNG | 5 (0.4%) | 고사09/NNG | 7 (0.4%) | 사실04/NNG | 11 (0.4%) | 일급01/NNG | 6 (0.4%) |
| 53 | 인터넷/NNG | 5 (0.4%) | 과학/NNG | 7 (0.4%) | 장난/NNG | 11 (0.4%) | 차이/NNG | 6 (0.4%) |
| 54 | 희망/NNG | 5 (0.4%) | 내용02/NNG | 7 (0.4%) | 평가03/NNG | 11 (0.4%) | 계열/NNG | 5 (0.3%) |
| 55 | 교통01/NNG | 4 (0.3%) | 부15/NNG | 7 (0.4%) | 문과01/NNG | 10 (0.4%) | 그림01/NNG | 5 (0.3%) |
| 56 | 뜻/NNG | 4 (0.3%) | 영화01/NNG | 7 (0.4%) | 음악01/NNG | 10 (0.4%) | 글씨/NNG | 5 (0.3%) |
| 57 | 부이(브이01)/NNG | 4 (0.3%) | 자리01/NNG | 7 (0.4%) | 이야기/NNG | 10 (0.4%) | 맘01/NNG | 5 (0.3%) |
| 58 | 스포츠/NNG | 4 (0.3%) | 중학교/NNG | 7 (0.4%) | 흥미/NNG | 10 (0.4%) | 머(뭐)/NP | 5 (0.3%) |
| 59 | 시험03/NNG | 4 (0.3%) | 희망/NNG | 7 (0.4%) | 맘01/NNG | 9 (0.3%) | 발라드/NNG | 5 (0.3%) |
| 60 | 아이디/NNG | 4 (0.3%) | 동요02/NNG | 6 (0.3%) | 실업02계/NNG | 9 (0.3%) | 벌칙/NNG | 5 (0.3%) |
| 61 | 여행02/NNG | 4 (0.3%) | 뜻/NNG | 6 (0.3%) | 우리나라/NNG | 9 (0.3%) | 비형04/NNG | 5 (0.3%) |
| 62 | 자리01/NNG | 4 (0.3%) | 미술/NNG | 6 (0.3%) | 인문01계/NNG | 9 (0.3%) | 사실04/NNG | 5 (0.3%) |
| 63 | 종족02/NNG | 4 (0.3%) | 아무01/MM | 6 (0.3%) | 짓01/NNG | 9 (0.3%) | 식04/NNB | 5 (0.3%) |
| 64 | 쩌거(저거01)/NP | 4 (0.3%) | 여행02/NNG | 6 (0.3%) | 타입02/NNG | 9 (0.3%) | 주제04/NNG | 5 (0.3%) |
| 65 | 프로04/NNG | 4 (0.3%) | 우리나라/NNG | 6 (0.3%) | 한자02/NNG | 9 (0.3%) | 차비02/NNG | 5 (0.3%) |
| 66 | 골14/NNG | 3 (0.3%) | 운동02/NNG | 6 (0.3%) | 고사09/NNG | 8 (0.3%) | 감기04/NNG | 4 (0.3%) |
| 67 | 괴담/NNG | 3 (0.3%) | 차이/NNG | 6 (0.3%) | 과외/NNG | 8 (0.3%) | 거02/NP | 4 (0.3%) |
| 68 | 글씨/NNG | 3 (0.3%) | 초등학교/NNG | 6 (0.3%) | 기술01/NNG | 8 (0.3%) | 과04/NNG | 4 (0.3%) |
| 69 | 급04/NNB | 3 (0.3%) | 포맷/NNG | 6 (0.3%) | 목적03/NNG | 8 (0.3%) | 교육/NNG | 4 (0.3%) |
| 70 | 끝말잇기/NNG | 3 (0.3%) | 결혼/NNG | 5 (0.3%) | 문자/NNG | 8 (0.3%) | 국어01/NNG | 4 (0.3%) |
| 71 | 낙서03/NNG | 3 (0.3%) | 계급02/NNG | 5 (0.3%) | 아무01/NP | 8 (0.3%) | 방송01/NNG | 4 (0.3%) |
| 72 | 대학교/NNG | 3 (0.3%) | 나머지/NNG | 5 (0.3%) | 전교01/NNG | 8 (0.3%) | 시작01/NNG | 4 (0.3%) |
| 73 | 대회06/NNG | 3 (0.3%) | 단어/NNG | 5 (0.3%) | 조15/NNG | 8 (0.3%) | 연구03/NNG | 4 (0.3%) |
| 74 | 데생/NNG | 3 (0.3%) | 대신03/NNG | 5 (0.3%) | 그림01/NNG | 7 (0.3%) | 운동02/NNG | 4 (0.3%) |
| 75 | 마법/NNG | 3 (0.3%) | 대회02/NNG | 5 (0.3%) | 능력02/NNG | 7 (0.3%) | 유18/NNG | 4 (0.3%) |
| 76 | 법01/NNG | 3 (0.3%) | 렙(레벨01)/NNG | 5 (0.3%) | 레벨01/NNG | 7 (0.3%) | 인사02/NNG | 4 (0.3%) |
| 77 | 분수06/NNG | 3 (0.3%) | 머(뭐)/NP | 5 (0.3%) | 마음01/NNG | 7 (0.3%) | 일러스트/NNG | 4 (0.3%) |
| 78 | 비28/NNG | 3 (0.3%) | 문자02/NNG | 5 (0.3%) | 모15/NP | 7 (0.3%) | 재수03/NNG | 4 (0.3%) |

| 순위 | 초등학교 저학년 | | 초등학교 고학년 | | 중학생 | | 고등학생 | |
|---|---|---|---|---|---|---|---|---|
| | 형태/품사 | 빈도(비율) | 형태/품사 | 빈도(비율) | 형태/품사 | 빈도(비율) | 형태/품사 | 빈도(비율) |
| 79 | 소꿉장난/NNG | 3 (0.3%) | 수업04/NNG | 5 (0.3%) | 시작01/NNG | 7 (0.3%) | 점10/NNB | 4 (0.3%) |
| 80 | 소원04/NNG | 3 (0.3%) | 에이04/NNG | 5 (0.3%) | 신문10/NNG | 7 (0.3%) | 팝/NNG | 4 (0.3%) |
| 81 | 수수께끼/NNG | 3 (0.3%) | 연극/NNG | 5 (0.3%) | 씨에이/NNG | 7 (0.3%) | 편지02/NNG | 4 (0.3%) |
| 82 | 오목02/NNG | 3 (0.3%) | 인기01/NNG | 5 (0.3%) | 아이디/NNG | 7 (0.3%) | 거짓말/NNG | 3 (0.2%) |
| 83 | 요거01/NP | 3 (0.3%) | 자신02/NNG | 5 (0.3%) | 연기10/NNG | 7 (0.3%) | 군대02/NNG | 3 (0.2%) |
| 84 | 욕02/NNG | 3 (0.3%) | 전설04/NNG | 5 (0.3%) | 적성05/NNG | 7 (0.3%) | 급04/NNB | 3 (0.2%) |
| 85 | 원자02/NNG | 3 (0.3%) | 조15/NNG | 5 (0.3%) | 차이/NNG | 7 (0.3%) | 끝말잇기/NNG | 3 (0.2%) |
| 86 | 유령02/NNG | 3 (0.3%) | 주제04/NNG | 5 (0.3%) | 필요/NNG | 7 (0.3%) | 대상11/NNG | 3 (0.2%) |
| 87 | 음악01/NNG | 3 (0.3%) | 직업/NNG | 5 (0.3%) | 과학고/NNG | 6 (0.2%) | 대학교/NNG | 3 (0.2%) |
| 88 | 일기12/NNG | 3 (0.3%) | 쿵쿵따/NNG | 5 (0.3%) | 국가01/NNG | 6 (0.2%) | 락06/NNG | 3 (0.2%) |
| 89 | 잠01/NNG | 3 (0.3%) | 파티/NNG | 5 (0.3%) | 끝말/NNG | 6 (0.2%) | 멋01/NNG | 3 (0.2%) |
| 90 | 조15/NNG | 3 (0.3%) | 학예회/NNG | 5 (0.3%) | 메일/NNG | 6 (0.2%) | 메일/NNG | 3 (0.2%) |
| 91 | 직업/NNG | 3 (0.3%) | 고장11/NNG | 4 (0.2%) | 목표/NNG | 6 (0.2%) | 문학01/NNG | 3 (0.2%) |
| 92 | 코스/NNG | 3 (0.3%) | 골14/NNG | 4 (0.2%) | 방송01/NNG | 6 (0.2%) | 미술/NNG | 3 (0.2%) |
| 93 | 가이가이보/NNG | 2 (0.2%) | 과목02/NNG | 4 (0.2%) | 상고08/NNG | 6 (0.2%) | 부탁/NNG | 3 (0.2%) |
| 94 | 거짓말/NNG | 2 (0.2%) | 녹음03/NNG | 4 (0.2%) | 숙제03/NNG | 6 (0.2%) | 성질/NNG | 3 (0.2%) |
| 95 | 경시09/NNG | 2 (0.2%) | 놀이01/NNG | 4 (0.2%) | 식04/NNB | 6 (0.2%) | 숙제03/NNG | 3 (0.2%) |
| 96 | 곱셈/NNG | 2 (0.2%) | 대꾸01/NNG | 4 (0.2%) | 약속/NNG | 6 (0.2%) | 실험/NNG | 3 (0.2%) |
| 97 | 공기01/NNG | 2 (0.2%) | 사투리/NNG | 4 (0.2%) | 자리01/NNG | 6 (0.2%) | 씨(시19)/NNG | 3 (0.2%) |
| 98 | 과외/NNG | 2 (0.2%) | 사항02/NNG | 4 (0.2%) | 값/NNG | 5 (0.2%) | 이상09/NNG | 3 (0.2%) |
| 99 | 구구단/NNG | 2 (0.2%) | 산신령/NNG | 4 (0.2%) | 거짓말/NNG | 5 (0.2%) | 인문01계/NNG | 3 (0.2%) |
| 100 | 기초06/NNG | 2 (0.2%) | 신문10/NNG | 4 (0.2%) | 검도02/NNG | 5 (0.2%) | 자료03/NNG | 3 (0.2%) |

학교급별 고빈도 사용 어휘를 보면, '말01, 얘기, 영어02, 국어01' 등 언어와 관련된 어휘가 초등학교 저학년 17.2%, 초등학교 고학년 17.9%, 중학생 17%, 고등학생 18.4% 수준으로 사용되고 있어, 추상물 관련 어휘들 중 '언어'가 차지하는 비중이 큰 것을 알 수 있다. 학교급별로는 초등학교 저학년 자료에서는 '게임, 말01, 얘기, 수학05, 그림01, 이야기, 일01, 영어02'의 순으로, 초등학교 고학년 자료에서는 '얘기, 말01, 게임, 수학05, 시험03, 영어02, 이름, 노래01, 중간고사, 사회07, 생각01'의 순으로, 중학생 자료에서는 '말01, 얘기, 게임, 영어02, 성적04, 시험03, 생각01, 수학05'의 순으로, 고등학생 자료에서는 '말01, 얘기, 녹음03, 노래01, 생각01, 일01, 게임, 시험03, 문자02, 이름'의 순으로 자주 사용되었다.

학생들이 사용하는 '추상물' 관련 어휘는 '언어, 예술, 제도, 추상, 취미, 학문 분야' 등으로 하위 분류가 가능하다. '추상물' 관련 어휘의 하위 유형별 구체적인 목록을 학교급별로 제시해 보면 다음과 같다.[2]

---

2 하나의 어휘가 하위 구분을 할 때 두 개 이상의 부류에 동시에 속하기도 한다. 예를 들어 '영어02'는 언어와 교과목 두 부류에 모두 속하는 것으로 처리하였다.

〈표 4.12〉 추상물 관련 어휘의 하위 유형별 형태 목록

| 구분 | 초등학교 저학년 | | 초등학교 고학년 | | 중학생 | | 고등학생 | |
|---|---|---|---|---|---|---|---|---|
| | 형태 | 형태 수 | 형태 | 형태 수 | 형태 | 형태 수 | 형태 | 형태 수 |
| 언어 | 거짓말, 괴담, 국어01, 글씨, 끝말잇기, 대화06, 말01, 수다01, 수수께끼, 씨(시19), 얘기, 엑스03, 영어02, 욕02, 이름, 이야기 | 16 | 국어01, 단어, 말01, 문자02, 사투리, 수다01, 얘기, 에이04, 에프05, 엑스03, 영어02, 욕02, 이름, 이야기, 쿵쿵따, 편지02 | 16 | 국어01, 끝말, 단어, 대화06, 말01, 문자02, 얘기, 에이04, 영어02, 욕02, 이름, 이야기, 한자02 | 13 | 거짓말, 국어01, 글씨, 끝말잇기, 대화06, 말01, 문자02, 씨(시19), 얘기, 에이04, 영어02, 욕02, 이름, 편지02 | 14 |
| 예술 | 그림01, 노래01, 데생, 미술, 소설03, 영화01, 음악01, 춤01 | 8 | 그림01, 노래01, 미술, 연극, 영화01, 음악01 | 6 | 그림01, 노래01, 드라마, 미술, 연기10, 영화01, 음악01 | 7 | 그림01, 노래01, 미술, 소설03, 영화01, 음악01, 일러스트, 춤01, 팝 | 9 |
| 제도 | 대학교, 사회07, 시험03, 초등학교, 평가03 | 5 | 결혼, 계급02, 고사09, 뉴스, 사회07, 수업04, 시험03, 중간고사, 중학교, 초등학교, 학예회 | 11 | 고등학교, 고사09, 과학고, 대학01, 대학교, 문과01, 방송01, 사회07, 수능, 수업04, 시험03, 씨에이, 중학교, 초등학교, 평가03 | 15 | 고등학교, 대학01, 대학교, 미대03, 방송01, 수능, 수업04, 시험03, 전문대, 중학교, 초등학교, 축제01, 평가03 | 13 |
| 추상 | 꿈01, 마음01, 맘01, 사실04, 생각01, 일01, 희망 | 7 | 꿈01, 마음01, 맘01, 사실04, 생각01, 일01, 재미01, 주제04, 추억, 희망 | 10 | 능력02, 마음01, 맘01, 목적03, 사실04, 생각01, 약속, 일01, 주제04, 필요 | 10 | 교육, 능력02, 마음01, 맘01, 사실04, 생각01, 성질, 연구03, 일01, 주제04, 첫사랑, 태도03, 필요 | 13 |
| 취미 | 게임, 놀이01, 만화10, 소꿉장난, 스포츠, 아이템, 여행02, 운동02, 인터넷, 장난, 캐릭터, 퀴즈, 파티 | 13 | 게임, 놀이01, 동요02, 만화10, 아이템, 여행02, 운동02, 인터넷, 장난, 퀴즈, 파티 | 11 | 게임, 만화10, 스포츠, 운동02, 인터넷, 장난 | 6 | 게임, 만화10, 발라드, 운동02, 인터넷, 장난 | 6 |
| 학문 (교과명) | 과학, 국어01, 수학05, 체육 | 4 | 과학, 국어01, 수학05, 영어02 | 4 | 과학, 국어01, 수학05, 체육, 한자02 | 5 | 국어01, 수학05, 체육 | 3 |

위 표에 보인 것처럼 추상물 관련 어휘 중에서는 '언어'와 관련한 어휘가 모든 학교급에서 가장 빈번하게 사용되고 있다. 초등학교 자료에서 '괴담, 끝말잇기, 수수께끼' 등 언어유희에

관한 어휘들이 눈에 띈다. 또한, 모든 학교급에서 '욕02'이 출현하였는데, 중학생 단계에서 다른 학교급에 비해 높은 빈도(26회, 1.0%)로 나타났다(초등학교 저학년 3회(0.3%), 초등학교 고학년 8회(0.4%), 고등학생 8회(0.6%)). 다음으로 제도와 관련된 어휘들이 학교급이 올라갈수록 증가하는 추세를 보인다. 제도 부류의 어휘는 학교급이 올라갈수록 '과학고, 미대03, 전문대' 등 교육기관을 나타내는 어휘들이 더 자주 관찰된다.[3] 취미와 관련된 어휘를 살펴보면, 초등학생 단계에서는 '소꿉장난, 여행, 캐릭터, 파티' 등 여럿이 어울려 하는 활동에 관한 것이 많은 반면 고등학생 단계에서는 이러한 어휘가 보이지 않는다. 그리고 '게임, 만화10, 인터넷, 장난' 등은 모든 학교급에서 공통으로 출현하여 초·중·고등학생들의 대표적인 취미 활동이 무엇인지 짐작케 한다.

## 4.1.1.2 동태

동태 관련 어휘는 '동작(행위), 인지, 지각'으로 하위 구분하였다. 이들 범주별로 고빈도 어휘 목록과 그 사용에 나타난 특징을 살펴보기로 한다.

### (1) 동작(행위)

동작(행위) 관련 어휘에 속하는 형태는 모두 1,790개로, 총 24,024회 출현하였다. 학교급별로 고빈도 100개까지의 어휘 목록을 보이면 다음과 같다.

〈표 4.13〉 동작(행위) 관련 어휘의 고빈도 형태 목록(고빈도 형태 100개)

| 순위 | 초등학교 저학년 | | 초등학교 고학년 | | 중학생 | | 고등학생 | |
|---|---|---|---|---|---|---|---|---|
| | 형태/품사 | 빈도(비율) | 형태/품사 | 빈도(비율) | 형태/품사 | 빈도(비율) | 형태/품사 | 빈도(비율) |
| 1 | 하01/VV | 593 (13.8%) | 하01/VV | 1180 (15.5%) | 하01/VV | 1110 (15.6%) | 하01/VV | 718 (14.4%) |
| 2 | 가01/VV | 209 (4.9%) | 가01/VV | 407 (5.3%) | 가01/VV | 377 (5.3%) | 가01/VV | 306 (6.1%) |
| 3 | 좋아하/VV | 127 (3.0%) | 가지/VX | 303 (4.0%) | 그러/VV | 232 (3.3%) | 그러/VV | 153 (3.1%) |
| 4 | 주01/VX | 113 (2.6%) | 그러/VV | 291 (3.8%) | 좋아하/VV | 152 (2.1%) | 먹02/VV | 142 (2.8%) |
| 5 | 그러/VV | 108 (2.5%) | 주01/VX | 188 (2.5%) | 나오/VV | 148 (2.1%) | 오01/VV | 132 (2.6%) |
| 6 | 가지/VX | 104 (2.4%) | 오01/VV | 161 (2.1%) | 말01하/VV | 137 (1.9%) | 주01/VX | 114 (2.3%) |
| 7 | 먹02/VV | 88 (2.1%) | 하01/VX | 114 (1.5%) | 주01/VX | 131 (1.8%) | 나오/VV | 79 (1.6%) |
| 8 | 말01하/VV | 85 (2.0%) | 나오/VV | 111 (1.5%) | 가지/VX | 119 (1.7%) | 말01하/VV | 73 (1.5%) |
| 9 | 오01/VV | 73 (1.7%) | 말01하/VV | 106 (1.4%) | 오01/VV | 118 (1.7%) | 사/VV | 71 (1.4%) |
| 10 | 그리02/VV | 64 (1.5%) | 사/VV | 105 (1.4%) | 하01/VX | 106 (1.5%) | 가지/VX | 70 (1.4%) |
| 11 | 얘기하/VV | 61 (1.4%) | 주01/VV | 88 (1.2%) | 다니/VV | 101 (1.4%) | 놀01/VV | 67 (1.3%) |

---

**3** 추상물에 포함한 '초등학교, 중학교, 고등학교'는 해당 학교급의 교육과정을 의미한다. 이들 어휘는 교육과정과 공간이라는 의미를 모두 지니고 있는 것으로 파악하였다.

| 순위 | 초등학교 저학년 | | 초등학교 고학년 | | 중학생 | | 고등학생 | |
|---|---|---|---|---|---|---|---|---|
| | 형태/품사 | 빈도(비율) | 형태/품사 | 빈도(비율) | 형태/품사 | 빈도(비율) | 형태/품사 | 빈도(비율) |
| 12 | 나오/VV | 60 (1.4%) | 갖01/VX | 86 (1.1%) | 먹02/VV | 100 (1.4%) | 하01/VX | 62 (1.2%) |
| 13 | 놀01/VV | 57 (1.3%) | 좋아하/VV | 79 (1.0%) | 사/VV | 77 (1.1%) | 얘기하/VV | 58 (1.2%) |
| 14 | 주01/VV | 53 (1.2%) | 먹02/VV | 76 (1.0%) | 갖01/VX | 76 (1.1%) | 좋아하/VV | 55 (1.1%) |
| 15 | 나01/VV | 52 (1.2%) | 말03/VX | 65 (0.9%) | 잘02하/VV | 76 (1.1%) | 사귀/VV | 52 (1.0%) |
| 16 | 하01/VX | 52 (1.2%) | 놀01/VV | 63 (0.8%) | 주01/VV | 63 (0.9%) | 주01/VV | 51 (1.0%) |
| 17 | 말03/VX | 48 (1.1%) | 이러/VV | 63 (0.8%) | 공부01/NNG | 62 (0.9%) | 쓰01/VV | 50 (1.0%) |
| 18 | 나가/VV | 42 (1.0%) | 죽01/VV | 58 (0.8%) | 쓰01/VV | 60 (0.8%) | 쓰03/VV | 50 (1.0%) |
| 19 | 잘02하/VV | 42 (1.0%) | 가01/VX | 57 (0.7%) | 들어가01/VV | 59 (0.8%) | 짜증나/VV | 50 (1.0%) |
| 20 | 죽01/VV | 42 (1.0%) | 내02/VV | 57 (0.7%) | 말03/VX | 59 (0.8%) | 말03/VX | 46 (0.9%) |
| 21 | 살01/VV | 31 (0.7%) | 잘02하/VV | 57 (0.7%) | 이러/VV | 56 (0.8%) | 받01/VV | 46 (0.9%) |
| 22 | 다니/VV | 30 (0.7%) | 얘기하/VV | 55 (0.7%) | 나01/VV | 54 (0.8%) | 이러/VV | 45 (0.9%) |
| 23 | 들어가01/VV | 30 (0.7%) | 가지/VV | 54 (0.7%) | 짜증나/VV | 51 (0.7%) | 가01/VX | 44 (0.9%) |
| 24 | 갖01/VV | 29 (0.7%) | 만들/VV | 49 (0.6%) | 대하02/VV | 49 (0.7%) | 잘02하/VV | 44 (0.9%) |
| 25 | 만들/VV | 28 (0.7%) | 다니/VV | 48 (0.6%) | 얘기하/VV | 49 (0.6%) | 만나/VV | 43 (0.9%) |
| 26 | 갖01/VX | 27 (0.6%) | 짜증나/VV | 48 (0.6%) | 생기/VV | 46 (0.6%) | 자01/VV | 42 (0.8%) |
| 27 | 말03/VV | 27 (0.6%) | 나01/VV | 47 (0.6%) | 쓰03/VV | 45 (0.6%) | 다니/VV | 40 (0.8%) |
| 28 | 오01/VX | 27 (0.6%) | 놓01/VX | 45 (0.6%) | 싫어하/VV | 44 (0.6%) | 갖01/VX | 37 (0.7%) |
| 29 | 이러/VV | 25 (0.6%) | 웃기/VV | 45 (0.6%) | 시험03/NNG | 41 (0.6%) | 나가/VV | 36 (0.7%) |
| 30 | 사/VV | 24 (0.6%) | 읽/VV | 41 (0.5%) | 끝나/VV | 38 (0.5%) | 나01/VV | 35 (0.7%) |
| 31 | 이기01/VV | 23 (0.5%) | 공부01/NNG | 40 (0.5%) | 미치01/VV | 38 (0.5%) | 오01/VX | 35 (0.7%) |
| 32 | 키우/VV | 23 (0.5%) | 받01/VV | 39 (0.5%) | 놀01/VV | 37 (0.5%) | 끝나/VV | 33 (0.7%) |
| 33 | 타02/VV | 23 (0.5%) | 들어가01/VV | 37 (0.5%) | 놓01/VX | 37 (0.5%) | 녹음03/NNG | 29 (0.6%) |
| 34 | 만지/VV | 21 (0.5%) | 타02/VV | 37 (0.5%) | 가01/VX | 34 (0.5%) | 놓01/VX | 26 (0.5%) |
| 35 | 잡01/VV | 21 (0.5%) | 때리01/VV | 35 (0.5%) | 받01/VV | 33 (0.5%) | 보내/VV | 26 (0.5%) |
| 36 | 공부01/NNG | 20 (0.5%) | 시험03/NNG | 35 (0.5%) | 웃기/VV | 33 (0.5%) | 웃기/VV | 26 (0.5%) |
| 37 | 쓰01/VV | 20 (0.5%) | 쓰03/VV | 33 (0.4%) | 빌리/VV | 32 (0.4%) | 타02/VV | 25 (0.5%) |
| 38 | 웃기/VV | 20 (0.5%) | 잡01/VV | 33 (0.4%) | 사귀/VV | 32 (0.4%) | 붙/VV | 24 (0.5%) |
| 39 | 버리01/VX | 19 (0.4%) | 갖01/VV | 32 (0.4%) | 죽01/VV | 32 (0.4%) | 생기/VV | 24 (0.5%) |
| 40 | 놓01/VX | 18 (0.4%) | 맞03/VV | 32 (0.4%) | 살01/VV | 31 (0.4%) | 시험03/NNG | 24 (0.5%) |
| 41 | 받01/VV | 18 (0.4%) | 쓰01/VV | 32 (0.4%) | 갖01/VV | 30 (0.4%) | 전화07/NNG | 24 (0.5%) |
| 42 | 생기/VV | 18 (0.4%) | 걸리01/VV | 31 (0.4%) | 넘01/VV | 28 (0.4%) | 미치01/VV | 23 (0.5%) |
| 43 | 치]02/VV | 18 (0.4%) | 버리01/VX | 31 (0.4%) | 들01/VV | 28 (0.4%) | 공부01/NNG | 21 (0.4%) |
| 44 | 내02/VV | 17 (0.4%) | 오01/VX | 31 (0.4%) | 맞03/VV | 28 (0.4%) | 내02/VV | 21 (0.4%) |
| 45 | 싸우/VV | 17 (0.4%) | 만나/VV | 30 (0.4%) | 대화06/NNG | 27 (0.4%) | 바꾸/VV | 20 (0.4%) |
| 46 | 쓰03/VV | 17 (0.4%) | 미치01/VV | 30 (0.4%) | 보내/VV | 27 (0.4%) | 들01/VV | 19 (0.4%) |
| 47 | 올라가/VV | 17 (0.4%) | 살01/VV | 29 (0.4%) | 떨어지/VV | 26 (0.4%) | 만들/VV | 19 (0.4%) |
| 48 | 자01/VV | 17 (0.4%) | 치02/VV | 29 (0.4%) | 욕02/NNG | 26 (0.4%) | 풀/VV | 19 (0.4%) |
| 49 | 놓01/VV | 16 (0.4%) | 울01/VV | 28 (0.4%) | 운동02/NNG | 26 (0.4%) | 잡01/VV | 18 (0.4%) |
| 50 | 지03/VV | 16 (0.4%) | 자01/VV | 28 (0.4%) | 울01/VV | 26 (0.4%) | 갖01/VV | 17 (0.3%) |
| 51 | 때리01/VV | 15 (0.4%) | 끝나/VV | 27 (0.4%) | 나가/VV | 25 (0.4%) | 싫어하/VV | 17 (0.3%) |
| 52 | 만나/VV | 15 (0.4%) | 들01/VV | 27 (0.4%) | 때리01/VV | 25 (0.4%) | 싸우/VV | 17 (0.3%) |
| 53 | 맞03/VV | 15 (0.4%) | 키우/VV | 27 (0.4%) | 오01/VX | 25 (0.4%) | 지나/VV | 17 (0.3%) |
| 54 | 빼01/VV | 15 (0.4%) | 생기/VV | 26 (0.3%) | 치02/VV | 24 (0.3%) | 들어가01/VV | 16 (0.3%) |
| 55 | 짜증나/VV | 15 (0.4%) | 나가/VV | 25 (0.3%) | 말03/VV | 23 (0.3%) | 부르01/VV | 16 (0.3%) |
| 56 | 낳01/VV | 14 (0.3%) | 보내/VV | 24 (0.3%) | 버리01/VX | 23 (0.3%) | 살01/VV | 16 (0.3%) |

| 순위 | 초등학교 저학년 | | 초등학교 고학년 | | 중학생 | | 고등학생 | |
|---|---|---|---|---|---|---|---|---|
| | 형태/품사 | 빈도(비율) | 형태/품사 | 빈도(비율) | 형태/품사 | 빈도(비율) | 형태/품사 | 빈도(비율) |
| 57 | 들01/VV | 14 (0.3%) | 부르01/VV | 24 (0.3%) | 웃/VV | 23 (0.3%) | 앉/VV | 15 (0.3%) |
| 58 | 들어오/VV | 14 (0.3%) | 앉/VV | 24 (0.3%) | 공부01하/VV | 22 (0.3%) | 일01하/VV | 15 (0.3%) |
| 59 | 떨리01/VV | 14 (0.3%) | 어쩌01/VV | 22 (0.3%) | 들어오/VV | 22 (0.3%) | 죽01/VV | 15 (0.3%) |
| 60 | 뽀뽀하/VV | 13 (0.3%) | 이기01/VV | 22 (0.3%) | 만나/VV | 21 (0.3%) | 넣/VV | 14 (0.3%) |
| 61 | 입01/VV | 13 (0.3%) | 그리02/VV | 21 (0.3%) | 만들/VV | 21 (0.3%) | 벌02/VV | 14 (0.3%) |
| 62 | 가01/VX | 12 (0.3%) | 말03/VV | 21 (0.3%) | 묻03/VV | 21 (0.3%) | 찍02/VV | 14 (0.3%) |
| 63 | 가지/VV | 12 (0.3%) | 들04/VV | 20 (0.3%) | 부르01/VV | 21 (0.3%) | 걸리01/VV | 13 (0.3%) |
| 64 | 읽/VV | 12 (0.3%) | 떨01/VV | 19 (0.2%) | 빼01/VV | 21 (0.3%) | 담임/NNG | 13 (0.3%) |
| 65 | 틀리01/VV | 12 (0.3%) | 혼나/VV | 19 (0.2%) | 지나/VV | 21 (0.3%) | 대화06/NNG | 13 (0.3%) |
| 66 | 떨어지/VV | 11 (0.3%) | 배우01/VV | 18 (0.2%) | 걸리01/VV | 20 (0.3%) | 들어오/VV | 13 (0.3%) |
| 67 | 넣/VV | 10 (0.2%) | 달05/VX | 17 (0.2%) | 대01/VV | 20 (0.3%) | 말03/VV | 13 (0.3%) |
| 68 | 앉/VV | 10 (0.2%) | 빼01/VV | 17 (0.2%) | 자01/VV | 20 (0.3%) | 물어보/VV | 13 (0.3%) |
| 69 | 어쩌01/VV | 10 (0.2%) | 싸우/VV | 17 (0.2%) | 배우01/VV | 19 (0.3%) | 생활/NNG | 13 (0.3%) |
| 70 | 이야기하/VV | 10 (0.2%) | 들어오/VV | 16 (0.2%) | 끄01/VV | 18 (0.3%) | 쏘01/VV | 13 (0.3%) |
| 71 | 걸리01/VV | 9 (0.2%) | 입01/VV | 16 (0.2%) | 녹음03/NNG | 18 (0.3%) | 구하01/VV | 12 (0.2%) |
| 72 | 끊/VV | 9 (0.2%) | 있01/VV | 16 (0.2%) | 시작01하/VV | 18 (0.3%) | 녹음03하/VV | 12 (0.2%) |
| 73 | 싸02/VV | 9 (0.2%) | 깔/VV | 15 (0.2%) | 야구02/NNG | 18 (0.3%) | 버리01/VX | 12 (0.2%) |
| 74 | 쏘01/VV | 9 (0.2%) | 끄01/VV | 15 (0.2%) | 끊/VV | 17 (0.2%) | 지내01/VV | 12 (0.2%) |
| 75 | 울01/VV | 9 (0.2%) | 던지/VV | 15 (0.2%) | 바뀌/VV | 17 (0.2%) | 찾/VV | 12 (0.2%) |
| 76 | 께02/VV | 8 (0.2%) | 돌/VV | 15 (0.2%) | 빠지01/VV | 17 (0.2%) | 취업/NNG | 12 (0.2%) |
| 77 | 막01/VV | 8 (0.2%) | 만지/VV | 15 (0.2%) | 꺼지01/VV | 16 (0.2%) | 때리01/VV | 11 (0.2%) |
| 78 | 묻03/VV | 8 (0.2%) | 싫어하/VV | 15 (0.2%) | 앉/VV | 16 (0.2%) | 묻03/VV | 11 (0.2%) |
| 79 | 뽑/VV | 8 (0.2%) | 쏘01/VV | 15 (0.2%) | 읽/VV | 16 (0.2%) | 전화07하/VV | 11 (0.2%) |
| 80 | 뿌러지/VV | 8 (0.2%) | 죽이01/VV | 15 (0.2%) | 있01/VV | 16 (0.2%) | 달05/VX | 10 (0.2%) |
| 81 | 전화07/NNG | 8 (0.2%) | 공부01하/VV | 14 (0.2%) | 뽑/VV | 15 (0.2%) | 대01/VV | 10 (0.2%) |
| 82 | 지나/VV | 8 (0.2%) | 넘01/VV | 14 (0.2%) | 전화07/NNG | 15 (0.2%) | 웃/VV | 10 (0.2%) |
| 83 | 가져오/VV | 7 (0.2%) | 묻03/VV | 14 (0.2%) | 담임/NNG | 14 (0.2%) | 공부01하/VV | 9 (0.2%) |
| 84 | 깔/VV | 7 (0.2%) | 사귀/VV | 14 (0.2%) | 수업04/NNG | 14 (0.2%) | 깨지/VV | 9 (0.2%) |
| 85 | 끝나/VV | 7 (0.2%) | 올라가/VV | 14 (0.2%) | 올리01/VV | 14 (0.2%) | 넘01/VV | 9 (0.2%) |
| 86 | 닫02/VV | 7 (0.2%) | 일어나/VV | 14 (0.2%) | 입01/VV | 14 (0.2%) | 있01/VV | 9 (0.2%) |
| 87 | 맞추01/VV | 7 (0.2%) | 지03/VV | 14 (0.2%) | 잡01/VV | 14 (0.2%) | 잡01/VV | 9 (0.2%) |
| 88 | 열02/VV | 7 (0.2%) | 지나/VV | 14 (0.2%) | 죽이01/VV | 14 (0.2%) | 죽이01/VV | 9 (0.2%) |
| 89 | 풀/VV | 7 (0.2%) | 누르01/VV | 13 (0.2%) | 찾/VV | 14 (0.2%) | 내리01/VV | 8 (0.2%) |
| 90 | 가르치01/VV | 6 (0.1%) | 떨어지/VV | 13 (0.2%) | 풀/VV | 14 (0.2%) | 마르01/VV | 8 (0.2%) |
| 91 | 걸어가/VV | 6 (0.1%) | 연습03하/VV | 13 (0.2%) | 내02/VV | 13 (0.2%) | 바뀌/VV | 8 (0.2%) |
| 92 | 괴롭히/VV | 6 (0.1%) | 결혼하/VV | 12 (0.2%) | 벌02/VV | 13 (0.2%) | 버리01/VV | 8 (0.2%) |
| 93 | 나누/VV | 6 (0.1%) | 넣/VV | 12 (0.2%) | 싸우/VV | 13 (0.2%) | 빼01/VV | 8 (0.2%) |
| 94 | 닳01/VV | 6 (0.1%) | 달05/VV | 12 (0.2%) | 씹01/VV | 13 (0.2%) | 수업04/NNG | 8 (0.2%) |
| 95 | 던지/VV | 6 (0.1%) | 모으/VV | 12 (0.2%) | 욕02하/VV | 13 (0.2%) | 시작01하/VV | 8 (0.2%) |
| 96 | 들04/VV | 6 (0.1%) | 물어보/VV | 12 (0.2%) | 일어나/VV | 13 (0.2%) | 욕02/NNG | 8 (0.2%) |
| 97 | 따르01/VV | 6 (0.1%) | 빌리01/VV | 12 (0.2%) | 타02/VV | 13 (0.2%) | 커01/VV | 8 (0.2%) |
| 98 | 박01/VV | 6 (0.1%) | 시작01하/VV | 12 (0.2%) | 고치01/VV | 12 (0.2%) | 팔/VV | 8 (0.2%) |
| 99 | 받아쓰기/NNG | 6 (0.1%) | 열02/VV | 12 (0.2%) | 내려가/VV | 12 (0.2%) | 떨어지/VV | 7 (0.1%) |
| 100 | 불나/VV | 6 (0.1%) | 지나가/VV | 12 (0.2%) | 녹음03되/VV | 12 (0.2%) | 뜨01/VV | 7 (0.1%) |

동작 관련 어휘 중에서는 '하다01'가 모든 학교급에서 다른 어휘에 비해 월등히 높은 빈도로 사용되고 있다.[4] 초등학교 저학년에서는 593회(13.8%), 초등학교 고학년에서는 1,180회(15.5%), 중학생은 1,110회(15.6%), 고등학생은 718회(14.4%)로 높은 사용률을 보인다. 그 다음으로는 '가다01'가 높은 빈도를 보인다. 동작 동사로는 가장 생산성이 높은 '하다01'와 이동의 기본 동작에 해당하는 어휘인 '가다01'가 고빈도로 사용되고 있다. '하다01'와 '가다01' 외의 동사들의 사용 현황을 보면, 초등학교 저학년에서는 '좋아하다, 주다01, 그러다, 가지다, 먹다02, 말01하다', 초등학교 고학년에서는 '가지다, 그러다, 주다01, 오다01', 중학생에서는 '그러다, 좋아하다, 나오다', 고등학생에서는 '그러다, 먹다02, 오다01, 주다01' 등의 순으로 나타나고 있다. 뒤를 이어 초등학교 저학년은 감정과 관련된 동사 '좋아하다', 초등학교 고학년은 소유와 관련된 동사 '가지다', 중고등학생에서는 지시의 의미를 지닌 동사 '그러다'가 고빈도로 관찰된다.


## (2) 인지

동태 관련 어휘 가운데 인지에 속하는 어휘는 총 52개의 형태가 나타났다. 총 사용 빈도는 1,840회로 높지 않은 편이다. 사용 어휘 전체를 학교급별로 보이면 다음과 같다.

〈표 4.14〉 인지 관련 어휘의 형태 목록

| 순위 | 초등학교 저학년 | | 초등학교 고학년 | | 중학생 | | 고등학생 | |
| --- | --- | --- | --- | --- | --- | --- | --- | --- |
| | 형태/품사 | 빈도(비율) | 형태/품사 | 빈도(비율) | 형태/품사 | 빈도(비율) | 형태/품사 | 빈도(비율) |
| 1 | 알/VV | 174 (46.9%) | 알/VV | 228 (43.3%) | 모르/VV | 183 (33.2%) | 모르/VV | 142 (38.2%) |
| 2 | 모르/VV | 109 (29.4%) | 모르/VV | 163 (30.9%) | 알/VV | 181 (32.8%) | 알/VV | 142 (38.2%) |
| 3 | 생각01하/VV | 16 (4.3%) | 생각01/NNG | 25 (4.7%) | 생각01하/VV | 50 (9.1%) | 생각01/NNG | 25 (6.7%) |
| 4 | 까먹/VV | 12 (3.2%) | 생각01하/VV | 24 (4.6%) | 생각01/NNG | 40 (7.3%) | 생각01하/VV | 18 (4.8%) |
| 5 | 몰르(모르)/VV | 11 (3.0%) | 몰르(모르)/VV | 15 (2.8%) | 외우01/VV | 15 (2.7%) | 궁금01하/VA | 6 (1.6%) |
| 6 | 기억02/NNG | 9 (2.4%) | 외우01/VV | 14 (2.7%) | 이해06/NNG | 11 (2.0%) | 까먹/VV | 5 (1.3%) |
| 7 | 생각01/NNG | 8 (2.2%) | 까먹/VV | 10 (1.9%) | 기억02/NNG | 8 (1.5%) | 알아보/VV | 5 (1.3%) |
| 8 | 생각나/VV | 7 (1.9%) | 기억02/NNG | 8 (1.5%) | 까먹/VV | 6 (1.1%) | 기억02/NNG | 4 (1.1%) |
| 9 | 궁금01하/VA | 6 (1.6%) | 기억02하/VV | 7 (1.3%) | 알아내/VV | 5 (0.9%) | 몰르(모르)/VV | 4 (1.1%) |
| 10 | 기억나/VV | 4 (1.1%) | 이해06/NNG | 4 (0.8%) | 알아보/VV | 5 (0.9%) | 생각나/VV | 4 (1.1%) |
| 11 | 외우01/VV | 4 (1.1%) | 추억/NNG | 4 (0.8%) | 암기02/NNG | 4 (0.7%) | 개념/NNG | 2 (0.5%) |
| 12 | 알아듣/VV | 2 (0.5%) | 암기02/NNG | 3 (0.6%) | 이해06하/VV | 4 (0.7%) | 비05하/VV | 2 (0.5%) |
| 13 | 계산01/NNG | 1 (0.3%) | 궁금01히/VA | 2 (0.4%) | 추억/NNG | 4 (0.7%) | 외우01/VV | 2 (0.5%) |
| 14 | 깨닫/VV | 1 (0.3%) | 기억나/VV | 2 (0.4%) | 궁금01하/VA | 3 (0.5%) | 의식03하/VV | 2 (0.5%) |
| 15 | 무식하/VA | 1 (0.3%) | 오해02/NNG | 2 (0.4%) | 기억02하/VV | 3 (0.5%) | 파악01/NNG | 2 (0.5%) |
| 16 | 무지07/MAG | 1 (0.3%) | 의식03하/VV | 2 (0.4%) | 몰르(모르)/VV | 3 (0.5%) | 곱02하/VV | 1 (0.3%) |

---

**4** 국립국어원(2002)에서도 동사 가운데 가장 빈도가 높은 어휘는 '하다'(빈도 22,064회)로 조사되었다.

| 순위 | 초등학교 저학년 | | 초등학교 고학년 | | 중학생 | | 고등학생 | |
|---|---|---|---|---|---|---|---|---|
| | 형태/품사 | 빈도(비율) | 형태/품사 | 빈도(비율) | 형태/품사 | 빈도(비율) | 형태/품사 | 빈도(비율) |
| 17 | 상상07/NNG | 1 (0.3%) | 잊01/VV | 2 (0.4%) | 생각나/VV | 3 (0.5%) | 기억02하/VV | 1 (0.3%) |
| 18 | 알아내/VV | 1 (0.3%) | 계산01하/VV | 1 (0.2%) | 잊01/VV | 3 (0.5%) | 알아듣/VV | 1 (0.3%) |
| 19 | 이문(의문02)/NNG | 1 (0.3%) | 고려01/NNG | 1 (0.2%) | 추리04/NNG | 3 (0.5%) | 예상02/NNG | 1 (0.3%) |
| 20 | 잊01/VV | 1 (0.3%) | 더하기/NNG | 1 (0.2%) | 계산01/NNG | 2 (0.4%) | 이해06/NNG | 1 (0.3%) |
| 21 | 추억/NNG | 1 (0.3%) | 명상04/NNG | 1 (0.2%) | 알아듣/VV | 2 (0.4%) | 이해06되/VV | 1 (0.3%) |
| 22 | | | 무식하/VA | 1 (0.2%) | 감안02/NNG | 1 (0.2%) | 착각03하/VV | 1 (0.3%) |
| 23 | | | 믿기/VV | 1 (0.2%) | 계산01하/VV | 1 (0.2%) | | |
| 24 | | | 상상07하/VV | 1 (0.2%) | 곱02하/VV | 1 (0.2%) | | |
| 25 | | | 알아맞추/VV | 1 (0.2%) | 궁굼(궁금01)하/VA | 1 (0.2%) | | |
| 26 | | | 알아보/VV | 1 (0.2%) | 무식하/VA | 1 (0.2%) | | |
| 27 | | | 이상12하/VV | 1 (0.2%) | 무지07/MAG | 1 (0.2%) | | |
| 28 | | | 착각03/NNG | 1 (0.2%) | 비05하/VV | 1 (0.2%) | | |
| 29 | | | | | 연관06/NNG | 1 (0.2%) | | |
| 30 | | | | | 연상13하0/VV | 1 (0.2%) | | |
| 31 | | | | | 예상02/NNG | 1 (0.2%) | | |
| 32 | | | | | 의문02/NNG | 1 (0.2%) | | |
| 33 | | | | | 잊어버리/VV | 1 (0.2%) | | |
| 34 | | | | | 짐작/NNG | 1 (0.2%) | | |

위 표를 보면, 모든 학교급에서 '알다, 모르다'의 사용 비율이 65% 이상으로 월등히 높다. 따라서 '알다, 모르다'가 인지와 관련한 대표 어휘임을 짐작할 수 있다. 초등학생 자료에서는 '알다'가 '모르다'에 비해 출현 빈도가 높으나, 중고등학생 단계에서는 '알다'와 '모르다'가 비슷한 빈도를 보이고 있다. 중고등학생 단계에서는 '알아내다, 알아보다, 의식03하다, 파악01하다' 등 능동적 인지 활동을 가리키는 어휘들이 초등학생 단계에 비해 활발히 사용되고 있다.

### (3) 지각

지각 관련 어휘는 총 28개의 형태가 2,077회 출현하였다. 학교급별 출현 어휘를 고빈도순으로 보이면 다음과 같다.

<표 4.15> 지각 관련 어휘의 형태 목록

| 순위 | 초등학교 저학년 | | 초등학교 고학년 | | 중학생 | | 고등학생 | |
|---|---|---|---|---|---|---|---|---|
| | 형태/품사 | 빈도(비율) | 형태/품사 | 빈도(비율) | 형태/품사 | 빈도(비율) | 형태/품사 | 빈도(비율) |
| 1 | 보01/VX | 215 (52.7%) | 보01/VV | 265 (45.1%) | 보01/VV | 305 (47.5%) | 보01/VV | 190 (43.7%) |
| 2 | 보01/VV | 151 (37.0%) | 보01/VX | 242 (41.2%) | 보01/VX | 200 (31.2%) | 보01/VX | 147 (33.8%) |
| 3 | 듣01/VV | 11 (2.7%) | 듣01/VV | 41 (7.0%) | 듣01/VV | 59 (9.2%) | 듣01/VV | 48 (11.0%) |
| 4 | 보이01/VV | 10 (2.5%) | 보이01/VV | 23 (3.9%) | 들리03/VV | 31 (4.8%) | 보이01/VV | 21 (4.8%) |
| 5 | 들리03/VV | 5 (1.2%) | 쳐다보/VV | 6 (1.0%) | 보이01/VV | 20 (3.1%) | 들리03/VV | 10 (2.3%) |

| 순위 | 초등학교 저학년 | | 초등학교 고학년 | | 중학생 | | 고등학생 | |
|---|---|---|---|---|---|---|---|---|
| | 형태/품사 | 빈도(비율) | 형태/품사 | 빈도(비율) | 형태/품사 | 빈도(비율) | 형태/품사 | 빈도(비율) |
| 6 | 바(보01)/VV | 3 (0.7%) | 들리03/VV | 3 (0.5%) | 쳐다보/VV | 8 (1.2%) | 느끼02/VV | 5 (1.1%) |
| 7 | 실감/NNG | 2 (0.5%) | 구경01하/VV | 2 (0.3%) | 느끼02/VV | 4 (0.6%) | 구경01하/VV | 4 (0.9%) |
| 8 | 알아듣/VV | 2 (0.5%) | 관찰01하/VV | 1 (0.2%) | 관찰01/NNG | 2 (0.3%) | 쳐다보/VV | 4 (0.9%) |
| 9 | 찾아보/VV | 2 (0.5%) | 느끼02/VV | 1 (0.2%) | 들려주/VV | 2 (0.3%) | 부(보01)/VX | 2 (0.5%) |
| 10 | 듣기/NNG | 1 (0.2%) | 도청06/NNG | 1 (0.2%) | 부(보01)/VX | 2 (0.3%) | 무의식적/NNG | 1 (0.2%) |
| 11 | 들려주/VV | 1 (0.2%) | 들려주/VV | 1 (0.2%) | 알아듣/VV | 2 (0.3%) | 바(보01)/VX | 1 (0.2%) |
| 12 | 바(보01)/VX | 1 (0.2%) | 발견01하/VV | 1 (0.2%) | 구경01/NNG | 1 (0.2%) | 알아듣/VV | 1 (0.2%) |
| 13 | 뵈01/VV | 1 (0.2%) | 부(보01)/VX | 1 (0.2%) | 돌아보/VV | 1 (0.2%) | 찾아보/VV | 1 (0.2%) |
| 14 | 부(보01)/VX | 1 (0.2%) | | | 듣기/NNG | 1 (0.2%) | | |
| 15 | 쐬01/VV | 1 (0.2%) | | | 바(보01)/VV | 1 (0.2%) | | |
| 16 | 쳐다보/VV | 1 (0.2%) | | | 실감하/VV | 1 (0.2%) | | |
| 17 | | | | | 예감03/NNG | 1 (0.2%) | | |
| 18 | | | | | 찾아보/VV | 1 (0.2%) | | |
| 19 | | | | | 찾아보/VV | 1 (0.2%) | | |

학교급별 사용 특징을 보면, 초등학교 저학년, 초등학교 고학년, 고등학생 자료에서 동일하게 '보다01, 듣다01, 보이다01' 순으로 자주 나타나고, 중학생 자료에서만 '보다01, 듣다01, 들리다03'의 순으로 나타난다. 본동사와 보조동사로 사용된 '보다01'가 70% 이상의 높은 비율을 보이고,[5] '듣다01'도 모든 학교급에서 고빈도 형태 세 개 안에 포함되는 높은 사용률을 보인다. 그 밖에 '보다01, 듣다01'를 중심으로 파생이나 합성된 '보이다01, 들리다03, 찾아보다, 알아듣다, 들려주다' 등의 어휘들도 있지만 사용 빈도는 그다지 높지 않다.


### 4.1.1.3 정태

다음은 정태 관련 어휘를 살펴보기로 한다. 정태 관련 어휘는 '성상, 감각, 가치·정서·심리, 정도'로 분류할 수 있다.


### (1) 성상

성상 관련 어휘는 총 517개의 형태가 14,615회 출현하였다. 학교급별로 사용된 어휘를 고빈도순으로 100개씩 제시하면 다음과 같다.

---

[5] 국립국어원(2002) 조사에서도 '보다'는 동사 가운데 빈도 3위(6,045회), 보조동사 가운데 빈도 4위(5,231회)를 차지하였다.

<표 4.16> 성상 관련 어휘의 고빈도 형태 목록(고빈도 형태 100개)

| 순위 | 초등학교 저학년 | | 초등학교 고학년 | | 중학생 | | 고등학생 | |
|---|---|---|---|---|---|---|---|---|
| | 형태/품사 | 빈도(비율) | 형태/품사 | 빈도(비율) | 형태/품사 | 빈도(비율) | 형태/품사 | 빈도(비율) |
| 1 | 있01/VA | 538 (21.3%) | 있01/VA | 682 (15.1%) | 막02/MAG | 501 (11.0%) | 되01/VV | 365 (12.0%) |
| 2 | 되01/VV | 209 (8.3%) | 되01/VV | 443 (9.8%) | 되01/VV | 461 (10.2%) | 진짜/MAG | 299 (9.8%) |
| 3 | 막02/MAG | 174 (6.9%) | 막02/MAG | 423 (9.4%) | 있01/VA | 455 (10.0%) | 있01/VA | 298 (9.8%) |
| 4 | 없01/VA | 142 (5.6%) | 그렇/VA | 302 (6.7%) | 진짜/MAG | 396 (8.7%) | 막02/MAG | 254 (8.4%) |
| 5 | 있01/VX | 116 (4.6%) | 이렇게/MAG | 267 (5.9%) | 없01/VA | 336 (7.4%) | 없01/VA | 238 (7.8%) |
| 6 | 이렇게/MAG | 109 (4.3%) | 진짜/MAG | 266 (5.9%) | 같/VA | 243 (5.4%) | 같/VA | 165 (5.4%) |
| 7 | 그렇/VA | 104 (4.1%) | 없01/VA | 238 (5.3%) | 그렇/VA | 237 (5.2%) | 그냥/MAG | 125 (4.1%) |
| 8 | 진짜/MAG | 80 (3.2%) | 있01/VX | 213 (4.7%) | 그냥/MAG | 183 (4.0%) | 그렇/VA | 117 (3.8%) |
| 9 | 같/VA | 74 (2.9%) | 같/VA | 189 (4.2%) | 있01/VX | 158 (3.5%) | 있01/VX | 102 (3.4%) |
| 10 | 그냥/MAG | 73 (2.9%) | 그냥/MAG | 148 (3.3%) | 이렇게/MAG | 118 (2.6%) | 많이/MAG | 88 (2.9%) |
| 11 | 잘02/MAG | 60 (2.4%) | 딱03/MAG | 140 (3.1%) | 많이/MAG | 95 (2.1%) | 잘02/MAG | 86 (2.8%) |
| 12 | 딱03/MAG | 54 (2.1%) | 많이/MAG | 87 (1.9%) | 잘02/MAG | 95 (2.1%) | 이렇게/MAG | 72 (2.4%) |
| 13 | 많이/MAG | 44 (1.7%) | 딱02/MAG | 77 (1.7%) | 많/VA | 90 (2.0%) | 많/VA | 60 (2.0%) |
| 14 | 크01/VA | 42 (1.7%) | 잘02/MAG | 76 (1.7%) | 크01/VA | 78 (1.7%) | 그렇게/MAG | 39 (1.3%) |
| 15 | 많/VA | 33 (1.3%) | 그렇게/MAG | 55 (1.2%) | 딱03/MAG | 67 (1.5%) | 같이/MAG | 37 (1.2%) |
| 16 | 이상12하/VA | 29 (1.1%) | 많/VA | 50 (1.1%) | 그렇게/MAG | 60 (1.3%) | 딱03/MAG | 37 (1.2% |
| 17 | 같이/MAG | 28 (1.1%) | 같이/MAG | 45 (1.0%) | 솔직히/MAG | 48 (1.1%) | 솔직히/MAG | 32 (1.1%) |
| 18 | 딱02/MAG | 28 (1.1%) | 이상12하/VA | 42 (0.9%) | 같이/MAG | 46 (1.0%) | 크01/VA | 32 (1.1%) |
| 19 | 소리01/NNG | 21 (0.8%) | 아프/VA | 40 (0.9%) | 이상12하/VA | 40 (0.9%) | 이상12하/VA | 26 (0.9%) |
| 20 | 이케/MAG | 21 (0.8%) | 진짜/NNG | 34 (0.8%) | 정말01/MAG | 37 (0.8%) | 딱02/MAG | 25 (0.8%) |
| 21 | 진짜/NNG | 19 (0.8%) | 어떻/VA | 33 (0.7%) | 진짜/NNG | 35 (0.8%) | 이케/MAG | 25 (0.8%) |
| 22 | 그렇게/MAG | 18 (0.7%) | 크01/VA | 32 (0.7%) | 딱02/MAG | 30 (0.7%) | 아프/VA | 22 (0.7%) |
| 23 | 아프/VA | 16 (0.6%) | 이렇/VA | 25 (0.6%) | 소리01/NNG | 30 (0.7%) | 이렇/VA | 22 (0.7%) |
| 24 | 어떻/VA | 13 (0.5%) | 정말01/MAG | 24 (0.5%) | 어떻/VA | 26 (0.6%) | 진짜/NNG | 16 (0.5%) |
| 25 | 이렇/VA | 13 (0.5%) | 수다01/NNG | 21 (0.5%) | 바로02/MAG | 22 (0.5%) | 늦/VA | 15 (0.5%) |
| 26 | 색03/NNG | 12 (0.5%) | 소리01/NNG | 14 (0.3%) | 열심히/MAG | 22 (0.5%) | 어떻/VA | 15 (0.5%) |
| 27 | 쎄(세03)/VA | 12 (0.5%) | 다르/VA | 13 (0.3%) | 이렇/VA | 22 (0.5%) | 멀02/VA | 14 (0.5%) |
| 28 | 탁01/MAG | 11 (0.4%) | 쭉/MAG | 11 (0.2%) | 작01/VA | 22 (0.5%) | 꼭03/MAG | 12 (0.4%) |
| 29 | 색깔/NNG | 10 (0.4%) | 바로02/MAG | 10 (0.2%) | 아프/VA | 20 (0.4%) | 완전01/NNG | 12 (0.4%) |
| 30 | 어리03/VA | 10 (0.4%) | 빠르/VA | 10 (0.2%) | 꼭03/MAG | 17 (0.4%) | 정말01/MAG | 12 (0.4%) |
| 31 | 작01/VA | 8 (0.3%) | 길02/VA | 9 (0.2%) | 늦/VA | 16 (0.4%) | 열심히/MAG | 11 (0.4%) |
| 32 | 정말01/MAG | 8 (0.3%) | 높/VA | 9 (0.2%) | 비슷02하/VA | 16 (0.4%) | ㅣ쓰/VA | 11 (0.4%) |
| 33 | 초록색/NNG | 8 (0.3%) | 솔직히/MAG | 9 (0.2%) | 조용히/MAG | 16 (0.4%) | 바로02/MAG | 10 (0.3%) |
| 34 | 세03/VA | 7 (0.3%) | 이케/MAG | 9 (0.2%) | 다르01/VA | 14 (0.3%) | 조용히/MAG | 10 (0.3%) |
| 35 | 약하01/VA | 7 (0.3%) | 작01/VA | 9 (0.2%) | 어리03/VA | 13 (0.3%) | 가깝/VA | 9 (0.3%) |
| 36 | 짝(작01)/VA | 7 (0.3%) | 참01/MAG | 9 (0.2%) | 이케/MAG | 12 (0.3%) | 소리01/NNG | 9 (0.3%) |
| 37 | 팍01/MAG | 7 (0.3%) | 꼭03/MAG | 8 (0.2%) | 대충01/MAG | 11 (0.2%) | 대충01/MAG | 8 (0.3%) |
| 38 | 확02/MAG | 7 (0.3%) | 늦/VA | 8 (0.2%) | 멀02/VA | 11 (0.2%) | 어리03/VA | 8 (0.3%) |
| 39 | 꼭03/MAG | 6 (0.2%) | 쎄(세03)/VA | 8 (0.2%) | 제대로/MAG | 11 (0.2%) | 괜히/MAG | 7 (0.2%) |
| 40 | 바로02/MAG | 6 (0.2%) | 어리03/VA | 8 (0.2%) | 넓/VA | 10 (0.2%) | 다르01/VA | 7 (0.2% |
| 41 | 수다01/NNG | 6 (0.2%) | 탁01/MAG | 8 (0.2%) | 참01/MAG | 10 (0.2%) | 따로/MAG | 7 (0.2%) |
| 42 | ㅣ쓰/VA | 6 (0.2%) | 열심히/MAG | 7 (0.2%) | ㅣ쓰/VA | 10 (0.2%) | 어트게/MAG | 7 (0.2%) |
| 43 | 높/VA | 5 (0.2%) | 확02/MAG | 7 (0.2%) | 높/VA | 9 (0.2%) | 진짜로/MAG | 7 (0.2%) |
| 44 | 새로/MAG | 5 (0.2%) | ㅣ쓰/VA | 7 (0.2%) | 세03/VA | 9 (0.2%) | 비슷02하/VA | 6 (0.2%) |
| 45 | 소이(소리01)/NNG | 5 (0.2%) | 몰래01/MAG | 6 (0.1%) | 완전01/NNG | 9 (0.2%) | 작01/VA | 6 (0.2%) |

| 순위 | 초등학교 저학년 | | 초등학교 고학년 | | 중학생 | | 고등학생 | |
|---|---|---|---|---|---|---|---|---|
| | 형태/품사 | 빈도(비율) | 형태/품사 | 빈도(비율) | 형태/품사 | 빈도(비율) | 형태/품사 | 빈도(비율) |
| 46 | 솔직하/VA | 5 (0.2%) | 색깔/NNG | 6 (0.1%) | 진짜로/MAG | 9 (0.2%) | 특히/MAG | 6 (0.2%) |
| 47 | 조용히/MAG | 5 (0.2%) | 완전히/MAG | 6 (0.1%) | 분명히/MAG | 7 (0.2%) | 가까이/MAG | 5 (0.2%) |
| 48 | 참01/MAG | 5 (0.2%) | 진짜로/MAG | 6 (0.1%) | 조용01하/VA | 7 (0.2%) | 높/VA | 5 (0.2%) |
| 49 | 황금색/NNG | 5 (0.2%) | 가만히/MAG | 5 (0.1%) | 특히/MAG | 7 (0.2%) | 일부러/MAG | 5 (0.2%) |
| 50 | 겨우/MAG | 4 (0.2%) | 괜히/MAG | 5 (0.1%) | 가만히/MAG | 6 (0.1%) | 제대로/MAG | 5 (0.2%) |
| 51 | 괜히/MAG | 4 (0.2%) | 느리01/VA | 5 (0.1%) | 노랗/VA | 6 (0.1%) | 조용01하/VA | 5 (0.2%) |
| 52 | 꼬부랑01/NNG | 4 (0.2%) | 빨갛/VA | 5 (0.1%) | 완전히/MAG | 6 (0.1%) | 확실히/MAG | 5 (0.2%) |
| 53 | 노랑01/NNG | 4 (0.2%) | 새로/MAG | 5 (0.1%) | 요만03하/VA | 6 (0.1%) | 가만히/MAG | 4 (0.1%) |
| 54 | 늦/VA | 4 (0.2%) | 색03/NNG | 5 (0.1%) | 일루01/MAG | 6 (0.1%) | 그럭저럭/MAG | 4 (0.1%) |
| 55 | 무겁/VA | 4 (0.2%) | 완전01/NNG | 5 (0.1%) | 따로/MAG | 5 (0.1%) | 까맣/VA | 4 (0.1%) |
| 56 | 비슷02하/VA | 4 (0.2%) | 일루01/MAG | 5 (0.1%) | 어트게/MAG | 5 (0.1%) | 바쁘/VA | 4 (0.1%) |
| 57 | 빨간색/NNG | 4 (0.2%) | 조용히/MAG | 5 (0.1%) | 일부러/MAG | 5 (0.1%) | 빠르/VA | 4 (0.1%) |
| 58 | 완전01/NNG | 4 (0.2%) | 특히/MAG | 5 (0.1%) | 짝(작01)/VA | 5 (0.1%) | 자연01스럽/VA | 4 (0.1%) |
| 59 | 유식01하/VA | 4 (0.2%) | 낮/VA | 4 (0.1%) | 쭉/MAG | 5 (0.1%) | 적02/VA | 4 (0.1%) |
| 60 | 저리01/MAG | 4 (0.2%) | 대머리01/NNG | 4 (0.1%) | 희/VA | 5 (0.1%) | 쭉/MAG | 4 (0.1%) |
| 61 | 짧/VA | 4 (0.2%) | 똑같이/MAG | 4 (0.1%) | 깨끗하/VA | 4 (0.1%) | 그만02/MAG | 3 (0.1%) |
| 62 | 쫙/MAG | 4 (0.2%) | 약하01/VA | 4 (0.1%) | 대빵/MAG | 4 (0.1%) | 긍정/NNG | 3 (0.1%) |
| 63 | 파랗/VA | 4 (0.2%) | 이만03하/VA | 4 (0.1%) | 더럽/VA | 4 (0.1%) | 길02/VA | 3 (0.1%) |
| 64 | 하얀색/NNG | 4 (0.2%) | 자연01스럽/VA | 4 (0.1%) | 드럽(더럽)/VA | 4 (0.1%) | 따(딱02)/MAG | 3 (0.1%) |
| 65 | 희한하/VA | 4 (0.2%) | 저리01/MAG | 4 (0.1%) | 똑같이/MAG | 4 (0.1%) | 똑같이/MAG | 3 (0.1%) |
| 66 | 깊/VA | 3 (0.1%) | 정상02/NNG | 4 (0.1%) | 불황01/NNG | 4 (0.1%) | 뚱뚱02하0/VA | 3 (0.1%) |
| 67 | 까만색/NNG | 3 (0.1%) | 짝(작01)/VA | 4 (0.1%) | 초록색/NNG | 4 (0.1%) | 세03/VA | 3 (0.1% |
| 68 | 깨갱/MAG | 3 (0.1%) | 쫙/MAG | 4 (0.1%) | 굉장히/MAG | 3 (0.1%) | 유명01하/VA | 3 (0.1%) |
| 69 | 넓/VA | 3 (0.1%) | 파랗/VA | 4 (0.1%) | 그만02/MAG | 3 (0.1%) | 은근히/MAG | 3 (0.1%) |
| 70 | 다르01/VA | 3 (0.1%) | 검02/VA | 3 (0.1%) | 네모나/VA | 3 (0.1%) | 이만03하/VA | 3 (0.1%) |
| 71 | 드럽(더럽)/VA | 3 (0.1%) | 그대로/MAG | 3 (0.1%) | 느리01/VA | 3 (0.1%) | 쪼끄맣/VA | 3 (0.1%) |
| 72 | 분홍01/NNG | 3 (0.1%) | 그만02/MAG | 3 (0.1%) | 다혈질/NNG | 3 (0.1%) | 참01/MAG | 3 (0.1%) |
| 73 | 빠르/VA | 3 (0.1%) | 넓/VA | 3 (0.1%) | 망가지/VV | 3 (0.1%) | 툭01/MAG | 3 (0.1%) |
| 74 | 빨갛/VA | 3 (0.1%) | 높이01/NNG | 3 (0.1%) | 미니02/NNG | 3 (0.1%) | 가만/MAG | 2 (0.1%) |
| 75 | 새06/MM | 3 (0.1%) | 늙/VV | 3 (0.1%) | 뻑/MAG | 3 (0.1%) | 갈색/NNG | 2 (0.1%) |
| 76 | 새롭/VA | 3 (0.1%) | 동그랗/VA | 3 (0.1%) | 살짝01/MAG | 3 (0.1%) | 굳01/VA | 2 (0.1%) |
| 77 | 완전히/MAG | 3 (0.1%) | 드럽(더럽)/VA | 3 (0.1%) | 새06/MM | 3 (0.1%) | 깜짝02/MAG | 2 (0.1%) |
| 78 | 일루01/MAG | 3 (0.1%) | 무겁/VA | 3 (0.1%) | 색깔/NNG | 3 (0.1%) | 깨끗하/VA | 2 (0.1%) |
| 79 | 쭉/MAG | 3 (0.1%) | 섹시가이/NNG | 3 (0.1%) | 심각02하/VA | 3 (0.1%) | 꼴01/NNG | 2 (0.1%) |
| 80 | 천천히/MAG | 3 (0.1%) | 완벽01하/VA | 3 (0.1%) | 쎄(세03)/VA | 3 (0.1%) | 넓/VA | 2 (0.1%) |
| 81 | 가까이/MAG | 2 (0.1%) | 이만큼/MAG | 3 (0.1%) | 은근히/MAG | 3 (0.1%) | 늙/VV | 2 (0.1%) |
| 82 | 가깝/VA | 2 (0.1%) | 일02/MAG | 3 (0.1%) | 일케/MAG | 3 (0.1%) | 달랑02/MAG | 2 (0.1%) |
| 83 | 검은색/NNG | 2 (0.1%) | 저쩌구/MAG | 3 (0.1%) | 조그맣/VA | 3 (0.1%) | 대빵/MAG | 2 (0.1%) |
| 84 | 검정01/NNG | 2 (0.1%) | 제대로/MAG | 3 (0.1%) | 쫙/MAG | 3 (0.1%) | 드물/VA | 2 (0.1%) |
| 85 | 그(그렇)/VA | 2 (0.1%) | 조그맣/VA | 3 (0.1%) | 최악/NNG | 3 (0.1%) | 또라이/NNG | 2 (0.1%) |
| 86 | 꽤꼬닥/MAG | 2 (0.1%) | 조용01하/VA | 3 (0.1%) | 가까이/MAG | 2 (0.0%) | 멀리01/MAG | 2 (0.1%) |
| 87 | 달르(다르01)/VA | 2 (0.1%) | 주로01/MAG | 3 (0.1%) | 가만/MAG | 2 (0.0%) | 몰래01/MAG | 2 (0.1%) |
| 88 | 동그라미/NNG | 2 (0.1%) | 짧/VA | 3 (0.1%) | 가볍/VA | 2 (0.0%) | 반드시/MAG | 2 (0.1%) |
| 89 | 동그랗/VA | 2 (0.1%) | 쩍(적02)/VA | 3 (0.1%) | 간당간당/MAG | 2 (0.0%) | 밝/VA | 2 (0.1%) |
| 90 | 두껍/VA | 2 (0.1%) | 툭01/MAG | 3 (0.1%) | 강하02/VA | 2 (0.0%) | 복잡하/VA | 2 (0.1%) |
| 91 | 듬뿍/MAG | 2 (0.1%) | 팍01/MAG | 3 (0.1%) | 겨우/MAG | 2 (0.0%) | 빨갛/VA | 2 (0.1%) |
| 92 | 따그닥/MAG | 2 (0.1%) | 푹01/MAG | 3 (0.1%) | 괜히/MAG | 2 (0.0%) | 뻔하02/VA | 2 (0.1%) |

| 순위 | 초등학교 저학년 | | 초등학교 고학년 | | 중학생 | | 고등학생 | |
|---|---|---|---|---|---|---|---|---|
| | 형태/품사 | 빈도(비율) | 형태/품사 | 빈도(비율) | 형태/품사 | 빈도(비율) | 형태/품사 | 빈도(비율) |
| 93 | 따르릉/MAG | 2 (0.1%) | 하늘색/NNG | 3 (0.1%) | 그대로/MAG | 2 (0.0%) | 뾰족/MAG | 2 (0.1%) |
| 94 | 땡02/MAG | 2 (0.1%) | 하얀색/NNG | 3 (0.1%) | 급하/VA | 2 (0.0%) | 살짝01/MAG | 2 (0.1%) |
| 95 | 똑같이/MAG | 2 (0.1%) | 하얗/VA | 3 (0.1%) | 길02/VA | 2 (0.0%) | 새06/MM | 2 (0.1%) |
| 96 | 똑똑01/MAG | 2 (0.1%) | 가까이/MAG | 2 (0.0%) | 꽉/MAG | 2 (0.0%) | 새로/MAG | 2 (0.1%) |
| 97 | 막01/MAG | 2 (0.1%) | 가깝/VA | 2 (0.0%) | 동그랗/VA | 2 (0.0%) | 소형03/NNG | 2 (0.1%) |
| 98 | 불량01/NNG | 2 (0.1%) | 건강03하/VA | 2 (0.0%) | 뚱뚱02하/VA | 2 (0.0%) | 완전히/MAG | 2 (0.1%) |
| 99 | 삐/MAG | 2 (0.1%) | 골고루/MAG | 2 (0.0%) | 막01/MAG | 2 (0.0%) | 위험하/VA | 2 (0.1%) |
| 100 | 순01/MAG | 2 (0.1%) | 깨끗하/VA | 2 (0.0%) | 맴맴01/MAG | 2 (0.0%) | 일루01/MAG | 2 (0.1%) |

성상 관련 어휘에는 성질이나 상태를 나타내는 어휘와 의성어, 의태어 등이 포함된다. 성상 관련 어휘로는 모든 학교급에서 '있다01, 없다01, 되다01, 막02'이 고빈도로 사용되었다. 즉 존재의 유무와 상태의 변화를 나타내는 어휘가 고빈도 어휘로 드러났다. '막02'의 경우는 주로 담화표지적 기능으로 사용된 것으로 보인다. 초등학교 저학년 자료에서는 '있다01, 되다01, 막02, 없다01'의 순으로, 초등학교 고학년 자료에서는 '있다01, 되다01, 막02, 그렇다, 이렇게, 진짜, 없다01'의 순으로 자주 나타났다. 즉 초등학교 저학년과 고학년에서 공통적으로 '있다01'가 가장 높은 빈도를 보였다. 중학생 자료에서는 '막02, 되다01, 있다01, 진짜, 없다01, 같다'의 순으로, 고등학생의 자료에서는 '되다01, 진짜, 있다01, 막02, 없다01, 같다'의 순으로 나타났다. 즉 존재의 '있다01'는 학교급이 올라갈수록 사용 비율이 감소하였고, '되다01'는 증가하는 경향을 보인다.

## (2) 감각

감각 관련 어휘는 총 47개의 형태가 451회 출현하였다. 학교급별 사용 어휘를 모두 보이면 다음과 같다.

〈표 4.17〉 감각 관련 어휘의 형태 목록

| 순위 | 초등학교 저학년 | | 초등학교 고학년 | | 중학생 | | 고등학생 | |
|---|---|---|---|---|---|---|---|---|
| | 형태/품사 | 빈도(비율) | 형태/품사 | 빈도(비율) | 형태/품사 | 빈도(비율) | 형태/품사 | 빈도(비율) |
| 1 | 아프/VA | 16 (22.9%) | 아프/VA | 40 (31.3%) | 시끄럽/VA | 26 (20.0%) | 맛있/VA | 28 (22.8%) |
| 2 | 맛있/VA | 15 (21.4%) | 춥/VA | 23 (18.0%) | 맛있/VA | 23 (17.7%) | 아프/VA | 22 (17.9%) |
| 3 | 배고프/VA | 5 (7.1%) | 맛있/VA | 15 (11.7%) | 아프/VA | 20 (15.4%) | 춥/VA | 20 (16.3%) |
| 4 | 춥/VA | 5 (7.1%) | 느낌/NNG | 7 (5.5%) | 배고프/VA | 11 (8.5%) | 배고프/VA | 13 (10.6%) |
| 5 | 맛01/NNG | 4 (5.7%) | 따갑/VA | 5 (3.9%) | 맛01/NNG | 9 (6.9%) | 시끄럽/VA | 10 (8.1%) |
| 6 | 차갑/VA | 4 (5.7%) | 덥01/VA | 4 (3.1%) | 느낌/NNG | 8 (6.2%) | 맛01/NNG | 6 (4.9%) |
| 7 | 따뜻하/VA | 3 (4.3%) | 맛01/NNG | 4 (3.1%) | 맛없/VA | 7 (5.4%) | 간지럽/VA | 3 (2.4%) |
| 8 | 마렵/VA | 3 (4.3%) | 맛없/VA | 4 (3.1%) | 달07/VA | 3 (2.3%) | 뜨겁/VA | 3 (2.4%) |
| 9 | 느끼01하/VA | 2 (2.9%) | 배고프/VA | 4 (3.1%) | 느끼01하/VA | 2 (1.5%) | 가렵/VA | 2 (1.6%) |

| 순위 | 초등학교 저학년 | | 초등학교 고학년 | | 중학생 | | 고등학생 | |
|---|---|---|---|---|---|---|---|---|
| | 형태/품사 | 빈도(비율) | 형태/품사 | 빈도(비율) | 형태/품사 | 빈도(비율) | 형태/품사 | 빈도(비율) |
| 10 | 느낌/NNG | 2 (2.9%) | 썰렁하/VA | 4 (3.1%) | 따뜻하/VA | 2 (1.5%) | 느낌/NNG | 2 (1.6%) |
| 11 | 달07/VA | 2 (2.9%) | 간지럽/VA | 3 (2.3%) | 배부르/VA | 2 (1.5%) | 맛없/VA | 2 (1.6%) |
| 12 | 맛없/VA | 2 (2.9%) | 필11/NNG | 3 (2.3%) | 시원01하/VA | 2 (1.5%) | 배부르/VA | 2 (1.6%) |
| 13 | 색칠/NNG | 2 (2.9%) | 시끄럽/VA | 2 (1.6%) | 춥/VA | 2 (1.5%) | 썰렁하/VA | 2 (1.6%) |
| 14 | 덥01/VA | 1 (1.4%) | 간질01거리다/VV | 1 (0.8%) | 끈적끈적하/VA | 1 (0.8%) | 감각02/NNG | 1 (0.8%) |
| 15 | 맵/VA | 1 (1.4%) | 고프/VA | 1 (0.8%) | 따뜻하/VA | 1 (0.8%) | 눅눅하/VA | 1 (0.8%) |
| 16 | 시끄럽/VA | 1 (1.4%) | 달07/VA | 1 (0.8%) | 뜨겁/VA | 1 (0.8%) | 덥01/VA | 1 (0.8%) |
| 17 | 으시시하/VA | 1 (1.4%) | 따뜻하/VA | 1 (0.8%) | 뜻뜻(뜨뜻)하/VA | 1 (0.8%) | 따뜻하/VA | 1 (0.8%) |
| 18 | 짜03/VA | 1 (1.4%) | 뜨겁/VA | 1 (0.8%) | 목마르/VA | 1 (0.8%) | 맛있(멋있)/VA | 1 (0.8%) |
| 19 | | | 마렵/VA | 1 (0.8%) | 몽롱하/VA | 1 (0.8%) | 배불르/VA | 1 (0.8%) |
| 20 | | | 시원01하/VA | 1 (0.8%) | 부드럽/VA | 1 (0.8%) | 시원01하/VA | 1 (0.8%) |
| 21 | | | 써늘하/VA | 1 (0.8%) | 시원01/XR | 1 (0.8%) | 졸렵/VV | 1 (0.8%) |
| 22 | | | 직감/NNG | 1 (0.8%) | 썰렁하/VA | 1 (0.8%) | | |
| 23 | | | 찐득찐득하/VV | 1 (0.8%) | 저리01/VV | 1 (0.8%) | | |
| 24 | | | | | 차디차/VA | 1 (0.8%) | | |
| 25 | | | | | 포근하/VA | 1 (0.8%) | | |
| 26 | | | | | 푹신01하/VA | 1 (0.8%) | | |

감각 관련 어휘의 경우 학교급별로 일정한 사용 양상이 나타나지는 않는다. 초등학교 저학년에서는 '아프다, 맛있다, 배고프다, 춥다, 맛01, 차갑다'의 순으로 자주 사용되고, 초등학교 고학년에서는 '아프다, 춥다, 맛있다, 느낌, 따갑다, 덥다01, 맛01, 맛없다, 배고프다, 썰렁하다'의 순으로 자주 관찰된다. 중학생 자료에서는 '시끄럽다, 맛있다, 아프다, 배고프다', 고등학생 자료에서는 '맛있다, 아프다, 춥다, 배고프다, 시끄럽다'의 순으로 자주 출현하였다. 고빈도 형태 목록에 공통적으로 포함된 형태로는 '아프다, 맛있다, 배고프다, 춥다' 등이 있다.

### (3) 가치·정서·심리

가치·정서·심리 관련 어휘는 본 자료에서 총 258개 형태가 3,661회 출현하였다. 학교급별 출현 어휘를 고빈도순으로 50개까지 보이면 다음과 같다.

〈표 4.18〉 가치·정서·심리 관련 어휘의 고빈도 형태 목록(고빈도 형태 50개)

| 순위 | 초등학교 저학년 | | 초등학교 고학년 | | 중학생 | | 고등학생 | |
|---|---|---|---|---|---|---|---|---|
| | 형태/품사 | 빈도(비율) | 형태/품사 | 빈도(비율) | 형태/품사 | 빈도(비율) | 형태/품사 | 빈도(비율) |
| 1 | 좋01/VA | 192 (26.1%) | 좋01/VA | 185 (16.6%) | 좋01/VA | 191 (18.3%) | 좋01/VA | 146 (19.1%) |
| 2 | 재밌/VA | 79 (10.7%) | 재밌/VA | 119 (10.7%) | 싫01/VA | 84 (8.0%) | 싫01/VA | 53 (6.9%) |
| 3 | 무섭/VA | 62 (8.4%) | 싫01/VA | 94 (8.4%) | 재밌/VA | 48 (4.6%) | 재밌/VA | 35 (4.6%) |
| 4 | 싫01/VA | 51 (6.9%) | 무섭/VA | 68 (6.1%) | 괜찮/VA | 37 (3.5%) | 괜찮/VA | 32 (4.2%) |
| 5 | 똑같/VA | 20 (2.7%) | 재미있/VA | 43 (3.8%) | 못04하/VV | 34 (3.3%) | 힘들/VA | 23 (3.0%) |

| 순위 | 초등학교 저학년 | | 초등학교 고학년 | | 중학생 | | 고등학생 | |
|---|---|---|---|---|---|---|---|---|
| | 형태/품사 | 빈도(비율) | 형태/품사 | 빈도(비율) | 형태/품사 | 빈도(비율) | 형태/품사 | 빈도(비율) |
| 6 | 어렵/VA | 19 (2.6%) | 못04하/VA | 38 (3.4%) | 힘들/VA | 31 (3.0%) | 딴03/MM | 19 (2.5%) |
| 7 | 귀엽/VA | 18 (2.4%) | 다른/MM | 37 (3.3%) | 이쁘/VA | 28 (2.7%) | 못04하/VV | 18 (2.4%) |
| 8 | 다른/MM | 18 (2.4%) | 재미없/VA | 28 (2.5%) | 멋있/VA | 24 (2.3%) | 귀찮/VA | 14 (1.8%) |
| 9 | 못04하/VA | 17 (2.3%) | 어렵/VA | 25 (2.2%) | 어렵/VA | 24 (2.3%) | 이쁘/VA | 14 (1.8%) |
| 10 | 재미있/VA | 15 (2.0%) | 괜찮/VA | 23 (2.1%) | 재미없/VA | 20 (1.9%) | 다른/MM | 13 (1.7%) |
| 11 | 따른(다른)/MM | 14 (1.9%) | 똑같/VA | 22 (2.0%) | 친하/VA | 20 (1.9%) | 따른(다른)/MM | 13 (1.7%) |
| 12 | 괜찮/VA | 13 (1.8%) | 친하/VA | 22 (2.0%) | 다른/MM | 19 (1.8%) | 친하/VA | 13 (1.7%) |
| 13 | 친하/VA | 12 (1.6%) | 힘들/VA | 21 (1.9%) | 똑같/VA | 19 (1.8%) | 무섭/VA | 12 (1.6%) |
| 14 | 재미없/VA | 11 (1.5%) | 나쁘01/VA | 19 (1.7%) | 지랄/NNG | 18 (1.7%) | 낫02/VA | 11 (1.4%) |
| 15 | 멋있/VA | 10 (1.4%) | 착하/VA | 19 (1.7%) | 딴03/MM | 17 (1.6%) | 심심01하/VA | 11 (1.4%) |
| 16 | 심심01하/VA | 10 (1.4%) | 심심01하/VA | 18 (1.6%) | 재미있/VA | 17 (1.6%) | 귀엽/VA | 10 (1.3%) |
| 17 | 낫02/VA | 9 (1.2%) | 낫02/VA | 17 (1.5%) | 낫02/VA | 16 (1.5%) | 똑같/VA | 10 (1.3%) |
| 18 | 쉽/VA | 9 (1.2%) | 불쌍하/VA | 14 (1.3%) | 귀엽/VA | 15 (1.4%) | 멋있/VA | 10 (1.3%) |
| 19 | 예쁘/VA | 9 (1.2%) | 당연03하/VA | 13 (1.2%) | 나쁘01/VA | 15 (1.4%) | 비싸/VA | 10 (1.3%) |
| 20 | 이쁘/VA | 9 (1.2%) | 따른(다른)/MM | 13 (1.2%) | 착하/VA | 15 (1.4%) | 착하/VA | 10 (1.3%) |
| 21 | 당연히01/MAG | 8 (1.1%) | 멋있/VA | 12 (1.1%) | 불쌍하/VA | 14 (1.3%) | 나쁘01/VA | 9 (1.2%) |
| 22 | 착하/VA | 8 (1.1%) | 이쁘/VA | 12 (1.1%) | 황당하/VA | 14 (1.3%) | 미안01하/VA | 9 (1.2%) |
| 23 | 마찬가지/NNG | 6 (0.8%) | 딴03/MM | 11 (1.0%) | 비싸/VA | 12 (1.1%) | 어렵/VA | 8 (1.0%) |
| 24 | 당연03하/VA | 5 (0.7%) | 미안01하/VA | 10 (0.9%) | 심하/VA | 12 (1.1%) | 편하/VA | 8 (1.0%) |
| 25 | 딴03/MM | 5 (0.7%) | 비싸/VA | 10 (0.9%) | 미안01하/VA | 11 (1.1%) | 딩연03하/VA | 7 (0.9%) |
| 26 | 불쌍하/VA | 5 (0.7%) | 귀엽/VA | 9 (0.8%) | 어색02하/VA | 11 (1.1%) | 당연히01/MAG | 7 (0.9%) |
| 27 | 신기14하/VA | 5 (0.7%) | 신기14하/VA | 9 (0.8%) | 당연03하/VA | 10 (1.0%) | 상관없/VA | 7 (0.9%) |
| 28 | 가난01하/VA | 4 (0.5%) | 슬프/VA | 7 (0.6%) | 따른(다른)/MM | 9 (0.9%) | 쉽/VA | 7 (0.9%) |
| 29 | 나쁘01/VA | 4 (0.5%) | 아깝/VA | 7 (0.6%) | 어이없/VA | 9 (0.9%) | 어색02하/VA | 7 (0.9%) |
| 30 | 똑똑02하/VA | 4 (0.5%) | 예쁘/VA | 7 (0.6%) | 당연히01/MAG | 8 (0.8%) | 예쁘/VA | 7 (0.9%) |
| 31 | 엄청나/VA | 4 (0.5%) | 귀찮/VA | 6 (0.5%) | 아깝/VA | 8 (0.8%) | 어이없/VA | 6 (0.8%) |
| 32 | 치사01하/VA | 4 (0.5%) | 꾸리(구리)/VA | 6 (0.5%) | 허접02/NNG | 8 (0.8%) | 지겹/VA | 6 (0.8%) |
| 33 | 힘들/VA | 4 (0.5%) | 공평01하/VA | 5 (0.4%) | 무섭/VA | 7 (0.7%) | 황당하/VA | 6 (0.8%) |
| 34 | 고맙01/VA | 3 (0.4%) | 못하/VX | 5 (0.4%) | 소중01하/VA | 7 (0.7%) | 별02/MM | 5 (0.7%) |
| 35 | 대단01하/VA | 3 (0.4%) | 쉽/VA | 5 (0.4%) | 쉽/VA | 6 (0.6%) | 불편01하/VA | 5 (0.7%) |
| 36 | 삥01하/VX | 3 (0.4%) | 시시02하/VA | 5 (0.4%) | 신기14하/VA | 6 (0.6%) | 슬프/VA | 5 (0.7%) |
| 37 | 심하/VA | 3 (0.4%) | 심하/VA | 5 (0.4%) | 심심01하/VA | 6 (0.6%) | 자상01하/VA | 5 (0.7%) |
| 38 | 감동적/NNG | 2 (0.3%) | 쪽팔리/VV | 5 (0.4%) | 예쁘/VA | 6 (0.6%) | 재미없/VA | 5 (0.7%) |
| 39 | 귀찮/VA | 2 (0.3%) | 고맙/VA | 4 (0.4%) | 편하/VA | 6 (0.6%) | 재미있/VA | 5 (0.7%) |
| 40 | 다행/NNG | 2 (0.3%) | 당연히01/MAG | 4 (0.4%) | 귀찮/VA | 5 (0.5%) | 지랄/NNG | 5 (0.7%) |
| 41 | 똑같이/MAG | 2 (0.3%) | 더하/VA | 4 (0.4%) | 상관없/VA | 5 (0.5%) | 친절하/VA | 5 (0.7%) |
| 42 | 멀쩡하/VA | 2 (0.3%) | 똑같이/MAG | 4 (0.4%) | 잘나/VA | 5 (0.5%) | 심하/VA | 4 (0.5%) |
| 43 | 못생기/VA | 2 (0.3%) | 모자라/VV | 4 (0.4%) | 똑같이/MAG | 4 (0.4%) | 잘못/MAG | 4 (0.5%) |
| 44 | 부끄럽/VA | 2 (0.3%) | 야비/XR | 4 (0.4%) | 못생기/VA | 4 (0.4%) | 즐겁/VA | 4 (0.5%) |
| 45 | 비싸/VA | 2 (0.3%) | 지겹/VA | 4 (0.4%) | 추하01/VA | 4 (0.4%) | 당황스럽/VA | 3 (0.4%) |
| 46 | 싸05/VA | 2 (0.3%) | 편하/VA | 4 (0.4%) | 가식적/NNG | 3 (0.3%) | 똑같이/MAG | 3 (0.4%) |
| 47 | 잔인하/VA | 2 (0.3%) | 싸05/VA | 3 (0.3%) | 곤란하/VA | 3 (0.3%) | 못하/VX | 3 (0.4%) |
| 48 | 재미나/VV | 2 (0.3%) | 어색02하/VA | 3 (0.3%) | 띠껍(티껍)/VA | 3 (0.3%) | 민망02하/VA | 3 (0.4%) |
| 49 | 지겹/VA | 2 (0.3%) | 잘못/MAG | 3 (0.3%) | 못하/VX | 3 (0.3%) | 반갑/VA | 3 (0.4%) |
| 50 | 지저분하/VA | 2 (0.3%) | 잘생기/VA | 3 (0.3%) | 부럽/VA | 3 (0.3%) | 부럽/VA | 3 (0.4%) |

위 표에 나타난 학교급별 사용 어휘를 보면, 모든 학교급에서 긍정의 의미를 지닌 '좋다01'가 가장 높은 빈도를 보이고 있고, 다른 어휘와의 빈도 차이도 크다. 초등학교 저학년 자료에서는 '좋다01'에 이어 '재밌다, 무섭다, 싫다01' 등이 자주 쓰이고, 초등학교 고학년 자료에서는 '재밌다, 싫다01,무섭다'의 순으로 많이 쓰인다. 중학생과 고등학생 자료에서는 '싫다01, 재밌다' 등이 '좋다01'의 뒤를 이어 활발히 사용되고 있다.

가치·정서·심리 관련 어휘에 속하는 고빈도 형태들은 긍정 평가어와 부정 평가어로 구분해 볼 수 있다. 학교급별로 긍정 평가어와 부정 평가어를 목록화해 보이면 다음과 같다.

〈표 4.19〉 가치·정서·심리 관련 어휘의 학교급별 긍정/부정 평가어 목록

| 학교급 | 긍정 | | 부정 | |
|---|---|---|---|---|
| | 형태 | 형태 수 | 형태 | 형태 수 |
| 초등학교 저학년 | 감동적, 고맙다01, 괜찮다, 귀엽다, 낫다02, 다행, 대단01하다, 똑똑02하다, 멀쩡하다, 멋있다, 쉽다, 신기14하다, 싸다05, 예쁘다, 이쁘다, 재미나다, 재미있다, 재밌다, 좋다01, 착하다, 친하다 | 21 | 가난01하다, 귀찮다, 나쁘다01,못04하다, 못생기다, 무섭다, 부끄럽다, 불쌍하다, 비싸다, 뻔01하다, 싫다01, 심심01하다, 심하다, 어렵다, 잔인하다, 재미없다, 지겹다, 지저분하다, 치사01하다, 힘들다 | 20 |
| 초등학교 고학년 | 고맙다01, 공평01하다, 괜찮다, 귀엽다, 낫다02, 더하다, 멋있다, 쉽다, 신기14하다, 싸다05, 예쁘다, 이쁘다, 잘생기다, 재미있다, 재밌다, 좋다01, 착하다, 친하다, 편하다 | 19 | 귀찮다, 꾸리(구리)다, 나쁘01다, 모자라다, 못04하다, 무섭다, 불쌍하다, 비싸다, 슬프다, 시시02하다, 싫01다, 심심01하다, 심하다, 아깝다, 야비, 어렵다, 어색02하다, 잘못. 재미없다, 지겹다, 쪽팔리다, 힘들다 | 21 |
| 중학생 | 괜찮다, 귀엽다, 낫다02, 멋있다, 소중01하다, 쉽다, 신기14하다, 예쁘다, 이쁘다, 잘나다, 재미있다, 재밌다, 좋다01, 착하다, 친하다, 편하다 | 16 | 가식적, 곤란하다, 귀찮다, 나쁘다01, 띠껍(티껍)다, 못04하다, 못생기다, 못하다, 무섭다, 불쌍하다, 비싸다, 싫다01, 심심01하다, 심하다, 아깝다, 어렵다, 어색02하다, 어이없다, 재미없다, 지랄, 추하다01, 허접02, 황당하다, 힘들다 | 19 |
| 고등학생 | 괜찮다, 귀엽다, 낫다02, 멋있다, 반갑다, 쉽다, 예쁘다, 이쁘다, 자상01하다, 재미있다, 재밌다, 좋다01, 즐겁다, 착하다, 친절하다, 친하다, 편하다 | 17 | 귀찮다, 나쁘다01, 못04하다, 무섭다, 민망02하다, 불편01하다, 비싸다, 슬프다, 싫다01, 심심01하다, 심하다, 어렵다, 어색02하다, 어이없다, 잘못, 재미없다, 지겹다, 지랄, 황당하다, 힘들다 | 20 |

위 표를 살펴보면, 초등학교 저학년 단계에서는 긍정적 의미를 지닌 어휘 수가 1개 더 많았지만, 초등학교 고학년과 중학생, 고등학생 자료에서는 부정적 의미를 지닌 어휘가 더 많이 사용된 것이 확인된다.

앞서 긍정과 부정 의미를 지닌 어휘 수를 살펴보았는데, 사용 빈도에서도 같은 양상이 나타나는지를 확인하기 위해, 긍정의 의미를 지닌 어휘와 부정의 의미를 지닌 어휘 형태의 학교급별 사용 빈도를 분석해 보았다.

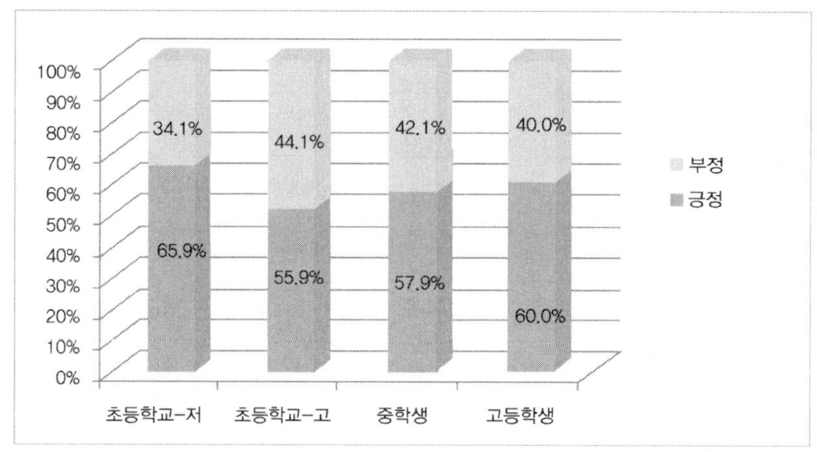


[그림 3] 가치·정서·심리 관련 어휘의 학교급별 긍정/부정 평가어 출현 비율

앞서 살핀 어휘 수에서는 초등학교 고학년과 중학생, 고등학생 자료에서 긍정의 어휘보다 부정의 어휘 수가 더 많았는데 사용 빈도에서는 다른 양상을 보인다. [그림 3]에서 보는 바와 같이 긍정의 의미를 지닌 어휘들의 사용 빈도가 좀 더 높다. 긍정 평가어와 부정 평가어의 비율은 학교급별로 차이를 보이는데, 초등학교 저학년은 부정 어휘가 34% 정도인 반면, 나머지 학교급에서는 40% 이상의 비율을 보인다.

### (4) 정도

정도 관련 어휘는 78개의 형태가 총 2,030회 출현하였다. 학교급에 따라 고빈도순으로 어휘를 제시하면 다음과 같다.

〈표 4.20〉 정도 관련 어휘의 형태 목록

| 순위 | 초등학교 저학년 형태/품사 | 빈도(비율) | 초등학교 고학년 형태/품사 | 빈도(비율) | 중학생 형태/품사 | 빈도(비율) | 고등학생 형태/품사 | 빈도(비율) |
|---|---|---|---|---|---|---|---|---|
| 1 | 제일04/MAG | 76 (19.0%) | 너무01/MAG | 100 (16.6%) | 너무01/MAG | 152 (23.5%) | 너무01/MAG | 73 (19.2%) |
| 2 | 너무01/MAG | 55 (13.7%) | 더01/MAG | 72 (11.9%) | 되게/MAG | 100 (15.5%) | 되게/MAG | 68 (17.9%) |
| 3 | 더01/MAG | 43 (10.7%) | 되게/MAG | 59 (9.8%) | 더01/MAG | 81 (12.5%) | 존나/MAG | 47 (12.4%) |
| 4 | 아주01/MAG | 30 (7.5%) | 제일04/MAG | 58 (9.6%) | 존나/MAG | 48 (7.4%) | 더01/MAG | 45 (11.8%) |
| 5 | 되게/MAG | 26 (6.5%) | 거의01/MAG | 31 (5.1%) | 제일04/MAG | 36 (5.6%) | 거의01/MAG | 16 (4.2%) |
| 6 | 엄청/MAG | 26 (6.5%) | 엄청/MAG | 24 (4.0%) | 엄청/MAG | 22 (3.4%) | 제일04/MAG | 12 (3.2%) |
| 7 | 젤/MAG | 23 (5.7%) | 맨01/MM | 21 (3.5%) | 거의01/MAG | 21 (3.3%) | 좃나/MAG | 11 (2.9%) |
| 8 | 짱02/MAG | 16 (4.0%) | 존나/MAG | 20 (3.3%) | 짱02/MAG | 20 (3.1%) | 아예/MAG | 9 (2.4%) |
| 9 | 쪼금/MAG | 10 (2.5%) | 디게(되게)/MAG | 19 (3.2%) | 졸라02/MAG | 15 (2.3%) | 맨01/MM | 8 (2.1%) |
| 10 | 보통/NNG | 9 (2.2%) | 아주01/MAG | 18 (3.0%) | 패01/MAG | 12 (1.9%) | 아주01/MAG | 7 (1.8%) |
| 11 | 거의01/MAG | 8 (2.0%) | 졸라02/MAG | 14 (2.3%) | 가장01/MAG | 10 (1.5%) | 디게(되게)/MAG | 6 (1.6%) |
| 12 | 디게(되게)/MAG | 8 (2.0%) | 쫌02/XSN | 14 (2.3%) | 맨01/MM | 10 (1.5%) | 조금01/MAG | 6 (1.6%) |
| 13 | 쫌02/XSN | 8 (2.0%) | 젤/MAG | 11 (1.8%) | 보통/NNG | 9 (1.4%) | 보통/NNG | 5 (1.3%) |
| 14 | 대게(되게)/MAG | 7 (1.7%) | 쪼금/MAG | 11 (1.8%) | 아주01/MAG | 9 (1.4%) | 엄청/MAG | 5 (1.3%) |
| 15 | 맨01/MM | 7 (1.7%) | 보통/NNG | 10 (1.7%) | 약간/NNG | 8 (1.2%) | 젤/MAG | 5 (1.3%) |
| 16 | 조금01/MAG | 6 (1.5%) | 아예/MAG | 10 (1.7%) | 아예/MAG | 7 (1.1%) | 님(너무01)/MAG | 4 (1.1%) |
| 17 | 가장01/MAG | 5 (1.2%) | 열라/MAG | 10 (1.7%) | 조금01/MAG | 6 (0.9%) | 쪼끔/MAG | 4 (1.1%) |
| 18 | 쪼끔/MAG | 5 (1.2%) | 대게(되게)/MAG | 9 (1.5%) | 쫌02/XSN | 6 (0.9%) | 훨씬/MAG | 4 (1.1%) |
| 19 | 전부05/MAG | 4 (1.0%) | 조금01/MAG | 9 (1.5%) | 훨씬/MAG | 6 (0.9%) | 대게(되게)/MAG | 3 (0.8%) |
| 20 | 존나/MAG | 3 (0.7%) | 최고02/NNG | 9 (1.5%) | 다03/NNG | 5 (0.8%) | 열라/MAG | 3 (0.8% |
| 21 | 쩰(젤)/MAG | 3 (0.7%) | 가장01/MAG | 7 (1.2%) | 젤/MAG | 5 (0.8%) | 쪼금/MAG | 3 (0.8%) |
| 22 | 패01/MAG | 2 (0.5%) | 짱02/MAG | 6 (1.0%) | 쪼금/MAG | 5 (0.8%) | 쫌(좀02)/NNG | 3 (0.8%) |
| 23 | 아예/MAG | 2 (0.5%) | 패01/MAG | 5 (0.8%) | 극치04/NNG | 4 (0.6%) | 쫌02/XSN | 3 (0.8%) |
| 24 | 쪼금/NNG | 2 (0.5%) | 쩰(젤)/MAG | 5 (0.8%) | 매우01/MAG | 4 (0.6%) | 훨(훨씬)/MAG | 3 (0.8%) |
| 25 | 쬠(조금01)/MAG | 2 (0.5%) | 대따/MAG | 4 (0.7%) | 조또/MAG | 4 (0.6%) | 개12/XSN | 2 (0.5%) |
| 26 | 훨(훨씬)/MAG | 2 (0.5%) | 쪼금/NNG | 4 (0.7%) | 좃나/MAG | 4 (0.6%) | 패01/MAG | 2 (0.5%) |
| 27 | 다03/NNG | 1 (0.2%) | 훨씬/MAG | 4 (0.7%) | 대게(되게)/MAG | 3 (0.5%) | 데게(되게)/MAG | 2 (0.5%) |
| 28 | 대따/MAG | 1 (0.2%) | 거의01/NNG | 3 (0.5%) | 대부분/NNG | 3 (0.5%) | 욘나/MAG | 2 (0.5%) |
| 29 | 더욱더/MAG | 1 (0.2%) | 조금씩/MAG | 3 (0.5%) | 디게(되게)/MAG | 3 (0.5%) | 전부05/MAG | 2 (0.5%) |
| 30 | 디따/MAG | 1 (0.2%) | 쩨일(제일04)/NNG | 3 (0.5%) | 전부05/MAG | 3 (0.5%) | 쩨일(제일04)/MAG | 2 (0.5%) |
| 31 | 열나/MAG | 1 (0.2%) | 쪼끔/MAG | 3 (0.5%) | 최고02/NNG | 3 (0.5%) | 최고02/NNG | 2 (0.5%) |
| 32 | 열라/MAG | 1 (0.2%) | 너무나/MAG | 2 (0.3%) | 충분히/MAG | 3 (0.5%) | 가장01/MAG | 1 (0.3%) |
| 33 | 조까(조금01)/MAG | 1 (0.2%) | 님(너무01)/MAG | 2 (0.3%) | 캡짱/MAG | 3 (0.5%) | 대개(되게)/MAG | 1 (0.3%) |
| 34 | 짜금(조금01)/NNG | 1 (0.2%) | 약간/NNG | 2 (0.3%) | 쪼금/NNG | 2 (0.3%) | 보다02/MAG | 1 (0.3%) |
| 35 | 쩨일(제일04)/NNG | 1 (0.2%) | 워낙/MAG | 2 0.3%) | 쪼끔/MAG | 2 (0.3%) | 약간/NNG | 1 (0.3%) |
| 36 | 쪼끔/NNG | 1 (0.2%) | 쩨일(제일04)/MAG | 2 (0.3%) | 쫌(좀02)/NNG | 2 (0.3%) | 열나/MAG | 1 (0.3%) |
| 37 | 쬐금/NNG | 1 (0.2%) | 하두(하도01)/MAG | 2 (0.3%) | 개12/XSN | 1 (0.2%) | 욜라/MAG | 1 (0.3%) |
| 38 | 쬐끔/MAG | 1 (0.2%) | 극05/XSN | 1 (0.2%) | 너무나/MAG | 1 (0.2%) | 워낙/MAG | 1 (0.3%) |
| 39 | 하두(하도01)/MAG | 1 (0.2%) | 다03/NNG | 1 (0.2%) | 님(너무01)/MAG | 1 (0.2%) | 잔뜩/MAG | 1 (0.3%) |
| 40 |  |  | 대개02/MAG | 1 (0.2%) | 대따/MAG | 1 (0.2%) | 조금씩/MAG | 1 (0.3%) |
| 41 |  |  | 디개(되게)/MAG | 1 (0.2%) | 디따/MAG | 1 (0.2%) | 좀니/MAG | 1 (0.3%) |
| 42 |  |  | 디따/MAG | 1 (0.2%) | 보다02/MAG | 1 (0.2%) | 즘(좀02)/MAG | 1 (0.3%) |
| 43 |  |  | 매우01/MAG | 1 (0.2%) | 욘나게/MAG | 1 (0.2%) | 짱02/MAG | 1 (0.3%) |
| 44 |  |  | 연나(열라)/MAG | 1 (0.2%) | 조금씩/MAG | 1 (0.2%) | 최대한/NNG | 1 (0.3%) |

| 순위 | 초등학교 저학년 | | 초등학교 고학년 | | 중학생 | | 고등학생 | |
|---|---|---|---|---|---|---|---|---|
| | 형태/품사 | 빈도(비율) | 형태/품사 | 빈도(비율) | 형태/품사 | 빈도(비율) | 형태/품사 | 빈도(비율) |
| 45 | | | 좃빠/MAG | 1 (0.2%) | 조끔씩/MAG | 1 (0.2%) | | |
| 46 | | | 좃나/MAG | 1 (0.2%) | 쩨일(제일04)/MAG | 1 (0.2%) | | |
| 47 | | | 줌(좀02)/MAG | 1 (0.2%) | | | | |
| 48 | | | 쪼끔씩/MAG | 1 (0.2%) | | | | |
| 49 | | | 쪼끔쪼끔씩/MAG | 1 (0.2%) | | | | |
| 50 | | | 쬐끔/MAG | 1 (0.2%) | | | | |
| 51 | | | 충분히/MAG | 1 (0.2%) | | | | |
| 52 | | | 하이04/NNG | 1 (0.2%) | | | | |

위 표를 보면, 초등학생 저학년 단계를 제외하고 모든 학교급에서 '너무01'가 가장 높은 빈도를 보이고 있다. 초등학교 저학년은 '제일04, 너무01, 더01, 아주01, 되게, 엄청'의 순으로, 초등학교 고학년은 '너무01, 더01, 되게, 제일04, 거의'의 순으로 자주 사용하는 것으로 나타났다. 중학교 단계에서는 '너무01, 되게, 더01, 존나, 제일04'의 순으로, 고등학교 단계에서는 '너무01, 되게, 존나, 더01'의 순이었다.

정도 관련 어휘에서 눈에 띄는 현상으로는 구어적인 표현이 비교적 활발히 사용되고 있다는 점이다. '되게, 엄청, 너무01' 등의 부사나, '젤, 이케, 휠(훨씬)' 등의 축약형이 관찰된다. 또한, '되게(디게), 존나, 졸라, 짱, 좃나' 등 비속어 표현도 높은 빈도로 나타난다.


## 4.1.1.4 공간

공간 관련 어휘는 '위치, 지역(지명), 우주·추상 공간'로 구분하고, 여기에 '시설'을 포함하였다. 이들의 고빈도 어휘 목록과 사용상 특징을 살펴보기로 한다.


### (1) 위치

위치 관련 어휘는 모두 94개의 형태가 총 1,662회 출현하였다. 학교급별 출현 어휘를 빈도 순으로 50개까지 제시하면 다음과 같다.


<표 4.21> 위치 관련 어휘의 형태 목록

| 순위 | 초등학교 저학년 | | 초등학교 고학년 | | 중학생 | | 고등학생 | |
|---|---|---|---|---|---|---|---|---|
| | 형태/품사 | 빈도(비율) | 형태/품사 | 빈도(비율) | 형태/품사 | 빈도(비율) | 형태/품사 | 빈도(비율) |
| 1 | 거기01/NP | 75 (22.7%) | 거기01/NP | 147 (24.9%) | 거기01/NP | 93 (22.3%) | 여기01/NP | 67 (20.6%) |
| 2 | 여기01/NP | 71 (21.5%) | 여기01/NP | 140 (23.7%) | 여기01/NP | 65 (15.6%) | 거기01/NP | 55 (16.9%) |
| 3 | 저기01/NP | 29 (8.8%) | 뒤01/NNG | 32 (5.4%) | 데01/NNB | 44 (10.6%) | 데01/NNB | 42 (12.9%) |
| 4 | 옆/NNG | 17 (5.2%) | 데01/NNB | 31 (5.2%) | 옆/NNG | 20 (4.8%) | 안01/NNG | 18 (5.5%) |

| 순위 | 초등학교 저학년 | | 초등학교 고학년 | | 중학생 | | 고등학생 | |
|---|---|---|---|---|---|---|---|---|
| | 형태/품사 | 빈도(비율) | 형태/품사 | 빈도(비율) | 형태/품사 | 빈도(비율) | 형태/품사 | 빈도(비율) |
| 5 | 위01/NNG | 16 (4.8%) | 옆/NNG | 30 (5.1%) | 저기01/NP | 20 (4.8%) | 옆/NNG | 13 (4.0%) |
| 6 | 밖/NNG | 13 (3.9%) | 위01/NNG | 21 (3.6%) | 앞/NNG | 15 (3.6%) | 쪽05/NNB | 13 (4.0%) |
| 7 | 데01/NNB | 12 (3.6%) | 앞/NNG | 19 (3.2%) | 쪽05/NNB | 15 (3.6%) | 앞/NNG | 10 (3.1%) |
| 8 | 뒤01/NNG | 10 (3.0%) | 저기01/NP | 19 (3.2%) | 뒤01/NNG | 13 (3.1%) | 저기01/NP | 10 (3.1%) |
| 9 | 속01/NNG | 7 (2.1%) | 안01/NNG | 13 (2.2%) | 안01/NNG | 11 (2.6%) | 중간01/NNG | 9 (2.8%) |
| 10 | 밑01/NNG | 6 (1.8%) | 밑01/NNG | 12 (2.0%) | 중간01/NNG | 10 (2.4%) | 뒤01/NNG | 8 (2.5%) |
| 11 | 앞/NNG | 6 (1.8%) | 사이01/NNG | 12 (2.0%) | 밑01/NNG | 8 (1.9%) | 속01/NNG | 8 (2.5%) |
| 12 | 이쪽02/NP | 5 (1.5%) | 속01/NNG | 10 (1.7%) | 밖/NNG | 7 (1.7%) | 명당/NNG | 6 (1.8%) |
| 13 | 곳01/NNG | 4 (1.2%) | 아래01/NNG | 9 (1.5%) | 상02/NNG | 7 (1.7%) | 밖/NNG | 6 (1.8%) |
| 14 | 군데/NNB | 4 (1.2%) | 밖/NNG | 8 (1.4%) | 땅01/NNG | 5 (1.2%) | 사이01/NNG | 5 (1.5%) |
| 15 | 요기01/NP | 4 (1.2%) | 집안01/NNG | 8 (1.4%) | 바닥01/NNG | 5 (1.2%) | 여06/NP | 5 (1.5%) |
| 16 | 쪽05/NNB | 4 (1.2%) | 곳01/NNG | 6 (1.0%) | 속01/NNG | 5 (1.2%) | 간10/NNB | 4 (1.2%) |
| 17 | 한쪽/NNG | 4 (1.2%) | 땅01/NNG | 5 (0.8%) | 위01/NNG | 5 (1.2%) | 근처/NNG | 4 (1.2%) |
| 18 | 가운데/NNG | 3 (0.9%) | 요기01/NP | 5 (0.8%) | 저쪽/NP | 5 (1.2%) | 밑01/NNG | 4 (1.2%) |
| 19 | 그기(거기01)/NP | 3 (0.9%) | 쪽05/NNB | 5 (0.8%) | 곳01/NNG | 4 (1.0%) | 아래01/NNG | 4 (1.2%) |
| 20 | 땅01/NNG | 3 (0.9%) | 거꾸로/MAG | 4 (0.7%) | 근처/NNG | 4 (1.0%) | 장소05/NNG | 4 (1.2%) |
| 21 | 사이01/NNG | 3 (0.9%) | 부분/NNG | 3 (0.5%) | 사이01/NNG | 4 (1.0%) | 가운데/NNG | 3 (0.9%) |
| 22 | 저쪽/NP | 3 (0.9%) | 입구02/NNG | 3 (0.5%) | 군데/NNB | 3 (0.7%) | 바깥/NNG | 3 (0.9%) |
| 23 | 중간01/NNG | 3 (0.9%) | 중간01/NNG | 3 (0.5%) | 요기01/NP | 3 (0.7%) | 저쪽/NP | 3 (0.9%) |
| 24 | 구멍/NNG | 2 (0.6%) | 가운데/NNG | 2 (0.3%) | 겉01/NNG | 2 (0.5%) | 쩌기(저기01)/NP | 3 (0.9%) |
| 25 | 남04/NNG | 2 (0.6%) | 겉01/NNG | 2 (0.3%) | 그쪽/NP | 2 (0.5%) | 그쪽/NP | 2 (0.6%) |
| 26 | 북06/NNG | 2 (0.6%) | 구석01/NNG | 2 (0.3%) | 내09/NNB | 2 (0.5%) | 면05/NNG | 2 (0.6%) |
| 27 | 안01/NNG | 2 (0.6%) | 구석탱이/NNG | 2 (0.3%) | 면05/NNG | 2 (0.5%) | 외곽01/NNG | 2 (0.6%) |
| 28 | 요쪽/NP | 2 (0.6%) | 그쪽/NP | 2 (0.3%) | 수중02/NNG | 2 (0.5%) | 겉01/NNG | 1 (0.3%) |
| 29 | 쩌기(저기01)/NP | 2 (0.6%) | 근처/NNG | 2 (0.3%) | 안밖(안팎)/NNG | 2 (0.5%) | 군데/NNB | 1 (0.3%) |
| 30 | 간10/NNB | 1 (0.3%) | 뒷자리/NNG | 2 (0.3%) | 여06/NP | 2 (0.5%) | 여기저기/NNG | 1 (0.3%) |
| 31 | 거꿀로/MAG | 1 (0.3%) | 바닥01/NNG | 2 (0.3%) | 이쪽02/NP | 2 (0.5%) | 요기01/NP | 1 (0.3%) |
| 32 | 그쪽/NP | 1 (0.3%) | 야외/NNG | 2 (0.3%) | 일로01/MAG | 2 (0.5%) | 위01/NNG | 1 (0.3%) |
| 33 | 남동/NNG | 1 (0.3%) | 여06/NP | 2 (0.3%) | 장소05/NNG | 2 (0.5%) | 주변04/NNG | 1 (0.3%) |
| 34 | 바깥/NNG | 1 (0.3%) | 이쪽02/NP | 2 (0.3%) | 하04/NNG | 2 (0.5%) | 주위02/NNG | 1 (0.3%) |
| 35 | 여쪽(요쪽)/NP | 1 (0.3%) | 칸01/NNB | 2 (0.3%) | 가운데/NNG | 1 (0.2%) | 중부03/NNG | 1 (0.3%) |
| 36 | 위쪽/NNG | 1 (0.3%) | 호실01/NNG | 2 (0.3%) | 간10/NNB | 1 (0.2%) | 집안01/NNG | 1 (0.3%) |
| 37 | 입구02/NNG | 1 (0.3%) | 부문06/NNG | 2 (0.3%) | 거꾸로/MAG | 1 (0.2%) | 쩔(저리01)/MAG | 1 (0.3%) |
| 38 | 장소05/NNG | 1 (0.3%) | 간10/NNB | 1 (0.2%) | 공간05/NNG | 1 (0.2%) | 한쪽/NNG | 1 (0.3%) |
| 39 | 집안01/NNG | 1 (0.3%) | 국경01/NNG | 1 (0.2%) | 구멍/NNG | 1 (0.2%) | 현장03/NNG | 1 (0.3%) |
| 40 | 틈01/NNG | 1 (0.3%) | 면05/NNG | 1 (0.2%) | 구석01/NNG | 1 (0.2%) | | |
| 41 | 뒷장02/NNG | 1 (0.3%) | 바깥/NNG | 1 (0.2%) | 그(거기01)/NP | 1 (0.2%) | | |
| 42 | | | 반대쪽/NNG | 1 (0.2%) | 눈길01/NNG | 1 (0.2%) | | |
| 43 | | | 사방03/NNG | 1 (0.2%) | 눈높이01/NNG | 1 (0.2%) | | |
| 44 | | | 안쪽/NNG | 1 (0.2%) | 뒷(뒤01)/NNG | 1 (0.2%) | | |
| 45 | | | 양쪽/NNG | 1 (0.2%) | 안팎/NNG | 1 (0.2%) | | |
| 46 | | | 올루(올로)/MAG | 1 (0.2%) | 여기/VV | 1 (0.2%) | | |
| 47 | | | 일로01/MAG | 1 (0.2%) | 옆쪽/NNG | 1 (0.2%) | | |
| 48 | | | 저쪽/NP | 1 (0.2%) | 오른쪽/NNG | 1 (0.2%) | | |
| 49 | | | 좌우01/NNG | 1 (0.2%) | 외04/NNB | 1 (0.2%) | | |
| 50 | | | 중심01/NNG | 1 (0.2%) | | | | |

위치 관련 어휘에서는 초등학교 고학년과 중학생이 좀 더 다양한 어휘를 사용한 것으로 나타난다. 모든 학교급에서 '거기01, 여기01'가 20% 이상의 높은 비율을 차지하고 있고, 중학생과 고등학생 자료에서는 '거기01, 여기01' 외에 의존명사 '데'가 10% 이상의 비율로 사용되었다. 즉 초등학생 단계에서는 현장 중심의 장소 어휘들이 높은 빈도로 출현하고, 중고등학생 단계에서는 장소에 대한 구체적인 수식어구를 동반하는 의존 명사 '데'가 초등학생 단계보다 높은 사용 빈도를 보였다. 또 하나의 특징으로는 모든 학교급에서 '여기01, 거기01'가 '저기01'에 비해 활발하게 사용되는 것을 들 수 있고, 이러한 경향은 특히 초등학생 단계에서 현저하게 나타났다.

### (2) 지역(지명)

지역(지명) 관련 어휘에 속하는 형태들은 그 수도 많지 않고 빈도도 높지 않다. 여기서는 총 43개의 형태가 188회 출현하였다. 이를 학교급별 빈도순으로 제시하면 다음과 같다.

<표 4.22> 지역(지명) 관련 어휘의 형태 목록

| 순위 | 초등학교 저학년 | | 초등학교 고학년 | | 중학생 | | 고등학생 | |
|---|---|---|---|---|---|---|---|---|
| | 형태/품사 | 빈도(비율) | 형태/품사 | 빈도(비율) | 형태/품사 | 빈도(비율) | 형태/품사 | 빈도(비율) |
| 1 | 나라01/NNG | 11 (22.9%) | 나라01/NNG | 20 (32.8%) | 산01/NNG | 6 (15.8%) | 동네/NNG | 15 (36.6%) |
| 2 | 세계02/NNG | 8 (16.7%) | 바다/NNG | 7 (11.5%) | 국가01/NNG | 6 (15.8%) | 시골/NNG | 7 (17.1%) |
| 3 | 산01/NNG | 5 (10.4%) | 고개01/NNG | 4 (6.6%) | 나라01/NNG | 5 (13.2%) | 나라01/NNG | 3 (7.3%) |
| 4 | 바다/NNG | 3 (6.3%) | 바닷가/NNG | 4 (6.6%) | 세계02/NNG | 4 (10.5%) | 강01/NNG | 2 (4.9%) |
| 5 | 외국02/NNG | 3 (6.3%) | 마을01/NNG | 3 (4.9%) | 동네/NNG | 3 (7.9%) | 산01/NNG | 2 (4.9%) |
| 6 | 고장01/NNG | 2 (4.2%) | 무인도/NNG | 2 (3.3%) | 전국03/NNG | 3 (7.9%) | 외국02/NNG | 2 (4.9%) |
| 7 | 산길02/NNG | 2 (4.2%) | 숲01/NNG | 2 (3.3%) | 강대국/NNG | 2 (5.3%) | 국가01/NNG | 2 (4.9%) |
| 8 | 섬03/NNG | 2 (4.2%) | 시골/NNG | 2 (3.3%) | 외국02/NNG | 2 (5.3%) | 검성/NNG | 1 (2.4%) |
| 9 | 숲01/NNG | 2 (4.2%) | 연변03/NNG | 2 (3.3%) | 시골집/NNG | 2 (5.3%) | 글로벌/NNG | 1 (2.4%) |
| 10 | 계곡01/NNG | 1 (2.1%) | 정글/NNG | 2 (3.3%) | 밭01/NNG | 1 (2.6%) | 깡촌/NNG | 1 (2.4%) |
| 11 | 고개01/NNG | 1 (2.1%) | 지방05/NNG | 2 (3.3%) | 숲01/NNG | 1 (2.6%) | 세계02/NNG | 1 (2.4%) |
| 12 | 도시03/NNG | 1 (2.1%) | 강01/NNG | 1 (1.6%) | 오르막길/NNG | 1 (2.6%) | 시06/NNG | 1 (2.4%) |
| 13 | 바닷가/NNG | 1 (2.1%) | 갯벌/NNG | 1 (1.6%) | 외가/NNG | 1 (2.6%) | 원산지/NNG | 1 (2.4%) |
| 14 | 바닷물/NNG | 1 (2.1%) | 동네/NNG | 1 (1.6%) | 평원01/NNG | 1 (2.6%) | 지방05/NNG | 1 (2.4%) |
| 15 | 밭01/NNG | 1 (2.1%) | 바닷물/NNG | 1 (1.6%) | | | 지역03/NNG | 1 (2.4%) |
| 16 | 산속/NNG | 1 (2.1%) | 산01/NNG | 1 (1.6%) | | | | |
| 17 | 수도09/NNG | 1 (2.1%) | 세계02/NNG | 1 (1.6%) | | | | |
| 18 | 시골/NNG | 1 (2.1%) | 언덕/NNG | 1 (1.6%) | | | | |
| 19 | 해변/NNG | 1 (2.1%) | 외국02/NNG | 1 (1.6%) | | | | |
| 20 | | | 정글즈/NNG | 1 (1.6%) | | | | |

지역 관련 어휘에 속하는 형태들을 보면, 모든 학교급에서 '나라01'가 3회 이상의 빈도를 나타내기는 하였지만, 학교급별 순위에는 약간의 차이가 있다. '나라01' 이외에 모든 학교급에서

공통적으로 관찰되는 어휘 형태로는 '산01, 세계02' 등이 있다.

### (3) 우주·추상 공간

우주·추상 공간 관련 어휘는 총 22개의 형태가 93회 출현하였다. 우주·추상 공간 관련 어휘는 사용 형태의 수와 빈도가 다른 부류에 비해 매우 적은 편이다. 전체 출현 어휘를 학교급에 따라 빈도순으로 보이면 다음과 같다.

〈표 4.23〉 우주·추상 공간 관련 어휘의 형태 목록

| 순위 | 초등학교 저학년 | | 초등학교 고학년 | | 중학생 | | 고등학생 | |
|---|---|---|---|---|---|---|---|---|
| | 형태/품사 | 빈도(비율) | 형태/품사 | 빈도(비율) | 형태/품사 | 빈도(비율) | 형태/품사 | 빈도(비율) |
| 1 | 별01/NNG | 9 (22.0%) | 별01/NNG | 8 (32.0%) | 세상01/NNG | 10 (47.6%) | 세상01/NNG | 3 (50.0%) |
| 2 | 세상01/NNG | 7 (17.1%) | 장28/NNG | 3 (12.0%) | 위성06/NNG | 2 (9.5%) | 사이트/NNG | 2 (33.3%) |
| 3 | 지구04/NNG | 6 (14.6%) | 하늘01/NNG | 3 (12.0%) | 장28/NNG | 2 (9.5%) | 지옥/NNG | 1 (16.7%) |
| 4 | 장28/NNG | 3 (7.3%) | 우주02/NNG | 2 (8.0%) | 반달01/NNG | 1 (4.8%) | | |
| 5 | 하늘01/NNG | 3 (7.3%) | 판01/NNB | 2 (8.0%) | 별01/NNG | 1 (4.8%) | | |
| 6 | 별자리/NNG | 2 (4.9%) | 사이트/NNG | 1 (4.0%) | 우주02/NNG | 1 (4.8%) | | |
| 7 | 사이트/NNG | 2 (4.9%) | 샛별/NNG | 1 (4.0%) | 하늘01/NNG | 1 (4.8%) | | |
| 8 | 목성03/NNG | 1 (2.4%) | 세상01/NNG | 1 (4.0%) | 화성05/NNG | 1 (4.8%) | | |
| 9 | 사이버/NNG | 1 (2.4%) | 지옥/NNG | 1 (4.0%) | 달05/NNG | 1 (4.8%) | | |
| 10 | 싸이버/NNG | 1 (2.4%) | 하늘나라/NNG | 1 (4.0%) | 행성02/NNG | 1 (4.8%) | | |
| 11 | 우주02/NNG | 1 (2.4%) | | | | | | |
| 12 | 지(지구04)/NNG | 1 (2.4%) | | | | | | |
| 13 | 천지01/NNG | 1 (2.4%) | | | | | | |
| 14 | 태양02/NNG | 1 (2.4%) | | | | | | |
| 15 | 화성05/NNG | 1 (2.4%) | | | | | | |
| 16 | 달05/NNG | 1 (2.4%) | | | | | | |

위 표를 보면, 학교급에 따라 출현한 형태 수에서 크게 차이가 나는데, 초등학교 저학년이 가장 다양한 어휘를 사용하고 있다. 초등학교 저학년 자료에서는 '별01, 세상01, 지구04, 장28, 하늘01'이 고빈도로 나타났고, 초등학교 고학년 자료에서는 '별01, 장28, 하늘01'이 자주 사용되며, 중학생과 고등학생 자료에서는 '세상01'이 가장 높은 출현 빈도를 보인다. 우주 공간과 관련된 어휘로는 '별01, 지구04, 하늘01, 별자리, 목성03, 우주02, 태양02, 화성05, 달05, 샛별, 위성06, 행성02' 등이 나타났고, 추상(가상) 공간에 대한 어휘로는 '사이버, 하늘나라, 지옥' 등이 있다.

### (4) 시설

시설 관련 어휘에 속하는 것들은 총 228개의 형태가 1,797회 출현하였다. 학교급별로 고빈

도어 50개의 목록을 표로 보이면 다음과 같다.

〈표 4.24〉 시설 관련 어휘의 고빈도 형태 목록(고빈도 형태 50개)

| 순위 | 초등학교 저학년 | | 초등학교 고학년 | | 중학생 | | 고등학생 | |
|---|---|---|---|---|---|---|---|---|
| | 형태/품사 | 빈도(비율) | 형태/품사 | 빈도(비율) | 형태/품사 | 빈도(비율) | 형태/품사 | 빈도(비율) |
| 1 | 집01/NNG | 72 (23.0%) | 집01/NNG | 96 (21.2%) | 학원02/NNG | 129 (21.8%) | 집01/NNG | 78 (17.7%) |
| 2 | 학교/NNG | 48 (15.3%) | 학원02/NNG | 65 (14.4%) | 집01/NNG | 88 (14.9%) | 학교/NNG | 66 (15.0%) |
| 3 | 학원02/NNG | 24 (7.7%) | 학교/NNG | 58 (12.8%) | 학교/NNG | 71 (12.0%) | 학원02/NNG | 22 (5.0%) |
| 4 | 대15/NNB | 11 (3.5%) | 방07/NNG | 18 (4.0%) | 초등학교/NNG | 21 (3.6%) | 대학01/NNG | 19 (4.3%) |
| 5 | 방07/NNG | 10 (3.2%) | 화장실/NNG | 17 (3.8%) | 대학01/NNG | 20 (3.4%) | 회사04/NNG | 14 (3.2%) |
| 6 | 화장실/NNG | 10 (3.2%) | 교실/NNG | 16 (3.5%) | 아파트/NNG | 18 (3.0%) | 초등학교/NNG | 14 (3.2%) |
| 7 | 교회02/NNG | 8 (2.6%) | 회사04/NNG | 11 (2.4%) | 고등학교/NNG | 18 (3.0%) | 중학교/NNG | 13 (2.9%) |
| 8 | 길01/NNG | 6 (1.9%) | 대15/NNB | 7 (1.5%) | 대학교/NNG | 16 (2.7%) | 치과/NNG | 11 (2.5%) |
| 9 | 병원02/NNG | 6 (1.9%) | 중학교/NNG | 7 (1.5%) | 중학교/NNG | 13 (2.2%) | 고등학교/NNG | 11 (2.5%) |
| 10 | 유치02원/NNG | 6 (1.9%) | 옥상03/NNG | 6 (1.3%) | 방07/NNG | 8 (1.4%) | 교회02/NNG | 9 (2.0%) |
| 11 | 아파트/NNG | 5 (1.6%) | 유치02원/NNG | 6 (1.3%) | 화장실/NNG | 7 (1.2%) | 노래방/NNG | 8 (1.8%) |
| 12 | 운동장/NNG | 5 (1.6%) | 피씨방/NNG | 6 (1.3%) | 놀이동산/NNG | 6 (1.0%) | 전문대/NNG | 8 (1.8%) |
| 13 | 저장소/NNG | 5 (1.6%) | 호텔/NNG | 6 (1.3%) | 회사04/NNG | 6 (1.0%) | 교실/NNG | 7 (1.6%) |
| 14 | 교실/NNG | 4 (1.3%) | 초등학교/NNG | 6 (1.3%) | 과학고/NNG | 6 (1.0%) | 길01/NNG | 7 (1.6%) |
| 15 | 클럽/NNG | 4 (1.3%) | 대로01/NNB | 4 (0.9%) | 상고08/NNG | 6 (1.0%) | 미대03/NNG | 7 (1.6%) |
| 16 | 회사04/NNG | 4 (1.3%) | 도서실/NNG | 4 (0.9%) | 대로01/NNB | 5 (0.8%) | 방07/NNG | 6 (1.4%) |
| 17 | 굴뚝/NNG | 3 (1.0%) | 마루03/NNG | 4 (0.9%) | 별장03/NNG | 5 (0.8%) | 대기업/NNG | 5 (1.1%) |
| 18 | 놀이터/NNG | 3 (1.0%) | 방송01실/NNG | 4 (0.9%) | 외고03/NNG | 5 (0.8%) | 마트/NNG | 5 (1.1%) |
| 19 | 도서실/NNG | 3 (1.0%) | 안방02/NNG | 4 (0.9%) | 가게/NNG | 4 (0.7%) | 병원02/NNG | 5 (1.1%) |
| 20 | 동굴/NNG | 3 (1.0%) | 건물03/NNG | 3 (0.7%) | 교실/NNG | 4 (0.7%) | 시장04/NNG | 5 (1.1%) |
| 21 | 옥상03/NNG | 3 (1.0%) | 기지08/NNG | 3 (0.7%) | 본관04/NNG | 4 (0.7%) | 아파트/NNG | 5 (1.1%) |
| 22 | 대학교/NNG | 3 (1.0%) | 길01/NNG | 3 (0.7%) | 음악01실/NNG | 4 (0.7%) | 중소기업/NNG | 5 (1.1%) |
| 23 | 가게/NNG | 2 (0.6%) | 도서관/NNG | 3 (0.7%) | 의대03/NNG | 4 (0.7%) | 당구장/NNG | 4 (0.9%) |
| 24 | 교장실/NNG | 2 (0.6%) | 벽06/NNG | 3 (0.7%) | 공원03/NNG | 3 (0.5%) | 매점02/NNG | 4 (0.9%) |
| 25 | 방송01국/NNG | 2 (0.6%) | 병원02/NNG | 3 (0.7%) | 길01/NNG | 3 (0.5%) | 어시장/NNG | 4 (0.9%) |
| 26 | 수영02장/NNG | 2 (0.6%) | 수련06원/NNG | 3 (0.7%) | 놀이터/NNG | 3 (0.5%) | 역14/NNG | 4 (0.9%) |
| 27 | 슈퍼/NNG | 2 (0.6%) | 대학교/NNG | 3 (0.7%) | 댁01/NNG | 3 (0.5%) | 매장06/NNG | 3 (0.7%) |
| 28 | 예절실/NNG | 2 (0.6%) | 거리08/NNG | 2 (0.4%) | 매점02/NNG | 3 (0.5%) | 부페02/NNG | 3 (0.7%) |
| 29 | 오락01실/NNG | 2 (0.6%) | 경비실/NNG | 2 0.4%) | 문방구/NNG | 3 (0.5%) | 빌라02/NNG | 3 (0.7%) |
| 30 | 은행02/NNG | 2 (0.6%) | 교회02/NNG | 2 (0.4%) | 시청각실/NNG | 3 (0.5%) | 찜질방/NNG | 3 (0.7%)) |
| 31 | 천장02/NNG | 2 (0.6%) | 구장12/NNG | 2 0.4%) | 운동장/NNG | 3 (0.5%) | 캠퍼스/NNG | 3 (0.7%) |
| 32 | 체육관/NNG | 2 (0.6%) | 나이트/NNG | 2 (0.4%) | 유치02원/NNG | 3 (0.5%) | 피시방/NNG | 3 (0.7%) |
| 33 | 한의원/NNG | 2 (0.6%) | 농장03/NNG | 2 (0.4%) | 주차장/NNG | 3 (0.5%) | 피씨방/NNG | 3 (0.7%) |
| 34 | 횡단보도/NNG | 2 (0.6%) | 다락방/NNG | 2 (0.4%) | 피씨방/NNG | 3 (0.5%) | 대학교/NNG | 3 (0.7%) |
| 35 | 직장05/NNG | 2 (0.6%) | 다목적실/NNG | 2 (0.4%) | 대06/NNG | 3 (0.5%) | 건물03/NNG | 2 (0.5%) |
| 36 | 초등학교/NNG | 2 (0.6%) | 도서06실/NNG | 2 (0.4%) | 계단04/NNG | 2 (0.3%) | 공고02/NNG | 2 (0.5%) |
| 37 | 감옥02/NNG | 1 (0.3% | 박물관/NNG | 2 (0.4%) | 공고02/NNG | 2 (0.3%) | 까페/NNG | 2 (0.5%) |
| 38 | 강당/NNG | 1 (0.3%) | 사냥터/NNG | 2 (0.4%) | 공공장소/NNG | 2 (0.3%) | 놀이터/NNG | 2 (0.5%) |
| 39 | 건물03/NNG | 1 (0.3%) | 사육04장/NNG | 2 (0.4%) | 교무실/NNG | 2 (0.3%) | 독서실/NNG | 2 (0.5%) |

| 순위 | 초등학교 저학년 | | 초등학교 고학년 | | 중학생 | | 고등학생 | |
|---|---|---|---|---|---|---|---|---|
| | 형태/품사 | 빈도(비율) | 형태/품사 | 빈도(비율) | 형태/품사 | 빈도(비율) | 형태/품사 | 빈도(비율) |
| 40 | 경로당/NNG | 1 (0.3%) | 수영02장/NNG | 2 (0.4%) | 꽃집/NNG | 2 (0.3%) | 명문02/NNG | 2 (0.5%) |
| 41 | 공부방/NNG | 1 (0.3%) | 스케이트장/NNG | 2 (0.4%) | 도서실/NNG | 2 (0.3%) | 사원04/NNG | 2 (0.5%) |
| 42 | 과학실/NNG | 1 (0.3%) | 아파트/NNG | 2 (0.4%) | 미술실/NNG | 2 (0.3%) | 스키장/NNG | 2 (0.5%) |
| 43 | 교무실/NNG | 1 (0.3%) | 운동장/NNG | 2 (0.4%) | 벽06/NNG | 2 (0.3%) | 식당/NNG | 2 (0.5%) |
| 44 | 급식실/NNG | 1 (0.3%) | 은행02/NNG | 2 (0.4%) | 상가07/NNG | 2 (0.3%) | 오락01실/NNG | 2 (0.5%) |
| 45 | 기지08/NNG | 1 (0.3%) | 체육관/NNG | 2 (0.4%) | 상가08/NNG | 2 (0.3%) | 운동장/NNG | 2 (0.5%) |
| 46 | 길거리/NNG | 1 (0.3%) | 캠프/NNG | 2 (0.4%) | 성08/NNG | 2 (0.3%) | 카페/NNG | 2 (0.5%) |
| 47 | 내리막길/NNG | 1 (0.3%) | 컴퓨터실/NNG | 2 (0.4%) | 시설03/NNG | 2 (0.3%) | 커피숍/NNG | 2 (0.5%) |
| 48 | 댁01/NNG | 1 (0.3%) | 클럽/NNG | 2 (0.4%) | 실험실/NNG | 2 (0.3%) | 화장실/NNG | 2 (0.5%) |
| 49 | 마당/NNG | 1 (0.3%) | 대06/NNG | 2 (0.4%) | 연구소/NNG | 2 (0.3%) | 부중03/NNG | 2 (0.5%) |
| 50 | 묘지02/NNG | 1 (0.3%) | 강당/NNG | 1 (0.2%) | 영화관01/NNG | 2 (0.3%) | 싸우나/NNG | 2 (0.5%) |

위 표를 보면, 중학교 단계에서만 '학원02'이 가장 높은 빈도를 보이고 있고, 다른 학교급에 서는 '집01'이 가장 높은 빈도를 보인다. 특히 '집01, 학원'의 학교급에 따른 변화 양상을 보면 흥미로운 점이 발견된다. 초등학생은 20% 이상의 높은 사용 빈도를 보인 '집01'이 중학생 단 계에서는 14%로 감소하다가 고등학생 단계에서 다시 17.7%로 증가한다는 사실이다. '학원 02'은 초등학교 저학년 단계에서는 7.7%에 지나지 않았지만, 초등학교 고학년 단계에서는 14%, 중학생 단계에서는 21%로 출현 비율이 급격히 증가하다가 고등학교 단계에서는 5%로 크게 감소한다. '집01, 학원02, 학교'가 초·중·고등학생의 주요 생활 장소라고 볼 때, 중학생 단계에서 '학원02'이 생활 공간의 중심이 되었다가, 고등학교 단계에서 다시 '학교'로 옮겨지 는 것으로 추측해 볼 수 있겠다. '학교'는 초등학교 저학년부터 고등학생까지 12~15% 내외의 일정한 비율을 보인다. 또 하나 특징적인 점은 중학생 단계는 초등학생 단계와는 달리 '고등 학교, 대학교' 등 상급 학교에 대한 어휘가 비교적 높은 순위를 보이고, '외고03, 과학고, 공고 02, 의대03' 등 세분화된 영역에 대한 어휘도 출현하고 있어, 학생들의 관심 영역이 확장되고 있음을 볼 수 있다.

시설 관련 어휘 가운데, 초·중·고등학생과 가장 밀접한 관계에 있는 교육 시설과 관련된 어휘들의 사용 특징을 보기로 한다.

〈표 4.25〉 시설 관련 어휘 중 교육 관련 고빈도 형태 목록

| 학교급 | 형태 | 형태 수 |
|---|---|---|
| 초등학교<br>저학년 | 강당, 고등학교, 공부방, 과학실, 교무실, 교실, 교장실, 급식실, 대학교, 도서실, 예절실, 운동장, 유치원, 체육관, 초등학교, 학교, 학원02 | 17 |
| 초등학교<br>고학년 | 강당, 교실, 대학교, 도서실, 도서관, 도서실, 방송실, 운동장, 유치원, 중학교, 체육관, 초등학교, 컴퓨터실, 학교, 학원02 | 15 |
| 중학생 | 고등학교, 공고02, 과고02, 과학고, 교무실, 교실, 대학01, 대학교, 도서실, 미술실, 상고08, 시청각실, 외고03, 운동장, 유치원, 음악실, 의대03, 중학교, 초등학교, 학교, 학원02 | 21 |
| 고등학생 | 고등학교, 공고02, 교실, 대학01, 대학교, 독서실, 미대03, 운동장, 전문대, 중학교, 초등학교, 캠퍼스, 학교, 학원02 | 14 |

위 표를 보면, 중학생 자료를 제외하고 다른 학교급에서 나타난 교육 시설 관련 어휘 수는 비슷하다. 교육 관련 어휘 가운데에서도 '강당, 교실, 교무실, 교장실, 급식실, 도서실, 예절실, 운동장, 방송실, 체육관' 등 학교 건물을 구성하는 어휘들이 대부분을 차지하였고, 학교급이 낮을수록 이러한 양상이 두드러진다. 중학생과 고등학생의 어휘에서는 상급 학교에 대한 어휘가 보이는데, 중학생 자료에서는 '고등학교, 공고02, 과고02, 과학고, 외고03' 등을, 고등학생 자료에서는 '대학01, 대학교, 미대03, 전문대, 캠퍼스' 등의 어휘를 볼 수 있다.

## 4.1.1.5 시간

시간 관련 어휘는 '시점, 기간, 시간적 순서, 속도, 빈도, 시간 단위'로 구분해 볼 수 있다.

### (1) 시점

시점 관련 어휘는 총 207개 형태가 4,835회 출현하였다. 학교급별 고빈도순으로 100개의 어휘를 제시하면 다음과 같다.

〈표 4.26〉 시점 관련 어휘의 고빈도 형태 목록(고빈도 형태 100개)

| 순위 | 초등학교 저학년 | | 초등학교 고학년 | | 중학생 | | 고등학생 | |
|---|---|---|---|---|---|---|---|---|
| | 형태/품사 | 빈도(비율) | 형태/품사 | 빈도(비율) | 형태/품사 | 빈도(비율) | 형태/품사 | 빈도(비율) |
| 1 | 때01/NNG | 159 (19.3%) | 때01/NNG | 267 (17.8%) | 때01/NNG | 179 (11.6%) | 때01/NNG | 133 (13.7%) |
| 2 | 그때/NNG | 58 (7.0%) | 그때/NNG | 102 (6.8%) | 그때/NNG | 91 (5.9%) | 지금03/MAG | 77 (7.9%) |
| 3 | 이제01/MAG | 56 (6.8%) | 이제01/MAG | 71 (4.7%) | 이제01/MAG | 81 (5.3%) | 어제01/MAG | 60 (6.2%) |
| 4 | 적03/NNB | 50 (6.1%) | 지금03/MAG | 64 (4.3%) | 지금03/MAG | 75 (4.9%) | 이제01/MAG | 42 (4.3%) |

| 순위 | 초등학교 저학년 | | 초등학교 고학년 | | 중학생 | | 고등학생 | |
|---|---|---|---|---|---|---|---|---|
| | 형태/품사 | 빈도(비율) | 형태/품사 | 빈도(비율) | 형태/품사 | 빈도(비율) | 형태/품사 | 빈도(비율) |
| 5 | 지금03/MAG | 41 (5.0%) | 처음/NNG | 52 (3.5%) | 시간04/NNG | 57 (3.7%) | 그때/NNG | 40 (4.1%) |
| 6 | 옛날/NNG | 27 (3.3%) | 옛날/NNG | 51 (3.4%) | 오늘/MAG | 56 (3.6%) | 처음/NNG | 39 (4.0%) |
| 7 | 오늘/NNG | 27 (3.3%) | 시간04/NNG | 46 (3.1%) | 요즘/NNG | 54 (3.5%) | 오늘/MAG | 30 (3.1%) |
| 8 | 언제01/MAG | 21 (2.6%) | 어제01/MAG | 43 (2.9%) | 언제01/MAG | 44 (2.9%) | 아침/NNG | 24 (2.5%) |
| 9 | 날01/NNG | 19 (2.3%) | 요즘/NNG | 38 (2.5%) | 오늘/NNG | 44 (2.9%) | 시간04/NNG | 22 (2.3%) |
| 10 | 시간04/NNG | 18 (2.2%) | 전08/NNG | 37 (2.5%) | 어제01/MAG | 43 (2.8%) | 내일/NNG | 19 (2.0%) |
| 11 | 아직01/MAG | 18 (2.2%) | 오늘/MAG | 35 (2.3%) | 아직01/MAG | 37 (2.4%) | 아직01/MAG | 18 (1.8%) |
| 12 | 처음/NNG | 17 (2.1%) | 오늘/NNG | 32 (2.1%) | 이번01/NP | 37 (2.4%) | 언제01/MAG | 18 (1.8%) |
| 13 | 이번01/NP | 15 (1.8%) | 지금03/NNG | 27 (1.8%) | 요즘/MAG | 31 (2.0%) | 오늘/NNG | 18 (1.8%) |
| 14 | 전08/NNG | 15 (1.8%) | 생일02/NNG | 26 (1.7%) | 전08/NNG | 31 (2.0%) | 날01/NNG | 17 (1.7%) |
| 15 | 끝01/NNG | 14 (1.7%) | 저번02/NP | 24 (1.6%) | 처음/NNG | 30 (2.0%) | 인제01/MAG | 17 (1.7%) |
| 16 | 밤01/NNG | 14 (1.7%) | 언제01/MAG | 23 (1.5%) | 어제01/NNG | 29 (1.9%) | 요즘/MAG | 16 (1.6%) |
| 17 | 아까/MAG | 13 (1.6%) | 날01/NNG | 21 (1.4%) | 저번02/NP | 29 (1.9%) | 옛날/NNG | 15 (1.5%) |
| 18 | 요즘/MAG | 13 (1.6%) | 밤01/NNG | 21 (1.4%) | 바로02/MAG | 22 (1.4%) | 지금03/NNG | 15 (1.5%) |
| 19 | 어제01/MAG | 11 (1.3%) | 아까/MAG | 21 (1.4%) | 적03/NNB | 21 (1.4%) | 아까/MAG | 14 (1.4%) |
| 20 | 지금03/NNG | 10 (1.2%) | 아직01/MAG | 21 (1.4%) | 지금03/NNG | 21 (1.4%) | 전08/NNG | 14 (1.4%) |
| 21 | 오늘/MAG | 9 (1.1%) | 이번01/NP | 21 (1.4%) | 옛날/NNG | 20 (1.3%) | 어제01/NNG | 12 (1.2%) |
| 22 | 벌써/MAG | 8 (1.0%) | 아침/NNG | 19 (1.3%) | 아까/MAG | 16 (1.0%) | 요즘/NNG | 12 (1.2%) |
| 23 | 새벽01/NNG | 8 (1.0%) | 요즘/MAG | 18 (1.2%) | 아침/NNG | 16 (1.0%) | 저번02/NP | 12 (1.2%) |
| 24 | 인제01/MAG | 8 (1.0%) | 인제01/MAG | 18 (1.2%) | 날01/NNG | 15 (1.0%) | 하루01/NNG | 12 (1.2%) |
| 25 | 겨울/NNG | 7 (0.9%) | 어제01/NNG | 16 (1.1%) | 끝01/NNG | 14 (0.9%) | 며칠/NNG | 10 (1.0%) |
| 26 | 요즘/NNG | 7 (0.9%) | 적03/NNB | 15 (1.0%) | 다음주/NNG | 14 (0.9%) | 이번01/NP | 10 (1.0%) |
| 27 | 학기02/NNG | 7 (0.9%) | 요번/NP | 13 (0.9%) | 벌써/MAG | 14 (0.9%) | 토요일날/NNG | 10 (1.0%) |
| 28 | 바로02/MAG | 6 (0.7%) | 방학/NNG | 12 (0.8%) | 일요일날/NNG | 14 (0.9%) | 바로02/MAG | 10 (1.0%) |
| 29 | 아까/NNG | 5 (0.6%) | 여름01/NNG | 12 (0.8%) | 내일/MAG | 12 (0.8%) | 끝01/NNG | 9 (0.9%) |
| 30 | 어제01/NNG | 5 (0.6%) | 어저께/NNG | 11 (0.7%) | 기말02/NNG | 11 (0.7%) | 방학/NNG | 9 (0.9%) |
| 31 | 미래02/NNG | 4 (0.5%) | 언제01/NP | 11 (0.7%) | 밤01/NNG | 10 (0.7%) | 새벽01/NNG | 9 (0.9%) |
| 32 | 아침/NNG | 4 (0.5%) | 토요일날/NNG | 11 (0.7%) | 십일월/NNG | 10 (0.7%) | 아까/NNG | 8 (0.8%) |
| 33 | 어저께/MAG | 4 (0.5%) | 화07/NNG | 11 (0.7%) | 요새01/NNG | 10 (0.7%) | 적03/NNB | 8 (0.8%) |
| 34 | 언제01/NP | 4 (0.5%) | 벌써/MAG | 10 (0.7%) | 일요일/NNG | 10 (0.7%) | 점심/NNG | 8 (0.8%) |
| 35 | 장래/NNG | 4 (0.5%) | 예전01/NNG | 10 (0.7%) | 장래/NNG | 10 (0.7%) | 내일/MAG | 7 (0.7%) |
| 36 | 하루01/NNG | 4 (0.5%) | 저녁/NNG | 10 (0.7%) | 토요일날/NNG | 10 (0.7%) | 이번주/NNG | 7 (0.7%) |
| 37 | 금05/NNG | 3 (0.4%) | 바로02/MAG | 10 (0.7%) | 학기02/NNG | 10 (0.7%) | 작년/NNG | 7 (0.7%) |
| 38 | 금요일날/NNG | 3 (0.4%) | 다음날/NNG | 9 (0.6%) | 겨울/NNG | 9 (0.6%) | 날짜01/NNG | 6 (0.6%) |
| 39 | 낮/NNG | 3 (0.4%) | 목10/NNG | 9 (0.6%) | 내일/NNG | 9 (0.6%) | 겨울/NNG | 5 (0.5%) |
| 40 | 내일/NNG | 3 (0.4%) | 월03/NNG | 9 (0.6%) | 아까/NNG | 9 (0.6%) | 벌써/MAG | 5 (0.5%) |
| 41 | 내후년/NNG | 3 (0.4%) | 하루01/NNG | 9 (0.6%) | 어저께/NNG | 9 (0.6%) | 생일02/NNG | 5 (0.5%) |
| 42 | 목10/NNG | 3 (0.4%) | 일요일날/NNG | 8 (0.5%) | 이제01/NNG | 9 (0.6%) | 언제01/NP | 4 (0.4%) |
| 43 | 방학/NNG | 3 (0.4%) | 처음/MAG | 8 (0.5%) | 방학/NNG | 8 (0.5%) | 요번/NP | 4 (0.4%) |
| 44 | 생일02/NNG | 3 (0.4%) | 겨울/NNG | 7 (0.5%) | 언제01/NP | 8 (0.5%) | 요새01/NNG | 4 (0.4%) |
| 45 | 여름01/NNG | 3 (0.4%) | 기말02/NNG | 7 (0.5%) | 인제01/MAG | 8 (0.5%) | 지난번/NNG | 4 (0.4%) |
| 46 | 요번/NP | 3 (0.4%) | 토요일/NNG | 7 (0.5%) | 하루01/NNG | 8 (0.5%) | 금요일날/NNG | 3 (0.3%) |
| 47 | 이제01/NNG | 3 (0.4%) | 금05/NNG | 6 (0.4%) | 내년/NNG | 7 (0.5%) | 내년/NNG | 3 (0.3%) |
| 48 | 토04/NNG | 3 (0.4%) | 내일/MAG | 6 (0.4%) | 며칠/NNG | 7 (0.5%) | 다음날/NNG | 3 (0.3%) |
| 49 | 그날/NNG | 2 (0.2%) | 끝01/NNG | 5 (0.3%) | 처음/MAG | 7 (0.5%) | 목요일/NNG | 3 (0.3%) |
| 50 | 내년/NNG | 2 (0.2%) | 내일/NNG | 5 (0.3%) | 데이/NNG | 6 (0.4%) | 밤01/NNG | 3 (0.3%) |
| 51 | 데이/NNG | 2 (0.2%) | 백일02/NNG | 5 (0.3%) | 새벽01/NNG | 6 (0.4%) | 시월01/NNG | 3 (0.3%) |

| 순위 | 초등학교 저학년 | | 초등학교 고학년 | | 중학생 | | 고등학생 | |
|---|---|---|---|---|---|---|---|---|
| | 형태/품사 | 빈도(비율) | 형태/품사 | 빈도(비율) | 형태/품사 | 빈도(비율) | 형태/품사 | 빈도(비율) |
| 52 | 며칠/NNG | 2 (0.2%) | 수07/NNG | 5 (0.3%) | 수요일날/NNG | 6 (0.4%) | 이따01/MAG | 3 (0.3%) |
| 53 | 목요일날/NNG | 2 (0.2%) | 월요일/NNG | 5 (0.3%) | 요번/NP | 6 (0.4%) | 일월01/NNG | 3 (0.3%) |
| 54 | 방과03/NNG | 2 (0.2%) | 토04/NNG | 5 (0.3%) | 이번주/NNG | 6 (0.4%) | 일주일/NNG | 3 (0.3%) |
| 55 | 예전01/NNG | 2 (0.2%) | 다음주/NNG | 4 (0.3%) | 토요일/NNG | 6 (0.4%) | 저녁/NNG | 3 (0.3%) |
| 56 | 요번주/NNG | 2 (0.2%) | 마침02/MAG | 4 (0.3%) | 생일02/NNG | 5 (0.3%) | 정시08/NNG | 3 (0.3%) |
| 57 | 이따01/MAG | 2 (0.2%) | 며칠/NNG | 4 (0.3%) | 월요일/NNG | 5 (0.3%) | 짐(지금03)/MAG | 3 (0.3%) |
| 58 | 이따가/MAG | 2 (0.2%) | 아까/NNG | 4 (0.3%) | 일주일/NNG | 5 (0.3%) | 처음/MAG | 3 (0.3%) |
| 59 | 일요일/NNG | 2 (0.2%) | 요번주/NNG | 4 (0.3%) | 작년/NNG | 5 (0.3%) | 토요일/NNG | 3 (0.3%) |
| 60 | 일요일날/NNG | 2 (0.2%) | 요새01/NNG | 4 (0.3%) | 평소/NNG | 5 (0.3%) | 기말02/NNG | 2 (0.2%) |
| 61 | 일월01/NNG | 2 (0.2%) | 일주일/NNG | 4 (0.3%) | 그저께/NNG | 4 (0.3%) | 넬/NNG | 2 (0.2%) |
| 62 | 저번02/NP | 2 (0.2%) | 주26/NNG | 4 (0.3%) | 금05/NNG | 4 (0.3%) | 다음주/NNG | 2 (0.2%) |
| 63 | 지난번/NNG | 2 (0.2%) | 화요일날/NNG | 4 (0.3%) | 여름01/NNG | 4 (0.3%) | 모레/NNG | 2 (0.2%) |
| 64 | 칠월달/NNG | 2 (0.2%) | 금요일/NNG | 3 (0.2%) | 요새01/MAG | 4 (0.3%) | 목요일날/NNG | 2 (0.2%) |
| 65 | 토요일/NNG | 2 (0.2%) | 금요일날/NNG | 3 (0.2%) | 월03/NNG | 4 (0.3%) | 생07/XSN | 2 (0.2%) |
| 66 | 화07/NNG | 2 (0.2%) | 미래02/NNG | 3 (0.2%) | 월요일날/NNG | 4 (0.3%) | 시대02/NNG | 2 (0.2%) |
| 67 | 고만(그만02)/MAG | 1 (0.1%) | 수요일날/NNG | 3 (0.2%) | 이따01/MAG | 4 (0.3%) | 십이월/NNG | 2 (0.2%) |
| 68 | 그때/MAG | 1 (0.1%) | 어저께/MAG | 3 (0.2%) | 저녁/NNG | 4 (0.3%) | 어저께/NNG | 2 (0.2%) |
| 69 | 그전/NNG | 1 (0.1%) | 월요일날/NNG | 3 (0.2%) | 쩌번(저번02)/NP | 4 (0.3%) | 언젠가/MAG | 2 (0.2%) |
| 70 | 넬/MAG | 1 (0.1%) | 이제01/NNG | 3 (0.2%) | 화요일/NNG | 4 (0.3%) | 여름01/NNG | 2 (0.2%) |
| 71 | 돌01/NNG | 1 (0.1%) | 장래/NNG | 3 (0.2%) | 화요일날/NNG | 4 (0.3%) | 예전01/NNG | 2 (0.2%) |
| 72 | 딜(일07)/NNB | 1 (0.1%) | 지난번/NNG | 3 (0.2%) | 그전/NNG | 3 (0.2%) | 오후02/NNG | 2 (0.2%) |
| 73 | 목요일/NNG | 1 (0.1%) | 학기02/NNG | 3 (0.2%) | 금요일/NNG | 3 (0.2%) | 올해/NNG | 2 (0.2%) |
| 74 | 미로(미래02)/NNG | 1 (0.1%) | 가을01/NNG | 2 (0.1%) | 날짜01/NNG | 3 (0.2%) | 월요일/NNG | 2 (0.2%) |
| 75 | 봄01/NNG | 1 (0.1%) | 곧01/MAG | 2 (0.1%) | 생07/XSN | 3 (0.2%) | 유월달/NNG | 2 (0.2%) |
| 76 | 성탄절/NNG | 1 (0.1%) | 그날/NNG | 2 (0.1%) | 언젠가/MAG | 3 (0.2%) | 이브01/NNG | 2 (0.2%) |
| 77 | 수07/NNG | 1 (0.1%) | 그저께/MAG | 2 (0.1%) | 예전01/NNG | 3 (0.2%) | 인제01/NNG | 2 (0.2%) |
| 78 | 수요일날/NNG | 1 (0.1%) | 내년/NNG | 2 (0.1%) | 옛01/MM | 3 (0.2%) | 일자05/NNG | 2 (0.2%) |
| 79 | 시가(시간04)/NNG | 1 (0.1%) | 마지막날/NNG | 2 (0.1%) | 짐(지금03)/NNG | 3 (0.2%) | 주26/NNG | 2 (0.2%) |
| 80 | 시월달/NNG | 1 (0.1%) | 새벽01/NNG | 2 (0.1%) | 토04/NNG | 3 (0.2%) | 평소/NNG | 2 (0.2%) |
| 81 | 십이월/NNG | 1 (0.1%) | 시월01/NNG | 2 (0.1%) | 예정02/NNG | 3 (0.2%) | 경과04/NNG | 1 (0.1%) |
| 82 | 십일월/NNG | 1 (0.1%) | 십일월달/NNG | 2 (0.1%) | 그날/NNG | 2 (0.1%) | 곧01/MAG | 1 (0.1%) |
| 83 | 씨(시10)/NNB | 1 (0.1%) | 요새01/MAG | 2 (0.1%) | 그저께/MAG | 2 (0.1%) | 구월02/NNG | 1 (0.1%) |
| 84 | 어즈(어저께)/MAG | 1 (0.1%) | 이따01/MAG | 2 (0.1%) | 다음날/NNG | 2 (0.1%) | 그날/NNG | 1 (0.1%) |
| 85 | 오후02/NNG | 1 (0.1%) | 이번주/NNG | 2 (0.1%) | 당장02/NNG | 2 (0.1%) | 그저께/NNG | 1 (0.1%) |
| 86 | 요새01/NNG | 1 (0.1%) | 이후02/NNG | 2 (0.1%) | 목10/NNG | 2 (0.1%) | 그제01/NNG | 1 (0.1%) |
| 87 | 월03/NNG | 1 (0.1%) | 일06/NNG | 2 (0.1%) | 미리미리/MAG | 2 (0.1%) | 금(지금03)/MAG | 1 (0.1%) |
| 88 | 월요일날/NNG | 1 (0.1%) | 작년/NNG | 2 (0.1%) | 수07/NNG | 2 (0.1%) | 금05/NNG | 1 (0.1%) |
| 89 | 유월01/NNG | 1 (0.1%) | 토율날/NNG | 2 (0.1%) | 수요일/NNG | 2 (0.1%) | 금요일/NNG | 1 (0.1%) |
| 90 | 이후02/NNG | 1 (0.1%) | 화요일/NNG | 2 (0.1%) | 시10/NNG | 2 (0.1%) | 께05/XSN | 1 (0.1%) |
| 91 | 일07/NNG | 1 (0.1%) | 점심/NNG | 2 (0.1%) | 시대02/NNG | 2 (0.1%) | 꼭두새벽/NNG | 1 (0.1%) |
| 92 | 일일02/NNG | 1 (0.1%) | 계절01/NNG | 1 (0.1%) | 어저께/MAG | 2 (0.1%) | 낮/NNG | 1 (0.1%) |
| 93 | 작년/NNG | 1 (0.1%) | 곧바로/MAG | 1 (0.1%) | 올해/NNG | 2 (0.1%) | 당일/NNG | 1 (0.1%) |
| 94 | 저번주/NNG | 1 (0.1%) | 그대(그때)/NNG | 1 (0.1%) | 일06/NNG | 2 (0.1%) | 미래02/NNG | 1 (0.1%) |
| 95 | 점심시간/NNG | 1 (0.1%) | 그저께/NNG | 1 (0.1%) | 주말02/NNG | 2 (0.1%) | 방금01/NNG | 1 (0.1%) |
| 96 | 조회01/NNG | 1 (0.1%) | 낮/NNG | 1 (0.1%) | 최근/NNG | 2 (0.1%) | 삼월달/NNG | 1 (0.1%) |
| 97 | 주26/NNG | 1 (0.1%) | 다음달/NNG | 1 (0.1%) | 평상시/NNG | 2 (0.1%) | 수요일/NNG | 1 (0.1%) |
| 98 | 짐(지금03)/MAG | 1 (0.1%) | 목요일/NNG | 1 (0.1%) | 점심/NNG | 2 (0.1%) | 수요일날/NNG | 1 (0.1%) |

| 순위 | 초등학교 저학년 | | 초등학교 고학년 | | 중학생 | | 고등학생 | |
|---|---|---|---|---|---|---|---|---|
| | 형태/품사 | 빈도(비율) | 형태/품사 | 빈도(비율) | 형태/품사 | 빈도(비율) | 형태/품사 | 빈도(비율) |
| 99 | 쩌번(저번02)/NP | 1 (0.1%) | 목요일날/NNG | 1 (0.1%) | 곧01/MAG | 1 (0.1%) | 시월달/NNG | 1 (0.1%) |
| 100 | 처음/MAG | 1 (0.1%) | 밤늦/VA | 1 (0.1%) | 곧장/MAG | 1 (0.1%) | 십이월달/NNG | 1 (0.1%) |

위 표를 보면, 모든 학교급에서 '때01'가 가장 높은 빈도로 사용된다. '때01' 앞에 다양한 수식어가 올 수 있기 때문에 사용 빈도가 높은 것으로 보인다. '때01' 다음으로는 '그때, 이제01, 지금03' 등이 고빈도로 출현하고 있는데, 이러한 순서는 초등학생과 중학생이 동일하다. 현재의 발화 시점을 지시하는 '이제01'와 '지금03'을 합치면 초등학교 저학년은 11.8%, 초등학교 고학년은 9.0%, 중학생은 10.2%, 고등학생은 12.2%로 9~12% 내외의 비율을 보인다. 과거를 지시하는 '그때'는 학교급이 높아질수록 비율이 점차 낮아진다. 고등학생 단계에서는 '어제01'가 6.2%의 비율로 나타나 1~3% 비율로 나타난 나머지 학교급과 차이를 보인다.

시점 관련 어휘에 속하는 형태들은 절대적 시점을 가리키는지, 상대적 시점을 가리키는지에 따라 구분해 볼 수 있는데, 학교급별로 제시해 보면 다음과 같다.

〈표 4.27〉 절대적 시점과 상대적 시점에 따른 학교급별 고빈도 형태 목록

| 학교급 | 절대적 시점 | | 상대적 시점 | |
|---|---|---|---|---|
| | 형태 | 형태 수 | 형태 | 형태 수 |
| 초등학교 저학년 | 겨울, 금05, 금요일날, 낮, 딜(일07), 때01, 목10,목요일, 목요일날, 밤01, 방과03, 방학, 봄01, 새벽01, 생일02, 성탄절, 수07, 수요일날, 시가(시간04), 시간04, 시월달, 십이월, 십일월, 씨(시10), 아침, 여름01, 오후02, 월03, 월요일날, 유월01, 일요일, 일요일날, 일월01, 적03, 점심시간, 조회01, 칠월달, 토04, 토요일, 학기02, 화07 | 41 | 고만(그만02), 그날, 그때, 그전, 끝01, 날01, 내년, 내일, 내후년, 볕, 데이, 돌01, 며칠, 미래02, 미로(미래02), 바로02, 바루04, 벌써, 아까, 아직01, 어저께, 어제01, 어즈(어저께), 언제01, 예전01, 옛날, 오늘, 요번, 요번주, 요새01, 요즘, 이따01, 이따가, 이번01, 이제01, 이후02, 인제01, 일07, 일일02, 작년, 장래, 저번02, 저번주, 전08, 주26, 지금03, 지난번, 짐(지금03), 쩌번(저번02), 처음, 하루01 | 51 |
| 초등학교 고학년 | 가을01, 겨울, 계절01, 금05, 금요일,금요일날, 기말02, 낮, 때01, 목10, 목요일, 목요일날, 밤01, 밤늦, 방학, 새벽01, 생일02, 수07, 수요일날, 시간04, 시월01, 십일월달, 아침, 여름01, 월03, 월요일, 월요일날, 일06, 일요일날, 저녁, 적03, 점심, 토04, 토요일, 토요일날, 토율날(토요일날), 학기02, 화07, 화요일, 화요일날 | 40 | 곧01, 곧바로, 그날, 그대(그때), 그때, 그저께, 끝01, 날01, 내년, 내일, 다음날, 다음달, 다음주, 마지막날, 마침02, 며칠, 미래02, 바로02, 백일02, 벌써, 아까, 아직01, 어저께, 어제01, 언제01, 예전01, 옛날, 오늘, 요번, 요번주, 요새01, 요즘, 이따01, 이번01, 이번주, 이제01, 이후02, 인제01, 일주일, 작년, 장래, 저번02, 전08, 주26, 지금03, 지난번, 처음, 하루01 | 48 |

| 학교급 | 절대적 시점 | | 상대적 시점 | |
|---|---|---|---|---|
| | 형태 | 형태 수 | 형태 | 형태 수 |
| 중학생 | 겨울,금05, 금요일, 기말02, 날짜01, 때01, 목10, 밤01, 방학, 새벽01, 생07, 생일02, 수07, 수요일, 수요일날, 시10, 시간04, 시대02, 십일월, 아침, 여름01, 월03, 월요일, 월요일날, 일06, 일요일, 일요일날, 저녁, 적03, 점심, 주말02, 토04, 토요일, 토요일날, 평상시, 평소, 학기02, 화요일, 화요일날 | 39 | 곧01, 곧장, 그날, 그때, 그저께, 그전, 끝01, 날01, 내년, 내일, 다음날, 다음주, 당장02, 데이, 며칠, 미리미리, 바로02, 벌써, 아까, 아직01, 어저께, 어제01, 언제01, 언젠가, 예전01, 예정02, 옛01, 옛날, 오늘, 올해, 요번, 요새01, 요즘, 이따01, 이번01, 이번주, 이제01, 인제01, 일주일, 작년, 장래, 저번02, 전08, 지금03, 짐(지금03), 쩌번(저번02), 처음, 최근, 하루01 | 49 |
| 고등학생 | 겨울, 구월02, 금05, 금요일, 금요일날, 기말02, 꼭두새벽, 날짜01, 낮, 때01, 목요일, 목요일날, 밤01, 방학, 삼월달, 새벽01, 생07, 생일02, 수요일, 수요일날, 시간04, 시대02, 시월01, 시월달, 십이월, 십이월달, 아침, 여름01, 오후02, 월요일, 유월달, 이브01, 일월01, 일사05, 저녁, 직03, 점심, 정시08, 토요일, 토요일날 | 40 | 곧01, 그날, 그때, 그저께, 그제01, 금(지금03), 끝01, 날01, 내년, 내일, 낼, 다음날, 다음주, 당일, 며칠, 모레, 미래02, 바로02, 방금01, 벌써, 아까, 아직01, 어저께, 어제01, 언제01, 언젠가, 예전01, 옛날, 오늘, 올해, 요번, 요새01, 요즘, 이따01, 이번01, 이번주, 이제01, 인제01, 일주일, 작년, 저번02, 전08, 주26, 지금03, 지난번, 짐(지금03), 처음, 평소, 하루01 | 49 |

　시점에 따른 어휘 목록의 수는 학교급에 따라 큰 차이를 보이지 않는다. 상대적 시점을 가리키는 어휘가 약간 많기는 하지만 변이형을 감안하면 뚜렷한 차이가 있다고 보기 어렵다. 절대적 시점을 가리키는 어휘는 '겨울, 여름01, 일월01, 월요일, 목요일, 낮, 밤01' 등의 형태가 나타났다. 상대적 시점의 어휘는 '내년, 올해, 다음달, 다음주, 이번주, 그날, 내일, 당일, 곧01, 당장02, 그때' 등이 나타났다.

## (2) 기간

　기간 관련 어휘는 총 43개 형태가 459회 출현하였다. 전체 출현 어휘를 학교급에 따라 빈도순으로 보이면 다음과 같다.

<표 4.28> 기간 관련 어휘의 형태 목록

| 순위 | 초등학교 저학년 | | 초등학교 고학년 | | 중학생 | | 고등학생 | |
|---|---|---|---|---|---|---|---|---|
| | 형태/품사 | 빈도(비율) | 형태/품사 | 빈도(비율) | 형태/품사 | 빈도(비율) | 형태/품사 | 빈도(비율) |
| 1 | 계속04/MAG | 17 (32.7%) | 계속04/MAG | 65 (40.1%) | 계속04/MAG | 43 (32.8%) | 동안01/NNG | 23 (20.2%) |
| 2 | 동안01/NNG | 5 (9.6%) | 동안01/NNG | 20 (12.3%) | 동안01/NNG | 22 (16.8%) | 계속04/MAG | 14 (12.3%) |
| 3 | 잠깐/MAG | 5 (9.6%) | 사이01/NNG | 12 (7.4%) | 잠깐/MAG | 12 (9.2%) | 잠깐/MAG | 11 (9.6%) |
| 4 | 지02/NNB | 4 (7.7%) | 잠깐/MAG | 10 (6.2%) | 지02/NNB | 11 (8.4%) | 께속(계속04)/MAG | 8 (7.0%) |
| 5 | 잠깐/NNG | 3 (5.8%) | 오래02/MAG | 7 (4.3%) | 잠깐/NNG | 7 (5.3%) | 지02/NNB | 8 (7.0%) |
| 6 | 사이01/NNG | 3 (5.8%) | 잠깐/NNG | 7 (4.3%) | 께속(계속04)/MAG | 6 (4.6%) | 여태01/MAG | 6 (5.3%) |
| 7 | 여지(여태01)/MAG | 2 (3.8%) | 지02/NNB | 7 (4.3%) | 사이01/NNG | 4 (3.1%) | 오래02/MAG | 5 (4.4%) |
| 8 | 여태01/MAG | 2 (3.8%) | 여태01/MAG | 4 (2.5%) | 계속04/NNG | 3 (2.3%) | 사이01/NNG | 5 (4.4%) |
| 9 | 오래02/MAG | 2 (3.8%) | 계속04/NNG | 3 (1.9%) | 여태01/MAG | 3 (2.3%) | 오랜만/NNG | 4 (3.5%) |
| 10 | 계속04/MAG | 1 (1.9%) | 내내01/MAG | 3 (1.9%) | 기간01/NNG | 2 (1.5%) | 이틀01/NNG | 4 (3.5%) |
| 11 | 밤새02/NNG | 1 (1.9%) | 평생/NNG | 3 (1.9%) | 기간07/NNG | 2 (1.5%) | 잠깐/NNG | 3 (2.6%) |
| 12 | 순간03/NNG | 1 (1.9%) | 영영01/MAG | 2 (1.2%) | 내내01/MAG | 2 (1.5%) | 한순간/NNG | 3 (2.6%) |
| 13 | 영영01/MAG | 1 (1.9%) | 영원히/MAG | 2 (1.2%) | 오랜만/NNG | 2 (1.5%) | 기간01/NNG | 2 (1.8%) |
| 14 | 영원히/MAG | 1 (1.9%) | 한동안/NNG | 2 (1.2%) | 주일03/NNB | 2 (1.5%) | 세기03/NNG | 2 (1.8%) |
| 15 | 오랜만/NNG | 1 (1.9%) | 길이01/NNG | 2 (1.2%) | 께속(계속04)/NNG | 1 (0.8%) | 순간03/NNG | 2 (1.8%) |
| 16 | 주일03/NNB | 1 (1.9%) | 기간07/NNG | 1 (0.6%) | 순간03/NNG | 1 (0.8%) | 종일01/NNG | 2 (1.8%) |
| 17 | 한참/NNG | 1 (1.9%) | 께속(계속04)/MAG | 1 (0.6%) | 연간02/NNG | 1 (0.8%) | 한동안/NNG | 2 (1.8%) |
| 18 | 틈01/NNG | 1 (1.9%) | 께속(계속04)/NNG | 1 (0.6%) | 오랫동안/NNG | 1 (0.8%) | 연속02/NNG | 2 (1.8%) |
| 19 | | | 세기03/NNG | 1 (0.6%) | 이틀01/NNG | 1 (0.8%) | 그동안/NNG | 1 (0.9%) |
| 20 | | | 순간03/NNG | 1 (0.6%) | 일생01/NNG | 1 (0.8%) | 기간07/NNG | 1 (0.9%) |
| 21 | | | 오랜/MM | 1 (0.6%) | 자간(잠깐)/NNG | 1 (0.8%) | 께속(계속04)/NNG | 1 (0.9%) |
| 22 | | | 오랜만/NNG | 1 (0.6%) | 종일01/NNG | 1 (0.8%) | 열흘/NNG | 1 (0.9%) |
| 23 | | | 오랫동안/NNG | 1 (0.6%) | 한동안/NNG | 1 (0.8%) | 잠시/MAG | 1 (0.9%) |
| 24 | | | 이태(여태01)/MAG | 1 (0.6%) | 한참/NNG | 1 (0.8%) | 잠시/NNG | 1 (0.9%) |
| 25 | | | 잠시/MAG | 1 (0.6%) | | | 주기14/NNG | 1 (0.9%) |
| 26 | | | 주일03/NNB | 1 (0.6%) | | | 한참/NNG | 1 (0.9%) |
| 27 | | | 한참/NNG | 1 (0.6%) | | | | |
| 28 | | | 연속02/NNG | 1 (0.6%) | | | | |

위 표를 보면, 초등학생과 중학생 자료에서는 '계속04'이, 고등학생 자료에서는 '동안01'이 가장 자주 사용되는 것을 알 수 있다. '동안01'의 경우 앞에 수식하는 어휘와 함께 다양한 시간적 범위를 가리킬 수 있으므로 고등학생 단계에서 기간에 대한 표현이 다양화함을 짐작할 수 있다. 긴 시간적 범위에 해당하는 '계속04'이 높은 비율을 차지하는 데 비해, 짧은 시간적 범위를 가리키는 '잠깐'은 상대적으로 낮은 사용 비율을 보인다.

## (3) 시간적 순서

시간적 순서를 가리키는 어휘는 모두 32개의 목록이 검토되었고 총 832회 출현하였다.

<표 4.29> 시간적 순서 관련 어휘의 형태 목록

| 순위 | 초등학교 저학년 | | 초등학교 고학년 | | 중학생 | | 고등학생 | |
|---|---|---|---|---|---|---|---|---|
| | 형태/품사 | 빈도(비율) | 형태/품사 | 빈도(비율) | 형태/품사 | 빈도(비율) | 형태/품사 | 빈도(비율) |
| 1 | 다음01/NNG | 86 (44.1%) | 다음01/NNG | 104 (33.0%) | 다시01/MAG | 34 (17.5%) | 처음/NNG | 39 (30.5%) |
| 2 | 다시01/MAG | 26 (13.3%) | 처음/NNG | 52 (16.5%) | 다음01/NNG | 30 (15.5%) | 다음01/NNG | 21 (16.4%) |
| 3 | 먼저/MAG | 25 (12.8%) | 다시01/MAG | 41 (13.0%) | 처음/NNG | 30 (15.5%) | 나중01/NNG | 15 (11.7%) |
| 4 | 처음/NNG | 17 (8.7%) | 나중01/NNG | 31 (9.8%) | 나중01/NNG | 21 (10.8%) | 다시01/MAG | 11 (8.6%) |
| 5 | 끝01/NNG | 14 (7.2%) | 먼저/MAG | 31 (9.8%) | 먼저/MAG | 16 (8.2%) | 먼저/MAG | 9 (7.0%) |
| 6 | 나중01/NNG | 8 (4.1%) | 마지막/NNG | 10 (3.2%) | 끝01/NNG | 14 (7.2%) | 끝01/NNG | 9 (7.0%) |
| 7 | 첨01/NNG | 4 (2.1%) | 첨01/NNG | 9 (2.9%) | 마지막/NNG | 9 (4.6%) | 일찍/MAG | 5 (3.9%) |
| 8 | 단계03/NNG | 2 (1.0%) | 처음/MAG | 8 (2.5%) | 일찍/MAG | 9 (4.6%) | 우선02/MAG | 4 (3.1%) |
| 9 | 마지막/NNG | 2 (1.0%) | 일찍/MAG | 5 (1.6%) | 처음/MAG | 7 (3.6%) | 첨01/NNG | 3 (2.3%) |
| 10 | 일찍/MAG | 2 (1.0%) | 끝01/NNG | 5 (1.6%) | 첫/MM | 5 (2.6%) | 처음/MAG | 3 (2.3%) |
| 11 | 후08/NNG | 2 (1.0%) | 늦/VV | 4 (1.3%) | 늦/VV | 5 (2.6%) | 마지막/NNG | 2 (1.6%) |
| 12 | 담03/NNG | 1 (0.5%) | 우선02/NNG | 3 (1.0%) | 우선02/MAG | 4 (2.1%) | 첫/MM | 2 (1.6%) |
| 13 | 먼저/NNG | 1 (0.5%) | 담03/NNG | 2 (0.6%) | 후08/NNG | 2 (1.0%) | 다음번/NNG | 1 (0.8%) |
| 14 | 먼처(먼저)/MAG | 1 (0.5%) | 기초07/NNG | 1 (0.3%) | 동시02/NNG | 1 (0.5%) | 담03/NNG | 1 (0.8%) |
| 15 | 첫/MM | 1 (0.5%) | 단계03/NNG | 1 (0.3%) | 먼처(먼저)/MAG | 1 (0.5%) | 이미01/MAG | 1 (0.8%) |
| 16 | 늦/VV | 1 (0.5%) | 동시02/NNG | 1 (0.3%) | 순서/NNG | 1 (0.5%) | 첫날/NNG | 1 (0.8%) |
| 17 | 처음/MAG | 1 (0.5%) | 마직막/NNG | 1 (0.3%) | 우선적/NNG | 1 (0.5%) | 후08/NNG | 1 (0.8%) |
| 18 | 초대04/NNG | 1 (0.5%) | 우선02/MAG | 1 (0.3%) | 이미01/MAG | 1 (0.5%) | | |
| 19 | | | 이미01/MAG | 1 (0.3%) | 첨01/NNG | 1 (0.5%) | | |
| 20 | | | 첫/MM | 1 (0.3%) | 최초/NNG | 1 (0.5%) | | |
| 21 | | | 첫째날/NNG | 1 (0.3%) | 첨04/NNG | 1 (0.5%) | | |
| 22 | | | 초반01/NNG | 1 (0.3%) | | | | |
| 23 | | | 후08/NNG | 1 (0.3%) | | | | |

초등학생 자료에서는 '다음01, 다시01, 먼저'의 순으로, 초등학교 고학년에서는 '다음01, 처음, 다시01'의 순으로 나타난다. 중학생 자료에서는 '다시01, 다음01, 처음, 나중01'의 순으로, 고등학생 자료에서는 '처음, 다음01, 나중01'의 순으로 자주 사용되며, 이들 어휘가 전체 목록의 10% 이상을 차지한다.

## (4) 속도

속도 관련 어휘에서는 총 13개의 형태가 371회 출현하였다. 학교급별 사용 어휘를 고빈도 순으로 보이면 다음과 같다.

<표 4.30> 속도 관련 어휘의 형태 목록

| 순위 | 초등학교 저학년 | | 초등학교 고학년 | | 중학생 | | 고등학생 | |
|---|---|---|---|---|---|---|---|---|
| | 형태/품사 | 빈도(비율) | 형태/품사 | 빈도(비율) | 형태/품사 | 빈도(비율) | 형태/품사 | 빈도(비율) |
| 1 | 빨리/MAG | 27 (42.2%) | 갑자기/MAG | 58 (40.8%) | 빨리/MAG | 46 (47.9%) | 빨리/MAG | 32 (46.4%) |
| 2 | 갑자기/MAG | 24 (37.5%) | 빨리/MAG | 54 (38.0%) | 갑자기/MAG | 22 (22.9%) | 늦/VA | 15 (21.7%) |
| 3 | 늦/VA | 4 (6.3%) | 빠르/VA | 10 (7.0%) | 늦/VA | 16 (16.7%) | 갑자기/MAG | 10 (14.5%) |
| 4 | 빠르/VA | 3 (4.7%) | 늦/VA | 8 (5.6%) | 금방01/MAG | 5 (5.2%) | 빠르/VA | 4 (5.8%) |
| 5 | 빨랑02/MAG | 1 (1.6%) | 느리01/VA | 5 (3.5%) | 느리01/VA | 3 (3.1%) | 금방01/MAG | 3 (4.3%) |
| 6 | 속도01/NNG | 1 (1.6%) | 금방01/MAG | 3 (2.1%) | 빠르/VA | 2 (2.1%) | 빨랑02/MAG | 3 (4.3%) |
| 7 | 스피드01/NNG | 1 (1.6%) | 속도01/NNG | 2 (1.4%) | 빨랑빨랑/MAG | 1 (1.0%) | 얼른02/MAG | 1 (1.4%) |
| 8 | 얼른02/MAG | 1 (1.6%) | 빨랑02/MAG | 1 (0.7%) | 장족02/NNG | 1 (1.0%) | 느리01/VA | 1 (1.4%) |
| 9 | 느리01/VA | 1 (1.6%) | 얼른02/MAG | 1 (0.7%) | | | | |
| 10 | 빨르(빠르)/VA | 1 (1.6%) | | | | | | |

　'빨리, 갑자기'는 모든 학교급에서 가장 많이 사용되고, 초등학교 저학년 자료에서는 '빨리, 갑자기', 초등학교 고학년 자료에서는 '갑자기, 빨리, 빠르다', 중학생 자료에서는 '빨리, 갑자기', 고등학생 자료에서는 '빨리, 늦다, 갑자기' 등이 다른 어휘에 비해 비교적 자주 쓰이고 있다.

　속도 관련 어휘는 내용 면에서 '빠르다'류와 '느리다'류로 대별해 볼 수 있다. '갑자기, 빨랑02, 얼른02, 금방01' 등은 모두 '빠르다'의 부류에, '늦다, 느리다01' 등은 '느리다'의 부류에 포함된다. 이들의 학교급별 사용 양상을 보기 위해 각각의 빈도를 그림으로 보이면 다음과 같다.

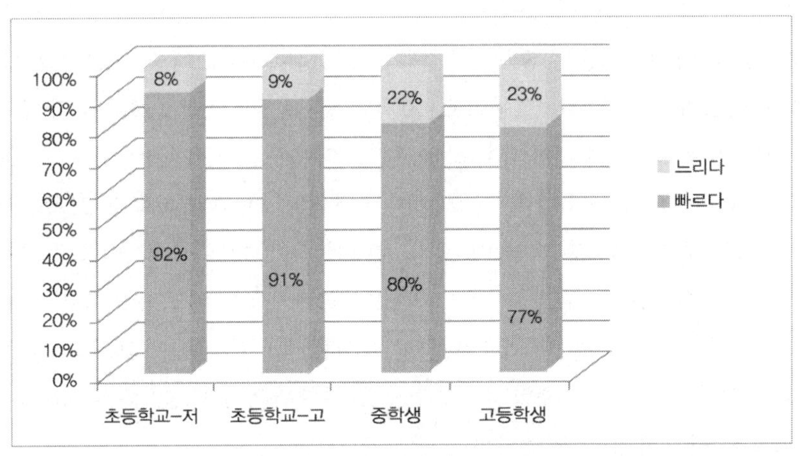


[그림 4] 학교급별 '빠르다'와 '느리다' 관련 어휘의 사용 비율

　모든 학교급에서 '빠르다' 관련 어휘의 출현 비율이 '느리다' 관련 어휘들에 비해 현저히 높은 비율을 차지하고 있다. 그리고 학교급이 올라갈수록 '느리다' 관련 어휘들의 출현 비율이 점차 증가하며, 초등학생과 중고등학생 사이의 차이가 두드러지는 것을 확인할 수 있다.

### (5) 빈도

　빈도 관련 어휘 형태는 비교적 그 사용 정도가 적어, 총 17개의 형태가 711회 출현하였다. 학교급별 출현 어휘를 빈도순으로 보이면 다음과 같다.

〈표 4.31〉 빈도 관련 어휘의 형태 목록

| 순위 | 초등학교 저학년 | | 초등학교 고학년 | | 중학생 | | 고등학생 | |
|---|---|---|---|---|---|---|---|---|
| | 형태/품사 | 빈도(비율) | 형태/품사 | 빈도(비율) | 형태/품사 | 빈도(비율) | 형태/품사 | 빈도(비율) |
| 1 | 또/MAG | 62 (36.5%) | 또/MAG | 78 (35.5%) | 맨날/MAG | 62 (33.7%) | 또/MAG | 43 (31.4%) |
| 2 | 또/MAJ | 57 (33.5%) | 또/MAJ | 61 (27.7%) | 또/MAG | 55 (29.9%) | 맨날/MAG | 41 (29.9%) |
| 3 | 맨날/MAG | 28 (16.5%) | 맨날/MAG | 45 (20.5%) | 또/MAJ | 43 (23.4%) | 또/MAJ | 25 (18.2%) |
| 4 | 매일/MAG | 7 (4.1%) | 자꾸01/MAG | 12 (5.5%) | 자주01/MAG | 6 (3.3%) | 자꾸01/MAG | 8 (5.8%) |
| 5 | 자꾸01/MAG | 5 (2.9%) | 자주01/MAG | 6 (2.7%) | 자꾸01/MAG | 5 (2.7%) | 가끔/MAG | 5 (3.6%) |
| 6 | 매일/NNG | 4 (2.4%) | 매일/MAG | 4 (1.8%) | 가끔씩/MAG | 3 (1.6%) | 자주01/MAG | 5 (3.6%) |
| 7 | 자주01/MAG | 4 (2.4%) | 매일/NNG | 4 (1.8%) | 게다가/MAG | 3 (1.6%) | 항상/MAG | 3 (2.2%) |
| 8 | 가끔/MAG | 1 (0.6%) | 가끔씩/MAG | 3 (1.4%) | 항상/MAG | 3 (1.6%) | 매일/MAG | 2 (1.5%) |
| 9 | 가끔씩/MAG | 1 (0.6%) | 게다가/MAG | 3 (1.4%) | 가끔/MAG | 1 (0.5%) | 드물/VA | 2 (1.5%) |
| 10 | 종종04/MAG | 1 (0.6%) | 항상/MAG | 2 (0.9%) | 매번/NNG | 1 (0.5%) | 가끔씩/MAG | 1 (0.7%) |
| 11 | | | 가끔/MAG | 1 (0.5%) | 매일/NNG | 1 (0.5%) | 매일/NNG | 1 (0.7%) |
| 12 | | | 매년/NNG | 1 (0.5%) | 거듭하/VV | 1 (0.5%) | 수시08/NNG | 1 (0.7%) |

　'빈도' 관련 어휘에 드는 형태들 중에서는 잦은 빈도를 가리키는 '또'가 모든 학교급에서 가장 높은 사용률을 나타내고 있다. '또'가 차지하는 비율은 학교급이 높아질수록 감소하여, 초등학교 저학년 자료에서는 70%, 초등학교 고학년 자료에서는 63.2%, 중학생 자료에서는 53.3%, 고등학생 자료에서는 49.6%로 나타난다. 그 다음으로 자주 쓰인 어휘는 '또'와 유사한 의미를 지닌 '맨날, 매일'로, 초등학교 저학년 자료에서는 23%, 초등학교 고학년 자료에서는 24.1%, 중학생 자료에서는 34.2%, 고등학생 자료에서는 32.1%의 사용 비율을 보인다. 즉, 빈도 관련 어휘에서는 '또, 맨날, 매일, 자꾸, 자주01'와 같이 잦은 빈도를 가리키는 어휘가 자주 쓰이고 있음을 알 수 있다. 한편, 이들과 반대의 의미를 지닌 '가끔, 가끔씩'의 경우, 초등학교 저학년은 1.2%, 고학년은 1.9%, 중학생은 2.1%, 고등학생은 4.3%로 사용 빈도가 낮으며, 학교급이 올라갈수록 사용이 조금씩 증가하는 양상을 보인다.

## (6) 시간 단위

시간 단위를 표시하는 어휘는 총 13개 형태가 916회 출현하였다. 학교급별 사용 어휘를 고빈도순으로 제시하면 다음과 같다.

<표 4.32> 시간 단위 관련 어휘의 형태 목록

| 순위 | 초등학교 저학년 | | 초등학교 고학년 | | 중학생 | | 고등학생 | |
|---|---|---|---|---|---|---|---|---|
| | 형태/품사 | 빈도(비율) | 형태/품사 | 빈도(비율) | 형태/품사 | 빈도(비율) | 형태/품사 | 빈도(비율) |
| 1 | 시10/NNB | 41 (38.3%) | 시10/NNB | 59 (28.0%) | 분08/NNB | 154 (43.5%) | 분08/NNB | 81 (31.9%) |
| 2 | 분08/NNB | 26 (24.3%) | 분08/NNB | 50 (23.7%) | 시10/NNB | 79 (22.3%) | 시10/NNB | 52 (20.5%) |
| 3 | 시간04/NNB | 18 (16.8%) | 일07/NNB | 32 (15.2%) | 일07/NNB | 30 (8.5%) | 일07/NNB | 40 (15.7%) |
| 4 | 년02/NNB | 8 (7.5%) | 교시03/NNB | 20 (9.5%) | 년02/NNB | 28 (7.9%) | 년02/NNB | 26 (10.2%) |
| 5 | 일07/NNB | 6 (5.6%) | 시간04/NNB | 13 (6.2%) | 달05/NNB | 18 (5.1%) | 시간04/NNB | 20 (7.9%) |
| 6 | 교시03/NNB | 4 (3.7%) | 년02/NNB | 12 (5.7%) | 초07/NNB | 12 (3.4%) | 교시03/NNB | 12 (4.7%) |
| 7 | 월02/NNB | 3 (0.8%) | 초07/NNB | 10 (4.7%) | 시간04/NNB | 8 (2.3%) | 초07/NNB | 8 (3.1%) |
| 8 | 날01/NNB | 1 (0.9%) | 달05/NNB | 8 (3.8%) | 주26/NNB | 8 (2.3%) | 달05/NNB | 6 (2.4%) |
| 9 | 년도/NNB | 1 (0.9%) | 개월/NNB | 3 (1.4%) | 날01/NNB | 7 (2.0%) | 개월/NNB | 3 (1.2%) |
| 10 | 달05/NNB | 1 (0.9%) | 날01/NNB | 2 (0.9%) | 교시03/NNB | 6 (1.7%) | 날01/NNB | 2 (0.8%) |
| 11 | 초07/NNB | 1 (0.9%) | 주26/NNB | 2 (0.9%) | 개월/NNB | 4 (1.1%) | 주26/NNB | 2 (0.8%) |
| 12 | | | 월02/NNB | 1 (0.2%) | 월02/NNB | 4 (0.9%) | 년도/NNB | 1 (0.4%) |
| 13 | | | | | | | 월02/NNB | 1 (0.4%) |

위 표에 보인 것처럼, 초등학교 단계에서는 '시10'가 '분08'에 비해 사용 빈도가 높고, 중고등학생 단계에서는 '분08'이 '시10'에 비해 사용 빈도가 높은 것으로 나타난다. 즉, 초등학생에게 있어 '시10'가 시간 단위에서 중심이 되고 있음을 짐작케 한다. 반면에 중고등학생은 보다 세분된 시간 단위인 '분08'을 더 자주 사용하고 있는 것으로 보인다.

## 4.1.1.6 수

수 관련 어휘는 '수량, 순서, 수 단위'로 하위 구분된다.

## (1) 수량

수량 관련 어휘 형태는 총 156개의 형태가 6,519회 출현하였다. 학교급별 사용 어휘 50개씩을 고빈도순으로 제시하면 다음과 같다.

〈표 4.33〉 수량 관련 어휘의 고빈도 형태 목록(고빈도 형태 50개)

| 순위 | 초등학교 저학년 | | 초등학교 고학년 | | 중학생 | | 고등학생 | |
|---|---|---|---|---|---|---|---|---|
| | 형태/품사 | 빈도(비율) | 형태/품사 | 빈도(비율) | 형태/품사 | 빈도(비율) | 형태/품사 | 빈도(비율) |
| 1 | 다03/MAG | 128 (10.3%) | 다03/MAG | 191 (8.5%) | 다03/MAG | 250 (10.2%) | 다03/MAG | 135 (8.6%) |
| 2 | 한01/MM | 109 (8.8%) | 한01/MM | 178 (7.9%) | 좀02/MAG | 175 (7.1%) | 좀02/MAG | 117 (7.5%) |
| 3 | 몇/MM | 98 (7.9%) | 십/NR | 161 (7.1%) | 십/NR | 170 (6.9%) | 한01/MM | 110 (7.0%) |
| 4 | 두01/MM | 67 (5.4%) | 좀02/MAG | 118 (5.2%) | 한01/MM | 162 (6.6%) | 십/NR | 94 (6.0%) |
| 5 | 십/NR | 64 (5.2%) | 많이/MAG | 87 (3.9%) | 몇/MM | 113 (4.6%) | 많이/MAG | 88 (5.6%) |
| 6 | 하나/NR | 45 (3.6%) | 몇/MM | 87 (3.9%) | 십/MM | 96 (3.9%) | 이09/NR | 69 (4.4%) |
| 7 | 이09/NR | 44 (3.6%) | 이09/NR | 82 (3.6%) | 많이/MAG | 95 (3.9%) | 몇/MM | 65 (4.2%) |
| 8 | 많이/MAG | 44 (3.6%) | 오04/NR | 76 (3.4%) | 일05/MM | 88 (3.6%) | 일05/MM | 50 (3.2%) |
| 9 | 좀02/MAG | 41 (3.3%) | 삼06/NR | 70 (3.1%) | 삼06/NR | 72 (2.9%) | 쫌(좀02)/MAG | 48 (3.1%) |
| 10 | 백05/NR | 32 (2.6%) | 일05/MM | 58 (2.6%) | 이09/MM | 67 (2.7%) | 오04/NR | 43 (2.7%) |
| 11 | 일05/MM | 32 (2.6%) | 두01/MM | 53 (2.3%) | 구01/NR | 63 (2.6%) | 십/MM | 41 (2.6%) |
| 12 | 삼06/NR | 28 (2.3%) | 구01/NR | 51 (2.3%) | 하나/NR | 63 (2.6%) | 만06/MM | 40 (2.6%) |
| 13 | 세01/MM | 25 (2.0%) | 삼06/MM | 50 (2.2%) | 쫌(좀02)/MAG | 62 (2.5%) | 백05/NR | 39 (2.5%) |
| 14 | 오04/NR | 24 (1.9%) | 십/MM | 50 (2.2%) | 이09/NR | 56 (2.3%) | 삼06/NR | 36 (2.3%) |
| 15 | 쫌(좀02)/MAG | 23 (1.9%) | 만06/MM | 47 (2.1%) | 오04/NR | 51 (2.1%) | 두01/MM | 33 (2.1%) |
| 16 | 구01/NR | 21 (1.7%) | 이09/MM | 46 (2.1%) | 오04/NR | 45 (1.8%) | 이09/MM | 33 (2.1%) |
| 17 | 네02/MM | 19 (1.5%) | 일05/NR | 45 (2.0%) | 사11/MM | 44 (1.8%) | 하나/NR | 30 (1.9%) |
| 18 | 십/MM | 19 (1.5%) | 하나/NR | 43 (1.9%) | 사11/NR | 44 (1.8%) | 사11/NR | 28 (1.8%) |
| 19 | 이09/MM | 18 (1.5%) | 사11/NR | 42 (1.9%) | 삼06/MM | 44 (1.8%) | 삼06/MM | 27 (1.7%) |
| 20 | 오04/MM | 17 (1.4%) | 백05/MM | 39 (1.7%) | 두01/MM | 41 (1.7%) | 육02/MM | 20 (1.3%) |
| 21 | 둘01/NR | 16 (1.3%) | 사11/NR | 36 (1.6%) | 백05/NR | 41 (1.7%) | 둘01/NR | 19 (1.2%) |
| 22 | 사11/MM | 16 (1.3%) | 백05/NR | 34 (1.5%) | 세01/MM | 34 (1.4%) | 백05/MM | 19 (1.2%) |
| 23 | 일05/NR | 16 (1.3%) | 오04/MM | 34 (1.5%) | 육02/MM | 30 (1.2%) | 얼마/NP | 19 (1.2%) |
| 24 | 다섯/MM | 14 (1.1%) | 쫌(좀02)/MAG | 33 (1.5%) | 백05/MM | 28 (1.1%) | 천03/MM | 19 (1.2%) |
| 25 | 사11/NR | 14 (1.1%) | 세01/MM | 31 (1.4%) | 팔03/NR | 27 (1.1%) | 육02/NR | 18 (1.1%) |
| 26 | 백05/MM | 12 (1.0%) | 천03/MM | 29 (1.3%) | 네02/MM | 25 (1.0%) | 팔03/NR | 18 (1.1%) |
| 27 | 천03/NR | 12 (1.0%) | 열03/NR | 26 (1.2%) | 둘01/NR | 25 (1.0%) | 오04/MM | 17 (1.1%) |
| 28 | 열03/NR | 10 (0.8%) | 육02/MM | 23 (1.0%) | 열03/NR | 25 (1.0%) | 일05/MM | 17 (1.1%) |
| 29 | 팔03/NR | 10 (0.8%) | 육02/NR | 23 (1.0%) | 일05/NR | 22 (0.9%) | 칠01/NR | 17 (1.1%) |
| 30 | 쪼금/MAG | 10 (0.8%) | 칠01/NR | 23 (1.0%) | 얼마나/MAG | 21 (0.9%) | 얼마나/MAG | 16 (1.0%) |
| 31 | 만06/MM | 9 (0.7%) | 네02/MM | 20 (0.9%) | 칠01/NR | 21 (0.9%) | 열03/NR | 16 (1.0%) |
| 32 | 삼06/MM | 9 (0.7%) | 둘01/NR | 18 (0.8%) | 칠01/MM | 19 (0.8%) | 사11/MM | 15 (1.0%) |
| 33 | 씩03/XSN | 9 (0.7%) | 몇/NR | 18 (0.8%) | 만06/MM | 18 (0.7%) | 세01/MM | 15 (1.0%) |
| 34 | 열03/MM | 9 (0.7%) | 씩03/XSN | 18 (0.8%) | 얼마/NP | 18 (0.7%) | 천03/NR | 15 (1.0%) |
| 35 | 만06/NR | 8 (0.6%) | 얼마나/MAG | 18 (0.8%) | 여섯/MM | 18 (0.7%) | 네02/MM | 11 (0.7%) |
| 36 | 아홉/MM | 8 (0.6%) | 팔03/NR | 18 (0.8%) | 육02/NR | 18 (0.7%) | 만06/NR | 11 (0.7%) |
| 37 | 육02/MM | 8 (0.6%) | 다섯/MM | 16 (0.7%) | 팔03/MM | 18 (0.7%) | 칠01/MM | 10 (0.6%) |
| 38 | 칠01/NR | 8 (0.6%) | 천03/NR | 16 (0.7%) | 다섯/MM | 17 (0.7%) | 구01/NR | 9 (0.6%) |
| 39 | 팔03/MM | 8 (0.6%) | 얼마/NP | 14 (0.6%) | 씩03/XSN | 17 (0.7%) | 씩03/XSN | 9 (0.6%) |
| 40 | 몇/NR | 7 (0.6%) | 여섯/MM | 13 (0.6%) | 약간/MAG | 16 (0.7%) | 열03/MM | 9 (0.6%) |
| 41 | 칠01/MM | 7 (0.6%) | 팔03/MM | 13 (0.6%) | 천03/MM | 14 (0.6%) | 셋/NR | 8 (0.5%) |
| 42 | 구01/MM | 6 (0.5%) | 열03/MM | 12 (0.5%) | 몇/NR | 12 (0.5%) | 반07/NNG | 7 (0.4%) |
| 43 | 반07/NNG | 6 (0.5%) | 반07/NNG | 11 (0.5%) | 반07/NNG | 12 (0.5%) | 아홉/MM | 6 (0.4%) |

| 순위 | 초등학교 저학년 | | 초등학교 고학년 | | 중학생 | | 고등학생 | |
|---|---|---|---|---|---|---|---|---|
| | 형태/품사 | 빈도(비율) | 형태/품사 | 빈도(비율) | 형태/품사 | 빈도(비율) | 형태/품사 | 빈도(비율) |
| 44 | 여섯/MM | 6 (0.5%) | 쪼금/MAG | 11 (0.5%) | 억04/NR | 12 (0.5%) | 조금01/MAG | 6 (0.4%) |
| 45 | 육02/NR | 6 (0.5%) | 약간/MAG | 10 (0.4%) | 모든/MM | 8 (0.3%) | 사십/MM | 5 (0.3%) |
| 46 | 천03/MM | 6 (0.5%) | 여덟/MM | 10 (0.4%) | 약간/NNG | 8 (0.3%) | 하나/NNG | 5 (0.3%) |
| 47 | 조금01/MAG | 6 (0.5%) | 구01/MM | 9 (0.4%) | 열03/MM | 6 (0.2%) | 약간/MAG | 4 (0.3%) |
| 48 | 여섯/NR | 5 (0.4%) | 조금01/MAG | 9 (0.4%) | 천03/NR | 6 (0.2%) | 여덟/MM | 4 (0.3%) |
| 49 | 일곱/MM | 5 (0.4%) | 여러/MM | 8 (0.4%) | 조금01/MAG | 6 (0.2%) | 영14/NNG | 4 (0.3%) |
| 50 | 쪼끔/MAG | 5 (0.4%) | 일곱/MM | 7 (0.3%) | 원20/NNG | 5 (0.2%) | 쪼끔/MAG | 4 (0.3%) |

위의 표를 보면, 불특정 대량을 나타내는 '다03'가 모든 학교급에서 가장 자주 사용된 것을 알 수 있다. 출현 비율은 10% 내외로 학교급에 따른 큰 차이는 보이지 않는다. 이와 대비해서 소량을 나타내는 '조금01(좀02, 쪼금, 쫌)'의 경우, 초등학교 저학년은 6.9%, 고학년은 7.6%, 중학생은 9.8%, 고등학생은 11.3%로 그 사용이 약간씩 증가하는 추세를 보인다. '다03' 이외 의 어휘는 학교급에 따라 달리 나타나는데, 다양한 수사와 수관형사들이 쓰이고 있다.

이들 수량 관련 어휘에 속하는 형태들을 어원에 따라 고유어, 한자어, 외래어로 구분하여 학교급별 사용 어휘 목록을 보이면 다음과 같다.

〈표 4.34〉 수량 관련 어휘의 어원별 고빈도 형태 목록

| 학교급 | 고유어 | | 한자어 | |
|---|---|---|---|---|
| | 형태 | 형태 수 | 형태 | 형태 수 |
| 초등학교 저학년 | 네02, 다03, 다섯, 두01, 둘01, 많이, 몇, 세01, 씩03, 아홉, 여섯, 열03, 일곱, 조금01, 좀02, 쪼금, 쫌(좀02), 하나, 한01 | 19 | 구01, 만06, 반07, 백05, 사11, 삼06, 십, 오04, 육02, 이09, 일05, 천03, 칠01, 팔03 | 14 |
| 초등학교 고학년 | 네02, 다03, 다섯, 두01, 둘01, 많이, 몇, 세01, 씩03, 얼마, 얼마나, 여덟, 여러, 여섯, 열03, 조금01, 좀02, 쪼금, 쫌(좀02), 하나, 한01 | 18 | 공12, 구01, 만06, 반07, 백05, 사11, 삼06, 십, 약간, 오04, 육02, 이09, 일05, 천03, 칠01, 팔03 | 16 |
| 중학생 | 네02, 다03, 다섯, 두01, 둘01, 많이, 몇, 모든, 세01, 씩03, 얼마, 얼마나, 여섯, 열03, 조금01, 좀02, 쫌(좀02), 하나, 한01 | 15 | 구01, 만06, 반07, 백05, 사11, 삼06, 십, 약간, 억04, 오04, 육02, 이09, 일05, 천03, 칠01, 팔03 | 16 |
| 고등학생 | 네02, 다03, 두01, 둘01, 많이, 몇, 세01, 셋, 씩03, 아홉, 얼마, 얼마나, 여덟, 열03, 조금01, 좀02, 쫌(좀02), 하나, 한01 | 16 | 구01, 만06, 반07, 백05, 사11, 사십, 삼06, 십, 약간, 영14, 오04, 육02, 이09, 일05, 천03, 칠01, 팔03 | 17 |

위 표에서는 어원에 따른 사용 양상을 관찰하기 위하여 동일 형태가 다양한 품사로 쓰인 경우에도 이를 하나의 형태로 처리하였다. 표에 제시된 결과를 보면, 초등학교에서는 고유어의 형태 수가 약간 많고, 중고등학교에서는 한자어의 형태 수가 같거나 약간 많다. 초등학생이 중고등학생에 비해 고유어 형태가 2~4개 더 출현하였지만 뚜렷한 차이가 있다고 보기는 어렵다. 수량 관련 어휘의 고빈도 목록에서 외래어 형태는 나타나지 않았다.

## (2) 순서

순서 관련 어휘에서는 총 61개의 형태가 2,232회 출현하였다. 학교급별 출현 어휘를 고빈도순으로 제시하면 아래와 같다.

**〈표 4.35〉 순서 관련 어휘의 고빈도 형태 목록**

| 순위 | 초등학교 저학년 | | 초등학교 고학년 | | 중학생 | | 고등학생 | |
|---|---|---|---|---|---|---|---|---|
| | 형태/품사 | 빈도(비율) | 형태/품사 | 빈도(비율) | 형태/품사 | 빈도(비율) | 형태/품사 | 빈도(비율) |
| 1 | 제일04/MAG | 76 (17.5%) | 학년/NNG | 122 (18.3%) | 십/MM | 96 (13.2%) | 일05/MM | 50 (12.5%) |
| 2 | 중04/NNB | 64 (14.7%) | 일05/MM | 58 (8.7%) | 일05/MM | 88 (12.1%) | 학년/NNG | 50 (12.5%) |
| 3 | 학년/NNG | 45 (10.4%) | 제일04/MAG | 58 (8.7%) | 학년/NNG | 74 (10.1%) | 원래01/NNG | 49 (12.2%) |
| 4 | 일05/MM | 32 (7.4%) | 삼06/MM | 50 (7.5%) | 이09/MM | 67 (9.2%) | 십/MM | 41 (10.2%) |
| 5 | 제일04/NNG | 28 (6.5%) | 십/MM | 50 (7.5%) | 중04/NNB | 48 (6.6%) | 이09/MM | 33 (8.2%) |
| 6 | 젤/MAG | 23 (5.3%) | 이09/MM | 46 (6.9%) | 오04/MM | 45 (6.2%) | 삼06/MM | 27 (6.7%) |
| 7 | 십/MM | 19 (4.4%) | 원래01/NNG | 44 (6.6%) | 원래01/NNG | 45 (6.2%) | 육02/MM | 20 (5.0%) |
| 8 | 이09/MM | 18 (4.1%) | 사11/MM | 42 (6.3%) | 사11/MM | 44 (6.0%) | 오04/MM | 17 (4.2%) |
| 9 | 오04/MM | 17 (3.9%) | 오04/MM | 34 (5.1%) | 삼06/MM | 44 (6.0%) | 사11/MM | 15 (3.7%) |
| 10 | 사11/MM | 16 (3.7%) | 중04/NNB | 32 (4.8%) | 제일04/MAG | 36 (4.9%) | 중04/NNB | 15 (3.7%) |
| 11 | 원래01/NNG | 15 (3.5%) | 육02/MM | 23 (3.4%) | 육02/MM | 30 (4.1%) | 제19/XSN | 13 (3.2%) |
| 12 | 째02/XSN | 13 (3.0%) | 팔03/MM | 13 (1.9%) | 칠01/MM | 19 (2.6%) | 제일04/MAG | 12 (3.0%) |
| 13 | 삼06/MM | 9 (2.1%) | 젤/MAG | 11 (1.6%) | 팔03/MM | 18 (2.5%) | 칠01/MM | 10 (2.5%) |
| 14 | 육02/MM | 8 (1.8%) | 구01/MM | 9 (1.3%) | 중04/NNG | 10 (1.4%) | 원래01/MAG | 8 (2.0%) |
| 15 | 차례01/NNG | 8 (1.8%) | 둘째/NR | 9 (1.3%) | 째02/XSN | 10 (1.4%) | 일급01/NNG | 6 (1.5%) |
| 16 | 팔03/MM | 8 (1.8%) | 번호02/NNG | 8 (1.2%) | 이상05/NNG | 7 (1.0%) | 사십/MM | 5 (1.2%) |
| 17 | 칠01/MM | 7 (1.6%) | 칠01/MM | 6 (0.9%) | 젤/MAG | 5 (0.7%) | 젤/MAG | 5 (1.2%) |
| 18 | 구01/MM | 6 (1.4%) | 이상05/NNG | 5 (0.7%) | 둘째/NR | 4 (0.5%) | 째02/XSN | 4 (1.0%) |
| 19 | 번호02/NNG | 5 (1.2%) | 중일02/NNG | 5 (0.7%) | 번호02/NNG | 4 (0.5%) | 팔03/MM | 3 (0.7%) |
| 20 | 쩰(젤)/MAG | 3 (0.7%) | 째02/XSN | 5 (0.7%) | 사십/MM | 4 (0.5%) | 고삼02/NNG | 2 (0.5%) |
| 21 | 번째/NNB | 2 (0.5%) | 쩰(젤)/MAG | 5 (0.7%) | 차03/NNB | 4 (0.5%) | 구01/MM | 2 (0.5%) |
| 22 | 우승05/NNG | 2 (0.5%) | 제일04/NNG | 4 (0.6%) | 구01/MM | 3 (0.4%) | 중04/NNG | 2 (0.5%) |
| 23 | 종류02/NNG | 2 (0.5%) | 첫째/NR | 4 (0.6%) | 제일04/NNG | 3 (0.4%) | 제일/MAG | 2 (0.5%) |
| 24 | 둘째/MM | 1 (0.2%) | 세컨/NNG | 3 (0.4%) | 고삼02/NNG | 2 (0.3%) | 차03/NNB | 2 (0.5%) |
| 25 | 막내/NNG | 1 (0.2%) | 제일/NNG | 3 (0.4%) | 등수01/NNG | 2 (0.3%) | 막내/NNG | 1 (0.2%) |
| 26 | 씨(시16)/NNG | 1 (0.2%) | 류(육02)/MM | 2 (0.3%) | 원래01/MAG | 2 (0.3%) | 이상05/NNG | 1 (0.2%) |

| 순위 | 초등학교 저학년 | | 초등학교 고학년 | | 중학생 | | 고등학생 | |
|---|---|---|---|---|---|---|---|---|
| | 형태/품사 | 빈도(비율) | 형태/품사 | 빈도(비율) | 형태/품사 | 빈도(비율) | 형태/품사 | 빈도(비율) |
| 27 | 젤/NNG | 1 (0.2%) | 셋째/NNG | 2 (0.3%) | 제이03/NNG | 2 (0.3%) | 제일04/NNG | 1 (0.2%) |
| 28 | 중일02/NNG | 1 (0.2%) | 씨(시16)/NNG | 2 (0.3%) | 첫째/NR | 2 (0.3%) | 중삼02/NNG | 1 (0.2%) |
| 29 | 쩨일/NNG | 1 (0.2%) | 째01/XSN | 2 (0.3%) | 하04/NNG | 2 ((0.3%) | 중이02/NNG | 1 (0.2%) |
| 30 | 첫째/MM | 1 (0.2%) | 쩨일/MAG | 2 (0.3%) | 구십/MM | 1 (0.1%) | 중일02/NNG | 1 (0.2%) |
| 31 | 첫째/NNG | 1 (0.2%) | 막내/NNG | 1 (0.1%) | 꼴등/NNG | 1 (0.1%) | 차례01/NNG | 1 (0.2%) |
| 32 | | | 번째/NNB | 1 (0.1%) | 꼴찌/NNG | 1 (0.1%) | 학번/NNG | 1 (0.2%) |
| 33 | | | 사십/MM | 1 (0.1%) | 순서/NNG | 1 (0.1%) | | |
| 34 | | | 중04/NNG | 1 (0.1%) | 순위/NNG | 1 (0.1%) | | |
| 35 | | | 차03/NNB | 1 (0.1%) | 중이02/NNG | 1 (0.1%) | | |
| 36 | | | 차례01/NNG | 1 (0.1%) | 쩨일/MAG | 1 (0.1%) | | |
| 37 | | | 첫째/MM | 1 (0.1%) | 차례01/NNG | 1 (0.1%) | | |

순서 관련 어휘에서는 학교급별 고빈도어에서 차이를 보였다. 초등학교 저학년에서는 '제일04(젤, 쩰)'의 빈도가 가장 높고, 초등학교 고학년에서는 '학년', 중학생은 숫자 '십', 고등학생은 숫자 '일05'이 가장 빈도가 높다. 초등학교 저학년에서 30.4%로 가장 높은 빈도를 보인 '제일04'이 초등학교 고학년에서는 12.3%, 중학생에서는 6.1%, 고등학생에서는 4.9%로 학교급이 올라갈수록 현저히 감소하는 모습을 보인다. 이는 순서를 가리키는 경우에 저학년 때는 최고 수준을 의미하는 어휘를 자주 사용하다가 점차 구체적인 숫자를 쓰기 때문인 것으로 짐작된다. 중학생 자료에서 '십, 일05, 이09, 중04, 오04, 사11, 삼06', 고등학교 자료에서 '일05, 십, 이09, 삼06, 육02' 등의 숫자가 고빈도로 출현하는 사실도 이를 뒷받침한다.

순서와 관련된 어휘들을 어원에 따라 고유어, 한자어, 외래어로 나누어 학교급별 사용 양상을 살피면 다음과 같다.

〈표 4.36〉 순서 관련 어휘의 어원별 고빈도 형태 목록

| 학교급 | 고유어 | | 한자어 | | 외래어 | |
|---|---|---|---|---|---|---|
| | 형태 | 형태 수 | 형태 | 형태 수 | 형태 | 형태 수 |
| 초등학교 저학년 | 둘째, 막내, 째02, 첫째 | 4 | 구01, 번째, 번호02, 사11, 삼06, 십, 오04, 우승05, 원래01, 육02, 이09, 일05, 제일04, 젤, 종류02, 중04, 중일02, 쩨일(제일04), 쩰(젤), 차례01, 칠01, 팔03, 학년 | 24 | 씨(시16) | 1 |
| 초등학교 고학년 | 둘째, 막내, 셋째, 째02, 첫째 | 5 | 구01, 류(육02), 번호02, 사11, 삼06, 십, 오04, 원래01, 육02, 이09, 이상05, 일05, 제일04, 젤, 중04, 중일02, 쩨일(제일04), 쩰(젤), 칠01, 팔03, 학년 | 21 | 세컨(세컨드), 씨(시16) | 2 |

| 학교급 | 고유어 | | 한자어 | | 외래어 | |
|---|---|---|---|---|---|---|
| | 형태 | 형태 수 | 형태 | 형태 수 | 형태 | 형태 수 |
| 중학생 | 둘째, 째02, 첫째 | 3 | 고삼02, 구01, 구십, 꼴등, 등수01,번호02, 사11, 사십, 삼06, 십, 오04, 원래01,육02, 이09, 이상05, 일05, 제이03, 제일04, 젤, 중04, 차03, 칠01, 팔03, 하04, 학년 | 26 | - | - |
| 고등학생 | 막내, 째02 | 2 | 고삼02, 구01, 사11, 사십, 삼06, 십, 오04, 원래01, 육02, 이09, 이상05, 일05, 일급01, 제19, 제일04, 젤, 중04, 중삼02, 중이02, 중일02, 쩨일(제일04), 차03, 차례01, 칠01, 팔03, 학년 | 26 | - | - |

순서와 관련한 어휘는 모든 학교급에서 한자어가 주로 사용되고 있었다. 고유어는 학교급별로 2~5개가량 나타났고, 외래어는 초등학생 자료에서만 관찰되었다.

### (3) 수 단위

수와 관련한 단위를 표시하는 이휘는 총 75개 형태가 모두 1,706회 출현하였다. 학교급별 사용 어휘를 고빈도순으로 보이면 다음과 같다.

〈표 4.37〉 수 단위 관련 어휘의 형태 목록

| 순위 | 초등학교 저학년 | | 초등학교 고학년 | | 중학생 | | 고등학생 | |
|---|---|---|---|---|---|---|---|---|
| | 형태/품사 | 빈도(비율) | 형태/품사 | 빈도(비율) | 형태/품사 | 빈도(비율) | 형태/품사 | 빈도(비율) |
| 1 | 개10/NNB | 67 (17.4%) | 원01/NNB | 121 (22.0%) | 반10/NNG | 118 (26.0%) | 반10/NNG | 71 (22.4%) |
| 2 | 번04/NNB | 61 (15.8%) | 반10/NNG | 99 (18.0%) | 번04/NNB | 62 (13.7%) | 원01/NNB | 69 (21.8%) |
| 3 | 명03/NNB | 44 (11.4%) | 번04/NNB | 78 (14.2%) | 명03/NNB | 42 (9.3%) | 번04/NNB | 51 (16.1%) |
| 4 | 반10/NNG | 44 (11.4%) | 개10/NNB | 57 (10.4%) | 개10/NNB | 40 (8.8%) | 명03/NNB | 36 (11.4%) |
| 5 | 살04/NNB | 26 (6.7%) | 명03/NNB | 41 (7.5%) | 원01/NNB | 31 (6.8%) | 살04/NNB | 13 (4.1%) |
| 6 | 원01/NNB | 25 (6.5%) | 등04/NNB | 22 (4.0%) | 위05/NNB | 16 (3.5%) | 개10/NNB | 11 (3.5%) |
| 7 | 짜리02/XSN | 23 (6.0%) | 살04/NNB | 16 (2.9%) | 등04/NNB | 14 (3.1%) | 동15/NNB | 7 (2.2%) |
| 8 | 마리01/NNB | 11 (2.8%) | 장21/NNB | 14 (2.5%) | 살04/NNB | 12 (2.6%) | 편04/NNB | 6 (1.9%) |
| 9 | 장21/NNB | 9 (2.3%) | 권01/NNB | 13 (2.4%) | 키로/NNB | 10 (2.2%) | 냥/NNB | 5 (1.6%) |
| 10 | 키로/NNB | 7 (1.8%) | 편09/NNB | 10 (1.8%) | 권01/NNB | 9 (2.0%) | 대11/NNB | 4 (1.3%) |
| 11 | 세13/NNB | 6 (1.6%) | 마리01/NNB | 8 (1.5%) | 짜리02/XSN | 9 (2.0%) | 등04/NNB | 4 (1.3%) |
| 12 | 킬로그램/NNB | 6 (1.6%) | 탄06/NNB | 8 (1.5%) | 층02/NNG | 9 (2.0%) | 짜리02/XSN | 4 (1.3%) |
| 13 | 탄06/NNB | 6 (1.6%) | 통12/NNB | 8 (1.5%) | 평02/NNB | 9 (2.0%) | 급04/NNB | 3 (0.9%) |
| 14 | 대11/NNB | 5 (1.3%) | 대11/NNB | 7 (1.3%) | 동15/NNB | 6 (1.3%) | 등05/NNB | 3 (0.9%) |
| 15 | 쪽02/NNG | 5 (1.3%) | 방11/NNB | 5 (0.9%) | 프로01/NNB | 6 (1.3%) | 알01/NNB | 3 (0.9%) |
| 16 | 가지04/NNB | 4 (1.0%) | 집03/NNB | 5 (0.9%) | 회08/NNB | 6 (1.3%) | 키로/NNB | 3 (0.9%) |
| 17 | 알01/NNB | 4 (1.0%) | 대01/NNB | 4 (0.7%) | 송이01/NNG | 4 (0.9%) | 가지04/NNB | 2 (0.6%) |
| 18 | 권01/NNB | 3 (0.8%) | 바퀴01/NNB | 4 (0.7%) | 월02/NNB | 4 (0.9%) | 기21/NNG | 2 (0.6%) |
| 19 | 급04/NNB | 3 (0.8%) | 회08/NNB | 4 (0.7%) | 조15/NNB | 4 (0.9%) | 리06/NNB | 2 (0.6%) |

| 순위 | 초등학교 저학년 | | 초등학교 고학년 | | 중학생 | | 고등학생 | |
|---|---|---|---|---|---|---|---|---|
| | 형태/품사 | 빈도(비율) | 형태/품사 | 빈도(비율) | 형태/품사 | 빈도(비율) | 형태/품사 | 빈도(비율) |
| 20 | 월02/NNB | 3 (0.8%) | 가지04/NNB | 3 (0.5%) | 킬로/NNB | 4 (0.9%) | 위05/NNB | 2 (0.6%) |
| 21 | 동15/NNB | 2 (0.5%) | 냥/NNB | 3 (0.5%) | 가지04/NNB | 3 (0.7%) | 장21/NNB | 2 (0.6%) |
| 22 | 리06/NNB | 2 (0.5%) | 등05/NNB | 3 (0.5%) | 편04/NNB | 3 (0.7%) | 권01/NNB | 1 (0.3%) |
| 23 | 방11/NNB | 2 (0.5%) | 박10/NNB | 2 (0.4%) | 평수03/NNG | 3 (0.7%) | 마리01/NNB | 1 (0.3%) |
| 24 | 층02/NNG | 2 (0.5%) | 사(세13)/NNB | 2 (0.4%) | 기21/NNG | 2 (0.4%) | 바(반11)/NNG | 1 (0.3%) |
| 25 | 킬로/NNB | 2 (0.5%) | 편04/NNB | 2 (0.4%) | 대11/NNB | 2 (0.4%) | 변(번04)/NNB | 1 (0.3%) |
| 26 | 편04/NNB | 2 (0.5%) | 가마06/NNB | 1 (0.2%) | 루트01/NNG | 2 (0.4%) | 분01/NNB | 1 (0.3%) |
| 27 | 프로01/NNB | 2 (0.5%) | 메가/NNB | 1 (0.2%) | 리06/NNB | 2 (0.4%) | 세13/NNB | 1 (0.3%) |
| 28 | 호14/NNB | 2 (0.5%) | 뭉치/NNG | 1 (0.2%) | 셋트)/NNG | 2 (0.4%) | 세트/NNG | 1 (0.3%) |
| 29 | 대01/NNB | 1 (0.3%) | 분01/NNB | 1 (0.2%) | 어치04/XSN | 2 (0.4%) | 어치04/XSN | 1 (0.3%) |
| 30 | 미터02/NNB | 1 (0.3%) | 세13/NNB | 1 (0.2%) | 인02/NNG | 2 (0.4%) | 월02/NNB | 1 (0.3%) |
| 31 | 바퀴01/NNB | 1 (0.3%) | 세트/NNG | 1 (0.2%) | 키로그람/NNB | 2 (0.4%) | 채08/NNB | 1 (0.3%) |
| 32 | 센티/NNB | 1 (0.3%) | 영(명03)/NNB | 1 (0.2%) | 퍼센트/NNB | 2 (0.4%) | 키로미터/NNB | 1 (0.3%) |
| 33 | 층짜리/NNG | 1 (0.3%) | 월02/NNB | 1 (0.2%) | 권05/XSN | 1 (0.2%) | 통10/NNG | 1 (0.3%) |
| 34 | 통12/NNB | 1 (0.3%) | 인(원01)/NNB | 1 (0.2%) | 급04/NNB | 1 (0.2%) | 통화04/NNG | 1 (0.3%) |
| 35 | 퍼센트/NNB | 1 (0.3%) | 조15/NNB | 1 (0.2%) | 대01/NNB | 1 (0.2%) | 폭06/NNG | 1 (0.3%) |
| 36 | 평02/NNB | 1 (0.3%) | 층02/NNG | 1 (0.2%) | 메가/NNB | 1 (0.2%) | | |
| 37 | | | | | 백분율/NNG | 1 (0.2%) | | |
| 38 | | | | | 분15/XSN | 1 (0.2%) | | |
| 39 | | | | | 센티/NNB | 1 (0.2%) | | |
| 40 | | | | | 에이포/NNG | 1 (0.2%) | | |
| 41 | | | | | 자18/NNB | 1 (0.2%) | | |
| 42 | | | | | 장21/NNB | 1 (0.2%) | | |
| 43 | | | | | 턴/NNG | 1 (0.2%) | | |

단위를 표시하는 어휘는 선행 명사에 따라 결정되므로 학교급에 따른 일정한 변화 양상은 관찰되지 않는다. 초등학교 저학년과 고학년은 목록의 순서와 사용 빈도에서 차이를 보인다. 저학년에서 6.5%의 사용 비율을 보인 '원01'의 경우 고학년에서는 사용이 크게 증가하여 22%로 나타났다. 중학생과 고등학생은 '반10, 번04, 명03, 원01' 등이 높은 빈도를 차지하며, 고빈도 어휘 목록에서 어느 정도 일치된 양상을 보인다.


## 4.1.1.7 관계

관계 관련 어휘는 '지시사, 접속부사, 문장부사'로 하위 구분되었다.


### (1) 지시사

지시사는 총 84개의 형태가 8,034회 출현하였다. 사용 형태 목록을 학교급별 50개씩 고빈도순으로 제시하면 다음과 같다.

<표 4.38> 지시사의 고빈도 형태 목록(고빈도 형태 50개)

| 순위 | 초등학교 저학년 | | 초등학교 고학년 | | 중학생 | | 고등학생 | |
|---|---|---|---|---|---|---|---|---|
| | 형태/품사 | 빈도(비율) | 형태/품사 | 빈도(비율) | 형태/품사 | 빈도(비율) | 형태/품사 | 빈도(비율) |
| 1 | 그01/MM | 247 (18.2%) | 그01/MM | 564 (19.4%) | 그거/NP | 325 (14.0%) | 그거/NP | 182 (12.6%) |
| 2 | 그거/NP | 184 (13.6%) | 그거/NP | 431 (14.8%) | 그01/MM | 316 (13.6%) | 그01/MM | 167 (11.5%) |
| 3 | 이거01/NP | 151 (11.1%) | 그렇/VA | 302 (10.4%) | 이거01/NP | 242 (10.4%) | 이거01/NP | 154 (10.7%) |
| 4 | 이렇게/MAG | 109 (8.0%) | 그러/VV | 291 (10.0%) | 그렇/VA | 237 (10.2%) | 그러/VV | 153 (10.6%) |
| 5 | 그러/VV | 108 (8.0%) | 이렇게/MAG | 267 (9.2%) | 그러/VV | 232 (10.0%) | 그런01/MM | 121 (8.4%) |
| 6 | 그렇/VA | 104 (7.7%) | 이거01/NP | 175 (6.0%) | 그런01/MM | 136 (5.9%) | 그렇/VA | 117 (8.1%) |
| 7 | 거기01/NP | 75 (5.5%) | 거기01/NP | 147 (5.0%) | 이렇게/MAG | 118 (5.1%) | 이렇게/MAG | 72 (5.0%) |
| 8 | 여기01/NP | 71 (5.2%) | 여기01/NP | 140 (4.8%) | 거기01/NP | 93 (4.0%) | 여기01/NP | 67 (4.6%) |
| 9 | 저기01/NP | 29 (2.1%) | 그런01/MM | 126 (4.3%) | 쟤/NP | 80 (3.5%) | 거기01/NP | 55 (3.8%) |
| 10 | 그런01/MM | 26 (1.9%) | 이러/VV | 63 (2.2%) | 여기01/NP | 65 (2.8%) | 이러/VV | 45 (3.1%) |
| 11 | 이러/VV | 25 (1.8%) | 그렇게/MAG | 55 (1.9%) | 그렇게/MAG | 60 (2.6%) | 이런01/MM | 43 (3.0%) |
| 12 | 이런01/MM | 25 (1.8%) | 이05/MM | 42 (1.4%) | 이러/VV | 56 (2.4%) | 그렇게/MAG | 39 (2.7%) |
| 13 | 저거01/NP | 25 (1.8%) | 이런01/MM | 42 (1.4%) | 이05/MM | 53 (2.3%) | 이05/MM | 34 (2.4%) |
| 14 | 이케/MAG | 21 (1.5%) | 저거01/NP | 27 (0.9%) | 이런01/MM | 39 (1.7%) | 쟤/NP | 28 (1.9%) |
| 15 | 이05/MM | 20 (1.5%) | 이렇/VA | 25 (0.9%) | 이번01/NP | 37 (1.6%) | 이케/MAG | 25 (1.7%) |
| 16 | 그렇게/MAG | 18 (1.3%) | 저번02/NP | 24 (0.8%) | 저번02/NP | 29 (1.3%) | 이렇/VA | 22 (1.5%) |
| 17 | 이번01/NP | 15 (1.1%) | 이번01/NP | 21 (0.7%) | 저04/MM | 26 (1.1%) | 저번02/NP | 12 (0.8%) |
| 18 | 저04/MM | 14 (1.0%) | 저기01/NP | 19 (0.7%) | 이렇/VA | 22 (0.9%) | 이번01/NP | 10 (0.7%) |
| 19 | 이렇/VA | 13 (1.0%) | 저04/MM | 18 (0.6%) | 그것/NP | 21 (0.9%) | 저04/MM | 10 (0.7%) |
| 20 | 쟤/NP | 13 (1.0%) | 그것/NP | 15 (0.5%) | 저기01/NP | 20 (0.9%) | 저기01/NP | 10 (0.7%) |
| 21 | 그것/NP | 7 (0.5%) | 요번/NP | 13 (0.4%) | 저거01/NP | 14 (0.6%) | 저거01/NP | 9 (0.6%) |
| 22 | 요기01/NP | 4 (0.3%) | 쟤/NP | 12 (0.4%) | 이케/MAG | 12 (0.5%) | 그것/NP | 7 (0.5%) |
| 23 | 저리01/MAG | 4 (0.3%) | 이케/MAG | 9 (0.3%) | 요새01/NNG | 10 (0.4%) | 이번주/NNG | 7 (0.5%) |
| 24 | 그기(거기01)/NP | 3 (0.2%) | 요거01/NP | 8 (0.3%) | 요번/NP | 6 (0.3%) | 여06/NP | 5 (0.3%) |
| 25 | 요거01/NP | 3 (0.2%) | 이것/NP | 8 (0.3%) | 이번주/NNG | 6 (0.3%) | 이것/NP | 5 (0.3%) |
| 26 | 요번/NP | 3 (0.2%) | 요03/MM | 6 (0.2%) | 그만/MM | 5 (0.2%) | 그럭저럭/MAG | 4 (0.3%) |
| 27 | 저쪽/NP | 3 (0.2%) | 요기01/NP | 5 (0.2%) | 이것/NP | 5 (0.2%) | 요번/NP | 4 (0.3%) |
| 28 | 그(그렇)/VA | 2 (0.1%) | 요번주/NNG | 4 (0.1%) | 저쪽/NP | 5 (0.2%) | 요새01/NNG | 4 (0.3%) |
| 29 | 그만/MM | 2 (0.1%) | 요새01/NNG | 4 (0.1%) | 요새01/NNG | 4 (0.2%) | 저런01/MM | 4 (0.3%) |
| 30 | 그만03하/VA | 2 (0.1%) | 이만03하/VA | 4 (0.1%) | 저04/NP | 4 (0.2%) | 이것저것/NNG | 3 (0.2%) |
| 31 | 요번주/NNG | 2 (0.1%) | 저리01/MAG | 4 (0.1%) | 저런01/MM | 4 (0.2%) | 이만03하/VA | 3 (0.2%) |
| 32 | 요쪽/NP | 2 (0.1%) | 이만큼/MAG | 3 (0.1%) | 그나마/MAG | 3 (0.1%) | 저쪽/NP | 3 (0.2%) |
| 33 | 이것/NP | 2 (0.1%) | 저것/NP | 3 (0.1%) | 요기01/NP | 3 (0.1%)) | 그쪽/NP | 2 (0.1%) |
| 34 | 이르케(이렇게)/MAG | 2 (0.1%) | 그만/MM | 2 (0.1%) | 저러/VV | 3 (0.1%) | 요05/NP | 2 (0.1%) |
| 35 | 이만03하/VA | 2 (0.1%) | 그러게/MAG | 2 (0.1%) | 그나저나/MAJ | 2 (0.1%) | 요렇/VA | 2 (0.1%) |
| 36 | 저런01/MM | 2 (0.1%) | 그만03하/VA | 2 (0.1%) | 그른(그런01)/MM | 2 (0.1%) | 그나저나/MAJ | 1 (0.1%) |
| 37 | 저번02/NP | 2 (0.1%) | 그쪽/NP | 2 (0.1%) | 그만03/XR | 2 (0.1%) | 그리02/MAG | 1 (0.1%) |
| 38 | 거(그01)/MM | 1 (0.1%) | 여06/NP | 2 (0.1%) | 그만03하/VA | 2 (0.1%) | 글케(그렇게)/MAG | 1 (0.1%) |
| 39 | 그러게/MAG | 1 (0.1%) | 요05/NP | 2 (0.1%) | 그쪽/NP | 2 (0.1%) | 긍(그런01)/MM | 1 (0.1%) |
| 40 | 그럭저럭/MAG | 1 (0.1%) | 요렇게/MAG | 2 (0.1%) | 여06/NP | 2 (0.1%) | 여기저기/NNG | 1 (0.1%) |
| 41 | 그만큼/MAG | 1 (0.1%) | 요새01/NNG | 2 (0.1%) | 요고(요거01)/NP | 2 (0.1%) | 요기01/NP | 1 (0.1%) |
| 42 | 그야말로/MAG | 1 (0.1%) | 이따만(이만03)하/VA | 2 (0.1%) | 요로케(요렇게)/MAG | 2 (0.1%) | 이대로/MAG | 1 (0.1%) |

| 순위 | 초등학교 저학년 | | 초등학교 고학년 | | 중학생 | | 고등학생 | |
|---|---|---|---|---|---|---|---|---|
| | 형태/품사 | 빈도(비율) | 형태/품사 | 빈도(비율) | 형태/품사 | 빈도(비율) | 형태/품사 | 빈도(비율) |
| 43 | 그쪽/NP | 1 (0.1%) | 이번주/NNG | 2 (0.1%) | 이리04/MAG | 2 (0.1%) | 이딴/MM | 1 (0.1%) |
| 44 | 근(그런01)/MM | 1 (0.1%) | 저04/NP | 2 (0.1%) | 이만03하/VA | 2 (0.1%) | 이리04/MAG | 1 (0.1%) |
| 45 | 여쪽(요쪽)/NP | 1 (0.1%) | 그나마/MAG | 1 (0.0%) | 저렇게/MAG | 2 (0.1%) | 이만큼/MAG | 1 (0.1%) |
| 46 | 요03/MM | 1 (0.1%) | 그나저나/MAJ | 1 (0.0%) | 글케(그렇게)/MAG | 1 (0.0%) | 저것/NP | 1 (0.1%) |
| 47 | 요것/NP | 1 (0.1%) | 그따구/NNG | 1 (0.0%) | 요03/MM | 1 (0.0%) | 저떻(저렇)/VA | 1 (0.1%) |
| 48 | 요런01/MM | 1 (0.1%) | 그럭저럭/MAG | 1 (0.0%) | 요05/NP | 1 (0.0%) | 저러/VV | 1 (0.1%) |
| 49 | 요로케(요렇게)/MAG | 1 (0.1%) | 그쯤/NNG | 1 (0.0%) | 이따만(이만03)하/VA | 1 (0.0%) | 저렇/VA | 1 (0.1%) |
| 50 | 요새01/NNG | 1 (0.1%) | 그케(그렇게)/MAG | 1 (0.0%) | 이딴/MM | 1 (0.0%) | 저렇게/MAG | 1 (0.1%) |

위 표를 보면, 초등학생은 '그01, 그거'의 순으로, 중고등학생은 '그거, 그01'의 순으로 사용 빈도가 높은 것을 확인할 수 있다. 이들의 출현 비율은 초등학교 저학년은 31.8%, 초등학교 고학년은 34.2%, 중학생은 27.6%, 고등학생은 24.1%로 중고등학생 단계에서 감소하는 것으로 나타났다. 출현 비율이 5% 이상인 어휘들을 살펴보면, 초등학생 자료에서는 관형사 '그01', 대명사 '그거, 이거01, 거기01, 여기', 부사 '이렇게', 동사 '그러다', 형용사 '그렇다'가 보인다. 중고등학생 자료에서는 이 가운데 '여기01, 거기01'의 출현 비율이 5% 미만이고, 대신에 관형사 '그런01'이 중학생 자료에서는 5.9%, 고등학생 자료에서는 8.4%의 높은 비율을 보인다. 관형사 '그런01'은 속성을 지시하는 단어로서 구체적인 장소를 지시하는 '거기01, 여기01'에 비해 추상도가 높은 어휘에 속한다. '그런01'의 출현 비율은 초등학교 저학년에서는 1.9%, 고학년에서는 4.3%로 학교급이 올라갈수록 증가하였다.

고빈도 어휘 목록에서는 '그' 계열의 어휘가 높은 사용 빈도를 보이는데, 지시사 어휘 목록에서 '이, 그, 저' 계열 어휘들이 어떤 사용 분포를 나타내는지 알아보기로 한다.

<표 4.39> 지시사 이/그/저 계열 형태 목록

| 하위 구분 | 초등학교 저학년 | | 초등학교 고학년 | | 중학생 | | 고등학생 | |
|---|---|---|---|---|---|---|---|---|
| | 형태 | 형태 수 | 형태 | 형태 수 | 형태 | 형태 수 | 형태 | 형태 수 |
| '이' 계열 | 여쪽(요쪽), 요03, 요것, 요런01, 요번주, 요쪽, 이것, 이만하다, 요거01, 요번, 요기01, 이렇다, 이번01, 이05, 이케, 이러다, 이런01, 여기01, 이렇게, 이거01 | 20 | 이렇게, 이거01, 여기01, 이러다, 이05, 이런01, 이렇다, 이번01, 요번, 이케, 이것, 요거01, 요03, 요기01, 요번주, 이만하다, 이만큼, 여06, 요05, 요렇게, 이번주, 이럴(이런01) | 22 | 이거01, 이렇게, 여기01, 이러다, 이05, 이런01, 이번01, 이렇다, 이케, 요번, 이번주, 이것, 요기01, 이만하다, 여06, 요고(요거01), 요03, 요05, 이딴 | 19 | 이거01, 이렇게, 여기01, 이러다, 이런01, 이05, 이케, 이렇다, 이번01, 이번주, 이것, 여06, 요번, 이만하다, 이것저것, 요05, 요기01, 이만큼, 여기저기 | 20 |

| 하위 구분 | 초등학교 저학년 | | 초등학교 고학년 | | 중학생 | | 고등학생 | |
|---|---|---|---|---|---|---|---|---|
| | 형태 | 형태 수 | 형태 | 형태 수 | 형태 | 형태 수 | 형태 | 형태 수 |
| '그' 계열 | 거(그01), 그러게, 그럴저럭(그럭저럭), 그만큼, 그야말로, 그쪽, 근(그런01), 그(그렇)다, 그딴, 그만하다, 그기(거기01), 그것, 그렇게, 그런01, 거기01, 그렇다, 그러다, 그거, 그01 | 19 | 그01, 그거, 그렇다, 그러다, 거기01, 그런01, 그렇게, 그것, 그러게, 그쪽, 그딴, 그만하다, 그나마, 그나저나, 그따구, 그럭저럭, 그쯤 | 17 | 그거, 그01, 그렇다, 그러다, 그런01, 거기01, 그렇게, 그것, 그딴, 그나마, 그쪽, 그만하다, 그나저나, 그른(그런01), 그만03, 글케(그렇게) | 16 | 그거, 그01, 그러다, 그런01, 그렇다, 거기01, 그렇게, 그것, 그럭저럭, 그쪽, 그나저나, 글케(그렇게), 그리02, 긍(그런01) | 14 |
| '저' 계열 | 저번02, 쟤, 저04, 저거01, 저기01 | 5 | 저거01, 저번02, 저기01, 저04, 쟤, 저것4 | 6 | 쟤, 저번02, 저04, 저기01, 저거01, 저04, 저러다 | 7 | 쟤, 저번02, 저04, 저기01, 저거01, 저러다, 저것, 저떻(저렇)다, 저렇다 | 9 |

위 표를 보면, '이' 계열에 속하는 형태 목록이 19~22개로 모든 학교급에서 가장 많고, '저' 계열에 속하는 목록이 5~9개로 가장 적다. 앞서 살핀 사용 빈도에 따르면 '그' 계열 어휘들이 모든 학교급에서 고빈도 1순위 혹은 2순위로 나타났다. 즉, 지시사 중에서 사용 빈도가 높은 것은 '그' 계열 어휘이고, 다양한 형태가 사용되는 것은 '이' 계열 어휘임을 알 수 있다.

다음 [그림 5]는 지시사 '이, 그, 저' 계열별 어휘들의 사용 빈도를 차트로 보인 것이다.

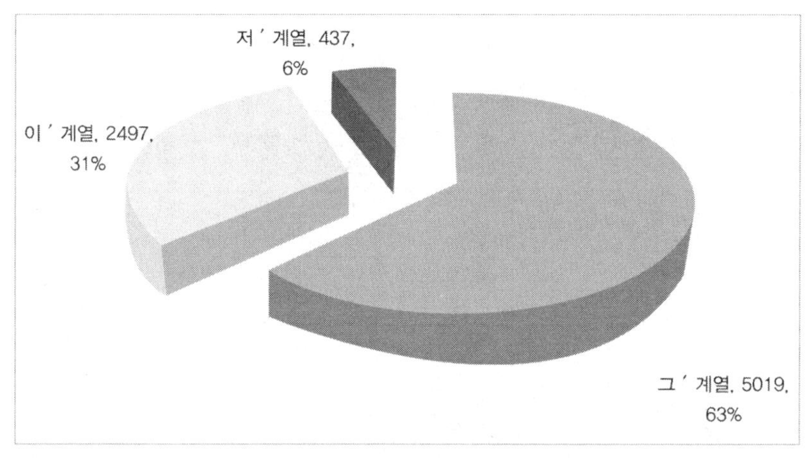


[그림 5] '이/그/저' 계열별 어휘의 사용 빈도

[그림 5]에서 나타난 바와 같이, '그' 계열 어휘가 63%로 절반 이상을 차지하고 있고, 그 다음으로 사용률이 높은 것이 '이' 계열 어휘이다. '저' 계열 어휘는 6%로 가장 적은 비중을 차지하고 있다. 어휘 수에서는 '이' 계열 어휘가 '그' 계열 어휘에 비해 많았지만, 출현 비율에서는 '그' 계열 어휘가 2배가량 많다.

## (2) 접속부사

접속부사는 총 36개 형태가 3,066회 출현하였다. 학교급별 출현 어휘를 고빈도순으로 제시하면 다음과 같다.

<표 4.40> 접속부사의 형태 목록

| 순위 | 초등학교 저학년 | | 초등학교 고학년 | | 중학생 | | 고등학생 | |
|---|---|---|---|---|---|---|---|---|
| | 형태/품사 | 빈도(비율) | 형태/품사 | 빈도(비율) | 형태/품사 | 빈도((비율) | 형태/품사 | 빈도(비율) |
| 1 | 근데01/MAJ | 359 (53.2%) | 근데01/MAJ | 633 (57.5%) | 근데01/MAJ | 415 (47.0%) | 근데01/MAJ | 207 (51.0%) |
| 2 | 그럼01/MAJ | 88 (13.0%) | 그리고/MAJ | 97 (8.8%) | 그러니까/MAJ | 112 (12.7%) | 그럼01/MAJ | 53 (13.1%) |
| 3 | 그리고/MAJ | 66 (9.8%) | 그럼01/MAJ | 90 (8.2%) | 그리고/MAJ | 69 (7.8%) | 그러면/MAJ | 34 (8.4%) |
| 4 | 그러면/MAJ | 55 (8.1%) | 그러면/MAJ | 59 (5.4%) | 그럼01/MAJ | 65 (7.4%) | 그러니까/MAJ | 28 (6.9%) |
| 5 | 그런데/MAJ | 34 (5.0%) | 그러니까/MAJ | 47 (4.3%) | 그러면/MAJ | 54 (6.1%) | 그니까/MAJ | 23 (5.7%) |
| 6 | 그러니까/MAJ | 19 (2.8%) | 그런데/MAJ | 47 (4.3%) | 그니까/MAJ | 51 (5.8%) | 그리고/MAJ | 21 (5.2%) |
| 7 | 그리구/MAJ | 19 (2.8%) | 그니까/MAJ | 35 (3.2%) | 근까/MAJ | 30 (3.4%) | 그런데/MAJ | 10 (2.5%) |
| 8 | 그니까/MAJ | 6 (0.9%) | 그리구/MAJ | 27 (2.5%) | 그런데/MAJ | 24 (2.7%) | 그까(그러니까)/MAJ | 7 (1.7%) |
| 9 | 그러믄/MAJ | 6 (0.9%) | 왜냐면/MAJ | 12 (1.1%) | 그리구/MAJ | 14 (1.6%) | 그러면서/MAJ | 4 (1.0%) |
| 10 | 왜냐면/MAJ | 4 (0.6%) | 그러다가/MAJ | 9 (0.8%) | 그까(그러니까)/MAJ | 8 (0.9%) | 근까/MAJ | 4 (1.0%) |
| 11 | 왜냐하면/MAJ | 4 (0.6%) | 근까/MAJ | 9 (0.8%) | 그러면서/MAJ | 8 (0.9%) | 긍까/MAJ | 4 (1.0%) |
| 12 | 그면/MAJ | 3 (0.4%) | 그러면서/MAJ | 8 (0.7%) | 그렇지만/MAJ | 4 (0.5%) | 그리구/MAJ | 2 (0.5%) |
| 13 | 그러면서/MAJ | 2 (0.3%) | 그면/MAJ | 7 (0.6%) | 그면/MAJ | 4 (0.5%) | 글면(그러면)/MAJ | 2 (0.5%) |
| 14 | 근까/MAJ | 2 (0.3%) | 그까(그러니까)/MAJ | 4 (0.4%) | 긍까/MAJ | 4 (0.5%) | 그러구/MAJ | 1 (0.2%) |
| 15 | 하지만/MAJ | 2 (0.3%) | 그믄(그러면)/MAJ | 4 (0.4%) | 왜냐하면/MAJ | 4 (0.5%) | 그러믄(그러면)/MAJ | 1 (0.2%) |
| 16 | 그리고(그리고)/MAJ | 1 (0.1%) | 그르니까/MAJ | 2 (0.2%) | 그러다/MAJ | 3 (0.3%) | 그르니까/MAJ | 1 (0.2%) |
| 17 | 그러구/MAJ | 1 (0.1%) | 그른데/MAJ | 2 (0.2%) | 그르니까/MAJ | 3 (0.3%) | 그면/MAJ | 1 (0.2%) |
| 18 | 그러니/MAJ | 1 (0.1%) | 그믄(그러면)/MAJ | 2 (0.2%) | 왜냐면/MAJ | 3 (0.3%) | 그믄(그러면)/MAJ | 1 (0.2%) |
| 19 | 그러다가/MAJ | 1 (0.1%) | 왜냐하면/MAJ | 2 (0.2%) | 하지만/MAJ | 3 (0.3%) | 그이까(그러니까)/MAJ | 1 (0.2%) |
| 20 | 그르니까/MAJ | 1 (0.1%) | 그리고(그리고)/MAJ | 1 (0.1%) | 그러다가/MAJ | 1 (0.1%) | 근대(근데01)/MAJ | 1 (0.2%) |
| 21 | 그치만/MAJ | 1 (0.1%) | 근다(근데01)/MAJ | 1 (0.1%) | 그믄(그러면)/MAJ | 1 ((0.1%) | 까(그러니까)/MAJ | 1 (0.2%) |
| 22 | | | 긍까/MAJ | 1 (0.1%) | 그믄(그러면)/MAJ | 1 (0.1%) | 면(그러면)/MAJ | 1 (0.2%) |
| 23 | | | 하지만/MAJ | 1 (0.1%) | 그치만/MAJ | 1 (0.1%) | | |
| 24 | | | | | 글면서(그러면서)/MAJ | 1 (0.1%) | | |

위 표를 보면, 모든 학교급에서 '근데01'가 전체 사용률의 50%가량을 차지하며 다른 접속부사에 비해 월등히 높은 빈도로 사용되는 것을 확인할 수 있다. 그 이유는 '근데01'가 접속부사

로서의 기능만이 아니라 담화표지로서의 기능도 활발히 하고 있기 때문인 것으로 여겨진다. '근데01' 이외에 학교급별로 5% 이상 사용된 형태들을 보면, 초등학교 저학년 자료에서는 '그럼01, 그리고, 그러면, 그런데'의 순으로, 초등학교 고학년 자료에서는 '그리고, 그럼01, 그러면'의 순으로, 중학생의 자료에서는 '그러니까, 그리고, 그럼01, 그러면, 그니까'의 순으로, 고등학생 자료에서는 '그럼01, 그러면, 그러니까, 그니까, 그리고'의 순으로 많이 쓰였다. 이를 통해 '순접, 이유'의 의미를 지닌 어휘들이 비교적 사용 빈도가 높은 것을 짐작할 수 있다.

접속부사 목록에서 볼 수 있는 특징 중의 하나는 구어에 나타나는 다양한 변이형이 다수 포함되어 있다는 것이다. '그리고'의 변이형 '그리구', '그러니까'의 변이형 '그니까, 근까, 그까, 그르니까', '그러면'의 변이형 '그면, 그믄, 글면', '그런데'의 변이형 '그른데' 등이 나타났다.

### (3) 문장부사

문장부사는 총 55개의 형태가 425회 출현하였다. 학교급에 따른 사용 형태 목록을 고빈도 순으로 보이면 다음과 같다.

<표 4.41> 문장부사의 형태 목록

| 순위 | 초등학교 저학년 | | 초등학교 고학년 | | 중학생 | | 고등학생 | |
|---|---|---|---|---|---|---|---|---|
| | 형태/품사 | 빈도(비율) | 형태/품사 | 빈도(비율) | 형태/품사 | 빈도(비율) | 형태/품사 | 빈도(비율) |
| 1 | 만약/NNG | 13 (23.6%) | 하여튼/MAG | 18 (14.8%) | 만약/NNG | 16 (9.5%) | 일단01/MAG | 11 (13.8%) |
| 2 | 제발01/MAG | 5 (9.1%) | 만약/NNG | 17 (13.9%) | 일단01/MAG | 14 (8.3%) | 만약/NNG | 8 (10.0%) |
| 3 | 하여튼/MAG | 5 (9.1%) | 별루(별로01)/MAG | 11 (9.0%) | 아무튼/MAJ | 11 (6.5%) | 아무튼/MAJ | 8 (10.0%) |
| 4 | 일단01/MAG | 4 (7.3%) | 차라리/MAG | 9 (7.4%) | 도대체/MAG | 9 (5.4%) | 전혀01/MAG | 4 (5.0%) |
| 5 | 절대05/MAG | 3 (5.5%) | 제발01/MAG | 7 (5.7%) | 별루(별로01)/MAG | 9 (5.4%) | 제발01/MAG | 4 (5.0%) |
| 6 | 하긴/MAG | 3 (5.5%) | 아마01/MAG | 5 (4.1%) | 차라리/MAG | 9 (5.4%) | 차라리/MAG | 4 (5.0%) |
| 7 | 혹시01/MAG | 3 (5.5%) | 아무리/MAG | 5 (4.1%) | 어차피/MAG | 8 (4.8%) | 혹시01/MAG | 4 (5.0%) |
| 8 | 도대체/MAG | 2 (3.6%) | 하이튼(하여튼)/MAG | 5 (4.1%) | 절대05/MAG | 6 (3.6%) | 아마01/MAG | 3 (3.8%) |
| 9 | 별루(별로01)/MAG | 2 (3.6%) | 일단01/MAG | 4 (3.3%) | 제발01/MAG | 6 (3.6%) | 어차피/MAG | 3 (3.8%) |
| 10 | 아마01/MAG | 2 (3.6%) | 절대05/MAG | 4 (3.3%) | 아마01/MAG | 5 (3.0%) | 절대05/MAG | 3 (3.8%) |
| 11 | 하도01/MAG | 2 (3.6%) | 아마도/MAG | 3 (2.5%) | 아무리/MAG | 5 (3.0%) | 하여튼/MAG | 3 (3.8%) |
| 12 | 하튼(하여튼)/MAG | 2 (3.6%) | 아무튼/MAJ | 3 (2.5%) | 하이튼(하여튼)/MAG | 5 (3.0%) | 도대체/MAG | 2 (2.5%) |
| 13 | 감히/MAG | 1 (1.8%) | 어차피/MAG | 3 (2.5%) | 혹시01/MAG | 5 (3.0%) | 어쩐지/MAG | 2 (2.5%) |
| 14 | 결국/NNG | 1 (1.8%) | 오히려/MAG | 3 (2.5%) | 아무래도/MAG | 4 (2.4%) | 억지로/MAG | 2 (2.5%) |
| 15 | 드디어/MAG | 1 (1.8%) | 게다가/MAG | 3 (2.5%) | 오히려/MAG | 4 (2.4%) | 오히려/MAG | 2 (2.5%) |
| 16 | 심지어/MAG | 1 (1.8%) | 결국/NNG | 2 (1.6%) | 전혀01/MAG | 4 (2.4%) | 이왕02/MAG | 2 (2.5%) |
| 17 | 아마도/MAG | 1 (1.8%) | 어쩌면/MAJ | 2 (1.6%) | 하긴/MAG | 4 (2.4%) | 결국/NNG | 1 (1.3%) |
| 18 | 어쩌면/MAJ | 1 (1.8%) | 억지로/MAG | 2 (1.6%) | 하여튼/MAG | 4 (2.4%) | 더구나01/MAG | 1 (1.3%) |
| 19 | 어차피/MAG | 1 (1.8%) | 전혀01/MAG | 2 (1.6%) | 드디어/MAG | 3 (1.8%) | 되도록/MAG | 1 (1.3%) |
| 20 | 일든(일단01)/MAG | 1 (1.8%) | 하긴/MAG | 2 (1.6%) | 게다가/MAG | 3 (1.8%) | 딱히/MAG | 1 (1.3%) |
| 21 | 절대로/MAG | 1 (1.8%) | 하도01/MAG | 2 (1.6%) | 결국/NNG | 2 (1.2%) | 만일01/NNG | 1 (1.3%) |
| 22 | | | 감히/MAG | 1 (0.8%) | 과연01/MAG | 2 (1.2%) | 물론/MAG | 1 (1.3%) |

| 순위 | 초등학교 저학년 | | 초등학교 고학년 | | 중학생 | | 고등학생 | |
|---|---|---|---|---|---|---|---|---|
| | 형태/품사 | 빈도(비율) | 형태/품사 | 빈도(비율) | 형태/품사 | 빈도(비율) | 형태/품사 | 빈도(비율) |
| 23 | | | 그다지/MAG | 1 (0.8%) | 더군다나/MAG | 2 (1.2%) | 별루(별로01)/MAG | 1 (1.3%) |
| 24 | | | 다행히/MAG | 1 (0.8%) | 도저히/MAG | 2 (1.2%) | 아마도/MAG | 1 (1.3%) |
| 25 | | | 도저히/MAG | 1 (0.8%) | 심지어/MAG | 2 (1.2%) | 아무래도/MAG | 1 (1.3%) |
| 26 | | | 드디어/MAG | 1 (0.8%) | 아마도/MAG | 2 (1.2%) | 엄연히02/MAG | 1 (1.3%) |
| 27 | | | 아무래도/MAG | 1 (0.8%) | 하기야/MAG | 2 (1.2%) | 의외로/MAG | 1 (1.3%) |
| 28 | | | 하여간/MAG | 1 (0.8%) | 하도01/MAG | 2 (1.2%) | 절대로/MAG | 1 (1.3%) |
| 29 | | | 하이트(하여튼)/MAG | 1 (0.8%) | 하여간/MAG | 2 (1.2%) | 하긴/MAG | 1 (1.3%) |
| 30 | | | 하필02/MAG | 1 (0.8%) | 하필02/MAG | 2 (1.2%) | 하도01/MAG | 1 (1.3%) |
| 31 | | | 혹시01/MAG | 1 (0.8%) | 감히/MAG | 1 (0.6%) | 하튼(하여튼)/MAG | 1 (1.3%) |
| 32 | | | | | 그다지/MAG | 1 (0.6%) | | |
| 33 | | | | | 기껏/MAG | 1 (0.6%) | | |
| 34 | | | | | 다행히/MAG | 1 (0.6%) | | |
| 35 | | | | | 대체02/MAG | 1 (0.6%) | | |
| 36 | | | | | 도무지02/MAG | 1 (0.6%) | | |
| 37 | | | | | 물론/MAG | 1 (0.6%) | | |
| 38 | | | | | 어쩌면/MAJ | 1 (0.6%) | | |
| 39 | | | | | 억지로/MAG | 1 (0.6%) | | |
| 40 | | | | | 여하튼/MAG | 1 (0.6%) | | |
| 41 | | | | | 절대로/MAG | 1 (0.6%) | | |
| 42 | | | | | 정말로/MAG | 1 (0.6%) | | |
| 43 | | | | | 하기사/MAG | 1 (0.6%) | | |
| 44 | | | | | 증말(정말01)/MAG | 1 (0.6%) | | |

　　문장 부사의 학교급별 사용 형태는 중학생 자료에서 가장 많이 나타났다. 학교급별로 사용 어휘들을 살펴보면, 초등학교 저학년 자료에서는 '만약, 제발01, 하여튼, 일단01, 절대05, 하긴, 혹시01', 초등학교 고학년에서는 '하여튼, 만약, 별루, 차라리, 제발01'의 순으로 사용 빈도가 높다. 중학생 자료에서는 '만약, 일단01, 아무튼, 도대체, 별루, 차라리'의 순으로, 고등학생 자료에서는 '일단01, 만약, 아무튼, 전혀01, 제발01, 차라리, 혹시01' 등의 순으로 많이 나타났다. 문장 부사에서도 '하긴, 하이튼, 별루, 증말' 등 구어에서 나타나는 다양한 변이형이 관찰되었다.

## 4.1.2 주제적 분류에 따른 어휘 유형별 사용 분포

이 절에서는 사용자의 경험적, 사회적, 문화적 특징을 반영하는 주제적 관점에 따른 어휘 사용 분포를 살펴볼 것이다. 앞(1.3.1.2)에서 기술한 것처럼, 어휘 의미는 주제적 관점에서 '인간과 인간관계, 가족과 친인척, 직업과 직장, 신체·생리작용·병·치료, 감각과 감각기관, 생각·감정·성격·태도, 의생활, 주생활, 식생활, 교육·학습·학교생활·학문, 예술·취미·놀이·게임·운동, 정치·사회·경제·교통·국방, 자연현상, 정보·통신, 언어, 종교·믿음'으로 구분할 수 있다.

### 4.1.2.1 인간과 인간관계

인간과 인간관계 관련 어휘에 속하는 형태는 총 141개 형태가 17,981회 출현하였다. 학교 급별 고빈도순으로 100개까지의 형태 목록을 제시하면 다음과 같다.

〈표 4.42〉 인간과 인간관계 관련 어휘의 고빈도 형태 목록(고빈도 형태 100개)

| 순위 | 초등학교 저학년 | | 초등학교 고학년 | | 중학생 | | 고등학생 | |
|---|---|---|---|---|---|---|---|---|
| | 형태/품사 | 빈도(비율) | 형태/품사 | 빈도(비율) | 형태/품사 | 빈도(비율) | 형태/품사 | 빈도(비율) |
| 1 | 나03/NP | 763 (19.1%) | 나03/NP | 916 (16.4%) | 나03/NP | 797 (15.8%) | 나03/NP | 542 (16.2%) |
| 2 | 너01/NP | 517 (13.0%) | 그01/MM | 564 (10.1%) | 너01/NP | 374 (7.4%) | 너01/NP | 248 (7.4%) |
| 3 | 우리03/NP | 256 (6.4%) | 너01/NP | 395 (7.1%) | 우리03/NP | 371 (7.4%) | 내04/NP | 217 (6.5%) |
| 4 | 그01/MM | 247 (6.2%) | 우리03/NP | 353 (6.3%) | 그01/MM | 316 (6.3%) | 우리03/NP | 188 (5.6%) |
| 5 | 니05/NP | 214 (5.4%) | 내04/NP | 351 (6.3%) | 내04/NP | 294 (5.8%) | 애02/NNG | 183 (5.5%) |
| 6 | 내04/NP | 195 (4.9%) | 걔/NP | 255 (4.6%) | 걔/NP | 274 (5.4%) | 걔/NP | 181 (5.4%) |
| 7 | 걔/NP | 113 (2.8%) | 니05/NP | 231 (4.1%) | 애02/NNG | 203 (4.0%) | 그01/MM | 167 (5.0%) |
| 8 | 엄마/NNG | 110 (2.8%) | 애02/NNG | 225 (4.0%) | 니05/NP | 191 (3.8%) | 니05/NP | 140 (4.2%) |
| 9 | 이30/XSN | 89 (2.2%) | 선생님/NNG | 204 (3.6%) | 네08/XSN | 135 (2.7%) | 이30/XSN | 130 (3.9%) |
| 10 | 애02/NNG | 85 (2.1%) | 엄마/NNG | 122 (2.2%) | 사람/NNG | 122 (2.4%) | 네08/XSN | 96 (2.9%) |
| 11 | 선생님/NNG | 84 (2.1%) | 이30/XSN | 116 (2.1%) | 엄마/NNG | 121 (2.4%) | 친구02/NNG | 88 (2.6%) |
| 12 | 네08/XSN | 76 (1.9%) | 네08/XSN | 109 (1.9%) | 반10/NNG | 118 (2.3%) | 반10/NNG | 71 (2.1%) |
| 13 | 사람/NNG | 75 (1.9%) | 반10/NNG | 99 (1.8%) | 이30/XSN | 114 (2.3%) | 남자02/NNG | 64 (1.9%) |
| 14 | 아빠/NNG | 72 (1.8%) | 사람/NNG | 87 (1.6%) | 누구/NP | 100 (2.0%) | 사람/NNG | 54 (1.6%) |
| 15 | 누구/NP | 61 (1.5%) | 내14/MM | 81 (1.4%) | 친구02/NNG | 93 (1.8%) | 사귀/VV | 52 (1.5%) |
| 16 | 명03/NNB | 44 (1.1%) | 누구/NP | 81 (1.4%) | 쟤/NP | 80 (1.6%) | 엄마/NNG | 51 (1.5%) |
| 17 | 반10/NNG | 44 (1.1%) | 언니/NNG | 79 (1.4%) | 선생님/NNG | 69 (1.4%) | 누구/NP | 49 (1.5%) |
| 18 | 내14/MM | 43 (1.1%) | 아빠/NNG | 66 (1.2%) | 아빠/NNG | 66 (1.3%) | 여자02/NNG | 48 (1.4%) |
| 19 | 친구02/NNG | 43 (1.1%) | 친구02/NNG | 53 (0.9%) | 내14/MM | 59 (1.2%) | 만나/VV | 43 (1.3%) |
| 20 | 누02/NP | 39 (1.0%) | 여자02/NNG | 52 (0.9%) | 여자02/NNG | 53 (1.1%) | 선생님/NNG | 38 (1.1%) |
| 21 | 애03/NP | 38 (1.0%) | 남자02/NNG | 48 (0.9%) | 이05/MM | 53 (1.1%) | 명03/NNB | 36 (1.1%) |
| 22 | 여자02/NNG | 33 (0.8%) | 이05/MM | 42 (0.8%) | 언니/NNG | 50 (1.0%) | 내14/MM | 35 (1.0%) |
| 23 | 언니/NNG | 31 (0.8%) | 명03/NNB | 41 (0.7%) | 명03/NNB | 42 (0.8%) | 이05/MM | 34 (1.0%) |

| 순위 | 초등학교 저학년 | | 초등학교 고학년 | | 중학생 | | 고등학생 | |
|---|---|---|---|---|---|---|---|---|
| | 형태/품사 | 빈도(비율) | 형태/품사 | 빈도(비율) | 형태/품사 | 빈도(비율) | 형태/품사 | 빈도(비율) |
| 24 | 오빠/NNG | 31 (0.8%) | 자기04/NP | 41 (0.7%) | 남자02/NNG | 33 (0.7%) | 쟤/NP | 28 (0.8%) |
| 25 | 누나01/NNG | 30 (0.8%) | 이름/NNG | 32 (0.6%) | 누02/NP | 33 (0.7%) | 성격02/NNG | 24 (0.7%) |
| 26 | 할머니/NNG | 29 (0.7%) | 만나/VV | 30 (0.5%) | 사귀/VV | 32 (0.6%) | 혼자01/NNG | 24 (0.7%) |
| 27 | 남자02/NNG | 24 (0.6%) | 오빠/NNG | 29 (0.5%) | 이름/NNG | 32 (0.6%) | 이름/NNG | 22 (0.7%) |
| 28 | 키우/VV | 23 (0.6%) | 그01/NP | 27 (0.5%) | 가수11/NNG | 27 (0.5%) | 오빠/NNG | 20 (0.6%) |
| 29 | 이05/MM | 20 (0.5%) | 키우/VV | 27 (0.5%) | 자기04/NP | 25 (0.5%) | 애03/NP | 19 (0.6%) |
| 30 | 할아버지/NNG | 20 (0.5%) | 누02/NP | 26 (0.5%) | 지05/NP | 24 (0.5%) | 누02/NP | 18 (0.5%) |
| 31 | 싸우/VV | 17 (0.4%) | 생일02/NNG | 26 (0.5%) | 오빠/NNG | 23 (0.5%) | 누나01/NNG | 17 (0.5%) |
| 32 | 애기01/NNG | 17 (0.4%) | 사회07/NNG | 25 (0.4%) | 애03/NP | 22 (0.4%) | 눈01/NNG | 17 (0.5%) |
| 33 | 이름/NNG | 16 (0.4%) | 혼자01/NNG | 25 (0.4%) | 작01/VA | 22 (0.4%) | 싸우/VV | 17 (0.5%) |
| 34 | 가족01/NNG | 15 (0.4%) | 애03/NP | 24 (0.4%) | 만나/VV | 21 (0.4%) | 끼리/XSN | 15 (0.4%) |
| 35 | 만나/VV | 15 (0.4%) | 눈01/NNG | 23 (0.4%) | 그01/NP | 20 (0.4%) | 지(자기04)/NP | 15 (0.4%) |
| 36 | 고모01/NNG | 13 (0.3%) | 형01/NNG | 23 (0.4%) | 놈01/NNB | 20 (0.4%) | 선배/NNG | 13 (0.4%) |
| 37 | 뽀뽀하/VV | 13 (0.3%) | 누나01/NNG | 22 (0.4%) | 싸가지/NNG | 20 (0.4%) | 자기04/NP | 13 (0.4%) |
| 38 | 아저씨/NNG | 13 (0.3%) | 다리01/NNG | 21 (0.4%) | 지(자기04)/NP | 20 (0.4%) | 형01/NNG | 11 (0.3%) |
| 39 | 자기04/NP | 13 (0.3%) | 아저씨/NNG | 18 (0.3%) | 눈01/NNG | 18 (0.4%) | 가수11/NNG | 10 (0.3%) |
| 40 | 쟤/NP | 13 (0.3%) | 싸우/VV | 17 (0.3%) | 혼자01/NNG | 17 (0.3%) | 싸가지/NNG | 9 (0.3%) |
| 41 | 혼자01/NNG | 13 (0.3%) | 바보/NNG | 15 (0.3%) | 형01/NNG | 16 (0.3%) | 의사12/NNG | 9 (0.3%) |
| 42 | 너희/NP | 12 (0.3%) | 놈01/NNB | 14 (0.3%) | 누나01/NNG | 15 (0.3%) | 언니/NNG | 8 (0.2%) |
| 43 | 다리01/NNG | 12 (0.3%) | 사귀/VV | 14 (0.3%) | 가족01/NNG | 13 (0.3%) | 연상02/NNG | 8 (0.2%) |
| 44 | 저03/NP | 11 (0.3%) | 아버지/NNG | 14 (0.3%) | 끼리/XSN | 13 (0.3%) | 아빠/NNG | 6 (0.2%) |
| 45 | 짱02/NNG | 11 (0.3%) | 장21/NNB | 14 (0.3%) | 싸우/VV | 13 (0.3%) | 아줌마/NNG | 6 (0.2%) |
| 46 | 형01/NNG | 11 (0.3%) | 지(자기04)/NP | 14 (0.3%) | 사회07/NNG | 12 (0.2%) | 작01/VA | 6 (0.2%) |
| 47 | 의사12/NNG | 10 (0.3%) | 지05/NP | 13 (0.2%) | 아줌마/NNG | 11 (0.2%) | 지05/NP | 6 (0.2%) |
| 48 | 장21/NNB | 9 (0.2%) | 결혼하/VV | 12 (0.2%) | 애자(장애자)/NNG | 10 (0.2%) | 키우/VV | 6 (0.2%) |
| 49 | 작01/VA | 8 (0.2%) | 쟤/NP | 12 (0.2%) | 다리01/NNG | 9 (0.2%) | 편04/NNB | 6 (0.2%) |
| 50 | 바보/NNG | 7 (0.2%) | 아줌마/NNG | 10 (0.2%) | 타입02/NNG | 9 (0.2%) | 그01/NP | 5 (0.1%) |
| 51 | 별명01/NNG | 7 (0.2%) | 애기01/NNG | 10 (0.2%) | 의사12/NNG | 8 (0.2%) | 그룹01/NNG | 5 (0.1%) |
| 52 | 삼촌/NNG | 7 (0.2%) | 작01/VA | 9 (0.2%) | 인간01/NNG | 8 (0.2%) | 놈01/NNB | 5 (0.1%) |
| 53 | 쌍둥이/NNG | 7 (0.2%) | 노인01/NNG | 8 (0.1%) | 친척/NNG | 8 (0.2%) | 바보/NNG | 5 (0.1%) |
| 54 | 가수11/NNG | 6 (0.2%) | 어른01/NNG | 8 (0.1%) | 병신03/NNG | 7 (0.1%) | 생일02/NNG | 5 (0.1%) |
| 55 | 삼춘01/NNG | 6 (0.2%) | 남01/NNG | 7 (0.1%) | 영재03/NNG | 7 (0.1%) | 자식01/NNG | 5 (0.1%) |
| 56 | 위인01/NNG | 6 (0.2%) | 대11/NNB | 7 (0.1%) | 짱02/NNG | 7 (0.1%) | 가족01/NNG | 4 (0.1%) |
| 57 | 이05/NP | 6 (0.2%) | 사촌/NNG | 7 (0.1%) | 키우/VV | 7 (0.1%) | 간10/NNB | 4 (0.1%) |
| 58 | 이모02/NNG | 6 (0.2%) | 아들/NNG | 7 (0.1%) | 관계05/NNG | 6 (0.1%) | 갑(동갑01)/NNG | 4 (0.1%) |
| 59 | 허수아비/NNG | 6 (0.2%) | 자매03/NNG | 7 (0.1%) | 남01/NNG | 6 (0.1%) | 남01/NNG | 4 (0.1%) |
| 60 | 거인01/NNG | 5 (0.1%) | 아이01/NNG | 6 (0.1%) | 박사01/NNG | 6 (0.1%) | 남녀/NNG | 4 (0.1% |
| 61 | 결혼하/VV | 5 (0.1%) | 일대일/NNG | 6 (0.1%) | 부모01님/NNG | 6 (0.1%) | 너희/NP | 4 (0.1%) |
| 62 | 대11/NNB | 5 (0.1%) | 저03/NP | 6 (0.1%) | 아이01/NNG | 6 (0.1%) | 다리01/NNG | 4 (0.1%) |
| 63 | 사촌/NNG | 5 (0.1%) | 주인공/NNG | 6 (0.1%) | 인사02하/VV | 6 (0.1%) | 대11/NNB | 4 (0.1%) |
| 64 | 사회07/NNG | 5 (0.1%) | 짜르01/VV | 6 (0.1%) | 할머니/NNG | 6 (0.1%) | 아이01/NNG | 4 (0.1%) |
| 65 | 아기01/NNG | 5 (0.1%) | 결혼/NNG | 5 (0.1%) | 결혼하/VV | 5 (0.1%) | 연애05/NNG | 4 (0.1%) |
| 66 | 짜르01/VV | 5 (0.1%) | 백일02/NNG | 5 (0.1%) | 대두06/NNG | 5 (0.1%) | 연하/NNG | 4 (0.1%) |
| 67 | 간호사/NNG | 4 (0.1%) | 영웅01/NNG | 5 (0.1%) | 생일02/NNG | 5 (0.1%) | 유18/NNG | 4 (0.1%) |
| 68 | 그01/NP | 4 (0.1%) | 의사12/NNG | 5 (0.1%) | 존경하/VV | 5 (0.1%) | 이모02/NNG | 4 (0.1%) |
| 69 | 꼬부랑01/NNG | 4 (0.1%) | 인간01/NNG | 5 (0.1%) | 공무원/NNG | 4 (0.1%) | 개새끼/NNG | 3 (0.1%) |
| 70 | 눈01/NNG | 4 (0.1%) | 인기01/NNG | 5 (0.1%) | 대빵/MAG | 4 (0.1%) | 개인02/NNG | 3 (0.1%) |

| 순위 | 초등학교 저학년 | | 초등학교 고학년 | | 중학생 | | 고등학생 | |
|---|---|---|---|---|---|---|---|---|
| | 형태/품사 | 빈도(비율) | 형태/품사 | 빈도(비율) | 형태/품사 | 빈도(비율) | 형태/품사 | 빈도(비율) |
| 71 | 씨07/NNG | 4 (0.1%) | 자신02/NNG | 5 (0.1%) | 대상11/NNG | 4 (0.1%) | 대상11/NNG | 3 (0.1%) |
| 72 | 외할아버지/NNG | 4 (0.1%) | 중일02/NNG | 5 (0.1%) | 말투/NNG | 4 (0.1%) | 병신03/NNG | 3 (0.1%) |
| 73 | 인간01/NNG | 4 (0.1%) | 친척/NNG | 5 (0.1%) | 바보/NNG | 4 (0.1%) | 선생01/NNG | 3 (0.1%) |
| 74 | 저희01/NP | 4 (0.1%) | 할머니/NNG | 5 (0.1%) | 부자08/NNG | 4 (0.1%) | 애기01/NNG | 3 (0.1%) |
| 75 | 종족02/NNG | 4 (0.1%) | 허수아비/NNG | 5 (0.1%) | 성격02/NNG | 4 (0.1%) | 어른01/NNG | 3 (0.1%) |
| 76 | 초보01/NNG | 4 (0.1%) | 헤어지/VV | 5 (0.1%) | 연예01/NNG | 4 (0.1%) | 이05/NP | 3 (0.1%) |
| 77 | 친척/NNG | 4 (0.1%) | 형아02/NNG | 5 (0.1%) | 이성10/NNG | 4 (0.1%) | 짜르01/VV | 3 (0.1%) |
| 78 | 남01/NNG | 3 (0.1%) | 고모01/NNG | 4 (0.1%) | 익명/NNG | 4 (0.1%) | 첫인상/NNG | 3 (0.1%) |
| 79 | 놈01/NNB | 3 (0.1%) | 끼리/XSN | 4 (0.1%) | 일인이역/NNG | 4 (0.1%) | 커플/NNG | 3 (0.1%) |
| 80 | 생일02/NNG | 3 (0.1%) | 대학생/NNG | 4 (0.1%) | 자신01/NNG | 4 (0.1%) | 표정03/NNG | 3 (0.1%) |
| 81 | 수재민/NNG | 3 (0.1%) | 바람둥이/NNG | 4 (0.1%) | 잡음02/NNG | 4 (0.1%) | 결혼하/VV | 2 (0.1%) |
| 82 | 아들/NNG | 3 (0.1%) | 부모01님/NNG | 4 (0.1%) | 조15/NNB | 4 (0.1%) | 기인02/NNG | 2 (0.1%) |
| 83 | 아줌마/NNG | 3 (0.1%) | 선배/NNG | 4 (0.1%) | 지존02/NNG | 4 (0.1%) | 님(임01)/NNG | 2 (0.1%) |
| 84 | 지05/NP | 3 (0.1%) | 선비01/NNG | 4 (0.1%) | 짜르01/VV | 4 (0.1%) | 단합/NNG | 2 (0.1%) |
| 85 | 짜01/VV | 3 (0.1%) | 싸가지/NNG | 4 (0.1%) | 탤런트/NNG | 4 (0.1%) | 대빵/MAG | 2 (0.1%) |
| 86 | 처녀/NNG | 3 (0.1%) | 씨09/XSN | 4 (0.1%) | 형제01/NNG | 4 (0.1%) | 딸01/NNG | 2 (0.1%) |
| 87 | 친할머니/NNG | 3 (0.1%) | 욕심쟁이/NNG | 4 (0.1%) | 남02/NNG | 3 (0.1%) | 부자08/NNG | 2 (0.1%) |
| 88 | 편04/NNG | 3 (0.1%) | 원수04/NNG | 4 (0.1%) | 녀01/NNG | 3 (0.1%) | 아가씨/NNG | 2 (0.1%) |
| 89 | 형아02/NNG | 3 (0.1%) | 자식01/NNG | 4 (0.1%) | 녀석/NNB | 3 (0.1%) | 예의04/NNG | 2 (0.1%) |
| 90 | 개인02/NNG | 2 (0.1%) | 초보자용/NNG | 4 (0.1%) | 누구누구/NP | 3 (0.1%) | 이성10/NNG | 2 (0.1%) |
| 91 | 고수11/NNG | 2 (0.1%) | 촌놈/NNG | 4 (0.1%) | 데(데리)/VV | 3 (0.1%) | 인간01/NNG | 2 (0.1%) |
| 92 | 깡패/NNG | 2 (0.1%) | 할아버지/NNG | 4 (0.1%) | 빡빡01이/NNG | 3 (0.1%) | 자랑01/NNG | 2 (0.1%) |
| 93 | 끼리/XSN | 2 (0.1%) | 후손02/NNG | 4 (0.1%) | 사촌/NNG | 3 (0.1%) | 장21/NNB | 2 (0.1%) |
| 94 | 단짝/NNG | 2 (0.1%) | 고집쟁이/NNG | 3 (0.1%) | 선배/NNG | 3 (0.1%) | 정모05/NNG | 2 (0.1%) |
| 95 | 대장04/NNG | 2 (0.1%) | 꼬마/NNG | 3 (0.1%) | 선생01/NNG | 3 (0.1%) | 족(종족02)/NNG | 2 (0.1%) |
| 96 | 도둑01/NNG | 2 (0.1%) | 님01/NNB | 3 (0.1%) | 아저씨/NNG | 3 (0.1%) | 죽돌이/NNG | 2 (0.1%) |
| 97 | 도사10/NNG | 2 (0.1%) | 딸01/NNG | 3 (0.1%) | 애새끼/NNG | 3 (0.1%) | 초딩/NNG | 2 (0.1%) |
| 98 | 돌잔치/NNG | 2 (0.1%) | 삼촌/NNG | 3 (0.1%) | 어머니01/NNG | 3 (0.1%) | 추종01하/VV | 2 (0.1%) |
| 99 | 마녀/NNG | 2 (0.1%) | 성격02/NNG | 3 (0.1%) | 이05/NP | 3 (0.1%) | 커버/NNG | 2 (0.1%) |
| 100 | 미스터/NNG | 2 (0.1%) | 섹시가이/NNG | 3 (0.1%) | 인간01형/NNG | 3 (0.1%) | 타입02/NNG | 2 (0.1%) |

  인간과 인간관계 관련 어휘에서 가장 높은 빈도를 보인 어휘는 '나03'이며, 모든 학교급에서 16%~20%의 사용 빈도를 차지하였다. '나03' 이외의 고빈도 어휘에서는 학교급별로 약간의 차이를 보이는데, 초등학교 저학년에서는 '너01, 우리03, 그01, 니05'의 순으로 빈도가 높고, 초등학교 고학년에서는 '그01, 너01, 우리03, 내04', 중학생 자료에서는 '너01, 우리03, 그01, 내04, 개', 고등학생 자료에서는 '너01, 내04, 우리03, 애02, 개'의 순으로 사용 빈도가 높게 나타났다. 그리고 모든 학교급에서 공통적으로 '너01'가 '우리'보다 사용 빈도가 높았다.

  일인칭을 가리키는 어휘 '나03, 내04'의 사용 비율은 초등학교 저학년에서는 24%, 초등학교 고학년에서는 22.7%, 중학생은 21.6%, 고등학생은 22.7%로, 초등학교 고학년 이후 약간 낮아지는 경향을 보인다. 이인칭을 가리키는 어휘인 '너01, 니05'의 사용 비율은 초등학교 저학년에서만 18.4%로 나타나고, 초등학교 고학년, 중학생, 고등학생 자료에서는 각각 11.2%, 11.2%, 11.6%로 나타나 초등학교 고학년 이후 일정하게 사용되는 양상을 보인다. 이는 초등학교 고학년이 되면서 자기중심적인 성향에서 점차 벗어나 타인에게 관심을 돌리는 현상이 반영된 것이라고 보인다.

인간과 인간관계 관련 어휘에 속하는 용언을 살펴보면, 초등학교 저학년 자료에서는 '키우다, 싸우다, 만나다, 뽀뽀하다', 초등학교 고학년 자료에서는 '만나다, 키우다, 싸우다, 사귀다, 결혼하다', 중학생 자료에서는 '사귀다, 만나다, 싸우다, 키우다, 결혼하다', 고등학생 자료에서는 '사귀다, 만나다, 싸우다, 키우다' 등이 빈번하게 사용되고 있다. 그리고 모든 학교급에서 '만나다, 싸우다, 키우다'가 공통으로 사용되었다.

## 4.1.2.2 가족과 친인척

'엄마, 아빠, 오빠, 누나' 등의 가족 관계도 인간과 인간관계에 포함될 수 있으나, 여기서는 가족 관계나 친족어 사용 등을 살펴보기 위하여 가족과 친인척을 따로 구분하였다. 가족과 친인척에 속하는 어휘들은 총 76개의 형태가 1,488회 출현한 것으로 조사되었다. 학교급별 고빈도순으로 형태 목록을 제시하면 다음과 같다.

〈표 4.43〉 가족·친인척 관련 어휘의 형태 목록

| 순위 | 초등학교 저학년 | | 초등학교 고학년 | | 중학생 | | 고등학생 | |
|---|---|---|---|---|---|---|---|---|
| | 형태/품사 | 빈도(비율) | 형태/품사 | 빈도(비율) | 형태/품사 | 빈도(비율) | 형태/품사 | 빈도(비율) |
| 1 | 엄마/NNG | 110 (23.2%) | 엄마/NNG | 122 (25.5%) | 엄마/NNG | 121 (32.0%) | 엄마/NNG | 51 (32.7%) |
| 2 | 아빠/NNG | 72 (15.2%) | 언니/NNG | 79 (16.5%) | 아빠/NNG | 66 (17.5%) | 동생01/NNG | 22 (14.1%) |
| 3 | 동생01/NNG | 58 (12.2%) | 아빠/NNG | 66 (13.8%) | 언니/NNG | 50 (13.2%) | 오빠/NNG | 20 (12.8%) |
| 4 | 언니/NNG | 31 (6.5%) | 오빠/NNG | 29 (6.1%) | 동생01/NNG | 24 (6.3%) | 형01/NNG | 11 (7.1%) |
| 5 | 오빠/NNG | 31 (6.5%) | 동생01/NNG | 26 (5.4%) | 오빠/NNG | 23 (6.1%) | 언니/NNG | 8 (5.1%) |
| 6 | 할머니/NNG | 29 (6.1%) | 형01/NNG | 23 (4.8%) | 형01/NNG | 16 (4.2%) | 아빠/NNG | 6 (3.8%) |
| 7 | 할아버지/NNG | 20 (4.2%) | 아저씨/NNG | 18 (3.8%) | 가족01/NNG | 13 (3.4%) | 아줌마/NNG | 6 (3.8%) |
| 8 | 가족01/NNG | 15 (3.2%) | 아버지/NNG | 14 (2.9%) | 친척/NNG | 8 (2.1%) | 자식01/NNG | 5 (3.2%) |
| 9 | 고모01/NNG | 13 (2.7%) | 아줌마/NNG | 10 (2.1%) | 부모님/NNG | 6 (1.6%) | 가족01/NNG | 4 (2.6%) |
| 10 | 아저씨/NNG | 13 (2.7%) | 사촌/NNG | 7 (1.5%) | 할머니/NNG | 6 (1.6%) | 남동생/NNG | 4 (2.6%) |
| 11 | 형01/NNG | 11 (2.3%) | 아들/NNG | 7 (1.5%) | 시아버지/NNG | 4 (1.1%) | 이모02/NNG | 4 (2.6%) |
| 12 | 삼촌/NNG | 7 (1.5%) | 자매03/NNG | 7 (1.5%) | 형제01/NNG | 4 (1.1%) | 가정05/NNG | 2 (1.3%) |
| 13 | 삼춘01/NNG | 6 (1.3%) | 친척/NNG | 5 (1.0%) | 사촌/NNG | 3 (0.8%) | 딸01/NNG | 2 (1.3%) |
| 14 | 이모02/NNG | 6 (1.3%) | 할머니/NNG | 5 (1.0%) | 아저씨/NNG | 3 (0.8%) | 당신02/NP | 1 (0.6%) |
| 15 | 사촌/NNG | 5 (1.1%) | 형아02/NNG | 5 (1.0%) | 어머니01/NNG | 3 (0.8%) | 마누라01/NNG | 1 (0.6%) |
| 16 | 외할아버지/NNG | 4 (0.8%) | 고모01/NNG | 4 (0.8%) | 자식01/NNG | 3 (0.8%) | 막내/NNG | 1 (0.6%) |
| 17 | 친척/NNG | 4 (0.8%) | 부모님/NNG | 4 (0.8%) | 가정05/NNG | 2 (0.5%) | 사촌/NNG | 1 (0.6%) |
| 18 | 아들/NNG | 3 (0.6%) | 자식01/NNG | 4 (0.8%) | 남동생/NNG | 2 (0.5%) | 아들/NNG | 1 (0.6%) |

| 순위 | 초등학교 저학년 | | 초등학교 고학년 | | 중학생 | | 고등학생 | |
|---|---|---|---|---|---|---|---|---|
| | 형태/품사 | 빈도(비율) | 형태/품사 | 빈도(비율) | 형태/품사 | 빈도(비율) | 형태/품사 | 빈도(비율) |
| 19 | 아줌마/NNG | 3 (0.6%) | 할아버지/NNG | 4 (0.8%) | 아버지/NNG | 2 (0.5%) | 아버지/NNG | 1 (0.6%) |
| 20 | 친할머니/NNG | 3 (0.6%) | 후손02/NNG | 4 (0.8%) | 외할머니/NNG | 2 (0.5%) | 여동생/NNG | 1 (0.6%) |
| 21 | 형아02/NNG | 3 (0.6%) | 딸01/NNG | 3 (0.6%) | 할아버지/NNG | 2 (0.5%) | 여형제/NNG | 1 (0.6%) |
| 22 | 부부03/NNG | 2 (0.4%) | 삼촌/NNG | 3 (0.6%) | 가정환경/NNG | 1 (0.3%) | 이복동생/NNG | 1 (0.6%) |
| 23 | 부인01/NNG | 2 (0.4%) | 어머니01/NNG | 3 (0.6%) | 당신02/NP | 1 (0.3%) | 짜식(자식01)/NNG | 1 (0.6%) |
| 24 | 어머니01/NNG | 2 (0.4%) | 자손01/NNG | 3 (0.6%) | 딸01/NNG | 1 (0.3%) | 친척/NNG | 1 (0.6%) |
| 25 | 외삼촌/NNG | 2 (0.4%) | 형제01/NNG | 3 (0.6%) | 며느리/NNG | 1 (0.3%) | | |
| 26 | 외할머니/NNG | 2 (0.4%) | 손09/NNG | 2 (0.4%) | 사돈/NNG | 1 (0.3%) | | |
| 27 | 이모부/NNG | 2 (0.4%) | 외숙모/NNG | 2 (0.4%) | 아내01/NNG | 1 (0.3%) | | |
| 28 | 자식01/NNG | 2 (0.4%) | 효녀/NNG | 2 (0.4%) | 아들/NNG | 1 (0.3%) | | |
| 29 | 작은할아버지/NNG | 2 (0.4%) | 가족01/NNG | 1 (0.2%) | 여동생/NNG | 1 (0.3%) | | |
| 30 | 증조할머니/NNG | 2 (0.4%) | 남동생/NNG | 1 (0.2%) | 외가/NNG | 1 (0.3%) | | |
| 31 | 딸01/NNG | 1 (0.2%) | 남매/NNG | 1 (0.2%) | 장남03/NNG | 1 (0.3%) | | |
| 32 | 막내/NNG | 1 (0.2%) | 당신02/NP | 1 (0.2%) | 조카/NNG | 1 (0.3%) | | |
| 33 | 막냇고모/NNG | 1 (0.2%) | 막내/NNG | 1 (0.2%) | 친가/NNG | 1 (0.3%) | | |
| 34 | 아버지/NNG | 1 (0.2%) | 부부03/NNG | 1 (0.2%) | 친아빠/NNG | 1 (0.3%) | | |
| 35 | 작은아버지/NNG | 1 (0.2%) | 부인01/NNG | 1 (0.2%) | 친할아버지/NNG | 1 (0.3%) | | |
| 36 | 증조할아버지/NNG | 1 (0.2%) | 사춘(사촌)/NNG | 1 (0.2%) | 패밀리/NNG | 1 (0.3%) | | |
| 37 | 친누나/NNG | 1 (0.2%) | 성06/NNG | 1 (0.2%) | | | | |
| 38 | 친힐아버지/NNG | 1 (0.2%) | 손자01/NNG | 1 (0.2%) | | | | |
| 39 | 큰이모/NNG | 1 (0.2%) | 시집01/NNG | 1 (0.2%) | | | | |
| 40 | 큰형/NNG | 1 (0.2%) | 식구01/NNG | 1 (0.2%) | | | | |
| 41 | | | 약혼/NNG | 1 (0.2%) | | | | |
| 42 | | | 외할아버지/NNG | 1 (0.2%) | | | | |
| 43 | | | 효자01/NNG | 1 (0.2%) | | | | |

위 표를 보면, 모든 학교급에서 '엄마'라는 단어가 월등히 높은 빈도를 보인다. 그 다음으로 초등학교 저학년 자료에서는 '아빠, 동생01, 언니, 오빠, 할머니'가, 초등학교 고학년 자료에서는 '언니, 아빠, 오빠, 동생01, 형01'이 자주 나타났다. 중학생 자료에서는 '아빠, 언니, 동생01, 오빠'의 순으로, 고등학생 자료에서는 '동생01, 오빠, 형01, 언니'가 그 다음 순으로 자주 나타나, 한 집안에서 함께 생활하는 직계 가족에 대한 어휘가 많이 사용됨을 알 수 있다.

전체적으로 초등학교 고학년에서 사용된 형태 목록이 가장 많으며, 중고등학생으로 학교급이 올라갈수록 가족과 친인척에 대한 어휘 목록이 줄어들고, 빈도도 크게 감소하였다. 모든 학교급에서 가장 높은 사용 빈도를 보인 '엄마'의 경우, 초등학생과 중학생 모두 100회 이상의 빈도로 나타났지만, 고등학생은 51회로 절반가량 줄어들었다. '아빠'의 경우도 초등학교 저학년은 72회, 초등학교 고학년은 66회, 중학생은 66회이지만, 고등학생은 6회로 사용 빈도가 급격히 감소하였다.

## 4.1.2.3 직업과 직장

직업과 직장 관련 어휘는 총 224개의 형태가 1,625회 사용된 것으로 조사되었다. 이들의 학교급별 고빈도 형태 목록을 50개까지 제시하면 다음과 같다.

**〈표 4.44〉 직업과 직장 관련 어휘의 고빈도 형태 목록(고빈도 형태 50개)**

| 순위 | 초등학교 저학년 | | 초등학교 고학년 | | 중학생 | | 고등학생 | |
|---|---|---|---|---|---|---|---|---|
| | 형태/품사 | 빈도(비율) | 형태/품사 | 빈도(비율) | 형태/품사 | 빈도(비율) | 형태/품사 | 빈도(비율) |
| 1 | 선생님/NNG | 84 (35.1%) | 선생님/NNG | 204 (44.5%) | 선생님/NNG | 69 (17.8%) | 선생님/NNG | 38 (14.1%) |
| 2 | 일01/NNG | 28 (11.7%) | 일01/NNG | 19 (4.1%) | 가수11/NNG | 27 (7.0%) | 일01/NNG | 25 (9.3%) |
| 3 | 가르치01/VV | 6 (2.5%) | 회사04/NNG | 11 (2.4%) | 일01/NNG | 26 (6.7%) | 일01하/VV | 15 (5.6%) |
| 4 | 가수11/NNG | 6 (2.5%) | 경찰04/NNG | 8 (1.7%) | 연예인/NNG | 22 (5.7%) | 회사04/NNG | 14 (5.2%) |
| 5 | 기술01/NNG | 6 (2.5%) | 에너지/NNG | 8 (1.7%) | 담임/NNG | 14 (3.6%) | 담임/NNG | 13 (4.8%) |
| 6 | 선수05/NNG | 6 (2.5%) | 대11/NNB | 7 (1.5%) | 직업/NNG | 12 (3.1%) | 선배/NNG | 13 (4.8%) |
| 7 | 유치원/NNG | 6 (2.5%) | 부15/NNG | 7 (1.5%) | 일01하/VV | 9 (2.3%) | 취업/NNG | 12 (4.4%) |
| 8 | 회장07/NNG | 6 (2.5%) | 연예인/NNG | 7 (1.5%) | 기술01/NNG | 8 (2.1%) | 가수11/NNG | 10 (3.7%) |
| 9 | 대11/NNB | 5 (2.1%) | 마법사/NNG | 6 (1.3%) | 선수05/NNG | 8 (2.1%) | 아르바이트/NNG | 8 (3.0%) |
| 10 | 부15/NNG | 5 (2.1%) | 왕04/NNG | 6 (1.3%) | 가르치01/VV | 7 (1.8%) | 컨설턴트/NNG | 8 (3.0%) |
| 11 | 타자02/NNG | 5 (2.1%) | 유치원/NNG | 6 (1.3%) | 능력02/NNG | 7 (1.8%) | 능력02/NNG | 6 (2.2%) |
| 12 | 팀01/NNG | 5 (2.1%) | 전사20/NNG | 6 (1.3%) | 연기10/NNG | 7 (1.8%) | 회계사01/NNG | 6 (2.2%) |
| 13 | 군사01/NNG | 4 (1.7%) | 타자02/NNG | 6 (1.3%) | 적성05/NNG | 7 (1.8%) | 대기업/NNG | 5 (1.9%) |
| 14 | 회사04/NNG | 4 (1.7%) | 팀01/NNG | 6 (1.3%) | 팀01/NNG | 7 (1.8%) | 그지(거지01)/NNG | 4 (1.5%) |
| 15 | 급04/NNB | 3 (1.3%) | 가르치01/VV | 5 (1.1%) | 박사01/NNG | 6 (1.5%) | 대11/NNB | 4 (1.5%) |
| 16 | 유치부/NNG | 3 (1.3%) | 계급02/NNG | 5 (1.1%) | 학생/NNG | 6 (1.5%) | 팀01/NNG | 4 (1.5%) |
| 17 | 직업/NNG | 3 (1.3%) | 직업/NNG | 5 (1.1%) | 회사04/NNG | 6 (1.5%) | 구인03/NNG | 3 (1.1%) |
| 18 | 급04/NNG | 2 (0.8%) | 회원/NNG | 5 (1.1%) | 경찰04/NNG | 5 (1.3%) | 군대02/NNG | 3 (1.1%) |
| 19 | 기사20/NNG | 2 (0.8%) | 거서관/NNG | 4 (0.9%) | 사범03/NNG | 5 (1.3%) | 급04/NNB | 3 (1.1%) |
| 20 | 깡패/NNG | 2 (0.8%) | 검사03/NNG | 4 (0.9%) | 공무원/NNG | 4 (1.0%) | 기계07/NNG | 3 (1.1%) |
| 21 | 마법사/NNG | 2 (0.8%) | 고등학생/NNG | 4 (0.9%) | 영화배우/NNG | 4 (1.0%) | 서기05/NNG | 3 (1.1%) |
| 22 | 성생님/NNG | 2 (0.8%) | 대학생/NNG | 4 (0.9%) | 장수09/NNG | 4 (1.0%) | 선생01/NNG | 3 (1.1%) |
| 23 | 아나운서/NNG | 2 (0.8%) | 선배/NNG | 4 (0.9%) | 탤런트/NNG | 4 (1.0%) | 알바하/VV | 3 (1.1%) |
| 24 | 연예인/NNG | 2 (0.8%) | 선비01/NNG | 4 (0.9%) | 투수01/NNG | 4 (1.0%) | 직업/NNG | 3 (1.1%) |
| 25 | 은행02/NNG | 2 (0.8%) | 회장07/NNG | 4 (0.9%) | 개그맨/NNG | 3 (0.8%) | 검색사/NNG | 2 (0.7%) |
| 26 | 적13/NNG | 2 (0.8%) | 관장님/NNG | 3 (0.7%) | 내과01/NNG | 3 (0.8%) | 교수님/NNG | 2 (0.7%) |
| 27 | 직장05/NNG | 2 (0.8%) | 뽑히/VV | 3 (0.7%) | 선배/NNG | 3 (0.8%) | 부회장/NNG | 2 (0.7%) |
| 28 | 쫄병/NNG | 2 (0.8%) | 아나운서/NNG | 3 (0.7%) | 선생01/NNG | 3 (0.8%) | 사업04/NNG | 2 (0.7%) |
| 29 | 탤런트/NNG | 2 (0.8%) | 장군04/NNG | 3 (0.7%) | 운동선수/NNG | 3 (0.8%) | 연예인/NNG | 2 (0.7%) |
| 30 | 화가03/NNG | 2 (0.8%) | 적13/NNG | 3 (0.7%) | 원장07/NNG | 3 (0.8%) | 타자02/NNG | 2 (0.7%) |
| 31 | 가리치(가르치01)/VV | 1 (0.4%) | 화가03/NNG | 3 (0.7%) | 유치원/NNG | 3 (0.8%) | 파트너/NNG | 2 (0.7%) |
| 32 | 건축사01/NNG | 1 (0.4%) | 가수11/NNG | 2 (0.4%) | 탐정01/NNG | 3 (0.8%) | 회장07/NNG | 2 (0.7%) |
| 33 | 과학자/NNG | 1 (0.4%) | 검사03하/VV | 2 (0.4%) | 회장07/NNG | 3 (0.8%) | 가르치01/VV | 1 (0.4%) |
| 34 | 교장03/NNG | 1 (0.4%) | 교수06/NNG | 2 (0.4%) | 공학자/NNG | 2 (0.5%) | 개그맨/NNG | 1 (0.4%) |
| 35 | 기사20님/NNG | 1 (0.4%) | 교장03/NNG | 2 (0.4%) | 군사01/NNG | 2 (0.5%) | 건공학부/NNG | 1 (0.4%) |

| 순위 | 초등학교 저학년 | | 초등학교 고학년 | | 중학생 | | 고등학생 | |
|---|---|---|---|---|---|---|---|---|
| | 형태/품사 | 빈도(비율) | 형태/품사 | 빈도(비율) | 형태/품사 | 빈도(비율) | 형태/품사 | 빈도(비율) |
| 36 | 대통령/NNG | 1 (0.4%) | 그지(거지01)/NNG | 2 (0.4%) | 군인/NNG | 2 (0.5%) | 고등학생/NNG | 1 (0.4%) |
| 37 | 발명가/NNG | 1 (0.4%) | 기사20/NNG | 2 (0.4%) | 대11/NNB | 2 (0.5%) | 공문서/NNG | 1 (0.4%) |
| 38 | 부원장/NNG | 1 (0.4%) | 기술01/NNG | 2 (0.4%) | 대학생/NNG | 2 (0.5%) | 교감03/NNG | 1 (0.4%) |
| 39 | 부회장G/NNG | 1 (0.4%) | 기술02/NNG | 2 (0.4%) | 대학생/NNG | 2 (0.5%) | 교생02/NNG | 1 (0.4%) |
| 40 | 부하04/NNG | 1 (0.4%) | 깡패/NNG | 2 (0.4%) | 부15/NNG | 2 (0.5%) | 교장03/NNG | 1 (0.4%) |
| 41 | 사업04하/VV | 1 (0.4%) | 담임/NNG | 2 (0.4%) | 사업04가/NNG | 2 (0.5%) | 구직02/NNG | 1 (0.4%) |
| 42 | 아르바이트생/NNG | 1 (0.4%) | 도적01/NNG | 2 (0.4%) | 샘(선생님)/NNG | 2 (0.5%) | 급04/NNG | 1 (0.4%) |
| 43 | 유아원/NNG | 1 (0.4%) | 샘(선생님)/NNG | 2 (0.4%) | 시장03/NNG | 2 (0.5%) | 기술01/NNG | 1 (0.4%) |
| 44 | 유치부/NNG | 1 (0.4%) | 선수05/NNG | 2 (0.4%) | 아나운서/NNG | 2 (0.5%) | 대표/NNG | 1 (0.4%) |
| 45 | 유치원/NNG | 1 (0.4%) | 심판02/NNG | 2 (0.4%) | 연구원01/NNG | 2 (0.5%) | 도우미/NNG | 1 (0.4%) |
| 46 | 일군/NNG | 1 (0.4%) | 엑스트라/NNG | 2 (0.4%) | 원서05/NNG | 2 (0.5%) | 레지던트/NNG | 1 (0.4%) |
| 47 | 일01하/VV | 1 (0.4%) | 원장07/NNG | 2 (0.4%) | 전문직/NNG | 2 (0.5%) | 맞벌이/NNG | 1 (0.4%) |
| 48 | 일거리/NNG | 1 (0.4%) | 은행02/NNG | 2 (0.4%) | 중학생/NNG | 2 (0.5%) | 명함/NNG | 1 (0.4%) |
| 49 | 작가01/NNG | 1 (0.4%) | 일01하/VV | 2 (0.4%) | 직원03/NNG | 2 (0.5%) | 박사01/NNG | 1 (0.4%) |
| 50 | 장군04/NNG | 1 (0.4%) | 임무01/NNG | 2 (0.4%) | 진로02/NNG | 2 (0.5%) | 보병01/NNG | 1 (0.4%) |

사용 빈도를 살펴보면, 모든 학교급에서 '선생님'의 사용 빈도가 월등히 높다. 초등학교 저학년에서는 '신생님, 일01, 가르치01다', 초등학교 고학년에서는 '선생님, 일01, 회사04', 중학생 자료에서는 '선생님, 가수11, 일01, 연예인', 고등학생 자료에서는 '선생님, 일01, 일01하다, 회사04'의 순으로 어휘들이 출현하였다. 특이한 점은 중학생 자료에서 '가수11(27회, 7%)'가 '선생님(69회, 17.8%)' 다음으로 높게 나타난다는 사실이다. 또한, '연예인'의 경우 초등학교 저학년 0.8%, 초등학교 고학년 1.5%, 고등학생 0.7%인데 반해 중학생 자료에서는 5.7%로 사용 빈도가 높아, 중학생 단계에서 이들 직업에 대한 관심이 가장 높다는 것을 알 수 있다.

고빈도 50개 어휘 중에서 직업명과 관련된 형태들을 학교급별로 정리해 보면 다음과 같다.

<표 4.45> 학교급별 직업명 관련 고빈도 형태 목록

| 학교급 | 형태 | 형태 수 |
|---|---|---|
| 초등학교 저학년 | 가수11, 건축사01, 과학자, 기사20, 기사님, 대통령, 마법사, 부원장, 선생님, 선수05, 아나운서, 연예인, 타자02, 탤런트, 학생, 화가03 | 16 |
| 초등학교 고학년 | 가수11, 검사03, 경찰04, 고등학생, 관장님, 교수06, 기사20, 대학생, 마법사, 선생님(샘), 아나운서, 엑스트라, 연예인, 장군04, 중학생, 타자02, 학생, 화가03 | 18 |
| 중학생 | 가수11, 개그맨, 경찰04, 공무원, 공학자, 군인, 대학생, 보병01, 사범03, 사업가, 선생01(선생님, 샘), 선수05, 연구원, 연예인, 영화배우, 운동선수, 원장07, 장수09, 중학생, 초등학생, 탐정01, 탤런트, 투수01, 학생 | 24 |
| 고등학생 | 가수11, 개그맨, 검색사, 고등학생, 교수님, 선생01(선생님), 연예인, 초등학생, 컨설턴트, 타자02, 학생, 회계사01 | 12 |

학교급별 형태 수를 보면, 중학생(24개)이 가장 많고, 다음으로 초등학생(16~18개), 고등학생(12개) 순으로 나타났다. 특히, '가수11, 연예인'이 모든 학교급에 출현하고 있어 이들 직업에 청소년들의 관심이 집중되고 있음을 짐작케 한다. 이 밖에 '아나운서, 탤런트, 개그맨, 영화배우' 등 방송 및 예술과 관련된 직업명이 초등학생과 중학생 자료를 중심으로 많이 나타났다.

### 4.1.2.4 신체·생리작용·병·치료·성

신체·생리작용·병·치료·성 관련 어휘는 총 360개의 형태가 2,002회 출현하였다. 이들 형태를 학교급별 고빈도순으로 100개까지 정리하면 다음과 같다.

〈표 4.46〉 신체·생리작용·병·치료·성 관련 어휘의 고빈도 형태 목록(고빈도 형태 100개)

| 순위 | 초등학교 저학년 | | 초등학교 고학년 | | 중학생 | | 고등학생 | |
|---|---|---|---|---|---|---|---|---|
| | 형태/품사 | 빈도(비율) | 형태/품사 | 빈도(비율) | 형태/품사 | 빈도(비율) | 형태/품사 | 빈도(비율) |
| 1 | 죽01/VV | 42 (8.9%) | 죽01/VV | 58 (9.1%) | 죽01/VV | 32 (5.6%) | 자01/VV | 42 (10.1%) |
| 2 | 자01/VV | 17 (3.6%) | 아프/VA | 40 (6.3%) | 맞03/VV | 28 (4.9%) | 아프/VA | 22 (5.3%) |
| 3 | 아프/VA | 16 (3.4%) | 머리01/NNG | 33 (5.2%) | 머리01/NNG | 20 (3.5%) | 키01/NNG | 20 (4.8%) |
| 4 | 맞03/VV | 15 (3.2%) | 맞03/VV | 32 (5.0%) | 아프/VA | 20 (3.5%) | 눈01/NNG | 17 (4.1%) |
| 5 | 얼굴01/NNG | 15 (3.2%) | 자01/VV | 28 (4.4%v | 자01/VV | 20 (3.5%) | 죽01/VV | 15 (3.6%) |
| 6 | 낳01/VV | 14 (3.0%) | 눈01/NNG | 23 (3.6%) | 눈01/NNG | 18 (3.1%) | 배고프/VA | 13 (3.1%) |
| 7 | 똥/NNG | 14 (3.0%) | 다리01/NNG | 21 (3.3%) | 얼굴01/NNG | 17 (3.0%) | 잠01/NNG | 12 (2.9%) |
| 8 | 머리01/NNG | 13 (2.7%) | 손01/NNG | 18 (2.8%) | 키01/NNG | 17 (3.0%) | 치과/NNG | 11 (2.7%) |
| 9 | 다리01/NNG | 12 (2.5%) | 발01/NNG | 17 (2.7%) | 목소리/NNG | 15 (2.6%) | 목소리/NNG | 10 (2.4%) |
| 10 | 손01/NNG | 12 (2.5%) | 죽이01/VV | 15 (2.3%) | 죽이01/VV | 14 (2.4%) | 얼굴01/NNG | 10 (2.4%) |
| 11 | 목01/NNG | 11 (2.3%) | 맘01/NNG | 12 (1.9%) | 장애02/NNG | 13 (2.3%) | 약07/NNG | 9 (2.2%) |
| 12 | 키01/NNG | 11 (2.3%) | 얼굴01/NNG | 11 (1.7%) | 배고프/VA | 11 (1.9%) | 에이03형/NNG | 9 (2.2%) |
| 13 | 싸02/VV | 9 (1.9%) | 다치01/VV | 10 (1.6%) | 코01/NNG | 10 (1.7%) | 죽이01/VV | 9 (2.2%) |
| 14 | 발01/NNG | 8 (1.7%) | 먹02/VX | 9 (1.4%) | 키로/NNB | 10 (1.7%) | 머리01/NNG | 8 (1.9%) |
| 15 | 해골/NNG | 8 (1.7%) | 토하/VV | 9 (1.4%) | 다리01/NNG | 9 (1.6%) | 배01/NNG | 7 (1.7%) |
| 16 | 귀01/NNG | 7 (1.5%) | 목소리/NNG | 8 (1.3%) | 맘01/NNG | 9 (1.6%) | 폐인01/NNG | 7 (1.7%) |
| 17 | 키로/NNB | 7 (1.5%) | 몸01/NNG | 8 (1.3%) | 마디01/NNG | 8 (1.4%) | 목01/NNG | 6 (1.4%) |
| 18 | 닮01/VV | 6 (1.3%) | 팔01/NNG | 8 (1.3%) | 목01/NNG | 8 (1.4%) | 졸리01/VV | 6 (1.4%) |
| 19 | 수술05/NNG | 6 (1.3%) | 똥/NNG | 7 (1.1%) | 배01/NNG | 8 (1.4%) | 체하02/VV | 6 (1.4%) |
| 20 | 약07/NNG | 6 (1.3%) | 귀01/NNG | 5 (0.8%) | 손01/NNG | 8 (1.4%) | 낫01/VV | 5 (1.2%) |
| 21 | 죽이01/VV | 6 (1.3%) | 배01/NNG | 5 (0.8%) | 손가락/NNG | 8 (1.4%) | 맘01/NNG | 5 (1.2%) |
| 22 | 킬로그램/NNB | 6 (1.3%) | 살01/NNG | 5 (0.8%) | 병신03/NNG | 7 (1.2%) | 맞03/VV | 5 (1.2%) |
| 23 | 팔01/NNG | 6 (1.3%) | 약07/NNG | 5 (0.8%) | 장애02인/NNG | 7 (1.2%) | 살01/NNG | 5 (1.2%) |
| 24 | 피02/NNG | 6 (1.3%) | 코01/NNG | 5 (0.8%) | 대가리01/NNG | 6 (1.0%) | 감기04/NNG | 4 (1.0%) |
| 25 | 다치01/VV | 5 (1.1%) | 태어나/VV | 5 (0.8%) | 멀대/NNG | 6 (1.0%) | 근육/NNG | 4 (1.0%) |
| 26 | 배고프/VA | 5 (1.1%) | 눈썹/NNG | 4 (0.6%) | 뼈/NNG | 6 (1.0%) | 다리01/NNG | 4 (1.0%) |
| 27 | 이빨/NNG | 5 (1.1%) | 대머리01/NNG | 4 (0.6%) | 침01/NNG | 6 (1.0%) | 발01/NNG | 4 (1.0%) |
| 28 | 코01/NNG | 5 (1.1%) | 때02/NNG | 4 (0.6%) | 태어나/VV | 6 (1.0%) | 변성기02/NNG | 4 (1.0%) |
| 29 | 눈01/NNG | 4 (0.8%) | 배고프/VA | 4 (0.6%) | 대두06/NNG | 5 (0.9%) | 신경04/NNG | 4 (1.0%) |
| 30 | 목숨/NNG | 4 (0.8%) | 병04/NNG | 4 (0.6%) | 비듬01/NNG | 5 (0.9%) | 찌01/VV | 4 (1.0%) |

| 순위 | 초등학교 저학년 | | 초등학교 고학년 | | 중학생 | | 고등학생 | |
| --- | --- | --- | --- | --- | --- | --- | --- | --- |
| | 형태/품사 | 빈도(비율) | 형태/품사 | 빈도(비율) | 형태/품사 | 빈도(비율) | 형태/품사 | 빈도(비율) |
| 31 | 목욕하/VV | 4 (0.8%) | 키01/NNG | 4 (0.6%) | 여드름/NNG | 5 (0.9%) | 피02/NNG | 4 (1.0%) |
| 32 | 변신01하V/VV | 4 (0.8%) | 허리01/NNG | 4 (0.6%) | 턱01/NNG | 5 (0.9%) | 뚱뚱02하/VA | 3 (0.7%) |
| 33 | 꾸01/VV | 3 (0.6%) | 깨우01/VV | 3 (0.5%) | 피부02/NNG | 5 (0.9%) | 먹02/VX | 3 (0.7%) |
| 34 | 낫01/VV | 3 (0.6%) | 꾸01/VV | 3 (0.5%) | 눈물01/NNG | 4 (0.7%) | 병신03/NNG | 3 (0.7%) |
| 35 | 마렵/VA | 3 (0.6%) | 눈깔/NNG | 3 (0.5%) | 다치01/VV | 4 (0.7%) | 살찌/VV | 3 (0.7%) |
| 36 | 몸무게/NNG | 3 (0.6%) | 눈물01/NNG | 3 (0.5%) | 발01/NNG | 4 (0.7%) | 상처02/NNG | 3 (0.7%) |
| 37 | 방구02/NNG | 3 (0.6%) | 디지(뒤지03)/VV | 3 (0.5%) | 입/NNG | 4 (0.7%) | 쓰러지/VV | 3 (0.7%) |
| 38 | 병04/NNG | 3 (0.6%) | 딱지01/NNG | 3 (0.5%) | 잠01/NNG | 4 (0.7%) | 키로/NNB | 3 (0.7%) |
| 39 | 살01/NNG | 3 (0.6%) | 목01/NNG | 3 (0.5%) | 찌01/VV | 4 (0.7%) | 피곤하/VA | 3 (0.7%) |
| 40 | 살아나/VV | 3 (0.6%) | 변신01하/VV | 3 (0.5%) | 킬로/NNB | 4 (0.7%) | 다치01/VV | 2 (0.5%) |
| 41 | 손바닥/NNG | 3 (0.6%) | 사마귀02/NNG | 3 (0.5%) | 내과01/NNG | 3 (0.5%) | 몸무게/NNG | 2 (0.5%) |
| 42 | 오줌/NNG | 3 (0.6%) | 섹시가이/NNG | 3 (0.5%) | 모습01/NNG | 3 (0.5%) | 물배01/NNG | 2 (0.5%) |
| 43 | 이03/NNG | 3 (0.6%) | 손가락/NNG | 3 (0.5%) | 몸01/NNG | 3 (0.5%) | 배부르/VA | 2 (0.5%) |
| 44 | 입/NNG | 3 (0.6%) | 손바닥/NNG | 3 (0.5%) | 몸매/NNG | 3 (0.5%) | 붓01/VV | 2 (0.5%) |
| 45 | 잠01/NNG | 3 (0.6%) | 엉덩이/NNG | 3 (0.5%) | 몸무게/NNG | 3 (0.5%) | 생리통/NNG | 2 (0.5%) |
| 46 | 종아리/NNG | 3 (0.6%) | 입/NNG | 3 (0.5%) | 삘/VV | 3 (0.5%) | 손01/NNG | 2 (0.5%) |
| 47 | 태어나/VV | 3 (0.6%) | 잠01/NNG | 3 (0.5%) | 볼01/NNG | 3 (0.5%) | 숨01/NNG | 2 (0.5%) |
| 48 | 가슴01/NNG | 2 (0.4%) | 정형외과/NNG | 3 (0.5%) | 빡빡01이/NNG | 3 (0.5%) | 입/NNG | 2 (0.5%) |
| 49 | 깨물/VV | 2 (0.4%) | 죽01/VX | 3 (0.5%) | 살01/NNG | 3 (0.5%) | 자살01하/VV | 2 (0.5%) |
| 50 | 눈병/NNG | 2 (0.4%) | 침01/NNG | 3 (0.5%) | 신경04/NNG | 3 (0.5%) | 죽01/VX | 2 (0.5%) |
| 51 | 다리뼈/NNG | 2 (0.4%) | 티뉴/NNG | 3 (0.5%) | 엉덩이/NNG | 3 (0.5%) | 축농증/NNG | 2 (0.5%) |
| 52 | 맘01/NNG | 2 (0.4%) | 피02/NNG | 3 (0.5%) | 자국01/NNG | 3 (0.5%) | 치료/NNG | 2 (0.5%) |
| 53 | 먹02/VX | 2 (0.4%) | 헌혈/NNG | 3 (0.5%) | 졸리01/VV | 3 (0.5%) | 코01/NNG | 2 (0.5%) |
| 54 | 목소리/NNG | 2 (0.4%) | 가스/NNG | 2 (0.3%) | 쥐03/NNG | 3 (0.5%) | 토(구토01)/NNG | 2 (0.5%) |
| 55 | 목욕/NNG | 2 (0.4%) | 감01/VV | 2 (0.3%) | 코피01/NNG | 3 (0.5%) | 허리01/NNG | 2 (0.5%) |
| 56 | 발바닥/NNG | 2 (0.4%) | 건강03하/VA | 2 (0.3%) | 피곤하/VA | 3 (0.5%) | 혈액형/NNG | 2 (0.5%) |
| 57 | 뼈/NNG | 2 (0.4%) | 검사03하/VV | 2 (0.3%) | 근육/NNG | 2 (0.3%) | 가슴01/NNG | 1 (0.2%) |
| 58 | 산부인과/NNG | 2 (0.4%) | 낳01/VV | 2 (0.3%) | 긁히/VV | 2 (0.3%) | 간08/NNG | 1 (0.2%) |
| 59 | 쉬02/NNG | 2 (0.4%) | 눈알/NNG | 2 (0.3%) | 내장06/NNG | 2 (0.3%) | 갈비01/NNG | 1 (0.2%) |
| 60 | 쓰러지/VV | 2 (0.4%) | 독04/NNG | 2 (0.3%) | 눈썹/NNG | 2 (0.3%) | 겉모습/NNG | 1 (0.2%) |
| 61 | 주먹/NNG | 2 (0.4%) | 등01/NNG | 2 (0.3%) | 동성02/NNG | 2 (0.3%) | 굵/VA | 1 (0.2%) |
| 62 | 킬로/NNB | 2 (0.4%) | 땀01/NNG | 2 (0.3%) | 돼지/VV | 2 (0.3%) | 금니01/NNG | 1 (0.2%) |
| 63 | 토하/VV | 2 (0.4%) | 맨05발/NNG | 2 (0.3%) | 뚱뚱02하/VA | 2 (0.3%) | 기침01하/VV | 1 (0.2%) |
| 64 | 한의원/NNG | 2 (0.4%) | 머리카락/NNG | 2 (0.3%) | 매장02/NNG | 2 (0.3%) | 뀌03/VV | 1 (0.2%) |
| 65 | 갈비뼈/NNG | 1 (0.2%) | 멍01/NNG | 2 (0.3%) | 목숨/NNG | 2 (0.3%) | 날씬하/VA | 1 (0.2%) |
| 66 | 감01/VV | 1 (0.2%) | 모습01/NNG | 2 (0.3%) | 무다리/NNG | 2 (0.3%) | 눈병/NNG | 1 (0.2%) |
| 67 | 교통사고/NNG | 1 (0.2%) | 목숨/NNG | 2 (0.3%) | 무릎/NNG | 2 (0.3%) | 대장균/NNG | 1 (0.2%) |
| 68 | 굵/VA | 1 (0.2%) | 삘/VV | 2 (0.3%) | 배부르/VA | 2 (0.3%) | 돼지/VV | 1 (0.2%) |
| 69 | 근육/NNG | 1 (0.2%) | 병신03/NNG | 2 (0.3%) | 브레인/NNG | 2 (0.3%) | 뒤룩뒤룩02/MAG | 1 (0.2%) |
| 70 | 금15/NNG | 1 (0.2%) | 분열증/NNG | 2 (0.3%) | 살리/VV | 2 (0.3%) | 뒷골/NNG | 1 (0.2%) |
| 71 | 기침01/NNG | 1 (0.2%) | 삐02/VV | 2 (0.3%) | 섹시하/VA | 2 (0.3%) | 땀01/NNG | 1 (0.2%) |
| 72 | 깨어나/VV | 1 (0.2%) | 살아나/VV | 2 (0.3%) | 숏다리/NNG | 2 (0.3%) | 마디01/NNG | 1 (0.2%) |
| 73 | 뀌03/VV | 1 (0.2%) | 수도(수두01)/NNG | 2 (0.3%) | 쓰다듬/VV | 2 (0.3%) | 머리카락/NNG | 1 (0.2%) |
| 74 | 납작코/NNG | 1 (0.2%) | 신경질/NNG | 2 (0.3%) | 임신02하/VV | 2 (0.3%) | 모습01/NNG | 1 (0.2%) |
| 75 | 눈물01/NNG | 1 (0.2%) | 싸02/VV | 2 (0.3%) | 잠들/VV | 2 (0.3%) | 목숨/NNG | 1 (0.2%) |
| 76 | 단련02/NNG | 1 (0.2%) | 약골/NNG | 2 (0.3%) | 잠자/VV | 2 (0.3%) | 목젖/NNG | 1 (0.2%) |
| 77 | 단발머리/NNG | 1 (0.2%) | 엄지발가락/NNG | 2 (0.3%) | 졸01/VV | 2 (0.3%) | 몸매/NNG | 1 (0.2%) |

| 순위 | 초등학교 저학년 | | 초등학교 고학년 | | 중학생 | | 고등학생 | |
|---|---|---|---|---|---|---|---|---|
| | 형태/품사 | 빈도(비율) | 형태/품사 | 빈도(비율) | 형태/품사 | 빈도(비율) | 형태/품사 | 빈도(비율) |
| 78 | 대머리01/NNG | 1 (0.2%) | 자국01/NNG | 2 (0.3%) | 중독01/NNG | 2 (0.3%) | 문드러지/VV | 1 (0.2%) |
| 79 | 독감기/NNG | 1 (0.2%) | 졸리01/VV | 2 (0.3%) | 중독01되/VV | 2 (0.3%) | 물집03/NNG | 1 (0.2%) |
| 80 | 땀01/NNG | 1 (0.2%) | 주사13/NNG | 2 (0.3%) | 체력/NNG | 2 (0.3%) | 배불르/VA | 1 (0.2%) |
| 81 | 똥꼬/NNG | 1 (0.2%) | 체력/NNG | 2 (0.3%) | 키로그람/NNB | 2 (0.3%) | 뱉/VV | 1 (0.2%) |
| 82 | 똥땡/NNG | 1 (0.2%) | 치약/NNG | 2 (0.3%) | 토하/VV | 2 (0.3%) | 변비01/NNG | 1 (0.2%) |
| 83 | 뚱뚱02하/VA | 1 (0.2%) | 화상03/NNG | 2 (0.3%) | 폐인01/NNG | 2 (0.3%) | 병04/NNG | 1 (0.2%) |
| 84 | 맨05손/NNG | 1 (0.2%) | 가슴01/NNG | 1 (0.2%) | 간08/NNG | 1 (0.2%) | 불치병/NNG | 1 (0.2%) |
| 85 | 머리카락/NNG | 1 (0.2%) | 간08/NNG | 1 (0.2%) | 갈비01/NNG | 1 (0.2%v | 비듬01/NNG | 1 (0.2%) |
| 86 | 머리통/NNG | 1 (0.2%) | 간땡이/NNG | 1 (0.2%) | 감01/VV | 1 (0.2%) | 뼈/NNG | 1 (0.2%) |
| 87 | 모습01/NNG | 1 (0.2%) | 감기04/NNG | 1 (0.2%) | 굳은살/NNG | 1 (0.2%) | 사시18/NNG | 1 (0.2%) |
| 88 | 무릎/NNG | 1 (0.2%) | 건강03/NNG | 1 (0.2%) | 굵/VA | 1 (0.2%) | 새끼손가락/NNG | 1 (0.2%) |
| 89 | 물02/VV | 1 (0.2%) | 공주병/NNG | 1 (0.2%) | 귀01/NNG | 1 (0.2%) | 생리03/NNG | 1 (0.2%) |
| 90 | 물집03/NNG | 1 (0.2%) | 교통사고/NNG | 1 (0.2%) | 기절01하/VV | 1 (0.2%) | 섹시/NNG | 1 (0.2%) |
| 91 | 발가락/NNG | 1 (0.2%) | 구역질/NNG | 1 (0.2%) | 깨우01/VV | 1 (0.2%) | 섹시하/VA | 1 (0.2%) |
| 92 | 배01/NNG | 1 (0.2%) | 궁둥이/NNG | 1 (0.2%) | 꼬르륵/MAG | 1 (0.2%) | 신경04성/NNG | 1 (0.2%) |
| 93 | 백혈병/NNG | 1 (0.2%) | 기절01하/VV | 1 (0.2%) | 꼬리01/NNG | 1 (0.2%) | 싸이코/NNG | 1 (0.2%) |
| 94 | 뱉/VV | 1 (0.2%) | 기절초풍/NNG | 1 (0.2%) | 낳01/VV | 1 (0.2%) | 쓸개/NNG | 1 (0.2%) |
| 95 | 변신01/NNG | 1 (0.2%) | 꼬리뼈/NNG | 1 (0.2%) | 눈깔/NNG | 1 (0.2%) | 알레르기/NNG | 1 (0.2%) |
| 96 | 병실02/NNG | 1 (0.2%) | 뀌03/VV | 1 (0.2%) | 다이어트/NNG | 1 (0.2%) | 엉덩이/NNG | 1 (0.2%) |
| 97 | 부상05/NNG | 1 (0.2%) | 낫01/VV | 1 (0.2%) | 단련02/NNG | 1 (0.2%) | 에이비형/NNG | 1 (0.2%) |
| 98 | 붕대/NNG | 1 (0.2%) | 단발02/NNG | 1 (0.2%) | 단련02하/VV | 1 (0.2%) | 에이형/NNG | 1 (0.2%) |
| 99 | 비(피02)/NNG | 1 (0.2%) | 대가리01/NNG | 1 (0.2%) | 뒷모습/NNG | 1 (0.2%) | 연고04/NNG | 1 (0.2%) |
| 100 | 빰/NNG | 1 (0.2%) | 덩치01/NNG | 1 (0.2%) | 때02/NNG | 1 (0.2%) | 오른손/NNG | 1 (0.2%) |

    위 표를 보면, '죽다01'가 초등학교와 중학교에서 가장 높게 나타났고, 고등학교에서는 '자다01'가 가장 자주 쓰였음을 알 수 있다. '죽다'의 경우 고등학교에서는 낮은 사용 빈도를 나타냈다. 모든 학교급에서 비교적 빈도가 높은 어휘는 '아프다, 맞다03, 머리01, 눈01, 키01' 등인데 학교급별 순위에서는 차이를 보인다. '죽다01' 외에 초등학교 저학년은 '자다01, 아프다, 맞다03, 얼굴01', 초등학교 고학년은 '아프다, 머리01, 맞다03, 자다01', 중학생은 '맞다03, 머리01, 아프다, 자다01', 고등학생은 '아프다, 키01, 눈01, 죽다01'의 순으로 자주 사용하였다. 특히 신체를 가리키는 고빈어도가 학교급에 따라 다르게 나타났다. 초등학교 저학년은 '얼굴01', 초등학교 고학년과 중학생은 '머리01', 고등학생은 '키01'를 주로 사용하는 것으로 조사되었다.

    신체·생리작용·병·치료·성과 관련된 고빈도어 100개를 '신체, 생리작용, 병, 치료'로 각각 구분하여, 학교급별 출현 어휘의 특성을 살펴보기로 한다. 먼저, 가장 많은 어휘가 포함된 신체와 관련된 어휘들만을 간추려 학교급별로 정리해 보았다.

<표 4.47> 학교급별 신체 관련 고빈도 형태 목록

| 학교급 | 형태 | 형태 수 |
|---|---|---|
| 초등학교 저학년 | 가슴01, 갈비뼈, 귀01, 근육, 납작코, 눈01, 다리01, 다리뼈, 대머리01, 똥꼬, 뚱땡, 뚱뚱02하다, 맨05손01, 머리01, 머리카락, 목01, 목소리, 목숨, 몸무게, 발01, 발바닥, 배01, 뺨, 뼈, 살01, 손01, 손바닥, 신경04, 얼굴01, 엉덩이, 이03, 이빨, 입, 종아리, 주먹, 찌다01, 코01, 키01, 팔01, 피02, 해골, 허리01 | 42 |
| 초등학교 고학년 | 가슴01, 귀01, 눈01, 눈깔, 눈썹, 눈알, 다리01, 대머리01, 등01, 뚱뚱02하다, 맨05발01, 머리01, 머리카락, 목01, 목소리, 목숨, 몸01, 몸무게, 발01, 발바닥, 배01, 뼈, 살01, 손01, 손가락, 손바닥, 신경04, 약골, 얼굴01, 엄지발가락, 엉덩이, 이03, 입, 자국01, 주먹, 찌다01, 코01, 키01, 팔01, 피02, 해골, 허리01 | 42 |
| 중학생 | 귀01, 근육, 내장06, 눈01, 눈깔, 눈썹, 다리01, 대가리01, 대두06, 뚱뚱02하다, 마디01, 머리01, 멀대, 목01, 목소리, 목숨, 몸01, 몸매, 몸무게, 무다리, 무릎, 발01, 배01, 볼01, 브레인, 뼈, 살01, 손01, 손가락, 숏다리, 신경04, 얼굴01, 엉덩이, 입, 자국01, 주먹, 찌다01, 코01, 키01, 턱01, 피부02, 해골, 허리01 | 42 |
| 고등학생 | 가슴01, 간08, 갈비01, 근육, 금니01, 날씬하다, 눈01, 다리01, 뒤룩뒤룩02, 뒷골, 뚱뚱02하다, 마디01, 머리01, 머리카락, 목01, 목소리, 목숨, 목젖, 몸매, 몸무게, 물배01, 발01, 배01, 변성기02, 뼈, 살01, 살찌다, 손01, 숨01, 신경04, 얼굴01, 엉덩이, 에이헝, 오른손, 이03, 이빨, 입, 찌다01, 코01, 키01, 피02, 피부02, 허리01, 혈액형 | 44 |

신체 관련 어휘는 학교급별로 42~44개가 나타났다. 내용 면에서 보면, '머리01, 얼굴01, 눈01, 코01, 입, 목01, 배01, 손01, 발01, 살01' 등 기본적인 신체 관련 어휘 외에 '몸무게, 뚱뚱02하다, 찌다01' 등 체중과 관련한 어휘가 모든 학교급에서 사용된 것을 볼 수 있다. 중고등학교에서는 주로 외모와 관련된 어휘들이 추가되는데, '몸매, 날씬하다, 피부02' 등이 이에 해당한다.

다음은 생리작용과 관련한 어휘들을 학교급별로 정리하여 그 특징을 살펴보기로 한다.

<표 4.48> 학교급별 생리작용 관련 고빈도 형태 목록

| 학교급 | 형태 | 형태 수 |
|---|---|---|
| 초등학교 저학년 | 기침01, 깨어나다, 꾸다01, 꿔다03, 낫다01, 눈물01, 땀01, 똥, 마렵다, 먹다02, 목욕하다, 방구02, 배고프다, 뱉다, 쉬02, 싸다02, 오줌, 자다01, 잠01, 졸리다01, 토하다, 피곤하다 | 22 |
| 초등학교 고학년 | 가스, 깨우다01, 꾸다01, 낫다01, 눈물01, 땀01, 때02, 똥, 마렵다, 먹다02, 배고프다, 뱉다, 싸다02, 오줌, 자다01, 잠01, 졸리다01, 침01, 토하다 | 19 |
| 중학생 | 깨우다01, 눈물01, 때02, 먹다02, 배고프다, 배부르다, 뱉다, 비듬01, 자다01, 잠01, 잠들다, 잠자다, 졸다01, 졸리다01, 침01, 코피01, 토하다, 피곤하다 | 18 |

| 학교급 | 형태 | 형태 수 |
|---|---|---|
| 고등학생 | 꿔다03, 낫다01, 땀01, 먹다02, 배고프다, 배부르다, 배불르다(배부르다), 뱉다, 비듬01, 자다01, 잠01, 졸다01, 졸리다01, 침01, 피곤하다 | 15 |

생리작용과 관련한 어휘의 수는 초등학생과 중학생 단계에서 거의 비슷하게 나타났다. 내용 면에서 보면, 초등학생 자료에서는 주로 '똥, 방구02, 쉬02, 오줌, 마렵다, 꿔다03, 싸다02' 와 같이 소화 및 배설과 관련한 어휘들이 많은 반면, 중고등학생 자료에서는 '잠, 잠들다, 잠자다, 자다01, 졸다01, 졸리다01' 등 수면과 관련한 어휘들이 많았다.

다음은 병과 관련된 어휘들을 학교급에 따라 제시해 보기로 한다.

〈표 4.49〉 학교급별 병 관련 고빈도 형태 목록

| 학교급 | 형태 | 형태 수 |
|---|---|---|
| 초등학교 저학년 | 눈병, 다치다01, 독감기, 물집03, 병04, 산부인과, 상처02, 수술05, 아프다, 약07, 치료 | 11 |
| 초등학교 고학년 | 건강03하다, 검사03하다, 다치다01, 딱지01, 멍01, 병04, 병신03, 분열증, 삐다02, 사마귀02, 수도(수두01), 수술05, 신경질, 아프다, 약07, 정형외과, 주사13, 치료, 티눈, 헌혈, 화상03 | 21 |
| 중학생 | 내과01, 다치다01, 병신03, 붓다01, 수술05, 신경질, 아프다, 약07, 장애02, 장애02인, 중독01, 중독01되다, 쥐03 | 13 |
| 고등학생 | 감기04, 기침01하다, 눈병, 다치다01, 대장균, 문드러지다, 물집03, 변비01, 병04, 병신03, 불치병, 붓다01, 상처02, 생리통, 아프다, 약07, 체하다02, 축농증, 치과, 치료, 토(구토01) | 21 |

병 관련 어휘는 학교급에 따른 일정한 경향이 나타나지는 않는다. 병과 관련한 어휘 중 '다치다01, 아프다, 약' 등은 모든 학교급에서 사용되었지만, 그 밖에는 학교급에 따라 쓰이는 어휘 목록에 차이가 있었다. 병명에 대한 어휘로는 초등학생 자료에서는 '눈병, 독감기, 분열증, 수두01, 티눈, 화상03', 중고등학생 자료에서는 '감기04, 쥐03, 눈병, 변비01, 생리통, 축농증' 등이 나타났다. 특히, 고등학생 자료에서는 '물집03, 구토, 체하다02, 기침01하다' 등 병과 관련된 구체적인 증상에 대한 어휘가 쓰인 것을 볼 수 있었다.

마지막으로 생사와 관련한 어휘들을 살펴보면, 초등학교 저학년 자료에서는 '낳다01, 살아나다, 죽다01, 죽이다01, 태어나다', 초등학교 고학년 자료에서는 '낳다01, 디지다(뒈지다03), 살아나다, 죽다01, 죽이다01, 태어나다', 중학생 자료에서는 '뒈지다, 살리다, 임신하다, 죽다

01, 죽이다01, 태어나다', 고등학생 자료에서는 '뒈지다, 자살하다, 죽다01, 죽이다01' 등의 어휘가 쓰인 것을 볼 수 있다. 초등학생과 중학생 자료에서는 죽음 관련 어휘와 함께 '낳다, 살아나다, 태어나다' 등 탄생과 관련된 어휘가 사용되었지만, 고등학생 자료에서는 죽음과 관련된 어휘만이 쓰인 것이 특이한 점으로 보인다.

## 4.1.2.5 감각과 감각기관

감각과 감각기관 관련 어휘는 총 76개의 형태가 2,046회 출현하였다. 학교급별 고빈도순으로 출현 형태를 보이면 다음과 같다.

〈표 4.50〉 감각과 감각기관 관련 어휘의 형태 목록

| 순위 | 초등학교 저학년 | | 초등학교 고학년 | | 중학생 | | 고등학생 | |
|---|---|---|---|---|---|---|---|---|
| | 형태/품사 | 빈도(비율) | 형태/품사 | 빈도(비율) | 형태/품사 | 빈도(비율) | 형태/품사 | 빈도(비율) |
| 1 | 보01/VX | 215 (42.7%) | 보01/VV | 265 (36.5%) | 보01/VV | 305 (38.9%) | 보01/VV | 190 (35.5%) |
| 2 | 보01/VV | 151 (30.0%) | 보01/VX | 242 (33.3%) | 보01/VX | 200 (25.5%) | 보01/VX | 147 (27.5%) |
| 3 | 만지/VV | 21 (4.2%) | 듣01/VV | 41 (5.6%) | 듣01/VV | 59 (7.5%) | 듣01/VV | 48 (9.0%) |
| 4 | 소리01/NNG | 21 (4.2%) | 눈01/NNG | 23 (3.2%) | 들리03/VV | 31 (3.9%) | 맛있/VA | 28 (5.2%) |
| 5 | 맛있/VA | 15 (3.0%) | 보이01/VV | 23 (3.2%) | 소리01/NNG | 30 (3.8%) | 보이01/VV | 21 (3.9%) |
| 6 | 듣01/VV | 11 (2.2%) | 만지/VV | 15 (2.1%) | 시끄럽/VA | 26 (3.3%) | 눈01/NNG | 17 (3.2%) |
| 7 | 보이01/VV | 10 (2.0%) | 맛있/VA | 15 (2.1%) | 맛있/VA | 23 (2.9%) | 들리03/VV | 10 (1.9%) |
| 8 | 귀01/NNG | 7 (1.4%) | 소리01/NNG | 14 (1.9%) | 보이01/VV | 20 (2.5%) | 시끄럽/VA | 10 (1.9%) |
| 9 | 들리03/VV | 5 (1.0%) | 보이02/VV | 9 (1.2%) | 눈01/NNG | 18 (2.3%) | 소리01/NNG | 9 (1.7%) |
| 10 | 소이(소리01)/NNG | 5 (1.0%) | 쳐다보/VV | 6 (0.8%) | 코01/NNG | 10 (1.3%) | 느끼02/VV | 5 (0.9%) |
| 11 | 코01/NNG | 5 (1.0%) | 귀01/NNG | 5 (0.7%) | 쳐다보/VV | 8 (1.0%) | 구경01하/VV | 4 (0.7%) |
| 12 | 눈01/NNG | 4 (0.8%) | 냄새나/VV | 5 (0.7%) | 맛없/VA | 7 (0.9%) | 신경04/NNG | 4 (0.7%) |
| 13 | 따뜻하/VA | 3 (0.6%) | 따갑/VA | 5 (0.7%) | 피부02/NNG | 5 (0.6%) | 쓰06/VV | 4 (0.7%) |
| 14 | 바(보01)/VV | 3 (0.6%) | 코01/NNG | 5 (0.7%) | 느끼02/VV | 4 (0.5%) | 쳐다보/VV | 4 (0.7%) |
| 15 | 빨개지/VV | 3 (0.6%) | 냄새/NNG | 4 (0.6%) | 입/NNG | 4 (0.5%) | 간지럽/VA | 3 (0.6%) |
| 16 | 입/NNG | 3 (0.6%) | 덥01/VV | 4 (0.6%) | 보이02/VV | 3 (0.4%) | 뜨겁/VA | 3 (0.6%) |
| 17 | 맛없/VA | 2 (0.4%) | 맛없/VA | 4 (0.6%) | 신경04/NNG | 3 (0.4%) | 가렵/VA | 2 (0.4%) |
| 18 | 보이02/VV | 2 (0.4%) | 썰렁하/VA | 4 (0.6%) | 냄새/NNG | 2 (0.3%) | 맛없/VA | 2 (0.4%) |
| 19 | 시력01/NNG | 2 (0.4%) | 간지럽/VA | 3 (0.4%) | 들려주/VV | 2 (0.3%) | 밝/VA | 2 (0.4%) |
| 20 | 터트리/VV | 2 (0.4%) | 들리03/VV | 3 (0.4%) | 따뜻하/VA | 2 (0.3%) | 빨개지/VV | 2 (0.4%) |
| 21 | 냄새/NNG | 1 (0.2%) | 입/NNG | 3 (0.4%) | 만지/VV | 2 (0.3%) | 썰렁하/VA | 2 (0.4%) |
| 22 | 덥01/VA | 1 (0.2%) | 지지01/VV | 3 (0.4%) | 보청기/NNG | 2 (0.3%) | 입/NNG | 2 (0.4%) |
| 23 | 듣기/NNG | 1 (0.2%) | 필11/NNG | 3 (0.4%) | 구경01/NNG | 1 (0.1%) | 코01/NNG | 2 (0.4%) |
| 24 | 들려주/VV | 1 (0.2%) | 구경01하/VV | 2 (0.3%) | 귀01/NNG | 1 (0.1%) | 향기01/NNG | 2 (0.4%) |
| 25 | 바(보01)/VX | 1 (0.2%) | 눈빛01/NNG | 2 (0.3%) | 냄새나/VV | 1 (0.1%) | 감각02/NNG | 1 (0.2%) |
| 26 | 뵈01/VV | 1 (0.2%) | 시끄럽/VA | 2 (0.3%) | 돌아보/VV | 1 (0.1%) | 꼬집히/VV | 1 (0.2%) |
| 27 | 비비/VV | 1 (0.2%) | 간질이거리/VV | 1 (0.1%) | 듣기/NNG | 1 (0.1%) | 눅눅하/VA | 1 (0.2%) |
| 28 | 시끄럽/VA | 1 (0.2%) | 꼬집/VV | 1 (0.1%) | 따뜻/XR | 1 (0.1%) | 덥01/VA | 1 (0.2%) |

| 순위 | 초등학교 저학년 | | 초등학교 고학년 | | 중학생 | | 고등학생 | |
|---|---|---|---|---|---|---|---|---|
| | 형태/품사 | 빈도(비율) | 형태/품사 | 빈도(비율) | 형태/품사 | 빈도(비율) | 형태/품사 | 빈도(비율) |
| 29 | 신경04/NNG | 1 (0.2%) | 느끼02/VV | 1 (0.1%) | 뜨겁/VA | 1 (0.1%) | 도청기/NNG | 1 (0.2%) |
| 30 | 썰렁/XR | 1 (0.2%) | 도청06/NNG | 1 (0.1%) | 뜻뜻(뜨뜻)하/VA | 1 (0.1%) | 따뜻하/VA | 1 (0.2%) |
| 31 | 쐬01/VV | 1 (0.2%) | 들려주/VV | 1 (0.1%) | 만지작거리/VV | 1 (0.1%) | 바(보01)/VX | 1 (0.2%) |
| 32 | 짜03/VA | 1 (0.2%) | 따뜻하/VA | 1 (0.1%) | 바(보01)/VV | 1 (0.1%) | 소곤소곤하/VV | 1 (0.2%) |
| 33 | 처다보/VV | 1 (0.2%) | 뚜렷01하/VA | 1 (0.1%) | 빨개지/VV | 1 (0.1%) | 신경04성/NNG | 1 (0.2%) |
| 34 | | | 뜨겁/VA | 1 (0.1%) | 소음06/NNG | 1 (0.1%) | 젖01/VV | 1 (0.2%) |
| 35 | | | 신경04/NNG | 1 (0.1%) | 실감하/VV | 1 (0.1%) | 피부02/NNG | 1 (0.2%) |
| 36 | | | 써늘하/VA | 1 (0.1%) | 썰렁하/VA | 1 (0.1%) | 혀01/NNG | 1 (0.2%) |
| 37 | | | 어둡/VA | 1 (0.1%) | 터트리/VV | 1 (0.1%) | | |
| 38 | | | 째리/VV | 1 (0.1%) | 포근하/VA | 1 (0.1%) | | |
| | | | 찐득찐득하/VV | 1 (0.1%) | 폭신01하/VA | 1 (0.1%) | | |
| | | | 컴컴하/VA | 1 (0.1%) | 피우01/VV | 1 (0.1%) | | |
| | | | 피부02/NNG | 1 (0.1%) | 혀01/NNG | 1 (0.1%) | | |
| | | | 피우01/VV | 1 (0.1%) | | | | |

위 표를 보면, 모든 학교급에서 '보다01'가 가장 높은 사용 빈도를 보였고, 다른 어휘와의 차이도 큰 것을 확인할 수 있다. 초등학교 저학년 자료에서는 '보다01'가 72.7%로 가장 많이 쓰였으며 다음으로 '만지다, 소리01, 맛있다'의 순으로 나타났다. 초등학교 고학년 자료에서도 '보다01'가 69.8%로 가장 많이 쓰였고, 그 다음은 '듣다01, 눈01, 보이다01'의 순으로 많이 사용되었다. 중학생 자료에서는 '보다01'가 64.4%, 그 다음이 '듣다01, 들리다03, 소리01'의 순이었다. 고등학생 자료에서는 '보다01'(63%)에 이어 '듣다01, 맛있다, 보이다01'의 순으로 많이 사용되었다. 감각과 관련해서는 '시각' 표현이 가장 활발하게 사용되는 것으로 나타났다. 특징적인 현상은, 대부분의 학교급에서 '보다01' 다음으로 '듣다, 들리다03, 소리01'와 같은 청각과 관련한 어휘가 고빈도로 출현하는 것과는 달리, 초등학교 저학년에서는 촉각과 관련한 '만지다'가 4.2%로 자주 쓰였다는 점이다. 감각기관에 관한 어휘는 '눈01, 코01, 입, 귀, 피부02'가 사용되고 있었다.

## 4.1.2.6 생각·감정·성격·태도

생각·감정·성격·태도 관련 어휘에 속하는 것은 총 838개의 형태가 9,363회 출현한 것으로 조사되었다. 어휘를 학교급별 고빈도순으로 100개까지 보이면 다음과 같다.

〈표 4.51〉 생각·감정·성격·태도 관련 어휘의 고빈도 형태 목록(고빈도 형태 100개)

| 순위 | 초등학교 저학년 | | 초등학교 고학년 | | 중학생 | | 고등학생 | |
|---|---|---|---|---|---|---|---|---|
| | 형태/품사 | 빈도(비율) | 형태/품사 | 빈도(비율) | 형태/품사 | 빈도(비율) | 형태/품사 | 빈도(비율) |
| 1 | 좋01/VA | 192 (11.2%) | 알/VV | 228 (8.6%) | 같/VA | 243 (7.9%) | 같/VA | 165 (8.5%) |
| 2 | 알/VV | 174 (10.1%) | 같/VA | 189 (7.1%) | 좋01/VA | 191 (6.2%) | 좋01/VA | 146 (7.5%) |
| 3 | 좋아하/VV | 127 (7.4%) | 좋01/VA | 185 (7.0%) | 알/VV | 181 (5.9%) | 알/VV | 142 (7.3%) |
| 4 | 재밌/VA | 79 (4.6%) | 재밌/VA | 119 (4.5%) | 좋아하/VV | 152 (5.0%) | 많/VA | 60 (3.1%) |
| 5 | 같/VA | 74 (4.3%) | 싫01/VA | 94 (3.6%) | 싶/VX | 108 (3.5%) | 싶/VX | 58 (3.0%) |
| 6 | 무섭/VA | 62 (3.6%) | 좋아하/VV | 79 (3.0%) | 많/VA | 90 (2.9%) | 좋아하/VV | 55 (2.8%) |
| 7 | 싶/VX | 56 (3.3%) | 싶/VX | 72 (2.7%) | 싫01/VA | 84 (2.7%) | 싫01/VA | 53 (2.7%) |
| 8 | 싫01/VA | 51 (3.0%) | 무섭/VA | 68 (2.6%) | 짜증나/VV | 51 (1.7%) | 짜증나/VV | 50 (2.6%) |
| 9 | 많/VA | 33 (1.9%) | 많/VA | 50 (1.9%) | 생각01하/VV | 50 (1.6%) | 같이/MAG | 37 (1.9%) |
| 10 | 이상12하/VA | 29 (1.7%) | 짜증나/VV | 48 (1.8%) | 솔직히/MAG | 48 (1.6%) | 재밌/VA | 35 (1.8%) |
| 11 | 같이/MAG | 28 (1.6%) | 같이/MAG | 45 (1.7%) | 재밌/VA | 48 (1.6%) | 괜찮/VA | 32 (1.6%) |
| 12 | 제일04/NNG | 28 (1.6%) | 웃기/VV | 45 (1.7%) | 같이/MAG | 46 (1.5%) | 솔직히/MAG | 32 (1.6%) |
| 13 | 똑같/VA | 20 (1.2%) | 재미있/VA | 43 (1.6%) | 싫어하/VV | 44 (1.4%) | 웃기/VV | 26 (1.3%) |
| 14 | 웃기/VV | 20 (1.2%) | 이상12하/VA | 42 (1.6%) | 생각01/NNG | 40 (1.3%) | 이상12하/VA | 26 (1.3%) |
| 15 | 어렵/VA | 19 (1.1%) | 못04하/VA | 38 (1.4%) | 이상12하/VA | 40 (1.3%) | 생각01/NNG | 25 (1.3%) |
| 16 | 진짜/NNG | 19 (1.1%) | 진짜/NNG | 34 (1.3%) | 미치01/VV | 38 (1.2%) | 미치01/VV | 23 (1.2%) |
| 17 | 귀엽/VA | 18 (1.0%) | 미치01/VV | 30 (1.1%) | 괜찮/VA | 37 (1.2%) | 힘들/VA | 23 (1.2%) |
| 18 | 못04하/VA | 17 (1.0%) | 재미없/VA | 28 (1.1%) | 정말01/MAG | 37 (1.2%) | 딴03/MM | 19 (1.0%) |
| 19 | 생각01하/VV | 16 (0.9%) | 생각01/NNG | 25 (0.9%) | 진짜/NNG | 35 (1.1%) | 생각01하/VV | 18 (0.9%) |
| 20 | 재미있/VA | 15 (0.9%) | 어렵/VA | 25 (0.9%) | 웃기/VV | 33 (1.1%) | 싫어하/VV | 17 (0.9%) |
| 21 | 짜증나/VV | 15 (0.9%) | 생각01하/VV | 24 (0.9%) | 힘들/VA | 31 (1.0%) | 진짜/NNG | 16 (0.8%) |
| 22 | 떨리01/VV | 14 (0.8%) | 정말01/MAG | 24 (0.9%) | 이쁘/VA | 28 (0.9%) | 귀찮/VA | 14 (0.7%) |
| 23 | 괜찮/VA | 13 (0.8%) | 괜찮/VA | 23 (0.9%) | 어렵/VA | 24 (0.8%) | 멀02/VA | 14 (0.7%) |
| 24 | 만약/NNG | 13 (0.8%) | 똑같/VA | 22 (0.8%) | 웃/VV | 23 (0.8%) | 이쁘/VA | 14 (0.7%) |
| 25 | 까먹/VV | 12 (0.7%) | 친하/VA | 22 (0.8%) | 열심히/MAG | 22 (0.7%) | 친하/VA | 13 (0.7%) |
| 26 | 쎄(세03)/VA | 12 (0.7%) | 힘들/VA | 21 (0.8%) | 싸가지/NNG | 20 (0.7%) | 무섭/VA | 12 (0.6%) |
| 27 | 친하/VA | 12 (0.7%) | 나쁘01/VA | 19 (0.7%) | 재미없/VA | 20 (0.7%) | 정말01/MAG | 12 (0.6%) |
| 28 | 틀리01/VV | 12 (0.7%) | 착하/VA | 19 (0.7%) | 친하/VA | 20 (0.7%) | 심심01하/VA | 11 (0.6%) |
| 29 | 몰르(모르)/VV | 11 (0.6%) | 심심01하/VA | 18 (0.7%) | 똑같/VA | 19 (0.6%) | 열심히/MAG | 11 (0.6%) |
| 30 | 재미없/VA | 11 (0.6%) | 만약/NNG | 17 (0.6%) | 지랄/NNG | 18 (0.6%) | 일단01/MAG | 11 (0.6%) |
| 31 | 심심01하/VA | 10 (0.6%) | 마음01/NNG | 16 (0.6%) | 딴03/MM | 17 (0.6%) | 관심01/NNG | 10 (0.5%) |
| 32 | 기억02/NNG | 9 (0.5%) | 몰르(모르)/VV | 15 (0.6%) | 재미있/VA | 17 (0.6%) | 귀엽/VA | 10 (0.5%) |
| 33 | 쉽/VA | 9 (0.5%) | 싫어하/VV | 15 (0.6%) | 만약/NNG | 16 (0.5%) | 똑같/VA | 10 (0.5%) |
| 34 | 예쁘/VA | 9 (0.5%) | 불쌍하/VA | 14 (0.5%) | 비슷02하/VA | 16 (0.5%) | 웃/VV | 10 (0.5%) |
| 35 | 이쁘/VA | 9 (0.5%) | 외우01/VV | 14 (0.5%) | 조용히/MAG | 16 (0.5%) | 장난/NNG | 10 (0.5%) |
| 36 | 장난/NNG | 9 (0.5%) | 장난/NNG | 14 (0.5%) | 귀엽/VA | 15 (0.5%) | 조용히/MAG | 10 (0.5%) |
| 37 | 당연히01/MAG | 8 (0.5%) | 다르01/VA | 13 (0.5%) | 나쁘01/VA | 15 (0.5%) | 착하/VA | 10 (0.5%) |
| 38 | 마음01/NNG | 8 (0.5%) | 당연03하/VA | 13 (0.5%) | 외우01/VV | 15 (0.5%) | 나쁘01/VA | 9 (0.5%) |
| 39 | 생각01/NNG | 8 (0.5%) | 이쁘/VA | 12 (0.5%) | 착하/VA | 15 (0.5%) | 미안01하/VA | 9 (0.5%) |
| 40 | 정말01/MAG | 8 (0.5%) | 딴03/MM | 11 (0.4%) | 다르01/VA | 14 (0.5%) | 싸가지/NNG | 9 (0.5%) |
| 41 | 착하/VA | 8 (0.5%) | 까먹/VV | 10 (0.4%) | 불쌍하/VA | 14 (0.5%) | 아예/MAG | 9 (0.5%) |
| 42 | 생각나/VV | 7 (0.4%) | 마지막/NNG | 10 (0.4%) | 일단01/MAG | 14 (0.5%) | 대충01/MAG | 8 (0.4%) |
| 43 | 삐지·(삐치01)/VV | 6 (0.3%) | 미안01하/VA | 10 (0.4%) | 황당하/VA | 14 (0.5%) | 만약/NNG | 8 (0.4%) |

| 순위 | 초등학교 저학년 | | 초등학교 고학년 | | 중학생 | | 고등학생 | |
|---|---|---|---|---|---|---|---|---|
| | 형태/품사 | 빈도(비율) | 형태/품사 | 빈도(비율) | 형태/품사 | 빈도(비율) | 형태/품사 | 빈도(비율) |
| 44 | 웃/VV | 6 (0.3%) | 아예/MAG | 10 (0.4%) | 기분01/NNG | 13 (0.4%) | 어렵/VA | 8 (0.4%) |
| 45 | 포기02하/VV | 6 (0.3%) | 귀엽/VA | 9 (0.3%) | 닮/VV | 13 (0.4%) | 원래01/MAG | 8 (0.4%) |
| 46 | 당연03하/VA | 5 (0.3%) | 솔직히/MAG | 9 (0.3%) | 심하/VA | 12 (0.4%) | 편하/VA | 8 (0.4%) |
| 47 | 딴03/MM | 5 (0.3%) | 신기14하/VA | 9 (0.3%) | 대충01/MAG | 11 (0.4%) | 다르01/VA | 7 (0.4%) |
| 48 | 불쌍하/VA | 5 (0.3%) | 웃/VV | 9 (0.3%) | 멀02/VA | 11 (0.4%) | 당연03하/VA | 7 (0.4%) |
| 49 | 솔직하/VA | 5 (0.3%) | 재미01/NNG | 9 (0.3%) | 미안01하/VA | 11 (0.4%) | 당연히01/MAG | 7 (0.4%) |
| 50 | 신기14하/VA | 5 (0.3%) | 차라리/MAG | 9 (0.3%) | 어색02/VA | 11 (0.4%) | 마음01/NNG | 7 (0.4%) |
| 51 | 싫어하/VV | 5 (0.3%) | 참01/MAG | 9 (0.3%) | 이해06/NNG | 11 (0.4%) | 쉽/VA | 7 (0.4%) |
| 52 | 제발01/MAG | 5 (0.3%) | 기억02/NNG | 8 (0.3%) | 장난/NNG | 11 (0.4%) | 어색02하/VA | 7 (0.4%) |
| 53 | 조용히/MAG | 5 (0.3%) | 쎄(세03)/VA | 8 (0.3%) | 제대로/MAG | 11 (0.4%) | 예쁘/VA | 7 (0.4%) |
| 54 | 중요02하/VA | 5 (0.3%) | 지우01/VV | 8 (0.3%) | 관심01/NNG | 10 (0.3%) | 틀리01/VV | 7 (0.4%) |
| 55 | 참/VV | 5 (0.3%) | 계속04하/VV | 7 (0.3%) | 당연03하/VA | 10 (0.3%) | 기분01/NNG | 6 (0.3%) |
| 56 | 참01/MAG | 5 (0.3%) | 기분01/NNG | 7 (0.3%) | 참01/MAG | 10 (0.3%) | 닮/VV | 6 (0.3%) |
| 57 | 희망/NNG | 5 (0.3%) | 기억02하/VV | 7 (0.3%) | 흥미/NNG | 10 (0.3%) | 비슷02하/VA | 6 (0.3%) |
| 58 | 겨우/MAG | 4 (0.2%) | 느낌/NNG | 7 (0.3%) | 도대체/MAG | 9 (0.3%) | 어이02/NNG | 6 (0.3%) |
| 59 | 기분01/NNG | 4 (0.2%) | 슬프/VA | 7 (0.3%) | 마지막/NNG | 9 (0.3%) | 어이없/VA | 6 (0.3%) |
| 60 | 기억나/VV | 4 (0.2%) | 아깝/VA | 7 (0.3%) | 어이없/VA | 9 (0.3%) | 정하03/VV | 6 (0.3%) |
| 61 | 나쁘01/VA | 4 (0.2%) | 열심히/MAG | 7 (0.3%) | 정하03/VV | 9 (0.3%) | 좆/NNG | 6 (0.3%) |
| 62 | 닮/VV | 4 (0.2%) | 예쁘/VA | 7 (0.3%) | 차라리/MAG | 9 (0.3%) | 지겹/VA | 6 (0.3%) |
| 63 | 똑똑02하/VA | 4 (0.2%) | 제발01/MAG | 7 (0.3%) | 기억02/NNG | 8 (0.3%) | 차이/NNG | 6 (0.3%) |
| 64 | 무겁/VA | 4 (0.2%) | 희망/NNG | 7 (0.3%) | 느낌/NNG | 8 (0.3%) | 황당하/VA | 6 (0.3%) |
| 65 | 비슷02하/VA | 4 (0.2%) | 귀찮/VA | 6 (0.2%) | 당연히01/MAG | 8 (0.3%) | 고르01/VV | 5 (0.3%) |
| 66 | 아끼/VV | 4 (0.2%) | 꾸리(구리)/VA | 6 (0.2%) | 아깝/VA | 8 (0.3%) | 까먹/VV | 5 (0.3%) |
| 67 | 엄청나/VA | 4 (0.2%) | 몰래01/MAG | 6 (0.2%) | 잘못하/VV | 8 (0.3%) | 막상01/MAG | 5 (0.3%) |
| 68 | 외우01/VV | 4 (0.2%) | 정하03/VV | 6 (0.2%) | 허점02/NNG | 8 (0.3%) | 분위기/NNG | 5 (0.3%) |
| 69 | 유식01하/VA | 4 (0.2%) | 차이/NNG | 6 (0.2%) | 마음01/NNG | 7 (0.2%) | 불편01하/VA | 5 (0.3%) |
| 70 | 일단01/MAG | 4 (0.2%) | 틀리01/VV | 6 (0.2%) | 무섭/VA | 7 (0.2%) | 스트레스/NNG | 5 (0.3%) |
| 71 | 장난치/VV | 4 (0.2%) | 화06/NNG | 6 (0.2%) | 분명히/MAG | 7 (0.2%) | 슬프/VA | 5 (0.3%) |
| 72 | 치사01하/VA | 4 (0.2%) | 화나/VV | 6 (0.2%) | 상02/NNG | 7 (0.2%) | 알아보/VV | 5 (0.3%) |
| 73 | 희한하/VA | 4 (0.2%) | 가만히/MAG | 5 (0.2%) | 소중01하/VA | 7 (0.2%) | 일부러/MAG | 5 (0.3%) |
| 74 | 힘들/VA | 4 (0.2%) | 공평01하/VA | 5 (0.2%) | 아예/MAG | 7 (0.2%) | 자상01하/VA | 5 (0.3%) |
| 75 | 고맙01/VA | 3 (0.2%) | 느리01/VA | 5 (0.2%) | 조용01하/VA | 7 (0.2%) | 재미없/VA | 5 (0.3%) |
| 76 | 깊/VA | 3 (0.2%) | 쉽/VA | 5 (0.2%) | 중요02하/VA | 7 (0.2%) | 재미있/VA | 5 (0.3%) |
| 77 | 깨갱/MAG | 3 (0.2%) | 시시02하/VA | 5 (0.2%) | 지랄하/VV | 7 (0.2%) | 제대로/MAG | 5 (0.3%) |
| 78 | 다르01/VA | 3 (0.2%) | 심하/VA | 5 (0.2%) | 차이/NNG | 7 (0.2%) | 조용01하/VA | 5 (0.3%) |
| 79 | 대단01하/VA | 3 (0.2%) | 아무리/MAG | 5 (0.2%) | 가만히/MAG | 6 (0.2%) | 중요02하/VA | 5 (0.3%) |
| 80 | 드럽(더럽)/VA | 3 (0.2%) | 조용히/MAG | 5 (0.2%) | 까먹/VV | 6 (0.2%) | 지랄/NNG | 5 (0.3%) |
| 81 | 방어02/NNG | 3 (0.2%) | 질리01/VV | 5 (0.2%) | 무시04하/VV | 6 (0.2%) | 친절하/VA | 5 (0.3%) |
| 82 | 배신02/NNG | 3 (0.2%) | 쪽팔리/VV | 5 (0.2%) | 받아들이/VV | 6 (0.2%) | 확실히/MAG | 5 (0.3%) |
| 83 | 변하/VV | 3 (0.2%) | 화내/VV | 5 (0.2%) | 쉽/VA | 6 (0.2%) | 가만히/MAG | 4 (0.2%) |
| 84 | 뻔01하/VX | 3 (0.2%) | 거꾸로/MAG | 4 (0.2%) | 신기14하/VA | 6 (0.2%) | 그럭저럭/MAG | 4 (0.2%) |
| 85 | 심하/VA | 3 (0.2%) | 고맙01/VA | 4 (0.2%) | 심심01하/VA | 6 (0.2%) | 기억02/NNG | 4 (0.2%) |
| 86 | 천천히/MAG | 3 (0.2%) | 깨01/VV | 4 (0.2%) | 예쁘/VA | 6 (0.2%) | 떨리01/VV | 4 (0.2%) |
| 87 | 칭찬하/VV | 3 (0.2%) | 당연히01/MAG | 4 (0.2%) | 울리01/VV | 6 (0.2%) | 몰르(모르)/VV | 4 (0.2%) |
| 88 | 혹시01/MAG | 3 (0.2%) | 똑같이/MAG | 4 (0.2%) | 원하02/VV | 6 (0.2%) | 밀/VV | 4 (0.2%) |

| 순위 | 초등학교 저학년 | | 초등학교 고학년 | | 중학생 | | 고등학생 | |
|---|---|---|---|---|---|---|---|---|
| | 형태/품사 | 빈도(비율) | 형태/품사 | 빈도(비율) | 형태/품사 | 빈도(비율) | 형태/품사 | 빈도(비율) |
| 89 | 혼내/VV | 3 (0.2%) | 막상01/MAG | 4 (0.2%) | 제발01/MAG | 6 (0.2%) | 변하/VV | 4 (0.2%) |
| 90 | 화내/VV | 3 (0.2%) | 모자라/VV | 4 (0.2%) | 편하/VA | 6 (0.2%) | 사랑01하/VV | 4 (0.2%) |
| 91 | 화해02/NNG | 3 (0.2%) | 바람둥이/NNG | 4 (0.2%) | 귀찮/VA | 5 (0.2%) | 생각나/VV | 4 (0.2%) |
| 92 | 감동적/NNG | 2 (0.1%) | 버티/VV | 4 (0.2%) | 스트레스/NNG | 5 (0.2%) | 심하/VA | 4 (0.2%) |
| 93 | 고르01/VV | 2 (0.1%) | 변하/VV | 4 (0.2%) | 아무리/MAG | 5 (0.2%) | 잘못/MAG | 4 (0.2%) |
| 94 | 귀찮/VA | 2 (0.1%) | 부리02/VV | 4 (0.2%) | 알아보/VV | 5 (0.2%) | 장난하/VV | 4 (0.2%) |
| 95 | 그만03하/VA | 2 (0.1%) | 싸가지/NNG | 4 (0.2%) | 압박/NNG | 5 (0.2%) | 제발01/MAG | 4 (0.2%) |
| 96 | 기냥(그냥)/MAG | 2 (0.1%) | 야비/XR | 4 (0.2%) | 일부러/MAG | 5 (0.2%) | 즐겁/VA | 4 (0.2%) |
| 97 | 긴장되/VV | 2 (0.1%) | 이해06/NNG | 4 (0.2%) | 잘못/NNG | 5 (0.2%) | 차라리/MAG | 4 (0.2%) |
| 98 | 느끼01하/VA | 2 (0.1%) | 일단01/MAG | 4 (0.2%) | 큰일나/VV | 5 (0.2%) | 티02/NNG | 4 (0.2%) |
| 99 | 느낌/NNG | 2 (0.1%) | 정상02/NNG | 4 (0.2%) | 틀리01/VV | 5 (0.2%) | 포기02하/VV | 4 (0.2%) |
| 100 | 다행/NNG | 2 (0.1%) | 제일04/NNG | 4 (0.2%) | 혹시01/MAG | 5 (0.2%) | 혹시01/MAG | 4 (0.2%) |

학교급별 고빈도 어휘를 살펴보면, 초등학교 저학년 자료에서는 '좋다01, 알다, 좋아하다, 재밌다, 같다'의 순으로, 초등학교 고학년 자료에서는 '알다, 같다, 좋다01, 재밌다'의 순으로, 중학생 자료에서는 '같다, 좋다, 알다, 좋아하다'의 순으로, 고등학생 자료에서는 '같다, 좋다01, 알다'의 순으로 나타났다. 모든 학교급에서 '좋다01, 알다, 같다'가 공동으로 높은 순위를 보였다.

'좋다01, 좋아하다'는 다른 학교급에 비해 초등학교 저학년에서 특히 활발히 쓰이고 있었다. 초등학교 저학년에서 18.6%(319회), 초등학교 고학년에서 10.0%(264회), 중학생의 경우 11.1%(343회), 고등학생의 경우 10.3%(201회)의 사용 비율을 보였다. 반면에, 부정적인 의미를 지닌 '짜증나다'는 초등학교 저학년에서 0.9%(15회), 초등학교 고학년에서 1.8%(48회), 중학생은 1.7%(51회), 고등학생은 2.6%(50회)로, 초등학교 저학년이 가장 적게 사용하였다. 즉, 학교급이 올라갈수록 긍정적인 감정을 나타내는 어휘의 사용은 감소하고 부정적인 감정을 나타내는 어휘의 사용은 증가하는 것을 볼 수 있다.


## 4.1.2.7 의생활

의생활 관련 어휘는 총 130개의 형태가 590회 출현하였다. 학교급별 고빈도순으로 50개까지의 어휘를 제시하면 다음과 같다.

〈표 4.52〉 의생활 관련 어휘의 고빈도 형태 목록(고빈도 형태 50개)

| 순위 | 초등학교 저학년 | | 초등학교 고학년 | | 중학생 | | 고등학생 | |
|---|---|---|---|---|---|---|---|---|
| | 형태/품사 | 빈도(비율) | 형태/품사 | 빈도(비율) | 형태/품사 | 빈도(비율) | 형태/품사 | 빈도(비율) |
| 1 | 입01/VV | 13 (10.4%) | 입01/VV | 16 (8.8%) | 멋있/VA | 24 (16.7%) | 입01/VV | 18 (12.9%) |
| 2 | 멋있/VA | 10 (8.0%) | 멋있/VA | 12 (6.6%) | 옷01/NNG | 15 (10.4%) | 옷01/NNG | 14 (10.1%) |
| 3 | 띠01/NNG | 9 (7.2%) | 옷01/NNG | 12 (6.6%) | 입01/VV | 14 (9.7%) | 멋있/VA | 10 (7.2%) |
| 4 | 옷01/NNG | 9 (7.2%) | 벗/VV | 10 (5.5%) | 교복01/NNG | 5 (3.5%) | 안경03/NNG | 7 (5.0%) |
| 5 | 장갑01/NNG | 6 (4.8%) | 쓰02/VV | 8 (4.4%) | 안경03/NNG | 4 (2.8%) | 쓰02/VV | 6 (4.3%) |
| 6 | 가위01/NNG | 5 (4.0%) | 짓01/VV | 8 (4.4%) | 정장04/NNG | 4 (2.8%) | 리본/NNG | 5 (3.6%) |
| 7 | 끈02/NNG | 5 (4.0%) | 신발/NNG | 7 (3.8%) | 가방01/NNG | 3 (2.1%) | 실01/NNG | 5 (3.6%) |
| 8 | 짓01/VV | 5 (4.0%) | 모자08/NNG | 6 (3.3%) | 동복01/NNG | 3 (2.1%) | 청바지/NNG | 5 (3.6%) |
| 9 | 쓰02/VV | 4 (3.2%) | 신/VV | 6 (3.3%) | 목도리/NNG | 3 (2.1%) | 바지01/NNG | 4 (2.9%) |
| 10 | 펴/VV | 4 (3.2%) | 안경03/NNG | 5 (2.7%) | 무테/NNG | 3 (2.1%) | 구두01/NNG | 3 (2.2%) |
| 11 | 매01/VV | 3 (2.4%) | 잠그01/VV | 5 (2.7%) | 빨02/VV | 3 (2.1%) | 다리미/NNG | 3 (2.2%) |
| 12 | 목걸이01/NNG | 3 (2.4%) | 축구화/NNG | 5 (2.7%) | 신발/NNG | 3 (2.1%) | 멋01/NNG | 3 (2.2%) |
| 13 | 반지02/NNG | 3 (2.4%) | 바늘/NNG | 4 (2.2%) | 쓰02/VV | 3 (2.1%) | 면바지/NNG | 3 (2.2%) |
| 14 | 잠바/NNG | 3 (2.4%) | 사복04/NNG | 4 (2.2%) | 장갑01/NNG | 3 (2.1%) | 벗/VV | 3 (2.2%) |
| 15 | 짜01/VV | 3 (2.4%) | 갈아입/VV | 3 (1.6%) | 짓01/VV | 3 (2.1%) | 치마01/NNG | 3 (2.2%) |
| 16 | 한복/NNG | 3 (2.4%) | 갑옷/NNG | 3 (1.6%) | 치05/VV | 3 (2.1%) | 가방01/NNG | 2 (1.4%) |
| 17 | 리본/NNG | 2 (1.6%) | 목걸이01/NNG | 3 (1.6%) | 남방01/NNG | 2 (1.4%) | 갈아입/VV | 2 (1.4%) |
| 18 | 립스틱/NNG | 2 (1.6%) | 잠바/NNG | 3 (1.6%) | 레이스01/NNG | 2 (1.4%) | 드레스/NNG | 2 (1.4%) |
| 19 | 모자08/NNG | 2 (1.6%) | 가방01/NNG | 2 (1.1%) | 바지01/NNG | 2 (1.4%) | 멋지/VA | 2 (1.4%) |
| 20 | 바지01/NNG | 2 (1.6%) | 가짜/NNG | 2 (1.1%) | 신/VV | 2 (1.4%) | 반지02/NNG | 2 (1.4%) |
| 21 | 벗/VV | 2 (1.6%) | 갑주01/NNG | 2 (1.1%) | 줄이/VV | 2 (1.4%) | 반팔/NNG | 2 (1.4%) |
| 22 | 손수건/NNG | 2 (1.6%) | 걸치/VV | 2 (1.1%) | 춘추복/NNG | 2 (1.4%) | 신/VV | 2 (1.4%) |
| 23 | 스타킹/NNG | 2 (1.6%) | 교복01/NNG | 2 (1.1%) | 틀01/NNG | 2 (1.4%) | 신발/NNG | 2 (1.4%) |
| 24 | 안경03/NNG | 2 (1.6%) | 굽/NNG | 2 (1.1%) | 티06/NNG | 2 (1.4%) | 잠그01/VV | 2 (1.4%) |
| 25 | 가면02/NNG | 1 (0.8%) | 깜(감02)/VV | 2 (1.1%) | 파마하/VV | 2 (1.4%) | 잠옷/NNG | 2 (1.4%) |
| 26 | 가방01/NNG | 1 (0.8%) | 뜨개질01/NNG | 2 (1.1%) | 화장02하/VV | 2 (1.4%) | 정장04/NNG | 2 (1.4%) |
| 27 | 가짜/NNG | 1 (0.8%) | 망토/NNG | 2 (1.1%) | 갈아입/VV | 1 (0.7%) | 짓01/VV | 2 (1.4%) |
| 28 | 굽/NNG | 1 (0.8%) | 멋지/VA | 2 (1.1%) | 걸치/VV | 1 (0.7%) | 차려입/VV | 2 (1.4%) |
| 29 | 꼬매/VV | 1 (0.8%) | 빨02/VV | 2 (1.1%) | 꾸미/VV | 1 (0.7%) | 남방01/NNG | 1 (0.7%) |
| 30 | 마스크01/NNG | 1 (0.8%) | 실01/NNG | 2 (1.1%) | 뜨개질하/VV | 1 (0.7%) | 먼지01/NNG | 1 (0.7%) |
| 31 | 바늘/NNG | 1 (0.8%) | 씌우01/VV | 2 (1.1%) | 반지02/NNG | 1 (0.7%) | 반바지/NNG | 1 (0.7%) |
| 32 | 쇼핑백/NNG | 1 (0.8%) | 우산01/NNG | 2 (1.1%) | 벗/VV | 1 (0.7%) | 스타킹/NNG | 1 (0.7%) |
| 33 | 썬그라스/NNG | 1 (0.8%) | 캐주얼/NNG | 2 (1.1%) | 벨트/NNG | 1 (0.7%) | 씌우01/VV | 1 (0.7%) |
| 34 | 씌05/VV | 1 (0.8%) | 펴/VV | 2 (1.1%) | 사이즈01/NNG | 1 (0.7%) | 양복01/NNG | 1 (0.7%) |
| 35 | 안경테/NNG | 1 (0.8%) | 펴지/VV | 2 (1.1%) | 실내화02/NNG | 1 (0.7%) | 와이셔츠/NNG | 1 (0.7%) |
| 36 | 여대문/NNG | 1 (0.8%) | 펼치/VV | 2 (1.1%) | 쓰레빠/NNG | 1 (0.7%) | 우산01/NNG | 1 (0.7%) |
| 37 | 유니폼/NNG | 1 (0.8%) | 금관02/NNG | 1 (0.5%) | 안경집/NNG | 1 (0.7%) | 운동화/NNG | 1 (0.7%) |
| 38 | 잠그01/VV | 1 (0.8%) | 긴팔/NNG | 1 (0.5%) | 양말01/NNG | 1 (0.7%) | 윗도리/NNG | 1 (0.7%) |
| 39 | 잠기01/VV | 1 (0.8%) | 꼬01/VV | 1 (0.5%) | 원피스/NNG | 1 (0.7%) | 잠그01/VV | 1 (0.7%) |
| 40 | 짚신/NNG | 1 (0.8%) | 꾸미/VV | 1 (0.5%) | 유니폼/NNG | 1 (0.7%) | 짓01/VV | 1 (0.7%) |
| 41 | 치05/VV | 1 (0.8%) | 단추01/NNG | 1 (0.5%) | 의류/NNG | 1 (0.7%) | 줄이/VV | 1 (0.7%) |
| 42 | 통04/NNG | 1 (0.8%) | 띠01/NNG | 1 (0.5%) | 잠그01/VV | 1 (0.7%) | 짜01/VV | 1 (0.7%) |
| 43 | 팔찌/NNG | 1 (0.8%) | 목도리/NNG | 1 (0.5%) | 잠기01/VV | 1 (0.7%) | 체육복/NNG | 1 (0.7%) |
| 44 | 포장01/NNG | 1 (0.8%) | 물02/NNG | 1 (0.5%) | 잠바/NNG | 1 (0.7%) | 치05/VV | 1 (0.7%) |
| 45 | 품01/NNG | 1 (0.8%) | 바지01/NNG | 1 (0.5%) | 점퍼/NNG | 1 (0.7%) | 팔찌/NNG | 1 (0.7%) |

| 순위 | 초등학교 저학년 | | 초등학교 고학년 | | 중학생 | | 고등학생 | |
|---|---|---|---|---|---|---|---|---|
| | 형태/품사 | 빈도(비율) | 형태/품사 | 빈도(비율) | 형태/품사 | 빈도(비율) | 형태/품사 | 빈도(비율) |
| 46 | | | 반팔/NNG | 1 (0.5%) | 주머니/NNG | 1 (0.7%) | 펴/VV | 1 (0.7%) |
| 47 | | | 백의01/NNG | 1 (0.5%) | 지퍼/NNG | 1 (0.7%) | 폭06/NNG | 1 (0.7%) |
| 48 | | | 블라우스/NNG | 1 (0.5%) | 체육복/NNG | 1 (0.7%) | 폴라티/NNG | 1 (0.7%) |
| 49 | | | 사이즈01/NNG | 1 (0.5%) | 축구복/NNG | 1 (0.7%) | 핸드백/NNG | 1 (0.7%) |
| 50 | | | 수29/NNG | 1 (0.5%) | 츄리닝/NNG | 1 (0.7%) | | |

위 표를 보면, 모든 학교급에서 '입다01, 멋있다, 옷01'이 고빈도로 출현하였다. 그러나 이들 어휘 가운데 '옷01'과 '멋있다'는 학교급에 따라 출현 비율이 차이를 보인다. '옷01'은 초등학교 저학년에서는 7.2%, 고학년에서는 6.6%, 중학생에서는 10.4%, 고등학생에서는 10.1%로 초 등학생보다 중고등학생에게서 사용 빈도가 높게 나타났다. '멋있다'는 초등학교 저학년에서는 8.0%, 고학년에서는 6.6%의 비율을 보이다가 중학생 단계에서는 16.7%로 크게 증가한다. 그 러나 고등학생 단계에서는 다시 7.2%의 비율을 보여, 중학생 단계가 외모에 관심을 많이 갖 는 시기라는 것을 확인할 수 있다.

의생활 관련 어휘에 속하는 것들은 다시 의복·액세서리, 행위·상태로 구분해 볼 수 있다. 먼저, 의복·액세서리와 관련된 어휘들의 출현 양상을 살펴보면 다음과 같다.

<표 4.53> 의생활 관련 어휘 중 의복·액세서리 관련 고빈도 형태 목록

| 학교급 | 의복 | | 액세사리 | |
|---|---|---|---|---|
| | 형태 | 형태 수 | 형태 | 형태 수 |
| 초등학교 저학년 | 갑옷, 갑주01, 교복01, 바지01, 스타킹, 옷01, 유니폼, 잠바, 장갑01, 한복 | 10 | 가면02, 가방01, 굽, 띠01, 리본, 립스틱, 마스크01, 모자08, 목걸이01, 반지02, 손수건, 썬그라스(선글라스), 안경03, 안경테, 짚신, 팔찌 | 16 |
| 초등학교 고학년 | 갑옷, 갑주01, 교복01, 긴팔, 단추01, 망토, 바지01, 반팔, 백의01, 블라우스, 사복04, 옷01, 잠바 | 13 | 가방01, 굽, 금관02, 띠01, 모자08, 목걸이01, 목도리, 신발, 안경03, 우산01, 축구화 | 11 |
| 중학생 | 교복01, 남방01, 동복01, 바지01, 양말01, 옷01, 원피스, 유니폼, 의류, 잠바(점퍼), 정장04, 주머니, 지퍼, 체육복, 축구복, 춘추복, 츄리닝(추리닝), 티06 | 18 | 가방01, 레이스01, 목도리, 무테, 반지02, 벨트, 신발, 실내화02, 쓰레빠(슬리퍼), 안경03, 안경집, 장갑01 | 12 |
| 고등학생 | 남방01, 면바지, 바지01, 반바지, 반팔, 스타킹, 양복01, 옷01, 와이셔츠, 윗도리, 잠옷, 정장04, 청바지, 체육복, 치마01, 폴라티 | 16 | 가방01, 구두01, 드레스, 리본, 반지02, 신발, 안경03, 우산01, 운동화, 팔찌, 핸드백 | 11 |

초등학교 단계에서는 액세서리 관련 어휘가 다른 의복 관련 어휘에 비해 다양하게 나타났다. 중고등학교에서는 보다 다양한 의복 관련 어휘가 사용되었다. 초등학생 자료에서 볼 수 있는 '갑옷, 갑주01,망토' 등의 의복은 현실에서 입는 옷이라기보다는 게임 속의 등장인물이 입는 옷을 가리키는 것으로 보인다. 반면에, 중고등학생 자료에서는 '교복01, 동복, 유니폼, 체육복, 춘추복' 등 착용 목적에 따라 세분화된 어휘들이 관찰된다. '가방01, 교복01, 안경03'은 모든 학교급에서 쓰이고 있었다.

다음으로 의생활과 관련된 행위나 상태에 대한 어휘 표현들을 학교급별로 보이면 다음과 같다.

〈표 4.54〉 의생활 관련 어휘 중 행위·상태에 대한 고빈도 형태 목록

| 학교급 | 형태 | 형태 수 |
|---|---|---|
| 초등학교 저학년 | 갈아입다, 걸치다, 꼬매다, 매다01, 멋있다, 벗다, 쓰다02, 씌다05, 입다01, 잠그다01, 잠기다01, 짓다01, 짜다01, 치다05, 펴다 | 15 |
| 초등학교 고학년 | 갈아입다, 걸치다, 깜다(감다02), 꼬다01, 꾸미다, 뜨개질01, 멋있다, 멋지다, 벗다, 빨다02, 신다, 쓰다02, 씌우다01, 입다01, 잠그다01, 짓다01, 펴다, 펴지다, 펼치다 | 19 |
| 중학생 | 갈아입다, 걸치다, 꾸미다, 뜨개질하다, 멋있다, 벗다, 빨다02, 신다, 쓰다02, 입다01, 잠그다01, 잠기다01, 줄이다, 짓다01, 치다05, 파마하다, 화장02하다 | 18 |
| 고등학생 | 갈아입다, 멋있다, 멋지다, 벗다, 신다, 쓰다02, 씌우다01, 입다01, 잠그다01, 잠기다01, 찢다01, 줄이다, 짓다01, 짜다01, 차려입다, 치다05, 펴다 | 17 |

모든 학교급에서 15~19개의 어휘가 나타났으며, 의생활 관련 어휘에 속하는 동작성 어휘 중에 '갈아입다, 벗다, 입다01' 등이 모든 학교급에서 고루 출현하였다. 또한, 상태에 대한 어휘 중에서는 '멋있다'가 모든 학교급에서 사용되었다.

## 4.1.2.8 주생활

주생활 관련 어휘는 총 183개의 형태가 1,110회 출현한 것으로 조사되었다. '주생활'에 관련한 어휘를 학교급별 고빈도순으로 50개까지 보이면 다음과 같다.

〈표 4.55〉 주생활 관련 어휘의 고빈도 형태 목록(고빈도 형태 50개)

| 순위 | 초등학교 저학년 | | 초등학교 고학년 | | 중학생 | | 고등학생 | |
|---|---|---|---|---|---|---|---|---|
| | 형태/품사 | 빈도(비율) | 형태/품사 | 빈도(비율) | 형태/품사 | 빈도(비율) | 형태/품사 | 빈도(비율) |
| 1 | 집01/NNG | 72 (31.2%) | 집01/NNG | 96 (33.7%) | 집01/NNG | 88 (39.5%) | 집01/NNG | 78 (47.3%) |
| 2 | 문04/NNG | 21 (9.1%) | 방07/NNG | 18 (6.3%) | 아파트/NNG | 18 (8.1%) | 자리01/NNG | 11 (6.7%) |
| 3 | 방07/NNG | 10 (4.3%) | 화장실/NNG | 17 (6.0%) | 고치01/VV | 12 (5.4%) | 길01/NNG | 7 (4.2%) |
| 4 | 화장실/NNG | 10 (4.3%) | 문04/NNG | 8 (2.8%) | 방07/NNG | 8 (3.6%) | 동15/NNB | 7 (4.2%) |
| 5 | 길01/NNG | 6 (2.6%) | 집안01/NNG | 8 (2.8%) | 화장실/NNG | 7 (3.1%) | 명당/NNG | 6 (3.6%) |
| 6 | 창문/NNG | 6 (2.6%) | 짓01/VV | 8 (2.8%) | 동15/NNB | 6 (2.7%) | 방07/NNG | 6 (3.6%) |
| 7 | 선풍기/NNG | 5 (2.2%) | 자리01/NNG | 7 (2.5%) | 자리01/NNG | 6 (2.7%) | 아파트/NNG | 5 (3.0%) |
| 8 | 아파트/NNG | 5 (2.2%) | 곳01/NNG | 6 (2.1%) | 문04/NNG | 5 (2.2%) | 빌라02/NNG | 3 (1.8%) |
| 9 | 짓01/VV | 5 (2.2%) | 옥상03/NNG | 6 (2.1%) | 바닥01/NNG | 5 (2.2%) | 선풍기/NNG | 3 (1.8%) |
| 10 | 침대02/NNG | 5 (2.2%) | 의자03/NNG | 6 (2.1%) | 별장03/NNG | 5 (2.2%) | 소화기03/NNG | 3 (1.8%) |
| 11 | 곳01/NNG | 4 (1.7%) | 창문/NNG | 5 (1.8%) | 가게/NNG | 4 (1.8%) | 건물03/NNG | 2 (1.2%) |
| 12 | 도끼01/NNG | 4 (1.7%) | 마루03/NNG | 4 (1.4%) | 곳01/NNG | 4 (1.8%) | 머무르/VV | 2 (1.2%) |
| 13 | 못01/NNG | 4 (1.7%) | 안방02/NNG | 4 (1.4%) | 본관04/NNG | 4 (1.8%) | 문04/NNG | 2 (1.2%) |
| 14 | 자리01/NNG | 4 (1.7%) | 양탄자/NNG | 4 (1.4%) | 창문/NNG | 4 (1.8%) | 씻/VV | 2 (1.2%) |
| 15 | 장롱/NNG | 4 (1.7%) | 건물03/NNG | 3 (1.1%) | 길01/NNG | 3 (1.3%) | 엘리베이터/NNG | 2 (1.2%) |
| 16 | 굴뚝/NNG | 3 (1.3%) | 길01/NNG | 3 (1.1%) | 짓01/VV | 3 (1.3%) | 외박01/NNG | 2 (1.2%) |
| 17 | 옥상03/NNG | 3 (1.3%) | 마을01/NNG | 3 (1.1%) | 평수03/NNG | 3 (1.3%) | 이사14/NNG | 2 (1.2%) |
| 18 | 의자03/NNG | 3 (1.3%) | 벽06/NNG | 3 (1.1%) | 거울01/NNG | 2 (0.9%) | 짓01/VV | 2 (1.2%) |
| 19 | 장농/NNG | 3 (1.3%) | 입구02/NNG | 3 (1.1%) | 계단04/NNG | 2 (0.9%) | 화장실/NNG | 2 (1.2%) |
| 20 | 커튼/NNG | 3 (1.3%) | 가스/NNG | 2 (0.7%) | 턱06/NNG | 2 (0.9%) | 고치01/VV | 1 (0.6%) |
| 21 | 가게/NNG | 2 (0.9%) | 거울01/NNG | 2 (0.7%) | 비누/NNG | 2 (0.9%) | 공사02하/VV | 1 (0.6%) |
| 22 | 고장01/NNG | 2 (0.9%) | 경비실/NNG | 2 (0.7%) | 시골집/NNG | 2 (0.9%) | 구들장/NNG | 1 (0.6%) |
| 23 | 고치01/VV | 2 (0.9%) | 고치01/VV | 2 (0.7%) | 씻/VV | 2 (0.9%) | 도로03/NNG | 1 (0.6%) |
| 24 | 난로01/NNG | 2 (0.9%) | 다락방/NNG | 2 (0.7%) | 고무장갑/NNG | 1 (0.4%) | 먼지01/NNG | 1 (0.6%) |
| 25 | 동15/NNB | 2 (0.9%) | 다목적실/NNG | 2 (0.7%) | 대걸레/NNG | 1 (0.4%) | 방석02/NNG | 1 (0.6%) |
| 26 | 드릴/NNG | 2 (0.9%) | 바가지01/NNG | 2 (0.7%) | 도구10/NNG | 1 (0.4%) | 보관함/NNG | 1 (0.6%) |
| 27 | 샤워/NNG | 2 (0.9%) | 바닥01/NNG | 2 (0.7%) | 마당/NNB | 1 (0.4%) | 쓰레기/NNG | 1 (0.6%) |
| 28 | 소파06/NNG | 2 (0.9%) | 박10/NNB | 2 (0.7%) | 마을버스/NNG | 1 (0.4%) | 열쇠/NNG | 1 (0.6%) |
| 29 | 손잡이/NNG | 2 (0.9%) | 밸브/NNG | 2 (0.7%) | 못01/NNG | 1 (0.4%) | 옆집/NNG | 1 (0.6%) |
| 30 | 쓰레기통/NNG | 2 (0.9%) | 샤워/NNG | 2 (0.7%) | 바구니/NNG | 1 (0.4%) | 의자03/NNG | 1 (0.6%) |
| 31 | 온풍기/NNG | 2 (0.9%) | 손도끼/NNG | 2 (0.7%) | 방문02/NNG | 1 (0.4%) | 이불01/NNG | 1 (0.6%) |
| 32 | 이불01/NNG | 2 (0.9%) | 아파트/NNG | 2 (0.7%) | 베개/NNG | 1 (0.4%) | 인테리어/NNG | 1 (0.6%) |
| 33 | 이사14/NNG | 2 (0.9%) | 연탄03/NNG | 2 (0.7%) | 변기01/NNG | 1 (0.4%) | 집안01/NNG | 1 (0.6%) |
| 34 | 천장02/NNG | 2 (0.9%) | 이불01/NNG | 2 (0.7%) | 별관01/NNG | 1 (0.4%) | 창가01/NNG | 1 (0.6%) |
| 35 | 가구04/NNG | 1 (0.4%) | 이사14/NNG | 2 (0.7%) | 쓰레기통/NNG | 1 (0.4%) | 채08/NNB | 1 (0.6%) |
| 36 | 강당/NNG | 1 (0.4%) | 청소06하/VV | 2 (0.7%) | 쓸02/VV | 1 (0.4%) | 테이블/NNG | 1 (0.6%) |
| 37 | 거울01/NNG | 1 (0.4%) | 침대02/NNG | 2 (0.7%) | 안방02/NNG | 1 (0.4%) | 테이프/NNG | 1 (0.6%) |
| 38 | 건물03/NNG | 1 (0.4%) | 칸01/NNB | 2 (0.7%) | 옆방/NNG | 1 (0.4%) | | |
| 39 | 걸레01/NNG | 1 (0.4%) | 키04/NNG | 2 (0.7%) | 욕조/NNG | 1 (0.4%) | | |
| 40 | 경로당/NNG | 1 (0.4%) | 호실01/NNG | 2 (0.7%) | 이사14/NNG | 1 (0.4%) | | |
| 41 | 난간03/NNG | 1 (0.4%) | 강당/NNG | 1 (0.4%) | 이사14하/VV | 1 (0.4%) | | |
| 42 | 마당/NNG | 1 (0.4%) | 고장11나/VA | 1 (0.4%) | 주택/NNG | 1 (0.4%) | | |
| 43 | 막05/NNG | 1 (0.4%) | 공사02/NNG | 1 (0.4%) | 집안01/NNG | 1 (0.4%) | | |
| 44 | 베01/VV | 1 (0.4%) | 담01/NNG | 1 (0.4%) | 청소06하/VV | 1 (0.4%) | | |
| 45 | 벽돌집/NNG | 1 (0.4%) | 대문03/NNG | 1 (0.4%) | 침대02/NNG | 1 (0.4%) | | |
| 46 | 빌라02/NNG | 1 (0.4%) | 도구10/NNG | 1 (0.4%) | 칸01/NNB | 1 (0.4%) | | |

| 순위 | 초등학교 저학년 | | 초등학교 고학년 | | 중학생 | | 고등학생 | |
|---|---|---|---|---|---|---|---|---|
| | 형태/품사 | 빈도(비율) | 형태/품사 | 빈도(비율) | 형태/품사 | 빈도(비율) | 형태/품사 | 빈도(비율) |
| 47 | 사다리/NNG | 1 (0.4%) | 도끼01/NNG | 1 (0.4%) | 키04/NNG | 1 (0.4%) | | |
| 48 | 에어컨/NNG | 1 (0.4%) | 망치01/NNG | 1 (0.4%) | 테이프/NNG | 1 (0.4%) | | |
| 49 | 이층집/NNG | 1 (0.4%) | 박스/NNG | 1 (0.4%) | 홈스테이/NNG | 1 (0.4%) | | |
| 50 | 입구02/NNG | 1 (0.4%) | 베개/NNG | 1 (0.4%) | | | | |

　주생활 관련 어휘 형태 중에서는 '집01'이 모든 학교급에서 가장 높은 빈도로 쓰였다. 초등학교 저학년 자료에서는 31.2%, 초등학교 고학년 자료에서는 33.7%, 중학생 자료에서는 39.5%, 고등학생 자료에서는 47.3%로, 한 자리 수로 나타난 다른 어휘들의 사용 비율과 큰 차이를 보였다. '집01' 이외의 어휘로는, 초등학생의 경우 집을 구성하는 부분에 대한 어휘들을 주로 사용하였다. 초등학교 저학년 자료에서는 '문04(9.1%), 방07(4.3%), 화장실(4.3%)'이, 초등학교 고학년 자료에서는 '방07(6.3%), 화장실(6.0%), 문04(2.8%)' 등이 '집01'에 이어 자주 나타났다. 이들 어휘는 중고등학교 단계에서는 사용이 감소하는 경향을 보였다. '방07'의 경우 중학생과 고등학생은 3.6%로 약간 감소하는 추세를 보였고, '문04'의 경우는 중학생 2.2%, 고등학생 1.2%로 역시 감소하였다. 중고등학교 자료에서 '집01' 이외의 고빈도 어휘로, '아파트, 빌라, 별장03, 명당' 등 다양한 주거 양식과 사용 목적, 추상적 의미가 더해진 어휘들이 나타났다.

　주생활 관련 어휘에 속하는 것들은 다시 '도구, 가구, 기기, 집의 구성 요소'와 '공간', '행동' 등으로 하위 구분해 볼 수 있다. 먼저, '도구, 가구, 기기, 집의 구성 요소'에 해당하는 어휘들을 학교급별로 살펴보면 다음과 같다.

〈표 4.56〉 주생활 관련 어휘 중 도구·가구 기기·집의 구성 요소 관련 형태 목록

| 학교급 | 형태 | 형태 수 |
|---|---|---|
| 초등학교 저학년 | 가구04, 거울01, 걸레01, 난간, 난로01, 도끼01, 드릴, 못01, 문04, 선풍기, 소파06, 손잡이, 쓰레기통, 에어컨, 온풍기, 의자03, 이불01, 장농, 장롱, 창문, 침대02, 커튼 | 22 |
| 초등학교 고학년 | 가스, 거울01, 담01, 대문03, 도끼01, 망치01, 문04, 바가지01, 밸브, 베개, 벽06, 손도끼, 양탄자, 연탄03, 의자03, 이불01, 창문, 침대02, 키04 | 19 |
| 중학생 | 가구04, 거울01, 계단04, 고무장갑, 대걸레, 도구10, 못01, 문04, 바구니, 방문02, 베개, 벽06, 변기01, 비누, 빗01, 상자10, 쓰레기통, 욕조, 침대02, 키04, 창문 | 21 |
| 고등학생 | 구들장, 기계07, 문04, 밧데리, 방석02, 보관함, 선풍기, 소화기03, 쓰레기, 엘리베이터, 열쇠, 의자03, 이불01 | 13 |

위 표를 보면, '걸레01, 못01, 거울01' 등의 도구 및 기기 관련 어휘와, '의자03, 침대02' 등의 가구에 대한 어휘, '문04, 창문' 등의 집의 구성 요소에 대한 어휘가 세 개 이상의 학교급에서 출현하고 있어 그 사용이 활발함을 알 수 있다.

다음은 주생활 관련 어휘에 포함되는 것들 중에서 공간에 해당하는 어휘들만을 따로 모아 살펴보기로 한다.

〈표 4.57〉 주생활 관련 어휘 중 공간 관련 고빈도 형태 목록

| 학교급 | 형태 | 형태 수 |
|---|---|---|
| 초등학교 저학년 | 가게, 감옥02, 강당, 건물03, 경로당, 곳01, 굴뚝, 길01, 마당, 방07, 벽돌집, 빌라, 아파트, 옥상03, 이층집, 자리01, 집01, 천장02, 화장실 | 19 |
| 초등학교 고학년 | 강당, 건물03, 경비실, 곳01, 길01, 다락방, 다목적실, 마루03, 마을01, 바닥01, 방07, 아파트, 안방02, 옥상03, 입구02, 자리01, 집01, 집안01, 화장실 | 19 |
| 중학생 | 가게, 곳01, 길01, 마당, 바닥01, 방07, 별관01, 별장03, 본관04, 시골 집, 아파트, 안방, 옆방, 자리01, 집01, 평수03, 화장실 | 17 |
| 고등학생 | 건물03, 길01, 도로03, 명당, 방07, 빌라02, 아파트, 옆집, 자리01, 집01, 화장실 | 11 |

공간과 관련한 어휘는 학교급에 따라 11~19개의 형태가 사용되었다. 내용 면에서 보면, 초등학생 자료에서는 '강당, 경로당, 옥상03, 천장02, 경비실, 다락방, 마루03, 입구02' 등 자신이 직접 생활하는 공간보다는 관찰 대상이 되는 공간이나 부분적인 공간 관련 어휘들이 다양하게 출현하였다. 반면에 중고등학교 자료에서는 '빌라02, 옆집' 등 현실생활과 연관된 어휘들이 주로 나타났다.

마지막으로 주생활과 관련된 행동에 대한 어휘들을 학교급별로 간추려 보면 다음과 같다.

〈표 4.58〉 주생활 관련 어휘 중 행동 관련 고빈도 형태 목록

| 학교급 | 형태 | 형태 수 |
|---|---|---|
| 초등학교 저학년 | 고장01, 고치다01, 베다01, 샤워, 이사14, 짓다01 | 6 |
| 초등학교 고학년 | 고치다01, 샤워, 이사14, 짓다01, 청소하다 | 5 |
| 중학생 | 고치다01, 쓸다, 씻다, 이민03, 짓다01, 청소하다 | 6 |
| 고등학생 | 고치다01, 공사하다, 머무르다, 씻다, 외박01, 이사14, 인테리어, 짓다01 | 8 |

위 표를 보면, 고등학생이 다른 학교급에 비해 다양한 어휘를 사용하고 있음을 알 수 있다. '고치다01'가 모든 학교급에서 관찰되며, '인테리어, 외박01, 머무르다, 공사하다' 등의 어휘는 고등학생 자료에서만 나타났다.

## 4.1.2.9 식생활

식생활 관련 어휘는 총 262개의 형태가 1,445회 출현하였다. 사용 빈도가 높은 순으로 50개까지의 어휘를 학교급별로 보이면 다음과 같다.

〈표 4.59〉 식생활 관련 어휘의 고빈도 형태 목록(고빈도 형태 50개)

| 순위 | 초등학교 저학년 | | 초등학교 고학년 | | 중학생 | | 고등학생 | |
|---|---|---|---|---|---|---|---|---|
| | 형태/품사 | 빈도(비율) | 형태/품사 | 빈도(비율) | 형태/품사 | 빈도(비율) | 형태/품사 | 빈도(비율) |
| 1 | 먹다02/VV | 88 (28.3%) | 먹다02/VV | 76 (20.6%) | 먹다02/VV | 100 (30.7%) | 먹다02/VV | 142 (32.3%) |
| 2 | 맛있/VA | 15 (4.8%) | 맛있/VA | 15 (4.1%) | 맛있/VA | 23 (7.1%) | 맛있/VA | 28 (6.4%) |
| 3 | 밥01/NNG | 15 (4.8%) | 밥01/NNG | 15 (4.1%) | 밥01/NNG | 19 (5.8%) | 밥01/NNG | 22 (5.0%) |
| 4 | 과자02/NNG | 8 (2.6%) | 김밥/NNG | 12 (3.3%) | 씹01/VV | 13 (4.0%) | 과자02/NNG | 16 (3.6%) |
| 5 | 과일01/NNG | 6 (1.9%) | 과자02/NNG | 10 (2.7%) | 맛01/NNG | 9 (2.8%) | 술01/NNG | 12 (2.7%) |
| 6 | 칼01/NNG | 6 (1.9%) | 간식02/NNG | 9 (2.4%) | 맛없/VA | 7 (2.1%) | 회13/NNG | 9 (2.1%) |
| 7 | 감01/NNG | 5 (1.6%) | 먹02/VX | 9 (2.4%) | 삼겹살/NNG | 6 (1.8%) | 점심/NNG | 8 (1.8%) |
| 8 | 설탕/NNG | 5 (1.6%) | 짓01/VV | 8 (2.2%) | 술01/NNG | 6 (1.8%) | 콩01/NNG | 8 (1.8%) |
| 9 | 요리05/NNG | 5 (1.6%) | 칼01/NNG | 8 (2.2%) | 요리05/NNG | 6 (1.8%) | 한식04/NNG | 7 (1.6%) |
| 10 | 음식/NNG | 5 (1.6%) | 음료수/NNG | 6 (1.6%) | 초콜렛/NNG | 6 (1.8%) | 맛01/NNG | 6 (1.4%) |
| 11 | 짓01/VV | 5 (1.6%) | 굽01/VV | 5 (1.4%) | 음식/NNG | 5 (1.5%) | 우유02/NNG | 6 (1.4%) |
| 12 | 쵸코렛(초콜릿)/NNG | 5 (1.6%) | 김03/NNG | 5 (1.4%) | 초콜릿/NNG | 5 (1.5%) | 음식/NNG | 6 (1.4%) |
| 13 | 고기01/NNG | 4 (1.3%) | 떡꼬치/NNG | 5 (1.4%) | 코스/NNG | 5 (1.5%) | 고기01/NNG | 5 (1.1%) |
| 14 | 그물01/NNG | 4 (1.3%) | 음식/NNG | 5 (1.4%) | 냉장고/NNG | 4 (1.2%) | 급식/NNG | 5 (1.1%) |
| 15 | 김치01/NNG | 4 (1.3%) | 자판기/NNG | 5 (1.4%) | 베이컨01/NNG | 4 (1.2%) | 마트/NNG | 5 (1.1%) |
| 16 | 떡볶이/NNG | 4 (1.3%) | 햄04/NNG | 5 (1.4%) | 김치01/NNG | 3 (0.9%) | 맥주/NNG | 5 (1.1%) |
| 17 | 라면01/NNG | 4 (1.3%) | 당근02/NNG | 4 (1.1%) | 마시/VV | 3 (0.9%) | 콩자반/NNG | 5 (1.1%) |
| 18 | 맛01/NNG | 4 (1.3%) | 맛01/NNG | 4 (1.1%) | 빵01/NNG | 3 (0.9%) | 굶/VV | 4 (0.9%) |
| 19 | 쏘세지/NNG | 4 (1.3%) | 맛없/VA | 4 (1.1%) | 스파게티/NNG | 3 (0.9%) | 빵01/NNG | 4 (0.9%) |
| 20 | 우유02/NNG | 4 (1.3%) | 버섯02/NNG | 4 (1.1%) | 일회용/NNG | 3 (0.9%) | 수박01/NNG | 4 (0.9%) |
| 21 | 껍데기/NNG | 3 (1.0%) | 빵01/NNG | 4 ((1.1%) | 짓01/VV | 3 (0.9%) | 씹01/VV | 4 (0.9%) |
| 22 | 당근02/NNG | 3 (1.0%) | 오뎅/NNG | 4 (1.1%) | 쨈(잼01)/NNG | 3 (0.9%) | 컵라면/NNG | 4 (0.9%) |
| 23 | 마시/VV | 3 (1.0%) | 우유02/NNG | 4 (1.1%) | 과자02/NNG | 2 (0.6%) | 곱창/NNG | 3 (0.7%) |
| 24 | 먹02/XSV | 3 (1.0%) | 쨈(잼01)/NNG | 4 (1.1%) | 기름기/NNG | 2 (0.6%) | 닭고기/NNG | 3 (0.7%) |
| 25 | 복숭아/NNG | 3 (1.0%) | 초코/NNG | 4 (1.1%) | 딸기/NNG | 2 (0.6%) | 딸기/NNG | 3 (0.7%) |
| 26 | 소금01/NNG | 3 (1.0%) | 컵/NNG | 4 (1.1%) | 레몬/NNG | 2 (0.6%) | 마시/VV | 3 (0.7%) |
| 27 | 수박01/NNG | 3 (1.0%) | 떡볶이/NNG | 3 (0.8%) | 생선까스/NNG | 2 (0.6%) | 먹02/VX | 3 (0.7%) |
| 28 | 쌀밥/NNG | 3 (1.0%) | 맛살/NNG | 3 (0.8%) | 식빵/NNG | 2 (0.6%) | 바비큐/NNG | 3 (0.7%) |
| 29 | 초콜렛/NNG | 3 (1.0%) | 무02/NNG | 3 (0.8%) | 씹히01/VV | 2 (0.6%) | 부페02/NNG | 3 (0.7%) |
| 30 | 치즈/NNG | 3 (1.0%) | 아이스크림/NNG | 3 (0.8%) | 오징어/NNG | 2 (0.6%) | 주스/NNG | 3 (0.7%) |
| 31 | 코스/NNG | 3 (1.0%) | 주전자/NNG | 3 (0.8%) | 점심/NNG | 2 (0.6%) | 찐만두/NNG | 3 (0.7%) |
| 32 | 피자/NNG | 3 (1.0%) | 지지01/VV | 3 (0.8%) | 조리09/NNG | 2 (0.6%) | 케잌/NNG | 3 (0.7%) |

| 순위 | 초등학교 저학년 | | 초등학교 고학년 | | 중학생 | | 고등학생 | |
|---|---|---|---|---|---|---|---|---|
| | 형태/품사 | 빈도(비율) | 형태/품사 | 빈도(비율) | 형태/품사 | 빈도(비율) | 형태/품사 | 빈도(비율) |
| 33 | 가일(과일01)/NNG | 2 (0.6%) | 캔디01/NNG | 3 (0.8%) | 짜장면/NNG | 2 (0.6%) | 햄버거/NNG | 3 (0.7%) |
| 34 | 급식/NNG | 2 (0.6%) | 가스/NNG | 2 (0.5%) | 초코/NNG | 2 (0.6%) | 과일01/NNG | 2 (0.5%) |
| 35 | 딸기/NNG | 2 (0.6%) | 게01/NNG | 2 (0.5%) | 치즈/NNG | 2 (0.6%) | 기름01/NNG | 2 (0.5%) |
| 36 | 떡01/NNG | 2 (0.6%) | 고기01/NNG | 2 (0.5%) | 페스트리/NNG | 2 (0.6%) | 까페/NNG | 2 (0.5%) |
| 37 | 만두01/NNG | 2 (0.6%) | 귤/NNG | 2 (0.5%) | 피자/NNG | 2 (0.6%) | 대짜/NNG | 2 (0.5%) |
| 38 | 맛없/VA | 2 (0.6%) | 급식/NNG | 2 (0.5%) | 햄04/NNG | 2 (0.6%) | 떡01/NNG | 2 (0.5%) |
| 39 | 먹02/VX | 2 (0.6%) | 기름01/NNG | 2 (0.5%) | 호떡/NNG | 2 (0.6%) | 라면01/NNG | 2 (0.5%) |
| 40 | 사탕02/NNG | 2 (0.6%) | 깍두기/NNG | 2 (0.5%) | 가루01/NNG | 1 (0.3%) | 만두01/NNG | 2 (0.5%) |
| 41 | 생선/NNG | 2 (0.6%) | 꽃게/NNG | 2 (0.5%) | 간식02/NNG | 1 (0.3%) | 맛없/VA | 2 (0.5%) |
| 42 | 숟가락/NNG | 2 (0.6%) | 냉장고/NNG | 2 (0.5%) | 감01/NNG | 1 (0.3%) | 먹거리/NNG | 2 (0.5%) |
| 43 | 식품01/NNG | 2 (0.6%) | 농장03/NNG | 2 (0.5%) | 계란찜/NNG | 1 (0.3%) | 밀가루/NNG | 2 (0.5%) |
| 44 | 식혜/NNG | 2 (0.6%) | 단무지/NNG | 2 (0.5%) | 고구마/NNG | 1 (0.3%) | 반찬/NNG | 2 (0.5%) |
| 45 | 쌀/NNG | 2 (0.6%) | 대접05하/VV | 2 (0.5%) | 고무장갑/NNG | 1 (0.3%) | 버섯02/NNG | 2 (0.5%) |
| 46 | 오뎅/NNG | 2 (0.6%) | 도토리/NNG | 2 (0.5%) | 고추01/NNG | 1 (0.3%) | 생과일/NNG | 2 (0.5%) |
| 47 | 음료수/NNG | 2 (0.6%) | 동태03/NNG | 2 (0.5%) | 과일01/NNG | 1 (0.3%) | 시루떡/NNG | 2 (0.5%) |
| 48 | 젓가락/NNG | 2 (0.6%) | 두부01/NNG | 2 (0.5%) | 국물/NNG | 1 (0.3%) | 식권/NNG | 2 (0.5%) |
| 49 | 즙/NNG | 2 (0.6%) | 마시/VV | 2 (0.5%) | 굽01/VV | 1 (0.3%) | 식당/NNG | 2 (0.5%) |
| 50 | 차리/VV | 2 (0.6%) | 만두01/NNG | 2 (0.5%) | 급식/NNG | 1 (0.3%) | 아이스크림/NNG | 2 (0.5%) |

위 표에서 보이듯이, '먹다02'가 모든 학교급에서 가장 높은 사용 빈도를 보였다. 다음으로, 초등학생 자료에서는 '밥01'과 '맛있다'가 동일한 빈도를 보이며 출현하였고, 중학생과 고등학생 자료에서는 '맛있다'가 자주 사용되었다. 식생활 관련 어휘에 포함되는 형태들은 다시 '음식과 관련된 어휘', '식생활과 관련된 행위 및 상태에 대한 어휘' 등으로 구분해 볼 수 있다. 먼저 음식과 관련된 어휘들을 학교급별로 살펴보면 다음과 같다.

〈표 4.60〉 식생활 관련 어휘 중 음식 관련 고빈도 형태 목록

| 학교급 | 형태 | 형태 수 |
|---|---|---|
| 초등학교 저학년 | 감01, 고기01, 과일01, 과자02, 급식, 김치01, 딸기, 떡01, 떡볶이, 라면01, 만두01, 밥01, 복숭아, 사탕02, 생선, 설탕, 소금01, 수박01, 식품01, 식혜, 쌀, 쌀밥, 쏘세지(소시지), 우유02, 음식, 즙, 초콜릿(초콜렛, 쵸코렛), 치즈, 피자 | 29 |
| 초등학교 고학년 | 간식02, 게01, 고기01, 과자02, 귤, 급식, 기름01, 김03, 김밥, 깍두기, 꽃게, 단무지, 떡꼬치, 떡볶이, 맛살, 만두01, 무02, 밥01, 버섯02, 빵01, 아이스크림, 오뎅, 우유02, 음료수, 음식, 쨈(잼01), 초코, 캔디01, 햄04 | 29 |
| 중학생 | 가루01, 간식02, 감01, 계란찜, 고구마, 고추01, 과일01, 과자02, 국물, 기름기, 김치01, 딸기, 레몬, 밥01, 베이컨01, 빵01, 삼겹살, 생선까스, 술01, 스파게티, 식빵, 오징어, 음식, 점심, 짜장면, 쨈(잼01), 초코, 초콜릿(초콜렛), 치즈, 페스트리, 피자, 햄04, 호떡 | 33 |

| 학교급 | 형태 | 형태 수 |
|---|---|---|
| 고등학생 | 고기01, 곱창, 과일01, 과자02, 급식, 기름01, 닭고기, 딸기, 떡01, 라면01, 만두01, 맥주, 먹거리, 밀가루, 바비큐, 반찬, 밥01, 버섯02, 부페02, 빵01, 생과일, 수박01, 술01, 시루떡, 아이스크림, 우유02, 음식, 점심, 주스, 찐만두, 컵라면, 케잌(케이크), 콩01, 콩자반, 한식04, 햄버거, 회13 | 37 |

위 표에서 볼 수 있듯이, 고빈도어에서 음식과 관련된 어휘 수는 학교급별로 29~37개로 나타났다. 공통으로 사용된 어휘로는 '과자02, 밥01, 음식'이 있고, 초등학생 자료에서는 '복숭아, 사탕02, 식혜, 김밥, 깍두기, 떡꼬치, 아이스크림' 등 과일이나 간식을 가리키는 어휘가 나타났다. 중학생 자료에서는 '계란찜, 삼겹살, 생선까스, 스파게티, 짜장면, 페스트리' 등 분식이나 요리명이 보다 다양하게 출현하였다. 고등학생 자료에서는 '찐만두, 컵라면, 케이크, 생과일' 외에 '곱창, 맥주' 등의 어휘가 추가적으로 나타났다.

다음은 식생활 관련 어휘 중에 행위나 상태에 대한 어휘들을 제시한 것이다.

〈표 4.61〉 식생활 관련 어휘 중 행위 및 상태 관련 고빈도 형태 목록

| 학교급 | 형태 | 형태 수 |
|---|---|---|
| 초등학교 저학년 | 마시다, 맛없다, 맛있다, 먹다02, 요리05, 짓다01, 차리다 | 7 |
| 초등학교 고학년 | 굽다01, 대접하다, 마시다, 맛없다, 맛있다, 먹다02, 지지다01, 짓다01 | 8 |
| 중학생 | 굽다, 마시다, 맛없다, 맛있다, 먹다02, 씹다01, 씹히다01, 요리05, 조리09, 짓다01 | 10 |
| 고등학생 | 굽다, 마시다, 맛없다, 맛있다, 먹다02, 씹다01 | 6 |

위 표를 보면, 중학생들이 다른 학교급보다 다양한 어휘를 사용하는 것으로 나타났고, '씹히다01, 조리09' 등은 중학교 단계에서만 출현하였다. '맛있다, 맛없다' 등의 상태 관련 어휘나 '마시다, 먹다02' 등의 동작 동사는 초·중·고등학생에 걸쳐 두루 사용되고 있다.

## 4.1.2.10 교육·학습·학교생활·학문

교육·학습·학교생활·학문 관련 어휘에 속하는 것들은 총 476개의 형태가 6,443회 출현하였다. 어휘를 학교급별 고빈도순으로 100개까지 제시하면 다음과 같다.

<표 4.62> 교육·학습·학교생활·학문 관련 어휘의 고빈도 형태 목록(고빈도 형태 100개)

| 순위 | 초등학교 저학년 | | 초등학교 고학년 | | 중학생 | | 고등학생 | |
|---|---|---|---|---|---|---|---|---|
| | 형태/품사 | 빈도(비율) | 형태/품사 | 빈도(비율) | 형태/품사 | 빈도(비율) | 형태/품사 | 빈도(비율) |
| 1 | 알/VV | 174 (16.9%) | 알/VV | 228 (11.7%) | 모르/VV | 183 (8.2%) | 모르/VV | 142 (11.4%) |
| 2 | 모르/VV | 109 (10.6%) | 선생01님/NNG | 204 (10.5%) | 알/VV | 181 (8.1%) | 알/VV | 142 (11.4%) |
| 3 | 선생01님/NNG | 84 (8.2%) | 맞01/VV | 180 (9.3%) | 맞01/VV | 180 (8.1%) | 반10/NNG | 71 (5.7%) |
| 4 | 맞01/VV | 74 (7.2%) | 모르/VV | 163 (8.4%) | 학원02/NNG | 129 (5.8%) | 맞01/VV | 68 (5.5%) |
| 5 | 학교/NNG | 48 (4.7%) | 학년/NNG | 122 (6.3%) | 반10/NNG | 118 (5.3%) | 학교/NNG | 66 (5.3%) |
| 6 | 학년/NNG | 45 (4.4%) | 반10/NNG | 99 (5.1%) | 학년/NNG | 74 (3.3%) | 쓰01/VV | 50 (4.0%) |
| 7 | 반10/NNG | 44 (4.3%) | 학원02/NNG | 65 (3.3%) | 학교/NNG | 71 (3.2%) | 학년/NNG | 50 (4.0%) |
| 8 | 수학05/NNG | 37 (3.6%) | 학교/NNG | 58 (3.0%) | 선생01님/NNG | 69 (3.1%) | 선생01님/NNG | 38 (3.1%) |
| 9 | 책01/NNG | 34 (3.3%) | 공부01/NNG | 40 (2.1%) | 공부01/NNG | 62 (2.8%) | 시험03/NNG | 24 (1.9%) |
| 10 | 학원02/NNG | 24 (2.3%) | 수학05/NNG | 39 (2.0%) | 쓰01/VV | 60 (2.7%) | 문자02/NNG | 23 (1.9%) |
| 11 | 영어02/NNG | 22 (2.1%) | 시험03/NNG | 35 (1.8%) | 영어02/NNG | 43 (1.9%) | 학원02/NNG | 22 (1.8%) |
| 12 | 공부01/NNG | 20 (1.9%) | 쓰01/VV | 32 (1.6%) | 성적04/NNG | 41 (1.8%) | 공부01/NNG | 21 (1.7%) |
| 13 | 쓰01/VV | 20 (1.9%) | 영어02/NNG | 32 (1.6%) | 시험03/NNG | 41 (1.8%) | 대학01/NNG | 19 (1.5%) |
| 14 | 상25/NNG | 14 (1.4%) | 중간고사/NNG | 26 (1.3%) | 수학05/NNG | 33 (1.5%) | 풀/VV | 19 (1.5%) |
| 15 | 미술/NNG | 12 (1.2%) | 교시03/NNB | 20 (1.0%) | 공부01하/VV | 22 (1.0%) | 초등학교/NNG | 14 (1.1%) |
| 16 | 과목02/NNG | 11 (1.1%) | 책01/NNG | 19 (1.0%) | 초등학교/NNG | 21 (0.9%) | 담임/NNG | 13 (1.0%) |
| 17 | 연필/NNG | 9 (0.9%) | 배우01/VV | 18 (0.9%) | 대학01/NNG | 20 (0.9%) | 물어보/VV | 13 (1.0%) |
| 18 | 과학/NNG | 7 (0.7%) | 재수03/NNG | 18 (0.9%) | 과학/NNG | 19 (0.9%) | 선배/NNG | 13 (1.0%) |
| 19 | 반장08/NNG | 7 (0.7%) | 교실/NNG | 16 (0.8%) | 배우01/VV | 19 (0.9%) | 중학교/NNG | 13 (1.0%) |
| 20 | 풀/VV | 7 (0.7%) | 문제06/NNG | 15 (0.8%) | 고등학교/NNG | 18 (0.8%) | 교시03/NNB | 12 (1.0%) |
| 21 | 학기02/NNG | 7 (0.7%) | 공부01하/VV | 14 (0.7%) | 야구02/NNG | 18 (0.8%) | 문제06/NNG | 12 (1.0%) |
| 22 | 가르치01/VV | 6 (0.6%) | 권01/NNB | 13 (0.7%) | 국어01/NNG | 16 (0.7%) | 영어02/NNG | 12 (1.0%) |
| 23 | 받아쓰기/NNG | 6 (0.6%) | 숙제03/NNG | 13 (0.7%) | 대학교/NNG | 16 (0.7%) | 고등학교/NNG | 11 (0.9%) |
| 24 | 유치원/NNG | 6 (0.6%) | 국어01/NNG | 12 (0.6%) | 문제06/NNG | 16 (0.7%) | 수학05/NNG | 10 (0.8%) |
| 25 | 지구본/NNG | 6 (0.6%) | 물어보/VV | 12 (0.6%) | 이과05/NNG | 15 (0.7%) | 책01/NNG | 10 (0.8%) |
| 26 | 공부01하/VV | 5 (0.5%) | 방학/NNG | 12 (0.6%) | 과목02/NNG | 14 (0.6%) | 공부01하/VV | 9 (0.7%) |
| 27 | 국어01/NNG | 5 (0.5%) | 점수06/NNG | 10 (0.5%) | 담임/NNG | 14 (0.6%) | 방학/NNG | 9 (0.7%) |
| 28 | 배우01/VV | 5 (0.5%) | 편09/NNB | 10 (0.5%) | 수업04/NNG | 14 (0.6%) | 수능/NNG | 9 (0.7%) |
| 29 | 번호02/NNG | 5 (0.5%) | 풀/VV | 9 (0.5%) | 재수03/NNG | 14 (0.6%) | 써클/NNG | 9 (0.7%) |
| 30 | 쪽02/NNG | 5 (0.5%) | 번호02/NNG | 8 (0.4%) | 풀/VV | 14 (0.6%) | 체육/NNG | 9 (0.7%) |
| 31 | 교시03/NNB | 4 (0.4%) | 수련06회/NNG | 8 (0.4%) | 중학교/NNG | 13 (0.6%) | 펜01/NNG | 9 (0.7%) |
| 32 | 교실/NNG | 4 (0.4%) | 야구02/NNG | 8 (0.4%) | 체육/NNG | 13 (0.6%) | 후배06/NNG | 9 (0.7%) |
| 33 | 독서03/NNG | 4 (0.4%) | 책상01/NNG | 8 (0.4%) | 미술/NNG | 12 (0.5%) | 수업04/NNG | 8 (0.6%) |
| 34 | 시험03/NNG | 4 (0.4%) | 고사09/NNG | 7 (0.4%) | 수능/NNG | 12 (0.5%) | 전문대/NNG | 8 (0.6%) |
| 35 | 권01/NNB | 3 (0.3%) | 과학/NNG | 7 (0.4%) | 기말02/NNG | 11 (0.5%) | 교실/NNG | 7 (0.6%) |
| 36 | 낙서03/NNG | 3 (0.3%) | 기말02/NNG | 7 (0.4%) | 내신01/NNG | 11 (0.5%) | 미대03/NNG | 7 (0.6%) |
| 37 | 대학교/NNG | 3 (0.3%) | 유학04/NNG | 7 (0.4%) | 이해06/NNG | 11 (0.5%) | 능력02/NNG | 6 (0.5%) |
| 38 | 도서실/NNG | 3 (0.3%) | 전학/NNG | 7 (0.4%) | 문과01/NNG | 10 (0.4%) | 계열/NNG | 5 (0.4%) |
| 39 | 방학/NNG | 3 (0.3%) | 중학교/NNG | 7 (0.4%) | 학기02/NNG | 10 (0.4%) | 반수10/NNG | 5 (0.4%) |
| 40 | 분수06/NNG | 3 (0.3%) | 지우개/NNG | 7 (0.4%) | 권01/NNB | 9 (0.4%) | 알아보/VV | 5 (0.4%) |
| 41 | 원자02/NNG | 3 (0.3%) | 동요02/NNG | 6 (0.3%) | 실업02계/NNG | 9 (0.4%) | 전학/NNG | 5 (0.4%) |
| 42 | 짝꿍/NNG | 3 (0.3%) | 미술/NNG | 6 (0.3%) | 인문01계/NNG | 9 (0.4%) | 짝01/NNG | 5 (0.4%) |
| 43 | 칠판/NNG | 3 (0.3%) | 유치원/NNG | 6 (0.3%) | 한자02/NNG | 9 (0.4%) | 과04/NNG | 4 (0.3%) |
| 44 | 코스/NNG | 3 (0.3%) | 초등학교/NNG | 6 (0.3%) | 고사09/NNG | 8 (0.4%) | 교육/NNG | 4 (0.3%) |

| 순위 | 초등학교 저학년 | | 초등학교 고학년 | | 중학생 | | 고등학생 | |
|---|---|---|---|---|---|---|---|---|
| | 형태/품사 | 빈도(비율) | 형태/품사 | 빈도(비율) | 형태/품사 | 빈도(비율) | 형태/품사 | 빈도(비율) |
| 45 | 가르키(가르치01)/VV | 2 (0.2%) | 가르치01/VV | 5 (0.3%) | 과외/NNG | 8 (0.4%) | 국어01/NNG | 4 (0.3%) |
| 46 | 곱셈/NNG | 2 (0.2%) | 문자02/NNG | 5 (0.3%) | 목적03/NNG | 8 (0.4%) | 매점02/NNG | 4 (0.3%) |
| 47 | 과외/NNG | 2 (0.2%) | 수업04/NNG | 5 (0.3%) | 문자02/NNG | 8 (0.4%) | 배우01/VV | 4 (0.3%) |
| 48 | 교장실/NNG | 2 (0.2%) | 자14/NNG | 5 (0.3%) | 방학/NNG | 8 (0.4%) | 야자03/NNG | 4 (0.3%) |
| 49 | 구구단/NNG | 2 (0.2%) | 전설04/NNG | 5 (0.3%) | 전교01/NNG | 8 (0.4%) | 연구03/NNG | 4 (0.3%) |
| 50 | 금상05/NNG | 2 (0.2%) | 중일02/NNG | 5 (0.3%) | 가르치01/VV | 7 (0.3%) | 재수03/NNG | 4 (0.3%) |
| 51 | 기초06/NNG | 2 (0.2%) | 짝01/NNG | 5 (0.3%) | 능력02/NNG | 7 (0.3%) | 조퇴01하/VV | 4 (0.3%) |
| 52 | 레슨/NNG | 2 (0.2%) | 학예회/NNG | 5 (0.3%) | 물어보/VV | 7 (0.3%) | 대학교/NNG | 3 (0.2%) |
| 53 | 멜로디언/NNG | 2 (0.2%) | 고등학생/NNG | 4 (0.2%) | 씨에이/NNG | 7 (0.3%) | 동화02/NNG | 3 (0.2%) |
| 54 | 문제06/NNG | 2 (0.2%) | 과목02/NNG | 4 (0.2%) | 영재03/NNG | 7 (0.3%) | 땡땡이01/NNG | 3 (0.2%) |
| 55 | 물감02/NNG | 2 (0.2%) | 도서실/NNG | 4 (0.2%) | 책01/NNG | 7 (0.3%) | 문학01/NNG | 3 (0.2%) |
| 56 | 물어보/VV | 2 (0.2%) | 독서03/NNG | 4 (0.2%) | 과학고/NNG | 6 (0.3%) | 미술/NNG | 3 (0.2%) |
| 57 | 방과03/NNG | 2 (0.2%) | 방송01실/NNG | 4 (0.2%) | 교시03/NNB | 6 (0.3%) | 서기05/NNG | 3 (0.2%) |
| 58 | 숙제03/NNG | 2 (0.2%) | 선배/NNG | 4 (0.2%) | 따02/NNG | 6 (0.3%) | 선생01/NNG | 3 (0.2%) |
| 59 | 실로폰/NNG | 2 (0.2%) | 실습/NNG | 4 (0.2%) | 목표/NNG | 6 (0.3%) | 숙제03/NNG | 3 (0.2%) |
| 60 | 알아듣/VV | 2 (0.2%) | 왕따시키/VV | 4 (0.2%) | 볼펜02/NNG | 6 (0.3%) | 실험/NNG | 3 (0.2%) |
| 61 | 영재03/NNG | 2 (0.2%) | 이해06/NNG | 4 (0.2%) | 상고08/NNG | 6 (0.3%) | 이상09/NNG | 3 (0.2%) |
| 62 | 오답/NNG | 2 (0.2%) | 장면04/NNG | 4 (0.2%) | 숙제03/NNG | 6 (0.3%) | 인문01계1NNG | 3 (0.2%) |
| 63 | 유학04/NNG | 2 (0.2%) | 청군01/NNG | 4 (0.2%) | 학생/NNG | 6 (0.3%) | 자료03/NNG | 3 (0.2%) |
| 64 | 전기15/NNG | 2 (0.2%) | 파일03/NNG | 4 (0.2%) | 회08/NNB | 6 (0.3%) | 캠퍼스/NNG | 3 (0.2%) |
| 65 | 전학/NNG | 2 (0.2%) | 한자02/NNG | 4 (0.2%) | 고시03/NNG | 6 (0.3%) | 컴퍼스/NNG | 3 (0.2%) |
| 66 | 준비물/NNG | 2 (0.2%) | 회08/NNB | 4 (0.2%) | 교복01/NNG | 5 (0.2%) | 활동02제/NNG | 3 (0.2%) |
| 67 | 지우개/NNG | 2 (0.2%) | 고일03/NNG | 3 (0.2%) | 수련06회/NNG | 5 (0.2%) | 가방01/NNG | 2 (0.2%) |
| 68 | 진동03/NNG | 2 (0.2%) | 교과서/NNG | 3 (0.2%) | 수시09/NNG | 5 (0.2%) | 고삼02/NNG | 2 (0.2%) |
| 69 | 짝01/NNG | 2 (0.2%) | 대학교/NNG | 3 (0.2%) | 알아내/VV | 5 (0.2%) | 공고02/NNG | 2 (0.2%) |
| 70 | 책상01/NNG | 2 (0.2%) | 도서관/NNG | 3 (0.2%) | 알아보/VV | 5 (0.2%) | 과학/NNG | 2 (0.2%) |
| 71 | 체육/NNG | 2 (0.2%) | 레포트/NNG | 3 (0.2%) | 외고03/NNG | 5 (0.2%) | 교과서/NNG | 2 (0.2%) |
| 72 | 체육관/NNG | 2 (0.2%) | 문제집/NNG | 3 (0.2%) | 코스/NNG | 5 (0.2%) | 교수님/NNG | 2 (0.2%) |
| 73 | 초등학교/NNG | 2 (0.2%) | 배09/NNG | 3 (0.2%) | 곱하기/NNG | 4 (0.2%) | 급훈/NNG | 2 (0.2%) |
| 74 | 파일03/NNG | 2 (0.2%) | 성적04/NNG | 3 (0.2%) | 교실/NNG | 4 (0.2%) | 기말02/NNG | 2 (0.2%) |
| 75 | 풀이/NNG | 2 (0.2%) | 암기02/NNG | 3 (0.2%) | 교육/NNG | 4 (0.2%) | 논술/NNG | 2 (0.2%) |
| 76 | 학04/NNG | 2 (0.2%) | 역사04/NNG | 3 (0.2%) | 기계공학과/NNG | 4 (0.2%) | 단합회/NNG | 2 (0.2%) |
| 77 | 학습지/NNG | 2 (0.2%) | 요점/NNG | 3 (0.2%) | 꼬리표/NNG | 4 (0.2%) | 대관02/NNG | 2 (0.2%) |
| 78 | 가리치(가르치01)/VV | 1 (0.1%) | 천문학자/NNG | 3 (0.2%) | 번호02/NNG | 4 (0.2%) | 독서실/NNG | 2 (0.2%) |
| 79 | 가방01/NNG | 1 (0.1%) | 학기02/NNG | 3 (0.2%) | 별첨/NNG | 4 (0.2%) | 명문02/NNG | 2 (0.2%) |
| 80 | 강당/NNG | 1 (0.1%) | 가르키(가르치01)/VV | 2 (0.1%) | 사교육비/NNG | 4 (0.2%) | 문과01/NNG | 2 (0.2%) |
| 81 | 개학/NNG | 1 (0.1%) | 가방01/NNG | 2 (0.1%) | 수26/NNG | 4 (0.2%) | 문서/NNG | 2 (0.2%) |
| 82 | 계산01/NNG | 1 (0.1%) | 과거03형/NNG | 2 (0.1%) | 암기02/NNG | 4 (0.2%) | 부회장/NNG | 2 (0.2%) |
| 83 | 계열/NNG | 1 (0.1%) | 과외/NNG | 2 (0.1%) | 연필/NNG | 4 (0.2%) | 부중03/NNG | 2 (0.2%) |
| 84 | 고학년/NNG | 1 (0.1%) | 교복01/NNG | 2 (0.1%) | 음악01실1NNG | 4 (0.2%) | 분단02/NNG | 2 (0.2%) |
| 85 | 고등학교/NNG | 1 (0.1%) | 교수06/NNG | 2 (0.1%) | 의대03/NNG | 4 (0.2%) | 수험표/NNG | 2 (0.2%) |
| 86 | 곱02/VV | 1 (0.1%) | 교육적/NNG | 2 (0.1%) | 이해06하/VV | 4 (0.2%) | 위05/NNB | 2 (0.2%) |
| 87 | 공부방/NNG | 1 (0.1%) | 교장03/NNG | 2 (0.1%) | 전통06/NNG | 4 (0.2%) | 장면04/NNG | 2 (0.2%) |
| 88 | 과학실/NNG | 1 (0.1%) | 금지04/NNG | 2 (0.1%) | 점수06/NNG | 4 (0.2%) | 재수01하/VV | 2 (0.2%) |
| 89 | 교과서/NNG | 1 (0.1%) | 기록02하/VV | 2 (0.1%) | 차03/NNB | 4 (0.2%) | 차03/NNB | 2 (0.2%) |

| 순위 | 초등학교 저학년 | | 초등학교 고학년 | | 중학생 | | 고등학생 | |
|---|---|---|---|---|---|---|---|---|
| | 형태/품사 | 빈도(비율) | 형태/품사 | 빈도(비율) | 형태/품사 | 빈도(비율) | 형태/품사 | 빈도(비율) |
| 90 | 교무실/NNG | 1 (0.1%) | 담임/NNG | 2 (0.1%) | 가방01/NNG | 3 (0.1%) | 초딩/NNG | 2 (0.2%) |
| 91 | 교장03/NNG | 1 (0.1%) | 답03/NNG | 2 (0.1%) | 대06/NNG | 3 (0.1%) | 표02/NNG | 2 (0.2%) |
| 92 | 그림책/NNG | 1 (0.1%) | 대06/NNG | 2 (0.1%) | 만점/NNG | 3 (0.1%) | 학비/NNG | 2 (0.2%) |
| 93 | 글짓기/NNG | 1 (0.1%) | 도서06실/NNG | 2 (0.1%) | 매점02/NNG | 3 (0.1%) | 학원02비/NNG | 2 (0.2%) |
| 94 | 꿀밤01/NNG | 1 (0.1%) | 땡땡이01/NNG | 2 (0.1%) | 문방구/NNG | 3 (0.1%) | 가르치01/VV | 1 (0.1%) |
| 95 | 나눗셈/NNG | 1 (0.1%) | 마이나(마이너스)/NNG | 2 (0.1%) | 배09/NNG | 3 (0.1%) | 건공학부/NNG | 1 (0.1%) |
| 96 | 답03/NNG | 1 (0.1%) | 면담/NNG | 2 (0.1%) | 생물01/NNG | 3 (0.1%) | 고등학생/NNG | 1 (0.1%) |
| 97 | 독서03록/NNG | 1 (0.1%) | 문장02/NNG | 2 (0.1%) | 선배/NNG | 3 (0.1%) | 곱하/VV | 1 (0.1%) |
| 98 | 또래/NNG | 1 (0.1%) | 박물관/NNG | 2 (0.1%) | 선생01/NNG | 3 (0.1%) | 곱하기/NNG | 1 (0.1%) |
| 99 | 말썽꾸러기/NNG | 1 (0.1%) | 백군01/NNG | 2 (0.1%) | 성적표/NNG | 3 (0.1%) | 공책01/NNG | 1 (0.1%) |
| 100 | 말씀/NNG | 1 (0.1%) | 상장10/NNG | 2 (0.1%) | 시청각실/NNG | 3 (0.1%) | 공학01/NNG | 1 (0.1%) |

위 표를 보면, 초등학교 저학년 자료에서는 '알다, 모르다, 선생01님, 맞다01'의 순으로, 초등학교 고학년 자료에서는 '알다, 선생01님, 맞다01, 모르다, 학년, 반10'의 순으로, 중학생 자료에서는 '모르다, 알다, 맞다01, 학원02, 반10'의 순으로, 고등학생 자료에서는 '모르다, 알다, 반10, 맞다01, 학교'의 순으로 사용 빈도가 높다. 학교급별 특징을 살펴보면, 초등학생 자료에서는 '알다'의 빈도가 가장 높고, 특히 초등학교 저학년의 경우 '모르다'와 6% 이상의 빈도 차이를 보인다. 반면에 중·고등학생 자료에서는 '모르다'가 '알다'보다 약간 높거나 비슷한 빈도로 출현하여 초등학생과 다른 양상을 보인다.

교육·학습·학교생활·학문 관련 어휘의 사용 특징을 좀 더 구체적으로 살피기 위해 이를 하위 주제별로 나누어 보면, 교육·학습 관련 어휘, 교육 내용 관련 어휘, 교육 기자재(도구) 관련 어휘, 교육 기관 및 장소 관련 어휘 등으로 구분할 수 있다. 교육·학습 관련 어휘는 '행위'와 '주체'를 가리키는 어휘로 대별해 볼 수 있는데, 행위에 대한 어휘부터 보이면 다음과 같다.

<표 4.63> 교육·학습 행위 관련 고빈도 형태 목록

| 학교급 | 형태 | 형태 수 |
|---|---|---|
| 초등학교 저학년 | 가르치다01(가르키다, 가리치다), 가리키다02, 계산01, 공부01, 공부하다, 과외, 독서03, 레슨, 맞다01, 모르다, 물어보다, 받아쓰기, 배우다01, 시험03, 쓰다01, 알다, 알아듣다, 유학04, 전학, 풀다 | 20 |
| 초등학교 고학년 | 가르치다01(가르키다), 공부01, 공부하다, 과외, 기록하다, 독서03, 맞다01, 모르다, 물어보다, 수업04, 시험03, 쓰다01, 알다, 암기02, 유학04, 이해하다, 재수03, 전학, 풀다 | 19 |
| 중학생 | 가르치다01, 공부01, 공부하다, 과외, 맞다01, 모르다, 물어보다, 배우다01, 수업04, 시험03, 쓰다01, 알다, 알아내다, 알아보다, 암기02, 이해06, 이해하다, 재수03, 풀다 | 19 |

| 학교급 | 형태 | 형태 수 |
|---|---|---|
| 고등학생 | 가르치다01, 공부01, 공부하다, 맞다01, 모르다, 물어보다, 반수10, 배우다01, 수업04, 시험03, 실험, 쓰다01, 알다, 알아보다, 야자03, 연구03, 재수하다, 재수03, 전학, 조퇴하다, 풀다 | 21 |

교육·학습 행위와 관련한 어휘는 학교급별로 그 수가 거의 일정하게 나타났다. 구체적인 어휘 목록을 살펴보면, '가르치다01, 공부01, 공부하다, 맞다01, 물어보다, 알다, 풀다, 쓰다01' 등의 학습과 관련된 동사들이 모든 학교급에 고루 나타나고 있음을 알 수 있다.

다음으로, 교육·학습 주체와 관련된 어휘들을 '교육자'와 '피교육자'를 가리키는 어휘로 구분하여 살펴보기로 한다.

〈표 4.64〉 교육·학습 주체 관련 고빈도 형태 목록

| 학교급 | 교육자 | | 피교육자 | |
|---|---|---|---|---|
| | 형태 | 형태 수 | 형태 | 형태 수 |
| 초등학교 저학년 | 교장03, 선생01님 | 2 | 고학년, 반장08, 영재03, 중일02, 짝01, 짝꿍 | 6 |
| 초등학교 고학년 | 교수06, 교장03, 담임, 선생01님 | 4 | 고등학생, 고일03, 선배, 중일02, 짝01, 청군01, 학생 | 7 |
| 중학생 | 담임, 선생01님 | 2 | 따02, 문과01, 선배, 실업계, 영재03, 이과05, 인문계, 학생 | 8 |
| 고등학생 | 교수님, 담임, 선생01, 선생01님 | 4 | 고삼02, 문과01, 부회장, 서기05, 선배, 써클(서클), 인문계, 짝01, 초딩, 후배06 | 10 |

교육자에 대한 어휘는 모든 학교급에서 '선생01님'이 사용되고 있고, 그 밖에 '교장03, 담임, 교수' 등을 볼 수 있다. 피교육자에 대한 어휘는 학교급이 올라갈수록 그 수가 약간 증가하였는데, 초등학생 자료에서는 '반장08, 짝01, 짝꿍' 등 자신의 학교생활에 직접적으로 관련되는 대상을 가리키는 어휘들이 주로 나타났다. 중고등학생 자료에서는 '이과05, 문과01', '부회장, 서기05, 선배, 후배06'와 같이 집단의 속성과 집단에서의 역할 등에 대해 보다 세분화된 어휘들이 출현하였다.

다음에는 교육 내용 관련 어휘들을 '교과목'과 '교육 주제'로 구분하여 살펴보기로 한다.

<표 4.65> 교육 내용 관련 고빈도 형태 목록

| 학교급 | 교과목 | | 교육 주제 | |
| --- | --- | --- | --- | --- |
| | 형태 | 형태 수 | 형태 | 형태 수 |
| 초등학교 저학년 | 과목02, 과학, 국어01, 미술, 수학05, 영어02, 체육 | 7 | 곱셈, 구구단, 글짓기, 문제06, 분수06, 오답, 원자02, 전기15, 풀이 | 9 |
| 초등학교 고학년 | 과목02, 과학, 국어01, 미술, 수학05, 역사04, 영어02 | 7 | 고사09, 과거형, 기말02, 답03, 동요02, 레포트, 문제06, 성적04, 실습, 요점, 점수06, 중간고사, 한자02 | 13 |
| 중학생 | 과목02, 과학, 미술, 생물01, 수학05, 영어02, 체육 | 7 | 고사09, 고시03, 곱하기, 기말02, 내신01, 만점, 문제06, 성적04, 수능, 수시09, 점수06, 한자02 | 12 |
| 고등학생 | 과학, 국어01, 문학01, 미술, 수학05, 영어02, 체육 | 7 | 기말02, 논술, 동화02, 문자02, 문제06, 수능 | 6 |

위 표를 보면, 교과목과 관련해서는 모든 학교급에서 동일한 수의 어휘들이 나타났고, 교육 주제에 관해서는 초등학교 고학년과 중학생에서 특히 많은 수의 어휘가 나타났다. 그 내용을 살펴보면, 교육 주제 관련 어휘의 경우 초등학교 저학년에서는 '구구단, 글짓기, 분수06, 오답' 등 기초적인 교육 내용 및 활동과 관련한 어휘들이 사용되었고, 초등학교 고학년부터는 '고사09, 기말02, 중간고사, 성적04' 등 시험과 관련한 어휘들이 나타났다. 특히, 중학생 단계에서는 '수능, 수시09, 내신01' 등 상급 학교 입시와 관련한 어휘가 사용되고 있었다.

다음으로 교육 도구(기자재) 관련 어휘들을 살펴보기로 한다. 학교급별로 출현 형태 목록을 제시하면 다음과 같다.

<표 4.66> 교육 도구(기자재) 관련 고빈도 형태 목록

| 학교급 | 형태 | 형태 수 |
| --- | --- | --- |
| 초등학교 저학년 | 가방01, 교과서, 그림책, 멜로디언, 물감02, 숙제03, 실로폰, 연필, 준비물, 지구본, 지우개, 책01, 책상01, 칠판, 파일03, 학습지 | 16 |
| 초등학교 고학년 | 가방01, 교과서, 교복01, 문제집, 숙제03, 지우개, 책01, 책상01, 파일03 | 9 |
| 중학생 | 가방01, 교복01, 볼펜02, 사교육비, 숙제03, 연필, 책01 | 7 |
| 고등학생 | 가방01, 공책, 교과서, 몽둥이, 문서, 수험표, 숙제03, 책01, 컴퍼스, 학비, 학원비 | 11 |

도구(기자재) 관련 어휘는 초등학교 저학년 단계에서 16개로 가장 많은 수가 나타났다. 초등학교 저학년 자료에서는 다른 학교급과 달리 '멜로디언, 물감02, 실로폰, 지구본' 등 수업에 필요한 여러 기자재를 가리키는 어휘가 사용되었다. 중고등학생 자료에서는 초등학생이 사용한 어휘에서는 관찰되지 않는 '사교육비, 학원비' 등을 볼 수 있다. '가방01, 숙제03'는 모든 학교급에서 고루 관찰된다.

마지막으로, 교육기관 및 장소에 관한 어휘를 살펴보기로 한다.

<표 4.67> 교육 기관 및 장소 관련 고빈도 형태 목록

| 학교급 | 형태 | 형태 수 |
|---|---|---|
| 초등학교 저학년 | 강당, 고등학교, 공부방, 과학실, 교무실, 교실, 교장실, 대학교, 도서실, 반10, 유치원, 체육관, 초등학교, 학교, 학원02 | 15 |
| 초등학교 고학년 | 교시03, 교실, 대학교, 도서관, 도서실, 반10, 방송실, 유치원, 중학교, 초등학교, 학교, 학원02 | 12 |
| 중학생 | 고등학교, 과학고, 교실, 기계공학과, 대학01, 대학교, 매점02, 문방구, 반10, 상고08, 시청각실, 외고03, 음악실, 의대03, 전교01, 중학교, 초등학교, 학교, 학원02 | 19 |
| 고등학생 | 건공학부, 고등학교, 공고02, 과04, 교시03, 교실, 대학01, 대학교, 독서실, 매점02, 미대03, 반10, 부중03, 전문대, 중학교, 초등학교, 캠퍼스, 학교, 학원02 | 19 |

교육 기관 및 장소에 관한 어휘는 중고등학생 자료에서 더 많이 나타나, 초등학생은 12~15개, 중고등학생은 19개의 사용 어휘가 관찰되었다. 목록을 구체적으로 살펴보면, 초등학생 자료에서는 '강당, 과학실, 교무실, 교실, 교장실, 도서실, 체육관, 방송실' 등 공간에 대한 어휘들이 다수 출현한 반면, 중고등학교에서는 '과학고, 상고08, 외고03, 공고02, 기계공학과, 의대03, 미대03, 전문대' 등 기관과 제도 중심의 어휘들이 나타나 차이를 보였다. '학교, 학원02, 대학교, 교실'은 모든 학교급에서 고루 볼 수 있었다.


## 4.1.2.11 예술·취미·놀이·게임·운동

예술·취미·놀이·게임·운동 관련 어휘는 총 658개의 형태가 4,070회 출현하였다. 학교급별 빈도가 높은 순으로 100개의 형태 목록을 보이면 다음과 같다.

<표 4.68> 예술·취미·놀이·게임·운동 관련 어휘의 고빈도 형태 목록(고빈도 형태 100개)

| 순위 | 초등학교 저학년 형태/품사 | 빈도(비율) | 초등학교 고학년 형태/품사 | 빈도(비율) | 중학생 형태/품사 | 빈도(비율) | 고등학생 형태/품사 | 빈도(비율) |
|---|---|---|---|---|---|---|---|---|
| 1 | 그리02/VV | 64 (6.5%) | 애기/NNG | 109 (8.3%) | 애기/NNG | 86 (8.1%) | 놀01/VV | 67 (9.5%) |
| 2 | 놀01/VV | 57 (5.8%) | 놀01/VV | 63 (4.8%) | 게임/NNG | 62 (5.8%) | 애기/NNG | 62 (8.8%) |
| 3 | 게임/NNG | 50 (5.1%) | 게임/NNG | 46 (3.5%) | 놀01/VV | 37 (3.5%) | 녹음03/NNG | 29 (4.1%) |
| 4 | 애기/NNG | 47 (4.8%) | 걸리01/VV | 31 (2.3%) | 주제04/NNG | 29 (2.7%) | 노래01/NNG | 26 (3.7%) |
| 5 | 그림01/NNG | 31 (3.2%) | 치02/VV | 29 (2.2%) | 넘01/VV | 28 (2.6%) | 게임/NNG | 24 (3.4%) |
| 6 | 이기01/VV | 23 (2.3%) | 노래01/NNG | 27 (2.0%) | 가수11/NNG | 27 (2.5%) | 영화01/NNG | 17 (2.4%) |
| 7 | 피아노01/NNG | 21 (2.1%) | 피아노01/NNG | 26 (2.0%) | 운동02/NNG | 26 (2.4%) | 걸리01/VV | 13 (1.8%) |
| 8 | 치02/VV | 18 (1.8%) | 공01/NNG | 24 (1.8%) | 치02/VV | 24 (2.3%) | 사진07/NNG | 13 (1.8%) |
| 9 | 만화10/NNG | 16 (1.6%) | 이기01/VV | 22 (1.7%) | 걸리01/VV | 20 (1.9%) | 제19/XSN | 13 (1.8%) |
| 10 | 지03/VV | 16 (1.6%) | 그리02/VV | 21 (1.6%) | 노래01/NNG | 19 (1.8%) | 축제01/NNG | 13 (1.8%) |
| 11 | 만화책/NNG | 14 (1.4%) | 레벨01/NNG | 19 (1.4%) | 녹음03/NNG | 18 (1.7%) | 구하01/VV | 12 (1.7%) |
| 12 | 노래01/NNG | 12 (1.2%) | 랩02/NNG | 16 (1.2%) | 영화01/NNG | 18 (1.7%) | 녹음03하/VV | 12 (1.7%) |
| 13 | 레벨01/NNG | 12 (1.2%) | 그림01/NNG | 15 (1.1%) | 만화10/NNG | 16 (1.5%) | 찾/VV | 12 (1.7%) |
| 14 | 미술/NNG | 12 (1.2%) | 깔/VV | 15 (1.1%) | 스포츠/NNG | 16 (1.5%) | 가수11/NNG | 10 (1.4%) |
| 15 | 금06/NNG | 10 (1.0%) | 마법/NNG | 15 (1.1%) | 찾/VV | 14 (1.3%) | 넘01/VV | 9 (1.3%) |
| 16 | 놀이01/NNG | 10 (1.0%) | 넘01/VV | 14 (1.1%) | 녹음03되/VV | 12 (1.1%) | 라디오/NNG | 9 (1.3%) |
| 17 | 사진07/NNG | 10 (1.0%) | 만화10/NNG | 14 (1.1%) | 미술/NNG | 12 (1.1%) | 노래방/NNG | 8 (1.1%) |
| 18 | 인형01/NNG | 10 (1.0%) | 지03/VV | 14 (1.1%) | 까03/VV | 10 (0.9%) | 녹음기/NNG | 7 (1.0%) |
| 19 | 탬버린/NNG | 10 (1.0%) | 누르01/VV | 13 (1.0%) | 녹음03하/VV | 10 (0.9%) | 마이크/NNG | 7 (1.0% |
| 20 | 걸리01/VV | 9 (0.9%) | 만화책/NNG | 13 (1.0%) | 농구07/NNG | 10 (0.9%) | 만화10/NNG | 7 (1.0%) |
| 21 | 바이올린/NNG | 9 (0.9%) | 연습03하/VV | 13 (1.0%) | 만화책/NNG | 10 (0.9%) | 음악01/NNG | 7 (1.0%) |
| 22 | 캐릭터/NNG | 9 (0.9%) | 가져오/VV | 11 (0.8%) | 십일월/NNG | 10 (0.9%) | 치02/VV | 7 (1.0%) |
| 23 | 제복02/NNG | 8 (0.8%) | 녹음기/NNG | 11 (0.8%) | 음악01/NNG | 10 (0.9%) | 녹음03되/VV | 6 (0.9%) |
| 24 | 가져오/VV | 7 (0.7%) | 찾/VV | 11 (0.8%) | 걸02/VV | 9 (0.8%) | 능력02/NNG | 6 (0.9%) |
| 25 | 깔/VV | 7 (0.7%) | 무기05/NNG | 10 (0.8%) | 그리02/VV | 9 (0.8%) | 렌즈/NNG | 6 (0.9%) |
| 26 | 대회02/NNG | 7 (0.7%) | 편09/NNB | 10 (0.8%) | 슬라이드02/NNG | 9 (0.8%) | 소설03/NNG | 6 (0.9%) |
| 27 | 팽이01/NNG | 7 (0.7%) | 금06/NNG | 9 (0.7%) | 배드민턴/NNG | 8 (0.8%) | 연습03하/VV | 6 (0.9%) |
| 28 | 가수11/NNG | 6 (0.6%) | 녹음03하/VV | 9 (0.7%) | 이기01/VV | 8 (0.8%) | 일급01/NNG | 6 (0.9%) |
| 29 | 걸어가/VV | 6 (0.6%) | 음악01/NNG | 9 (0.7%) | 줄넘기/NNG | 8 (0.8%) | 그리02/VV | 5 (0.7%) |
| 30 | 녹음기/NNG | 6 (0.6%) | 축구04하/VV | 9 (0.7%) | 그림01/NNG | 7 (0.7%) | 그림01/NNG | 5 (0.7%) |
| 31 | 미이라/NNG | 6 (0.6%) | 수련06회/NNG | 8 (0.6%) | 능력02/NNG | 7 (0.7%) | 당하01/VV | 5 (0.7%) |
| 32 | 영화01/NNG | 6 (0.6%) | 접01/VV | 8 (0.6%) | 레벨01/NNG | 7 (0.7%) | 발라드/NNG | 5 (0.7%) |
| 33 | 퀴즈/NNG | 6 (0.6%) | 짓01/VV | 8 (0.6%) | 엠피쓰리/NNG | 7 (0.7%) | 벌칙/NNG | 5 (0.7%) |
| 34 | 파티/NNG | 6 (0.6%) | 퀴즈/NNG | 8 (0.6%) | 끝말/NNG | 6 (0.6%) | 이기01/VV | 5 (0.7%) |
| 35 | 골키퍼/NNG | 5 (0.5%) | 피구02/NNG | 8 (0.6%) | 녹음기/NNG | 6 (0.6%) | 주제04/NNG | 5 (0.7%) |
| 36 | 공01/NNG | 5 (0.5%) | 필살기/NNG | 8 (0.6%) | 놀이동산/NNG | 6 (0.6%) | 지03/VV | 5 (0.7%) |
| 37 | 넘01/VV | 5 (0.5%) | 게임하/VV | 7 (0.5%) | 마이크/NNG | 6 (0.6%) | 추02/VV | 5 (0.7%) |
| 38 | 무기05/NNG | 5 (0.5%) | 당하01/VV | 7 (0.5%) | 운동02하/VV | 6 (0.6%) | 걸02/VV | 4 (0.6%) |
| 39 | 운동장/NNG | 5 (0.5%) | 라디오/NNG | 7 (0.5%) | 접01/VV | 6 (0.6%) | 넘기/VV | 4 (0.6%) |
| 40 | 짓01/VV | 5 (0.5%) | 영화01/NNG | 7 (0.5%) | 검도02/NNG | 5 (0.5%) | 당구장/NNG | 4 (0.6%) |
| 41 | 찢/VV | 5 (0.5%) | 인형01/NNG | 7 (0.5%) | 게임하/VV | 5 (0.5%) | 썩/VV | 4 (0.6%) |
| 42 | 찾/VV | 5 (0.5%) | 줄넘기/NNG | 7 (0.5%) | 공01/NNG | 5 (0.5%) | 운동02/NNG | 4 (0.6%) |
| 43 | 태권도/NNG | 5 (0.5%) | 태권도/NNG | 7 (0.5%) | 대회02/NNG | 5 (0.5%) | 일러스트/NNG | 4 (0.6%) |
| 44 | 갈르(가르)/VV | 4 (0.4%) | 동요02/NNG | 6 (0.5%) | 뜨15/VV | 5 (0.5%) | 춤추/VV | 4 (0.6%) |
| 45 | 걸02/VV | 4 (0.4%) | 마법사/NNG | 6 (0.5%) | 별장03/NNG | 5 (0.5%) | 팝/NNG | 4 (0.6%) |
| 46 | 검03/NNG | 4 (0.4%) | 마이크/NNG | 6 (0.5%) | 빠따(방망이01)/NNG | 5 (0.5%) | 편지02/NNG | 4 (0.6%) |

| 순위 | 초등학교 저학년 | | 초등학교 고학년 | | 중학생 | | 고등학생 | |
|---|---|---|---|---|---|---|---|---|
| | 형태/품사 | 빈도(비율) | 형태/품사 | 빈도(비율) | 형태/품사 | 빈도(비율) | 형태/품사 | 빈도(비율) |
| 47 | 그물01/NNG | 4 (0.4%) | 미술/NNG | 6 (0.5%) | 사진07/NNG | 5 (0.5%) | 걸어오01/VV | 3 (0.4%) |
| 48 | 금메달/NNG | 4 (0.4%) | 여행02/NNG | 6 (0.5%) | 수련06회 | 5 (0.5%) | 끝말잇기/NNG | 3 (0.4%) |
| 49 | 낙서03하/VV | 4 (0.4%) | 연습03/NNG | 6 (0.5%) | 연습03/NNG | 5 (0.5%) | 땡땡이01/NNG | 3 (0.4%) |
| 50 | 날리02/VV | 4 (0.4%) | 운동02/NNG | 6 (0.5%) | 자전거/NNG | 5 (0.5%) | 락06/NNG | 3 (0.4%) |
| 51 | 독서03/NNG | 4 (0.4%) | 이어지/VV | 6 (0.5%) | 째즈/NNG | 5 (0.5%) | 문학01/NNG | 3 (0.4%) |
| 52 | 맵/NNG | 4 (0.4%) | 줌01/VV | 6 (0.5%) | 춤01/NNG | 5 (0.5%) | 미술/NNG | 3 (0.4%) |
| 53 | 숏/NNG | 4 (0.4%) | 호텔/NNG | 6 (0.5%) | 코스/NNG | 5 (0.5%) | 찜질방/NNG | 3 (0.4%) |
| 54 | 스포츠/NNG | 4 (0.4%) | 깔리01/VV | 5 (0.4%) | 폭죽/NNG | 5 (0.5%) | 춤01/NNG | 3 (0.4%) |
| 55 | 여행02/NNG | 4 (0.4%) | 대회02/NNG | 5 (0.4%) | 걷02/VV | 4 (0.4%) | 가리03/VV | 2 (0.3%) |
| 56 | 연습03하/VV | 4 (0.4%) | 렌즈/NNG | 5 (0.4%) | 날리02/VV | 4 (0.4%) | 개봉02/NNG | 2 (0.3%) |
| 57 | 자동차/NNG | 4 (0.4%) | 렙(레벨01)/NNG | 5 (0.4%) | 넘기/VV | 4 (0.4%) | 게임하/VV | 2 (0.3%) |
| 58 | 잡지/NNG | 4 (0.4%) | 목검/NNG | 5 (0.4%) | 디자인/NNG | 4 (0.4%) | 골14/NNG | 2 (0.3%) |
| 59 | 클럽/NNG | 4 (0.4%) | 바이올린/NNG | 5 (0.4%) | 이미지/NNG | 4 (0.4%) | 공연02/NNG | 2 (0.3%) |
| 60 | 고리01/NNG | 3 (0.3%) | 수07/NNG | 5 (0.4%) | 자르01/VV | 4 (0.4%) | 깔/VV | 2 (0.3%) |
| 61 | 고무줄/NNG | 3 (0.3%) | 연극/NNG | 5 (0.4%) | 제목02/NNG | 4 (0.4%) | 께임/NNG | 2 (0.3%) |
| 62 | 골14/NNG | 3 (0.3%) | 장기13/NNG | 5 (0.4%) | 족구/NNG | 4 (0.4%) | 꼴01/NNG | 2 (0.3%) |
| 63 | 공격02/NNG | 3 (0.3%) | 전설04/NNG | 5 (0.4%) | 찢/VV | 4 (0.4%) | 날리02/VV | 2 (0.3%) |
| 64 | 끝말잇기/NNG | 3 (0.3%) | 주제04/NNG | 5 (0.4%) | 가요02/NNG | 3 (0.3%) | 넘어가01/VV | 2 (0.3%) |
| 65 | 낙서03/NNG | 3 (0.3%) | 집03/NNB | 5 (0.4%) | 가져오/VV | 3 (0.3%) | 놀이터/NNG | 2 (0.3%) |
| 66 | 넘어지/VV | 3 (0.3%) | 쿵쿵따/NNG | 5 (0.4%) | 골프채/NNG | 3 (0.3%) | 농구07/NNG | 2 (0.3%) |
| 67 | 녹음03하/VV | 3 (0.3%) | 파티/NNG | 5 (0.4%) | 구하01/VV | 3 (0.3%) | 누르01/VV | 2 (0.3%) |
| 68 | 놀이01하/VV | 3 (0.3%) | 걷02/VV | 4 (0.3%) | 꿈/VV | 3 (0.3%) | 늘01/VV | 2 (0.3%) |
| 69 | 놀이터/NNG | 3 (0.3%) | 골14/NNG | 4 (0.3%) | 끝말잇기/NNG | 3 (0.3%) | 다운/NNG | 2 (0.3%) |
| 70 | 데생/NNG | 3 (0.3%) | 넘어가01/VV | 4 (0.3%) | 놀이터/NNG | 3 (0.3%) | 디자인/NNG | 2 (0.3%) |
| 71 | 마법/NNG | 3 (0.3%) | 넘어지/VV | 4 (0.3%) | 누르01/VV | 3 (0.3%) | 따운(다운)/NNG | 2 (0.3%) |
| 72 | 마이크/NNG | 3 (0.3%) | 녹음03/NNG | 4 (0.3%) | 달리기/NNG | 3 (0.3%) | 렙02/NNG | 2 (0.3%) |
| 73 | 백구02/NNG | 3 (0.3%) | 놀이01/VV | 4 (0.3%) | 당하01/VV | 3 (0.3%) | 마법/NNG | 2 (0.3%) |
| 74 | 소꿉장난/NNG | 3 (0.3%) | 독서03/NNG | 4 (0.3%) | 로보트/NNG | 3 (0.3%) | 만화책/NNG | 2 (0.3%) |
| 75 | 수수께끼/NNG | 3 (0.3%) | 로보트/NNG | 4 (0.3%) | 발야구/NNG | 3 (0.3%) | 사원04/NNG | 2 (0.3%) |
| 76 | 스케치북01/NNG | 3 (0.3%) | 로봇/NNG | 4 (0.3%) | 볼링/NNG | 3 (0.3%) | 사회01/NNG | 2 (0.3%) |
| 77 | 스티커/NNG | 3 (0.3%) | 반칙/NNG | 4 (0.3%) | 서바이벌/NNG | 3 (0.3%) | 스키장/NNG | 2 (0.3%) |
| 78 | 쌍절봉/NNG | 3 (0.3%) | 사진07/NNG | 4 (0.3%) | 설화05/NNG | 3 (0.3%) | 십이월/NNG | 2 (0.3%) |
| 79 | 오목02/NNG | 3 (0.3%) | 이젤/NNG | 4 (0.3%) | 연습03하/VV | 3 (0.3%) | 싸우나/NNG | 2 (0.3%) |
| 80 | 음악01/NNG | 3 (0.3%) | 잡히02/VV | 4 (0.3%) | 오락01/NNG | 3 (0.3%) | 악기05/NNG | 2 (0.3%) |
| 81 | 자전거/NNG | 3 (0.3%) | 장면04/NNG | 4 (0.3%) | 운동선수/NNG | 3 (0.3%) | 애니메이션/NNG | 2 (0.3%) |
| 82 | 장28/NNG | 3 (0.3%) | 제기01/NNG | 4 (0.3%) | 운동장/NNG | 3 (0.3%) | 오락01실/NNG | 2 (0.3%) |
| 83 | 춤추/VV | 3 (0.3%) | 준비/NNG | 4 (0.3%) | 작성01하/VV | 3 (0.3%) | 오락01하/VV | 2 (0.3%) |
| 84 | 코스/NNG | 3 (0.3%) | 줏(줍01)/VV | 4 (0.3%) | 짓01/VV | 3 (0.3%) | 요정02/NNG | 2 (0.3%) |
| 85 | 테니스/NNG | 3 (0.3%) | 째즈/NNG | 4 (0.3%) | 취미04/NNG | 3 (0.3%) | 운동장/NNG | 2 (0.3%) |
| 86 | 햇빛/NNG | 3 (0.3%) | 컬링/NNG | 4 (0.3%) | 캐릭터/NNG | 3 (0.3%) | 자르01/VV | 2 (0.3%) |
| 87 | 가이가이보/NNG | 2 (0.2%) | 튀어나오/VV | 4 (0.3%) | 쿵쿵따/NNG | 3 (0.3%) | 장기08/NNG | 2 (0.3%) |
| 88 | 가입하/VV | 2 (0.2%) | 편지02/NNG | 4 (0.3%) | 페이지/NNG | 3 (0.3%) | 장면04/NNG | 2 (0.3%) |
| 89 | 걷02/VV | 2 (0.2%) | 합창01/NNG | 4 (0.3%) | 편지02/NNG | 3 (0.3%) | 짓01/VV | 2 (0.3%) |
| 90 | 격파02하/VV | 2 (0.2%) | 가위바위보/NNG | 3 (0.2%) | 피아노01/NNG | 3 (0.3%) | 축구04하/VV | 2 (0.3%) |
| 91 | 공격02하/VV | 2 (0.2%) | 개그/NNG | 3 (0.2%) | 힙합/NNG | 3 (0.3%) | 취미04/NNG | 2 (0.3%) |
| 92 | 공기01/NNG | 2 (0.2%) | 개인기/NNG | 3 (0.2%) | 가드/NNG | 2 (0.2%) | 컬러01/NNG | 2 (0.3%) |
| 93 | 그리02기/NNG | 2 (0.2%) | 걷02/VV | 3 (0.2%) | 가입하/VV | 2 (0.2%) | 특기01/NNG | 2 (0.3%) |

| 순위 | 초등학교 저학년 | | 초등학교 고학년 | | 중학생 | | 고등학생 | |
|---|---|---|---|---|---|---|---|---|
| | 형태/품사 | 빈도(비율) | 형태/품사 | 빈도(비율) | 형태/품사 | 빈도(비율) | 형태/품사 | 빈도(비율) |
| 94 | 깔리01/VV | 2 (0.2%) | 걸어가/VV | 3 (0.2%) | 감독02/NNG | 2 (0.2%) | 팩03/NNG | 2 (0.3%) |
| 95 | 나르01/VV | 2 (0.2%) | 골대/NNG | 3 (0.2%) | 골14/NNG | 2 (0.2%) | 펀치02/NNG | 2 (0.3%) |
| 96 | 넘기/VV | 2 (0.2%) | 골키퍼/NNG | 3 (0.2%) | 관하02/VV | 2 (0.2%) | 화음01/NNG | 2 (0.3%) |
| 97 | 넘어가01/VV | 2 (0.2%) | 골프/NNG | 3 (0.2%) | 굴리/VV | 2 (0.2%) | 회화03/NNG | 2 (0.3%) |
| 98 | 농구07/NNG | 2 (0.2%) | 굴리/VV | 3 (0.2%) | 기능03/NNG | 2 (0.2%) | 가로채/VV | 1 (0.1%) |
| 99 | 눈싸움/NNG | 2 (0.2%) | 기지08/NNG | 3 (0.2%) | 기타02/NNG | 2 (0.2%) | 가사09/NNG | 1 (0.1%) |
| 100 | 단계03/NNG | 2 (0.2%) | 길드/NNG | 3 (0.2%) | 꽃집/NNG | 2 (0.2%) | 가요02/NNG | 1 (0.1%) |

　학교급별 고빈도 어휘를 살펴보면, '게임, 얘기'가 모든 학교급에서 빈번하게 사용되고 있음을 알 수 있다. 초등학교 저학년 자료에서는 '그리다02, 놀다01, 게임, 얘기'의 순으로, 초등학교 고학년 자료에서는 '얘기, 놀다01, 게임'의 순으로, 중학생 자료에서는 '얘기, 게임, 놀다01'의 순으로, 고등학생 자료에서는 '놀다01, 얘기, 녹음03, 노래01, 게임'의 순으로 사용 빈도가 높게 나타났다.

　예술·취미·놀이·게임·운동 관련 어휘는 달성 목표 및 교육적 요소의 포함 정도에 따라 '예술·취미' 관련 어휘와 '놀이·게임·운동' 관련 어휘로 구분해 볼 수 있다.

<표 4.69> 학교급별 '예술·취미'와 '놀이·게임·운동'의 고빈도 형태 목록

| 학교급 | 예술·취미 | | 놀이·게임·운동 | |
|---|---|---|---|---|
| | 형태 | 형태 수 | 형태 | 형태 수 |
| 초등학교 저학년 | 그리기, 그리다02, 그림01, 노래01, 데생, 만화10, 만화책, 미술, 사진07, 스케치북01, 영화01, 음악01, 오목02, 탬버린 | 14 | 가이가이보(가위바위보), 검03, 게임, 골14,고무줄, 공기01, 낙서03, 낙서하다, 눈싸움, 맵, 백구02, 소꿉장난, 수수께끼, 슛, 스티커, 쌍절봉 태권도, 테니스, 팽이01 | 19 |
| 초등학교 고학년 | 그리다02, 그림01, 노래01, 동요02, 로봇, 만화10, 만화책,미술, 사진07, 수07, 연극, 영화01, 음악01, 이젤, 합창01 | 15 | 가위바위보, 개그, 개인기, 게임, 골14, 골대, 골프, 기지08, 길드, 렙(레벨01), 마법사, 목검, 반칙, 장기13, 제기01, 컬링, 태권도, 피구02 | 18 |
| 중학생 | 가요02, 그리다02, 그림01, 기타02, 노래01, 만화10, 만화책, 미술, 사진07, 영화01, 음악01, 힙합 | 12 | 가드, 감독02, 검도02, 게임, 골14, 골프채, 발야구, 배드민턴, 볼링, 슬라이드02, 족구, 태권도 | 12 |
| 고등학생 | 공연02, 그리다02, 그림01, 노래01, 락06, 만화10, 만화책, 문학01, 미술, 사진07, 발라드, 소설03, 악기05, 애니메이션, 영화01, 음악01, 일러스트, 팝, 화음01, 회화03 | 20 | 게임, 골14, 노래방, 당구장, 스키장, 싸우나(사우나), 오락실, 찜질방, 태권도, 펀치02 | 10 |

지속적인 활동을 요하는 '예술·취미'에 드는 어휘는 주로 고등학생 단계에서 많이 사용되는 것으로 나타났다. '문학01, 일러스트, 락06, 팝, 발라드, 애니메이션' 등 음악과 미술의 다양한 장르를 가리키는 어휘들이 고등학생 자료에서 관찰되었고, '놀이·게임·운동'에 관한 어휘는 초등학교 자료에서 보다 다양하게 출현하였다. 특히, '소꿉장난, 고무줄, 수수께끼' 등 비교적 단순한 도구와 규칙을 필요로 하는 어휘들이 초등학생 단계에서 많이 관찰된다. 중고등학생 자료에서는 '배드민턴, 볼링' 등 운동 종목을 가리키는 어휘가 많이 사용되고 있다.

## 4.1.2.12 정치·사회·경제·교통·국방

정치·사회·경제·교통·국방 관련 어휘는 총 418개의 형태가 2,582회 출현한 것으로 조사되었다. 학교급별 고빈도순으로 100개까지의 어휘를 보이면 다음과 같다.

〈표 4.70〉 정치·사회·경제·교통·국방 관련 어휘의 고빈도 형태 목록(고빈도 형태 100개)

| 순위 | 초등학교 저학년 | | 초등학교 고학년 | | 중학생 | | 고등학생 | |
|---|---|---|---|---|---|---|---|---|
| | 형태/품사 | 빈도(비율) | 형태/품사 | 빈도(비율) | 형태/품사 | 빈도(비율) | 형태/품사 | 빈도(비율) |
| 1 | 원01/NNB | 25 (8.2%) | 원01/NNB | 121 (16.6%) | 사/VV | 77 (12.5%) | 사/VV | 71 (14.6%) |
| 2 | 사/VV | 24 (7.9%) | 사/VV | 105 (14.4%) | 돈01/NNG | 67 (10.8%) | 원01/NNB | 69 (14.2%) |
| 3 | 짜리02/XSN | 23 (7.5%) | 돈01/NNG | 78 (10.7%) | 원01/NNB | 31 (5.0%) | 돈01/NNG | 61 (12.6%) |
| 4 | 돈01/NNG | 19 (6.2%) | 짜리02/XSN | 40 (5.5%) | 얼마/NP | 18 (2.9%) | 얼마/NP | 19 (3.9%) |
| 5 | 폭탄/NNG | 13 (4.3%) | 사회07/NNG | 25 (3.4%) | 평균/NNG | 16 (2.6%) | 버스02/NNG | 16 (3.3%) |
| 6 | 나라01/NNG | 11 (3.6%) | 나라01/NNG | 20 (2.7%) | 벌02/VV | 13 (2.1%) | 벌02/VV | 14 (2.9%) |
| 7 | 금06/NNG | 10 (3.3%) | 얼마/NP | 14 (1.9%) | 비싸/VA | 12 (1.9%) | 비싸/VA | 10 (2.1%) |
| 8 | 비행기/NNG | 8 (2.6%) | 비행기/NNG | 13 (1.8%) | 사회07/NNG | 12 (1.9%) | 팔/VV | 8 (1.6%) |
| 9 | 사고12/NNG | 8 (2.6%) | 팔/VV | 11 (1.5%) | 평가03/NNG | 11 (1.8%) | 정하03/VV | 6 (1.2%) |
| 10 | 은04/NNG | 6 (2.0%) | 비싸/VA | 10 (1.4%) | 애자(장애자)/NNG | 10 (1.6%) | 할인01/NNG | 6 (1.2%) |
| 11 | 총03/NNG | 6 (2.0%) | 금06/NNG | 9 (1.2%) | 우리나라/NNG | 9 (1.5%) | 공인05/NNG | 5 (1.0%) |
| 12 | 벌02/VV | 5 (1.6%) | 부대08/NNG | 8 (1.1%) | 정하03/VV | 9 (1.5%) | 냥/NNB | 5 (1.0%) |
| 13 | 부15/NNG | 5 (1.6%) | 에너지/NNG | 8 (1.1%) | 지키01/VV | 9 (1.5%) | 대기업/NNG | 5 (1.0%) |
| 14 | 사회07/NNG | 5 (1.6%) | 부15/NNG | 7 (1.0%) | 짜리02/XSN | 9 (1.5%) | 시장04/NNG | 5 (1.0%) |
| 15 | 타04/VV | 5 (1.6%) | 값/VV | 6 (0.8%) | 조15/NNG | 8 (1.3%) | 중소기업/NNG | 5 (1.0%) |
| 16 | 가난01하/VA | 4 (1.3%) | 벌02/VV | 6 (0.8%) | 팔/VV | 8 (1.3%) | 차비02/NNG | 5 (1.0%) |
| 17 | 용돈/NNG | 4 (1.3%) | 왕04/NNG | 6 (0.8%) | 망하/VV | 7 (1.1%) | 경영02/NNG | 4 (0.8%) |
| 18 | 땅01/NNG | 3 (1.0%) | 우리나라/NNG | 6 (0.8%) | 국가01/NNG | 6 (1.0%) | 매점02/NNG | 4 (0.8%) |
| 19 | 법01/NNG | 3 (1.0%) | 정하03/VV | 6 (0.8%) | 버스02/NNG | 6 (1.0%) | 어시장/NNG | 4 (0.8%) |
| 20 | 얼마/NP | 3 (1.0%) | 주인01/NNG | 6 (0.8%) | 값/NNG | 5 (0.8%) | 역14/NNG | 4 (0.8%) |
| 21 | 조15/NNG | 3 (1.0%) | 짭새/NNG | 6 (0.8%) | 나라01/NNG | 5 (0.8%) | 인사02/NNG | 4 (0.8%) |
| 22 | 카드/NNG | 3 (1.0%) | 총03/NNG | 6 (0.8%) | 땅01/NNG | 5 (0.8%) | 짜리02/XSN | 4 (0.8%) |
| 23 | 통장02/NNG | 3 (1.0%) | 평균/NNG | 6 (0.8%) | 사기25/NNG | 5 (0.8%) | 값/VV | 3 (0.6%) |
| 24 | 협동하/VV | 3 (1.0%) | 땅01/NNG | 5 (0.7%) | 사설04/NNG | 5 (0.8%) | 군대02/NNG | 3 (0.6%) |
| 25 | 훔치02/VV | 3 (1.0%) | 조15/NNG | 5 (0.7%) | 보장01되V/VV | 4 (0.6%) | 꾸02/VV | 3 (0.6%) |

| 순위 | 초등학교 저학년 | | 초등학교 고학년 | | 중학생 | | 고등학생 | |
|---|---|---|---|---|---|---|---|---|
| | 형태/품사 | 빈도(비율) | 형태/품사 | 빈도(비율) | 형태/품사 | 빈도(비율) | 형태/품사 | 빈도(비율) |
| 26 | 가입하/VV | 2 (0.7%) | 해체03되/VV | 5 (0.7%) | 불황01/NNG | 4 (0.6%) | 나라01/NNG | 3 (0.6%) |
| 27 | 갚/VV | 2 (0.7%) | 망하/VV | 4 (0.5%) | 사교육비/NNG | 4 (0.6%) | 망하/VV | 3 (0.6%) |
| 28 | 경시09/NNG | 2 (0.7%) | 바퀴01/NNB | 4 (0.5%) | 유형07/NNG | 4 (0.6%) | 매장06/NNG | 3 (0.6%) |
| 29 | 방송01국/NNG | 2 (0.7%) | 얼마/MAG | 4 (0.5%) | 잃/VV | 4 (0.6%) | 서기05/NNG | 3 (0.6%) |
| 30 | 버스02/NNG | 2 (0.7%) | 지키01/VV | 4 (0.5%) | 조15/NNB | 4 (0.6%) | 인수07/NNG | 3 (0.6%) |
| 31 | 비싸/VA | 2 (0.7%) | 취소01/NNG | 4 (0.5%) | 간판02/NNG | 3 (0.5%) | 카드/NNG | 3 (0.6%) |
| 32 | 슈퍼/NNG | 2 (0.7%) | 냥/NNB | 3 (0.4%) | 거상03/NNG | 3 (0.5%) | 평가03/NNG | 3 (0.6%) |
| 33 | 싸05/VA | 2 (0.7%) | 민중/NNG | 3 (0.4%) | 매점02/NNG | 3 (0.5%) | 값/NNG | 2 (0.4%) |
| 34 | 여왕/NNG | 2 (0.7%) | 살인/NNG | 3 (0.4%) | 범죄/NNG | 3 (0.5%) | 개업식/NNG | 2 (0.4%) |
| 35 | 은행02/NNG | 2 (0.7%) | 세금01/NNG | 3 (0.4%) | 부가세/NNG | 3 (0.5%) | 경영02하/VV | 2 (0.4%) |
| 36 | 전투/NNG | 2 (0.7%) | 싸05/VA | 3 (0.4%) | 압수02/NNG | 3 (0.5%) | 국가01/NNG | 2 (0.4%) |
| 37 | 주민/NNG | 2 (0.7%) | 자동01/NNG | 3 (0.4%) | 요금01/NNG | 3 (0.5%) | 기21/NNG | 2 (0.4%) |
| 38 | 지갑03/NNG | 2 (0.7%) | 정리09/NNG | 3 (0.4%) | 인사02/NNG | 3 (0.5%) | 비리08/NNG | 2 (0.4%) |
| 39 | 총괄/NNG | 2 (0.7%) | 조립02하/VV | 3 (0.4%) | 일회용1/NNG | 3 (0.5%) | 사업04/NNG | 2 (0.4%) |
| 40 | 탈출02하/VV | 2 (0.7%) | 조사30하/VV | 3 (0.4%) | 전국03/NNG | 3 (0.5%) | 사치03스럽/VA | 2 (0.4%) |
| 41 | 평가03/NNG | 2 (0.7%) | 조종06하/VV | 3 (0.4%) | 전국구/NNG | 3 (0.5%) | 시급02/NNG | 2 (0.4%) |
| 42 | 품05/NNG | 2 (0.7%) | 찌르/VV | 3 (0.4%) | 주차장/NNG | 3 (0.5%) | 식권/NNG | 2 (0.4%) |
| 43 | 황금02/NNG | 2 (0.7%) | 출시되/VV | 3 (0.4%) | 핵/NNG | 3 (0.5%) | 싸05/VA | 2 (0.4%) |
| 44 | 횡단보도/NNG | 2 (0.7%) | 회의04/NNG | 3 (0.4%) | 행사01/NNG | 3 (0.5%) | 싸구려/NNG | 2 (0.4%) |
| 45 | 감시02/NNG | 1 (0.3%) | 가격03/NNG | 2 (0.3%) | 행정01/NNG | 3 (0.5%) | 용돈/NNG | 2 (0.4%) |
| 46 | 감옥02/NNG | 1 (0.3%) | 경시09/NNG | 2 (0.3%) | 가난01하/VA | 2 (0.3%) | 유료01/NNG | 2 (0.4%) |
| 47 | 대통령/NNG | 1 (0.3%) | 공업04/NNG | 2 (0.3%) | 가입하/VV | 2 (0.3%) | 주유05/NNG | 2 (0.4%) |
| 48 | 망하/VV | 1 (0.3%) | 금지04/NNG | 2 (0.3%) | 감독02/NNG | 2 (0.3%) | 추종01하/VV | 2 (0.4%) |
| 49 | 무료01/NNG | 1 (0.3%) | 꾸02/VV | 2 (0.3%) | 강대국/NNG | 2 (0.3%) | 합병02/NNG | 2 (0.4%) |
| 50 | 물03/VV | 1 (0.3%) | 내무01/NNG | 2 (0.3%) | 값/VV | 2 (0.3%) | 가격03/NNG | 1 (0.2%) |
| 51 | 미사일/NNG | 1 (0.3%) | 법01/NNG | 2 (0.3%) | 경시09/NNG | 2 (0.3%) | 가난01하/VA | 1 (0.2%) |
| 52 | 미터02/NNB | 1 (0.3%) | 병력01/NNG | 2 (0.3%) | 경제04/NNG | 2 (0.3%) | 경제력/NNG | 1 (0.2%) |
| 53 | 바퀴01/NNB | 1 (0.3%) | 사기25당하/VV | 2 (0.3%) | 경제적/NNG | 2 (0.3%) | 광고02/NNG | 1 (0.2%) |
| 54 | 바퀴01/NNG | 1 (0.3%) | 사립04/NNG | 2 (0.3%) | 공공장소/NNG | 2 (0.3%) | 국산/NNG | 1 (0.2%) |
| 55 | 방송01하/VV | 1 (0.3%) | 요금01/NNG | 2 (0.3%) | 기21/NNG | 2 (0.3%) | 글로벌/NNG | 1 (0.2%) |
| 56 | 병력01/NNG | 1 (0.3%) | 용돈/NNG | 2 (0.3%) | 동전05/NNG | 2 (0.3%) | 기관11/NNG | 1 (0.2%) |
| 57 | 복권02/NNG | 1 (0.3%) | 은행02/NNG | 2 (0.3%) | 말세03/NNG | 2 (0.3%) | 꽁짜(공짜)/NNG | 1 (0.2%) |
| 58 | 봉사03/NNG | 1 (0.3%) | 자유03/NNG | 2 (0.3%) | 본전04/NNG | 2 (0.3%) | 마케팅/NNG | 1 (0.2%) |
| 59 | 부대08/NNG | 1 (0.3%) | 조직/NNG | 2 (0.3%) | 부15/NNG | 2 (0.3%) | 매점01/NNG | 1 (0.2%) |
| 60 | 사건01/NNG | 1 (0.3%) | 지방05/NNG | 2 (0.3%) | 부익부/NNG | 2 (0.3%) | 면제01되/VV | 1 (0.2%) |
| 61 | 사업04하/VV | 1 (0.3%) | 커지/VV | 2 (0.3%) | 부정부패/NNG | 2 (0.3%) | 면회02/NNG | 1 (0.2%) |
| 62 | 살인/NNG | 1 (0.3%) | 쿠폰/NNG | 2 (0.3%) | 빈익빈/NNG | 2 (0.3%) | 무료01/NNG | 1 (0.2%) |
| 63 | 삽01/NNG | 1 (0.3%) | 토론01/NNG | 2 (0.3%) | 사업04가/NNG | 2 (0.3%) | 방송01국/NNG | 1 (0.2%) |
| 64 | 선거04하/VV | 1 (0.3%) | 파워/NNG | 2 (0.3%) | 사회생활/NNG | 2 (0.3%) | 버스02비/NNG | 1 (0.2%) |
| 65 | 소환02하/VV | 1 (0.3%) | 팔리/VV | 2 (0.3%) | 상가07/NNG | 2 (0.3%) | 보병01/NNG | 1 (0.2%) |
| 66 | 쇠갑옷/NNG | 1 (0.3%) | 표05하/VV | 2 (0.3%) | 상가08/NNG | 2 (0.3%) | 보험/NNG | 1 (0.2%) |
| 67 | 쇼핑백/NNG | 1 (0.3%) | 해체03하/VV | 2 (0.3%) | 시장03/NNG | 2 (0.3%) | 불참01하/VV | 1 (0.2%) |
| 68 | 수도09/NNG | 1 (0.3%) | 가난01하/VA | 1 (0.1%) | 싸05/VA | 2 (0.3%) | 사업04하/VV | 1 (0.2%) |
| 69 | 수표01/NNG | 1 (0.3%) | 가입하/VV | 1 (0.1%) | 싸구려/NNG | 2 (0.3%) | 사용04권/NNG | 1 (0.2%) |

| 순위 | 초등학교 저학년 | | 초등학교 고학년 | | 중학생 | | 고등학생 | |
|---|---|---|---|---|---|---|---|---|
| | 형태/품사 | 빈도(비율) | 형태/품사 | 빈도(비율) | 형태/품사 | 빈도(비율) | 형태/품사 | 빈도(비율) |
| 70 | 시장04/NNG | 1 (0.3%) | 경제04/NNG | 1 (0.1%) | 외제05/NNG | 2 (0.3%) | 산업/NNG | 1 (0.2%) |
| 71 | 어린이집/NNG | 1 (0.3%) | 경찰서/NNG | 1 (0.1%) | 용돈/NNG | 2 (0.3%) | 설문01/NNG | 1 (0.2%) |
| 72 | 얼마/MAG | 1 (0.3%) | 고시원/NNG | 1 (0.1%) | 인정08하/VV | 2 (0.3%) | 세계02화/NNG | 1 (0.2%) |
| 73 | 예방02/NNG | 1 (0.3%) | 고아원/NNG | 1 (0.1%) | 장사01하/VV | 2 (0.3%) | 손해/NNG | 1 (0.2%) |
| 74 | 운전면허/NNG | 1 (0.3%) | 국경01/NNG | 1 (0.1%) | 정리09/NNG | 2 (0.3%) | 수입01/NNG | 1 (0.2%) |
| 75 | 유료01/NNG | 1 (0.3%) | 국민/NNG | 1 (0.1%) | 조사30하/VV | 2 (0.3%) | 시06/NNG | 1 (0.2%) |
| 76 | 유행02하/VV | 1 (0.3%) | 국적02/NNG | 1 (0.1%) | 주문04하/VV | 2 (0.3%) | 신형02/NNG | 1 (0.2%) |
| 77 | 은퇴하/VV | 1 (0.3%) | 권리/NNG | 1 (0.1%) | 주인01/NNG | 2 (0.3%) | 실태02/NNG | 1 (0.2%) |
| 78 | 이동03/NNG | 1 (0.3%) | 금관02/NNG | 1 (0.1%) | 줄어들/VV | 2 (0.3%) | 얼(얼마)/NP | 1 (0.2%) |
| 79 | 이용01하/VV | 1 (0.3%) | 동원02/NNG | 1 (0.1%) | 질서03/NNG | 2 (0.3%) | 여왕/NNG | 1 (0.2%) |
| 80 | 잊(잃)/VV | 1 (0.3%) | 동전05/NNG | 1 (0.1%) | 찌르/VV | 2 (0.3%) | 원산지/NNG | 1 (0.2%) |
| 81 | 장착하/VV | 1 (0.3%) | 머니/NNG | 1 (0.1%) | 찬스/NNG | 2 (0.3%) | 월급/NNG | 1 (0.2%) |
| 82 | 저금통/NNG | 1 (0.3%) | 민주주의/NNG | 1 (0.1%) | 총03/NNG | 2 (0.3%) | 웨딩홀/NNG | 1 (0.2%) |
| 83 | 전쟁/NNG | 1 (0.3%) | 방패02/NNG | 1 (0.1%) | 택시/NNG | 2 (0.3%) | 은행02/NNG | 1 (0.2%) |
| 84 | 정하03/VV | 1 (0.3%) | 복지9/NNG | 1 (0.1%) | 투자02하/VV | 2 (0.3%) | 이끌/VV | 1 (0.2%) |
| 85 | 정회원/NNG | 1 (0.3%) | 봉사03/NNG | 1 (0.1%) | 투표01하/VV | 2 (0.3%) | 이동03/NNG | 1 (0.2%) |
| 86 | 조사30하/VV | 1 (0.3%) | 빽(백07)/NNG | 1 (0.1%) | 팔리/VV | 2 (0.3%) | 자살률/NNG | 1 (0.2%) |
| 87 | 조종06하/VV | 1 (0.3%) | 사건01/NNG | 1 (0.1%) | 폭로/NNG | 2 (0.3%) | 자유03/NNG | 1 (0.2%) |
| 88 | 줄/VV | 1 (0.3%) | 사업04하/VV | 1 (0.1%) | 해체03/NNG | 2 (0.3%) | 잠복02/NNG | 1 (0.2%) |
| 89 | 줄어들/VV | 1 (0.3%) | 살인하/VV | 1 (0.1%) | 현실02/NNG | 2 (0.3%) | 장부08/NNG | 1 (0.2%) |
| 90 | 지키01/VV | 1 (0.3%) | 상품04/NNG | 1 (0.1%) | 호황/NNG | 2 (0.3%) | 저금하/VV | 1 (0.2%) |
| 91 | 찌르/VV | 1 (0.3%) | 설치02되/VV | 1 (0.1%) | 가격03/NNG | 1 (0.2%) | 전형04/NNG | 1 (0.2%) |
| 92 | 초대04/NNG | 1 (0.3%) | 소방차/NNG | 1 (0.1%) | 가입/NNG | 1 (0.2%) | 제도01/NNG | 1 (0.2%) |
| 93 | 캐쉬/NNG | 1 (0.3%) | 수고01비/NNG | 1 (0.1%) | 거래02/NNG | 1 (0.2%) | 제트기01/NNG | 1 (0.2%) |
| 94 | 커지/VV | 1 (0.3%) | 스포츠카/NNG | 1 (0.1%) | 경기05/NNG | 1 (0.2%) | 조사30/NNG | 1 (0.2%) |
| 95 | 통치03하/VV | 1 (0.3%) | 신하01/NNG | 1 (0.1%) | 경영02하/VV | 1 (0.2%) | 주기14/NNG | 1 (0.2%) |
| 96 | 트럭/NNG | 1 (0.3%) | 싸이렌/NNG | 1 (0.1%) | 경제학/NNG | 1 (0.2%) | 주식03/NNG | 1 (0.2%) |
| 97 | 파워/NNG | 1 (0.3%) | 싸인/NNG | 1 (0.1%) | 경찰서/NNG | 1 (0.2%) | 주식회사/NNG | 1 (0.2%) |
| 98 | 팔/VV | 1 (0.3%) | 씨에프/NNG | 1 (0.1%) | 공기업02/NNG | 1 (0.2%) | 주인01/NNG | 1 (0.2%) |
| 99 | 패스하/VV | 1 (0.3%) | 애자(장애자)/NNG | 1 (0.1%) | 공직03/NNG | 1 (0.2%) | 주차장/NNG | 1 (0.2%) |
| 100 | 평균/NNG | 1 (0.3%) | 역14/NNG | 1 (0.1%) | 광고02하/VV | 1 (0.2%) | 중부03/NNG | 1 (0.2%) |

정치·사회·경제·교통·국방 관련 어휘에 속하는 형태들 중에서는 '원01, 사다, 돈01'의 사용 빈도가 높은데, 출현 비율에서는 학교급에 따라 차이를 보인다. 초등학생 단계에서는 '원01, 사다'의 순으로, 중학생 단계에서는 '사다, 돈01'의 순으로, 고등학생 단계에서는 '사다, 원01'의 순으로 자주 사용되었다. 초등학교 단계에서는 화폐 단위, 중고등학교 단계에서는 사는 행위에 관한 어휘가 고빈도로 사용되어, 학교급에 따른 변화를 볼 수 있게 한다. 이와 같이 모든 학교급에서 고빈도로 사용된 어휘를 보면, 정치·사회·경제·교통·국방 관련 어휘 가운데 경제면에 관심이 가장 높음을 짐작할 수 있다.

이상에서 보인 학교급별 고빈도어 100개를 정치·사회·경제·교통·국방 각각의 보다 세분된 영역으로 구분하여 그 특징을 살펴보기로 한다.

〈표 4.71〉 정치·사회·경제·교통·국방의 영역별 고빈도 형태 목록

| 구분 | 초등학교 저학년 | | 초등학교 고학년 | | 중학생 | | 고등학생 | |
|---|---|---|---|---|---|---|---|---|
| | 형태 | 형태 수 | 형태 | 형태 수 | 형태 | 형태 수 | 형태 | 형태 수 |
| 정치 | 나라01, 대통령, 법01, 부15, 선거04하다, 소환02되다, 수도09, 여왕, 통치03하다, 파워 | 10 | 국경01, 국민, 국적02, 권리, 나라01, 민주주의, 법01, 부15, 신하01, 왕04, 우리나라, 지방05, 파워 | 13 | 강대국, 공직03, 국가01, 나라01, 부15, 시장03, 우리나라, 전국03, 전국구, 투표01하다, 행정01 | 11 | 국가01, 글로벌, 나라01, 서기05, 세계02화, 여왕, 추종01하다 | 7 |
| 경제 | 가난01하다, 갚다, 금06, 돈01, 땅01, 망하다, 무료01, 물다03, 벌다02, 복권02, 비싸다, 사다, 사업04하다, 수표01, 슈퍼, 시장04, 싸다05, 얼마, 용돈, 원01, 유료01, 은04, 은행02, 저금통, 지갑03, 짜리02, 카드, 캐쉬, 타다04, 통장02, 팔다, 품05, 황금02, 훔치다02 | 34 | 가격03, 가난01하다, 갚다, 경제04, 공업04, 금06, 꾸다02, 냥, 돈01, 동전05, 땅01, 망하다, 머니, 벌다02, 비싸다, 사다, 사업04하다, 상품04, 세금01, 수고01비, 싸다05, 씨에프(시에프), 얼마, 에너지, 요금01, 용돈, 원01, 은행02, 짜리02, 쿠폰, 팔다, 팔리다 | 32 | 가격03, 가난01하다, 가입, 값, 갚다, 거래02, 거상03, 경기05, 경영02하다, 경제04, 경제적, 경제학, 공기업02, 광고02하다, 돈01, 동전05, 땅01, 망하다, 매점02, 벌다02, 본전04, 무가세, 부익부, 불황01, 비싸다, 빈익빈, 사다, 사업04가, 사교육비, 상가07, 상가08, 싸다05, 싸구려, 얼마, 외제05, 요금01, 용돈, 원01, 잃다, 장사01하다, 주문04하다, 짜리0, 투자02하다, 팔다, 팔리다, 호황 | 46 | 가격03, 가난01하다, 값, 갚다, 개업식, 경영02, 경영02하다, 경제력, 광고02, 국산, 꽁짜(공짜), 꾸다02, 냥, 대기업, 돈01, 마케팅, 망하다, 매장06, 매점01, 매점02, 무료01, 벌02다, 보험, 비싸다, 사다, 사업04, 사업04하다, 사치03스럽다, 산업, 손해, 수입01, 시급02, 시장04, 식권, 신형02, 싸다05, 싸구려, 어시장, 얼마, 용돈, 원01, 원산지, 월급, 유료01, 은행02, 인수07, 장부08, 저금하다, 주식03, 주식회사, 중소기업, 짜리02, 차비02, 카드, 팔다, 할인01, 합병02 | 57 |
| 사회 | 가입하다, 감옥02, 경시09, 고소01하다, 방송01국, 방송01하다, 봉사03, 사건01, 사고12, 사회07, 살인, 어린이집, 예방02, 유행02하다, 은퇴하다, 정하다03, 정회원, 조사30하다, 주민, 줄어들다, 총괄, 평가03, 협동하다 | 23 | 가입하다, 경시09, 경찰서, 고시원, 고아원, 금지04, 민중, 복지09, 봉사03, 사건01, 사기25당하다, 사립04, 사회07, 살인, 살인하다, 애자(장애자), 자동01, 자유03, 정리09, 정하다, 조사30하다, 조직, 주인01, 짭새, 출시되다, 취소01, 커지다, | 33 | 가입하다, 간판02, 경시09, 경찰서, 공공장소, 말세03, 범죄, 보장01되다, 부정부패, 사기25, 사설04, 사회07, 사회생활, 압수02, 애자(장애자), 유형07, 인사02, 인정08하다, 일회용, 정리09, 정하다03, 조사30하다, 주인01, 줄어들 | 32 | 공인05, 기관11, 면회02, 방송01국, 비리08, 설문01, 실태02, 인사02, 자살률, 자유03, 잠복02, 정하다03, 제도01, 조사30, 주인01, 평가03 | 16 |

| 구분 | 초등학교 저학년 | | 초등학교 고학년 | | 중학생 | | 고등학생 | |
|---|---|---|---|---|---|---|---|---|
| | 형태 | 형태 수 | 형태 | 형태 수 | 형태 | 형태 수 | 형태 | 형태 수 |
| | | | 토론01, 평균, 표05하다, 해체03되다, 해체03하다, 회의04 | | 다, 질서03, 찬스, 평가03, 평균, 폭로, 해체03, 행사01, 현실02 | | | |
| 교통 | 미터02, 바퀴01, 버스02, 비행기, 운전면허, 트럭, 횡단보도 | 7 | 바퀴01, 비행기, 소방차, 스포츠카, 역14 | 5 | 버스02, 주차장, 택시 | 3 | 버스02, 버스02비, 역14, 주유05, 주차장 | 5 |
| 국방 | 감시02, 미사일, 병력01, 부대08, 쇠갑옷, 전쟁, 전투, 지키다01, 총03, 폭탄 | 10 | 내무01, 병력01, 부대08, 지키다01, 총03 | 5 | 총03, 핵 | 2 | 군대02, 보병01, 제트기01 | 3 |

위 표에서 정치와 사회 영역의 어휘를 보면, 초등학교 고학년과 중학생 단계에서 가장 많은 수의 어휘가 사용되었고, 그 다음으로 초등학교 저학년, 고등학생 순으로 나타났다. 경제 관련 어휘들에서는 고등학생 단계에서 가장 많은 수의 어휘가 사용되었고, '경영02, 공기업, 불황, 투자, 주식03, 합병02' 등 경제 전문 용어가 다수 출현하였다. 사회 관련 어휘에서는 고등학생 단계에서 단독으로 사용된 어휘 수는 많지 않지만, 그 내용으로 보면 '잠복02, 자살률, 공인05'과 같은 전문 용어를 주로 사용하여 초등학생 단계에서 사용된 '조사하다, 사기당하다, 회의04' 등의 어휘들과 차이를 보였다. 국방 관련 어휘에서는 초등학교 저학년이 가장 다양한 어휘를 사용하는 것으로 나타났는데, 이는 전쟁 관련 게임이나 놀이를 주로 하는 것과 연관이 있을 것으로 보인다.

## 4.1.2.13 자연현상

자연현상 관련 어휘는 총 298개의 형태가 1,542회 출현하였다. 이 어휘들을 학교급별로 구분하고 빈도순으로 50위까지 제시하면 다음과 같다.

〈표 4.72〉 자연현상 관련 어휘의 고빈도 형태 목록(고빈도 형태 50개)

| 순위 | 초등학교 저학년 | | 초등학교 고학년 | | 중학생 | | 고등학생 | |
|---|---|---|---|---|---|---|---|---|
| | 형태/품사 | 빈도(비율) | 형태/품사 | 빈도(비율) | 형태/품사 | 빈도(비율) | 형태/품사 | 빈도(비율) |
| 1 | 물01/NNG | 26 (4.9%) | 잡01/VV | 33 (6.4%) | 새끼02/NNG | 22 (6.9%) | 아침/NNG | 24 (13.3%) |
| 2 | 강아지/NNG | 25 (4.7%) | 키우/VV | 27 (5.3%) | 아침/NNG | 16 (5.0%) | 새끼02/NNG | 14 (7.8%) |

| 순위 | 초등학교 저학년 | | 초등학교 고학년 | | 중학생 | | 고등학생 | |
|---|---|---|---|---|---|---|---|---|
| | 형태/품사 | 빈도(비율) | 형태/품사 | 빈도(비율) | 형태/품사 | 빈도(비율) | 형태/품사 | 빈도(비율) |
| 3 | 키우/VV | 23 (4.3%) | 물01/NNG | 24 (4.7%) | 모기01/NNG | 15 (4.7%) | 새벽01/NNG | 9 (5.0%) |
| 4 | 잡01/VV | 21 (3.9%) | 아침/NNG | 19 (3.7%) | 강아지/NNG | 14 (4.4%) | 잡01/VV | 9 (5.0%) |
| 5 | 개미03/NNG | 12 (2.3%) | 일어나/VV | 14 (2.7%) | 잡01/VV | 14 (4.4%) | 물01/NNG | 8 (4.4%) |
| 6 | 괴물/NNG | 12 (2.3%) | 여름01/NNG | 12 (2.3%) | 일어나/VV | 13 (4.1%) | 시골/NNG | 7 (3.9%) |
| 7 | 토끼/NNG | 12 (2.3%) | 코끼리/NNG | 12 (2.3%) | 세상01/NNG | 10 (3.1%) | 일어나/VV | 6 (3.3%) |
| 8 | 고양이/NNG | 11 (2.1%) | 불01/NNG | 11 (2.1%) | 겨울/NNG | 9 (2.8%) | 키우/VV | 6 (3.3%) |
| 9 | 마리01/NNB | 11 (2.1%) | 저녁/NNG | 10 (2.0%) | 날씨01/NNG | 8 (2.5%) | 겨울/NNG | 5 (2.8%) |
| 10 | 돼지/NNG | 10 (1.9%) | 목10/NNG | 9 (1.8%) | 심01/VV | 8 (2.5%) | 수박01/NNG | 4 (2.2%) |
| 11 | 나무01/NNG | 9 (1.7%) | 새끼02/NNG | 9 (1.8%) | 물01/NNG | 7 (2.2%) | 딸기/NNG | 3 (1.7%) |
| 12 | 별01/NNG | 9 (1.7%) | 해파리/NNG | 9 (1.8%) | 키우/VV | 7 (2.2%) | 모기01/NNG | 3 (1.7%) |
| 13 | 동물/NNG | 8 (1.5%) | 닭/NNG | 8 (1.6%) | 기린02/NNG | 6 (1.9%) | 무리01/NNG | 3 (1.7%) |
| 14 | 새벽01/NNG | 8 (1.5%) | 마리01/NNB | 8 (1.6%) | 산01/NNG | 6 (1.9%) | 비01/NNG | 3 (1.7%) |
| 15 | 세계02/NNG | 8 (1.5%) | 벌레01/NNG | 8 (1.6%) | 새벽01/NNG | 6 (1.9%) | 세상01/NNG | 3 (1.7%) |
| 16 | 참새01/NNG | 8 (1.5%) | 별01/NNG | 8 (1.6%) | 꽃01/NNG | 5 (1.6%) | 알01/NNB | 3 (1.7%) |
| 17 | 겨울/NNG | 7 (1.3%) | 겨울/NNG | 7 (1.4%) | 쥐02/NNG | 5 (1.6%) | 암컷/NNG | 3 (1.7%) |
| 18 | 곰03/NNG | 7 (1.3%) | 돌02/NNG | 7 (1.4%) | 동물/NNG | 4 (1.3%) | 열07/NNG | 3 (1.7%) |
| 19 | 꽃01/NNG | 7 (1.3%) | 바다/NNG | 7 (1.4%) | 변태/NNG | 4 (1.3%) | 저녁/NNG | 3 (1.7%) |
| 20 | 돌02/NNG | 7 (1.3%) | 바퀴벌레/NNG | 7 (1.4%) | 세계02/NNG | 4 (1.3%) | 치01/VV | 3 (1.7%) |
| 21 | 불01/NNG | 7 (1.3%) | 열07/NNG | 6 (1.2%) | 송이01/NNG | 4 (1.3%) | 강01/NNG | 2 (1.1%) |
| 22 | 세상01/NNG | 7 (1.3%) | 조개01/NNG | 6 (1.2%) | 여름01/NNG | 4 (1.3%) | 과일01/NNG | 2 (1.1%) |
| 23 | 거미02/NNG | 6 (1.1%) | 토끼/NNG | 6 (1.2%) | 저녁/NNG | 4 (1.3%) | 돌02/NNG | 2 (1.1%) |
| 24 | 과일01/NNG | 6 (1.1%) | 호박01/NNG | 6 (1.2%) | 치01/VV | 4 (1.3%) | 버섯02/NNG | 2 (1.1%) |
| 25 | 불나/VV | 6 (1.1%) | 강아지/NNG | 5 (1.0%) | 달리기/NNG | 3 (0.9%) | 벌레01/NNG | 2 (1.1%) |
| 26 | 지구04/NNG | 6 (1.1%) | 벚꽃/NNG | 5 (1.0%) | 돼지/NNG | 3 (0.9%) | 산01/NNG | 2 (1.1%) |
| 27 | 개03/NNG | 5 (0.9%) | 병아리/NNG | 5 (1.0%) | 뽕나무/NNG | 3 (0.9%) | 수컷/NNG | 2 (1.1%) |
| 28 | 구더기01/NNG | 5 (0.9%) | 비01/NNG | 5 (1.0%) | 생물01/NNG | 3 (0.9%) | 에어/NNG | 2 (1.1%) |
| 29 | 벌03/NNG | 5 (0.9%) | 참치01/NNG | 5 (1.0%) | 개03/NNG | 2 (0.6%) | 여름01/NNG | 2 (1.1%) |
| 30 | 산01/NNG | 5 (0.9%) | 파도/NNG | 5 (1.0%) | 곰03/NNG | 2 (0.6%) | 유월달/NNG | 2 (1.1%) |
| 31 | 일어나/VV | 5 (0.9%) | 눈04/NNG | 4 (0.8%) | 딸기/NNG | 2 (0.6%) | 이브01/NNG | 2 (1.1%) |
| 32 | 늑대/NNG | 4 (0.8%) | 당근02/NNG | 4 (0.8%) | 똥개/NNG | 2 (0.6%) | 종09/NNG | 2 (1.1%) |
| 33 | 닭/NNG | 4 (0.8%) | 바닷가/NNG | 4 (0.8%) | 레몬/NNG | 2 (0.6%) | 쥐포/NNG | 2 (1.1%) |
| 34 | 똥개/NNG | 4 (0.8%) | 백합03/NNG | 4 (0.8%) | 맴맴01/MAG | 2 (0.6%) | 키위02/NNG | 2 (1.1%) |
| 35 | 변태/NNG | 4 (0.8%) | 버섯02/NNG | 4 (0.8%) | 목10/NNG | 2 (0.6%) | 강물/NNG | 1 (0.6%) |
| 36 | 병아리/NNG | 4 (0.8%) | 새03/NNG | 4 (0.8%) | 바람01/NNG | 2 (0.6%) | 구월02/NNG | 1 (0.6%) |
| 37 | 삐약이/NNG | 4 (0.8%) | 생쥐/NNG | 4 (0.8%) | 불01/NNG | 2 (0.6%) | 길01/VA | 1 (0.6%) |
| 38 | 새끼02/NNG | 4 (0.8%) | 소03/NNG | 4 (0.8%) | 비01/NNG | 2 (0.6%) | 눈04/NNG | 1 (0.6%) |
| 39 | 생쥐/NNG | 4 (0.8%) | 자연01/NNG | 4 (0.8%) | 비둘기/NNG | 2 (0.6%) | 닭/NNG | 1 (0.6%) |
| 40 | 아침/NNG | 4 (0.8%) | 잡종/NNG | 4 (0.8%) | 사자11/NNG | 2 (0.6%) | 돼지/NNG | 1 (0.6%) |
| 41 | 알01/NNB | 4 (0.8%) | 쥐02/NNG | 4 (0.8%) | 수중02/NNG | 2 (0.6%) | 땅콩/NNG | 1 (0.6%) |
| 42 | 알01/NNG | 4 (0.8%) | 진흙/NNG | 4 (0.8%) | 야옹거리/VV | 2 (0.6%) | 마리01/NNB | 1 (0.6%) |
| 43 | 인삼/NNG | 4 (0.8%) | 꽃다발/NNG | 3 (0.6%) | 열07/NNG | 2 (0.6%) | 말05/NNG | 1 (0.6%) |
| 44 | 진돗개/NNG | 4 (0.8%) | 끈끈이주걱/NNG | 3 (0.6%) | 오징어/NNG | 2 (0.6%) | 바람01/NNG | 1 (0.6%) |
| 45 | 펭귄/NNG | 4 (0.8%) | 달리기/NNG | 3 (0.6%) | 원숭이/NNG | 2 (0.6%) | 변태/NNG | 1 (0.6%) |
| 46 | 호랑이/NNG | 4 (0.8%) | 동18/NNG | 3 (0.6%) | 위성06/NNG | 2 (0.6%) | 불01/NNG | 1 (0.6%) |
| 47 | 눈04/NNG | 3 (0.6%) | 동물/NNG | 3 (0.6%) | 장미꽃/NNG | 2 (0.6%) | 불01/VV | 1 (0.6%) |

| 순위 | 초등학교 저학년 | | 초등학교 고학년 | | 중학생 | | 고등학생 | |
|---|---|---|---|---|---|---|---|---|
| | 형태/품사 | 빈도(비율) | 형태/품사 | 빈도(비율) | 형태/품사 | 빈도(비율) | 형태/품사 | 빈도(비율) |
| 48 | 당근02/NNG | 3 (0.6%) | 돼지/NNG | 3 (0.6%) | 지렁이/NNG | 2 (0.6%) | 불나/VV | 1 (0.6%) |
| 49 | 동굴/NNG | 3 (0.6%) | 말05/NNG | 3 (0.6%) | 참외01/NNG | 2 (0.6%) | 불빛/NNG | 1 (0.6%) |
| 50 | 라이거/NNG | 3 (0.6%) | 무02/NNG | 3 (0.6%) | 코끼리/NNG | 2 (0.6%) | 비추/VV | 1 (0.6%) |

자연현상 관련 어휘의 고빈도 형태들은 일정한 경향성을 보이지는 않고, 전체적으로 '잡다 01, 키우다' 등의 사용률이 높은 편이다. 학교급별 고빈도 형태 목록을 보면, 초등학교 저학년 자료에서는 '물01, 강아지, 키우다, 잡다01'의 순으로, 초등학교 고학년 자료에서는 '잡다01, 키우다, 물01, 아침'의 순으로, 중학생 자료에서는 '새끼02, 아침, 모기01, 강아지, 잡다01, 일 어나다, 세상01'의 순으로, 고등학생 자료에서는 '아침, 새끼02, 새벽01, 잡다01, 물01, 시골, 일어나다, 키우다'의 순으로 많이 사용된 것을 알 수 있다.

자연현상 관련 어휘 가운데 '동식물'을 제외한 자연과 관련한 어휘들만을 모아서 살펴보면 다음과 같다.

<표 4.73> 자연현상 관련 어휘 중 자연 관련 고빈도 형태 목록

| 학교급 | 형태 | 형태수 |
|---|---|---|
| 초등학교 저학년 | 눈04, 돌02, 동굴, 물01, 별01, 불01, 불나다, 산01, 새벽01, 아침, 지구04 | 11 |
| 초등학교 고학년 | 눈04, 돌02, 물01, 바다, 바닷가, 별01, 불01, 비01, 아침, 여름01, 열07, 자연01, 저녁, 진흙, 파도 | 15 |
| 중학생 | 날씨01, 물01, 바람01, 불01, 비01, 산01, 새벽01, 아침, 여름01, 열07, 저녁 | 11 |
| 고등학생 | 강01, 강물, 겨울, 눈04, 돌02, 물01, 바람01, 불01, 불나다, 불빛, 비01, 산01, 새벽01, 아침, 에어, 여름01, 열07, 저녁 | 18 |

자연 관련 어휘는 고등학생 단계에서 18개로 가장 다양한 형태들이 출현하였다. 어휘 목록 을 보면, '겨울, 물01, 불01, 아침'이 모든 학교급에서 공통되게 나타났고, '눈04, 돌02, 비01, 산01, 새벽01, 여름01, 열07, 저녁' 등이 세 개 학교급에서 사용되고 있어, 학교급에 따른 사용 어휘 목록이 크게 다르지 않음을 알 수 있다.

## 4.1.2.14  정보·통신

정보·통신 관련 어휘는 총 145개의 형태가 965회 출현한 것으로 조사되었다. 학교급별로 빈도가 높은 순서대로 50개의 어휘를 제시하면 다음과 같다.

〈표 4.74〉 정보·통신 관련 어휘의 고빈도 형태 목록(고빈도 형태 50개)

| 순위 | 초등학교 저학년 | | 초등학교 고학년 | | 중학생 | | 고등학생 | |
|---|---|---|---|---|---|---|---|---|
| | 형태/품사 | 빈도(비율) | 형태/품사 | 빈도(비율) | 형태/품사 | 빈도(비율) | 형태/품사 | 빈도(비율) |
| 1 | 컴퓨터/NNG | 22 (13.2%) | 컴퓨터/NNG | 44 (14.6%) | 컴퓨터/NNG | 40 (12.7%) | 전화07/NNG | 24 (13.3%) |
| 2 | 아이템/NNG | 17 (10.2%) | 인터넷/NNG | 15 (5.0%) | 핸드폰/NNG | 27 (8.6%) | 컴퓨터/NNG | 19 (10.5%) |
| 3 | 텔레비전/NNG | 12 (7.2%) | 아이디/NNG | 14 (4.6%) | 연예인/NNG | 22 (7.0%) | 핸드폰/NNG | 15 (8.3%) |
| 4 | 캠03/NNG | 10 (6.0%) | 아이템/NNG | 12 (4.0%) | 드라마/NNG | 16 (5.1%) | 전화07하/VV | 11 (6.1%) |
| 5 | 전화07/NNG | 8 (4.8%) | 티비/NNG | 12 (4.0%) | 인터넷/NNG | 16 (5.1%) | 인터넷/NNG | 9 (5.0%) |
| 6 | 씨디/NNG | 7 (4.2%) | 비디오/NNG | 11 (3.6%) | 전화07/NNG | 15 (4.8%) | 라디오/NNG | 9 (5.0%) |
| 7 | 신문10/NNG | 6 (3.6%) | 메일/NNG | 10 (3.3%) | 램05/NNG | 13 (4.1%) | 켜01/VV | 8 (4.4%) |
| 8 | 텔레비/NNG | 6 (3.6%) | 전화07하/VV | 10 (3.3%) | 씨디(시디01)/NNG | 11 (3.5%) | 알리/VV | 5 (2.8%) |
| 9 | 메일/NNG | 5 (3.0%) | 뉴스/NNG | 8 (2.6%) | 티비(티브이)/NNG | 9 (2.9%) | 틀/VV | 4 (2.2%) |
| 10 | 알리/VV | 5 (3.0%) | 알리/VV | 8 (2.6%) | 전화하/VV | 8 (2.5%) | 티비/NNG | 4 (2.2%) |
| 11 | 인터넷/NNG | 5 (3.0%) | 켜01/VV | 8 (2.6%) | 화면05/NNG | 8 (2.5%) | 메일/NNG | 3 (1.7%) |
| 12 | 아이디/NNG | 4 (2.4%) | 통12/NNB | 8 (2.6%) | 신문10/NNG | 7 (2.2%) | 성보06/NNG | 3 (1.7%) |
| 13 | 켜01/VV | 4 (2.4%) | 씨디/NNG | 7 (2.3%) | 아이디/NNG | 7 (2.2%) | 정액제/NNG | 3 (1.7%) |
| 14 | 프로04/NNG | 4 (2.4%) | 핸드폰/NNG | 7 (2.3%) | 메일/NNG | 6 (1.9%) | 피시03/NNG | 3 (1.7%) |
| 15 | 핸드폰/NNG | 4 (2.4%) | 라디오/NNG | 7 (2.3%) | 암호/NNG | 5 (1.6%) | 피시방/NNG | 3 (1.7%) |
| 16 | 신문지/NNG | 3 (1.8%) | 연예인/NNG | 7 (2.3%) | 온라인/NNG | 4 (1.3%) | 피씨방/NNG | 3 (1.7%) |
| 17 | 뉴스/NNG | 2 (1.2%) | 전화07/NNG | 6 (2.0%) | 잡음02/NNG | 4 (1.3%) | 뉴스/NNG | 2 (1.1%) |
| 18 | 베틀렛/NNG | 2 (1.2%) | 포맷/NNG | 6 (2.0%) | 틀/VV | 4 (1.3%) | 디지털/NNG | 2 (1.1%) |
| 19 | 사이트/NNG | 2 (1.2%) | 피씨방/NNG | 6 (2.0%) | 프로04/NNG | 4 (1.3%) | 매크로/NNG | 2 (1.1%) |
| 20 | 전화07하/VV | 2 (1.2%) | 틀/VV | 5 (1.7%) | 프린터/NNG | 4 (1.3%) | 메모리/NNG | 2 (1.1%) |
| 21 | 카메라/NNG | 2 (1.2%) | 피씨/NNG | 5 (1.7%) | 프린트/NNG | 4 (1.3%) | 비디오/NNG | 2 (1.1%) |
| 22 | 가입하/VV | 2 (1.2%) | 로보트/NNG | 4 (1.3%) | 로보트/NNG | 3 (1.0%) | 사이트/NNG | 2 (1.1%) |
| 23 | 연예인/NNG | 2 (1.2%) | 로봇/NNG | 4 (1.3%) | 포맷하/VV | 3 (1.0%) | 온라인/NNG | 2 (1.1%) |
| 24 | 로보트/NNG | 1 (0.6%) | 마우스02/NNG | 4 (1.3%) | 피씨방/NNG | 3 (1.0%) | 워드03/NNG | 2 (1.1%) |
| 25 | 로봇/NNG | 1 (0.6%) | 신문10/NNG | 4 (1.3%) | 가입하/VV | 2 (0.6%) | 인터넷하/VV | 2 (1.1%) |
| 26 | 버전/NNG | 1 (0.6%) | 카메라/NNG | 4 (1.3%) | 디지털/NNG | 2 (0.6%) | 컬러링/NNG | 2 (1.1%) |
| 27 | 비디오/NNG | 1 (0.6%) | 테레비/NNG | 4 (1.3%) | 비디오/NNG | 2 (0.6%) | 통신01/NNG | 2 (1.1%) |
| 28 | 사이버/NNG | 1 (0.6%) | 드라마/NNG | 3 (1.0%) | 비번(비밀번호)/NNG | 2 (0.6%) | 밧데리/NNG | 2 (1.1%) |
| 29 | 싸이버/NNG | 1 (0.6%) | 비번(비밀번호)/NNG | 3 (1.0%) | 아이템/NNG | 2 (0.6%) | 연예인/NNG | 2 (1.1%) |
| 30 | 알람/NNG | 1 (0.6%) | 시디01/NNG | 3 (1.0%) | 알람/NNG | 2 (0.6%) | 디카/NNG | 1 (0.6%) |
| 31 | 알림/NNG | 1 (0.6%) | 이메일/NNG | 3 (1.0%) | 알리/VV | 2 (0.6%) | 리모콘/NNG | 1 (0.6%) |
| 32 | 업그레이드/NNG | 1 (0.6%) | 텔레비/NNG | 3 (1.0%) | 액정02/NNG | 2 (0.6%) | 마우스02/NNG | 1 (0.6%) |
| 33 | 우표/NNG | 1 (0.6%) | 특집/NNG | 3 (1.0%) | 엠디/NNG | 2 (0.6%) | 메신저/NNG | 1 (0.6%) |
| 34 | 인터폰/NNG | 1 (0.6%) | 프로그램/NNG | 3 (1.0%) | 위성06/NNG | 2 (0.6%) | 모드02/NNG | 1 (0.6%) |
| 35 | 전송04/NNG | 1 (0.6%) | 화면05/NNG | 3 (1.0%) | 전화07기/NNG | 2 (0.6%) | 서버02/NNG | 1 (0.6%) |
| 36 | 전화번호/NNG | 1 (0.6%) | 게시판/NNG | 2 (0.7%) | 전화번호/NNG | 2 (0.6%) | 수신06/NNG | 1 (0.6%) |

| 순위 | 초등학교 저학년 | | 초등학교 고학년 | | 중학생 | | 고등학생 | |
|---|---|---|---|---|---|---|---|---|
| | 형태/품사 | 빈도(비율) | 형태/품사 | 빈도(비율) | 형태/품사 | 빈도(비율) | 형태/품사 | 빈도(비율) |
| 37 | 촬영/NNG | 1 (0.6%) | 네트워크/NNG | 2 (0.7%) | 정보06/NNG | 2 (0.6%) | 시디01/NNG | 1 (0.6%) |
| 38 | 캠(캠03)/NNG | 1 (0.6%) | 디비디/NNG | 2 (0.7%) | 주소01/NNG | 2 (0.6%) | 신문10/NNG | 1 (0.6%) |
| 39 | 캠코더/NNG | 1 (0.6%) | 서버02/NNG | 2 (0.7%) | 커뮤니티/NNG | 2 (0.6%) | 씨디/NNG | 1 (0.6%) |
| 40 | 코드03/NNG | 1 (0.6%) | 해킹하/VV | 2 (0.7%) | 커01/VV | 2 (0.6%) | 아이디/NNG | 1 (0.6%) |
| 41 | 테레비/NNG | 1 (0.6%) | 홈페이지/NNG | 2 (0.7%) | 텔레비전/NNG | 2 (0.6%) | 전파04/NNG | 1 (0.6%) |
| 42 | 통-12/NNB | 1 (0.6%) | 검색하/VV | 1 (0.3%) | 통신01/NNG | 2 (0.6%) | 전화기/NNG | 1 (0.6%) |
| 43 | 티브이/NNG | 1 (0.6%) | 동영상/NNG | 1 (0.3%) | 티브이/NNG | 2 (0.6%) | 전화박스/NNG | 1 (0.6%) |
| 44 | 티비/NNG | 1 (0.6%) | 메가/NNB | 1 (0.3%) | 프로그램/NNG | 2 (0.6%) | 접속자/NNG | 1 (0.6%) |
| 45 | 패치/NNG | 1 (0.6%) | 사이트/NNG | 1 (0.3%) | 피시방/NNG | 2 (0.6%) | 주소01/NNG | 1 (0.6%) |
| 46 | 프린트/NNG | 1 (0.6%) | 업그레이드/NNG | 1 (0.3%) | 다큐멘터리/NNG | 1 (0.3%) | 채널/NNG | 1 (0.6%) |
| 47 | 플래시/NNG | 1 (0.6%) | 엔터/NNG | 1 (0.3%) | 대표적/NNG | 1 (0.3%) | 출연02/NNG | 1 (0.6%) |
| 48 | 플레쉬/NNG | 1 (0.6%) | 옵션/NNG | 1 (0.3%) | 동영상/NNG | 1 (0.3%) | 카메라/NNG | 1 (0.6%) |
| 49 | 한컴/NNG | 1 (0.6%) | 이에쓰씨/NNG | 1 (0.3%) | 로봇/NNG | 1 (0.3%) | 캠03/NNG | 1 (0.6%) |
| 50 | 해킹해/VV | 1 (0.6%) | 정보06/NNG | 1 (0.3%) | 마우스02/NNG | 1 (0.3%) | 통화04/NNG | 1 (0.6%) |

　정보·통신 관련 어휘들에서는 초등학교 저학년부터 중학생까지 '컴퓨터'가 가장 많이 사용되었고, 고등학생 단계에서만 '전화07'에 이어 두 번째로 많이 사용되었다. 그 밖의 고빈도 어휘들은 학교급에 따라 다양하게 나타났는데, 초등학교 저학년에서는 '아이템, 텔레비전, 캠03, 전화07, 씨디'의 순으로, 초등학교 고학년 자료에서는 '인터넷, 아이디, 아이템, 티비'의 순으로, 중학생 자료에서는 '핸드폰, 연예인, 드라마, 인터넷, 전화07, 램05'의 순으로, 고등학생 자료에서는 '핸드폰, 전화하다, 인터넷, 라디오, 켜다01'의 순이었다. 이들 고빈도어는 모두 '컴퓨터, 인터넷, 전화, 텔레비전' 등과 관련한 어휘들이다.

　특징적으로, '신문10'이 초등학교 저학년 자료에서는 3.6%(6회), 초등학교 고학년 자료에서는 1.3%(4회), 중학생 자료에서는 2.2%(7회), 고등학생 자료에서는 0.6%(1회)로 학교급이 올라갈수록 감소하는 경향을 보였다. 반면에 '인터넷'은 초등학교 저학년 자료에서는 3%(5회), 초등학교 고학년 자료에서는 5.0%(15회), 중학생 자료에서는 5.1%(16회), 고등학생 자료에서는 5%(9회)로, 초등학교 고학년에서부터 빈도가 일정하게 유지되는 모습을 볼 수 있다.

## 4.1.2.15 언어

　언어 관련 어휘는 총 205개 형태가 2,861회 출현한 것으로 조사되었다. 학교급별 빈도순으로 50개까지의 어휘를 보이면 다음과 같다.

<표 4.75> 언어 관련 어휘의 고빈도 형태 목록(고빈도 형태 50개)

| 순위 | 초등학교 저학년 | | 초등학교 고학년 | | 중학생 | | 고등학생 | |
|---|---|---|---|---|---|---|---|---|
| | 형태/품사 | 빈도(비율) | 형태/품사 | 빈도(비율) | 형태/품사 | 빈도(비율) | 형태/품사 | 빈도(비율) |
| 1 | 말01하/VV | 85 (16.6%) | 애기/NNG | 109 (13.5%) | 말01/NNG | 190 (19.1%) | 말01/NNG | 102 (18.7%) |
| 2 | 애기하/VV | 61 (11.9%) | 말01하/VV | 106 (13.1%) | 말01하/VV | 137 (13.8%) | 말01하/VV | 73 (13.4%) |
| 3 | 말01/NNG | 50 (9.8%) | 말01/NNG | 94 (11.6%) | 애기/NNG | 86 (8.7%) | 애기/NNG | 62 (11.4%) |
| 4 | 애기/NNG | 47 (9.2%) | 애기하/VV | 55 (6.8%) | 점10/NNB | 62 (6.2%) | 애기하/VV | 58 (10.6%) |
| 5 | 점10/NNB | 33 (6.5%) | 읽/VV | 41 (5.1%) | 애기하/VV | 49 (4.9%) | 문자02/NNG | 23 (4.2%) |
| 6 | 이야기/NNG | 28 (5.5%) | 영어02/NNG | 32 (4.0%) | 영어02/NNG | 43 (4.3%) | 부르01/VV | 16 (2.9%) |
| 7 | 영어02/NNG | 22 (4.3%) | 부르01/VV | 24 (3.0%) | 대화06/NNG | 27 (2.7%) | 찍02/VV | 14 (2.6%) |
| 8 | 저04/MM | 14 (2.7%) | 수다01/NNG | 21 (2.6%) | 욕02/NNG | 26 (2.6%) | 대화06/NNG | 13 (2.4%) |
| 9 | 읽/VV | 12 (2.3%) | 점10/NNB | 19 (2.3%) | 저04/MM | 26 (2.6%) | 영어02/NNG | 12 (2.2%) |
| 10 | 이야기하/VV | 10 (2.0%) | 저04/MM | 18 (2.2%) | 묻03/VV | 21 (2.1%) | 문제06/NNG | 12 (2.2%) |
| 11 | 묻03/VV | 8 (1.6%) | 문제06/NNG | 15 (1.9%) | 부르01/VV | 21 (2.1%) | 묻03/VV | 11 (2.0%) |
| 12 | 엑스03/NNG | 8 (1.6%) | 묻03/VV | 14 (1.7%) | 국어01/NNG | 16 (1.6%) | 저04/MM | 10 (1.8%) |
| 13 | 별명01/NNG | 7 (1.4%) | 이야기/NNG | 14 (1.7%) | 읽/VV | 16 (1.6%) | 욕02/NNG | 8 (1.5%) |
| 14 | 뻥04/NNG | 6 (1.2%) | 국어01/NNG | 12 (1.5%) | 문제06/NNG | 16 (1.6%) | 연락02/NNG | 7 (1.3%) |
| 15 | 수다01/NNG | 6 (1.2%) | 에프05/NNG | 11 (1.4%) | 단어/NNG | 15 (1.5%) | 에이04/NNG | 6 (1.1%) |
| 16 | 국어01/NNG | 5 (1.0%) | 엑스03/NNG | 10 (1.2%) | 욕하/VV | 13 (1.3%) | 글씨/NNG | 5 (0.9%) |
| 17 | 부르01/VV | 5 (1.0%) | 욕하/VV | 9 (1.1%) | 점10/NNG | 13 (1.3%) | 뻥04/NNG | 5 (0.9%) |
| 18 | 알리/VV | 5 (1.0%) | 뻥04/NNG | 8 (1.0%) | 대화06허/VV | 11 (1.1%) | 질문/NNG | 5 (0.9%) |
| 19 | 부이(브이01)/NNG | 4 (0.8%) | 욕02/NNG | 8 (1.0%) | 이야기/NNG | 10 (1.0%) | 알리/VV | 5 (0.9%) |
| 20 | 짧/VA | 4 (0.8%) | 적01/VV | 8 (1.0%) | 쪽지/NNG | 9 (0.9%) | 국어01/NNG | 4 (0.7%) |
| 21 | 괴담/NNG | 3 (0.6%) | 접01/VV | 8 (1.0%) | 적01/VV | 8 (0.8%) | 이야기하/VV | 4 (0.7%) |
| 22 | 글씨/NNG | 3 (0.6%) | 알리/VV | 8 (1.0%) | 문자02/NNG | 8 (0.8%) | 점10/NNB | 4 (0.7%) |
| 23 | 대화06/NNG | 3 (0.6%) | 찍02/VV | 7 (0.9%) | 뻥04/NNG | 7 (0.7%) | 거짓말/NNG | 3 (0.5%) |
| 24 | 비28/NNG | 3 (0.6%) | 단어/NNG | 5 (0.6%) | 이야기하/VV | 6 (0.6%) | 씨(시19)/NNG | 3 (0.5%) |
| 25 | 욕02/NNG | 3 (0.6%) | 에이04/NNG | 5 (0.6%) | 접01/VV | 6 (0.6%) | 연락02하/VV | 3 (0.5%) |
| 26 | 일기12/NNG | 3 (0.6%) | 이르02/VV | 5 (0.6%) | 거짓말/NNG | 5 (0.5%) | 욕02하/VV | 3 (0.5%) |
| 27 | 적01/VV | 3 (0.6%) | 전설04/NNG | 5 (0.6%) | 대답하/VV | 5 (0.5%) | 자음01/NNG | 3 (0.5%) |
| 28 | 수수께끼/NNG | 3 (0.6%) | 한마디/NNG | 5 (0.6%) | 언어01/NNG | 5 (0.5%) | 헛소리/NNG | 3 (0.5%) |
| 29 | 거짓말/NNG | 2 (0.4%) | 문자02/NNG | 5 (0.6%) | 에이04/NNG | 5 (0.5%) | 글/NNG | 2 (0.4%) |
| 30 | 단모음/NNG | 2 (0.4%) | 집03/NNB | 5 (0.6%) | 구라/NNG | 4 (0.4%) | 꼬리말/NNG | 2 (0.4%) |
| 31 | 대화06하/VV | 2 (0.4%) | 대꾸01/NNG | 4 (0.5%) | 씨(시19)/NNG | 4 (0.4%) | 대화06하/VV | 2 (0.4%) |
| 32 | 똑똑01/MAG | 2 (0.4%) | 사투리/NNG | 4 (0.5%) | 어휘02/NNG | 4 (0.4%) | 디귿/NNG | 2 (0.4%) |
| 33 | 반말/NNG | 2 (0.4%) | 어쩔(어떤)/MM | 4 (0.5%) | 말투/NNG | 4 (0.4%) | 머리말/NNG | 2 (0.4%) |
| 34 | 말01하/VV | 2 (0.4%) | 이야기하/VV | 4 (0.5%) | 글/NNG | 3 (0.3%) | 발음01/NNG | 2 (0.4%) |
| 35 | 발표01/NNG | 2 (0.4%) | 저쩌/VV | 4 (0.5%) | 글자/NNG | 3 (0.3%) | 소문02/NNG | 2 (0.4%) |
| 36 | 뻥까/VV | 2 (0.4%) | 낱말02/NNG | 3 (0.4%) | 명02/NNG | 3 (0.3%) | 씨발/NNG | 2 (0.4%) |
| 37 | 소문내/VV | 2 (0.4%) | 단06/NNG | 3 (0.4%) | 설명하/VV | 3 (0.3%) | 언어01/NNG | 2 (0.4%) |
| 38 | 씨(시19)/NNG | 2 (0.4%) | 답장/NNG | 3 (0.4%) | 연락02/NNG | 3 (0.3%) | 에프05/NNG | 2 (0.4%) |
| 39 | 알아듣/VV | 2 (0.4%) | 비28/NNG | 3 (0.4%) | 오15/NNG | 3 (0.3%) | 음성02/NNG | 2 (0.4%) |
| 40 | 연락02하/VV | 2 (0.4%) | 상담01/NNG | 3 (0.4%) | 의사소통/NNG | 3 (0.3%) | 읽/VV | 2 (0.4%) |
| 41 | 영문03/NNG | 2 (0.4%) | 일기12/NNG | 3 (0.4%) | 이25/NNG | 3 (0.3%) | 히읗/NNG | 2 (0.4%) |

| 순위 | 초등학교 저학년 | | 초등학교 고학년 | | 중학생 | | 고등학생 | |
|---|---|---|---|---|---|---|---|---|
| | 형태/품사 | 빈도(비율) | 형태/품사 | 빈도(비율) | 형태/품사 | 빈도(비율) | 형태/품사 | 빈도(비율) |
| 42 | 접01/VV | 2 (0.4%) | 토막01/NNG | 3 (0.4%) | 지르03/VV | 3 (0.3%) | 거부02/NNG | 1 (0.2%) |
| 43 | 문제06/NNG | 2 (0.4%) | 저쩌구/MAG | 3 (0.4%) | 찍02/VV | 3 (0.3%) | 거짓말하/VV | 1 (0.2%) |
| 44 | 찍02/VV | 2 (0.4%) | 조사30하/VV | 3 (0.4%) | 거짓말하/VV | 2 (0.2%) | 글자/NNG | 1 (0.2%) |
| 45 | 귓속말/NNG | 1 (0.2%) | 짧/VA | 3 (0.4%) | 답변/NNG | 2 (0.2%) | 다시05/NNG | 1 (0.2%) |
| 46 | 글/NNG | 1 (0.2%) | 찌르/VV | 3 (0.4%) | 반말/NNG | 2 (0.2%) | 단어/NNG | 1 (0.2%) |
| 47 | 글자/NNG | 1 (0.2%) | 괴담/NNG | 2 (0.2%) | 발음01/NNG | 2 (0.2%) | 답장/NNG | 1 (0.2%) |
| 48 | 답장/NNG | 1 (0.2%) | 구라/NNG | 2 (0.2%) | 상담01/NNG | 2 (0.2%) | 대답/NNG | 1 (0.2%) |
| 49 | 띠디딩/MAG | 1 (0.2%) | 글자/NNG | 2 (0.2%) | 수다01/NNG | 2 (0.2%) | 대답하/VV | 1 (0.2%) |
| 50 | 띠리딩/MAG | 1 (0.2%) | 느낌표/NNG | 2 (0.2%) | 스펠링/NNG | 2 (0.2%) | 말01시키/VV | 1 (0.2%) |

학교급별 출현 어휘를 보면, 모든 학교급에서 '말01, 말01하다, 얘기, 얘기하다, 영어02'가 고빈도로 사용되고 있어, 이들이 언어 관련 어휘의 핵심어임을 알 수 있다. 그리고 '영어02'가 초등학생과 중학생 단계에서는 4%의 비율을 유지하며 고빈도로 사용되다가 고등학생 단계에서 2%대로 감소하는 것도 특징적인 현상이다. 대신 고등학생 단계에서는 '문자02'가 4.2%의 비율로 사용되어 초등학교 고학년(0.6%)이나 중학생(0.8%)과 큰 차이를 보인다. 즉, 초등학생과 중학생이 구어 중심의 언어생활을 하는 반면, 고등학생의 경우에는 문어가 언어생활에서 차지하는 비중이 그만큼 크다는 것을 미루어 짐작할 수 있다.

## 4.1.2.16 종교·믿음

종교·믿음과 관련한 어휘는 총 50개의 형태가 180회 출현한 것으로 조사되었다. 학교급별 빈도순으로 전체 형태 목록을 보이면 다음과 같다.

<표 4.76> 종교·믿음 관련 어휘의 형태 목록

| 순위 | 초등학교 저학년 | | 초등학교 고학년 | | 중학생 | | 고등학생 | |
|---|---|---|---|---|---|---|---|---|
| | 형태/품사 | 빈도(비율) | 형태/품사 | 빈도(비율) | 형태/품사 | 빈도(비율) | 형태/품사 | 빈도(비율) |
| 1 | 귀신01/NNG | 21(25.9%) | 귀신01/NNG | 24(34.3%) | 귀신01/NNG | 2(20.0%) | 교회02/NNG | 9(45.0%) |
| 2 | 악마02/NNG | 10(12.3%) | 부처님/NNG | 6(8.6%) | 교회02/NNG | 1(10.0%) | 운06/NNG | 2(10.0%) |
| 3 | 교회02/NNG | 8(9.9%) | 주술사/NNG | 6(8.6%) | 스님/NNG | 1(10.0%) | 청년부/NNG | 2(10.0%) |
| 4 | 타04/VV | 5(6.2%) | 산신령/NNG | 4(5.7%) | 인상01/NNG | 1(10.0%) | 귀신01/NNG | 1(5.0%) |
| 5 | 돼지꿈/NNG | 4(4.9%) | 주문03/NNG | 3(4.3%) | 정신12/NNG | 1(10.0%) | 신부04님/NNG | 1(5.0%) |
| 6 | 유령02/NNG | 3(3.7%) | 진실02/NNG | 3(4.3%) | 제21/XPN | 1(10.0%) | 예배/NNG | 1(5.0%) |
| 7 | 집사02/NNG | 3(3.7%) | 가부좌/NNG | 2(2.9%) | 줏대03/NNG | 1(10.0%) | 재수01/NNG | 1(5.0%) |
| 8 | 천사05/NNG | 3(3.7%) | 교회02/NNG | 2(2.9%) | 행운02/NNG | 1(10.0%) | 정신12/NNG | 1(5.0%) |
| 9 | 선녀01/NNG | 2(2.5%) | 악마02/NNG | 2(2.9%) | 황룡/NNG | 1(10.0%) | 지옥/NNG | 1(5.0%) |
| 10 | 성경03/NNG | 2(2.5%) | 점03쟁이/NNG | 2(2.9%) | | | 진실02/NNG | 1(5.0%) |
| 11 | 십자가/NNG | 2(2.5%) | 혼02/NNG | 2(2.9%) | | | | |

| 순위 | 초등학교 저학년 | | 초등학교 고학년 | | 중학생 | | 고등학생 | |
| --- | --- | --- | --- | --- | --- | --- | --- | --- |
| | 형태/품사 | 빈도(비율) | 형태/품사 | 빈도(비율) | 형태/품사 | 빈도(비율) | 형태/품사 | 빈도(비율) |
| 12 | 정신12/NNG | 2(2.5%) | 신09/NNG | 1(1.4%) | | | | |
| 13 | 찬송가/NNG | 2(2.5%) | 염라대왕/NNG | 1(1.4%) | | | | |
| 14 | 하나님/NNG | 2(2.5%) | 운06/NNG | 1(1.4%) | | | | |
| 15 | 흡혈귀/NNG | 2(2.5%) | 유령02/NNG | 1(1.4%) | | | | |
| 16 | 공력04/NNG | 1(1.2%) | 인어01/NNG | 1(1.4%) | | | | |
| 17 | 기신(귀신01)/NNG | 1(1.2%) | 인연03/NNG | 1(1.4%) | | | | |
| 18 | 목탁/NNG | 1(1.2%) | 장45/XSN | 1(1.4%) | | | | |
| 19 | 불사신/NNG | 1(1.2%) | 절01/NNG | 1(1.4%) | | | | |
| 20 | 산신령/NNG | 1(1.2%) | 정신12/NNG | 1(1.4%) | | | | |
| 21 | 운06/NNG | 1(1.2%) | 지옥/NNG | 1(1.4%) | | | | |
| 22 | 은혜/NNG | 1(1.2%) | 천사05/NNG | 1(1.4%) | | | | |
| 23 | 인어01/NNG | 1(1.2%) | 하나님/NNG | 1(1.4%) | | | | |
| 24 | 천지01/NNG | 1(1.2%) | 하늘나라/NNG | 1(1.4%) | | | | |
| 25 | 하느님/NNG | 1(1.2%) | 혼령02/NNG | 1(1.4%) | | | | |

위 표를 보면, 초등학생 단계에서는 25개의 형태가 사용된 반면, 중학생과 고등학생 단계에는 종교와 믿음 관련 어휘에 속하는 것이 10개 이내로 극히 소수 형태만이 사용되었다. 학교급별 사용 어휘를 살펴보면, 초등학교 저학년 자료에서는 '귀신01, 악마02, 교회02, 타다04, 돼지꿈, 유령02' 순으로 자주 나타나고, 초등학교 고학년 자료에서는 '귀신01, 부처님, 주술사, 산신령' 순으로 자주 나타났다. 중학생 자료에서는 '귀신01, 미스테리'가, 고등학생 자료에서는 '교회02, 운06, 청년부' 등이 2회 이상 나타났다. 초등학생 자료에서 나타난 '인어, 염라대왕, 산신령, 흡혈귀' 등의 어휘는 초등학생들이 흔히 접하는 만화나 동화에 영향을 받아 사용된 것으로 보이며, 중학생 이상에서 이러한 어휘는 더 이상 사용되지 않았다.

# 4.2 의미 유형별 어휘 사용의 학교급 간 추이

여기에서는 의미 유형별 고빈도 형태에 따라 이들 형태가 어느 시기에 주로 사용되고 그 사용 양상이 얼마나 지속되는지를 살펴보기로 한다. 이를 위해서 초·중·고 학교급별 고빈도 형태를 대상으로 고빈도 어휘 목록을 만들고,[6] 이 고빈도 형태들을 각 학교급 간에 공통으로 사용되는 유형과 특정 학교급에만 한정되어 사용하는 유형으로 구분하여, 전자를 '지속 유형'으로, 후자를 '한정 유형'으로 부를 것이다. 이를 통해 각 형태가 자주 사용되기 시작하는 시기와 사용이 줄어드는 시기, 그리고 학교급별 고빈도 어휘들의 의미적 특성을 파악하게 될 것이다.

## 4.2.1 존재론적 분류에 따른 어휘 유형별 학교급 간 추이

### 4.2.1.1 사물

사물 관련 어휘는 '인간, 동물, 식물, 무생물, 추상물'로 구분하고, 이들 각 유형별 고빈도 형태의 학교급별 사용 양상에 대해 알아본다.

#### (1) 인간

인간 관련 어휘 형태는 학교급별 고빈도 사용 어휘 100개 목록을 추출한 결과, 모두 205개의 서로 다른 형태들이 사용되었다. 이를 사용 학교급 구간별로 보이면 다음과 같다.

---

[6] 학교급별 고빈도순 형태 목록의 수는 의미의 하위 유형에 따라 달라진다. 사용 형태가 많을 경우, 분석 대상 어휘를 100개 또는 50개로 한정하고, 그 수가 적을 경우는 사용 형태 모두를 대상으로 한다.

〈표 4.77〉 학교급 구간별 고빈도 인간 관련 어휘의 형태 목록과 수(205개)

| 유형 | 사용 학교급 | | | | 형태 | 형태 수 (비율) |
|---|---|---|---|---|---|---|
| | 초저 | 초고 | 중 | 고 | | |
| 지속 | ● | ● | ● | ● | 가수11, 가족01, 걔, 그01, 나03, 남01, 남자02, 내04, 내14, 너01, 너희, 네08, 놈01, 누02, 누구, 누나01, 눈01, 니05, 다리01, 동생01, 머리01, 목01, 몸무게, 바보, 반10, 발01, 사람, 선생01님04, 살01, 아빠, 아줌마, 애02, 애기01, 얘03, 언니, 얼굴01, 엄마, 여자02, 오빠, 우리03, 의사12, 이05, 이30, 이모02, 자기04, 쟤, 지05, 친구02, 팀01, 형01, 피02, 혼자01 | 52  (25.4%) |
| | ● | ● | ● | | 사회07, 선수05, 손01, 인간01, 입, 조15, 짱02, 친척, 코01, 할머니 | 10  (4.9%) |
| | ● | ● | | | 고모01, 귀01, 귀신01, 부15, 사촌, 아들, 아저씨, 저03, 타자02, 팔01 | 10  (4.9%) |
| | | ● | ● | ● | 끼리, 목소리, 배01, 아이01, 지(자기04), 차06 | 6  (2.9%) |
| | | ● | ● | | 부모01님04, 수련06회14, 연예인 | 3  (1.5%) |
| | | | ● | ● | 담임, 병신03, 성적02 | 3  (1.5%) |
| 한정 | ● | | | | 간호사, 거인01, 골키퍼, 군사01, 목숨, 반장08, 방구02, 별명01, 삼촌, 삼춘01, 손바닥, 수재민, 쌍둥이, 씨07, 아기01, 오줌, 외할아버지, 위인01, 유치부, 저희01, 종아리, 주부03, 집사02님04, 짝꿍, 처녀, 초보01, 할아버지, 회장07 | 28  (13.7%) |
| | | ● | | | 거서관(거서간), 검사03, 고등학생, 노인01, 눈썹, 대머리01, 대학생, 마법사, 몸01, 바람둥이, 부대08, 선비01, 씨09, 아버지, 영웅01, 왕04, 욕심쟁이, 자매03, 전사20, 주술사, 주인01, 주인공, 짭새, 형아02, 회원 | 25  (12.2%) |
| | | | ● | | 개그맨, 거상03, 공무원, 남02, 녀01, 녀석, 누구누구, 눈물01, 대두06, 따02, 똘추, 마디01, 멀대, 박사01, 부자08, 뼈, 사범03, 손가락, 시아버지, 애자(장애자), 여드름, 영재03, 영화배우, 자신01, 장수09, 장애인, 지존02, 탤런트, 턱01, 투수01, 피부02, 학생, 형제01 | 33  (16.1%) |
| | | | | ● | 갑(동갑01), 개새끼, 개인02, 검색사, 고삼02, 교수님, 그룹01, 그지(거지01), 근육, 기인02, 남동생, 남녀, 님(임01), 단합회, 딸01, 또라이, 무리01, 물배01, 변성기02, 상처02, 서기05, 선생01, 신경04, 써클(서클), 연상02, 연하01, 자식01, 좆, 첫인상, 커플, 컨설턴트, 폐인01, 표정03, 회계사01, 후배06 | 35  (17.1%) |

〈비율 = 구간별 고빈도 형태 수/초·중·고 고빈도 총 형태 수 *100〉

인간 관련 어휘의 경우, 초등학교 저학년부터 고등학교까지 지속적으로 사용되는 형태는 총 52개로 나타났다. 이는 초등학교 저학년에 사용된 고빈도 형태 100개 가운데 52%를 고등학생도 자주 사용한다는 말이다. 이들을 의미 면에서 살펴보면, '나03, 내04, 너01, 네08, 니05' 등의 1·2인칭 대명사와, '엄마, 아빠, 동생, 언니, 형' 등의 가족 관계 어휘, '친구, 선생님' 등의 사회적 관계 어휘들로 구성되어 있다. 가족 관계 어휘 중에서도 직계 친족에 대한 어휘와 '친구, 선생님' 등 초·중·고등학생의 일상생활과 밀접하게 관련을 지니는 인간 관계에 대한 어휘가 대부분을 차지한다. 이런 어휘는 여러 담화 상황에서 사용되는 기초 어휘에 해당한다고 볼 수 있다.

특정 학교급에서만 사용되는 한정 유형의 경우 고빈도로 관찰되는 형태들은 121개로 전체 출현 형태 205개의 절반을 넘고 있다. 학교급별로 살펴보면, 초등학교 저학년과 고학년 각각 28개, 25개이고, 중학교 33개, 고등학교 35개로 학교급이 올라갈수록 증가하는 추세를 보인다. 이러한 수치와 경향은 모든 학교급에서 공통으로 사용하는 기초 어휘의 성격을 지닌 형태들에 비하여 각 학교급별로 유독 자주 사용되는 어휘들이 일정 비율로 존재하며, 이러한 비율은 상급 학교 내지 인간 연령의 어느 단계까지는 높아지는 것을 보여준다. 한정 유형 어휘 형태의 인지 의미적 특성을 보면, 중학교와 고등학교 단계에서는 '사범03, 부대08, 공무원, 개그맨, 탤런트, 컨설턴트' 등 직업과 관련한 형태들이 많았고, '써클, 후배06, 단합회, 회원' 등 사회적 관계에 대한 어휘들이 다수 포함되어 있어서 나이가 많아질수록 사회적 관계의 확장이 이루어지고 있음을 알 수 있다.

### (2) 동물

동물 관련 어휘에 포함되는 형태 가운데 학교급별 50개 목록을 추출하여 정리한 결과, 고빈도 형태는 110개가 조사되었다. 학교급 구간별로 그 사용 양상을 보이면 다음과 같다.

〈표 4.78〉 학교급 구간별 고빈도 동물 관련 어휘의 형태 목록과 수(110개)

| 유형 | 사용 학교급 | | | | 형태 | 형태 수 (비율) |
|---|---|---|---|---|---|---|
| | 초저 | 초고 | 중 | 고 | | |
| 지속 | | | | | 가슴01, 눈01, 다리01, 닭, 돼지, 말05, 머리01, 목01, 목숨, 발01, 뼈, 살01, 새끼02, 생쥐, 이빨, 피02, 햄스터 | 17 (15.5%) |
| | | | | | 강아지, 개03, 곰03, 독수리, 동물, 똥개, 메뚜기02, 펭귄, 호랑이 | 9 (8.2%) |
| | | | | | 개구리, 개미03, 병아리, 새03, 알01, 토끼 | 6 (5.5%) |

| 유형 | 사용 학교급 | | | | 형태 | 형태 수 (비율) |
|---|---|---|---|---|---|---|
| | 초저 | 초고 | 중 | 고 | | |
| | | ✓ | ✓ | ✓ | 땀01, 배01, 벌레01, 엉덩이, 참치01, 허리01 | 6 (5.5%) |
| | | ✓ | ✓ | | 눈깔, 눈물01, 몸01, 쥐02, 지렁이, 코끼리 | 6 (5.5%) |
| | | | ✓ | ✓ | 간08, 갈비01, 근육, 마디01, 모기01, 신경04, 피부02 | 7 (6.4%) |
| 한정 | ✓ | | | | 거미02, 고양이, 곰돌이, 구더기01, 늑대, 다리뼈, 라이거, 멧돼지, 발바닥, 뱀, 벌03, 삐약이, 애완02, 오줌, 진돗개, 참새01, 황구03 | 17 (15.5%) |
| | | ✓ | | | 갯지렁이, 게01, 꽁지, 꽃게, 눈알, 다람쥐, 등01, 미라01, 바퀴벌레, 상아01, 소03, 잡종, 조개01, 킹크랩, 타조02, 해파리 | 16 (14.5%) |
| | | | ✓ | | 공룡, 기린02, 깃털, 꼬리01, 꽃뱀, 꿀돼지, 내장06, 대가리01, 두더지01, 볼01, 비둘기, 사자11, 오징어, 원숭이, 턱01 | 15 (13.6%) |
| | | | | ✓ | 가죽01, 대장균, 목젖, 상처02, 수컷, 숨01, 쓸개, 암컷, 영계01, 하마05, 혀01 | 11 (10.0%) |

〈비율 = 구간별 고빈도 형태 수/초·중·고 고빈도 총 형태 수 *100〉

위 표를 보면, 초등학교 저학년부터 고빈도로 나타난 '가슴01, 눈01, 다리01, 닭, 돼지, 말05, 머리01, 목01, 목숨, 발01, 뼈, 살01, 새끼02, 생쥐, 이빨, 피02, 햄스터' 등 17개의 어휘는 다른 학교급에서도 고빈도어 50개의 목록에 포함된다. 이는 초등학교 저학년에서 사용된 고빈도어 50개 가운데 약 34.0%를 고등학생도 자주 사용함을 말해 준다. 그리고 이는 동물 관련 고빈도 어휘 110개 중에서 15.5%를 차지한다. 이들의 의미를 보면, '강아지, 돼지, 눈01, 다리01, 머리01, 목01, 발01, 살01, 새끼02' 등처럼 인간에게 가장 친숙한 동물이거나 동물 신체의 한 부분을 가리킨다는 특성이 있다.

특정 학교급에서만 사용되는 한정 유형은 총 59개로 전체 형태 110개 중 53.6% 이상을 차지하고 있다. 이들은, 초등학교 저학년, 초등학교 고학년, 중학생의 경우, 모두 해당 학교급의 고빈도어 50개 가운데 30% 이상을 차지하는 수준이었고, 고등학교에서는 26%로 다소 줄어 차이를 보인다. 이러한 경향은 내용에서도 나타나는데, 초등학교 저학년과 고학년, 중학생에서 단독으로 출현하는 어휘들은 '갯지렁이, 거미02, 게01, 비둘기, 사자11' 등처럼 동물의 다양한 하위 유형에 대한 어휘가 사용되고 있고, 고등학교에서의 어휘는 하위 부류의 어휘 대신 '수컷, 암컷, 대장균'처럼 성별에 관한 것이나 미생물을 가리키는 것들이 포함되어 있다.

### (3) 식물

식물 관련 어휘에 들어가는 형태는 그 수가 많지 않으므로 전체 출현 형태 59개 모두를 대상으로 하여 사용 양상을 살펴보기로 한다.

〈표 4.79〉 학교급 구간별 고빈도 식물 관련 어휘의 형태 목록과 수(59개)

| 유형 | 사용 학교급 | | | | 형태 | 형태 수 (비율) |
|---|---|---|---|---|---|---|
| | 초저 | 초고 | 중 | 고 | | |
| 지속 | ▨ | ▨ | ▨ | ▨ | 과일01, 딸기, 버섯02, 수박01 | 4 (6.8%) |
| | ▨ | ▨ | ▨ | | 감01, 꽃01, 장미05, 참외01, 포도06 | 5 (8.5%) |
| | ▨ | ▨ | | | 나무01, 당근02, 식물02, 잎01 | 4 (6.8%) |
| | | ▨ | | | 풀02 | 1 (1.7%) |
| | | ▨ | ▨ | | 꽃다발, 무02 | 2 (3.4%) |
| | | | | ▨ | 없음 | 0 (0.0%) |
| 한정 | ▨ | | | | 가시나무, 가지01, 단감01, 목련01, 민들레, 바나나, 복숭아, 스트로베리, 은행03, 은행나무, 인삼, 튤립 | 12 (20.3%) |
| | | ▨ | | | 감자01, 귤, 김03, 끈끈이주걱, 네잎클로버, 도토리, 미역02, 백합03, 벚꽃, 상추01, 수술01, 싹01, 알타리, 오이01, 토마토, 호박01 | 16 (27.1%) |
| | | | ▨ | | 고구마, 고추01, 단풍01, 레몬, 밤02, 배03, 배추01, 뽕나무, 산딸기, 장미꽃, 줄기01 | 11 (18.6%) |
| | | | | ▨ | 땅콩, 야채, 콩01, 키위02 | 4 (6.8%) |

〈비율 = 구간별 고빈도 형태 수 / 초·중·고 고빈도 총 형태 수 * 100〉

위 표에서, 초등학교 저학년부터 고등학교까지 지속적으로 출현한 어휘는 '과일01, 딸기, 버섯02, 수박01' 4개로, 초등학교 저학년의 고빈도 어휘 중 6.8%에 해당한다. 이들은 우리가 일상에서 아주 쉽게 접할 수 있는 식물들이다. 식물 중에서도 '나무01'나 '꽃01'이 가장 원형적 성격을 지닌 어휘임에도 불구하고, '나무01'가 초등학생의 고빈도어로만 나타나고, '꽃01'이 초등학교 저학년에서부터 중학교까지만 고빈도어로 나타난다. 이에 비해서 '과일01, 딸기, 수박01'이 고등학교까지 공통적으로 사용된다는 것은 식생활에 관련된 어휘가 그 밖의 어휘들에 비해 더 중요하게 다루어짐을 보여주는 것이 아닌가 한다.

식물 관련 어휘는 지속적 사용을 보이는 어휘의 비율이 낮은 것과는 달리 특정 학교급에서만 사용되는 어휘는 식물 관련 어휘 형태 총 59개 중 48개로 81.4% 이상을 차지하고 있다. 각 학교급별로 보면, 초등학교 저학년이 20.3%, 초등학교 고학년이 27.1%로 높아지다가 중학교 18.6%, 고등학교 6.8%로 떨어지는 추세를 보인다. 내용을 보면, 동물 관련 어휘와 마찬가지로 식물 관련 하위 유형에 대한 어휘가 활발히 나타나는 현상을 보이고 있다. 한편, 초등학교 저학년의 '민들레, 복숭아, 목련01' 등이나 초등학교 고학년에서 나타난 형태인 '끈끈이주걱, 수술01' 등과 같이 교과서 등에서 흔히 접하는 어휘가 학교급이 낮을수록 그대로 반영되는 양상이 있다면, 학교급이 높을수록 그러한 성향이 점차 줄어듦을 알 수 있다.

### (4) 무생물

무생물 관련 어휘에 속하는 형태 가운데 학교급별로 고빈도 사용 어휘 100개를 추출하여 종합한 결과 총 256개의 서로 다른 형태가 나타났다. 무생물 관련 어휘들을 사용 학교급 구간별로 보이면 다음과 같다.

〈표 4.80〉 학교급 구간별 고빈도 무생물 관련 어휘의 형태 목록과 수(256개)

| 유형 | 사용 학교급 | | | | 형태 | 형태 수 (비율) |
|---|---|---|---|---|---|---|
| | 초저 | 초고 | 중 | 고 | | |
| 지속 | ▨ | ▨ | ▨ | ▨ | 거01, 녹음기, 눈04, 돈01, 돌02, 리본, 마이크, 만화책, 문04, 물01, 뭐, 반지02, 사진07, 선물03, 선풍기, 옷01, 용돈, 이거01, 저거01, 전화07, 책01, 카드, 컴퓨터, 핸드폰 | 24 (9.4%) |
| | ▨ | ▨ | ▨ | | 공01, 불01, 시계01, 신문10, 씨디(시디01), 연필, 자전거, 장갑01, 줄01, 창문, 피아노01 | 11 (4.3%) |
| | ▨ | ▨ | | | 금06, 동18, 목걸이01, 무기05, 바이올린, 비행기, 요거01, 의자03, 인형01, 잠바, 쩌거(저거01), 총03, 칼01, 텔레비, 허수아비 | 15 (5.9%) |
| | | ▨ | ▨ | ▨ | 거02, 교과서, 라디오, 렌즈, 마우스02, 비01, 비디오, 신발, 안경03, 이것, 종이01, 티비(티브이) | 12 (4.7%) |
| | | ▨ | ▨ | | 로봇, 문제집, 십자수, 줄넘기 | 4 (1.6%) |
| | | | ▨ | ▨ | 공책01, 남방01, 바람01, 바지01, 버스02, 정장04 | 6 (2.3%) |
| 한정 | ▨ | | | | 가위01, 강철, 검03, 고리01, 고무줄, 그물01, 금메달, 금상05, 껍데기, 난로01, 도끼01, 동메달, 드릴, 딱지04, 띠01, 로켓02, 립스틱, 맵, 멜로디언, 못01, 물건, 백구02, 봉지06, 스케치북01, 스티커, 신문지, 쌍절봉, 은04, 자동차, 잡지, 장농, 장롱, 지구본, 지도03, 철갑, 칠판, 침대02, 캠03, 커튼, 탬버린, 통장02, 팽이01, 폭탄, 한복, 해골 | 45 (17.6%) |
| | | ▨ | | | 가스탄, 갑옷, 거, 골대, 도장17, 딱지01, 때02, 로봇, 마패, 모자08, 목검, 민증, 바늘, 별거01, 보호막, 사복04, 시디01, 양탄자, 용암02, 이젤, 자14, 자판기, 장기13, 저것, 제기01, 주전자, 지우개, 진흙, 책상01, 첫눈02, 촛불, 축구화, 카메라, 컬링, 컵, 파일03, 피씨(피시03) | 37 (14.5%) |

| 유형 | 사용 학교급 | | | | 형태 | 형태 수 (비율) |
|---|---|---|---|---|---|---|
| | 초저 | 초고 | 중 | 고 | | |
| | | | | | 간판02, 거울01, 골프채, 교복01, 기름기, 기타02, 꼬리표, 냉장고, 담배, 동복01, 동전05, 라이터, 램05, 레이스01, 롤러블레이드, 매직03, 목도리, 무테, 미니02, 보청기, 본전04, 볼펜02, 봉투02, 비누, 빠따(방망이01), 뺑뺑이01, 상자10, 샤프02, 성적표, 셋트(세트), 시골집, 신제품, 알람, 액정02, 앨범, 엠디, 엠피(엠피쓰리), 엠피쓰리, 외제05, 요금01, 용지03, 쪽지, 페이지, 폭죽, 프린터, 프린트, 합본02, 핵, 화면05 | 49 (19.1%) |
| | | | | | 강물, 공문서, 구두01, 구들장, 금니01, 기계07, 기름01, 김01, 꼴대(골대), 내용물, 농약, 다리미, 담배꽁초, 도시락, 도청기, 드레스, 디카, 런닝머신, 리모콘, 매01, 먼지01, 메모리, 면바지, 명함, 몽둥이, 문서, 반바지, 반팔, 밧데리, 방석, 벤치, 벨소리, 소화기03, 수험표, 식권, 실01, 악기05, 에어, 엘리베이터, 용품01, 워드03, 이것저것, 잠옷, 차트, 청바지, 치마01, 커버, 컴퍼스, 케이스01, 팩03, 펜01, 풍선02, 피시03 | 53 (20.7%) |

<비율 = 구간별 고빈도 형태 수 / 초·중·고 고빈도 총 형태 수 * 100>

지속 유형의 경우, 초등학교 저학년에서부터 고등학교까지 공통적으로 사용되는 형태는 총 24개로 나타났다. 즉 초등학교 저학년에서 고빈도로 사용되던 형태 중 24%가 고등학교까지 자주 사용된다는 말이다. 지속 유형의 예로는 '이거01, 저거01'의 사물 지시 대명사, '옷01, 바지, 정장' 등의 의복 관련 어휘, '용돈, 책01, 문제집' 등의 학업 관련 어휘, '전화07, 컴퓨터, 핸드폰' 등 통신기기 관련 어휘들로 모두 일상생활이나 학생들의 관심사와 관련이 깊은 사물들이 많다.

한정 유형은 총 184개로 전체 형태 256개 중 71.9%를 차지한다. 특정 학교급별로는 초등학교 저학년·고학년, 중학생 각각 해당 학교급의 고빈도 100개 형태 중 30~50%가 단독 사용된 형태였으며, 고등학생은 53%라는 높은 비율로 단독 사용 형태를 사용하고 있었다. 또한, 무생물 관련 어휘의 고빈도 형태 256개 중 약 9.4%만이 초등학교부터 상급 학교까지의 지속적 사용을 보여, 무생물 관련 어휘에서는 지속 유형보다 한정 유형이 더 많음을 알 수 있다. 각 학교급에서만 사용하는 형태들도 의미적인 차이가 보인다. 초등학생 자료에서는 '스케치북01, 스티커, 탬버린, 딱지01, 지우개' 등 학용품과 관련한 어휘, '마우스02, 맵, 갑옷, 골대, 쌍절봉, 축구화' 등 게임, 운동과 관련한 어휘들이 다수 보여, 초등학생의 학교 생활에 필요한 도구나 재료가 무엇인지, 취미 활동으로는 무엇을 하는지 등을 알 수 있었다. 반면에 중고등학교 자료에서는 학교생활 가운데에서도 중고등학교에서만 볼 수 있는 '교복01, 동복01, 정학' 등과 '고학년, 수험표'와 같이 시험과 관련된 어휘들을 볼 수 있다. 또한 '담배, 라이터' 등 청소년에게 금기시되는 어휘들은 초등학생과 중고등학생의 생활과 문화의 차이를 보여준다.

### (5) 추상물

추상물과 관련하여 이러한 어휘 부류의 고빈도 사용 형태를 학교급별로 100개씩 추출하여 종합한 결과 총 216개의 형태가 나타났다. 학교급을 기준으로 그 사용 양상을 표로 보이면 다음과 같다.

〈표 4.81〉 학교급 구간별 고빈도 추상물 관련 어휘의 형태 목록과 수(216개)

| 유형 | 사용 학교급 | | | | 형태 | 형태 수 (비율) |
|---|---|---|---|---|---|---|
| | 초저 | 초고 | 중 | 고 | | |
| 지속 | ■ | ■ | ■ | ■ | 게임, 국어01, 그림01, 글씨, 노래01, 대화06, 마음01, 만화10, 말01, 머(뭐), 메일, 미술, 비밀, 사실04, 생각01, 수학05, 시험03, 아무01, 얘기, 어느01, 영어02, 영화01, 욕02, 음악01, 이름, 인터넷, 일01, 자리01, 잠01, 장난, 점10, 정도11, 줄04, 직업, 초등학교, 춤01, 키01, 평가03 | 38 (17.6%) |
| | ■ | ■ | ■ | | 과목02, 과학, 기술01, 대학교, 레벨01, 사회07, 스포츠, 신문10, 아이디, 이야기, 조15, 코스 | 12 (5.6%) |
| | ■ | ■ | | | 꿈01, 대회02, 뜻, 마법, 부15, 수다01, 아이템, 엑스03, 여행02, 퀴즈, 파일03, 파티, 필살기, 희망, 힘01 | 15 (6.9%) |
| | | ■ | ■ | ■ | 맘01, 문자02, 문제06, 수업04, 숙제03, 에이04, 운동02, 재수03, 주제04, 중학교, 차이, 편지02 | 12 (5.6%) |
| | | | ■ | ■ | 고사09, 내용02, 단어, 우리나라, 째즈(재즈), 한자02 | 6 (2.8%) |
| | | | | ■ | 고등학교, 녹음03, 능력02, 대학01, 방송01, 수능, 시작01, 식04, 싸가지, 인문01계16, 체육, 필요 | 12 (5.6%) |
| 한정 | ■ | | | | 가이가이보(가위바위보), 경시09, 곱셈, 공기01, 괴담, 교통01, 구구단, 금02, 기초06, 낙서03, 데생, 받아쓰기, 법01, 부이(브이01), 분수06, 비28, 상25, 소꿉장난, 소원04, 수수께끼, 악마02, 오목02, 원자02, 유령02, 일기12, 제목02, 종족02, 쩌거(저거1), 차례01, 캐릭터, 코스, 프로04 | 32 (14.8%) |
| | | ■ | | | 결혼, 계급02, 고장11, 나머지, 뉴스, 대꾸01, 대신03, 동요02, 렙(레벨01), 렙02, 사투리, 사항02, 산신령, 에너지, 에프05, 연극, 인기01, 자신02, 재미01, 전설04, 점수06, 중간고사, 쿵쿵따, 포맷, 필살기, 학예회, 힘01 | 27 (12.5%) |
| | | | ■ | | 값, 검도02, 과학고, 국가01, 끝말, 내신01, 드라마, 모15, 목적03, 목표, 문과01, 상고08, 성적04, 실업계, 씨에이, 약속, 연기10, 이과05, 장애02, 적성05, 전교01, 점10, 짓01, 타입02, 평가03, 한자02, 흥미 | 27 (12.5%) |
| | | | | ■ | 감기04, 거02, 계열, 과04, 교육, 군대02, 대상11, 락06, 멋01, 문학01, 미대03, 발라드, 벌칙, 부탁, 비형04, 성질, 소설03, 실험, 씨(시19), 아르바이트, 에이형, 연구03, 유18, 이상09, 인사02, 일급01, 일러스트, 자료03, 전문대, 점심, 차비02, 축제01, 팝, 편지02, 한식04 | 35 (16.2%) |

〈비율 = 구간별 고빈도 형태 수 / 초·중·고 고빈도 총 형태 수 * 100〉

위 표에 따르면, 추상물 관련 어휘에서 초등학교 저학년부터 지속적으로 고빈도 사용을 보인 형태는 38개이다. 즉 초등학교 저학년에서부터 고빈도로 사용된 100개 형태 중 38개가 고등학교까지 사용된 것이다. 또한, 추상물 관련 어휘들의 고빈도 형태 216개 중 약 17.6%가 초등학생 시기부터 자주 사용됨을 알 수 있다. 이들 어휘를 내용적으로 살펴보면, '국어01, 글씨, 대화06, 말01, 영어02' 등 언어에 대한 어휘, '게임, 만화10, 영화01' 등 취미에 대한 어휘, '시험03, 평가03, 수학05' 등의 학습 관련 어휘들이 주를 이루었다.

한편, 한정 유형에 속하는 형태 목록은 총 121개로, 216개의 절반 정도에 해당한다. 학교급별로 보면, 초등학교 저학년은 32%, 고학년은 27%, 중학생은 27%, 고등학생은 35%로, 고등학생 단계에서만 고빈도로 사용하는 형태 비율이 다른 학교급에 비해 약간 높았다. 한정 유형의 어휘들을 보면 학교급별 특징이 분명하게 드러난다. 초등학교 저학년이 사용하는 형태들은 '가이가이보(가위바위보), 공기, 소꿉장난, 오목, 수수께끼, 장난' 등 놀이에 대한 것과 '받아쓰기, 곱셈, 구구단' 등 학습과 관련된 것이 많다. 반면에 고등학생은 '군대02, 미대03, 전문대' 등의 제도, '문학01, 소설03, 발라드, 팝, 일러스트' 등 예술 분야에 대한 어휘들이 주로 사용되고 있다. 동일한 추상물 관련 어휘라 하더라도 초등학교 저학년이 구체적인 놀이나 기초 학습에 대한 어휘를 많이 사용한다면, 고등학생은 추상성이 높은 어휘들을 사용하고 있다.


### 4.2.1.2 동태

다음에는 '동작(행위), 인지, 지각'으로 하위 구분한, 동태 관련 어휘들을 살펴보기로 한다.

#### (1) 동작(행위)

동작(행위) 관련 어휘에 포함되는 형태들 가운데 고빈도 어휘를 학교급별로 100개씩 추출하여 종합한 결과, 총 154개의 형태가 나타났다.[7] 이를 사용 학교급 기준에 따라 분류하고 그 양상을 표로 나타내 보면 다음과 같다.

---

[7] 동작(행위) 관련 어휘 가운데 본동사와 보조동사로 분류되는 형태는 하나의 형태로 처리하여 기술한다.

〈표 4.82〉 학교급 구간별 고빈도 동작 관련 어휘의 형태 목록과 수(154개)

| 유형 | 사용 학교급 | | | | 형태 | 형태 수 (비율) |
|---|---|---|---|---|---|---|
| | 초저 | 초고 | 중 | 고 | | |
| 지속 | ■ | ■ | ■ | ■ | 가다01, 가지다, 갖다01, 걸리다01, 공부01, 그러다, 끝나다, 나다01, 나가다, 나오다, 내다02, 넣다, 놀다01, 놓다01, 다니다, 들다01, 들어가다01, 들어오다, 때리다01, 떨어지다, 만나다, 만들다, 말01하다, 말다03, 먹다02, 묻다03, 받다01, 버리다01, 빼다01, 사다, 살다01, 생기다, 싸우다, 쏘다01, 쓰다01, 쓰다03, 앉다, 얘기하다, 오다01, 웃기다, 이러다, 입다01, 자다01, 잘02하다, 잡다01, 전화07, 좋아하다, 주다01, 죽다01, 지나다, 짜증나다, 타다02, 풀다, 하다01 | 54 (35.1%) |
| | ■ | ■ | ■ | | 끊다, 맞다03, 뽑다, 울다01, 읽다, 치다02 | 6 (3.9%) |
| | ■ | ■ | | | 그리다02, 깔다, 던지다, 들다04, 만지다 어쩌다01, 열다02, 올라가다, 이기다01, 지다03, 키우다 | 11 (7.1%) |
| | | ■ | ■ | ■ | 공부01하다, 넘다01, 달다05, 물어보다, 미치다01, 보내다, 부르다01, 사귀다, 시작01하다, 시험03, 싫어하다, 있다01, 죽이다01 | 13 (8.4%) |
| | | ■ | ■ | | 끄다01, 배우다01, 빌리다, 일어나다 | 4 (2.6%) |
| | | | ■ | ■ | 녹음03, 담임, 대다01, 대화06, 바뀌다, 벌다02, 수업04, 욕02, 웃다, 찾다 | 10 (6.5%) |
| 한정 | ■ | | | | 가르치다01, 가져오다, 걸어가다, 괴롭히다, 깨다02, 나누다, 낳다01, 닫다02, 닳다01, 따르다01, 떨리다01, 막다01, 맞추다01, 박다01, 받아쓰기, 불나다, 뽀뽀하다, 뿌러지다(부러지다), 싸다02, 이야기하다, 틀리다 | 21 (13.6%) |
| | | ■ | | | 결혼하다, 누르다01, 달다05, 돌다, 떨다01, 모으다, 연습하다, 혼나다 | 8 (5.2%) |
| | | | ■ | | 고치다01, 꺼지다01, 내려가다, 녹음되다, 대하다02, 빠지다01, 씹다01, 야구02, 올리다01, 욕하다, 운동02 | 11 (7.1%) |
| | | | | ■ | 구하다01, 깨지다, 내리다01, 녹음하다, 뜨다01, 마르다01, 바꾸다, 버리다01, 붙다, 일하다, 전화하다, 지내다01, 찍다02, 취업, 켜다01, 팔다 | 16 (10.4%) |

〈비율 = 구간별 고빈도 형태 수 / 초·중·고 고빈도 총 형태 수 * 100〉

　　동작(행위) 관련 어휘들 중에서 전체 학교급에서 모두 고빈도로 나타난 어휘의 수는 54개이다. 이는 초등학교 저학년에 사용한 어휘 100개 중 54%를 고등학교까지 사용한다는 것을 말해준다. 이는 동작(행위) 관련 어휘의 고빈도 어휘 154개 가운데 35.1%에 해당하는 수치로, 동작(행위) 관련 어휘의 경우 비교적 이른 시기에 사용한 어휘가 지속적으로 사용되는 비율이 높음을 보여준다. 내용면에서 볼 때, 이 고빈도 형태들은 '가다01, 오다01, 나가다, 나오다, 다니다' 등의 이동 동사, '말01하다, 얘기하다' 등의 언어 행위 동사, '먹다02, 자다01, 입다01' 등의 의식주와 관련한 기본 동사 등 일상생활에서 일어나는 기본적 활동과 관련한 어휘들이 대부분이다. 그 밖의 어휘로는 '좋아하다, 짜증나다' 등의 감정 동사도 관찰된다.

한정 유형의 고빈도 어휘는 모두 56개로 전체 출현 형태 154개의 36.4%를 차지한다. 이들 중 초등학교 저학년과 고등학생의 어휘는 20%와 16%의 비율을 보이고, 초등학교 고학년과 중학생의 어휘는 이보다 낮은 비율인 8%와 9%를 보이고 있다. 즉 동작(행위) 관련 어휘에서는 초등학교 저학년과 고등학교 단계에서만 사용하는 어휘가 다른 학교급에 비해 많은 것이다. 의미 관점에서 보면, 초등학교 저학년 단계는 '가르치다, 괴롭히다, 나누다, 뽀뽀하다' 등 인간관계를 기반으로 하는 어휘들과 '걸어가다, 놓다, 닦다, 박다01' 등 단순 동작 중심의 어휘들이 주를 이루었다. 이에 반해 고등학생 단계에서는 '구하다01, 전화하다, 일하다, 취업' 등 소통이나 일과 관련한 어휘들이 주로 사용되어 차이를 보인다.

## (2) 인지

인지 관련 어휘에 드는 형태는 사용 형태 수가 많지 않으므로 전체 출현 형태 52개를 대상으로 사용 학교급 구간에 따른 사용 양상을 제시한다.

〈표 4.83〉 학교급 구간별 고빈도 인지 관련 어휘의 형태 목록과 수(52개)

| 유형 | 사용 학교급 | | | | 형태 | 형태 수 (비율) |
| --- | --- | --- | --- | --- | --- | --- |
| | 초저 | 초고 | 중 | 고 | | |
| 지속 | ▨ | ▨ | ▨ | ▨ | 궁금01하다, 기억02, 까먹다, 모르다, 몰르다(모르다), 생각01, 생각01하다, 생각나다, 알다, 알아듣다, 외우다01 | 11 (21.2%) |
| | ▨ | ▨ | ▨ | | 계산01, 무식하다, 무지07하다, 알아내다, 잊다01, 추억 | 6 (11.5%) |
| | ▨ | ▨ | | | 기억나다 | 1 (1.9%) |
| | | ▨ | ▨ | ▨ | 기억02하다, 알아보다, 의식03하다, 이해06 | 4 (7.7%) |
| | | ▨ | ▨ | | 계산하다, 암기02 | 2 (3.8%) |
| | | | ▨ | ▨ | 곱02하다, 비05하다, 예상02 | 3 (5.8%) |
| 한정 | ▨ | | | | 깨닫다, 상상07, 이문(의문02) | 3 (5.8%) |
| | | ▨ | | | 고려01, 더하기, 명상04, 믿기다, 상상07하다, 알아맞추다, 오해02, 이상12하다, 착각03 | 9 (17.3%) |
| | | | ▨ | | 감안02, 궁금(궁금01하다), 연관06, 연상13하다, 의문02, 이해06하다, 잊어버리다, 짐작, 추리04 | 9 (17.3%) |
| | | | | ▨ | 개념, 이해06되다, 착각하다, 파악01 | 4 (7.7%) |

〈비율 = 구간별 고빈도 형태 수 / 초·중·고 고빈도 총 형태 수 * 100〉

  인지 관련 어휘들 중에서 초등학교 저학년부터 고등학교까지 지속적으로 사용하는 형태는 모두 11개이다. 인지 관련 어휘의 전체 형태 52개 중에서 이러한 형태들이 차지하는 비율은 21.2%로 가장 높은 비율을 보인다. 이들을 내용적인 측면에서 살펴보면, '기억02, 생각01, 생각하다, 중요하다, 궁금하다, 알다, 모르다, 외우다01' 등은 기본적인 인지나 학습과 관련한 어휘라는 것으로 특성화된다.

  이에 비해 한정 유형의 어휘 수는 모두 25개로 전체 형태 52개의 48.1%를 차지한다. 특히 이 중에서 가장 많은 형태 수를 보인 학교급은 초등학교 고학년과 중학교이며, 이들 학교급에서 사용한 어휘로는 '명상04, 상상하다, 착각03' 등 가상적 정보에 대한 인지 활동을 지시하는 것들이었다.


## (3) 지각

  지각 관련 어휘에 드는 형태의 수는 24개이며, 그 수가 많지 않기 때문에 조사에서 나타난 전체 어휘를 대상으로 사용 학교급 구간에 따른 양상을 살펴보기로 한다.

〈표 4.84〉 학교급 구간별 고빈도 지각 관련 어휘의 형태 목록과 수(24개)

| 유형 | 사용 학교급 | | | | 형태 | 형태 수 (비율) |
|---|---|---|---|---|---|---|
| | 초저 | 초고 | 중 | 고 | | |
| 지속 | ▨ | ▨ | ▨ | ▨ | 듣다01, 들리다03, 바(보01)다, 보다01, 보이다01, 알아듣다, 찾아보다, 쳐다보다 | 8 (33.3%) |
| | ▨ | ▨ | | ▨ | 듣기, 들려주다 | 2 (8.3%) |
| | ▨ | ▨ | | | 없음 | 0 (0.0%) |
| | ▨ | | ▨ | ▨ | 구경01하다, 느끼다02 | 2 (8.3%) |
| | ▨ | | ▨ | | 없음 | 0 (0.0%) |
| | ▨ | | | ▨ | 없음 | 0 (0.0%) |
| 한정 | ▨ | | | | 뵈다01, 실감, 쐬다01 | 3 (12.5%) |
| | | ▨ | | | 관찰01하다, 도청06, 발견01하다 | 3 (12.5%) |
| | | | ▨ | | 관찰01, 구경01, 돌아보다, 실감하다, 예감03 | 5 (20.8%) |
| | | | | ▨ | 무의식적 | 1 (4.2%) |

〈비율 = 구간별 고빈도 형태 수 / 초·중·고 고빈도 총 형태 수 * 100〉

　지각 관련 어휘는 모든 학교급에서 사용하는 형태의 비율이 33.3%로 나타났고, 그 형태의 수는 모두 8개이다. 여기에 해당되는 어휘의 사례를 보이면, '듣다01, 들리다03, 바(보01)다, 보다01, 보이다01, 알아듣다, 찾아보다, 쳐다보다'가 있다. 이들은 '듣다01'과 '보다01'에 파생 또는 합성 형식으로 구성된 형태들로, '듣다01, 보다01'가 가장 핵심적인 지각 관련 어휘 부류의 기본 어휘로 파악된다.

　한편, 한정 유형의 어휘 형태 수는 총 12개로 전체 가운데 50%를 차지한다. 초등학교 저학년·고학년, 중학생 각각 3~5개의 형태 수를 보였고, 고등학생은 1개의 형태만이 나타났다. 이들은 '관찰01, 관찰하다, 발견01하다, 도청06'처럼 앞에서 기본 어휘라고 했던 '보다01, 듣다01'가 지닌 의미에 지각 행위의 목적, 방법 등의 의미가 더해진 한자어가 다수였다.

### 4.2.1.3 정태

　다음은 정태 관련 어휘에 대해 살펴보기로 한다. 정태 관련 어휘는 '성상, 감각, 가치·정서·심리, 정도'로 하위 구분된다.

#### (1) 성상

　성상 관련 어휘에 속하는 형태들 가운데 학교급별 고빈도 사용 형태 100개씩을 추출하여, 이를 종합한 결과 188개의 서로 다른 형태들이 사용된 것으로 나타났다. 성상 관련 어휘를 그것이 사용되는 학교급의 구간별로 보이면 다음과 같다.

〈표 4.85〉 학교급 구간별 고빈도 성상 관련 어휘의 형태 목록과 수(188개)

| 유형 | 사용 학교급 | | | | 형태 | 형태 수 (비율) |
|---|---|---|---|---|---|---|
| | 초저 | 초고 | 중 | 고 | | |
| 지속 | ▨ | ▨ | ▨ | ▨ | 가까이, 가깝다, 같다, 같이, 괜히, 그냥, 그렇다, 그렇게, 꼭03, 넓다, 높다, 늦다, 다르다01, 되다01, 딱02, 딱03, 똑같이, 막02, 많다, 많이, 바로02, 비슷02하다, 빠르다, 빨갛다, 새06, 새로, 세다03, 소리01, 아프다, 어떻다, 어리03다, 없다01, 완전01, 완전히, 이렇다, 이렇게, 이상12하다, 이케, 일루01, 있다01, 작다01, 잘02, 정말01, 조용히, 진짜, 쭉, 참01, 크다01 | 49 (26.1%) |
| | ▨ | ▨ | ▨ | | 겨우, 동그랗다, 드럽(더럽)다, 막01, 색깔, 쎄(세03)다, 짝(작01)다, 쫙, 초록색 | 9 (4.8%) |
| | ▨ | ▨ | | | 무겁다, 색03, 수다01, 약하다01, 저리01, 짧다, 탁01, 파랗다, 팍01, 하얀색, 확02 | 11 (5.9%) |

| 유형 | 사용 학교급 | | | | 형태 | 형태 수 (비율) |
|---|---|---|---|---|---|---|
| | 초저 | 초고 | 중 | 고 | | |
| 한정 | | ▨ | ▨ | ▨ | 가만히, 그만02, 길다02, 깨끗하다, 늙다, 몰래01, 솔직히, 열심히, 이만03하다, 자연01스럽다, 제대로, 조용01하다, 진짜로, 툭01, 특히 | 15 (8.0%) |
| | | ▨ | ▨ | | 그대로, 느리다01, 조그맣다 | 3 (1.6%) |
| | | | ▨ | ▨ | 가만, 대빵, 대충01, 따로, 뚱뚱02하다, 멀다02, 살짝01, 어트게(어떻게), 은근히, 일부러 | 10 (5.3%) |
| | ▨ | | | | 검은색, 검정01, 그(그렇)다, 깊다, 까만색, 깨갱, 꼬부랑01, 쩨꼬닥, 노랑01, 달르(다르01)다, 동그라미, 두껍다, 듬뿍, 따그닥, 따르릉, 땡02, 똑똑01, 분홍01, 불량01, 빨간색, 삐, 새롭다, 소이(소리01), 솔직하다, 순01, 유식01하다, 천천히, 황금색, 희한하다 | 29 (15.4%) |
| | | ▨ | | | 건강03하다, 검다02, 골고루, 낮다, 높이01, 대머리01, 섹시가이, 완벽01하다, 이만큼, 일02, 저쩌구, 정상02, 주로01, 쩍(적02)다, 푹01, 하늘색, 하얗다 | 17 (9.0%) |
| | | | ▨ | | 가볍다, 간당간당, 강하다02, 굉장히, 급하다, 꽉, 네모나다, 노랗다, 다혈질, 더럽다, 망가지다, 맴맴01, 미니02, 분명히, 불황01, 빽, 심각02하다, 요만03하다, 일케(이렇게), 최악, 희다 | 21 (11.2%) |
| | | | | ▨ | 갈색, 굳다01, 그럭저럭, 긍정, 까맣다, 깜짝02, 꼴01, 달랑02, 드물다, 따(딱02), 또라이, 멀리01, 바쁘다, 반드시, 밝다, 복잡하다, 뻔하다02, 뾰족, 소형03, 위험하다, 유명01하다, 적다02, 쪼끄맣다, 확실히 | 24 (12.8%) |

〈비율 = 구간별 고빈도 형태 수 / 초·중·고 고빈도 총 형태 수 * 100〉

위 표에 나타난 결과를 살펴보면, 초등학교 저학년에서 고등학교까지 지속된 출현을 보이는 어휘는 49개이다. 이는 초등학교 저학년에 고빈도로 사용된 100개 가운데 49%가 고등학교에서도 자주 사용된다는 것을 의미한다. 그리고 성상 관련 고빈도 형태 188개 중 26.1%가 모든 학교급에서 지속적으로 사용하고 있는 것으로 조사되었다. 이러한 어휘들로는 넓이, 높이, 양, 부피를 나타내는 '넓다, 높다, 많다, 크다01' 등이 있는데, 이들은 모두 각 측량 차원의 무표적 성격을 지닌 어휘들이라는 점이 특징적이다. 그리고 고빈도 어휘 목록에는 '같다'와 '다르다'도 포함되는데, 이들은 공통 속성의 유무를 판별하는 것이어서 비교적 다른 성상 어휘에 비해 의미가 단순하여 고빈도로 사용된 것으로 보인다.

한편, 한정 유형의 어휘는 각 학교급별로 출현 형태 수에서 크게 차이가 났는데 초등학교 저학년은 29개, 초등학교 고학년은 17개, 중학교와 고등학교는 각각 21개와 24개의 형태가 단독으로 사용되었다. 이들을 모두 합하면 91개로, 성상 관련 어휘의 고빈도 형태 수인 전체

188개의 48.4%에 해당한다. 특정 학교급에서만 사용되는 어휘들은 대개 의성어와 의태어이고, 초등학교 저학년은 색깔과 관련한 형태가 여럿 눈에 띈다.

### (2) 감각

감각 관련 어휘에 속하는 형태는 수가 많지 않아 전체 47개를 대상으로 각 형태가 사용되는 학교급의 구간별로 제시하면 다음과 같다.

〈표 4.86〉 학교급 구간별 고빈도 감각 관련 어휘의 형태 목록과 수(47개)

| 유형 | 사용 학교급 | | | | 형태 | 형태 수 (비율) |
|---|---|---|---|---|---|---|
| | 초저 | 초고 | 중 | 고 | | |
| 지속 | ▨ | ▨ | ▨ | ▨ | 느낌, 덥다01, 따뜻하다, 맛01, 맛없다, 맛있다, 배고프다, 시끄럽다, 춥다 | 9 (19.1%) |
| | ▨ | ▨ | ▨ | | 느끼01하다, 달다07 | 2 (4.3%) |
| | ▨ | ▨ | | | 마렵다 | 1 (2.1%) |
| | | ▨ | ▨ | ▨ | 간지럽다, 뜨겁다, 시원01하다, 썰렁하다 | 4 (8.5%) |
| | | ▨ | ▨ | | 없음 | 0 (0.0%) |
| | | | ▨ | ▨ | 배부르다 | 1 (2.1%) |
| 한정 | ▨ | | | | 맵다, 색칠, 으시시하다, 짜다03, 차갑다 | 5 (10.6%) |
| | | ▨ | | | 간질01거리다, 고프다, 따갑다, 써늘하다, 직감, 찐득찐득하다, 필11 | 7 (14.9%) |
| | | | ▨ | | 끈적끈적하다, 따듯하다, 뜻뜻(뜨뜻)하다, 목마르다, 몽롱하다, 부드럽다, 시원01, 저리다01, 차디차다, 포근하다, 푹신01하다 | 11 (23.4%) |
| | | | | ▨ | 가렵다, 감각02, 눅눅하다, 맛있(멋있)다, 배불르(배부르)다, 졸렵다 | 6 (12.8%) |

〈비율 = 구간별 고빈도 형태 수 / 초·중·고 고빈도 총 형태 수 * 100〉

초등학교 저학년부터 지속적인 사용 경향을 보이는 형태는 총 9개로 감각 관련 고빈도 형태의 19.1%에 해당한다. 여기에 초등학교 고학년부터 고등학생까지 사용된 형태를 더하면 총 14개로 고빈도 형태의 29.8%에 달한다. 즉, 감각 관련 고빈도 형태는 초등학생 단계에서 사용되어 고등학생 단계까지 꾸준히 사용되는 형태는 전체의 1/3가량이라는 말이다. 이러한 어휘에는 피부 감각을 나타내는 '덥다01, 춥다, 따뜻하다', 미각을 나타내는 '맛01, 맛없다, 맛있다', 청각을 나타내는 '시끄럽다' 등이 있다.

한편, 한정 유형의 어휘 수는 모두 29개로 전체 고빈도 형태 47개의 61.7%에 해당한다. 학교급별로 어휘의 수를 보면, 초등학교 저학년은 5개, 고학년은 7개, 중학생은 11개, 고등학생은 6개로, 중학생 단계에서 단독 사용된 형태 수가 가장 많았다. 중학생이 사용하는 형태는 주로 촉각과 관련한 것들이다.

### (3) 가치·정서·심리

가치·정서·심리 관련 어휘에 속하는 형태는 학교급별 고빈도 사용 어휘를 50개씩 목록화한 후, 이를 종합하여 총 86개의 고빈도 어휘를 추출하였다. 이들 고빈도 형태가 사용되는 학교급의 구간을 표로 제시해 보면 다음과 같다.

〈표 4.87〉 학교급 구간별 고빈도 가치·정서·심리 관련 어휘의 형태 목록과 수(86개)

| 유형 | 사용 학교급 | | | | 형태 | 형태 수 (비율) |
|---|---|---|---|---|---|---|
| | 초저 | 초고 | 중 | 고 | | |
| 지속 | ○ | ○ | ○ | ○ | 괜찮다, 귀엽다, 귀찮다, 나쁘다01, 낫다02, 다른, 당연03하다, 당연히01, 따른(다른), 딴03, 똑같다, 똑같이, 멋있다, 무섭다, 비싸다, 쉽다, 싫다01, 심심01하다, 심하다, 어렵다, 예쁘다, 이쁘다, 재미없다, 재미있다, 재밌다, 좋다01, 지겹다, 착하다, 친하다, 힘들다 | 30 (37.5%) |
| | ○ | ○ | ○ | | 못생기다, 불쌍하다, 신기14하다 | 3 (3.8%) |
| | ○ | ○ | | | 고맙다01, 못04하다(형), 싸다05 | 3 (3.8%) |
| | | ○ | ○ | | 못하다, 미안01하다, 슬프다, 어색02하다, 잘못, 편하다 | 6 (7.5%) |
| | | ○ | | | 아깝다 | 1 (1.3%) |
| | | | ○ | ○ | 못04하다(동), 부럽다, 상관없다, 어이없다, 지랄, 황당하다 | 6 (7.5%) |
| 한정 | ○ | | | | 가난01하다, 감동적, 다행, 대단01하다, 똑똑02하다, 마찬가지, 멀쩡하다, 부끄럽다, 뻔01하다, 엄청나다, 잔인하다, 재미나다, 지저분하다, 치사01하다 | 14 (17.5%) |
| | | ○ | | | 공평01하다, 꾸리(구리)다, 더하다, 모자라다, 시시02하다, 야비, 잘생기다, 쪽팔리다 | 8 (10.0%) |
| | | | ○ | | 가식적, 곤란하다, 띠껍(티껍)다, 소중01하다, 잘나다, 추하다01, 허접02 | 7 (8.8%) |
| | | | | ○ | 당황스럽다, 민망02하다, 반갑다, 별02, 불편01하다, 자상01하다, 즐겁다, 친절하다 | 8 (10.0%) |

〈비율 = 구간별 고빈도 형태 수 / 초·중·고 고빈도 총 형태 수 * 100〉

가치·정서·심리 관련 어휘들 중에서 초등학교부터 고등학교까지 지속적으로 사용된 어휘 형태는 모두 30개로 집계된다. 이는 초등학교 저학년에 고빈도로 사용한 어휘 중 60%를 상급 학교에서도 꾸준히 사용하고 있다는 것을 말한다. 그리고 이는 가치·정서·심리 관련 고빈도 형태 86개 중 37.5%라는 비교적 높은 비율이다. 구체적인 형태를 들어보면, '좋다01, 나쁘다01, 재미있다, 재미없다, 귀엽다, 예쁘다, 착하다, 친하다, 힘들다, 멋있다' 등이었는데, 이들 형태는 일상생활에서 주관적인 평가를 할 때 흔히 사용하는 어휘들로, '가치·정서·심리' 관련 어휘의 기본 어휘에 해당한다고 하겠다.

특정 학교급에서만 사용하는 형태는 모두 37개로 전체 출현 형태 86개의 43%에 해당하는 수준이다. 특징적인 현상은 초등학교 저학년과 다른 학교급과의 형태 수가 크게 다르다는 것이다. 초등학교 저학년만 사용하는 형태는 14개나 되었는데, 그 밖의 학교급에서는 7~8개로 차이가 있다.

### (4) 정도

정도 관련 어휘에 속하는 형태 수는 총 74개로, 각 형태가 사용되는 학교급 구간을 표시하여 표로 나타내면 다음과 같다.[8]

〈표 4.88〉 학교급 구간별 고빈도 정도 관련 어휘의 형태 목록과 수(74개)

| 유형 | 사용 학교급 | | | | 형태 | 형태 수 (비율) |
|---|---|---|---|---|---|---|
| | 초저 | 초고 | 중 | 고 | | |
| 지속 | ▨ | ▨ | ▨ | ▨ | 가장01, 거의01, 꽤01, 너무01, 대게(되게), 더01, 되게, 디게(되게), 맨01, 보통, 아예, 아주01, 엄청, 열나, 열라, 전부05, 제일04, 젤, 조금01, 존나, 짱02, 쩨일(제일04), 쪼금, 쪼끔, 쫌02, 훨(훨씬) | 26 (35.1%) |
| | ▨ | ▨ | ▨ | | 다03, 대따, 디따 | 3 (4.1%) |
| | ▨ | ▨ | | | 쩰(젤), 쬐끔, 하두(하도01) | 3 (4.1%) |
| | | ▨ | ▨ | ▨ | 넘(너무01), 약간, 워낙, 조금씩, 좆나, 최고02, 훨씬 | 7 (9.5%) |
| | | ▨ | ▨ | | 너무나, 매우01, 졸라02, 충분히 | 4 (5.4%) |
| | | | ▨ | ▨ | 개12, 보다02, 쫌(좀02) | 3 (4.1%) |
| 한정 | ▨ | | | | 더욱더, 조까(조금01), 짜금(조금01), 쬐금, 쬠(조금01) | 5 (6.8%) |

---

8 하나의 형태가 명사와 부사로 쓰인 경우는 하나의 형태로 처리하여 기술한다.

| 유형 | 사용 학교급 | | | | 형태 | 형태 수 (비율) |
|---|---|---|---|---|---|---|
| | 초저 | 초고 | 중 | 고 | | |
| 한정 | | ▨ | | | 극05, 대개02, 디개(되게), 연나(열라), 좃빠, 줌(좀02), 쪼끔씩, 쪼끔쪼끔씩, 하이04 | 9 (12.2%) |
| | | | ▨ | | 극치04, 대부분, 욘나게, 조끔씩(조금씩), 조또, 캡짱 | 6 (8.1%) |
| | | | | ▨ | 대개(되게), 데게(되게), 욘나, 욜라, 잔뜩, 좀니, 즘(좀02), 최대한 | 8 (10.8%) |

〈비율 = 구간별 고빈도 형태 수 / 초·중·고 고빈도 총 형태 수 * 100〉

정도 관련 어휘는 모든 학교급에서 꾸준히 사용되는 형태가 총 26개로, 전체 정도 관련 형태의 35.1%라는 높은 비율을 보인다. 이들 형태에는 '가장01, 너무01, 더01, 되게, 아주01' 등과, '대게, 디게, 쪼금, 젤' 등의 구어형이 다수 포함되었으며, '열나, 열라, 존나, 짱02' 등의 비속한 표현도 포함되어 있다. 이 밖에 초등학교 고학년부터 고등학교까지 사용하는 어휘도 7개나 되었는데, 이를 앞서 설명한 26개와 합치면, 총 33개로 전체 고빈도 형태의 42.3%에 달한다.

특정 학교급에서만 사용하는 어휘는 총 28개로, 전체 정도 관련 어휘 형태의 37.8%에 해당하는데 학교급별로는 초등학교 고학년이 9개로 가장 많았고, 나머지 학교급은 5~8개였다. 그러나 사용된 형태 대부분이 발음의 변이형이어서 진정한 의미의 형태의 증가라고 보기는 어렵다.

## 4.2.1.4 공간

공간 관련 어휘는 '위치, 지역(지명), 우주·추상 공간, 시설'로 구분한다. 여기에 포함되는 어휘들의 목록과 사용상의 변화 추이를 살펴보기로 한다.

### (1) 위치

위치 관련 어휘에 속하는 형태는 학교급별로 고빈도로 나타난 50개씩의 목록을 통해 추출하고 이를 종합하여 88개의 형태로 목록화하였다. 어휘가 사용되는 학교급 구간을 중심으로 표로 나타내면 다음과 같다.

〈표 4.89〉 학교급 구간별 고빈도 위치 관련 어휘의 형태 목록과 수(88개)

| 유형 | 사용 학교급 | | | | 형태 | 형태 수 (비율) |
|---|---|---|---|---|---|---|
| | 초저 | 초고 | 중 | 고 | | |
| 지속 | ▨ | ▨ | ▨ | ▨ | 가운데, 간10, 거기01, 군데, 그쪽, 데01, 뒤01, 밑01, 밖, 사이01, 속01, 안01, 앞, 여기01, 옆, 요기01, 위01, 장소05, 저기01, 저쪽, 중간01, 쩌기(저기01), 쪽05, 한쪽 | 24 (27.3%) |
| | ▨ | ▨ | ▨ | | 곳01, 구멍, 땅01, 바깥, 여기, 이쪽02, 집안01 | 7 (8.0%) |
| | ▨ | ▨ | | | 입구02 | 1 (1.1%) |
| | | ▨ | ▨ | ▨ | 곁01, 근처, 면05, 아래01, 여06 | 5 (5.7%) |
| | | ▨ | ▨ | | 거꾸로, 구석01, 바닥01, 일로01 | 4 (4.5%) |
| | | | ▨ | ▨ | 없음 | 0 (0.0%) |
| 한정 | ▨ | | | | 거꿀로(거꾸로), 그기(거기01), 남04, 남동, 뒷장02, 북06, 여쪽(요쪽), 요쪽, 위쪽, 틈01 | 10 (11.4%) |
| | | ▨ | | | 구석탱이, 국경01, 뒷자리, 반대쪽, 부문06, 부분01, 사방03, 안쪽, 야외, 양쪽, 율루(율로), 좌우01, 중심01, 칸01, 호실01 | 15 (17.0%) |
| | | | ▨ | | 공간05, 그(거기01), 내09, 눈길01, 눈높이01, 뒷(뒤01), 상02, 수중02, 안밖(안팎), 안팎, 옆쪽, 오른쪽, 외04, 하04 | 14 (15.9%) |
| | | | | ▨ | 명당, 여기저기, 외곽01, 주변04, 주위02, 중부03, 쩔(저리01), 현장03 | 8  (9.1%) |

〈비율 = 구간별 고빈도 형태 수 / 초·중·고 고빈도 총 형태 수 * 100〉

위 표를 보면, 위치 관련 어휘 중 초등학교 저학년의 고빈도 형태 50개 가운데 24개가 이후 학교급에서도 계속적으로 사용되고 있음을 알 수 있다. 즉 초등학교 저학년 단계에서 사용한 위치 관련 어휘의 고빈도 형태 중 48%를 고등학교 단계에서도 자주 사용하는 것이다. 그리고 이들 형태는 위치 관련 어휘 부류의 고빈도 형태 88개 중 27.3%에 해당하는 것으로 비교적 높은 비율을 차지하고 있다. 구체적인 형태를 제시하면, '앞, 뒤01, 옆, 가운데, 중간, 위01' 등 방향을 가리키는 어휘와 '거기01, 여기01, 요기01, 저기01' 등 지시어를 포함한 단어들이 있다.

특정 학교급에서만 나타난 형태는 모두 47개로 전체 고빈도 어휘의 절반이 약간 넘는 비중을 차지하고 있다. 이들 중에서 초등학교 고학년과 중학생이 각각 15개, 14개로 가장 다양한 어휘를 사용하는 것으로 나타났다. 이에 비해 초등학교 저학년의 어휘는 대개 특정한 형태에 대한 변이형들로서 표준형은 7개에 불과하였고, 대부분 방위나 방향을 가리키는 것들이었다.

(2) 지역(지명)

 다음은 지역(지명) 관련 어휘에 드는 형태를 살펴보기로 한다. 지역(지명) 관련 어휘는 사용 형태 수가 많지 않으므로 43개 전체 출현 형태를 대상으로 학교급 구간에 따른 사용 양상을 제시하기로 한다.

〈표 4.90〉 학교급 구간별 고빈도 지역(지명) 관련 어휘의 형태 목록과 수(43개)

| 유형 | 사용 학교급 | | | | 형태 | 형태 수 (비율) |
|---|---|---|---|---|---|---|
| | 초저 | 초고 | 중 | 고 | | |
| 지속 | ■ | ■ | ■ | ■ | 나라01, 산01, 세계02, 시골, 외국02 | 5 (11.6%) |
| | ■ | ■ | ■ | | 밭01, 숲01 | 2 (4.7%) |
| | ■ | ■ | | | 고개01, 바다, 바닷가, 바닷물 | 4 (9.3%) |
| | | ■ | ■ | ■ | 강01, 동네, 지방 | 3 (7.0%) |
| | | ■ | ■ | | 없음 | 0 (0.0%) |
| | | | ■ | ■ | 국가01 | 1 (2.3%) |
| 한정 | ■ | | | | 계곡01, 고정01, 도시03, 신길02, 신속, 섬03, 수도09, 해변 | 8 (18.6%) |
| | | ■ | | | 갯벌, 마을01, 무인도, 언덕, 연변03, 정글, 정글즈, 해외 | 8 (18.6%) |
| | | | ■ | | 강대국, 시골집, 오르막길, 외가, 전국03, 평원01 | 6 (14.0%) |
| | | | | ■ | 검성, 글로벌, 깡촌, 시06, 원산지, 지역03 | 6 (14.0%) |

〈비율 = 구간별 고빈도 형태 수 / 초·중·고 고빈도 총 형태 수 * 100〉

 지역 관련 어휘에서 초등학교 저학년에 나타난 '나라01, 산01, 세계02, 시골, 외국02' 5개 형태는 고등학교까지 지속적으로 사용되는 형태들로, 전체의 고빈도 형태 43개 중 11.6%의 낮은 비율을 차지하였다. 이들의 의미를 보면, 국가를 기본 단위로 하는 '나라01, 외국, 세계' 등의 형태가 많아 지역 관련 어휘에서 국가를 중심으로 하는 어휘가 주로 사용됨을 알 수 있다.

 특정 학교급에서만 사용되는 형태는 모두 28개로, 지속적인 사용을 보이는 고빈도 형태 수에 비해 높은 비율을 차지하였다. 초등학교 저학년과 고학년에서는 각각 8개로 가장 다양한 형태가 나타났고, 중학교와 고등학교에서는 각각 6개씩 나타나 학교급별 큰 차이는 보이지 않았다. 초등학생 단계에서 사용된 어휘는 '계곡01, 산길02, 산속, 섬03, 해변' 등 자연 지형에 대한 어휘들이 많고, 중고등학생 단계에서 사용된 어휘는 '강대국, 글로벌' 등 국가나 세계를 나타내는 것이나 '외가, 깡촌, 원산지' 등 경제, 산업, 가족관계의 의미가 추가된 형태들이 있었다.

## (3) 우주·추상 공간

우주·추상 공간 관련 어휘에 속하는 형태들은 모두 22개가 출현하였다. 그 수가 많지 않으므로 전체 형태를 대상으로 학교급 구간별 사용 양상을 살펴보기로 한다.

〈표 4.91〉 학교급 구간별 고빈도 우주·추상 공간 관련 어휘의 형태 목록과 수(22개)

| 유형 | 사용 학교급 | | | | 형태 | 형태 수 (비율) |
|---|---|---|---|---|---|---|
| | 초저 | 초고 | 중 | 고 | | |
| 지속 | | | | | 사이트, 세상01 | 2 (9.1%) |
| | | | | | 달05, 별01, 우주02, 장28, 하늘01, 화성05 | 6 (27.3%) |
| | | | | | 없음 | 0 (0.0%) |
| | | | | | 지옥 | 1 (4.5%) |
| | | | | | 없음 | 0 (0.0%) |
| | | | | | 없음 | 0 (0.0%) |
| 한정 | | | | | 목성03, 별자리, 사이버, 지(지구04), 지구04, 천지01, 태양02 | 7 (31.8%) |
| | | | | | 샛별, 판01, 하늘나라 | 3 (13.6%) |
| | | | | | 반달01, 위성06, 행성02 | 3 (13.6%) |
| | | | | | 없음 | 0 (0.0%) |

〈비율 = 구간별 고빈도 형태 수 / 초·중·고 고빈도 총 형태 수 * 100〉

우주·추상 공간 관련 어휘에서 전체 학교급에서 공통으로 사용된 어휘는 '사이트, 세상01' 단 2개로, 전체 형태 22개 가운데 9.1%라는 매우 낮은 비율을 차지한다. 그러나 중학교까지 사용되는 형태는 6개로 집계되어 이를 합치면 총 8개의 형태가 초등학교 저학년부터 중학생 또는 고등학생까지 사용되는 것으로 파악된다. 이들의 구체적인 형태를 들어보면, '사이트, 세상01, 달05, 별1, 우주02, 하늘01, 화성05' 등 우주에 대한 기본적인 어휘들이 모두 포함되어 있다. 흥미로운 점은 '사이트'라는 인터넷 가상공간에 대한 어휘가 지속적인 사용을 보인다는 사실이다.

특정 학교급에서만 나타난 형태들은 모두 13개로 우주·추상 공간 관련 어휘의 절반 이상을 차지한다. 이들 중에서 고등학교에서만 나타나는 형태는 없었으며, 초등학교 저학년이 7개, 고학년이 3개, 중학생이 3개였다. 즉, 초등학교 저학년 학생들이 우주나 추상 공간에 대한 어휘를 비교적 많이 사용하고, 고등학생은 상대적으로 적게 사용하고 있음을 알 수 있다.

## (4) 시설

시설 관련 어휘를 살펴보기로 한다. 시설 관련 어휘는 학교급별 고빈도 사용 어휘 50개씩을 추려 총 128개의 서로 다른 형태를 추출하였다. 각 형태가 사용된 학교급 구간을 표로 보이면 다음과 같다.

〈표 4.92〉 학교급 구간별 고빈도 시설 관련 어휘의 형태 목록과 수(128개)

| 유형 | 사용 학교급 | | | | 형태 | 형태 수 (비율) |
|---|---|---|---|---|---|---|
| | 초저 | 초고 | 중 | 고 | | |
| 지속 | ▨ | ▨ | ▨ | ▨ | 건물03, 교실, 교회02, 길01, 놀이터, 대학교, 방07, 병원02, 아파트, 오락01실, 운동장, 집01, 초등학교, 학교, 학원02, 화장실, 회사04 | 17 (13.3%) |
| | ▨ | | | | 가게, 교무실, 댁01, 도서실, 유치원 | 5 (3.9%) |
| | ▨ | ▨ | | | 강당, 기지08, 대15, 수영장, 옥상03, 은행02, 체육관, 클럽 | 8 (6.3%) |
| | | ▨ | ▨ | | 중학교, 피시방 | 2 (1.6%) |
| | | | ▨ | | 대06, 대로01, 벽06 | 3 (2.3%) |
| | | | ▨ | ▨ | 고등학교, 공고02, 대학01, 매점02 | 4 (3.1%) |
| 한정 | ▨ | | | | 경로당, 공부방, 과학, 교장실, 굴뚝, 급식실, 길거리, 내리막길, 동굴, 마당, 묘지02, 방송01국09, 슈퍼, 예절실, 저장소, 직장05, 천장02, 한의원, 횡단보도 | 19 (14.8%) |
| | | ▨ | | | 거리08, 경비실, 구장12, 나이트, 농장03, 다락방, 다목적실, 도서06실, 도서관, 마루03, 박물관, 방송01실, 사냥터, 사육장, 수련06원, 스케이트장, 안방02, 캠프, 컴퓨터실, 호텔 | 20 (15.6%) |
| | | | ▨ | | 계단04, 공공장소, 공원03, 과학고, 꽃집, 놀이동산, 문방구, 미술실, 별장03, 본관04, 상가07, 상가08, 상고08, 성08, 시설03, 시청각실, 실험실, 연구소, 영화관01, 외고03, 음악01실, 의대03, 주차장 | 23 (18.0%) |
| | | | | ▨ | 까페(카페), 노래방, 당구장, 대기업, 독서실, 마트, 매장06, 명문02, 미대03, 부중03, 부페02, 빌라02, 사원04, 스키장, 시장04, 식당, 싸우나(사우나), 어시장, 역14, 전문대, 중소기업, 찜질방, 치과, 카페, 캠퍼스, 커피숍, 피시방 | 27 (21.1%) |

〈비율 = 구간별 고빈도 형태 수 / 초·중·고 고빈도 총 형태 수 * 100〉

시설 관련 어휘에서 초등학교 저학년부터 중고등학교까지 지속적 사용을 보인 형태는 총 17개로, 초등학교 저학년 고빈도 형태 50개 중 34%에 해당한다. 또한, 이들 형태는 시설 관련 어휘의 고빈도 형태 128개 가운데 13.3%를 차지한다. 초등학교부터 꾸준히 사용되는 어휘들은 '집01, 방07, 아파트, 화장실' 등의 기본 주거 공간과 '교실, 대학교, 초등학교, 학교, 학원02'

등 초·중·고등학생들이 주로 생활하는 공간에 대한 어휘들로 특성화되어 있다.

각 학교급에만 나타나는 사용 어휘의 수는 89개로 전체 시설 관련 어휘의 약 69.5%에 해당하는 높은 비율을 보인다. 학교급별로 자세히 살펴보면, 초등학교부터 고등학교까지 그 수가 조금씩 증가하는 추세를 보여 고등학교 단계에서는 27개의 형태가 단독으로 사용되었다. 의미면에서도 차이를 보이는데, 초등학교 단계에서 주로 '공부방, 과학실, 교장실, 급식실, 예절실, 슈퍼, 경로당, 경비실'과 같이 일상생활 관련 시설이었다면, 고등학교 단계에서는 '노래방, 당구장, 카페, 찜질방, 커피숍, 피시방' 등 여가생활이나 놀이와 관련한 시설이 많이 나타났다.

## 4.2.1.5 시간

다음은 시간 관련 어휘를 '시점, 기간, 시간적 순서, 속도, 빈도, 시간 단위'로 구분하여 살펴보기로 한다.

### (1) 시점

시점 관련 어휘로 구분되는 고빈도 사용 형태를 학교급에 따라 100개씩 추출하여 이를 종합한 결과 149개의 형태를 얻을 수 있었다.[9] 시점 관련 어휘들을 학교급을 중심으로 정리하여 그 사용 양상을 살펴보기로 한다.

〈표 4.93〉 학교급 구간별 고빈도 시점 관련 어휘의 형태 목록과 수(149개)

| 유형 | 사용 학교급 | | | | 형태 | 형태 수 (비율) |
|---|---|---|---|---|---|---|
| | 초저 | 초고 | 중 | 고 | | |
| 지속 | | | | | 겨울, 그날, 그때, 금05, 금요일날, 끝01, 날01, 낮, 내년, 내일, 넬, 때01, 며칠, 목요일, 목요일날, 미래02, 바로02, 밤01, 방학, 벌써, 새벽01, 생일02, 수요일날, 시간04, 시월달, 십이월, 아까, 아직01, 아침, 어저께, 어제01, 언제01, 여름01, 예전01, 옛날, 오늘, 오후02, 요번, 요새01, 요즘, 이따01, 이번01, 이제01, 인제01, 일월01, 작년, 저번02, 적03, 전08, 주26, 지금03, 지난번, 짐(지금03), 처음, 토요일, 하루01 | 56 (37.6%) |
| | | | | | 곧01, 그저께, 그전, 금요일, 기말02, 다음날, 다음주, 데이, 목10, 수07, 십일월, 월03, 월요일, 월요일날, 이번주, 일요일, 일요일날, 일주일, 장래, 저녁, 점심, 쩌번(저번02), 토04, 토요일날, 학기02 | 25 (16.8%) |

---

**9** 시점 관련 어휘에는 '지금03'과 같이 부사와 명사로 분류되는 형태들이 있는데, 여기에서는 의미에 초점을 두어 관찰하므로 이들을 하나의 형태로 처리하여 기술하기로 한다.

| 유형 | 사용 학교급 | | | | 형태 | 형태 수 (비율) |
|---|---|---|---|---|---|---|
| | 초저 | 초고 | 중 | 고 | | |
| | ▨ | ▨ | | | 요번주, 이후02, 화07 | 3 (2.0%) |
| | | ▨ | ▨ | ▨ | 시월01 | 1 (0.7%) |
| | | ▨ | ▨ | | 일06, 화요일, 화요일날 | 3 (2.0%) |
| | | | ▨ | ▨ | 날짜01, 생07, 수요일, 시대02, 언젠가, 올해, 평소 | 7 (4.7%) |
| 한정 | ▨ | | | | 고만(그만02), 내후년, 돌01, 딜(일07), 미로(미래02), 방과03, 봄01, 성탄절, 시가(시간04), 씨(시10), 어즈(어저께), 유월01, 이따가, 일07, 일일02, 저번주, 점심시간, 조회01, 칠월달 | 19 (12.8%) |
| | | ▨ | | | 가을01, 계절01, 곧바로, 그대(그때), 다음달, 마지막날, 마침02, 밤늦다, 백일02, 십일월달, 토욜날(토요일날) | 11 (7.4%) |
| | | | ▨ | | 곧장, 당장02, 미리미리, 시10, 예정02, 옛01, 주말02, 최근, 평상시 | 9 (6.0%) |
| | | | | ▨ | 경과04, 구월02, 그제01, 금(지금03), 께05, 꼭두새벽, 당일, 모레, 방금01, 삼월달, 십이월달, 유월달, 이브01, 일자05, 정시08 | 15 (10.1%) |

〈비율 = 구간별 고빈도 형태 수 / 초·중·고 고빈도 총 형태 수 * 100〉

　초등학교 저학년부터 고등학교까지 사용되는 시점 관련 형태는 모두 56개이다. 이들은 초등학교에서 사용되는 전체 고빈도 어휘 100개 중 56%가 고등학교까지 지속적으로 자주 사용되는 것이다. 여기에 초등학교 저학년에 사용되어 중학교까지 쓰이는 형태 수 25개를 합치면, 형태 수는 무려 81개에 이른다. 중고등학교까지 고빈도로 출현하는 형태들을 보면, '겨울, 그날, 그때, 내일, 밤01, 방학, 새벽01, 십이월, 아침, 지금03, 토요일' 등 구체적인 시점을 드러내는 어휘들이 많다. '시대, 언젠가, 평소' 등 추상화된 시점에 관련한 어휘들은 중학생 때부터 자주 사용되기 시작한다.

　한정 유형의 어휘 수는 총 54개로 시점 관련 고빈도 형태 중 36.2%를 차지한다. 학교급별로 보면, 초등학교 저학년이 19개, 고학년이 11개, 중학생이 9개, 고등학생이 15개로 초등학교 저학년이 가장 많은 형태 수를 가졌지만, 여기에는 개인 발음 특성에 따른 변이형이 4~5개 포함되어 있어 다른 학교급과 큰 차이는 없는 것으로 파악된다. 내용면에서 살펴보면, 초등학생은 대체로 '내후년, 계절01, 봄01, 가을01, 유월달, 칠월달, 십일월달, 다음달, 저번주' 등과 같이 다소 긴 시간 간격을 나타내는 어휘들이 많고, 중고등학생은 '오늘'을 기준으로 하여 '그제01, 모레, 낼' 등 하루 동안을 뜻하는 어휘나 '곧장, 당장02, 방금01' 등과 같이 현재 발화 시점과 근접한 시간을 뜻하는 형태들이 많이 나타났다.

### (2) 기간

기간 관련 어휘에 드는 전체 형태 수는 38개로 이를 대상으로 하여 학교급 구간별 형태의 변화 추이를 살펴보기로 한다.

〈표 4.94〉 학교급 구간별 고빈도 기간 관련 어휘의 형태 목록과 수(38개)

| 유형 | 사용 학교급 | | | | 형태 | 형태 수(비율) |
|---|---|---|---|---|---|---|
| | 초저 | 초고 | 중 | 고 | | |
| 지속 | ▨ | ▨ | ▨ | ▨ | 계속04, 동안01, 사이01, 순간03, 여태01, 오래02, 오랜만, 잠깐, 지02, 한참 | 10 (26.3%) |
| | ▨ | ▨ | ▨ | | 기간07, 잠시, 주일03, 한동안 | 4 (10.5%) |
| | ▨ | ▨ | | | 영영01, 영원히 | 2 (5.3%) |
| | | ▨ | ▨ | ▨ | 께속(계속04), 세기03, 연속02 | 3 (7.9%) |
| | | ▨ | ▨ | | 내내01, 오랫동안 | 2 (5.3%) |
| | | | ▨ | ▨ | 기간01, 이틀01, 종일01 | 3 (7.9%) |
| 한정 | ▨ | | | | 밤새02, 여지(여태01), 틈01 | 3 (7.9%) |
| | | ▨ | | | 길이01, 오랜, 평생, 이태(여재01) | 4 (10.5%) |
| | | | ▨ | | 연간02, 일생01, 자간(잠간) | 3 (7.9%) |
| | | | | ▨ | 그동안, 열흘, 주기14, 한순간 | 4 (10.5%) |

〈비율 = 구간별 고빈도 형태 수 / 초·중·고 고빈도 총 형태 수 * 100〉

기간 관련 어휘의 경우, 초등학교 저학년에 나타난 형태 중 '계속04, 동안01, 사이01, 순간03, 여태01, 오래02, 오랜만, 잠깐, 지02, 한참' 10개가 고등학교까지 지속적으로 사용된다. 전체 시점 관련 어휘의 26.3%가 모든 학교급에서 꾸준히 사용되고 있다. 특히, 이들 형태 목록에는 '계속04, 오래02, 한참' 등 어느 정도 시간이 지속되는 것을 의미하는 어휘와 '잠깐, 순간03' 등 짧은 시간을 의미하는 어휘가 고루 포함되어 있다. 의미적으로 보면, 이들 형태는 구체적인 시작과 끝점이 없다는 특징을 지닌다.

특정 학교급에서만 나타나는 기간 관련 어휘는 모두 14개가 있고, 이는 고빈도 형태의 약 36.8%에 해당한다. 학교급별 형태 목록 수는 3~4개로 큰 차이가 없다. 초등학생 단계에서는 '밤새02, 오랜, 평생'과 같이 처음과 끝이 정해지지 않은 기간을 뜻하는 어휘들이 주로 사용되었고, 중고등학생 단계에서는 '열흘, 주기14, 연간02'과 같이 정해진 기간을 가리키는 어휘들이 주로 사용되어 학교급별로 의미에서의 차이를 보인다.


### (3) 시간적 순서

시간적 순서 관련 어휘에 포함되는 형태는 수가 많지 않으므로 전체 출현 형태(28개)를 대상으로 학교급별 사용 양상을 살펴보기로 한다.[10]

**〈표 4.95〉 학교급 구간별 고빈도 시간적 순서 관련 어휘의 형태 목록과 수(28개)**

| 유형 | 사용 학교급 | | | | 형태 | 형태 수 (비율) |
|---|---|---|---|---|---|---|
| | 초저 | 초고 | 중 | 고 | | |
| 지속 | ▨ | ▨ | ▨ | ▨ | 끝01, 나중01, 다시01, 다음01, 담03, 마지막, 먼저, 일찍, 처음, 첨01, 첫, 후08 | 12 (42.9%) |
| | ▨ | | | ▨ | 늦다, 먼처(먼저) | 2 (7.1%) |
| | ▨ | | | | 단계03 | 1 (3.6%) |
| | | | | ▨ | 우선02, 이미01 | 2 (7.1%) |
| | | | | ▨ | 동시02 | 1 (3.6%) |
| | | | | | 없음 | 0 (0.0%) |
| 한정 | ▨ | | | | 초대04 | 1 (3.6%) |
| | | ▨ | | | 기초07, 우선02, 첫째날, 초반01 | 4 (14.3%) |
| | | | ▨ | | 순서, 우선적, 최초 | 3 (10.7%) |
| | | | | ▨ | 다음번, 첫날 | 2 (7.1%) |

〈비율 = 구간별 고빈도 형태 수 / 초·중·고 고빈도 총 형태 수 * 100〉


시간적 순서 관련 어휘 중에서 초등학교부터 고등학교까지 지속적으로 사용되는 어휘는 12개이다. 이는 전체 고빈도 형태 28개의 42.9%에 해당하는 높은 비율이다. 구체적인 형태로는 순서의 첫 지점인 '처음, 첨01, 첫'과 마지막 지점인 '끝01, 마지막' 등이 있으며 이들은 모두 고유어이다.

한정 유형의 경우는 모두 10개로, 이는 전체 형태 28개 중 35.7%를 차지하는 것이다. 학교급별 1~4개의 형태를 단독으로 사용하였는데, 의미면에서는 학교급에 따른 일정한 경향은 찾아보기 어렵다.

---

10 하나의 형태가 명사와 부사로 동시에 사용된 경우는 하나의 형태로 처리하여 기술한다.

### (4) 속도

속도 관련 어휘에 속하는 형태는 13개로 이들의 사용 학교급 구간에 따른 출현 양상을 살펴보면 아래와 같다.

〈표 4.96〉 학교급 구간별 고빈도 속도 관련 어휘의 형태 목록과 수(13개)

| 유형 | 사용 학교급 | | | | 형태 | 형태 수 (비율) |
|---|---|---|---|---|---|---|
| | 초저 | 초고 | 중 | 고 | | |
| 지속 | | | | | 갑자기, 느리다01, 늦다, 빠르다, 빨리, 빨랑02, 얼른02 | 7 (53.8%) |
| | | | | | 없음 | 0 (0.0%) |
| | | | | | 속도01 | 1 (7.7%) |
| | | | | | 금방01 | 1 (7.7%) |
| | | | | | 없음 | 0 (0.0%) |
| | | | | | 없음 | 0 (0.0%) |
| 한정 | | | | | 빨르(빠르)다, 스피드01 | 2 (15.4%) |
| | | | | | 빨랑빨랑 | 1 (7.7%) |
| | | | | | 장족02 | 1 (7.7%) |
| | | | | | 없음 | 0 (0.0%) |

〈비율 = 구간별 고빈도 형태 수 / 초·중·고 고빈도 총 형태 수 * 100〉

속도 관련 어휘는 13개라는 매우 적은 수의 형태가 사용되었는데, 이 가운데 7개가 초등학교 저학년부터 고등학교까지 지속적으로 사용되고 있다. 이는 전체 형태의 53.8%라는 높은 비율에 해당한다. 이들 형태를 보이면 주로 '빨리, 빨랑02, 얼른02' 등 '빠르다'와 관련된 형태의 비중이 큰 것으로 드러났다.

특정 학교급에서만 사용하는 형태도 초등학교와 중학교 단계에서만 존재하였는데, 모두 4개에 불과하다. 그리고 이들 형태는 발음의 변이형, 첩어 등으로 새로운 형태의 추가로 보기에는 힘든 것들이다.

### (5) 빈도

빈도 관련 어휘에 들어가는 형태도 사용 형태의 수가 모두 15개이다. 이들 전체의 학교급 구간별 사용 분포 특징을 살피기로 한다.

〈표 4.97〉 학교급 구간별 고빈도 빈도 관련 어휘의 형태 목록과 수(15개)

| 유형 | 사용 학교급 | | | | 형태 | 형태 수 (비율) |
|---|---|---|---|---|---|---|
|  | 초저 | 초고 | 중 | 고 |  |  |
| 지속 | ■ | ■ | ■ | ■ | 가끔, 가끔씩03, 또, 매일, 맨날(만날), 자꾸01, 자주01 | 7 (46.7%) |
|  | ■ | ■ | ■ |  | 없음 | 0 (0.0%) |
|  | ■ | ■ |  |  | 없음 | 0 (0.0%) |
|  |  | ■ | ■ | ■ | 항상 | 1 (6.7%) |
|  |  | ■ | ■ |  | 게다가 | 1 (6.7%) |
|  |  |  | ■ | ■ | 없음 | 0 (0.0%) |
| 한정 | ■ |  |  |  | 종종 | 1 (6.7%) |
|  |  | ■ |  |  | 매년 | 1 (6.7%) |
|  |  |  | ■ |  | 거듭하다, 매번 | 2 (13.3%) |
|  |  |  |  | ■ | 드물다, 수시08 | 2 (13.3%) |

〈비율 = 구간별 고빈도 형태 수 / 초·중·고 고빈도 총 형태 수 * 100〉

빈도 관련 어휘는 초등학교부터 상급 학교까지 꾸준히 사용되는 형태가 7개로, 전체 형태 수의 46.7%라는 높은 비율을 차지한다. 초등학교 저학년에 사용한 형태 중 절반 가까이를 지속적으로 사용하고 있는 것이다. 이들의 의미를 분석해 보면, '매일, 맨날', '자꾸01, 자주01', '가끔, 가끔씩' 등 그 단위 시간이 하루로 정해진 것과 잦은 빈도와 드문 빈도를 나타내는 형태가 다양하게 사용되었다.

빈도 관련 어휘의 한정 유형은 모두 6개로, '종종'이 초등학교 저학년에서 단독으로 나타났고, 초등학교 고학년에서는 '매년', 중학생과 고등학생 자료에서는 '거듭하다, 매번', '드물다, 수시08'가 각각 관찰되었다. 고등학생 자료에서 나타난 '수시08'는 입시 제도와 관련한 대화에서 사용된 것으로 보인다.

### (6) 시간 단위

시간 단위 관련 어휘에 포함되는 형태는 모두 13개이며, 이들의 학교급별 분포를 제시하면 다음 표와 같다.

〈표 4.98〉 학교급 구간별 고빈도 시간 단위 관련 어휘의 형태 목록과 수(13개)

| 유형 | 사용 학교급 | | | | 형태 | 형태 수 (비율) |
|---|---|---|---|---|---|---|
| | 초저 | 초고 | 중 | 고 | | |
| 지속 | ▨ | ▨ | ▨ | ▨ | 교시03, 날01, 년02, 년도, 달05, 분08, 시10, 시간04, 월2, 일07, 초07 | 11 (84.6%) |
| | ▨ | ▨ | | | 없음 | 0 (0.0%) |
| | ▨ | | | | 없음 | 0 (0.0%) |
| | | ▨ | | ▨ | 개월, 주26 | 2 (15.4%) |
| | | | ▨ | | 없음 | 0 (0.0%) |
| | | | | ▨ | 없음 | 0 (0.0%) |
| 한정 | ▨ | | | | 없음 | 0 (0.0%) |
| | | ▨ | | | 없음 | 0 (0.0%) |
| | | | ▨ | | 없음 | 0 (0.0%) |
| | | | | ▨ | 없음 | 0 (0.0%) |

〈비율 = 구간별 고빈도 형태 수 / 초·중·고 고빈도 총 형태 수 * 100〉

시간 단위 관련 어휘는 총 13개의 형태가 사용되었으며, 이들 중에서 초등학교 저학년부터 고등학교까지 사용한 형태는 11개로 85%를 차지한다. '개월, 주26' 등의 형태는 초등학교 고학년 단계에 처음 출현하여 고등학교까지 지속적으로 사용되는 양상을 보인다.

### 4.2.1.6 수

수 관련 어휘는 '수량, 순서, 수 단위'로 하위 구분되었다. 각 하위 유형별 학교급 간 추이를 살펴보기로 한다.

### (1) 수량

수량 관련 어휘에 속하는 형태는 학교급별 고빈도 사용 형태를 50개씩 추출하고, 이를 종합한 결과 44개의 서로 다른 형태들이 나타났다.[11] 각 형태를 그것이 사용되는 학교급의 구간별로 보이면 다음과 같다.

---

[11] 수량 관련 어휘의 경우 '구01'이 수사와 관형사로 동시에 사용되는데, 여기에서는 이들의 의미에 초점을 두고 있으므로 하나의 형태로 처리하여 기술하기로 한다.

⟨표 4.99⟩ 학교급 구간별 고빈도 수량 관련 어휘의 형태 목록과 수(44개)

| 유형 | 사용 학교급 | | | | 형태 | 형태 수 (비율) |
| --- | --- | --- | --- | --- | --- | --- |
| | 초저 | 초고 | 중 | 고 | | |
| 지속 | ■ | ■ | ■ | ■ | 구01, 네02, 다03, 두01, 둘01, 만06, 많이, 몇, 반07, 백05, 사11, 삼06, 세01, 십, 씩03, 아홉, 열03, 오04, 육02, 이09, 일05, 조금01, 좀02, 쫌(좀02), 천03, 칠01, 팔03, 하나, 한01 | 29 (65.9%) |
| | ■ | ■ | ■ | | 다섯, 여섯 | 2 (4.5%) |
| | ■ | ■ | | | 쪼금 | 1 (2.3%) |
| | | ■ | ■ | ■ | 약간, 얼마, 얼마나, 여덟 | 4 (9.1%) |
| | | ■ | ■ | | 없음 | 0 (0.0%) |
| | | | ■ | ■ | 없음 | 0 (0.0%) |
| 한정 | ■ | | | | 일곱 | 1 (2.3%) |
| | | ■ | | | 공12, 여러 | 2 (4.5%) |
| | | | ■ | | 모든, 억04 | 2 (4.5%) |
| | | | | ■ | 시십, 셋, 영14 | 3 (6.8%) |

⟨비율 = 구간별 고빈도 형태 수 / 초·중·고 고빈도 총 형태 수 * 100⟩

    수량 관련 어휘로 나타난 것들 가운데, 초등학교 저학년부터 고등학교까지 지속적으로 사용된 형태는 29개에 이른다. 초등학교 저학년에 사용한 형태의 58%를 고등학교까지 꾸준히 사용하고 있는 것이다. 또한, 이들 지속적 사용 형태들은 고빈도 형태 44개 중에서 65.9%의 비중을 차지하고 있어, 비교적 이른 시기에 많은 수의 형태가 사용되는 것을 알 수 있다.

    특정 학교급에만 사용한 어휘는 모두 8개이며, 이는 전체 44개 형태의 18.2%에 해당한다. 학교급별 형태 수는 1~3개이고, 의미적인 면에서의 특징은 보이지 않는다.

## (2) 순서

    순서 관련 어휘에 포함되는 형태는 그 수가 많지 않으므로 전체 출현 형태(49개)를 대상으로 학교급별 출현 양상을 살펴보기로 한다.[12]

---

[12] 순서 관련 어휘도 수사와 관형사로 동시에 사용된 형태는 하나의 형태로 처리하여 기술하도록 한다.

〈표 4.100〉 학교급 구간별 고빈도 순서 관련 어휘의 형태 목록과 수(49개)

| 유형 | 사용 학교급 | | | | 형태 | 형태 수 (비율) |
| --- | --- | --- | --- | --- | --- | --- |
| | 초저 | 초고 | 중 | 고 | | |
| 지속 | ▨ | ▨ | ▨ | ▨ | 구01, 막내, 사11, 삼06, 십, 오04, 원래01, 육02, 이09, 일05, 제일04, 젤, 중04, 중일02, 째02, 쩨일(제일04), 차례01, 칠01, 팔03, 학년 | 20 (40.8%) |
| | ▨ | ▨ | ▨ | | 둘째, 번호02, 첫째 | 3 (6.1%) |
| | ▨ | ▨ | | | 번째, 씨(시16), 쩰(젤) | 3 (6.1%) |
| | | ▨ | ▨ | ▨ | 사십, 이상05, 차03 | 3 (6.1%) |
| | | ▨ | ▨ | | 없음 | 0 (0.0%) |
| | | | ▨ | ▨ | 고삼02, 중이02 | 2 (4.1%) |
| 한정 | ▨ | | | | 우승05, 종류02 | 2 (4.1%) |
| | | ▨ | | | 류(육02), 세컨(세컨드), 셋째, 째01 | 4 (8.2%) |
| | | | ▨ | | 구십, 꼴등, 꼴찌, 등수01, 순서, 순위, 제이03, 하04 | 8 (16.3%) |
| | | | | ▨ | 일급01, 제19, 중삼02, 학번 | 4 (8.2%) |

〈비율 = 구간별 고빈도 형태 수 / 초·중·고 고빈도 총 형태 수 * 100〉

　순서 관련 어휘 가운데 초등학생부터 고등학생까지 공통된 사용을 보인 형태는 20개이다. 이는 순서 관련 어휘의 전체 형태 49개 중 40.8%의 비중을 차지한다. 또한, 초등학교 저학년에서 중학교까지 사용된 형태 수를 합하면 모두 23개이다. 즉, 초등학교 저학년에서 중학교 또는 고등학교까지 꾸준히 사용되는 형태가 전체 형태의 절반 수준이다.

　특정 학교급에서만 사용된 형태는 총 18개로 전체의 36.7%에 해당한다. 학교급별로는 중학생 단계에서 8개로 가장 형태 수가 많고, 이들은 '하04, 꼴등, 꼴찌' 등 단어의 기원이 다양한 것이 특징이다.

## (3) 수 단위

　수 단위에 포함되는 74개의 형태를 대상으로 이들의 학교급별 사용 분포를 살펴보기 위해 다음과 같이 표로 정리해 보기로 한다.

<표 4.101> 학교급 구간별 고빈도 수 단위 관련 어휘의 형태 목록과 수(74개)

| 유형 | 사용 학교급 | | | | 형태 | 형태 수 (비율) |
|---|---|---|---|---|---|---|
| | 초저 | 초고 | 중 | 고 | | |
| 지속 | ▨ | ▨ | ▨ | ▨ | 가지04, 개10, 권01, 급04, 대11, 동15, 리06, 마리01, 명03, 반10, 번04, 살04, 세13, 알01, 원01, 월02, 장21, 짜리02, 키로, 편04 | 20 (27.0%) |
| | ▨ | ▨ | ▨ | | 대01, 센티, 층02, 킬로, 퍼센트, 평02, 프로01 | 7 (9.5%) |
| | ▨ | ▨ | | | 바퀴01, 방11, 탄06, 통12 | 4 (5.4%) |
| | | ▨ | ▨ | ▨ | 냥, 등04, 등05, 분01, 세트 | 5 (6.8%) |
| | | ▨ | ▨ | | 메가, 조15, 회08 | 3 (4.1%) |
| | | ▨ | | ▨ | 기21, 어치04, 위05 | 3 (4.1%) |
| 한정 | ▨ | | | | 미터02, 쪽02, 층짜리, 킬로그램, 호14 | 5 (6.8%) |
| | | ▨ | | | 가마06, 뭉치, 박10, 사(세13), 영(명03), 인(원01), 집03, 편09 | 8 (10.8%) |
| | | | ▨ | | 권05, 루트01, 백분율, 분15, 셋트(세트), 송이01, 에이포, 인02, 자18, 키로그람(킬로그램), 턴, 평수03 | 12 (16.2%) |
| | | | | ▨ | 바(반11), 변(번04), 채08, 키로미터(킬로미터), 통10, 통화04, 폭06 | 7 (9.5%) |

<비율 = 구간별 고빈도 형태 수 / 초·중·고 고빈도 총 형태 수 * 100>

　수 단위 관련 어휘들 중에서 초등학교 저학년부터 고등학교까지 지속적 사용 양상을 보이고 있는 어휘는 20개이다. 이는 전체 고빈도 형태 74개의 27%의 비중을 차지한다. 수 단위 관련 어휘도 순서 관련 어휘와 마찬가지로 초등학교 저학년부터 중학교까지 사용되는 형태가 7개, 초등학교 고학년부터 고등학교까지 사용되는 형태가 5개로, 이들을 모두 지속적인 사용 형태에 포함하면, 총 32개로 전체의 43.2%에 달한다. 즉, 초등학교에서 사용하는 형태 중 43.2%는 중학교 또는 고등학교까지 꾸준히 사용되고 있음을 알 수 있다. 이들 형태를 구체적으로 보이면, '개10, 대11, 명03, 분08' 등의 단위 명사들로 일상생활에서 두루 사용되는 것들이다.

　수 단위 관련 어휘들은 특정 학교급에서만 사용되는 형태가 32개로 전체 형태의 43.2%를 차지한다. 특히 중학교에서 단독으로 사용된 어휘가 많다. 내용면에서 살펴보면, '평수03, 채08' 등 집의 넓이나 수량에 관한 단위들이 중고등학생 자료에서 나타났고, 초등학생의 사용 어휘는 '가마06, 뭉치, 송이01'와 같이 특정한 선행 명사와 결합하는 다양한 단위 명사들인 경우가 많았다.

## 4.2.1.7 관계

'관계' 관련 어휘는 '지시사, 접속부사, 문장부사'로 구분하고, 각각의 학교급별 사용 추이를 고찰해 보기로 한다.

### (1) 지시사

지시사의 경우에는 학교급별 고빈도 사용 어휘를 50개씩 추출하였다. 이를 종합한 결과 모두 79개의 서로 다른 형태들이 나타났다.[13] 각 형태를 그것이 사용되는 학교급의 구간별로 제시하면 다음과 같다.

〈표 4.102〉 학교급 구간별 고빈도 지시사의 형태 목록과 수(79개)

| 유형 | 초저 | 초고 | 중 | 고 | 형태 | 형태 수 (비율) |
|---|---|---|---|---|---|---|
| 지속 | ■ | ■ | ■ | ■ | 거기01, 그01, 그거, 그것, 그러다, 그런01, 그렇다, 그렇게, 그쪽, 여기01, 요기01, 요번, 요새01, 이05, 이거01, 이것, 이러다, 이런01, 이렇다, 이렇게, 이만03하다, 이번01, 이케, 쟤, 저04, 저거01, 저기01, 저런01, 저번02, 저쪽 | 30 (38.0%) |
|  | ■ | ■ | ■ |  | 그딴, 그만03하, 요03, 요로케(요렇게) | 4 (5.1%) |
|  | ■ | ■ |  |  | 그러게, 요거01, 요번주, 저리01 | 4 (5.1%) |
|  |  | ■ | ■ | ■ | 그나저나, 그럭저럭, 여06, 요05, 이만큼, 이번주, 저것 | 7 (8.9%) |
|  |  | ■ | ■ |  | 그나마, 이따만(이만03)하다 | 2 (2.5%) |
|  |  |  | ■ | ■ | 글케(그렇게), 이딴, 이리04, 저러다, 저렇게 | 5 (6.3%) |
| 한정 | ■ |  |  |  | 거(그01), 그(그렇)다, 그기(거기01), 그럴저럭(그럭저럭), 그만큼, 그야말로, 근(그런01), 여쪽(요쪽), 요것, 요런01, 요쪽, 이르케(이렇게) | 12 (15.2%) |
|  |  | ■ |  |  | 그따구, 그쯤, 그케(그렇게), 요렇게 | 4 (5.1%) |
|  |  |  | ■ |  | 그른(그런01), 그만03, 요고(요거01) | 3 (3.8%) |
|  |  |  |  | ■ | 그리02, 긍(그런01), 여기저기, 요렇다, 이것저것, 이대로, 저뗗(저렇)다, 저렇다 | 8 (10.1%) |

〈비율 = 구간별 고빈도 형태 수 / 초·중·고 고빈도 총 형태 수 * 100〉

---

[13] 지시사 관련 어휘에는 하나의 형태가 두 개의 품사를 가지는 경우가 있는데, 의미에서의 차이가 없는 것이므로 하나의 형태로 처리하여 기술한다.

위 표에 나타난 지시사의 학교급에 따른 사용 경향을 살펴보면, 초등학교 저학년에서 고등학교까지 꾸준히 나타난 형태는 30개로, 초등학교 저학년에 고빈도로 사용하는 형태 50개의 60%라는 높은 비율을 보인다. 또한, 이들 형태는 지시사의 전체 고빈도 형태 79개의 38%를 차지한다. '이05, 그01, 저04', '여기01, 거기01, 저기01', '이렇다, 그렇다', '이거01, 그거, 저거01'는 초등학교 저학년부터 고등학교까지 꾸준한 사용을 보이는 형태들로 지시사의 기본 어휘 형태로 볼 수 있다.

지시사 가운데 특정 학교급에서만 사용하는 형태도 27개가 나타났으며, 그 비율은 전체의 34.2%를 차지한다. 특히 초등학교 저학년이 12개로 가장 많았는데, 이들 대부분이 발음의 변이형이거나, 작고 귀여운 느낌을 주는 지소사 형태들이다.

## (2) 접속부사

접속부사는 전체 사용 형태의 수가 36개이다. 이들의 학교급 구간별 사용 양상을 정리하여 살펴보기로 한다.

〈표 4.103〉 학교급 구간별 고빈도 접속부사의 형태 목록과 수(36개)

| 유형 | 사용 학교급 | | | | 형태 | 형태 수 (비율) |
|---|---|---|---|---|---|---|
| | 초저 | 초고 | 중 | 고 | | |
| 지속 | ▨ | ▨ | ▨ | ▨ | 그니까(그러니까), 그러구(그러고), 그러니까, 그러면, 그러면서, 그르믄(그러면), 그런데, 그럼01, 그르니까(그러니까), 그리고, 그리구(그리고), 그면(그러면), 근까(그러니까), 근데01 | 14 (38.9%) |
| | ▨ | ▨ | ▨ | | 그러다가, 그치만(그렇지만), 왜냐면, 왜냐하면, 하지만 | 5 (13.9%) |
| | ▨ | ▨ | | | 그러고(그리고) | 1 (2.8%) |
| | | ▨ | ▨ | | 그까(그러니까), 긍까(그러니까) | 2 (5.6%) |
| | | ▨ | | | 그문(그러면), 그믄(그러면) | 2 (5.6%) |
| | | | ▨ | | 없음 | 0 (0.0%) |
| 한정 | ▨ | | | | 그러니 | 1 (2.8%) |
| | | ▨ | | | 그른데(그런데), 그면(그러면), 근다(근데01) | 3 (8.3%) |
| | | | ▨ | | 그러다, 그렇지만, 글면서(그러면서) | 3 (8.3%) |
| | | | | ▨ | 그이까(그러니까), 근대(근데01), 글면(그러면), 까(그러니까), 면(그러면) | 5 (13.9%) |

〈비율 = 구간별 고빈도 형태 수 / 초·중·고 고빈도 총 형태 수 * 100〉

접속부사들 중에서 초등학교 저학년부터 고등학교까지 지속적으로 사용되고 있는 것은 '그니까(그러니까), 그러구(그러고), 그러니까, 그러면, 그러면서, 그르믄(그러면), 그런데, 그럼01, 그르니까(그러니까), 그리고, 그리구(그리고), 그면(그러면), 근까(그러니까), 근데01'로 모두 14개이다. 이러한 부류는 전체 형태 36개의 38.9%를 차지한다. 그리고 초등학교 저학년부터 중학교까지 사용한 형태를 모두 합치면 총 19개로 전체 형태의 절반 이상이 됨을 알 수 있다. 즉, 초등학교 저학년에서 사용된 형태 중 절반이 넘는 어휘들이 중학교 또는 고등학교까지 꾸준히 사용된다. 이들 형태를 보이면, '그러니까, 그러면, 그런데, 그리고'의 변이형들이 대부분이다.

접속부사의 경우 특정 학교급에서만 사용하는 형태는 대부분이 발음상의 변이형으로 나타났다. '그렇지만' 형태가 중학생 자료에서만 관찰되고 다른 학교급에서 관찰되지 않은 것은 접속부사의 구어적 변이형이 본래 형태보다 훨씬 자주 사용됨을 보여준다고 하겠다.

## (3) 문장부사

문장부사에 포함되는 형태는 수가 많지 않으므로 전체 출현 형태(55개)를 대상으로 학교급별 사용 양상을 살펴보기로 한다.

〈표 4.104〉 학교급 구간별 고빈도 문장부사의 형태 목록과 수(55개)

| 유형 | 사용 학교급 | | | | 형태 | 형태 수 (비율) |
|---|---|---|---|---|---|---|
| | 초저 | 초고 | 중 | 고 | | |
| 지속 | ■ | ■ | ■ | ■ | 결국, 도대체, 만약, 별루(별로01), 아마01, 아마도, 어차피, 일단01, 절대05, 절대로, 제발01, 하긴, 하도01, 하여튼, 하튼(하여튼), 혹시01 | 16 (29.1%) |
| | ■ | ■ | ■ | | 감히, 드디어, 심지어, 어쩌면 | 4 (7.3%) |
| | ■ | ■ | | | 없음 | 0 (0.0%) |
| | | ■ | ■ | ■ | 아무래도, 아무튼, 억지로, 오히려, 전혀01, 차라리 | 6 (10.9%) |
| | | ■ | ■ | | 게다가, 그다지, 다행히, 도저히, 아무리, 하여간, 하이튼(하여튼), 하필02 | 8 (14.5%) |
| | | | ■ | ■ | 물론 | 1 (1.8%) |
| 한정 | ■ | | | | 일든(일단) | 1 (1.8%) |
| | | ■ | | | 하이튼(하여튼) | 1 (1.8%) |
| | | | ■ | | 과연01, 기껏, 대체02, 더군다나, 도무지02, 여하튼, 정말로, 증말(정말01), 하기사(하기는), 하기야 | 10 (18.2%) |

| 유형 | 사용 학교급 | | | | 형태 | 형태 수 (비율) |
|---|---|---|---|---|---|---|
| | 초저 | 초고 | 중 | 고 | | |
| | | | | ▨ | 더구나01, 되도록, 딱히, 만일01, 어쩐지, 엄연히02, 의외로, 이왕02 | 8 (14.5%) |

〈비율 = 구간별 고빈도 형태 수 / 초·중·고 고빈도 총 형태 수 * 100〉

초등학교 저학년부터 고등학교까지 공통된 출현을 보이는 문장부사는 총 16개로, 전체 출현 형태의 29.1%에 해당한다. 구체적인 형태를 보이면, '결국, 도대체, 만약, 별루(별로01), 아마01, 아마도, 어차피, 일단01, 절대05, 절대로, 제발01, 하긴, 하도01, 하여튼, 하튼(하여튼), 혹시01' 등이 이에 해당한다. 초등학교 고학년부터 고등학교까지 지속적 출현 양상을 보인 어휘에는 '아무래도, 아무튼, 억지로, 오히려, 전혀01, 차라리' 등 6개 어휘가 있다.

특정 학교급에서만 나타난 형태는 모두 20개로, 전체 형태 수의 36.4%에 해당한다. 이처럼 각 학교급별로 이전 학교급에서 사용되지 않던 새로운 형태의 문장부사가 나타나는 것은 문장부사의 경우 그 목록의 확대가 초등학교 저학년부터 중고등학교에 이르기까지 지속적으로 이루어지고 있음을 보여준다.


## 4.2.2 주제적 분류에 따른 어휘 유형별 학교급 간 추이

### 4.2.2.1 인간과 인간관계

인간과 인간관계 관련 어휘 형태 가운데 학교급별 100개씩의 고빈도 사용 어휘를 종합하여 196개의 고빈도 사용 형태를 추출하였다. 학교급 구간별로 각 형태들의 사용 양상을 정리해 보기로 한다.

〈표 4.105〉 학교급 구간별 인간과 인간관계 관련 고빈도 어휘의 형태 목록과 수(196개)

| 유형 | 사용 학교급 | | | | 형태 | 형태 수 (비율) |
|---|---|---|---|---|---|---|
| | 초저 | 초고 | 중 | 고 | | |
| 지속 | ▨ | ▨ | ▨ | ▨ | 가수11, 가족01, 개인02, 개, 결혼하다, 그01, 끼리, 나03, 남01, 남자02, 내04, 내14, 너01, 너희, 네08, 놈01, 누02, 누구, 누나01, 눈01, 니05, 다리01, 대11, 만나다, 명03, 바보, 반10, | 58 (29.6%) |

| 유형 | 사용 학교급 | | | | 형태 | 형태 수 (비율) |
|---|---|---|---|---|---|---|
| | 초저 | 초고 | 중 | 고 | | |
| | ▨ | ▨ | ▨ | ▨ | 사람, 생일02, 선생님, 싸우다, 아빠, 아줌마, 애02, 애기01, 애03, 언니, 엄마, 여자02, 오빠, 우리03, 의사12, 이05, 이05, 이30, 이름, 이모02, 인간01, 자기04, 작다01, 장21, 쟤, 지05, 짜르다01, 친구02, 키우다, 형01, 혼자01 | |
| | ▨ | ▨ | ▨ | | 사촌, 사회07, 아저씨, 짱02, 친척, 할머니 | 6 (3.1%) |
| | ▨ | ▨ | | | 고모01, 삼촌, 쌍둥이, 아들, 저03, 할아버지, 허수아비, 형아02 | 8 (4.1%) |
| | | ▨ | ▨ | ▨ | 딸01, 사귀다, 샘(선생님), 선배, 선생01, 성격02, 싸가지, 아이01, 어른01, 자식01, 지(자기04) | 11 (5.6%) |
| | | ▨ | ▨ | | 부모01님04 | 1 (0.5%) |
| | | | ▨ | ▨ | 대빵, 대상11, 병신03, 부자08, 이성10, 타입02 | 6 (3.1%) |
| 한정 | ▨ | | | | 간호사, 거인01, 고수11, 깡패, 꼬부랑01, 단짝, 대장04, 도둑01, 도사10, 돌잔치, 마녀, 미스터, 배신02자31, 별명01, 뽀뽀하다, 삼춘01, 수재민, 씨07, 아기01, 외할아버지, 위인01, 저희01, 종족02, 짜다01, 처녀, 초보01, 친할머니, 편04 | 28 (14.3%) |
| | | ▨ | | | 결혼, 고집쟁이, 꼬마, 노인01, 님01, 대학생, 바람둥이, 백일02, 선비01, 섹시가이, 씨9, 아버지, 영웅01, 욕심쟁이, 원수04, 인기01, 일대일, 자매03, 자신02, 주공, 중일02, 초보자용, 촌놈, 헤어지다, 후손02 | 25 (12.8%) |
| | | | ▨ | | 공무원, 관계05, 남02, 녀01, 녀석, 누구누구, 대두06, 데(데리)다, 말투, 박사01, 빡01, 쌤(선생님), 이29, 애새끼, 애자(장애자), 어머니01, 연예01, 영재03, 익명, 인간01형, 인사02하다, 일인이역, 자신01, 잡음02, 조15, 존경하다, 지존02, 탤런트, 형제01 | 28 (14.3%) |
| | | | | ▨ | 간10, 갑(동갑01), 개새끼, 그룹01, 기인02, 남녀, 님(임01), 단합, 아가씨, 연상02, 연애05, 연하01, 예의04, 유18, 자랑01, 정모05, 족(종족02), 죽돌이, 첫인상, 초딩, 추종01하다, 커버, 커플, 편04, 표정03 | 25 (12.8%) |

〈비율 = 구간별 고빈도 형태 수 / 초·중·고 고빈도 총 형태 수 *100〉

인간과 인간관계 관련 어휘들 중에서 초등학교 저학년에서 고빈도로 사용된 100개 가운데 58개는 고등학교까지의 고빈도 형태 100개에도 포함된다. 또한, 초등학교 저학년부터 고등학교까지 지속적으로 사용되는 형태 58개는 인간과 인간관계 관련 어휘의 고빈도 형태 중 29.6%에 해당해 비교적 높은 비율을 차지한다. 이들 형태를 구체적으로 제시하면, '나03, 내04, 내14, 너01, 너희, 니05, 우리03' 등 인칭대명사와 '가족01, 엄마, 아빠, 오빠, 언니, 형01, 이모02' 등의 가족과 친척에 대한 어휘, '친구02' 등으로 일상 언어생활에서 자주 사용되는 인간 관련 어휘로서 초·중·고등학생의 기초 어휘에 해당한다고 본다.

특정 학교급에만 고빈도로 나타나는 어휘 형태는 모두 106개에 이르며 이는 전체 고빈도 어휘의 54.1%에 이른다. 이들 어휘는 학교급별 약 24~28개의 형태가 출현하여 학교급에 따른 형태 수의 차이는 크지 않으며, 해당 학교급의 고빈도 형태의 1/4 가량을 차지하고 있다. 내용 면에서 보면 초등학생 단계는 '삼춘(삼촌), 외할아버지, 친할머니' 등 친족 호칭어나 '거인, 도사, 마녀' 등 가상 이야기 속 등장인물에 대한 어휘가 많고, 중고등학생 단계에서는 '그룹01, 정모05' 등 집단에 대한 어휘와 '인사하다, 존경하다, 추종하다' 등의 인간관계와 관련한 어휘들이 나타났다.


## 4.2.2.2 가족과 친인척

가족과 친인척 관련 어휘는 그 사용 형태 수가 많지 않다. 따라서 전체 출현 어휘(75개)를 대상으로 학교급별 사용 양상을 살펴보기로 한다.

〈표 4.106〉 학교급 구간별 가족과 친인척 관련 고빈도 어휘의 형태 목록과 수(75개)

| 유형 | 사용 학교급 | | | | 형태 | 형태 수 (비율) |
| --- | --- | --- | --- | --- | --- | --- |
| | 초저 | 초고 | 중 | 고 | | |
| 지속 | ▨ | ▨ | ▨ | ▨ | 가족01, 동생01, 딸01, 막내, 사촌, 아들, 아버지, 아빠, 아줌마, 언니, 엄마, 오빠, 이모02, 자식01, 친척, 형01 | 16 (21.3%) |
| | ▨ | ▨ | ▨ | | 아저씨, 어머니01, 외할머니, 친할아버지, 할머니, 할아버지 | 6 (8.0%) |
| | ▨ | ▨ | | | 고모01, 부부03, 부인01, 삼촌, 외할아버지, 형아02 | 6 (8.0%) |
| | | ▨ | ▨ | | 남동생, 당신02 | 2 (2.7%) |
| | | | ▨ | ▨ | 부모님, 형제01 | 2 (2.7%) |
| | | | ▨ | | 가정05, 여동생 | 2 (2.7%) |
| 한정 | ▨ | | | | 막냇고모, 삼춘01, 외삼춘, 이모부, 작은아버지, 작은할아버지, 증조할머니, 증조할아버지, 친누나, 친할머니, 큰이모, 큰형 | 12 (16.0%) |
| | | ▨ | | | 남매, 사춘(사촌), 성06, 손09, 손자01, 시집01, 식구01, 약혼, 외숙모, 자매03, 자손01, 효녀, 효자01, 후손02 | 14 (18.7%) |
| | | | ▨ | | 가정환경, 며느리, 사돈, 시아버지, 아내01, 외가, 장남03, 조카, 친가, 친아빠, 패밀리 | 11 (14.7%) |
| | | | | ▨ | 마누라01, 여형제, 이복동생, 짜식(자식01) | 4 (5.3%) |

〈비율 = 구간별 고빈도 형태 수 / 초·중·고 고빈도 총 형태 수 *100〉

가족과 친인척 관련 어휘는 초등학교 저학년부터 고등학교까지 지속적인 사용을 보인 형태가 16개이다. 이는 전체 고빈도 형태의 21.3%에 해당한다. 또한 여기에 중학교까지 사용한 어휘를 합치면 총 22개로 전체 형태의 29.3%가 된다. 여기서는 주로 '엄마, 아빠, 언니, 오빠, 동생01, 형01' 등 직계가족에 대한 어휘들이 주를 이룬다.

가족과 친인척 관련 어휘는 특정 학교급에서만 사용되는 형태가 총 41개로, 전체 고빈도 어휘의 54.7%에 해당한다. 고등학교 단계를 제외하고는 모든 학교급에서 11~14개의 단독 사용 형태가 나타났는데, 초등학교 단계에서의 형태가 주로 학생을 기준으로 한 친족 어휘들이라면, 중고등학교 단계에서는 '며느리, 시아버지, 사돈, 마누라01, 이복동생'과 같이 자신과 직접 관련이 없는 친족 관계에 대한 어휘들이 다수 사용되고 있어 초등학생과 차이를 보인다.

## 4.2.2.3 직업과 직장

직업과 직장 관련 어휘 형태는 각 학교급별로 고빈도 사용 어휘를 50개씩 추출하여 이를 종합하였다. 그 결과, 고빈도 형태 101개가 추출되었고, 이들의 학교급 구간별 사용 양상을 나타내 보면 다음과 같다.

〈표 4.107〉 학교급 구간별 직업과 직장 관련 고빈도 어휘의 형태 목록과 수(101개)

| 유형 | 사용 학교급 | | | | 형태 | 형태 수 (비율) |
|---|---|---|---|---|---|---|
| | 초저 | 초고 | 중 | 고 | | |
| 지속 | ▨ | ▨ | ▨ | ▨ | 가르치다01, 가수11, 교장03, 급04, 기술01, 대11, 부회장, 선생님, 연예인, 일01, 일01하다, 직업, 타자02, 팀01, 회사04, 회장07 | 16 (15.8%) |
| | ▨ | ▨ | ▨ | | 군사01, 부15, 선수05, 아나운서, 유치02원19, 탤런트 | 6 (5.9%) |
| | ▨ | ▨ | | | 기사20, 깡패, 마법사, 은행02, 적13, 화가03 | 6 (5.9%) |
| | | ▨ | ▨ | ▨ | 고등학생, 그지(거지01), 담임, 선배 | 4 (4.0%) |
| | | ▨ | ▨ | | 경찰04, 대학생, 샘(선생님), 원장07 | 4 (4.0%) |
| | | | ▨ | | 개그맨, 능력02, 박사01, 선생01 | 4 (4.0%) |
| 한정 | ▨ | | | | 가리치(가르치01)다, 건축사01, 과학자, 기사20님, 깡패, 부원장, 사업04하다, 유치부, 은행02, 직장05, 쫄병(졸병01) | 11 (10.9%) |
| | | ▨ | | | 거서관(거서간), 계급02, 관장님, 교수06, 기술02, 대학생, 선비01, 심판02, 엑스트라, 왕04, 장군04, 전사20, 회원 | 13 (12.9%) |

| 유형 | 사용 학교급 | | | | 형태 | 형태 수 (비율) |
| --- | --- | --- | --- | --- | --- | --- |
| | 초저 | 초고 | 중 | 고 | | |
| | | | ///// | | 공무원, 공학자, 군인, 내과01, 박사01, 사범03, 사업가, 시장03, 연구원01, 연기10, 영화배우, 운동선수, 원장07, 장수09, 적성05, 진로01, 탐정01, 투수01 | 18 (17.8%) |
| | | | | ///// | 건공학부, 검색사, 공문서, 교감03, 교생02, 교수님, 구인03, 구직02, 군대02, 기계07, 대기업, 사업04, 서기05, 아르바이트, 알바(아르바이트)하다, 취업, 컨설턴트, 파트너, 회계사01 | 19 (18.8%) |

〈비율 = 구간별 고빈도 형태 수 / 초·중·고 고빈도 총 형태 수 *100〉

초등학교 저학년에서 고빈도로 사용된 50개의 형태 중 16개는 다른 학교급의 고빈도 형태 목록에도 포함된다. 이것은 초등학교 저학년의 고빈도 50개의 32%가 고등학교까지 꾸준히 사용되고 있음을 말해준다. 이와 같이 지속적인 출현을 보이는 형태는 전체 직업과 직장 관련 어휘 형태 101개 가운데 15.8%에 해당한다. 의미 면에서 보면 이들 형태는 학교에 대한 어휘들이 주를 이루고, '일01, 일01하다, 직업, 회사04'와 같이 특정 직업이 아닌 상위 범주를 가리키는 어휘들이 대부분이다.

이와 달리, 특정 학교급에서만 사용되는 형태는 모두 61개에 이르며 이는 전체 고빈도 어휘의 60.4%에 이른다. 학교급별로 사용 형태의 수를 살펴보면, 초등학교 저학년이 가장 적고, 학교급이 올라갈수록 점차 증가하는 경향을 보여, 고등학생이 가장 다양한 형태를 사용하는 것으로 나타났다. 고등학생 단계에서는 '컨설턴트, 회계사' 등의 전문 직종에 대한 어휘뿐만이 아니라 직업과 관련된 '공문서, 구인03, 구직02, 취업' 등의 어휘도 출현하고 있어 다른 학교급과 차이를 보인다. 초등학생 단계에서 나타난 형태들 중에는 현실의 직업으로 존재하지 않는 '거서관, 선비01, 왕04' 등과 같은 어휘도 관찰된다. 중고등학생 자료에서는 '공무원, 공학자, 군인, 영화배우, 운동선수, 탐정01, 컨설턴트, 회계사01' 등 구체적이고 다양한 직업과 관련한 어휘들이 나타났다.


## 4.2.2.4 신체·생리작용·병·치료·성

신체·생리작용·병·치료·성 관련 어휘는 학교급별로 고빈도 사용 어휘 100개를 추출하여 종합한 결과, 235개의 서로 다른 형태 목록이 조사되었다. 이를 사용 학교급에 따라 제시하면 다음과 같다.

〈표 4.108〉 학교급 구간별 신체·생리작용·병·치료·성 관련 고빈도 어휘의 형태 목록과 수(235개)

| 유형 | 사용 학교급 | | | | 형태 | 형태 수 (비율) |
|---|---|---|---|---|---|---|
| | 초저 | 초고 | 중 | 고 | | |
| 지속 | ■ | ■ | ■ | ■ | 가슴01, 굵다, 근육, 꿰다03, 낫다01, 눈01, 눈병, 다리01, 다치다01, 땀01, 뚱뚱02하다, 맘01, 맞다03, 머리01, 머리카락, 먹다, 모습01, 목01, 목소리, 목숨, 몸무게, 물집03, 발01, 배01, 배고프다, 뱉다, 병04, 뼈, 살01, 손01, 쓰러지다, 아프다, 약07, 얼굴01, 입, 자다01, 잠01, 죽다01, 죽이다01, 코01, 키01, 키로, 피02 | 43 (18.3%) |
| | ■ | ■ | ■ | | 감01다, 귀01, 낳다01, 눈물01, 단련02, 무릎, 킬로, 태어나다, 토하다 | 9 (3.8%) |
| | ■ | ■ | | | 교통사고, 꾸다01, 대머리01, 똥, 변신01하다, 살아나다, 손바닥, 싸다02, 팔01 | 9 (3.8%) |
| | | ■ | ■ | ■ | 간08, 감기04, 병신03, 엉덩이, 졸리다01, 죽다01, 허리01 | 7 (3.0%) |
| | | | ■ | ■ | 기절01하다, 깨우다01, 눈깔, 눈썹, 대가리01, 때02, 몸01, 손가락, 자국01, 체력, 침01 | 11 (4.7%) |
| | | | | ■ | 갈비01, 뒈지다, 마디01, 몸매, 배부르다, 비듬01, 섹시하다, 신경04, 찌다01, 폐인01, 피곤하다 | 11 (4.7%) |
| 한정 | ■ | | | | 갈비뼈, 금15, 기침01, 깨물다, 깨어나다, 납작코, 다리뼈, 단발머리, 닳01다, 독감기, 똥꼬, 뚱땡, 마렵다, 맨손, 머리통, 목욕, 목욕하다, 물02다, 발가락, 발바닥, 방구02, 백혈병, 변신01, 병실02, 부상05, 붕대, 비(피02), 뺨, 산부인과, 수술05, 쉬02, 오줌, 이03, 이빨, 종아리, 주먹, 킬로그램, 한의원, 해골 | 39 (16.6%) |
| | | ■ | | | 가스, 간땡이, 건강03, 건강03하다, 검사03하다, 공주병, 구역질, 궁둥이, 기절초풍, 꼬리뼈, 눈알, 단발02, 덩치01, 독04, 등01, 디지(뒤지03)다, 딱지01, 맨발, 멍01, 분열증, 삐다02, 사마귀02, 섹시가이, 수도(수두01), 신경질, 약골, 엄지발가락, 정형외과, 주사13, 치약, 티눈, 헌혈, 화상03 | 33 (14.0%) |
| | | | ■ | | 굳은살, 긁히다, 꼬르륵, 꼬리01, 내과01, 내장06, 다이어, 단련02하다, 대두06, 동성02, 뒷모습, 매장02, 멀대, 무다리, 볼01, 브레인, 빡빡01이, 살리다, 숏다리, 쓰다듬다, 여드름, 임신02하다, 잠들다, 잠자다, 장애02, 장애02인, 졸다01, 중독01, 중독01되다, 쥐03, 코피01, 키로그람(킬로그램), 턱01, 피부02 | 34 (14.5%) |
| | | | | ■ | 겉모습, 긁니01, 기침01하다, 날씬하다, 대장균, 뒤룩뒤룩02, 뒷골, 목젖, 문드러지다, 물배01, 배불(배부르)다, 변비01, 변성기02, 불치병, 붓다01, 사시18, 살찌다, 상처02, 새끼손가락, 생리03, 생리통, 섹시, 숨01, 신경성, 싸이코, 쓸개, 알레르기, 에이형, 에이비형, 에이형, 연고04, 오른손, 자살01하다, 체하다02, 축농증, 치과, 치료, 토(구토01), 혈액형 | 39 (16.6%) |

〈비율 = 구간별 고빈도 형태 수 / 초·중·고 고빈도 총 형태 수 *100〉

신체·생리작용·병·치료·성 관련 어휘들 중 초등학교 저학년부터 고등학교까지 지속적으로 사용되는 형태는 총 43개로 나타났다. 이는 표에 제시된 전체 형태 수의 18.3%에 해당한다. 지속적 사용을 보이는 구체적인 형태에는 '얼굴01, 입, 눈01, 코01, 목01, 배01, 가슴01, 손01, 다리01, 살01, 뼈, 몸무게, 키01' 등의 신체 관련 어휘가 다수를 차지하였고, 그 밖에 '아프다, 자다01, 뀌다03, 다치다01, 뚱뚱02하다, 배고프다' 등의 상태나 행위에 대한 어휘들이 있다.

특정 학교급에서만 사용되는 형태는 모두 145개에 이르며, 이는 전체 목록(235개)의 61.7%에 해당한다. 모든 학교급에서 해당 학교급의 고빈도 100개 형태 중 30~40% 정도는 단독으로 사용하는 형태이며, 사용 비율에서는 학교급에 따른 차이를 볼 수 없었다. 내용적으로는 초등학교 단계가 주로 일상생활에서 자주 접하는 활동이나 증상에 대한 것이라면, 중고등학교 단계는 보다 전문 영역에 속하는 어휘 형태들이 눈에 띄었다.

## 4.2.2.5 감각과 감각기관

감각과 감각기관 관련 어휘 형태는 전체적으로 사용되는 어휘의 수가 73개에 불과하므로, 그 전체를 대상으로 하여 학교급별 사용 양상을 살펴보기로 한다.[14]

〈표 4.109〉 학교급 구간별 감각과 감각기관 관련 고빈도 어휘의 형태 목록과 수(73개)

| 유형 | 사용 학교급 | | | | 형태 | 형태 수 (비율) |
|---|---|---|---|---|---|---|
| | 초저 | 초고 | 중 | 고 | | |
| 지속 | ■ | ■ | ■ | ■ | 눈01, 덥다01, 듣다01, 들리다03, 따뜻하다, 맛없다, 맛있다, 바(보01)다, 보다, 보이다01, 빨개지다, 소리01, 시끄럽다, 신경04, 입, 쳐다보다, 코01 | 17 (23.3%) |
| | ■ | ■ | ■ | | 냄새, 듣기, 들려주다, 만지다, 바(보01)다, 보이다02, 터트리다 | 7 (9.6%) |
| | ■ | ■ | | | 없음 | 0 (0.0%) |
| | | ■ | ■ | ■ | 간지럽다, 구경01하다, 느끼다02, 뜨겁다, 썰렁하다, 피부 | 6 (8.2%) |
| | | ■ | ■ | | 냄새나다 | 1 (1.4%) |
| | | | ■ | ■ | 혀01 | 1 (1.4%) |

---

14 하나의 형태가 본동사와 보조동사로 사용되는 경우는 하나의 형태로 처리하여 기술하도록 한다.

| 유형 | 사용 학교급 | | | | 형태 | 형태 수 (비율) |
|---|---|---|---|---|---|---|
| | 초저 | 초고 | 중 | 고 | | |
| 한정 | ▨ | | | | 뵈01다, 비비다, 소이(소리01), 시력01, 썰렁, 쐬다01, 짜다03 | 7 (9.6%) |
| | | ▨ | | | 간질01거리다, 꼬집다, 눈빛01, 도청06, 따갑다, 뚜렷01하다, 써늘하다, 어둡다, 지지다01, 째리다, 찐득찐득하다 | 12 (16.4%) |
| | | | ▨ | | 필11 | 11 (15.1%) |
| | | | | ▨ | 가렵다, 감각02, 꼬집히다, 눅눅하다, 도청기, 밝다, 소곤소곤하다 | 11 (15.1%) |

〈비율 = 구간별 고빈도 형태 수 / 초·중·고 고빈도 총 형태 수 *100〉

감각과 감각기관 관련 어휘는 전체 형태 수가 73개이다. 이 가운데 초등학교 저학년부터 고등학교까지 지속적으로 사용된 형태는 17개로 전체 형태 수의 23.3%에 해당한다. 여기에 초등학교 고학년부터 고등학교까지 사용한 형태를 합하면 23개로 전체 형태의 31.5%라는 높은 비율을 차지한다. 초등학교 저학년부터 사용하는 형태에는 '눈01, 코01, 입', '듣다01, 들리다03, 보다01, 소리01, 시끄럽다, 맛없다, 맛있다, 덥다01, 따뜻하다'가 있는데, 청각, 시각, 미각, 후각과 관련한 어휘가 고루 분포하고 있고, 일상생활에서 자주 사용되는 어휘로, 이 부류의 기본 어휘에 해당한다고 볼 수 있다.

한편 감각과 감각기관에 포함되는 형태 가운데 특정 학교급에만 사용되는 것들은 40개이며 이는 전체 고빈도 어휘의 54.8%에 이른다. 학교급별로 살펴보면, 초등학교 저학년에서 나타난 형태가 7개로 가장 적었고, 초등학교 고학년 이후부터는 11~13개로 이후 단계와 별 차이를 보이지 않았다.

## 4.2.2.6 생각·감정·성격·태도

생각·감정·성격·태도 관련 어휘는 학교급별 고빈도 사용 어휘를 100개씩 추출한 후 이를 종합하였다. 그 결과 177개의 서로 다른 형태들이 나타났고, 이들 형태를 사용 학교급의 구간별로 제시하면 다음과 같다.

〈표 4.110〉 학교급 구간별 생각·감정·성격·태도 관련 고빈도 어휘의 형태 목록과 수(177개)

| 유형 | 사용 학교급 | | | | 형태 | 형태 수 (비율) |
|---|---|---|---|---|---|---|
| | 초저 | 초고 | 중 | 고 | | |
| 지속 | ■ | ■ | ■ | ■ | 같다, 같이, 고르다01, 괜찮다, 귀엽다, 귀찮다, 기분01, 기억02, 까먹다, 나쁘다01, 다르다01, 닮다, 당연하다, 당연히01, 딴03, 떨리다01, 똑같다, 마음01, 만약, 많다, 몰르(모르)다, 무섭다, 변하다, 비슷02하다, 생각01, 생각01하다, 생각나다, 쉽다, 싫다01, 싫어하다, 심심01하다, 심하다, 싶다, 알다, 어렵다, 예쁘다, 웃다, 웃기다, 이쁘다, 이상12하다, 일단01, 장난, 재미없다, 재미있다, 재밌다, 정말01, 제발01, 조용히, 좋다01, 좋아하다, 중요02하다, 진짜, 짜증나다, 착하다, 친하다, 틀리다01, 포기02하다, 혹시01, 힘들다 | 61 (34.5%) |
| | ■ | ■ | ■ | | 느낌, 불쌍하다, 신기14하다, 외우다01, 참01 | 5 (2.8%) |
| | ■ | ■ | | | 고맙다01, 못04하다, 쎄(세03)다, 제일04, 화내다, 희망 | 6 (3.4%) |
| | | ■ | ■ | ■ | 가만히, 막상01, 미안01하다, 미치다01, 솔직히, 슬프다, 싸가지, 아예, 열심히, 정하다, 차라리, 차이 | 12 (6.8%) |
| | | ■ | ■ | | 마지막, 아깝다, 아무리, 이해06 | 4 (2.3%) |
| | | | ■ | ■ | 관심01, 대충01, 멀다02, 스트레스, 알아보다, 어색02하다, 어이없다, 일부러, 제대로, 조용01하다, 지랄, 편하다, 황당하다 | 13 (7.3%) |
| 한정 | ■ | | | | 감동적, 겨우, 기냥(그냥), 기억나다, 긴장되다, 깊다, 느끼01하다, 다행, 대단01하다, 드럽(더럽)다, 똑똑02하다, 무겁다, 배신02, 뻔01하다, 삐지(삐치01)다, 솔직하다, 아끼다, 엄청나다, 유식01하다, 장난치다, 참다, 천천히, 치사01하다, 칭찬하다, 혼내다, 화해02, 희한하다 | 27 (15.3%) |
| | | ■ | | | 계속04하다, 공평01하다, 기억02하다, 깨다01, 꾸리(구리), 느리다01, 똑같이, 모자라다, 몰래01, 바람둥이, 버티다, 부리다02, 시시02하다, 야비, 재미01, 정상02, 지우다01, 질리다01, 쪽팔리다, 화06, 화나다 | 21 (11.9%) |
| | | | ■ | | 도대체, 무시04하다, 받아들이다, 분명히, 소중01하다, 압박, 울리다01, 원하다02, 잘못, 잘못하다, 지랄하다, 큰일나다, 허접02, 흥미 | 14 (7.9%) |
| | | | | ■ | 그럭저럭, 믿다, 분위기, 불편01하다, 사랑01하다, 어이02, 자상01하다, 잘못, 장난하다, 즐겁다, 지겹다, 친절하다, 티02, 확실히 | 14 (7.9%) |

〈비율 = 구간별 고빈도 형태 수 / 초·중·고 고빈도 총 형태 수 *100〉

　초등학교 저학년부터 고등학교까지 지속적으로 사용되는 생각·감정·성격·태도 관련 어휘들은 총 61개로, 초등학교 저학년의 고빈도 형태 100개 가운데 61%의 높은 비율을 보인다. 또한, 이들 형태는 생각·감정·성격·태도와 관련한 고빈도 어휘 형태 목록의 34.5%에 해당하는 높은 비율을 보인다. 구체적인 형태에는 '괜찮다, 귀엽다, 귀찮다, 나쁘다01, 싫다, 싫어하다, 예쁘다, 좋다01, 좋아하다, 짜증나다, 착하다, 친하다, 힘들다' 등이 있다.

　특정 학교급에서만 사용되는 어휘는 모두 76개이고, 전체 고빈도 어휘의 42.9%에 해당한다. 초등학교에서 가장 다양한 형태들이 나타났으며 중학교와 고등학교는 14개로 동일한 형태 수를 보였다. 내용 면에서 보면, 초등학교에서는 '유식01하다, 똑똑하다' 등 지적 능력에 대한 평가, '칭찬하다, 혼내다'의 상벌과 관련한 어휘 등이 보였고, 중고등학교에서는 '무시하다, 친절하다, 자상01하다'와 같이 타인에 대한 태도와 관련한 어휘들이 사용되었다.


### 4.2.2.7  의생활

　의생활 관련 어휘에서는 초·중·고등학교 학교급별 고빈도 사용 어휘를 50개씩 추출한 후, 이를 종합하여 121개의 고빈도 형태를 정리하였다. 이들 형태를 사용하는 학교급 구간별로 목록을 보이면 다음과 같다.

〈표 4.111〉 학교급 구간별 고빈도 의생활 관련 어휘의 형태 목록과 수(121개)

| 유형 | 사용 학교급 | | | | 형태 | 형태 수 (비율) |
|---|---|---|---|---|---|---|
| | 초저 | 초고 | 중 | 고 | | |
| 지속 | ▨ | ▨ | ▨ | ▨ | 가방01, 리본, 멋있다, 바지01, 반지02, 벗다, 스타킹, 쓰다02, 안경03, 옷01, 입다01, 잠그다01, 잠기다01, 짓다01, 짜다01, 치다05, 팔찌, 펴다 | 18 (14.9%) |
| | ▨ | | | | 유니폼, 잠바, 장갑01 | 3 (2.5%) |
| | ▨ | | | | 가짜, 굽, 띠01, 모자08, 목걸이01, 바늘 | 6 (5.0%) |
| | | ▨ | | | 갈아입다, 멋지다, 반팔, 신다, 신발, 실01, 씌우다01, 우산01 | 8 (6.6%) |
| | | ▨ | | | 걸치다, 교복01, 꾸미다, 목도리, 빨다02, 사이즈01 | 6 (5.0%) |
| | | | ▨ | | 남방01, 정장04, 줄이다, 체육복 | 4 (3.3%) |
| 한정 | ▨ | | | | 가면02, 가위01, 금02, 꼬매다, 립스틱, 마스크01, 매다01, 손수건, 쇼핑백, 썬그라스(선글라스), 씌다05, 안경테, 여대문, 짚신, 통04, 포장01, 품01, 한복 | 18 (14.9%) |

| 유형 | 사용 학교급 | | | | 형태 | 형태 수 (비율) |
|---|---|---|---|---|---|---|
| | 초저 | 초고 | 중 | 고 | | |
| | | ▨ | | | 갑옷, 갑주01, 금관02, 긴팔, 깜(감02)다, 꼬다01, 단추01, 뜨개질01, 망토, 물02, 백의01, 블라우스, 사복04, 수29, 축구화, 캐주얼, 퍼지다, 펼치다 | 18 (14.9%) |
| | | | ▨ | | 동복01, 뜨개질01하다, 레이스01, 무테, 벨트, 실내화02, 쓰레빠(슬리퍼), 안경집, 양말01, 원피스, 의류, 점퍼, 주머니, 지퍼, 축구복, 춘추복, 츄리닝(추리닝), 틀01, 티06, 파마하다, 화장02하다 | 21 (17.4%) |
| | | | | ▨ | 구두01, 다리미, 드레스, 먼지01, 멋01, 면바지, 반바지, 양복01, 와이셔츠, 운동화, 윗도리, 잠옷, 좆01다, 차려입다, 청바지, 치마01, 폭06, 폴라티, 핸드백 | 19 (15.7%) |

〈비율 = 구간별 고빈도 형태 수 / 초·중·고 고빈도 총 형태 수 *100〉

위 표를 보면, 의생활 관련 어휘에서 초등학교부터 지속적 사용을 보인 형태는 모두 18개이다. 그 예로는 '가방01, 리본, 멋있다, 바지01, 반지02, 벗다, 스타킹, 쓰다02, 안경03, 옷01, 입다01, 잠그다01, 잠기다01, 짓다01, 짜다01, 치다05, 팔찌, 펴다'가 있다. 특히, 이 부류에 '반지02, 팔찌, 리본' 등 액세서리 관련 어휘가 고빈도 형태에 포함된 점이 흥미롭다.

의생활 관련 어휘들에서 특정 학교급에서만 사용된 형태는 모두 76개이며 이는 전체 고빈도 어휘의 62.8%라는 높은 비중을 차지한다. 각각의 학교급에서 사용 형태 수는 18~21개로 큰 차이를 보이지 않았지만, 의미면에서는 초등학생이 주로 '가면02, 갑옷, 갑주01, 금관02, 축구화' 등 게임이나 운동과 관련한 것이 주를 이루었고, 중고등학교에서는 '윗도리, 와이셔츠, 폴라티, 청바지, 치마, 면바지, 반바지, 원피스, 점퍼, 양복01' 등 다양한 의복 종류에 대한 어휘가 사용되었다.

## 4.2.2.8 주생활

주생활 관련 어휘 형태들은 학교급별 고빈도 사용 어휘 50개씩을 대상으로 분석하였다. 그 결과, 118개의 서로 다른 형태들이 나타났다. 이들 형태를 학교급 구간별로 제시하면 다음과 같다.

〈표 4.112〉 학교급 구간별 고빈도 주생활 관련 어휘의 형태 목록과 수(118개)

| 유형 | 사용 학교급 | | | | 형태 | 형태 수 (비율) |
|---|---|---|---|---|---|---|
| | 초저 | 초고 | 중 | 고 | | |
| 지속 | ■ | ■ | ■ | ■ | 건물03, 고치다01, 길01, 동15, 문04, 방07, 빌라02, 선풍기, 아파트, 의자03, 이불01, 이사14, 자리01, 집01, 짓다01, 화장실 | 16 (13.6%) |
| | ■ | ■ | ■ | | 가게, 거울01, 곳01, 못01, 쓰레기통, 창문, 침대02 | 7 (5.9%) |
| | ■ | ■ | | | 강당, 도끼01, 샤워, 옥상03, 입구02 | 5 (4.2%) |
| | | ■ | ■ | ■ | 집안01 | 1 (0.8%) |
| | | ■ | ■ | | 도구10, 바닥01, 베개, 벽06, 안방02, 청소06하다, 칸01, 키04 | 8 (6.8%) |
| | | | ■ | ■ | 씻다, 테이프 | 2 (1.7%) |
| 한정 | ■ | | | | 가구04, 걸레01, 경로당, 고장01, 굴뚝, 난간03, 난로01, 드릴, 마당, 막05, 베다01, 벽돌집, 사다리, 소파06, 손잡이, 에어컨, 온풍기, 이층집, 장농, 장롱, 천장02, 커튼 | 22 (18.6%) |
| | | ■ | | | 가스, 경비실, 고장11나다, 공사02, 다락방, 다목적실, 담01, 대문03, 마루03, 마을01, 망치01, 바가지01, 박10, 박스, 밸브, 손도끼, 양탄자, 연탄03, 호실01 | 19 (16.1%) |
| | | | ■ | | 계단04, 고무장갑, 대걸레, 마당, 마을버스, 바구니, 방문02, 변기01, 별관01, 별장3, 본관04, 비누, 시골집, 쓸다02, 옆방, 욕조, 이사14하다, 주택, 평수03, 홈스테이 | 20 (16.9%) |
| | | | | ■ | 공사02하다, 구들장, 도로03, 머무르다, 먼지01, 명당, 방석02, 보관함, 소화기03, 쓰레기, 엘리베이터, 열쇠, 옆집, 외박01, 인테리어, 창가01, 채08, 테이블 | 18 (15.3%) |

〈비율 = 구간별 고빈도 형태 수 / 초·중·고 고빈도 총 형태 수 *100〉

　주생활 관련 어휘의 고빈도 형태들을 살펴보면, 초등학교 저학년부터 고등학교까지 지속적으로 사용되는 형태는 16개로, 초등학교 저학년에 사용된 형태의 32%는 이후 단계에서도 지속적으로 사용되는 것으로 나타났다. 이들 형태 목록의 수는 전체 고빈도 형태 118개의 13.6%에 해당한다. 꾸준한 고빈도 사용을 보이는 형태에는 '방07, 문04, 화장실', '건물03, 빌라02, 아파트', '의자03, 선풍기' 등 주거 공간의 구성 요소, 유형, 기기 들이 고루 포함되어 있다. 이들 형태는 일상생활에서 자주 사용하는 것으로 주생활 관련 어휘의 기초 어휘라 볼 수 있겠다.

　특정 학교급에서만 사용되는 형태는 79개이며 이는 전체 고빈도 어휘의 66.9%에 이른다.

각각의 학교급에서만 사용하는 형태의 비율이 상당히 높은 편으로, 학교급에 따라 18~22개의 형태 수를 보이고 있고, 학교급에 따른 차이는 나타나지 않는다.


### 4.2.2.9 식생활

식생활 관련 어휘 형태는 학교급별로 고빈도 50개씩을 분석 대상으로 하였고, 이를 종합한 결과 총 129개의 고빈도 형태가 도출되었다. 이들을 대상으로 학교급별 사용 양상을 살펴보기로 한다.

〈표 4.113〉 학교급 구간별 고빈도 식생활 관련 어휘의 형태 목록과 수(129개)

| 유형 | 사용 학교급 | | | | 형태 | 형태 수 (비율) |
|---|---|---|---|---|---|---|
| | 초저 | 초고 | 중 | 고 | | |
| 지속 | ▨ | ▨ | ▨ | ▨ | 고기01, 과일01, 과자02, 급식, 딸기, 떡01, 라면01, 마시다, 만두01, 맛01, 맛없다, 맛있다, 먹다02, 밥01, 수박01, 우유02, 음식 | 17 (13.2%) |
| | ▨ | ▨ | | | 감01, 김치01, 요리05, 짓다01, 초콜렛, 치즈, 코스, 피자 | 8 (6.2%) |
| | ▨ | | | | 당근02, 떡볶이, 오뎅, 음료수, 칼01 | 5 (3.9%) |
| | | ▨ | ▨ | | 기름01, 버섯02, 빵01, 아이스크림 | 4 (3.1%) |
| | | ▨ | | | 간식02, 굽다01, 냉장고, 쨈(잼01), 초코, 햄04 | 6 (4.7%) |
| | | | ▨ | | 술01, 씹다01, 점심 | 3 (2.3%) |
| 한정 | ▨ | | | | 가일(과일01), 그물01, 껍데기, 복숭아, 사탕02, 생선, 설탕, 소금01, 숟가락, 식품01, 식혜, 쌀, 쌀밥, 쏘세지(소시지), 젓가락, 즙, 차리다, 쵸코렛(초콜릿) | 18 (14.0%) |
| | | ▨ | | | 가스, 게01, 귤, 김03, 김밥, 깍두기, 꽃게, 농장03, 단무지, 대접05하다, 도토리, 동태03, 두부01, 떡꼬치, 맛살, 무02, 자판기, 주전자, 지지다01, 캔디01, 컵 | 21 (16.3%) |
| | | | ▨ | | 가루01, 계란찜, 고구마, 고무장갑, 고추01, 국물, 기름기, 레몬, 베이컨01, 삼겹살, 생선가스, 스파게티, 식빵, 씹히다, 오징어, 일회용, 조리09, 짜장면, 초콜릿, 페스트리, 호떡 | 21 (16.3%) |
| | | | | ▨ | 가루01, 곱창, 굵다, 까페(카페), 닭고기, 대짜, 마트, 맥주, 먹거리, 밀가루, 바비큐, 반찬, 부페02, 생과일, 시루떡, 식권, 식당, 주스, 찐만두, 컵라면, 케잌(케이크), 콩01, 콩자반, 한식04, 햄버거, 회13 | 26 (20.2%) |

〈비율 = 구간별 고빈도 형태 수 / 초·중·고 고빈도 총 형태 수 *100〉

위 표를 보면, 식생활 관련 어휘에 속하는 것들 중 초등학교 저학년에서 고빈도로 사용된 50개의 형태들 중에서 17개는 고등학교에서도 고빈도로 사용되었다. 즉, 초등학교 저학년의 고빈도 형태 중 34%가 반복적으로 고등학교까지 활발히 사용되고 있는 것이다. 이들 형태는 식생활 관련 고빈도 어휘 형태(129개)의 13.2%에 해당하므로 그 비율은 높지 않은 편이다. '밥01, 고기01, 만두01, 라면01, 떡01, 과자02, 우유02, 과일01'의 음식명과 '먹다02, 마시다, 맛없다, 맛있다' 등의 음식 섭취 동작이나 맛에 대한 평가에 관련한 어휘가 주를 이룬다.

식생활 관련 어휘에 포함되는 어휘에서 특정 학교급에서만 사용되는 것은 총 86개이며 이는 전체 식생활 관련 어휘의 66.7%에 이른다. 고등학교가 26개로 다른 학교급에 비해 단독 사용 형태 수가 많았다. 의미 면에서 보면 초등학생 단계에서는 주로 군것질에 관련한 형태가 많았고, 중고등학교에서는 다양한 요리명이 사용되었다.

### 4.2.2.10 교육·학습·학교생활·학문

교육·학습·학교생활·학문 관련 어휘 형태는 학교급별 고빈도 사용 어휘 100개 목록을 대상으로 학교급간 사용 추이를 분석하였다. 이를 종합한 결과 236개의 서로 다른 형태들이 나타났다. 그 결과를 보이면 다음과 같다.

〈표 4.114〉 학교급 구간별 교육·학습·학교생활·학문 관련 고빈도 어휘의 형태 목록과 수(236개)

| 유형 | 사용 학교급 | | | | 형태 | 형태 수 (비율) |
| --- | --- | --- | --- | --- | --- | --- |
| | 초저 | 초고 | 중 | 고 | | |
| 지속 | ■ | ■ | ■ | ■ | 가르치다01, 가방01, 계열, 고등학교, 공부01, 공부01하다, 과학, 교과서, 교시03, 교실, 국어01, 대학교, 맞다01, 모르다, 문제06, 물어보다, 미술, 반10, 방학, 배우다01, 선생님, 수학05, 숙제03, 시험03, 쓰다01, 알다, 영어02, 전학, 짝01, 책01, 체육, 초등학교, 풀다, 학교, 학년, 학원02 | 36 (15.3%) |
| | ■ | ■ | ■ | | 과목02, 과외, 권01, 번호02, 연필, 영재03, 코스, 학기02 | 8 (3.4%) |
| | ■ | ■ | | | 가르키(가르치01)다, 교장03, 답03, 도서실, 독서03, 유치02원19, 유학04, 지우개, 책상01, 파일03 | 10 (4.2%) |
| | | ■ | ■ | ■ | 고등학생, 기말02, 담임, 땡땡이01, 문자02, 선배, 수업04, 장면04, 재수03, 중학교 | 10 (4.2%) |
| | | ■ | ■ | | 고사09, 교복01, 대06, 배09, 성적04, 수련06회14, 암기02, 야구02, 이해06, 점수06, 한자02, 회08 | 12 (5.1%) |
| | | | ■ | ■ | 곱하기, 교육, 능력02, 대학01, 매점02, 문과01, 선생01, 수능, 알아보다, 인문01계16, 차03 | 11 (4.7%) |

| 유형 | 사용 학교급 | | | | 형태 | 형태 수 (비율) |
|---|---|---|---|---|---|---|
| | 초저 | 초고 | 중 | 고 | | |
| 한정 | ▨ | | | | 가리치(가르치01)다, 강당, 개학, 계산01, 고학년, 곱하다, 곱셈, 공부방, 과학실, 교무실, 교장실, 구구단, 그림책, 글짓기, 금상05, 기초06, 꿀밤01, 나눗셈, 낙서03, 독서03록, 또래, 레슨, 말썽꾸러기, 말씀, 멜로디언, 물감02, 반장08, 받아쓰기, 방과03, 분수06, 상25, 실로폰, 알아듣다, 오답, 원자02, 전기15, 준비물, 지구본, 진동03, 짝꿍, 쪽02, 체육관, 칠판, 풀이, 학04, 학습지 | 46 (19.5%) |
| | | ▨ | | | 고일03, 과거03형, 교수06, 교육적, 금지04, 기록02하다, 도서06실, 도서관, 동요02, 레포트, 마이나(마이너스), 면담, 문장02, 문제06집, 박물관, 방송01실, 백군01, 상장10, 실습, 역사04, 왕따시키다, 요점, 자14, 전설04, 중간고사, 중일02, 천문학자, 청군01, 편09, 학예회 | 30 (12.7%) |
| | | | ▨ | | 고시03, 과학고, 기계공학과, 꼬리표, 내신01, 따02, 만점, 목적03, 목표, 문방구, 별첨, 볼펜02, 사교육비, 상고08, 생물01, 성적표, 수26, 수시09, 시청각실, 실업02계, 씨에이, 알아내다, 외고03, 음악01실, 의대03, 이과05, 이해06하다, 전교01, 전통06, 학생　. | 30 (12.7%) |
| | | | | ▨ | 건공학부, 고삼02, 곱02하다, 공고02, 공책01, 공학01, 과04, 교수님, 급훈, 논술, 단합회, 대판02, 독서실, 동화02, 명문02, 문서, 문학01, 미대03, 반수10, 부회장, 부중03, 분단02, 서기05, 수험표, 실험, 써클(서클), 야자03, 연구03, 위05, 이상09, 자료03, 재수01하다, 전문대, 조퇴01하다, 초딩, 캠퍼스, 컴퍼스, 펜01, 표02, 학비, 학원02비, 활동02제, 후배06 | 43 (18.2%) |

〈비율 = 구간별 고빈도 형태 수 / 초·중·고 고빈도 총 형태 수 *100〉

　　교육·학습·학교생활·학문 부류에서 초등학교 저학년부터 고등학교까지 지속적　고빈도 사용을 보인 형태는 36개이다. 또한, 이들 36개의 형태는 교육·학습·학교생활·학문 관련 전체 고빈도 형태(236개)의 15.3%에 해당한다. 구체적인 어휘들을 보면, '가르치다01, 배우다01, 물어보다, 모르다, 알다, 풀다, 공부01하다' 등의 행위를 가리키는 어휘와 '수학05, 영어02, 국어01' 등의 과목명, '교과서, 책01' 등의 학습 관련 도구, '교실, 학교' 등의 학습 공간 관련 어휘 등이 두루 포함되어 있다.

　　교육·학습·학교생활·학문 관련 어휘는 특정 학교급에서만 사용하는 형태의 수가 모두 149개에 이른다. 이는 전체 고빈도 형태의 63.3%라는 높은 비율이고, 각 학교급에서 고빈도로 사용하는 형태(100개)의 30~46%에 이르는 높은 수치이다. 교육과 학습, 학문 관련 어휘는 학교급이 올라갈수록 내용과 범위가 심화·확장하는 특성을 지닌다. 초등학교 저학년에서만 사용된 형태에는 '곱셈, 나눗셈, 분수06, 글짓기, 받아쓰기' 등 학습에 기초가 되는 내용이나 활동, '교장실, 교무실, 강당, 과학실' 등 학교 공간 등이 주를 이룬다. 반면, 고등학교에서는 '논술, 문학01, 연구03, 공학, 실험' 등 보다 난이도 높은 어휘들이 사용되었다.

## 4.2.2.11 예술·취미·놀이·게임·운동

예술·취미·놀이·게임·운동 관련 어휘의 고빈도 형태 100개를 학교급별로 추출하여 종합한 결과, 231개의 서로 다른 형태들이 나타났다. 학교급의 구간별로 이들 형태를 보이면 다음과 같다.

〈표 4.115〉 학교급 구간별 예술·취미·놀이·게임·운동 관련 고빈도 어휘의 형태 목록과 수(231개)

| 유형 | 사용 학교급 | | | | 형태 | 형태 수 (비율) |
|---|---|---|---|---|---|---|
| | 초저 | 초고 | 중 | 고 | | |
| 지속 | ▨ | ▨ | ▨ | ▨ | 가수11, 걷다02, 걸리다01, 게임, 골14, 그리다02, 그림01, 깔다, 끝말잇기, 날리다02, 넘다01, 넘기다, 넘어가다01, 노래01, 녹음03하다, 녹음기, 놀다01, 놀이터, 농구07, 마법, 마이크, 만화10, 만화책, 미술, 사진07, 얘기, 연습03하다, 영화01, 운동장, 음악01, 이기다01, 지다, 짓다01, 찾다, 춤추다, 치다02 | 36 (15.6%) |
| | ▨ | ▨ | ▨ | | 가입하다, 가져오다, 걷다02, 공01, 대회02, 레벨01, 스포츠, 자전거, 제목02, 찢다, 캐릭터, 코스, 피아노01 | 13 (5.6%) |
| | ▨ | | ▨ | ▨ | 걸어가다, 골키퍼, 금06, 깔리다01, 넘어지다, 놀이01, 독서03, 무기05, 바이올린, 여행02, 인형01, 퀴즈, 태권도, 파티 | 14 (6.1%) |
| | | ▨ | ▨ | ▨ | 게임하다, 녹음03, 누르다01, 당하다01, 라디오, 렌즈, 렙02, 운동02, 장면04, 주제04, 축구04하다, 편지02 | 12 (5.2%) |
| | | | ▨ | ▨ | 굴리다, 로보트(로봇), 수련06회14, 연습03, 접다01, 줄넘기, 째즈(재즈), 쿵쿵따 | 8 (3.5%) |
| | | | | ▨ | 가요02, 구하다01, 녹음03되다, 능력02, 디자인, 자르다01, 춤01, 취미04 | 8 (3.5%) |
| 한정 | ▨ | | | | 가이가이보(가위바위보), 갈르다(가르다), 검03, 격파하다, 고리01, 고무줄, 공격02, 공격하다, 공기01, 그리기, 그물01, 금메달, 나르다01, 낙서03, 낙서하다, 놀이하다, 눈싸움, 단계03, 데생, 맵, 미이라, 백구02, 소꿉장난, 수수께끼, 슛, 스케치북01, 스티커, 쌍절봉, 오목02, 자동차, 잡지, 장28, 클럽, 탬버린, 테니스, 팽이01 | 36 (15.6%) |

| 유형 | 사용 학교급 | | | | 형태 | 형태 수 (비율) |
| --- | --- | --- | --- | --- | --- | --- |
| | 초저 | 초고 | 중 | 고 | | |
| | | ▨ | | | 가위바위보, 개그, 개인기, 골대, 골프, 기지08, 길드, 동요02, 렙(레벨01), 로봇, 마법사, 목검, 반칙, 수07, 연극, 이어지다, 이젤, 잡히다02, 장기13, 전설04, 제기01, 준비, 줍다01, 집03, 컬링, 튀어나오다, 편09, 피구02, 필살기, 합창01, 호텔 | 31 (13.4%) |
| | | | ▨ | | 가드, 가요02, 감독02, 검도02, 골프채, 기능03, 기타02, 까03, 꽃집, 끓다, 끝말, 놀이 산, 뜨다15, 발야구, 배드민턴, 별장03, 볼링, 빠따(방망이01), 서바이벌, 설화05, 슬라이드02, 엠피쓰리, 오락01, 운동하다, 운동선수, 이미지, 작성하다, 족구, 페이지, 폭죽, 힙합 | 31 (13.4%) |
| | | | | ▨ | 가로채다, 가리다03, 가사09, 개봉02, 걸어오다01, 공연02, 께임(게임), 꼴01, 노래방, 늘다01, 다운, 당구장, 따운(다운), 땡땡이01, 락06, 문학01, 발라드, 벌칙, 사원04, 사회01, 소설03, 스키장, 싸우나(사우나), 썩다, 악기05, 애니메이션, 오락실, 오락하다, 요정02, 일급01, 일러스트, 장기08, 찜질방, 추다02, 축제01, 컬러01, 특기01, 팝, 팩03, 펀치02, 화음01, 회화03 | 42 (18.2%) |

〈비율 = 구간별 고빈도 형태 수 / 초·중·고 고빈도 총 형태 수 * 100〉

위 표를 보면, 초등학교 저학년의 고빈도 형태 100개 중 36개가 고등학교의 고빈도 형태에 포함된다. 즉, 초등학교 저학년의 고빈도 형태 중 36%가 고등학교까지 지속적으로 사용되는 셈이다. 그리고 전체 231개에서 고빈도 형태들이 차지하는 비율은 15.6%이다. 지속적으로 사용된 어휘로는 '그림01, 만화10, 만화책, 미술, 사진07, 영화01, 음악01, 게임' 등 예술 장르나 취미에 관한 것들이 있고, '그리다02, 놀다01, 이기다01, 짓다01, 찾다' 등의 행위 동사들도 관찰된다.

특정 학교급에서만 사용되는 형태는 모두 140개이며 이는 전체 어휘 수의 60.6%에 이른다. 학교급별로 나타나는 형태 수를 보면, 고등학생이 가장 다양한 어휘를 사용하고 있다. 내용 면에서 살펴보면 초등학생에서는 '낙서03, 눈싸움, 소꿉장난, 오목02, 제기01' 등 놀이에 관한 어휘들이 여럿 보이고, 중고등학생 자료에서는 '검도02, 발야구, 볼링, 족구' 등의 운동 종목, '당구장, 스키장, 오락실, 노래방' 등 놀이 장소에 대한 어휘들이 관찰된다. 이를 통해 초등학생과 중고등학생의 취미, 놀이 문화의 차이를 엿볼 수 있다.

## 4.2.2.12 정치·사회·경제·교통·국방

정치·사회·경제·교통·국방과 관련된 고빈도 어휘 형태들을 학교급별로 100개씩 추출하여 종합한 결과, 총 280개의 서로 다른 형태가 나타났다. 이들을 사용 학교급 구간별로 나타내면 다음과 같다.

〈표 4.116〉 학교급 구간별 정치·사회·경제·교통·국방 관련 고빈도 어휘의 형태 목록과 수(280개)

| 유형 | 사용 학교급 | | | | 형태 | 형태 수 (비율) |
| | 초저 | 초고 | 중 | 고 | | |
|---|---|---|---|---|---|---|
| 지속 | ▨ | ▨ | ▨ | ▨ | 가난01하다, 갚다, 나라01, 돈01, 망하다, 무료01, 방송01국09, 버스02, 벌다02, 병원02, 비싸다, 사다, 사업04하다, 시장04, 싸다05, 얼마, 여왕, 용돈, 원01, 유료01, 짜리02, 쪽05, 카드, 타다02, 평가03 | 24 (8.6%) |
| | ▨ | ▨ | ▨ | | 가입하다, 경시09, 땅01, 부15, 사회07, 월02, 조15, 총03, 힘01 | 9 (3.2%) |
| | ▨ | ▨ | | | 금06, 바퀴01, 법01, 병력01, 부대08, 비행기, 살인, 설치02하다, 얼마, 은행02, 저장04하다, 태우다02, 파일03, 필살기 | 14 (5.0%) |
| | | ▨ | ▨ | | 가격03, 꾸다02, 냥, 정하다, 초07, 팔다, 필요, 합치다 | 8 (2.8%) |
| | | | ▨ | ▨ | 경제04, 요금01, 우리나라, 자국01, 재료01, 정리09, 조사30하다, 주인01, 지키다01, 찌르다, 평균 | 11 (3.9%) |
| | | | | ▨ | 값, 국가01, 기21, 매점02, 방송01, 시대02, 싸구려, 인사02 | 8 (2.8%) |
| 한정 | ▨ | | | | 감시02, 감옥02, 고소01하다, 대통령, 물다03, 미사일, 미터02, 바퀴01, 방송01하다, 복권02, 사고12, 삽01, 선거04하다, 소환02하다, 쇠갑옷, 쇼핑백, 수도09, 수표01, 슈퍼, 어린이집, 예방02, 운전면허, 유행02하다, 은04, 은퇴하다, 이용01하다, 장착하다, 저금통, 전쟁, 전투, 정회원, 주민, 줄다, 지갑03, 초대04, 총괄, 캐쉬, 타다04, 탈출02하다, 통장02, 통치03하다, 트럭, 패스하다, 폭탄, 품05, 협동하다, 황금02, 횡단보도, 훔치다02 | 49 (17.4%) |
| | | ▨ | | | 고시원, 고아원, 공업04, 국경01, 국민, 국적02, 권리, 금관02, 금지04, 내무01, 동원02, 머니, 민주주의, 민중, 방패02, 복지9, 빽(백07), 사기25당하다, 사립04, 살인하다, 상품04, 설치02되다, 세금01, 소방차, 수고01비33, 스포츠카, 신하01, 싸이렌, 싸인(사인14), 씨에프(시에프), 에너지, 왕04, 자동01, 조립02하다, 조직, 지방05, 짭새, 출시되다, 취소01, 쿠폰, 토론01, 표05하다, 해체03되다, 해체03하다, 회의04 | 45 (16.0%) |

| 유형 | 사용 학교급 | | | | 형태 | 형태 수 (비율) |
|---|---|---|---|---|---|---|
| | 초저 | 초고 | 중 | 고 | | |
| | | | | | 가입, 간관02, 감독02, 강대국, 거래02, 거상03, 경기05, 경제적, 경제학, 공공장소, 공기업02, 공직03, 광고02하다, 말세03, 범죄, 보장01되다, 본전04, 부가세, 부익부, 부정부패, 불황01, 빈익빈, 사교육비, 사기25, 사설04, 사업04가, 사회생활, 상가07, 상가08, 시장03, 압수02, 외제05, 유형07, 인정08하다, 일회용, 잃다, 장사01하다, 전국03, 전국구, 조15, 주문04하다, 질서03, 찬스, 택시, 투자02하다, 투표01하다, 폭로, 해체03, 핵, 행사01, 행정01, 현실02, 호황 | 53 (18.8%) |
| | | | | | 개업식, 경영02, 경제력, 공인05, 광고02, 국산, 군대02, 글로벌, 기관11, 꽁짜(공짜), 대기업, 마케팅, 매장06, 매점01, 면제01되다, 면회02, 버스02비, 보병01, 보험, 불참하다, 비리08, 사업04, 사용04권05, 사치03스럽다, 산업, 서기05, 설문01, 세계화, 손해, 수입01, 시06, 시급02, 식권, 신형02, 실태02, 어시장, 원산지, 월급, 웨딩홀, 이끌다, 인수07, 자살률, 잠복02, 장부08, 저금하다, 전형04, 제도01, 제트기01, 조사30, 주기14, 주식03, 주식회사, 주유05, 중부03, 중소기업, 차비02, 추종01하다, 할인01, 합병02 | 59 (21.3%) |

〈비율 = 구간별 고빈도 형태 수 / 초·중·고 고빈도 총 형태 수 *100〉

    정치·사회·경제·교통·국방 관련 어휘들은 총 24개의 형태가 초등학교 저학년부터 고등학교까지 지속적으로 사용된다. 이들 형태는 전체 고빈도 형태 중 8.6%에 불과하여, 학교급별로 사용되는 형태 목록이 크게 차이난다는 것을 알 수 있다. 초등학교에서 고등학교에 이르기까지 모든 학교급에서 지속적으로 사용된 어휘에는 '가난하다, 갚다, 돈01, 비싸다, 사다, 싸다05, 용돈, 원01, 짜리02' 등 경제 관련 어휘들이 많은 편이다.

    특정 학교급에 한정적으로 출현하는 형태는 총 206개가 관찰되어, 전체 고빈도 형태의 73.6%라는 매우 높은 비율을 차지한다. 정치·사회·경제·교통·국방 관련 어휘들은 일상생활에 쓰이는 어휘보다는 학교급별 특성이 반영된 전문적인 어휘가 다수를 차지하는 것으로 보인다. 학교급별 형태 수를 살펴보면, 고등학생이 59개로 가장 많고, 초등학교 고학년이 45개로 가장 적다. 각 학교급의 고빈도 100개 중 45~60%가 해당 학교급에서만 고빈도로 사용되고 있는 것이다. 이러한 목록을 내용 면에서 보면, 초등학생의 경우 '대통령, 선거하다, 국경01, 국민, 권리, 내무01, 토론01, 소환하다' 등의 정치·사회 관련 어휘, '수표01, 통장02' 등의 경제 관련 어휘 등이 있다. 중고등학생의 경우에는 '강대국, 범죄, 압수02, 부정부패, 글로벌, 전국구, 행정01, 세계화' 등의 정치·사회 관련 어휘, '부가세, 부익부, 빈익빈, 사교육비, 투자하다, 경영하다, 면제되다, 보험, 인수07, 할인01, 합병02' 등의 경제 어휘를 사용하고 있어, 초등학생에 비해 보다 전문적인 어휘들을 쓰고 있음을 볼 수 있다.

### 4.2.2.13 자연현상

자연현상 관련 어휘는 학교급별로 고빈도 사용 어휘 50개씩을 추출하여 종합하였다. 전체 형태 목록 수는 121개이며, 사용 학교급 구간별로 어휘 사용 양상을 제시하면 다음과 같다.

<표 4.117> 학교급 구간별 고빈도 자연현상 관련 어휘의 형태 목록과 수(121개)

| 유형 | 사용 학교급 | | | | 형태 | 형태 수 (비율) |
|---|---|---|---|---|---|---|
| | 초저 | 초고 | 중 | 고 | | |
| 지속 | ▨ | ▨ | ▨ | ▨ | 겨울, 과일01, 눈04, 닭, 당근02, 돌02, 돼지, 마리01, 물01, 변태, 불01, 불나다, 산01, 새끼02, 새벽01, 세상01, 아침, 알01, 일어나다, 잡다01, 키우다 | 21 (17.4%) |
| | ▨ | ▨ | | | 강아지, 개03, 곰03, 꽃01, 동물, 똥개, 세계02 | 7 (5.8%) |
| | ▨ | | | | 별01, 병아리, 생쥐, 토끼 | 4 (3.3%) |
| | | ▨ | ▨ | | 말05, 버섯02, 벌레01, 비01, 여름01, 열07, 저녁 | 7 (5.8%) |
| | | | ▨ | | 달리기, 목10, 쥐02, 코끼리 | 4 (3.3%) |
| | | | ▨ | ▨ | 딸기, 모기01, 바람01, 치다01 | 4 (3.3%) |
| 한정 | ▨ | | | | 개미03, 거미02, 고양이, 괴물, 구더기01, 나무01, 늑대, 동굴, 라이거, 벌03, 삐약이, 알01, 인삼, 지구04, 진돗개, 참새01, 펭귄, 호랑이 | 18 (14.9%) |
| | | ▨ | | | 꽃다발, 끈끈이주걱, 동18, 무02, 바다, 바닷가, 바퀴벌레, 백합03, 벚꽃, 새03, 소03, 자연01, 잡종, 조개01, 진흙, 참치01, 파도, 해파리, 호박01 | 19 (15.7%) |
| | | | ▨ | | 기린02, 날씨01, 레몬, 맴맴01, 비둘기, 뽕나무, 사자11, 생물01, 송이01, 수중02, 심다01, 야옹01거리다, 오징어, 원숭이, 위성06, 장미꽃, 지렁이, 참외01 | 18 (14.9%) |
| | | | | ▨ | 강01, 강물, 길다01, 땅콩, 무리01, 불다01, 불빛, 비추다, 수박01, 수컷, 시골, 암컷, 에어, 이브01, 종09, 쥐포, 키위02 | 19 (15.7%) |

<비율 = 구간별 고빈도 형태 수 / 초·중·고 고빈도 총 형태 수 *100>

위 표를 살펴보면, 초등학교 저학년에서 고빈도로 사용된 50개의 형태 목록 중 21개가 고등학교의 고빈도 목록에도 포함되어 있다. 즉 초등학교 저학년의 고빈도 형태 중 42%라는 높은 비율로 고등학교에서도 지속적으로 고빈도로 사용하고 있다. 지속적인 사용을 보이는 형태 목록은 전체 자연현상 관련 어휘의 고빈도 형태 121개 안에서 17.4%를 차지한다. 여기에는 '물01, 불01, 돌02, 산01, 눈04' 등의 형태가 포함된다.

특정 학교급에만 사용되고 있는 형태는 모두 74개이며 이는 전체 고빈도 어휘의 61.2%에 이른다. 학교급별로는 18~19개로 형태 수에서는 차이를 보이지 않았고, 의미에서도 큰 차이를 보이지 않았다.


## 4.2.2.14 정보·통신

정보·통신 관련 어휘는 학교급별 고빈도 형태 50개씩을 추출하여 종합한 결과, 총 110개의 고빈도 형태 목록이 추출되었다. 이들 형태를 사용 학교급 구간에 따라 제시해 보면 다음과 같다.

〈표 4.118〉 학교급 구간별 고빈도 정보·통신 관련 어휘의 형태 목록과 수(110개)

| 유형 | 사용 학교급 | | | | 형태 | 형태 수 (비율) |
|---|---|---|---|---|---|---|
| | 초저 | 초고 | 중 | 고 | | |
| 지속 | ✓ | ✓ | ✓ | ✓ | 뉴스, 메일, 비디오, 사이트, 신문10, 씨디(시디01), 아이디, 알리다, 연예인, 인터넷, 전화07, 전화07하다, 카메라, 캠03, 컴퓨터, 켜다01, 티비(티브이), 핸드폰 | 18 (16.4%) |
| | ✓ | ✓ | ✓ | | 가입하다, 로보트(로봇), 로봇, 아이템, 알람, 전화번호, 텔레비전, 티브이, 프로04, 프린트 | 10 (9.1%) |
| | ✓ | ✓ | | | 업그레이드, 테레비, 텔레비, 통12 | 4 (3.6%) |
| | | ✓ | ✓ | ✓ | 라디오, 마우스02, 서버02, 시디01, 정보06, 틀다, 피씨방 | 7 (6.4%) |
| | | ✓ | ✓ | | 동영상, 드라마, 비번(비밀번호), 프로그램, 화면05 | 5 (4.5%) |
| | | | ✓ | ✓ | 디지털, 온라인, 전화07기43, 주소01, 통신01, 피시방 | 6 (5.5%) |
| 한정 | ✓ | | | | 버전, 베틀렛, 사이버, 신문지, 싸이버, 알림, 우표, 인터폰, 전송04, 촬영, 캔(캠03), 캠코더, 코드03, 패치, 플래시, 플레쉬(플래시), 한컴, 해킹하다 | 18 (16.4%) |
| | | ✓ | | | 검색하다, 게시판, 네트워크, 디비디(디브이디), 메가, 엔터, 옵션, 이메일, 이에쓰씨, 포맷, 피씨(피시03), 해킹하다, 홈페이지 | 13 (11.8%) |

| 유형 | 사용 학교급 | | | | 형태 | 형태 수 (비율) |
|---|---|---|---|---|---|---|
| | 초저 | 초고 | 중 | 고 | | |
| | | | ▨ | | 다큐멘터리, 램05, 암호, 액정02, 엠디, 위성06, 잡음02, 커뮤니티, 포맷하다, 프린터 | 10 (9.1%) |
| | | | ▨ | | 디카, 리모콘, 매크로, 메모리, 메신저, 모드02, 밧데리, 수신06, 워드03, 인터넷하다, 전파04, 전화박스, 접속자, 정액제, 채널, 출연02, 컬러링, 통화04, 피시03 | 19 (17.3%) |

〈비율 = 구간별 고빈도 형태 수 / 초·중·고 고빈도 총 형태 수 *100〉

정보·통신 관련 어휘들 중에서 초등학교 저학년부터 고등학교까지 지속적으로 사용되는 형태는 18개로, 초등학교 저학년의 고빈도 형태 가운데 36%가 고등학교에서도 고빈도로 꾸준히 사용된다. 이들 형태는 전체 정보·통신 어휘의 16.3%에 해당한다. 초등학교에서부터 고등학교까지 지속적으로 사용된 어휘에는 '메일, 씨디, 아이디, 인터넷, 컴퓨터, 핸드폰' 등 정보 기기나 소통 수단과 관련한 어휘들이 많았다. 그 밖에 '신문10, 연예인' 등도 모든 학교급에서 공통으로 쓰이고 있다.

특정 학교급에서만 사용되는 정보·통신 관련 어휘는 60개에 달하며 전체 고빈도 어휘의 54.5%에 이른다. 학교급별로는 초등학교 저학년과 고등학생이 18~19개로 초등학교 고학년과 중학생에 비해 단독 사용 형태가 많았다. 이들을 내용 면에서 살펴보면, 초등학생 자료에는 '신문지, 우표, 검색하다, 홈페이지, 게시판' 등 기본적이고 일상적인 어휘들이, 중고등학생 자료에는 '램05, 매크로, 모드02' 등 보다 전문적인 어휘들이 포함되어 있어 학교급별 차이를 보인다.

## 4.2.2.15 언어

언어 관련 어휘는 학교급별로 50개의 고빈도 사용 어휘에서 총 100개의 형태를 추출하였다. 이들의 학교급 구간별 사용 양상을 살펴보기로 한다.

〈표 4.119〉 학교급 구간별 고빈도 언어 관련 어휘의 형태 목록과 수(100개)

| 유형 | 사용 학교급 | | | | 형태 | 형태 수 (비율) |
|---|---|---|---|---|---|---|
| | 초저 | 초고 | 중 | 고 | | |
| 지속 | ✓ | ✓ | ✓ | ✓ | 거짓말, 국어01, 글, 글씨, 글자, 답장, 대화06, 대화06하다, 말01, 말01하다, 문제06, 묻다, 부르다01, 뻥04, 씨(시19), 알리다, 얘기, 얘기하다, 연락02하다, 영어02, 욕02, 이야기하다, 읽다, 저04, 점10, 찍다02 | 26 (26.0%) |
| | ✓ | ✓ | ✓ | | 반말, 수다01, 이야기, 적다01, 접다01 | 5 (5.0%) |
| | ✓ | ✓ | | | 괴담, 비28, 엑스03, 일기12, 짧다 | 5 (5.0%) |
| | | ✓ | ✓ | ✓ | 단어, 문자02, 에이04, 에프05, 욕02하다 | 5 (5.0%) |
| | | ✓ | ✓ | | 구라, 상담01 | 2 (2.0%) |
| | | | ✓ | ✓ | 거짓말하다, 대답하다, 발음01, 언어01, 연락02 | 5 (5.0%) |
| 한정 | ✓ | | | | 귓속말, 단모음, 반말하다, 발표01, 별명01, 부이(브이01), 뻥까다, 소문내다, 수수께끼, 알아듣다, 영문03 | 11 (11.0%) |
| | | ✓ | | | 낱말02, 느낌표, 단06, 대꾸01, 사투리, 어쩔(어떤), 이르다02, 저쩌다, 저쩌구, 전설04, 조사하다, 집03, 찌르다, 토막01, 한마디 | 15 (15.0%) |
| | | | ✓ | | 답변, 말투, 명02, 설명하다, 스펠링, 어휘02, 오15, 의사소통, 이25, 점10, 지르다03, 쪽지 | 12 (12.0%) |
| | | | | ✓ | 거부02, 꼬리말, 다시05, 대답, 디귿, 말시키다, 머리말, 소문02, 씨발, 음성02, 자음01, 질문, 헛소리, 히읗 | 14 (14.0%) |

〈비율 = 구간별 고빈도 형태 수 / 초·중·고 고빈도 총 형태 수 *100〉

위 표를 보면, 초등학교부터 사용되기 시작해서 이후 단계에서도 꾸준히 사용되는 형태는 26개이다. 초등학교 저학년에 고빈도로 사용한 형태 50개 중 52%가 고등학교의 고빈도 형태에 포함된다. 초등학교 저학년부터 고등학생까지 고빈도로 사용한 26개의 형태는 언어 관련 어휘의 고빈도 사용 형태(100개)의 26%에 해당한다. '말01, 얘기, 글자', '국어01, 영어02', '욕02, 뻥04', '묻다03, 부르다01, 얘기하다, 읽다' 등이 이에 해당한다. 이들 형태는 언어의 다양한 존재 양식과 유형, 의사소통에 사용되는 기본적인 행위 등을 가리키는 것으로 '언어' 관련 기초 어휘에 해당한다고 볼 수 있다.

특정 학교급에서만 한정적으로 사용되는 유형은 모두 52개이며, 전체 고빈도 어휘의 52%를 차지한다. 학교급별로는 11~15개로 큰 차이를 보이지 않지만, 구체적인 형태 목록에서는 내용의 차이를 볼 수 있다. 초등학생 자료에서는 '귓속말, 수수께끼, 사투리, 반말하다, 소문내다, 뻥까다' 등 발화의 사실성 여부, 전달 특성, 발화의 유형적 특성 등에 관련한 어휘가 사용되었고, 중고등학생 자료에서는 '답변, 거부02, 대답' 등 상호작용에서의 기능에 대한 어휘, '꼬리말, 머리말'과 같이 글의 구조를 가리키는 어휘 등이 사용되었다.

### 4.2.2.16 종교·믿음

종교·믿음 관련 어휘에 해당하는 형태들은 모두 50개로, 이를 사용 학교급 구간별로 보이면 다음과 같다.

〈표 4.120〉 학교급 구간별 고빈도 종교·믿음 관련 어휘의 형태 목록과 수(50개)

| 유형 | 사용 학교급 | | | | 형태 | 형태 수 (비율) |
|---|---|---|---|---|---|---|
| | 초저 | 초고 | 중 | 고 | | |
| 지속 | ▨ | ▨ | ▨ | ▨ | 교회02, 귀신01, 정신12, 운06 | 4 (8.0%) |
| | ▨ | ▨ | ▨ | | 없음 | 0 (0.0%) |
| | ▨ | ▨ | ▨ | | 산신령, 악마02, 유령02, 인어01, 천사05, 하나님 | 6 (12.0%) |
| | | ▨ | ▨ | | 지옥, 진실02 | 2 (4.0%) |
| | | | | | 없음 | 0 (0.0%) |
| | | | | | 없음 | 0 (0.0%) |
| 한정 | ▨ | | | | 공력04, 기신(귀신이), 돼지꿈, 목탁, 불사신, 선녀01, 성경03, 십자가, 은혜, 집사님, 찬송가, 천지01, 타다04, 하느님, 흡혈귀 | 15 (30.0%) |
| | | ▨ | | | 가부좌, 부처님, 신09, 염라대왕, 인연03, 장45, 절01, 점쟁이, 주문03, 주술사, 하늘나라, 혼02, 혼령02 | 13 (26.0%) |
| | | | ▨ | | 스님, 인상01, 제21, 줏대03, 행운02, 황룡 | 6 (12.0%) |
| | | | | ▨ | 신부님, 예배, 재수01, 청년부 | 4 (8.0%) |

〈비율 = 구간별 고빈도 형태 수 / 초·중·고 고빈도 총 형태 수 *100〉

종교·믿음 관련 어휘의 경우, 초등학교 저학년부터 고등학생 자료까지 공통되게 나타난 형태는 '교회02, 귀신01, 정신12, 운06' 4개에 불과하다. 이 수치는 전체 종교·믿음 관련 어휘의 8%에 해당하는 것으로 매우 낮은 수준이다. 여러 종교 가운데에서도 기독교에 관련한 어휘인 '교회02'만이 모든 학교급에서 자주 사용되는 형태라는 점이 주목을 끈다.

특정 학교급에서만 사용되는 형태는 모두 38개에 이르며 이는 전체 고빈도 어휘의 76%이다. 즉 종교·믿음 범주의 고빈도 형태 중 2/3 이상은 특정 학교급에서만 한정적으로 사용된 것으로 조사되었다. 학교급별 형태 수를 보면, 초등학교 저학년과 고학년에서는 각각 15개, 13개가 나타났고, 중학생과 고등학생에서는 각각 6개, 4개의 형태가 나타났다. 이들의 구체적 형태를 살펴보면, 초등학생의 경우, '귀신01, 돼지꿈, 흡혈귀, 염라대왕, 점쟁이, 주문03, 주술사, 혼02, 혼령02' 등 미신이나 상상 속에 등장하는 대상에 대한 어휘들이 다양하게 쓰였고,

'성경03, 은혜, 십자가, 집사님, 찬송가, 하늘나라' 등 기독교 관련 어휘와 '목탁, 부처님, 절01' 등의 불교 관련 어휘들이 사용되었다. 기독교, 불교, 샤머니즘 등 신앙 관련 어휘가 초등학교 단계에서 다양하게 나타났다. 반면에, 중고등학생의 경우 '스님, 신부님, 예배, 제21' 등 종교 관련 인물이나 의식에 대한 어휘, '청년부'와 같이 종교 내 집단 활동에 대한 소수의 어휘 형태만이 보였다.

## 4.2.3 종합

지금까지 살펴본 의미 유형별 어휘 형태의 학교급 간 사용 양상을 종합적으로 논의하기 위해, 초등학교 저학년에서 고빈도로 출현한 형태 가운데 고등학교까지 지속적으로 나타난 형태가 차지하는 비율을 그림으로 나타내 보았다. 먼저 존재론적 분류에 따른 어휘 형태별 지속 출현 비율을 보이면 아래와 같다.

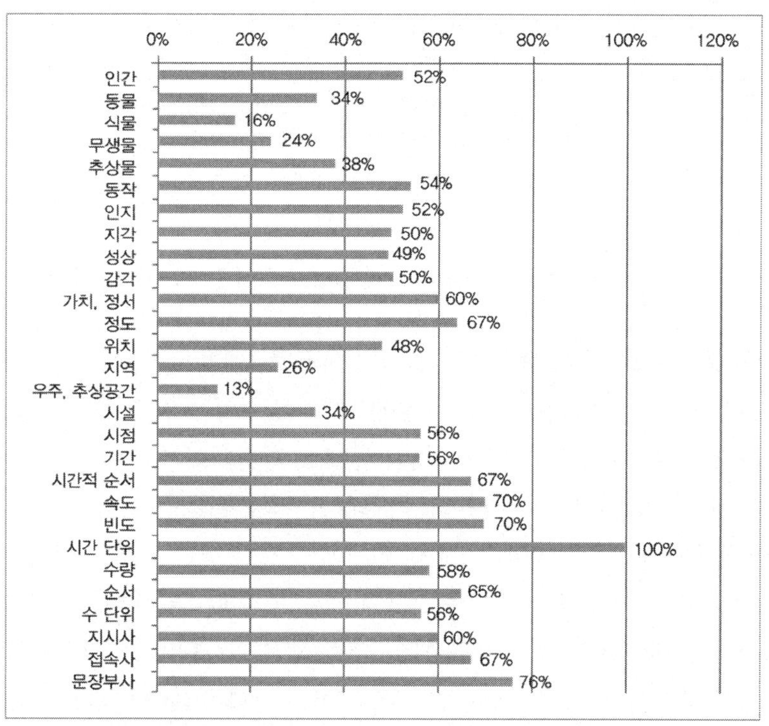


[그림 6] 초등학교 저학년 사용 형태의 지속 출현 비율(존재론적 분류)

　위 그림에서처럼 시간 단위 형태는 초등학교 저학년에 사용한 형태 중 100%를 고등학교에서도 사용하고 있다. 즉, 시간 단위에 대한 형태는 이른 시기에 대부분의 형태가 사용되고 있는 것을 알 수 있다. 다음으로 가치·정서, 정도, 시간적 순서, 속도, 빈도, 순서, 접속사, 지시사 등의 약 60%가, 그리고 인간, 동작(행위), 인지, 지각, 성상, 감각, 위치, 시점, 기간, 수량, 수 단위 관련 어휘의 약 40~50%가 지속적 출현 양상을 보였다. 자신의 주관적 평가를 표현하는 어휘나 지시사 등은 초등학교 저학년 시기에 사용 형태 목록이 어느 정도 정해짐을 알 수 있다. 한편, 20% 미만의 비율을 보인 어휘들로는 식물, 우주·추상 공간 등이 있었다.

　다음은 주제적 관점의 지속 출현 비율을 그림으로 나타낸 것이다.

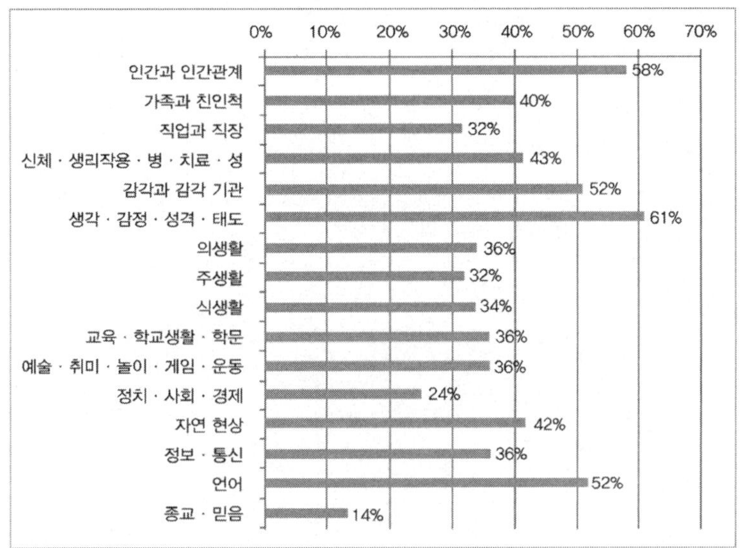


[그림 7] 초등학교 저학년 사용 형태의 지속 출현 비율(주제적 분류)

　주제적 분류에서는 초등학교 저학년에 사용된 '생각·감정·성격·태도' 관련 어휘에 포함되는 형태들이 고등학생까지 지속적으로 사용되는 비율이 다른 유형에 비해 높게 나타났다. 즉, 개인의 주관적 판단이나 사고와 관련한 어휘는 초등학교 저학년 시기에 사용된 형태 목록이 이후에도 대부분 계속 사용된다는 것을 알 수 있다. 그 다음으로는 인간과 인간관계에 대한 형태의 지속 비율이 60% 가까이 되었고, 감각과 감각기관과 언어가 그 다음으로 50% 이상, 신체·생리작용·병·치료·성 관련 어휘와 자연현상에 대한 어휘가 40% 이상의 비율을 보인다. 이와 대조적으로, 종교·믿음에 관한 어휘는 초등학교 저학년에서 사용된 어휘 형태 가운데 10% 정도만이 고등학생 단계에서 사용되었다.

초·중·고등학생의 구어 어휘 조사

# 참고문헌

강충열(1999), "초등학교 1-6학년 아동의 기초 어휘 이해 발달 상황", 〈한국심리학회지:발달〉 12-1.

구현정(2005), "말뭉치 바탕 구어 연구", 〈언어과학 연구〉 32.

국립국어원(2002), 〈현대국어 사용 빈도 조사〉, 국립국어원.

국립국어원(2005), 〈현대국어 사용 빈도 조사2〉, 국립국어원.

김광해(1997), "어휘력과 어휘력의 평가", 〈선청어문〉 25.

김광해(2003), 〈등급별 국어교육용 어휘〉, 박이정.

남영신(1987), 〈우리말 분류 사전〉, 한강문화사.

문교부(1956), 〈우리말 말수 사용의 잦기 조사〉.

민현식(2001), "사용 능력 향상을 위한 어법 및 어휘의 수준별 교육 방안 연구-7차 교육과정의 수준별 교육과정을 대비하여", 〈국어교육〉 105.

박경자(1997), 〈언어습득연구방법론〉, 고려대학교출판부.

박동호(1998), "대상부류에 의한 한국어 어휘 기술과 한국어 교육", 〈한국어교육〉 9-2.

박석준·남길임·서상규(2003), "대학생 구어 텍스트에서의 조사, 어미의 분포와 사용 양상에 대한 연구", 〈텍스트언어학〉 14.

박용수(1989), 〈우리말 갈래 사전〉, 한길사.

배주채(2010), 〈한국어 기초 어휘집〉, 한국문화사.

서상규(1998), "말뭉치 분석에 기반을 둔 낱말 빈도의 조사와 그 응용", 〈한글〉 242.

손영애(2000), "국어과 어휘 지도의 내용 및 방법", 〈국어교육〉 103.

신현숙(2000), 〈(의미로 분류한) 현대 한국어 학습사전〉, 한국문화사.

신효필(2004), "온톨로지(Ontology)를 기반으로 하는 개념 구조와 어휘기술", 〈어학연구〉 40-3.

이문규(1998), 〈어휘력 평가의 실제, 국어교육과 평가: 어휘력 평가 연구〉, 서울대학교 교육종합연구원 국어교육연구소 연구보고서 98-4.

이성연(2007), "남·북한 중학교 1학년 국어 교과서의 어휘 분포", 〈새국어교육〉 77.

이성헌(2001), "전자사전 구축을 위한 언어 기술의 한 방법: 대상부류-한국어 명사 기술에의 활용을 위하여", 〈언어학〉 30.

이연섭·권경안·정인실(1980), 〈한국 아동의 어휘발달연구(1)〉, 한국교육개발원.

이영숙(1997), "어휘력과 어휘 지도", 〈선청어문〉 25.

이응백(1972), "국민학교 학습용 기본 어휘," 〈국어교육〉 18-20.

이응백(1978), "국민학교 입문기 학습용 기본 어휘 연구," 〈국어교육〉 32.

이응백·이인섭·김승열(1982), "국민학교 아동의 어휘력 조사 연구," 〈국어교육〉 42·43.

이인섭(1986), 〈아동의 언어 발달〉, 개문사.

이종철(2000), "창의적인 어휘 사용 능력의 신장 방안", 〈국어교육〉 102.

이지연·장유경(2005), "영아 초기 어휘 발달의 특성: 8~18개월 영아의 단기 종단 연구", 〈한국심리학회지: 발달〉 18-3.

이충우(1992), "국어 교육용 어휘 연구," 서울대 박사학위논문.

이충우(1994), "한국어 어휘교육을 위한 대표어휘 설정", 〈국어교육〉 85·86.

이충우(1994), 〈한국어 교육용 어휘 연구〉, 국학자료원.

이필영·김정선(2008), "초등학생의 구어에 나타난 어휘 빈도와 분포도 조사", 〈국어교육학연구〉 33.

임지룡(1991), "국어의 기초 어휘에 대한 연구", 〈국어교육연구〉 23.

임지룡(1998), "어휘력 평가의 기본 개념", 〈국어교육연구〉 30-1.

임칠성(1997), "연령별 성별 어휘 사용의 계량적 고찰", 〈새국어교육〉 54.

임칠성(2002), "초급 한국어 교육용 어휘 선정 연구", 〈국어교육학연구〉 14.

임홍빈(1993), 〈국어 어휘의 분류 목록에 대한 연구〉, 국립국어원 최종연구보고서.

장경희(1981), "아동의 단어 습득", 〈국어국문학 논문집〉 11-1.

장경희 외(2004), 〈한국인의 의사소통 능력 발달 단계 연구〉, 학술진흥재단 결과보고서.

장유경(2004), "한국 영아의 초기 어휘 발달: 18개월~36개월", 〈한국심리학회지: 발달〉 17-4.

정찬섭 외(1990), "우리말 낱말 빈도 조사 표본의 선정 기준", 〈사전편찬학연구〉 3-1.

조선어학회(1936), 〈조선어 표준말 모음〉.

지현숙(2007), "한국어 구어 문법 교육을 위한 과제 기반 교수법", 〈국어교육연구〉 20.

최경봉(1998), "명사의 의미 분류에 대하여", 〈한국어학〉 4권.

최경봉(2001), "지식기반 구축을 위한 어휘의 의미 분류", 〈담화와 인지〉 8-2.

최경봉(2005), "의미분류 체계의 사전적 수용", 〈국어연구와 의미 정보〉, 월인.

최용석·전은진(2009), "중고등학생의 어휘 사용에 관한 연구", 〈국어교육연구〉 45.

Anglin, J. M.(1993), "Vacabulary development: A morphological analysis", *Monographs of the Society for Research in Child Development*, 58.(No. 10)

Gross, G.(1995), "Les Classes d'objets", *Les concepts opératiores de l'INaLF*, rapport de l'INaLF.

Hughes, R.(2003), *Teaching and Researching Speaking,* Longman.

Lyons, J.(1977), *Semantics 1, 2*, Cambridge University Press.

Nida, E.(1975), *Componential Analysis of Meaning*, The Hague: Mouton(조항범 역 1990, 의미분석론, 서울:탑출판사)

# 부록. 전체 어휘 목록(가나다순)

○ 형태는 가나다순으로 제시한다.

○ 형태의 학교급별 사용 빈도와 사용 화자 수를 함께 제시한다. 학교급별 전체 화자 수는 다음 표에 제시한 바와 같다.

〈표〉 조사 대상자의 학교급별 인원

| 학교급 | 합계 |
| --- | --- |
| 초등학교 저학년 | 120 |
| 초등학교 고학년 | 120 |
| 중학생 | 118 |
| 고등학생 | 120 |
| 전체 | 478 |

○ 품사 분류는 '21세기 세종계획'에서 마련한 기준에 따르고, 품사 체계와 약호는 다음 표와 같다.

〈표〉 품사 체계와 약호

| 품 사 | 약 호 | 품 사 | 약 호 |
| --- | --- | --- | --- |
| 일반명사 | NNG | 보격조사 | JKC |
| 고유명사 | NNP | 관형격조사 | JKG |
| 의존명사 | NNB | 목적격조사 | JKO |
| 대명사 | NP | 부사격조사 | JKB |
| 수사 | NR | 호격조사 | JKV |
| 동사 | VV | 인용격조사 | JKQ |
| 형용사 | VA | 보조사 | JX |
| 보조용언 | VX | 접속조사 | JC |
| 긍정지정사 | VCP | 선어말어미 | EP |
| 부정지정사 | VCN | 종결어미 | EF |
| 관형사 | MM | 연결어미 | EC |
| 일반부사 | MAG | 명사형전성어미 | ETN |
| 접속부사 | MAJ | 관형형전성어미 | ETM |
| 주격조사 | JKS |  |  |

○ 동음이의어는 형태 뒤에 어깨번호를 붙여 구분한다. 동음이의어의 의미 구분과 번호 체계는 국립국어원 〈표준국어대사전〉의 기술 내용에 따른다.

○ 둘 이상의 형태소로 이루어진 단어(복합어, 파생어 등)의 경우에 통합된 형태로 제시한다.

○ 파생접미사 '하다03'가 붙어 용언이 된 경우, 어근에 붙은 번호를 그대로 두고 '하다'를 붙인다.

○ 형태 뒤 괄호 안의 표기는 비표준적 사용 형태의 표준형을 제시한 것이다.

| 형태 | 품사 | 전체 | | 초등학교 저학년 | | 초등학교 고학년 | | 중학생 | | 고등학생 | |
|---|---|---|---|---|---|---|---|---|---|---|---|
| | | 형태 빈도 | 화자 수 | 형태 빈도 | 화자 수 | 형태 빈도 | 화자 수 | 형태 빈도 | 화자 수 | 형태 빈도 | 화자 수 |
| 가11 | JKC | 64 | 45 | 19 | 14 | 20 | 13 | 13 | 8 | 12 | 10 |
| 가11 | JKS | 6483 | 475 | 1287 | 120 | 2108 | 119 | 1897 | 118 | 1191 | 118 |
| 가11 | JX | 22 | 18 | 1 | 1 | 7 | 7 | 8 | 6 | 6 | 4 |
| 가게 | NNG | 6 | 3 | 2 | 1 | | | 4 | 2 | | |
| 가격03 | NNG | 4 | 4 | | | 2 | 2 | 1 | 1 | 1 | 1 |
| 가구04 | NNG | 1 | 1 | 1 | 1 | | | | | | |
| 가까이 | MAG | 11 | 9 | 2 | 1 | 2 | 2 | 2 | 2 | 5 | 4 |
| 가깝다 | VA | 13 | 12 | 2 | 2 | 2 | 2 | | | 9 | 8 |
| 가끔 | MAG | 8 | 7 | 1 | 1 | 1 | 1 | 1 | 1 | 5 | 4 |
| 가끔씩 | MAG | 8 | 8 | 1 | 1 | 3 | 3 | 3 | 3 | 1 | 1 |
| 가난01하다 | VA | 8 | 6 | 4 | 2 | 1 | 1 | 2 | 2 | 1 | 1 |
| 가능성 | NNG | 2 | 2 | | | | | 2 | 2 | | |
| 가능하다 | VA | 4 | 4 | | | 2 | 2 | | | 2 | 2 |
| 가다01 | VV | 1299 | 363 | 209 | 77 | 407 | 95 | 377 | 98 | 306 | 93 |
| 가다01 | VX | 147 | 107 | 12 | 12 | 57 | 36 | 34 | 27 | 44 | 32 |
| 가두다01 | VV | 2 | 2 | 1 | 1 | 1 | 1 | | | | |
| 가드 | NNG | 2 | 2 | | | | | 2 | 2 | | |
| 가라앉다 | VV | 5 | 5 | | | 2 | 2 | 2 | 2 | 1 | 1 |
| 가렵다 | VA | 2 | 1 | | | | | | | 2 | 1 |
| 가로채다 | VV | 1 | 1 | | | | | | | 1 | 1 |
| 가루01 | NNG | 3 | 3 | 1 | 1 | 1 | 1 | 1 | 1 | | |
| 가르다 | VV | 1 | 1 | | | 1 | 1 | | | | |
| 가르치다01 | VV | 19 | 17 | 6 | 6 | 5 | 4 | 7 | 6 | 1 | 1 |
| 가르키(가르치01)다 | VV | 6 | 5 | 2 | 2 | 2 | 1 | 2 | 2 | | |
| 가리다03 | VV | 2 | 2 | | | | | | | 2 | 2 |
| 가리치(가르치01)다 | VV | 1 | 1 | 1 | 1 | | | | | | |
| 가리키다01 | VV | 1 | 1 | | | | | 1 | 1 | | |
| 가리키다02 | VV | 2 | 1 | 2 | 1 | | | | | | |
| 가마06 | NNB | 1 | 1 | | | 1 | 1 | | | | |
| 가만 | MAG | 5 | 5 | | | 1 | 1 | 2 | 2 | 2 | 2 |
| 가만있다 | VV | 2 | 2 | | | 1 | 1 | | | 1 | 1 |
| 가만히 | MAG | 15 | 12 | | | 5 | 3 | 6 | 5 | 4 | 4 |
| 가망성 | NNG | 1 | 1 | | | | | | | 1 | 1 |
| 가면02 | NNG | 1 | 1 | 1 | 1 | | | | | | |
| 가방01 | NNG | 8 | 8 | 1 | 1 | 2 | 2 | 3 | 3 | 2 | 2 |
| 가볍다 | VA | 2 | 1 | | | | | 2 | 1 | | |
| 가부좌 | NNG | 2 | 1 | | | 2 | 1 | | | | |

| 형태 | 품사 | 전체 | | 초등학교 저학년 | | 초등학교 고학년 | | 중학생 | | 고등학생 | |
|---|---|---|---|---|---|---|---|---|---|---|---|
| | | 형태 빈도 | 화자 수 | 형태 빈도 | 화자 수 | 형태 빈도 | 화자 수 | 형태 빈도 | 화자 수 | 형태 빈도 | 화자 수 |
| 가사09 | NNG | 2 | 2 | | | 1 | 1 | | | 1 | 1 |
| 가상적 | NNG | 2 | 1 | | | | | | | 2 | 1 |
| 가수11 | NNG | 45 | 19 | 6 | 5 | 2 | 1 | 27 | 10 | 10 | 3 |
| 가스 | NNG | 2 | 1 | | | 2 | 1 | | | | |
| 가스탄 | NNG | 3 | 1 | | | 3 | 1 | | | | |
| 가슴01 | NNG | 4 | 4 | 2 | 2 | 1 | 1 | | | 1 | 1 |
| 가시나 | NNG | 2 | 2 | | | 1 | 1 | | | 1 | 1 |
| 가시나무 | NNG | 1 | 1 | 1 | 1 | | | | | | |
| 가식적 | NNG | 4 | 4 | | | | | 3 | 3 | 1 | 1 |
| 가요02 | NNG | 4 | 3 | | | | | 3 | 2 | 1 | 1 |
| 가요제 | NNG | 1 | 1 | | | | | | | 1 | 1 |
| 가운데 | NNG | 9 | 6 | 3 | 2 | 2 | 1 | 1 | 1 | 3 | 2 |
| 가위01 | NNG | 5 | 3 | 5 | 3 | | | | | | |
| 가위가위보(가위바위보) | NNG | 1 | 1 | | | 1 | 1 | | | | |
| 가위바위보 | NNG | 4 | 4 | 1 | 1 | 3 | 3 | | | | |
| 가을01 | NNG | 2 | 2 | | | 2 | 2 | | | | |
| 가을비 | NNG | 1 | 1 | | | | | 1 | 1 | | |
| 가이가이보(가위바위보) | NNG | 2 | 1 | 2 | 1 | | | | | | |
| 가일(과일01) | NNG | 2 | 1 | 2 | 1 | | | | | | |
| 가입 | NNG | 1 | 1 | | | | | 1 | 1 | | |
| 가입하다 | VV | 5 | 5 | 2 | 2 | 1 | 1 | 2 | 2 | | |
| 가장01 | MAG | 23 | 16 | 5 | 3 | 7 | 4 | 10 | 8 | 1 | 1 |
| 가정05 | NNG | 4 | 2 | | | | | 2 | 1 | 2 | 1 |
| 가정주부 | NNG | 1 | 1 | | | | | 1 | 1 | | |
| 가정환경 | NNG | 1 | 1 | | | | | 1 | 1 | | |
| 가져가다 | VV | 13 | 10 | 2 | 2 | 6 | 4 | 5 | 4 | | |
| 가져오다 | VV | 22 | 16 | 7 | 6 | 11 | 6 | 3 | 3 | 1 | 1 |
| 가족01 | NNG | 33 | 23 | 15 | 8 | 1 | 1 | 13 | 11 | 4 | 3 |
| 가주(가지)다 | VV | 2 | 2 | | | 2 | 2 | | | | |
| 가주(가지)다 | VX | 14 | 9 | 2 | 2 | 4 | 3 | 6 | 2 | 2 | 2 |
| 가주가(가져가)다 | VV | 1 | 1 | 1 | 1 | | | | | | |
| 가죽01 | NNG | 1 | 1 | | | | | | | 1 | 1 |
| 가죽맨 | NNG | 1 | 1 | | | | | | | 1 | 1 |
| 가지01 | NNG | 1 | 1 | 1 | 1 | | | | | | |
| 가지04 | NNB | 12 | 11 | 4 | 4 | 3 | 2 | 3 | 3 | 2 | 2 |
| 가지다 | VV | 82 | 47 | 12 | 8 | 54 | 24 | 10 | 9 | 6 | 6 |
| 가지다 | VX | 596 | 205 | 104 | 41 | 303 | 70 | 119 | 52 | 70 | 42 |

| 형태 | 품사 | 전체 | | 초등학교 저학년 | | 초등학교 고학년 | | 중학생 | | 고등학생 | |
|---|---|---|---|---|---|---|---|---|---|---|---|
| | | 형태빈도 | 화자수 | 형태빈도 | 화자수 | 형태빈도 | 화자수 | 형태빈도 | 화자수 | 형태빈도 | 화자수 |
| 가지와(가져오)다 | VV | 1 | 1 | 1 | 1 | | | | | | |
| 가짜 | NNG | 3 | 3 | 1 | 1 | 2 | 2 | | | | |
| 가치06 | NNG | 1 | 1 | | | | | 1 | 1 | | |
| 각각01 | MAG | 1 | 1 | | | 1 | 1 | | | | |
| 각간 | NNG | 1 | 1 | | | 1 | 1 | | | | |
| 각기02 | NNG | 1 | 1 | | | | | | | 1 | 1 |
| 각오01하다 | VV | 1 | 1 | | | | | 1 | 1 | | |
| 각자02 | NNG | 1 | 1 | | | | | 1 | 1 | | |
| 간08 | NNG | 3 | 3 | | | 1 | 1 | | | 1 | 1 |
| 간10 | NNB | 7 | 5 | 1 | 1 | 1 | 1 | 1 | 1 | 4 | 2 |
| -간17 | EF | 1 | 1 | | | | | | | 1 | 1 |
| 간단02하다 | VA | 2 | 2 | | | | | 2 | 2 | | |
| 간단히 | MAG | 1 | 1 | | | 1 | 1 | | | | |
| 간당간당 | MAG | 2 | 1 | | | | | 2 | 1 | | |
| 간당간당하다 | VV | 1 | 1 | | | | | 1 | 1 | | |
| 간딴(간단02)하다 | VA | 1 | 1 | | | 1 | 1 | | | | |
| 간땡이 | NNG | 1 | 1 | | | 1 | 1 | | | | |
| 간식02 | NNG | 11 | 4 | 1 | 1 | 9 | 2 | 1 | 1 | | |
| 간신히 | MAG | 1 | 1 | 1 | 1 | | | | | | |
| 간절하다 | VA | 1 | 1 | | | 1 | 1 | | | | |
| 간접적 | NNG | 1 | 1 | | | | | | | 1 | 1 |
| 간지럽다 | VA | 6 | 4 | | | 3 | 2 | | | 3 | 2 |
| 간직01하다 | VV | 1 | 1 | | | | | 1 | 1 | | |
| 간질01거리다 | VV | 1 | 1 | | | 1 | 1 | | | | |
| 간판02 | NNG | 3 | 2 | | | | | 3 | 2 | | |
| 간호사 | NNG | 5 | 4 | 4 | 3 | | | 1 | 1 | | |
| 갇히다 | VV | 1 | 1 | 1 | 1 | | | | | | |
| 갈구다 | VV | 1 | 1 | | | | | 1 | 1 | | |
| 갈기다01 | VV | 5 | 4 | 1 | 1 | 4 | 3 | | | | |
| 갈다01 | VV | 1 | 1 | | | 1 | 1 | | | | |
| 갈다02 | VV | 3 | 3 | | | | | 1 | 1 | 2 | 2 |
| 갈르(가르)다 | VV | 6 | 4 | 4 | 2 | 2 | 2 | | | | |
| 갈비01 | NNG | 2 | 2 | | | | | 1 | 1 | 1 | 1 |
| 갈비뼈 | NNG | 1 | 1 | 1 | 1 | | | | | | |
| 갈색 | NNG | 3 | 3 | 1 | 1 | | | | | 2 | 2 |
| 갈수록 | MAG | 1 | 1 | | | 1 | 1 | | | | |
| 갈아입다 | VV | 6 | 5 | | | 3 | 2 | 1 | 1 | 2 | 2 |

| 형태 | 품사 | 전체 | | 초등학교 저학년 | | 초등학교 고학년 | | 중학생 | | 고등학생 | |
|---|---|---|---|---|---|---|---|---|---|---|---|
| | | 형태 빈도 | 화자 수 | 형태 빈도 | 화자 수 | 형태 빈도 | 화자 수 | 형태 빈도 | 화자 수 | 형태 빈도 | 화자 수 |
| 갈아타다 | VV | 1 | 1 | | | | | | | 1 | 1 |
| 갈팡질팡하다 | VV | 1 | 1 | | | | | | | 1 | 1 |
| 감01 | NNG | 6 | 4 | 5 | 3 | | | 1 | 1 | | |
| 감02 | NNG | 2 | 2 | 2 | 2 | | | | | | |
| 감각02 | NNG | 1 | 1 | | | | | | | 1 | 1 |
| 감기04 | NNG | 5 | 2 | | | 1 | 1 | | | 4 | 1 |
| 감다01 | VV | 4 | 4 | 1 | 1 | 2 | 2 | 1 | 1 | | |
| 감다02 | VV | 3 | 1 | | | 3 | 1 | | | | |
| 감다03 | VV | 2 | 2 | 1 | 1 | | | 1 | 1 | | |
| 감독02 | NNG | 2 | 1 | | | | | 2 | 1 | | |
| 감동02시키다 | VV | 1 | 1 | | | 1 | 1 | | | | |
| 감동적 | NNG | 2 | 1 | 2 | 1 | | | | | | |
| 감시02 | NNG | 1 | 1 | 1 | 1 | | | | | | |
| 감싸다 | VV | 1 | 1 | | | | | | | 1 | 1 |
| 감안02 | NNG | 1 | 1 | | | | | 1 | 1 | | |
| 감옥02 | NNG | 1 | 1 | 1 | 1 | | | | | | |
| 감자01 | NNG | 1 | 1 | | | 1 | 1 | | | | |
| 감자탕 | NNG | 1 | 1 | | | | | | | 1 | 1 |
| 감히 | MAG | 3 | 3 | 1 | 1 | 1 | 1 | 1 | 1 | | |
| 갑(동갑01) | NNG | 4 | 3 | | | | | | | 4 | 3 |
| 갑갑하다 | VA | 1 | 1 | | | | | | | 1 | 1 |
| 갑부02 | NNG | 3 | 2 | 1 | 1 | | | 2 | 1 | | |
| 갑옷 | NNG | 3 | 2 | | | 3 | 2 | | | | |
| 갑자기 | MAG | 114 | 77 | 24 | 17 | 58 | 38 | 22 | 13 | 10 | 9 |
| 갑주01 | NNG | 2 | 2 | | | 2 | 2 | | | | |
| 값 | NNG | 7 | 4 | | | | | 5 | 2 | 2 | 2 |
| 갓05 | MAG | 1 | 1 | | | | | 1 | 1 | | |
| 강01 | NNG | 3 | 2 | | | 1 | 1 | | | 2 | 1 |
| 강10하다 | VA | 1 | 1 | | | | | | | 1 | 1 |
| 강22 | NNB | 2 | 1 | | | 2 | 1 | | | | |
| 강간02 | NNG | 1 | 1 | | | | | 1 | 1 | | |
| 강간02하다 | VV | 2 | 1 | | | | | 2 | 1 | | |
| 강당 | NNG | 2 | 2 | 1 | 1 | 1 | 1 | | | | |
| 강대국 | NNG | 2 | 2 | | | | | 2 | 2 | | |
| 강도06 | NNG | 1 | 1 | 1 | 1 | | | | | | |
| 강력03하다 | VA | 1 | 1 | 1 | 1 | | | | | | |
| 강물 | NNG | 2 | 2 | | | 1 | 1 | | | 1 | 1 |

| 형태 | 품사 | 전체 | | 초등학교 저학년 | | 초등학교 고학년 | | 중학생 | | 고등학생 | |
|---|---|---|---|---|---|---|---|---|---|---|---|
| | | 형태빈도 | 화자수 | 형태빈도 | 화자수 | 형태빈도 | 화자수 | 형태빈도 | 화자수 | 형태빈도 | 화자수 |
| 강습02 | NNG | 1 | 1 | | | | | 1 | 1 | | |
| 강아지 | NNG | 44 | 20 | 25 | 14 | 5 | 3 | 14 | 3 | | |
| 강요01하다 | VV | 2 | 1 | | | | | 2 | 1 | | |
| 강제01 | NNG | 1 | 1 | | | | | 1 | 1 | | |
| 강철 | NNG | 2 | 2 | 2 | 2 | | | | | | |
| 강철통 | NNG | 1 | 1 | | | 1 | 1 | | | | |
| 강하다02 | VA | 2 | 1 | | | | | 2 | 1 | | |
| 갖다01 | VV | 108 | 82 | 29 | 19 | 32 | 24 | 30 | 23 | 17 | 16 |
| 갖다01 | VX | 226 | 94 | 27 | 11 | 86 | 32 | 76 | 29 | 37 | 22 |
| 같다 | VA | 671 | 287 | 74 | 45 | 189 | 77 | 243 | 91 | 165 | 74 |
| 같이 | JKB | 14 | 13 | 2 | 2 | 5 | 4 | 4 | 4 | 3 | 3 |
| 같이 | MAG | 156 | 102 | 28 | 19 | 45 | 25 | 46 | 32 | 37 | 26 |
| 갚다 | VV | 13 | 10 | 2 | 2 | 6 | 3 | 2 | 2 | 3 | 3 |
| 개03 | NNG | 7 | 5 | 5 | 3 | | | 2 | 2 | | |
| 개10 | NNB | 175 | 88 | 67 | 32 | 57 | 32 | 40 | 17 | 11 | 7 |
| 개구리 | NNG | 4 | 4 | 2 | 2 | 2 | 2 | | | | |
| 개그 | NNG | 4 | 4 | 1 | 1 | 3 | 3 | | | | |
| 개그맨 | NNG | 5 | 4 | | | 1 | 1 | 3 | 2 | 1 | 1 |
| 개기다 | VV | 1 | 1 | | | 1 | 1 | | | | |
| 개념 | NNG | 2 | 2 | | | | | | | 2 | 2 |
| 개다01 | VV | 1 | 1 | | | 1 | 1 | | | | |
| 개띠 | NNG | 1 | 1 | 1 | 1 | | | | | | |
| 개미03 | NNG | 14 | 8 | 12 | 6 | 2 | 2 | | | | |
| 개미귀신 | NNG | 1 | 1 | 1 | 1 | | | | | | |
| 개발하다 | VV | 2 | 2 | | | | | 2 | 2 | | |
| 개봉02 | NNG | 2 | 2 | | | | | | | 2 | 2 |
| 개봉02하다 | VV | 4 | 4 | | | 2 | 2 | 1 | 1 | 1 | 1 |
| 개뻥(거짓말) | NNG | 1 | 1 | | | | | | | 1 | 1 |
| 개뿔 | NNG | 2 | 2 | | | 1 | 1 | | | 1 | 1 |
| 개새끼 | NNG | 5 | 5 | | | 1 | 1 | 1 | 1 | 3 | 3 |
| 개성03 | NNG | 1 | 1 | | | | | 1 | 1 | | |
| 개업식 | NNG | 2 | 2 | | | | | | | 2 | 2 |
| 개월 | NNB | 10 | 7 | | | 3 | 3 | 4 | 2 | 3 | 2 |
| 개인02 | NNG | 8 | 6 | 2 | 1 | 1 | 1 | 2 | 2 | 3 | 2 |
| 개인기 | NNG | 3 | 1 | | | 3 | 1 | | | | |
| 개인적 | NNG | 1 | 1 | | | | | 1 | 1 | | |
| 개장07하다 | VV | 1 | 1 | | | | | 1 | 1 | | |

| 형태 | 품사 | 전체 | | 초등학교 저학년 | | 초등학교 고학년 | | 중학생 | | 고등학생 | |
|---|---|---|---|---|---|---|---|---|---|---|---|
| | | 형태빈도 | 화자수 | 형태빈도 | 화자수 | 형태빈도 | 화자수 | 형태빈도 | 화자수 | 형태빈도 | 화자수 |
| 개학 | NNG | 1 | 1 | 1 | 1 | | | | | | |
| 갯벌 | NNG | 1 | 1 | | | 1 | 1 | | | | |
| 갯지렁이 | NNG | 2 | 2 | | | 2 | 2 | | | | |
| 걍(그냥) | MAG | 1 | 1 | | | 1 | 1 | | | | |
| 걔 | NP | 823 | 258 | 113 | 45 | 255 | 78 | 274 | 72 | 181 | 63 |
| 거 | NP | 4 | 4 | 1 | 1 | 3 | 3 | | | | |
| 거(그01) | MM | 1 | 1 | 1 | 1 | | | | | | |
| 거01 | NNB | 3127 | 464 | 521 | 110 | 951 | 119 | 917 | 117 | 738 | 118 |
| 거01 | NP | 71 | 44 | 12 | 12 | 46 | 20 | 7 | 6 | 6 | 6 |
| 거02 | NP | 10 | 9 | 1 | 1 | 3 | 3 | 2 | 2 | 4 | 3 |
| 거것(그거) | NP | 1 | 1 | | | 1 | 1 | | | | |
| 거기01 | NP | 370 | 178 | 75 | 37 | 147 | 66 | 93 | 41 | 55 | 34 |
| 거꾸로 | MAG | 5 | 2 | | | 4 | 1 | 1 | 1 | | |
| 거꿀로(거꾸로) | MAG | 1 | 1 | 1 | 1 | | | | | | |
| 거나02 | JX | 3 | 2 | | | | | 3 | 2 | | |
| -거나03 | EC | 17 | 13 | 1 | 1 | 3 | 3 | 12 | 8 | 1 | 1 |
| -거덩(거든03) | EF | 4 | 2 | | | | | 3 | 1 | 1 | 1 |
| -거든02 | EC | 8 | 7 | | | 5 | 4 | 2 | 2 | 1 | 1 |
| -거든03 | EF | 388 | 179 | 88 | 40 | 150 | 54 | 94 | 44 | 56 | 41 |
| 거들다01 | VV | 1 | 1 | | | 1 | 1 | | | | |
| 거듭하다 | VV | 1 | 1 | | | | | 1 | 1 | | |
| 거래02 | NNG | 1 | 1 | | | | | 1 | 1 | | |
| 거리08 | NNG | 3 | 3 | | | 2 | 2 | | | 1 | 1 |
| 거만03하다 | VA | 1 | 1 | | | | | | | 1 | 1 |
| 거미02 | NNG | 7 | 4 | 6 | 3 | 1 | 1 | | | | |
| 거부02 | NNG | 1 | 1 | | | | | | | 1 | 1 |
| 거부감 | NNG | 1 | 1 | | | | | | | 1 | 1 |
| 거북이 | NNG | 1 | 1 | 1 | 1 | | | | | | |
| 거상03 | NNG | 3 | 2 | | | | | 3 | 2 | | |
| 거서관(거서간) | NNG | 4 | 2 | | | 4 | 2 | | | | |
| 거울01 | NNG | 5 | 4 | 1 | 1 | 2 | 2 | 2 | 1 | | |
| 거의01 | MAG | 76 | 60 | 8 | 6 | 31 | 25 | 21 | 18 | 16 | 11 |
| 거의01 | NNG | 3 | 2 | | | 3 | 2 | | | | |
| 거인01 | NNG | 5 | 3 | 5 | 3 | | | | | | |
| 거저01 | MAG | 1 | 1 | | | 1 | 1 | | | | |
| 거절01되다 | VV | 1 | 1 | | | 1 | 1 | | | | |
| 거지01 | NNG | 3 | 3 | | | 2 | 2 | 1 | 1 | | |

| 형태 | 품사 | 전체 | | 초등학교 저학년 | | 초등학교 고학년 | | 중학생 | | 고등학생 | |
|---|---|---|---|---|---|---|---|---|---|---|---|
| | | 형태 빈도 | 화자 수 | 형태 빈도 | 화자 수 | 형태 빈도 | 화자 수 | 형태 빈도 | 화자 수 | 형태 빈도 | 화자 수 |
| 거짓말 | NNG | 10 | 10 | 2 | 2 | | | 5 | 5 | 3 | 3 |
| 거짓말하다 | VV | 3 | 3 | | | | | 2 | 2 | 1 | 1 |
| 걱정 | NNG | 6 | 6 | | | 2 | 2 | 2 | 2 | 2 | 2 |
| 걱정되다 | VV | 3 | 3 | | | 3 | 3 | | | | |
| 걱정하다 | VV | 3 | 3 | | | 1 | 1 | 1 | 1 | 1 | 1 |
| 건강03 | NNG | 1 | 1 | | | 1 | 1 | | | | |
| 건강03하다 | VA | 2 | 2 | | | 2 | 2 | | | | |
| 건공학부 | NNG | 1 | 1 | | | | | | | 1 | 1 |
| 건너가다 | VV | 2 | 2 | 1 | 1 | | | | | 1 | 1 |
| 건너다 | VV | 2 | 2 | | | 1 | 1 | | | 1 | 1 |
| 건네주다 | VV | 1 | 1 | 1 | 1 | | | | | | |
| 건드리다 | VV | 6 | 6 | 3 | 3 | 1 | 1 | 1 | 1 | 1 | 1 |
| 건들다 | VV | 4 | 3 | | | 2 | 1 | 2 | 2 | | |
| 건물03 | NNG | 6 | 5 | 1 | 1 | 3 | 3 | | | 2 | 1 |
| 건설적 | NNG | 3 | 2 | | | | | 3 | 2 | | |
| 건전02 | NNG | 1 | 1 | | | | | 1 | 1 | | |
| 건전지 | NNG | 3 | 3 | 1 | 1 | 2 | 2 | | | | |
| 건축사01 | NNG | 1 | 1 | 1 | 1 | | | | | | |
| 걷다02 | VV | 11 | 10 | 2 | 2 | 4 | 4 | 4 | 3 | 1 | 1 |
| 걷다03 | VV | 1 | 1 | | | 1 | 1 | | | | |
| 걷다04 | VV | 1 | 1 | | | | | | | 1 | 1 |
| 걷어차다 | VV | 1 | 1 | | | 1 | 1 | | | | |
| 걸(그것) | NP | 1 | 1 | | | | | 1 | 1 | | |
| -걸(ㄹ걸) | EF | 1 | 1 | | | | | | | 1 | 1 |
| 걸05 | NNG | 2 | 2 | | | | | 2 | 2 | | |
| 걸다02 | VV | 20 | 14 | 4 | 4 | 3 | 2 | 9 | 5 | 4 | 3 |
| -걸랑03 | EF | 6 | 5 | 2 | 2 | | | 3 | 2 | 1 | 1 |
| 걸레01 | NNG | 1 | 1 | 1 | 1 | | | | | | |
| 걸리다01 | VV | 73 | 51 | 9 | 8 | 31 | 19 | 20 | 14 | 13 | 10 |
| 걸어가다 | VV | 10 | 5 | 6 | 3 | 3 | 1 | 1 | 1 | | |
| 걸어오다01 | VV | 3 | 3 | | | | | | | 3 | 3 |
| 걸작품 | NNG | 1 | 1 | | | 1 | 1 | | | | |
| 걸치다 | VV | 3 | 3 | | | 2 | 2 | 1 | 1 | | |
| 검03 | NNG | 5 | 3 | 4 | 2 | 1 | 1 | | | | |
| 검다02 | VA | 4 | 3 | 1 | 1 | 3 | 2 | | | | |
| 검도02 | NNG | 7 | 5 | 1 | 1 | 1 | 1 | 5 | 3 | | |
| 검사03 | NNG | 5 | 2 | | | 4 | 1 | 1 | 1 | | |

| 형태 | 품사 | 전체 | | 초등학교 저학년 | | 초등학교 고학년 | | 중학생 | | 고등학생 | |
|---|---|---|---|---|---|---|---|---|---|---|---|
| | | 형태 빈도 | 화자 수 | 형태 빈도 | 화자 수 | 형태 빈도 | 화자 수 | 형태 빈도 | 화자 수 | 형태 빈도 | 화자 수 |
| 검사03하다 | VV | 2 | 1 | | | 2 | 1 | | | | |
| 검색사 | NNG | 2 | 2 | | | | | | | 2 | 2 |
| 검색하다 | VV | 1 | 1 | | | 1 | 1 | | | | |
| 검성 | NNG | 1 | 1 | | | | | | | 1 | 1 |
| 검은색 | NNG | 3 | 2 | 2 | 1 | | | | | 1 | 1 |
| 검정01 | NNG | 5 | 5 | 2 | 2 | 1 | 1 | 1 | 1 | 1 | 1 |
| 겁나다02 | VV | 1 | 1 | | | | | | | 1 | 1 |
| 것01 | NNB | 297 | 163 | 26 | 21 | 94 | 46 | 106 | 53 | 71 | 43 |
| 것04 | NP | 2 | 2 | 1 | 1 | 1 | 1 | | | | |
| 겉01 | NNG | 5 | 4 | | | 2 | 1 | 2 | 2 | 1 | 1 |
| 겉모습 | NNG | 1 | 1 | | | | | | | 1 | 1 |
| 겉보기 | NNG | 1 | 1 | | | | | | | 1 | 1 |
| 게01 | NNG | 2 | 1 | | | 2 | 1 | | | | |
| -게10 | EC | 508 | 250 | 66 | 43 | 156 | 69 | 177 | 72 | 109 | 66 |
| -게11 | EF | 43 | 28 | 15 | 10 | 10 | 7 | 9 | 4 | 9 | 7 |
| -게12 | EF | 2 | 2 | | | 1 | 1 | 1 | 1 | | |
| -게나 | EF | 1 | 1 | | | | | | | 1 | 1 |
| 게다가 | MAG | 6 | 5 | | | 3 | 2 | 3 | 3 | | |
| -게시리(게끔) | EC | 3 | 3 | 1 | 1 | 1 | 1 | | | 1 | 1 |
| 게시판 | NNG | 2 | 1 | | | 2 | 1 | | | | |
| 게이02 | NNG | 1 | 1 | | | | | 1 | 1 | | |
| 게이트 | NNG | 1 | 1 | | | 1 | 1 | | | | |
| 게임 | NNG | 182 | 97 | 50 | 28 | 46 | 24 | 62 | 30 | 24 | 15 |
| 게임기 | NNG | 1 | 1 | | | | | 1 | 1 | | |
| 게임하다 | VV | 14 | 10 | | | 7 | 5 | 5 | 3 | 2 | 2 |
| -겠- | EP | 618 | 302 | 85 | 56 | 155 | 75 | 239 | 94 | 139 | 77 |
| 겨루다01 | VV | 1 | 1 | | | 1 | 1 | | | | |
| 겨우 | MAG | 7 | 6 | 4 | 3 | | | 2 | 2 | 1 | 1 |
| 겨울 | NNG | 28 | 23 | 7 | 6 | 7 | 7 | 9 | 5 | 5 | 5 |
| 격파02하다 | VV | 3 | 2 | 2 | 1 | | | 1 | 1 | | |
| 결과02 | NNG | 3 | 2 | | | | | 1 | 1 | 2 | 1 |
| 결국 | NNG | 6 | 6 | 1 | 1 | 2 | 2 | 2 | 2 | 1 | 1 |
| 결론02 | NNG | 3 | 3 | | | | | 1 | 1 | 2 | 2 |
| 결론적 | NNG | 1 | 1 | | | | | 1 | 1 | | |
| 결말 | NNG | 1 | 1 | | | | | 1 | 1 | | |
| 결심01하다 | VV | 1 | 1 | 1 | 1 | | | | | | |
| 결점 | NNG | 1 | 1 | | | | | 1 | 1 | | |

| 형태 | 품사 | 전체 | | 초등학교 저학년 | | 초등학교 고학년 | | 중학생 | | 고등학생 | |
|---|---|---|---|---|---|---|---|---|---|---|---|
| | | 형태 빈도 | 화자 수 | 형태 빈도 | 화자 수 | 형태 빈도 | 화자 수 | 형태 빈도 | 화자 수 | 형태 빈도 | 화자 수 |
| 결정01 | NNG | 1 | 1 | | | | | 1 | 1 | | |
| 결혼 | NNG | 8 | 6 | | | 5 | 3 | 2 | 2 | 1 | 1 |
| 결혼식 | NNG | 2 | 2 | | | 2 | 2 | | | | |
| 결혼하다 | VV | 24 | 19 | 5 | 4 | 12 | 9 | 5 | 4 | 2 | 2 |
| 겸01 | NNB | 1 | 1 | | | | | | | 1 | 1 |
| 경계심 | NNG | 1 | 1 | | | 1 | 1 | | | | |
| 경과04 | NNG | 1 | 1 | | | | | | | 1 | 1 |
| 경기05 | NNG | 1 | 1 | | | | | 1 | 1 | | |
| 경기11 | NNG | 6 | 4 | | | 2 | 1 | 4 | 3 | | |
| 경기장 | NNG | 1 | 1 | | | | | 1 | 1 | | |
| 경로당 | NNG | 1 | 1 | 1 | 1 | | | | | | |
| 경비04 | NNG | 1 | 1 | | | 1 | 1 | | | | |
| 경비실 | NNG | 2 | 1 | | | 2 | 1 | | | | |
| 경시09 | NNG | 6 | 4 | 2 | 2 | 2 | 1 | 2 | 1 | | |
| 경신(경진06) | NNG | 1 | 1 | 1 | 1 | | | | | | |
| 경영02 | NNG | 4 | 1 | | | | | | | 4 | 1 |
| 경영02하다 | VV | 3 | 3 | | | | | 1 | 1 | 2 | 2 |
| 경우03 | NNG | 10 | 7 | | | 4 | 3 | 2 | 2 | 4 | 2 |
| 경쟁 | NNG | 1 | 1 | | | | | 1 | 1 | | |
| 경쟁력 | NNG | 1 | 1 | | | 1 | 1 | | | | |
| 경쟁률 | NNG | 1 | 1 | | | | | 1 | 1 | | |
| 경쟁심 | NNG | 3 | 2 | | | 3 | 2 | | | | |
| 경제04 | NNG | 3 | 2 | | | 1 | 1 | 2 | 1 | | |
| 경제력 | NNG | 1 | 1 | | | | | | | 1 | 1 |
| 경제적 | NNG | 2 | 1 | | | | | 2 | 1 | | |
| 경제학 | NNG | 1 | 1 | | | | | 1 | 1 | | |
| 경찰04 | NNG | 13 | 7 | | | 8 | 4 | 5 | 3 | | |
| 경찰04되다 | VV | 1 | 1 | | | 1 | 1 | | | | |
| 경찰서 | NNG | 2 | 2 | | | 1 | 1 | 1 | 1 | | |
| 경험 | NNG | 1 | 1 | | | | | 1 | 1 | | |
| 경험치 | NNG | 1 | 1 | | | 1 | 1 | | | | |
| 계곡01 | NNG | 1 | 1 | 1 | 1 | | | | | | |
| 계급02 | NNG | 5 | 3 | | | 5 | 3 | | | | |
| 계단04 | NNG | 2 | 1 | | | | | 2 | 1 | | |
| 계란 | NNG | 1 | 1 | | | 1 | 1 | | | | |
| 계란찜 | NNG | 1 | 1 | | | | | 1 | 1 | | |
| 계모03 | NNG | 2 | 1 | | | | | 2 | 1 | | |

| 형태 | 품사 | 전체 | | 초등학교 저학년 | | 초등학교 고학년 | | 중학생 | | 고등학생 | |
|---|---|---|---|---|---|---|---|---|---|---|---|
| | | 형태 빈도 | 화자 수 | 형태 빈도 | 화자 수 | 형태 빈도 | 화자 수 | 형태 빈도 | 화자 수 | 형태 빈도 | 화자 수 |
| 계산01 | NNG | 3 | 3 | 1 | 1 | | | 2 | 2 | | |
| 계산01하다 | VV | 2 | 2 | | | 1 | 1 | 1 | 1 | | |
| 계속04 | MAG | 139 | 83 | 17 | 12 | 65 | 35 | 43 | 24 | 14 | 12 |
| 계속04 | NNG | 7 | 6 | 1 | 1 | 3 | 3 | 3 | 2 | | |
| 계속04하다 | VV | 12 | 10 | | | 7 | 6 | 4 | 3 | 1 | 1 |
| 계시다 | VV | 10 | 8 | 8 | 6 | 2 | 2 | | | | |
| 계시다 | VX | 2 | 2 | 2 | 2 | | | | | | |
| 계열 | NNG | 6 | 4 | 1 | 1 | | | | | 5 | 3 |
| 계절01 | NNG | 1 | 1 | | | 1 | 1 | | | | |
| 계주08 | NNG | 2 | 2 | | | | | 2 | 2 | | |
| 계주08하다 | VV | 1 | 1 | | | | | 1 | 1 | | |
| 계집애 | NNG | 1 | 1 | | | | | 1 | 1 | | |
| 계획01 | NNG | 1 | 1 | | | | | 1 | 1 | | |
| 계획01되다 | VV | 1 | 1 | | | | | | | 1 | 1 |
| 계획01하다 | VV | 1 | 1 | | | | | | | 1 | 1 |
| 고(도15) | JX | 1 | 1 | | | 1 | 1 | | | | |
| 고03 | MM | 1 | 1 | 1 | 1 | | | | | | |
| 고22 | JKQ | 433 | 211 | 52 | 35 | 138 | 61 | 160 | 67 | 83 | 48 |
| -고24 | EC | 2922 | 455 | 443 | 105 | 1011 | 120 | 873 | 114 | 595 | 116 |
| -고25 | EF | 118 | 80 | 19 | 15 | 31 | 21 | 31 | 17 | 37 | 27 |
| 고35 | NNG | 5 | 4 | | | | | 2 | 2 | 3 | 2 |
| 고가08 | NNG | 1 | 1 | | | | | | | 1 | 1 |
| 고개01 | NNG | 5 | 3 | 1 | 1 | 4 | 2 | | | | |
| 고거01 | NP | 1 | 1 | | | 1 | 1 | | | | |
| 고구(공부01) | NNG | 1 | 1 | | | 1 | 1 | | | | |
| 고구마 | NNG | 1 | 1 | | | | | 1 | 1 | | |
| 고기01 | NNG | 11 | 7 | 4 | 2 | 2 | 1 | | | 5 | 4 |
| -고도12 | EC | 2 | 2 | | | | | 2 | 2 | | |
| 고등02 | NNG | 1 | 1 | | | | | 1 | 1 | | |
| 고등학교 | NNG | 31 | 25 | 1 | 1 | 1 | 1 | 18 | 14 | 11 | 9 |
| 고등학생 | NNG | 5 | 2 | | | 4 | 1 | | | 1 | 1 |
| 고려01 | NNG | 1 | 1 | | | 1 | 1 | | | | |
| 고르다01 | VV | 10 | 9 | 2 | 2 | | | 3 | 3 | 5 | 4 |
| 고리01 | NNG | 3 | 2 | 3 | 2 | | | | | | |
| 고만(그만02) | MAG | 1 | 1 | 1 | 1 | | | | | | |
| 고만(그만03)하다 | VV | 2 | 2 | 1 | 1 | 1 | 1 | | | | |
| 고맙다01 | VA | 11 | 10 | 3 | 3 | 4 | 3 | 2 | 2 | 2 | 2 |

| 형태 | 품사 | 전체 | | 초등학교 저학년 | | 초등학교 고학년 | | 중학생 | | 고등학생 | |
|---|---|---|---|---|---|---|---|---|---|---|---|
| | | 형태 빈도 | 화자 수 | 형태 빈도 | 화자 수 | 형태 빈도 | 화자 수 | 형태 빈도 | 화자 수 | 형태 빈도 | 화자 수 |
| 고모01 | NNG | 17 | 4 | 13 | 2 | 4 | 2 | | | | |
| 고무장갑 | NNG | 1 | 1 | | | | | 1 | 1 | | |
| 고무줄 | NNG | 5 | 4 | 3 | 2 | 1 | 1 | 1 | 1 | | |
| 고민 | NNG | 5 | 4 | 1 | 1 | | | 4 | 3 | | |
| 고민하다 | VV | 2 | 2 | 1 | 1 | 1 | 1 | | | | |
| 고백 | NNG | 1 | 1 | | | 1 | 1 | | | | |
| 고백하다 | VV | 5 | 4 | | | | | 4 | 3 | 1 | 1 |
| 고사09 | NNG | 15 | 11 | | | 7 | 3 | 8 | 8 | | |
| 고삼02 | NNG | 4 | 4 | | | | | 2 | 2 | 2 | 2 |
| 고상10하다 | VA | 1 | 1 | | | | | 1 | 1 | | |
| 고생하다 | VV | 4 | 4 | 1 | 1 | | | 1 | 1 | 2 | 2 |
| -고서03 | EC | 22 | 17 | | | 7 | 6 | 7 | 4 | 8 | 7 |
| 고소01하다 | VA | 1 | 1 | 1 | 1 | | | | | | |
| 고속도로 | NNG | 1 | 1 | | | 1 | 1 | | | | |
| 고수11 | NNG | 4 | 3 | 2 | 1 | 1 | 1 | 1 | 1 | | |
| 고스톱하다 | VV | 1 | 1 | | | | | | | 1 | 1 |
| 고시03 | NNG | 5 | 1 | | | | | 5 | 1 | | |
| 고시원 | NNG | 1 | 1 | | | 1 | 1 | | | | |
| 고아원 | NNG | 1 | 1 | | | 1 | 1 | | | | |
| 고약01하다 | VA | 1 | 1 | | | 1 | 1 | | | | |
| 고양이 | NNG | 11 | 6 | 11 | 6 | | | | | | |
| 고용03하다 | VV | 1 | 1 | | | | | 1 | 1 | | |
| 고의08 | NNG | 1 | 1 | | | | | 1 | 1 | | |
| 고이다01 | VV | 2 | 1 | | | | | 2 | 1 | | |
| 고일03 | NNG | 3 | 2 | | | 3 | 2 | | | | |
| 고장01 | NNG | 2 | 1 | 2 | 1 | | | | | | |
| 고장11 | NNG | 8 | 5 | 1 | 1 | 4 | 3 | 3 | 1 | | |
| 고장11나다 | VA | 1 | 1 | | | 1 | 1 | | | | |
| 고정06되다 | VV | 1 | 1 | | | | | | | 1 | 1 |
| 고집01 | NNG | 1 | 1 | | | 1 | 1 | | | | |
| 고집쟁이 | NNG | 3 | 1 | | | 3 | 1 | | | | |
| 고추01 | NNG | 1 | 1 | | | | | 1 | 1 | | |
| 고추장 | NNG | 1 | 1 | 1 | 1 | | | | | | |
| 고춧가루 | NNG | 1 | 1 | 1 | 1 | | | | | | |
| 고치다01 | VV | 17 | 11 | 2 | 2 | 2 | 2 | 12 | 6 | 1 | 1 |
| 고프다 | VA | 1 | 1 | | | 1 | 1 | | | | |
| 고학년 | NNG | 1 | 1 | 1 | 1 | | | | | | |

| 형태 | 품사 | 전체 | | 초등학교 저학년 | | 초등학교 고학년 | | 중학생 | | 고등학생 | |
|---|---|---|---|---|---|---|---|---|---|---|---|
| | | 형태 빈도 | 화자 수 | 형태 빈도 | 화자 수 | 형태 빈도 | 화자 수 | 형태 빈도 | 화자 수 | 형태 빈도 | 화자 수 |
| 곡02 | NNG | 1 | 1 | | | | | | | 1 | 1 |
| 곤란하다 | VA | 4 | 4 | | | | | 3 | 3 | 1 | 1 |
| 곤충 | NNG | 1 | 1 | 1 | 1 | | | | | | |
| 곧01 | MAG | 4 | 4 | | | 2 | 2 | 1 | 1 | 1 | 1 |
| 곧바로 | MAG | 1 | 1 | | | 1 | 1 | | | | |
| 곧장 | MAG | 1 | 1 | | | | | 1 | 1 | | |
| 골14 | NNG | 11 | 7 | 3 | 1 | 4 | 2 | 2 | 2 | 2 | 2 |
| 골고루 | MAG | 2 | 1 | | | 2 | 1 | | | | |
| 골대 | NNG | 3 | 2 | | | 3 | 2 | | | | |
| 골인02 | NNG | 2 | 1 | | | 2 | 1 | | | | |
| 골인02되다 | VV | 1 | 1 | | | 1 | 1 | | | | |
| 골키퍼 | NNG | 8 | 7 | 5 | 5 | 3 | 2 | | | | |
| 골판지 | NNG | 1 | 1 | 1 | 1 | | | | | | |
| 골프 | NNG | 3 | 2 | | | 3 | 2 | | | | |
| 골프채 | NNG | 3 | 2 | | | | | 3 | 2 | | |
| 곰03 | NNG | 9 | 3 | 7 | 2 | | | 2 | 1 | | |
| 곰돌이 | NNG | 3 | 3 | 2 | 2 | 1 | 1 | | | | |
| 곱02하다 | VV | 2 | 2 | | | | | 1 | 1 | 1 | 1 |
| 곱다02 | VA | 1 | 1 | 1 | 1 | | | | | | |
| 곱셈 | NNG | 3 | 3 | 2 | 2 | 1 | 1 | | | | |
| 곱창 | NNG | 3 | 3 | | | | | | | 3 | 3 |
| 곱하기 | NNG | 5 | 4 | | | | | 4 | 3 | 1 | 1 |
| 곳01 | NNG | 14 | 11 | 4 | 3 | 6 | 6 | 4 | 2 | | |
| 공01 | NNG | 34 | 17 | 5 | 3 | 24 | 10 | 5 | 4 | | |
| 공12 | NNG | 2 | 1 | | | 2 | 1 | | | | |
| 공12 | NR | 5 | 3 | | | 5 | 3 | | | | |
| 공간05 | NNG | 1 | 1 | | | | | 1 | 1 | | |
| 공격02 | NNG | 3 | 2 | 3 | 2 | | | | | | |
| 공격02하다 | VV | 5 | 5 | 2 | 2 | 2 | 2 | 1 | 1 | | |
| 공격력 | NNG | 1 | 1 | | | 1 | 1 | | | | |
| 공고02 | NNG | 4 | 3 | | | | | 2 | 1 | 2 | 2 |
| 공공장소 | NNG | 2 | 2 | | | | | 2 | 2 | | |
| 공기01 | NNG | 3 | 3 | 2 | 2 | 1 | 1 | | | | |
| 공기06 | NNG | 1 | 1 | | | 1 | 1 | | | | |
| 공기업02 | NNG | 1 | 1 | | | | | 1 | 1 | | |
| 공놀이하다 | VV | 1 | 1 | | | 1 | 1 | | | | |
| 공력04 | NNG | 1 | 1 | 1 | 1 | | | | | | |

| 형태 | 품사 | 전체 | | 초등학교 저학년 | | 초등학교 고학년 | | 중학생 | | 고등학생 | |
|---|---|---|---|---|---|---|---|---|---|---|---|
| | | 형태 빈도 | 화자 수 | 형태 빈도 | 화자 수 | 형태 빈도 | 화자 수 | 형태 빈도 | 화자 수 | 형태 빈도 | 화자 수 |
| 공룡 | NNG | 1 | 1 | | | | | 1 | 1 | | |
| 공무원 | NNG | 4 | 3 | | | | | 4 | 3 | | |
| 공문서 | NNG | 1 | 1 | | | | | | | 1 | 1 |
| 공부01 | NNG | 143 | 81 | 20 | 12 | 40 | 20 | 62 | 32 | 21 | 17 |
| 공부01하다 | VV | 50 | 37 | 5 | 4 | 14 | 10 | 22 | 14 | 9 | 9 |
| 공부방 | NNG | 1 | 1 | 1 | 1 | | | | | | |
| 공사02 | NNG | 1 | 1 | | | 1 | 1 | | | | |
| 공사02하다 | VV | 1 | 1 | | | | | | | 1 | 1 |
| 공사11 | NNG | 1 | 1 | | | | | 1 | 1 | | |
| 공사15 | NNG | 1 | 1 | | | | | | | 1 | 1 |
| 공식01 | NNG | 1 | 1 | | | | | | | 1 | 1 |
| 공식적 | NNG | 1 | 1 | | | | | | | 1 | 1 |
| 공업04 | NNG | 2 | 1 | | | 2 | 1 | | | | |
| 공연02 | NNG | 2 | 2 | | | | | | | 2 | 2 |
| 공원03 | NNG | 3 | 2 | | | | | 3 | 2 | | |
| 공인02 | NNG | 1 | 1 | | | | | 1 | 1 | | |
| 공인05 | NNG | 5 | 2 | | | | | | | 5 | 2 |
| 공주님 | NNG | 1 | 1 | 1 | 1 | | | | | | |
| 공주병 | NNG | 1 | 1 | | | 1 | 1 | | | | |
| 공직03 | NNG | 1 | 1 | | | | | 1 | 1 | | |
| 공짜 | NNG | 7 | 7 | 3 | 3 | 1 | 1 | 2 | 2 | 1 | 1 |
| 공책01 | NNG | 4 | 4 | | | 1 | 1 | 2 | 2 | 1 | 1 |
| 공평01하다 | VA | 5 | 1 | | | 5 | 1 | | | | |
| 공포08 | NNG | 5 | 5 | 1 | 1 | 3 | 3 | | | 1 | 1 |
| 공학01 | NNG | 1 | 1 | | | | | | | 1 | 1 |
| 공학자 | NNG | 2 | 1 | | | | | 2 | 1 | | |
| 과04 | NNG | 5 | 5 | | | | | 1 | 1 | 4 | 4 |
| 과10 | NNG | 1 | 1 | | | | | 1 | 1 | | |
| 과12 | JC | 14 | 13 | 6 | 5 | 3 | 3 | 4 | 4 | 1 | 1 |
| 과12 | JKB | 15 | 13 | 3 | 3 | 3 | 2 | 7 | 6 | 2 | 2 |
| 과거형 | NNG | 2 | 1 | | | 2 | 1 | | | | |
| 과고02 | NNG | 2 | 2 | | | | | 2 | 2 | | |
| 과목02 | NNG | 30 | 22 | 11 | 6 | 4 | 3 | 14 | 12 | 1 | 1 |
| 과연01 | MAG | 2 | 2 | | | | | 2 | 2 | | |
| 과외 | NNG | 13 | 8 | 2 | 1 | 2 | 1 | 8 | 5 | 1 | 1 |
| 과외하다 | VV | 1 | 1 | | | | | 1 | 1 | | |
| 과일01 | NNG | 10 | 8 | 6 | 4 | 1 | 1 | 1 | 1 | 2 | 2 |

| 형태 | 품사 | 전체 | | 초등학교 저학년 | | 초등학교 고학년 | | 중학생 | | 고등학생 | |
|---|---|---|---|---|---|---|---|---|---|---|---|
| | | 형태 빈도 | 화자 수 | 형태 빈도 | 화자 수 | 형태 빈도 | 화자 수 | 형태 빈도 | 화자 수 | 형태 빈도 | 화자 수 |
| 과자02 | NNG | 36 | 25 | 8 | 7 | 10 | 7 | 2 | 2 | 16 | 9 |
| 과정04 | NNG | 2 | 1 | | | | | | | 2 | 1 |
| 과학 | NNG | 35 | 20 | 7 | 3 | 7 | 2 | 19 | 13 | 2 | 2 |
| 과학고 | NNG | 6 | 3 | | | | | 6 | 3 | | |
| 과학실 | NNG | 2 | 2 | 1 | 1 | 1 | 1 | | | | |
| 과학실 | NNG | 1 | 1 | | | 1 | 1 | | | | |
| 과학자 | NNG | 1 | 1 | 1 | 1 | | | | | | |
| 곽02 | NNG | 2 | 1 | | | 2 | 1 | | | | |
| 관계05 | NNG | 8 | 8 | | | 1 | 1 | 6 | 6 | 1 | 1 |
| 관두다 | VV | 2 | 2 | | | 1 | 1 | | | 1 | 1 |
| 관람 | NNG | 1 | 1 | 1 | 1 | | | | | | |
| 관리04하다 | VV | 2 | 2 | | | | | | | 2 | 2 |
| 관심01 | NNG | 24 | 15 | 1 | 1 | 3 | 3 | 10 | 7 | 10 | 4 |
| 관여하다 | VV | 1 | 1 | | | | | 1 | 1 | | |
| 관장님 | NNG | 4 | 3 | | | 3 | 2 | 1 | 1 | | |
| 관찰01 | NNG | 2 | 1 | | | | | 2 | 1 | | |
| 관찰01하다 | VV | 1 | 1 | | | 1 | 1 | | | | |
| 관하다02 | VV | 2 | 2 | | | | | 2 | 2 | | |
| 광고02 | NNG | 1 | 1 | | | | | | | 1 | 1 |
| 광고02하다 | VV | 1 | 1 | | | | | 1 | 1 | | |
| 광년03 | NNG | 2 | 1 | | | 2 | 1 | | | | |
| 광채02 | NNG | 1 | 1 | 1 | 1 | | | | | | |
| 괜안(괜찮)다 | VA | 1 | 1 | | | | | | | 1 | 1 |
| 괜찮다 | VA | 105 | 78 | 13 | 10 | 23 | 17 | 37 | 27 | 32 | 24 |
| 괜히 | MAG | 18 | 16 | 4 | 3 | 5 | 4 | 2 | 2 | 7 | 7 |
| 괴담 | NNG | 5 | 2 | 3 | 1 | 2 | 1 | | | | |
| 괴롭다 | VA | 2 | 1 | | | | | 2 | 1 | | |
| 괴롭히다 | VV | 13 | 9 | 6 | 3 | 3 | 2 | 3 | 3 | 1 | 1 |
| 괴물 | NNG | 13 | 5 | 12 | 4 | 1 | 1 | | | | |
| 괴팍하다 | VA | 1 | 1 | | | | | | | 1 | 1 |
| 굉장히 | MAG | 3 | 3 | | | | | 3 | 3 | | |
| 교감03 | NNG | 1 | 1 | | | | | | | 1 | 1 |
| 교과서 | NNG | 7 | 6 | 1 | 1 | 3 | 2 | 1 | 1 | 2 | 2 |
| 교류01 | NNG | 1 | 1 | | | | | | | 1 | 1 |
| 교무실 | NNG | 3 | 2 | 1 | 1 | | | 2 | 1 | | |
| 교복01 | NNG | 7 | 5 | | | 2 | 2 | 5 | 3 | | |
| 교사09 | NNG | 1 | 1 | | | 1 | 1 | | | | |

| 형태 | 품사 | 전체 | | 초등학교 저학년 | | 초등학교 고학년 | | 중학생 | | 고등학생 | |
|---|---|---|---|---|---|---|---|---|---|---|---|
| | | 형태 빈도 | 화자 수 | 형태 빈도 | 화자 수 | 형태 빈도 | 화자 수 | 형태 빈도 | 화자 수 | 형태 빈도 | 화자 수 |
| 교생02 | NNG | 1 | 1 | | | | | | | 1 | 1 |
| 교수06 | NNG | 3 | 3 | | | 2 | 2 | 1 | 1 | | |
| 교수님 | NNG | 2 | 2 | | | | | | | 2 | 2 |
| 교시03 | NNB | 42 | 23 | 4 | 2 | 20 | 9 | 6 | 3 | 12 | 9 |
| 교실 | NNG | 31 | 21 | 4 | 4 | 16 | 10 | 4 | 3 | 7 | 4 |
| 교육 | NNG | 9 | 7 | | | 1 | 1 | 4 | 3 | 4 | 3 |
| 교육부 | NNG | 1 | 1 | | | | | | | 1 | 1 |
| 교육적 | NNG | 2 | 2 | | | 2 | 2 | | | | |
| 교장03 | NNG | 4 | 3 | 1 | 1 | 2 | 1 | | | 1 | 1 |
| 교장실 | NNG | 2 | 1 | 2 | 1 | | | | | | |
| 교체01하다 | VV | 1 | 1 | | | 1 | 1 | | | | |
| 교통01 | NNG | 4 | 1 | 4 | 1 | | | | | | |
| 교통사고 | NNG | 2 | 2 | 1 | 1 | 1 | 1 | | | | |
| 교환01하다 | VV | 1 | 1 | | | 1 | 1 | | | | |
| 교회02 | NNG | 20 | 13 | 8 | 4 | 2 | 2 | 1 | 1 | 9 | 6 |
| 구(고22) | JKQ | 37 | 26 | 6 | 6 | 23 | 13 | 7 | 6 | 1 | 1 |
| -구(고24) | EC | 668 | 203 | 155 | 53 | 319 | 76 | 136 | 44 | 58 | 30 |
| -구(고25) | EF | 44 | 31 | 10 | 8 | 21 | 14 | 9 | 6 | 4 | 3 |
| 구01 | MM | 20 | 15 | 6 | 4 | 9 | 6 | 3 | 3 | 2 | 2 |
| 구01 | NR | 145 | 71 | 21 | 13 | 51 | 19 | 64 | 31 | 9 | 8 |
| 구거(그거) | NP | 1 | 1 | 1 | 1 | | | | | | |
| 구경01 | NNG | 1 | 1 | | | | | 1 | 1 | | |
| 구경01하다 | VV | 6 | 4 | | | 2 | 2 | | | 4 | 2 |
| 구공07 | NNG | 1 | 1 | | | | | 1 | 1 | | |
| 구구단 | NNG | 2 | 1 | 2 | 1 | | | | | | |
| -구나03 | EF | 86 | 65 | 9 | 7 | 20 | 14 | 44 | 33 | 13 | 11 |
| 구더기01 | NNG | 5 | 2 | 5 | 2 | | | | | | |
| 구두01 | NNG | 3 | 2 | | | | | | | 3 | 2 |
| 구들장 | NNG | 1 | 1 | | | | | | | 1 | 1 |
| 구라 | NNG | 6 | 6 | | | 2 | 2 | 4 | 4 | | |
| 구리(그리02)다 | VA | 1 | 1 | 1 | 1 | | | | | | |
| 구리다 | VA | 3 | 3 | | | 1 | 1 | 1 | 1 | 1 | 1 |
| -구마이(구먼) | EF | 1 | 1 | | | 1 | 1 | | | | |
| -구만02 | EF | 9 | 7 | 1 | 1 | 2 | 2 | 3 | 1 | 3 | 3 |
| 구멍 | NNG | 3 | 2 | 2 | 1 | | | 1 | 1 | | |
| 구박04받다 | VV | 1 | 1 | | | | | | | 1 | 1 |
| 구별02 | NNG | 1 | 1 | | | | | | | 1 | 1 |

| 형태 | 품사 | 전체 | | 초등학교 저학년 | | 초등학교 고학년 | | 중학생 | | 고등학생 | |
|---|---|---|---|---|---|---|---|---|---|---|---|
| | | 형태 빈도 | 화자 수 | 형태 빈도 | 화자 수 | 형태 빈도 | 화자 수 | 형태 빈도 | 화자 수 | 형태 빈도 | 화자 수 |
| 구부리다01 | VV | 1 | 1 | | | 1 | 1 | | | | |
| -구서(고서03) | EC | 6 | 6 | 2 | 2 | 2 | 2 | 2 | 2 | | |
| 구석01 | NNG | 3 | 3 | | | 2 | 2 | 1 | 1 | | |
| 구석탱이 | NNG | 2 | 1 | | | 2 | 1 | | | | |
| 구성07 | NNG | 1 | 1 | | | 1 | 1 | | | | |
| 구술02 | NNG | 1 | 1 | | | | | 1 | 1 | | |
| 구슬01 | NNG | 1 | 1 | 1 | 1 | | | | | | |
| 구슬치기 | NNG | 1 | 1 | 1 | 1 | | | | | | |
| 구십 | MM | 1 | 1 | | | | | 1 | 1 | | |
| 구십01 | NR | 1 | 1 | | | | | 1 | 1 | | |
| 구역질 | NNG | 1 | 1 | | | 1 | 1 | | | | |
| 구월02 | NNG | 1 | 1 | | | | | | | 1 | 1 |
| 구인03 | NNG | 3 | 2 | | | | | | | 3 | 2 |
| 구장12 | NNG | 2 | 1 | | | 2 | 1 | | | | |
| 구직02 | NNG | 1 | 1 | | | | | | | 1 | 1 |
| 구체적 | NNG | 2 | 2 | | | | | 2 | 2 | | |
| 구하다01 | VV | 17 | 11 | 1 | 1 | 1 | 1 | 3 | 2 | 12 | 7 |
| 구하다03 | VV | 2 | 2 | | | 1 | 1 | 1 | 1 | | |
| 국01 | NNG | 1 | 1 | 1 | 1 | | | | | | |
| 국가01 | NNG | 8 | 4 | | | | | 6 | 2 | 2 | 2 |
| 국경01 | NNG | 1 | 1 | | | 1 | 1 | | | | |
| 국물 | NNG | 2 | 2 | | | | | 1 | 1 | 1 | 1 |
| 국민 | NNG | 1 | 1 | | | 1 | 1 | | | | |
| 국밥01 | NNG | 1 | 1 | | | | | | | 1 | 1 |
| 국사03 | NNG | 3 | 3 | | | 1 | 1 | 2 | 2 | | |
| 국산 | NNG | 1 | 1 | | | | | | | 1 | 1 |
| 국어01 | NNG | 37 | 26 | 5 | 5 | 12 | 7 | 16 | 10 | 4 | 4 |
| 국적02 | NNG | 1 | 1 | | | 1 | 1 | | | | |
| 국한01되다 | VV | 1 | 1 | | | | | 1 | 1 | | |
| 군01 | NNG | 1 | 1 | | | | | 1 | 1 | | |
| 군04 | NNB | 1 | 1 | | | | | 1 | 1 | | |
| -군09 | EF | 23 | 19 | 2 | 1 | 8 | 6 | 10 | 9 | 3 | 3 |
| 군대02 | NNG | 3 | 2 | | | | | | | 3 | 2 |
| 군데 | NNB | 8 | 5 | 4 | 2 | | | 3 | 2 | 1 | 1 |
| 군사01 | NNG | 6 | 3 | 4 | 2 | | | 2 | 1 | | |
| 군인 | NNG | 2 | 2 | | | | | 2 | 2 | | |
| 굳다01 | VA | 3 | 3 | | | | | 1 | 1 | 2 | 2 |

| 형태 | 품사 | 전체 | | 초등학교 저학년 | | 초등학교 고학년 | | 중학생 | | 고등학생 | |
|---|---|---|---|---|---|---|---|---|---|---|---|
| | | 형태 빈도 | 화자 수 | 형태 빈도 | 화자 수 | 형태 빈도 | 화자 수 | 형태 빈도 | 화자 수 | 형태 빈도 | 화자 수 |
| 굳은살 | NNG | 1 | 1 | | | | | 1 | 1 | | |
| 굴다01 | VV | 2 | 2 | | | 1 | 1 | 1 | 1 | | |
| 굴뚝 | NNG | 3 | 2 | 3 | 2 | | | | | | |
| 굴리다 | VV | 5 | 4 | | | 3 | 3 | 2 | 1 | | |
| 굵다 | VA | 3 | 3 | 1 | 1 | | | 1 | 1 | 1 | 1 |
| 굶다 | VV | 4 | 3 | | | | | | | 4 | 3 |
| 굽 | NNG | 3 | 3 | 1 | 1 | 2 | 2 | | | | |
| 굽다01 | VV | 7 | 4 | | | 5 | 2 | 1 | 1 | 1 | 1 |
| 궁굼(궁금01)하다 | VA | 1 | 1 | | | | | 1 | 1 | | |
| 궁금01하다 | VA | 17 | 14 | 6 | 4 | 2 | 2 | 3 | 2 | 6 | 6 |
| 궁둥이 | NNG | 1 | 1 | | | 1 | 1 | | | | |
| 궁중 | NNG | 1 | 1 | | | | | 1 | 1 | | |
| 권01 | NNB | 26 | 14 | 3 | 2 | 13 | 6 | 9 | 5 | 1 | 1 |
| 권리 | NNG | 1 | 1 | | | 1 | 1 | | | | |
| 권장02 | NNG | 1 | 1 | | | | | 1 | 1 | | |
| 귀01 | NNG | 13 | 10 | 7 | 5 | 5 | 4 | 1 | 1 | | |
| 귀신01 | NNG | 48 | 28 | 21 | 15 | 24 | 10 | 2 | 2 | 1 | 1 |
| 귀염둥이 | NNG | 2 | 1 | | | 2 | 1 | | | | |
| 귀엽다 | VA | 52 | 31 | 18 | 7 | 9 | 7 | 15 | 9 | 10 | 8 |
| 귀인(귀신01) | NNG | 1 | 1 | 1 | 1 | | | | | | |
| 귀차니즘 | NNG | 2 | 1 | | | | | | | 2 | 1 |
| 귀찮다 | VA | 27 | 21 | 2 | 2 | 6 | 5 | 5 | 5 | 14 | 9 |
| 귀하(구하01)다 | VV | 1 | 1 | 1 | 1 | | | | | | |
| 귀하다 | VA | 1 | 1 | | | 1 | 1 | | | | |
| 귓속말 | NNG | 1 | 1 | 1 | 1 | | | | | | |
| 귓속말하다 | VV | 1 | 1 | | | 1 | 1 | | | | |
| 귤 | NNG | 2 | 2 | | | 2 | 2 | | | | |
| 그(거01) | NNB | 1 | 1 | 1 | 1 | | | | | | |
| 그(거기01) | NP | 1 | 1 | | | | | 1 | 1 | | |
| 그(그러)다 | VV | 4 | 4 | | | 3 | 3 | 1 | 1 | | |
| 그(그렇)다 | VA | 2 | 1 | 2 | 1 | | | | | | |
| 그01 | MM | 1294 | 358 | 247 | 84 | 564 | 103 | 316 | 97 | 167 | 74 |
| 그01 | NP | 56 | 44 | 4 | 4 | 27 | 20 | 20 | 16 | 5 | 4 |
| 그거 | NP | 1122 | 348 | 184 | 74 | 431 | 106 | 325 | 94 | 182 | 74 |
| 그것 | NP | 50 | 45 | 7 | 7 | 15 | 13 | 21 | 18 | 7 | 7 |
| 그기(거기01) | NP | 3 | 3 | 3 | 3 | | | | | | |
| 그까(그러니까) | MAJ | 19 | 16 | | | 4 | 4 | 8 | 7 | 7 | 5 |

| 형태 | 품사 | 전체 | | 초등학교 저학년 | | 초등학교 고학년 | | 중학생 | | 고등학생 | |
|---|---|---|---|---|---|---|---|---|---|---|---|
| | | 형태 빈도 | 화자 수 | 형태 빈도 | 화자 수 | 형태 빈도 | 화자 수 | 형태 빈도 | 화자 수 | 형태 빈도 | 화자 수 |
| 그나마 | MAG | 4 | 3 | | | 1 | 1 | 3 | 2 | | |
| 그나저나 | MAJ | 4 | 4 | | | 1 | 1 | 2 | 2 | 1 | 1 |
| 그날 | NNG | 7 | 7 | 2 | 2 | 2 | 2 | 2 | 2 | 1 | 1 |
| 그냥 | MAG | 529 | 255 | 73 | 45 | 148 | 64 | 183 | 77 | 125 | 69 |
| 그년 | NP | 2 | 2 | | | 1 | 1 | 1 | 1 | | |
| 그니까(그러니까) | MAJ | 115 | 73 | 6 | 5 | 35 | 24 | 51 | 29 | 23 | 15 |
| 그다지 | MAG | 2 | 2 | | | 1 | 1 | 1 | 1 | | |
| 그대(그때) | NNG | 1 | 1 | | | 1 | 1 | | | | |
| 그대로 | MAG | 6 | 6 | | | 3 | 3 | 2 | 2 | 1 | 1 |
| 그동안 | NNG | 1 | 1 | | | | | | | 1 | 1 |
| -그등(거든03) | EF | 1 | 1 | | | | | | | 1 | 1 |
| 그따구 | NNG | 1 | 1 | | | 1 | 1 | | | | |
| 그딴 | MM | 9 | 7 | 2 | 1 | 2 | 2 | 5 | 4 | | |
| 그때 | MAG | 1 | 1 | 1 | 1 | | | | | | |
| 그때 | NNG | 291 | 171 | 58 | 40 | 102 | 53 | 91 | 46 | 40 | 32 |
| 그라(그러)다 | VV | 1 | 1 | | | 1 | 1 | | | | |
| 그래(그러)다 | VV | 1 | 1 | | | 1 | 1 | | | | |
| 그래03 | MAJ | 2 | 2 | | | | | | | 2 | 2 |
| 그래도 | MAJ | 90 | 73 | 16 | 14 | 21 | 19 | 28 | 22 | 25 | 18 |
| 그래두(그래도) | MAJ | 22 | 15 | | | 13 | 7 | 8 | 7 | 1 | 1 |
| 그래서 | MAJ | 410 | 173 | 75 | 42 | 144 | 52 | 117 | 44 | 74 | 35 |
| 그래픽 | NNG | 2 | 2 | | | | | 1 | 1 | 1 | 1 |
| 그러게 | MAG | 3 | 3 | 1 | 1 | 2 | 2 | | | | |
| 그러고(그리고) | MAJ | 2 | 2 | 1 | 1 | 1 | 1 | | | | |
| 그러구(그러고) | MAJ | 2 | 2 | 1 | 1 | | | | | 1 | 1 |
| 그러니 | MAJ | 1 | 1 | 1 | 1 | | | | | | |
| 그러니까 | MAJ | 206 | 115 | 19 | 11 | 47 | 33 | 112 | 47 | 28 | 24 |
| 그러다 | MAJ | 3 | 3 | | | | | 3 | 3 | | |
| 그러다 | VV | 784 | 294 | 108 | 57 | 291 | 87 | 232 | 77 | 153 | 73 |
| 그러다가 | MAJ | 11 | 4 | 1 | 1 | 9 | 2 | 1 | 1 | | |
| 그러면 | MAJ | 202 | 120 | 55 | 30 | 59 | 32 | 54 | 38 | 34 | 20 |
| 그러면서 | MAJ | 22 | 20 | 2 | 2 | 8 | 7 | 8 | 7 | 4 | 4 |
| 그러믄(그러면) | MAJ | 7 | 5 | 6 | 4 | | | | | 1 | 1 |
| 그럭저럭 | MAG | 5 | 5 | | | 1 | 1 | | | 4 | 4 |
| 그런01 | MM | 409 | 211 | 26 | 21 | 126 | 58 | 136 | 71 | 121 | 61 |
| 그런데 | MAJ | 115 | 75 | 34 | 24 | 47 | 28 | 24 | 14 | 10 | 9 |
| 그럴저럭(그럭저럭) | MAG | 1 | 1 | 1 | 1 | | | | | | |

| 형태 | 품사 | 전체 | | 초등학교 저학년 | | 초등학교 고학년 | | 중학생 | | 고등학생 | |
|---|---|---|---|---|---|---|---|---|---|---|---|
| | | 형태 빈도 | 화자 수 | 형태 빈도 | 화자 수 | 형태 빈도 | 화자 수 | 형태 빈도 | 화자 수 | 형태 빈도 | 화자 수 |
| 그럼01 | MAJ | 296 | 175 | 88 | 45 | 90 | 54 | 65 | 44 | 53 | 32 |
| 그렇게 | MAG | 172 | 114 | 18 | 16 | 55 | 32 | 60 | 39 | 39 | 27 |
| 그렇다 | VA | 760 | 272 | 104 | 51 | 302 | 75 | 237 | 80 | 117 | 66 |
| 그렇지만 | MAJ | 4 | 3 | | | | | 4 | 3 | | |
| 그룹01 | NNG | 6 | 3 | | | 1 | 1 | | | 5 | 2 |
| 그룽(그렇)다 | VA | 1 | 1 | | | 1 | 1 | | | | |
| 그르(그러)다 | VV | 5 | 4 | | | 2 | 2 | 3 | 2 | | |
| 그르니까(그러니까) | MAJ | 7 | 6 | 1 | 1 | 2 | 2 | 3 | 2 | 1 | 1 |
| 그른(그런01) | MM | 2 | 1 | | | | | 2 | 1 | | |
| 그른데(그런데) | MAJ | 2 | 2 | | | 2 | 2 | | | | |
| 그릇01 | NNG | 1 | 1 | 1 | 1 | | | | | | |
| 그리(그렇)다 | VA | 1 | 1 | | | 1 | 1 | | | | |
| 그리02 | MAG | 1 | 1 | | | | | | | 1 | 1 |
| 그리고 | MAJ | 253 | 135 | 66 | 37 | 97 | 51 | 69 | 29 | 21 | 18 |
| 그리구(그리고) | MAJ | 62 | 48 | 19 | 14 | 27 | 19 | 14 | 13 | 2 | 2 |
| 그리기 | NNG | 2 | 2 | 2 | 2 | | | | | | |
| 그리다02 | VV | 99 | 39 | 64 | 17 | 21 | 13 | 9 | 5 | 5 | 4 |
| 그림01 | NNG | 58 | 37 | 31 | 16 | 15 | 12 | 7 | 6 | 5 | 3 |
| 그림자 | NNG | 1 | 1 | 1 | 1 | | | | | | |
| 그림책 | NNG | 1 | 1 | 1 | 1 | | | | | | |
| 그립다 | VA | 1 | 1 | | | 1 | 1 | | | | |
| 그만02 | MAG | 9 | 9 | | | 3 | 3 | 3 | 3 | 3 | 3 |
| 그만03하다 | VA | 6 | 6 | 2 | 2 | 2 | 2 | 2 | 2 | | |
| 그만03하다 | VV | 3 | 3 | 1 | 1 | 1 | 1 | 1 | 1 | | |
| 그만두다 | VV | 3 | 2 | | | 2 | 1 | | | 1 | 1 |
| 그만큼 | MAG | 1 | 1 | 1 | 1 | | | | | | |
| 그먼(그러면) | MAJ | 2 | 1 | | | 2 | 1 | | | | |
| 그면(그러면) | MAJ | 15 | 13 | 3 | 3 | 7 | 5 | 4 | 4 | 1 | 1 |
| 그문(그러면) | MAJ | 2 | 2 | | | | | 1 | 1 | 1 | 1 |
| 그물01 | NNG | 4 | 1 | 4 | 1 | | | | | | |
| 그믄(그러면) | MAJ | 5 | 4 | | | 4 | 3 | 1 | 1 | | |
| 그야말로 | MAG | 1 | 1 | 1 | 1 | | | | | | |
| 그이01 | NP | 1 | 1 | | | | | 1 | 1 | | |
| 그이까(그러니까) | MAJ | 1 | 1 | | | | | | | 1 | 1 |
| 그저 | MAG | 2 | 2 | | | | | 2 | 2 | | |
| 그저께 | MAG | 4 | 4 | | | 2 | 2 | 2 | 2 | | |
| 그저께 | NNG | 6 | 5 | | | 1 | 1 | 4 | 3 | 1 | 1 |

| 형태 | 품사 | 전체 | | 초등학교 저학년 | | 초등학교 고학년 | | 중학생 | | 고등학생 | |
|---|---|---|---|---|---|---|---|---|---|---|---|
| | | 형태빈도 | 화자수 | 형태빈도 | 화자수 | 형태빈도 | 화자수 | 형태빈도 | 화자수 | 형태빈도 | 화자수 |
| 그전 | NNG | 4 | 3 | 1 | 1 | | | 3 | 2 | | |
| 그제01 | NNG | 1 | 1 | | | | | | | 1 | 1 |
| 그지(거지01) | NNG | 6 | 4 | | | 2 | 1 | | | 4 | 3 |
| 그짓말(거짓말)하다 | VV | 2 | 2 | | | | | | | 2 | 2 |
| 그쪽 | NP | 7 | 7 | 1 | 1 | 2 | 2 | 2 | 2 | 2 | 2 |
| 그쯤 | NNG | 1 | 1 | | | 1 | 1 | | | | |
| 그치만(그렇지만) | MAJ | 2 | 2 | 1 | 1 | | | 1 | 1 | | |
| 그케(그렇게) | MAG | 1 | 1 | | | 1 | 1 | | | | |
| 극복01하다 | VV | 1 | 1 | | | | | 1 | 1 | | |
| 극치04 | NNG | 4 | 2 | | | | | 4 | 2 | | |
| 근(그런01) | MM | 1 | 1 | 1 | 1 | | | | | | |
| 근까(그러니까) | MAJ | 45 | 36 | 2 | 2 | 9 | 9 | 30 | 21 | 4 | 4 |
| 근다(근데01) | MAJ | 1 | 1 | | | 1 | 1 | | | | |
| 근대(근데01) | MAJ | 1 | 1 | | | | | | | 1 | 1 |
| 근데01 | MAJ | 1614 | 378 | 359 | 91 | 633 | 105 | 415 | 101 | 207 | 81 |
| 근육 | NNG | 7 | 5 | 1 | 1 | | | 2 | 2 | 4 | 2 |
| 근접전 | NNG | 1 | 1 | | | | | 1 | 1 | | |
| 근처 | NNG | 10 | 10 | | | 2 | 2 | 4 | 4 | 4 | 4 |
| 글 | NNG | 6 | 4 | 1 | 1 | | | 3 | 2 | 2 | 1 |
| 글고(그리고) | MAJ | 1 | 1 | | | 1 | 1 | | | | |
| 글로벌 | NNG | 1 | 1 | | | | | | | 1 | 1 |
| 글리(그리01) | MAG | 1 | 1 | | | 1 | 1 | | | | |
| 글면(그러면) | MAJ | 2 | 2 | | | | | | | 2 | 2 |
| 글면서(그러면서) | MAJ | 1 | 1 | | | | | 1 | 1 | | |
| 글씨 | NNG | 9 | 8 | 3 | 2 | | | 1 | 1 | 5 | 5 |
| 글씨체 | NNG | 1 | 1 | | | | | 1 | 1 | | |
| 글자 | NNG | 7 | 6 | 1 | 1 | 2 | 1 | 3 | 3 | 1 | 1 |
| 글짓기 | NNG | 1 | 1 | 1 | 1 | | | | | | |
| 글케(그렇게) | MAG | 2 | 2 | | | | | 1 | 1 | 1 | 1 |
| 긁다 | VV | 4 | 4 | | | 1 | 1 | | | 3 | 3 |
| 긁히다 | VV | 2 | 1 | | | | | 2 | 1 | | |
| 금(그럼01) | MAJ | 33 | 28 | 10 | 8 | 7 | 6 | 8 | 6 | 8 | 8 |
| 금(지금03) | MAG | 1 | 1 | | | | | | | 1 | 1 |
| 금02 | NNG | 5 | 3 | 5 | 3 | | | | | | |
| 금05 | NNG | 14 | 10 | 3 | 2 | 6 | 3 | 4 | 4 | 1 | 1 |
| 금06 | NNG | 19 | 11 | 10 | 5 | 9 | 6 | | | | |
| 금15 | NNG | 1 | 1 | 1 | 1 | | | | | | |

| 형태 | 품사 | 전체 | | 초등학교 저학년 | | 초등학교 고학년 | | 중학생 | | 고등학생 | |
|---|---|---|---|---|---|---|---|---|---|---|---|
| | | 형태<br>빈도 | 화자<br>수 | 형태<br>빈도 | 화자<br>수 | 형태<br>빈도 | 화자<br>수 | 형태<br>빈도 | 화자<br>수 | 형태<br>빈도 | 화자<br>수 |
| 금관02 | NNG | 1 | 1 | | | 1 | 1 | | | | |
| 금니01 | NNG | 1 | 1 | | | | | | | 1 | 1 |
| 금메달 | NNG | 6 | 4 | 4 | 3 | 2 | 1 | | | | |
| 금물05 | NNG | 1 | 1 | | | | | 1 | 1 | | |
| 금방01 | MAG | 11 | 10 | | | 3 | 3 | 5 | 4 | 3 | 3 |
| 금상05 | NNG | 2 | 2 | 2 | 2 | | | | | | |
| 금색01 | NNG | 1 | 1 | | | | | 1 | 1 | | |
| 금요일 | NNG | 7 | 6 | | | 3 | 3 | 3 | 2 | 1 | 1 |
| 금요일날 | NNG | 10 | 7 | 3 | 2 | 3 | 2 | 1 | 1 | 3 | 2 |
| 금지04 | NNG | 2 | 2 | | | 2 | 2 | | | | |
| 급04 | NNB | 7 | 4 | 3 | 1 | | | 1 | 1 | 3 | 2 |
| 급04 | NNG | 3 | 3 | 2 | 2 | | | | | 1 | 1 |
| 급류01 | NNG | 2 | 1 | 2 | 1 | | | | | | |
| 급식 | NNG | 10 | 10 | 2 | 2 | 2 | 2 | 1 | 1 | 5 | 5 |
| 급식실 | NNG | 1 | 1 | 1 | 1 | | | | | | |
| 급식하다 | VV | 1 | 1 | | | | | | | 1 | 1 |
| 급하다 | VA | 2 | 1 | | | | | 2 | 1 | | |
| 급훈 | NNG | 2 | 1 | | | | | | | 2 | 1 |
| 긋다01 | VV | 1 | 1 | | | | | 1 | 1 | | |
| 긍(그런01) | MM | 1 | 1 | | | | | | | 1 | 1 |
| 긍까(그러니까) | MAJ | 9 | 6 | | | 1 | 1 | 4 | 2 | 4 | 3 |
| 긍정 | NNG | 3 | 2 | | | | | | | 3 | 2 |
| 기10 | NNG | 1 | 1 | | | 1 | 1 | | | | |
| 기21 | NNG | 4 | 2 | | | | | 2 | 1 | 2 | 1 |
| -기36 | ETN | 420 | 229 | 79 | 48 | 102 | 58 | 140 | 66 | 99 | 57 |
| 기간01 | NNG | 4 | 4 | | | | | 2 | 2 | 2 | 2 |
| 기간07 | NNG | 4 | 4 | | | 1 | 1 | 2 | 2 | 1 | 1 |
| 기계07 | NNG | 4 | 2 | | | 1 | 1 | | | 3 | 1 |
| 기계공학과 | NNG | 4 | 2 | | | | | 4 | 2 | | |
| 기관11 | NNG | 2 | 2 | | | | | 1 | 1 | 1 | 1 |
| 기껏 | MAG | 1 | 1 | | | | | 1 | 1 | | |
| 기냥(그냥) | MAG | 5 | 3 | 2 | 1 | 2 | 1 | 1 | 1 | | |
| 기념02 | NNG | 1 | 1 | | | | | 1 | 1 | | |
| 기능03 | NNG | 2 | 2 | | | | | 2 | 2 | | |
| 기다01 | VV | 2 | 2 | 2 | 2 | | | | | | |
| 기다리다 | VV | 19 | 14 | 2 | 2 | 5 | 3 | 9 | 6 | 3 | 3 |
| 기달리(기다리)다 | VV | 2 | 2 | 1 | 1 | 1 | 1 | | | | |

| 형태 | 품사 | 전체 | | 초등학교 저학년 | | 초등학교 고학년 | | 중학생 | | 고등학생 | |
|---|---|---|---|---|---|---|---|---|---|---|---|
| | | 형태빈도 | 화자수 | 형태빈도 | 화자수 | 형태빈도 | 화자수 | 형태빈도 | 화자수 | 형태빈도 | 화자수 |
| 기대03 | NNG | 1 | 1 | | | | | | | 1 | 1 |
| 기대03대(되05)다 | VV | 1 | 1 | | | | | 1 | 1 | | |
| 기록02 | NNG | 1 | 1 | | | 1 | 1 | | | | |
| 기록02하다 | VV | 2 | 2 | | | 2 | 2 | | | | |
| 기르다 | VV | 4 | 3 | 3 | 2 | 1 | 1 | | | | |
| 기름01 | NNG | 5 | 4 | | | 2 | 2 | 1 | 1 | 2 | 1 |
| 기름기 | NNG | 2 | 1 | | | | | 2 | 1 | | |
| 기린02 | NNG | 7 | 3 | 1 | 1 | | | 6 | 2 | | |
| 기말02 | NNG | 20 | 12 | | | 7 | 3 | 11 | 8 | 2 | 1 |
| 기별01 | NNG | 1 | 1 | | | | | 1 | 1 | | |
| 기복05 | NNG | 1 | 1 | | | | | | | 1 | 1 |
| 기본 | NNG | 3 | 2 | | | | | 3 | 2 | | |
| 기본적 | NNG | 4 | 3 | | | | | 4 | 3 | | |
| 기분01 | NNG | 30 | 24 | 4 | 4 | 7 | 7 | 13 | 8 | 6 | 5 |
| 기분파 | NNG | 1 | 1 | | | | | 1 | 1 | | |
| 기쁘다 | VA | 2 | 2 | | | 1 | 1 | 1 | 1 | | |
| 기쁨 | NNG | 1 | 1 | | | 1 | 1 | | | | |
| 기사20 | NNG | 4 | 3 | 2 | 2 | 2 | 1 | | | | |
| 기사님 | NNG | 1 | 1 | 1 | 1 | | | | | | |
| 기색02 | NNG | 1 | 1 | | | | | 1 | 1 | | |
| 기숙사 | NNG | 1 | 1 | | | | | 1 | 1 | | |
| 기술01 | NNG | 17 | 8 | 6 | 1 | 2 | 1 | 8 | 5 | 1 | 1 |
| 기술02 | NNG | 2 | 1 | | | 2 | 1 | | | | |
| 기신(귀신01) | NNG | 1 | 1 | 1 | 1 | | | | | | |
| 기양(그냥) | MAG | 1 | 1 | | | | | 1 | 1 | | |
| 기억02 | NNG | 29 | 23 | 9 | 8 | 8 | 5 | 8 | 7 | 4 | 3 |
| 기억02하다 | VV | 11 | 7 | | | 7 | 3 | 3 | 3 | 1 | 1 |
| 기억나다 | VV | 6 | 5 | 4 | 3 | 2 | 2 | | | | |
| 기인02 | NNG | 2 | 1 | | | | | | | 2 | 1 |
| 기자05 | NNG | 1 | 1 | | | 1 | 1 | | | | |
| 기절01하다 | VV | 2 | 2 | | | 1 | 1 | 1 | 1 | | |
| 기절초풍 | NNG | 1 | 1 | | | 1 | 1 | | | | |
| 기준03 | NNG | 2 | 2 | | | | | 2 | 2 | | |
| 기지08 | NNG | 4 | 2 | 1 | 1 | 3 | 1 | | | | |
| 기집애 | NNG | 1 | 1 | | | 1 | 1 | | | | |
| 기차01 | NNG | 2 | 1 | | | 2 | 1 | | | | |
| 기초06 | NNG | 3 | 3 | 2 | 2 | | | 1 | 1 | | |

| 형태 | 품사 | 전체 | | 초등학교 저학년 | | 초등학교 고학년 | | 중학생 | | 고등학생 | |
|---|---|---|---|---|---|---|---|---|---|---|---|
| | | 형태 빈도 | 화자 수 | 형태 빈도 | 화자 수 | 형태 빈도 | 화자 수 | 형태 빈도 | 화자 수 | 형태 빈도 | 화자 수 |
| 기초07 | NNG | 1 | 1 | | | 1 | 1 | | | | |
| 기초적 | NNG | 1 | 1 | | | | | 1 | 1 | | |
| 기침01 | NNG | 1 | 1 | 1 | 1 | | | | | | |
| 기침01하다 | VV | 1 | 1 | | | | | | | 1 | 1 |
| 기타01 | NNG | 3 | 3 | 2 | 2 | | | | | 1 | 1 |
| 기타02 | NNG | 3 | 2 | | | 1 | 1 | 2 | 1 | | |
| 기합01 | NNG | 2 | 2 | | | 2 | 2 | | | | |
| 기회03 | NNG | 2 | 2 | 1 | 1 | | | | | 1 | 1 |
| 긴장 | NNG | 2 | 2 | | | 1 | 1 | 1 | 1 | | |
| 긴장되다 | VV | 2 | 2 | 2 | 2 | | | | | | |
| 긴장하다 | VV | 2 | 2 | | | | | 2 | 2 | | |
| 긴팔 | NNG | 1 | 1 | | | 1 | 1 | | | | |
| 길01 | NNG | 19 | 12 | 6 | 4 | 3 | 2 | 3 | 3 | 7 | 3 |
| 길거리 | NNG | 2 | 2 | 1 | 1 | | | 1 | 1 | | |
| 길다01 | VA | 2 | 2 | 1 | 1 | | | | | 1 | 1 |
| 길다02 | VA | 15 | 13 | 1 | 1 | 9 | 7 | 2 | 2 | 3 | 3 |
| 길드 | NNG | 4 | 3 | 1 | 1 | 3 | 2 | | | | |
| -길래02 | EC | 16 | 15 | 1 | 1 | 6 | 6 | 2 | 2 | 7 | 6 |
| 길르(기르)다 | VV | 1 | 1 | 1 | 1 | | | | | | |
| 길이01 | NNG | 2 | 2 | | | 2 | 2 | | | | |
| 김01 | NNG | 1 | 1 | | | | | | | 1 | 1 |
| 김03 | NNG | 5 | 2 | | | 5 | 2 | | | | |
| 김04 | NNB | 1 | 1 | | | | | | | 1 | 1 |
| 김06 | NNG | 1 | 1 | 1 | 1 | | | | | | |
| 김밥 | NNG | 14 | 6 | | | 12 | 4 | 1 | 1 | 1 | 1 |
| 김치01 | NNG | 9 | 7 | 4 | 2 | 1 | 1 | 3 | 3 | 1 | 1 |
| 깃털 | NNG | 1 | 1 | | | | | 1 | 1 | | |
| 깊다 | VA | 3 | 3 | 3 | 3 | | | | | | |
| 깊숙이 | MAG | 1 | 1 | | | 1 | 1 | | | | |
| 까(그러니까) | MAJ | 1 | 1 | | | | | | | 1 | 1 |
| 까(깔)다 | VV | 1 | 1 | 1 | 1 | | | | | | |
| -까(ㄹ까) | EF | 23 | 19 | 10 | 7 | 2 | 2 | 7 | 6 | 4 | 4 |
| 까(빠지01)다 | VV | 1 | 1 | | | | | 1 | 1 | | |
| -까(을까) | EF | 2 | 2 | | | 2 | 2 | | | | |
| 까다01 | VV | 9 | 7 | | | 3 | 2 | 4 | 3 | 2 | 2 |
| 까다02 | VV | 1 | 1 | | | | | 1 | 1 | | |
| 까다03 | VV | 11 | 10 | | | | | 10 | 9 | 1 | 1 |

| 형태 | 품사 | 전체 | | 초등학교 저학년 | | 초등학교 고학년 | | 중학생 | | 고등학생 | |
|---|---|---|---|---|---|---|---|---|---|---|---|
| | | 형태 빈도 | 화자 수 | 형태 빈도 | 화자 수 | 형태 빈도 | 화자 수 | 형태 빈도 | 화자 수 | 형태 빈도 | 화자 수 |
| 까만색 | NNG | 3 | 1 | 3 | 1 | | | | | | |
| 까맣다 | VA | 4 | 3 | | | | | | | 4 | 3 |
| 까먹다 | VV | 33 | 30 | 12 | 9 | 10 | 10 | 6 | 6 | 5 | 5 |
| 까불다01 | VV | 4 | 3 | | | 2 | 1 | 1 | 1 | 1 | 1 |
| 까지03 | JX | 250 | 163 | 41 | 26 | 86 | 55 | 75 | 48 | 48 | 34 |
| 까지다01 | VV | 1 | 1 | 1 | 1 | | | | | | |
| 까치01 | NNG | 1 | 1 | | | 1 | 1 | | | | |
| 까페(카페) | NNG | 2 | 1 | | | | | | | 2 | 1 |
| 깍두기 | NNG | 3 | 3 | | | 2 | 2 | 1 | 1 | | |
| 깎다 | VV | 8 | 6 | 5 | 3 | 2 | 2 | 1 | 1 | | |
| 깎이다01 | VV | 4 | 3 | | | 2 | 2 | 2 | 1 | | |
| 깐깐하다 | VA | 1 | 1 | | | | | | | 1 | 1 |
| 깔끔02하다 | VA | 1 | 1 | | | 1 | 1 | | | | |
| 깔다 | VV | 25 | 15 | 7 | 4 | 15 | 8 | 1 | 1 | 2 | 2 |
| 깔리다01 | VV | 9 | 7 | 2 | 2 | 5 | 3 | 1 | 1 | 1 | 1 |
| 깜(감02)다 | VV | 2 | 1 | | | 2 | 1 | | | | |
| 깜박하다 | VV | 1 | 1 | | | | | 1 | 1 | | |
| 깜빡깜빡하다 | VV | 1 | 1 | 1 | 1 | | | | | | |
| 깜빡하다 | VV | 1 | 1 | | | 1 | 1 | | | | |
| 깜씨 | NNG | 1 | 1 | | | 1 | 1 | | | | |
| 깜짝02 | MAG | 3 | 3 | 1 | 1 | | | | | 2 | 2 |
| 깝싸다 | VV | 2 | 2 | | | | | 1 | 1 | 1 | 1 |
| 깝치다02 | VV | 1 | 1 | | | | | 1 | 1 | | |
| 깡촌 | NNG | 1 | 1 | | | | | | | 1 | 1 |
| 깡충01 | MAG | 1 | 1 | 1 | 1 | | | | | | |
| 깡통 | NNG | 1 | 1 | 1 | 1 | | | | | | |
| 깡패 | NNG | 4 | 4 | 2 | 2 | 2 | 2 | | | | |
| 깨갱 | MAG | 3 | 1 | 3 | 1 | | | | | | |
| 깨갱거리다 | VV | 1 | 1 | | | 1 | 1 | | | | |
| 깨끗하다 | VA | 8 | 6 | | | 2 | 2 | 4 | 2 | 2 | 2 |
| 깨다01 | VV | 10 | 7 | 1 | 1 | 4 | 3 | 4 | 2 | 1 | 1 |
| 깨다02 | VV | 12 | 5 | 8 | 2 | | | 4 | 3 | | |
| 깨닫다 | VV | 1 | 1 | 1 | 1 | | | | | | |
| 깨물다 | VV | 2 | 1 | 2 | 1 | | | | | | |
| 깨속(계속04) | MAG | 3 | 3 | | | | | | | 3 | 3 |
| 깨어나다 | VV | 1 | 1 | 1 | 1 | | | | | | |
| 깨우다01 | VV | 4 | 4 | | | 3 | 3 | 1 | 1 | | |

| 형태 | 품사 | 전체 | | 초등학교 저학년 | | 초등학교 고학년 | | 중학생 | | 고등학생 | |
|---|---|---|---|---|---|---|---|---|---|---|---|
| | | 형태 빈도 | 화자 수 | 형태 빈도 | 화자 수 | 형태 빈도 | 화자 수 | 형태 빈도 | 화자 수 | 형태 빈도 | 화자 수 |
| 깨지다 | VV | 16 | 14 | 3 | 3 | 1 | 1 | 3 | 2 | 9 | 8 |
| 꺼(거01) | NNB | 97 | 66 | 25 | 17 | 21 | 17 | 24 | 15 | 27 | 17 |
| 꺼꿀로(거꾸로) | MAG | 1 | 1 | 1 | 1 | | | | | | |
| 꺼내다 | VV | 16 | 11 | 4 | 1 | 5 | 5 | 5 | 3 | 2 | 2 |
| 꺼리(거리02) | NNB | 1 | 1 | | | | | 1 | 1 | | |
| 꺼림칙하다 | VA | 1 | 1 | | | | | 1 | 1 | | |
| 꺼마(까맣)다 | VA | 1 | 1 | | | | | 1 | 1 | | |
| 꺼멓다 | VA | 4 | 4 | 1 | 1 | 2 | 2 | | | 1 | 1 |
| 꺼뻑(껌뻑) | MAG | 1 | 1 | | | | | 1 | 1 | | |
| 꺼지다01 | VV | 25 | 15 | 3 | 3 | 6 | 3 | 16 | 9 | | |
| 꺾다 | VV | 2 | 1 | | | 2 | 1 | | | | |
| 꺾이다01 | VV | 1 | 1 | | | | | 1 | 1 | | |
| -껄(ㄹ걸) | EF | 3 | 3 | 3 | 3 | | | | | | |
| 껌껌하다 | VA | 1 | 1 | | | 1 | 1 | | | | |
| 껌뻑 | MAG | 1 | 1 | | | | | 1 | 1 | | |
| 껌정(검정01) | NNG | 1 | 1 | 1 | 1 | | | | | | |
| 껍데기 | NNG | 3 | 2 | 3 | 2 | | | | | | |
| 껏(것01) | NNB | 1 | 1 | 1 | 1 | | | | | | |
| -께(게12) | EF | 1 | 1 | | | | | | | 1 | 1 |
| -께(ㄹ게) | EF | 4 | 4 | 3 | 3 | | | | | 1 | 1 |
| 께02 | JKB | 5 | 3 | 1 | 1 | 3 | 1 | 1 | 1 | | |
| -께04 | EF | 15 | 11 | 6 | 4 | 5 | 3 | 2 | 2 | 2 | 2 |
| 께서 | JKS | 12 | 3 | | | 11 | 2 | 1 | 1 | | |
| 께속(계속04) | MAG | 7 | 5 | | | | | 6 | 4 | 1 | 1 |
| 께속(계속04) | NNG | 1 | 1 | | | | | 1 | 1 | | |
| 께임(게임) | NNG | 6 | 6 | 1 | 1 | 3 | 3 | | | 2 | 2 |
| 께임(게임)하다 | VV | 2 | 2 | | | 1 | 1 | | | 1 | 1 |
| 껴안다 | VV | 3 | 2 | | | 2 | 1 | | | 1 | 1 |
| 꼐속(계속04) | MAG | 5 | 4 | | | 1 | 1 | | | 4 | 3 |
| 꼐속(계속04) | NNG | 2 | 2 | | | 1 | 1 | | | 1 | 1 |
| -꼬(고24) | EC | 6 | 4 | | | | | 4 | 3 | 2 | 1 |
| 꼬다01 | VV | 1 | 1 | | | 1 | 1 | | | | |
| 꼬르륵 | MAG | 1 | 1 | | | | | 1 | 1 | | |
| 꼬리01 | NNG | 1 | 1 | | | | | 1 | 1 | | |
| 꼬리말 | NNG | 2 | 1 | | | | | | | 2 | 1 |
| 꼬리뼈 | NNG | 1 | 1 | | | 1 | 1 | | | | |
| 꼬리표 | NNG | 4 | 3 | | | | | 4 | 3 | | |

| 형태 | 품사 | 전체 | | 초등학교 저학년 | | 초등학교 고학년 | | 중학생 | | 고등학생 | |
|---|---|---|---|---|---|---|---|---|---|---|---|
| | | 형태 빈도 | 화자 수 | 형태 빈도 | 화자 수 | 형태 빈도 | 화자 수 | 형태 빈도 | 화자 수 | 형태 빈도 | 화자 수 |
| 꼬마 | NNG | 5 | 5 | | | 3 | 3 | 2 | 2 | | |
| 꼬매다 | VV | 1 | 1 | 1 | 1 | | | | | | |
| 꼬맹이 | NNG | 1 | 1 | | | 1 | 1 | | | | |
| 꼬봉 | NNG | 1 | 1 | | | | | 1 | 1 | | |
| 꼬부랑01 | NNG | 4 | 1 | 4 | 1 | | | | | | |
| 꼬시다02 | VV | 3 | 2 | | | 2 | 1 | | | 1 | 1 |
| 꼬이다03 | VV | 1 | 1 | | | | | 1 | 1 | | |
| 꼬지다 | VA | 1 | 1 | | | | | | | 1 | 1 |
| 꼬집다 | VV | 1 | 1 | | | 1 | 1 | | | | |
| 꼬집히다 | VV | 1 | 1 | | | | | | | 1 | 1 |
| 꼭03 | MAG | 43 | 33 | 6 | 5 | 8 | 7 | 17 | 13 | 12 | 8 |
| 꼭다리 | NNG | 1 | 1 | | | | | 1 | 1 | | |
| 꼭두새벽 | NNG | 1 | 1 | | | | | | | 1 | 1 |
| 꼴(골14) | NNG | 3 | 3 | | | 3 | 3 | | | | |
| 꼴01 | NNG | 2 | 1 | | | | | | | 2 | 1 |
| 꼴다05 | VA | 2 | 2 | | | 1 | 1 | 1 | 1 | | |
| 꼴대(골대) | NNG | 2 | 2 | | | | | 1 | 1 | 1 | 1 |
| 꼴등 | NNG | 1 | 1 | | | | | 1 | 1 | | |
| 꼴찌 | NNG | 1 | 1 | | | | | 1 | 1 | | |
| 꼴통 | NNG | 1 | 1 | | | 1 | 1 | | | | |
| 꼼꼼이 | MAG | 1 | 1 | 1 | 1 | | | | | | |
| 꼼짝 | MAG | 1 | 1 | 1 | 1 | | | | | | |
| 꼽다01 | VV | 1 | 1 | | | | | 1 | 1 | | |
| 꽁꽁01 | MAG | 1 | 1 | 1 | 1 | | | | | | |
| 꽁지 | NNG | 2 | 2 | | | 2 | 2 | | | | |
| 꽁짜(공짜) | NNG | 2 | 2 | | | | | 1 | 1 | 1 | 1 |
| 꽂다 | VV | 3 | 3 | 1 | 1 | 1 | 1 | | | 1 | 1 |
| 꽃01 | NNG | 13 | 10 | 7 | 5 | 1 | 1 | 5 | 4 | | |
| 꽃게 | NNG | 3 | 2 | 1 | 1 | 2 | 1 | | | | |
| 꽃다발 | NNG | 4 | 2 | | | 3 | 1 | 1 | 1 | | |
| 꽃뱀 | NNG | 1 | 1 | | | | | 1 | 1 | | |
| 꽃집 | NNG | 2 | 1 | | | | | 2 | 1 | | |
| 꽈(과04) | NNG | 1 | 1 | | | | | | | 1 | 1 |
| 꽉 | MAG | 4 | 4 | | | 1 | 1 | 2 | 2 | 1 | 1 |
| 꽝꽝 | MAG | 1 | 1 | 1 | 1 | | | | | | |
| 꽤01 | MAG | 21 | 17 | 2 | 2 | 5 | 5 | 12 | 9 | 2 | 1 |
| 꽤꼬닥 | MAG | 2 | 1 | 2 | 1 | | | | | | |

| 형태 | 품사 | 전체 | | 초등학교 저학년 | | 초등학교 고학년 | | 중학생 | | 고등학생 | |
|---|---|---|---|---|---|---|---|---|---|---|---|
| | | 형태 빈도 | 화자 수 | 형태 빈도 | 화자 수 | 형태 빈도 | 화자 수 | 형태 빈도 | 화자 수 | 형태 빈도 | 화자 수 |
| -꾸(고24) | EC | 2 | 2 | 1 | 1 | | | 1 | 1 | | |
| 꾸기(구기01)다 | VV | 1 | 1 | | | | | 1 | 1 | | |
| 꾸다01 | VV | 6 | 5 | 3 | 2 | 3 | 3 | | | | |
| 꾸다02 | VV | 6 | 6 | | | 2 | 2 | 1 | 1 | 3 | 3 |
| 꾸리(구리)다 | VA | 6 | 4 | | | 6 | 4 | | | | |
| 꾸리다03 | VA | 1 | 1 | | | | | 1 | 1 | | |
| 꾸미다 | VV | 2 | 2 | | | 1 | 1 | 1 | 1 | | |
| 꾸부러지다 | VV | 1 | 1 | 1 | 1 | | | | | | |
| 꾸부리다 | VV | 2 | 2 | 1 | 1 | 1 | 1 | | | | |
| 꾸준히 | MAG | 1 | 1 | | | | | | | 1 | 1 |
| 꾸지(후지01)다 | VA | 2 | 2 | | | 2 | 2 | | | | |
| 꾹 | MAG | 1 | 1 | | | | | | | 1 | 1 |
| 꿀꺽하다 | VV | 1 | 1 | | | 1 | 1 | | | | |
| 꿀돼지 | NNG | 1 | 1 | | | | | 1 | 1 | | |
| 꿀리01 | VV | 1 | 1 | | | | | 1 | 1 | | |
| 꿀밤01 | NNG | 1 | 1 | 1 | 1 | | | | | | |
| 꿇다 | VV | 4 | 4 | | | 1 | 1 | 3 | 3 | | |
| 꿈 | NNG | 1 | 1 | 1 | 1 | | | | | | |
| 꿈01 | NNG | 18 | 15 | 9 | 7 | 8 | 7 | | | 1 | 1 |
| 꿈꾸다 | VV | 1 | 1 | | | 1 | 1 | | | | |
| 꿈나무 | NNG | 1 | 1 | 1 | 1 | | | | | | |
| 꿉(굽01)다 | VV | 1 | 1 | | | | | | | 1 | 1 |
| 꿩01 | NNG | 1 | 1 | | | 1 | 1 | | | | |
| 뀌다03 | VV | 3 | 3 | 1 | 1 | 1 | 1 | | | 1 | 1 |
| 끄내(꺼내)다 | VV | 1 | 1 | | | 1 | 1 | | | | |
| 끄다01 | VV | 44 | 27 | 5 | 4 | 15 | 8 | 18 | 11 | 6 | 4 |
| 끄덕끄덕하다 | VV | 1 | 1 | | | | | 1 | 1 | | |
| 끈기03 | NNG | 2 | 1 | | | 2 | 1 | | | | |
| 끈끈이주걱 | NNG | 3 | 2 | | | 3 | 2 | | | | |
| 끈적끈적하다 | VA | 1 | 1 | | | | | 1 | 1 | | |
| 끊기다 | VV | 7 | 6 | | | | | 2 | 2 | 5 | 4 |
| 끊다 | VV | 32 | 26 | 9 | 8 | 2 | 2 | 17 | 12 | 4 | 4 |
| 끌다 | VV | 11 | 11 | 1 | 1 | 3 | 3 | 4 | 4 | 3 | 3 |
| 끌려가다 | VV | 3 | 3 | | | | | 3 | 3 | | |
| 끌르다 | VV | 1 | 1 | | | 1 | 1 | | | | |
| 끓이다01 | VV | 1 | 1 | 1 | 1 | | | | | | |
| 끝01 | NNG | 42 | 32 | 14 | 10 | 5 | 5 | 14 | 10 | 9 | 7 |

| 형태 | 품사 | 전체 | | 초등학교 저학년 | | 초등학교 고학년 | | 중학생 | | 고등학생 | |
|---|---|---|---|---|---|---|---|---|---|---|---|
| | | 형태 빈도 | 화자 수 | 형태 빈도 | 화자 수 | 형태 빈도 | 화자 수 | 형태 빈도 | 화자 수 | 형태 빈도 | 화자 수 |
| 끝나다 | VV | 105 | 80 | 7 | 7 | 27 | 18 | 38 | 28 | 33 | 27 |
| 끝내다 | VV | 9 | 7 | | | 3 | 2 | 4 | 4 | 2 | 1 |
| 끝말 | NNG | 6 | 2 | | | | | 6 | 2 | | |
| 끝말잇기 | NNG | 9 | 7 | 3 | 2 | | | 3 | 2 | 3 | 3 |
| 끼다01 | VV | 27 | 18 | 2 | 2 | 9 | 5 | 9 | 6 | 7 | 5 |
| 끼다03 | VV | 19 | 13 | 2 | 2 | 10 | 5 | 1 | 1 | 6 | 5 |
| 끼리끼리 | MAG | 1 | 1 | | | | | | | 1 | 1 |
| 끼우(키우)다 | VV | 1 | 1 | | | 1 | 1 | | | | |
| 끼우다01 | VV | 2 | 2 | 1 | 1 | | | 1 | 1 | | |
| 낑낑 | MAG | 1 | 1 | | | | | 1 | 1 | | |
| 낑낑거리다 | VV | 2 | 1 | | | | | 2 | 1 | | |
| ㄴ02 | JX | 1276 | 410 | 344 | 111 | 334 | 105 | 368 | 108 | 230 | 86 |
| -ㄴ05 | ETM | 2012 | 441 | 389 | 104 | 590 | 113 | 662 | 116 | 371 | 108 |
| -ㄴ가01 | EF | 270 | 168 | 29 | 23 | 85 | 50 | 86 | 50 | 70 | 45 |
| -ㄴ걸 | EF | 1 | 1 | | | | | 1 | 1 | | |
| -ㄴ다01 | FF | 400 | 230 | 81 | 53 | 137 | 72 | 120 | 60 | 62 | 45 |
| -ㄴ다고01 | EC | 58 | 44 | 3 | 3 | 18 | 10 | 22 | 17 | 15 | 14 |
| -ㄴ다고02 | EF | 45 | 38 | 3 | 3 | 5 | 5 | 20 | 16 | 17 | 14 |
| -ㄴ다구(ㄴ다고01) | EC | 4 | 3 | | | 3 | 2 | | | 1 | 1 |
| -ㄴ다구(ㄴ다고02) | EF | 3 | 3 | | | 2 | 2 | 1 | 1 | | |
| -ㄴ다나 | EF | 3 | 2 | 1 | 1 | 2 | 1 | | | | |
| -ㄴ다는 | ETM | 28 | 24 | 3 | 3 | 9 | 9 | 13 | 9 | 3 | 3 |
| -ㄴ다는데 | EC | 2 | 2 | | | 1 | 1 | 1 | 1 | | |
| -ㄴ다는데 | EF | 1 | 1 | | | 1 | 1 | | | | |
| -ㄴ다니04 | EC | 1 | 1 | 1 | 1 | | | | | | |
| -ㄴ다니까01 | EF | 25 | 24 | 1 | 1 | 6 | 5 | 9 | 9 | 9 | 9 |
| -ㄴ다니까02 | EC | 3 | 3 | | | | | 2 | 2 | 1 | 1 |
| -ㄴ다매(ㄴ다며01) | EF | 6 | 5 | | | 1 | 1 | 1 | 1 | 4 | 3 |
| -ㄴ다며01 | EF | 4 | 4 | | | | | 1 | 1 | 3 | 3 |
| -ㄴ다면01 | EC | 9 | 9 | 3 | 3 | 3 | 3 | 3 | 3 | | |
| -ㄴ다면02 | EC | 1 | 1 | | | 1 | 1 | | | | |
| -ㄴ다면서02 | EC | 2 | 2 | | | 1 | 1 | 1 | 1 | | |
| -ㄴ다면서03 | EC | 2 | 2 | 1 | 1 | 1 | 1 | | | | |
| -ㄴ다잖아 | EF | 1 | 1 | | | | | 1 | 1 | | |
| -ㄴ단01 | ETM | 10 | 9 | 1 | 1 | 2 | 2 | 5 | 4 | 2 | 2 |
| -ㄴ단다01 | EF | 2 | 2 | | | | | 2 | 2 | | |
| -ㄴ답니다 | EF | 1 | 1 | | | | | | | 1 | 1 |

| 형태 | 품사 | 전체 | | 초등학교 저학년 | | 초등학교 고학년 | | 중학생 | | 고등학생 | |
|---|---|---|---|---|---|---|---|---|---|---|---|
| | | 형태 빈도 | 화자 수 | 형태 빈도 | 화자 수 | 형태 빈도 | 화자 수 | 형태 빈도 | 화자 수 | 형태 빈도 | 화자 수 |
| -ㄴ답시고 | EC | 1 | 1 | | | | | 1 | 1 | | |
| -ㄴ대01 | EF | 16 | 13 | 1 | 1 | 7 | 5 | 3 | 3 | 5 | 4 |
| -ㄴ대03 | EF | 119 | 83 | 22 | 16 | 30 | 24 | 42 | 26 | 25 | 17 |
| -ㄴ대는(ㄴ다는) | ETM | 1 | 1 | | | 1 | 1 | | | | |
| -ㄴ대니까(ㄴ다니까01) | EF | 2 | 2 | | | | | | | 2 | 2 |
| -ㄴ대니까(ㄴ다니까02) | EC | 1 | 1 | | | 1 | 1 | | | | |
| -ㄴ대더니(ㄴ다더니) | EC | 1 | 1 | | | | | 1 | 1 | | |
| -ㄴ대매(ㄴ다며01) | EF | 11 | 7 | | | 2 | 1 | 2 | 1 | 7 | 5 |
| -ㄴ대메(ㄴ다며01) | EF | 1 | 1 | | | | | 1 | 1 | | |
| -ㄴ대며(ㄴ다며01) | EF | 2 | 2 | | | | | | | 2 | 2 |
| -ㄴ대서 | EC | 1 | 1 | | | 1 | 1 | | | | |
| -ㄴ대잖아(ㄴ다잖아) | EF | 5 | 5 | 1 | 1 | | | 2 | 2 | 2 | 2 |
| -ㄴ댄다(ㄴ단다01) | EF | 1 | 1 | 1 | 1 | | | | | | |
| -ㄴ데(ㄴ대03) | EF | 1 | 1 | | | | | 1 | 1 | | |
| -ㄴ데01 | EC | 438 | 241 | 70 | 45 | 100 | 62 | 157 | 74 | 111 | 60 |
| -ㄴ데02 | EF | 274 | 161 | 50 | 33 | 77 | 43 | 80 | 43 | 67 | 42 |
| -ㄴ데다가 | EC | 1 | 1 | | | 1 | 1 | | | | |
| -ㄴ주(ㄴ지01) | EC | 1 | 1 | 1 | 1 | | | | | | |
| -ㄴ지01 | EC | 92 | 72 | 26 | 17 | 23 | 19 | 25 | 21 | 18 | 15 |
| -ㄴ지02 | EF | 3 | 3 | | | | | 2 | 2 | 1 | 1 |
| -나(ㄴ가01) | EF | 1 | 1 | | | 1 | 1 | | | | |
| 나(놓01)다 | VX | 1 | 1 | 1 | 1 | | | | | | |
| 나03 | NP | 3018 | 461 | 763 | 117 | 916 | 119 | 797 | 116 | 542 | 109 |
| 나10 | JC | 36 | 30 | 7 | 7 | 9 | 7 | 14 | 11 | 6 | 5 |
| 나10 | JX | 153 | 117 | 31 | 24 | 42 | 30 | 53 | 42 | 27 | 21 |
| -나11 | EC | 7 | 3 | 4 | 1 | 1 | 1 | 2 | 1 | | |
| -나12 | EF | 218 | 155 | 28 | 24 | 64 | 41 | 62 | 43 | 64 | 47 |
| 나가다 | VV | 128 | 89 | 42 | 29 | 25 | 20 | 25 | 19 | 36 | 21 |
| 나가다 | VX | 9 | 8 | 2 | 1 | 3 | 3 | 2 | 2 | 2 | 2 |
| 나그네 | NNG | 1 | 1 | 1 | 1 | | | | | | |
| 나내(나대)다 | VV | 1 | 1 | | | | | 1 | 1 | | |
| 나누기 | NNG | 1 | 1 | | | 1 | 1 | | | | |
| 나누다 | VV | 20 | 19 | 6 | 5 | 9 | 9 | 5 | 5 | | |
| 나눗셈 | NNG | 1 | 1 | 1 | 1 | | | | | | |
| 나다01 | VV | 188 | 128 | 52 | 33 | 47 | 35 | 54 | 32 | 35 | 28 |
| 나다01 | VX | 26 | 20 | 2 | 2 | 11 | 7 | 8 | 7 | 5 | 4 |
| 나대다 | VV | 1 | 1 | | | | | 1 | 1 | | |

| 형태 | 품사 | 전체 | | 초등학교 저학년 | | 초등학교 고학년 | | 중학생 | | 고등학생 | |
|---|---|---|---|---|---|---|---|---|---|---|---|
| | | 형태 빈도 | 화자 수 | 형태 빈도 | 화자 수 | 형태 빈도 | 화자 수 | 형태 빈도 | 화자 수 | 형태 빈도 | 화자 수 |
| 나라01 | NNG | 39 | 26 | 11 | 8 | 20 | 12 | 5 | 3 | 3 | 3 |
| 나란히 | MAG | 1 | 1 | | | 1 | 1 | | | | |
| 나르다01 | VV | 2 | 1 | 2 | 1 | | | | | | |
| 나름 | NNB | 5 | 5 | | | | | 3 | 3 | 2 | 2 |
| 나머지 | NNG | 9 | 9 | | | 5 | 5 | 3 | 3 | 1 | 1 |
| 나모(나무01) | NNG | 1 | 1 | 1 | 1 | | | | | | |
| 나무01 | NNG | 10 | 6 | 9 | 5 | 1 | 1 | | | | |
| 나무판자 | NNG | 1 | 1 | | | 1 | 1 | | | | |
| 나쁘다01 | VA | 47 | 37 | 4 | 3 | 19 | 12 | 15 | 14 | 9 | 8 |
| 나서다 | VV | 2 | 2 | | | 1 | 1 | | | 1 | 1 |
| 나아지다 | VV | 1 | 1 | | | | | 1 | 1 | | |
| 나열02하다 | VV | 1 | 1 | | | | | 1 | 1 | | |
| 나오다 | VV | 398 | 203 | 60 | 37 | 111 | 55 | 148 | 66 | 79 | 45 |
| 나올(나오)다 | VV | 1 | 1 | 1 | 1 | | | | | | |
| 나이01 | NNG | 17 | 14 | 3 | 3 | 4 | 4 | 3 | 2 | 7 | 5 |
| 나이스 | NNG | 1 | 1 | | | | | | | 1 | 1 |
| 나이트 | NNG | 2 | 2 | | | 2 | 2 | | | | |
| 나자빠지다 | VV | 1 | 1 | | | | | | | 1 | 1 |
| 나중01 | NNG | 75 | 54 | 8 | 6 | 31 | 15 | 21 | 18 | 15 | 15 |
| 나타나다 | VV | 10 | 7 | 3 | 3 | 7 | 4 | | | | |
| 나타내다 | VV | 1 | 1 | | | | | 1 | 1 | | |
| 나태하다 | VA | 1 | 1 | | | | | | | 1 | 1 |
| 낙(낡01)다 | VA | 1 | 1 | 1 | 1 | | | | | | |
| 낙서03 | NNG | 4 | 3 | 3 | 2 | | | 1 | 1 | | |
| 낙서03하다 | VV | 7 | 6 | 4 | 3 | 2 | 2 | | | 1 | 1 |
| 낙엽 | NNG | 1 | 1 | | | 1 | 1 | | | | |
| 낙하산 | NNG | 1 | 1 | 1 | 1 | | | | | | |
| 낚다 | VV | 1 | 1 | | | | | 1 | 1 | | |
| 낚시 | NNG | 1 | 1 | 1 | 1 | | | | | | |
| 낚아채다 | VV | 1 | 1 | | | 1 | 1 | | | | |
| 난간03 | NNG | 1 | 1 | 1 | 1 | | | | | | |
| 난감하다 | VA | 1 | 1 | | | | | | | 1 | 1 |
| 난로01 | NNG | 2 | 2 | 2 | 2 | | | | | | |
| 난리02 | NNG | 17 | 14 | 1 | 1 | 5 | 4 | 9 | 7 | 2 | 2 |
| 난리02나다 | VA | 1 | 1 | | | 1 | 1 | | | | |
| 난쟁이 | NNG | 1 | 1 | | | | | 1 | 1 | | |
| 날 | NNG | 1 | 1 | 1 | 1 | | | | | | |

| 형태 | 품사 | 전체 | | 초등학교 저학년 | | 초등학교 고학년 | | 중학생 | | 고등학생 | |
|---|---|---|---|---|---|---|---|---|---|---|---|
| | | 형태 빈도 | 화자 수 | 형태 빈도 | 화자 수 | 형태 빈도 | 화자 수 | 형태 빈도 | 화자 수 | 형태 빈도 | 화자 수 |
| 날(나01)다 | VV | 2 | 1 | | | | | 2 | 1 | | |
| 날01 | NNB | 12 | 9 | 1 | 1 | 2 | 1 | 7 | 5 | 2 | 2 |
| 날01 | NNG | 72 | 43 | 19 | 11 | 21 | 13 | 15 | 11 | 17 | 8 |
| 날02 | NNG | 1 | 1 | 1 | 1 | | | | | | |
| 날개01 | NNG | 1 | 1 | | | 1 | 1 | | | | |
| 날고기 | NNG | 1 | 1 | | | 1 | 1 | | | | |
| 날다01 | VV | 6 | 4 | 1 | 1 | 3 | 2 | | | 2 | 1 |
| 날라리01 | NNG | 2 | 2 | | | | | 2 | 2 | | |
| 날리다02 | VV | 10 | 7 | 4 | 2 | | | 4 | 3 | 2 | 2 |
| 날밤01 | NNG | 1 | 1 | | | | | 1 | 1 | | |
| 날씨01 | NNG | 9 | 4 | | | 1 | 1 | 8 | 3 | | |
| 날씬하다 | VA | 1 | 1 | | | | | | | 1 | 1 |
| 날아가다 | VV | 2 | 2 | 1 | 1 | 1 | 1 | | | | |
| 날아다니다 | VV | 5 | 4 | 3 | 3 | 2 | 1 | | | | |
| 날아오다 | VV | 1 | 1 | 1 | 1 | | | | | | |
| 날짜01 | NNG | 9 | 8 | | | | | 3 | 2 | 6 | 6 |
| 남01 | NNG | 20 | 19 | 3 | 3 | 7 | 6 | 6 | 6 | 4 | 4 |
| 남02 | NNG | 4 | 4 | | | | | 3 | 3 | 1 | 1 |
| 남04 | NNG | 2 | 2 | 2 | 2 | | | | | | |
| 남기다 | VV | 9 | 6 | 1 | 1 | 2 | 2 | 6 | 3 | | |
| 남녀 | NNG | 6 | 4 | | | | | 2 | 2 | 4 | 2 |
| 남다01 | VV | 72 | 55 | 8 | 6 | 29 | 17 | 27 | 25 | 8 | 7 |
| 남동 | NNG | 1 | 1 | 1 | 1 | | | | | | |
| 남동생 | NNG | 7 | 5 | | | 1 | 1 | 2 | 2 | 4 | 2 |
| 남매 | NNG | 1 | 1 | | | 1 | 1 | | | | |
| 남방01 | NNG | 3 | 2 | | | | | 2 | 1 | 1 | 1 |
| 남아돌다 | VV | 1 | 1 | | | 1 | 1 | | | | |
| 남자02 | NNG | 169 | 109 | 24 | 18 | 48 | 26 | 33 | 22 | 64 | 43 |
| 남정네 | NNG | 1 | 1 | | | | | | | 1 | 1 |
| 남중03 | NNG | 1 | 1 | | | | | 1 | 1 | | |
| 남친 | NNG | 1 | 1 | | | | | | | 1 | 1 |
| 납량 | NNG | 1 | 1 | | | 1 | 1 | | | | |
| 납작코 | NNG | 1 | 1 | 1 | 1 | | | | | | |
| 낫다01 | VV | 9 | 6 | 3 | 2 | 1 | 1 | | | 5 | 3 |
| 낫다02 | VA | 53 | 45 | 9 | 6 | 17 | 16 | 16 | 14 | 11 | 9 |
| 났두(놔두)다 | VV | 1 | 1 | 1 | 1 | | | | | | |
| 낭비 | NNG | 3 | 3 | | | | | 3 | 3 | | |

| 형태 | 품사 | 전체 | | 초등학교 저학년 | | 초등학교 고학년 | | 중학생 | | 고등학생 | |
|---|---|---|---|---|---|---|---|---|---|---|---|
| | | 형태빈도 | 화자수 | 형태빈도 | 화자수 | 형태빈도 | 화자수 | 형태빈도 | 화자수 | 형태빈도 | 화자수 |
| 낭비하다 | VV | 1 | 1 | | | | | 1 | 1 | | |
| 낭송 | NNG | 1 | 1 | | | 1 | 1 | | | | |
| 낮 | NNG | 6 | 5 | 3 | 2 | 1 | 1 | 1 | 1 | 1 | 1 |
| 낮다 | VA | 6 | 6 | 1 | 1 | 4 | 4 | 1 | 1 | | |
| 낮잠 | NNG | 2 | 1 | 2 | 1 | | | | | | |
| 낮추다 | VV | 1 | 1 | | | | | 1 | 1 | | |
| 낯설다 | VA | 1 | 1 | | | 1 | 1 | | | | |
| 낱말02 | NNG | 4 | 3 | | | 3 | 2 | 1 | 1 | | |
| 낳다01 | VV | 17 | 10 | 14 | 7 | 2 | 2 | 1 | 1 | | |
| 내04 | NP | 1057 | 341 | 195 | 76 | 351 | 98 | 294 | 87 | 217 | 80 |
| 내09 | NNB | 2 | 2 | | | | | 2 | 2 | | |
| 내14 | MM | 218 | 139 | 43 | 29 | 81 | 44 | 59 | 41 | 35 | 25 |
| 내과01 | NNG | 3 | 2 | | | | | 3 | 2 | | |
| 내구력 | NNG | 1 | 1 | | | 1 | 1 | | | | |
| 내기01 | NNG | 1 | 1 | | | 1 | 1 | | | | |
| 내내01 | MAG | 5 | 4 | | | 3 | 3 | 2 | 1 | | |
| 내년 | NNG | 14 | 8 | 2 | 1 | 2 | 2 | 7 | 4 | 3 | 1 |
| 내놓다 | VV | 8 | 5 | 1 | 1 | 4 | 2 | 1 | 1 | 2 | 1 |
| 내다02 | VV | 108 | 63 | 17 | 9 | 57 | 27 | 13 | 12 | 21 | 15 |
| 내다02 | VX | 16 | 9 | 1 | 1 | 8 | 5 | 1 | 1 | 6 | 2 |
| 내려가다 | VV | 24 | 16 | 3 | 2 | 3 | 3 | 12 | 5 | 6 | 6 |
| 내려놓다 | VV | 1 | 1 | | | | | 1 | 1 | | |
| 내려오다 | VV | 12 | 8 | 3 | 2 | 5 | 3 | 3 | 2 | 1 | 1 |
| 내리다01 | VV | 11 | 10 | | | 2 | 2 | 1 | 1 | 8 | 7 |
| 내리막길 | NNG | 2 | 2 | 1 | 1 | | | 1 | 1 | | |
| 내무01 | NNG | 2 | 1 | | | 2 | 1 | | | | |
| 내밀다 | VV | 1 | 1 | | | | | | | 1 | 1 |
| 내부(내무01) | NNG | 1 | 1 | | | 1 | 1 | | | | |
| 내비(내버리)다 | VV | 1 | 1 | | | | | 1 | 1 | | |
| 내신01 | NNG | 11 | 5 | | | | | 11 | 5 | | |
| 내용02 | NNG | 25 | 17 | 2 | 2 | 7 | 4 | 15 | 10 | 1 | 1 |
| 내용물 | NNG | 2 | 1 | | | | | | | 2 | 1 |
| 내일 | MAG | 25 | 17 | | | 6 | 3 | 12 | 9 | 7 | 5 |
| 내일 | NNG | 36 | 24 | 3 | 3 | 5 | 5 | 9 | 7 | 19 | 9 |
| 내장05되다 | VV | 1 | 1 | | | | | | | 1 | 1 |
| 내장06 | NNG | 2 | 2 | | | | | 2 | 2 | | |
| 내주다 | VV | 3 | 3 | | | | | 3 | 3 | | |

| 형태 | 품사 | 전체 | | 초등학교 저학년 | | 초등학교 고학년 | | 중학생 | | 고등학생 | |
|---|---|---|---|---|---|---|---|---|---|---|---|
| | | 형태빈도 | 화자수 | 형태빈도 | 화자수 | 형태빈도 | 화자수 | 형태빈도 | 화자수 | 형태빈도 | 화자수 |
| 내후년 | NNG | 3 | 2 | 3 | 2 | | | | | | |
| 낼 | MAG | 1 | 1 | 1 | 1 | | | | | | |
| 낼 | NNG | 2 | 2 | | | | | | | 2 | 2 |
| 냄기(남기)다 | VV | 1 | 1 | 1 | 1 | | | | | | |
| 냄새 | NNG | 7 | 6 | 1 | 1 | 4 | 3 | 2 | 2 | | |
| 냄새나다 | VV | 6 | 5 | | | 5 | 4 | 1 | 1 | | |
| 냅두(놔두)다 | VV | 6 | 6 | | | | | 2 | 2 | 4 | 4 |
| 냉장고 | NNG | 6 | 3 | | | 2 | 2 | 4 | 1 | | |
| 냉정02하다 | VA | 1 | 1 | | | | | | | 1 | 1 |
| -냐 | EF | 1099 | 353 | 222 | 70 | 324 | 100 | 345 | 99 | 208 | 84 |
| -냐고01 | EF | 67 | 53 | 11 | 8 | 13 | 11 | 27 | 22 | 16 | 12 |
| -냐구(냐고01) | EF | 22 | 20 | 6 | 5 | 10 | 9 | 5 | 5 | 1 | 1 |
| -냐는 | ETM | 1 | 1 | | | 1 | 1 | | | | |
| -냐니까 | EC | 4 | 3 | | | | | 4 | 3 | | |
| -냐면 | EC | 34 | 25 | 6 | 5 | 11 | 8 | 12 | 7 | 5 | 5 |
| -냔 | ETM | 3 | 1 | | | | | 3 | 1 | | |
| 냥 | NNB | 8 | 3 | | | 3 | 1 | | | 5 | 2 |
| -내 | EF | 4 | 4 | | | | | 2 | 2 | 2 | 2 |
| 너01 | NP | 1534 | 400 | 517 | 107 | 395 | 103 | 374 | 97 | 248 | 93 |
| -너라 | EF | 1 | 1 | 1 | 1 | | | | | | |
| 너무01 | MAG | 380 | 198 | 55 | 36 | 100 | 50 | 152 | 65 | 73 | 47 |
| 너무01하다 | VA | 1 | 1 | | | 1 | 1 | | | | |
| 너무01하다 | VV | 6 | 6 | | | 3 | 3 | 1 | 1 | 2 | 2 |
| 너무나 | MAG | 3 | 3 | | | 2 | 2 | 1 | 1 | | |
| 너희 | NP | 20 | 8 | 12 | 1 | 2 | 2 | 2 | 2 | 4 | 3 |
| 넋01 | NNG | 1 | 1 | | | 1 | 1 | | | | |
| 널(너01) | NP | 1 | 1 | | | | | | | 1 | 1 |
| 널리다01 | VV | 2 | 1 | | | | | | | 2 | 1 |
| 넓다 | VA | 18 | 16 | 3 | 3 | 3 | 3 | 10 | 8 | 2 | 2 |
| 넘(너무01) | MAG | 7 | 6 | | | 2 | 2 | 1 | 1 | 4 | 3 |
| 넘기다 | VV | 11 | 7 | 2 | 2 | 1 | 1 | 4 | 3 | 4 | 1 |
| 넘다01 | VV | 56 | 37 | 5 | 4 | 14 | 10 | 28 | 16 | 9 | 7 |
| 넘어가다01 | VV | 9 | 8 | 2 | 2 | 4 | 3 | 1 | 1 | 2 | 2 |
| 넘어뜨리다 | VV | 1 | 1 | | | | | 1 | 1 | | |
| 넘어지다 | VV | 7 | 7 | 3 | 3 | 4 | 4 | | | | |
| 넘치다 | VV | 1 | 1 | | | | | 1 | 1 | | |
| 넣다 | VV | 45 | 32 | 10 | 4 | 12 | 8 | 9 | 7 | 14 | 13 |

| 형태 | 품사 | 전체 | | 초등학교 저학년 | | 초등학교 고학년 | | 중학생 | | 고등학생 | |
|---|---|---|---|---|---|---|---|---|---|---|---|
| | | 형태 빈도 | 화자 수 | 형태 빈도 | 화자 수 | 형태 빈도 | 화자 수 | 형태 빈도 | 화자 수 | 형태 빈도 | 화자 수 |
| 네01 | NP | 3 | 3 | | | 2 | 2 | | | 1 | 1 |
| 네02 | MM | 75 | 55 | 19 | 15 | 20 | 15 | 25 | 18 | 11 | 7 |
| 네02 | NR | 2 | 1 | | | 2 | 1 | | | | |
| -네07 | EF | 292 | 180 | 48 | 37 | 46 | 33 | 100 | 54 | 98 | 56 |
| 네10 | MM | 1 | 1 | | | 1 | 1 | | | | |
| 네모나다 | VA | 3 | 2 | | | | | 3 | 2 | | |
| 네모네(네모나)다 | VA | 1 | 1 | | | | | 1 | 1 | | |
| 네잎크로버(네잎클로버) | NNG | 1 | 1 | | | 1 | 1 | | | | |
| 네잎클로버 | NNG | 1 | 1 | | | 1 | 1 | | | | |
| 네트워크 | NNG | 2 | 2 | | | 2 | 2 | | | | |
| 넷01 | NR | 3 | 3 | | | 1 | 1 | | | 2 | 2 |
| 녀(여07) | NNG | 1 | 1 | | | | | 1 | 1 | | |
| 녀01 | NNG | 4 | 3 | | | | | 3 | 2 | 1 | 1 |
| 녀석 | NNB | 3 | 1 | | | | | 3 | 1 | | |
| 년01 | NNB | 3 | 2 | | | 1 | 1 | 2 | 1 | | |
| 년02 | NNB | 74 | 46 | 8 | 6 | 12 | 10 | 28 | 16 | 26 | 14 |
| 년도 | NNB | 2 | 2 | 1 | 1 | | | | | 1 | 1 |
| -녜03 | EF | 6 | 4 | | | 3 | 2 | 2 | 1 | 1 | 1 |
| 노(놓01)다 | VV | 3 | 1 | 3 | 1 | | | | | | |
| 노골적 | NNG | 1 | 1 | | | | | 1 | 1 | | |
| 노다21 | VV | 1 | 1 | 1 | 1 | | | | | | |
| 노란색 | NNG | 1 | 1 | | | | | 1 | 1 | | |
| 노랑01 | NNG | 5 | 4 | 4 | 3 | 1 | 1 | | | | |
| 노랗다 | VA | 7 | 5 | 1 | 1 | | | 6 | 4 | | |
| 노래01 | NNG | 84 | 56 | 12 | 8 | 27 | 18 | 19 | 16 | 26 | 14 |
| 노래01하다 | VV | 1 | 1 | 1 | 1 | | | | | | |
| 노래방 | NNG | 8 | 6 | | | | | | | 8 | 6 |
| 노래자랑 | NNG | 1 | 1 | | | | | | | 1 | 1 |
| 노랫소리 | NNG | 1 | 1 | | | 1 | 1 | | | | |
| 노려보다 | VV | 1 | 1 | | | | | 1 | 1 | | |
| 노력01 | NNG | 4 | 4 | 1 | 1 | 1 | 1 | 1 | 1 | 1 | 1 |
| 노력01하다 | VV | 3 | 3 | 1 | 1 | | | 2 | 2 | | |
| 노릇01 | NNG | 1 | 1 | | | 1 | 1 | | | | |
| 노리다01 | VV | 2 | 2 | | | 1 | 1 | | | 1 | 1 |
| 노인01 | NNG | 8 | 2 | | | 8 | 2 | | | | |
| 노처녀 | NNG | 1 | 1 | | | | | | | 1 | 1 |
| 녹다01 | VV | 2 | 2 | | | 1 | 1 | 1 | 1 | | |

| 형태 | 품사 | 전체 | | 초등학교 저학년 | | 초등학교 고학년 | | 중학생 | | 고등학생 | |
|---|---|---|---|---|---|---|---|---|---|---|---|
| | | 형태 빈도 | 화자 수 | 형태 빈도 | 화자 수 | 형태 빈도 | 화자 수 | 형태 빈도 | 화자 수 | 형태 빈도 | 화자 수 |
| 녹음03 | NNG | 51 | 38 | | | 4 | 4 | 18 | 13 | 29 | 21 |
| 녹음03되다 | VV | 21 | 17 | | | 3 | 3 | 12 | 10 | 6 | 4 |
| 녹음03시키다 | VV | 2 | 2 | | | 1 | 1 | | | 1 | 1 |
| 녹음03하다 | VV | 34 | 28 | 3 | 3 | 9 | 8 | 10 | 8 | 12 | 9 |
| 녹음귀(녹음기) | NNG | 1 | 1 | 1 | 1 | | | | | | |
| 녹음기 | NNG | 30 | 21 | 6 | 4 | 11 | 9 | 6 | 3 | 7 | 5 |
| 녹화03되다 | VV | 1 | 1 | | | | | | | 1 | 1 |
| 녹화03하다 | VV | 2 | 2 | | | 2 | 2 | | | | |
| 논술 | NNG | 3 | 3 | | | 1 | 1 | | | 2 | 2 |
| 놀기 | NNG | 1 | 1 | | | 1 | 1 | | | | |
| 놀다01 | VV | 224 | 119 | 57 | 25 | 63 | 32 | 37 | 27 | 67 | 35 |
| 놀라다 | VV | 10 | 10 | 1 | 1 | 2 | 2 | 4 | 4 | 3 | 3 |
| 놀래(놀라)다 | VV | 3 | 3 | | | 1 | 1 | 1 | 1 | 1 | 1 |
| 놀래다 | VV | 3 | 3 | | | 2 | 2 | | | 1 | 1 |
| 놀러오다 | VV | 1 | 1 | 1 | 1 | | | | | | |
| 놀리다01 | VV | 9 | 8 | 1 | 1 | 3 | 3 | 4 | 3 | 1 | 1 |
| 놀부 | NNG | 1 | 1 | | | 1 | 1 | | | | |
| 놀이01 | NNG | 16 | 11 | 10 | 6 | 4 | 4 | 2 | 1 | | |
| 놀이01하다 | VV | 4 | 4 | 3 | 3 | 1 | 1 | | | | |
| 놀이동산 | NNG | 7 | 3 | | | | | 6 | 2 | 1 | 1 |
| 놀이터 | NNG | 9 | 6 | 3 | 2 | 1 | 1 | 3 | 1 | 2 | 2 |
| 놈01 | NNB | 42 | 26 | 3 | 3 | 14 | 10 | 20 | 9 | 5 | 4 |
| 놈01 | NNG | 2 | 2 | | | | | 2 | 2 | | |
| 농구07 | NNG | 14 | 5 | 2 | 1 | | | 10 | 3 | 2 | 1 |
| 농구07하다 | VV | 2 | 2 | | | | | 2 | 2 | | |
| 농담01 | NNG | 1 | 1 | | | 1 | 1 | | | | |
| 농약 | NNG | 1 | 1 | | | | | | | 1 | 1 |
| 농원 | NNG | 1 | 1 | | | | | | | 1 | 1 |
| 농장03 | NNG | 2 | 1 | | | 2 | 1 | | | | |
| 높다 | VA | 28 | 26 | 5 | 5 | 9 | 8 | 9 | 8 | 5 | 5 |
| 높이01 | NNG | 3 | 2 | | | 3 | 2 | | | | |
| 놓다01 | VV | 28 | 22 | 16 | 11 | 7 | 6 | 3 | 3 | 2 | 2 |
| 놓다01 | VX | 126 | 90 | 18 | 12 | 45 | 32 | 37 | 26 | 26 | 20 |
| 놓이다 | VV | 1 | 1 | | | | | 1 | 1 | | |
| 놔두다 | VV | 3 | 3 | | | 1 | 1 | 2 | 2 | | |
| 누02 | NP | 116 | 83 | 39 | 25 | 26 | 19 | 33 | 24 | 18 | 15 |
| 누구 | NP | 291 | 159 | 61 | 35 | 81 | 46 | 100 | 46 | 49 | 32 |

| 형태 | 품사 | 전체 | | 초등학교 저학년 | | 초등학교 고학년 | | 중학생 | | 고등학생 | |
|---|---|---|---|---|---|---|---|---|---|---|---|
| | | 형태 빈도 | 화자 수 | 형태 빈도 | 화자 수 | 형태 빈도 | 화자 수 | 형태 빈도 | 화자 수 | 형태 빈도 | 화자 수 |
| 누구누구 | NP | 5 | 3 | 1 | 1 | 1 | 1 | 3 | 1 | | |
| 누나01 | NNG | 84 | 36 | 30 | 10 | 22 | 6 | 15 | 8 | 17 | 12 |
| 누다 | VV | 2 | 2 | 1 | 1 | 1 | 1 | | | | |
| 누렇다 | VA | 1 | 1 | | | | | 1 | 1 | | |
| 누르다01 | VV | 19 | 11 | 1 | 1 | 13 | 6 | 3 | 2 | 2 | 2 |
| 누우(눕01)다 | VV | 1 | 1 | | | | | 1 | 1 | | |
| 눅눅하다 | VA | 1 | 1 | | | | | | | 1 | 1 |
| 눈01 | NNG | 62 | 44 | 4 | 3 | 23 | 15 | 18 | 12 | 17 | 14 |
| 눈04 | NNG | 8 | 6 | 3 | 3 | 4 | 2 | | | 1 | 1 |
| 눈길01 | NNG | 1 | 1 | | | | | 1 | 1 | | |
| 눈깔 | NNG | 4 | 4 | | | 3 | 3 | 1 | 1 | | |
| 눈높이01 | NNG | 1 | 1 | | | | | 1 | 1 | | |
| 눈독 | NNG | 1 | 1 | | | | | 1 | 1 | | |
| 눈물01 | NNG | 8 | 7 | 1 | 1 | 3 | 3 | 4 | 3 | | |
| 눈병 | NNG | 3 | 2 | 2 | 1 | | | | | 1 | 1 |
| 눈빛01 | NNG | 2 | 1 | | | 2 | 1 | | | | |
| 눈사람 | NNG | 1 | 1 | 1 | 1 | | | | | | |
| 눈싸움 | NNG | 2 | 2 | 2 | 2 | | | | | | |
| 눈썹 | NNG | 6 | 3 | | | 4 | 2 | 2 | 1 | | |
| 눈알 | NNG | 2 | 2 | | | 2 | 2 | | | | |
| 눈치 | NNG | 4 | 4 | | | 1 | 1 | 3 | 3 | | |
| 눌르(누르01)다 | VV | 17 | 10 | 2 | 2 | 8 | 4 | 4 | 1 | 3 | 3 |
| 눌리다01 | VV | 2 | 2 | 1 | 1 | | | | | 1 | 1 |
| 눕다01 | VV | 12 | 9 | 2 | 2 | 4 | 3 | 1 | 1 | 5 | 3 |
| 눕히다 | VV | 1 | 1 | 1 | 1 | | | | | | |
| 눟(놓01)다 | VV | 1 | 1 | 1 | 1 | | | | | | |
| 뉘우치다 | VV | 3 | 2 | | | | | 3 | 2 | | |
| 뉴스 | NNG | 12 | 6 | 2 | 2 | 8 | 3 | | | 2 | 1 |
| 느(너01) | NP | 1 | 1 | | | | | 1 | 1 | | |
| 느(넣)다 | VV | 4 | 4 | | | 3 | 3 | | | 1 | 1 |
| 느끼01하다 | VA | 4 | 4 | 2 | 2 | | | 2 | 2 | | |
| 느끼다02 | VV | 10 | 9 | | | 1 | 1 | 4 | 4 | 5 | 4 |
| 느낌 | NNG | 19 | 14 | 2 | 2 | 7 | 5 | 8 | 5 | 2 | 2 |
| 느낌표 | NNG | 2 | 1 | | | 2 | 1 | | | | |
| -느냐 | EF | 3 | 3 | | | 1 | 1 | | | 2 | 2 |
| -느는(는03) | ETM | 1 | 1 | 1 | 1 | | | | | | |
| -느니01 | EC | 2 | 2 | | | | | 1 | 1 | 1 | 1 |

| 형태 | 품사 | 전체 | | 초등학교 저학년 | | 초등학교 고학년 | | 중학생 | | 고등학생 | |
|---|---|---|---|---|---|---|---|---|---|---|---|
| | | 형태 빈도 | 화자 수 | 형태 빈도 | 화자 수 | 형태 빈도 | 화자 수 | 형태 빈도 | 화자 수 | 형태 빈도 | 화자 수 |
| -느라 | EC | 4 | 3 | | | | | 3 | 2 | 1 | 1 |
| -느라고 | EC | 3 | 3 | | | 1 | 1 | 1 | 1 | 1 | 1 |
| 느리01 | VA | 10 | 9 | 1 | 1 | 5 | 4 | 3 | 3 | 1 | 1 |
| 늑대 | NNG | 4 | 2 | 4 | 2 | | | | | | |
| 는 | JX | 1 | 1 | 1 | 1 | | | | | | |
| 는01 | JX | 3381 | 459 | 844 | 118 | 1016 | 116 | 949 | 117 | 572 | 108 |
| -는03 | ETM | 2146 | 446 | 369 | 110 | 604 | 113 | 678 | 112 | 495 | 111 |
| -는가 | EF | 3 | 2 | | | 1 | 1 | 2 | 1 | | |
| -는걸 | EF | 1 | 1 | | | | | | | 1 | 1 |
| -는구나 | EF | 6 | 6 | 1 | 1 | 1 | 1 | 2 | 2 | 2 | 2 |
| -는군01 | EF | 1 | 1 | 1 | 1 | | | | | | |
| -는다고01 | EC | 3 | 3 | 1 | 1 | | | 1 | 1 | 1 | 1 |
| -는다구(는다고02) | EF | 1 | 1 | | | | | 1 | 1 | | |
| -는대매(는다며01) | EF | 1 | 1 | | | | | 1 | 1 | | |
| -는데01 | EC | 1416 | 390 | 208 | 85 | 487 | 102 | 438 | 107 | 283 | 96 |
| -는데02 | EF | 238 | 130 | 52 | 33 | 77 | 44 | 66 | 31 | 43 | 22 |
| -는디(는데01) | EC | 1 | 1 | 1 | 1 | | | | | | |
| -는디01 | EF | 1 | 1 | | | | | | | 1 | 1 |
| -는지01 | EC | 87 | 70 | 21 | 16 | 35 | 27 | 20 | 18 | 11 | 9 |
| -는지02 | EF | 11 | 9 | 1 | 1 | 7 | 5 | 1 | 1 | 2 | 2 |
| 늘(넣)다 | VV | 1 | 1 | | | 1 | 1 | | | | |
| 늘01다 | VV | 7 | 6 | 1 | 1 | 2 | 2 | 2 | 2 | 2 | 1 |
| 늘리다 | VV | 2 | 2 | | | 2 | 2 | | | | |
| 늘어나다 | VV | 1 | 1 | | | | | 1 | 1 | | |
| 늘어놓다 | VV | 1 | 1 | | | | | 1 | 1 | | |
| 늘어뜨리다 | VV | 1 | 1 | | | | | 1 | 1 | | |
| 늘어지다 | VV | 2 | 2 | | | 2 | 2 | | | | |
| 늙다 | VV | 6 | 6 | 1 | 1 | 3 | 3 | | | 2 | 2 |
| 늙은이 | NNG | 1 | 1 | | | | | | | 1 | 1 |
| 능력02 | NNG | 13 | 9 | | | | | 7 | 4 | 6 | 5 |
| 능률 | NNG | 1 | 1 | | | | | 1 | 1 | | |
| 늦다 | VA | 43 | 31 | 4 | 4 | 8 | 6 | 16 | 11 | 15 | 10 |
| 늦다 | VV | 10 | 9 | 1 | 1 | 4 | 4 | 5 | 4 | | |
| 늦둥이 | NNG | 1 | 1 | | | | | | | 1 | 1 |
| 늦잠 | NNG | 3 | 2 | | | 3 | 2 | | | | |
| 늫(넣)다 | VV | 1 | 1 | 1 | 1 | | | | | | |
| 니05 | NP | 776 | 261 | 214 | 56 | 231 | 72 | 191 | 70 | 140 | 63 |

| 형태 | 품사 | 전체 | | 초등학교 저학년 | | 초등학교 고학년 | | 중학생 | | 고등학생 | |
|---|---|---|---|---|---|---|---|---|---|---|---|
| | | 형태 빈도 | 화자 수 | 형태 빈도 | 화자 수 | 형태 빈도 | 화자 수 | 형태 빈도 | 화자 수 | 형태 빈도 | 화자 수 |
| -니07 | EC | 7 | 7 | 1 | 1 | 4 | 4 | 1 | 1 | 1 | 1 |
| -니08 | EC | 2 | 1 | 2 | 1 | | | | | | |
| -니10 | EF | 213 | 89 | 108 | 26 | 44 | 26 | 43 | 22 | 18 | 15 |
| -니까 | EC | 517 | 245 | 68 | 46 | 210 | 77 | 161 | 73 | 78 | 49 |
| -니까 | EF | 17 | 10 | | | 6 | 3 | 4 | 3 | 7 | 4 |
| -니까는 | EC | 1 | 1 | | | 1 | 1 | | | | |
| -니깐 | EC | 3 | 3 | | | 3 | 3 | | | | |
| -니라02 | EF | 1 | 1 | 1 | 1 | | | | | | |
| 니은 | NNG | 2 | 1 | | | 2 | 1 | | | | |
| 니코틴 | NNG | 1 | 1 | | | | | 1 | 1 | | |
| 님(임01) | NNG | 3 | 3 | | | 1 | 1 | | | 2 | 2 |
| 님01 | NNB | 3 | 1 | | | 3 | 1 | | | | |
| 다(닿01)다 | VV | 1 | 1 | 1 | 1 | | | | | | |
| 다03 | MAG | 704 | 306 | 128 | 64 | 191 | 84 | 250 | 88 | 135 | 70 |
| 다03 | NNG | 7 | 4 | 1 | 1 | 1 | 1 | 5 | 2 | | |
| 다06 | JX | 23 | 20 | 8 | 5 | 8 | 8 | 4 | 4 | 3 | 3 |
| -다07 | EF | 1555 | 414 | 299 | 92 | 543 | 113 | 427 | 107 | 286 | 102 |
| -다08 | EC | 155 | 110 | 33 | 25 | 49 | 34 | 45 | 30 | 28 | 21 |
| 다가02 | JX | 18 | 16 | 4 | 3 | 7 | 6 | 3 | 3 | 4 | 4 |
| -다가03 | EC | 193 | 122 | 30 | 22 | 83 | 41 | 41 | 29 | 39 | 30 |
| 다가가다 | VV | 1 | 1 | | | 1 | 1 | | | | |
| 다가오다 | VV | 2 | 2 | 1 | 1 | | | | | 1 | 1 |
| -다고02 | EC | 89 | 71 | 7 | 7 | 20 | 18 | 44 | 33 | 18 | 13 |
| -다고03 | EF | 139 | 99 | 16 | 12 | 29 | 24 | 45 | 31 | 49 | 32 |
| -다구(다고02) | EC | 3 | 3 | 2 | 2 | 1 | 1 | | | | |
| -다구(다고03) | EF | 18 | 16 | 1 | 1 | 7 | 7 | 7 | 5 | 3 | 3 |
| -다나 | EF | 1 | 1 | | | 1 | 1 | | | | |
| -다냐 | EF | 1 | 1 | | | | | 1 | 1 | | |
| -다느니 | EC | 1 | 1 | 1 | 1 | | | | | | |
| -다는 | ETM | 83 | 64 | 13 | 9 | 23 | 21 | 36 | 24 | 11 | 10 |
| -다는데 | EC | 5 | 5 | | | 3 | 3 | 1 | 1 | 1 | 1 |
| -다니01 | EF | 9 | 8 | 1 | 1 | 2 | 2 | 3 | 3 | 3 | 2 |
| -다니02 | EF | 2 | 2 | | | 1 | 1 | 1 | 1 | | |
| -다니03 | EF | 1 | 1 | | | | | | | 1 | 1 |
| -다니04 | EC | 2 | 2 | | | | | 2 | 2 | | |
| -다니까01 | EF | 43 | 37 | | | 10 | 8 | 21 | 18 | 12 | 11 |
| -다니까02 | EC | 1 | 1 | | | | | 1 | 1 | | |

| 형태 | 품사 | 전체 | | 초등학교 저학년 | | 초등학교 고학년 | | 중학생 | | 고등학생 | |
|---|---|---|---|---|---|---|---|---|---|---|---|
| | | 형태 빈도 | 화자 수 | 형태 빈도 | 화자 수 | 형태 빈도 | 화자 수 | 형태 빈도 | 화자 수 | 형태 빈도 | 화자 수 |
| 다니다 | VV | 219 | 118 | 30 | 20 | 48 | 26 | 101 | 48 | 40 | 24 |
| 다닥다닥 | MAG | 1 | 1 | 1 | 1 | | | | | | |
| 다단01 | NNG | 3 | 2 | | | | | | | 3 | 2 |
| 다듬다 | VV | 1 | 1 | | | | | | | 1 | 1 |
| 다락방 | NNG | 2 | 1 | | | 2 | 1 | | | | |
| 다람쥐 | NNG | 2 | 1 | | | 2 | 1 | | | | |
| 다르다01 | VA | 37 | 32 | 3 | 3 | 13 | 10 | 14 | 13 | 7 | 6 |
| 다른 | MM | 87 | 61 | 18 | 13 | 37 | 24 | 19 | 15 | 13 | 9 |
| 다리01 | NNG | 46 | 29 | 12 | 7 | 21 | 12 | 9 | 6 | 4 | 4 |
| 다리02 | NNG | 1 | 1 | 1 | 1 | | | | | | |
| 다리미 | NNG | 3 | 2 | | | | | | | 3 | 2 |
| 다리뼈 | NNG | 2 | 1 | 2 | 1 | | | | | | |
| -다매(다며01) | EF | 7 | 7 | | | 2 | 2 | 4 | 4 | 1 | 1 |
| -다며01 | EF | 9 | 8 | 3 | 3 | 1 | 1 | 5 | 4 | | |
| -다며03 | EC | 1 | 1 | 1 | 1 | | | | | | |
| -다면02 | EC | 16 | 14 | 5 | 4 | 4 | 4 | 3 | 3 | 4 | 3 |
| -다면03 | EC | 2 | 2 | | | | | 1 | 1 | 1 | 1 |
| -다면서02 | EC | 2 | 1 | | | | | | | 2 | 1 |
| -다면서03 | EC | 2 | 2 | | | | | 2 | 2 | | |
| 다목적실 | NNG | 2 | 1 | | | 2 | 1 | | | | |
| 다물다 | VV | 1 | 1 | | | | | 1 | 1 | | |
| 다방면 | NNG | 1 | 1 | | | | | | | 1 | 1 |
| 다섯 | MM | 50 | 37 | 14 | 11 | 16 | 11 | 17 | 13 | 3 | 2 |
| 다섯 | NR | 10 | 10 | 3 | 3 | 5 | 5 | | | 2 | 2 |
| 다시01 | MAG | 112 | 74 | 26 | 17 | 41 | 24 | 34 | 22 | 11 | 11 |
| 다시01하다 | VV | 1 | 1 | | | 1 | 1 | | | | |
| 다시05 | NNG | 1 | 1 | | | | | | | 1 | 1 |
| -다시피 | EC | 1 | 1 | 1 | 1 | | | | | | |
| 다양하다 | VA | 1 | 1 | 1 | 1 | | | | | | |
| 다운 | NNG | 3 | 3 | | | 1 | 1 | | | 2 | 2 |
| 다음01 | NNG | 241 | 124 | 86 | 43 | 104 | 45 | 30 | 22 | 21 | 14 |
| 다음날 | NNG | 14 | 11 | | | 9 | 8 | 2 | 1 | 3 | 2 |
| 다음달 | NNG | 1 | 1 | | | 1 | 1 | | | | |
| 다음번 | NNG | 1 | 1 | | | | | | | 1 | 1 |
| 다음주 | NNG | 20 | 8 | | | 4 | 2 | 14 | 4 | 2 | 2 |
| 다이어트 | NNG | 1 | 1 | | | | | 1 | 1 | | |
| -다잖아 | EF | 1 | 1 | | | 1 | 1 | | | | |

| 형태 | 품사 | 전체 | | 초등학교 저학년 | | 초등학교 고학년 | | 중학생 | | 고등학생 | |
|---|---|---|---|---|---|---|---|---|---|---|---|
| | | 형태빈도 | 화자수 | 형태빈도 | 화자수 | 형태빈도 | 화자수 | 형태빈도 | 화자수 | 형태빈도 | 화자수 |
| -다지02 | EF | 1 | 1 | | | | | 1 | 1 | | |
| 다치다01 | VV | 21 | 12 | 5 | 5 | 10 | 4 | 4 | 1 | 2 | 2 |
| 다큐멘터리 | NNG | 1 | 1 | | | | | 1 | 1 | | |
| 다행 | NNG | 7 | 7 | 2 | 2 | 2 | 2 | 1 | 1 | 2 | 2 |
| 다행히 | MAG | 2 | 2 | | | 1 | 1 | 1 | 1 | | |
| 다혈질 | NNG | 3 | 2 | | | | | 3 | 2 | | |
| 닥치다02 | VV | 2 | 2 | | | | | 2 | 2 | | |
| 닦다01 | VV | 8 | 4 | 2 | 1 | | | 6 | 3 | | |
| 단06 | NNG | 3 | 1 | | | 3 | 1 | | | | |
| 단10 | MM | 2 | 2 | 1 | 1 | | | 1 | 1 | | |
| -단21 | ETM | 32 | 27 | 3 | 3 | 7 | 6 | 16 | 13 | 6 | 5 |
| -단23 | ETM | 1 | 1 | | | | | 1 | 1 | | |
| 단감01 | NNG | 1 | 1 | 1 | 1 | | | | | | |
| 단계03 | NNG | 3 | 3 | 2 | 2 | 1 | 1 | | | | |
| 단골01 | NNG | 1 | 1 | | | 1 | 1 | | | | |
| -단다01 | EF | 4 | 4 | 3 | 3 | | | 1 | 1 | | |
| 단단하다 | VA | 2 | 2 | 1 | 1 | | | 1 | 1 | | |
| 단둘 | NNG | 1 | 1 | | | 1 | 1 | | | | |
| 단련02 | NNG | 2 | 2 | 1 | 1 | | | 1 | 1 | | |
| 단련02하다 | VV | 1 | 1 | | | | | 1 | 1 | | |
| 단면02 | NNG | 1 | 1 | | | | | | | 1 | 1 |
| 단모음 | NNG | 2 | 1 | 2 | 1 | | | | | | |
| 단무지 | NNG | 2 | 2 | | | 2 | 2 | | | | |
| 단발02 | NNG | 1 | 1 | | | 1 | 1 | | | | |
| 단발머리 | NNG | 1 | 1 | 1 | 1 | | | | | | |
| 단순02하다 | VA | 1 | 1 | | | | | | | 1 | 1 |
| 단어 | NNG | 21 | 10 | | | 5 | 2 | 15 | 7 | 1 | 1 |
| 단원01 | NNG | 2 | 2 | | | | | 2 | 2 | | |
| 단점01 | NNG | 1 | 1 | 1 | 1 | | | | | | |
| 단정07하다 | VA | 1 | 1 | | | | | | | 1 | 1 |
| 단정09 | NNG | 1 | 1 | | | | | 1 | 1 | | |
| 단지04 | MAG | 1 | 1 | | | | | | | 1 | 1 |
| 단짝 | NNG | 2 | 2 | 2 | 2 | | | | | | |
| 단체02 | NNG | 1 | 1 | | | | | 1 | 1 | | |
| 단추01 | NNG | 1 | 1 | | | 1 | 1 | | | | |
| 단풍01 | NNG | 1 | 1 | | | | | 1 | 1 | | |
| 단합 | NNG | 2 | 1 | | | | | | | 2 | 1 |

| 형태 | 품사 | 전체 | | 초등학교 저학년 | | 초등학교 고학년 | | 중학생 | | 고등학생 | |
|---|---|---|---|---|---|---|---|---|---|---|---|
| | | 형태 빈도 | 화자 수 | 형태 빈도 | 화자 수 | 형태 빈도 | 화자 수 | 형태 빈도 | 화자 수 | 형태 빈도 | 화자 수 |
| 단합회 | NNG | 2 | 2 | | | | | | | 2 | 2 |
| 단호02하다 | VA | 1 | 1 | | | | | 1 | 1 | | |
| 닫다02 | VV | 15 | 13 | 7 | 5 | 2 | 2 | 4 | 4 | 2 | 2 |
| 닫히다 | VV | 3 | 3 | 1 | 1 | 1 | 1 | 1 | 1 | | |
| 달(다르01)다 | VA | 1 | 1 | | | | | 1 | 1 | | |
| 달05 | NNB | 33 | 20 | 1 | 1 | 8 | 6 | 18 | 8 | 6 | 5 |
| 달05 | NNG | 2 | 2 | 1 | 1 | | | 1 | 1 | | |
| 달다03 | VV | 9 | 7 | 3 | 2 | | | 3 | 3 | 3 | 2 |
| 달다05 | VV | 23 | 20 | 3 | 3 | 12 | 9 | 6 | 6 | 2 | 2 |
| 달다05 | VX | 41 | 28 | 4 | 4 | 17 | 10 | 10 | 6 | 10 | 8 |
| 달다07 | VA | 6 | 5 | 2 | 2 | 1 | 1 | 3 | 2 | | |
| 달라붙다 | VV | 1 | 1 | | | | | | | 1 | 1 |
| 달라지다 | VV | 1 | 1 | | | | | 1 | 1 | | |
| 달랑02 | MAG | 2 | 1 | | | | | | | 2 | 1 |
| 달래다02 | VV | 2 | 2 | | | 1 | 1 | | | 1 | 1 |
| 달려가다 | VV | 3 | 3 | | | 1 | 1 | 1 | 1 | 1 | 1 |
| 달려오다 | VV | 2 | 2 | 1 | 1 | 1 | 1 | | | | |
| 달르(다르01)다 | VA | 5 | 5 | 2 | 2 | 2 | 2 | 1 | 1 | | |
| 달리01 | MAG | 1 | 1 | | | | | 1 | 1 | | |
| 달리기 | NNG | 7 | 5 | 1 | 1 | 3 | 2 | 3 | 2 | | |
| 달리기하다 | VV | 1 | 1 | | | 1 | 1 | | | | |
| 달리다01 | VV | 10 | 8 | 5 | 4 | 2 | 1 | 2 | 2 | 1 | 1 |
| 달리다04 | VV | 3 | 3 | | | 2 | 2 | 1 | 1 | | |
| 닭 | NNG | 13 | 7 | 4 | 3 | 8 | 3 | | | 1 | 1 |
| 닭고기 | NNG | 4 | 2 | 1 | 1 | | | | | 3 | 1 |
| 닭띠 | NNG | 1 | 1 | 1 | 1 | | | | | | |
| 닮다 | VV | 25 | 16 | 4 | 4 | 2 | 2 | 13 | 5 | 6 | 5 |
| 닳다 | VV | 5 | 2 | | | 5 | 2 | | | | |
| 담01 | NNG | 1 | 1 | | | 1 | 1 | | | | |
| 담03 | NNG | 4 | 4 | 1 | 1 | 2 | 2 | | | 1 | 1 |
| 담그다 | VV | 1 | 1 | | | | | 1 | 1 | | |
| 담기다01 | VV | 1 | 1 | | | | | | | 1 | 1 |
| 담다01 | VV | 2 | 2 | 1 | 1 | 1 | 1 | | | | |
| 담당 | NNG | 1 | 1 | | | | | 1 | 1 | | |
| 담배 | NNG | 3 | 3 | | | 1 | 1 | 2 | 2 | | |
| 담배꽁초 | NNG | 1 | 1 | | | | | | | 1 | 1 |
| 담임 | NNG | 29 | 21 | | | 2 | 1 | 14 | 10 | 13 | 10 |

| 형태 | 품사 | 전체 | | 초등학교 저학년 | | 초등학교 고학년 | | 중학생 | | 고등학생 | |
|---|---|---|---|---|---|---|---|---|---|---|---|
| | | 형태 빈도 | 화자 수 | 형태 빈도 | 화자 수 | 형태 빈도 | 화자 수 | 형태 빈도 | 화자 수 | 형태 빈도 | 화자 수 |
| 답03 | NNG | 3 | 2 | 1 | 1 | 2 | 1 | | | | |
| 답답하다 | VA | 6 | 6 | | | 1 | 1 | 2 | 2 | 3 | 3 |
| 답변 | NNG | 3 | 3 | | | 1 | 1 | 2 | 2 | | |
| 답장 | NNG | 5 | 4 | 1 | 1 | 3 | 2 | | | 1 | 1 |
| 당구06 | NNG | 2 | 2 | | | 1 | 1 | | | 1 | 1 |
| 당구장 | NNG | 4 | 4 | | | | | | | 4 | 4 |
| 당근02 | NNG | 7 | 4 | 3 | 2 | 4 | 2 | | | | |
| -당께 | EF | 2 | 1 | | | 2 | 1 | | | | |
| 당당02하다 | VA | 2 | 1 | | | | | 2 | 1 | | |
| 당빠(당연히01) | MAG | 1 | 1 | | | 1 | 1 | | | | |
| 당신02 | NP | 3 | 3 | | | 1 | 1 | 1 | 1 | 1 | 1 |
| 당연03하다 | VA | 35 | 25 | 5 | 3 | 13 | 11 | 10 | 6 | 7 | 5 |
| 당연히01 | MAG | 27 | 24 | 8 | 7 | 4 | 3 | 8 | 7 | 7 | 7 |
| 당일 | NNG | 1 | 1 | | | | | | | 1 | 1 |
| 당장02 | NNG | 2 | 2 | | | | | 2 | 2 | | |
| 당첨되다 | VV | 1 | 1 | 1 | 1 | | | | | | |
| 당첨하다 | VV | 1 | 1 | | | | | 1 | 1 | | |
| 당하다01 | VV | 17 | 16 | 2 | 2 | 7 | 6 | 3 | 3 | 5 | 5 |
| 당황스럽다 | VA | 5 | 4 | | | | | 2 | 2 | 3 | 2 |
| 당황하다 | VV | 4 | 4 | | | 1 | 1 | 2 | 2 | 1 | 1 |
| 닿다01 | VV | 6 | 6 | 6 | 6 | | | | | | |
| 대(되01)다 | VV | 2 | 2 | 1 | 1 | | | | | 1 | 1 |
| 대(되01)다 | VX | 1 | 1 | 1 | 1 | | | | | | |
| 대01 | NNB | 6 | 5 | 1 | 1 | 4 | 3 | 1 | 1 | | |
| 대06 | NNG | 5 | 2 | | | 2 | 1 | 3 | 1 | | |
| 대11 | NNB | 18 | 14 | 5 | 4 | 7 | 5 | 2 | 2 | 4 | 3 |
| 대15 | NNB | 18 | 8 | 11 | 5 | 7 | 3 | | | | |
| -대16 | EF | 24 | 23 | 5 | 5 | 5 | 5 | 3 | 3 | 11 | 10 |
| -대22 | EF | 304 | 157 | 49 | 30 | 89 | 45 | 117 | 51 | 49 | 31 |
| 대가리01 | NNG | 7 | 3 | | | 1 | 1 | 6 | 2 | | |
| 대각선 | NNG | 1 | 1 | | | 1 | 1 | | | | |
| 대강02 | NNG | 1 | 1 | | | | | 1 | 1 | | |
| 대개(되게) | MAG | 1 | 1 | | | | | | | 1 | 1 |
| 대개02 | MAG | 1 | 1 | | | 1 | 1 | | | | |
| 대걸레 | NNG | 1 | 1 | | | | | 1 | 1 | | |
| 대게(되게) | MAG | 22 | 12 | 7 | 4 | 9 | 3 | 3 | 3 | 3 | 2 |
| 대결03 | NNG | 1 | 1 | | | | | 1 | 1 | | |

| 형태 | 품사 | 전체 | | 초등학교 저학년 | | 초등학교 고학년 | | 중학생 | | 고등학생 | |
|---|---|---|---|---|---|---|---|---|---|---|---|
| | | 형태 빈도 | 화자 수 | 형태 빈도 | 화자 수 | 형태 빈도 | 화자 수 | 형태 빈도 | 화자 수 | 형태 빈도 | 화자 수 |
| 대결03하다 | VV | 1 | 1 | | | 1 | 1 | | | | |
| 대기업 | NNG | 5 | 2 | | | | | | | 5 | 2 |
| 대꾸01 | NNG | 4 | 2 | | | 4 | 2 | | | | |
| 대꾸01하다 | VV | 1 | 1 | | | 1 | 1 | | | | |
| -대는(다는) | ETM | 1 | 1 | | | | | 1 | 1 | | |
| -대는데(다는데) | EF | 1 | 1 | | | | | | | 1 | 1 |
| -대니까(다니까01) | EF | 5 | 5 | 1 | 1 | 1 | 1 | 1 | 1 | 2 | 2 |
| 대다01 | VV | 35 | 26 | 1 | 1 | 4 | 3 | 20 | 13 | 10 | 9 |
| 대다01 | VX | 11 | 8 | | | | | 8 | 5 | 3 | 3 |
| 대다수 | NNG | 1 | 1 | | | | | 1 | 1 | | |
| 대단01하다 | VA | 9 | 9 | 3 | 3 | 2 | 2 | 2 | 2 | 2 | 2 |
| 대답 | NNG | 3 | 3 | | | 1 | 1 | 1 | 1 | 1 | 1 |
| 대답하다 | VV | 6 | 6 | | | | | 5 | 5 | 1 | 1 |
| 대동07하다 | VV | 1 | 1 | | | | | | | 1 | 1 |
| 대두06 | NNG | 5 | 2 | | | | | 5 | 2 | | |
| 대따 | MAG | 6 | 5 | 1 | 1 | 4 | 3 | 1 | 1 | | |
| 대략 | MAG | 3 | 1 | | | | | 3 | 1 | | |
| 대량01 | NNG | 1 | 1 | | | 1 | 1 | | | | |
| 대로01 | NNB | 9 | 9 | | | 4 | 4 | 5 | 5 | | |
| 대로10 | JKB | 30 | 26 | 5 | 4 | 6 | 5 | 9 | 7 | 10 | 10 |
| 대루(대로10) | JKB | 2 | 2 | 1 | 1 | 1 | 1 | | | | |
| -대매(다며01) | EF | 12 | 10 | | | 1 | 1 | 6 | 4 | 5 | 5 |
| 대머리01 | NNG | 5 | 4 | 1 | 1 | 4 | 3 | | | | |
| -대며(다며01) | EF | 3 | 3 | | | | | 2 | 2 | 1 | 1 |
| 대면03 | NNG | 2 | 2 | | | | | 2 | 2 | | |
| 대면03식09XSN | NNG | 1 | 1 | | | | | | | 1 | 1 |
| 대문03 | NNG | 1 | 1 | | | 1 | 1 | | | | |
| 대박 | NNG | 2 | 2 | | | | | 2 | 2 | | |
| 대본03 | NNG | 3 | 3 | | | 2 | 2 | 1 | 1 | | |
| 대부분 | NNG | 3 | 3 | | | | | 3 | 3 | | |
| 대비10 | NNG | 2 | 2 | | | 1 | 1 | 1 | 1 | | |
| 대비10하다 | VV | 2 | 2 | | | 1 | 1 | 1 | 1 | | |
| 대빵 | MAG | 6 | 4 | | | | | 4 | 2 | 2 | 2 |
| 대사17 | NNG | 1 | 1 | | | 1 | 1 | | | | |
| 대상11 | NNG | 8 | 7 | | | 1 | 1 | 4 | 3 | 3 | 3 |
| -대서08 | EC | 2 | 2 | 2 | 2 | | | | | | |
| 대선배 | NNG | 2 | 2 | | | | | 1 | 1 | 1 | 1 |

| 형태 | 품사 | 전체 | | 초등학교 저학년 | | 초등학교 고학년 | | 중학생 | | 고등학생 | |
|---|---|---|---|---|---|---|---|---|---|---|---|
| | | 형태 빈도 | 화자 수 | 형태 빈도 | 화자 수 | 형태 빈도 | 화자 수 | 형태 빈도 | 화자 수 | 형태 빈도 | 화자 수 |
| 대신03 | NNG | 12 | 12 | 2 | 2 | 5 | 5 | 4 | 4 | 1 | 1 |
| 대우09 | NNG | 1 | 1 | | | | | 1 | 1 | | |
| -대잖아(다잖아) | EF | 6 | 6 | | | 3 | 3 | 3 | 3 | | |
| 대장04 | NNG | 5 | 4 | 2 | 1 | 2 | 2 | | | 1 | 1 |
| 대장균 | NNG | 1 | 1 | | | | | | | 1 | 1 |
| 대전13 | NNG | 1 | 1 | | | | | | | 1 | 1 |
| 대접05 | NNG | 1 | 1 | | | | | 1 | 1 | | |
| 대접05하다 | VV | 2 | 1 | | | 2 | 1 | | | | |
| 대짜 | NNG | 2 | 2 | | | | | | | 2 | 2 |
| 대체02 | MAG | 1 | 1 | | | | | 1 | 1 | | |
| 대충01 | MAG | 20 | 12 | | | 1 | 1 | 11 | 7 | 8 | 4 |
| 대충대충 | MAG | 2 | 2 | | | 1 | 1 | 1 | 1 | | |
| 대통령 | NNG | 2 | 2 | 1 | 1 | | | 1 | 1 | | |
| 대판02 | NNG | 2 | 1 | | | | | | | 2 | 1 |
| 대표 | NNG | 1 | 1 | | | | | | | 1 | 1 |
| 대표적 | NNG | 1 | 1 | | | | | 1 | 1 | | |
| 대하다02 | VV | 62 | 38 | 5 | 4 | 5 | 5 | 49 | 27 | 3 | 2 |
| 대학01 | NNG | 39 | 27 | | | | | 20 | 11 | 19 | 16 |
| 대학교 | NNG | 25 | 17 | 3 | 1 | 3 | 2 | 16 | 11 | 3 | 3 |
| 대학생 | NNG | 6 | 4 | | | 4 | 2 | 2 | 2 | | |
| 대학원 | NNG | 2 | 2 | | | | | 1 | 1 | 1 | 1 |
| 대화06 | NNG | 43 | 25 | 3 | 1 | | | 27 | 15 | 13 | 9 |
| 대화06하다 | VV | 15 | 10 | 2 | 1 | | | 11 | 7 | 2 | 2 |
| 대회02 | NNG | 17 | 12 | 7 | 4 | 5 | 5 | 5 | 3 | | |
| 댁01 | NNG | 5 | 4 | 1 | 1 | 1 | 1 | 3 | 2 | | |
| -댄다 | EF | 1 | 1 | | | | | 1 | 1 | | |
| -댄다(단다) | EF | 1 | 1 | | | | | 1 | 1 | | |
| 댄스 | NNG | 2 | 1 | | | | | 2 | 1 | | |
| -댔냐 | EF | 1 | 1 | | | | | 1 | 1 | | |
| -댔잖아 | EF | 5 | 4 | | | 2 | 2 | | | 3 | 2 |
| -더(어11) | EF | 1 | 1 | 1 | 1 | | | | | | |
| 더01 | MAG | 241 | 158 | 43 | 32 | 72 | 47 | 81 | 44 | 45 | 35 |
| 더구나01 | MAG | 1 | 1 | | | | | | | 1 | 1 |
| -더군 | EF | 1 | 1 | | | | | 1 | 1 | | |
| 더군다나 | MAG | 2 | 1 | | | | | 2 | 1 | | |
| -더냐 | EF | 1 | 1 | | | | | | | 1 | 1 |
| -더니01 | EC | 107 | 57 | 9 | 8 | 43 | 23 | 39 | 16 | 16 | 10 |

| 형태 | 품사 | 전체 | | 초등학교 저학년 | | 초등학교 고학년 | | 중학생 | | 고등학생 | |
|---|---|---|---|---|---|---|---|---|---|---|---|
| | | 형태 빈도 | 화자 수 | 형태 빈도 | 화자 수 | 형태 빈도 | 화자 수 | 형태 빈도 | 화자 수 | 형태 빈도 | 화자 수 |
| -더니03 | EF | 3 | 3 | 1 | 1 | | | | | 2 | 2 |
| -더니만 | EC | 2 | 2 | | | | | 1 | 1 | 1 | 1 |
| -더라 | EF | 138 | 102 | 24 | 18 | 47 | 33 | 36 | 27 | 31 | 24 |
| -더라고 | EF | 5 | 5 | | | 2 | 2 | | | 3 | 3 |
| -더라구(더라고) | EF | 12 | 9 | 3 | 1 | 3 | 3 | 4 | 3 | 2 | 2 |
| -더라도 | EC | 2 | 1 | 2 | 1 | | | | | | |
| -더래 | EF | 5 | 3 | | | | | 2 | 1 | 3 | 2 |
| 더럽다 | VA | 5 | 4 | 1 | 1 | | | 4 | 3 | | |
| -더만 | EF | 1 | 1 | | | | | | | 1 | 1 |
| 더욱더 | MAG | 1 | 1 | 1 | 1 | | | | | | |
| 더하기 | NNG | 1 | 1 | | | 1 | 1 | | | | |
| 더하다 | VA | 4 | 1 | | | 4 | 1 | | | | |
| -던02 | ETM | 90 | 69 | 19 | 12 | 30 | 19 | 20 | 19 | 21 | 19 |
| -던가 | EF | 6 | 6 | | | 2 | 2 | 1 | 1 | 3 | 3 |
| -던가(든가02) | EC | 8 | 4 | | | 5 | 2 | 2 | 1 | 1 | 1 |
| -던데01 | EC | 44 | 38 | 2 | 1 | 6 | 6 | 15 | 13 | 21 | 18 |
| -던데02 | EF | 50 | 43 | 5 | 4 | 11 | 11 | 23 | 18 | 11 | 10 |
| -던지 | EC | 2 | 2 | 1 | 1 | 1 | 1 | | | | |
| -던지(든지02) | EC | 5 | 3 | | | | | 3 | 1 | 2 | 2 |
| 던지다 | VV | 26 | 17 | 6 | 6 | 15 | 7 | 4 | 3 | 1 | 1 |
| 덤블링 | NNG | 2 | 1 | | | 2 | 1 | | | | |
| 덤블링장 | NNG | 1 | 1 | | | 1 | 1 | | | | |
| 덤비다 | VV | 1 | 1 | 1 | 1 | | | | | | |
| 덥다01 | VA | 6 | 6 | 1 | 1 | 4 | 4 | | | 1 | 1 |
| 덩러덩02 | MAG | 1 | 1 | | | | | 1 | 1 | | |
| 덩어리 | NNG | 3 | 2 | | | 2 | 1 | | | 1 | 1 |
| 덩치01 | NNG | 1 | 1 | | | 1 | 1 | | | | |
| 덮치다 | VV | 6 | 3 | 1 | 1 | | | 5 | 2 | | |
| 덮히다 | VV | 1 | 1 | | | 1 | 1 | | | | |
| -데(대22) | EF | 1 | 1 | | | 1 | 1 | | | | |
| 데(데리)다 | VV | 4 | 3 | | | | | 3 | 2 | 1 | 1 |
| 데01 | NNB | 129 | 91 | 12 | 11 | 31 | 24 | 44 | 31 | 42 | 25 |
| -데05 | EF | 1 | 1 | | | | | | | 1 | 1 |
| 데게(되게) | MAG | 2 | 1 | | | | | | | 2 | 1 |
| 데꾸가(데려가)다 | VV | 1 | 1 | | | | | | | 1 | 1 |
| 데려가다 | VV | 11 | 9 | 2 | 2 | 4 | 2 | 2 | 2 | 3 | 3 |
| 데리다 | VV | 18 | 15 | 3 | 3 | 6 | 5 | 4 | 4 | 5 | 3 |

| 형태 | 품사 | 전체 | | 초등학교 저학년 | | 초등학교 고학년 | | 중학생 | | 고등학생 | |
|---|---|---|---|---|---|---|---|---|---|---|---|
| | | 형태빈도 | 화자수 | 형태빈도 | 화자수 | 형태빈도 | 화자수 | 형태빈도 | 화자수 | 형태빈도 | 화자수 |
| 데미지 | NNG | 2 | 2 | | | 2 | 2 | | | | |
| 데생 | NNG | 3 | 2 | 3 | 2 | | | | | | |
| 데이 | NNG | 8 | 2 | 2 | 1 | | | 6 | 1 | | |
| 데이(데01)다 | VV | 1 | 1 | | | | | 1 | 1 | | |
| 델(데리)다 | VV | 1 | 1 | | | | | | | 1 | 1 |
| -도(ㅕ도) | EC | 1 | 1 | 1 | 1 | | | | | | |
| 도14 | NNG | 1 | 1 | 1 | 1 | | | | | | |
| 도15 | JX | 1840 | 438 | 303 | 103 | 513 | 112 | 586 | 113 | 438 | 110 |
| 도구10 | NNG | 2 | 2 | | | 1 | 1 | 1 | 1 | | |
| 도깨비 | NNG | 1 | 1 | | | 1 | 1 | | | | |
| 도끼01 | NNG | 5 | 3 | 4 | 2 | 1 | 1 | | | | |
| 도난01 | NNG | 2 | 1 | | | | | | | 2 | 1 |
| 도대체 | MAG | 13 | 12 | 2 | 2 | | | 9 | 8 | 2 | 2 |
| 도덕 | NNG | 4 | 3 | | | | | 4 | 3 | | |
| 도둑01 | NNG | 3 | 3 | 2 | 2 | 1 | 1 | | | | |
| 도둑01질11XSN | NNG | 1 | 1 | | | 1 | 1 | | | | |
| 도둑놈01 | NNG | 1 | 1 | | | | | | | 1 | 1 |
| 도로01 | MAG | 1 | 1 | 1 | 1 | | | | | | |
| 도로03 | NNG | 1 | 1 | | | | | | | 1 | 1 |
| -도록05 | EC | 7 | 6 | | | 3 | 3 | 1 | 1 | 3 | 2 |
| 도망02 | NNG | 3 | 3 | 1 | 1 | 2 | 2 | | | | |
| 도망가다 | VV | 7 | 7 | 3 | 3 | 1 | 1 | 2 | 2 | 1 | 1 |
| 도망치다 | VV | 2 | 2 | | | 2 | 2 | | | | |
| 도무지02 | MAG | 1 | 1 | | | | | 1 | 1 | | |
| 도사10 | NNG | 5 | 5 | 2 | 2 | 2 | 2 | | | 1 | 1 |
| 도서06실12XSN | NNG | 2 | 2 | | | 2 | 2 | | | | |
| 도서관 | NNG | 4 | 4 | | | 3 | 3 | | | 1 | 1 |
| 도서실 | NNG | 9 | 7 | 3 | 1 | 4 | 4 | 2 | 2 | | |
| 도시03 | NNG | 1 | 1 | 1 | 1 | | | | | | |
| 도시건설환경공학과 | NNG | 1 | 1 | | | | | | | 1 | 1 |
| 도시락 | NNG | 2 | 2 | | | 1 | 1 | | | 1 | 1 |
| 도안10 | NNG | 1 | 1 | | | | | 1 | 1 | | |
| 도와주다 | VV | 19 | 12 | 5 | 4 | 8 | 5 | | | 6 | 3 |
| 도용02하다 | VV | 1 | 1 | | | | | 1 | 1 | | |
| 도우미 | NNG | 2 | 2 | | | 1 | 1 | | | 1 | 1 |
| 도움 | NNG | 2 | 2 | | | | | 1 | 1 | 1 | 1 |
| 도장17 | NNG | 4 | 2 | | | 4 | 2 | | | | |

| 형태 | 품사 | 전체 | | 초등학교 저학년 | | 초등학교 고학년 | | 중학생 | | 고등학생 | |
|---|---|---|---|---|---|---|---|---|---|---|---|
| | | 형태 빈도 | 화자 수 | 형태 빈도 | 화자 수 | 형태 빈도 | 화자 수 | 형태 빈도 | 화자 수 | 형태 빈도 | 화자 수 |
| 도저히 | MAG | 3 | 3 | | | 1 | 1 | 2 | 2 | | |
| 도적01 | NNG | 2 | 1 | | | 2 | 1 | | | | |
| 도착01하다 | VV | 6 | 5 | | | 2 | 2 | 1 | 1 | 3 | 2 |
| 도청06 | NNG | 1 | 1 | | | 1 | 1 | | | | |
| 도청기 | NNG | 1 | 1 | | | | | | | 1 | 1 |
| 도토리 | NNG | 2 | 2 | | | 2 | 2 | | | | |
| 독04 | NNG | 2 | 1 | | | 2 | 1 | | | | |
| 독감기 | NNG | 1 | 1 | 1 | 1 | | | | | | |
| 독립하다 | VV | 2 | 1 | | | 2 | 1 | | | | |
| 독서03 | NNG | 9 | 8 | 4 | 3 | 4 | 4 | | | 1 | 1 |
| 독서03록 | NNG | 1 | 1 | 1 | 1 | | | | | | |
| 독서실 | NNG | 3 | 3 | | | | | 1 | 1 | 2 | 2 |
| 독수리 | NNG | 3 | 2 | 2 | 1 | | | 1 | 1 | | |
| 돈01 | NNG | 225 | 114 | 19 | 12 | 78 | 36 | 67 | 32 | 61 | 34 |
| 돈까스 | NNG | 1 | 1 | | | 1 | 1 | | | | |
| 돈벌이 | NNG | 2 | 1 | | | | | | | 2 | 1 |
| 돈지랄 | NNG | 1 | 1 | | | | | | | 1 | 1 |
| 돌01 | NNG | 2 | 2 | 1 | 1 | | | 1 | 1 | | |
| 돌02 | NNG | 16 | 14 | 7 | 7 | 7 | 6 | | | 2 | 1 |
| 돌다 | VV | 27 | 18 | 2 | 2 | 15 | 8 | 7 | 5 | 3 | 3 |
| 돌리04□03 | NNG | 2 | 1 | | | 2 | 1 | | | | |
| 돌리다04 | VV | 12 | 9 | 2 | 2 | 5 | 3 | 2 | 2 | 3 | 2 |
| 돌아가다 | VV | 12 | 10 | 3 | 3 | 4 | 3 | 3 | 2 | 2 | 2 |
| 돌아가시다 | VV | 1 | 1 | | | 1 | 1 | | | | |
| 돌아다니다 | VV | 15 | 14 | 4 | 4 | 8 | 7 | 1 | 1 | 2 | 2 |
| 돌아댕기(돌아다니)다 | VV | 1 | 1 | | | 1 | 1 | | | | |
| 돌아보다 | VV | 1 | 1 | | | | | 1 | 1 | | |
| 돌아오다 | VV | 12 | 11 | 5 | 5 | 4 | 4 | 3 | 2 | | |
| 돌잔치 | NNG | 2 | 1 | 2 | 1 | | | | | | |
| 돕다 | VV | 6 | 5 | | | 2 | 2 | 1 | 1 | 3 | 2 |
| 동15 | NNB | 15 | 9 | 2 | 2 | | | 6 | 3 | 7 | 4 |
| 동18 | NNG | 5 | 4 | 2 | 2 | 3 | 2 | | | | |
| 동갑01 | NNG | 1 | 1 | | | 1 | 1 | | | | |
| 동관06 | NNG | 1 | 1 | | | 1 | 1 | | | | |
| 동굴 | NNG | 3 | 2 | 3 | 2 | | | | | | |
| 동그라미 | NNG | 3 | 2 | 2 | 1 | | | 1 | 1 | | |
| 동그랗다 | VA | 7 | 5 | 2 | 1 | 3 | 3 | 2 | 1 | | |

| 형태 | 품사 | 전체 | | 초등학교 저학년 | | 초등학교 고학년 | | 중학생 | | 고등학생 | |
|---|---|---|---|---|---|---|---|---|---|---|---|
| | | 형태빈도 | 화자수 | 형태빈도 | 화자수 | 형태빈도 | 화자수 | 형태빈도 | 화자수 | 형태빈도 | 화자수 |
| 동네 | NNG | 19 | 14 | | | 1 | 1 | 3 | 3 | 15 | 10 |
| 동메달 | NNG | 2 | 1 | 2 | 1 | | | | | | |
| 동물 | NNG | 15 | 12 | 8 | 7 | 3 | 2 | 4 | 3 | | |
| 동복01 | NNG | 3 | 1 | | | | | 3 | 1 | | |
| 동생01 | NNG | 130 | 74 | 58 | 27 | 26 | 15 | 24 | 18 | 22 | 14 |
| 동성02 | NNG | 2 | 2 | | | | | 2 | 2 | | |
| 동성애 | NNG | 3 | 3 | | | 1 | 1 | 2 | 2 | | |
| 동시02 | NNG | 2 | 2 | | | 1 | 1 | 1 | 1 | | |
| 동안01 | NNG | 70 | 60 | 5 | 5 | 20 | 18 | 22 | 16 | 23 | 21 |
| 동양화 | NNG | 1 | 1 | | | | | 1 | 1 | | |
| 동영상 | NNG | 2 | 2 | | | 1 | 1 | 1 | 1 | | |
| 동요02 | NNG | 6 | 2 | | | 6 | 2 | | | | |
| 동원02 | NNG | 1 | 1 | | | 1 | 1 | | | | |
| 동원02하다 | VV | 1 | 1 | | | 1 | 1 | | | | |
| 동인01 | NNG | 1 | 1 | | | | | 1 | 1 | | |
| 동자03 | NNG | 1 | 1 | | | | | 1 | 1 | | |
| 동작03 | NNG | 1 | 1 | | | | | 1 | 1 | | |
| 동전05 | NNG | 3 | 2 | | | 1 | 1 | 2 | 1 | | |
| 동점01 | NNG | 1 | 1 | 1 | 1 | | | | | | |
| 동참하다 | VV | 1 | 1 | | | | | 1 | 1 | | |
| 동태03 | NNG | 2 | 2 | | | 2 | 2 | | | | |
| 동화02 | NNG | 3 | 2 | | | | | | | 3 | 2 |
| 동화07 | NNG | 1 | 1 | | | 1 | 1 | | | | |
| 돼지 | NNG | 17 | 10 | 10 | 5 | 3 | 2 | 3 | 2 | 1 | 1 |
| 돼지꿈 | NNG | 4 | 2 | 4 | 2 | | | | | | |
| 되게 | MAG | 253 | 139 | 26 | 18 | 59 | 35 | 100 | 50 | 68 | 36 |
| 되다01 | VV | 1478 | 415 | 209 | 92 | 443 | 106 | 461 | 113 | 365 | 104 |
| 되도록 | MAG | 1 | 1 | | | | | | | 1 | 1 |
| 된장국 | NNG | 1 | 1 | | | | | 1 | 1 | | |
| 두(도15) | JX | 2 | 2 | 1 | 1 | | | 1 | 1 | | |
| 두(둘01) | NR | 1 | 1 | 1 | 1 | | | | | | |
| 두01 | MM | 194 | 133 | 67 | 40 | 53 | 41 | 41 | 26 | 33 | 26 |
| 두01 | NR | 2 | 1 | | | | | | | 2 | 1 |
| 두10 | JX | 224 | 126 | 74 | 39 | 97 | 47 | 43 | 32 | 10 | 8 |
| 두근두근거리다 | VV | 1 | 1 | 1 | 1 | | | | | | |
| 두껍다 | VA | 5 | 4 | 2 | 1 | 2 | 2 | | | 1 | 1 |
| 두께01 | NNG | 2 | 2 | | | 1 | 1 | 1 | 1 | | |

| 형태 | 품사 | 전체 | | 초등학교 저학년 | | 초등학교 고학년 | | 중학생 | | 고등학생 | |
|---|---|---|---|---|---|---|---|---|---|---|---|
| | | 형태 빈도 | 화자 수 | 형태 빈도 | 화자 수 | 형태 빈도 | 화자 수 | 형태 빈도 | 화자 수 | 형태 빈도 | 화자 수 |
| 두다01 | VV | 11 | 11 | 5 | 5 | 2 | 2 | 3 | 3 | 1 | 1 |
| 두다01 | VX | 4 | 4 | 2 | 2 | | | 2 | 2 | | |
| 두더지01 | NNG | 1 | 1 | | | | | 1 | 1 | | |
| 두드리다 | VV | 1 | 1 | 1 | 1 | | | | | | |
| 두들기다 | VV | 1 | 1 | | | | | | | 1 | 1 |
| 두렵다01 | VA | 1 | 1 | | | | | 1 | 1 | | |
| 두부01 | NNG | 3 | 3 | | | 2 | 2 | | | 1 | 1 |
| 두세 | MM | 2 | 2 | | | 1 | 1 | | | 1 | 1 |
| 둘01 | MM | 2 | 2 | 1 | 1 | 1 | 1 | | | | |
| 둘01 | NR | 78 | 58 | 16 | 13 | 18 | 14 | 25 | 18 | 19 | 13 |
| 둘째 | MM | 1 | 1 | 1 | 1 | | | | | | |
| 둘째 | NR | 13 | 4 | | | 9 | 3 | 4 | 1 | | |
| 둥04 | NNB | 3 | 3 | | | 1 | 1 | 1 | 1 | 1 | 1 |
| 둥06 | MAG | 2 | 1 | | | 2 | 1 | | | | |
| 둥그렇다 | VA | 1 | 1 | 1 | 1 | | | | | | |
| 둥둥02 | MAG | 1 | 1 | | | 1 | 1 | | | | |
| 뒈지다 | VV | 3 | 2 | | | | | 2 | 1 | 1 | 1 |
| 뒤01 | NNG | 63 | 44 | 10 | 8 | 32 | 19 | 13 | 9 | 8 | 8 |
| 뒤돌다 | VV | 1 | 1 | | | | | | | 1 | 1 |
| 뒤땅(뒷담화) | NNG | 2 | 2 | | | | | 2 | 2 | | |
| 뒤떨어지다 | VV | 1 | 1 | | | | | | | 1 | 1 |
| 뒤룩뒤룩02 | MAG | 1 | 1 | | | | | | | 1 | 1 |
| 뒤지다02 | VV | 6 | 6 | 2 | 2 | 2 | 2 | 2 | 2 | | |
| 뒤지다03 | VV | 9 | 7 | | | 3 | 3 | 1 | 1 | 5 | 3 |
| 뒤집다 | VV | 8 | 8 | 4 | 4 | 2 | 2 | | | 2 | 2 |
| 뒷(뒤01) | NNG | 1 | 1 | | | | | 1 | 1 | | |
| 뒷골 | NNG | 1 | 1 | | | | | | | 1 | 1 |
| 뒷담02 | NNG | 4 | 3 | | | | | 4 | 3 | | |
| 뒷땅(뒷담02) | NNG | 2 | 2 | | | | | 2 | 2 | | |
| 뒷모습 | NNG | 1 | 1 | | | | | 1 | 1 | | |
| 뒷받침되다 | VV | 1 | 1 | | | | | 1 | 1 | | |
| 뒷자리 | NNG | 2 | 2 | | | 2 | 2 | | | | |
| 뒷장02 | NNG | 1 | 1 | 1 | 1 | | | | | | |
| 뒹구르(뒹굴)다 | VV | 1 | 1 | 1 | 1 | | | | | | |
| 뒹굴다 | VV | 2 | 2 | 1 | 1 | | | | | 1 | 1 |
| -드니(더니01) | EC | 2 | 2 | | | 1 | 1 | | | 1 | 1 |
| 드드 | MAG | 1 | 1 | | | 1 | 1 | | | | |

| 형태 | 품사 | 전체 | | 초등학교 저학년 | | 초등학교 고학년 | | 중학생 | | 고등학생 | |
|---|---|---|---|---|---|---|---|---|---|---|---|
| | | 형태 빈도 | 화자 수 | 형태 빈도 | 화자 수 | 형태 빈도 | 화자 수 | 형태 빈도 | 화자 수 | 형태 빈도 | 화자 수 |
| 드디어 | MAG | 5 | 4 | 1 | 1 | 1 | 1 | 3 | 2 | | |
| -드라(더라) | EF | 23 | 20 | 7 | 6 | 6 | 6 | 5 | 5 | 5 | 3 |
| -드라고(더라고) | EF | 1 | 1 | | | | | 1 | 1 | | |
| 드라마 | NNG | 19 | 15 | | | 3 | 2 | 16 | 13 | | |
| 드러(더럽)다 | VA | 1 | 1 | | | 1 | 1 | | | | |
| 드럼02 | NNG | 2 | 1 | | | 2 | 1 | | | | |
| 드럽(더럽)다 | VA | 11 | 9 | 3 | 3 | 3 | 2 | 4 | 3 | 1 | 1 |
| 드레스 | NNG | 2 | 1 | | | | | | | 2 | 1 |
| 드르르륵 | MAG | 1 | 1 | | | 1 | 1 | | | | |
| 드리다01 | VV | 5 | 5 | | | 3 | 3 | | | 2 | 2 |
| 드리다01 | VX | 6 | 4 | | | 2 | 2 | 4 | 2 | | |
| 드릴 | NNG | 2 | 2 | 2 | 2 | | | | | | |
| -드만(더만) | EF | 1 | 1 | | | | | | | 1 | 1 |
| 드물다 | VA | 2 | 1 | | | | | | | 2 | 1 |
| -든(던03) | EF | 1 | 1 | | | | | | | 1 | 1 |
| -든02 | EC | 5 | 2 | | | 3 | 1 | 2 | 1 | | |
| -든가02 | EC | 6 | 4 | 2 | 1 | | | 1 | 1 | 3 | 2 |
| -든데(던데02) | EF | 1 | 1 | | | 1 | 1 | | | | |
| -든지02 | EC | 7 | 6 | 2 | 1 | 1 | 1 | 3 | 3 | 1 | 1 |
| 듣기 | NNG | 2 | 2 | 1 | 1 | | | 1 | 1 | | |
| 듣다01 | VV | 159 | 108 | 11 | 10 | 41 | 29 | 59 | 35 | 48 | 34 |
| 들05 | JX | 1 | 1 | | | | | | | 1 | 1 |
| 들다01 | VV | 88 | 63 | 14 | 10 | 27 | 18 | 28 | 21 | 19 | 14 |
| 들다01 | VX | 2 | 2 | | | 2 | 2 | | | | |
| 들다04 | VV | 41 | 28 | 6 | 5 | 20 | 12 | 11 | 8 | 4 | 3 |
| 들락날락하다 | VV | 1 | 1 | | | | | 1 | 1 | | |
| 들려주다 | VV | 4 | 4 | 1 | 1 | 1 | 1 | 2 | 2 | | |
| 들르다 | VV | 2 | 2 | | | 1 | 1 | 1 | 1 | | |
| 들리다03 | VV | 49 | 42 | 5 | 5 | 3 | 3 | 31 | 24 | 10 | 10 |
| 들리다07 | VV | 5 | 4 | | | 1 | 1 | 1 | 1 | 3 | 2 |
| 들어(들어가01)다 | VV | 1 | 1 | | | 1 | 1 | | | | |
| 들어가다01 | VV | 142 | 78 | 30 | 13 | 37 | 21 | 59 | 31 | 16 | 13 |
| 들어오다 | VV | 65 | 49 | 14 | 9 | 16 | 13 | 22 | 16 | 13 | 11 |
| 들어주다 | VV | 1 | 1 | | | 1 | 1 | | | | |
| 들이다02 | VV | 4 | 3 | | | | | 4 | 3 | | |
| 들이대다02 | VV | 1 | 1 | | | | | 1 | 1 | | |
| 들키다01 | VV | 1 | 1 | | | 1 | 1 | | | | |

| 형태 | 품사 | 전체 | | 초등학교 저학년 | | 초등학교 고학년 | | 중학생 | | 고등학생 | |
|---|---|---|---|---|---|---|---|---|---|---|---|
| | | 형태 빈도 | 화자 수 | 형태 빈도 | 화자 수 | 형태 빈도 | 화자 수 | 형태 빈도 | 화자 수 | 형태 빈도 | 화자 수 |
| 듬뿍 | MAG | 2 | 1 | 2 | 1 | | | | | | |
| 듯01 | NNB | 4 | 4 | | | 1 | 1 | 1 | 1 | 2 | 2 |
| -듯이02 | EC | 4 | 4 | | | 2 | 2 | 1 | 1 | 1 | 1 |
| 등01 | NNG | 2 | 2 | | | 2 | 2 | | | | |
| 등04 | NNB | 40 | 16 | | | 22 | 7 | 14 | 6 | 4 | 3 |
| 등05 | NNB | 6 | 2 | | | 3 | 1 | | | 3 | 1 |
| 등교 | NNG | 1 | 1 | | | | | 1 | 1 | | |
| 등교하다 | VV | 2 | 1 | | | | | 2 | 1 | | |
| 등급 | NNG | 1 | 1 | | | | | | | 1 | 1 |
| 등등01 | NNB | 2 | 2 | | | 1 | 1 | 1 | 1 | | |
| 등록01 | NNG | 2 | 2 | 2 | 2 | | | | | | |
| 등록01하다 | VV | 1 | 1 | | | | | 1 | 1 | | |
| 등록금 | NNG | 1 | 1 | | | | | 1 | 1 | | |
| 등산 | NNG | 1 | 1 | | | | | | | 1 | 1 |
| 등수01 | NNG | 2 | 2 | | | | | 2 | 2 | | |
| 등장01 | NNG | 1 | 1 | | | 1 | 1 | | | | |
| 디03 | NNG | 2 | 1 | | | 2 | 1 | | | | |
| -디04 | EC | 1 | 1 | | | | | | | 1 | 1 |
| -디05 | EF | 5 | 3 | | | | | | | 5 | 3 |
| 디개(되게) | MAG | 1 | 1 | | | 1 | 1 | | | | |
| 디게(되게) | MAG | 36 | 23 | 8 | 3 | 19 | 12 | 3 | 3 | 6 | 5 |
| 디근 | NNG | 2 | 2 | | | | | | | 2 | 2 |
| 디따 | MAG | 3 | 3 | 1 | 1 | 1 | 1 | 1 | 1 | | |
| 디비디(디브이디) | NNG | 2 | 2 | | | 2 | 2 | | | | |
| 디자이너 | NNG | 3 | 2 | | | 3 | 2 | | | | |
| 디자인 | NNG | 6 | 3 | | | | | 4 | 1 | 2 | 2 |
| 디지(뒤지02)다 | VV | 1 | 1 | | | | | | | 1 | 1 |
| 디지(뒤지03)다 | VV | 3 | 2 | | | 3 | 2 | | | | |
| 디지털 | NNG | 4 | 4 | | | | | 2 | 2 | 2 | 2 |
| 디카 | NNG | 1 | 1 | | | | | | | 1 | 1 |
| 디피컬트 | NNG | 1 | 1 | | | | | 1 | 1 | | |
| 딜(일07) | NNB | 1 | 1 | 1 | 1 | | | | | | |
| 따(다06) | JX | 1 | 1 | | | | | | | 1 | 1 |
| 따(딱02) | MAG | 3 | 1 | | | | | | | 3 | 1 |
| 따(에다05) | JX | 1 | 1 | 1 | 1 | | | | | | |
| 따02 | NNG | 6 | 1 | | | | | 6 | 1 | | |
| 따가(다가02) | JX | 3 | 2 | 1 | 1 | 2 | 1 | | | | |

| 형태 | 품사 | 전체 | | 초등학교 저학년 | | 초등학교 고학년 | | 중학생 | | 고등학생 | |
|---|---|---|---|---|---|---|---|---|---|---|---|
| | | 형태 빈도 | 화자 수 | 형태 빈도 | 화자 수 | 형태 빈도 | 화자 수 | 형태 빈도 | 화자 수 | 형태 빈도 | 화자 수 |
| 따갑다 | VA | 5 | 3 | | | 5 | 3 | | | | |
| 따그닥 | MAG | 2 | 1 | 2 | 1 | | | | | | |
| 따는(다른) | MM | 1 | 1 | 1 | 1 | | | | | | |
| 따다01 | VV | 18 | 12 | 4 | 4 | 6 | 2 | 4 | 3 | 4 | 3 |
| 따돌리다 | VV | 3 | 3 | 1 | 1 | 1 | 1 | 1 | 1 | | |
| 따듯하다 | VA | 1 | 1 | | | | | 1 | 1 | | |
| 따뜻하다 | VA | 7 | 6 | 3 | 2 | 1 | 1 | 2 | 2 | 1 | 1 |
| 따라 | JX | 2 | 2 | | | 2 | 2 | | | | |
| 따라가다 | VV | 4 | 4 | 1 | 1 | | | 1 | 1 | 2 | 2 |
| 따라다니다 | VV | 1 | 1 | 1 | 1 | | | | | | |
| 따라오다 | VV | 1 | 1 | | | 1 | 1 | | | | |
| 따라잡다 | VV | 1 | 1 | | | 1 | 1 | | | | |
| 따로 | MAG | 12 | 10 | | | | | 5 | 3 | 7 | 7 |
| 따르(다르01)다 | VA | 1 | 1 | | | 1 | 1 | | | | |
| 따르(다른) | MM | 1 | 1 | | | 1 | 1 | | | | |
| 따르다01 | VV | 18 | 17 | 6 | 6 | 4 | 3 | 6 | 6 | 2 | 2 |
| 따르다02 | VV | 2 | 2 | | | 2 | 2 | | | | |
| 따르릉 | MAG | 2 | 1 | 2 | 1 | | | | | | |
| 따른(다른) | MM | 49 | 38 | 14 | 12 | 13 | 11 | 9 | 5 | 13 | 10 |
| 따운(다운) | NNG | 3 | 2 | | | | | 1 | 1 | 2 | 1 |
| 따위 | NNB | 2 | 2 | | | 1 | 1 | 1 | 1 | | |
| 따지다01 | VV | 6 | 6 | | | 3 | 3 | 2 | 2 | 1 | 1 |
| 딱(닦01)다 | VV | 2 | 2 | | | 1 | 1 | 1 | 1 | | |
| 딱02 | MAG | 160 | 63 | 28 | 13 | 77 | 23 | 30 | 15 | 25 | 12 |
| 딱03 | MAG | 298 | 126 | 54 | 29 | 140 | 46 | 67 | 27 | 37 | 24 |
| 딱딱01 | MAG | 1 | 1 | 1 | 1 | | | | | | |
| 딱딱05하다 | VA | 2 | 1 | | | 2 | 1 | | | | |
| 딱지01 | NNG | 3 | 2 | | | 3 | 2 | | | | |
| 딱지04 | NNG | 2 | 2 | 2 | 2 | | | | | | |
| 딱히 | MAG | 1 | 1 | | | | | | | 1 | 1 |
| 딴(다른) | MM | 4 | 4 | | | 1 | 1 | 1 | 1 | 2 | 2 |
| 딴03 | MM | 52 | 39 | 5 | 5 | 11 | 9 | 17 | 11 | 19 | 14 |
| 딴판 | NNG | 1 | 1 | | | | | 1 | 1 | | |
| 딸01 | NNG | 7 | 6 | 1 | 1 | 3 | 3 | 1 | 1 | 2 | 1 |
| 딸기 | NNG | 8 | 7 | 2 | 2 | 1 | 1 | 2 | 1 | 3 | 3 |
| 딸리(달리03)다 | VV | 5 | 4 | 2 | 1 | | | 3 | 3 | | |
| 땀01 | NNG | 4 | 4 | 1 | 1 | 2 | 2 | | | 1 | 1 |

| 형태 | 품사 | 전체 | | 초등학교 저학년 | | 초등학교 고학년 | | 중학생 | | 고등학생 | |
|---|---|---|---|---|---|---|---|---|---|---|---|
| | | 형태빈도 | 화자수 | 형태빈도 | 화자수 | 형태빈도 | 화자수 | 형태빈도 | 화자수 | 형태빈도 | 화자수 |
| 땅(딱02) | MAG | 1 | 1 | 1 | 1 | | | | | | |
| 땅01 | NNG | 13 | 10 | 3 | 2 | 5 | 4 | 5 | 4 | | |
| 땅꼬마 | NNG | 1 | 1 | 1 | 1 | | | | | | |
| 땅콩 | NNG | 1 | 1 | | | | | | | 1 | 1 |
| 땋다 | VV | 1 | 1 | | | | | 1 | 1 | | |
| 때01 | NNG | 738 | 286 | 159 | 67 | 267 | 84 | 179 | 72 | 133 | 63 |
| 때02 | NNG | 5 | 2 | | | 4 | 1 | 1 | 1 | | |
| 때려치(때려치우)다 | VV | 1 | 1 | | | | | 1 | 1 | | |
| 때리다01 | VV | 86 | 54 | 15 | 10 | 35 | 22 | 25 | 14 | 11 | 8 |
| 때문 | NNB | 63 | 51 | 5 | 5 | 16 | 13 | 25 | 20 | 17 | 13 |
| 때우다01 | VV | 6 | 5 | | | 2 | 2 | 4 | 3 | | |
| 땐스(댄스) | NNG | 1 | 1 | | | 1 | 1 | | | | |
| 땜03 | NNB | 24 | 23 | 7 | 7 | 5 | 5 | 8 | 7 | 4 | 4 |
| 땡02 | MAG | 2 | 1 | 2 | 1 | | | | | | |
| 땡03 | NNG | 2 | 2 | | | 1 | 1 | | | 1 | 1 |
| 땡그랗다 | VA | 1 | 1 | | | 1 | 1 | | | | |
| 땡기(당기01)다 | VV | 1 | 1 | | | | | | | 1 | 1 |
| 땡기(땅기01)다 | VV | 1 | 1 | | | | | | | 1 | 1 |
| 땡땡땡 | MAG | 1 | 1 | | | 1 | 1 | | | | |
| 땡땡이01 | NNG | 5 | 4 | | | 2 | 1 | | | 3 | 3 |
| 땡땡이치다 | VV | 1 | 1 | | | 1 | 1 | | | | |
| -떠(어11) | EF | 3 | 2 | 3 | 2 | | | | | | |
| 떠나다 | VV | 6 | 6 | 1 | 1 | 3 | 3 | 1 | 1 | 1 | 1 |
| 떠들다01 | VV | 12 | 10 | | | 3 | 3 | 9 | 7 | | |
| 떠먹다 | VV | 1 | 1 | | | 1 | 1 | | | | |
| 떠블류(더블유) | NNG | 1 | 1 | | | 1 | 1 | | | | |
| 떠오다 | VV | 1 | 1 | | | | | | | 1 | 1 |
| 떡01 | NNG | 5 | 5 | 2 | 2 | 1 | 1 | | | 2 | 2 |
| 떡꼬치 | NNG | 5 | 2 | | | 5 | 2 | | | | |
| 떡볶이 | NNG | 9 | 8 | 4 | 3 | 3 | 3 | 1 | 1 | 1 | 1 |
| 떨(떨어지)다 | VV | 1 | 1 | 1 | 1 | | | | | | |
| 떨다01 | VV | 32 | 20 | 5 | 5 | 19 | 8 | 4 | 4 | 4 | 3 |
| 떨리01 | VV | 21 | 12 | 14 | 6 | 3 | 3 | | | 4 | 3 |
| 떨어뜨리다 | VV | 8 | 8 | 3 | 3 | 3 | 3 | 2 | 2 | | |
| 떨어지다 | VV | 57 | 43 | 11 | 10 | 13 | 8 | 26 | 19 | 7 | 6 |
| 떨어트리다 | VV | 1 | 1 | | | | | | | 1 | 1 |
| 떼02 | NNG | 1 | 1 | | | 1 | 1 | | | | |

| 형태 | 품사 | 전체 | | 초등학교 저학년 | | 초등학교 고학년 | | 중학생 | | 고등학생 | |
|---|---|---|---|---|---|---|---|---|---|---|---|
| | | 형태빈도 | 화자수 | 형태빈도 | 화자수 | 형태빈도 | 화자수 | 형태빈도 | 화자수 | 형태빈도 | 화자수 |
| 떼다01 | VV | 6 | 5 | 1 | 1 | 4 | 3 | 1 | 1 | | |
| 또 | MAG | 238 | 154 | 62 | 42 | 78 | 48 | 55 | 38 | 43 | 26 |
| 또 | MAJ | 186 | 119 | 57 | 34 | 61 | 34 | 43 | 29 | 25 | 22 |
| 또(도15) | JX | 1 | 1 | | | 1 | 1 | | | | |
| -또(어11) | EF | 2 | 1 | 2 | 1 | | | | | | |
| 또라이 | NNG | 4 | 3 | | | 1 | 1 | 1 | 1 | 2 | 1 |
| 또래 | NNG | 3 | 3 | 1 | 1 | 1 | 1 | | | 1 | 1 |
| 똑같다 | VA | 71 | 49 | 20 | 12 | 22 | 13 | 19 | 16 | 10 | 8 |
| 똑같이 | MAG | 13 | 13 | 2 | 2 | 4 | 4 | 4 | 4 | 3 | 3 |
| 똑똑01 | MAG | 2 | 2 | 2 | 2 | | | | | | |
| 똑똑02하다 | VA | 7 | 4 | 4 | 2 | 1 | 1 | | | 2 | 1 |
| 똑바로 | MAG | 4 | 4 | 1 | 1 | 1 | 1 | 1 | 1 | 1 | 1 |
| 똘추 | NNG | 3 | 2 | | | | | 3 | 2 | | |
| 똥 | NNG | 21 | 16 | 14 | 11 | 7 | 5 | | | | |
| 똥개 | NNG | 6 | 3 | 4 | 2 | | | 2 | 1 | | |
| 똥그라미 | NNG | 2 | 2 | 1 | 1 | 1 | 1 | | | | |
| 똥그랗다 | VA | 3 | 3 | 1 | 1 | 1 | 1 | 1 | 1 | | |
| 똥꼬 | NNG | 2 | 2 | 1 | 1 | 1 | 1 | | | | |
| 똥침 | NNG | 1 | 1 | 1 | 1 | | | | | | |
| 똥통 | NNG | 1 | 1 | | | 1 | 1 | | | | |
| 뚜(뚫)다 | VV | 3 | 2 | 3 | 2 | | | | | | |
| 뚜껑 | NNG | 1 | 1 | | | 1 | 1 | | | | |
| 뚜렷01하다 | VA | 1 | 1 | | | 1 | 1 | | | | |
| 뚜렷이 | MAG | 1 | 1 | | | 1 | 1 | | | | |
| 뚝딱02 | MAG | 1 | 1 | | | 1 | 1 | | | | |
| 뚝딱뚝딱 | MAG | 1 | 1 | 1 | 1 | | | | | | |
| 뚫다 | VV | 3 | 3 | 2 | 2 | 1 | 1 | | | | |
| 뚫리다 | VV | 1 | 1 | | | | | 1 | 1 | | |
| 뚫어지다 | VV | 1 | 1 | | | | | 1 | 1 | | |
| 뚱그렇다 | VA | 1 | 1 | | | | | 1 | 1 | | |
| 뚱땡 | NNG | 1 | 1 | 1 | 1 | | | | | | |
| 뚱뚱02하다 | VA | 7 | 7 | 1 | 1 | 1 | 1 | 2 | 2 | 3 | 3 |
| 뛰다01 | VV | 8 | 6 | 3 | 2 | 3 | 2 | 1 | 1 | 1 | 1 |
| 뛰다02 | VV | 11 | 10 | 2 | 2 | 3 | 3 | 5 | 4 | 1 | 1 |
| 뛰어가다 | VV | 3 | 3 | | | | | 2 | 2 | 1 | 1 |
| 뛰어다니다 | VV | 1 | 1 | | | 1 | 1 | | | | |
| 뛰치(뛰02)다 | VV | 1 | 1 | | | 1 | 1 | | | | |

| 형태 | 품사 | 전체 | | 초등학교<br>저학년 | | 초등학교<br>고학년 | | 중학생 | | 고등학생 | |
|---|---|---|---|---|---|---|---|---|---|---|---|
| | | 형태<br>빈도 | 화자<br>수 | 형태<br>빈도 | 화자<br>수 | 형태<br>빈도 | 화자<br>수 | 형태<br>빈도 | 화자<br>수 | 형태<br>빈도 | 화자<br>수 |
| 뜨개질01 | NNG | 2 | 1 | | | 2 | 1 | | | | |
| 뜨개질01하다 | VV | 1 | 1 | | | | | 1 | 1 | | |
| 뜨겁다 | VA | 5 | 5 | | | 1 | 1 | 1 | 1 | 3 | 3 |
| 뜨다01 | VV | 18 | 14 | | | 8 | 7 | 3 | 3 | 7 | 4 |
| 뜨다04 | VV | 3 | 3 | 1 | 1 | | | | | 2 | 2 |
| 뜨다09 | VV | 2 | 1 | | | | | | | 2 | 1 |
| 뜨다15 | VV | 5 | 2 | | | | | 5 | 2 | | |
| -뜨라(더라) | EF | 2 | 1 | 2 | 1 | | | | | | |
| 뜯어고치다 | VV | 1 | 1 | | | | | | | 1 | 1 |
| 뜯어먹다 | VV | 1 | 1 | | | | | | | 1 | 1 |
| 뜻 | NNG | 12 | 8 | 4 | 1 | 6 | 5 | 2 | 2 | | |
| 뜻뜻(뜨뜻)하다 | VA | 1 | 1 | | | | | 1 | 1 | | |
| 띄(떼01)다 | VV | 2 | 1 | | | | | 2 | 1 | | |
| 띄다01 | VV | 1 | 1 | | | 1 | 1 | | | | |
| 띠01 | NNG | 10 | 5 | 9 | 4 | 1 | 1 | | | | |
| 띠껍(티껍)다 | VA | 3 | 1 | | | | | 3 | 1 | | |
| 띠동갑 | NNG | 2 | 2 | | | 2 | 2 | | | | |
| 띠디딩 | MAG | 1 | 1 | 1 | 1 | | | | | | |
| 띠리딩 | MAG | 1 | 1 | 1 | 1 | | | | | | |
| 띡 | MAG | 1 | 1 | | | | | | | 1 | 1 |
| 띨하다 | VA | 1 | 1 | 1 | 1 | | | | | | |
| 띵가(결석하)다 | VV | 1 | 1 | | | | | 1 | 1 | | |
| 띵까(결석하)다 | VV | 2 | 2 | | | | | 1 | 1 | 1 | 1 |
| 띵까띵까 | MAG | 1 | 1 | | | | | 1 | 1 | | |
| 띵동띵동 | MAG | 1 | 1 | 1 | 1 | | | | | | |
| ㄹ02 | JKO | 306 | 186 | 39 | 34 | 85 | 54 | 109 | 56 | 73 | 42 |
| -ㄹ03 | ETM | 1567 | 427 | 273 | 96 | 480 | 113 | 491 | 113 | 323 | 105 |
| -ㄹ걸 | EF | 61 | 53 | 12 | 11 | 10 | 8 | 22 | 19 | 17 | 15 |
| -ㄹ게 | EF | 133 | 83 | 44 | 32 | 55 | 25 | 22 | 14 | 12 | 12 |
| -ㄹ까 | EF | 300 | 189 | 80 | 47 | 86 | 54 | 86 | 48 | 48 | 40 |
| -ㄹ꺼지 | EF | 2 | 2 | | | | | | | 2 | 2 |
| -ㄹ껀데 | EC | 1 | 1 | | | | | | | 1 | 1 |
| -ㄹ껄(ㄹ걸) | EF | 3 | 3 | 1 | 1 | | | | | 2 | 2 |
| -ㄹ는지01 | EC | 1 | 1 | | | | | 1 | 1 | | |
| -ㄹ라(ㄹ려고) | EC | 2 | 2 | | | | | | | 2 | 2 |
| -ㄹ라(려고02) | EC | 9 | 9 | 3 | 3 | 1 | 1 | 5 | 5 | | |
| -ㄹ라03 | EC | 7 | 6 | | | 6 | 5 | | | 1 | 1 |

| 형태 | 품사 | 전체 | | 초등학교 저학년 | | 초등학교 고학년 | | 중학생 | | 고등학생 | |
|---|---|---|---|---|---|---|---|---|---|---|---|
| | | 형태 빈도 | 화자 수 | 형태 빈도 | 화자 수 | 형태 빈도 | 화자 수 | 형태 빈도 | 화자 수 | 형태 빈도 | 화자 수 |
| -ㄹ라고(려고02) | EC | 36 | 26 | 4 | 3 | 14 | 8 | 3 | 3 | 15 | 12 |
| -ㄹ라구(려고02) | EC | 3 | 3 | | | 2 | 2 | 1 | 1 | | |
| -ㄹ라구(려고03) | EF | 1 | 1 | | | | | | | 1 | 1 |
| -ㄹ라는(려는) | ETM | 1 | 1 | | | 1 | 1 | | | | |
| -ㄹ라니까(려니까) | EC | 1 | 1 | | | 1 | 1 | | | | |
| -ㄹ라면(려면) | EC | 3 | 3 | | | 1 | 1 | | | 2 | 2 |
| -ㄹ라믄(려면) | EC | 1 | 1 | | | | | 1 | 1 | | |
| -ㄹ람(람04) | EC | 1 | 1 | | | | | | | 1 | 1 |
| -ㄹ래 | EF | 92 | 70 | 22 | 17 | 30 | 24 | 23 | 16 | 17 | 13 |
| -ㄹ래요 | EF | 1 | 1 | 1 | 1 | | | | | | |
| -ㄹ려(려고02) | EC | 7 | 6 | | | 1 | 1 | 4 | 4 | 2 | 1 |
| -ㄹ려고(려고02) | EC | 52 | 39 | 3 | 1 | 13 | 11 | 24 | 16 | 12 | 11 |
| -ㄹ려구(려고02) | EC | 10 | 9 | 2 | 2 | 4 | 3 | 4 | 4 | | |
| -ㄹ려나(려나) | EF | 2 | 2 | | | | | 2 | 2 | | |
| -ㄹ려는(려는) | ETM | 5 | 4 | | | | | 5 | 4 | | |
| -ㄹ려는데(려는데) | EC | 1 | 1 | | | | | 1 | 1 | | |
| -ㄹ려니까(려니까) | EC | 1 | 1 | | | | | 1 | 1 | | |
| -ㄹ려다가(려다가) | EC | 2 | 2 | | | 2 | 2 | | | | |
| -ㄹ려면(려면) | EC | 11 | 11 | 1 | 1 | | | 6 | 6 | 4 | 4 |
| ㄹ로(로07) | JKB | 46 | 37 | 5 | 4 | 13 | 10 | 16 | 15 | 12 | 8 |
| ㄹ루(로07) | JKB | 6 | 4 | | | 1 | 1 | 5 | 3 | | |
| ㄹ루(으로01) | JKB | 1 | 1 | 1 | 1 | | | | | | |
| -ㄹ세01 | EF | 1 | 1 | | | | | 1 | 1 | | |
| -ㄹ수록 | EC | 4 | 4 | | | | | 2 | 2 | 2 | 2 |
| -ㄹ주(ㄹ지01) | EC | 1 | 1 | | | 1 | 1 | | | | |
| -ㄹ지01 | EC | 25 | 19 | 2 | 2 | 3 | 3 | 11 | 8 | 9 | 6 |
| -ㄹ지02 | EF | 8 | 6 | 1 | 1 | 5 | 3 | 1 | 1 | 1 | 1 |
| -ㄹ텐데 | EF | 4 | 4 | 2 | 2 | 1 | 1 | | | 1 | 1 |
| -라(라고03) | EC | 1 | 1 | | | | | 1 | 1 | | |
| -라(려고02) | EC | 1 | 1 | | | 1 | 1 | | | | |
| -라(아10) | EC | 2 | 2 | 1 | 1 | 1 | 1 | | | | |
| -라(ㅏ라) | EF | 1 | 1 | 1 | 1 | | | | | | |
| 라06 | JKQ | 36 | 29 | 9 | 9 | 10 | 6 | 10 | 8 | 7 | 6 |
| -라07 | EC | 10 | 10 | 4 | 4 | | | 2 | 2 | 4 | 4 |
| -라08 | EF | 173 | 113 | 15 | 9 | 58 | 39 | 69 | 41 | 31 | 24 |
| -라09 | EF | 251 | 164 | 55 | 42 | 97 | 51 | 60 | 41 | 39 | 30 |
| -라12 | EC | 59 | 50 | 14 | 8 | 12 | 11 | 22 | 21 | 11 | 10 |

| 형태 | 품사 | 전체 | | 초등학교 저학년 | | 초등학교 고학년 | | 중학생 | | 고등학생 | |
|---|---|---|---|---|---|---|---|---|---|---|---|
| | | 형태빈도 | 화자수 | 형태빈도 | 화자수 | 형태빈도 | 화자수 | 형태빈도 | 화자수 | 형태빈도 | 화자수 |
| -라고(려고02) | EC | 2 | 2 | | | 1 | 1 | | | 1 | 1 |
| 라고01 | JKQ | 23 | 18 | 3 | 2 | 8 | 8 | 10 | 6 | 2 | 2 |
| 라구(라고01) | JKQ | 1 | 1 | | | | | 1 | 1 | | |
| -라구(라고04) | EF | 2 | 2 | | | 1 | 1 | | | 1 | 1 |
| -라구01 | EC | 1 | 1 | | | 1 | 1 | | | | |
| -라구02 | EF | 7 | 7 | 2 | 2 | 1 | 1 | 2 | 2 | 2 | 2 |
| -라구마이 | EF | 1 | 1 | | | 1 | 1 | | | | |
| -라궁(라고04) | EF | 1 | 1 | | | | | 1 | 1 | | |
| -라나 | EF | 3 | 1 | | | 3 | 1 | | | | |
| -라는02 | ETM | 26 | 21 | 4 | 4 | 7 | 5 | 9 | 6 | 6 | 6 |
| -라는데 | EC | 2 | 2 | | | | | 2 | 2 | | |
| -라는데 | EF | 2 | 2 | | | | | 1 | 1 | 1 | 1 |
| -라는데(려는데) | EC | 1 | 1 | | | | | 1 | 1 | | |
| -라는지 | EC | 1 | 1 | | | 1 | 1 | | | | |
| -라니까02 | EF | 11 | 11 | 3 | 3 | 3 | 3 | 5 | 5 | | |
| -라니까04 | EC | 4 | 2 | 1 | 1 | | | 3 | 1 | | |
| -라던가(라든가) | EC | 3 | 2 | | | 2 | 1 | 1 | 1 | | |
| 라도01 | JX | 17 | 15 | | | 8 | 8 | 8 | 6 | 1 | 1 |
| -라도02 | EC | 4 | 3 | | | 1 | 1 | 2 | 1 | 1 | 1 |
| 라두(라도01) | JX | 3 | 2 | | | 2 | 1 | | | 1 | 1 |
| -라든가 | EC | 2 | 2 | | | 1 | 1 | | | 1 | 1 |
| 라든지 | JX | 1 | 1 | | | | | | | 1 | 1 |
| 라디오 | NNG | 17 | 11 | 1 | 1 | 7 | 5 | | | 9 | 5 |
| -라매(라며01) | EF | 2 | 2 | 2 | 2 | | | | | | |
| -라매(라며02) | EF | 2 | 2 | | | 1 | 1 | | | 1 | 1 |
| -라며02 | EF | 2 | 2 | 1 | 1 | | | 1 | 1 | | |
| -라면(려면) | EC | 1 | 1 | 1 | 1 | | | | | | |
| 라면01 | NNG | 6 | 6 | 4 | 4 | | | | | 2 | 2 |
| -라면04 | EC | 2 | 2 | | | | | 1 | 1 | 1 | 1 |
| -라서02 | EC | 17 | 15 | 2 | 1 | 7 | 6 | 3 | 3 | 5 | 5 |
| 라이거 | NNG | 3 | 2 | 3 | 2 | | | | | | |
| 라이드 | NNG | 1 | 1 | | | | | 1 | 1 | | |
| 라이벌 | NNG | 1 | 1 | | | 1 | 1 | | | | |
| 라이브 | NNG | 1 | 1 | | | | | 1 | 1 | | |
| 라이터 | NNG | 2 | 1 | | | | | 2 | 1 | | |
| 라이트06 | NNG | 1 | 1 | 1 | 1 | | | | | | |
| 라인01 | NNG | 4 | 2 | | | | | 4 | 2 | | |

| 형태 | 품사 | 전체 | | 초등학교 저학년 | | 초등학교 고학년 | | 중학생 | | 고등학생 | |
|---|---|---|---|---|---|---|---|---|---|---|---|
| | | 형태 빈도 | 화자 수 | 형태 빈도 | 화자 수 | 형태 빈도 | 화자 수 | 형태 빈도 | 화자 수 | 형태 빈도 | 화자 수 |
| -라잖아 | EF | 1 | 1 | | | 1 | 1 | | | | |
| 락06 | NNG | 4 | 3 | | | | | 1 | 1 | 3 | 2 |
| 란04 | JX | 6 | 6 | | | 2 | 2 | 1 | 1 | 3 | 3 |
| -란08 | ETM | 4 | 4 | | | 2 | 2 | 1 | 1 | 1 | 1 |
| -랄까 | EF | 3 | 2 | 1 | 1 | | | 2 | 1 | | |
| -랑(ㄹ락01) | EC | 1 | 1 | | | 1 | 1 | | | | |
| 랑05 | JC | 298 | 126 | 63 | 27 | 129 | 48 | 66 | 31 | 40 | 20 |
| 랑05 | JKB | 477 | 231 | 98 | 51 | 134 | 63 | 117 | 56 | 128 | 61 |
| -래(려04) | EC | 1 | 1 | | | | | | | 1 | 1 |
| -래03 | EF | 1 | 1 | 1 | 1 | | | | | | |
| -래04 | EF | 46 | 36 | 3 | 3 | 15 | 10 | 15 | 12 | 13 | 11 |
| -래는01 | ETM | 5 | 4 | 2 | 1 | 3 | 3 | | | | |
| -래는데(라는데) | EF | 2 | 2 | | | | | 2 | 2 | | |
| -래는지(라는지) | EC | 1 | 1 | | | 1 | 1 | | | | |
| -래니까(라니까01) | EF | 3 | 2 | | | | | 1 | 1 | 2 | 1 |
| -래니까(라니까04) | EC | 2 | 2 | | | 1 | 1 | 1 | 1 | | |
| -래든가(라든가) | EC | 1 | 1 | | | | | | | 1 | 1 |
| -래매(라며01) | EF | 4 | 4 | | | 1 | 1 | 2 | 2 | 1 | 1 |
| -래매(라며02) | EF | 1 | 1 | | | | | 1 | 1 | | |
| -래며(라며01) | EF | 2 | 2 | | | | | 2 | 2 | | |
| -래면(려면) | EC | 1 | 1 | | | | | | | 1 | 1 |
| -래서(라서02) | EC | 1 | 1 | | | | | 1 | 1 | | |
| -래요 | EF | 2 | 1 | | | 2 | 1 | | | | |
| -래잖아(라잖아) | EF | 5 | 5 | | | 2 | 2 | 2 | 2 | 1 | 1 |
| -랜다(란다) | EF | 1 | 1 | | | | | | | 1 | 1 |
| 램05 | NNG | 13 | 4 | | | | | 13 | 4 | | |
| 랩02 | NNG | 1 | 1 | | | 1 | 1 | | | | |
| -러(어06) | EC | 1 | 1 | | | 1 | 1 | | | | |
| -러(어11) | EF | 1 | 1 | | | 1 | 1 | | | | |
| -러01 | EC | 84 | 65 | 14 | 14 | 27 | 20 | 18 | 15 | 25 | 16 |
| 러브03 | NNG | 2 | 1 | | | 2 | 1 | | | | |
| -러서(어서03) | EC | 1 | 1 | | | | | 1 | 1 | | |
| 런닝머신 | NNG | 1 | 1 | | | | | | | 1 | 1 |
| 레02 | NNG | 1 | 1 | 1 | 1 | | | | | | |
| 레몬 | NNG | 2 | 1 | | | | | 2 | 1 | | |
| 레벨01 | NNG | 38 | 27 | 12 | 9 | 19 | 11 | 7 | 7 | | |
| 레벨업 | NNG | 1 | 1 | 1 | 1 | | | | | | |

| 형태 | 품사 | 전체 | | 초등학교 저학년 | | 초등학교 고학년 | | 중학생 | | 고등학생 | |
|---|---|---|---|---|---|---|---|---|---|---|---|
| | | 형태 빈도 | 화자 수 | 형태 빈도 | 화자 수 | 형태 빈도 | 화자 수 | 형태 빈도 | 화자 수 | 형태 빈도 | 화자 수 |
| 레스토랑 | NNG | 1 | 1 | | | | | | | 1 | 1 |
| 레슨 | NNG | 3 | 2 | 2 | 1 | 1 | 1 | | | | |
| 레이스01 | NNG | 2 | 1 | | | | | 2 | 1 | | |
| 레이저 | NNG | 1 | 1 | | | 1 | 1 | | | | |
| 레지던트 | NNG | 2 | 2 | | | | | 1 | 1 | 1 | 1 |
| 레코더 | NNG | 1 | 1 | | | | | 1 | 1 | | |
| 레포트 | NNG | 3 | 2 | | | 3 | 2 | | | | |
| 렉 | NNG | 1 | 1 | | | | | | | 1 | 1 |
| 렌즈 | NNG | 11 | 5 | | | 5 | 2 | | | 6 | 3 |
| 렌지(렌즈) | NNG | 2 | 1 | | | 2 | 1 | | | | |
| 렙(레벨01) | NNG | 7 | 5 | 1 | 1 | 5 | 3 | 1 | 1 | | |
| 렙02 | NNG | 19 | 8 | | | 16 | 6 | 1 | 1 | 2 | 1 |
| 렙업 | NNG | 1 | 1 | | | 1 | 1 | | | | |
| -려04 | EC | 5 | 4 | | | 2 | 2 | 2 | 1 | 1 | 1 |
| -려고02 | EC | 41 | 30 | 8 | 7 | 21 | 12 | 7 | 6 | 5 | 5 |
| -려구(려고02) | EC | 3 | 3 | | | 2 | 2 | 1 | 1 | | |
| -려구(려고03) | EF | 1 | 1 | | | 1 | 1 | | | | |
| -려나01 | EF | 1 | 1 | | | | | 1 | 1 | | |
| -려냐(려나01) | EF | 1 | 1 | | | | | | | 1 | 1 |
| -려는데 | EC | 1 | 1 | | | 1 | 1 | | | | |
| -려니까 | EC | 3 | 3 | | | | | 1 | 1 | 2 | 2 |
| -려다가 | EC | 4 | 4 | 1 | 1 | 2 | 2 | 1 | 1 | | |
| -려면 | EC | 9 | 9 | 3 | 3 | 3 | 3 | 2 | 2 | 1 | 1 |
| -렴03 | EF | 4 | 4 | | | 1 | 1 | 1 | 1 | 2 | 2 |
| -로(러01) | EC | 1 | 1 | | | 1 | 1 | | | | |
| 로07 | JKB | 726 | 308 | 150 | 69 | 236 | 90 | 197 | 80 | 143 | 69 |
| -로다01 | EF | 1 | 1 | 1 | 1 | | | | | | |
| 로보트(로봇) | NNG | 8 | 5 | 1 | 1 | 4 | 2 | 3 | 2 | | |
| 로봇 | NNG | 6 | 5 | 1 | 1 | 4 | 3 | 1 | 1 | | |
| 로서 | JKB | 2 | 2 | | | 1 | 1 | | | 1 | 1 |
| 로써 | JKB | 2 | 2 | | | | | 2 | 2 | | |
| 로켓02 | NNG | 2 | 1 | 2 | 1 | | | | | | |
| 롤러 | NNG | 1 | 1 | | | | | 1 | 1 | | |
| 롤러블레이드 | NNG | 2 | 2 | | | | | 2 | 2 | | |
| 롱05 | JX | 1 | 1 | 1 | 1 | | | | | | |
| 롱다리 | NNG | 1 | 1 | | | | | 1 | 1 | | |
| 루(로07) | JKB | 28 | 25 | 7 | 6 | 16 | 14 | 4 | 4 | 1 | 1 |

| 형태 | 품사 | 전체 | | 초등학교 저학년 | | 초등학교 고학년 | | 중학생 | | 고등학생 | |
|---|---|---|---|---|---|---|---|---|---|---|---|
| | | 형태빈도 | 화자수 | 형태빈도 | 화자수 | 형태빈도 | 화자수 | 형태빈도 | 화자수 | 형태빈도 | 화자수 |
| 루트01 | NNG | 2 | 1 | | | | | 2 | 1 | | |
| 류(육02) | MM | 2 | 2 | | | 2 | 2 | | | | |
| -른(은06) | ETM | 2 | 1 | | | | | 2 | 1 | | |
| 를 | JKO | 1529 | 378 | 273 | 88 | 533 | 96 | 490 | 102 | 233 | 92 |
| 리06 | NNB | 6 | 5 | 2 | 2 | | | 2 | 1 | 2 | 2 |
| 리그01 | NNG | 1 | 1 | | | | | 1 | 1 | | |
| 리니지NNP하다 | VV | 1 | 1 | | | | | | | 1 | 1 |
| 리듬 | NNG | 1 | 1 | 1 | 1 | | | | | | |
| 리모콘 | NNG | 1 | 1 | | | | | | | 1 | 1 |
| 리본 | NNG | 7 | 3 | 2 | 1 | | | | | 5 | 2 |
| 리스트01 | NNG | 1 | 1 | | | | | 1 | 1 | | |
| 리스펙트 | NNG | 1 | 1 | | | | | 1 | 1 | | |
| 리코더 | NNG | 2 | 2 | | | 2 | 2 | | | | |
| 리포터 | NNG | 1 | 1 | | | 1 | 1 | | | | |
| 리필 | NNG | 1 | 1 | | | 1 | 1 | | | | |
| 릴레이 | NNG | 1 | 1 | | | 1 | 1 | | | | |
| 릴렉스하다 | VV | 1 | 1 | | | | | 1 | 1 | | |
| 립스틱 | NNG | 2 | 2 | 2 | 2 | | | | | | |
| -ㅁ03 | ETN | 18 | 16 | | | 5 | 3 | 12 | 12 | 2 | 2 |
| -ㅁ04 | EC | 7 | 7 | 2 | 2 | 1 | 1 | 3 | 3 | 1 | 1 |
| 마(말03)다 | VV | 1 | 1 | | | 1 | 1 | | | | |
| 마(말03)다 | VX | 15 | 15 | 3 | 3 | 6 | 6 | 3 | 3 | 3 | 3 |
| 마(맞01)다 | VV | 1 | 1 | | | 1 | 1 | | | | |
| -마11 | EF | 2 | 2 | 1 | 1 | | | | | 1 | 1 |
| 마녀 | NNG | 3 | 2 | 2 | 1 | 1 | 1 | | | | |
| 마누라01 | NNG | 1 | 1 | | | | | | | 1 | 1 |
| 마다04 | JX | 43 | 31 | 7 | 4 | 17 | 12 | 16 | 12 | 3 | 3 |
| 마당 | NNB | 1 | 1 | | | | | 1 | 1 | | |
| 마당 | NNG | 1 | 1 | 1 | 1 | | | | | | |
| 마디01 | NNG | 10 | 9 | | | 1 | 1 | 8 | 7 | 1 | 1 |
| 마디마디 | NNG | 1 | 1 | | | 1 | 1 | | | | |
| 마땅히 | MAG | 1 | 1 | | | | | | | 1 | 1 |
| 마라톤 | NNG | 2 | 2 | | | 1 | 1 | 1 | 1 | | |
| 마렵다 | VA | 4 | 3 | 3 | 2 | 1 | 1 | | | | |
| 마루03 | NNG | 4 | 2 | | | 4 | 2 | | | | |
| 마르다01 | VV | 14 | 8 | 2 | 1 | 2 | 2 | 2 | 2 | 8 | 3 |
| 마리01 | NNB | 20 | 12 | 11 | 5 | 8 | 6 | | | 1 | 1 |

| 형태 | 품사 | 전체 | | 초등학교 저학년 | | 초등학교 고학년 | | 중학생 | | 고등학생 | |
|---|---|---|---|---|---|---|---|---|---|---|---|
| | | 형태 빈도 | 화자 수 | 형태 빈도 | 화자 수 | 형태 빈도 | 화자 수 | 형태 빈도 | 화자 수 | 형태 빈도 | 화자 수 |
| 마무리 | NNG | 3 | 3 | | | 1 | 1 | 2 | 2 | | |
| 마법 | NNG | 20 | 9 | 3 | 2 | 15 | 5 | | | 2 | 2 |
| 마법사 | NNG | 8 | 5 | 2 | 2 | 6 | 3 | | | | |
| 마술02 | NNG | 3 | 1 | | | 3 | 1 | | | | |
| 마스크01 | NNG | 1 | 1 | 1 | 1 | | | | | | |
| 마시다 | VV | 11 | 8 | 3 | 3 | 2 | 2 | 3 | 1 | 3 | 2 |
| 마우스02 | NNG | 6 | 5 | | | 4 | 3 | 1 | 1 | 1 | 1 |
| 마을01 | NNG | 3 | 1 | | | 3 | 1 | | | | |
| 마을버스 | NNG | 1 | 1 | | | | | 1 | 1 | | |
| 마음01 | NNG | 38 | 36 | 8 | 8 | 16 | 15 | 7 | 7 | 7 | 6 |
| 마음먹다 | VV | 2 | 1 | 2 | 1 | | | | | | |
| 마음씨 | NNG | 2 | 1 | 2 | 1 | | | | | | |
| 마이 | MM | 2 | 2 | | | | | 2 | 2 | | |
| 마이나(마이너스) | NNG | 2 | 1 | | | 2 | 1 | | | | |
| 마이너스 | NNG | 2 | 2 | | | 1 | 1 | 1 | 1 | | |
| 마이크 | NNG | 22 | 20 | 3 | 2 | 6 | 6 | 6 | 6 | 7 | 6 |
| 마주치다 | VV | 4 | 3 | | | | | 2 | 2 | 2 | 1 |
| 마지막 | NNG | 23 | 19 | 2 | 2 | 10 | 7 | 9 | 8 | 2 | 2 |
| 마지막날 | NNG | 2 | 2 | | | 2 | 2 | | | | |
| 마직막(마지막) | NNG | 1 | 1 | | | 1 | 1 | | | | |
| 마찬가지 | NNG | 8 | 8 | 6 | 6 | 1 | 1 | 1 | 1 | | |
| 마취하다 | VV | 1 | 1 | | | 1 | 1 | | | | |
| 마치다02 | VV | 2 | 2 | | | 1 | 1 | 1 | 1 | | |
| 마침02 | MAG | 4 | 3 | | | 4 | 3 | | | | |
| 마케팅 | NNG | 1 | 1 | | | | | | | 1 | 1 |
| 마트 | NNG | 5 | 2 | | | | | | | 5 | 2 |
| 마패 | NNG | 3 | 2 | | | 3 | 2 | | | | |
| 마흔 | NR | 1 | 1 | | | | | 1 | 1 | | |
| 막01 | MAG | 4 | 2 | 2 | 1 | | | 2 | 1 | | |
| 막02 | MAG | 1352 | 273 | 174 | 53 | 423 | 84 | 501 | 65 | 254 | 71 |
| 막02하다 | VA | 1 | 1 | | | 1 | 1 | | | | |
| 막05 | NNG | 1 | 1 | 1 | 1 | | | | | | |
| 막내 | NNG | 3 | 3 | 1 | 1 | 1 | 1 | | | 1 | 1 |
| 막냇고모 | NNG | 1 | 1 | 1 | 1 | | | | | | |
| 막다01 | VV | 11 | 9 | 8 | 6 | 2 | 2 | 1 | 1 | | |
| 막대기01 | NNG | 1 | 1 | | | | | 1 | 1 | | |
| 막막01하다 | VA | 2 | 2 | | | | | 1 | 1 | 1 | 1 |

| 형태 | 품사 | 전체 | | 초등학교 저학년 | | 초등학교 고학년 | | 중학생 | | 고등학생 | |
|---|---|---|---|---|---|---|---|---|---|---|---|
| | | 형태빈도 | 화자수 | 형태빈도 | 화자수 | 형태빈도 | 화자수 | 형태빈도 | 화자수 | 형태빈도 | 화자수 |
| 막상01 | MAG | 9 | 8 | | | 4 | 3 | | | 5 | 5 |
| 막히다 | VV | 5 | 3 | | | | | 3 | 2 | 2 | 1 |
| 만01 | NNB | 7 | 6 | 2 | 1 | 2 | 2 | 2 | 2 | 1 | 1 |
| 만02 | NNB | 2 | 2 | | | | | 1 | 1 | 1 | 1 |
| 만02하다 | VX | 8 | 7 | 1 | 1 | 1 | 1 | 4 | 3 | 2 | 2 |
| 만06 | MM | 114 | 50 | 9 | 7 | 47 | 16 | 18 | 10 | 40 | 17 |
| 만06 | NR | 28 | 21 | 8 | 6 | 6 | 5 | 3 | 3 | 11 | 7 |
| 만07 | NNG | 2 | 2 | | | | | | | 2 | 2 |
| 만14 | JX | 485 | 250 | 80 | 51 | 145 | 70 | 138 | 68 | 122 | 61 |
| 만나다 | VV | 109 | 58 | 15 | 12 | 30 | 13 | 21 | 13 | 43 | 20 |
| 만능 | NNG | 1 | 1 | | | | | 1 | 1 | | |
| 만두01 | NNG | 6 | 3 | 2 | 1 | 2 | 1 | | | 2 | 1 |
| 만들다 | VV | 117 | 72 | 28 | 21 | 49 | 21 | 21 | 17 | 19 | 13 |
| 만땅 | MAG | 1 | 1 | | | | | 1 | 1 | | |
| 만만01ㅎ(하03)다 | VA | 1 | 1 | | | | | 1 | 1 | | |
| 만만01하다 | VA | 2 | 2 | | | | | 1 | 1 | 1 | 1 |
| 만사03 | NNG | 1 | 1 | | | 1 | 1 | | | | |
| 만약 | NNG | 54 | 34 | 13 | 9 | 17 | 9 | 16 | 9 | 8 | 7 |
| 만일01 | NNG | 1 | 1 | | | | | | | 1 | 1 |
| 만점 | NNG | 4 | 4 | | | | | 3 | 3 | 1 | 1 |
| 만족01하다 | VA | 1 | 1 | | | | | 1 | 1 | | |
| 만지다 | VV | 38 | 31 | 21 | 19 | 15 | 10 | 2 | 2 | | |
| 만지작거리다 | VV | 1 | 1 | | | | | 1 | 1 | | |
| 만큼 | JX | 13 | 10 | 3 | 1 | 2 | 2 | 4 | 4 | 4 | 3 |
| 만큼 | NNB | 3 | 2 | | | 3 | 2 | | | | |
| 만화10 | NNG | 53 | 33 | 16 | 13 | 14 | 8 | 16 | 7 | 7 | 5 |
| 만화책 | NNG | 39 | 22 | 14 | 6 | 13 | 8 | 10 | 6 | 2 | 2 |
| 많다 | VA | 233 | 142 | 33 | 16 | 50 | 35 | 90 | 47 | 60 | 44 |
| 많이 | MAG | 314 | 195 | 44 | 34 | 87 | 56 | 95 | 55 | 88 | 50 |
| 맏(많)다 | VA | 1 | 1 | 1 | 1 | | | | | | |
| 말01 | NNG | 436 | 224 | 50 | 33 | 94 | 56 | 190 | 75 | 102 | 60 |
| 말01시키다 | VV | 1 | 1 | | | | | | | 1 | 1 |
| 말01하다 | VV | 401 | 219 | 85 | 51 | 106 | 52 | 137 | 70 | 73 | 46 |
| 말05 | NNG | 6 | 5 | 2 | 2 | 3 | 2 | | | 1 | 1 |
| 말다01 | VV | 5 | 4 | | | 5 | 4 | | | | |
| 말다03 | VV | 84 | 65 | 27 | 19 | 21 | 19 | 23 | 16 | 13 | 11 |
| 말다03 | VX | 218 | 146 | 48 | 35 | 65 | 40 | 59 | 38 | 46 | 33 |

| 형태 | 품사 | 전체 | | 초등학교 저학년 | | 초등학교 고학년 | | 중학생 | | 고등학생 | |
|---|---|---|---|---|---|---|---|---|---|---|---|
| | | 형태 빈도 | 화자 수 | 형태 빈도 | 화자 수 | 형태 빈도 | 화자 수 | 형태 빈도 | 화자 수 | 형태 빈도 | 화자 수 |
| 말띠01 | NNG | 1 | 1 | | | | | 1 | 1 | | |
| 말리다02 | VV | 5 | 4 | 1 | 1 | | | 2 | 2 | 2 | 1 |
| 말세03 | NNG | 2 | 1 | | | | | 2 | 1 | | |
| 말소리 | NNG | 1 | 1 | | | | | 1 | 1 | | |
| 말실수하다 | VV | 1 | 1 | | | 1 | 1 | | | | |
| 말썽 | NNG | 1 | 1 | | | 1 | 1 | | | | |
| 말썽꾸러기 | NNG | 1 | 1 | 1 | 1 | | | | | | |
| 말씀 | NNG | 1 | 1 | 1 | 1 | | | | | | |
| 말투 | NNG | 4 | 3 | | | | | 4 | 3 | | |
| 말하기 | NNG | 1 | 1 | 1 | 1 | | | | | | |
| 맘01 | NNG | 28 | 26 | 2 | 2 | 12 | 10 | 9 | 9 | 5 | 5 |
| 맛01 | NNG | 23 | 20 | 4 | 4 | 4 | 3 | 9 | 9 | 6 | 4 |
| 맛살 | NNG | 3 | 2 | | | 3 | 2 | | | | |
| 맛없다 | VA | 15 | 12 | 2 | 2 | 4 | 2 | 7 | 6 | 2 | 2 |
| 맛있(멋있)다 | VA | 1 | 1 | | | | | | | 1 | 1 |
| 맛있다 | VA | 81 | 56 | 15 | 9 | 15 | 13 | 23 | 19 | 28 | 15 |
| 망가지다 | VV | 4 | 4 | | | 1 | 1 | 3 | 3 | | |
| 망설이다 | VV | 1 | 1 | | | 1 | 1 | | | | |
| 망신02 | NNG | 1 | 1 | | | | | | | 1 | 1 |
| 망언 | NNG | 1 | 1 | | | | | 1 | 1 | | |
| 망치01 | NNG | 1 | 1 | | | 1 | 1 | | | | |
| 망치다 | VV | 7 | 7 | 2 | 2 | 2 | 2 | 3 | 3 | | |
| 망토 | NNG | 2 | 1 | | | 2 | 1 | | | | |
| 망하다 | VV | 15 | 11 | 1 | 1 | 4 | 3 | 7 | 4 | 3 | 3 |
| 맞다01 | VV | 502 | 226 | 74 | 41 | 180 | 73 | 180 | 72 | 68 | 40 |
| 맞다02 | VV | 3 | 3 | 1 | 1 | 1 | 1 | 1 | 1 | | |
| 맞다03 | VV | 80 | 40 | 15 | 12 | 32 | 14 | 28 | 10 | 5 | 4 |
| 맞벌이 | NNG | 1 | 1 | | | | | | | 1 | 1 |
| 맞이01하다 | VV | 1 | 1 | | | | | | | 1 | 1 |
| 맞장구 | NNG | 1 | 1 | | | | | | | 1 | 1 |
| 맞짱 | NNG | 3 | 2 | | | 1 | 1 | 2 | 1 | | |
| 맞추다01 | VV | 31 | 26 | 7 | 7 | 8 | 6 | 12 | 10 | 4 | 3 |
| 맡(맞03)다 | VV | 1 | 1 | | | 1 | 1 | | | | |
| 맡기다 | VV | 2 | 2 | 1 | 1 | | | 1 | 1 | | |
| 맡다01 | VV | 10 | 6 | | | 10 | 6 | | | | |
| 매01 | NNG | 2 | 2 | 1 | 1 | | | | | 1 | 1 |
| 매13 | MM | 1 | 1 | | | | | | | 1 | 1 |

| 형태 | 품사 | 전체 | | 초등학교 저학년 | | 초등학교 고학년 | | 중학생 | | 고등학생 | |
|---|---|---|---|---|---|---|---|---|---|---|---|
| | | 형태 빈도 | 화자 수 | 형태 빈도 | 화자 수 | 형태 빈도 | 화자 수 | 형태 빈도 | 화자 수 | 형태 빈도 | 화자 수 |
| 매너 | NNG | 1 | 1 | | | | | | | 1 | 1 |
| 매년 | NNG | 1 | 1 | | | 1 | 1 | | | | |
| 매니아 | NNG | 1 | 1 | | | | | | | 1 | 1 |
| 매다01 | VV | 3 | 2 | 3 | 2 | | | | | | |
| 매달리다 | VV | 1 | 1 | | | | | 1 | 1 | | |
| 매번 | NNG | 1 | 1 | | | | | 1 | 1 | | |
| 매우01 | MAG | 5 | 5 | | | 1 | 1 | 4 | 4 | | |
| 매일 | MAG | 13 | 8 | 7 | 4 | 4 | 2 | | | 2 | 2 |
| 매일 | NNG | 10 | 7 | 4 | 2 | 4 | 3 | 1 | 1 | 1 | 1 |
| 매장02 | NNG | 2 | 1 | | | | | 2 | 1 | | |
| 매장06 | NNG | 3 | 1 | | | | | | | 3 | 1 |
| 매점01 | NNG | 1 | 1 | | | | | | | 1 | 1 |
| 매점02 | NNG | 7 | 5 | | | | | 3 | 2 | 4 | 3 |
| 매직02 | NNG | 1 | 1 | 1 | 1 | | | | | | |
| 매직03 | NNG | 3 | 2 | | | 1 | 1 | 2 | 1 | | |
| 매치02되다 | VV | 1 | 1 | | | | | 1 | 1 | | |
| 매크로 | NNG | 2 | 2 | | | | | | | 2 | 2 |
| 맥주 | NNG | 5 | 2 | | | | | | | 5 | 2 |
| 맨01 | MM | 46 | 37 | 7 | 6 | 21 | 15 | 10 | 9 | 8 | 7 |
| 맨02 | MAG | 1 | 1 | | | | | | | 1 | 1 |
| 맨날(만날) | MAG | 176 | 109 | 28 | 19 | 45 | 30 | 62 | 35 | 41 | 25 |
| 맨발 | NNG | 2 | 1 | | | 2 | 1 | | | | |
| 맨손 | NNG | 1 | 1 | 1 | 1 | | | | | | |
| 맴(마음01) | NNG | 1 | 1 | | | 1 | 1 | | | | |
| 맴맴01 | MAG | 2 | 1 | | | | | 2 | 1 | | |
| 맵 | NNG | 6 | 4 | 4 | 2 | 2 | 2 | | | | |
| 맵다 | VA | 1 | 1 | 1 | 1 | | | | | | |
| 맷(몇) | MM | 1 | 1 | | | | | 1 | 1 | | |
| 맻(몇) | MM | 1 | 1 | 1 | 1 | | | | | | |
| 머(뭐) | NP | 40 | 27 | 25 | 16 | 5 | 4 | 5 | 4 | 5 | 3 |
| 머니 | NNG | 1 | 1 | | | 1 | 1 | | | | |
| 머리01 | NNG | 74 | 50 | 13 | 9 | 33 | 20 | 20 | 16 | 8 | 5 |
| 머리말 | NNG | 2 | 1 | | | | | | | 2 | 1 |
| 머리카락 | NNG | 4 | 4 | 1 | 1 | 2 | 2 | | | 1 | 1 |
| 머리통 | NNG | 1 | 1 | 1 | 1 | | | | | | |
| 머릿결 | NNG | 1 | 1 | | | 1 | 1 | | | | |
| 머무르다 | VV | 2 | 1 | | | | | | | 2 | 1 |

| 형태 | 품사 | 전체 | | 초등학교 저학년 | | 초등학교 고학년 | | 중학생 | | 고등학생 | |
|---|---|---|---|---|---|---|---|---|---|---|---|
| | | 형태 빈도 | 화자 수 | 형태 빈도 | 화자 수 | 형태 빈도 | 화자 수 | 형태 빈도 | 화자 수 | 형태 빈도 | 화자 수 |
| 먹거리 | NNG | 2 | 1 | | | | | | | 2 | 1 |
| 먹다01 | VV | 2 | 2 | | | 2 | 2 | | | | |
| 먹다02 | VV | 406 | 182 | 88 | 49 | 76 | 39 | 100 | 38 | 142 | 56 |
| 먹다02 | VX | 15 | 12 | 2 | 2 | 9 | 6 | 1 | 1 | 3 | 3 |
| 먹이 | NNG | 1 | 1 | 1 | 1 | | | | | | |
| 먹히다 | VV | 1 | 1 | | | | | | | 1 | 1 |
| 먼저 | MAG | 81 | 68 | 25 | 21 | 31 | 23 | 16 | 15 | 9 | 9 |
| 먼저 | NNG | 1 | 1 | 1 | 1 | | | | | | |
| 먼지01 | NNG | 1 | 1 | | | | | | | 1 | 1 |
| 먼처(먼저) | MAG | 2 | 2 | 1 | 1 | | | 1 | 1 | | |
| 멀다01 | VV | 1 | 1 | | | | | 1 | 1 | | |
| 멀다02 | VA | 27 | 19 | 1 | 1 | 1 | 1 | 11 | 9 | 14 | 8 |
| 멀대 | NNG | 6 | 1 | | | | | 6 | 1 | | |
| 멀리01 | MAG | 3 | 3 | | | | | 1 | 1 | 2 | 2 |
| 멀쩡하다 | VA | 3 | 2 | 2 | 1 | | | | | 1 | 1 |
| 멈추다 | VV | 13 | 10 | 2 | 1 | 2 | 2 | 9 | 7 | | |
| 멈치(멈추)다 | VV | 1 | 1 | | | 1 | 1 | | | | |
| 멋01 | NNG | 3 | 2 | | | | | | | 3 | 2 |
| 멋있다 | VA | 56 | 31 | 10 | 5 | 12 | 9 | 24 | 9 | 10 | 8 |
| 멋지다 | VA | 4 | 3 | | | 2 | 2 | | | 2 | 1 |
| 멍01 | NNG | 2 | 2 | | | 2 | 2 | | | | |
| 멍들다 | VV | 5 | 3 | | | 3 | 2 | 2 | 1 | | |
| 멍멍이 | NNG | 1 | 1 | 1 | 1 | | | | | | |
| 메가 | NNB | 2 | 2 | | | 1 | 1 | 1 | 1 | | |
| 메달02 | NNG | 2 | 2 | 1 | 1 | 1 | 1 | | | | |
| 메뚜기02 | NNG | 4 | 3 | 2 | 1 | 1 | 1 | 1 | 1 | | |
| 메모리 | NNG | 2 | 1 | | | | | | | 2 | 1 |
| 메신저 | NNG | 1 | 1 | | | | | | | 1 | 1 |
| 메일 | NNG | 24 | 15 | 5 | 4 | 10 | 6 | 6 | 3 | 3 | 2 |
| 멕이(먹이)다 | VV | 1 | 1 | | | | | 1 | 1 | | |
| 멘트 | NNG | 1 | 1 | | | | | 1 | 1 | | |
| 멜(메일) | NNG | 1 | 1 | | | | | 1 | 1 | | |
| 멜로 | NNG | 1 | 1 | | | 1 | 1 | | | | |
| 멜로디언 | NNG | 2 | 2 | 2 | 2 | | | | | | |
| 멤버 | NNG | 2 | 2 | | | | | 2 | 2 | | |
| 멧돼지 | NNG | 2 | 1 | 2 | 1 | | | | | | |
| 몇(몇) | MM | 6 | 5 | 4 | 3 | 1 | 1 | | | 1 | 1 |

| 형태 | 품사 | 전체 | | 초등학교 저학년 | | 초등학교 고학년 | | 중학생 | | 고등학생 | |
|---|---|---|---|---|---|---|---|---|---|---|---|
| | | 형태 빈도 | 화자 수 | 형태 빈도 | 화자 수 | 형태 빈도 | 화자 수 | 형태 빈도 | 화자 수 | 형태 빈도 | 화자 수 |
| 며(몇) | MM | 1 | 1 | 1 | 1 | | | | | | |
| 며느리 | NNG | 1 | 1 | | | | | 1 | 1 | | |
| 며칠 | NNG | 23 | 19 | 2 | 2 | 4 | 3 | 7 | 6 | 10 | 8 |
| 면(그러면) | MAJ | 1 | 1 | | | | | | | 1 | 1 |
| 면05 | NNG | 5 | 5 | | | 1 | 1 | 2 | 2 | 2 | 2 |
| -면09 | EC | 1347 | 394 | 187 | 81 | 434 | 106 | 401 | 108 | 325 | 99 |
| 면담 | NNG | 2 | 1 | | | 2 | 1 | | | | |
| 면바지 | NNG | 3 | 2 | | | | | | | 3 | 2 |
| -면서 | EC | 202 | 111 | 26 | 23 | 68 | 32 | 72 | 34 | 36 | 22 |
| 면제01되다 | VV | 1 | 1 | | | | | | | 1 | 1 |
| 면회02 | NNG | 1 | 1 | | | | | | | 1 | 1 |
| 명02 | NNG | 3 | 2 | | | | | 3 | 2 | | |
| 명03 | NNB | 163 | 99 | 44 | 25 | 41 | 24 | 42 | 24 | 36 | 26 |
| 명당 | NNG | 6 | 2 | | | | | | | 6 | 2 |
| 명문02 | NNG | 2 | 1 | | | | | | | 2 | 1 |
| 명상04 | NNG | 1 | 1 | | | 1 | 1 | | | | |
| 명세03 | NNG | 1 | 1 | | | | | 1 | 1 | | |
| 명작 | NNG | 1 | 1 | | | 1 | 1 | | | | |
| 명찰01 | NNG | 1 | 1 | | | | | 1 | 1 | | |
| 명함 | NNG | 1 | 1 | | | | | | | 1 | 1 |
| 몇 | MM | 363 | 190 | 98 | 50 | 87 | 44 | 113 | 58 | 65 | 38 |
| 몇 | NR | 40 | 30 | 7 | 7 | 18 | 11 | 12 | 9 | 3 | 3 |
| 모(뭐) | NP | 233 | 94 | 45 | 24 | 73 | 23 | 48 | 16 | 67 | 31 |
| 모15 | NP | 8 | 5 | | | | | 7 | 4 | 1 | 1 |
| 모기01 | NNG | 18 | 7 | | | | | 15 | 5 | 3 | 2 |
| 모델 | NNG | 1 | 1 | | | | | 1 | 1 | | |
| 모두01 | MAG | 1 | 1 | | | 1 | 1 | | | | |
| 모둠 | NNG | 1 | 1 | | | 1 | 1 | | | | |
| 모드02 | NNG | 1 | 1 | | | | | | | 1 | 1 |
| 모든 | MM | 11 | 10 | 2 | 1 | 1 | 1 | 8 | 8 | | |
| 모래01 | NNG | 1 | 1 | 1 | 1 | | | | | | |
| 모레 | NNG | 3 | 3 | | | | | 1 | 1 | 2 | 2 |
| 모르다 | VV | 597 | 292 | 109 | 63 | 163 | 74 | 183 | 78 | 142 | 77 |
| 모모02 | NP | 1 | 1 | | | 1 | 1 | | | | |
| 모범생 | NNG | 1 | 1 | | | 1 | 1 | | | | |
| 모빌 | NNG | 1 | 1 | | | 1 | 1 | | | | |
| 모습01 | NNG | 7 | 7 | 1 | 1 | 2 | 2 | 3 | 3 | 1 | 1 |

| 형태 | 품사 | 전체 | | 초등학교 저학년 | | 초등학교 고학년 | | 중학생 | | 고등학생 | |
|---|---|---|---|---|---|---|---|---|---|---|---|
| | | 형태 빈도 | 화자 수 | 형태 빈도 | 화자 수 | 형태 빈도 | 화자 수 | 형태 빈도 | 화자 수 | 형태 빈도 | 화자 수 |
| 모양02 | NNG | 13 | 9 | 2 | 2 | 6 | 4 | 2 | 2 | 3 | 1 |
| 모으다 | VV | 27 | 23 | 5 | 4 | 12 | 10 | 7 | 6 | 3 | 3 |
| 모이다01 | VV | 13 | 11 | 2 | 2 | 5 | 4 | 5 | 4 | 1 | 1 |
| 모임01 | NNG | 1 | 1 | | | | | | | 1 | 1 |
| 모자08 | NNG | 8 | 6 | 2 | 2 | 6 | 4 | | | | |
| 모자라다 | VV | 5 | 5 | | | 4 | 4 | | | 1 | 1 |
| 모자르(모자라)다 | VV | 2 | 2 | | | 2 | 2 | | | | |
| 모잘르(모자라) | VV | 2 | 2 | | | 2 | 2 | | | | |
| 목01 | NNG | 28 | 15 | 11 | 7 | 3 | 2 | 8 | 2 | 6 | 4 |
| 목10 | NNG | 14 | 6 | 3 | 2 | 9 | 2 | 2 | 2 | | |
| 목걸이01 | NNG | 6 | 5 | 3 | 2 | 3 | 3 | | | | |
| 목검 | NNG | 5 | 2 | | | 5 | 2 | | | | |
| 목단두 | NNG | 1 | 1 | | | 1 | 1 | | | | |
| 목도리 | NNG | 4 | 3 | | | 1 | 1 | 3 | 2 | | |
| 목련01 | NNG | 2 | 1 | 2 | 1 | | | | | | |
| 목마르다 | VA | 1 | 1 | | | | | 1 | 1 | | |
| 목성03 | NNG | 1 | 1 | 1 | 1 | | | | | | |
| 목소리 | NNG | 35 | 32 | 2 | 1 | 8 | 7 | 15 | 14 | 10 | 10 |
| 목숨 | NNG | 9 | 8 | 4 | 3 | 2 | 2 | 2 | 2 | 1 | 1 |
| 목요일 | NNG | 6 | 6 | 1 | 1 | 1 | 1 | 1 | 1 | 3 | 3 |
| 목요일날 | NNG | 6 | 6 | 2 | 2 | 1 | 1 | 1 | 1 | 2 | 2 |
| 목욕 | NNG | 2 | 2 | 2 | 2 | | | | | | |
| 목욕하다 | VV | 4 | 2 | 4 | 2 | | | | | | |
| 목장04 | NNG | 1 | 1 | | | 1 | 1 | | | | |
| 목적03 | NNG | 8 | 4 | | | | | 8 | 4 | | |
| 목젖 | NNG | 1 | 1 | | | | | | | 1 | 1 |
| 목탁 | NNG | 1 | 1 | 1 | 1 | | | | | | |
| 목표 | NNG | 7 | 7 | 1 | 1 | | | 6 | 6 | | |
| 몬(무슨) | MM | 1 | 1 | | | 1 | 1 | | | | |
| 몰(뭐) | NP | 1 | 1 | 1 | 1 | | | | | | |
| 몰래01 | MAG | 9 | 9 | 1 | 1 | 6 | 6 | | | 2 | 2 |
| 몰래로(몰래01) | MAG | 1 | 1 | | | 1 | 1 | | | | |
| 몰래몰래 | MAG | 1 | 1 | | | 1 | 1 | | | | |
| 몰르(모르)다 | VV | 33 | 27 | 11 | 7 | 15 | 13 | 3 | 3 | 4 | 4 |
| 몰리01다 | VV | 6 | 3 | | | | | 4 | 2 | 2 | 1 |
| 몸01 | NNG | 11 | 10 | | | 8 | 7 | 3 | 3 | | |
| 몸매 | NNG | 4 | 2 | | | | | 3 | 1 | 1 | 1 |

| 형태 | 품사 | 전체 | | 초등학교 저학년 | | 초등학교 고학년 | | 중학생 | | 고등학생 | |
|---|---|---|---|---|---|---|---|---|---|---|---|
| | | 형태 빈도 | 화자 수 | 형태 빈도 | 화자 수 | 형태 빈도 | 화자 수 | 형태 빈도 | 화자 수 | 형태 빈도 | 화자 수 |
| 몸무게 | NNG | 9 | 8 | 3 | 3 | 1 | 1 | 3 | 3 | 2 | 1 |
| 몸체 | NNG | 1 | 1 | | | 1 | 1 | | | | |
| 못01 | NNG | 5 | 4 | 4 | 3 | | | 1 | 1 | | |
| 못04 | MAG | 319 | 197 | 49 | 35 | 98 | 52 | 97 | 58 | 75 | 52 |
| 못04하다 | VA | 56 | 42 | 17 | 14 | 38 | 27 | | | 1 | 1 |
| 못04하다 | VV | 52 | 40 | | | | | 34 | 26 | 18 | 14 |
| 못되다 | VA | 2 | 2 | | | 2 | 2 | | | | |
| 못살다 | VV | 1 | 1 | 1 | 1 | | | | | | |
| 못생기다 | VA | 8 | 7 | 2 | 2 | 2 | 2 | 4 | 3 | | |
| 못쓰다 | VV | 1 | 1 | 1 | 1 | | | | | | |
| 못하다 | VX | 12 | 12 | 1 | 1 | 5 | 5 | 3 | 3 | 3 | 3 |
| 몽댕이02 | NNG | 1 | 1 | | | 1 | 1 | | | | |
| 몽뎅이(몽둥이) | NNG | 1 | 1 | | | 1 | 1 | | | | |
| 몽둥이 | NNG | 4 | 3 | | | 2 | 2 | | | 2 | 1 |
| 몽롱하다 | VA | 1 | 1 | | | | | 1 | 1 | | |
| 묘지02 | NNG | 1 | 1 | 1 | 1 | | | | | | |
| 무(물01) | NNG | 1 | 1 | 1 | 1 | | | | | | |
| 무(뭐) | NP | 1 | 1 | 1 | 1 | | | | | | |
| 무02 | NNG | 4 | 2 | | | 3 | 1 | 1 | 1 | | |
| 무겁다 | VA | 8 | 7 | 4 | 4 | 3 | 2 | 1 | 1 | | |
| 무기05 | NNG | 15 | 7 | 5 | 4 | 10 | 3 | | | | |
| 무너지다 | VV | 2 | 2 | 1 | 1 | 1 | 1 | | | | |
| 무다리 | NNG | 2 | 2 | | | | | 2 | 2 | | |
| 무당벌레 | NNG | 1 | 1 | 1 | 1 | | | | | | |
| 무뚝뚝하다 | VA | 2 | 2 | | | | | 2 | 2 | | |
| 무료01 | NNG | 2 | 2 | 1 | 1 | | | | | 1 | 1 |
| 무릎 | NNG | 4 | 4 | 1 | 1 | 1 | 1 | 2 | 2 | | |
| 무리01 | NNG | 3 | 2 | | | | | | | 3 | 2 |
| 무리08 | NNG | 2 | 2 | | | | | 2 | 2 | | |
| 무브하다 | VV | 1 | 1 | | | 1 | 1 | | | | |
| 무사히02 | MAG | 1 | 1 | 1 | 1 | | | | | | |
| 무서(무섭)다 | VA | 1 | 1 | 1 | 1 | | | | | | |
| 무섭다 | VA | 149 | 77 | 62 | 29 | 68 | 31 | 7 | 6 | 12 | 11 |
| 무슨 | MM | 294 | 179 | 69 | 43 | 81 | 51 | 107 | 58 | 37 | 27 |
| 무시04하다 | VV | 9 | 8 | 1 | 1 | | | 6 | 5 | 2 | 2 |
| 무식하다 | VA | 3 | 3 | 1 | 1 | 1 | 1 | 1 | 1 | | |
| 무어(무엇) | NP | 1 | 1 | 1 | 1 | | | | | | |

| 형태 | 품사 | 전체 | | 초등학교 저학년 | | 초등학교 고학년 | | 중학생 | | 고등학생 | |
|---|---|---|---|---|---|---|---|---|---|---|---|
| | | 형태 빈도 | 화자 수 | 형태 빈도 | 화자 수 | 형태 빈도 | 화자 수 | 형태 빈도 | 화자 수 | 형태 빈도 | 화자 수 |
| 무어(뭐) | NP | 1 | 1 | 1 | 1 | | | | | | |
| 무엇 | NP | 8 | 5 | 2 | 1 | 3 | 3 | 3 | 1 | | |
| 무용03 | NNG | 2 | 2 | 2 | 2 | | | | | | |
| 무용지물 | NNG | 1 | 1 | | | | | 1 | 1 | | |
| 무의식적 | NNG | 1 | 1 | | | | | | | 1 | 1 |
| 무인도 | NNG | 2 | 2 | | | 2 | 2 | | | | |
| 무작정 | NNG | 1 | 1 | | | | | 1 | 1 | | |
| 무적01 | NNG | 3 | 3 | | | 2 | 2 | | | 1 | 1 |
| 무제한 | NNG | 1 | 1 | 1 | 1 | | | | | | |
| 무조건 | MAG | 8 | 8 | 2 | 2 | 4 | 4 | 1 | 1 | 1 | 1 |
| 무조건 | NNG | 3 | 2 | | | 2 | 1 | 1 | 1 | | |
| 무조건 | NNG | 1 | 1 | | | | | 1 | 1 | | |
| 무지07 | MAG | 2 | 2 | 1 | 1 | | | 1 | 1 | | |
| 무지07하다 | VA | 1 | 1 | 1 | 1 | | | | | | |
| 무채 | NNG | 1 | 1 | 1 | 1 | | | | | | |
| 무테 | NNG | 3 | 1 | | | | | 3 | 1 | | |
| 무표정 | NNG | 1 | 1 | | | | | 1 | 1 | | |
| 무한02 | NNG | 1 | 1 | | | 1 | 1 | | | | |
| 무한대 | NNG | 1 | 1 | | | | | | | 1 | 1 |
| 묵디03 | VV | 2 | 1 | | | 2 | 1 | | | | |
| 묶다 | VV | 12 | 9 | 2 | 2 | 5 | 3 | 5 | 4 | | |
| 묶이다 | VV | 2 | 1 | 2 | 1 | | | | | | |
| 문04 | NNG | 36 | 27 | 21 | 13 | 8 | 7 | 5 | 5 | 2 | 2 |
| 문과01 | NNG | 12 | 8 | | | | | 10 | 6 | 2 | 2 |
| 문드러지디 | VV | 1 | 1 | | | | | | | 1 | 1 |
| 문방구 | NNG | 3 | 1 | | | | | 3 | 1 | | |
| 문서 | NNG | 2 | 2 | | | | | | | 2 | 2 |
| 문어01 | NNG | 1 | 1 | | | 1 | 1 | | | | |
| 문자02 | NNG | 36 | 15 | | | 5 | 2 | 8 | 2 | 23 | 11 |
| 문자질 | NNG | 1 | 1 | | | | | | | 1 | 1 |
| 문장02 | NNG | 2 | 2 | | | 2 | 2 | | | | |
| 문제06 | NNG | 45 | 33 | 2 | 2 | 15 | 11 | 16 | 13 | 12 | 7 |
| 문제집 | NNG | 5 | 5 | | | 3 | 3 | 2 | 2 | | |
| 문학01 | NNG | 3 | 2 | | | | | | | 3 | 2 |
| 문화01 | NNG | 3 | 2 | | | 2 | 1 | | | 1 | 1 |
| 문화제 | NNG | 1 | 1 | | | 1 | 1 | | | | |
| 묻다01 | VV | 2 | 2 | | | 1 | 1 | 1 | 1 | | |

| 형태 | 품사 | 전체 | | 초등학교 저학년 | | 초등학교 고학년 | | 중학생 | | 고등학생 | |
|---|---|---|---|---|---|---|---|---|---|---|---|
| | | 형태빈도 | 화자수 | 형태빈도 | 화자수 | 형태빈도 | 화자수 | 형태빈도 | 화자수 | 형태빈도 | 화자수 |
| 묻다02 | VV | 1 | 1 | | | 1 | 1 | | | | |
| 묻다03 | VV | 54 | 30 | 8 | 4 | 14 | 11 | 21 | 8 | 11 | 7 |
| 묻히다01 | VV | 3 | 3 | | | 3 | 3 | | | | |
| 묻히다02 | VV | 3 | 2 | | | 3 | 2 | | | | |
| 물01 | NNG | 65 | 38 | 26 | 14 | 24 | 13 | 7 | 6 | 8 | 5 |
| 물02 | NNG | 1 | 1 | | | 1 | 1 | | | | |
| 물감02 | NNG | 2 | 2 | 2 | 2 | | | | | | |
| 물건 | NNG | 9 | 6 | 8 | 5 | | | 1 | 1 | | |
| 물고기 | NNG | 1 | 1 | | | 1 | 1 | | | | |
| 물구나무 | NNG | 1 | 1 | | | 1 | 1 | | | | |
| 물귀신 | NNG | 1 | 1 | 1 | 1 | | | | | | |
| 물다02 | VV | 3 | 3 | 1 | 1 | 1 | 1 | 1 | 1 | | |
| 물다03 | VV | 1 | 1 | 1 | 1 | | | | | | |
| 물량 | NNG | 1 | 1 | | | | | 1 | 1 | | |
| 물려주다 | VV | 1 | 1 | | | | | 1 | 1 | | |
| 물론 | MAG | 2 | 2 | | | | | 1 | 1 | 1 | 1 |
| 물리02 | NNG | 2 | 2 | | | 1 | 1 | | | 1 | 1 |
| 물리다02 | VV | 6 | 4 | 1 | 1 | | | 1 | 1 | 4 | 2 |
| 물리치다 | VV | 2 | 2 | 2 | 2 | | | | | | |
| 물리치료 | NNG | 1 | 1 | | | 1 | 1 | | | | |
| 물바람 | NNG | 1 | 1 | 1 | 1 | | | | | | |
| 물방울 | NNG | 1 | 1 | 1 | 1 | | | | | | |
| 물배01 | NNG | 2 | 2 | | | | | | | 2 | 2 |
| 물어보다 | VV | 34 | 30 | 2 | 2 | 12 | 10 | 7 | 6 | 13 | 12 |
| 물줄기 | NNG | 1 | 1 | | | 1 | 1 | | | | |
| 물질02 | NNG | 1 | 1 | | | | | 1 | 1 | | |
| 물집03 | NNG | 2 | 2 | 1 | 1 | | | | | 1 | 1 |
| 물체 | NNG | 1 | 1 | 1 | 1 | | | | | | |
| 물풍선 | NNG | 1 | 1 | 1 | 1 | | | | | | |
| 뭉치 | NNG | 1 | 1 | | | 1 | 1 | | | | |
| 뭉치다 | VV | 1 | 1 | | | 1 | 1 | | | | |
| 뭐 | NP | 1710 | 421 | 313 | 99 | 542 | 113 | 575 | 113 | 280 | 96 |
| 뭐뭐 | NP | 1 | 1 | 1 | 1 | | | | | | |
| 뭐하다 | VA | 3 | 3 | 2 | 2 | | | | | 1 | 1 |
| 뭔 | MM | 35 | 30 | 2 | 2 | 5 | 4 | 12 | 10 | 16 | 14 |
| 뮤비 | NNG | 1 | 1 | | | 1 | 1 | | | | |
| 뮤직 | NNG | 2 | 1 | | | 2 | 1 | | | | |

| 형태 | 품사 | 전체 | | 초등학교 저학년 | | 초등학교 고학년 | | 중학생 | | 고등학생 | |
|---|---|---|---|---|---|---|---|---|---|---|---|
| | | 형태 빈도 | 화자 수 | 형태 빈도 | 화자 수 | 형태 빈도 | 화자 수 | 형태 빈도 | 화자 수 | 형태 빈도 | 화자 수 |
| 뮤직비디오 | NNG | 1 | 1 | | | | | 1 | 1 | | |
| 므(뭐) | NP | 1 | 1 | 1 | 1 | | | | | | |
| -믄(면09) | EC | 6 | 6 | 1 | 1 | 1 | 1 | 3 | 3 | 1 | 1 |
| 미국인 | NNG | 1 | 1 | | | | | 1 | 1 | | |
| 미끈미끈하다 | VA | 1 | 1 | | | 1 | 1 | | | | |
| 미남 | NNG | 1 | 1 | | | | | 1 | 1 | | |
| 미녀 | NNG | 1 | 1 | | | | | | | 1 | 1 |
| 미니02 | NNG | 3 | 2 | | | | | 3 | 2 | | |
| 미니어처 | NNG | 1 | 1 | | | | | 1 | 1 | | |
| 미대03 | NNG | 7 | 2 | | | | | | | 7 | 2 |
| 미덥다 | VA | 1 | 1 | | | | | | | 1 | 1 |
| 미디어 | NNG | 1 | 1 | | | | | 1 | 1 | | |
| 미라01 | NNG | 2 | 2 | | | 2 | 2 | | | | |
| 미라클 | NNG | 1 | 1 | | | | | | | 1 | 1 |
| 미래02 | NNG | 8 | 6 | 4 | 3 | 3 | 2 | | | 1 | 1 |
| 미로(미래02) | NNG | 1 | 1 | 1 | 1 | | | | | | |
| 미리미리 | MAG | 2 | 1 | | | | | 2 | 1 | | |
| 미모04 | NNG | 1 | 1 | | | 1 | 1 | | | | |
| 미사일 | NNG | 1 | 1 | 1 | 1 | | | | | | |
| 미세하다 | VA | 1 | 1 | | | | | 1 | 1 | | |
| 미소05 | NNG | 3 | 2 | 1 | 1 | 2 | 1 | | | | |
| 미숙01하다 | VA | 1 | 1 | | | 1 | 1 | | | | |
| 미술 | NNG | 33 | 25 | 12 | 9 | 6 | 6 | 12 | 8 | 3 | 2 |
| 미술실 | NNG | 4 | 3 | 1 | 1 | 1 | 1 | 2 | 1 | | |
| 미술하다 | VV | 1 | 1 | | | | | 1 | 1 | | |
| 미스터 | NNG | 2 | 2 | 2 | 2 | | | | | | |
| 미스테리 | NNG | 2 | 1 | | | | | 2 | 1 | | |
| 미안01 | NNG | 4 | 4 | | | | | 2 | 2 | 2 | 2 |
| 미안01하다 | VA | 31 | 24 | 1 | 1 | 10 | 8 | 11 | 9 | 9 | 6 |
| 미역02 | NNG | 2 | 1 | | | 2 | 1 | | | | |
| 미이라 | NNG | 6 | 2 | 6 | 2 | | | | | | |
| 미치다01 | VV | 92 | 63 | 1 | 1 | 30 | 15 | 38 | 30 | 23 | 17 |
| 미터02 | NNB | 1 | 1 | 1 | 1 | | | | | | |
| 미팅 | NNG | 1 | 1 | | | | | 1 | 1 | | |
| 미팅하다 | VV | 1 | 1 | | | | | 1 | 1 | | |
| 믹스 | NNG | 1 | 1 | | | 1 | 1 | | | | |
| 민달레(민들레) | NNG | 1 | 1 | 1 | 1 | | | | | | |

| 형태 | 품사 | 전체 | | 초등학교 저학년 | | 초등학교 고학년 | | 중학생 | | 고등학생 | |
|---|---|---|---|---|---|---|---|---|---|---|---|
| | | 형태빈도 | 화자수 | 형태빈도 | 화자수 | 형태빈도 | 화자수 | 형태빈도 | 화자수 | 형태빈도 | 화자수 |
| 민담 | NNG | 1 | 1 | | | | | 1 | 1 | | |
| 민들레 | NNG | 1 | 1 | 1 | 1 | | | | | | |
| 민망02하다 | VA | 5 | 4 | | | | | 2 | 2 | 3 | 2 |
| 민방우(민방위) | NNG | 1 | 1 | | | | | 1 | 1 | | |
| 민방위 | NNG | 1 | 1 | | | | | 1 | 1 | | |
| 민주주의 | NNG | 1 | 1 | | | 1 | 1 | | | | |
| 민증 | NNG | 3 | 2 | | | 3 | 2 | | | | |
| 믿기다 | VV | 1 | 1 | | | 1 | 1 | | | | |
| 믿다 | VV | 9 | 9 | 1 | 1 | 1 | 1 | 3 | 3 | 4 | 4 |
| 믿음직스럽다 | VA | 1 | 1 | | | | | | | 1 | 1 |
| 밀가루 | NNG | 2 | 1 | | | | | | | 2 | 1 |
| 밀다01 | VV | 10 | 8 | 3 | 3 | 6 | 4 | 1 | 1 | | |
| 밀리다01 | VV | 1 | 1 | | | | | 1 | 1 | | |
| 밀림꾼 | NNG | 1 | 1 | | | 1 | 1 | | | | |
| 밀어붙이다 | VV | 1 | 1 | | | | | | | 1 | 1 |
| 밀어주다 | VV | 1 | 1 | | | | | 1 | 1 | | |
| 밀치다 | VV | 2 | 2 | 1 | 1 | | | 1 | 1 | | |
| 밑01 | NNG | 30 | 23 | 6 | 4 | 12 | 10 | 8 | 6 | 4 | 3 |
| -ㅂ니까 | EF | 7 | 5 | | | 3 | 3 | 3 | 1 | 1 | 1 |
| -ㅂ니다 | EF | 38 | 25 | 12 | 8 | 7 | 5 | 6 | 4 | 13 | 8 |
| 바(반11) | NNG | 1 | 1 | | | | | | | 1 | 1 |
| 바(보01)다 | VV | 4 | 2 | 3 | 1 | | | 1 | 1 | | |
| 바(보01)다 | VX | 2 | 2 | 1 | 1 | | | | | 1 | 1 |
| 바03 | NNB | 6 | 6 | | | | | 4 | 4 | 2 | 2 |
| 바가지01 | NNG | 2 | 1 | | | 2 | 1 | | | | |
| 바구니 | NNG | 1 | 1 | | | | | 1 | 1 | | |
| 바깥 | NNG | 5 | 4 | 1 | 1 | 1 | 1 | | | 3 | 2 |
| 바껴(바뀌)다 | VV | 2 | 2 | | | 1 | 1 | 1 | 1 | | |
| 바꾸다 | VV | 46 | 40 | 5 | 4 | 9 | 9 | 12 | 10 | 20 | 17 |
| 바뀌다 | VV | 34 | 23 | 2 | 1 | 7 | 5 | 17 | 11 | 8 | 6 |
| 바끼(바뀌)다 | VV | 1 | 1 | | | 1 | 1 | | | | |
| 바나나 | NNG | 1 | 1 | 1 | 1 | | | | | | |
| 바늘 | NNG | 5 | 4 | 1 | 1 | 4 | 3 | | | | |
| 바다 | NNG | 10 | 4 | 3 | 1 | 7 | 3 | | | | |
| 바닥01 | NNG | 7 | 6 | | | 2 | 2 | 5 | 4 | | |
| 바닷가 | NNG | 5 | 2 | 1 | 1 | 4 | 1 | | | | |
| 바닷물 | NNG | 2 | 2 | 1 | 1 | 1 | 1 | | | | |

| 형태 | 품사 | 전체 | | 초등학교 저학년 | | 초등학교 고학년 | | 중학생 | | 고등학생 | |
|---|---|---|---|---|---|---|---|---|---|---|---|
| | | 형태 빈도 | 화자 수 | 형태 빈도 | 화자 수 | 형태 빈도 | 화자 수 | 형태 빈도 | 화자 수 | 형태 빈도 | 화자 수 |
| 바디05 | NNG | 1 | 1 | | | | | 1 | 1 | | |
| 바라다01 | VV | 7 | 7 | 1 | 1 | 2 | 2 | 1 | 1 | 3 | 3 |
| 바람01 | NNB | 2 | 2 | 1 | 1 | | | | | 1 | 1 |
| 바람01 | NNG | 5 | 5 | 1 | 1 | 1 | 1 | 2 | 2 | 1 | 1 |
| 바람둥이 | NNG | 6 | 4 | | | 4 | 3 | 2 | 1 | | |
| 바로02 | MAG | 48 | 39 | 6 | 5 | 10 | 9 | 22 | 15 | 10 | 10 |
| 바루04 | MAG | 2 | 2 | 1 | 1 | | | 1 | 1 | | |
| 바르다01 | VV | 3 | 3 | | | 1 | 1 | 2 | 2 | | |
| 바바바박 | MAG | 1 | 1 | | | 1 | 1 | | | | |
| 바보 | NNG | 31 | 24 | 7 | 5 | 15 | 10 | 4 | 4 | 5 | 5 |
| 바비큐 | NNG | 3 | 2 | | | | | | | 3 | 2 |
| 바쁘다 | VA | 7 | 7 | 1 | 1 | | | 2 | 2 | 4 | 4 |
| 바이05 | NNG | 2 | 1 | | | 2 | 1 | | | | |
| 바이올린 | NNG | 14 | 5 | 9 | 3 | 5 | 2 | | | | |
| 바지01 | NNG | 9 | 7 | 2 | 2 | 1 | 1 | 2 | 2 | 4 | 2 |
| 바퀴01 | NNB | 5 | 2 | 1 | 1 | 4 | 1 | | | | |
| 바퀴01 | NNG | 2 | 2 | 1 | 1 | | | 1 | 1 | | |
| 바퀴벌레 | NNG | 7 | 1 | | | 7 | 1 | | | | |
| 바탕01 | NNG | 3 | 3 | | | 1 | 1 | 1 | 1 | 1 | 1 |
| 박10 | NNB | 2 | 1 | | | 2 | 1 | | | | |
| 박다01 | VV | 6 | 4 | 6 | 4 | | | | | | |
| 박물관 | NNG | 2 | 1 | | | 2 | 1 | | | | |
| 박사01 | NNG | 7 | 4 | | | | | 6 | 3 | 1 | 1 |
| 박스 | NNG | 1 | 1 | | | 1 | 1 | | | | |
| 박쥐 | NNG | 1 | 1 | 1 | 1 | | | | | | |
| 박피01 | NNG | 1 | 1 | | | | | 1 | 1 | | |
| 박히다 | VV | 3 | 3 | 1 | 1 | | | 2 | 2 | | |
| 밖 | NNG | 34 | 28 | 13 | 12 | 8 | 5 | 7 | 6 | 6 | 5 |
| 밖에 | JX | 174 | 116 | 34 | 25 | 59 | 34 | 47 | 34 | 34 | 23 |
| 반07 | NNG | 36 | 25 | 6 | 4 | 11 | 7 | 12 | 9 | 7 | 5 |
| 반10 | NNG | 332 | 140 | 44 | 23 | 99 | 41 | 118 | 48 | 71 | 28 |
| 반갑다 | VA | 4 | 3 | | | 1 | 1 | | | 3 | 2 |
| 반기다 | VV | 1 | 1 | | | | | 1 | 1 | | |
| 반달01 | NNG | 1 | 1 | | | | | 1 | 1 | | |
| 반대03 | NNG | 5 | 5 | | | 3 | 3 | 1 | 1 | 1 | 1 |
| 반대03하다 | VV | 3 | 3 | | | 1 | 1 | 2 | 2 | | |
| 반대쪽 | NNG | 1 | 1 | | | 1 | 1 | | | | |

| 형태 | 품사 | 전체 | | 초등학교 저학년 | | 초등학교 고학년 | | 중학생 | | 고등학생 | |
|---|---|---|---|---|---|---|---|---|---|---|---|
| | | 형태빈도 | 화자수 | 형태빈도 | 화자수 | 형태빈도 | 화자수 | 형태빈도 | 화자수 | 형태빈도 | 화자수 |
| 반드시 | MAG | 3 | 2 | | | | | 1 | 1 | 2 | 1 |
| 반말 | NNG | 5 | 5 | 2 | 2 | 1 | 1 | 2 | 2 | | |
| 반말하다 | VV | 2 | 1 | 2 | 1 | | | | | | |
| 반면02 | NNG | 1 | 1 | | | | | | | 1 | 1 |
| 반바지 | NNG | 1 | 1 | | | | | | | 1 | 1 |
| 반박01하다 | VV | 2 | 1 | | | | | 2 | 1 | | |
| 반반05 | NNG | 2 | 2 | 1 | 1 | 1 | 1 | | | | |
| 반별 | NNG | 1 | 1 | | | | | | | 1 | 1 |
| 반복01 | NNG | 1 | 1 | | | | | 1 | 1 | | |
| 반성01하다 | VV | 1 | 1 | | | 1 | 1 | | | | |
| 반수10 | NNG | 5 | 2 | | | | | | | 5 | 2 |
| 반응 | NNG | 1 | 1 | | | | | | | 1 | 1 |
| 반장08 | NNG | 8 | 6 | 7 | 5 | 1 | 1 | | | | |
| 반주04 | NNG | 1 | 1 | 1 | 1 | | | | | | |
| 반지02 | NNG | 6 | 5 | 3 | 3 | | | 1 | 1 | 2 | 1 |
| 반짝반짝01 | MAG | 1 | 1 | 1 | 1 | | | | | | |
| 반짝반짝01거리다 | VV | 1 | 1 | | | 1 | 1 | | | | |
| 반찬 | NNG | 3 | 3 | 1 | 1 | | | | | 2 | 2 |
| 반창고 | NNG | 1 | 1 | | | 1 | 1 | | | | |
| 반창회 | NNG | 1 | 1 | | | | | | | 1 | 1 |
| 반칙 | NNG | 5 | 2 | 1 | 1 | 4 | 1 | | | | |
| 반팔 | NNG | 3 | 3 | | | 1 | 1 | | | 2 | 2 |
| 반하다01 | VV | 1 | 1 | | | | | 1 | 1 | | |
| 반항아 | NNG | 1 | 1 | | | 1 | 1 | | | | |
| 받다01 | VV | 136 | 99 | 18 | 12 | 39 | 30 | 33 | 24 | 46 | 33 |
| 받아들이다 | VV | 7 | 4 | | | | | 6 | 3 | 1 | 1 |
| 받아쓰기 | NNG | 6 | 3 | 6 | 3 | | | | | | |
| 받아치다 | VV | 1 | 1 | | | | | 1 | 1 | | |
| 받치다02 | VV | 2 | 2 | | | 1 | 1 | 1 | 1 | | |
| 발(밟)다 | VV | 1 | 1 | 1 | 1 | | | | | | |
| 발01 | NNG | 33 | 23 | 8 | 8 | 17 | 10 | 4 | 3 | 4 | 2 |
| 발가락 | NNG | 3 | 3 | 1 | 1 | 1 | 1 | 1 | 1 | | |
| 발견01하다 | VV | 1 | 1 | | | 1 | 1 | | | | |
| 발달 | NNG | 1 | 1 | | | | | | | 1 | 1 |
| 발라드 | NNG | 5 | 2 | | | | | | | 5 | 2 |
| 발명01하다 | VV | 1 | 1 | 1 | 1 | | | | | | |
| 발명가 | NNG | 1 | 1 | 1 | 1 | | | | | | |

| 형태 | 품사 | 전체 | | 초등학교 저학년 | | 초등학교 고학년 | | 중학생 | | 고등학생 | |
|---|---|---|---|---|---|---|---|---|---|---|---|
| | | 형태빈도 | 화자수 | 형태빈도 | 화자수 | 형태빈도 | 화자수 | 형태빈도 | 화자수 | 형태빈도 | 화자수 |
| 발바닥 | NNG | 3 | 2 | 2 | 1 | 1 | 1 | | | | |
| 발바리01 | NNG | 1 | 1 | | | | | 1 | 1 | | |
| 발야구 | NNG | 3 | 2 | | | | | 3 | 2 | | |
| 발언02 | NNG | 1 | 1 | | | | | 1 | 1 | | |
| 발육 | NNG | 1 | 1 | | | | | | | 1 | 1 |
| 발음01 | NNG | 6 | 6 | 1 | 1 | 1 | 1 | 2 | 2 | 2 | 2 |
| 발음01하다 | VV | 2 | 2 | | | 1 | 1 | | | 1 | 1 |
| 발전01 | NNG | 1 | 1 | | | | | 1 | 1 | | |
| 발톱 | NNG | 1 | 1 | | | 1 | 1 | | | | |
| 발표01 | NNG | 3 | 3 | 2 | 2 | | | | | 1 | 1 |
| 발휘하다 | VV | 1 | 1 | | | | | 1 | 1 | | |
| 밝다 | VA | 2 | 1 | | | | | | | 2 | 1 |
| 밝히다 | VV | 6 | 5 | | | 5 | 4 | 1 | 1 | | |
| 밟다 | VV | 5 | 3 | 1 | 1 | 3 | 1 | 1 | 1 | | |
| 밟히다 | VV | 1 | 1 | | | 1 | 1 | | | | |
| 밤01 | NNG | 48 | 33 | 14 | 10 | 21 | 13 | 10 | 8 | 3 | 2 |
| 밤02 | NNG | 1 | 1 | | | | | 1 | 1 | | |
| 밤늦다 | VA | 1 | 1 | | | 1 | 1 | | | | |
| 밤새02 | NNG | 1 | 1 | 1 | 1 | | | | | | |
| 밤새다 | VV | 4 | 3 | | | | | | | 4 | 3 |
| 밤잠 | NNG | 1 | 1 | 1 | 1 | | | | | | |
| 밥01 | NNG | 71 | 48 | 15 | 13 | 15 | 10 | 19 | 9 | 22 | 16 |
| 밥풀 | NNG | 2 | 1 | | | 2 | 1 | | | | |
| 밧데리 | NNG | 3 | 2 | | | | | 1 | 1 | 2 | 1 |
| 방07 | NNG | 42 | 25 | 10 | 7 | 18 | 8 | 8 | 6 | 6 | 4 |
| 방11 | NNB | 7 | 6 | 2 | 2 | 5 | 4 | | | | |
| 방과03 | NNG | 2 | 2 | 2 | 2 | | | | | | |
| 방구02 | NNG | 3 | 3 | 3 | 3 | | | | | | |
| 방귀01 | NNG | 1 | 1 | | | 1 | 1 | | | | |
| 방금01 | MAG | 1 | 1 | | | | | 1 | 1 | | |
| 방금01 | NNG | 1 | 1 | | | | | | | 1 | 1 |
| 방문02 | NNG | 1 | 1 | | | | | 1 | 1 | | |
| 방문03 | NNG | 1 | 1 | | | 1 | 1 | | | | |
| 방법 | NNG | 5 | 5 | 1 | 1 | 2 | 2 | 2 | 2 | | |
| 방석02 | NNG | 1 | 1 | | | | | | | 1 | 1 |
| 방송01 | NNG | 11 | 5 | | | 1 | 1 | 6 | 3 | 4 | 1 |
| 방송01하다 | VV | 1 | 1 | 1 | 1 | | | | | | |

| 형태 | 품사 | 전체 | | 초등학교 저학년 | | 초등학교 고학년 | | 중학생 | | 고등학생 | |
|---|---|---|---|---|---|---|---|---|---|---|---|
| | | 형태빈도 | 화자수 | 형태빈도 | 화자수 | 형태빈도 | 화자수 | 형태빈도 | 화자수 | 형태빈도 | 화자수 |
| 방송국 | NNG | 4 | 3 | 2 | 1 | | | 1 | 1 | 1 | 1 |
| 방송실 | NNG | 5 | 2 | 1 | 1 | 4 | 1 | | | | |
| 방식01 | NNG | 3 | 3 | | | 1 | 1 | 1 | 1 | 1 | 1 |
| 방어02 | NNG | 4 | 4 | 3 | 3 | 1 | 1 | | | | |
| 방어02하다 | VV | 1 | 1 | 1 | 1 | | | | | | |
| 방정식 | NNG | 1 | 1 | | | 1 | 1 | | | | |
| 방패02 | NNG | 1 | 1 | | | 1 | 1 | | | | |
| 방학 | NNG | 32 | 19 | 3 | 3 | 12 | 7 | 8 | 4 | 9 | 5 |
| 방학하다 | VV | 1 | 1 | | | | | | | 1 | 1 |
| 방해01되다 | VV | 1 | 1 | | | 1 | 1 | | | | |
| 방해01하다 | VV | 4 | 3 | 1 | 1 | | | 3 | 2 | | |
| 밭01 | NNG | 2 | 2 | 1 | 1 | | | 1 | 1 | | |
| 배01 | NNG | 21 | 15 | 1 | 1 | 5 | 5 | 8 | 5 | 7 | 4 |
| 배03 | NNG | 1 | 1 | | | | | 1 | 1 | | |
| 배09 | NNG | 7 | 7 | 1 | 1 | 3 | 3 | 3 | 3 | | |
| 배경01 | NNG | 1 | 1 | | | | | 1 | 1 | | |
| 배고프다 | VA | 33 | 22 | 5 | 3 | 4 | 4 | 11 | 4 | 13 | 11 |
| 배구06 | NNG | 2 | 2 | 2 | 2 | | | | | | |
| 배구06하다 | VV | 1 | 1 | 1 | 1 | | | | | | |
| 배기(배01)다 | VV | 1 | 1 | | | 1 | 1 | | | | |
| 배다01 | VV | 2 | 2 | | | 1 | 1 | | | 1 | 1 |
| 배다02 | VV | 1 | 1 | | | 1 | 1 | | | | |
| 배드민턴 | NNG | 8 | 2 | | | | | 8 | 2 | | |
| 배부르다 | VA | 4 | 3 | | | | | 2 | 1 | 2 | 2 |
| 배불르(배부르)다 | VA | 1 | 1 | | | | | | | 1 | 1 |
| 배신02 | NNG | 4 | 3 | 3 | 2 | 1 | 1 | | | | |
| 배신02하다 | VV | 2 | 2 | | | 2 | 2 | | | | |
| 배신자 | NNG | 2 | 2 | 2 | 2 | | | | | | |
| 배영02 | NNG | 1 | 1 | | | 1 | 1 | | | | |
| 배우다01 | VV | 46 | 30 | 5 | 5 | 18 | 10 | 19 | 12 | 4 | 3 |
| 배추01 | NNG | 1 | 1 | | | | | 1 | 1 | | |
| 배치03 | NNG | 2 | 2 | | | | | 2 | 2 | | |
| 백05 | MM | 98 | 56 | 12 | 8 | 39 | 18 | 28 | 16 | 19 | 14 |
| 백05 | NR | 146 | 59 | 32 | 17 | 34 | 13 | 41 | 14 | 39 | 15 |
| 백구02 | NNG | 3 | 2 | 3 | 2 | | | | | | |
| 백군01 | NNG | 2 | 1 | | | 2 | 1 | | | | |
| 백만장자 | NNG | 1 | 1 | | | | | 1 | 1 | | |

| 형태 | 품사 | 전체 | | 초등학교 저학년 | | 초등학교 고학년 | | 중학생 | | 고등학생 | |
|---|---|---|---|---|---|---|---|---|---|---|---|
| | | 형태 빈도 | 화자 수 | 형태 빈도 | 화자 수 | 형태 빈도 | 화자 수 | 형태 빈도 | 화자 수 | 형태 빈도 | 화자 수 |
| 백문백답 | NNG | 1 | 1 | | | | | | | 1 | 1 |
| 백분율 | NNG | 1 | 1 | | | | | 1 | 1 | | |
| 백숙01 | NNG | 1 | 1 | | | | | | | 1 | 1 |
| 백업02 | NNG | 1 | 1 | | | 1 | 1 | | | | |
| 백의01 | NNG | 1 | 1 | | | 1 | 1 | | | | |
| 백일02 | NNG | 5 | 2 | | | 5 | 2 | | | | |
| 백합03 | NNG | 4 | 2 | | | 4 | 2 | | | | |
| 백혈병 | NNG | 2 | 2 | 1 | 1 | 1 | 1 | | | | |
| 밸브 | NNG | 2 | 2 | | | 2 | 2 | | | | |
| 뱀 | NNG | 4 | 4 | 3 | 3 | | | 1 | 1 | | |
| 뱀띠 | NNG | 2 | 1 | | | | | 2 | 1 | | |
| 뱀파이어 | NNG | 2 | 1 | | | 2 | 1 | | | | |
| 뱉다 | VV | 7 | 6 | 1 | 1 | 2 | 2 | 3 | 2 | 1 | 1 |
| 버릇01되다 | VV | 1 | 1 | | | | | 1 | 1 | | |
| 버리다01 | VV | 18 | 11 | 1 | 1 | 5 | 2 | 4 | 4 | 8 | 4 |
| 버리다01 | VX | 85 | 57 | 19 | 12 | 31 | 22 | 23 | 16 | 12 | 7 |
| 버섯02 | NNG | 7 | 4 | 1 | 1 | 4 | 2 | | | 2 | 1 |
| 버스02 | NNG | 24 | 14 | 2 | 1 | | | 6 | 3 | 16 | 10 |
| 버스비 | NNG | 1 | 1 | | | | | | | 1 | 1 |
| 버전 | NNG | 1 | 1 | 1 | 1 | | | | | | |
| 버티다 | VV | 4 | 3 | | | 4 | 3 | | | | |
| 벅차다 | VA | 1 | 1 | | | 1 | 1 | | | | |
| 번04 | NNB | 252 | 152 | 61 | 35 | 78 | 48 | 62 | 40 | 51 | 29 |
| 번개01 | NNG | 1 | 1 | 1 | 1 | | | | | | |
| 번개숯 | NNG | 1 | 1 | 1 | 1 | | | | | | |
| 번데기01 | NNG | 1 | 1 | 1 | 1 | | | | | | |
| 번역하다 | VV | 1 | 1 | | | | | 1 | 1 | | |
| 번지르르하다 | VA | 1 | 1 | | | | | 1 | 1 | | |
| 번째 | NNB | 3 | 3 | 2 | 2 | 1 | 1 | | | | |
| 번호02 | NNG | 17 | 12 | 5 | 4 | 8 | 5 | 4 | 3 | | |
| 벌(벌어지01)다 | VV | 1 | 1 | | | | | | | 1 | 1 |
| 벌03 | NNG | 5 | 1 | 5 | 1 | | | | | | |
| 벌다02 | VV | 38 | 22 | 5 | 4 | 6 | 5 | 13 | 6 | 14 | 7 |
| 벌레01 | NNG | 11 | 5 | 1 | 1 | 8 | 2 | | | 2 | 2 |
| 벌리다01 | VV | 5 | 4 | | | 1 | 1 | 1 | 1 | 3 | 2 |
| 벌써 | MAG | 37 | 30 | 8 | 6 | 10 | 8 | 14 | 11 | 5 | 5 |
| 벌어지다01 | VV | 2 | 2 | 1 | 1 | | | 1 | 1 | | |

| 형태 | 품사 | 전체 | | 초등학교 저학년 | | 초등학교 고학년 | | 중학생 | | 고등학생 | |
|---|---|---|---|---|---|---|---|---|---|---|---|
| | | 형태빈도 | 화자수 | 형태빈도 | 화자수 | 형태빈도 | 화자수 | 형태빈도 | 화자수 | 형태빈도 | 화자수 |
| 벌칙 | NNG | 5 | 2 | | | | | | | 5 | 2 |
| 범생(모범생) | NNG | 1 | 1 | | | 1 | 1 | | | | |
| 범죄 | NNG | 3 | 3 | | | | | 3 | 3 | | |
| 범죄학자 | NNG | 1 | 1 | | | | | 1 | 1 | | |
| 법01 | NNG | 6 | 6 | 3 | 3 | 2 | 2 | 1 | 1 | | |
| 벗다 | VV | 16 | 11 | 2 | 2 | 10 | 6 | 1 | 1 | 3 | 2 |
| 벗어나다 | VV | 3 | 2 | | | | | 1 | 1 | 2 | 1 |
| 벚꽃 | NNG | 5 | 2 | | | 5 | 2 | | | | |
| 베개 | NNG | 2 | 2 | | | 1 | 1 | 1 | 1 | | |
| 베끼다01 | VV | 1 | 1 | | | 1 | 1 | | | | |
| 베다01 | VV | 1 | 1 | 1 | 1 | | | | | | |
| 베다02 | VV | 1 | 1 | 1 | 1 | | | | | | |
| 베이컨01 | NNG | 4 | 2 | | | | | 4 | 2 | | |
| 베틀렛 | NNG | 2 | 2 | 2 | 2 | | | | | | |
| 베프(베스트프렌드) | NNG | 1 | 1 | | | | | | | 1 | 1 |
| 벤치 | NNG | 1 | 1 | | | | | | | 1 | 1 |
| 벨소리 | NNG | 3 | 3 | | | | | | | 3 | 3 |
| 벨트 | NNG | 1 | 1 | | | | | 1 | 1 | | |
| 벼락01 | NNG | 2 | 2 | | | 2 | 2 | | | | |
| 벼락치기 | NNG | 1 | 1 | | | | | 1 | 1 | | |
| 벽06 | NNG | 5 | 3 | | | 3 | 1 | 2 | 2 | | |
| 벽돌집 | NNG | 1 | 1 | 1 | 1 | | | | | | |
| 변(번04) | NNB | 1 | 1 | | | | | | | 1 | 1 |
| 변기01 | NNG | 1 | 1 | | | | | 1 | 1 | | |
| 변변하다 | VA | 1 | 1 | | | | | 1 | 1 | | |
| 변비01 | NNG | 2 | 2 | | | 1 | 1 | | | 1 | 1 |
| 변성기02 | NNG | 4 | 2 | | | | | | | 4 | 2 |
| 변신01 | NNG | 2 | 2 | 1 | 1 | 1 | 1 | | | | |
| 변신01되다 | vv | 1 | 1 | | | 1 | 1 | | | | |
| 변신01하다 | VV | 7 | 5 | 4 | 3 | 3 | 2 | | | | |
| 변장02하다 | VV | 1 | 1 | | | 1 | 1 | | | | |
| 변태 | NNG | 11 | 10 | 4 | 3 | 2 | 2 | 4 | 4 | 1 | 1 |
| 변하다 | VV | 13 | 11 | 3 | 2 | 4 | 4 | 2 | 2 | 4 | 3 |
| 별01 | NNG | 18 | 11 | 9 | 4 | 8 | 6 | 1 | 1 | | |
| 별02 | MM | 8 | 8 | | | 1 | 1 | 2 | 2 | 5 | 5 |
| 별05 | NNG | 1 | 1 | | | | | 1 | 1 | | |
| 별거01 | NNG | 4 | 4 | | | 3 | 3 | 1 | 1 | | |

| 형태 | 품사 | 전체 | | 초등학교 저학년 | | 초등학교 고학년 | | 중학생 | | 고등학생 | |
|---|---|---|---|---|---|---|---|---|---|---|---|
| | | 형태 빈도 | 화자 수 | 형태 빈도 | 화자 수 | 형태 빈도 | 화자 수 | 형태 빈도 | 화자 수 | 형태 빈도 | 화자 수 |
| 별관01 | NNG | 1 | 1 | | | | | 1 | 1 | | |
| 별로01 | MAG | 162 | 114 | 12 | 12 | 45 | 27 | 71 | 46 | 34 | 29 |
| 별루(별로01) | MAG | 23 | 20 | 2 | 2 | 11 | 9 | 9 | 8 | 1 | 1 |
| 별명01 | NNG | 9 | 8 | 7 | 6 | 1 | 1 | 1 | 1 | | |
| 별별 | MM | 1 | 1 | | | 1 | 1 | | | | |
| 별자리 | NNG | 2 | 2 | 2 | 2 | | | | | | |
| 별장03 | NNG | 5 | 2 | | | | | 5 | 2 | | |
| 별첨 | NNG | 4 | 2 | | | | | 4 | 2 | | |
| 별표01 | NNG | 1 | 1 | | | | | 1 | 1 | | |
| 병04 | NNG | 8 | 7 | 3 | 3 | 4 | 3 | | | 1 | 1 |
| 병05 | NNG | 2 | 2 | 1 | 1 | 1 | 1 | | | | |
| 병균 | NNG | 1 | 1 | | | 1 | 1 | | | | |
| 병력01 | NNG | 3 | 3 | 1 | 1 | 2 | 2 | | | | |
| 병사02 | NNG | 1 | 1 | | | | | 1 | 1 | | |
| 병신03 | NNG | 12 | 8 | | | 2 | 2 | 7 | 4 | 3 | 2 |
| 병실02 | NNG | 1 | 1 | 1 | 1 | | | | | | |
| 병아리 | NNG | 9 | 4 | 4 | 2 | 5 | 2 | | | | |
| 병원02 | NNG | 15 | 11 | 6 | 4 | 3 | 3 | 1 | 1 | 5 | 3 |
| 보고01 | JKB | 23 | 20 | 1 | 1 | 5 | 5 | 14 | 11 | 3 | 3 |
| 보고03하다 | VV | 1 | 1 | | | 1 | 1 | | | | |
| 보고서 | NNG | 2 | 1 | | | | | 2 | 1 | | |
| 보관01하다 | VV | 1 | 1 | | | 1 | 1 | | | | |
| 보관함 | NNG | 1 | 1 | | | | | | | 1 | 1 |
| 보구(보고01) | JKB | 1 | 1 | | | | | 1 | 1 | | |
| 보내다 | VV | 81 | 50 | 4 | 4 | 24 | 13 | 27 | 16 | 26 | 17 |
| 보다01 | VV | 911 | 326 | 151 | 70 | 265 | 89 | 305 | 95 | 190 | 72 |
| 보다01 | VX | 804 | 340 | 215 | 84 | 242 | 92 | 200 | 91 | 147 | 73 |
| 보다02 | MAG | 2 | 2 | | | | | 1 | 1 | 1 | 1 |
| 보다04 | JKB | 150 | 109 | 27 | 23 | 48 | 32 | 46 | 33 | 29 | 21 |
| 보드 | NNG | 1 | 1 | | | | | | | 1 | 1 |
| 보라색 | NNG | 1 | 1 | 1 | 1 | | | | | | |
| 보러(보고01) | JKB | 3 | 2 | | | 3 | 2 | | | | |
| 보병01 | NNG | 1 | 1 | | | | | | | 1 | 1 |
| 보석04 | NNG | 2 | 1 | | | 2 | 1 | | | | |
| 보스02 | NNG | 1 | 1 | | | | | | | 1 | 1 |
| 보완하다 | VV | 1 | 1 | | | | | 1 | 1 | | |
| 보이다01 | VV | 74 | 54 | 10 | 9 | 23 | 18 | 20 | 14 | 21 | 13 |

| 형태 | 품사 | 전체 | | 초등학교 저학년 | | 초등학교 고학년 | | 중학생 | | 고등학생 | |
|---|---|---|---|---|---|---|---|---|---|---|---|
| | | 형태 빈도 | 화자 수 | 형태 빈도 | 화자 수 | 형태 빈도 | 화자 수 | 형태 빈도 | 화자 수 | 형태 빈도 | 화자 수 |
| 보이다02 | VV | 14 | 11 | 2 | 2 | 9 | 7 | 3 | 2 | | |
| 보장01 | NNG | 1 | 1 | | | | | | | 1 | 1 |
| 보장01되다 | VV | 4 | 3 | | | | | 4 | 3 | | |
| 보조02 | NNG | 1 | 1 | | | 1 | 1 | | | | |
| 보청기 | NNG | 2 | 2 | | | | | 2 | 2 | | |
| 보충 | NNG | 2 | 2 | | | | | 2 | 2 | | |
| 보충하다 | VV | 1 | 1 | | | | | 1 | 1 | | |
| 보태다 | VV | 6 | 4 | | | 4 | 2 | 2 | 2 | | |
| 보통 | MAG | 3 | 2 | | | 1 | 1 | 2 | 1 | | |
| 보통 | NNG | 33 | 26 | 9 | 7 | 10 | 6 | 9 | 9 | 5 | 4 |
| 보행기 | NNG | 1 | 1 | 1 | 1 | | | | | | |
| 보험 | NNG | 1 | 1 | | | | | | | 1 | 1 |
| 보호01하다 | VV | 1 | 1 | | | | | 1 | 1 | | |
| 보호막 | NNG | 3 | 2 | | | 3 | 2 | | | | |
| 복12 | NNG | 3 | 2 | 2 | 1 | | | | | 1 | 1 |
| 복권02 | NNG | 2 | 2 | 1 | 1 | | | 1 | 1 | | |
| 복사판 | NNG | 1 | 1 | 1 | 1 | | | | | | |
| 복수03 | NNG | 3 | 3 | 1 | 1 | 1 | 1 | 1 | 1 | | |
| 복수03하다 | VV | 4 | 3 | | | 3 | 2 | 1 | 1 | | |
| 복수형 | NNG | 1 | 1 | | | 1 | 1 | | | | |
| 복숭아 | NNG | 3 | 2 | 3 | 2 | | | | | | |
| 복잡하다 | VA | 6 | 6 | 1 | 1 | 1 | 1 | 2 | 2 | 2 | 2 |
| 복지9 | NNG | 1 | 1 | | | 1 | 1 | | | | |
| 복학02하다 | VV | 1 | 1 | | | | | | | 1 | 1 |
| 볶음밥 | NNG | 1 | 1 | | | | | 1 | 1 | | |
| 본01 | NNG | 1 | 1 | | | | | 1 | 1 | | |
| 본격적 | NNG | 2 | 2 | | | 1 | 1 | 1 | 1 | | |
| 본관04 | NNG | 4 | 2 | | | | | 4 | 2 | | |
| 본능적 | NNG | 1 | 1 | | | | | 1 | 1 | | |
| 본전04 | NNG | 2 | 1 | | | | | 2 | 1 | | |
| 본점수 | NNG | 2 | 2 | | | | | 2 | 2 | | |
| 볼01 | NNG | 3 | 2 | | | | | 3 | 2 | | |
| 볼링 | NNG | 3 | 2 | | | | | 3 | 2 | | |
| 볼링장 | NNG | 1 | 1 | | | | | | | 1 | 1 |
| 볼펜02 | NNG | 6 | 3 | | | | | 6 | 3 | | |
| 봄01 | NNG | 1 | 1 | 1 | 1 | | | | | | |
| 봉사03 | NNG | 2 | 2 | 1 | 1 | 1 | 1 | | | | |

| 형태 | 품사 | 전체 | | 초등학교 저학년 | | 초등학교 고학년 | | 중학생 | | 고등학생 | |
|---|---|---|---|---|---|---|---|---|---|---|---|
| | | 형태 빈도 | 화자 수 | 형태 빈도 | 화자 수 | 형태 빈도 | 화자 수 | 형태 빈도 | 화자 수 | 형태 빈도 | 화자 수 |
| 봉지06 | NNG | 4 | 4 | 3 | 3 | 1 | 1 | | | | |
| 봉투02 | NNG | 2 | 1 | | | | | 2 | 1 | | |
| 봐주다 | VV | 1 | 1 | | | | | 1 | 1 | | |
| 뵈다01 | VV | 1 | 1 | 1 | 1 | | | | | | |
| 부(보01)다 | VX | 6 | 6 | 1 | 1 | 1 | 1 | 2 | 2 | 2 | 2 |
| 부15 | NNG | 14 | 7 | 5 | 2 | 7 | 3 | 2 | 2 | | |
| 부가세 | NNG | 3 | 1 | | | | | 3 | 1 | | |
| 부끄럽다 | VA | 2 | 2 | 2 | 2 | | | | | | |
| 부닥치다 | VV | 1 | 1 | 1 | 1 | | | | | | |
| 부담01 | NNG | 2 | 2 | | | 1 | 1 | 1 | 1 | | |
| 부담스럽다 | VA | 2 | 2 | | | | | 1 | 1 | 1 | 1 |
| 부대08 | NNG | 9 | 5 | 1 | 1 | 8 | 4 | | | | |
| 부대찌개 | NNG | 1 | 1 | | | | | 1 | 1 | | |
| 부드럽다 | VA | 1 | 1 | | | | | 1 | 1 | | |
| 부들부들01 | MAG | 1 | 1 | | | | | | | 1 | 1 |
| 부딪치다 | VV | 1 | 1 | | | 1 | 1 | | | | |
| 부딪히다 | VV | 3 | 2 | 2 | 1 | 1 | 1 | | | | |
| 부러지다 | VV | 2 | 2 | 1 | 1 | | | 1 | 1 | | |
| 부럽다 | VA | 8 | 8 | | | 2 | 2 | 3 | 3 | 3 | 3 |
| 부류02 | NNG | 1 | 1 | | | | | 1 | 1 | | |
| 부르다01 | VV | 66 | 46 | 5 | 3 | 24 | 18 | 21 | 12 | 16 | 13 |
| 부리다01 | VV | 1 | 1 | | | | | | | 1 | 1 |
| 부리다02 | VV | 8 | 6 | 1 | 1 | 4 | 2 | 3 | 3 | | |
| 부메랑 | NNG | 1 | 1 | | | | | 1 | 1 | | |
| 부모01님04XSN | NNG | 10 | 8 | | | 4 | 3 | 6 | 5 | | |
| 부문06 | NNG | 2 | 2 | | | 2 | 2 | | | | |
| 부부03 | NNG | 3 | 2 | 2 | 1 | 1 | 1 | | | | |
| 부분01 | NNG | 3 | 3 | | | 3 | 3 | | | | |
| 부상05 | NNG | 1 | 1 | 1 | 1 | | | | | | |
| 부시다04 | VV | 3 | 2 | 2 | 1 | | | 1 | 1 | | |
| 부시시하다 | VA | 1 | 1 | | | | | 1 | 1 | | |
| 부웅 | MAG | 1 | 1 | | | | | | | 1 | 1 |
| 부웅거리다 | VV | 1 | 1 | | | 1 | 1 | | | | |
| 부원장 | NNG | 1 | 1 | 1 | 1 | | | | | | |
| 부이(브이01) | NNG | 4 | 2 | 4 | 2 | | | | | | |
| 부익부 | NNG | 2 | 1 | | | | | 2 | 1 | | |
| 부인01 | NNG | 3 | 3 | 2 | 2 | 1 | 1 | | | | |

| 형태 | 품사 | 전체 | | 초등학교 저학년 | | 초등학교 고학년 | | 중학생 | | 고등학생 | |
|---|---|---|---|---|---|---|---|---|---|---|---|
| | | 형태 빈도 | 화자 수 | 형태 빈도 | 화자 수 | 형태 빈도 | 화자 수 | 형태 빈도 | 화자 수 | 형태 빈도 | 화자 수 |
| 부자08 | NNG | 9 | 7 | 1 | 1 | 2 | 2 | 4 | 3 | 2 | 1 |
| 부자연 | NNG | 1 | 1 | | | | | 1 | 1 | | |
| 부잣집 | NNG | 4 | 4 | 1 | 1 | 1 | 1 | 1 | 1 | 1 | 1 |
| 부적응 | NNG | 1 | 1 | | | | | 1 | 1 | | |
| 부정부패 | NNG | 2 | 1 | | | | | 2 | 1 | | |
| 부족01하다 | VA | 3 | 3 | | | 1 | 1 | 1 | 1 | 1 | 1 |
| 부중03 | NNG | 2 | 2 | | | | | | | 2 | 2 |
| 부쩍 | MAG | 1 | 1 | | | 1 | 1 | | | | |
| 부처님 | NNG | 6 | 1 | | | 6 | 1 | | | | |
| 부축하다 | VV | 1 | 1 | | | 1 | 1 | | | | |
| 부침개 | NNG | 1 | 1 | | | | | | | 1 | 1 |
| 부탁 | NNG | 4 | 4 | | | | | 1 | 1 | 3 | 3 |
| 부탁하다 | VV | 2 | 2 | 1 | 1 | | | | | 1 | 1 |
| 부터 | JX | 150 | 108 | 30 | 21 | 31 | 23 | 56 | 40 | 33 | 24 |
| 부페02 | NNG | 3 | 2 | | | | | | | 3 | 2 |
| 부품 | NNG | 1 | 1 | | | | | 1 | 1 | | |
| 부하04 | NNG | 1 | 1 | 1 | 1 | | | | | | |
| 부회장 | NNG | 4 | 4 | 1 | 1 | 1 | 1 | | | 2 | 2 |
| 북06 | NNG | 2 | 2 | 2 | 2 | | | | | | |
| 분01 | NNB | 2 | 2 | | | 1 | 1 | | | 1 | 1 |
| 분08 | NNB | 311 | 138 | 26 | 15 | 50 | 22 | 154 | 66 | 81 | 35 |
| 분단02 | NNG | 2 | 1 | | | | | | | 2 | 1 |
| 분량 | NNG | 4 | 2 | | | | | 4 | 2 | | |
| 분명01 | MAG | 2 | 2 | | | 1 | 1 | | | 1 | 1 |
| 분명히 | MAG | 9 | 8 | | | 1 | 1 | 7 | 6 | 1 | 1 |
| 분석02 | NNG | 1 | 1 | | | | | | | 1 | 1 |
| 분수06 | NNG | 3 | 2 | 3 | 2 | | | | | | |
| 분식점 | NNG | 1 | 1 | | | 1 | 1 | | | | |
| 분식집 | NNG | 2 | 2 | | | 1 | 1 | | | 1 | 1 |
| 분열02하다 | VV | 1 | 1 | | | | | 1 | 1 | | |
| 분열증 | NNG | 2 | 1 | | | 2 | 1 | | | | |
| 분위기 | NNG | 7 | 6 | | | | | 2 | 1 | 5 | 5 |
| 분홍01 | NNG | 5 | 4 | 3 | 2 | 1 | 1 | 1 | 1 | | |
| 분홍색 | NNG | 1 | 1 | | | 1 | 1 | | | | |
| 불01 | NNG | 21 | 14 | 7 | 6 | 11 | 5 | 2 | 2 | 1 | 1 |
| 불가능 | NNG | 1 | 1 | | | | | 1 | 1 | | |
| 불건전하다 | VA | 1 | 1 | | | | | | | 1 | 1 |

| 형태 | 품사 | 전체 | | 초등학교 저학년 | | 초등학교 고학년 | | 중학생 | | 고등학생 | |
|---|---|---|---|---|---|---|---|---|---|---|---|
| | | 형태 빈도 | 화자 수 | 형태 빈도 | 화자 수 | 형태 빈도 | 화자 수 | 형태 빈도 | 화자 수 | 형태 빈도 | 화자 수 |
| 불구04하다 | VV | 1 | 1 | | | | | 1 | 1 | | |
| 불길02하다 | VA | 2 | 2 | | | 1 | 1 | 1 | 1 | | |
| 불꽃01 | NNG | 1 | 1 | | | 1 | 1 | | | | |
| 불꽃놀이 | NNG | 1 | 1 | | | | | 1 | 1 | | |
| 불꽃숯 | NNG | 1 | 1 | 1 | 1 | | | | | | |
| 불나다 | VV | 8 | 4 | 6 | 2 | 1 | 1 | | | 1 | 1 |
| 불다01 | VV | 5 | 4 | 2 | 1 | 1 | 1 | 1 | 1 | 1 | 1 |
| 불량01 | NNG | 2 | 1 | 2 | 1 | | | | | | |
| 불러오다 | VV | 1 | 1 | | | | | | | 1 | 1 |
| 불르(부르01)다 | VV | 3 | 3 | 1 | 1 | 1 | 1 | | | 1 | 1 |
| 불리01하다 | VA | 1 | 1 | | | | | 1 | 1 | | |
| 불리다04 | VV | 3 | 2 | | | 2 | 1 | 1 | 1 | | |
| 불만 | NNG | 4 | 4 | | | 1 | 1 | 3 | 3 | | |
| 불법01 | NNG | 1 | 1 | | | | | 1 | 1 | | |
| 불빛 | NNG | 3 | 3 | 1 | 1 | 1 | 1 | | | 1 | 1 |
| 불사신 | NNG | 1 | 1 | 1 | 1 | | | | | | |
| 불쌍하다 | VA | 36 | 30 | 5 | 4 | 14 | 12 | 14 | 11 | 3 | 3 |
| 불안01 | NNG | 1 | 1 | | | | | 1 | 1 | | |
| 불안01하다 | VA | 3 | 3 | | | | | 3 | 3 | | |
| 불참01하다 | VV | 1 | 1 | | | | | | | 1 | 1 |
| 불치병 | NNG | 1 | 1 | | | | | | | 1 | 1 |
| 불편01 | NNG | 2 | 2 | | | | | 1 | 1 | 1 | 1 |
| 불편01하다 | VA | 7 | 6 | | | 1 | 1 | 1 | 1 | 5 | 4 |
| 불평01 | NNG | 1 | 1 | | | | | | | 1 | 1 |
| 불합격 | NNG | 1 | 1 | | | | | | | 1 | 1 |
| 불행 | NNG | 4 | 2 | | | 3 | 1 | 1 | 1 | | |
| 불행하다 | VA | 2 | 1 | | | 2 | 1 | | | | |
| 불황01 | NNG | 4 | 1 | | | | | 4 | 1 | | |
| 붉다01 | VA | 1 | 1 | 1 | 1 | | | | | | |
| 붓다01 | VV | 4 | 3 | | | 1 | 1 | 1 | 1 | 2 | 1 |
| 붓다02 | VV | 1 | 1 | 1 | 1 | | | | | | |
| 붕01 | MAG | 1 | 1 | | | 1 | 1 | | | | |
| 붕대 | NNG | 1 | 1 | 1 | 1 | | | | | | |
| 붙다 | VV | 37 | 25 | 5 | 4 | 8 | 6 | | | 24 | 15 |
| 붙들다 | VV | 1 | 1 | 1 | 1 | | | | | | |
| 붙이다 | VV | 12 | 8 | 1 | 1 | 6 | 3 | 2 | 2 | 3 | 2 |
| 뷰리풀 | NNG | 1 | 1 | | | 1 | 1 | | | | |

| 형태 | 품사 | 전체 | | 초등학교 저학년 | | 초등학교 고학년 | | 중학생 | | 고등학생 | |
|---|---|---|---|---|---|---|---|---|---|---|---|
| | | 형태 빈도 | 화자 수 | 형태 빈도 | 화자 수 | 형태 빈도 | 화자 수 | 형태 빈도 | 화자 수 | 형태 빈도 | 화자 수 |
| 브레인 | NNG | 2 | 1 | | | | | 2 | 1 | | |
| 브로마이드 | NNG | 1 | 1 | | | 1 | 1 | | | | |
| 블라우스 | NNG | 1 | 1 | | | 1 | 1 | | | | |
| 블랙보드 | NNG | 1 | 1 | | | 1 | 1 | | | | |
| 블록02 | NNG | 1 | 1 | | | | | | | 1 | 1 |
| 블루 | NNG | 1 | 1 | 1 | 1 | | | | | | |
| 비(피02) | NNG | 1 | 1 | 1 | 1 | | | | | | |
| 비01 | NNG | 12 | 8 | 2 | 2 | 5 | 2 | 2 | 1 | 3 | 3 |
| 비05하다 | VV | 3 | 3 | | | | | 1 | 1 | 2 | 2 |
| 비28 | NNG | 7 | 5 | 3 | 3 | 3 | 1 | 1 | 1 | | |
| 비관적 | NNG | 1 | 1 | | | | | 1 | 1 | | |
| 비교01 | NNG | 3 | 3 | | | 2 | 2 | 1 | 1 | | |
| 비교01하다 | VV | 6 | 4 | | | 3 | 1 | 3 | 3 | | |
| 비굴하다 | VA | 1 | 1 | | | | | 1 | 1 | | |
| 비끼다 | VV | 2 | 1 | | | 2 | 1 | | | | |
| 비누 | NNG | 2 | 1 | | | | | 2 | 1 | | |
| 비닐 | NNG | 1 | 1 | 1 | 1 | | | | | | |
| 비다01 | VV | 3 | 2 | | | | | 1 | 1 | 2 | 1 |
| 비둘기 | NNG | 2 | 1 | | | | | 2 | 1 | | |
| 비듬01 | NNG | 6 | 6 | | | | | 5 | 5 | 1 | 1 |
| 비디오 | NNG | 16 | 10 | 1 | 1 | 11 | 6 | 2 | 1 | 2 | 2 |
| 비례식 | NNG | 1 | 1 | | | 1 | 1 | | | | |
| 비리08 | NNG | 2 | 2 | | | | | | | 2 | 2 |
| 비밀 | NNG | 23 | 17 | 5 | 5 | 9 | 6 | 2 | 2 | 7 | 4 |
| 비밀리 | NNG | 1 | 1 | | | | | | | 1 | 1 |
| 비밀하다 | VA | 1 | 1 | | | 1 | 1 | | | | |
| 비번(비밀번호) | NNG | 5 | 3 | | | 3 | 2 | 2 | 1 | | |
| 비비다 | VV | 1 | 1 | 1 | 1 | | | | | | |
| 비서실 | NNG | 1 | 1 | | | | | 1 | 1 | | |
| 비슷02하다 | VA | 28 | 23 | 4 | 4 | 2 | 2 | 16 | 11 | 6 | 6 |
| 비싸다 | VA | 34 | 28 | 2 | 1 | 10 | 9 | 12 | 10 | 10 | 8 |
| 비웃다 | VV | 1 | 1 | | | | | | | 1 | 1 |
| 비전11 | NNG | 1 | 1 | | | | | | | 1 | 1 |
| 비정상 | NNG | 1 | 1 | | | 1 | 1 | | | | |
| 비추다 | VV | 1 | 1 | | | | | | | 1 | 1 |
| 비치다01 | VV | 1 | 1 | | | 1 | 1 | | | | |
| 비키다 | VV | 5 | 4 | 3 | 2 | 1 | 1 | | | 1 | 1 |

| 형태 | 품사 | 전체 | | 초등학교 저학년 | | 초등학교 고학년 | | 중학생 | | 고등학생 | |
|---|---|---|---|---|---|---|---|---|---|---|---|
| | | 형태 빈도 | 화자 수 | 형태 빈도 | 화자 수 | 형태 빈도 | 화자 수 | 형태 빈도 | 화자 수 | 형태 빈도 | 화자 수 |
| 비판01하다 | VV | 1 | 1 | | | | | 1 | 1 | | |
| 비하02시키다 | VV | 1 | 1 | | | | | 1 | 1 | | |
| 비행기 | NNG | 21 | 9 | 8 | 5 | 13 | 4 | | | | |
| 비행접시 | NNG | 1 | 1 | | | | | 1 | 1 | | |
| 비형04 | NNG | 5 | 2 | | | | | | | 5 | 2 |
| 빈익빈 | NNG | 2 | 1 | | | | | 2 | 1 | | |
| 빈혈 | NNG | 1 | 1 | | | | | 1 | 1 | | |
| 빌다01 | VV | 2 | 2 | | | | | 2 | 2 | | |
| 빌라02 | NNG | 4 | 3 | 1 | 1 | | | | | 3 | 2 |
| 빌리다 | VV | 51 | 23 | 2 | 2 | 12 | 7 | 32 | 10 | 5 | 4 |
| 빗01 | NNG | 1 | 1 | | | | | 1 | 1 | | |
| 빗자루질 | NNG | 1 | 1 | | | 1 | 1 | | | | |
| 빙고03 | NNG | 1 | 1 | 1 | 1 | | | | | | |
| 빛 | NNG | 1 | 1 | 1 | 1 | | | | | | |
| 빛나다 | VV | 1 | 1 | 1 | 1 | | | | | | |
| 빠따(방망이01) | NNG | 5 | 1 | | | | | 5 | 1 | | |
| 빠뜨리다 | VV | 4 | 3 | 1 | 1 | 3 | 2 | | | | |
| 빠르다 | VA | 19 | 15 | 3 | 2 | 10 | 7 | 2 | 2 | 4 | 4 |
| 빠지다01 | VV | 35 | 21 | 6 | 5 | 7 | 6 | 17 | 8 | 5 | 2 |
| 빠지다02 | VV | 10 | 6 | 2 | 2 | 4 | 3 | | | 4 | 1 |
| 빠트리다 | VV | 2 | 2 | 1 | 1 | 1 | 1 | | | | |
| 빡빡이 | NNG | 3 | 2 | | | | | 3 | 2 | | |
| 빤딱(빤짝01)거리다 | VV | 1 | 1 | | | 1 | 1 | | | | |
| 빨간색 | NNG | 5 | 5 | 4 | 4 | | | 1 | 1 | | |
| 빨갛다 | VA | 11 | 9 | 3 | 2 | 5 | 4 | 1 | 1 | 2 | 2 |
| 빨개지다 | VV | 6 | 5 | 3 | 2 | | | 1 | 1 | 2 | 2 |
| 빨다01 | VV | 4 | 3 | 3 | 2 | | | 1 | 1 | | |
| 빨다02 | VV | 5 | 3 | | | 2 | 2 | 3 | 1 | | |
| 빨랑02 | MAG | 5 | 4 | 1 | 1 | 1 | 1 | | | 3 | 2 |
| 빨랑빨랑 | MAG | 1 | 1 | | | | | 1 | 1 | | |
| 빨르(빠르)다 | VA | 1 | 1 | 1 | 1 | | | | | | |
| 빨리 | MAG | 159 | 107 | 27 | 16 | 54 | 35 | 46 | 33 | 32 | 23 |
| 빨리하다 | VV | 13 | 9 | 6 | 4 | | | 4 | 3 | 3 | 2 |
| 빵01 | NNG | 11 | 6 | | | 4 | 2 | 3 | 1 | 4 | 3 |
| 빵04 | NNG | 3 | 2 | | | | | 3 | 2 | | |
| 빵꾸 | NNG | 3 | 3 | 2 | 2 | | | | | 1 | 1 |
| 빵집 | NNG | 1 | 1 | | | | | | | 1 | 1 |

| 형태 | 품사 | 전체 | | 초등학교 저학년 | | 초등학교 고학년 | | 중학생 | | 고등학생 | |
|---|---|---|---|---|---|---|---|---|---|---|---|
| | | 형태 빈도 | 화자 수 | 형태 빈도 | 화자 수 | 형태 빈도 | 화자 수 | 형태 빈도 | 화자 수 | 형태 빈도 | 화자 수 |
| 빼놓다 | VV | 1 | 1 | | | 1 | 1 | | | | |
| 빼다01 | VV | 61 | 46 | 15 | 10 | 17 | 15 | 21 | 13 | 8 | 8 |
| 빼앗다 | VV | 1 | 1 | | | 1 | 1 | | | | |
| 빼쪽 | MAG | 1 | 1 | 1 | 1 | | | | | | |
| 빽(백07) | NNG | 1 | 1 | | | 1 | 1 | | | | |
| 빽빽02하다 | VA | 1 | 1 | | | | | 1 | 1 | | |
| 뺏기다 | VV | 8 | 5 | 1 | 1 | 4 | 2 | 3 | 2 | | |
| 뺏다 | VV | 11 | 10 | 3 | 3 | 4 | 4 | 2 | 2 | 2 | 1 |
| 뺑뺑01 | MAG | 1 | 1 | | | | | 1 | 1 | | |
| 뺑뺑이01 | NNG | 3 | 3 | | | | | 2 | 2 | 1 | 1 |
| 뺨 | NNG | 1 | 1 | 1 | 1 | | | | | | |
| 뻐기(버티)다 | VV | 3 | 2 | | | 1 | 1 | 2 | 1 | | |
| 뻐끔02거리다 | VV | 1 | 1 | | | | | 1 | 1 | | |
| 뻐큐 | NNG | 2 | 2 | 1 | 1 | 1 | 1 | | | | |
| 뻑 | MAG | 3 | 2 | | | | | 3 | 2 | | |
| 뻔01 | NNB | 7 | 7 | 2 | 2 | | | 1 | 1 | 4 | 4 |
| 뻔01하다 | VX | 10 | 8 | 3 | 3 | 2 | 1 | 2 | 2 | 3 | 2 |
| 뻔뻔01스럽다 | VA | 1 | 1 | | | | | 1 | 1 | | |
| 뻔뻔01하다 | VA | 4 | 3 | | | | | 2 | 1 | 2 | 2 |
| 뻔질나 | VA | 1 | 1 | | | | | 1 | 1 | | |
| 뻔하다02 | VA | 4 | 4 | 1 | 1 | 1 | 1 | | | 2 | 2 |
| 뻗다 | VV | 4 | 3 | 1 | 1 | | | 2 | 1 | 1 | 1 |
| 뻗치다 | VV | 1 | 1 | | | 1 | 1 | | | | |
| 뻘쭘스럽다 | VA | 1 | 1 | | | | | | | 1 | 1 |
| 뻘쭘하다 | VA | 5 | 4 | | | | | 2 | 1 | 3 | 3 |
| 뻣뻣하다 | VA | 1 | 1 | | | | | 1 | 1 | | |
| 뻥02 | MAG | 2 | 2 | 1 | 1 | 1 | 1 | | | | |
| 뻥04 | NNG | 26 | 16 | 6 | 4 | 8 | 3 | 7 | 5 | 5 | 4 |
| 뻥까다 | VV | 2 | 1 | 2 | 1 | | | | | | |
| 뻥뻥01 | MAG | 1 | 1 | 1 | 1 | | | | | | |
| 뻥치다 | VV | 4 | 3 | 1 | 1 | 2 | 1 | 1 | 1 | | |
| 뼈 | NNG | 10 | 8 | 2 | 2 | 1 | 1 | 6 | 4 | 1 | 1 |
| 뼈다귀 | NNG | 1 | 1 | 1 | 1 | | | | | | |
| 뼉다구 | NNG | 1 | 1 | 1 | 1 | | | | | | |
| 뽀글뽀글 | MAG | 1 | 1 | | | 1 | 1 | | | | |
| 뽀대 | NNG | 1 | 1 | | | | | 1 | 1 | | |
| 뽀뽀 | NNG | 2 | 1 | 2 | 1 | | | | | | |

| 형태 | 품사 | 전체 | | 초등학교 저학년 | | 초등학교 고학년 | | 중학생 | | 고등학생 | |
|---|---|---|---|---|---|---|---|---|---|---|---|
| | | 형태빈도 | 화자수 | 형태빈도 | 화자수 | 형태빈도 | 화자수 | 형태빈도 | 화자수 | 형태빈도 | 화자수 |
| 뽀뽀하다 | VV | 14 | 3 | 13 | 2 | | | 1 | 1 | | |
| 뽐내다 | VV | 1 | 1 | | | | | | | 1 | 1 |
| 뽑다 | VV | 31 | 23 | 8 | 7 | 6 | 5 | 15 | 9 | 2 | 2 |
| 뽑히다 | VV | 4 | 3 | | | 3 | 2 | 1 | 1 | | |
| 뽕03 | MAG | 1 | 1 | 1 | 1 | | | | | | |
| 뽕나무 | NNG | 3 | 2 | | | | | 3 | 2 | | |
| 뾰족 | MAG | 2 | 1 | | | | | | | 2 | 1 |
| 뿅 | MAG | 1 | 1 | | | 1 | 1 | | | | |
| 뿅망치 | NNG | 2 | 1 | | | 2 | 1 | | | | |
| 뿌(버리01)다 | VX | 1 | 1 | 1 | 1 | | | | | | |
| 뿌가지(부러지)다 | VV | 1 | 1 | | | 1 | 1 | | | | |
| 뿌러지(부러지)다 | VV | 11 | 9 | 8 | 7 | 3 | 2 | | | | |
| 뿌리다 | VV | 8 | 6 | 3 | 2 | 4 | 3 | | | 1 | 1 |
| 뿌서지(부서지)다 | VV | 2 | 2 | 1 | 1 | | | | | 1 | 1 |
| 뿌셔지(부서지)다 | VV | 2 | 2 | 2 | 2 | | | | | | |
| 뿌시(부수)다 | VV | 1 | 1 | 1 | 1 | | | | | | |
| 뿐01 | NNB | 8 | 7 | | | 2 | 2 | 3 | 3 | 3 | 2 |
| 뿐02 | JX | 3 | 3 | 2 | 2 | | | 1 | 1 | | |
| 뿔뿔히 | MAG | 1 | 1 | | | 1 | 1 | | | | |
| 뿔쌍(불쌍)하다 | VA | 1 | 1 | | | 1 | 1 | | | | |
| 뿔쑥 | MAG | 1 | 1 | | | | | 1 | 1 | | |
| 쁘이(브이01)하다 | VV | 1 | 1 | 1 | 1 | | | | | | |
| 삐 | MAG | 2 | 1 | 2 | 1 | | | | | | |
| 삐그덕 | MAG | 1 | 1 | | | 1 | 1 | | | | |
| 삐다02 | VV | 2 | 1 | | | 2 | 1 | | | | |
| 삐리리 | MAG | 1 | 1 | | | | | 1 | 1 | | |
| 삐약삐약하다 | VV | 1 | 1 | 1 | 1 | | | | | | |
| 삐약이 | NNG | 4 | 1 | 4 | 1 | | | | | | |
| 삐지(삐치01) | VV | 13 | 9 | 6 | 3 | 3 | 3 | 4 | 3 | | |
| 삐쩍 | MAG | 1 | 1 | | | 1 | 1 | | | | |
| 삥02 | MAG | 2 | 2 | 1 | 1 | 1 | 1 | | | | |
| 사(살01)다 | VV | 1 | 1 | 1 | 1 | | | | | | |
| 사(세13) | NNB | 2 | 2 | | | 2 | 2 | | | | |
| 사11 | MM | 117 | 74 | 16 | 13 | 42 | 25 | 44 | 25 | 15 | 11 |
| 사11 | NR | 122 | 80 | 14 | 10 | 36 | 23 | 44 | 26 | 28 | 21 |
| 사각04 | NNG | 1 | 1 | | | 1 | 1 | | | | |
| 사거리01 | NNG | 1 | 1 | | | | | 1 | 1 | | |

| 형태 | 품사 | 전체 | | 초등학교 저학년 | | 초등학교 고학년 | | 중학생 | | 고등학생 | |
|---|---|---|---|---|---|---|---|---|---|---|---|
| | | 형태빈도 | 화자수 | 형태빈도 | 화자수 | 형태빈도 | 화자수 | 형태빈도 | 화자수 | 형태빈도 | 화자수 |
| 사건01 | NNG | 3 | 3 | 1 | 1 | 1 | 1 | 1 | 1 | | |
| 사격03 | NNG | 1 | 1 | | | 1 | 1 | | | | |
| 사고12 | NNG | 8 | 4 | 8 | 4 | | | | | | |
| 사관학교 | NNG | 1 | 1 | | | | | 1 | 1 | | |
| 사교육비 | NNG | 4 | 2 | | | | | 4 | 2 | | |
| 사귀다 | VV | 98 | 45 | | | 14 | 8 | 32 | 16 | 52 | 21 |
| 사극01 | NNG | 1 | 1 | 1 | 1 | | | | | | |
| 사기25 | NNG | 5 | 2 | | | | | 5 | 2 | | |
| 사기25당하다 | VV | 2 | 2 | | | 2 | 2 | | | | |
| 사기업 | NNG | 1 | 1 | | | | | 1 | 1 | | |
| 사나이 | NNG | 1 | 1 | | | 1 | 1 | | | | |
| 사냥개 | NNG | 1 | 1 | | | 1 | 1 | | | | |
| 사냥터 | NNG | 2 | 1 | | | 2 | 1 | | | | |
| 사냥하다 | VV | 4 | 3 | 1 | 1 | 3 | 2 | | | | |
| 사다 | VV | 277 | 117 | 24 | 17 | 105 | 35 | 77 | 33 | 71 | 32 |
| 사다리 | NNG | 1 | 1 | 1 | 1 | | | | | | |
| 사돈 | NNG | 1 | 1 | | | | | 1 | 1 | | |
| 사라지다 | VV | 5 | 5 | | | 3 | 3 | | | 2 | 2 |
| 사람 | NNG | 338 | 170 | 75 | 39 | 87 | 43 | 122 | 54 | 54 | 34 |
| 사랑01 | NNG | 2 | 2 | | | 2 | 2 | | | | |
| 사랑01하다 | VV | 10 | 8 | 1 | 1 | 2 | 1 | 3 | 3 | 4 | 3 |
| 사립04 | NNG | 2 | 2 | | | 2 | 2 | | | | |
| 사마귀02 | NNG | 3 | 1 | | | 3 | 1 | | | | |
| 사망04하다 | VV | 1 | 1 | | | 1 | 1 | | | | |
| 사방03 | NNG | 1 | 1 | | | 1 | 1 | | | | |
| 사범03 | NNG | 5 | 2 | | | | | 5 | 2 | | |
| 사복04 | NNG | 4 | 2 | | | 4 | 2 | | | | |
| 사생07 | NNG | 1 | 1 | | | | | 1 | 1 | | |
| 사생활 | NNG | 2 | 2 | | | 2 | 2 | | | | |
| 사설04 | NNG | 5 | 3 | | | | | 5 | 3 | | |
| 사시18 | NNG | 1 | 1 | | | | | | | 1 | 1 |
| 사실04 | NNG | 33 | 26 | 8 | 8 | 9 | 7 | 11 | 6 | 5 | 5 |
| 사실상 | NNG | 1 | 1 | | | | | 1 | 1 | | |
| 사십 | MM | 10 | 9 | | | 1 | 1 | 4 | 3 | 5 | 5 |
| 사십 | NR | 3 | 2 | | | 1 | 1 | 2 | 1 | | |
| 사양02 | NNG | 3 | 3 | | | | | 1 | 1 | 2 | 2 |
| 사양05하다 | VV | 1 | 1 | | | | | 1 | 1 | | |

| 형태 | 품사 | 전체 | | 초등학교 저학년 | | 초등학교 고학년 | | 중학생 | | 고등학생 | |
|---|---|---|---|---|---|---|---|---|---|---|---|
| | | 형태 빈도 | 화자 수 | 형태 빈도 | 화자 수 | 형태 빈도 | 화자 수 | 형태 빈도 | 화자 수 | 형태 빈도 | 화자 수 |
| 사업04 | NNG | 3 | 2 | | | | | 1 | 1 | 2 | 1 |
| 사업04하다 | VV | 3 | 3 | 1 | 1 | 1 | 1 | | | 1 | 1 |
| 사업가 | NNG | 2 | 1 | | | | | 2 | 1 | | |
| 사용04 | NNG | 1 | 1 | | | 1 | 1 | | | | |
| 사용권 | NNG | 1 | 1 | | | | | | | 1 | 1 |
| 사용법 | NNG | 1 | 1 | | | | | 1 | 1 | | |
| 사원04 | NNG | 2 | 2 | | | | | | | 2 | 2 |
| 사월02 | NNG | 1 | 1 | | | 1 | 1 | | | | |
| 사육장 | NNG | 2 | 2 | | | 2 | 2 | | | | |
| 사이01 | NNG | 24 | 20 | 3 | 3 | 12 | 9 | 4 | 3 | 5 | 5 |
| 사이버 | NNG | 1 | 1 | 1 | 1 | | | | | | |
| 사이즈01 | NNG | 2 | 2 | | | 1 | 1 | 1 | 1 | | |
| 사이클 | NNG | 1 | 1 | | | | | 1 | 1 | | |
| 사이트 | NNG | 5 | 4 | 2 | 2 | 1 | 1 | | | 2 | 1 |
| 사자11 | NNG | 2 | 2 | | | | | 2 | 2 | | |
| 사정07 | NNG | 2 | 2 | | | | | 1 | 1 | 1 | 1 |
| 사죄03하다 | VV | 1 | 1 | | | | | 1 | 1 | | |
| 사주03 | NNG | 1 | 1 | | | | | | | 1 | 1 |
| 사지(사주03) | NNG | 1 | 1 | | | | | | | 1 | 1 |
| 사진07 | NNG | 32 | 19 | 10 | 6 | 4 | 3 | 5 | 4 | 13 | 6 |
| 사촌 | NNG | 16 | 9 | 5 | 3 | 7 | 3 | 3 | 2 | 1 | 1 |
| 사춘(사촌) | NNG | 1 | 1 | | | 1 | 1 | | | | |
| 사치03스럽다 | VA | 2 | 1 | | | | | | | 2 | 1 |
| 사탕02 | NNG | 3 | 3 | 2 | 2 | | | 1 | 1 | | |
| 사투리 | NNG | 6 | 6 | 1 | 1 | 4 | 4 | 1 | 1 | | |
| 사항02 | NNG | 4 | 1 | | | 4 | 1 | | | | |
| 사회01 | NNG | 2 | 1 | | | | | | | 2 | 1 |
| 사회07 | NNG | 42 | 23 | 5 | 2 | 25 | 11 | 12 | 10 | | |
| 사회생활 | NNG | 2 | 1 | | | | | 2 | 1 | | |
| 삭다 | VV | 1 | 1 | | | | | | | 1 | 1 |
| 삭제01 | NNG | 2 | 2 | | | 1 | 1 | 1 | 1 | | |
| 삭제01되다 | VV | 1 | 1 | | | 1 | 1 | | | | |
| 삭하(착하)다 | VA | 1 | 1 | 1 | 1 | | | | | | |
| 산01 | NNG | 14 | 10 | 5 | 3 | 1 | 1 | 6 | 4 | 2 | 2 |
| 산길02 | NNG | 2 | 2 | 2 | 2 | | | | | | |
| 산딸기 | NNG | 1 | 1 | | | | | 1 | 1 | | |
| 산만02 | NNG | 1 | 1 | | | | | | | 1 | 1 |

| 형태 | 품사 | 전체 | | 초등학교 저학년 | | 초등학교 고학년 | | 중학생 | | 고등학생 | |
|---|---|---|---|---|---|---|---|---|---|---|---|
| | | 형태빈도 | 화자수 | 형태빈도 | 화자수 | 형태빈도 | 화자수 | 형태빈도 | 화자수 | 형태빈도 | 화자수 |
| 산부인과 | NNG | 2 | 2 | 2 | 2 | | | | | | |
| 산속 | NNG | 1 | 1 | 1 | 1 | | | | | | |
| 산수05 | NNG | 1 | 1 | | | | | 1 | 1 | | |
| 산신령 | NNG | 5 | 2 | 1 | 1 | 4 | 1 | | | | |
| 산업 | NNG | 1 | 1 | | | | | | | 1 | 1 |
| 산책 | NNG | 1 | 1 | | | 1 | 1 | | | | |
| 살01 | NNG | 16 | 13 | 3 | 3 | 5 | 4 | 3 | 3 | 5 | 3 |
| 살04 | NNB | 67 | 43 | 26 | 16 | 16 | 10 | 12 | 9 | 13 | 8 |
| 살다01 | VV | 107 | 67 | 31 | 21 | 29 | 17 | 31 | 18 | 16 | 11 |
| 살려주다 | VV | 1 | 1 | 1 | 1 | | | | | | |
| 살리다 | VV | 4 | 4 | 1 | 1 | 1 | 1 | 2 | 2 | | |
| 살살02 | MAG | 1 | 1 | | | | | | | 1 | 1 |
| 살살02하다 | VV | 1 | 1 | | | | | 1 | 1 | | |
| 살아가다 | VV | 3 | 3 | | | 1 | 1 | | | 2 | 2 |
| 살아나다 | VV | 5 | 5 | 3 | 3 | 2 | 2 | | | | |
| 살인 | NNG | 4 | 2 | 1 | 1 | 3 | 1 | | | | |
| 살인하다 | VV | 1 | 1 | | | 1 | 1 | | | | |
| 살짝01 | MAG | 5 | 5 | | | | | 3 | 3 | 2 | 2 |
| 살찌다 | VV | 3 | 1 | | | | | | | 3 | 1 |
| 삶 | NNG | 1 | 1 | | | | | 1 | 1 | | |
| 삼06 | MM | 130 | 90 | 9 | 9 | 50 | 29 | 44 | 34 | 27 | 18 |
| 삼06 | NR | 206 | 115 | 28 | 19 | 70 | 37 | 72 | 36 | 36 | 23 |
| 삼각비 | NNG | 2 | 1 | | | | | 2 | 1 | | |
| 삼겹살 | NNG | 6 | 1 | | | | | 6 | 1 | | |
| 삼다02 | VV | 1 | 1 | | | 1 | 1 | | | | |
| 삼루02하다 | VV | 1 | 1 | | | 1 | 1 | | | | |
| 삼류02 | NNG | 1 | 1 | 1 | 1 | | | | | | |
| 삼사06 | MM | 1 | 1 | | | | | | | 1 | 1 |
| 삼월 | NNG | 1 | 1 | | | 1 | 1 | | | | |
| 삼월달 | NNG | 1 | 1 | | | | | | | 1 | 1 |
| 삼촌 | NNG | 10 | 5 | 7 | 2 | 3 | 3 | | | | |
| 삼춘01 | NNG | 6 | 1 | 6 | 1 | | | | | | |
| 삼키다 | VV | 1 | 1 | | | 1 | 1 | | | | |
| 삽(삼06) | NR | 1 | 1 | | | | | 1 | 1 | | |
| 삽01 | NNG | 1 | 1 | 1 | 1 | | | | | | |
| 삽살개 | NNG | 1 | 1 | | | | | 1 | 1 | | |
| 삽질 | NNG | 1 | 1 | | | | | 1 | 1 | | |

| 형태 | 품사 | 전체 | | 초등학교 저학년 | | 초등학교 고학년 | | 중학생 | | 고등학생 | |
|---|---|---|---|---|---|---|---|---|---|---|---|
| | | 형태 빈도 | 화자 수 | 형태 빈도 | 화자 수 | 형태 빈도 | 화자 수 | 형태 빈도 | 화자 수 | 형태 빈도 | 화자 수 |
| 상02 | NNG | 7 | 7 | | | | | 7 | 7 | | |
| 상25 | NNG | 16 | 13 | 14 | 11 | | | 2 | 2 | | |
| 상가07 | NNG | 2 | 1 | | | | | 2 | 1 | | |
| 상가08 | NNG | 2 | 2 | | | | | 2 | 2 | | |
| 상고08 | NNG | 6 | 2 | | | | | 6 | 2 | | |
| 상관03 | NNG | 6 | 5 | | | 1 | 1 | 3 | 3 | 2 | 1 |
| 상관없다 | VA | 13 | 11 | | | 1 | 1 | 5 | 4 | 7 | 6 |
| 상극 | NNG | 1 | 1 | | | 1 | 1 | | | | |
| 상담01 | NNG | 6 | 4 | | | 3 | 2 | 2 | 1 | 1 | 1 |
| 상담01하다 | VV | 1 | 1 | | | | | 1 | 1 | | |
| 상당04하다 | VA | 1 | 1 | | | 1 | 1 | | | | |
| 상당히 | MAG | 2 | 2 | | | | | 2 | 2 | | |
| 상대04 | NNG | 3 | 3 | | | 1 | 1 | 2 | 2 | | |
| 상대04하다 | VV | 1 | 1 | | | | | 1 | 1 | | |
| 상대방02 | NNG | 1 | 1 | | | 1 | 1 | | | | |
| 상대편 | NNG | 1 | 1 | 1 | 1 | | | | | | |
| 상반신 | NNG | 1 | 1 | | | | | 1 | 1 | | |
| 상상07 | NNG | 1 | 1 | 1 | 1 | | | | | | |
| 상상07하다 | VV | 1 | 1 | | | 1 | 1 | | | | |
| 상승01하다 | VV | 1 | 1 | | | | | 1 | 1 | | |
| 상식06 | NNG | 1 | 1 | | | | | 1 | 1 | | |
| 상심04하다 | VV | 1 | 1 | | | | | | | 1 | 1 |
| 상아01 | NNG | 3 | 1 | | | 3 | 1 | | | | |
| 상위권 | NNG | 1 | 1 | | | | | | | 1 | 1 |
| 상자10 | NNG | 4 | 4 | 1 | 1 | 1 | 1 | 2 | 2 | | |
| 상장10 | NNG | 2 | 1 | | | 2 | 1 | | | | |
| 상종03 | NNG | 1 | 1 | | | | | | | 1 | 1 |
| 상중하 | NNG | 1 | 1 | | | | | 1 | 1 | | |
| 상처02 | NNG | 4 | 4 | 1 | 1 | | | | | 3 | 3 |
| 상추01 | NNG | 1 | 1 | | | 1 | 1 | | | | |
| 상태01 | NNG | 8 | 8 | | | 2 | 2 | 5 | 5 | 1 | 1 |
| 상품04 | NNG | 1 | 1 | | | 1 | 1 | | | | |
| 상황02 | NNG | 14 | 13 | | | 3 | 2 | 7 | 7 | 4 | 4 |
| 새03 | NNG | 7 | 3 | 3 | 2 | 4 | 1 | | | | |
| 새06 | MM | 8 | 5 | 3 | 2 | | | 3 | 1 | 2 | 2 |
| 새끼02 | NNG | 49 | 38 | 4 | 4 | 9 | 6 | 22 | 16 | 14 | 12 |
| 새끼손가락 | NNG | 1 | 1 | | | | | | | 1 | 1 |

| 형태 | 품사 | 전체 | | 초등학교 저학년 | | 초등학교 고학년 | | 중학생 | | 고등학생 | |
|---|---|---|---|---|---|---|---|---|---|---|---|
| | | 형태 빈도 | 화자 수 | 형태 빈도 | 화자 수 | 형태 빈도 | 화자 수 | 형태 빈도 | 화자 수 | 형태 빈도 | 화자 수 |
| 새다03 | VV | 5 | 2 | | | | | 5 | 2 | | |
| 새로 | MAG | 14 | 13 | 5 | 5 | 5 | 4 | 2 | 2 | 2 | 2 |
| 새롭다 | VA | 5 | 5 | 3 | 3 | 1 | 1 | 1 | 1 | | |
| 새벽01 | NNG | 25 | 17 | 8 | 6 | 2 | 2 | 6 | 1 | 9 | 8 |
| 색03 | NNG | 18 | 10 | 12 | 5 | 5 | 4 | 1 | 1 | | |
| 색깔 | NNG | 20 | 12 | 10 | 6 | 6 | 4 | 3 | 1 | 1 | 1 |
| 색칠 | NNG | 2 | 1 | 2 | 1 | | | | | | |
| 색칠하다 | VV | 2 | 2 | 1 | 1 | 1 | 1 | | | | |
| 샘(선생님) | NNG | 5 | 4 | | | 2 | 1 | 2 | 2 | 1 | 1 |
| 샘키(삼키)다 | VV | 1 | 1 | | | 1 | 1 | | | | |
| 샘플 | NNG | 1 | 1 | 1 | 1 | | | | | | |
| 샛별 | NNG | 1 | 1 | | | 1 | 1 | | | | |
| 생각01 | NNG | 98 | 66 | 8 | 7 | 25 | 20 | 40 | 23 | 25 | 16 |
| 생각01아(하03)다 | VV | 1 | 1 | | | 1 | 1 | | | | |
| 생각01하다 | VV | 108 | 74 | 16 | 13 | 24 | 15 | 50 | 31 | 18 | 15 |
| 생각나다 | VV | 14 | 12 | 7 | 7 | | | 3 | 3 | 4 | 2 |
| 생겨나다 | VV | 2 | 1 | | | 2 | 1 | | | | |
| 생과일 | NNG | 2 | 2 | | | | | | | 2 | 2 |
| 생기다 | VV | 114 | 81 | 18 | 13 | 26 | 20 | 46 | 28 | 24 | 20 |
| 생리03 | NNG | 1 | 1 | | | | | | | 1 | 1 |
| 생리통 | NNG | 2 | 1 | | | | | | | 2 | 1 |
| 생물01 | NNG | 3 | 2 | | | | | 3 | 2 | | |
| 생생하다 | VA | 1 | 1 | 1 | 1 | | | | | | |
| 생선 | NNG | 2 | 1 | 2 | 1 | | | | | | |
| 생선까스 | NNG | 2 | 1 | | | | | 2 | 1 | | |
| 생쇼 | NNG | 1 | 1 | | | | | | | 1 | 1 |
| 생신02 | NNG | 1 | 1 | | | 1 | 1 | | | | |
| 생쑈(생쇼) | NNG | 2 | 2 | | | | | 1 | 1 | 1 | 1 |
| 생일02 | NNG | 39 | 24 | 3 | 3 | 26 | 14 | 5 | 4 | 5 | 3 |
| 생일날 | NNG | 1 | 1 | | | 1 | 1 | | | | |
| 생쥐 | NNG | 9 | 4 | 4 | 2 | 4 | 1 | | | 1 | 1 |
| 생크림 | NNG | 1 | 1 | | | 1 | 1 | | | | |
| 생활 | NNG | 25 | 21 | 3 | 3 | 3 | 1 | 6 | 5 | 13 | 12 |
| 생활관01 | NNG | 1 | 1 | | | 1 | 1 | | | | |
| 샤워 | NNG | 4 | 2 | 2 | 1 | 2 | 1 | | | | |
| 샤프02 | NNG | 3 | 3 | | | 1 | 1 | 2 | 2 | | |
| 샥 | MAG | 1 | 1 | 1 | 1 | | | | | | |

| 형태 | 품사 | 전체 | | 초등학교 저학년 | | 초등학교 고학년 | | 중학생 | | 고등학생 | |
|---|---|---|---|---|---|---|---|---|---|---|---|
| | | 형태 빈도 | 화자 수 | 형태 빈도 | 화자 수 | 형태 빈도 | 화자 수 | 형태 빈도 | 화자 수 | 형태 빈도 | 화자 수 |
| -서(ㅓ서) | EC | 1 | 1 | | | | | 1 | 1 | | |
| 서16 | JKB | 210 | 135 | 36 | 25 | 87 | 41 | 42 | 34 | 45 | 35 |
| 서17 | JKS | 18 | 13 | 2 | 2 | 3 | 3 | 11 | 6 | 2 | 2 |
| 서기02 | NNG | 1 | 1 | | | | | 1 | 1 | | |
| 서기05 | NNG | 3 | 2 | | | | | | | 3 | 2 |
| 서기12 | NNG | 1 | 1 | | | 1 | 1 | | | | |
| 서너 | MM | 2 | 1 | | | 2 | 1 | | | | |
| 서다01 | VV | 11 | 8 | 1 | 1 | 7 | 4 | 1 | 1 | 2 | 2 |
| 서랍 | NNG | 1 | 1 | | | 1 | 1 | | | | |
| 서로01 | MAG | 19 | 8 | 1 | 1 | 12 | 2 | | | 6 | 5 |
| 서로01 | NNG | 5 | 4 | | | 2 | 1 | 2 | 2 | 1 | 1 |
| 서른 | MM | 3 | 3 | 1 | 1 | | | | | 2 | 2 |
| 서른 | NR | 5 | 4 | 4 | 3 | | | 1 | 1 | | |
| 서리01 | VV | 1 | 1 | | | | | | | 1 | 1 |
| 서먹서먹하다 | VA | 1 | 1 | | | 1 | 1 | | | | |
| 서바이벌 | NNG | 3 | 2 | | | | | 3 | 2 | | |
| 서버02 | NNG | 3 | 3 | | | 2 | 2 | | | 1 | 1 |
| -서서(어서03) | EC | 1 | 1 | | | | | | | 1 | 1 |
| 서성01거리다 | VV | 1 | 1 | | | | | 1 | 1 | | |
| 서술형 | NNG | 2 | 1 | | | | | 2 | 1 | | |
| 서양화02 | NNG | 1 | 1 | | | | | 1 | 1 | | |
| 서운01하다 | VA | 1 | 1 | | | | | | | 1 | 1 |
| 서점03 | NNG | 1 | 1 | | | | | 1 | 1 | | |
| 석01 | MM | 4 | 2 | | | | | 4 | 2 | | |
| 섞이다 | VV | 5 | 5 | | | 3 | 3 | | | 2 | 2 |
| 선14 | NNG | 1 | 1 | | | | | | | 1 | 1 |
| 선거04하다 | VV | 1 | 1 | 1 | 1 | | | | | | |
| 선녀01 | NNG | 2 | 2 | 2 | 2 | | | | | | |
| 선물03 | NNG | 21 | 16 | 4 | 3 | 9 | 6 | 1 | 1 | 7 | 6 |
| 선배 | NNG | 20 | 9 | | | 4 | 2 | 3 | 2 | 13 | 5 |
| 선비01 | NNG | 4 | 2 | | | 4 | 2 | | | | |
| 선생01 | NNG | 7 | 5 | | | 1 | 1 | 3 | 2 | 3 | 2 |
| 선생님 | NNG | 395 | 151 | 84 | 43 | 204 | 48 | 69 | 34 | 38 | 26 |
| 선수05 | NNG | 16 | 12 | 6 | 5 | 2 | 2 | 8 | 5 | | |
| 선전03 | NNG | 1 | 1 | | | | | 1 | 1 | | |
| 선전03하다 | VV | 1 | 1 | | | | | | | 1 | 1 |
| 선천적 | NNG | 1 | 1 | | | | | 1 | 1 | | |

| 형태 | 품사 | 전체 | | 초등학교 저학년 | | 초등학교 고학년 | | 중학생 | | 고등학생 | |
|---|---|---|---|---|---|---|---|---|---|---|---|
| | | 형태 빈도 | 화자 수 | 형태 빈도 | 화자 수 | 형태 빈도 | 화자 수 | 형태 빈도 | 화자 수 | 형태 빈도 | 화자 수 |
| 선택하다 | VV | 4 | 3 | | | 1 | 1 | 2 | 1 | 1 | 1 |
| 선풍기 | NNG | 8 | 6 | 5 | 4 | | | | | 3 | 2 |
| 설교02 | NNG | 1 | 1 | 1 | 1 | | | | | | |
| 설마01 | MAG | 16 | 16 | 1 | 1 | 3 | 3 | 8 | 8 | 4 | 4 |
| 설명 | NNG | 2 | 2 | | | 1 | 1 | 1 | 1 | | |
| 설명하다 | VV | 3 | 2 | | | | | 3 | 2 | | |
| 설문01 | NNG | 1 | 1 | | | | | | | 1 | 1 |
| 설정02 | NNG | 1 | 1 | | | | | | | 1 | 1 |
| 설정02하다 | VV | 1 | 1 | | | | | 1 | 1 | | |
| 설치02되다 | VV | 1 | 1 | | | 1 | 1 | | | | |
| 설치02하다 | VV | 3 | 3 | 1 | 1 | 2 | 2 | | | | |
| 설치다01 | VV | 3 | 2 | | | 1 | 1 | | | 2 | 1 |
| 설탕 | NNG | 5 | 1 | 5 | 1 | | | | | | |
| 설화05 | NNG | 3 | 1 | | | | | 3 | 1 | | |
| 섬03 | NNG | 2 | 2 | 2 | 2 | | | | | | |
| 섭섭하다 | VA | 2 | 1 | | | | | 2 | 1 | | |
| 성06 | NNG | 1 | 1 | | | 1 | 1 | | | | |
| 성07 | NNG | 1 | 1 | | | 1 | 1 | | | | |
| 성08 | NNG | 3 | 3 | 1 | 1 | | | 2 | 2 | | |
| 성가대 | NNG | 1 | 1 | 1 | 1 | | | | | | |
| 성격02 | NNG | 31 | 16 | | | 3 | 2 | 4 | 4 | 24 | 10 |
| 성경03 | NNG | 2 | 2 | 2 | 2 | | | | | | |
| 성공01하다 | VV | 1 | 1 | 1 | 1 | | | | | | |
| 성능 | NNG | 1 | 1 | | | | | | | 1 | 1 |
| 성당03 | NNG | 2 | 2 | 1 | 1 | | | 1 | 1 | | |
| 성대모사 | NNG | 1 | 1 | | | | | 1 | 1 | | |
| 성별01 | NNG | 1 | 1 | | | | | | | 1 | 1 |
| 성생(선생01)님 | NNG | 2 | 2 | 2 | 2 | | | | | | |
| 성실02하다 | VA | 1 | 1 | | | | | | | 1 | 1 |
| 성장01 | NNG | 1 | 1 | | | 1 | 1 | | | | |
| 성적01 | NNG | 1 | 1 | | | | | 1 | 1 | | |
| 성적04 | NNG | 44 | 31 | | | 3 | 2 | 41 | 29 | | |
| 성적표 | NNG | 4 | 4 | | | | | 3 | 3 | 1 | 1 |
| 성질 | NNG | 4 | 3 | | | | | 1 | 1 | 3 | 2 |
| 성탄절 | NNG | 1 | 1 | 1 | 1 | | | | | | |
| 성형01 | NNG | 1 | 1 | | | 1 | 1 | | | | |
| 성형외과 | NNG | 2 | 2 | | | 1 | 1 | 1 | 1 | | |

| 형태 | 품사 | 전체 | | 초등학교 저학년 | | 초등학교 고학년 | | 중학생 | | 고등학생 | |
|---|---|---|---|---|---|---|---|---|---|---|---|
| | | 형태 빈도 | 화자 수 | 형태 빈도 | 화자 수 | 형태 빈도 | 화자 수 | 형태 빈도 | 화자 수 | 형태 빈도 | 화자 수 |
| 세01 | MM | 105 | 82 | 25 | 17 | 31 | 23 | 34 | 28 | 15 | 14 |
| 세13 | NNB | 8 | 7 | 6 | 5 | 1 | 1 | | | 1 | 1 |
| 세계02 | NNG | 14 | 8 | 8 | 3 | 1 | 1 | 4 | 3 | 1 | 1 |
| 세계사 | NNG | 1 | 1 | | | | | 1 | 1 | | |
| 세계화 | NNG | 1 | 1 | | | | | | | 1 | 1 |
| 세균 | NNG | 1 | 1 | 1 | 1 | | | | | | |
| 세금01 | NNG | 3 | 1 | | | 3 | 1 | | | | |
| 세기03 | NNG | 3 | 2 | | | 1 | 1 | | | 2 | 1 |
| 세다02 | VV | 1 | 1 | 1 | 1 | | | | | | |
| 세다03 | VA | 21 | 13 | 7 | 4 | 2 | 1 | 9 | 5 | 3 | 3 |
| 세러모니 | NNG | 2 | 1 | | | 2 | 1 | | | | |
| 세븐01 | NR | 2 | 1 | | | | | 2 | 1 | | |
| 세상01 | NNG | 21 | 16 | 7 | 6 | 1 | 1 | 10 | 8 | 3 | 1 |
| 세수04 | NNG | 1 | 1 | | | 1 | 1 | | | | |
| 세수04하다 | VV | 1 | 1 | | | 1 | 1 | | | | |
| 세우다01 | VV | 6 | 6 | 1 | 1 | 3 | 3 | 1 | 1 | 1 | 1 |
| 세일01하다 | VV | 1 | 1 | | | | | 1 | 1 | | |
| 세컨(세컨드) | NNG | 3 | 1 | | | 3 | 1 | | | | |
| 세태(태세03) | NNG | 1 | 1 | 1 | 1 | | | | | | |
| 세트 | NNG | 2 | 2 | | | 1 | 1 | | | 1 | 1 |
| 섹시 | NNG | 1 | 1 | | | | | | | 1 | 1 |
| 섹시가이 | NNG | 3 | 2 | | | 3 | 2 | | | | |
| 섹시하다 | VA | 3 | 3 | | | | | 2 | 2 | 1 | 1 |
| 센스 | NNG | 3 | 3 | | | | | 1 | 1 | 2 | 2 |
| 센티 | NNB | 2 | 2 | 1 | 1 | | | 1 | 1 | | |
| 셀로판지 | NNG | 1 | 1 | 1 | 1 | | | | | | |
| 셋 | NR | 16 | 12 | 2 | 2 | 5 | 4 | 1 | 1 | 8 | 5 |
| 셋째 | NNG | 2 | 1 | | | 2 | 1 | | | | |
| 셋트(세트) | NNG | 2 | 2 | | | | | 2 | 2 | | |
| 소03 | NNG | 4 | 1 | | | 4 | 1 | | | | |
| 소개02 | NNG | 6 | 3 | | | 2 | 1 | | | 4 | 2 |
| 소개02받다 | VV | 1 | 1 | | | | | | | 1 | 1 |
| 소개02시키다 | VV | 6 | 5 | | | | | | | 6 | 5 |
| 소개02하다 | VV | 3 | 1 | | | | | 3 | 1 | | |
| 소개팅 | NNG | 1 | 1 | | | | | | | 1 | 1 |
| 소고기 | NNG | 1 | 1 | 1 | 1 | | | | | | |
| 소곡집 | NNG | 2 | 2 | 2 | 2 | | | | | | |

| 형태 | 품사 | 전체 | | 초등학교 저학년 | | 초등학교 고학년 | | 중학생 | | 고등학생 | |
|---|---|---|---|---|---|---|---|---|---|---|---|
| | | 형태빈도 | 화자수 | 형태빈도 | 화자수 | 형태빈도 | 화자수 | 형태빈도 | 화자수 | 형태빈도 | 화자수 |
| 소곤소곤하다 | VV | 1 | 1 | | | | | | | 1 | 1 |
| 소극적 | NNG | 2 | 2 | | | | | 2 | 2 | | |
| 소금01 | NNG | 3 | 3 | 3 | 3 | | | | | | |
| 소꿉장난 | NNG | 3 | 3 | 3 | 3 | | | | | | |
| 소녀02 | NNG | 1 | 1 | 1 | 1 | | | | | | |
| 소년01 | NNG | 1 | 1 | | | 1 | 1 | | | | |
| 소리01 | NNG | 74 | 59 | 21 | 18 | 14 | 11 | 30 | 23 | 9 | 7 |
| 소망03 | NNG | 1 | 1 | | | 1 | 1 | | | | |
| 소문02 | NNG | 4 | 3 | | | 2 | 1 | | | 2 | 2 |
| 소문내다 | VV | 2 | 1 | 2 | 1 | | | | | | |
| 소문자 | NNG | 1 | 1 | | | 1 | 1 | | | | |
| 소방차 | NNG | 1 | 1 | | | 1 | 1 | | | | |
| 소비05하다 | VV | 1 | 1 | | | | | 1 | 1 | | |
| 소설03 | NNG | 10 | 7 | 2 | 2 | 1 | 1 | 1 | 1 | 6 | 3 |
| 소설책 | NNG | 1 | 1 | | | | | 1 | 1 | | |
| 소세지 | NNG | 1 | 1 | | | 1 | 1 | | | | |
| 소속사 | NNG | 2 | 2 | | | 1 | 1 | 1 | 1 | | |
| 소스01 | NNG | 1 | 1 | 1 | 1 | | | | | | |
| 소식04 | NNG | 1 | 1 | | | 1 | 1 | | | | |
| 소심02하다 | VA | 2 | 2 | | | | | | | 2 | 2 |
| 소용07 | NNG | 2 | 2 | 1 | 1 | | | 1 | 1 | | |
| 소원04 | NNG | 6 | 4 | 3 | 1 | 1 | 1 | | | 2 | 2 |
| 소음06 | NNG | 1 | 1 | | | | | 1 | 1 | | |
| 소이(소리01) | NNG | 5 | 1 | 5 | 1 | | | | | | |
| 소중01하다 | VA | 8 | 5 | 1 | 1 | | | 7 | 4 | | |
| 소질03 | NNG | 2 | 2 | 1 | 1 | | | 1 | 1 | | |
| 소파06 | NNG | 3 | 3 | 2 | 2 | 1 | 1 | | | | |
| 소형03 | NNG | 2 | 2 | | | | | | | 2 | 2 |
| 소화기03 | NNG | 3 | 2 | | | | | | | 3 | 2 |
| 소환02하다 | VV | 1 | 1 | 1 | 1 | | | | | | |
| 속01 | NNG | 30 | 22 | 7 | 5 | 10 | 5 | 5 | 4 | 8 | 8 |
| 속다01 | VV | 2 | 2 | | | 2 | 2 | | | | |
| 속도01 | NNG | 3 | 3 | 1 | 1 | 2 | 2 | | | | |
| 속상하다 | VA | 2 | 2 | 1 | 1 | 1 | 1 | | | | |
| 속이다 | VV | 5 | 5 | | | 2 | 2 | 3 | 3 | | |
| 속하다 | VV | 1 | 1 | | | | | | | 1 | 1 |
| 손01 | NNG | 40 | 30 | 12 | 10 | 18 | 11 | 8 | 7 | 2 | 2 |

| 형태 | 품사 | 전체 | | 초등학교 저학년 | | 초등학교 고학년 | | 중학생 | | 고등학생 | |
|---|---|---|---|---|---|---|---|---|---|---|---|
| | | 형태 빈도 | 화자 수 | 형태 빈도 | 화자 수 | 형태 빈도 | 화자 수 | 형태 빈도 | 화자 수 | 형태 빈도 | 화자 수 |
| 손09 | NNG | 2 | 1 | | | 2 | 1 | | | | |
| 손가락 | NNG | 12 | 8 | 1 | 1 | 3 | 3 | 8 | 4 | | |
| 손님 | NNG | 1 | 1 | 1 | 1 | | | | | | |
| 손대다 | VV | 1 | 1 | | | 1 | 1 | | | | |
| 손도끼 | NNG | 2 | 2 | | | 2 | 2 | | | | |
| 손바닥 | NNG | 6 | 6 | 3 | 3 | 3 | 3 | | | | |
| 손발 | NNG | 1 | 1 | 1 | 1 | | | | | | |
| 손수건 | NNG | 2 | 1 | 2 | 1 | | | | | | |
| 손자01 | NNG | 1 | 1 | | | 1 | 1 | | | | |
| 손잡다 | VV | 2 | 2 | 1 | 1 | | | 1 | 1 | | |
| 손잡이 | NNG | 2 | 1 | 2 | 1 | | | | | | |
| 손톱01 | NNG | 2 | 2 | 1 | 1 | 1 | 1 | | | | |
| 손해 | NNG | 1 | 1 | | | | | | | 1 | 1 |
| 솔로01 | NNG | 2 | 2 | | | 1 | 1 | 1 | 1 | | |
| 솔직하다 | VA | 6 | 3 | 5 | 2 | | | | | 1 | 1 |
| 솔직히 | MAG | 89 | 50 | | | 9 | 6 | 48 | 29 | 32 | 15 |
| 솟다01 | VV | 1 | 1 | | | | | 1 | 1 | | |
| 송이01 | NNG | 4 | 2 | | | | | 4 | 2 | | |
| 쇠01 | NNG | 1 | 1 | 1 | 1 | | | | | | |
| 쇠갑옷 | NNG | 1 | 1 | 1 | 1 | | | | | | |
| 쇠대가리 | NNG | 1 | 1 | | | 1 | 1 | | | | |
| 쇼02 | NNG | 3 | 2 | | | 3 | 2 | | | | |
| 쇼02하다 | VV | 1 | 1 | | | | | 1 | 1 | | |
| 쇼핑백 | NNG | 1 | 1 | 1 | 1 | | | | | | |
| 숏다리 | NNG | 2 | 2 | | | | | 2 | 2 | | |
| 수02 | NNB | 262 | 167 | 55 | 35 | 86 | 50 | 79 | 51 | 42 | 31 |
| 수04 | NNB | 1 | 1 | 1 | 1 | | | | | | |
| 수04 | NNG | 1 | 1 | 1 | 1 | | | | | | |
| 수07 | NNG | 8 | 5 | 1 | 1 | 5 | 2 | 2 | 2 | | |
| 수26 | NNG | 7 | 6 | | | 2 | 2 | 4 | 3 | 1 | 1 |
| 수29 | NNG | 1 | 1 | | | 1 | 1 | | | | |
| 수36 | NNG | 1 | 1 | 1 | 1 | | | | | | |
| -수37 | EF | 1 | 1 | | | | | 1 | 1 | | |
| 수고01 | NNG | 1 | 1 | | | | | 1 | 1 | | |
| 수고비 | NNG | 1 | 1 | | | 1 | 1 | | | | |
| 수능 | NNG | 21 | 13 | | | | | 12 | 6 | 9 | 7 |
| 수다01 | NNG | 30 | 16 | 6 | 5 | 21 | 8 | 2 | 2 | 1 | 1 |

| 형태 | 품사 | 전체 | | 초등학교 저학년 | | 초등학교 고학년 | | 중학생 | | 고등학생 | |
|---|---|---|---|---|---|---|---|---|---|---|---|
| | | 형태 빈도 | 화자 수 | 형태 빈도 | 화자 수 | 형태 빈도 | 화자 수 | 형태 빈도 | 화자 수 | 형태 빈도 | 화자 수 |
| 수다맨 | NNG | 2 | 1 | 2 | 1 | | | | | | |
| 수다쟁이 | NNG | 1 | 1 | 1 | 1 | | | | | | |
| 수도(수두01) | NNG | 2 | 1 | | | 2 | 1 | | | | |
| 수도09 | NNG | 1 | 1 | 1 | 1 | | | | | | |
| 수량05 | NNG | 1 | 1 | | | | | 1 | 1 | | |
| 수련원 | NNG | 3 | 2 | | | 3 | 2 | | | | |
| 수련회 | NNG | 13 | 11 | | | 8 | 6 | 5 | 5 | | |
| 수료02 | NNG | 1 | 1 | | | | | 1 | 1 | | |
| 수료식 | NNG | 1 | 1 | | | | | 1 | 1 | | |
| 수만 | MM | 1 | 1 | 1 | 1 | | | | | | |
| 수박01 | NNG | 7 | 4 | 3 | 3 | | | | | 4 | 1 |
| 수법01 | NNG | 2 | 2 | | | 2 | 2 | | | | |
| 수수께끼 | NNG | 3 | 2 | 3 | 2 | | | | | | |
| 수수밥 | NNG | 1 | 1 | | | | | 1 | 1 | | |
| 수술01 | NNG | 3 | 1 | | | 3 | 1 | | | | |
| 수술05 | NNG | 8 | 3 | 6 | 1 | 1 | 1 | 1 | 1 | | |
| 수술05하다 | VV | 2 | 2 | 1 | 1 | 1 | 1 | | | | |
| 수술실 | NNG | 1 | 1 | 1 | 1 | | | | | | |
| 수시08 | NNG | 1 | 1 | | | | | | | 1 | 1 |
| 수시09 | NNG | 5 | 2 | | | | | 5 | 2 | | |
| 수신06 | NNG | 2 | 2 | | | | | 1 | 1 | 1 | 1 |
| 수억 | MM | 1 | 1 | | | | | | | 1 | 1 |
| 수업04 | NNG | 27 | 20 | | | 5 | 5 | 14 | 8 | 8 | 7 |
| 수업04하다 | VV | 2 | 2 | | | | | 1 | 1 | 1 | 1 |
| 수염04 | NNG | 2 | 2 | 1 | 1 | | | 1 | 1 | | |
| 수영02 | NNG | 4 | 4 | 1 | 1 | 2 | 2 | | | 1 | 1 |
| 수영02하다 | VV | 4 | 4 | 2 | 2 | 2 | 2 | | | | |
| 수영장 | NNG | 5 | 5 | 2 | 2 | 2 | 2 | 1 | 1 | | |
| 수요일 | NNG | 4 | 3 | | | 1 | 1 | 2 | 1 | 1 | 1 |
| 수요일날 | NNG | 11 | 8 | 1 | 1 | 3 | 2 | 6 | 4 | 1 | 1 |
| 수위01 | NNG | 1 | 1 | | | | | | | 1 | 1 |
| 수입01 | NNG | 2 | 2 | | | | | 1 | 1 | 1 | 1 |
| 수입01하다 | VV | 1 | 1 | | | | | 1 | 1 | | |
| 수입02하다 | VV | 1 | 1 | | | | | 1 | 1 | | |
| 수작05 | NNG | 1 | 1 | | | | | 1 | 1 | | |
| 수재민 | NNG | 3 | 1 | 3 | 1 | | | | | | |
| 수준 | NNG | 3 | 3 | | | 1 | 1 | 1 | 1 | 1 | 1 |

| 형태 | 품사 | 전체 | | 초등학교 저학년 | | 초등학교 고학년 | | 중학생 | | 고등학생 | |
|---|---|---|---|---|---|---|---|---|---|---|---|
| | | 형태빈도 | 화자수 | 형태빈도 | 화자수 | 형태빈도 | 화자수 | 형태빈도 | 화자수 | 형태빈도 | 화자수 |
| 수중02 | NNG | 2 | 2 | | | | | 2 | 2 | | |
| 수집02하다 | VV | 1 | 1 | | | | | 1 | 1 | | |
| 수치04 | NNG | 1 | 1 | | | | | 1 | 1 | | |
| 수컷 | NNG | 2 | 1 | | | | | | | 2 | 1 |
| 수표01 | NNG | 1 | 1 | 1 | 1 | | | | | | |
| 수학03 | NNG | 1 | 1 | | | 1 | 1 | | | | |
| 수학05 | NNG | 119 | 57 | 37 | 11 | 39 | 20 | 33 | 21 | 10 | 5 |
| 수학05하다 | VV | 1 | 1 | | | 1 | 1 | | | | |
| 수학여행 | NNG | 2 | 2 | 1 | 1 | 1 | 1 | | | | |
| 수행01하다 | VV | 1 | 1 | | | 1 | 1 | | | | |
| 수행02 | NNG | 11 | 7 | | | | | 10 | 6 | 1 | 1 |
| 수험표 | NNG | 2 | 1 | | | | | | | 2 | 1 |
| 숙달02 | NNG | 2 | 1 | | | 2 | 1 | | | | |
| 숙박 | NNG | 1 | 1 | | | | | | | 1 | 1 |
| 숙소02 | NNG | 1 | 1 | | | 1 | 1 | | | | |
| 숙어 | NNG | 2 | 2 | | | 1 | 1 | 1 | 1 | | |
| 숙이다 | VV | 3 | 3 | 1 | 1 | 2 | 2 | | | | |
| 숙제03 | NNG | 24 | 19 | 2 | 2 | 13 | 9 | 6 | 6 | 3 | 2 |
| 숙제03하다 | VV | 2 | 2 | | | 1 | 1 | 1 | 1 | | |
| 순01 | MAG | 2 | 1 | 2 | 1 | | | | | | |
| 순간03 | NNG | 5 | 5 | 1 | 1 | 1 | 1 | 1 | 1 | 2 | 2 |
| 순결파 | NNG | 1 | 1 | | | | | 1 | 1 | | |
| 순대 | NNG | 2 | 2 | 1 | 1 | | | | | 1 | 1 |
| 순박하다 | VA | 1 | 1 | | | | | | | 1 | 1 |
| 순서 | NNG | 1 | 1 | | | | | 1 | 1 | | |
| 순수03하다 | VA | 1 | 1 | 1 | 1 | | | | | | |
| 순수성 | NNG | 1 | 1 | | | | | 1 | 1 | | |
| 순순히01 | MAG | 1 | 1 | | | | | | | 1 | 1 |
| 순위 | NNG | 1 | 1 | | | | | 1 | 1 | | |
| 순응 | NNG | 1 | 1 | | | | | | | 1 | 1 |
| 순진01하다 | VA | 2 | 2 | | | | | 2 | 2 | | |
| 숟가락 | NNG | 3 | 2 | 2 | 1 | 1 | 1 | | | | |
| 술01 | NNG | 19 | 11 | | | 1 | 1 | 6 | 3 | 12 | 7 |
| 술집 | NNG | 1 | 1 | | | | | | | 1 | 1 |
| 숨01 | NNG | 3 | 2 | | | 1 | 1 | | | 2 | 1 |
| 숨기다 | VV | 4 | 3 | 2 | 1 | 2 | 2 | | | | |
| 숨다01 | VV | 7 | 6 | 3 | 3 | 2 | 1 | | | 2 | 2 |

| 형태 | 품사 | 전체 | | 초등학교 저학년 | | 초등학교 고학년 | | 중학생 | | 고등학생 | |
|---|---|---|---|---|---|---|---|---|---|---|---|
| | | 형태 빈도 | 화자 수 | 형태 빈도 | 화자 수 | 형태 빈도 | 화자 수 | 형태 빈도 | 화자 수 | 형태 빈도 | 화자 수 |
| 숨바꼭질 | NNG | 1 | 1 | 1 | 1 | | | | | | |
| 숨쉬기 | NNG | 1 | 1 | | | | | 1 | 1 | | |
| 숫자 | NNG | 2 | 2 | | | | | 2 | 2 | | |
| 숲01 | NNG | 5 | 4 | 2 | 2 | 2 | 1 | 1 | 1 | | |
| 쉬02 | NNG | 2 | 2 | 2 | 2 | | | | | | |
| 쉬다02 | VV | 1 | 1 | | | | | 1 | 1 | | |
| 쉬다03 | VV | 30 | 22 | 6 | 4 | 9 | 8 | 11 | 6 | 4 | 4 |
| 쉼터 | NNG | 1 | 1 | | | | | | | 1 | 1 |
| 쉽다 | VA | 27 | 22 | 9 | 7 | 5 | 5 | 6 | 4 | 7 | 6 |
| -슈01 | EF | 1 | 1 | 1 | 1 | | | | | | |
| 슈웅 | MAG | 1 | 1 | | | 1 | 1 | | | | |
| 슈퍼 | NNG | 2 | 2 | 2 | 2 | | | | | | |
| 슉 | MAG | 1 | 1 | | | 1 | 1 | | | | |
| 숯 | NNG | 6 | 3 | 4 | 2 | 2 | 1 | | | | |
| 숯하다 | VV | 1 | 1 | | | 1 | 1 | | | | |
| 스님 | NNG | 1 | 1 | | | | | 1 | 1 | | |
| 스르륵 | MAG | 1 | 1 | 1 | 1 | | | | | | |
| 스릴 | NNG | 1 | 1 | | | | | 1 | 1 | | |
| 스모크(담배) | NNG | 1 | 1 | | | | | 1 | 1 | | |
| 스모크탄 | NNG | 1 | 1 | | | 1 | 1 | | | | |
| 스몰02 | NNG | 1 | 1 | | | 1 | 1 | | | | |
| 스물 | NR | 4 | 3 | | | | | 3 | 2 | 1 | 1 |
| 스스로 | NNG | 1 | 1 | 1 | 1 | | | | | | |
| 스치다01 | VV | 1 | 1 | | | 1 | 1 | | | | |
| 스케이트 | NNG | 3 | 3 | 1 | 1 | 2 | 2 | | | | |
| 스케이트장 | NNG | 2 | 2 | | | 2 | 2 | | | | |
| 스케줄 | NNG | 2 | 2 | | | | | 2 | 2 | | |
| 스케치북01 | NNG | 3 | 2 | 3 | 2 | | | | | | |
| 스키 | NNG | 6 | 5 | 2 | 2 | 2 | 1 | 1 | 1 | 1 | 1 |
| 스키장 | NNG | 2 | 1 | | | | | | | 2 | 1 |
| 스킨팩 | NNG | 1 | 1 | | | 1 | 1 | | | | |
| 스타 | NNG | 1 | 1 | 1 | 1 | | | | | | |
| 스타일 | NNG | 8 | 5 | | | 2 | 2 | 4 | 2 | 2 | 1 |
| 스타카토 | NNG | 1 | 1 | 1 | 1 | | | | | | |
| 스타킹 | NNG | 3 | 3 | 2 | 2 | | | | | 1 | 1 |
| 스테이크 | NNG | 1 | 1 | | | 1 | 1 | | | | |
| 스토리 | NNG | 3 | 3 | | | 2 | 2 | 1 | 1 | | |

| 형태 | 품사 | 전체 | | 초등학교 저학년 | | 초등학교 고학년 | | 중학생 | | 고등학생 | |
|---|---|---|---|---|---|---|---|---|---|---|---|
| | | 형태빈도 | 화자수 | 형태빈도 | 화자수 | 형태빈도 | 화자수 | 형태빈도 | 화자수 | 형태빈도 | 화자수 |
| 스토커02 | NNG | 2 | 2 | | | | | 1 | 1 | 1 | 1 |
| 스트라이크 | NNG | 1 | 1 | | | | | 1 | 1 | | |
| 스트레스 | NNG | 10 | 8 | | | | | 5 | 3 | 5 | 5 |
| 스트레칭 | NNG | 1 | 1 | | | 1 | 1 | | | | |
| 스트로베리 | NNG | 1 | 1 | 1 | 1 | | | | | | |
| 스티커 | NNG | 5 | 4 | 3 | 2 | | | 1 | 1 | 1 | 1 |
| 스파게티 | NNG | 3 | 2 | | | | | 3 | 2 | | |
| 스파이 | NNG | 1 | 1 | | | | | 1 | 1 | | |
| 스팸 | NNG | 2 | 2 | | | 1 | 1 | 1 | 1 | | |
| 스페셜 | NNG | 1 | 1 | 1 | 1 | | | | | | |
| 스펠링 | NNG | 2 | 2 | | | | | 2 | 2 | | |
| 스포츠 | NNG | 20 | 12 | 4 | 3 | | | 16 | 9 | | |
| 스포츠카 | NNG | 1 | 1 | | | 1 | 1 | | | | |
| 스프링01 | NNG | 2 | 1 | 2 | 1 | | | | | | |
| 스피드01 | NNG | 1 | 1 | 1 | 1 | | | | | | |
| 스피커 | NNG | 1 | 1 | | | | | 1 | 1 | | |
| 슬라이드02 | NNG | 9 | 2 | | | | | 9 | 2 | | |
| 슬슬01 | MAG | 1 | 1 | | | | | 1 | 1 | | |
| 슬퍼하다 | VV | 1 | 1 | | | | | | | 1 | 1 |
| 슬프다 | VA | 13 | 10 | 1 | 1 | 7 | 5 | | | 5 | 4 |
| 습관 | NNG | 2 | 2 | | | | | 2 | 2 | | |
| 습기02 | NNG | 1 | 1 | | | 1 | 1 | | | | |
| 승복01하다 | VV | 1 | 1 | | | | | | | 1 | 1 |
| 승부03 | NNG | 1 | 1 | | | 1 | 1 | | | | |
| 시06 | NNG | 1 | 1 | | | | | | | 1 | 1 |
| 시10 | NNB | 231 | 113 | 41 | 22 | 59 | 29 | 79 | 35 | 52 | 27 |
| 시10 | NNG | 3 | 3 | | | 1 | 1 | 2 | 2 | | |
| 시13 | NNG | 1 | 1 | 1 | 1 | | | | | | |
| -시23- | EP | 132 | 73 | 50 | 18 | 41 | 29 | 24 | 14 | 17 | 12 |
| 시가(시간04) | NNG | 1 | 1 | 1 | 1 | | | | | | |
| 시간04 | NNB | 59 | 38 | 18 | 7 | 13 | 10 | 8 | 8 | 20 | 13 |
| 시간04 | NNG | 143 | 96 | 18 | 15 | 46 | 29 | 57 | 36 | 22 | 16 |
| 시간표 | NNG | 1 | 1 | | | | | | | 1 | 1 |
| 시계01 | NNG | 13 | 13 | 4 | 4 | 3 | 3 | 5 | 5 | 1 | 1 |
| 시골 | NNG | 10 | 6 | 1 | 1 | 2 | 2 | | | 7 | 3 |
| 시골집 | NNG | 2 | 1 | | | | | 2 | 1 | | |
| 시급02 | NNG | 2 | 2 | | | | | | | 2 | 2 |

| 형태 | 품사 | 전체 | | 초등학교 저학년 | | 초등학교 고학년 | | 중학생 | | 고등학생 | |
|---|---|---|---|---|---|---|---|---|---|---|---|
| | | 형태빈도 | 화자수 | 형태빈도 | 화자수 | 형태빈도 | 화자수 | 형태빈도 | 화자수 | 형태빈도 | 화자수 |
| 시기02 | NNG | 1 | 1 | | | | | 1 | 1 | | |
| 시기06하다 | VV | 2 | 1 | | | 2 | 1 | | | | |
| 시끄럽다 | VA | 39 | 31 | 1 | 1 | 2 | 2 | 26 | 18 | 10 | 10 |
| 시다바리 | NNG | 1 | 1 | | | 1 | 1 | | | | |
| 시대02 | NNG | 5 | 3 | | | 1 | 1 | 2 | 1 | 2 | 1 |
| 시디01 | NNG | 4 | 3 | | | 3 | 2 | | | 1 | 1 |
| 시력01 | NNG | 2 | 1 | 2 | 1 | | | | | | |
| 시루떡 | NNG | 2 | 2 | | | | | | | 2 | 2 |
| 시범적 | NNG | 2 | 2 | | | 2 | 2 | | | | |
| 시비05 | NNG | 3 | 3 | 1 | 1 | | | 1 | 1 | 1 | 1 |
| 시설03 | NNG | 2 | 2 | | | | | 2 | 2 | | |
| 시세04 | NNG | 1 | 1 | | | | | 1 | 1 | | |
| 시시02하다 | VA | 5 | 4 | | | 5 | 4 | | | | |
| 시아버지 | NNG | 4 | 1 | | | | | 4 | 1 | | |
| 시원01하다 | VA | 4 | 4 | | | 1 | 1 | 2 | 2 | 1 | 1 |
| 시월01 | NNG | 6 | 6 | | | 2 | 2 | 1 | 1 | 3 | 3 |
| 시월달 | NNG | 3 | 3 | 1 | 1 | | | 1 | 1 | 1 | 1 |
| 시작01 | NNG | 12 | 8 | | | 1 | 1 | 7 | 4 | 4 | 3 |
| 시작01되다 | VV | 2 | 1 | 2 | 1 | | | | | | |
| 시작01하다 | VV | 44 | 41 | 6 | 6 | 12 | 12 | 18 | 16 | 8 | 7 |
| 시장03 | NNG | 2 | 2 | | | | | 2 | 2 | | |
| 시장04 | NNG | 6 | 5 | 1 | 1 | | | | | 5 | 4 |
| 시절01 | NNG | 1 | 1 | | | | | 1 | 1 | | |
| 시집01 | NNG | 1 | 1 | | | 1 | 1 | | | | |
| 시청각실 | NNG | 4 | 4 | | | | | 3 | 3 | 1 | 1 |
| 시키다01 | VV | 21 | 18 | 4 | 3 | 7 | 6 | 6 | 6 | 4 | 3 |
| 시퍼렇다 | VA | 1 | 1 | | | 1 | 1 | | | | |
| 시합01 | NNG | 3 | 3 | | | 3 | 3 | | | | |
| 시험03 | NNG | 104 | 61 | 4 | 3 | 35 | 20 | 41 | 23 | 24 | 15 |
| 시험03하다 | VV | 2 | 2 | 1 | 1 | | | 1 | 1 | | |
| 식04 | NNB | 13 | 12 | | | 2 | 2 | 6 | 5 | 5 | 5 |
| 식04 | NNG | 3 | 3 | 1 | 1 | | | 2 | 2 | | |
| 식구01 | NNG | 1 | 1 | | | 1 | 1 | | | | |
| 식권 | NNG | 2 | 2 | | | | | | | 2 | 2 |
| 식단01 | NNG | 1 | 1 | | | | | 1 | 1 | | |
| 식당 | NNG | 3 | 3 | | | | | 1 | 1 | 2 | 2 |
| 식물02 | NNG | 4 | 3 | 1 | 1 | 3 | 2 | | | | |

| 형태 | 품사 | 전체 | | 초등학교 저학년 | | 초등학교 고학년 | | 중학생 | | 고등학생 | |
|---|---|---|---|---|---|---|---|---|---|---|---|
| | | 형태 빈도 | 화자 수 | 형태 빈도 | 화자 수 | 형태 빈도 | 화자 수 | 형태 빈도 | 화자 수 | 형태 빈도 | 화자 수 |
| 식빵 | NNG | 2 | 1 | | | | | 2 | 1 | | |
| 식용유 | NNG | 1 | 1 | 1 | 1 | | | | | | |
| 식초 | NNG | 1 | 1 | 1 | 1 | | | | | | |
| 식품01 | NNG | 2 | 1 | 2 | 1 | | | | | | |
| 식혜 | NNG | 2 | 2 | 2 | 2 | | | | | | |
| 신02 | NNG | 3 | 3 | | | | | | | 3 | 3 |
| 신09 | NNG | 1 | 1 | | | 1 | 1 | | | | |
| 신간04 | NNG | 2 | 1 | | | | | 2 | 1 | | |
| 신검02 | NNG | 1 | 1 | | | 1 | 1 | | | | |
| 신경04 | NNG | 9 | 8 | 1 | 1 | 1 | 1 | 3 | 2 | 4 | 4 |
| 신경성 | NNG | 1 | 1 | | | | | | | 1 | 1 |
| 신경질 | NNG | 3 | 3 | | | 2 | 2 | 1 | 1 | | |
| 신경질적 | NNG | 1 | 1 | | | 1 | 1 | | | | |
| 신경통01 | NNG | 1 | 1 | | | 1 | 1 | | | | |
| 신고01하다 | VV | 3 | 3 | | | 1 | 1 | 1 | 1 | 1 | 1 |
| 신기14하다 | VA | 22 | 19 | 5 | 4 | 9 | 8 | 6 | 5 | 2 | 2 |
| 신기다 | VV | 1 | 1 | | | 1 | 1 | | | | |
| 신다 | VV | 10 | 6 | | | 6 | 2 | 2 | 2 | 2 | 2 |
| 신문10 | NNG | 18 | 11 | 6 | 3 | 4 | 3 | 7 | 4 | 1 | 1 |
| 신문지 | NNG | 3 | 2 | 3 | 2 | | | | | | |
| 신발 | NNG | 12 | 7 | | | 7 | 4 | 3 | 2 | 2 | 1 |
| 신부04님 | NNG | 1 | 1 | | | | | | | 1 | 1 |
| 신상01 | NNG | 1 | 1 | | | | | 1 | 1 | | |
| 신인07 | NNG | 1 | 1 | | | 1 | 1 | | | | |
| 신제품 | NNG | 3 | 2 | | | | | 3 | 2 | | |
| 신중히 | MAG | 1 | 1 | | | | | 1 | 1 | | |
| 신청01하다 | VV | 5 | 5 | | | 2 | 2 | 2 | 2 | 1 | 1 |
| 신하01 | NNG | 1 | 1 | | | 1 | 1 | | | | |
| 신형02 | NNG | 1 | 1 | | | | | | | 1 | 1 |
| 신호등 | NNG | 1 | 1 | | | | | 1 | 1 | | |
| 신혼여행 | NNG | 2 | 2 | 1 | 1 | 1 | 1 | | | | |
| 신화04 | NNG | 2 | 1 | | | | | 2 | 1 | | |
| 실01 | NNG | 7 | 4 | | | 2 | 2 | | | 5 | 2 |
| 실감 | NNG | 2 | 1 | 2 | 1 | | | | | | |
| 실감하다 | VV | 1 | 1 | | | | | 1 | 1 | | |
| 실기06 | NNG | 1 | 1 | | | | | | | 1 | 1 |
| 실내 | NNG | 1 | 1 | | | 1 | 1 | | | | |

| 형태 | 품사 | 전체 | | 초등학교 저학년 | | 초등학교 고학년 | | 중학생 | | 고등학생 | |
|---|---|---|---|---|---|---|---|---|---|---|---|
| | | 형태 빈도 | 화자 수 | 형태 빈도 | 화자 수 | 형태 빈도 | 화자 수 | 형태 빈도 | 화자 수 | 형태 빈도 | 화자 수 |
| 실내화02 | NNG | 2 | 2 | | | 1 | 1 | 1 | 1 | | |
| 실력02 | NNG | 6 | 5 | | | 1 | 1 | 3 | 3 | 2 | 1 |
| 실로폰 | NNG | 2 | 2 | 2 | 2 | | | | | | |
| 실리다01 | VV | 2 | 1 | | | | | | | 2 | 1 |
| 실망02시키다 | VV | 1 | 1 | | | | | 1 | 1 | | |
| 실망02하다 | VV | 3 | 2 | 2 | 1 | 1 | 1 | | | | |
| 실무 | NNG | 1 | 1 | | | | | | | 1 | 1 |
| 실수01 | NNG | 4 | 3 | 3 | 2 | 1 | 1 | | | | |
| 실수01하다 | VV | 4 | 4 | | | 2 | 2 | 1 | 1 | 1 | 1 |
| 실습 | NNG | 5 | 3 | | | 4 | 2 | | | 1 | 1 |
| 실업계01 | NNG | 10 | 4 | | | | | 9 | 3 | 1 | 1 |
| 실장 | NNG | 1 | 1 | | | 1 | 1 | | | | |
| 실제02 | MAG | 2 | 2 | | | | | 1 | 1 | 1 | 1 |
| 실제02 | NNG | 1 | 1 | | | | | 1 | 1 | | |
| 실제로 | MAG | 1 | 1 | | | | | 1 | 1 | | |
| 실제적 | NNG | 1 | 1 | | | | | | | 1 | 1 |
| 실종되다 | VV | 1 | 1 | | | 1 | 1 | | | | |
| 실태02 | NNG | 1 | 1 | | | | | | | 1 | 1 |
| 실패02하다 | VV | 4 | 3 | 2 | 1 | 1 | 1 | | | 1 | 1 |
| 실행02하다 | VV | 1 | 1 | | | 1 | 1 | | | | |
| 실험 | NNG | 7 | 6 | | | 1 | 1 | 3 | 2 | 3 | 3 |
| 실험실 | NNG | 2 | 1 | | | | | 2 | 1 | | |
| 실험용 | NNG | 2 | 2 | | | 1 | 1 | | | 1 | 1 |
| 실험하다 | VV | 2 | 1 | | | 2 | 1 | | | | |
| 싫다01 | VA | 282 | 156 | 51 | 35 | 94 | 40 | 84 | 44 | 53 | 37 |
| 싫어하다 | VV | 81 | 53 | 5 | 5 | 15 | 14 | 44 | 24 | 17 | 10 |
| 심(십) | NR | 1 | 1 | | | | | 1 | 1 | | |
| 심06 | NNG | 1 | 1 | | | 1 | 1 | | | | |
| 심각02하다 | VA | 4 | 4 | | | | | 3 | 3 | 1 | 1 |
| 심다01 | VV | 9 | 2 | | | 1 | 1 | 8 | 1 | | |
| 심란하다 | VA | 3 | 2 | | | | | 3 | 2 | | |
| 심리01 | NNG | 1 | 1 | | | | | 1 | 1 | | |
| 심부름 | NNG | 3 | 3 | 1 | 1 | 2 | 2 | | | | |
| 심부름하다 | VV | 1 | 1 | | | 1 | 1 | | | | |
| 심사08 | NNG | 3 | 3 | 1 | 1 | 2 | 2 | | | | |
| 심심01하다 | VA | 45 | 32 | 10 | 7 | 18 | 13 | 6 | 4 | 11 | 8 |
| 심장02 | NNG | 1 | 1 | 1 | 1 | | | | | | |

| 형태 | 품사 | 전체 | | 초등학교 저학년 | | 초등학교 고학년 | | 중학생 | | 고등학생 | |
|---|---|---|---|---|---|---|---|---|---|---|---|
| | | 형태 빈도 | 화자 수 | 형태 빈도 | 화자 수 | 형태 빈도 | 화자 수 | 형태 빈도 | 화자 수 | 형태 빈도 | 화자 수 |
| 심정01 | NNG | 2 | 2 | | | 1 | 1 | 1 | 1 | | |
| 심지어 | MAG | 3 | 3 | 1 | 1 | | | 2 | 2 | | |
| 심판02 | NNG | 2 | 1 | | | 2 | 1 | | | | |
| 심판석 | NNG | 1 | 1 | | | 1 | 1 | | | | |
| 심하다 | VA | 24 | 21 | 3 | 2 | 5 | 5 | 12 | 11 | 4 | 3 |
| 심화03 | NNG | 1 | 1 | | | | | 1 | 1 | | |
| 십 | MM | 206 | 130 | 19 | 15 | 50 | 32 | 96 | 58 | 41 | 25 |
| 십 | NR | 489 | 186 | 64 | 30 | 161 | 51 | 170 | 64 | 94 | 41 |
| 십대 | NNG | 1 | 1 | | | | | 1 | 1 | | |
| 십만 | MM | 3 | 2 | 1 | 1 | | | | | 2 | 1 |
| 십억04 | NR | 1 | 1 | | | | | | | 1 | 1 |
| 십이월 | NNG | 4 | 3 | 1 | 1 | 1 | 1 | | | 2 | 1 |
| 십이월달 | NNG | 2 | 2 | | | 1 | 1 | | | 1 | 1 |
| 십일월 | NNG | 12 | 9 | 1 | 1 | | | 10 | 7 | 1 | 1 |
| 십일월달 | NNG | 3 | 3 | | | 2 | 2 | 1 | 1 | | |
| 십자가 | NNG | 2 | 2 | 2 | 2 | | | | | | |
| 십자수 | NNG | 7 | 4 | 2 | 1 | 3 | 2 | 2 | 1 | | |
| 싶다 | VX | 294 | 166 | 56 | 32 | 72 | 40 | 108 | 56 | 58 | 38 |
| 싸가지 | NNG | 33 | 16 | | | 4 | 3 | 20 | 8 | 9 | 5 |
| 싸구려 | NNG | 4 | 2 | | | | | 2 | 1 | 2 | 1 |
| 싸다01 | VV | 6 | 6 | | | 4 | 4 | | | 2 | 2 |
| 싸다02 | VV | 11 | 9 | 9 | 7 | 2 | 2 | | | | |
| 싸다05 | VA | 9 | 8 | 2 | 1 | 3 | 3 | 2 | 2 | 2 | 2 |
| 싸우나(사우나) | NNG | 2 | 1 | | | | | | | 2 | 1 |
| 싸우다 | VV | 64 | 41 | 17 | 13 | 17 | 12 | 13 | 8 | 17 | 8 |
| 싸움 | NNG | 7 | 6 | 4 | 3 | 1 | 1 | | | 2 | 2 |
| 싸움하다 | VV | 2 | 2 | | | 1 | 1 | | | 1 | 1 |
| 싸이렌 | NNG | 1 | 1 | | | 1 | 1 | | | | |
| 싸이버 | NNG | 1 | 1 | 1 | 1 | | | | | | |
| 싸이코 | NNG | 1 | 1 | | | | | | | 1 | 1 |
| 싸인(사인14) | NNG | 1 | 1 | | | 1 | 1 | | | | |
| 싸인(사인14)하다 | VV | 1 | 1 | | | | | 1 | 1 | | |
| 싹01 | NNG | 1 | 1 | | | 1 | 1 | | | | |
| 싹02 | MAG | 2 | 2 | | | | | 1 | 1 | 1 | 1 |
| 싹뚝 | MAG | 1 | 1 | | | 1 | 1 | | | | |
| 싹바가지 | NNG | 1 | 1 | | | | | 1 | 1 | | |
| 싹수 | NNG | 2 | 1 | | | | | 2 | 1 | | |

| 형태 | 품사 | 전체 | | 초등학교 저학년 | | 초등학교 고학년 | | 중학생 | | 고등학생 | |
|---|---|---|---|---|---|---|---|---|---|---|---|
| | | 형태 빈도 | 화자 수 | 형태 빈도 | 화자 수 | 형태 빈도 | 화자 수 | 형태 빈도 | 화자 수 | 형태 빈도 | 화자 수 |
| 싹싹싹 | MAG | 2 | 2 | | | 2 | 2 | | | | |
| 싹퉁 | NNG | 1 | 1 | | | | | 1 | 1 | | |
| 쌀 | NNG | 3 | 3 | 2 | 2 | 1 | 1 | | | | |
| 쌀밥 | NNG | 3 | 2 | 3 | 2 | | | | | | |
| 쌍년 | NNG | 1 | 1 | | | | | 1 | 1 | | |
| 쌍둥이 | NNG | 12 | 4 | 7 | 1 | 3 | 1 | 1 | 1 | 1 | 1 |
| 쌍절봉 | NNG | 3 | 2 | 3 | 2 | | | | | | |
| 쌓이다 | VV | 4 | 4 | 1 | 1 | 2 | 2 | | | 1 | 1 |
| 쌔(새06) | MM | 1 | 1 | | | 1 | 1 | | | | |
| 쌔리(훔치02)다 | VV | 1 | 1 | | | 1 | 1 | | | | |
| 쌔비(훔치02)다 | VV | 1 | 1 | | | | | | | 1 | 1 |
| 쌤(선생님) | NNG | 1 | 1 | | | | | 1 | 1 | | |
| 쌤치(훔치02)다 | VV | 1 | 1 | | | 1 | 1 | | | | |
| 쌩까다 | VV | 1 | 1 | | | 1 | 1 | | | | |
| 쌩쌩하다 | VA | 2 | 1 | 2 | 1 | | | | | | |
| 쌰년(쌍년) | NNG | 1 | 1 | | | | | 1 | 1 | | |
| 써(쓰03)다 | VV | 1 | 1 | | | | | | | 1 | 1 |
| 써늘하다 | VA | 1 | 1 | | | 1 | 1 | | | | |
| 써버(서버02) | NNG | 1 | 1 | | | | | 1 | 1 | | |
| 써클(서클) | NNG | 11 | 4 | | | | | 2 | 1 | 9 | 3 |
| 썩01 | MAG | 2 | 2 | | | 1 | 1 | | | 1 | 1 |
| 썩다 | VV | 9 | 9 | 2 | 2 | 2 | 2 | 1 | 1 | 4 | 4 |
| 썬그라스(선글라스) | NNG | 1 | 1 | 1 | 1 | | | | | | |
| 썰다01 | VV | 4 | 2 | | | 4 | 2 | | | | |
| 썰렁하다 | VA | 7 | 7 | | | 4 | 4 | 1 | 1 | 2 | 2 |
| 썰매 | NNG | 1 | 1 | 1 | 1 | | | | | | |
| 썰매장 | NNG | 1 | 1 | 1 | 1 | | | | | | |
| 쎄(세03)다 | VA | 24 | 16 | 12 | 8 | 8 | 5 | 3 | 2 | 1 | 1 |
| 쏘다01 | VV | 37 | 22 | 9 | 7 | 15 | 9 | | | 13 | 6 |
| 쏘세지(소시지) | NNG | 4 | 1 | 4 | 1 | | | | | | |
| 쏙03 | MAG | 2 | 2 | | | 2 | 2 | | | | |
| 쏟다 | VV | 1 | 1 | | | 1 | 1 | | | | |
| 쏠쏠02하다 | VA | 1 | 1 | | | | | 1 | 1 | | |
| 쏴 | MAG | 1 | 1 | | | 1 | 1 | | | | |
| 쐬(쇠01) | NNG | 2 | 2 | 2 | 2 | | | | | | |
| 쐬다01 | VV | 1 | 1 | 1 | 1 | | | | | | |
| 쑤시다01 | VV | 1 | 1 | | | | | 1 | 1 | | |

| 형태 | 품사 | 전체 | | 초등학교 저학년 | | 초등학교 고학년 | | 중학생 | | 고등학생 | |
|---|---|---|---|---|---|---|---|---|---|---|---|
| | | 형태 빈도 | 화자 수 | 형태 빈도 | 화자 수 | 형태 빈도 | 화자 수 | 형태 빈도 | 화자 수 | 형태 빈도 | 화자 수 |
| 쑤시다02 | VV | 1 | 1 | | | 1 | 1 | | | | |
| 쑥03 | MAG | 1 | 1 | | | 1 | 1 | | | | |
| 쑥스럽다 | VA | 2 | 2 | | | | | | | 2 | 2 |
| 쓰다01 | VV | 162 | 74 | 20 | 12 | 32 | 15 | 60 | 25 | 50 | 22 |
| 쓰다02 | VV | 21 | 14 | 4 | 3 | 8 | 5 | 3 | 3 | 6 | 3 |
| 쓰다03 | VV | 145 | 90 | 17 | 15 | 33 | 22 | 45 | 22 | 50 | 31 |
| 쓰다06 | VA | 4 | 2 | | | | | | | 4 | 2 |
| 쓰다듬다 | VV | 2 | 2 | | | | | 2 | 2 | | |
| 쓰러지다 | VV | 6 | 5 | 2 | 2 | 1 | 1 | | | 3 | 2 |
| 쓰레기 | NNG | 2 | 2 | | | 1 | 1 | | | 1 | 1 |
| 쓰레기통 | NNG | 4 | 4 | 2 | 2 | 1 | 1 | 1 | 1 | | |
| 쓰레빠(슬리퍼) | NNG | 1 | 1 | | | | | 1 | 1 | | |
| 쓰리05 | NR | 6 | 5 | 1 | 1 | 2 | 1 | 3 | 3 | | |
| 쓸개 | NNG | 1 | 1 | | | | | | | 1 | 1 |
| 쓸다02 | VV | 1 | 1 | | | | | 1 | 1 | | |
| 쓸모 | NNG | 1 | 1 | | | 1 | 1 | | | | |
| 쓸쓸02하다 | VA | 2 | 2 | | | | | 1 | 1 | 1 | 1 |
| 씁쓸히 | MAG | 1 | 1 | | | | | | | 1 | 1 |
| 씌다05 | VV | 1 | 1 | 1 | 1 | | | | | | |
| 씌우다01 | VV | 3 | 3 | | | 2 | 2 | | | 1 | 1 |
| 씨(시10) | NNB | 1 | 1 | 1 | 1 | | | | | | |
| 씨(시16) | NNG | 3 | 2 | 1 | 1 | 2 | 1 | | | | |
| 씨(시19) | NNG | 9 | 8 | 2 | 2 | | | 4 | 3 | 3 | 3 |
| 씨07 | NNB | 3 | 1 | | | 3 | 1 | | | | |
| 씨07 | NNG | 6 | 4 | 4 | 3 | 2 | 1 | | | | |
| 씨디(시디01) | NNG | 26 | 18 | 7 | 6 | 7 | 5 | 11 | 6 | 1 | 1 |
| 씨발 | NNG | 2 | 2 | | | | | | | 2 | 2 |
| 씨부렁거리다 | VV | 1 | 1 | | | | | 1 | 1 | | |
| 씨아이 | NNG | 1 | 1 | | | | | 1 | 1 | | |
| 씨에이 | NNG | 7 | 5 | | | | | 7 | 5 | | |
| 씨에프(시에프) | NNG | 1 | 1 | | | 1 | 1 | | | | |
| 씨이오 | NNG | 1 | 1 | | | | | | | 1 | 1 |
| 씩스 | NR | 2 | 1 | | | | | 2 | 1 | | |
| 씹다01 | VV | 19 | 11 | 1 | 1 | 1 | 1 | 13 | 5 | 4 | 4 |
| 씹새끼 | NNG | 1 | 1 | | | | | 1 | 1 | | |
| 씹히다01 | VV | 2 | 2 | | | | | 2 | 2 | | |
| 씻다 | VV | 5 | 5 | | | 1 | 1 | 2 | 2 | 2 | 2 |

| 형태 | 품사 | 전체 | | 초등학교 저학년 | | 초등학교 고학년 | | 중학생 | | 고등학생 | |
|---|---|---|---|---|---|---|---|---|---|---|---|
| | | 형태빈도 | 화자수 | 형태빈도 | 화자수 | 형태빈도 | 화자수 | 형태빈도 | 화자수 | 형태빈도 | 화자수 |
| 씽 | MAG | 1 | 1 | | | 1 | 1 | | | | |
| 아(아니)다 | VCN | 1 | 1 | | | | | 1 | 1 | | |
| 아02 | NNG | 1 | 1 | 1 | 1 | | | | | | |
| 아09 | JKV | 126 | 80 | 42 | 23 | 34 | 22 | 23 | 17 | 27 | 18 |
| 아가씨 | NNG | 2 | 2 | | | | | | | 2 | 2 |
| 아궁이 | NNG | 1 | 1 | | | 1 | 1 | | | | |
| 아기01 | NNG | 7 | 6 | 5 | 4 | 1 | 1 | 1 | 1 | | |
| 아까 | MAG | 64 | 55 | 13 | 12 | 21 | 18 | 16 | 12 | 14 | 13 |
| 아까 | NNG | 26 | 20 | 5 | 4 | 4 | 3 | 9 | 7 | 8 | 6 |
| 아깝다 | VA | 18 | 15 | 1 | 1 | 7 | 6 | 8 | 6 | 2 | 2 |
| 아끼다 | VV | 10 | 7 | 4 | 2 | 1 | 1 | 3 | 2 | 2 | 2 |
| 아나운서 | NNG | 7 | 4 | 2 | 1 | 3 | 2 | 2 | 1 | | |
| 아날로그 | NNG | 1 | 1 | | | | | 1 | 1 | | |
| 아내01 | NNG | 1 | 1 | | | | | 1 | 1 | | |
| 아니01 | MAG | 7 | 7 | 1 | 1 | 2 | 2 | 3 | 3 | 1 | 1 |
| 아니다 | VCN | 646 | 314 | 101 | 63 | 150 | 82 | 229 | 88 | 166 | 81 |
| -아두(아도04) | EC | 2 | 2 | 1 | 1 | 1 | 1 | | | | |
| 아들 | NNG | 12 | 9 | 3 | 2 | 7 | 5 | 1 | 1 | 1 | 1 |
| 아래01 | NNG | 13 | 9 | | | 9 | 5 | | | 4 | 4 |
| 아르바이트 | NNG | 9 | 7 | | | 1 | 1 | | | 8 | 6 |
| 아르바이트생 | NNG | 1 | 1 | 1 | 1 | | | | | | |
| 아르바이트하다 | VV | 1 | 1 | | | | | | | 1 | 1 |
| 아르치(가르치01)다 | VV | 1 | 1 | 1 | 1 | | | | | | |
| 아르켜(가르치01)다 | VV | 1 | 1 | | | | | 1 | 1 | | |
| 아르키(가르치01)다 | VV | 2 | 2 | | | 2 | 2 | | | | |
| 아리키(알리)다 | VV | 1 | 1 | 1 | 1 | | | | | | |
| 아마01 | MAG | 15 | 13 | 2 | 2 | 5 | 4 | 5 | 4 | 3 | 3 |
| 아마도 | MAG | 7 | 6 | 1 | 1 | 3 | 3 | 2 | 1 | 1 | 1 |
| 아무01 | MM | 28 | 23 | 7 | 5 | 6 | 6 | 5 | 5 | 10 | 7 |
| 아무01 | NP | 24 | 20 | 7 | 6 | 3 | 2 | 8 | 7 | 6 | 5 |
| 아무거 | NP | 1 | 1 | 1 | 1 | | | | | | |
| 아무거(아무것) | NP | 11 | 10 | | | 3 | 3 | 6 | 5 | 2 | 2 |
| 아무것 | NP | 11 | 9 | 5 | 3 | 1 | 1 | 3 | 3 | 2 | 2 |
| 아무데 | NP | 4 | 4 | 2 | 2 | 1 | 1 | | | 1 | 1 |
| 아무래도 | MAG | 6 | 6 | | | 1 | 1 | 4 | 4 | 1 | 1 |
| 아무렇다 | VA | 8 | 6 | | | 4 | 3 | | | 4 | 3 |
| 아무리 | MAG | 10 | 8 | | | 5 | 4 | 5 | 4 | | |

| 형태 | 품사 | 전체 | | 초등학교 저학년 | | 초등학교 고학년 | | 중학생 | | 고등학생 | |
|---|---|---|---|---|---|---|---|---|---|---|---|
| | | 형태빈도 | 화자수 | 형태빈도 | 화자수 | 형태빈도 | 화자수 | 형태빈도 | 화자수 | 형태빈도 | 화자수 |
| 아무튼 | MAJ | 22 | 15 | | | 3 | 3 | 11 | 7 | 8 | 5 |
| 아버지 | NNG | 18 | 10 | 1 | 1 | 14 | 6 | 2 | 2 | 1 | 1 |
| 아부03 | NNG | 1 | 1 | | | | | | | 1 | 1 |
| 아빠 | NNG | 210 | 96 | 72 | 39 | 66 | 29 | 66 | 24 | 6 | 4 |
| 아쉽다 | VA | 2 | 2 | | | | | 1 | 1 | 1 | 1 |
| 아예 | MAG | 28 | 26 | 2 | 2 | 10 | 8 | 7 | 7 | 9 | 9 |
| 아이(아니)다 | VCN | 1 | 1 | 1 | 1 | | | | | | |
| 아이(아니01) | MAG | 5 | 2 | | | 4 | 1 | 1 | 1 | | |
| 아이01 | NNG | 16 | 14 | | | 6 | 6 | 6 | 4 | 4 | 4 |
| 아이06 | NNG | 3 | 2 | | | | | 2 | 1 | 1 | 1 |
| 아이07 | NNG | 1 | 1 | 1 | 1 | | | | | | |
| 아이디 | NNG | 26 | 19 | 4 | 3 | 14 | 10 | 7 | 5 | 1 | 1 |
| 아이스크림 | NNG | 6 | 5 | | | 3 | 2 | 1 | 1 | 2 | 2 |
| 아이콘02 | NNG | 1 | 1 | | | | | 1 | 1 | | |
| 아이큐 | NNG | 2 | 1 | 2 | 1 | | | | | | |
| 아이템 | NNG | 31 | 14 | 17 | 5 | 12 | 8 | 2 | 1 | | |
| 아작 | MAG | 1 | 1 | | | | | 1 | 1 | | |
| 아저씨 | NNG | 34 | 21 | 13 | 10 | 18 | 9 | 3 | 2 | | |
| 아주01 | MAG | 64 | 44 | 30 | 18 | 18 | 11 | 9 | 9 | 7 | 6 |
| 아줌마 | NNG | 30 | 20 | 3 | 2 | 10 | 7 | 11 | 6 | 6 | 5 |
| 아직01 | MAG | 94 | 67 | 18 | 14 | 21 | 15 | 37 | 23 | 18 | 15 |
| 아침 | NNG | 63 | 42 | 4 | 4 | 19 | 11 | 16 | 8 | 24 | 19 |
| 아토피 | NNG | 1 | 1 | | | | | 1 | 1 | | |
| 아파트 | NNG | 30 | 15 | 5 | 4 | 2 | 2 | 18 | 6 | 5 | 3 |
| 아프다 | VA | 98 | 64 | 16 | 13 | 40 | 25 | 20 | 12 | 22 | 14 |
| 아홉 | MM | 17 | 12 | 8 | 5 | 2 | 2 | 1 | 1 | 6 | 4 |
| 아홉 | NR | 2 | 2 | | | | | | | 2 | 2 |
| 악기05 | NNG | 3 | 2 | | | 1 | 1 | | | 2 | 1 |
| 악마02 | NNG | 12 | 3 | 10 | 2 | 2 | 1 | | | | |
| 악보02 | NNG | 2 | 1 | 2 | 1 | | | | | | |
| 악역01 | NNG | 1 | 1 | | | | | 1 | 1 | | |
| 안01 | NNG | 44 | 32 | 2 | 2 | 13 | 7 | 11 | 8 | 18 | 15 |
| 안02 | MAG | 1768 | 445 | 261 | 107 | 502 | 110 | 552 | 112 | 453 | 116 |
| 안개 | NNG | 1 | 1 | 1 | 1 | | | | | | |
| 안경03 | NNG | 18 | 14 | 2 | 2 | 5 | 5 | 4 | 2 | 7 | 5 |
| 안경점 | NNG | 1 | 1 | | | | | 1 | 1 | | |
| 안경집 | NNG | 1 | 1 | | | | | 1 | 1 | | |

| 형태 | 품사 | 전체 | | 초등학교 저학년 | | 초등학교 고학년 | | 중학생 | | 고등학생 | |
|---|---|---|---|---|---|---|---|---|---|---|---|
| | | 형태 빈도 | 화자 수 | 형태 빈도 | 화자 수 | 형태 빈도 | 화자 수 | 형태 빈도 | 화자 수 | 형태 빈도 | 화자 수 |
| 안경테 | NNG | 1 | 1 | 1 | 1 | | | | | | |
| 안녕 | NNG | 2 | 1 | | | 2 | 1 | | | | |
| 안녕하다 | VA | 2 | 2 | 1 | 1 | 1 | 1 | | | | |
| 안다01 | VV | 4 | 4 | 2 | 2 | | | 1 | 1 | 1 | 1 |
| 안되다01 | VV | 1 | 1 | | | | | 1 | 1 | | |
| 안되다02 | VA | 4 | 4 | 1 | 1 | 2 | 2 | 1 | 1 | | |
| 안면04 | NNG | 1 | 1 | | | | | | | 1 | 1 |
| 안밖(안팎) | NNG | 2 | 1 | | | | | 2 | 1 | | |
| 안방02 | NNG | 5 | 2 | | | 4 | 1 | 1 | 1 | | |
| 안쓰럽다 | VA | 1 | 1 | | | | | | | 1 | 1 |
| 안전03하다 | VA | 1 | 1 | | | | | | | 1 | 1 |
| 안주04 | NNG | 1 | 1 | | | | | | | 1 | 1 |
| 안쪽 | NNG | 1 | 1 | | | 1 | 1 | | | | |
| 안타까워하다 | VV | 1 | 1 | | | 1 | 1 | | | | |
| 안타깝다 | VA | 1 | 1 | | | 1 | 1 | | | | |
| 안테나 | NNG | 1 | 1 | | | | | 1 | 1 | | |
| 안팎 | NNG | 1 | 1 | | | | | 1 | 1 | | |
| 앉다 | VV | 65 | 46 | 10 | 8 | 24 | 16 | 16 | 10 | 15 | 12 |
| 앉히다 | VV | 1 | 1 | | | | | 1 | 1 | | |
| 않다 | VV | 4 | 4 | | | 1 | 1 | 1 | 1 | 2 | 2 |
| 않다 | VX | 330 | 197 | 42 | 31 | 91 | 51 | 118 | 64 | 79 | 51 |
| 알(아르04) | NNG | 1 | 1 | | | | | | | 1 | 1 |
| 알01 | NNB | 7 | 3 | 4 | 1 | | | | | 3 | 2 |
| 알01 | NNG | 7 | 3 | 4 | 1 | 3 | 2 | | | | |
| 알까기02 | NNG | 4 | 2 | | | 4 | 2 | | | | |
| 알다 | VV | 725 | 316 | 174 | 80 | 228 | 92 | 181 | 73 | 142 | 71 |
| 알뜰하다 | VA | 1 | 1 | | | | | 1 | 1 | | |
| 알람 | NNG | 3 | 2 | 1 | 1 | | | 2 | 1 | | |
| 알레르기 | NNG | 1 | 1 | | | | | | | 1 | 1 |
| 알리다 | VV | 20 | 13 | 5 | 2 | 8 | 5 | 2 | 2 | 5 | 4 |
| 알림 | NNG | 1 | 1 | 1 | 1 | | | | | | |
| 알몸 | NNG | 1 | 1 | 1 | 1 | | | | | | |
| 알바(아르바이트) | NNG | 2 | 2 | | | | | 1 | 1 | 1 | 1 |
| 알바(아르바이트)비 | NNG | 1 | 1 | | | | | | | 1 | 1 |
| 알바(아르바이트)하다 | VV | 3 | 3 | | | | | | | 3 | 3 |
| 알아내다 | VV | 6 | 3 | 1 | 1 | | | 5 | 2 | | |
| 알아듣다 | VV | 5 | 4 | 2 | 2 | | | 2 | 1 | 1 | 1 |

| 형태 | 품사 | 전체 | | 초등학교 저학년 | | 초등학교 고학년 | | 중학생 | | 고등학생 | |
|---|---|---|---|---|---|---|---|---|---|---|---|
| | | 형태 빈도 | 화자 수 | 형태 빈도 | 화자 수 | 형태 빈도 | 화자 수 | 형태 빈도 | 화자 수 | 형태 빈도 | 화자 수 |
| 알아맞추다 | VV | 1 | 1 | | | 1 | 1 | | | | |
| 알아보다 | VV | 11 | 11 | | | 1 | 1 | 5 | 5 | 5 | 5 |
| 알차다 | VA | 2 | 1 | | | | | | | 2 | 1 |
| 알타리 | NNG | 2 | 1 | | | 2 | 1 | | | | |
| 알통01 | NNG | 1 | 1 | 1 | 1 | | | | | | |
| 알트탭 | NNG | 1 | 1 | | | | | 1 | 1 | | |
| 암(아무01) | MM | 2 | 2 | 1 | 1 | | | | | 1 | 1 |
| 암기02 | NNG | 7 | 6 | | | 3 | 2 | 4 | 4 | | |
| 암말02 | NNG | 1 | 1 | | | | | 1 | 1 | | |
| 암컷 | NNG | 3 | 1 | | | | | | | 3 | 1 |
| 암튼 | MAG | 6 | 5 | 1 | 1 | 1 | 1 | | | 4 | 3 |
| 암행어사 | NNG | 1 | 1 | 1 | 1 | | | | | | |
| 암호 | NNG | 5 | 2 | | | | | 5 | 2 | | |
| 압박 | NNG | 5 | 3 | | | | | 5 | 3 | | |
| 압수02 | NNG | 3 | 2 | | | | | 3 | 2 | | |
| 앙탈 | NNG | 1 | 1 | | | | | 1 | 1 | | |
| 앞 | NNG | 50 | 42 | 6 | 6 | 19 | 15 | 15 | 12 | 10 | 9 |
| 앞머리 | NNG | 1 | 1 | 1 | 1 | | | | | | |
| 앞문 | NNG | 1 | 1 | | | 1 | 1 | | | | |
| -애(아10) | EC | 1 | 1 | | | 1 | 1 | | | | |
| 애02 | NNG | 696 | 279 | 85 | 51 | 225 | 79 | 203 | 76 | 183 | 73 |
| -애16 | EF | 258 | 164 | 34 | 24 | 68 | 46 | 94 | 53 | 62 | 41 |
| 애견01 | NNG | 1 | 1 | | | | | 1 | 1 | | |
| 애교02 | NNG | 5 | 3 | 1 | 1 | | | 4 | 2 | | |
| 애국가 | NNG | 1 | 1 | | | 1 | 1 | | | | |
| 애기(얘기) | NNG | 1 | 1 | 1 | 1 | | | | | | |
| 애기01 | NNG | 30 | 21 | 17 | 13 | 10 | 6 | | | 3 | 2 |
| 애니메이션 | NNG | 2 | 2 | | | | | | | 2 | 2 |
| 애벌레 | NNG | 1 | 1 | 1 | 1 | | | | | | |
| 애새끼 | NNG | 3 | 3 | | | | | 3 | 3 | | |
| -애서(아서03) | EC | 3 | 3 | | | | | | | 3 | 3 |
| 애완02 | NNG | 3 | 2 | 3 | 2 | | | | | | |
| 애인02 | NNG | 1 | 1 | | | | | 1 | 1 | | |
| 애자(장애자) | NNG | 11 | 7 | | | 1 | 1 | 10 | 6 | | |
| 액정02 | NNG | 2 | 1 | | | | | 2 | 1 | | |
| 앨범 | NNG | 4 | 3 | 2 | 1 | | | 2 | 2 | | |
| 앵무새 | NNG | 1 | 1 | 1 | 1 | | | | | | |

| 형태 | 품사 | 전체 | | 초등학교 저학년 | | 초등학교 고학년 | | 중학생 | | 고등학생 | |
|---|---|---|---|---|---|---|---|---|---|---|---|
| | | 형태 빈도 | 화자 수 | 형태 빈도 | 화자 수 | 형태 빈도 | 화자 수 | 형태 빈도 | 화자 수 | 형태 빈도 | 화자 수 |
| -야(어야02) | EC | 1 | 1 | | | | | | | 1 | 1 |
| 야11 | JX | 25 | 20 | 1 | 1 | 5 | 5 | 12 | 9 | 7 | 5 |
| -야13 | EF | 2097 | 455 | 440 | 110 | 563 | 114 | 632 | 117 | 462 | 114 |
| -야14 | EC | 5 | 5 | 1 | 1 | 2 | 2 | | | 2 | 2 |
| 야구02 | NNG | 26 | 14 | | | 8 | 8 | 18 | 6 | | |
| 야구02하다 | VV | 1 | 1 | | | | | 1 | 1 | | |
| 야단01 | NNG | 1 | 1 | | | | | 1 | 1 | | |
| 야단나다 | VV | 4 | 2 | | | | | 4 | 2 | | |
| 야단치다 | VV | 1 | 1 | | | | | 1 | 1 | | |
| 야밤 | NNG | 1 | 1 | | | | | | | 1 | 1 |
| 야비하다 | VA | 2 | 2 | | | 2 | 2 | | | | |
| 야영02하다 | VV | 1 | 1 | | | | | | | 1 | 1 |
| 야영장 | NNG | 1 | 1 | | | | | | | 1 | 1 |
| 야옹01 | MAG | 1 | 1 | | | | | 1 | 1 | | |
| 야옹01거리다 | VV | 2 | 1 | | | | | 2 | 1 | | |
| 야외 | NNG | 2 | 2 | | | 2 | 2 | | | | |
| 야인 | NNG | 1 | 1 | | | 1 | 1 | | | | |
| 야자03 | NNG | 4 | 2 | | | | | | | 4 | 2 |
| 야채 | NNG | 1 | 1 | | | | | | | 1 | 1 |
| 야하다01 | VA | 3 | 3 | 1 | 1 | 1 | 1 | | | 1 | 1 |
| 약07 | NNG | 21 | 6 | 6 | 2 | 5 | 1 | 1 | 1 | 9 | 2 |
| 약간 | MAG | 31 | 23 | 1 | 1 | 10 | 6 | 16 | 12 | 4 | 4 |
| 약간 | NNG | 11 | 10 | | | 2 | 2 | 8 | 7 | 1 | 1 |
| 약골 | NNG | 2 | 1 | | | 2 | 1 | | | | |
| 약속 | NNG | 12 | 6 | | | 4 | 2 | 6 | 2 | 2 | 2 |
| 약속하다 | VV | 3 | 1 | | | 3 | 1 | | | | |
| 약올리다 | VV | 1 | 1 | | | | | 1 | 1 | | |
| 약점01 | NNG | 2 | 1 | | | 2 | 1 | | | | |
| 약하다01 | VA | 12 | 9 | 7 | 4 | 4 | 4 | 1 | 1 | | |
| 약혼 | NNG | 1 | 1 | | | 1 | 1 | | | | |
| 얄밉다 | VA | 1 | 1 | 1 | 1 | | | | | | |
| 얇다 | VA | 3 | 3 | | | 1 | 1 | 1 | 1 | 1 | 1 |
| 얌전하다 | VA | 5 | 4 | | | 1 | 1 | 1 | 1 | 3 | 2 |
| 양20 | NNG | 4 | 3 | | | 1 | 1 | | | 3 | 2 |
| 양25 | NNB | 2 | 2 | | | | | 2 | 2 | | |
| 양말01 | NNG | 1 | 1 | | | | | 1 | 1 | | |
| 양복01 | NNG | 1 | 1 | | | | | | | 1 | 1 |

| 형태 | 품사 | 전체 | | 초등학교 저학년 | | 초등학교 고학년 | | 중학생 | | 고등학생 | |
|---|---|---|---|---|---|---|---|---|---|---|---|
| | | 형태 빈도 | 화자 수 | 형태 빈도 | 화자 수 | 형태 빈도 | 화자 수 | 형태 빈도 | 화자 수 | 형태 빈도 | 화자 수 |
| 양손01 | NNG | 1 | 1 | 1 | 1 | | | | | | |
| 양심02 | NNG | 2 | 2 | | | | | 2 | 2 | | |
| 양아치 | NNG | 2 | 2 | | | | | 1 | 1 | 1 | 1 |
| 양쪽 | NNG | 1 | 1 | | | 1 | 1 | | | | |
| 양탄자 | NNG | 4 | 2 | | | 4 | 2 | | | | |
| 양탈(앙탈) | NNG | 1 | 1 | | | | | 1 | 1 | | |
| 양호실 | NNG | 1 | 1 | | | 1 | 1 | | | | |
| 얘03 | NP | 103 | 65 | 38 | 17 | 24 | 18 | 22 | 15 | 19 | 15 |
| 얘기 | NNG | 304 | 156 | 47 | 26 | 109 | 50 | 86 | 38 | 62 | 42 |
| 얘기하다 | VV | 223 | 126 | 61 | 33 | 55 | 34 | 49 | 27 | 58 | 32 |
| 얘기해(하03)다 | VV | 1 | 1 | 1 | 1 | | | | | | |
| 어(어느01) | MM | 1 | 1 | 1 | 1 | | | | | | |
| -어06 | EC | 3320 | 468 | 682 | 119 | 1207 | 119 | 833 | 115 | 598 | 115 |
| -어11 | EF | 9033 | 477 | 1868 | 120 | 2642 | 120 | 2693 | 118 | 1830 | 119 |
| 어기다01 | VV | 3 | 1 | | | | | 3 | 1 | | |
| 어깨01 | NNG | 2 | 2 | 1 | 1 | | | 1 | 1 | | |
| 어깨동무 | NNG | 1 | 1 | | | | | 1 | 1 | | |
| 어눌하다 | VA | 1 | 1 | | | | | 1 | 1 | | |
| 어느01 | MM | 56 | 39 | 21 | 14 | 16 | 11 | 13 | 10 | 6 | 4 |
| 어느거 | NP | 3 | 2 | | | 3 | 2 | | | | |
| 어는(어느01) | MM | 1 | 1 | | | 1 | 1 | | | | |
| -어다 | EC | 6 | 4 | 1 | 1 | 1 | 1 | 1 | 1 | 3 | 1 |
| -어도02 | EC | 178 | 131 | 17 | 16 | 53 | 39 | 67 | 41 | 41 | 35 |
| -어두(어도02) | EC | 2 | 2 | | | 1 | 1 | | | 1 | 1 |
| 어두컴컴하다 | VA | 1 | 1 | 1 | 1 | | | | | | |
| 어둡다 | VA | 1 | 1 | | | 1 | 1 | | | | |
| 어드벤처 | NNG | 1 | 1 | 1 | 1 | | | | | | |
| 어디01 | NP | 287 | 181 | 58 | 35 | 71 | 48 | 89 | 53 | 69 | 45 |
| 어떠(하03)다 | VA | 2 | 2 | | | 1 | 1 | 1 | 1 | | |
| 어떠하다 | VA | 2 | 2 | | | | | | | 2 | 2 |
| 어떡하다 | VV | 87 | 65 | 19 | 12 | 17 | 16 | 32 | 21 | 19 | 16 |
| 어떤 | MM | 171 | 99 | 70 | 41 | 67 | 32 | 26 | 19 | 8 | 7 |
| 어떻게 | MAG | 298 | 180 | 50 | 36 | 103 | 58 | 88 | 50 | 57 | 36 |
| 어떻다 | VA | 87 | 58 | 13 | 9 | 33 | 17 | 26 | 18 | 15 | 14 |
| 어뜨(어떻)다 | VA | 1 | 1 | | | 1 | 1 | | | | |
| 어뜨케(어떻게) | MAG | 1 | 1 | | | | | | | 1 | 1 |
| 어뜩하(어떡하)다 | VV | 2 | 2 | | | 1 | 1 | 1 | 1 | | |

| 형태 | 품사 | 전체 | | 초등학교 저학년 | | 초등학교 고학년 | | 중학생 | | 고등학생 | |
|---|---|---|---|---|---|---|---|---|---|---|---|
| | | 형태빈도 | 화자수 | 형태빈도 | 화자수 | 형태빈도 | 화자수 | 형태빈도 | 화자수 | 형태빈도 | 화자수 |
| 어뜬(어떤) | MM | 3 | 2 | 3 | 2 | | | | | | |
| 어려움 | NNG | 1 | 1 | | | 1 | 1 | | | | |
| 어렵다 | VA | 76 | 44 | 19 | 12 | 25 | 15 | 24 | 12 | 8 | 5 |
| 어른01 | NNG | 15 | 12 | 2 | 2 | 8 | 5 | 2 | 2 | 3 | 3 |
| 어른01스럽다 | VA | 1 | 1 | 1 | 1 | | | | | | |
| 어리다03 | VA | 39 | 29 | 10 | 10 | 8 | 5 | 13 | 9 | 8 | 5 |
| 어리석다 | VA | 1 | 1 | | | | | 1 | 1 | | |
| 어린애 | NNG | 3 | 3 | | | 2 | 2 | 1 | 1 | | |
| 어린이01 | NNG | 3 | 3 | | | 3 | 3 | | | | |
| 어린이집 | NNG | 1 | 1 | 1 | 1 | | | | | | |
| 어머니01 | NNG | 8 | 6 | 2 | 2 | 3 | 1 | 3 | 3 | | |
| 어벙벙하다 | VV | 1 | 1 | | | | | | | 1 | 1 |
| 어색02하다 | VA | 21 | 17 | | | 3 | 3 | 11 | 8 | 7 | 6 |
| -어서03 | EC | 866 | 332 | 151 | 71 | 239 | 87 | 289 | 89 | 187 | 85 |
| 어슬렁어슬렁거리다 | VV | 1 | 1 | | | | | | | 1 | 1 |
| 어시스트 | NNG | 1 | 1 | | | | | | | 1 | 1 |
| 어시장 | NNG | 4 | 2 | | | | | | | 4 | 2 |
| -어야02 | EC | 442 | 244 | 54 | 38 | 123 | 67 | 149 | 71 | 116 | 68 |
| -어야지01 | EC | 24 | 22 | 3 | 3 | 5 | 5 | 7 | 7 | 9 | 7 |
| -어야지02 | EF | 154 | 112 | 21 | 18 | 24 | 21 | 49 | 33 | 60 | 40 |
| 어울(어울리)다 | VV | 1 | 1 | | | | | | | 1 | 1 |
| 어울리다 | VV | 9 | 8 | | | 1 | 1 | 4 | 3 | 4 | 4 |
| -어이(어11) | EF | 1 | 1 | 1 | 1 | | | | | | |
| 어이02 | NNG | 11 | 7 | 2 | 2 | | | 3 | 2 | 6 | 3 |
| 어이없다 | VA | 16 | 8 | | | 1 | 1 | 9 | 4 | 6 | 3 |
| 어저께 | MAG | 10 | 8 | 4 | 2 | 3 | 3 | 2 | 2 | 1 | 1 |
| 어저께 | NNG | 22 | 14 | | | 11 | 7 | 9 | 5 | 2 | 2 |
| 어제01 | MAG | 157 | 88 | 11 | 8 | 43 | 22 | 43 | 26 | 60 | 32 |
| 어제01 | NNG | 62 | 44 | 5 | 5 | 16 | 13 | 29 | 15 | 12 | 11 |
| 어중간하다 | VA | 3 | 3 | | | | | 2 | 2 | 1 | 1 |
| 어즈(어저께) | MAG | 1 | 1 | 1 | 1 | | | | | | |
| 어짜피(어차피) | MAG | 1 | 1 | | | | | 1 | 1 | | |
| 어쩨든(어쨌든) | MAG | 1 | 1 | | | | | 1 | 1 | | |
| 어쨌거나 | MAG | 2 | 1 | | | | | 2 | 1 | | |
| 어쨌든 | MAG | 21 | 16 | | | 6 | 3 | 9 | 8 | 6 | 5 |
| 어쩌고저쩌고 | MAG | 2 | 2 | | | | | 1 | 1 | 1 | 1 |
| 어쩌구 | MAG | 1 | 1 | | | 1 | 1 | | | | |

| 형태 | 품사 | 전체 | | 초등학교 저학년 | | 초등학교 고학년 | | 중학생 | | 고등학생 | |
|---|---|---|---|---|---|---|---|---|---|---|---|
| | | 형태빈도 | 화자수 | 형태빈도 | 화자수 | 형태빈도 | 화자수 | 형태빈도 | 화자수 | 형태빈도 | 화자수 |
| 어쩌구저쩌구 | MAG | 2 | 2 | | | 2 | 2 | | | | |
| 어쩌꾸저쩌구 | MAG | 1 | 1 | | | 1 | 1 | | | | |
| 어쩌다01 | VV | 46 | 40 | 10 | 10 | 22 | 17 | 7 | 7 | 7 | 6 |
| 어쩌다02 | MAG | 3 | 2 | 2 | 1 | | | | | 1 | 1 |
| 어쩌면 | MAJ | 4 | 4 | 1 | 1 | 2 | 2 | 1 | 1 | | |
| 어쩐지 | MAG | 2 | 2 | | | | | | | 2 | 2 |
| 어쩔(어떤) | MM | 6 | 4 | 1 | 1 | 4 | 2 | | | 1 | 1 |
| 어쩜 | MAG | 1 | 1 | | | 1 | 1 | | | | |
| 어쩜 | MAJ | 1 | 1 | 1 | 1 | | | | | | |
| 어찌다01 | VV | 1 | 1 | | | | | | | 1 | 1 |
| 어찌하다 | VV | 2 | 2 | | | 1 | 1 | | | 1 | 1 |
| 어차피 | MAG | 15 | 12 | 1 | 1 | 3 | 3 | 8 | 5 | 3 | 3 |
| 어트(어떻)다 | VA | 1 | 1 | | | | | | | 1 | 1 |
| 어트게(어떻게) | MAG | 13 | 11 | 1 | 1 | | | 5 | 4 | 7 | 6 |
| 어트케(어떻게) | MAG | 5 | 4 | 1 | 1 | 1 | 1 | 1 | 1 | 2 | 1 |
| 어특(어떻게) | MAG | 1 | 1 | | | | | | | 1 | 1 |
| 어특하(어떡하)다 | VV | 2 | 2 | 1 | 1 | 1 | 1 | | | | |
| 어티게(어떻게) | MAG | 1 | 1 | 1 | 1 | | | | | | |
| 어휘02 | NNG | 5 | 3 | | | | | 4 | 2 | 1 | 1 |
| 억04 | NR | 21 | 9 | 3 | 2 | 4 | 4 | 12 | 2 | 2 | 1 |
| 억울하다 | VA | 2 | 2 | | | 1 | 1 | 1 | 1 | | |
| 억지로 | MAG | 5 | 5 | | | 2 | 2 | 1 | 1 | 2 | 2 |
| 언니 | NNG | 168 | 49 | 31 | 15 | 79 | 17 | 50 | 10 | 8 | 7 |
| 언덕 | NNG | 1 | 1 | | | 1 | 1 | | | | |
| 언어01 | NNG | 7 | 4 | | | | | 5 | 3 | 2 | 1 |
| 언제01 | MAG | 106 | 80 | 21 | 16 | 23 | 18 | 44 | 30 | 18 | 16 |
| 언제01 | NP | 27 | 21 | 4 | 4 | 11 | 9 | 8 | 5 | 4 | 3 |
| 언젠가 | MAG | 5 | 4 | | | | | 3 | 2 | 2 | 2 |
| 얹히다 | VV | 1 | 1 | | | | | | | 1 | 1 |
| 얻다01 | VV | 10 | 8 | | | 1 | 1 | 3 | 3 | 6 | 4 |
| 얻어맞다 | VV | 1 | 1 | 1 | 1 | | | | | | |
| 얻어먹다 | VV | 1 | 1 | 1 | 1 | | | | | | |
| 얼(얼마) | NP | 1 | 1 | | | | | | | 1 | 1 |
| 얼굴01 | NNG | 53 | 39 | 15 | 11 | 11 | 8 | 17 | 12 | 10 | 8 |
| 얼다01 | VV | 3 | 3 | 1 | 1 | 2 | 2 | | | | |
| 얼른02 | MAG | 3 | 3 | 1 | 1 | 1 | 1 | | | 1 | 1 |
| 얼마 | MAG | 6 | 6 | 1 | 1 | 4 | 4 | 1 | 1 | | |

| 형태 | 품사 | 전체 | | 초등학교 저학년 | | 초등학교 고학년 | | 중학생 | | 고등학생 | |
|---|---|---|---|---|---|---|---|---|---|---|---|
| | | 형태 빈도 | 화자 수 | 형태 빈도 | 화자 수 | 형태 빈도 | 화자 수 | 형태 빈도 | 화자 수 | 형태 빈도 | 화자 수 |
| 얼마 | NP | 54 | 44 | 3 | 3 | 14 | 11 | 18 | 16 | 19 | 14 |
| 얼마나 | MAG | 59 | 49 | 4 | 4 | 18 | 12 | 21 | 18 | 16 | 15 |
| 얼음01 | NNG | 1 | 1 | 1 | 1 | | | | | | |
| 엄마 | NNG | 404 | 160 | 110 | 44 | 122 | 48 | 121 | 47 | 51 | 21 |
| 엄연히02 | MAG | 1 | 1 | | | | | | | 1 | 1 |
| 엄지01 | NNG | 1 | 1 | | | 1 | 1 | | | | |
| 엄지발가락 | NNG | 2 | 2 | | | 2 | 2 | | | | |
| 엄지손가락 | NNG | 1 | 1 | 1 | 1 | | | | | | |
| 엄창 | MAG | 1 | 1 | | | | | 1 | 1 | | |
| 엄청 | MAG | 77 | 48 | 26 | 16 | 24 | 10 | 22 | 17 | 5 | 5 |
| 엄청나다 | VA | 7 | 5 | 4 | 4 | | | 3 | 1 | | |
| 업(없01)다 | VA | 2 | 1 | 2 | 1 | | | | | | |
| 업07 | NNG | 2 | 2 | | | 1 | 1 | | | 1 | 1 |
| 업07하다 | VV | 1 | 1 | | | 1 | 1 | | | | |
| 업그레이드 | NNG | 2 | 2 | 1 | 1 | 1 | 1 | | | | |
| 업다 | VV | 2 | 2 | 1 | 1 | 1 | 1 | | | | |
| 없다01 | VA | 954 | 359 | 142 | 70 | 238 | 92 | 336 | 106 | 238 | 91 |
| 없애다 | VV | 7 | 7 | 1 | 1 | 3 | 3 | 1 | 1 | 2 | 2 |
| 없이 | MAG | 15 | 14 | 4 | 4 | 8 | 8 | 3 | 2 | | |
| -었- | EP | 5772 | 478 | 1160 | 120 | 2029 | 120 | 1523 | 118 | 1060 | 120 |
| -었었- | EP | 171 | 107 | 19 | 14 | 70 | 41 | 43 | 22 | 39 | 30 |
| -엉(어11) | EF | 1 | 1 | | | | | | | 1 | 1 |
| 엉덩이 | NNG | 8 | 6 | 1 | 1 | 3 | 2 | 3 | 2 | 1 | 1 |
| 엉뚱하다 | VA | 1 | 1 | | | | | 1 | 1 | | |
| 엊그저께 | NNG | 1 | 1 | | | 1 | 1 | | | | |
| 에(의10) | JKG | 4 | 4 | 1 | 1 | 1 | 1 | | | 2 | 2 |
| 에04 | JKB | 2490 | 449 | 436 | 111 | 854 | 118 | 781 | 114 | 419 | 106 |
| 에게 | JKB | 13 | 12 | 3 | 3 | 4 | 4 | 6 | 5 | | |
| 에너지 | NNG | 8 | 4 | | | 8 | 4 | | | | |
| 에다05 | JKB | 35 | 31 | 8 | 7 | 17 | 14 | 3 | 3 | 7 | 7 |
| 에다가 | JKB | 37 | 29 | 7 | 7 | 7 | 6 | 18 | 13 | 5 | 3 |
| 에서02 | JKB | 734 | 315 | 206 | 86 | 224 | 86 | 203 | 80 | 101 | 63 |
| 에서부터 | JKB | 1 | 1 | 1 | 1 | | | | | | |
| 에어 | NNG | 3 | 2 | | | | | 1 | 1 | 2 | 1 |
| 에어컨 | NNG | 1 | 1 | 1 | 1 | | | | | | |
| -에요 | EF | 4 | 4 | 1 | 1 | 1 | 1 | 1 | 1 | 1 | 1 |
| 에이04 | NNG | 17 | 9 | 1 | 1 | 5 | 2 | 5 | 3 | 6 | 3 |

| 형태 | 품사 | 전체 | | 초등학교 저학년 | | 초등학교 고학년 | | 중학생 | | 고등학생 | |
|---|---|---|---|---|---|---|---|---|---|---|---|
| | | 형태 빈도 | 화자 수 | 형태 빈도 | 화자 수 | 형태 빈도 | 화자 수 | 형태 빈도 | 화자 수 | 형태 빈도 | 화자 수 |
| 에이비형 | NNG | 1 | 1 | | | | | | | 1 | 1 |
| 에이치02 | NNG | 3 | 2 | | | 1 | 1 | 2 | 1 | | |
| 에이포 | NNG | 1 | 1 | | | | | 1 | 1 | | |
| 에이형 | NNG | 9 | 2 | | | | | | | 9 | 2 |
| 에이형 | NNG | 1 | 1 | | | | | | | 1 | 1 |
| 에프05 | NNG | 13 | 4 | | | 11 | 2 | | | 2 | 2 |
| 엑스03 | NNG | 19 | 10 | 8 | 5 | 10 | 4 | 1 | 1 | | |
| 엑스레이 | NNG | 1 | 1 | | | 1 | 1 | | | | |
| 엑스트라 | NNG | 2 | 2 | | | 2 | 2 | | | | |
| 엔터 | NNG | 1 | 1 | | | 1 | 1 | | | | |
| 엔터테인먼트 | NNG | 1 | 1 | | | 1 | 1 | | | | |
| 엘02 | NNG | 2 | 1 | | | | | 2 | 1 | | |
| 엘리베이터 | NNG | 2 | 2 | | | | | | | 2 | 2 |
| 엠디 | NNG | 3 | 3 | | | 1 | 1 | 2 | 2 | | |
| 엠티 | NNG | 3 | 3 | | | | | 2 | 2 | 1 | 1 |
| 엠피(엠피쓰리) | NNG | 3 | 2 | | | | | 2 | 1 | 1 | 1 |
| 엠피쓰리 | NNG | 11 | 7 | 1 | 1 | 2 | 1 | 7 | 4 | 1 | 1 |
| 여(열02)다 | VV | 1 | 1 | | | 1 | 1 | | | | |
| 여(요17) | JX | 3 | 3 | 2 | 2 | | | 1 | 1 | | |
| 여06 | NP | 9 | 8 | | | 2 | 2 | 2 | 2 | 5 | 4 |
| 여건01 | NNG | 1 | 1 | | | | | 1 | 1 | | |
| 여고01 | NNG | 1 | 1 | | | | | 1 | 1 | | |
| 여관03 | NNG | 1 | 1 | | | | | 1 | 1 | | |
| 여기01 | NP | 343 | 175 | 71 | 39 | 140 | 60 | 65 | 38 | 67 | 38 |
| 여기다 | VV | 2 | 2 | 1 | 1 | | | 1 | 1 | | |
| 여기저기 | NNG | 1 | 1 | | | | | | | 1 | 1 |
| -여는(는03) | ETM | 1 | 1 | | | | | 1 | 1 | | |
| 여대문 | NNG | 1 | 1 | 1 | 1 | | | | | | |
| 여덟 | MM | 20 | 19 | 4 | 3 | 10 | 10 | 2 | 2 | 4 | 4 |
| 여덟 | NR | 3 | 3 | 1 | 1 | 1 | 1 | 1 | 1 | | |
| 여동생 | NNG | 2 | 2 | | | | | 1 | 1 | 1 | 1 |
| 여드름 | NNG | 5 | 4 | | | | | 5 | 4 | | |
| -여라는(라는02) | ETM | 1 | 1 | | | 1 | 1 | | | | |
| 여러 | MM | 15 | 13 | | | 8 | 6 | 4 | 4 | 3 | 3 |
| 여름01 | NNG | 21 | 12 | 3 | 2 | 12 | 6 | 4 | 2 | 2 | 2 |
| 여물01 | NNG | 1 | 1 | | | 1 | 1 | | | | |
| 여백 | NNG | 1 | 1 | | | | | | | 1 | 1 |

| 형태 | 품사 | 전체 | | 초등학교 저학년 | | 초등학교 고학년 | | 중학생 | | 고등학생 | |
|---|---|---|---|---|---|---|---|---|---|---|---|
| | | 형태빈도 | 화자수 | 형태빈도 | 화자수 | 형태빈도 | 화자수 | 형태빈도 | 화자수 | 형태빈도 | 화자수 |
| -여서(어서03) | EC | 1 | 1 | 1 | 1 | | | | | | |
| 여섯 | MM | 40 | 24 | 6 | 5 | 13 | 7 | 18 | 10 | 3 | 2 |
| 여섯 | NR | 10 | 8 | 5 | 4 | 3 | 2 | 2 | 2 | | |
| 여성01스럽다 | VA | 2 | 2 | | | | | 1 | 1 | 1 | 1 |
| 여왕 | NNG | 3 | 2 | 2 | 1 | | | | | 1 | 1 |
| 여왕개미 | NNG | 1 | 1 | 1 | 1 | | | | | | |
| 여우01 | NNG | 1 | 1 | | | | | 1 | 1 | | |
| 여자02 | NNG | 186 | 116 | 33 | 24 | 52 | 27 | 53 | 34 | 48 | 31 |
| 여중01 | NNG | 1 | 1 | | | | | | | 1 | 1 |
| 여지(여태01) | MAG | 2 | 1 | 2 | 1 | | | | | | |
| 여쪽(요쪽) | NP | 1 | 1 | 1 | 1 | | | | | | |
| 여태01 | MAG | 15 | 13 | 2 | 2 | 4 | 3 | 3 | 3 | 6 | 5 |
| 여하튼 | MAG | 1 | 1 | | | | | 1 | 1 | | |
| 여행02 | NNG | 10 | 7 | 4 | 3 | 6 | 4 | | | | |
| 여형제 | NNG | 1 | 1 | | | | | | | 1 | 1 |
| 역06 | NNG | 2 | 2 | | | 1 | 1 | 1 | 1 | | |
| 역14 | NNG | 6 | 4 | | | 1 | 1 | 1 | 1 | 4 | 2 |
| 역겹다 | VA | 1 | 1 | | | | | 1 | 1 | | |
| 역사04 | NNG | 3 | 2 | | | 3 | 2 | | | | |
| 역시01 | MAG | 11 | 10 | 3 | 3 | 3 | 2 | 2 | 2 | 3 | 3 |
| 역전07하다 | VV | 1 | 1 | | | 1 | 1 | | | | |
| 역하다02 | VA | 1 | 1 | | | | | | | 1 | 1 |
| 역할 | NNG | 1 | 1 | | | 1 | 1 | | | | |
| 엮다 | VV | 1 | 1 | | | | | 1 | 1 | | |
| 연간02 | NNG | 1 | 1 | | | | | 1 | 1 | | |
| 연결01 | NNG | 2 | 1 | | | | | 2 | 1 | | |
| 연결01되다 | VV | 2 | 2 | | | 2 | 2 | | | | |
| 연결01하다 | VV | 1 | 1 | | | | | | | 1 | 1 |
| 연고04 | NNG | 1 | 1 | | | | | | | 1 | 1 |
| 연관06 | NNG | 1 | 1 | | | | | 1 | 1 | | |
| 연구03 | NNG | 7 | 4 | | | | | 3 | 2 | 4 | 2 |
| 연구소 | NNG | 2 | 1 | | | | | 2 | 1 | | |
| 연구원01 | NNG | 2 | 1 | | | | | 2 | 1 | | |
| 연극 | NNG | 7 | 3 | | | 5 | 1 | 2 | 2 | | |
| 연기05되다 | VV | 2 | 2 | | | 2 | 2 | | | | |
| 연기10 | NNG | 7 | 4 | | | | | 7 | 4 | | |
| 연나(열라) | MAG | 1 | 1 | | | 1 | 1 | | | | |

| 형태 | 품사 | 전체 | | 초등학교 저학년 | | 초등학교 고학년 | | 중학생 | | 고등학생 | |
|---|---|---|---|---|---|---|---|---|---|---|---|
| | | 형태 빈도 | 화자 수 | 형태 빈도 | 화자 수 | 형태 빈도 | 화자 수 | 형태 빈도 | 화자 수 | 형태 빈도 | 화자 수 |
| 연달다 | VV | 1 | 1 | | | 1 | 1 | | | | |
| 연도01 | NNG | 2 | 2 | | | | | 1 | 1 | 1 | 1 |
| 연두색 | NNG | 1 | 1 | | | | | 1 | 1 | | |
| 연락02 | NNG | 10 | 6 | | | | | 3 | 2 | 7 | 4 |
| 연락02되다 | VV | 1 | 1 | | | | | 1 | 1 | | |
| 연락02하다 | VV | 5 | 4 | 2 | 2 | | | | | 3 | 2 |
| 연록 | NNG | 1 | 1 | | | 1 | 1 | | | | |
| 연발02 | NNG | 1 | 1 | | | 1 | 1 | | | | |
| 연변03 | NNG | 2 | 2 | | | 2 | 2 | | | | |
| 연상02 | NNG | 8 | 3 | | | | | | | 8 | 3 |
| 연상13하다 | VV | 1 | 1 | | | | | 1 | 1 | | |
| 연세02 | NNG | 5 | 3 | 5 | 3 | | | | | | |
| 연속02 | NNG | 3 | 3 | | | 1 | 1 | | | 2 | 2 |
| 연속02하다 | VV | 2 | 1 | | | | | 2 | 1 | | |
| 연속극 | NNG | 1 | 1 | | | 1 | 1 | | | | |
| 연습03 | NNG | 12 | 8 | 1 | 1 | 6 | 5 | 5 | 2 | | |
| 연습03하다 | VV | 26 | 15 | 4 | 4 | 13 | 6 | 3 | 2 | 6 | 3 |
| 연승03 | NNG | 1 | 1 | | | | | | | 1 | 1 |
| 연애05 | NNG | 4 | 3 | | | | | | | 4 | 3 |
| 연예01 | NNG | 4 | 2 | | | | | 4 | 2 | | |
| 연예계 | NNG | 1 | 1 | | | 1 | 1 | | | | |
| 연예인 | NNG | 33 | 20 | 2 | 2 | 7 | 7 | 22 | 9 | 2 | 2 |
| 연인06 | NNG | 1 | 1 | | | 1 | 1 | | | | |
| 연장05되다 | VV | 3 | 1 | | | 3 | 1 | | | | |
| 연장05하다 | VV | 1 | 1 | | | 1 | 1 | | | | |
| 연재04 | NNG | 1 | 1 | | | | | 1 | 1 | | |
| 연주회 | NNG | 1 | 1 | 1 | 1 | | | | | | |
| 연출02 | NNG | 2 | 2 | | | | | 2 | 2 | | |
| 연출02되다 | VV | 2 | 2 | | | | | 2 | 2 | | |
| 연탄03 | NNG | 2 | 1 | | | 2 | 1 | | | | |
| 연필 | NNG | 15 | 6 | 9 | 3 | 2 | 1 | 4 | 2 | | |
| 연하01 | NNG | 4 | 3 | | | | | | | 4 | 3 |
| 열03 | MM | 36 | 28 | 9 | 8 | 12 | 9 | 6 | 3 | 9 | 8 |
| 열03 | NR | 77 | 48 | 10 | 6 | 26 | 17 | 25 | 13 | 16 | 12 |
| 열07 | NNG | 11 | 11 | | | 6 | 6 | 2 | 2 | 3 | 3 |
| 열07받다 | VV | 1 | 1 | | | | | 1 | 1 | | |
| 열나 | MAG | 2 | 2 | 1 | 1 | | | | | 1 | 1 |

| 형태 | 품사 | 전체 | | 초등학교 저학년 | | 초등학교 고학년 | | 중학생 | | 고등학생 | |
|---|---|---|---|---|---|---|---|---|---|---|---|
| | | 형태 빈도 | 화자 수 | 형태 빈도 | 화자 수 | 형태 빈도 | 화자 수 | 형태 빈도 | 화자 수 | 형태 빈도 | 화자 수 |
| 열나다 | VV | 3 | 3 | 1 | 1 | 1 | 1 | | | 1 | 1 |
| 열다01 | VV | 3 | 3 | 1 | 1 | | | 1 | 1 | 1 | 1 |
| 열다02 | VV | 24 | 19 | 7 | 4 | 12 | 10 | 1 | 1 | 4 | 4 |
| 열두 | MM | 1 | 1 | | | 1 | 1 | | | | |
| 열라 | MAG | 14 | 8 | 1 | 1 | 10 | 5 | | | 3 | 2 |
| 열리02 | VV | 2 | 2 | | | 1 | 1 | | | 1 | 1 |
| 열불 | NNG | 1 | 1 | | | 1 | 1 | | | | |
| 열쇠 | NNG | 2 | 2 | | | 1 | 1 | | | 1 | 1 |
| 열심히 | MAG | 41 | 32 | 1 | 1 | 7 | 7 | 22 | 14 | 11 | 10 |
| 열흘 | NNG | 1 | 1 | | | | | | | 1 | 1 |
| 염라대왕 | NNG | 1 | 1 | | | 1 | 1 | | | | |
| 염병 | NNG | 1 | 1 | | | | | 1 | 1 | | |
| 염색01하다 | VV | 1 | 1 | 1 | 1 | | | | | | |
| 엽기02 | NNG | 13 | 9 | 6 | 3 | 7 | 6 | | | | |
| 엽기적 | NNG | 3 | 3 | 1 | 1 | 2 | 2 | | | | |
| 엿01 | NNG | 1 | 1 | | | 1 | 1 | | | | |
| 영(명03) | NNB | 1 | 1 | | | 1 | 1 | | | | |
| 영14 | MM | 1 | 1 | | | | | | | 1 | 1 |
| 영14 | NNG | 9 | 7 | 1 | 1 | 3 | 2 | 1 | 1 | 4 | 3 |
| 영감01 | NNG | 1 | 1 | 1 | 1 | | | | | | |
| 영계01 | NNG | 1 | 1 | | | | | | | 1 | 1 |
| 영문03 | NNG | 3 | 2 | 2 | 1 | | | | | 1 | 1 |
| 영어02 | NNG | 109 | 65 | 22 | 17 | 32 | 19 | 43 | 22 | 12 | 7 |
| 영어02하다 | VV | 1 | 1 | 1 | 1 | | | | | | |
| 영어실 | NNG | 1 | 1 | | | 1 | 1 | | | | |
| 영어판 | NNG | 2 | 2 | | | | | 2 | 2 | | |
| 영영01 | MAG | 3 | 2 | 1 | 1 | 2 | 1 | | | | |
| 영웅01 | NNG | 6 | 2 | 1 | 1 | 5 | 1 | | | | |
| 영원히 | MAG | 3 | 3 | 1 | 1 | 2 | 2 | | | | |
| 영재03 | NNG | 9 | 4 | 2 | 2 | | | 7 | 2 | | |
| 영화01 | NNG | 48 | 25 | 6 | 3 | 7 | 4 | 18 | 9 | 17 | 9 |
| 영화관01 | NNG | 2 | 2 | | | | | 2 | 2 | | |
| 영화배우 | NNG | 4 | 4 | | | | | 4 | 4 | | |
| 옆 | NNG | 80 | 63 | 17 | 16 | 30 | 19 | 20 | 17 | 13 | 11 |
| 옆방 | NNG | 1 | 1 | | | | | 1 | 1 | | |
| 옆집 | NNG | 2 | 2 | | | 1 | 1 | | | 1 | 1 |
| 옆쪽 | NNG | 1 | 1 | | | | | 1 | 1 | | |

| 형태 | 품사 | 전체 | | 초등학교 저학년 | | 초등학교 고학년 | | 중학생 | | 고등학생 | |
|---|---|---|---|---|---|---|---|---|---|---|---|
| | | 형태 빈도 | 화자 수 | 형태 빈도 | 화자 수 | 형태 빈도 | 화자 수 | 형태 빈도 | 화자 수 | 형태 빈도 | 화자 수 |
| 예08 | NNG | 7 | 5 | | | 1 | 1 | 5 | 3 | 1 | 1 |
| 예감03 | NNG | 1 | 1 | | | | | 1 | 1 | | |
| 예고03 | NNG | 3 | 3 | | | | | 3 | 3 | | |
| 예고편 | NNG | 2 | 2 | | | 1 | 1 | 1 | 1 | | |
| 예매01하다 | VV | 3 | 1 | | | 3 | 1 | | | | |
| 예방02 | NNG | 1 | 1 | 1 | 1 | | | | | | |
| 예배 | NNG | 1 | 1 | | | | | | | 1 | 1 |
| 예비02 | NNG | 4 | 4 | | | 1 | 1 | 2 | 2 | 1 | 1 |
| 예쁘다 | VA | 29 | 22 | 9 | 8 | 7 | 6 | 6 | 4 | 7 | 4 |
| 예상02 | NNG | 2 | 2 | | | | | 1 | 1 | 1 | 1 |
| 예술 | NNG | 3 | 3 | | | 2 | 2 | 1 | 1 | | |
| 예외 | NNG | 2 | 2 | | | | | 2 | 2 | | |
| 예의04 | NNG | 3 | 2 | | | | | 1 | 1 | 2 | 1 |
| 예전01 | NNG | 17 | 16 | 2 | 2 | 10 | 9 | 3 | 3 | 2 | 2 |
| 예절 | NNG | 2 | 2 | 1 | 1 | 1 | 1 | | | | |
| 예절실 | NNG | 3 | 2 | 2 | 1 | 1 | 1 | | | | |
| 예정02 | NNG | 4 | 3 | | | | | 3 | 2 | 1 | 1 |
| 예중 | NNG | 1 | 1 | | | | | 1 | 1 | | |
| 예체능 | NNG | 2 | 2 | | | | | 1 | 1 | 1 | 1 |
| 옛01 | MM | 3 | 3 | | | | | 3 | 3 | | |
| 옛날 | NNG | 113 | 69 | 27 | 15 | 51 | 26 | 20 | 19 | 15 | 9 |
| 오04 | MM | 113 | 76 | 17 | 15 | 34 | 16 | 45 | 33 | 17 | 12 |
| 오04 | NR | 194 | 101 | 24 | 17 | 76 | 33 | 51 | 26 | 43 | 25 |
| 오13 | NNG | 1 | 1 | 1 | 1 | | | | | | |
| 오15 | NNG | 4 | 2 | 1 | 1 | | | 3 | 1 | | |
| -오19 | EF | 2 | 2 | 1 | 1 | 1 | 1 | | | | |
| 오늘 | MAG | 130 | 89 | 9 | 9 | 35 | 28 | 56 | 26 | 30 | 26 |
| 오늘 | NNG | 121 | 69 | 27 | 9 | 32 | 22 | 44 | 26 | 18 | 12 |
| 오다01 | VV | 484 | 239 | 73 | 45 | 161 | 73 | 118 | 54 | 132 | 67 |
| 오다01 | VX | 118 | 86 | 27 | 19 | 31 | 20 | 25 | 20 | 35 | 27 |
| 오답 | NNG | 2 | 2 | 2 | 2 | | | | | | |
| 오데(어디01) | NP | 2 | 1 | 2 | 1 | | | | | | |
| 오뎅 | NNG | 6 | 3 | 2 | 2 | 4 | 1 | | | | |
| 오락01 | NNG | 4 | 3 | 1 | 1 | | | 3 | 2 | | |
| 오락01하다 | VV | 4 | 4 | 1 | 1 | 1 | 1 | | | 2 | 2 |
| 오락기 | NNG | 1 | 1 | | | | | | | 1 | 1 |
| 오락실 | NNG | 4 | 3 | 2 | 2 | | | | | 2 | 1 |

| 형태 | 품사 | 전체 | | 초등학교 저학년 | | 초등학교 고학년 | | 중학생 | | 고등학생 | |
|---|---|---|---|---|---|---|---|---|---|---|---|
| | | 형태빈도 | 화자수 | 형태빈도 | 화자수 | 형태빈도 | 화자수 | 형태빈도 | 화자수 | 형태빈도 | 화자수 |
| 오래02 | MAG | 14 | 13 | 2 | 2 | 7 | 7 | | | 5 | 4 |
| 오래02되다 | VV | 10 | 10 | | | 1 | 1 | 6 | 6 | 3 | 3 |
| 오랜 | MM | 1 | 1 | | | 1 | 1 | | | | |
| 오랜만 | NNG | 8 | 7 | 1 | 1 | 1 | 1 | 2 | 2 | 4 | 3 |
| 오랫동안 | NNG | 2 | 2 | | | 1 | 1 | 1 | 1 | | |
| 오략(오락01) | NNG | 1 | 1 | 1 | 1 | | | | | | |
| 오르다 | VV | 27 | 23 | 5 | 5 | 8 | 7 | 11 | 8 | 3 | 3 |
| 오르막길 | NNG | 1 | 1 | | | | | 1 | 1 | | |
| 오른손 | NNG | 2 | 2 | | | 1 | 1 | | | 1 | 1 |
| 오른쪽 | NNG | 1 | 1 | | | | | 1 | 1 | | |
| 오른팔 | NNG | 1 | 1 | 1 | 1 | | | | | | |
| 오리03 | NNG | 1 | 1 | 1 | 1 | | | | | | |
| 오목02 | NNG | 3 | 2 | 3 | 2 | | | | | | |
| 오묘03하다 | VA | 1 | 1 | | | | | 1 | 1 | | |
| 오므리다 | VV | 2 | 1 | | | 2 | 1 | | | | |
| 오바(오버02)하다 | VV | 1 | 1 | | | | | | | 1 | 1 |
| 오바이트 | NNG | 1 | 1 | | | 1 | 1 | | | | |
| 오버02 | NNG | 1 | 1 | | | | | 1 | 1 | | |
| 오버02하다 | VV | 4 | 4 | | | 2 | 2 | 2 | 2 | | |
| 오버헤드킥 | NNG | 1 | 1 | 1 | 1 | | | | | | |
| 오빠 | NNG | 103 | 44 | 31 | 14 | 29 | 11 | 23 | 11 | 20 | 8 |
| 오에스티 | NNG | 2 | 1 | | | | | 2 | 1 | | |
| 오월01 | NNG | 1 | 1 | | | | | 1 | 1 | | |
| 오월달 | NNG | 1 | 1 | | | | | | | 1 | 1 |
| 오이(오리03) | NNG | 2 | 1 | 2 | 1 | | | | | | |
| 오이01 | NNG | 2 | 1 | | | 2 | 1 | | | | |
| 오줌 | NNG | 4 | 4 | 3 | 3 | 1 | 1 | | | | |
| 오징어 | NNG | 2 | 2 | | | | | 2 | 2 | | |
| 오차 | NNG | 1 | 1 | | | | | | | 1 | 1 |
| 오케이 | NNG | 1 | 1 | | | 1 | 1 | | | | |
| 오해02 | NNG | 2 | 2 | | | 2 | 2 | | | | |
| 오형03 | NNG | 1 | 1 | | | | | | | 1 | 1 |
| 오후02 | NNG | 4 | 3 | 1 | 1 | | | 1 | 1 | 2 | 1 |
| 오히려 | MAG | 9 | 7 | | | 3 | 2 | 4 | 4 | 2 | 1 |
| 옥상03 | NNG | 9 | 5 | 3 | 2 | 6 | 3 | | | | |
| 온01 | MM | 1 | 1 | | | | | 1 | 1 | | |
| 온갖 | MM | 2 | 2 | | | | | 2 | 2 | | |

| 형태 | 품사 | 전체 | | 초등학교 저학년 | | 초등학교 고학년 | | 중학생 | | 고등학생 | |
|---|---|---|---|---|---|---|---|---|---|---|---|
| | | 형태 빈도 | 화자 수 | 형태 빈도 | 화자 수 | 형태 빈도 | 화자 수 | 형태 빈도 | 화자 수 | 형태 빈도 | 화자 수 |
| 온라인 | NNG | 6 | 6 | | | | | 4 | 4 | 2 | 2 |
| 온몸 | NNG | 1 | 1 | | | 1 | 1 | | | | |
| 온풍기 | NNG | 2 | 2 | 2 | 2 | | | | | | |
| 올02 | NNG | 1 | 1 | | | 1 | 1 | | | | |
| 올라가다 | VV | 43 | 36 | 17 | 14 | 14 | 12 | 7 | 5 | 5 | 5 |
| 올라오다 | VV | 15 | 11 | | | 4 | 4 | 9 | 5 | 2 | 2 |
| 올려놓다 | VV | 4 | 4 | | | 3 | 3 | 1 | 1 | | |
| 올르(오르)다 | VV | 2 | 2 | | | 1 | 1 | 1 | 1 | | |
| 올리(오리03) | NNG | 1 | 1 | 1 | 1 | | | | | | |
| 올리다01 | VV | 32 | 25 | 3 | 3 | 11 | 8 | 14 | 11 | 4 | 3 |
| 올인 | NNG | 2 | 2 | | | | | | | 2 | 2 |
| 올인하다 | VV | 1 | 1 | | | | | | | 1 | 1 |
| 올해 | NNG | 5 | 5 | | | 1 | 1 | 2 | 2 | 2 | 2 |
| 옮기다 | VV | 11 | 7 | 2 | 1 | 7 | 4 | 1 | 1 | 1 | 1 |
| 옮다 | VV | 3 | 3 | | | 3 | 3 | | | | |
| 옴03 | NNG | 1 | 1 | | | 1 | 1 | | | | |
| 옵션 | NNG | 1 | 1 | | | 1 | 1 | | | | |
| 옷01 | NNG | 50 | 34 | 9 | 4 | 12 | 9 | 15 | 11 | 14 | 10 |
| 옷발 | NNG | 4 | 3 | | | | | 1 | 1 | 3 | 2 |
| 와방03 | MAG | 2 | 2 | | | | | 2 | 2 | | |
| 와이셔츠 | NNG | 1 | 1 | | | | | | | 1 | 1 |
| 와플 | NNG | 2 | 1 | | | | | | | 2 | 1 |
| 완결03 | NNG | 1 | 1 | | | | | | | 1 | 1 |
| 완료하다 | VV | 1 | 1 | | | 1 | 1 | | | | |
| 완벽01하다 | VA | 3 | 3 | | | 3 | 3 | | | | |
| 완성01하다 | VV | 1 | 1 | | | 1 | 1 | | | | |
| 완전01 | NNG | 30 | 26 | 4 | 4 | 5 | 5 | 9 | 7 | 12 | 10 |
| 완전히 | MAG | 17 | 16 | 3 | 3 | 6 | 6 | 6 | 5 | 2 | 2 |
| 왕04 | NNG | 6 | 4 | | | 6 | 4 | | | | |
| 왕관01 | NNG | 1 | 1 | | | 1 | 1 | | | | |
| 왕따 | NNG | 4 | 4 | | | 1 | 1 | 2 | 2 | 1 | 1 |
| 왕따시키다 | VV | 4 | 1 | | | 4 | 1 | | | | |
| 왕복하다 | VV | 1 | 1 | | | 1 | 1 | | | | |
| 왕자01 | NNG | 1 | 1 | | | 1 | 1 | | | | |
| 왕자병 | NNG | 1 | 1 | | | | | 1 | 1 | | |
| 왕창02 | MAG | 2 | 2 | 1 | 1 | | | 1 | 1 | | |
| 왜02 | MAG | 756 | 332 | 159 | 75 | 175 | 84 | 225 | 87 | 197 | 86 |

| 형태 | 품사 | 전체 | | 초등학교 저학년 | | 초등학교 고학년 | | 중학생 | | 고등학생 | |
|---|---|---|---|---|---|---|---|---|---|---|---|
| | | 형태 빈도 | 화자 수 | 형태 빈도 | 화자 수 | 형태 빈도 | 화자 수 | 형태 빈도 | 화자 수 | 형태 빈도 | 화자 수 |
| 왜냐면 | MAJ | 19 | 15 | 4 | 3 | 12 | 9 | 3 | 3 | | |
| 왜냐하면 | MAJ | 10 | 8 | 4 | 3 | 2 | 2 | 4 | 3 | | |
| 왠지 | MAG | 17 | 15 | | | 4 | 3 | 4 | 4 | 9 | 8 |
| 웰케 | MAG | 1 | 1 | | | | | 1 | 1 | | |
| 외04 | NNB | 1 | 1 | | | | | 1 | 1 | | |
| 외가 | NNG | 1 | 1 | | | | | 1 | 1 | | |
| 외계인 | NNG | 1 | 1 | 1 | 1 | | | | | | |
| 외고03 | NNG | 6 | 6 | | | | | 5 | 5 | 1 | 1 |
| 외곽01 | NNG | 2 | 1 | | | | | | | 2 | 1 |
| 외국02 | NNG | 8 | 8 | 3 | 3 | 1 | 1 | 2 | 2 | 2 | 2 |
| 외국02판15 | NNG | 1 | 1 | | | 1 | 1 | | | | |
| 외국어 | NNG | 1 | 1 | | | 1 | 1 | | | | |
| 외롭다 | VA | 3 | 2 | | | | | 1 | 1 | 2 | 1 |
| 외면03하다 | VV | 1 | 1 | 1 | 1 | | | | | | |
| 외모02 | NNG | 1 | 1 | | | | | 1 | 1 | | |
| 외박01 | NNG | 2 | 2 | | | | | | | 2 | 2 |
| 외삼촌 | NNG | 2 | 1 | 2 | 1 | | | | | | |
| 외숙모 | NNG | 2 | 2 | | | 2 | 2 | | | | |
| 외식02하다 | VV | 1 | 1 | | | 1 | 1 | | | | |
| 외우다01 | VV | 35 | 22 | 4 | 1 | 14 | 8 | 15 | 11 | 2 | 2 |
| 외장03 | NNG | 1 | 1 | 1 | 1 | | | | | | |
| 외제05 | NNG | 2 | 1 | | | | | 2 | 1 | | |
| 외지다01 | VA | 1 | 1 | | | | | 1 | 1 | | |
| 외치다01 | VV | 1 | 1 | | | | | | | 1 | 1 |
| 외톨이 | NNG | 1 | 1 | 1 | 1 | | | | | | |
| 외할머니 | NNG | 4 | 2 | 2 | 1 | | | 2 | 1 | | |
| 외할아버지 | NNG | 5 | 3 | 4 | 2 | 1 | 1 | | | | |
| 왼손 | NNG | 1 | 1 | | | | | | | 1 | 1 |
| -요(오19) | EF | 1 | 1 | | | 1 | 1 | | | | |
| 요03 | MM | 8 | 7 | 1 | 1 | 6 | 5 | 1 | 1 | | |
| 요05 | NP | 5 | 4 | | | 2 | 2 | 1 | 1 | 2 | 1 |
| 요17 | JX | 95 | 60 | 29 | 14 | 26 | 16 | 16 | 15 | 24 | 15 |
| 요가02 | NNG | 4 | 2 | | | 3 | 1 | 1 | 1 | | |
| 요거01 | NP | 11 | 7 | 3 | 2 | 8 | 5 | | | | |
| 요것 | NP | 1 | 1 | 1 | 1 | | | | | | |
| 요고(요거01) | NP | 2 | 1 | | | | | 2 | 1 | | |
| 요금01 | NNG | 5 | 4 | | | 2 | 2 | 3 | 2 | | |

| 형태 | 품사 | 전체 | | 초등학교 저학년 | | 초등학교 고학년 | | 중학생 | | 고등학생 | |
|---|---|---|---|---|---|---|---|---|---|---|---|
| | | 형태 빈도 | 화자 수 | 형태 빈도 | 화자 수 | 형태 빈도 | 화자 수 | 형태 빈도 | 화자 수 | 형태 빈도 | 화자 수 |
| 요기01 | NP | 13 | 9 | 4 | 4 | 5 | 3 | 3 | 1 | 1 | 1 |
| 요깄다 | VA | 1 | 1 | | | | | | | 1 | 1 |
| 요놈 | NP | 1 | 1 | | | 1 | 1 | | | | |
| 요런01 | MM | 1 | 1 | 1 | 1 | | | | | | |
| 요렇게 | MAG | 2 | 1 | | | 2 | 1 | | | | |
| 요렇다 | VA | 3 | 2 | | | 1 | 1 | | | 2 | 1 |
| 요로케(요렇게) | MAG | 3 | 2 | 1 | 1 | | | 2 | 1 | | |
| 요리05 | NNG | 11 | 5 | 5 | 2 | | | 6 | 3 | | |
| 요리사 | NNG | 1 | 1 | | | | | 1 | 1 | | |
| 요만03하다 | VA | 6 | 5 | | | | | 6 | 5 | | |
| 요번 | NP | 26 | 18 | 3 | 3 | 13 | 7 | 6 | 5 | 4 | 3 |
| 요번주 | NNG | 6 | 5 | 2 | 2 | 4 | 3 | | | | |
| 요새01 | MAG | 6 | 6 | | | 2 | 2 | 4 | 4 | | |
| 요새01 | NNG | 19 | 13 | 1 | 1 | 4 | 2 | 10 | 6 | 4 | 4 |
| 요약02 | NNG | 1 | 1 | | | | | 1 | 1 | | |
| 요일 | NNG | 2 | 2 | | | 1 | 1 | 1 | 1 | | |
| 요점 | NNG | 3 | 2 | | | 3 | 2 | | | | |
| 요정02 | NNG | 4 | 3 | | | 2 | 1 | | | 2 | 2 |
| 요즘 | MAG | 78 | 57 | 13 | 8 | 18 | 11 | 31 | 23 | 16 | 15 |
| 요즘 | NNG | 111 | 68 | 7 | 6 | 38 | 22 | 54 | 29 | 12 | 11 |
| 요쪽 | NP | 2 | 2 | 2 | 2 | | | | | | |
| 요청하다 | VV | 1 | 1 | | | 1 | 1 | | | | |
| 욕02 | NNG | 45 | 34 | 3 | 3 | 8 | 6 | 26 | 19 | 8 | 6 |
| 욕02하다 | VV | 25 | 16 | | | 9 | 5 | 13 | 8 | 3 | 3 |
| 욕먹다 | VV | 1 | 1 | 1 | 1 | | | | | | |
| 욕심 | NNG | 1 | 1 | | | | | 1 | 1 | | |
| 욕심쟁이 | NNG | 4 | 1 | | | 4 | 1 | | | | |
| 욕조 | NNG | 1 | 1 | | | | | 1 | 1 | | |
| 욘나 | MAG | 2 | 1 | | | | | | | 2 | 1 |
| 욘나게 | MAG | 1 | 1 | | | | | 1 | 1 | | |
| 욜라 | MAG | 1 | 1 | | | | | | | 1 | 1 |
| 욜로 | MAG | 1 | 1 | | | | | 1 | 1 | | |
| 욜루(욜로) | MAG | 1 | 1 | | | 1 | 1 | | | | |
| 용09 | NNG | 2 | 1 | 2 | 1 | | | | | | |
| 용기02 | NNG | 2 | 2 | | | | | 1 | 1 | 1 | 1 |
| 용돈 | NNG | 10 | 9 | 4 | 3 | 2 | 2 | 2 | 2 | 2 | 2 |
| 용암02 | NNG | 3 | 2 | | | 3 | 2 | | | | |

| 형태 | 품사 | 전체 | | 초등학교 저학년 | | 초등학교 고학년 | | 중학생 | | 고등학생 | |
|---|---|---|---|---|---|---|---|---|---|---|---|
| | | 형태빈도 | 화자수 | 형태빈도 | 화자수 | 형태빈도 | 화자수 | 형태빈도 | 화자수 | 형태빈도 | 화자수 |
| 용액 | NNG | 1 | 1 | | | 1 | 1 | | | | |
| 용지03 | NNG | 3 | 1 | | | | | 3 | 1 | | |
| 용케 | MAG | 1 | 1 | | | 1 | 1 | | | | |
| 용품01 | NNG | 4 | 4 | | | 1 | 1 | | | 3 | 3 |
| -우16 | EF | 1 | 1 | 1 | 1 | | | | | | |
| 우기다01 | VV | 1 | 1 | | | | | | | 1 | 1 |
| 우리03 | NP | 1168 | 334 | 256 | 82 | 353 | 84 | 371 | 92 | 188 | 76 |
| 우리나라 | NNG | 15 | 9 | | | 6 | 4 | 9 | 5 | | |
| 우산01 | NNG | 3 | 2 | | | 2 | 1 | | | 1 | 1 |
| 우선02 | MAG | 9 | 6 | | | 1 | 1 | 4 | 2 | 4 | 3 |
| 우선02 | NNG | 3 | 1 | | | 3 | 1 | | | | |
| 우선적 | NNG | 1 | 1 | | | | | 1 | 1 | | |
| 우승05 | NNG | 2 | 1 | 2 | 1 | | | | | | |
| 우승자 | NNG | 1 | 1 | | | | | | | 1 | 1 |
| 우엑질 | NNG | 1 | 1 | | | 1 | 1 | | | | |
| 우울증 | NNG | 1 | 1 | | | | | | | 1 | 1 |
| 우울하다 | VA | 1 | 1 | | | | | 1 | 1 | | |
| 우유02 | NNG | 14 | 9 | 4 | 3 | 4 | 2 | | | 6 | 4 |
| 우주02 | NNG | 4 | 3 | 1 | 1 | 2 | 1 | 1 | 1 | | |
| 우직04하다 | VA | 1 | 1 | | | | | 1 | 1 | | |
| 우체국 | NNG | 1 | 1 | | | 1 | 1 | | | | |
| 우표 | NNG | 1 | 1 | 1 | 1 | | | | | | |
| -운(ㄴ05) | ETM | 1 | 1 | | | 1 | 1 | | | | |
| 운06 | NNG | 4 | 3 | 1 | 1 | 1 | 1 | | | 2 | 1 |
| 운동02 | NNG | 38 | 17 | 2 | 2 | 6 | 3 | 26 | 9 | 4 | 3 |
| 운동02하다 | VV | 6 | 2 | | | | | 6 | 2 | | |
| 운동량 | NNG | 1 | 1 | | | 1 | 1 | | | | |
| 운동선수 | NNG | 3 | 2 | | | | | 3 | 2 | | |
| 운동장 | NNG | 12 | 10 | 5 | 4 | 2 | 2 | 3 | 2 | 2 | 2 |
| 운동화 | NNG | 2 | 2 | | | 1 | 1 | | | 1 | 1 |
| 운반02하다 | VV | 1 | 1 | 1 | 1 | | | | | | |
| 운영03하다 | VV | 1 | 1 | | | | | 1 | 1 | | |
| 운전02하다 | VV | 3 | 3 | 1 | 1 | 2 | 2 | | | | |
| 운전면허 | NNG | 1 | 1 | 1 | 1 | | | | | | |
| 울04 | NP | 2 | 2 | | | 2 | 2 | | | | |
| 울다01 | VV | 64 | 30 | 9 | 6 | 28 | 13 | 26 | 10 | 1 | 1 |
| 울리다01 | VV | 9 | 6 | 1 | 1 | 2 | 2 | 6 | 3 | | |

| 형태 | 품사 | 전체 | | 초등학교 저학년 | | 초등학교 고학년 | | 중학생 | | 고등학생 | |
|---|---|---|---|---|---|---|---|---|---|---|---|
| | | 형태 빈도 | 화자 수 | 형태 빈도 | 화자 수 | 형태 빈도 | 화자 수 | 형태 빈도 | 화자 수 | 형태 빈도 | 화자 수 |
| 울음바다 | NNG | 1 | 1 | | | 1 | 1 | | | | |
| 울퉁불퉁 | MAG | 1 | 1 | | | | | 1 | 1 | | |
| 움직이다 | VV | 12 | 11 | 5 | 4 | 4 | 4 | 2 | 2 | 1 | 1 |
| 웃기다 | VV | 124 | 78 | 20 | 12 | 45 | 26 | 33 | 19 | 26 | 21 |
| 웃다 | VV | 48 | 35 | 6 | 6 | 9 | 8 | 23 | 13 | 10 | 8 |
| 웃음 | NNG | 5 | 4 | 1 | 1 | 2 | 1 | 1 | 1 | 1 | 1 |
| 웅02 | MAG | 1 | 1 | 1 | 1 | | | | | | |
| 워낙 | MAG | 3 | 3 | | | 2 | 2 | | | 1 | 1 |
| 워드03 | NNG | 2 | 1 | | | | | | | 2 | 1 |
| 원01 | NNB | 246 | 91 | 25 | 11 | 121 | 33 | 31 | 17 | 69 | 30 |
| 원12 | NNG | 3 | 2 | | | | | 3 | 2 | | |
| 원15 | NNG | 1 | 1 | | | | | 1 | 1 | | |
| 원20 | NNG | 5 | 3 | | | | | 5 | 3 | | |
| 원20 | NR | 7 | 5 | 2 | 1 | 2 | 1 | 2 | 2 | 1 | 1 |
| 원거리 | NNG | 1 | 1 | | | | | 1 | 1 | | |
| 원고지01 | NNG | 1 | 1 | | | | | 1 | 1 | | |
| 원더풀 | NNG | 1 | 1 | | | 1 | 1 | | | | |
| 원래01 | MAG | 10 | 8 | | | | | 2 | 2 | 8 | 6 |
| 원래01 | NNG | 153 | 102 | 15 | 12 | 44 | 29 | 45 | 31 | 49 | 30 |
| 원망01하다 | VV | 1 | 1 | | | 1 | 1 | | | | |
| 원산지 | NNG | 1 | 1 | | | | | | | 1 | 1 |
| 원상태 | NNG | 1 | 1 | 1 | 1 | | | | | | |
| 원생02 | NNG | 1 | 1 | | | | | 1 | 1 | | |
| 원서05 | NNG | 3 | 3 | | | | | 2 | 2 | 1 | 1 |
| 원수04 | NNG | 4 | 1 | | | 4 | 1 | | | | |
| 원숭이 | NNG | 3 | 3 | 1 | 1 | | | 2 | 2 | | |
| 원시인 | NNG | 1 | 1 | | | | | 1 | 1 | | |
| 원자02 | NNG | 3 | 2 | 3 | 2 | | | | | | |
| 원장07 | NNG | 5 | 2 | | | 2 | 1 | 3 | 1 | | |
| 원조01 | NNG | 1 | 1 | | | | | | | 1 | 1 |
| 원주각 | NNG | 1 | 1 | | | | | 1 | 1 | | |
| 원트 | NNG | 1 | 1 | | | | | 1 | 1 | | |
| 원피스 | NNG | 1 | 1 | | | | | 1 | 1 | | |
| 원하다02 | VV | 7 | 6 | | | 1 | 1 | 6 | 5 | | |
| 원활하다 | VA | 1 | 1 | | | | | 1 | 1 | | |
| 월02 | NNB | 9 | 9 | 3 | 3 | 1 | 1 | 4 | 4 | 1 | 1 |
| 월03 | NNG | 14 | 8 | 1 | 1 | 9 | 4 | 4 | 3 | | |

| 형태 | 품사 | 전체 | | 초등학교 저학년 | | 초등학교 고학년 | | 중학생 | | 고등학생 | |
|---|---|---|---|---|---|---|---|---|---|---|---|
| | | 형태빈도 | 화자수 | 형태빈도 | 화자수 | 형태빈도 | 화자수 | 형태빈도 | 화자수 | 형태빈도 | 화자수 |
| 월급 | NNG | 1 | 1 | | | | | | | 1 | 1 |
| 월등02하다 | VA | 1 | 1 | | | | | | | 1 | 1 |
| 월요일 | NNG | 12 | 11 | | | 5 | 4 | 5 | 5 | 2 | 2 |
| 월요일날 | NNG | 9 | 8 | 1 | 1 | 3 | 3 | 4 | 3 | 1 | 1 |
| 웨딩 | NNG | 1 | 1 | | | 1 | 1 | | | | |
| 웨딩홀 | NNG | 1 | 1 | | | | | | | 1 | 1 |
| 웨이브 | NNG | 2 | 2 | | | 1 | 1 | 1 | 1 | | |
| 웩 | MAG | 1 | 1 | 1 | 1 | | | | | | |
| 웬01 | MM | 4 | 4 | 1 | 1 | 1 | 1 | | | 2 | 2 |
| 웬만하다 | VA | 1 | 1 | | | | | 1 | 1 | | |
| 웬일 | NP | 20 | 9 | | | 16 | 5 | 2 | 2 | 2 | 2 |
| 위01 | NNG | 43 | 30 | 16 | 12 | 21 | 13 | 5 | 4 | 1 | 1 |
| 위05 | NNB | 18 | 8 | | | | | 16 | 6 | 2 | 2 |
| 위성06 | NNG | 2 | 1 | | | | | 2 | 1 | | |
| 위암02 | NNG | 1 | 1 | | | | | 1 | 1 | | |
| 위원01 | NNG | 1 | 1 | | | 1 | 1 | | | | |
| 위원회 | NNG | 1 | 1 | | | | | | | 1 | 1 |
| 위이잉(윙01) | MAG | 1 | 1 | | | 1 | 1 | | | | |
| 위인01 | NNG | 9 | 3 | 6 | 2 | 3 | 1 | | | | |
| 위인02 | NNG | 1 | 1 | | | | | 1 | 1 | | |
| 위장07 | NNG | 4 | 2 | | | | | 2 | 1 | 2 | 1 |
| 위쪽 | NNG | 1 | 1 | 1 | 1 | | | | | | |
| 위층 | NNG | 1 | 1 | | | | | 1 | 1 | | |
| 위하다01 | VV | 11 | 9 | 5 | 3 | 1 | 1 | 4 | 4 | 1 | 1 |
| 위험 | NNG | 1 | 1 | | | | | 1 | 1 | | |
| 위험하다 | VA | 5 | 4 | | | 1 | 1 | 2 | 2 | 2 | 1 |
| 윗도리 | NNG | 1 | 1 | | | | | | | 1 | 1 |
| 윗몸 | NNG | 1 | 1 | | | 1 | 1 | | | | |
| 윙01 | MAG | 1 | 1 | 1 | 1 | | | | | | |
| 유18 | NNG | 5 | 3 | | | 1 | 1 | | | 4 | 2 |
| 유20 | JX | 4 | 2 | 3 | 1 | 1 | 1 | | | | |
| 유구무언 | NNG | 1 | 1 | | | | | 1 | 1 | | |
| 유니폼 | NNG | 2 | 2 | 1 | 1 | | | 1 | 1 | | |
| 유도06 | NNG | 2 | 1 | 2 | 1 | | | | | | |
| 유도08 | NNG | 1 | 1 | | | 1 | 1 | | | | |
| 유령02 | NNG | 4 | 4 | 3 | 3 | 1 | 1 | | | | |
| 유료01 | NNG | 3 | 3 | 1 | 1 | | | | | 2 | 2 |

| 형태 | 품사 | 전체 | | 초등학교 저학년 | | 초등학교 고학년 | | 중학생 | | 고등학생 | |
|---|---|---|---|---|---|---|---|---|---|---|---|
| | | 형태 빈도 | 화자 수 | 형태 빈도 | 화자 수 | 형태 빈도 | 화자 수 | 형태 빈도 | 화자 수 | 형태 빈도 | 화자 수 |
| 유리05하다 | VA | 1 | 1 | | | | | 1 | 1 | | |
| 유리10 | NNG | 2 | 2 | 1 | 1 | 1 | 1 | | | | |
| 유리병 | NNG | 1 | 1 | | | 1 | 1 | | | | |
| 유머 | NNG | 1 | 1 | | | 1 | 1 | | | | |
| 유명01 | NNG | 1 | 1 | | | | | 1 | 1 | | |
| 유명01하다 | VA | 7 | 6 | | | 2 | 2 | 2 | 2 | 3 | 2 |
| 유산04 | NNG | 1 | 1 | | | | | 1 | 1 | | |
| 유서06 | NNG | 2 | 2 | 2 | 2 | | | | | | |
| 유성03 | NNG | 1 | 1 | 1 | 1 | | | | | | |
| 유식01하다 | VA | 4 | 1 | 4 | 1 | | | | | | |
| 유아03 | NNG | 1 | 1 | | | 1 | 1 | | | | |
| 유아원 | NNG | 1 | 1 | 1 | 1 | | | | | | |
| 유월01 | NNG | 2 | 2 | 1 | 1 | | | 1 | 1 | | |
| 유월달 | NNG | 2 | 2 | | | | | | | 2 | 2 |
| 유익01하다 | VA | 1 | 1 | | | | | 1 | 1 | | |
| 유출01 | NNG | 1 | 1 | | | | | 1 | 1 | | |
| 유치02하다 | VA | 8 | 8 | 1 | 1 | 1 | 1 | 3 | 3 | 3 | 3 |
| 유치부 | NNG | 4 | 3 | 4 | 3 | | | | | | |
| 유치원 | NNG | 17 | 15 | 7 | 6 | 6 | 5 | 3 | 3 | 1 | 1 |
| 유쾌하다 | VA | 1 | 1 | | | | | 1 | 1 | | |
| 유학04 | NNG | 9 | 5 | 2 | 2 | 7 | 3 | | | | |
| 유행02 | NNG | 1 | 1 | | | 1 | 1 | | | | |
| 유행02하다 | VV | 1 | 1 | 1 | 1 | | | | | | |
| 유형07 | NNG | 4 | 2 | | | | | 4 | 2 | | |
| 유혹02 | NNG | 2 | 2 | | | | | 1 | 1 | 1 | 1 |
| 유혹02하다 | VV | 1 | 1 | | | | | | | 1 | 1 |
| 육02 | MM | 81 | 60 | 8 | 7 | 23 | 15 | 30 | 22 | 20 | 16 |
| 육02 | NR | 65 | 44 | 6 | 5 | 23 | 16 | 18 | 12 | 18 | 11 |
| 육군02 | NNG | 1 | 1 | | | | | 1 | 1 | | |
| 육군사관학교 | NNG | 1 | 1 | | | | | 1 | 1 | | |
| 육사05 | NNG | 2 | 1 | | | | | 2 | 1 | | |
| 육십 | NR | 2 | 2 | | | 2 | 2 | | | | |
| 으(은05) | JX | 1 | 1 | 1 | 1 | | | | | | |
| -으까(을까) | EF | 3 | 3 | 2 | 2 | | | 1 | 1 | | |
| -으냐 | EF | 11 | 7 | 4 | 1 | 3 | 3 | 3 | 2 | 1 | 1 |
| -으는(는03) | ETM | 3 | 3 | 1 | 1 | 2 | 2 | | | | |
| -으니까 | EF | 5 | 4 | 1 | 1 | | | 3 | 2 | 1 | 1 |

| 형태 | 품사 | 전체 | | 초등학교 저학년 | | 초등학교 고학년 | | 중학생 | | 고등학생 | |
|---|---|---|---|---|---|---|---|---|---|---|---|
| | | 형태 빈도 | 화자 수 | 형태 빈도 | 화자 수 | 형태 빈도 | 화자 수 | 형태 빈도 | 화자 수 | 형태 빈도 | 화자 수 |
| -으라01 | EF | 10 | 10 | 1 | 1 | 2 | 2 | 5 | 5 | 2 | 2 |
| -으라고01 | EF | 6 | 6 | 1 | 1 | 1 | 1 | 1 | 1 | 3 | 3 |
| -으라구(으라고01) | EF | 1 | 1 | | | | | 1 | 1 | | |
| -으랬는데 | EC | 1 | 1 | | | 1 | 1 | | | | |
| 으루(으로01) | JKB | 8 | 8 | 2 | 2 | 3 | 3 | 2 | 2 | 1 | 1 |
| -으믄(으면) | EC | 1 | 1 | 1 | 1 | | | | | | |
| 으시시하다 | VA | 1 | 1 | 1 | 1 | | | | | | |
| 은04 | NNG | 7 | 4 | 6 | 3 | 1 | 1 | | | | |
| 은관 | NNG | 1 | 1 | | | 1 | 1 | | | | |
| 은근히 | MAG | 6 | 5 | | | | | 3 | 3 | 3 | 2 |
| -은데(는데01) | EC | 1 | 1 | | | | | 1 | 1 | | |
| 은메달 | NNG | 1 | 1 | 1 | 1 | | | | | | |
| 은빛 | NNG | 1 | 1 | | | 1 | 1 | | | | |
| 은퇴하다 | VV | 1 | 1 | 1 | 1 | | | | | | |
| 은행02 | NNG | 5 | 3 | 2 | 1 | 2 | 1 | | | 1 | 1 |
| 은행03 | NNG | 1 | 1 | 1 | 1 | | | | | | |
| 은행나무 | NNG | 1 | 1 | 1 | 1 | | | | | | |
| 은혜 | NNG | 1 | 1 | 1 | 1 | | | | | | |
| -을껄(을걸) | EF | 2 | 2 | 1 | 1 | | | | | 1 | 1 |
| -을라02 | EF | 1 | 1 | 1 | 1 | | | | | | |
| -을라03 | EC | 2 | 2 | | | | | | | 2 | 2 |
| -을라고(으려고01) | EC | 6 | 5 | | | 2 | 2 | 2 | 2 | 2 | 1 |
| -을라구(으려고01) | EC | 1 | 1 | 1 | 1 | | | | | | |
| -을라니까 | EC | 1 | 1 | | | 1 | 1 | | | | |
| -을랑(을락01) | EC | 1 | 1 | | | 1 | 1 | | | | |
| -을래면(으려면) | EC | 1 | 1 | | | | | 1 | 1 | | |
| -을런지 | EC | 1 | 1 | | | | | 1 | 1 | | |
| -을려(으려) | EC | 1 | 1 | | | 1 | 1 | | | | |
| -을려고 | EC | 7 | 7 | 2 | 2 | 4 | 4 | 1 | 1 | | |
| -을려구(으려고01) | EC | 3 | 2 | | | 2 | 1 | | | 1 | 1 |
| -을려는데(으려는데) | EC | 1 | 1 | | | | | | | 1 | 1 |
| -을려면(으려면) | EC | 3 | 3 | 1 | 1 | 1 | 1 | 1 | 1 | | |
| 음04 | NNG | 1 | 1 | | | | | | | 1 | 1 |
| -음12 | EC | 6 | 6 | 3 | 3 | 3 | 3 | | | | |
| 음료수 | NNG | 10 | 7 | 2 | 2 | 6 | 3 | | | 2 | 2 |
| 음반 | NNG | 1 | 1 | | | | | 1 | 1 | | |
| 음성02 | NNG | 2 | 1 | | | | | | | 2 | 1 |

| 형태 | 품사 | 전체 | | 초등학교 저학년 | | 초등학교 고학년 | | 중학생 | | 고등학생 | |
|---|---|---|---|---|---|---|---|---|---|---|---|
| | | 형태 빈도 | 화자 수 | 형태 빈도 | 화자 수 | 형태 빈도 | 화자 수 | 형태 빈도 | 화자 수 | 형태 빈도 | 화자 수 |
| 음식 | NNG | 21 | 15 | 5 | 5 | 5 | 4 | 5 | 4 | 6 | 2 |
| 음악01 | NNG | 29 | 22 | 3 | 2 | 9 | 7 | 10 | 7 | 7 | 6 |
| 음악실 | NNG | 4 | 2 | | | | | 4 | 2 | | |
| 음악회 | NNG | 1 | 1 | | | 1 | 1 | | | | |
| 음질01 | NNG | 1 | 1 | | | | | | | 1 | 1 |
| 읎(없01)다 | VA | 1 | 1 | | | | | 1 | 1 | | |
| 응용문제 | NNG | 3 | 2 | | | | | 3 | 2 | | |
| 의10 | JKG | 136 | 93 | 16 | 14 | 43 | 29 | 59 | 33 | 18 | 17 |
| 의과03 | NNG | 2 | 1 | | | | | 2 | 1 | | |
| 의대03 | NNG | 4 | 2 | | | | | 4 | 2 | | |
| 의도02 | NNG | 2 | 2 | | | | | | | 2 | 2 |
| 의류 | NNG | 1 | 1 | | | | | 1 | 1 | | |
| 의문02 | NNG | 1 | 1 | | | | | 1 | 1 | | |
| 의미02 | NNG | 1 | 1 | | | | | | | 1 | 1 |
| 의사12 | NNG | 32 | 16 | 10 | 5 | 5 | 4 | 8 | 5 | 9 | 2 |
| 의사소통 | NNG | 3 | 2 | | | | | 3 | 2 | | |
| 의사소통하다 | VV | 1 | 1 | | | | | 1 | 1 | | |
| 의식03 | NNG | 1 | 1 | | | | | | | 1 | 1 |
| 의식03하다 | VV | 4 | 4 | | | 2 | 2 | | | 2 | 2 |
| 의식04 | NNG | 2 | 1 | | | 2 | 1 | | | | |
| 의심03 | NNG | 1 | 1 | | | | | 1 | 1 | | |
| 의심03스럽다 | VA | 2 | 2 | | | | | 2 | 2 | | |
| 의외로 | MAG | 1 | 1 | | | | | | | 1 | 1 |
| 의욕 | NNG | 1 | 1 | | | | | 1 | 1 | | |
| 의원02 | NNG | 1 | 1 | | | | | 1 | 1 | | |
| 의자03 | NNG | 10 | 10 | 3 | 3 | 6 | 6 | | | 1 | 1 |
| 의하다01 | VV | 1 | 1 | | | | | 1 | 1 | | |
| 이(얘03) | NP | 1 | 1 | 1 | 1 | | | | | | |
| 이03 | NNG | 5 | 4 | 3 | 2 | 1 | 1 | | | 1 | 1 |
| 이05 | MM | 149 | 108 | 20 | 14 | 42 | 32 | 53 | 36 | 34 | 26 |
| 이05 | NP | 12 | 9 | 6 | 4 | | | 3 | 2 | 3 | 3 |
| 이09 | MM | 164 | 97 | 18 | 13 | 46 | 31 | 67 | 32 | 33 | 21 |
| 이09 | NR | 251 | 125 | 44 | 21 | 82 | 37 | 56 | 32 | 69 | 35 |
| 이25 | NNG | 3 | 1 | | | | | 3 | 1 | | |
| 이거01 | NP | 722 | 264 | 151 | 58 | 175 | 65 | 242 | 71 | 154 | 70 |
| 이것 | NP | 20 | 17 | 2 | 2 | 8 | 7 | 5 | 4 | 5 | 4 |
| 이것저것 | NNG | 3 | 2 | | | | | | | 3 | 2 |

| 형태 | 품사 | 전체 | | 초등학교 저학년 | | 초등학교 고학년 | | 중학생 | | 고등학생 | |
|---|---|---|---|---|---|---|---|---|---|---|---|
| | | 형태 빈도 | 화자 수 | 형태 빈도 | 화자 수 | 형태 빈도 | 화자 수 | 형태 빈도 | 화자 수 | 형태 빈도 | 화자 수 |
| 이과05 | NNG | 16 | 7 | | | | | 15 | 6 | 1 | 1 |
| 이기다01 | VV | 58 | 35 | 23 | 13 | 22 | 14 | 8 | 5 | 5 | 3 |
| 이기적 | NNG | 2 | 2 | | | 1 | 1 | 1 | 1 | | |
| 이기주의 | NNG | 1 | 1 | | | | | 1 | 1 | | |
| 이끌다 | VV | 1 | 1 | | | | | | | 1 | 1 |
| 이놈01 | NP | 2 | 2 | | | 2 | 2 | | | | |
| 이니셜 | NNG | 1 | 1 | | | | | | | 1 | 1 |
| 이다03 | VCP | 1788 | 444 | 321 | 105 | 513 | 113 | 596 | 114 | 358 | 112 |
| 이대로 | MAG | 2 | 2 | 1 | 1 | | | | | 1 | 1 |
| 이동03 | NNG | 2 | 2 | 1 | 1 | | | | | 1 | 1 |
| 이따01 | MAG | 11 | 9 | 2 | 1 | 2 | 2 | 4 | 3 | 3 | 3 |
| 이따가 | MAG | 3 | 3 | 2 | 2 | | | 1 | 1 | | |
| 이따만(이만03)하다 | VA | 4 | 4 | 1 | 1 | 2 | 2 | 1 | 1 | | |
| 이딴 | MM | 3 | 3 | 1 | 1 | | | 1 | 1 | 1 | 1 |
| 이때 | NNG | 1 | 1 | | | | | 1 | 1 | | |
| 이라고01 | JX | 1 | 1 | | | 1 | 1 | | | | |
| 이라구(이라고01) | JKQ | 2 | 1 | | | 2 | 1 | | | | |
| 이라두(이라도) | JX | 1 | 1 | | | | | | | 1 | 1 |
| 이라든지 | JC | 1 | 1 | | | 1 | 1 | | | | |
| 이러고(이렇게) | MAG | 1 | 1 | | | 1 | 1 | | | | |
| 이러다 | VV | 189 | 109 | 25 | 18 | 63 | 39 | 56 | 28 | 45 | 24 |
| 이런01 | MM | 149 | 101 | 25 | 21 | 42 | 25 | 39 | 28 | 43 | 27 |
| 이럴(이런01) | MM | 1 | 1 | | | 1 | 1 | | | | |
| 이렇게 | MAG | 566 | 211 | 109 | 46 | 267 | 75 | 118 | 51 | 72 | 39 |
| 이렇다 | VA | 82 | 52 | 13 | 11 | 25 | 18 | 22 | 15 | 22 | 8 |
| 이루03 | NNG | 1 | 1 | | | 1 | 1 | | | | |
| 이루다01 | VV | 3 | 3 | | | 2 | 2 | 1 | 1 | | |
| 이루어지다 | VV | 1 | 1 | | | | | 1 | 1 | | |
| 이르다02 | VV | 6 | 5 | | | 5 | 4 | 1 | 1 | | |
| 이르케(이렇게) | MAG | 3 | 3 | 2 | 2 | 1 | 1 | | | | |
| 이름 | NNG | 102 | 74 | 16 | 12 | 32 | 21 | 32 | 25 | 22 | 16 |
| 이리04 | MAG | 4 | 4 | | | 1 | 1 | 2 | 2 | 1 | 1 |
| 이마01 | NNG | 1 | 1 | | | | | 1 | 1 | | |
| 이만03하다 | VA | 11 | 9 | 2 | 2 | 4 | 3 | 2 | 2 | 3 | 2 |
| 이만큼 | MAG | 4 | 4 | | | 3 | 3 | | | 1 | 1 |
| 이메일 | NNG | 3 | 1 | | | 3 | 1 | | | | |
| 이모02 | NNG | 10 | 7 | 6 | 4 | | | | | 4 | 3 |

| 형태 | 품사 | 전체 | | 초등학교 저학년 | | 초등학교 고학년 | | 중학생 | | 고등학생 | |
|---|---|---|---|---|---|---|---|---|---|---|---|
| | | 형태 빈도 | 화자 수 | 형태 빈도 | 화자 수 | 형태 빈도 | 화자 수 | 형태 빈도 | 화자 수 | 형태 빈도 | 화자 수 |
| 이모부 | NNG | 2 | 2 | 2 | 2 | | | | | | |
| 이문(의문02) | NNG | 1 | 1 | 1 | 1 | | | | | | |
| 이미01 | MAG | 3 | 3 | | | 1 | 1 | 1 | 1 | 1 | 1 |
| 이미지 | NNG | 5 | 3 | | | 1 | 1 | 4 | 2 | | |
| 이민03 | NNG | 5 | 3 | | | | | 5 | 3 | | |
| 이번01 | NP | 83 | 60 | 15 | 12 | 21 | 15 | 37 | 24 | 10 | 9 |
| 이번주 | NNG | 15 | 11 | | | 2 | 2 | 6 | 5 | 7 | 4 |
| 이복동생 | NNG | 1 | 1 | | | | | | | 1 | 1 |
| 이불01 | NNG | 5 | 5 | 2 | 2 | 2 | 2 | | | 1 | 1 |
| 이브01 | NNG | 2 | 2 | | | | | | | 2 | 2 |
| 이빠이 | MAG | 1 | 1 | | | | | | | 1 | 1 |
| 이빨 | NNG | 6 | 5 | 5 | 4 | | | | | 1 | 1 |
| 이뿌(예쁘)다 | VA | 2 | 1 | | | | | | | 2 | 1 |
| 이뿌다 | VA | 2 | 1 | | | | | 2 | 1 | | |
| 이쁘다 | VA | 63 | 40 | 9 | 7 | 12 | 9 | 28 | 14 | 14 | 10 |
| 이사(의사12) | NNG | 1 | 1 | | | | | 1 | 1 | | |
| 이사14 | NNG | 7 | 5 | 2 | 1 | 2 | 1 | 1 | 1 | 2 | 2 |
| 이사14하다 | VV | 2 | 2 | | | 1 | 1 | 1 | 1 | | |
| 이상05 | NNG | 13 | 11 | | | 5 | 5 | 7 | 5 | 1 | 1 |
| 이상09 | NNG | 4 | 4 | | | | | 1 | 1 | 3 | 3 |
| 이상12 | NNG | 3 | 3 | 1 | 1 | | | 2 | 2 | | |
| 이상12하다 | VA | 137 | 92 | 29 | 19 | 42 | 26 | 40 | 26 | 26 | 21 |
| 이상12하다 | VV | 1 | 1 | | | 1 | 1 | | | | |
| 이상적 | NNG | 1 | 1 | | | | | 1 | 1 | | |
| 이상형01 | NNG | 3 | 3 | | | | | 1 | 1 | 2 | 2 |
| 이서14 | JKB | 1 | 1 | | | | | | | 1 | 1 |
| 이성10 | NNG | 6 | 5 | | | | | 4 | 3 | 2 | 2 |
| 이쑤시개 | NNG | 1 | 1 | | | 1 | 1 | | | | |
| 이야기 | NNG | 53 | 29 | 28 | 13 | 14 | 6 | 10 | 9 | 1 | 1 |
| 이야기꽃 | NNG | 1 | 1 | | | | | 1 | 1 | | |
| 이야기하다 | VV | 24 | 20 | 10 | 7 | 4 | 4 | 6 | 6 | 4 | 3 |
| 이어지다 | VV | 6 | 4 | | | 6 | 4 | | | | |
| 이에쓰씨 | NNG | 1 | 1 | | | 1 | 1 | | | | |
| 이왕02 | MAG | 2 | 2 | | | | | | | 2 | 2 |
| 이왕이면 | MAG | 1 | 1 | | | | | | | 1 | 1 |
| 이외01 | NNG | 1 | 1 | | | | | 1 | 1 | | |
| 이용01하다 | VV | 1 | 1 | 1 | 1 | | | | | | |

| 형태 | 품사 | 전체 | | 초등학교 저학년 | | 초등학교 고학년 | | 중학생 | | 고등학생 | |
|---|---|---|---|---|---|---|---|---|---|---|---|
| | | 형태빈도 | 화자수 | 형태빈도 | 화자수 | 형태빈도 | 화자수 | 형태빈도 | 화자수 | 형태빈도 | 화자수 |
| 이월01 | NNG | 1 | 1 | | | 1 | 1 | | | | |
| 이월달 | NNG | 1 | 1 | | | | | 1 | 1 | | |
| 이유04 | NNG | 9 | 8 | | | 4 | 3 | 5 | 5 | | |
| 이전03 | NNG | 1 | 1 | | | 1 | 1 | | | | |
| 이제01 | MAG | 250 | 135 | 56 | 27 | 71 | 33 | 81 | 46 | 42 | 29 |
| 이제01 | NNG | 16 | 15 | 3 | 3 | 3 | 3 | 9 | 8 | 1 | 1 |
| 이제야 | MAG | 1 | 1 | | | | | | | 1 | 1 |
| 이젤 | NNG | 4 | 1 | | | 4 | 1 | | | | |
| 이중03 | NNG | 1 | 1 | | | | | 1 | 1 | | |
| 이중인격 | NNG | 1 | 1 | | | | | | | 1 | 1 |
| 이쪽02 | NP | 9 | 7 | 5 | 3 | 2 | 2 | 2 | 2 | | |
| 이쯤 | NNG | 1 | 1 | | | | | 1 | 1 | | |
| 이층집 | NNG | 1 | 1 | 1 | 1 | | | | | | |
| 이케 | MAG | 67 | 41 | 21 | 13 | 9 | 7 | 12 | 9 | 25 | 12 |
| 이태(여태01) | MAG | 1 | 1 | | | 1 | 1 | | | | |
| 이틀01 | NNG | 5 | 5 | | | | | 1 | 1 | 4 | 4 |
| 이하02 | NNG | 1 | 1 | | | 1 | 1 | | | | |
| 이해06 | NNG | 16 | 13 | | | 4 | 2 | 11 | 10 | 1 | 1 |
| 이해06되다 | VV | 1 | 1 | | | | | | | 1 | 1 |
| 이해06하다 | VV | 4 | 3 | | | | | 4 | 3 | | |
| 이후02 | NNG | 3 | 3 | 1 | 1 | 2 | 2 | | | | |
| 익명 | NNG | 4 | 2 | | | | | 4 | 2 | | |
| 익숙하다 | VA | 1 | 1 | | | 1 | 1 | | | | |
| 익히02ㅁ03 | NNG | 1 | 1 | 1 | 1 | | | | | | |
| 익히다01 | VV | 1 | 1 | | | 1 | 1 | | | | |
| 익히다02 | VV | 2 | 1 | | | | | 2 | 1 | | |
| 인(원01) | NNB | 1 | 1 | | | 1 | 1 | | | | |
| -인(은06) | ETM | 1 | 1 | 1 | 1 | | | | | | |
| 인02 | NNG | 2 | 2 | | | | | 2 | 2 | | |
| 인간01 | NNG | 19 | 14 | 4 | 3 | 5 | 4 | 8 | 6 | 2 | 1 |
| 인간적 | NNG | 1 | 1 | | | 1 | 1 | | | | |
| 인간형 | NNG | 3 | 1 | | | | | 3 | 1 | | |
| 인거(이거01) | NP | 1 | 1 | | | | | 1 | 1 | | |
| 인격 | NNG | 1 | 1 | | | | | 1 | 1 | | |
| 인구수 | NNG | 1 | 1 | | | 1 | 1 | | | | |
| 인기01 | NNG | 7 | 6 | | | 5 | 4 | 2 | 2 | | |
| 인기도 | NNG | 1 | 1 | | | 1 | 1 | | | | |

| 형태 | 품사 | 전체 | | 초등학교 저학년 | | 초등학교 고학년 | | 중학생 | | 고등학생 | |
|---|---|---|---|---|---|---|---|---|---|---|---|
| | | 형태 빈도 | 화자 수 | 형태 빈도 | 화자 수 | 형태 빈도 | 화자 수 | 형태 빈도 | 화자 수 | 형태 빈도 | 화자 수 |
| 인대01 | NNG | 1 | 1 | | | | | 1 | 1 | | |
| 인마01 | NNG | 1 | 1 | | | | | | | 1 | 1 |
| 인문계 | NNG | 12 | 6 | | | | | 9 | 5 | 3 | 1 |
| 인사01 | NNG | 1 | 1 | | | | | 1 | 1 | | |
| 인사02 | NNG | 7 | 5 | | | | | 3 | 2 | 4 | 3 |
| 인사02하다 | VV | 8 | 6 | | | 2 | 2 | 6 | 4 | | |
| 인삼 | NNG | 4 | 2 | 4 | 2 | | | | | | |
| 인상01 | NNG | 1 | 1 | | | | | 1 | 1 | | |
| 인상적 | NNG | 1 | 1 | | | | | 1 | 1 | | |
| 인생01 | NNG | 4 | 4 | | | 1 | 1 | 2 | 2 | 1 | 1 |
| 인수07 | NNG | 3 | 1 | | | | | | | 3 | 1 |
| 인어01 | NNG | 2 | 2 | 1 | 1 | 1 | 1 | | | | |
| 인연03 | NNG | 1 | 1 | | | 1 | 1 | | | | |
| 인원 | NNG | 2 | 2 | | | | | 1 | 1 | 1 | 1 |
| 인절미 | NNG | 1 | 1 | 1 | 1 | | | | | | |
| 인정08하다 | VV | 3 | 3 | | | 1 | 1 | 2 | 2 | | |
| 인제01 | MAG | 51 | 40 | 8 | 7 | 18 | 14 | 8 | 8 | 17 | 11 |
| 인제01 | NNG | 2 | 2 | | | | | | | 2 | 2 |
| 인터넷 | NNG | 45 | 30 | 5 | 3 | 15 | 9 | 16 | 10 | 9 | 8 |
| 인터넷하다 | VV | 2 | 2 | | | | | | | 2 | 2 |
| 인터폰 | NNG | 1 | 1 | 1 | 1 | | | | | | |
| 인턴 | NNG | 1 | 1 | | | | | | | 1 | 1 |
| 인테리어 | NNG | 1 | 1 | | | | | | | 1 | 1 |
| 인하다01 | VV | 3 | 2 | | | | | 3 | 2 | | |
| 인형01 | NNG | 17 | 4 | 10 | 2 | 7 | 2 | | | | |
| 인형극 | NNG | 3 | 2 | | | 3 | 2 | | | | |
| 일(읽)다 | VV | 1 | 1 | 1 | 1 | | | | | | |
| 일01 | NNG | 98 | 61 | 28 | 14 | 19 | 15 | 26 | 16 | 25 | 16 |
| 일01하다 | VV | 27 | 21 | 1 | 1 | 2 | 2 | 9 | 7 | 15 | 11 |
| 일02 | MAG | 5 | 5 | 1 | 1 | 3 | 3 | | | 1 | 1 |
| 일05 | MM | 228 | 126 | 32 | 20 | 58 | 31 | 88 | 44 | 50 | 31 |
| 일05 | NR | 100 | 62 | 16 | 11 | 45 | 24 | 22 | 15 | 17 | 12 |
| 일06 | NNG | 5 | 5 | | | 2 | 2 | 2 | 2 | 1 | 1 |
| 일07 | NNB | 108 | 55 | 6 | 4 | 32 | 17 | 30 | 16 | 40 | 18 |
| 일07 | NNG | 4 | 4 | 1 | 1 | 1 | 1 | 1 | 1 | 1 | 1 |
| 일거리 | NNG | 1 | 1 | 1 | 1 | | | | | | |
| 일곱 | MM | 19 | 18 | 5 | 5 | 7 | 6 | 4 | 4 | 3 | 3 |

| 형태 | 품사 | 전체 | | 초등학교 저학년 | | 초등학교 고학년 | | 중학생 | | 고등학생 | |
|---|---|---|---|---|---|---|---|---|---|---|---|
| | | 형태 빈도 | 화자 수 | 형태 빈도 | 화자 수 | 형태 빈도 | 화자 수 | 형태 빈도 | 화자 수 | 형태 빈도 | 화자 수 |
| 일곱 | NR | 4 | 4 | | | 1 | 1 | 1 | 1 | 2 | 2 |
| 일급01 | NNG | 6 | 2 | | | | | | | 6 | 2 |
| 일기12 | NNG | 6 | 3 | 3 | 1 | 3 | 2 | | | | |
| 일기장 | NNG | 1 | 1 | | | 1 | 1 | | | | |
| 일꾼 | NNG | 2 | 2 | 1 | 1 | 1 | 1 | | | | |
| 일녀04 | NNG | 2 | 1 | | | | | 2 | 1 | | |
| 일단01 | MAG | 33 | 26 | 4 | 4 | 4 | 4 | 14 | 9 | 11 | 9 |
| 일대일 | NNG | 7 | 5 | | | 6 | 4 | 1 | 1 | | |
| 일든(일단01) | MAG | 1 | 1 | 1 | 1 | | | | | | |
| 일러스트 | NNG | 4 | 2 | | | | | | | 4 | 2 |
| 일렉 | NNG | 1 | 1 | | | | | | | 1 | 1 |
| 일로01 | MAG | 3 | 2 | | | 1 | 1 | 2 | 1 | | |
| 일루01 | MAG | 16 | 12 | 3 | 3 | 5 | 4 | 6 | 3 | 2 | 2 |
| 일루03 | NNG | 1 | 1 | | | 1 | 1 | | | | |
| 일르다02 | VV | 1 | 1 | 1 | 1 | | | | | | |
| 일반02 | NNG | 1 | 1 | | | | | 1 | 1 | | |
| 일반고 | NNG | 2 | 2 | | | | | 2 | 2 | | |
| 일반인 | NNG | 1 | 1 | | | | | 1 | 1 | | |
| 일본인 | NNG | 2 | 2 | | | 2 | 2 | | | | |
| 일부러 | MAG | 13 | 13 | 1 | 1 | 2 | 2 | 5 | 5 | 5 | 5 |
| 일사불란하다 | VA | 1 | 1 | | | | | 1 | 1 | | |
| 일상04 | NNG | 2 | 2 | | | | | 1 | 1 | 1 | 1 |
| 일상생활 | NNG | 1 | 1 | | | | | 1 | 1 | | |
| 일상적 | NNG | 3 | 3 | | | | | 2 | 2 | 1 | 1 |
| 일생01 | NNG | 1 | 1 | | | | | 1 | 1 | | |
| 일식04 | NNG | 1 | 1 | | | | | | | 1 | 1 |
| 일어나다 | VV | 38 | 27 | 5 | 4 | 14 | 10 | 13 | 7 | 6 | 6 |
| 일어서다 | VV | 1 | 1 | | | 1 | 1 | | | | |
| 일요일 | NNG | 14 | 9 | 2 | 1 | 1 | 1 | 10 | 6 | 1 | 1 |
| 일요일날 | NNG | 25 | 20 | 2 | 2 | 8 | 6 | 14 | 11 | 1 | 1 |
| 일월01 | NNG | 6 | 6 | 2 | 2 | 1 | 1 | | | 3 | 3 |
| 일월달 | NNG | 2 | 2 | | | | | 1 | 1 | 1 | 1 |
| 일으키기 | NNG | 1 | 1 | | | 1 | 1 | | | | |
| 일이01 | MM | 2 | 2 | | | | | 2 | 2 | | |
| 일인이역 | NNG | 4 | 2 | | | | | 4 | 2 | | |
| 일일02 | NNG | 1 | 1 | 1 | 1 | | | | | | |
| 일일이01 | MAG | 1 | 1 | | | 1 | 1 | | | | |

| 형태 | 품사 | 전체 | | 초등학교 저학년 | | 초등학교 고학년 | | 중학생 | | 고등학생 | |
|---|---|---|---|---|---|---|---|---|---|---|---|
| | | 형태 빈도 | 화자 수 | 형태 빈도 | 화자 수 | 형태 빈도 | 화자 수 | 형태 빈도 | 화자 수 | 형태 빈도 | 화자 수 |
| 일일이02 | MAG | 1 | 1 | | | | | 1 | 1 | | |
| 일자02 | NNG | 1 | 1 | | | | | 1 | 1 | | |
| 일자05 | NNG | 2 | 2 | | | | | | | 2 | 2 |
| 일자리 | NNG | 1 | 1 | | | | | | | 1 | 1 |
| 일주일 | NNG | 12 | 12 | | | 4 | 4 | 5 | 5 | 3 | 3 |
| 일지05 | NNG | 1 | 1 | | | | | 1 | 1 | | |
| 일찍 | MAG | 21 | 19 | 2 | 2 | 5 | 5 | 9 | 7 | 5 | 5 |
| 일차01 | NNG | 1 | 1 | | | | | | | 1 | 1 |
| 일케(이렇게) | MAG | 4 | 4 | | | | | 3 | 3 | 1 | 1 |
| 일회용 | NNG | 3 | 2 | | | | | 3 | 2 | | |
| 읽다 | VV | 71 | 34 | 12 | 9 | 41 | 13 | 16 | 10 | 2 | 2 |
| 잃다 | VV | 4 | 3 | | | | | 4 | 3 | | |
| 잃어버리다 | VV | 12 | 10 | 1 | 1 | 3 | 3 | 3 | 3 | 5 | 3 |
| 임마 | NNG | 1 | 1 | | | 1 | 1 | | | | |
| 임무01 | NNG | 2 | 2 | | | 2 | 2 | | | | |
| 임산부 | NNG | 1 | 1 | | | 1 | 1 | | | | |
| 임신02하다 | VV | 2 | 1 | | | | | 2 | 1 | | |
| 입 | NNG | 12 | 11 | 3 | 3 | 3 | 3 | 4 | 4 | 2 | 1 |
| 입구02 | NNG | 4 | 3 | 1 | 1 | 3 | 2 | | | | |
| 입다01 | VV | 61 | 40 | 13 | 8 | 16 | 14 | 14 | 9 | 18 | 9 |
| 입력 | NNG | 1 | 1 | | | | | | | 1 | 1 |
| 입맛 | NNG | 1 | 1 | | | | | 1 | 1 | | |
| 입시04 | NNG | 1 | 1 | | | | | | | 1 | 1 |
| 잇다01 | VV | 14 | 8 | | | 6 | 4 | 8 | 4 | | |
| 있다01 | VA | 1973 | 433 | 538 | 108 | 682 | 114 | 455 | 110 | 298 | 101 |
| 있다01 | VV | 44 | 38 | 3 | 3 | 16 | 13 | 16 | 13 | 9 | 9 |
| 있다01 | VX | 589 | 290 | 116 | 64 | 213 | 88 | 158 | 76 | 102 | 62 |
| 잉01 | MAG | 1 | 1 | 1 | 1 | | | | | | |
| 잊(잃)다 | VV | 1 | 1 | 1 | 1 | | | | | | |
| 잊다01 | VV | 6 | 6 | 1 | 1 | 2 | 2 | 3 | 3 | | |
| 잊어버리(잃어버리)다 | VV | 2 | 1 | 2 | 1 | | | | | | |
| 잊어버리다 | VV | 1 | 1 | | | | | 1 | 1 | | |
| 잎01 | NNG | 2 | 2 | 1 | 1 | 1 | 1 | | | | |
| 자01 | NNG | 1 | 1 | 1 | 1 | | | | | | |
| 자14 | NNG | 5 | 3 | | | 5 | 3 | | | | |
| 자18 | NNB | 1 | 1 | | | | | 1 | 1 | | |
| -자26 | EC | 14 | 7 | 2 | 1 | 3 | 2 | 9 | 4 | | |

| 형태 | 품사 | 전체 | | 초등학교 저학년 | | 초등학교 고학년 | | 중학생 | | 고등학생 | |
|---|---|---|---|---|---|---|---|---|---|---|---|
| | | 형태빈도 | 화자수 | 형태빈도 | 화자수 | 형태빈도 | 화자수 | 형태빈도 | 화자수 | 형태빈도 | 화자수 |
| -자27 | EC | 3 | 3 | | | 2 | 2 | 1 | 1 | | |
| -자28 | EF | 302 | 177 | 93 | 52 | 74 | 39 | 81 | 45 | 54 | 41 |
| 자격04 | NNG | 3 | 3 | | | | | 3 | 3 | | |
| 자격증 | NNG | 2 | 2 | | | | | 1 | 1 | 1 | 1 |
| -자고10 | EF | 13 | 12 | 1 | 1 | 4 | 3 | 7 | 7 | 1 | 1 |
| -자구12 | EF | 2 | 2 | | | 1 | 1 | 1 | 1 | | |
| 자국01 | NNG | 5 | 4 | | | 2 | 2 | 3 | 2 | | |
| 자기04 | NP | 92 | 59 | 13 | 9 | 41 | 23 | 25 | 17 | 13 | 10 |
| 자깐(잠깐) | NNG | 1 | 1 | | | | | 1 | 1 | | |
| 자꾸01 | MAG | 30 | 26 | 5 | 4 | 12 | 10 | 5 | 4 | 8 | 8 |
| -자는데 | EC | 1 | 1 | | | | | 1 | 1 | | |
| -자니까01 | EF | 2 | 2 | | | 1 | 1 | 1 | 1 | | |
| -자니까02 | EC | 1 | 1 | | | 1 | 1 | | | | |
| 자다01 | VV | 107 | 68 | 17 | 13 | 28 | 20 | 20 | 11 | 42 | 24 |
| 자동01 | NNG | 3 | 2 | | | 3 | 2 | | | | |
| 자동차 | NNG | 4 | 3 | 4 | 3 | | | | | | |
| 자라다01 | VV | 5 | 4 | 1 | 1 | 3 | 2 | 1 | 1 | | |
| 자랑01 | NNG | 3 | 3 | | | | | 1 | 1 | 2 | 2 |
| 자랑01하다 | VV | 3 | 3 | | | 1 | 1 | 1 | 1 | 1 | 1 |
| 자료03 | NNG | 4 | 3 | | | 1 | 1 | | | 3 | 2 |
| 자료실 | NNG | 2 | 2 | 1 | 1 | 1 | 1 | | | | |
| 자르다01 | VV | 10 | 9 | 2 | 2 | 2 | 2 | 4 | 3 | 2 | 2 |
| 자리01 | NNG | 28 | 24 | 4 | 4 | 7 | 5 | 6 | 5 | 11 | 10 |
| -자마자 | EC | 9 | 8 | 2 | 2 | 3 | 3 | 2 | 1 | 2 | 2 |
| 자매03 | NNG | 7 | 3 | | | 7 | 3 | | | | |
| -자면03 | EC | 1 | 1 | | | 1 | 1 | | | | |
| 자명종01 | NNG | 1 | 1 | | | 1 | 1 | | | | |
| 자빠지다 | VV | 4 | 4 | 2 | 2 | 1 | 1 | | | 1 | 1 |
| 자살01 | NNG | 1 | 1 | | | | | | | 1 | 1 |
| 자살01하다 | VV | 3 | 3 | 1 | 1 | | | | | 2 | 2 |
| 자살률 | NNG | 1 | 1 | | | | | | | 1 | 1 |
| 자상01하다 | VA | 7 | 4 | | | | | 2 | 2 | 5 | 2 |
| 자상01하다 | VV | 1 | 1 | | | 1 | 1 | | | | |
| 자석04 | NNG | 1 | 1 | 1 | 1 | | | | | | |
| 자세01하다 | VA | 2 | 2 | | | | | 2 | 2 | | |
| 자세히 | MAG | 2 | 2 | | | | | 2 | 2 | | |
| 자손01 | NNG | 3 | 2 | | | 3 | 2 | | | | |

| 형태 | 품사 | 전체 | | 초등학교 저학년 | | 초등학교 고학년 | | 중학생 | | 고등학생 | |
|---|---|---|---|---|---|---|---|---|---|---|---|
| | | 형태 빈도 | 화자 수 | 형태 빈도 | 화자 수 | 형태 빈도 | 화자 수 | 형태 빈도 | 화자 수 | 형태 빈도 | 화자 수 |
| 자습 | NNG | 4 | 3 | | | | | 3 | 2 | 1 | 1 |
| 자식01 | NNG | 14 | 11 | 2 | 2 | 4 | 3 | 3 | 3 | 5 | 3 |
| 자신01 | NNG | 7 | 7 | | | 2 | 2 | 4 | 4 | 1 | 1 |
| 자신02 | NNG | 8 | 6 | | | 5 | 3 | 2 | 2 | 1 | 1 |
| 자연01 | NNG | 5 | 4 | | | 4 | 3 | | | 1 | 1 |
| 자연01스럽다 | VA | 10 | 8 | | | 4 | 3 | 2 | 2 | 4 | 3 |
| 자원04 | NNG | 1 | 1 | | | | | 1 | 1 | | |
| 자유03 | NNG | 3 | 3 | | | 2 | 2 | | | 1 | 1 |
| 자유03롭다 | VA | 1 | 1 | | | 1 | 1 | | | | |
| 자음01 | NNG | 3 | 2 | | | | | | | 3 | 2 |
| 자전거 | NNG | 11 | 7 | 3 | 2 | 3 | 3 | 5 | 2 | | |
| 자주01 | MAG | 21 | 18 | 4 | 3 | 6 | 5 | 6 | 5 | 5 | 5 |
| 자중02하다 | VV | 1 | 1 | | | | | 1 | 1 | | |
| 자체02 | NNG | 6 | 5 | | | 1 | 1 | 5 | 4 | | |
| 자칫01하다 | VV | 1 | 1 | | | | | 1 | 1 | | |
| 자퇴 | NNG | 2 | 2 | | | | | 2 | 2 | | |
| 자퇴하다 | VV | 1 | 1 | | | | | | | 1 | 1 |
| 자판기 | NNG | 6 | 5 | | | 5 | 4 | 1 | 1 | | |
| 자폐자 | NNG | 1 | 1 | | | | | 1 | 1 | | |
| 작가01 | NNG | 1 | 1 | 1 | 1 | | | | | | |
| 작년 | MAG | 2 | 2 | | | 1 | 1 | | | 1 | 1 |
| 작년 | NNG | 15 | 13 | 1 | 1 | 2 | 2 | 5 | 4 | 7 | 6 |
| 작다01 | VA | 45 | 28 | 8 | 4 | 9 | 8 | 22 | 10 | 6 | 6 |
| 작대기 | NNG | 1 | 1 | | | | | 1 | 1 | | |
| 작성01하다 | VV | 3 | 2 | | | | | 3 | 2 | | |
| 작심삼일 | NNG | 1 | 1 | | | | | 1 | 1 | | |
| 작아지다 | VV | 2 | 2 | | | 1 | 1 | 1 | 1 | | |
| 작업01하다 | VV | 1 | 1 | | | 1 | 1 | | | | |
| 작은아버지 | NNG | 1 | 1 | 1 | 1 | | | | | | |
| 작은할아버지 | NNG | 2 | 1 | 2 | 1 | | | | | | |
| 잔뜩 | MAG | 1 | 1 | | | | | | | 1 | 1 |
| 잔말 | NNG | 1 | 1 | | | | | 1 | 1 | | |
| 잔소리 | NNG | 1 | 1 | | | | | 1 | 1 | | |
| 잔소리하다 | VV | 1 | 1 | | | | | 1 | 1 | | |
| 잔인하다 | VA | 4 | 3 | 2 | 2 | 2 | 1 | | | | |
| 잔치01 | NNG | 1 | 1 | | | 1 | 1 | | | | |
| -잖냐 | EF | 2 | 2 | | | 1 | 1 | 1 | 1 | | |

| 형태 | 품사 | 전체 | | 초등학교 저학년 | | 초등학교 고학년 | | 중학생 | | 고등학생 | |
|---|---|---|---|---|---|---|---|---|---|---|---|
| | | 형태빈도 | 화자수 | 형태빈도 | 화자수 | 형태빈도 | 화자수 | 형태빈도 | 화자수 | 형태빈도 | 화자수 |
| -잖네 | EF | 1 | 1 | | | | | 1 | 1 | | |
| -잖니 | EF | 4 | 4 | | | 2 | 2 | 1 | 1 | 1 | 1 |
| -잖아 | EF | 1743 | 426 | 375 | 103 | 585 | 110 | 427 | 106 | 356 | 107 |
| -잖어(잖아) | EF | 17 | 11 | 3 | 3 | 12 | 6 | | | 2 | 2 |
| 잘02 | MAG | 317 | 197 | 60 | 40 | 76 | 46 | 95 | 53 | 86 | 58 |
| 잘02되다 | VV | 5 | 5 | | | 2 | 2 | 3 | 3 | | |
| 잘02하다 | VV | 219 | 147 | 42 | 23 | 57 | 42 | 76 | 43 | 44 | 39 |
| 잘나가다 | VV | 1 | 1 | | | | | 1 | 1 | | |
| 잘나다 | VA | 11 | 11 | 1 | 1 | 2 | 2 | 5 | 5 | 3 | 3 |
| 잘르(자르01)다 | VV | 1 | 1 | | | | | | | 1 | 1 |
| 잘못 | MAG | 11 | 11 | 1 | 1 | 3 | 3 | 3 | 3 | 4 | 4 |
| 잘못 | NNG | 7 | 4 | 1 | 1 | 1 | 1 | 5 | 2 | | |
| 잘못되다 | VV | 3 | 3 | | | 2 | 2 | 1 | 1 | | |
| 잘못하다 | VV | 12 | 8 | 1 | 1 | 3 | 3 | 8 | 4 | | |
| 잘생기다 | VA | 7 | 5 | | | 3 | 2 | 3 | 2 | 1 | 1 |
| 잠01 | NNG | 22 | 15 | 3 | 2 | 3 | 3 | 4 | 2 | 12 | 8 |
| 잠그다01 | VV | 8 | 6 | 1 | 1 | 5 | 3 | 1 | 1 | 1 | 1 |
| 잠기다01 | VV | 4 | 3 | 1 | 1 | | | 1 | 1 | 2 | 1 |
| 잠깐 | MAG | 38 | 24 | 5 | 2 | 10 | 7 | 12 | 8 | 11 | 7 |
| 잠깐 | NNG | 20 | 17 | 3 | 3 | 7 | 4 | 7 | 7 | 3 | 3 |
| 잠꾸러기 | NNG | 1 | 1 | | | | | | | 1 | 1 |
| 잠들다 | VV | 3 | 3 | | | | | 2 | 2 | 1 | 1 |
| 잠바 | NNG | 7 | 7 | 3 | 3 | 3 | 3 | 1 | 1 | | |
| 잠복02 | NNG | 1 | 1 | | | | | | | 1 | 1 |
| 잠수함02 | NNG | 1 | 1 | | | 1 | 1 | | | | |
| 잠시 | MAG | 2 | 2 | | | 1 | 1 | | | 1 | 1 |
| 잠시 | NNG | 1 | 1 | | | | | | | 1 | 1 |
| 잠언 | NNG | 1 | 1 | | | | | | | 1 | 1 |
| 잠옷 | NNG | 2 | 1 | | | | | | | 2 | 1 |
| 잠자다 | VV | 3 | 2 | | | | | 2 | 1 | 1 | 1 |
| 잠자리02 | NNG | 1 | 1 | 1 | 1 | | | | | | |
| 잡기08 | NNG | 1 | 1 | 1 | 1 | | | | | | |
| 잡다01 | VV | 77 | 49 | 21 | 12 | 33 | 21 | 14 | 8 | 9 | 8 |
| 잡소리 | NNG | 2 | 1 | | | | | 2 | 1 | | |
| 잡아먹다 | VV | 2 | 2 | 1 | 1 | | | | | 1 | 1 |
| 잡음02 | NNG | 4 | 2 | | | | | 4 | 2 | | |
| 잡종 | NNG | 4 | 2 | | | 4 | 2 | | | | |

| 형태 | 품사 | 전체 | | 초등학교 저학년 | | 초등학교 고학년 | | 중학생 | | 고등학생 | |
|---|---|---|---|---|---|---|---|---|---|---|---|
| | | 형태빈도 | 화자수 | 형태빈도 | 화자수 | 형태빈도 | 화자수 | 형태빈도 | 화자수 | 형태빈도 | 화자수 |
| 잡지 | NNG | 5 | 3 | 4 | 2 | 1 | 1 | | | | |
| 잡지책 | NNG | 1 | 1 | 1 | 1 | | | | | | |
| 잡히다02 | VV | 8 | 6 | 2 | 1 | 4 | 3 | 1 | 1 | 1 | 1 |
| 장14 | NNG | 1 | 1 | | | 1 | 1 | | | | |
| 장21 | NNB | 26 | 11 | 9 | 7 | 14 | 1 | 1 | 1 | 2 | 2 |
| 장28 | NNG | 8 | 6 | 3 | 2 | 3 | 2 | 2 | 2 | | |
| 장갑01 | NNG | 10 | 5 | 6 | 3 | 1 | 1 | 3 | 1 | | |
| 장구01 | NNG | 3 | 2 | | | 2 | 1 | 1 | 1 | | |
| 장군04 | NNG | 4 | 3 | 1 | 1 | 3 | 2 | | | | |
| 장기08 | NNG | 3 | 3 | | | | | 1 | 1 | 2 | 2 |
| 장기13 | NNG | 6 | 3 | 1 | 1 | 5 | 2 | | | | |
| 장난 | NNG | 44 | 31 | 9 | 5 | 14 | 8 | 11 | 10 | 10 | 8 |
| 장난감 | NNG | 3 | 3 | 2 | 2 | 1 | 1 | | | | |
| 장난치다 | VV | 7 | 6 | 4 | 3 | 2 | 2 | | | 1 | 1 |
| 장난하다 | VV | 6 | 4 | 1 | 1 | | | 1 | 1 | 4 | 2 |
| 장남03 | NNG | 1 | 1 | | | | | 1 | 1 | | |
| 장농 | NNG | 3 | 2 | 3 | 2 | | | | | | |
| 장래 | NNG | 17 | 12 | 4 | 3 | 3 | 2 | 10 | 7 | | |
| 장려상 | NNG | 1 | 1 | | | | | 1 | 1 | | |
| 장롱 | NNG | 4 | 4 | 4 | 4 | | | | | | |
| 장르 | NNG | 2 | 1 | | | | | 2 | 1 | | |
| 장만01하다 | VV | 1 | 1 | | | | | 1 | 1 | | |
| 장면04 | NNG | 7 | 6 | 1 | 1 | 4 | 3 | | | 2 | 2 |
| 장미05 | NNG | 4 | 3 | 1 | 1 | 2 | 1 | 1 | 1 | | |
| 장미꽃 | NNG | 2 | 1 | | | | | 2 | 1 | | |
| 장부08 | NNG | 1 | 1 | | | | | | | 1 | 1 |
| 장비07 | NNG | 1 | 1 | | | 1 | 1 | | | | |
| 장사01 | NNG | 1 | 1 | | | | | 1 | 1 | | |
| 장사01하다 | VV | 2 | 2 | | | | | 2 | 2 | | |
| 장소05 | NNG | 7 | 7 | 1 | 1 | | | 2 | 2 | 4 | 4 |
| 장수09 | NNG | 4 | 2 | | | | | 4 | 2 | | |
| 장식05하다 | VV | 2 | 2 | | | 1 | 1 | 1 | 1 | | |
| 장애02 | NNG | 13 | 3 | | | | | 13 | 3 | | |
| 장애02스럽다 | VA | 1 | 1 | | | | | 1 | 1 | | |
| 장애인 | NNG | 7 | 2 | | | | | 7 | 2 | | |
| 장애증 | NNG | 1 | 1 | | | | | 1 | 1 | | |
| 장조림 | NNG | 1 | 1 | | | | | 1 | 1 | | |

| 형태 | 품사 | 전체 | | 초등학교 저학년 | | 초등학교 고학년 | | 중학생 | | 고등학생 | |
|---|---|---|---|---|---|---|---|---|---|---|---|
| | | 형태빈도 | 화자수 | 형태빈도 | 화자수 | 형태빈도 | 화자수 | 형태빈도 | 화자수 | 형태빈도 | 화자수 |
| 장족02 | NNG | 1 | 1 | | | | | 1 | 1 | | |
| 장착하다 | VV | 1 | 1 | 1 | 1 | | | | | | |
| 장판03 | NNG | 1 | 1 | | | 1 | 1 | | | | |
| -재20 | EF | 6 | 5 | 1 | 1 | 3 | 2 | 1 | 1 | 1 | 1 |
| 재다02 | VV | 4 | 4 | 2 | 2 | | | 1 | 1 | 1 | 1 |
| 재료01 | NNG | 5 | 4 | | | 3 | 2 | 2 | 2 | | |
| 재미01 | NNG | 16 | 16 | 2 | 2 | 9 | 9 | 4 | 4 | 1 | 1 |
| 재미나다 | VV | 2 | 1 | 2 | 1 | | | | | | |
| 재미없다 | VA | 64 | 47 | 11 | 9 | 28 | 20 | 20 | 14 | 5 | 4 |
| 재미읍(재미없)다 | VA | 1 | 1 | | | 1 | 1 | | | | |
| 재미있다 | VA | 80 | 48 | 15 | 11 | 43 | 20 | 17 | 12 | 5 | 5 |
| 재밌다 | VA | 281 | 150 | 79 | 44 | 119 | 51 | 48 | 31 | 35 | 24 |
| 재방송 | NNG | 1 | 1 | | | | | 1 | 1 | | |
| 재배03하다 | VV | 1 | 1 | | | 1 | 1 | | | | |
| 재벌02 | NNG | 1 | 1 | | | | | 1 | 1 | | |
| 재수01 | NNG | 1 | 1 | | | | | | | 1 | 1 |
| 재수01하다 | VV | 4 | 4 | | | | | 2 | 2 | 2 | 2 |
| 재수03 | NNG | 37 | 24 | 1 | 1 | 18 | 10 | 14 | 9 | 4 | 4 |
| 재시험 | NNG | 3 | 2 | | | 1 | 1 | 2 | 1 | | |
| 재잘재잘 | MAG | 1 | 1 | | | | | 1 | 1 | | |
| 재현하다 | VV | 1 | 1 | | | 1 | 1 | | | | |
| 재혼 | NNG | 2 | 2 | | | 2 | 2 | | | | |
| 재활용 | NNG | 1 | 1 | | | | | 1 | 1 | | |
| 재 | NP | 133 | 70 | 13 | 9 | 12 | 8 | 80 | 34 | 28 | 19 |
| 저03 | NP | 21 | 15 | 11 | 7 | 6 | 4 | 3 | 3 | 1 | 1 |
| 저04 | MM | 68 | 50 | 14 | 11 | 18 | 16 | 26 | 14 | 10 | 9 |
| 저04 | NP | 6 | 6 | | | 2 | 2 | 4 | 4 | | |
| 저거01 | NP | 75 | 48 | 25 | 15 | 27 | 15 | 14 | 11 | 9 | 7 |
| 저것 | NP | 4 | 3 | | | 3 | 2 | | | 1 | 1 |
| 저금 | NNG | 1 | 1 | | | 1 | 1 | | | | |
| 저금통 | NNG | 2 | 2 | 1 | 1 | 1 | 1 | | | | |
| 저금하다 | VV | 1 | 1 | | | | | | | 1 | 1 |
| 저기01 | NP | 78 | 65 | 29 | 25 | 19 | 14 | 20 | 16 | 10 | 10 |
| 저녁 | NNG | 17 | 12 | | | 10 | 6 | 4 | 3 | 3 | 3 |
| 저녁밥 | NNG | 1 | 1 | | | | | | | 1 | 1 |
| 저떻(저렇)다 | VA | 1 | 1 | | | | | | | 1 | 1 |
| 저러다 | VV | 4 | 4 | | | | | 3 | 3 | 1 | 1 |

| 형태 | 품사 | 전체 | | 초등학교 저학년 | | 초등학교 고학년 | | 중학생 | | 고등학생 | |
|---|---|---|---|---|---|---|---|---|---|---|---|
| | | 형태 빈도 | 화자 수 | 형태 빈도 | 화자 수 | 형태 빈도 | 화자 수 | 형태 빈도 | 화자 수 | 형태 빈도 | 화자 수 |
| 저런01 | MM | 11 | 10 | 2 | 1 | 1 | 1 | 4 | 4 | 4 | 4 |
| 저렇게 | MAG | 3 | 3 | | | | | 2 | 2 | 1 | 1 |
| 저렇다 | VA | 1 | 1 | | | | | | | 1 | 1 |
| 저리01 | MAG | 9 | 4 | 4 | 1 | 4 | 2 | | | 1 | 1 |
| 저리다01 | VV | 1 | 1 | | | | | 1 | 1 | | |
| 저번02 | NP | 67 | 49 | 2 | 2 | 24 | 17 | 29 | 20 | 12 | 10 |
| 저번주 | NNG | 2 | 2 | 1 | 1 | 1 | 1 | | | | |
| 저장04 | NNG | 5 | 5 | 1 | 1 | 1 | 1 | 2 | 2 | 1 | 1 |
| 저장04되다 | VV | 1 | 1 | | | | | 1 | 1 | | |
| 저장04하다 | VV | 5 | 5 | 2 | 2 | 3 | 3 | | | | |
| 저장고 | NNG | 1 | 1 | 1 | 1 | | | | | | |
| 저장소 | NNG | 5 | 2 | 5 | 2 | | | | | | |
| 저절로 | MAG | 6 | 5 | 2 | 2 | 2 | 1 | | | 2 | 2 |
| 저쩌구 | MAG | 3 | 1 | | | 3 | 1 | | | | |
| 저쩌다 | VV | 5 | 5 | | | 4 | 4 | 1 | 1 | | |
| 저쪽 | NP | 12 | 11 | 3 | 2 | 1 | 1 | 5 | 5 | 3 | 3 |
| 저축03 | NNG | 1 | 1 | | | | | 1 | 1 | | |
| 저희01 | NP | 6 | 5 | 4 | 3 | 1 | 1 | | | 1 | 1 |
| 적03 | NNB | 94 | 57 | 50 | 20 | 15 | 12 | 21 | 17 | 8 | 8 |
| 적06 | NNG | 1 | 1 | | | 1 | 1 | | | | |
| 적13 | NNG | 5 | 3 | 2 | 2 | 3 | 1 | | | | |
| 적군03 | NNG | 1 | 1 | 1 | 1 | | | | | | |
| 적극적 | NNG | 1 | 1 | | | 1 | 1 | | | | |
| 적다01 | VV | 19 | 16 | 3 | 3 | 8 | 7 | 8 | 6 | | |
| 적다02 | VA | 9 | 7 | 2 | 1 | 2 | 2 | 1 | 1 | 4 | 3 |
| 적당04하다 | VA | 4 | 4 | | | | | 2 | 2 | 2 | 2 |
| 적당히 | MAG | 1 | 1 | 1 | 1 | | | | | | |
| 적성05 | NNG | 8 | 3 | | | | | 7 | 2 | 1 | 1 |
| 적응02 | NNG | 3 | 3 | | | 2 | 2 | | | 1 | 1 |
| 적응02되다 | VV | 1 | 1 | | | 1 | 1 | | | | |
| 적응02하다 | VV | 2 | 2 | | | 1 | 1 | 1 | 1 | | |
| 적히다 | VV | 3 | 2 | 1 | 1 | | | | | 2 | 1 |
| 전07 | MM | 5 | 4 | 4 | 3 | | | 1 | 1 | | |
| 전08 | NNG | 97 | 74 | 15 | 12 | 37 | 27 | 31 | 22 | 14 | 13 |
| 전공05 | NNG | 1 | 1 | | | | | 1 | 1 | | |
| 전공05하다 | VV | 3 | 2 | 1 | 1 | 2 | 1 | | | | |
| 전과01 | NNG | 1 | 1 | | | | | 1 | 1 | | |

| 형태 | 품사 | 전체 | | 초등학교 저학년 | | 초등학교 고학년 | | 중학생 | | 고등학생 | |
|---|---|---|---|---|---|---|---|---|---|---|---|
| | | 형태빈도 | 화자수 | 형태빈도 | 화자수 | 형태빈도 | 화자수 | 형태빈도 | 화자수 | 형태빈도 | 화자수 |
| 전교01 | NNG | 11 | 9 | | | 2 | 2 | 8 | 6 | 1 | 1 |
| 전국03 | NNG | 3 | 2 | | | | | 3 | 2 | | |
| 전국구 | NNG | 3 | 1 | | | | | 3 | 1 | | |
| 전기15 | NNG | 2 | 2 | 2 | 2 | | | | | | |
| 전날 | NNG | 1 | 1 | | | | | 1 | 1 | | |
| 전등07 | NNG | 1 | 1 | | | 1 | 1 | | | | |
| 전등불 | NNG | 1 | 1 | 1 | 1 | | | | | | |
| 전멸01 | NNG | 1 | 1 | | | | | 1 | 1 | | |
| 전문08 | NNG | 1 | 1 | | | | | 1 | 1 | | |
| 전문대 | NNG | 8 | 4 | | | | | | | 8 | 4 |
| 전문인 | NNG | 1 | 1 | | | | | | | 1 | 1 |
| 전문직 | NNG | 2 | 1 | | | | | 2 | 1 | | |
| 전부05 | MAG | 9 | 7 | 4 | 3 | | | 3 | 2 | 2 | 2 |
| 전부05 | NNG | 1 | 1 | | | | | | | 1 | 1 |
| 전사20 | NNG | 7 | 4 | 1 | 1 | 6 | 3 | | | | |
| 전산실 | NNG | 1 | 1 | | | | | 1 | 1 | | |
| 전설04 | NNG | 6 | 4 | 1 | 1 | 5 | 3 | | | | |
| 전송04 | NNG | 1 | 1 | 1 | 1 | | | | | | |
| 전시04 | NNG | 3 | 1 | | | 3 | 1 | | | | |
| 전시04하다 | VV | 1 | 1 | | | | | 1 | 1 | | |
| 전시실 | NNG | 1 | 1 | | | 1 | 1 | | | | |
| 전염되다 | VV | 1 | 1 | 1 | 1 | | | | | | |
| 전입 | NNG | 1 | 1 | | | | | 1 | 1 | | |
| 전자07 | NNG | 2 | 2 | | | 1 | 1 | 1 | 1 | | |
| 전자동 | NNG | 1 | 1 | | | | | 1 | 1 | | |
| 전쟁 | NNG | 1 | 1 | 1 | 1 | | | | | | |
| 전철04 | NNG | 1 | 1 | | | | | 1 | 1 | | |
| 전체01 | NNG | 9 | 8 | | | 4 | 3 | 3 | 3 | 2 | 2 |
| 전통06 | NNG | 5 | 4 | | | 1 | 1 | 4 | 3 | | |
| 전투 | NNG | 2 | 1 | 2 | 1 | | | | | | |
| 전파04 | NNG | 1 | 1 | | | | | | | 1 | 1 |
| 전하다 | VV | 2 | 2 | | | 1 | 1 | | | 1 | 1 |
| 전학 | NNG | 16 | 12 | 2 | 1 | 7 | 5 | 2 | 2 | 5 | 4 |
| 전혀01 | MAG | 10 | 10 | | | 2 | 2 | 4 | 4 | 4 | 4 |
| 전형04 | NNG | 1 | 1 | | | | | | | 1 | 1 |
| 전화07 | NNG | 53 | 35 | 8 | 7 | 6 | 6 | 15 | 9 | 24 | 13 |
| 전화07되다 | VV | 1 | 1 | | | | | 1 | 1 | | |

| 형태 | 품사 | 전체 | | 초등학교 저학년 | | 초등학교 고학년 | | 중학생 | | 고등학생 | |
|---|---|---|---|---|---|---|---|---|---|---|---|
| | | 형태 빈도 | 화자 수 | 형태 빈도 | 화자 수 | 형태 빈도 | 화자 수 | 형태 빈도 | 화자 수 | 형태 빈도 | 화자 수 |
| 전화07하다 | VV | 31 | 25 | 2 | 2 | 10 | 8 | 8 | 6 | 11 | 9 |
| 전화기 | NNG | 3 | 2 | | | | | 2 | 1 | 1 | 1 |
| 전화박스 | NNG | 1 | 1 | | | | | | | 1 | 1 |
| 전화번호 | NNG | 3 | 3 | 1 | 1 | | | 2 | 2 | | |
| 절01 | NNG | 1 | 1 | | | 1 | 1 | | | | |
| 절02하다 | VV | 1 | 1 | | | 1 | 1 | | | | |
| 절교03 | NNG | 1 | 1 | | | 1 | 1 | | | | |
| 절교03하다 | VV | 2 | 2 | | | 2 | 2 | | | | |
| 절대05 | MAG | 16 | 15 | 3 | 3 | 4 | 4 | 6 | 5 | 3 | 3 |
| 절대로 | MAG | 3 | 3 | 1 | 1 | | | 1 | 1 | 1 | 1 |
| 절대적 | NNG | 2 | 1 | | | | | 2 | 1 | | |
| 절약 | NNG | 1 | 1 | | | | | 1 | 1 | | |
| 젊다 | VA | 2 | 2 | | | | | 2 | 2 | | |
| 점10 | NNB | 118 | 58 | 33 | 14 | 19 | 8 | 62 | 33 | 4 | 3 |
| 점10 | NNG | 14 | 9 | | | 1 | 1 | 13 | 8 | | |
| 점령하다 | VV | 1 | 1 | | | | | 1 | 1 | | |
| 점수06 | NNG | 16 | 13 | 1 | 1 | 10 | 7 | 4 | 4 | 1 | 1 |
| 점심 | NNG | 12 | 10 | | | 2 | 2 | 2 | 2 | 8 | 6 |
| 점심시간 | NNG | 1 | 1 | 1 | 1 | | | | | | |
| 점쟁이 | NNG | 2 | 1 | | | 2 | 1 | | | | |
| 점점01 | MAG | 4 | 3 | 1 | 1 | 2 | 1 | 1 | 1 | | |
| 점퍼 | NNG | 1 | 1 | | | | | 1 | 1 | | |
| 점프 | NNG | 2 | 2 | | | 1 | 1 | | | 1 | 1 |
| 점프하다 | VV | 2 | 2 | 1 | 1 | 1 | 1 | | | | |
| 점화02 | NNG | 2 | 1 | | | 2 | 1 | | | | |
| 점화02하다 | VV | 2 | 2 | | | 2 | 2 | | | | |
| 접근 | NNG | 1 | 1 | | | | | 1 | 1 | | |
| 접기 | NNG | 1 | 1 | | | 1 | 1 | | | | |
| 접다01 | VV | 16 | 9 | 2 | 1 | 8 | 4 | 6 | 4 | | |
| 접속자 | NNG | 1 | 1 | | | | | | | 1 | 1 |
| 접하다01 | VV | 1 | 1 | | | | | 1 | 1 | | |
| 접히다 | VV | 1 | 1 | | | 1 | 1 | | | | |
| 젓가락 | NNG | 3 | 3 | 2 | 2 | 1 | 1 | | | | |
| 젓다01 | VV | 1 | 1 | 1 | 1 | | | | | | |
| 정20 | NNG | 1 | 1 | 1 | 1 | | | | | | |
| 정글 | NNG | 2 | 1 | | | 2 | 1 | | | | |
| 정글즈 | NNG | 1 | 1 | | | 1 | 1 | | | | |

| 형태 | 품사 | 전체 | | 초등학교 저학년 | | 초등학교 고학년 | | 중학생 | | 고등학생 | |
|---|---|---|---|---|---|---|---|---|---|---|---|
| | | 형태 빈도 | 화자 수 | 형태 빈도 | 화자 수 | 형태 빈도 | 화자 수 | 형태 빈도 | 화자 수 | 형태 빈도 | 화자 수 |
| 정년03 | NNG | 1 | 1 | | | | | 1 | 1 | | |
| 정답 | NNG | 1 | 1 | | | | | 1 | 1 | | |
| 정도11 | NNG | 80 | 62 | 11 | 11 | 22 | 16 | 36 | 25 | 11 | 10 |
| 정리09 | NNG | 5 | 4 | | | 3 | 2 | 2 | 2 | | |
| 정리09되다 | VV | 1 | 1 | | | 1 | 1 | | | | |
| 정리09하다 | VV | 1 | 1 | | | | | | | 1 | 1 |
| 정말01 | MAG | 81 | 59 | 8 | 8 | 24 | 14 | 37 | 26 | 12 | 11 |
| 정말01 | NNG | 7 | 7 | 1 | 1 | 3 | 3 | 2 | 2 | 1 | 1 |
| 정말로 | MAG | 1 | 1 | | | | | 1 | 1 | | |
| 정면01 | NNG | 2 | 2 | | | | | 1 | 1 | 1 | 1 |
| 정모05 | NNG | 2 | 1 | | | | | | | 2 | 1 |
| 정물화 | NNG | 2 | 2 | 1 | 1 | | | 1 | 1 | | |
| 정반대 | NNG | 1 | 1 | | | 1 | 1 | | | | |
| 정보06 | NNG | 6 | 6 | | | 1 | 1 | 2 | 2 | 3 | 3 |
| 정복02 | NNG | 1 | 1 | | | | | 1 | 1 | | |
| 정상02 | NNG | 4 | 2 | | | 4 | 2 | | | | |
| 정서06 | NNG | 1 | 1 | | | | | 1 | 1 | | |
| 정성껏 | MAG | 1 | 1 | | | | | | | 1 | 1 |
| 정시08 | NNG | 3 | 3 | | | | | | | 3 | 3 |
| 정식01 | NNG | 1 | 1 | 1 | 1 | | | | | | |
| 정신12 | NNG | 5 | 5 | 2 | 2 | 1 | 1 | 1 | 1 | 1 | 1 |
| 정신병자 | NNG | 1 | 1 | | | 1 | 1 | | | | |
| 정액02 | NNG | 2 | 2 | | | | | 2 | 2 | | |
| 정액제 | NNG | 3 | 2 | | | | | | | 3 | 2 |
| 정장04 | NNG | 6 | 4 | | | | | 4 | 3 | 2 | 1 |
| 정전12 | NNG | 1 | 1 | 1 | 1 | | | | | | |
| 정지06 | NNG | 3 | 2 | | | | | 1 | 1 | 2 | 1 |
| 정체성 | NNG | 1 | 1 | | | | | 1 | 1 | | |
| 정치03 | NNG | 1 | 1 | | | | | 1 | 1 | | |
| 정하다 | VV | 22 | 21 | 1 | 1 | 6 | 5 | 9 | 9 | 6 | 6 |
| 정형외과 | NNG | 3 | 1 | | | 3 | 1 | | | | |
| 정확01하다 | VA | 2 | 2 | | | | | 1 | 1 | 1 | 1 |
| 정확도 | NNG | 1 | 1 | | | 1 | 1 | | | | |
| 정확히01 | MAG | 4 | 4 | 1 | 1 | 2 | 2 | 1 | 1 | | |
| 정회원 | NNG | 1 | 1 | 1 | 1 | | | | | | |
| 젖다01 | VV | 1 | 1 | | | | | | | 1 | 1 |
| 젖소 | NNG | 2 | 1 | 2 | 1 | | | | | | |

| 형태 | 품사 | 전체 | | 초등학교 저학년 | | 초등학교 고학년 | | 중학생 | | 고등학생 | |
|---|---|---|---|---|---|---|---|---|---|---|---|
| | | 형태 빈도 | 화자 수 | 형태 빈도 | 화자 수 | 형태 빈도 | 화자 수 | 형태 빈도 | 화자 수 | 형태 빈도 | 화자 수 |
| -제(지25) | EF | 1 | 1 | | | 1 | 1 | | | | |
| 제01 | NP | 1 | 1 | | | 1 | 1 | | | | |
| 제곱근 | NNG | 2 | 1 | | | | | 2 | 1 | | |
| 제과점 | NNG | 1 | 1 | | | | | 1 | 1 | | |
| 제기01 | NNG | 4 | 2 | | | 4 | 2 | | | | |
| 제대로 | MAG | 20 | 18 | 1 | 1 | 3 | 3 | 11 | 9 | 5 | 5 |
| 제대루(제대로) | MAG | 2 | 2 | 1 | 1 | 1 | 1 | | | | |
| 제도01 | NNG | 2 | 2 | | | | | 1 | 1 | 1 | 1 |
| 제로02 | NNG | 1 | 1 | | | | | | | 1 | 1 |
| 제목02 | NNG | 14 | 9 | 8 | 4 | 1 | 1 | 4 | 3 | 1 | 1 |
| 제발01 | MAG | 22 | 17 | 5 | 4 | 7 | 4 | 6 | 6 | 4 | 3 |
| 제법01 | MAG | 1 | 1 | 1 | 1 | | | | | | |
| 제약03 | NNG | 1 | 1 | | | | | | | 1 | 1 |
| 제외02 | NNG | 1 | 1 | | | | | 1 | 1 | | |
| 제외02하다 | VV | 2 | 2 | | | | | 2 | 2 | | |
| 제이03 | NNG | 2 | 2 | | | | | 2 | 2 | | |
| 제일04 | MAG | 182 | 95 | 76 | 31 | 58 | 29 | 36 | 26 | 12 | 9 |
| 제일04 | NNG | 36 | 16 | 28 | 9 | 4 | 3 | 3 | 3 | 1 | 1 |
| 제자01 | NNG | 1 | 1 | | | 1 | 1 | | | | |
| 제작02하다 | VV | 1 | 1 | | | 1 | 1 | | | | |
| 제정01되다 | VV | 1 | 1 | | | | | 1 | 1 | | |
| 제출02 | NNG | 1 | 1 | | | | | 1 | 1 | | |
| 제출02하다 | VV | 2 | 2 | | | | | 1 | 1 | 1 | 1 |
| 제치기 | NNG | 1 | 1 | 1 | 1 | | | | | | |
| 제트기01 | NNG | 1 | 1 | | | | | | | 1 | 1 |
| 제한01 | NNG | 2 | 1 | | | | | | | 2 | 1 |
| 젤 | MAG | 44 | 32 | 23 | 14 | 11 | 9 | 5 | 4 | 5 | 5 |
| 젤 | NNG | 1 | 1 | 1 | 1 | | | | | | |
| 조(좋01)다 | VA | 1 | 1 | 1 | 1 | | | | | | |
| 조(주01)다 | VV | 2 | 2 | | | 1 | 1 | | | 1 | 1 |
| 조15 | NNB | 5 | 3 | | | 1 | 1 | 4 | 2 | | |
| 조15 | NNG | 16 | 12 | 3 | 2 | 5 | 3 | 8 | 7 | | |
| 조각01 | NNG | 3 | 3 | 1 | 1 | | | 1 | 1 | 1 | 1 |
| 조각칼 | NNG | 1 | 1 | | | | | 1 | 1 | | |
| 조개01 | NNG | 7 | 2 | | | 6 | 1 | 1 | 1 | | |
| 조교02 | NNG | 3 | 1 | | | | | 3 | 1 | | |
| 조그맣다 | VA | 7 | 6 | | | 3 | 2 | 3 | 3 | 1 | 1 |

| 형태 | 품사 | 전체 | | 초등학교 저학년 | | 초등학교 고학년 | | 중학생 | | 고등학생 | |
|---|---|---|---|---|---|---|---|---|---|---|---|
| | | 형태 빈도 | 화자 수 | 형태 빈도 | 화자 수 | 형태 빈도 | 화자 수 | 형태 빈도 | 화자 수 | 형태 빈도 | 화자 수 |
| 조금01 | MAG | 27 | 23 | 6 | 6 | 9 | 8 | 6 | 4 | 6 | 5 |
| 조금01 | NNG | 3 | 3 | | | 1 | 1 | 1 | 1 | 1 | 1 |
| 조금씩 | MAG | 5 | 4 | | | 3 | 2 | 1 | 1 | 1 | 1 |
| 조까(조금01) | MAG | 1 | 1 | 1 | 1 | | | | | | |
| 조끔씩(조금씩) | MAG | 1 | 1 | | | | | 1 | 1 | | |
| 조또 | MAG | 4 | 1 | | | | | 4 | 1 | | |
| 조리09 | NNG | 2 | 1 | | | | | 2 | 1 | | |
| 조립02하다 | VV | 4 | 3 | | | 3 | 2 | 1 | 1 | | |
| 조사30 | NNG | 2 | 2 | | | | | 1 | 1 | 1 | 1 |
| 조사30하다 | VV | 6 | 6 | 1 | 1 | 3 | 3 | 2 | 2 | | |
| 조심02하다 | VV | 3 | 3 | 1 | 1 | 1 | 1 | | | 1 | 1 |
| 조심히 | MAG | 1 | 1 | | | | | | | 1 | 1 |
| 조용01하다 | VA | 17 | 15 | 2 | 2 | 3 | 3 | 7 | 5 | 5 | 5 |
| 조용히 | MAG | 36 | 30 | 5 | 5 | 5 | 5 | 16 | 11 | 10 | 9 |
| 조조01 | NNG | 1 | 1 | | | | | 1 | 1 | | |
| 조종06하다 | VV | 4 | 3 | 1 | 1 | 3 | 2 | | | | |
| 조준02하다 | VV | 1 | 1 | | | 1 | 1 | | | | |
| 조직 | NNG | 2 | 1 | | | 2 | 1 | | | | |
| 조카 | NNG | 1 | 1 | | | | | 1 | 1 | | |
| 조퇴01 | NNG | 1 | 1 | | | | | | | 1 | 1 |
| 조퇴01하다 | VV | 5 | 4 | 1 | 1 | | | | | 4 | 3 |
| 조폭 | NNG | 1 | 1 | 1 | 1 | | | | | | |
| 조회01 | NNG | 1 | 1 | 1 | 1 | | | | | | |
| 조회02 | NNG | 1 | 1 | | | 1 | 1 | | | | |
| 족(종족02) | NNG | 2 | 2 | | | | | | | 2 | 2 |
| 족구 | NNG | 4 | 2 | | | | | 4 | 2 | | |
| 족발 | NNG | 1 | 1 | | | | | 1 | 1 | | |
| 존경 | NNG | 1 | 1 | | | | | 1 | 1 | | |
| 존경하다 | VV | 6 | 3 | 1 | 1 | | | 5 | 2 | | |
| 존나 | MAG | 118 | 60 | 3 | 3 | 20 | 10 | 48 | 23 | 47 | 24 |
| 존댓말 | NNG | 1 | 1 | | | | | 1 | 1 | | |
| 존심04 | NNG | 1 | 1 | | | | | | | 1 | 1 |
| 존재하다 | VV | 1 | 1 | | | | | 1 | 1 | | |
| 졸다01 | VV | 3 | 2 | | | | | 2 | 1 | 1 | 1 |
| 졸라02 | MAG | 29 | 18 | | | 14 | 8 | 15 | 10 | | |
| 졸렵다 | VV | 1 | 1 | | | | | | | 1 | 1 |
| 졸리다01 | VV | 12 | 11 | 1 | 1 | 2 | 1 | 3 | 3 | 6 | 6 |

| 형태 | 품사 | 전체 | | 초등학교 저학년 | | 초등학교 고학년 | | 중학생 | | 고등학생 | |
|---|---|---|---|---|---|---|---|---|---|---|---|
| | | 형태 빈도 | 화자 수 | 형태 빈도 | 화자 수 | 형태 빈도 | 화자 수 | 형태 빈도 | 화자 수 | 형태 빈도 | 화자 수 |
| 졸리다02 | VV | 1 | 1 | 1 | 1 | | | | | | |
| 졸립다 | VV | 1 | 1 | | | | | | | 1 | 1 |
| 졸업생 | NNG | 3 | 2 | | | | | 3 | 2 | | |
| 졸업하다 | VV | 2 | 2 | | | | | 1 | 1 | 1 | 1 |
| 좀02 | MAG | 451 | 224 | 41 | 28 | 118 | 59 | 175 | 77 | 117 | 60 |
| 좀니 | MAG | 1 | 1 | | | | | | | 1 | 1 |
| 좃빠 | MAG | 1 | 1 | | | 1 | 1 | | | | |
| 종09 | NNB | 1 | 1 | | | | | | | 1 | 1 |
| 종09 | NNG | 2 | 1 | | | | | | | 2 | 1 |
| 종13 | NNG | 4 | 4 | 1 | 1 | 1 | 1 | 1 | 1 | 1 | 1 |
| 종례 | NNG | 1 | 1 | | | | | 1 | 1 | | |
| 종류02 | NNG | 3 | 3 | 2 | 2 | 1 | 1 | | | | |
| 종아리 | NNG | 3 | 1 | 3 | 1 | | | | | | |
| 종이01 | NNG | 12 | 10 | 2 | 1 | 3 | 3 | 5 | 4 | 2 | 2 |
| 종이컵 | NNG | 1 | 1 | | | 1 | 1 | | | | |
| 종이학 | NNG | 1 | 1 | 1 | 1 | | | | | | |
| 종일01 | NNG | 3 | 3 | | | | | 1 | 1 | 2 | 2 |
| 종족02 | NNG | 6 | 3 | 4 | 2 | 2 | 1 | | | | |
| 종종04 | MAG | 1 | 1 | 1 | 1 | | | | | | |
| 좆 | NNG | 6 | 3 | | | | | | | 6 | 3 |
| 좆나 | MAG | 16 | 8 | | | 1 | 1 | 4 | 4 | 11 | 3 |
| 좆밥 | NNG | 1 | 1 | | | | | | | 1 | 1 |
| 좋(주01)다 | VV | 1 | 1 | 1 | 1 | | | | | | |
| 좋다01 | VA | 714 | 292 | 192 | 70 | 185 | 72 | 191 | 81 | 146 | 69 |
| 좋아하다 | VV | 413 | 159 | 127 | 47 | 79 | 41 | 152 | 50 | 55 | 21 |
| 좌우01 | NNG | 1 | 1 | | | 1 | 1 | | | | |
| 좍 | MAG | 2 | 2 | 1 | 1 | | | 1 | 1 | | |
| 죄03 | NNG | 1 | 1 | | | 1 | 1 | | | | |
| 죄송하다 | VA | 1 | 1 | 1 | 1 | | | | | | |
| -죠01 | EF | 8 | 7 | 2 | 2 | | | 6 | 5 | | |
| 주(줄04) | NNB | 4 | 3 | 2 | 2 | 2 | 1 | | | | |
| 주(줍01)다 | VV | 1 | 1 | 1 | 1 | | | | | | |
| 주03 | MM | 1 | 1 | 1 | 1 | | | | | | |
| 주26 | NNB | 12 | 8 | | | 2 | 1 | 8 | 6 | 2 | 1 |
| 주26 | NNG | 8 | 5 | 1 | 1 | 4 | 2 | 1 | 1 | 2 | 1 |
| 주간03 | NNG | 1 | 1 | | | | | | | 1 | 1 |
| 주관식 | NNG | 1 | 1 | | | | | | | 1 | 1 |

| 형태 | 품사 | 전체 | | 초등학교 저학년 | | 초등학교 고학년 | | 중학생 | | 고등학생 | |
|---|---|---|---|---|---|---|---|---|---|---|---|
| | | 형태 빈도 | 화자 수 | 형태 빈도 | 화자 수 | 형태 빈도 | 화자 수 | 형태 빈도 | 화자 수 | 형태 빈도 | 화자 수 |
| 주근깨 | NNG | 1 | 1 | | | | | 1 | 1 | | |
| 주기14 | NNG | 1 | 1 | | | | | | | 1 | 1 |
| 주다01 | VV | 255 | 130 | 53 | 33 | 88 | 42 | 63 | 29 | 51 | 26 |
| 주다01 | VX | 546 | 258 | 113 | 66 | 188 | 67 | 131 | 60 | 114 | 65 |
| 주로01 | MAG | 7 | 7 | 1 | 1 | 3 | 3 | 2 | 2 | 1 | 1 |
| 주르륵 | MAG | 2 | 1 | 2 | 1 | | | | | | |
| 주름잡다 | VV | 1 | 1 | | | 1 | 1 | | | | |
| 주말02 | NNG | 3 | 2 | | | 1 | 1 | 2 | 1 | | |
| 주머니 | NNG | 1 | 1 | | | | | 1 | 1 | | |
| 주먹 | NNG | 4 | 4 | 2 | 2 | 1 | 1 | 1 | 1 | | |
| 주먹질 | NNG | 1 | 1 | | | | | | | 1 | 1 |
| 주문03 | NNG | 3 | 1 | | | 3 | 1 | | | | |
| 주문04 | NNG | 1 | 1 | | | | | 1 | 1 | | |
| 주문04하다 | VV | 2 | 1 | | | | | 2 | 1 | | |
| 주민 | NNG | 2 | 2 | 2 | 2 | | | | | | |
| 주방05 | NNG | 1 | 1 | | | | | 1 | 1 | | |
| 주번02 | NNG | 1 | 1 | | | | | 1 | 1 | | |
| 주변04 | NNG | 1 | 1 | | | | | | | 1 | 1 |
| 주부03 | NNG | 3 | 2 | 3 | 2 | | | | | | |
| 주사13 | NNG | 3 | 3 | 1 | 1 | 2 | 2 | | | | |
| 주소01 | NNG | 4 | 4 | | | 1 | 1 | 2 | 2 | 1 | 1 |
| 주술사 | NNG | 6 | 3 | | | 6 | 3 | | | | |
| 주스 | NNG | 3 | 1 | | | | | | | 3 | 1 |
| 주식03 | NNG | 1 | 1 | | | | | | | 1 | 1 |
| 주식회사 | NNG | 1 | 1 | | | | | | | 1 | 1 |
| 주요01 | NNG | 1 | 1 | | | | | 1 | 1 | | |
| 주위02 | NNG | 2 | 2 | | | | | 1 | 1 | 1 | 1 |
| 주유05 | NNG | 2 | 2 | | | | | | | 2 | 2 |
| 주의02 | NNG | 1 | 1 | | | | | 1 | 1 | | |
| 주인01 | NNG | 9 | 7 | | | 6 | 4 | 2 | 2 | 1 | 1 |
| 주인공 | NNG | 8 | 6 | | | 6 | 4 | 1 | 1 | 1 | 1 |
| 주일03 | NNB | 4 | 3 | 1 | 1 | 1 | 1 | 2 | 1 | | |
| 주전자 | NNG | 3 | 1 | | | 3 | 1 | | | | |
| 주점04 | NNG | 1 | 1 | | | | | | | 1 | 1 |
| 주접01스럽다 | VA | 1 | 1 | | | | | 1 | 1 | | |
| 주제01 | NNG | 3 | 3 | | | 1 | 1 | 2 | 2 | | |
| 주제04 | NNG | 39 | 22 | | | 5 | 4 | 29 | 13 | 5 | 5 |

| 형태 | 품사 | 전체 | | 초등학교 저학년 | | 초등학교 고학년 | | 중학생 | | 고등학생 | |
|---|---|---|---|---|---|---|---|---|---|---|---|
| | | 형태 빈도 | 화자 수 | 형태 빈도 | 화자 수 | 형태 빈도 | 화자 수 | 형태 빈도 | 화자 수 | 형태 빈도 | 화자 수 |
| 주차장 | NNG | 4 | 3 | | | | | 3 | 2 | 1 | 1 |
| 주치02 | NNG | 1 | 1 | | | | | 1 | 1 | | |
| 주택 | NNG | 1 | 1 | | | | | 1 | 1 | | |
| 주황01 | NNG | 2 | 2 | 2 | 2 | | | | | | |
| 주황색 | NNG | 1 | 1 | 1 | 1 | | | | | | |
| 죽다01 | VV | 147 | 99 | 42 | 26 | 58 | 33 | 32 | 27 | 15 | 13 |
| 죽다01 | VX | 5 | 5 | | | 3 | 3 | | | 2 | 2 |
| 죽돌이 | NNG | 2 | 1 | | | | | | | 2 | 1 |
| 죽이기 | NNG | 1 | 1 | 1 | 1 | | | | | | |
| 죽이다01 | VV | 44 | 27 | 6 | 6 | 15 | 8 | 14 | 10 | 9 | 3 |
| 준비 | NNG | 8 | 8 | 2 | 2 | 4 | 4 | 2 | 2 | | |
| 준비물 | NNG | 2 | 2 | 2 | 2 | | | | | | |
| 준비하다 | VV | 14 | 13 | 5 | 4 | 3 | 3 | 4 | 4 | 2 | 2 |
| 줄01 | NNG | 29 | 15 | 13 | 6 | 9 | 4 | 6 | 4 | 1 | 1 |
| 줄04 | NNB | 170 | 125 | 40 | 31 | 50 | 33 | 42 | 30 | 38 | 31 |
| 줄기01 | NNG | 1 | 1 | | | | | 1 | 1 | | |
| 줄넘기 | NNG | 15 | 6 | | | 7 | 2 | 8 | 4 | | |
| 줄넘기하다 | VV | 1 | 1 | 1 | 1 | | | | | | |
| 줄다 | VV | 1 | 1 | 1 | 1 | | | | | | |
| 줄다리기하다 | VV | 1 | 1 | | | | | | | 1 | 1 |
| 줄무늬 | NNG | 1 | 1 | | | | | 1 | 1 | | |
| 줄어들다 | VV | 3 | 3 | 1 | 1 | | | 2 | 2 | | |
| 줄이다 | VV | 3 | 2 | | | | | 2 | 1 | 1 | 1 |
| 줄줄 | MAG | 1 | 1 | 1 | 1 | | | | | | |
| 줌(좀02) | MAG | 1 | 1 | | | 1 | 1 | | | | |
| 줍다01 | VV | 9 | 6 | 2 | 2 | 6 | 3 | | | 1 | 1 |
| 줏(줍01)다 | VV | 5 | 3 | 1 | 1 | 4 | 2 | | | | |
| 줏대03 | NNG | 1 | 1 | | | | | 1 | 1 | | |
| 중04 | NNB | 159 | 95 | 64 | 30 | 32 | 24 | 48 | 29 | 15 | 12 |
| 중04 | NNG | 13 | 10 | | | 1 | 1 | 10 | 7 | 2 | 2 |
| 중간01 | NNG | 25 | 22 | 3 | 3 | 3 | 3 | 10 | 10 | 9 | 6 |
| 중간고사 | NNG | 28 | 17 | | | 26 | 15 | 2 | 2 | | |
| 중계석 | NNG | 1 | 1 | | | 1 | 1 | | | | |
| 중계인 | NNG | 1 | 1 | | | 1 | 1 | | | | |
| 중계자 | NNG | 1 | 1 | | | 1 | 1 | | | | |
| 중고01 | NNG | 1 | 1 | | | 1 | 1 | | | | |
| 중독01 | NNG | 2 | 2 | | | | | 2 | 2 | | |

| 형태 | 품사 | 전체 | | 초등학교 저학년 | | 초등학교 고학년 | | 중학생 | | 고등학생 | |
|---|---|---|---|---|---|---|---|---|---|---|---|
| | | 형태빈도 | 화자수 | 형태빈도 | 화자수 | 형태빈도 | 화자수 | 형태빈도 | 화자수 | 형태빈도 | 화자수 |
| 중독01되다 | VV | 3 | 2 | 1 | 1 | | | 2 | 1 | | |
| 중등부 | NNG | 1 | 1 | | | | | 1 | 1 | | |
| 중등학교 | NNG | 1 | 1 | | | | | 1 | 1 | | |
| 중부03 | NNG | 1 | 1 | | | | | | | 1 | 1 |
| 중삼02 | NNG | 1 | 1 | | | | | | | 1 | 1 |
| 중소기업 | NNG | 5 | 2 | | | | | | | 5 | 2 |
| 중순 | NNG | 1 | 1 | | | | | 1 | 1 | | |
| 중식03 | NNG | 1 | 1 | | | | | | | 1 | 1 |
| 중심01 | NNG | 1 | 1 | | | 1 | 1 | | | | |
| 중앙01 | NNG | 1 | 1 | | | 1 | 1 | | | | |
| 중요02하다 | VA | 19 | 14 | 5 | 4 | 2 | 2 | 7 | 5 | 5 | 3 |
| 중이02 | NNG | 2 | 2 | | | | | 1 | 1 | 1 | 1 |
| 중일02 | NNG | 7 | 4 | 1 | 1 | 5 | 2 | | | 1 | 1 |
| 중지02하다 | VV | 1 | 1 | | | | | 1 | 1 | | |
| 중학교 | NNG | 34 | 28 | 1 | 1 | 7 | 6 | 13 | 10 | 13 | 11 |
| 중학께(중학교) | NNG | 1 | 1 | | | 1 | 1 | | | | |
| 중학생 | NNG | 4 | 3 | | | 2 | 1 | 2 | 2 | | |
| 쥐02 | NNG | 9 | 4 | | | 4 | 2 | 5 | 2 | | |
| 쥐03 | NNG | 4 | 2 | | | 1 | 1 | 3 | 1 | | |
| 쥐포 | NNG | 3 | 3 | | | 1 | 1 | | | 2 | 2 |
| 쥬스(주스) | NNG | 1 | 1 | | | 1 | 1 | | | | |
| 즈즈즉 | MAG | 1 | 1 | 1 | 1 | | | | | | |
| 즉01 | MAG | 1 | 1 | | | 1 | 1 | | | | |
| 즐 | MAG | 1 | 1 | 1 | 1 | | | | | | |
| 즐겁다 | VA | 7 | 7 | | | 1 | 1 | 2 | 2 | 4 | 4 |
| 즐기01 | VV | 5 | 5 | | | | | 4 | 4 | 1 | 1 |
| 즘(좀02) | MAG | 1 | 1 | | | | | | | 1 | 1 |
| 즙 | NNG | 2 | 1 | 2 | 1 | | | | | | |
| 증가01하다 | VV | 1 | 1 | | | 1 | 1 | | | | |
| 증거 | NNG | 1 | 1 | | | | | | | 1 | 1 |
| 증말(정말01) | MAG | 1 | 1 | | | | | 1 | 1 | | |
| 증말(정말01) | NNG | 2 | 2 | 1 | 1 | 1 | 1 | | | | |
| 증오01하다 | VV | 2 | 2 | | | | | 2 | 2 | | |
| 증인01 | NNG | 1 | 1 | | | | | | | 1 | 1 |
| 증조할머니 | NNG | 2 | 2 | 2 | 2 | | | | | | |
| 증조할아버지 | NNG | 1 | 1 | 1 | 1 | | | | | | |
| 지(자기04) | NP | 50 | 30 | 1 | 1 | 14 | 7 | 20 | 8 | 15 | 14 |

| 형태 | 품사 | 전체 | | 초등학교 저학년 | | 초등학교 고학년 | | 중학생 | | 고등학생 | |
|---|---|---|---|---|---|---|---|---|---|---|---|
| | | 형태 빈도 | 화자 수 | 형태 빈도 | 화자 수 | 형태 빈도 | 화자 수 | 형태 빈도 | 화자 수 | 형태 빈도 | 화자 수 |
| 지(지구04) | NNG | 1 | 1 | 1 | 1 | | | | | | |
| 지02 | NNB | 30 | 28 | 4 | 4 | 7 | 6 | 11 | 10 | 8 | 8 |
| 지05 | NP | 46 | 32 | 3 | 3 | 13 | 11 | 24 | 12 | 6 | 6 |
| -지24 | EC | 612 | 302 | 101 | 63 | 178 | 79 | 196 | 85 | 137 | 75 |
| -지25 | EF | 1691 | 440 | 286 | 98 | 563 | 117 | 458 | 115 | 384 | 110 |
| 지각05하다 | VV | 2 | 2 | | | | | 1 | 1 | 1 | 1 |
| 지갑03 | NNG | 2 | 2 | 2 | 2 | | | | | | |
| 지겹다 | VA | 13 | 12 | 2 | 2 | 4 | 3 | 1 | 1 | 6 | 6 |
| 지구04 | NNG | 6 | 4 | 6 | 4 | | | | | | |
| 지구본 | NNG | 6 | 4 | 6 | 4 | | | | | | |
| 지금03 | MAG | 257 | 142 | 41 | 28 | 64 | 34 | 75 | 40 | 77 | 40 |
| 지금03 | NNB | 73 | 57 | 10 | 10 | 27 | 18 | 21 | 17 | 15 | 12 |
| 지나가다 | VV | 25 | 23 | 2 | 2 | 12 | 11 | 8 | 7 | 3 | 3 |
| 지나다 | VV | 60 | 50 | 8 | 7 | 14 | 11 | 21 | 17 | 17 | 15 |
| 지나치다 | VV | 1 | 1 | | | | | 1 | 1 | | |
| 지난번 | NNG | 10 | 8 | 2 | 2 | 3 | 2 | 1 | 1 | 4 | 3 |
| 지내다01 | VV | 20 | 15 | | | 5 | 5 | 3 | 2 | 12 | 8 |
| 지다03 | VV | 37 | 25 | 16 | 8 | 14 | 11 | 2 | 2 | 5 | 4 |
| 지다04 | VX | 206 | 138 | 41 | 27 | 91 | 54 | 44 | 34 | 30 | 23 |
| 지대13 | MAG | 3 | 3 | | | | | 1 | 1 | 2 | 2 |
| 지도03 | NNG | 4 | 3 | 3 | 2 | 1 | 1 | | | | |
| 지도09 | NNG | 1 | 1 | | | 1 | 1 | | | | |
| 지랄 | NNG | 23 | 15 | | | | | 18 | 11 | 5 | 4 |
| 지랄거리다 | VV | 1 | 1 | | | | | 1 | 1 | | |
| 지랄하다 | VV | 9 | 9 | | | 1 | 1 | 7 | 7 | 1 | 1 |
| 지렁이 | NNG | 4 | 4 | | | 2 | 2 | 2 | 2 | | |
| 지롤(지랄) | NNG | 1 | 1 | | | | | | | 1 | 1 |
| -지롱02 | EF | 2 | 2 | 2 | 2 | | | | | | |
| 지루01하다 | VA | 4 | 4 | | | 2 | 2 | 1 | 1 | 1 | 1 |
| 지르다03 | VV | 4 | 4 | 1 | 1 | | | 3 | 3 | | |
| -지마는 | EC | 4 | 3 | | | 1 | 1 | 3 | 2 | | |
| -지만05 | EC | 58 | 41 | 6 | 5 | 14 | 12 | 26 | 15 | 12 | 9 |
| 지망생 | NNG | 1 | 1 | | | | | 1 | 1 | | |
| 지목03하다 | VV | 4 | 1 | | | | | | | 4 | 1 |
| 지방05 | NNG | 3 | 3 | | | 2 | 2 | | | 1 | 1 |
| 지방09 | NNG | 1 | 1 | | | | | 1 | 1 | | |
| 지방대02 | NNG | 1 | 1 | | | | | | | 1 | 1 |

| 형태 | 품사 | 전체 | | 초등학교 저학년 | | 초등학교 고학년 | | 중학생 | | 고등학생 | |
|---|---|---|---|---|---|---|---|---|---|---|---|
| | | 형태 빈도 | 화자 수 | 형태 빈도 | 화자 수 | 형태 빈도 | 화자 수 | 형태 빈도 | 화자 수 | 형태 빈도 | 화자 수 |
| 지식02 | NNG | 1 | 1 | | | | | 1 | 1 | | |
| 지어내다 | VV | 3 | 3 | 3 | 3 | | | | | | |
| 지역03 | NNG | 1 | 1 | | | | | | | 1 | 1 |
| 지옥 | NNG | 2 | 2 | | | 1 | 1 | | | 1 | 1 |
| 지우개 | NNG | 9 | 6 | 2 | 2 | 7 | 4 | | | | |
| 지우다01 | VV | 14 | 10 | 2 | 2 | 8 | 4 | 3 | 3 | 1 | 1 |
| 지원02하다 | VV | 1 | 1 | | | | | | | 1 | 1 |
| 지원07하다 | VV | 1 | 1 | | | | | | | 1 | 1 |
| 지으(짓01)다 | VV | 1 | 1 | | | 1 | 1 | | | | |
| 지저분하다 | VA | 4 | 3 | 2 | 1 | | | 1 | 1 | 1 | 1 |
| 지적01 | NNG | 1 | 1 | | | | | 1 | 1 | | |
| 지존02 | NNG | 4 | 2 | | | | | 4 | 2 | | |
| 지지다01 | VV | 3 | 1 | | | 3 | 1 | | | | |
| 지지리01 | MAG | 1 | 1 | | | 1 | 1 | | | | |
| 지지배(계집애) | NNG | 1 | 1 | | | 1 | 1 | | | | |
| 지짜(진짜) | MAG | 1 | 1 | | | | | | | 1 | 1 |
| 지출01 | NNG | 1 | 1 | | | | | 1 | 1 | | |
| 지치다01 | VV | 1 | 1 | | | | | 1 | 1 | | |
| 지키다01 | VV | 15 | 13 | 1 | 1 | 4 | 4 | 9 | 7 | 1 | 1 |
| 지퍼 | NNG | 1 | 1 | | | | | 1 | 1 | | |
| 지하상가 | NNG | 1 | 1 | | | | | | | 1 | 1 |
| 지휘봉 | NNG | 1 | 1 | | | 1 | 1 | | | | |
| 직감 | NNG | 1 | 1 | | | 1 | 1 | | | | |
| 직분 | NNG | 1 | 1 | | | 1 | 1 | | | | |
| 직설적 | NNG | 1 | 1 | | | | | 1 | 1 | | |
| 직업 | NNG | 23 | 12 | 3 | 2 | 5 | 2 | 12 | 7 | 3 | 1 |
| 직원03 | NNG | 2 | 1 | | | | | 2 | 1 | | |
| 직장05 | NNG | 4 | 4 | 2 | 2 | | | 1 | 1 | 1 | 1 |
| 직접 | MAG | 3 | 3 | 1 | 1 | | | 2 | 2 | | |
| 직접적 | NNG | 2 | 2 | | | | | 1 | 1 | 1 | 1 |
| 진돗개 | NNG | 5 | 4 | 4 | 3 | 1 | 1 | | | | |
| 진동03 | NNG | 3 | 2 | 2 | 1 | | | 1 | 1 | | |
| 진동04 | NNG | 1 | 1 | | | | | 1 | 1 | | |
| 진로02 | NNG | 2 | 2 | | | | | 2 | 2 | | |
| 진료 | NNG | 1 | 1 | 1 | 1 | | | | | | |
| 진실02 | NNG | 4 | 4 | | | 3 | 3 | | | 1 | 1 |
| 진심01 | NNG | 1 | 1 | | | 1 | 1 | | | | |

| 형태 | 품사 | 전체 | | 초등학교 저학년 | | 초등학교 고학년 | | 중학생 | | 고등학생 | |
|---|---|---|---|---|---|---|---|---|---|---|---|
| | | 형태 빈도 | 화자 수 | 형태 빈도 | 화자 수 | 형태 빈도 | 화자 수 | 형태 빈도 | 화자 수 | 형태 빈도 | 화자 수 |
| 진열02되다 | VV | 1 | 1 | | | | | | | 1 | 1 |
| 진입하다 | VV | 1 | 1 | | | | | 1 | 1 | | |
| 진지05하다 | VA | 1 | 1 | | | | | 1 | 1 | | |
| 진짜 | MAG | 1041 | 319 | 80 | 44 | 266 | 85 | 396 | 98 | 299 | 92 |
| 진짜 | NNG | 104 | 73 | 19 | 17 | 34 | 25 | 35 | 21 | 16 | 10 |
| 진짜로 | MAG | 23 | 16 | 1 | 1 | 6 | 6 | 9 | 4 | 7 | 5 |
| 진짜루(진짜로) | MAG | 3 | 2 | 1 | 1 | | | 2 | 1 | | |
| 진화05하다 | VV | 3 | 1 | | | 3 | 1 | | | | |
| 진흙 | NNG | 4 | 2 | | | 4 | 2 | | | | |
| 질08 | NNG | 1 | 1 | | | | | | | 1 | 1 |
| 질르(지르03)다 | VV | 1 | 1 | | | | | 1 | 1 | | |
| 질리다01 | VV | 8 | 6 | 2 | 1 | 5 | 4 | | | 1 | 1 |
| 질문 | NNG | 8 | 5 | 1 | 1 | 2 | 2 | | | 5 | 2 |
| 질문하다 | VV | 4 | 3 | 1 | 1 | 2 | 1 | 1 | 1 | | |
| 질색 | NNG | 2 | 2 | | | | | 2 | 2 | | |
| 질서03 | NNG | 2 | 2 | | | | | 2 | 2 | | |
| 질질01 | MAG | 1 | 1 | | | | | 1 | 1 | | |
| 질질02 | MAG | 1 | 1 | | | | | 1 | 1 | | |
| 질투 | NNG | 2 | 1 | | | 2 | 1 | | | | |
| 짐(지금03) | MAG | 5 | 5 | 1 | 1 | | | 1 | 1 | 3 | 3 |
| 짐(지금03) | NNG | 3 | 2 | | | | | 3 | 2 | | |
| 짐승 | NNG | 1 | 1 | 1 | 1 | | | | | | |
| 짐작 | NNG | 1 | 1 | | | | | 1 | 1 | | |
| 집01 | NNG | 334 | 180 | 72 | 46 | 96 | 42 | 88 | 48 | 78 | 44 |
| 집03 | NNB | 5 | 2 | | | 5 | 2 | | | | |
| 집다01 | VV | 2 | 2 | | | 1 | 1 | | | 1 | 1 |
| 집사님 | NNG | 3 | 1 | 3 | 1 | | | | | | |
| 집안01 | NNG | 11 | 6 | 1 | 1 | 8 | 3 | 1 | 1 | 1 | 1 |
| 집안일 | NNG | 1 | 1 | | | | | | | 1 | 1 |
| 집어넣다 | VV | 1 | 1 | | | 1 | 1 | | | | |
| 집중02 | NNG | 3 | 3 | | | 1 | 1 | 1 | 1 | 1 | 1 |
| 집중02하다 | VV | 1 | 1 | | | | | | | 1 | 1 |
| 집중적 | NNG | 1 | 1 | | | 1 | 1 | | | | |
| 집합01 | NNG | 2 | 1 | | | 2 | 1 | | | | |
| 집히다 | VV | 2 | 1 | | | 2 | 1 | | | | |
| 짓01 | NNG | 12 | 10 | 1 | 1 | | | 9 | 7 | 2 | 2 |
| 짓거리 | NNG | 1 | 1 | | | | | | | 1 | 1 |

| 형태 | 품사 | 전체 | | 초등학교 저학년 | | 초등학교 고학년 | | 중학생 | | 고등학생 | |
|---|---|---|---|---|---|---|---|---|---|---|---|
| | | 형태빈도 | 화자수 | 형태빈도 | 화자수 | 형태빈도 | 화자수 | 형태빈도 | 화자수 | 형태빈도 | 화자수 |
| 짓다01 | VV | 18 | 15 | 5 | 4 | 8 | 6 | 3 | 3 | 2 | 2 |
| 징검다리01 | NNG | 1 | 1 | 1 | 1 | | | | | | |
| 징그럽다 | VA | 3 | 3 | | | 3 | 3 | | | | |
| 징하다02 | VA | 2 | 2 | | | | | | | 2 | 2 |
| 짖다 | VV | 1 | 1 | | | | | 1 | 1 | | |
| 짚 | NNG | 2 | 1 | 2 | 1 | | | | | | |
| 짚다01 | VV | 3 | 2 | 2 | 1 | | | | | 1 | 1 |
| 짚신 | NNG | 1 | 1 | 1 | 1 | | | | | | |
| 짜금(조금01) | NNG | 1 | 1 | 1 | 1 | | | | | | |
| 짜내다 | VV | 1 | 1 | | | | | | | 1 | 1 |
| 짜다01 | VV | 5 | 4 | 3 | 2 | 1 | 1 | | | 1 | 1 |
| 짜다02 | VV | 1 | 1 | | | | | | | 1 | 1 |
| 짜다03 | VA | 1 | 1 | 1 | 1 | | | | | | |
| 짜르다01 | VV | 18 | 15 | 5 | 4 | 6 | 5 | 4 | 3 | 3 | 3 |
| 짜식(자식01) | NNG | 1 | 1 | | | | | | | 1 | 1 |
| 짜장(자장07) | NNG | 1 | 1 | | | | | | | 1 | 1 |
| 짜장면 | NNG | 4 | 3 | | | 2 | 2 | 2 | 1 | | |
| 짜증 | NNG | 7 | 6 | 1 | 1 | 1 | 1 | 3 | 2 | 2 | 2 |
| 짜증나다 | VV | 164 | 95 | 15 | 11 | 48 | 27 | 51 | 31 | 50 | 26 |
| 짜증내다 | VV | 2 | 2 | | | 2 | 2 | | | | |
| 짝(작01)다 | VA | 17 | 13 | 7 | 5 | 4 | 4 | 5 | 3 | 1 | 1 |
| 짝01 | NNG | 13 | 12 | 2 | 2 | 5 | 4 | 1 | 1 | 5 | 5 |
| 짝01하다 | VV | 1 | 1 | 1 | 1 | | | | | | |
| 짝꿍 | NNG | 5 | 5 | 3 | 3 | 1 | 1 | | | 1 | 1 |
| 짝수 | NNG | 2 | 1 | | | | | | | 2 | 1 |
| 짝아지(작아지)다 | VV | 1 | 1 | 1 | 1 | | | | | | |
| 짝짜꿍 | NNG | 1 | 1 | | | 1 | 1 | | | | |
| 짠돌이 | NNG | 1 | 1 | | | 1 | 1 | | | | |
| 짤르(자르01)다 | VV | 1 | 1 | | | | | 1 | 1 | | |
| 짤리다 | VV | 5 | 4 | 2 | 1 | 2 | 2 | | | 1 | 1 |
| 짧(떫)다 | VA | 1 | 1 | 1 | 1 | | | | | | |
| 짧다 | VA | 9 | 9 | 4 | 4 | 3 | 3 | 1 | 1 | 1 | 1 |
| 짭새 | NNG | 6 | 2 | | | 6 | 2 | | | | |
| 짱02 | MAG | 43 | 32 | 16 | 12 | 6 | 5 | 20 | 14 | 1 | 1 |
| 짱02 | NNG | 22 | 14 | 11 | 4 | 3 | 3 | 7 | 6 | 1 | 1 |
| 짱구 | NNG | 2 | 1 | | | | | 2 | 1 | | |
| 짱나(짜증나)다 | VV | 3 | 2 | | | 3 | 2 | | | | |

| 형태 | 품사 | 전체 | | 초등학교 저학년 | | 초등학교 고학년 | | 중학생 | | 고등학생 | |
|---|---|---|---|---|---|---|---|---|---|---|---|
| | | 형태 빈도 | 화자 수 | 형태 빈도 | 화자 수 | 형태 빈도 | 화자 수 | 형태 빈도 | 화자 수 | 형태 빈도 | 화자 수 |
| 째(재) | NP | 4 | 2 | | | 2 | 1 | 2 | 1 | | |
| 째다04 | VV | 3 | 3 | | | | | 3 | 3 | | |
| 째리다 | VV | 1 | 1 | | | 1 | 1 | | | | |
| 째즈(재즈) | NNG | 9 | 4 | | | 4 | 2 | 5 | 2 | | |
| 쨈(잼01) | NNG | 7 | 6 | | | 4 | 3 | 3 | 3 | | |
| 쨍그랑 | MAG | 1 | 1 | | | 1 | 1 | | | | |
| 쩨(재) | NP | 2 | 1 | | | | | 2 | 1 | | |
| 쩌(저04) | MM | 2 | 1 | 2 | 1 | | | | | | |
| 쩌거(저거01) | NP | 8 | 4 | 4 | 2 | 4 | 2 | | | | |
| 쩌기(저기01) | NP | 6 | 6 | 2 | 2 | | | 1 | 1 | 3 | 3 |
| 쩌번(저번02) | NP | 7 | 6 | 1 | 1 | 1 | 1 | 4 | 3 | 1 | 1 |
| 쩍(작01)다 | VA | 1 | 1 | | | | | 1 | 1 | | |
| 쩍(적02)다 | VA | 4 | 3 | 1 | 1 | 3 | 2 | | | | |
| 쩐(저번02) | NP | 1 | 1 | | | | | | | 1 | 1 |
| 쩔(저리01) | MAG | 1 | 1 | | | | | | | 1 | 1 |
| 쩜매(묶)다 | VV | 1 | 1 | | | | | | | 1 | 1 |
| 쩨일(제일04) | MAG | 5 | 3 | | | 2 | 1 | 1 | 1 | 2 | 1 |
| 쩨일(제일04) | NNG | 4 | 4 | 1 | 1 | 3 | 3 | | | | |
| 쩰(젤) | MAG | 8 | 7 | 3 | 3 | 5 | 4 | | | | |
| 쩰리(젤리) | NNG | 2 | 1 | | | 2 | 1 | | | | |
| 쪼가리 | NNG | 2 | 1 | | | | | 2 | 1 | | |
| 쪼개다 | VV | 2 | 1 | | | | | | | 2 | 1 |
| 쪼그만(조그마)하다 | VA | 2 | 2 | 1 | 1 | | | | | 1 | 1 |
| 쪼그맣다 | VA | 2 | 2 | 1 | 1 | 1 | 1 | | | | |
| 쪼금 | MAG | 29 | 27 | 10 | 10 | 11 | 9 | 5 | 5 | 3 | 3 |
| 쪼금 | NNG | 8 | 6 | 2 | 2 | 4 | 2 | 2 | 2 | | |
| 쪼꼬렛(초콜릿) | NNG | 1 | 1 | | | | | 1 | 1 | | |
| 쪼끄마(조그마)하다 | VA | 1 | 1 | | | 1 | 1 | | | | |
| 쪼끄맣다 | VA | 5 | 4 | 2 | 2 | | | | | 3 | 2 |
| 쪼끔 | MAG | 14 | 13 | 5 | 5 | 3 | 2 | 2 | 2 | 4 | 4 |
| 쪼끔 | NNG | 1 | 1 | 1 | 1 | | | | | | |
| 쪼끔씩 | MAG | 1 | 1 | | | 1 | 1 | | | | |
| 쪼끔쪼끔씩 | MAG | 1 | 1 | | | 1 | 1 | | | | |
| 쪼끔하다 | VA | 1 | 1 | 1 | 1 | | | | | | |
| 쪼끔하다 | VA | 1 | 1 | | | | | | | 1 | 1 |
| 쪼다02 | VV | 1 | 1 | 1 | 1 | | | | | | |
| 쪼만(조그마)하다 | VA | 2 | 1 | | | | | 2 | 1 | | |

| 형태 | 품사 | 전체 | | 초등학교 저학년 | | 초등학교 고학년 | | 중학생 | | 고등학생 | |
|---|---|---|---|---|---|---|---|---|---|---|---|
| | | 형태 빈도 | 화자 수 | 형태 빈도 | 화자 수 | 형태 빈도 | 화자 수 | 형태 빈도 | 화자 수 | 형태 빈도 | 화자 수 |
| 쪼발리(쪽팔리)다 | VV | 1 | 1 | | | 1 | 1 | | | | |
| 쪼잔하다 | VA | 1 | 1 | | | | | | | 1 | 1 |
| 쪽02 | NNG | 5 | 2 | 5 | 2 | | | | | | |
| 쪽05 | NNB | 37 | 28 | 4 | 2 | 5 | 5 | 15 | 13 | 13 | 8 |
| 쪽06 | MAG | 1 | 1 | 1 | 1 | | | | | | |
| 쪽07 | NNG | 2 | 2 | | | | | 2 | 2 | | |
| 쪽박 | NNG | 1 | 1 | | | | | 1 | 1 | | |
| 쪽지 | NNG | 11 | 8 | | | 1 | 1 | 9 | 6 | 1 | 1 |
| 쪽팔리다 | VV | 10 | 8 | | | 5 | 4 | 3 | 2 | 2 | 2 |
| 쫄개(졸개) | NNG | 1 | 1 | | | | | 1 | 1 | | |
| 쫄다 | VV | 3 | 3 | 1 | 1 | 1 | 1 | 1 | 1 | | |
| 쫄닥(쫄딱) | MAG | 1 | 1 | | | 1 | 1 | | | | |
| 쫄리(졸리02)다 | VV | 1 | 1 | 1 | 1 | | | | | | |
| 쫄병(졸병01) | NNG | 2 | 2 | 2 | 2 | | | | | | |
| 쫌(좀02) | MAG | 166 | 96 | 23 | 17 | 33 | 22 | 62 | 29 | 48 | 28 |
| 쫌(좀02) | NNG | 5 | 4 | | | | | 2 | 2 | 3 | 2 |
| 쫍(좁01)다 | VA | 2 | 2 | 1 | 1 | 1 | 1 | | | | |
| 쫑파티 | NNG | 2 | 2 | | | | | 2 | 2 | | |
| 쫓겨나다 | VV | 1 | 1 | | | | | 1 | 1 | | |
| 쫓다 | VV | 2 | 2 | 1 | 1 | | | 1 | 1 | | |
| 쫓아내다 | VV | 2 | 1 | | | 2 | 1 | | | | |
| 쫓아오다 | VV | 1 | 1 | | | 1 | 1 | | | | |
| 쫘악(쫙) | MAG | 1 | 1 | | | | | 1 | 1 | | |
| 쫙 | MAG | 13 | 11 | 4 | 4 | 4 | 3 | 3 | 2 | 2 | 2 |
| 쫙쫙 | MAG | 1 | 1 | | | | | 1 | 1 | | |
| 쬐그맣(쪼그맣) | VA | 1 | 1 | 1 | 1 | | | | | | |
| 쬐금 | NNG | 1 | 1 | 1 | 1 | | | | | | |
| 쬐끔 | MAG | 2 | 2 | 1 | 1 | 1 | 1 | | | | |
| 쬠(조금01) | MAG | 2 | 1 | 2 | 1 | | | | | | |
| 쭈그리다 | VV | 1 | 1 | | | | | 1 | 1 | | |
| 쭈글쭈글거리다 | VV | 1 | 1 | | | 1 | 1 | | | | |
| 쭈글쭈글하다 | VA | 1 | 1 | | | | | 1 | 1 | | |
| 쭈욱(쭉) | MAG | 1 | 1 | | | | | | | 1 | 1 |
| 쭉 | MAG | 23 | 17 | 3 | 3 | 11 | 7 | 5 | 4 | 4 | 3 |
| 쭛 | MAG | 2 | 2 | | | 2 | 2 | | | | |
| 찌다01 | VV | 10 | 9 | 1 | 1 | 1 | 1 | 4 | 3 | 4 | 4 |
| 찌다05 | VV | 1 | 1 | | | | | | | 1 | 1 |

| 형태 | 품사 | 전체 | | 초등학교 저학년 | | 초등학교 고학년 | | 중학생 | | 고등학생 | |
|---|---|---|---|---|---|---|---|---|---|---|---|
| | | 형태빈도 | 화자수 | 형태빈도 | 화자수 | 형태빈도 | 화자수 | 형태빈도 | 화자수 | 형태빈도 | 화자수 |
| 찌르다 | VV | 6 | 6 | 1 | 1 | 3 | 3 | 2 | 2 | | |
| 찌부 | MAG | 1 | 1 | | | 1 | 1 | | | | |
| 찌질이 | NNG | 2 | 1 | | | | | 2 | 1 | | |
| 찍02 | MAG | 1 | 1 | | | | | 1 | 1 | | |
| 찍다01 | VV | 6 | 4 | | | 6 | 4 | | | | |
| 찍다02 | VV | 26 | 18 | 2 | 2 | 7 | 7 | 3 | 3 | 14 | 6 |
| 찍찍03하다 | VV | 1 | 1 | | | | | | | 1 | 1 |
| 찍히다02 | VV | 3 | 2 | | | | | 1 | 1 | 2 | 1 |
| 찐득찐득하다 | VV | 1 | 1 | | | 1 | 1 | | | | |
| 찐따 | NNG | 1 | 1 | | | | | | | 1 | 1 |
| 찐만두 | NNG | 3 | 2 | | | | | | | 3 | 2 |
| 찔끔01하다 | VV | 1 | 1 | | | | | 1 | 1 | | |
| 찔리다 | VV | 1 | 1 | | | 1 | 1 | | | | |
| 찜질방 | NNG | 3 | 2 | | | | | | | 3 | 2 |
| 찜하다01 | VV | 3 | 3 | | | 3 | 3 | | | | |
| 찝적거리(찝쩍거리)다 | VV | 2 | 1 | | | | | 2 | 1 | | |
| 찢기다01 | VV | 1 | 1 | | | 1 | 1 | | | | |
| 찢다 | VV | 11 | 10 | 5 | 4 | 2 | 2 | 4 | 4 | | |
| 찢어지다 | VV | 1 | 1 | | | 1 | 1 | | | | |
| 찧다 | VV | 2 | 2 | | | 1 | 1 | 1 | 1 | | |
| 차03 | NNB | 7 | 6 | | | 1 | 1 | 4 | 4 | 2 | 1 |
| 차06 | NNG | 26 | 15 | 2 | 2 | 14 | 6 | 6 | 4 | 4 | 3 |
| 차08 | NNG | 3 | 3 | | | 1 | 1 | 1 | 1 | 1 | 1 |
| 차갑다 | VA | 4 | 4 | 4 | 4 | | | | | | |
| 차기01 | NNG | 5 | 4 | | | 5 | 4 | | | | |
| 차다01 | VV | 5 | 5 | | | 3 | 3 | 2 | 2 | | |
| 차다02 | VV | 23 | 13 | 2 | 2 | 9 | 4 | 9 | 5 | 3 | 2 |
| 차다03 | VV | 3 | 3 | | | 1 | 1 | 1 | 1 | 1 | 1 |
| 차디차 | VA | 1 | 1 | | | | | 1 | 1 | | |
| 차라리 | MAG | 22 | 17 | | | 9 | 6 | 9 | 8 | 4 | 3 |
| 차려입다 | VV | 2 | 1 | | | | | | | 2 | 1 |
| 차례01 | NNG | 11 | 9 | 8 | 6 | 1 | 1 | 1 | 1 | 1 | 1 |
| 차리다 | VV | 7 | 6 | 2 | 2 | 2 | 2 | 1 | 1 | 2 | 1 |
| 차분01하다 | VA | 1 | 1 | | | | | 1 | 1 | | |
| 차비02 | NNG | 5 | 5 | | | | | | | 5 | 5 |
| 차원01 | NNG | 1 | 1 | 1 | 1 | | | | | | |
| 차이 | NNG | 21 | 17 | 2 | 2 | 6 | 6 | 7 | 5 | 6 | 4 |

| 형태 | 품사 | 전체 | | 초등학교 저학년 | | 초등학교 고학년 | | 중학생 | | 고등학생 | |
|---|---|---|---|---|---|---|---|---|---|---|---|
| | | 형태 빈도 | 화자 수 | 형태 빈도 | 화자 수 | 형태 빈도 | 화자 수 | 형태 빈도 | 화자 수 | 형태 빈도 | 화자 수 |
| 차이다 | VV | 1 | 1 | | | 1 | 1 | | | | |
| 차장03 | NNG | 1 | 1 | | | | | | | 1 | 1 |
| 차지01하다 | VV | 1 | 1 | | | | | 1 | 1 | | |
| 차트 | NNG | 5 | 1 | | | | | | | 5 | 1 |
| 착각03 | NNG | 1 | 1 | | | 1 | 1 | | | | |
| 착각03하다 | VV | 1 | 1 | | | | | | | 1 | 1 |
| 착실하다 | VA | 1 | 1 | | | | | | | 1 | 1 |
| 착착04 | MAG | 1 | 1 | | | | | 1 | 1 | | |
| 착하다 | VA | 52 | 38 | 8 | 4 | 19 | 13 | 15 | 12 | 10 | 9 |
| 찬송가 | NNG | 2 | 2 | 2 | 2 | | | | | | |
| 찬스 | NNG | 2 | 1 | | | | | 2 | 1 | | |
| 참01 | MAG | 27 | 25 | 5 | 4 | 9 | 9 | 10 | 10 | 3 | 2 |
| 참견 | NNG | 1 | 1 | | | 1 | 1 | | | | |
| 참다 | VV | 14 | 7 | 5 | 2 | 4 | 2 | 3 | 2 | 2 | 1 |
| 참새01 | NNG | 8 | 3 | 8 | 3 | | | | | | |
| 참석하다 | VV | 1 | 1 | | | | | | | 1 | 1 |
| 참외01 | NNG | 5 | 2 | 3 | 1 | | | 2 | 1 | | |
| 참치01 | NNG | 6 | 3 | | | 5 | 2 | | | 1 | 1 |
| 창가01 | NNG | 1 | 1 | | | | | | | 1 | 1 |
| 창고01 | NNG | 1 | 1 | 1 | 1 | | | | | | |
| 창단 | NNG | 1 | 1 | | | | | 1 | 1 | | |
| 창문 | NNG | 15 | 10 | 6 | 4 | 5 | 3 | 4 | 3 | | |
| 창백하다 | VA | 2 | 1 | | | | | 2 | 1 | | |
| 창업 | NNG | 1 | 1 | | | | | | | 1 | 1 |
| 창의성 | NNG | 1 | 1 | | | | | 1 | 1 | | |
| 창작하다 | VV | 1 | 1 | | | 1 | 1 | | | | |
| 창피 | NNG | 1 | 1 | | | | | | | 1 | 1 |
| 창피하다 | VA | 2 | 2 | 1 | 1 | | | | | 1 | 1 |
| 찾다 | VV | 42 | 30 | 5 | 5 | 11 | 7 | 14 | 10 | 12 | 8 |
| 찾아다니다 | VV | 1 | 1 | 1 | 1 | | | | | | |
| 찾아보다 | VV | 4 | 4 | 2 | 2 | | | 1 | 1 | 1 | 1 |
| 찾아오다 | VV | 1 | 1 | | | | | 1 | 1 | | |
| 채05 | NNG | 2 | 2 | | | 1 | 1 | 1 | 1 | | |
| 채08 | NNB | 1 | 1 | | | | | | | 1 | 1 |
| 채09 | NNB | 5 | 4 | 1 | 1 | 1 | 1 | 2 | 1 | 1 | 1 |
| 채널 | NNG | 1 | 1 | | | | | | | 1 | 1 |
| 채다04 | VV | 2 | 2 | | | 1 | 1 | 1 | 1 | | |

| 형태 | 품사 | 전체 | | 초등학교 저학년 | | 초등학교 고학년 | | 중학생 | | 고등학생 | |
|---|---|---|---|---|---|---|---|---|---|---|---|
| | | 형태빈도 | 화자수 | 형태빈도 | 화자수 | 형태빈도 | 화자수 | 형태빈도 | 화자수 | 형태빈도 | 화자수 |
| 채우다03 | VV | 10 | 10 | | | 4 | 4 | 4 | 4 | 2 | 2 |
| 채이다 | VV | 1 | 1 | | | 1 | 1 | | | | |
| 책01 | NNG | 70 | 47 | 34 | 22 | 19 | 14 | 7 | 3 | 10 | 8 |
| 책꽂이 | NNG | 1 | 1 | | | 1 | 1 | | | | |
| 책상01 | NNG | 12 | 10 | 2 | 2 | 8 | 6 | 2 | 2 | | |
| 챙기다 | VV | 5 | 5 | | | | | | | 5 | 5 |
| 챙피하다 | VA | 2 | 2 | 1 | 1 | | | | | 1 | 1 |
| 처녀 | NNG | 5 | 3 | 3 | 1 | 2 | 2 | | | | |
| 처럼 | JKB | 65 | 53 | 17 | 13 | 24 | 20 | 14 | 11 | 10 | 9 |
| 처리02 | NNG | 1 | 1 | | | 1 | 1 | | | | |
| 처먹다 | VV | 2 | 2 | 1 | 1 | | | | | 1 | 1 |
| 처박다 | VV | 1 | 1 | | | 1 | 1 | | | | |
| 처방전 | NNG | 1 | 1 | | | | | | | 1 | 1 |
| 처음 | MAG | 19 | 18 | 1 | 1 | 8 | 7 | 7 | 7 | 3 | 3 |
| 처음 | NNG | 138 | 94 | 17 | 14 | 52 | 30 | 30 | 22 | 39 | 28 |
| 처자빠지다 | VV | 1 | 1 | | | | | | | 1 | 1 |
| 처지다01 | VV | 1 | 1 | | | | | 1 | 1 | | |
| 척01 | NNB | 30 | 25 | 4 | 3 | 7 | 7 | 11 | 8 | 8 | 7 |
| 척01하다 | VX | 2 | 2 | 1 | 1 | | | 1 | 1 | | |
| 천03 | MM | 68 | 45 | 6 | 5 | 29 | 17 | 14 | 12 | 19 | 11 |
| 천03 | NR | 49 | 35 | 12 | 11 | 16 | 9 | 6 | 4 | 15 | 11 |
| 천둥 | NNG | 1 | 1 | 1 | 1 | | | | | | |
| 천문학자 | NNG | 3 | 2 | | | 3 | 2 | | | | |
| 천사05 | NNG | 4 | 4 | 3 | 3 | 1 | 1 | | | | |
| 천생연분 | NNG | 1 | 1 | | | 1 | 1 | | | | |
| 천장02 | NNG | 2 | 1 | 2 | 1 | | | | | | |
| 천재03 | NNG | 3 | 3 | | | 2 | 2 | 1 | 1 | | |
| 천지01 | NNG | 1 | 1 | 1 | 1 | | | | | | |
| 천천히 | MAG | 4 | 3 | 3 | 2 | | | 1 | 1 | | |
| 철06 | NNG | 1 | 1 | 1 | 1 | | | | | | |
| 철갑 | NNG | 3 | 1 | 3 | 1 | | | | | | |
| 철도 | NNG | 1 | 1 | | | | | | | 1 | 1 |
| 철망02 | NNG | 1 | 1 | | | | | 1 | 1 | | |
| 첨01 | NNG | 17 | 14 | 4 | 4 | 9 | 6 | 1 | 1 | 3 | 3 |
| 첨04 | NNG | 1 | 1 | | | | | 1 | 1 | | |
| 첨가 | NNG | 1 | 1 | | | | | 1 | 1 | | |
| 첨가하다 | VV | 1 | 1 | | | | | 1 | 1 | | |

| 형태 | 품사 | 전체 | | 초등학교 저학년 | | 초등학교 고학년 | | 중학생 | | 고등학생 | |
|---|---|---|---|---|---|---|---|---|---|---|---|
| | | 형태빈도 | 화자수 | 형태빈도 | 화자수 | 형태빈도 | 화자수 | 형태빈도 | 화자수 | 형태빈도 | 화자수 |
| 첫 | MM | 9 | 8 | 1 | 1 | 1 | 1 | 5 | 4 | 2 | 2 |
| 첫날 | NNG | 1 | 1 | | | | | | | 1 | 1 |
| 첫눈02 | NNG | 3 | 2 | | | 3 | 2 | | | | |
| 첫사랑 | NNG | 6 | 4 | | | 3 | 2 | | | 3 | 2 |
| 첫인상 | NNG | 3 | 1 | | | | | | | 3 | 1 |
| 첫째 | MM | 2 | 2 | 1 | 1 | 1 | 1 | | | | |
| 첫째 | NNG | 1 | 1 | 1 | 1 | | | | | | |
| 첫째 | NR | 6 | 4 | | | 4 | 2 | 2 | 2 | | |
| 첫째날 | NNG | 1 | 1 | | | 1 | 1 | | | | |
| 청군01 | NNG | 4 | 1 | | | 4 | 1 | | | | |
| 청년 | NNG | 1 | 1 | | | | | | | 1 | 1 |
| 청년부 | NNG | 2 | 2 | | | | | | | 2 | 2 |
| 청바지 | NNG | 5 | 2 | | | | | | | 5 | 2 |
| 청소06 | NNG | 2 | 2 | 1 | 1 | 1 | 1 | | | | |
| 청소06하다 | VV | 4 | 4 | 1 | 1 | 2 | 2 | 1 | 1 | | |
| 청소년 | NNG | 3 | 2 | | | | | 2 | 1 | 1 | 1 |
| 청혼02하다 | VV | 3 | 1 | | | 3 | 1 | | | | |
| 체02 | NNB | 1 | 1 | | | | | | | 1 | 1 |
| 체07 | NNG | 1 | 1 | | | 1 | 1 | | | | |
| 체07하다 | VV | 1 | 1 | | | | | | | 1 | 1 |
| 체대06 | NNG | 1 | 1 | | | | | | | 1 | 1 |
| 체력 | NNG | 4 | 4 | | | 2 | 2 | 2 | 2 | | |
| 체육 | NNG | 26 | 19 | 2 | 1 | 2 | 2 | 13 | 10 | 9 | 6 |
| 체육관 | NNG | 4 | 4 | 2 | 2 | 2 | 2 | | | | |
| 체육복 | NNG | 2 | 2 | | | | | 1 | 1 | 1 | 1 |
| 체인지되다 | VV | 1 | 1 | 1 | 1 | | | | | | |
| 체중03 | NNG | 1 | 1 | 1 | 1 | | | | | | |
| 체질02 | NNG | 1 | 1 | | | | | 1 | 1 | | |
| 체크하다 | VV | 1 | 1 | | | | | 1 | 1 | | |
| 체하다02 | VV | 7 | 3 | | | 1 | 1 | | | 6 | 2 |
| 체형03 | NNG | 1 | 1 | | | | | | | 1 | 1 |
| 첼로 | NNG | 2 | 2 | 2 | 2 | | | | | | |
| 쳐다보다 | VV | 19 | 17 | 1 | 1 | 6 | 5 | 8 | 7 | 4 | 4 |
| 쳐들어가다 | VV | 2 | 2 | 1 | 1 | 1 | 1 | | | | |
| 초03 | NNB | 4 | 4 | | | | | | | 4 | 4 |
| 초07 | NNB | 31 | 21 | 1 | 1 | 10 | 5 | 12 | 8 | 8 | 7 |
| 초가집 | NNG | 1 | 1 | | | 1 | 1 | | | | |

| 형태 | 품사 | 전체 | | 초등학교 저학년 | | 초등학교 고학년 | | 중학생 | | 고등학생 | |
|---|---|---|---|---|---|---|---|---|---|---|---|
| | | 형태 빈도 | 화자 수 | 형태 빈도 | 화자 수 | 형태 빈도 | 화자 수 | 형태 빈도 | 화자 수 | 형태 빈도 | 화자 수 |
| 초기04 | NNG | 1 | 1 | | | | | 1 | 1 | | |
| 초대04 | NNG | 1 | 1 | 1 | 1 | | | | | | |
| 초대06하다 | VV | 2 | 2 | 1 | 1 | 1 | 1 | | | | |
| 초등학교 | NNG | 43 | 27 | 2 | 2 | 6 | 2 | 21 | 13 | 14 | 10 |
| 초등학생 | NNG | 2 | 2 | | | 1 | 1 | | | 1 | 1 |
| 초딩 | NNG | 2 | 1 | | | | | | | 2 | 1 |
| 초록02 | NNG | 1 | 1 | 1 | 1 | | | | | | |
| 초록색 | NNG | 13 | 10 | 8 | 6 | 1 | 1 | 4 | 3 | | |
| 초반01 | NNG | 1 | 1 | | | 1 | 1 | | | | |
| 초보01 | NNG | 5 | 2 | 4 | 1 | 1 | 1 | | | | |
| 초보자용 | NNG | 5 | 3 | | | 5 | 3 | | | | |
| 초컬렛(초콜릿) | NNG | 1 | 1 | | | 1 | 1 | | | | |
| 초코 | NNG | 6 | 5 | | | 4 | 3 | 2 | 2 | | |
| 초코렛(초콜릿) | NNG | 1 | 1 | | | 1 | 1 | | | | |
| 초콜렛 | NNG | 11 | 8 | 3 | 2 | 2 | 2 | 6 | 4 | | |
| 초콜릿 | NNG | 5 | 3 | | | | | 5 | 3 | | |
| 촌놈 | NNG | 4 | 2 | | | 4 | 2 | | | | |
| 촌시럽(촌스럽)다 | VA | 1 | 1 | | | 1 | 1 | | | | |
| 촛농 | NNG | 2 | 1 | | | 2 | 1 | | | | |
| 촛불 | NNG | 9 | 3 | | | 9 | 3 | | | | |
| 총03 | NNG | 14 | 8 | 6 | 4 | 6 | 2 | 2 | 2 | | |
| 총06 | MM | 1 | 1 | | | | | 1 | 1 | | |
| 총각01 | NNG | 2 | 2 | 1 | 1 | 1 | 1 | | | | |
| 총괄 | NNG | 2 | 1 | 2 | 1 | | | | | | |
| 총독 | NNG | 2 | 1 | | | 2 | 1 | | | | |
| 총무 | NNG | 1 | 1 | | | | | | | 1 | 1 |
| 촬영 | NNG | 1 | 1 | 1 | 1 | | | | | | |
| 최고02 | NNG | 14 | 9 | | | 9 | 5 | 3 | 3 | 2 | 1 |
| 최근 | NNG | 3 | 2 | | | | | 2 | 1 | 1 | 1 |
| 최대 | NNG | 2 | 2 | | | 1 | 1 | 1 | 1 | | |
| 최대한 | NNG | 1 | 1 | | | | | | | 1 | 1 |
| 최루탄 | NNG | 1 | 1 | | | 1 | 1 | | | | |
| 최소01 | NNG | 1 | 1 | | | | | 1 | 1 | | |
| 최소02 | NNG | 1 | 1 | | | | | | | 1 | 1 |
| 최소한 | NNG | 1 | 1 | | | | | 1 | 1 | | |
| 최악 | NNG | 3 | 2 | | | | | 3 | 2 | | |
| 최초 | NNG | 1 | 1 | | | | | 1 | 1 | | |

| 형태 | 품사 | 전체 | | 초등학교 저학년 | | 초등학교 고학년 | | 중학생 | | 고등학생 | |
|---|---|---|---|---|---|---|---|---|---|---|---|
| | | 형태 빈도 | 화자 수 | 형태 빈도 | 화자 수 | 형태 빈도 | 화자 수 | 형태 빈도 | 화자 수 | 형태 빈도 | 화자 수 |
| 쵸코렛(초콜릿) | NNG | 6 | 3 | 5 | 2 | | | 1 | 1 | | |
| 추다02 | VV | 8 | 8 | | | 2 | 2 | 1 | 1 | 5 | 5 |
| 추리04 | NNG | 3 | 3 | | | | | 3 | 3 | | |
| 추신02 | NNG | 1 | 1 | | | | | | | 1 | 1 |
| 추억 | NNG | 9 | 7 | 1 | 1 | 4 | 2 | 4 | 4 | | |
| 추종01하다 | VV | 2 | 1 | | | | | | | 2 | 1 |
| 추진02 | NNG | 1 | 1 | | | | | | | 1 | 1 |
| 추천03 | NNG | 1 | 1 | | | | | 1 | 1 | | |
| 추하다01 | VA | 4 | 3 | | | | | 4 | 3 | | |
| 축구04 | NNG | 68 | 36 | 23 | 10 | 23 | 12 | 19 | 11 | 3 | 3 |
| 축구04하다 | VV | 14 | 11 | 2 | 2 | 9 | 6 | 1 | 1 | 2 | 2 |
| 축구복 | NNG | 1 | 1 | | | | | 1 | 1 | | |
| 축구부 | NNG | 3 | 3 | | | 1 | 1 | 2 | 2 | | |
| 축구화 | NNG | 5 | 1 | | | 5 | 1 | | | | |
| 축농증 | NNG | 2 | 2 | | | | | | | 2 | 2 |
| 축제01 | NNG | 13 | 8 | | | | | | | 13 | 8 |
| 축하 | NNG | 2 | 2 | | | 1 | 1 | 1 | 1 | | |
| 축하하다 | VV | 1 | 1 | | | | | 1 | 1 | | |
| 춘추복 | NNG | 2 | 1 | | | | | 2 | 1 | | |
| 출발하다 | VV | 5 | 5 | 2 | 2 | 1 | 1 | | | 2 | 2 |
| 출시되다 | VV | 3 | 1 | | | 3 | 1 | | | | |
| 출신 | NNG | 1 | 1 | | | | | 1 | 1 | | |
| 출연02 | NNG | 1 | 1 | | | | | | | 1 | 1 |
| 춤01 | NNG | 12 | 10 | 2 | 2 | 2 | 2 | 5 | 3 | 3 | 3 |
| 춤추다 | VV | 11 | 11 | 3 | 3 | 3 | 3 | 1 | 1 | 4 | 4 |
| 춤치(춤추)다 | VV | 1 | 1 | 1 | 1 | | | | | | |
| 춥다 | VA | 50 | 31 | 5 | 4 | 23 | 12 | 2 | 2 | 20 | 13 |
| 충격02 | NNG | 4 | 4 | 1 | 1 | 1 | 1 | 2 | 2 | | |
| 충격02받다 | VV | 1 | 1 | | | | | 1 | 1 | | |
| 충격적 | NNG | 1 | 1 | | | | | 1 | 1 | | |
| 충분히 | MAG | 4 | 4 | | | 1 | 1 | 3 | 3 | | |
| 충전02하다 | VV | 1 | 1 | | | 1 | 1 | | | | |
| 취급 | NNG | 2 | 2 | | | | | 1 | 1 | 1 | 1 |
| 취급하다 | VV | 2 | 2 | | | | | 1 | 1 | 1 | 1 |
| 취미04 | NNG | 6 | 6 | | | 1 | 1 | 3 | 3 | 2 | 2 |
| 취소01 | NNG | 4 | 1 | | | 4 | 1 | | | | |
| 취소01되다 | VV | 1 | 1 | | | | | | | 1 | 1 |

| 형태 | 품사 | 전체 | | 초등학교 저학년 | | 초등학교 고학년 | | 중학생 | | 고등학생 | |
|---|---|---|---|---|---|---|---|---|---|---|---|
| | | 형태 빈도 | 화자 수 | 형태 빈도 | 화자 수 | 형태 빈도 | 화자 수 | 형태 빈도 | 화자 수 | 형태 빈도 | 화자 수 |
| 취소01시키다 | VV | 1 | 1 | | | | | | | 1 | 1 |
| 취소01하다 | VV | 1 | 1 | | | 1 | 1 | | | | |
| 취업 | NNG | 14 | 9 | | | | | 2 | 2 | 12 | 7 |
| 취업하다 | VV | 3 | 3 | | | | | 2 | 2 | 1 | 1 |
| 취향01 | NNG | 4 | 3 | 1 | 1 | 2 | 1 | | | 1 | 1 |
| 츄리닝(추리닝) | NNG | 1 | 1 | | | | | 1 | 1 | | |
| 층02 | NNG | 12 | 8 | 2 | 2 | 1 | 1 | 9 | 5 | | |
| 층짜리 | NNG | 1 | 1 | 1 | 1 | | | | | | |
| 치03 | NNB | 2 | 2 | | | 2 | 2 | | | | |
| 치고 | JX | 1 | 1 | | | | | | | 1 | 1 |
| 치과 | NNG | 12 | 3 | | | | | 1 | 1 | 11 | 2 |
| 치기05 | NNG | 1 | 1 | | | 1 | 1 | | | | |
| 치다01 | VV | 10 | 8 | | | 3 | 3 | 4 | 2 | 3 | 3 |
| 치다02 | VV | 78 | 53 | 18 | 11 | 29 | 21 | 24 | 15 | 7 | 6 |
| 치다05 | VV | 5 | 3 | 1 | 1 | | | 3 | 1 | 1 | 1 |
| 치다06 | VV | 1 | 1 | | | 1 | 1 | | | | |
| 치다10 | VV | 11 | 11 | 1 | 1 | 3 | 3 | 6 | 6 | 1 | 1 |
| 치다14 | VX | 5 | 3 | | | 1 | 1 | 2 | 1 | 2 | 1 |
| 치대03 | NNG | 3 | 2 | | | | | 3 | 2 | | |
| 치료 | NNG | 4 | 3 | 1 | 1 | 1 | 1 | | | 2 | 1 |
| 치료하다 | VV | 1 | 1 | | | | | 1 | 1 | | |
| 치마01 | NNG | 4 | 3 | | | 1 | 1 | | | 3 | 2 |
| 치매04 | NNG | 1 | 1 | | | | | 1 | 1 | | |
| 치사01하다 | VA | 6 | 5 | 4 | 4 | | | 2 | 1 | | |
| 치약 | NNG | 2 | 2 | | | 2 | 2 | | | | |
| 치어리더 | NNG | 1 | 1 | | | 1 | 1 | | | | |
| 치우다01 | VV | 5 | 5 | | | 4 | 4 | | | 1 | 1 |
| 치이다03 | VV | 1 | 1 | | | | | 1 | 1 | | |
| 치즈 | NNG | 5 | 4 | 3 | 3 | | | 2 | 1 | | |
| 치킨 | NNG | 1 | 1 | | | | | | | 1 | 1 |
| 칙칙01 | MAG | 1 | 1 | | | 1 | 1 | | | | |
| 친04 | NNG | 2 | 2 | 2 | 2 | | | | | | |
| 친가 | NNG | 1 | 1 | | | | | 1 | 1 | | |
| 친구02 | NNG | 277 | 139 | 43 | 27 | 53 | 24 | 93 | 41 | 88 | 47 |
| 친구02하다 | VV | 1 | 1 | 1 | 1 | | | | | | |
| 친근감 | NNG | 1 | 1 | | | | | | | 1 | 1 |
| 친누나 | NNG | 1 | 1 | 1 | 1 | | | | | | |

| 형태 | 품사 | 전체 | | 초등학교 저학년 | | 초등학교 고학년 | | 중학생 | | 고등학생 | |
|---|---|---|---|---|---|---|---|---|---|---|---|
| | | 형태 빈도 | 화자 수 | 형태 빈도 | 화자 수 | 형태 빈도 | 화자 수 | 형태 빈도 | 화자 수 | 형태 빈도 | 화자 수 |
| 친선01 | NNG | 2 | 1 | | | 2 | 1 | | | | |
| 친아빠 | NNG | 1 | 1 | | | | | 1 | 1 | | |
| 친절하다 | VA | 8 | 6 | | | 3 | 3 | | | 5 | 3 |
| 친척 | NNG | 18 | 12 | 4 | 4 | 5 | 2 | 8 | 5 | 1 | 1 |
| 친하다 | VA | 67 | 42 | 12 | 5 | 22 | 11 | 20 | 15 | 13 | 11 |
| 친할머니 | NNG | 3 | 1 | 3 | 1 | | | | | | |
| 친할아버지 | NNG | 2 | 2 | 1 | 1 | | | 1 | 1 | | |
| 칠01 | MM | 42 | 36 | 7 | 6 | 6 | 6 | 19 | 17 | 10 | 7 |
| 칠01 | NR | 69 | 41 | 8 | 6 | 23 | 12 | 21 | 14 | 17 | 9 |
| 칠02하다 | VV | 2 | 2 | 2 | 2 | | | | | | |
| 칠월 | NNG | 1 | 1 | | | | | 1 | 1 | | |
| 칠월달 | NNG | 3 | 2 | 2 | 1 | | | | | 1 | 1 |
| 칠칠맞다 | VA | 1 | 1 | | | 1 | 1 | | | | |
| 칠판 | NNG | 5 | 5 | 3 | 3 | 1 | 1 | 1 | 1 | | |
| 침01 | NNG | 10 | 8 | | | 3 | 3 | 6 | 4 | 1 | 1 |
| 침대02 | NNG | 8 | 7 | 5 | 5 | 2 | 1 | 1 | 1 | | |
| 침묵 | NNG | 1 | 1 | | | | | | | 1 | 1 |
| 칩 | NNG | 1 | 1 | | | 1 | 1 | | | | |
| 칭찬 | NNG | 2 | 2 | | | | | 2 | 2 | | |
| 칭찬하다 | VV | 6 | 3 | 3 | 1 | 1 | 1 | 2 | 1 | | |
| 카드 | NNG | 6 | 4 | 3 | 2 | | | | | 3 | 2 |
| 카라멜(캐러멜) | NNG | 1 | 1 | | | 1 | 1 | | | | |
| 카리스마 | NNG | 1 | 1 | | | | | 1 | 1 | | |
| 카메라 | NNG | 7 | 7 | 2 | 2 | 4 | 4 | | | 1 | 1 |
| 카우보이 | NNG | 1 | 1 | | | | | 1 | 1 | | |
| 카툰 | NNG | 1 | 1 | | | | | | | 1 | 1 |
| 카페 | NNG | 4 | 4 | | | 1 | 1 | 1 | 1 | 2 | 2 |
| 칸01 | NNB | 3 | 2 | | | 2 | 1 | 1 | 1 | | |
| 칸01 | NNG | 1 | 1 | | | 1 | 1 | | | | |
| 칼01 | NNG | 15 | 10 | 6 | 4 | 8 | 5 | | | 1 | 1 |
| 칼라(컬러01) | NNG | 2 | 2 | | | 1 | 1 | | | 1 | 1 |
| 칼라풀(컬러풀)하다 | VV | 1 | 1 | | | | | 1 | 1 | | |
| 칼질 | NNG | 1 | 1 | 1 | 1 | | | | | | |
| 캐다01 | VV | 2 | 1 | | | 2 | 1 | | | | |
| 캐릭터 | NNG | 13 | 6 | 9 | 4 | 1 | 1 | 3 | 1 | | |
| 캐쉬 | NNG | 2 | 2 | 1 | 1 | | | 1 | 1 | | |
| 캐주얼 | NNG | 2 | 2 | | | 2 | 2 | | | | |

| 형태 | 품사 | 전체 | | 초등학교 저학년 | | 초등학교 고학년 | | 중학생 | | 고등학생 | |
|---|---|---|---|---|---|---|---|---|---|---|---|
| | | 형태 빈도 | 화자 수 | 형태 빈도 | 화자 수 | 형태 빈도 | 화자 수 | 형태 빈도 | 화자 수 | 형태 빈도 | 화자 수 |
| 캔(캠03) | NNG | 1 | 1 | 1 | 1 | | | | | | |
| 캔디01 | NNG | 3 | 2 | | | 3 | 2 | | | | |
| 캠03 | NNG | 11 | 2 | 10 | 1 | | | | | 1 | 1 |
| 캠코더 | NNG | 1 | 1 | 1 | 1 | | | | | | |
| 캠퍼스 | NNG | 3 | 1 | | | | | | | 3 | 1 |
| 캠프 | NNG | 4 | 2 | | | 2 | 1 | 2 | 1 | | |
| 캠프파이어 | NNG | 1 | 1 | | | 1 | 1 | | | | |
| 캠핑 | NNG | 1 | 1 | | | | | 1 | 1 | | |
| 캡짱 | MAG | 3 | 1 | | | | | 3 | 1 | | |
| 커뮤니티 | NNG | 2 | 2 | | | | | 2 | 2 | | |
| 커버 | NNG | 2 | 1 | | | | | | | 2 | 1 |
| 커지다 | VV | 4 | 4 | 1 | 1 | 2 | 2 | 1 | 1 | | |
| 커튼 | NNG | 3 | 2 | 3 | 2 | | | | | | |
| 커플 | NNG | 7 | 7 | | | 2 | 2 | 2 | 2 | 3 | 3 |
| 커플링02 | NNG | 1 | 1 | | | | | 1 | 1 | | |
| 커피 | NNG | 1 | 1 | | | 1 | 1 | | | | |
| 커피숍 | NNG | 2 | 2 | | | | | | | 2 | 2 |
| 컨닝(커닝)하다 | VV | 2 | 2 | | | 2 | 2 | | | | |
| 컨설턴트 | NNG | 8 | 2 | | | | | | | 8 | 2 |
| 컨트롤 | NNG | 1 | 1 | | | 1 | 1 | | | | |
| 컬러01 | NNG | 2 | 2 | | | | | | | 2 | 2 |
| 컬러링 | NNG | 2 | 2 | | | | | | | 2 | 2 |
| 컬링 | NNG | 4 | 2 | | | 4 | 2 | | | | |
| 컴온다 | VV | 1 | 1 | | | 1 | 1 | | | | |
| 컴일 | NNG | 2 | 1 | | | | | | | 2 | 1 |
| 컴컴하다 | VA | 1 | 1 | | | 1 | 1 | | | | |
| 컴퍼스 | NNG | 3 | 2 | | | | | | | 3 | 2 |
| 컴퓨터 | NNG | 125 | 75 | 22 | 16 | 44 | 27 | 40 | 20 | 19 | 12 |
| 컴퓨터실 | NNG | 3 | 3 | | | 2 | 2 | | | 1 | 1 |
| 컴퓨터하다 | VV | 2 | 2 | | | 1 | 1 | 1 | 1 | | |
| 컴피터(컴퓨터) | NNG | 1 | 1 | | | | | 1 | 1 | | |
| 컵 | NNG | 5 | 2 | | | 4 | 1 | 1 | 1 | | |
| 컵라면 | NNG | 4 | 2 | | | | | | | 4 | 2 |
| -케(게10) | EC | 4 | 4 | 1 | 1 | 3 | 3 | | | | |
| 케(그렇게) | MAG | 1 | 1 | 1 | 1 | | | | | | |
| 케이01 | NNG | 3 | 2 | 1 | 1 | | | | | 2 | 1 |
| 케이스01 | NNG | 4 | 2 | | | | | | | 4 | 2 |

| 형태 | 품사 | 전체 | | 초등학교 저학년 | | 초등학교 고학년 | | 중학생 | | 고등학생 | |
|---|---|---|---|---|---|---|---|---|---|---|---|
| | | 형태 빈도 | 화자 수 | 형태 빈도 | 화자 수 | 형태 빈도 | 화자 수 | 형태 빈도 | 화자 수 | 형태 빈도 | 화자 수 |
| 케이오 | NNG | 1 | 1 | 1 | 1 | | | | | | |
| 케익 | NNG | 1 | 1 | | | | | | | 1 | 1 |
| 케잌(케이크) | NNG | 4 | 3 | | | | | 1 | 1 | 3 | 2 |
| 켜다01 | VV | 22 | 15 | 4 | 2 | 8 | 5 | 2 | 2 | 8 | 6 |
| -코(고25) | EF | 1 | 1 | | | 1 | 1 | | | | |
| 코01 | NNG | 22 | 16 | 5 | 4 | 5 | 3 | 10 | 7 | 2 | 2 |
| 코끼리 | NNG | 16 | 4 | 2 | 1 | 12 | 2 | 2 | 1 | | |
| 코드02 | NNG | 1 | 1 | | | 1 | 1 | | | | |
| 코드03 | NNG | 2 | 2 | 1 | 1 | 1 | 1 | | | | |
| 코디 | NNG | 1 | 1 | | | | | 1 | 1 | | |
| 코딱지 | NNG | 1 | 1 | | | 1 | 1 | | | | |
| 코미디 | NNG | 3 | 2 | | | 2 | 1 | | | 1 | 1 |
| 코믹 | NNG | 2 | 1 | | | 2 | 1 | | | | |
| 코뼈 | NNG | 1 | 1 | | | 1 | 1 | | | | |
| 코스 | NNG | 9 | 5 | 3 | 2 | 1 | 1 | 5 | 2 | | |
| 코트01 | NNG | 1 | 1 | | | 1 | 1 | | | | |
| 코피01 | NNG | 4 | 4 | 1 | 1 | | | 3 | 3 | | |
| 콘도 | NNG | 1 | 1 | | | 1 | 1 | | | | |
| 콘샐러드 | NNG | 1 | 1 | | | | | 1 | 1 | | |
| 콘서트 | NNG | 1 | 1 | | | | | 1 | 1 | | |
| 콜05 | NNG | 2 | 2 | | | | | 1 | 1 | 1 | 1 |
| 콜05하다 | VV | 1 | 1 | | | | | 1 | 1 | | |
| 콜라 | NNG | 1 | 1 | | | 1 | 1 | | | | |
| 콧구멍 | NNG | 1 | 1 | 1 | 1 | | | | | | |
| 콧물 | NNG | 2 | 2 | 1 | 1 | | | | | 1 | 1 |
| 콧방귀 | NNG | 1 | 1 | | | | | | | 1 | 1 |
| 콧수염 | NNG | 1 | 1 | 1 | 1 | | | | | | |
| 콩01 | NNG | 8 | 2 | | | | | | | 8 | 2 |
| 콩닥콩닥하다 | VA | 1 | 1 | | | | | | | 1 | 1 |
| 콩자반 | NNG | 5 | 2 | | | | | | | 5 | 2 |
| 콩캉거리다 | VV | 1 | 1 | 1 | 1 | | | | | | |
| 콱 | MAG | 2 | 2 | 1 | 1 | 1 | 1 | | | | |
| 쾅쾅거리다 | VV | 1 | 1 | 1 | 1 | | | | | | |
| 쿠션 | NNG | 1 | 1 | | | 1 | 1 | | | | |
| 쿠폰 | NNG | 2 | 1 | | | 2 | 1 | | | | |
| 쿨쿨02 | MAG | 1 | 1 | | | 1 | 1 | | | | |
| 쿵쿵 | MAG | 2 | 1 | | | 2 | 1 | | | | |

| 형태 | 품사 | 전체 | | 초등학교 저학년 | | 초등학교 고학년 | | 중학생 | | 고등학생 | |
|---|---|---|---|---|---|---|---|---|---|---|---|
| | | 형태<br>빈도 | 화자<br>수 | 형태<br>빈도 | 화자<br>수 | 형태<br>빈도 | 화자<br>수 | 형태<br>빈도 | 화자<br>수 | 형태<br>빈도 | 화자<br>수 |
| 쿵쿵거리다 | VV | 1 | 1 | 1 | 1 | | | | | | |
| 쿵쿵따 | NNG | 9 | 8 | 1 | 1 | 5 | 5 | 3 | 2 | | |
| 퀴즈 | NNG | 16 | 14 | 6 | 4 | 8 | 8 | 2 | 2 | | |
| 큐02 | NNG | 2 | 1 | | | 2 | 1 | | | | |
| 크기 | NNG | 10 | 2 | | | | | 10 | 2 | | |
| 크다01 | VA | 184 | 100 | 42 | 29 | 32 | 18 | 78 | 38 | 32 | 15 |
| 크레파스 | NNG | 2 | 2 | 2 | 2 | | | | | | |
| 크리스탈(크리스털) | NNG | 2 | 1 | 2 | 1 | | | | | | |
| 크림 | NNG | 2 | 2 | | | | | 1 | 1 | 1 | 1 |
| 쿡 | MAG | 1 | 1 | 1 | 1 | | | | | | |
| 큰이모 | NNG | 1 | 1 | 1 | 1 | | | | | | |
| 큰일01 | NNG | 4 | 3 | | | 1 | 1 | 1 | 1 | 2 | 1 |
| 큰일나다 | VV | 6 | 2 | | | | | 5 | 1 | 1 | 1 |
| 큰형 | NNG | 1 | 1 | 1 | 1 | | | | | | |
| 클(큰일01) | NNG | 1 | 1 | | | | | | | 1 | 1 |
| 클럽 | NNG | 7 | 4 | 4 | 2 | 2 | 1 | | | 1 | 1 |
| 클릭 | NNG | 1 | 1 | | | 1 | 1 | | | | |
| 클릭하다 | VV | 1 | 1 | | | | | 1 | 1 | | |
| -키(기38) | ETN | 1 | 1 | | | 1 | 1 | | | | |
| 키01 | NNG | 52 | 27 | 11 | 6 | 4 | 4 | 17 | 10 | 20 | 7 |
| 키04 | NNG | 3 | 2 | | | 2 | 1 | 1 | 1 | | |
| 키다03 | VV | 12 | 10 | 1 | 1 | 6 | 5 | 4 | 3 | 1 | 1 |
| 키로 | NNB | 20 | 9 | 7 | 4 | | | 10 | 3 | 3 | 2 |
| 키로그람(킬로그램) | NNB | 2 | 2 | | | | | 2 | 2 | | |
| 키로미터(킬로미터) | NNB | 1 | 1 | | | | | | | 1 | 1 |
| 키스 | NNG | 1 | 1 | | | 1 | 1 | | | | |
| 키스하다 | VV | 1 | 1 | | | | | 1 | 1 | | |
| 키우다 | VV | 63 | 35 | 23 | 14 | 27 | 13 | 7 | 4 | 6 | 4 |
| 키위02 | NNG | 2 | 1 | | | | | | | 2 | 1 |
| 킬로 | NNB | 6 | 6 | 2 | 2 | | | 4 | 4 | | |
| 킬로그램 | NNB | 6 | 1 | 6 | 1 | | | | | | |
| 킹크랩 | NNG | 2 | 1 | | | 2 | 1 | | | | |
| 타(차02)다 | VV | 1 | 1 | | | | | 1 | 1 | | |
| 타02 | NNB | 1 | 1 | | | 1 | 1 | | | | |
| 타다01 | VV | 2 | 2 | | | 1 | 1 | | | 1 | 1 |
| 타다02 | VV | 98 | 50 | 23 | 11 | 37 | 18 | 13 | 8 | 25 | 13 |
| 타다03 | VV | 3 | 2 | | | 1 | 1 | 2 | 1 | | |

| 형태 | 품사 | 전체 | | 초등학교 저학년 | | 초등학교 고학년 | | 중학생 | | 고등학생 | |
|---|---|---|---|---|---|---|---|---|---|---|---|
| | | 형태 빈도 | 화자 수 | 형태 빈도 | 화자 수 | 형태 빈도 | 화자 수 | 형태 빈도 | 화자 수 | 형태 빈도 | 화자 수 |
| 타다04 | VV | 5 | 5 | 5 | 5 | | | | | | |
| 타법 | NNG | 1 | 1 | | | | | | | 1 | 1 |
| 타수02 | NNG | 3 | 2 | | | 3 | 2 | | | | |
| 타입02 | NNG | 11 | 8 | | | | | 9 | 6 | 2 | 2 |
| 타자02 | NNG | 13 | 6 | 5 | 1 | 6 | 3 | | | 2 | 2 |
| 타조02 | NNG | 3 | 2 | | | 3 | 2 | | | | |
| 탁01 | MAG | 21 | 14 | 11 | 5 | 8 | 7 | 2 | 2 | | |
| 탁구부 | NNG | 1 | 1 | | | 1 | 1 | | | | |
| 탁자01 | NNG | 1 | 1 | | | 1 | 1 | | | | |
| 탁탁01 | MAG | 1 | 1 | | | 1 | 1 | | | | |
| 탄06 | NNB | 14 | 6 | 6 | 4 | 8 | 2 | | | | |
| 탈01 | NNG | 1 | 1 | 1 | 1 | | | | | | |
| 탈02 | NNG | 2 | 2 | 1 | 1 | | | 1 | 1 | | |
| 탈락02하다 | VV | 1 | 1 | | | 1 | 1 | | | | |
| 탈랜트(탤런트) | NNG | 1 | 1 | | | 1 | 1 | | | | |
| 탈출02하다 | VV | 2 | 1 | 2 | 1 | | | | | | |
| 탈퇴하다 | VV | 2 | 2 | | | 1 | 1 | 1 | 1 | | |
| 탐구02 | NNG | 2 | 1 | | | | | 2 | 1 | | |
| 탐정01 | NNG | 3 | 2 | | | | | 3 | 2 | | |
| 탑텐 | NNG | 1 | 1 | | | | | 1 | 1 | | |
| 탓하다 | VV | 1 | 1 | | | | | 1 | 1 | | |
| 탕수육 | NNG | 3 | 3 | | | | | 1 | 1 | 2 | 2 |
| 태권도 | NNG | 14 | 9 | 5 | 3 | 7 | 4 | 1 | 1 | 1 | 1 |
| 태도03 | NNG | 5 | 4 | | | 1 | 1 | 1 | 1 | 3 | 2 |
| 태세03 | NNG | 1 | 1 | 1 | 1 | | | | | | |
| 태양02 | NNG | 1 | 1 | 1 | 1 | | | | | | |
| 태어나다 | VV | 14 | 13 | 3 | 3 | 5 | 5 | 6 | 5 | | |
| 태우다01 | VV | 1 | 1 | 1 | 1 | | | | | | |
| 태우다02 | VV | 9 | 5 | 2 | 2 | 6 | 2 | | | 1 | 1 |
| 태클 | NNG | 1 | 1 | | | 1 | 1 | | | | |
| 태풍 | NNG | 1 | 1 | 1 | 1 | | | | | | |
| 택시 | NNG | 3 | 2 | | | | | 2 | 1 | 1 | 1 |
| 택하다 | VV | 1 | 1 | | | | | 1 | 1 | | |
| 탤런트 | NNG | 6 | 4 | 2 | 2 | | | 4 | 2 | | |
| 탬버린 | NNG | 10 | 2 | 10 | 2 | | | | | | |
| 터02 | NNB | 39 | 36 | 6 | 6 | 11 | 10 | 15 | 13 | 7 | 7 |
| 터벅터벅01 | MAG | 1 | 1 | | | | | | | 1 | 1 |

| 형태 | 품사 | 전체 | | 초등학교 저학년 | | 초등학교 고학년 | | 중학생 | | 고등학생 | |
|---|---|---|---|---|---|---|---|---|---|---|---|
| | | 형태 빈도 | 화자 수 | 형태 빈도 | 화자 수 | 형태 빈도 | 화자 수 | 형태 빈도 | 화자 수 | 형태 빈도 | 화자 수 |
| 터지다 | VV | 13 | 13 | 2 | 2 | 6 | 6 | 4 | 4 | 1 | 1 |
| 터치 | NNG | 2 | 1 | | | | | 2 | 1 | | |
| 터트리다 | VV | 3 | 3 | 2 | 2 | | | 1 | 1 | | |
| 턱01 | NNG | 6 | 3 | 1 | 1 | | | 5 | 2 | | |
| 턱03 | NNG | 1 | 1 | | | 1 | 1 | | | | |
| 턱05 | MAG | 1 | 1 | 1 | 1 | | | | | | |
| 턱없이 | MAG | 1 | 1 | | | 1 | 1 | | | | |
| 턴 | NNG | 1 | 1 | | | | | 1 | 1 | | |
| 털 | NNG | 2 | 2 | 1 | 1 | | | 1 | 1 | | |
| 털갈이 | NNG | 2 | 2 | | | | | 2 | 2 | | |
| 털갈이하다 | VV | 1 | 1 | | | | | 1 | 1 | | |
| 털다 | VV | 1 | 1 | | | 1 | 1 | | | | |
| 텅02 | MAG | 1 | 1 | 1 | 1 | | | | | | |
| 테니스 | NNG | 8 | 4 | 3 | 1 | 3 | 2 | 2 | 1 | | |
| 테니스장 | NNG | 1 | 1 | | | | | | | 1 | 1 |
| 테레비 | NNG | 5 | 5 | 1 | 1 | 4 | 4 | | | | |
| 테스트 | NNG | 3 | 2 | | | | | 2 | 1 | 1 | 1 |
| 테스트하다 | VV | 1 | 1 | | | | | 1 | 1 | | |
| 테이블 | NNG | 1 | 1 | | | | | | | 1 | 1 |
| 테이프 | NNG | 2 | 2 | | | | | 1 | 1 | 1 | 1 |
| 텐03 | NR | 2 | 1 | 2 | 1 | | | | | | |
| 텐트 | NNG | 3 | 3 | 1 | 1 | 1 | 1 | | | 1 | 1 |
| 텔레비 | NNG | 9 | 5 | 6 | 2 | 3 | 3 | | | | |
| 텔레비전 | NNG | 15 | 11 | 12 | 9 | 1 | 1 | 2 | 1 | | |
| 토(구토01) | NNG | 2 | 2 | | | | | | | 2 | 2 |
| 토04 | NNG | 12 | 9 | 3 | 2 | 5 | 3 | 3 | 3 | 1 | 1 |
| 토05하다 | VV | 1 | 1 | | | | | 1 | 1 | | |
| 토끼 | NNG | 19 | 15 | 12 | 10 | 6 | 4 | 1 | 1 | | |
| 토끼다 | VV | 1 | 1 | | | 1 | 1 | | | | |
| 토론01 | NNG | 4 | 3 | | | 2 | 1 | 1 | 1 | 1 | 1 |
| 토마토 | NNG | 1 | 1 | | | 1 | 1 | | | | |
| 토마토주 | NNG | 1 | 1 | | | 1 | 1 | | | | |
| 토막01 | NNG | 3 | 1 | | | 3 | 1 | | | | |
| 토박이 | NNG | 1 | 1 | | | | | 1 | 1 | | |
| 토실토실 | MAG | 1 | 1 | | | 1 | 1 | | | | |
| 토실토실하다 | VA | 1 | 1 | | | 1 | 1 | | | | |
| 토요일 | NNG | 18 | 14 | 2 | 2 | 7 | 5 | 6 | 5 | 3 | 2 |

| 형태 | 품사 | 전체 | | 초등학교 저학년 | | 초등학교 고학년 | | 중학생 | | 고등학생 | |
|---|---|---|---|---|---|---|---|---|---|---|---|
| | | 형태빈도 | 화자수 | 형태빈도 | 화자수 | 형태빈도 | 화자수 | 형태빈도 | 화자수 | 형태빈도 | 화자수 |
| 토요일날 | NNG | 32 | 24 | 1 | 1 | 11 | 9 | 10 | 6 | 10 | 8 |
| 토욜(토요일) | NNG | 1 | 1 | | | 1 | 1 | | | | |
| 토욜날(토요일날) | NNG | 2 | 2 | | | 2 | 2 | | | | |
| 토크03 | NNG | 1 | 1 | | | | | 1 | 1 | | |
| 토킹 | NNG | 1 | 1 | | | | | 1 | 1 | | |
| 토하다 | VV | 13 | 9 | 2 | 2 | 9 | 5 | 2 | 2 | | |
| 톡톡01 | MAG | 1 | 1 | 1 | 1 | | | | | | |
| 톱01 | NNG | 1 | 1 | 1 | 1 | | | | | | |
| 통04 | NNG | 1 | 1 | 1 | 1 | | | | | | |
| 통10 | NNG | 2 | 2 | | | | | 1 | 1 | 1 | 1 |
| 통12 | NNB | 9 | 4 | 1 | 1 | 8 | 3 | | | | |
| 통곡02하다 | VV | 1 | 1 | 1 | 1 | | | | | | |
| 통기타 | NNG | 1 | 1 | | | | | | | 1 | 1 |
| 통닭 | NNG | 2 | 1 | | | | | | | 2 | 1 |
| 통신01 | NNG | 4 | 3 | | | | | 2 | 2 | 2 | 1 |
| 통일02 | NNG | 1 | 1 | | | 1 | 1 | | | | |
| 통장02 | NNG | 3 | 2 | 3 | 2 | | | | | | |
| 통치03하다 | VV | 1 | 1 | 1 | 1 | | | | | | |
| 통하다 | VV | 9 | 7 | 4 | 3 | 1 | 1 | 3 | 2 | 1 | 1 |
| 통학 | NNG | 1 | 1 | | | | | | | 1 | 1 |
| 통화04 | NNG | 1 | 1 | | | | | | | 1 | 1 |
| 통화04하다 | VV | 2 | 2 | | | 1 | 1 | | | 1 | 1 |
| 퇴학 | NNG | 1 | 1 | | | 1 | 1 | | | | |
| 퇴학당하다 | VV | 1 | 1 | | | 1 | 1 | | | | |
| 투01 | NNB | 1 | 1 | | | 1 | 1 | | | | |
| 투02 | NR | 12 | 7 | 1 | 1 | 5 | 3 | 5 | 2 | 1 | 1 |
| 투구 | NNG | 1 | 1 | 1 | 1 | | | | | | |
| 투구01 | NNG | 2 | 1 | 2 | 1 | | | | | | |
| 투디 | NNG | 1 | 1 | | | | | | | 1 | 1 |
| 투명02 | NNG | 2 | 2 | 1 | 1 | 1 | 1 | | | | |
| 투수01 | NNG | 4 | 3 | | | | | 4 | 3 | | |
| 투자02 | NNG | 1 | 1 | | | | | | | 1 | 1 |
| 투자02하다 | VV | 2 | 2 | | | | | 2 | 2 | | |
| 투표01 | NNG | 1 | 1 | | | 1 | 1 | | | | |
| 투표01하다 | VV | 2 | 1 | | | | | 2 | 1 | | |
| 툭01 | MAG | 8 | 4 | 2 | 2 | 3 | 1 | | | 3 | 1 |
| 툭툭01 | MAG | 2 | 2 | | | 2 | 2 | | | | |

| 형태 | 품사 | 전체 | | 초등학교 저학년 | | 초등학교 고학년 | | 중학생 | | 고등학생 | |
|---|---|---|---|---|---|---|---|---|---|---|---|
| | | 형태 빈도 | 화자 수 | 형태 빈도 | 화자 수 | 형태 빈도 | 화자 수 | 형태 빈도 | 화자 수 | 형태 빈도 | 화자 수 |
| 툭툭툭 | MAG | 2 | 1 | | | 2 | 1 | | | | |
| 퉁퉁01하다 | VA | 1 | 1 | | | | | 1 | 1 | | |
| 튀기다01 | VV | 1 | 1 | | | 1 | 1 | | | | |
| 튀다 | VV | 5 | 5 | 1 | 1 | 2 | 2 | 2 | 2 | | |
| 튀어나오다 | VV | 6 | 5 | | | 4 | 3 | 2 | 2 | | |
| 튕기다01 | VV | 6 | 5 | 1 | 1 | 2 | 2 | 3 | 2 | | |
| 튜브 | NNG | 5 | 2 | 2 | 1 | 3 | 1 | | | | |
| 튤립 | NNG | 2 | 2 | 2 | 2 | | | | | | |
| 트(틀)다 | VV | 1 | 1 | | | | | 1 | 1 | | |
| 트러블 | NNG | 1 | 1 | | | | | | | 1 | 1 |
| 트럭 | NNG | 1 | 1 | 1 | 1 | | | | | | |
| 트로트 | NNG | 1 | 1 | | | | | 1 | 1 | | |
| 트로피 | NNG | 1 | 1 | 1 | 1 | | | | | | |
| 트리(틀리01)다 | VV | 1 | 1 | 1 | 1 | | | | | | |
| 트릴 | NNG | 1 | 1 | 1 | 1 | | | | | | |
| 트집 | NNG | 1 | 1 | | | 1 | 1 | | | | |
| 특권 | NNG | 1 | 1 | | | | | | | 1 | 1 |
| 특급02 | NNG | 1 | 1 | | | 1 | 1 | | | | |
| 특기01 | NNG | 4 | 3 | | | 2 | 2 | | | 2 | 1 |
| 특목고 | NNG | 2 | 2 | | | | | 2 | 2 | | |
| 특별 | NNG | 1 | 1 | | | | | | | 1 | 1 |
| 특별하다 | VA | 5 | 5 | 2 | 2 | 1 | 1 | 2 | 2 | | |
| 특별히 | MAG | 1 | 1 | | | 1 | 1 | | | | |
| 특이01하다 | VA | 2 | 1 | | | 2 | 1 | | | | |
| 특집 | NNG | 3 | 3 | | | 3 | 3 | | | | |
| 특징 | NNG | 1 | 1 | | | | | | | 1 | 1 |
| 특차02 | NNG | 2 | 2 | | | | | 2 | 2 | | |
| 특히 | MAG | 20 | 16 | 2 | 2 | 5 | 4 | 7 | 6 | 6 | 4 |
| 튼튼하다 | VA | 1 | 1 | | | | | 1 | 1 | | |
| 틀01 | NNG | 2 | 2 | | | | | 2 | 2 | | |
| 틀니01 | NNG | 1 | 1 | 1 | 1 | | | | | | |
| 틀다 | VV | 13 | 9 | | | 5 | 3 | 4 | 3 | 4 | 3 |
| 틀리다01 | VV | 30 | 23 | 12 | 9 | 6 | 5 | 5 | 4 | 7 | 5 |
| 틈01 | NNG | 1 | 1 | 1 | 1 | | | | | | |
| 티02 | NNG | 5 | 4 | | | 1 | 1 | | | 4 | 3 |
| 티06 | NNG | 2 | 1 | | | | | 2 | 1 | | |
| 티눈 | NNG | 3 | 2 | | | 3 | 2 | | | | |

| 형태 | 품사 | 전체 | | 초등학교 저학년 | | 초등학교 고학년 | | 중학생 | | 고등학생 | |
|---|---|---|---|---|---|---|---|---|---|---|---|
| | | 형태 빈도 | 화자 수 | 형태 빈도 | 화자 수 | 형태 빈도 | 화자 수 | 형태 빈도 | 화자 수 | 형태 빈도 | 화자 수 |
| 티브이 | NNG | 4 | 4 | 1 | 1 | 1 | 1 | 2 | 2 | | |
| 티비(티브이) | NNG | 26 | 21 | 1 | 1 | 12 | 8 | 9 | 8 | 4 | 4 |
| 티켓 | NNG | 1 | 1 | | | 1 | 1 | | | | |
| 팀01 | NNG | 22 | 15 | 5 | 5 | 6 | 5 | 7 | 2 | 4 | 3 |
| 팀01하다 | VV | 1 | 1 | | | 1 | 1 | | | | |
| 팀플 | NNG | 1 | 1 | | | 1 | 1 | | | | |
| 팀플전 | NNG | 1 | 1 | | | 1 | 1 | | | | |
| 파(하01)다 | VV | 1 | 1 | 1 | 1 | | | | | | |
| 파08 | NNG | 1 | 1 | 1 | 1 | | | | | | |
| 파다01 | VV | 5 | 4 | 2 | 2 | 3 | 2 | | | | |
| 파닥파닥거리다 | VV | 1 | 1 | | | 1 | 1 | | | | |
| 파도 | NNG | 5 | 2 | | | 5 | 2 | | | | |
| 파라다이스 | NNG | 1 | 1 | | | | | | | 1 | 1 |
| 파란색 | NNG | 5 | 5 | 1 | 1 | 1 | 1 | 1 | 1 | 2 | 2 |
| 파랑색(파란색) | NNG | 4 | 4 | 1 | 1 | 2 | 2 | 1 | 1 | | |
| 파랗다 | VA | 10 | 10 | 4 | 4 | 4 | 4 | 2 | 2 | | |
| 파리01 | NNG | 1 | 1 | | | 1 | 1 | | | | |
| 파마하다 | VV | 2 | 2 | | | | | 2 | 2 | | |
| 파악01 | NNG | 2 | 1 | | | | | | | 2 | 1 |
| 파악01하다 | VV | 1 | 1 | | | | | | | 1 | 1 |
| 파워 | NNG | 3 | 2 | 1 | 1 | 2 | 1 | | | | |
| 파이브 | NR | 2 | 2 | 2 | 2 | | | | | | |
| 파일03 | NNG | 7 | 6 | 2 | 2 | 4 | 3 | 1 | 1 | | |
| 파트 | NNG | 1 | 1 | | | 1 | 1 | | | | |
| 파트너 | NNG | 2 | 1 | | | | | | | 2 | 1 |
| 파티 | NNG | 11 | 7 | 6 | 3 | 5 | 4 | | | | |
| 파티하다 | VV | 1 | 1 | | | 1 | 1 | | | | |
| 팍01 | MAG | 12 | 10 | 7 | 5 | 3 | 3 | 2 | 2 | | |
| 팍팍01 | MAG | 1 | 1 | 1 | 1 | | | | | | |
| 판01 | NNB | 2 | 1 | | | 2 | 1 | | | | |
| 판10 | NNG | 1 | 1 | | | | | 1 | 1 | | |
| 팔01 | NNG | 15 | 9 | 6 | 5 | 8 | 3 | | | 1 | 1 |
| 팔03 | MM | 42 | 32 | 8 | 8 | 13 | 7 | 18 | 14 | 3 | 3 |
| 팔03 | NR | 73 | 52 | 10 | 6 | 18 | 16 | 27 | 17 | 18 | 13 |
| 팔다 | VV | 28 | 20 | 1 | 1 | 11 | 7 | 8 | 6 | 8 | 6 |
| 팔뚝 | NNG | 1 | 1 | | | 1 | 1 | | | | |
| 팔리다 | VV | 4 | 3 | | | 2 | 1 | 2 | 2 | | |

| 형태 | 품사 | 전체 | | 초등학교 저학년 | | 초등학교 고학년 | | 중학생 | | 고등학생 | |
|---|---|---|---|---|---|---|---|---|---|---|---|
| | | 형태 빈도 | 화자 수 | 형태 빈도 | 화자 수 | 형태 빈도 | 화자 수 | 형태 빈도 | 화자 수 | 형태 빈도 | 화자 수 |
| 팔씨름 | NNG | 1 | 1 | | | 1 | 1 | | | | |
| 팔짝 | MAG | 1 | 1 | | | | | 1 | 1 | | |
| 팔찌 | NNG | 2 | 2 | 1 | 1 | | | | | 1 | 1 |
| 팔칠 | NNG | 5 | 2 | | | | | 4 | 1 | 1 | 1 |
| 팔팔03 | NNG | 1 | 1 | | | | | 1 | 1 | | |
| 팝 | NNG | 4 | 2 | | | | | | | 4 | 2 |
| 팡01 | MAG | 2 | 2 | | | 2 | 2 | | | | |
| 팥떡 | NNG | 1 | 1 | | | | | | | 1 | 1 |
| 패01 | NNG | 2 | 1 | | | 2 | 1 | | | | |
| 패거리 | NNG | 1 | 1 | | | | | | | 1 | 1 |
| 패다03 | VV | 14 | 10 | 2 | 2 | 7 | 4 | 3 | 2 | 2 | 2 |
| 패러디 | NNG | 1 | 1 | | | | | 1 | 1 | | |
| 패밀리 | NNG | 1 | 1 | | | | | 1 | 1 | | |
| 패션쇼 | NNG | 1 | 1 | 1 | 1 | | | | | | |
| 패스하다 | VV | 1 | 1 | 1 | 1 | | | | | | |
| 패치 | NNG | 1 | 1 | 1 | 1 | | | | | | |
| 팩03 | NNG | 4 | 3 | | | | | 2 | 1 | 2 | 2 |
| 팬01 | NNG | 4 | 3 | | | 3 | 2 | 1 | 1 | | |
| 팽이01 | NNG | 7 | 3 | 7 | 3 | | | | | | |
| 퍼붓다 | VV | 1 | 1 | | | | | 1 | 1 | | |
| 퍼센트 | NNB | 3 | 3 | 1 | 1 | | | 2 | 2 | | |
| 퍼즐 | NNG | 3 | 2 | 1 | 1 | | | 2 | 1 | | |
| 퍼지다 | VV | 2 | 2 | 1 | 1 | | | | | 1 | 1 |
| 퍼트리다01 | VV | 1 | 1 | | | | | 1 | 1 | | |
| 퍽01 | MAG | 3 | 3 | 1 | 1 | 1 | 1 | 1 | 1 | | |
| 펀치02 | NNG | 2 | 2 | | | | | | | 2 | 2 |
| 펑01 | MAG | 2 | 2 | | | 2 | 2 | | | | |
| 페스트리 | NNG | 2 | 2 | | | | | 2 | 2 | | |
| 페이지 | NNG | 4 | 4 | | | | | 3 | 3 | 1 | 1 |
| 펜01 | NNG | 10 | 5 | | | | | 1 | 1 | 9 | 4 |
| 펭귄 | NNG | 6 | 4 | 4 | 2 | | | 2 | 2 | | |
| 펴다 | VV | 7 | 5 | 4 | 3 | 2 | 1 | | | 1 | 1 |
| 펴지다 | VV | 2 | 1 | | | 2 | 1 | | | | |
| 편04 | NNB | 13 | 10 | 2 | 1 | 2 | 2 | 3 | 2 | 6 | 5 |
| 편04 | NNG | 7 | 4 | 3 | 2 | 3 | 1 | 1 | 1 | | |
| 편09 | NNB | 10 | 6 | | | 10 | 6 | | | | |
| 편들다 | VV | 2 | 2 | | | 1 | 1 | 1 | 1 | | |

| 형태 | 품사 | 전체 | | 초등학교 저학년 | | 초등학교 고학년 | | 중학생 | | 고등학생 | |
|---|---|---|---|---|---|---|---|---|---|---|---|
| | | 형태빈도 | 화자수 | 형태빈도 | 화자수 | 형태빈도 | 화자수 | 형태빈도 | 화자수 | 형태빈도 | 화자수 |
| 편리03하다 | VA | 1 | 1 | 1 | 1 | | | | | | |
| 편먹다 | VV | 1 | 1 | | | | | | | 1 | 1 |
| 편안01하다 | VA | 2 | 1 | 2 | 1 | | | | | | |
| 편지02 | NNG | 12 | 7 | 1 | 1 | 4 | 2 | 3 | 3 | 4 | 1 |
| 편하다 | VA | 18 | 14 | | | 4 | 4 | 6 | 4 | 8 | 6 |
| 펼치다 | VV | 2 | 1 | | | 2 | 1 | | | | |
| 평02 | NNB | 10 | 3 | 1 | 1 | | | 9 | 2 | | |
| 평가03 | NNG | 16 | 11 | 2 | 1 | | | 11 | 7 | 3 | 3 |
| 평균 | NNG | 24 | 18 | 1 | 1 | 6 | 5 | 16 | 11 | 1 | 1 |
| 평범하다 | VA | 1 | 1 | 1 | 1 | | | | | | |
| 평상시 | NNG | 3 | 3 | 1 | 1 | | | 2 | 2 | | |
| 평생 | NNG | 3 | 2 | | | 3 | 2 | | | | |
| 평소 | NNG | 9 | 8 | 1 | 1 | 1 | 1 | 5 | 4 | 2 | 2 |
| 평수03 | NNG | 3 | 2 | | | | | 3 | 2 | | |
| 평원01 | NNG | 1 | 1 | | | | | 1 | 1 | | |
| 평원01하다 | VV | 1 | 1 | | | | | 1 | 1 | | |
| 평일 | NNG | 1 | 1 | | | | | 1 | 1 | | |
| 폐쇄하다 | VV | 2 | 1 | | | 2 | 1 | | | | |
| 폐인01 | NNG | 9 | 4 | | | | | 2 | 1 | 7 | 3 |
| 포20 | NR | 2 | 2 | 1 | 1 | 1 | 1 | | | | |
| 포근하다 | VA | 1 | 1 | | | | | 1 | 1 | | |
| 포기02 | NNG | 2 | 2 | 1 | 1 | | | | | 1 | 1 |
| 포기02하다 | VV | 16 | 14 | 6 | 4 | 2 | 2 | 4 | 4 | 4 | 4 |
| 포도06 | NNG | 2 | 2 | 1 | 1 | | | 1 | 1 | | |
| 포도주 | NNG | 2 | 1 | | | 2 | 1 | | | | |
| 포맷 | NNG | 6 | 2 | | | 6 | 2 | | | | |
| 포맷시키다 | VV | 1 | 1 | | | 1 | 1 | | | | |
| 포맷하다 | VV | 4 | 2 | | | 1 | 1 | 3 | 1 | | |
| 포스터01 | NNG | 4 | 3 | 1 | 1 | 3 | 2 | | | | |
| 포스트 | NNG | 1 | 1 | | | 1 | 1 | | | | |
| 포장01 | NNG | 1 | 1 | 1 | 1 | | | | | | |
| 포장지 | NNG | 1 | 1 | 1 | 1 | | | | | | |
| 포켓볼 | NNG | 1 | 1 | | | | | 1 | 1 | | |
| 포함02되다 | VV | 1 | 1 | | | | | 1 | 1 | | |
| 폭06 | NNG | 2 | 2 | | | | | 1 | 1 | 1 | 1 |
| 폭력 | NNG | 1 | 1 | | | | | 1 | 1 | | |
| 폭로 | NNG | 2 | 1 | | | | | 2 | 1 | | |

| 형태 | 품사 | 전체 | | 초등학교 저학년 | | 초등학교 고학년 | | 중학생 | | 고등학생 | |
|---|---|---|---|---|---|---|---|---|---|---|---|
| | | 형태 빈도 | 화자 수 | 형태 빈도 | 화자 수 | 형태 빈도 | 화자 수 | 형태 빈도 | 화자 수 | 형태 빈도 | 화자 수 |
| 폭발음 | NNG | 1 | 1 | | | 1 | 1 | | | | |
| 폭죽 | NNG | 5 | 1 | | | | | 5 | 1 | | |
| 폭탄 | NNG | 14 | 8 | 13 | 7 | 1 | 1 | | | | |
| 폴라티 | NNG | 1 | 1 | | | | | | | 1 | 1 |
| 폴짝 | MAG | 1 | 1 | | | | | | | 1 | 1 |
| 폼01 | NNG | 2 | 2 | 1 | 1 | | | 1 | 1 | | |
| 표02 | NNG | 3 | 2 | | | | | 1 | 1 | 2 | 1 |
| 표04 | NNG | 3 | 3 | 2 | 2 | | | 1 | 1 | | |
| 표05 | NNG | 1 | 1 | | | 1 | 1 | | | | |
| 표05하다 | VV | 2 | 1 | | | 2 | 1 | | | | |
| 표시02 | NNG | 2 | 2 | 1 | 1 | | | 1 | 1 | | |
| 표정03 | NNG | 5 | 5 | | | 1 | 1 | 1 | 1 | 3 | 3 |
| 푸다01 | VV | 2 | 2 | | | | | 1 | 1 | 1 | 1 |
| 푸른색 | NNG | 1 | 1 | | | 1 | 1 | | | | |
| 푹01 | MAG | 4 | 4 | | | 3 | 3 | | | 1 | 1 |
| 푹신01하다 | VA | 1 | 1 | | | | | 1 | 1 | | |
| 풀01 | NNG | 1 | 1 | | | 1 | 1 | | | | |
| 풀02 | NNG | 2 | 2 | | | 1 | 1 | | | 1 | 1 |
| 풀03 | NNG | 1 | 1 | | | 1 | 1 | | | | |
| 풀다 | VV | 49 | 28 | 7 | 4 | 9 | 8 | 14 | 8 | 19 | 8 |
| 풀르(풀)다 | VV | 1 | 1 | | | | | 1 | 1 | | |
| 풀리다 | VV | 2 | 2 | | | | | 1 | 1 | 1 | 1 |
| 풀어놓다 | VV | 1 | 1 | | | | | 1 | 1 | | |
| 풀이 | NNG | 2 | 2 | 2 | 2 | | | | | | |
| 품01 | NNG | 1 | 1 | 1 | 1 | | | | | | |
| 품05 | NNG | 2 | 1 | 2 | 1 | | | | | | |
| 품새 | NNB | 1 | 1 | | | 1 | 1 | | | | |
| 풍경화 | NNG | 1 | 1 | | | | | 1 | 1 | | |
| 풍부02하다 | VA | 1 | 1 | | | | | | | 1 | 1 |
| 풍선02 | NNG | 4 | 3 | 1 | 1 | 1 | 1 | | | 2 | 1 |
| 퓨전하다 | VV | 1 | 1 | 1 | 1 | | | | | | |
| 프라이버시 | NNG | 1 | 1 | | | | | 1 | 1 | | |
| 프라이팬 | NNG | 1 | 1 | | | 1 | 1 | | | | |
| 프로01 | NNB | 8 | 3 | 2 | 1 | | | 6 | 2 | | |
| 프로03 | NNG | 1 | 1 | | | | | 1 | 1 | | |
| 프로04 | NNG | 8 | 4 | 4 | 2 | | | 4 | 2 | | |
| 프로게이머 | NNG | 2 | 1 | | | | | 2 | 1 | | |

| 형태 | 품사 | 전체 | | 초등학교 저학년 | | 초등학교 고학년 | | 중학생 | | 고등학생 | |
|---|---|---|---|---|---|---|---|---|---|---|---|
| | | 형태 빈도 | 화자 수 | 형태 빈도 | 화자 수 | 형태 빈도 | 화자 수 | 형태 빈도 | 화자 수 | 형태 빈도 | 화자 수 |
| 프로그램 | NNG | 5 | 4 | | | 3 | 3 | 2 | 1 | | |
| 프로젝트 | NNG | 1 | 1 | | | | | | | 1 | 1 |
| 프리킥 | NNG | 1 | 1 | | | 1 | 1 | | | | |
| 프린터 | NNG | 5 | 2 | | | 1 | 1 | 4 | 1 | | |
| 프린트 | NNG | 5 | 2 | 1 | 1 | | | 4 | 1 | | |
| 프린트실 | NNG | 1 | 1 | 1 | 1 | | | | | | |
| 플래시 | NNG | 2 | 2 | 1 | 1 | | | | | 1 | 1 |
| 플러스 | NNG | 1 | 1 | | | 1 | 1 | | | | |
| 플레쉬(플래시) | NNG | 1 | 1 | 1 | 1 | | | | | | |
| 플레이 | NNG | 2 | 2 | | | | | 1 | 1 | 1 | 1 |
| 플레이어 | NNG | 1 | 1 | | | | | 1 | 1 | | |
| 플룻 | NNG | 3 | 2 | | | 3 | 2 | | | | |
| 플룻하다 | VV | 1 | 1 | | | 1 | 1 | | | | |
| 플스방 | NNG | 1 | 1 | | | | | | | 1 | 1 |
| 피(펴)다 | VV | 1 | 1 | | | 1 | 1 | | | | |
| 피02 | NNG | 13 | 7 | 6 | 2 | 3 | 2 | | | 4 | 3 |
| 피검사하다 | VV | 1 | 1 | | | | | 1 | 1 | | |
| 피곤하다 | VA | 7 | 7 | 1 | 1 | | | 3 | 3 | 3 | 3 |
| 피구02 | NNG | 12 | 7 | 2 | 2 | 8 | 4 | 2 | 1 | | |
| 피구02하다 | VV | 1 | 1 | | | | | 1 | 1 | | |
| 피나다 | VV | 1 | 1 | | | | | 1 | 1 | | |
| 피눈물 | NNG | 2 | 2 | | | 1 | 1 | 1 | 1 | | |
| 피다01 | VV | 3 | 3 | 2 | 2 | 1 | 1 | | | | |
| 피다04 | VV | 1 | 1 | | | | | 1 | 1 | | |
| 피부02 | NNG | 7 | 5 | | | 1 | 1 | 5 | 3 | 1 | 1 |
| 피부병 | NNG | 1 | 1 | | | 1 | 1 | | | | |
| 피시03 | NNG | 3 | 2 | | | | | | | 3 | 2 |
| 피시방 | NNG | 5 | 4 | | | | | 2 | 1 | 3 | 3 |
| 피식 | MAG | 2 | 1 | | | | | 2 | 1 | | |
| 피씨(피시03) | NNG | 6 | 6 | | | 5 | 5 | 1 | 1 | | |
| 피씨방 | NNG | 12 | 10 | | | 6 | 4 | 3 | 3 | 3 | 3 |
| 피아노01 | NNG | 50 | 22 | 21 | 11 | 26 | 10 | 3 | 1 | | |
| 피알02 | NNG | 1 | 1 | | | | | | | 1 | 1 |
| 피에이치 | NNG | 1 | 1 | | | | | 1 | 1 | | |
| 피우다01 | VV | 2 | 2 | | | 1 | 1 | 1 | 1 | | |
| 피자 | NNG | 5 | 4 | 3 | 2 | | | 2 | 2 | | |
| 피하다 | VV | 11 | 7 | 1 | 1 | 4 | 2 | 3 | 2 | 3 | 2 |

| 형태 | 품사 | 전체 | | 초등학교 저학년 | | 초등학교 고학년 | | 중학생 | | 고등학생 | |
|---|---|---|---|---|---|---|---|---|---|---|---|
| | | 형태 빈도 | 화자 수 | 형태 빈도 | 화자 수 | 형태 빈도 | 화자 수 | 형태 빈도 | 화자 수 | 형태 빈도 | 화자 수 |
| 피해01 | NNG | 2 | 2 | 1 | 1 | | | | | 1 | 1 |
| 픽01 | MAG | 2 | 2 | 2 | 2 | | | | | | |
| 필11 | NNG | 3 | 1 | | | 3 | 1 | | | | |
| 필기01 | NNG | 1 | 1 | | | | | 1 | 1 | | |
| 필살기 | NNG | 10 | 4 | 2 | 2 | 8 | 2 | | | | |
| 필요 | NNG | 17 | 13 | | | 2 | 2 | 7 | 4 | 8 | 7 |
| 필요하다 | VA | 4 | 4 | | | | | 2 | 2 | 2 | 2 |
| 필통 | NNG | 2 | 2 | 1 | 1 | 1 | 1 | | | | |
| 핑크 | NNG | 1 | 1 | 1 | 1 | | | | | | |
| 핑크색 | NNG | 1 | 1 | 1 | 1 | | | | | | |
| 하04 | NNG | 2 | 2 | | | | | 2 | 2 | | |
| 하고05 | JC | 152 | 66 | 53 | 21 | 57 | 25 | 36 | 16 | 6 | 4 |
| 하고05 | JKB | 132 | 81 | 34 | 14 | 52 | 32 | 25 | 17 | 21 | 18 |
| 하구(하고05) | JC | 6 | 5 | 4 | 3 | 1 | 1 | | | 1 | 1 |
| 하구(하고05) | JKB | 21 | 13 | 10 | 5 | 9 | 6 | | | 2 | 2 |
| 하기사(하기는) | MAG | 1 | 1 | | | | | 1 | 1 | | |
| 하기야 | MAG | 2 | 1 | | | | | 2 | 1 | | |
| 하긴 | MAG | 10 | 10 | 3 | 3 | 2 | 2 | 4 | 4 | 1 | 1 |
| 하나 | NNG | 16 | 14 | 2 | 2 | 5 | 4 | 4 | 4 | 5 | 4 |
| 하나 | NR | 181 | 119 | 45 | 26 | 43 | 33 | 63 | 36 | 30 | 24 |
| 하나님 | NNG | 3 | 3 | 2 | 2 | 1 | 1 | | | | |
| 하나하나 | MAG | 2 | 2 | | | 1 | 1 | 1 | 1 | | |
| 하느님 | NNG | 1 | 1 | 1 | 1 | | | | | | |
| 하늘01 | NNG | 7 | 7 | 3 | 3 | 3 | 3 | 1 | 1 | | |
| 하늘나라 | NNG | 1 | 1 | | | 1 | 1 | | | | |
| 하늘색 | NNG | 5 | 4 | 1 | 1 | 3 | 2 | 1 | 1 | | |
| 하다01 | VV | 3601 | 470 | 593 | 116 | 1180 | 120 | 1110 | 118 | 718 | 116 |
| 하다01 | VX | 334 | 204 | 52 | 39 | 114 | 54 | 106 | 63 | 62 | 48 |
| 하도01 | MAG | 7 | 7 | 2 | 2 | 2 | 2 | 2 | 2 | 1 | 1 |
| 하두(하도01) | MAG | 3 | 3 | 1 | 1 | 2 | 2 | | | | |
| 하드 | NNG | 1 | 1 | | | | | 1 | 1 | | |
| 하루01 | NNG | 33 | 27 | 4 | 4 | 9 | 8 | 8 | 6 | 12 | 9 |
| 하루아침 | NNG | 1 | 1 | | | | | | | 1 | 1 |
| 하룻밤 | NNG | 2 | 2 | 1 | 1 | 1 | 1 | | | | |
| 하마05 | NNG | 1 | 1 | | | | | | | 1 | 1 |
| 하반신 | NNG | 1 | 1 | | | | | 1 | 1 | | |
| 하복03 | NNG | 1 | 1 | | | | | 1 | 1 | | |

| 형태 | 품사 | 전체 | | 초등학교 저학년 | | 초등학교 고학년 | | 중학생 | | 고등학생 | |
|---|---|---|---|---|---|---|---|---|---|---|---|
| | | 형태 빈도 | 화자 수 | 형태 빈도 | 화자 수 | 형태 빈도 | 화자 수 | 형태 빈도 | 화자 수 | 형태 빈도 | 화자 수 |
| 하얀색 | NNG | 8 | 7 | 4 | 4 | 3 | 2 | | | 1 | 1 |
| 하얗다 | VA | 7 | 6 | 2 | 2 | 3 | 2 | 1 | 1 | 1 | 1 |
| 하여간 | MAG | 3 | 3 | | | 1 | 1 | 2 | 2 | | |
| 하여튼 | MAG | 30 | 23 | 5 | 4 | 18 | 13 | 4 | 4 | 3 | 2 |
| 하이04 | NNG | 1 | 1 | | | 1 | 1 | | | | |
| 하이트(하여튼) | MAG | 1 | 1 | | | 1 | 1 | | | | |
| 하이튼(하여튼) | MAG | 10 | 8 | | | 5 | 4 | 5 | 4 | | |
| 하지만 | MAJ | 6 | 5 | 2 | 1 | 1 | 1 | 3 | 3 | | |
| 하트05 | NNG | 4 | 4 | 1 | 1 | 3 | 3 | | | | |
| 하튼(하여튼) | MAG | 3 | 3 | 2 | 2 | | | | | 1 | 1 |
| 하필02 | MAG | 3 | 3 | | | 1 | 1 | 2 | 2 | | |
| 학04 | NNG | 5 | 3 | 2 | 1 | 2 | 1 | 1 | 1 | | |
| 학과01 | NNG | 2 | 2 | | | | | 2 | 2 | | |
| 학교 | NNG | 243 | 138 | 48 | 27 | 58 | 32 | 71 | 39 | 66 | 40 |
| 학교장01 | NNG | 1 | 1 | | | | | 1 | 1 | | |
| 학급 | NNG | 1 | 1 | | | 1 | 1 | | | | |
| 학기02 | NNG | 21 | 16 | 7 | 6 | 3 | 2 | 10 | 7 | 1 | 1 |
| 학년 | NNG | 291 | 115 | 45 | 25 | 122 | 30 | 74 | 31 | 50 | 29 |
| 학당 | NNG | 1 | 1 | | | | | 1 | 1 | | |
| 학력01 | NNG | 1 | 1 | 1 | 1 | | | | | | |
| 학번 | NNG | 1 | 1 | | | | | | | 1 | 1 |
| 학비 | NNG | 2 | 2 | | | | | | | 2 | 2 |
| 학생 | NNG | 10 | 9 | 1 | 1 | 2 | 2 | 6 | 5 | 1 | 1 |
| 학생부 | NNG | 1 | 1 | | | | | | | 1 | 1 |
| 학생회 | NNG | 1 | 1 | | | | | | | 1 | 1 |
| 학습 | NNG | 4 | 4 | 1 | 1 | 1 | 1 | 2 | 2 | | |
| 학습장 | NNG | 1 | 1 | | | 1 | 1 | | | | |
| 학습지 | NNG | 5 | 4 | 2 | 1 | 2 | 2 | 1 | 1 | | |
| 학업 | NNG | 1 | 1 | | | | | 1 | 1 | | |
| 학예회 | NNG | 6 | 6 | | | 5 | 5 | 1 | 1 | | |
| 학원02 | NNG | 240 | 114 | 24 | 11 | 65 | 31 | 129 | 57 | 22 | 15 |
| 학원비 | NNG | 2 | 1 | | | | | | | 2 | 1 |
| 학위 | NNG | 2 | 2 | | | | | 1 | 1 | 1 | 1 |
| 한01 | MM | 559 | 270 | 109 | 58 | 178 | 79 | 162 | 71 | 110 | 62 |
| 한01 | NR | 2 | 1 | | | 2 | 1 | | | | |
| 한계 | NNG | 1 | 1 | | | | | 1 | 1 | | |
| 한국전 | NNG | 1 | 1 | | | | | 1 | 1 | | |

| 형태 | 품사 | 전체 | | 초등학교 저학년 | | 초등학교 고학년 | | 중학생 | | 고등학생 | |
|---|---|---|---|---|---|---|---|---|---|---|---|
| | | 형태 빈도 | 화자 수 | 형태 빈도 | 화자 수 | 형태 빈도 | 화자 수 | 형태 빈도 | 화자 수 | 형태 빈도 | 화자 수 |
| 한글판 | NNG | 1 | 1 | | | | | 1 | 1 | | |
| 한꺼번에 | MAG | 1 | 1 | | | 1 | 1 | | | | |
| 한동안 | NNG | 5 | 5 | | | 2 | 2 | 1 | 1 | 2 | 2 |
| 한두 | MM | 3 | 3 | 1 | 1 | 1 | 1 | | | 1 | 1 |
| 한마디 | NNG | 7 | 5 | | | 5 | 3 | 2 | 2 | | |
| 한문03 | NNG | 5 | 5 | | | 1 | 1 | 3 | 3 | 1 | 1 |
| 한번 | MAG | 1 | 1 | | | | | | | 1 | 1 |
| 한번 | NNG | 49 | 41 | 22 | 16 | 15 | 14 | 7 | 6 | 5 | 5 |
| 한복 | NNG | 4 | 3 | 3 | 2 | 1 | 1 | | | | |
| 한순간 | NNG | 3 | 2 | | | | | | | 3 | 2 |
| 한식04 | NNG | 7 | 4 | | | | | | | 7 | 4 |
| 한심01하다 | VA | 2 | 1 | | | 2 | 1 | | | | |
| 한영 | NNG | 2 | 2 | | | 2 | 2 | | | | |
| 한의사 | NNG | 4 | 3 | 1 | 1 | 1 | 1 | 2 | 1 | | |
| 한의원 | NNG | 2 | 1 | 2 | 1 | | | | | | |
| 한일전 | NNG | 1 | 1 | | | | | | | 1 | 1 |
| 한자02 | NNG | 13 | 7 | | | 4 | 3 | 9 | 4 | | |
| 한잔 | NNG | 1 | 1 | | | | | | | 1 | 1 |
| 한정01되다 | VV | 1 | 1 | | | | | | | 1 | 1 |
| 한정판 | NNG | 1 | 1 | | | | | 1 | 1 | | |
| 한지09 | NNG | 2 | 1 | | | 2 | 1 | | | | |
| 한쪽 | NNG | 7 | 6 | 4 | 3 | 1 | 1 | 1 | 1 | 1 | 1 |
| 한참 | MAG | 1 | 1 | | | | | 1 | 1 | | |
| 한참 | NNG | 3 | 3 | 1 | 1 | 1 | 1 | | | 1 | 1 |
| 한컴 | NNG | 1 | 1 | 1 | 1 | | | | | | |
| 한테 | JKB | 414 | 199 | 64 | 41 | 139 | 61 | 115 | 50 | 96 | 47 |
| 할(한01) | MM | 1 | 1 | 1 | 1 | | | | | | |
| 할렐루야 | NNG | 1 | 1 | 1 | 1 | | | | | | |
| 할로윈데이 | NNG | 1 | 1 | 1 | 1 | | | | | | |
| 할머니 | NNG | 40 | 27 | 29 | 19 | 5 | 4 | 6 | 4 | | |
| 할아버지 | NNG | 26 | 16 | 20 | 11 | 4 | 3 | 2 | 2 | | |
| 할인01 | NNG | 6 | 3 | | | | | | | 6 | 3 |
| 핥다 | VV | 2 | 2 | 1 | 1 | | | 1 | 1 | | |
| 함께 | MAG | 2 | 1 | | | | | 2 | 1 | | |
| 함께하다 | VV | 1 | 1 | | | | | | | 1 | 1 |
| 함부로 | MAG | 1 | 1 | | | | | 1 | 1 | | |
| 함수04 | NNG | 1 | 1 | | | 1 | 1 | | | | |

| 형태 | 품사 | 전체 | | 초등학교 저학년 | | 초등학교 고학년 | | 중학생 | | 고등학생 | |
|---|---|---|---|---|---|---|---|---|---|---|---|
| | | 형태 빈도 | 화자 수 | 형태 빈도 | 화자 수 | 형태 빈도 | 화자 수 | 형태 빈도 | 화자 수 | 형태 빈도 | 화자 수 |
| 함정01 | NNG | 2 | 2 | 2 | 2 | | | | | | |
| 합01 | NNG | 1 | 1 | | | | | | | 1 | 1 |
| 합01하다 | VV | 1 | 1 | | | | | | | 1 | 1 |
| 합격 | NNG | 1 | 1 | | | | | 1 | 1 | | |
| 합격자 | NNG | 2 | 2 | | | | | 1 | 1 | 1 | 1 |
| 합격하다 | VV | 4 | 4 | | | | | 3 | 3 | 1 | 1 |
| 합반01 | NNG | 2 | 1 | | | 2 | 1 | | | | |
| 합반01하다 | VV | 2 | 2 | | | 1 | 1 | | | 1 | 1 |
| 합병02 | NNG | 2 | 1 | | | | | | | 2 | 1 |
| 합병02하다 | VV | 1 | 1 | | | | | | | 1 | 1 |
| 합본02 | NNG | 4 | 2 | | | | | 4 | 2 | | |
| 합성01되다 | VV | 1 | 1 | | | 1 | 1 | | | | |
| 합성01하다 | VV | 1 | 1 | | | | | 1 | 1 | | |
| 합창01 | NNG | 4 | 1 | | | 4 | 1 | | | | |
| 합체하다 | VV | 2 | 2 | 2 | 2 | | | | | | |
| 합치다 | VV | 8 | 8 | | | 6 | 6 | | | 2 | 2 |
| 합하다 | VV | 1 | 1 | | | | | 1 | 1 | | |
| 핫도그 | NNG | 1 | 1 | | | | | 1 | 1 | | |
| 항상 | MAG | 8 | 8 | | | 2 | 2 | 3 | 3 | 3 | 3 |
| 항아리 | NNG | 1 | 1 | 1 | 1 | | | | | | |
| 해(하01)다 | VV | 4 | 4 | 4 | 4 | | | | | | |
| 해골 | NNG | 10 | 6 | 8 | 4 | 1 | 1 | 1 | 1 | | |
| 해물 | NNG | 2 | 1 | | | | | 2 | 1 | | |
| 해변 | NNG | 1 | 1 | 1 | 1 | | | | | | |
| 해병02 | NNG | 1 | 1 | | | | | | | 1 | 1 |
| 해부04 | NNG | 1 | 1 | | | | | | | 1 | 1 |
| 해사02 | NNG | 1 | 1 | | | | | 1 | 1 | | |
| 해설03 | NNG | 1 | 1 | | | 1 | 1 | | | | |
| 해설03하다 | VV | 1 | 1 | | | 1 | 1 | | | | |
| 해외 | NNG | 1 | 1 | | | 1 | 1 | | | | |
| 해체03 | NNG | 3 | 2 | | | 1 | 1 | 2 | 1 | | |
| 해체03되다 | VV | 5 | 3 | | | 5 | 3 | | | | |
| 해체03하다 | VV | 3 | 3 | | | 2 | 2 | | | 1 | 1 |
| 해치우다 | VV | 1 | 1 | 1 | 1 | | | | | | |
| 해킹 | NNG | 2 | 2 | | | 1 | 1 | | | 1 | 1 |
| 해킹하다 | VV | 2 | 1 | | | 2 | 1 | | | | |
| 해킹해(하03)다 | VV | 1 | 1 | 1 | 1 | | | | | | |

| 형태 | 품사 | 전체 | | 초등학교 저학년 | | 초등학교 고학년 | | 중학생 | | 고등학생 | |
|---|---|---|---|---|---|---|---|---|---|---|---|
| | | 형태 빈도 | 화자 수 | 형태 빈도 | 화자 수 | 형태 빈도 | 화자 수 | 형태 빈도 | 화자 수 | 형태 빈도 | 화자 수 |
| 해파리 | NNG | 9 | 4 | | | 9 | 4 | | | | |
| 핵 | NNG | 3 | 2 | | | | | 3 | 2 | | |
| 핸드 | NNG | 1 | 1 | 1 | 1 | | | | | | |
| 핸드백 | NNG | 1 | 1 | | | | | | | 1 | 1 |
| 핸드폰 | NNG | 53 | 33 | 4 | 3 | 7 | 5 | 27 | 13 | 15 | 12 |
| 햄04 | NNG | 7 | 4 | | | 5 | 2 | 2 | 2 | | |
| 햄버거 | NNG | 3 | 3 | | | | | | | 3 | 3 |
| 햄스터 | NNG | 4 | 4 | 3 | 3 | | | | | 1 | 1 |
| 햇빛 | NNG | 4 | 3 | 3 | 2 | | | | | 1 | 1 |
| 행동 | NNG | 8 | 8 | | | 2 | 2 | 2 | 2 | 4 | 4 |
| 행복02 | NNG | 1 | 1 | | | 1 | 1 | | | | |
| 행복02하다 | VA | 2 | 2 | | | 1 | 1 | 1 | 1 | | |
| 행사01 | NNG | 3 | 3 | | | | | 3 | 3 | | |
| 행성02 | NNG | 1 | 1 | | | | | 1 | 1 | | |
| 행운02 | NNG | 1 | 1 | | | | | 1 | 1 | | |
| 행정01 | NNG | 3 | 1 | | | | | 3 | 1 | | |
| 향기01 | NNG | 2 | 1 | | | | | | | 2 | 1 |
| 향상01 | NNG | 1 | 1 | | | | | 1 | 1 | | |
| 향상01시키다 | VV | 1 | 1 | | | | | 1 | 1 | | |
| 향하다 | VV | 1 | 1 | | | | | | | 1 | 1 |
| 허(하01)다 | VV | 1 | 1 | | | 1 | 1 | | | | |
| 허구01허(하03)다 | VA | 1 | 1 | | | | | 1 | 1 | | |
| 허락 | NNG | 1 | 1 | | | 1 | 1 | | | | |
| 허락하다 | VV | 3 | 1 | | | 3 | 1 | | | | |
| 허름하다 | VA | 1 | 1 | 1 | 1 | | | | | | |
| 허리01 | NNG | 8 | 5 | 1 | 1 | 4 | 2 | 1 | 1 | 2 | 1 |
| 허리선 | NNG | 1 | 1 | | | | | 1 | 1 | | |
| 허무하다 | VA | 4 | 2 | | | 2 | 1 | 2 | 1 | | |
| 허수배기(허수아비) | NNG | 1 | 1 | 1 | 1 | | | | | | |
| 허수아비 | NNG | 11 | 3 | 6 | 1 | 5 | 2 | | | | |
| 허접02 | NNG | 8 | 5 | | | | | 8 | 5 | | |
| 허접02하다 | VV | 2 | 2 | | | | | 2 | 2 | | |
| 허풍쟁이 | NNG | 2 | 2 | | | | | | | 2 | 2 |
| 헉 | MAG | 1 | 1 | | | 1 | 1 | | | | |
| 헌혈 | NNG | 3 | 1 | | | 3 | 1 | | | | |
| 헌혈하다 | VV | 1 | 1 | | | 1 | 1 | | | | |
| 험하다 | VA | 1 | 1 | | | | | 1 | 1 | | |

| 형태 | 품사 | 전체 | | 초등학교 저학년 | | 초등학교 고학년 | | 중학생 | | 고등학생 | |
|---|---|---|---|---|---|---|---|---|---|---|---|
| | | 형태 빈도 | 화자 수 | 형태 빈도 | 화자 수 | 형태 빈도 | 화자 수 | 형태 빈도 | 화자 수 | 형태 빈도 | 화자 수 |
| 헛소리 | NNG | 3 | 2 | | | | | | | 3 | 2 |
| 헛점 | NNG | 1 | 1 | | | 1 | 1 | | | | |
| 헤01 | MAG | 1 | 1 | | | | | 1 | 1 | | |
| 헤드폰 | NNG | 1 | 1 | 1 | 1 | | | | | | |
| 헤딩 | NNG | 2 | 2 | 1 | 1 | | | 1 | 1 | | |
| 헤딩슛 | NNG | 1 | 1 | 1 | 1 | | | | | | |
| 헤어지다 | VV | 10 | 7 | 1 | 1 | 5 | 3 | 2 | 1 | 2 | 2 |
| 헤프다 | VA | 1 | 1 | | | | | | | 1 | 1 |
| 헷갈리다 | VV | 6 | 6 | 1 | 1 | 3 | 3 | 1 | 1 | 1 | 1 |
| 혀01 | NNG | 2 | 2 | | | | | 1 | 1 | 1 | 1 |
| 현04 | MM | 1 | 1 | | | | | | | 1 | 1 |
| 현금04 | NNG | 1 | 1 | | | | | 1 | 1 | | |
| 현명02하다 | VA | 1 | 1 | | | | | 1 | 1 | | |
| 현미경 | NNG | 1 | 1 | | | 1 | 1 | | | | |
| 현실02 | NNG | 2 | 2 | | | | | 2 | 2 | | |
| 현장03 | NNG | 2 | 2 | | | 1 | 1 | | | 1 | 1 |
| 현재02 | NNG | 1 | 1 | | | | | | | 1 | 1 |
| 혈액형 | NNG | 2 | 1 | | | | | | | 2 | 1 |
| 혐오02스럽다 | VA | 2 | 1 | | | | | | | 2 | 1 |
| 혐의 | NNG | 1 | 1 | | | 1 | 1 | | | | |
| 협동하다 | VV | 3 | 1 | 3 | 1 | | | | | | |
| 협박02 | NNG | 2 | 2 | | | 1 | 1 | 1 | 1 | | |
| 협박02하다 | VV | 2 | 2 | | | 1 | 1 | | | 1 | 1 |
| 협상01 | NNG | 1 | 1 | 1 | 1 | | | | | | |
| 혓바닥 | NNG | 1 | 1 | 1 | 1 | | | | | | |
| 형01 | NNG | 61 | 30 | 11 | 9 | 23 | 7 | 16 | 10 | 11 | 4 |
| 형상04 | NNG | 1 | 1 | | | 1 | 1 | | | | |
| 형식적 | NNG | 1 | 1 | | | | | | | 1 | 1 |
| 형아02 | NNG | 8 | 5 | 3 | 2 | 5 | 3 | | | | |
| 형제01 | NNG | 7 | 5 | | | 3 | 1 | 4 | 4 | | |
| 형편01 | NNG | 1 | 1 | | | 1 | 1 | | | | |
| 호14 | NNB | 2 | 2 | 2 | 2 | | | | | | |
| 호감 | NNG | 4 | 2 | | | 3 | 1 | | | 1 | 1 |
| 호기심 | NNG | 1 | 1 | | | | | 1 | 1 | | |
| 호떡 | NNG | 2 | 1 | | | | | 2 | 1 | | |
| 호랑이 | NNG | 7 | 6 | 4 | 3 | 1 | 1 | 2 | 2 | | |
| 호러 | NNG | 2 | 2 | | | | | 2 | 2 | | |

| 형태 | 품사 | 전체 | | 초등학교 저학년 | | 초등학교 고학년 | | 중학생 | | 고등학생 | |
|---|---|---|---|---|---|---|---|---|---|---|---|
| | | 형태 빈도 | 화자 수 | 형태 빈도 | 화자 수 | 형태 빈도 | 화자 수 | 형태 빈도 | 화자 수 | 형태 빈도 | 화자 수 |
| 호박01 | NNG | 6 | 2 | | | 6 | 2 | | | | |
| 호실01 | NNG | 2 | 1 | | | 2 | 1 | | | | |
| 호응하다 | VV | 1 | 1 | | | 1 | 1 | | | | |
| 호출기 | NNG | 1 | 1 | 1 | 1 | | | | | | |
| 호텔 | NNG | 7 | 3 | | | 6 | 2 | 1 | 1 | | |
| 호호02 | MAG | 1 | 1 | | | | | 1 | 1 | | |
| 호화롭다 | VA | 1 | 1 | | | | | 1 | 1 | | |
| 호황 | NNG | 2 | 1 | | | | | 2 | 1 | | |
| 혹시01 | MAG | 13 | 12 | 3 | 2 | 1 | 1 | 5 | 5 | 4 | 4 |
| 혼02 | NNG | 2 | 1 | | | 2 | 1 | | | | |
| 혼나다 | VV | 31 | 26 | 6 | 6 | 19 | 14 | 5 | 5 | 1 | 1 |
| 혼내다 | VV | 8 | 5 | 3 | 1 | 4 | 3 | | | 1 | 1 |
| 혼령02 | NNG | 1 | 1 | | | 1 | 1 | | | | |
| 혼자01 | NNG | 79 | 52 | 13 | 9 | 25 | 15 | 17 | 12 | 24 | 16 |
| 혼차 | NNG | 1 | 1 | 1 | 1 | | | | | | |
| 홈런 | NNG | 2 | 2 | | | | | 2 | 2 | | |
| 홈쇼핑 | NNG | 1 | 1 | | | 1 | 1 | | | | |
| 홈스테이 | NNG | 1 | 1 | | | | | 1 | 1 | | |
| 홈페이지 | NNG | 5 | 4 | 1 | 1 | 2 | 1 | 1 | 1 | 1 | 1 |
| 홍보01하다 | VV | 1 | 1 | | | | | | | 1 | 1 |
| 홍수02 | NNG | 1 | 1 | | | 1 | 1 | | | | |
| 화(화성05) | NNG | 1 | 1 | 1 | 1 | | | | | | |
| 화06 | NNG | 10 | 10 | 2 | 2 | 6 | 6 | | | 2 | 2 |
| 화07 | NNG | 14 | 6 | 2 | 2 | 11 | 3 | 1 | 1 | | |
| 화가03 | NNG | 5 | 3 | 2 | 2 | 3 | 1 | | | | |
| 화기애애하다 | VA | 1 | 1 | | | | | | | 1 | 1 |
| 화나다 | VV | 9 | 8 | 1 | 1 | 6 | 5 | 1 | 1 | 1 | 1 |
| 화내다 | VV | 11 | 11 | 3 | 3 | 5 | 5 | 2 | 2 | 1 | 1 |
| 화려하다 | VA | 1 | 1 | 1 | 1 | | | | | | |
| 화면05 | NNG | 12 | 6 | | | 3 | 3 | 8 | 2 | 1 | 1 |
| 화보06 | NNG | 1 | 1 | | | 1 | 1 | | | | |
| 화분01 | NNG | 3 | 3 | 2 | 2 | | | | | 1 | 1 |
| 화살01 | NNG | 2 | 2 | 2 | 2 | | | | | | |
| 화상03 | NNG | 2 | 1 | | | 2 | 1 | | | | |
| 화성05 | NNG | 2 | 2 | 1 | 1 | | | 1 | 1 | | |
| 화소03 | NNG | 1 | 1 | | | | | 1 | 1 | | |
| 화요일 | NNG | 7 | 5 | 1 | 1 | 2 | 2 | 4 | 2 | | |

| 형태 | 품사 | 전체 | | 초등학교 저학년 | | 초등학교 고학년 | | 중학생 | | 고등학생 | |
|---|---|---|---|---|---|---|---|---|---|---|---|
| | | 형태빈도 | 화자수 | 형태빈도 | 화자수 | 형태빈도 | 화자수 | 형태빈도 | 화자수 | 형태빈도 | 화자수 |
| 화요일날 | NNG | 9 | 7 | | | 4 | 3 | 4 | 3 | 1 | 1 |
| 화원04 | NNG | 1 | 1 | 1 | 1 | | | | | | |
| 화음01 | NNG | 2 | 2 | | | | | | | 2 | 2 |
| 화이트 | NNG | 1 | 1 | | | 1 | 1 | | | | |
| 화장02 | NNG | 1 | 1 | | | | | 1 | 1 | | |
| 화장02하다 | VV | 2 | 1 | | | | | 2 | 1 | | |
| 화장실 | NNG | 36 | 20 | 10 | 5 | 17 | 9 | 7 | 5 | 2 | 1 |
| 화질 | NNG | 1 | 1 | | | | | | | 1 | 1 |
| 화토(화투) | NNG | 1 | 1 | 1 | 1 | | | | | | |
| 화해02 | NNG | 4 | 3 | 3 | 2 | | | | | 1 | 1 |
| 화해02하다 | VV | 2 | 1 | | | 2 | 1 | | | | |
| 확02 | MAG | 16 | 12 | 7 | 3 | 7 | 7 | 1 | 1 | 1 | 1 |
| 확률 | NNG | 1 | 1 | | | | | | | 1 | 1 |
| 확보01되다 | VV | 1 | 1 | | | | | 1 | 1 | | |
| 확실하다 | VA | 4 | 4 | | | 1 | 1 | 2 | 2 | 1 | 1 |
| 확실히 | MAG | 8 | 8 | | | 2 | 2 | 1 | 1 | 5 | 5 |
| 확인02 | NNG | 2 | 2 | | | 1 | 1 | 1 | 1 | | |
| 환경02 | NNG | 1 | 1 | | | | | | | 1 | 1 |
| 환장 | NNG | 2 | 1 | | | | | | | 2 | 1 |
| 환장하다 | VV | 1 | 1 | | | | | | | 1 | 1 |
| 활01 | NNG | 1 | 1 | 1 | 1 | | | | | | |
| 활동02 | NNG | 4 | 4 | | | 1 | 1 | 2 | 2 | 1 | 1 |
| 활동02하다 | VV | 3 | 3 | 1 | 1 | 1 | 1 | 1 | 1 | | |
| 활동적 | NNG | 1 | 1 | | | 1 | 1 | | | | |
| 활동제 | NNG | 3 | 2 | | | | | | | 3 | 2 |
| 황구03 | NNG | 3 | 2 | 3 | 2 | | | | | | |
| 황금02 | NNG | 2 | 1 | 2 | 1 | | | | | | |
| 황금색 | NNG | 5 | 4 | 5 | 4 | | | | | | |
| 황당하다 | VA | 25 | 15 | 2 | 2 | 3 | 3 | 14 | 6 | 6 | 4 |
| 황룡 | NNG | 1 | 1 | | | | | 1 | 1 | | |
| 회08 | NNB | 10 | 6 | | | 4 | 3 | 6 | 3 | | |
| 회13 | NNG | 10 | 5 | 1 | 1 | | | | | 9 | 4 |
| 회계03 | NNG | 1 | 1 | | | | | | | 1 | 1 |
| 회계사01 | NNG | 6 | 2 | | | | | | | 6 | 2 |
| 회관 | NNG | 1 | 1 | | | 1 | 1 | | | | |
| 회비03 | NNG | 2 | 2 | | | 1 | 1 | | | 1 | 1 |
| 회사04 | NNG | 35 | 18 | 4 | 3 | 11 | 6 | 6 | 5 | 14 | 4 |

| 형태 | 품사 | 전체 | | 초등학교 저학년 | | 초등학교 고학년 | | 중학생 | | 고등학생 | |
|---|---|---|---|---|---|---|---|---|---|---|---|
| | | 형태 빈도 | 화자 수 | 형태 빈도 | 화자 수 | 형태 빈도 | 화자 수 | 형태 빈도 | 화자 수 | 형태 빈도 | 화자 수 |
| 회색01 | NNG | 1 | 1 | | | | | 1 | 1 | | |
| 회수01하다 | VV | 1 | 1 | | | | | | | 1 | 1 |
| 회원 | NNG | 6 | 3 | 1 | 1 | 5 | 2 | | | | |
| 회원권 | NNG | 1 | 1 | | | | | 1 | 1 | | |
| 회의04 | NNG | 4 | 3 | | | 3 | 2 | | | 1 | 1 |
| 회의록 | NNG | 1 | 1 | | | | | | | 1 | 1 |
| 회장07 | NNG | 15 | 12 | 6 | 4 | 4 | 4 | 3 | 3 | 2 | 1 |
| 회전04하다 | VV | 1 | 1 | | | 1 | 1 | | | | |
| 회화03 | NNG | 2 | 1 | | | | | | | 2 | 1 |
| 횟집02 | NNG | 2 | 2 | | | 1 | 1 | | | 1 | 1 |
| 횡단보도 | NNG | 3 | 3 | 2 | 2 | | | | | 1 | 1 |
| 횡령 | NNG | 1 | 1 | | | 1 | 1 | | | | |
| 효녀 | NNG | 2 | 2 | | | 2 | 2 | | | | |
| 효자01 | NNG | 1 | 1 | | | 1 | 1 | | | | |
| 후08 | NNG | 6 | 6 | 2 | 2 | 1 | 1 | 2 | 2 | 1 | 1 |
| 후궁01 | NNG | 2 | 1 | | | | | 2 | 1 | | |
| 후배06 | NNG | 11 | 5 | 1 | 1 | 1 | 1 | | | 9 | 3 |
| 후보04 | NNG | 1 | 1 | | | 1 | 1 | | | | |
| 후불02 | NNG | 1 | 1 | | | | | | | 1 | 1 |
| 후손02 | NNG | 4 | 3 | | | 4 | 3 | | | | |
| 후추01 | NNG | 1 | 1 | 1 | 1 | | | | | | |
| 후퇴하다 | VV | 1 | 1 | 1 | 1 | | | | | | |
| 후회01되다 | VV | 1 | 1 | 1 | 1 | | | | | | |
| 훅02 | NNG | 1 | 1 | 1 | 1 | | | | | | |
| 훌라우프 | NNG | 2 | 1 | | | | | 2 | 1 | | |
| 훌륭하다 | VA | 2 | 1 | 2 | 1 | | | | | | |
| 훌쩍지근하다 | VV | 1 | 1 | | | 1 | 1 | | | | |
| 훌쩍찌근하다 | VV | 1 | 1 | | | 1 | 1 | | | | |
| 훑다 | VV | 2 | 2 | | | 2 | 2 | | | | |
| 훔치다02 | VV | 3 | 2 | 3 | 2 | | | | | | |
| 훨(훨씬) | MAG | 5 | 4 | 2 | 2 | | | | | 3 | 2 |
| 훨씬 | MAG | 14 | 12 | | | 4 | 3 | 6 | 5 | 4 | 4 |
| 훨훨 | MAG | 1 | 1 | 1 | 1 | | | | | | |
| 휘파람 | NNG | 1 | 1 | | | 1 | 1 | | | | |
| 휩싸이다 | VV | 1 | 1 | | | | | | | 1 | 1 |
| 휴지02 | NNG | 5 | 4 | 1 | 1 | 3 | 2 | | | 1 | 1 |
| 흥01 | NNG | 1 | 1 | | | 1 | 1 | | | | |

| 형태 | 품사 | 전체 | | 초등학교 저학년 | | 초등학교 고학년 | | 중학생 | | 고등학생 | |
|---|---|---|---|---|---|---|---|---|---|---|---|
| | | 형태 빈도 | 화자 수 | 형태 빈도 | 화자 수 | 형태 빈도 | 화자 수 | 형태 빈도 | 화자 수 | 형태 빈도 | 화자 수 |
| 흉내 | NNG | 3 | 2 | | | 3 | 2 | | | | |
| 흉보다 | VV | 1 | 1 | | | 1 | 1 | | | | |
| 흉터 | NNG | 1 | 1 | 1 | 1 | | | | | | |
| 흐르다01 | VV | 2 | 2 | | | | | 1 | 1 | 1 | 1 |
| 흑백 | NNG | 2 | 2 | | | | | 1 | 1 | 1 | 1 |
| 흔들다 | VV | 2 | 2 | 2 | 2 | | | | | | |
| 흔들리다 | VV | 1 | 1 | | | | | 1 | 1 | | |
| 흔적 | NNG | 1 | 1 | | | | | | | 1 | 1 |
| 흘르(흐르01)다 | VV | 1 | 1 | 1 | 1 | | | | | | |
| 흘리다 | VV | 10 | 9 | 2 | 2 | 3 | 3 | 4 | 3 | 1 | 1 |
| 흙01 | NNG | 3 | 2 | 2 | 1 | 1 | 1 | | | | |
| 흡수02하다 | VV | 1 | 1 | 1 | 1 | | | | | | |
| 흡혈귀 | NNG | 2 | 2 | 2 | 2 | | | | | | |
| 흥미 | NNG | 10 | 5 | | | | | 10 | 5 | | |
| 흩어지다 | VV | 2 | 2 | 1 | 1 | 1 | 1 | | | | |
| 희귀하다 | VA | 1 | 1 | | | | | | | 1 | 1 |
| 희다 | VA | 7 | 4 | 2 | 2 | | | 5 | 2 | | |
| 희망 | NNG | 16 | 11 | 5 | 4 | 7 | 3 | 4 | 4 | | |
| 희생하다 | VV | 1 | 1 | | | 1 | 1 | | | | |
| 희안(희한)하다 | VA | 1 | 1 | | | 1 | 1 | | | | |
| 희한하다 | VA | 8 | 8 | 4 | 4 | 2 | 2 | 1 | 1 | 1 | 1 |
| 흰색 | NNG | 2 | 1 | 2 | 1 | | | | | | |
| 히01 | MAG | 1 | 1 | | | 1 | 1 | | | | |
| 히스테리 | NNG | 1 | 1 | | | | | 1 | 1 | | |
| 히웅 | NNG | 2 | 1 | | | | | | | 2 | 1 |
| 히장(회장07) | NNG | 1 | 1 | | | 1 | 1 | | | | |
| 히히 | MAG | 1 | 1 | | | 1 | 1 | | | | |
| 힘01 | NNG | 16 | 12 | 2 | 2 | 11 | 8 | 3 | 2 | | |
| 힘들다 | VA | 79 | 54 | 4 | 4 | 21 | 15 | 31 | 21 | 23 | 14 |
| 힘쓰다 | VV | 1 | 1 | | | 1 | 1 | | | | |
| 힘주다 | VV | 1 | 1 | 1 | 1 | | | | | | |
| 힙합 | NNG | 4 | 3 | | | | | 3 | 2 | 1 | 1 |
| -ㅏ(ㅏ서) | EC | 1 | 1 | | | 1 | 1 | | | | |
| -ㅏ두(ㅏ도) | EC | 1 | 1 | 1 | 1 | | | | | | |
| -ㅏ라(라09) | EF | 1 | 1 | | | 1 | 1 | | | | |
| -ㅓ(아10) | EC | 1 | 1 | 1 | 1 | | | | | | |
| -ㅓ(ㅏ03) | EF | 1 | 1 | | | | | 1 | 1 | | |

| 형태 | 품사 | 전체 | | 초등학교 저학년 | | 초등학교 고학년 | | 중학생 | | 고등학생 | |
|---|---|---|---|---|---|---|---|---|---|---|---|
| | | 형태 빈도 | 화자 수 | 형태 빈도 | 화자 수 | 형태 빈도 | 화자 수 | 형태 빈도 | 화자 수 | 형태 빈도 | 화자 수 |
| -ㅓ셔(ㅓ서) | EC | 1 | 1 | | | | | | | 1 | 1 |
| -ㅓ요 | EF | 2 | 2 | 2 | 2 | | | | | | |
| -ㅔ요 | EF | 25 | 19 | 6 | 5 | 7 | 5 | 5 | 5 | 7 | 4 |
| -ㅕ냐(냐) | EF | 1 | 1 | | | 1 | 1 | | | | |
| -ㅕ두(ㅕ도) | EC | 5 | 4 | 1 | 1 | 4 | 3 | | | | |
| -ㅕ서03 | EC | 2 | 2 | | | | | 1 | 1 | 1 | 1 |
| -ㅕ요 | EF | 2 | 2 | 1 | 1 | | | | | 1 | 1 |
| ㅣ쓰다 | VV | 2 | 2 | 1 | 1 | | | | | 1 | 1 |
| ㅣ쓰다 | VA | 34 | 28 | 6 | 5 | 7 | 7 | 10 | 8 | 11 | 8 |

필자 소개

**장경희**
한양대학교 사범대학 국어교육과 교수

**이삼형**
한양대학교 사범대학 국어교육과 교수

**이필영**
한양대학교 국제문화대학 한국언어문학과 교수

**김명희**
한양대학교 사범대학 교육학과 교수

**김태경**
한양대학교 기초융합교육원 조교수

**김정선**
한양대학교 사범대학 국어교육과 조교수

**전은진**
한양대학교 기초융합교육원 조교수

# 초·중·고등학생의 구어 어휘 조사


**2쇄 인쇄** | 2012년 12월 13일
**2쇄 발행** | 2012년 12월 21일

**저　　자**　장경희·이삼형·이필영·김명희·김태경·김정선·전은진

**책임편집**　윤예미

**발 행 처**　도서출판 지식과교양
**등록번호**　제 2010-19호
**주　　소**　서울시 도봉구 창5동 262-3번지 3층
**전　　화**　(02) 900-4520 (대표)/ 편집부 (02) 900-4521
**팩　　스**　(02) 900-1541
**전자우편**　kncbook@hanmail.net


ⓒ 장경희 외 2012 All rights reserved. Printed in KOREA

ISBN 978-89-6764-008-8  93710　　　　　　　　**정가** 38,000**원**





이 도서의 국립중앙도서관 출판도서목록(CIP)은 e-CIP홈페이지(http://www.nl.go.kr/ecip)에서 이용하실 수 있습니다.
(CIP제어번호: CIP2012005860)